当代中国学术思想史丛书

当代中国近代文化史研究

CONTEMPORARY STUDIES OF MODERN CHINESE CULTURAL HISTORY

当代中国近代史研究系列　中国社会科学院近代史研究所主编

左玉河・主编

中国社会科学出版社

图书在版编目（CIP）数据

当代中国近代文化史研究 / 左玉河主编 . —北京：中国社会科学出版社，2022.10

（当代中国学术思想史丛书）

ISBN 978-7-5227-0778-5

Ⅰ.①当… Ⅱ.①左… Ⅲ.①文化史—研究—中国—近代 Ⅳ.①K250.3

中国版本图书馆 CIP 数据核字（2022）第 147001 号

出 版 人	赵剑英
责任编辑	吴丽平
责任校对	杨　林
责任印制	戴　宽

出　　版	中国社会科学出版社
社　　址	北京鼓楼西大街甲 158 号
邮　　编	100720
网　　址	http://www.csspw.cn
发 行 部	010-84083685
门 市 部	010-84029450
经　　销	新华书店及其他书店

印刷装订	北京君升印刷有限公司
版　　次	2022 年 10 月第 1 版
印　　次	2022 年 10 月第 1 次印刷

开　　本	710×1000　1/16
印　　张	47.75
插　　页	2
字　　数	809 千字
定　　价	268.00 元

凡购买中国社会科学出版社图书，如有质量问题请与本社营销中心联系调换
电话：010-84083683
版权所有　侵权必究

当代中国学术思想史丛书
编辑委员会

主　任　谢伏瞻

副主任　高　翔　蔡　昉　高培勇　赵　奇

编　委　（按姓氏笔画为序）
　　　　　卜宪群　马　援　王延中　王建朗　王　巍
　　　　　邢广程　刘丹青　刘跃进　李　扬　李国强
　　　　　李培林　李景源　汪朝光　张宇燕　张海鹏
　　　　　陈众议　陈星灿　陈　甦　卓新平　周　弘
　　　　　房　宁　赵　奇　赵剑英　郝时远　夏春涛
　　　　　高培勇　高　翔　黄群慧　彭　卫　朝戈金
　　　　　景天魁　谢伏瞻　蔡　昉　魏长宝

总主编　赵剑英

书写当代中国学术史，加快构建中国特色哲学社会科学

谢伏瞻[*]

在中华人民共和国成立70周年之际，中国社会科学出版社修订出版《当代中国学术思想史丛书》（以下简称《丛书》），对于推动我国当代学术史研究，加快构建中国特色哲学社会科学学科体系、学术体系、话语体系具有重要的意义。

党的十八大以来，以习近平同志为核心的党中央高度重视哲学社会科学。2016年5月17日，习近平总书记主持召开哲学社会科学工作座谈会并发表重要讲话，明确提出加快构建中国特色哲学社会科学学科体系、学术体系、话语体系的重大论断和战略任务。这是一个极为重要的战略考量，关系我国哲学社会科学的长远发展，关系中国特色社会主义事业发展全局，是重大的学术任务，更是重大的政治任务。广大哲学社会科学工作者要以高度的政治自觉和学术自觉，以强烈的责任感、紧迫感和担当精神，在加快构建中国特色哲学社会科学"三大体系"上有过硬的举

---

[*] 谢伏瞻：中国社会科学院原院长、党组书记。

措、实质性进展和更大作为。《丛书》即为加快构建中国特色哲学社会科学"三大体系"的具体措施之一。

研究学术思想史是我国的优良传统之一。学术思想历来被视为探寻思想变革、社会走向的风向标。正如梁启超在《论中国学术思想变迁之大势》中所言,"学术思想与历史上之大势,其关系常密切。""学术思想之在一国,犹人之有精神也;而政事、法律、风俗,及历史上种种之现象,则其形质也。故欲觇其国文野强弱之程度如何,必于学术思想焉求之。"我国古代研究学术思想史注重"融合""会通",对学术辨识与提炼能力有特殊要求,是专家之学,在这方面有大成就者如刘向、刘歆、朱熹、黄宗羲等皆为硕学通儒。近代以来,随着"西学东渐",我国哲学社会科学各学科逐渐发展起来,学术思想史研究亦以梁启超的《中国近三百年学术史》为发轫,以章炳麟、钱穆等为代表的一批学者用现代学术视角"辨章学术、考镜源流",开始将学术思想史研究与近现代哲学社会科学发展结合起来,形成了不少有影响的名品佳作。新中国成立以后,在马克思主义指导下,我国哲学社会科学不断发展,特别是改革开放以来,哲学社会科学的地位更加凸显,在研究工作的广度和深度上不断取得新突破。但是,我国当代学术思想史研究没有跟上哲学社会科学发展的步伐,呈现出"有数量缺质量、有专家缺大师"的状况,有分量的研究成果寥若晨星,公认的学术思想史大家屈指可数。新时代,我国哲学社会科学地位更加重要、任务更加繁重,有组织、有计划地开展学术思想史研究和出版工作，系统梳理我国当代哲学社会科学各学科学术思想的发展脉络，总结各学科积累的优秀成果，既是对学术研究传统的继承和发扬，弥补当代学术思想史研究的不足，也将在中国特色哲学社会科学"三大体系"建设中发挥独特而重要的作用。

中国社会科学院是党中央直接领导的哲学社会科学研究机构，在加快构建哲学社会科学"三大体系"建设中发挥着主力军作用。早在建院之初的1978年，胡乔木同志主持的《1978—1985年全国哲学社会科学发展规划纲要（初稿）》就提出了研究"中国经济思想史""中国政治思想史""中国教育思想史""中国伦理思想史"等近10种"学术思想史"的规划。"当代中国学术思想史"丛书初版于2009年，在新中国成立70周年之际，予以修订再版，充分体现出我院作为"国家队"的担当。《丛书》以新中国成立以来学术思想史演进中的脉络梳理与关键问题分析为主要内容，集中展现在中国共产党坚强领导下，创建、发展和繁荣哲学社会科学各学科学术思想史的历程，突出反映70年来哲学社会科学各领域的成就与经验，资辅当代、存鉴后人，具有较强的学术示范意义。

学术思想史研究为哲学社会科学学科体系建设提供了有力的支撑。学科体系是加快构建中国特色哲学社会科学的根本依托。经过几十年的发展，我国哲学社会科学已拥有20多个一级学科、400多个二级学科，学科体系已基本确立，但还不健全、不系统、不完善，离习近平总书记提出的基础学科健全扎实、重点学科优势突出、新兴学科和交叉学科创新发展、冷门学科代有传承的要求还有相当大的差距。学科体系建设的前提是对各学科做出科学准确的评估，翔实的学术思想史研究天然具备这一功能。《丛书》以"反映学科最新动态，准确把握学科前沿，引领学科发展方向"为宗旨，系统总结文学、历史学、语言学、美学、宗教学、法学等学科70年的学术发展历程。其中既有对基础学科、重点学科学术思想史的系统梳理，如《当代中国美学研究》《当代中国文艺学研究》等；又有对新兴学科、交叉学科和冷门学科学术思想史的开拓性研究，如《当代中国近代思想史研究》《当代中国边疆研究》《当代中国简帛学研究》等。从学术思想史的角度，系统评价各学科的发展，对于健全学科体系、优化学科布局，加快构建中国特色哲学社会科学学科体系无疑是大有裨益的。

学术思想史研究为哲学社会科学学术创新提供了坚实的基础。学术体系是加快构建中国特色哲学社会科学的核心。主要包括两个方面：一是思想、理念、原理、观点、理论、学说、知识、学术等；二是研究方法、材料和工具等。习近平总书记指出，理论的生命力在于创新。只有不断推进知识创新、理论创新、方法创新，才能着力打造"原版""新版"的哲学社会科学。学术创新是有前提的，正如总书记所深刻指出的，理论思维的起点决定着理论创新的结果，理论创新只能从问题开始。从某种意义上说，学术创新离不开学术思想史研究，只有通过坚实的学术思想史研究，把握学术演进的脉络、传统、流变，才能够提出新问题、新思想，形成新的学术方向，这是《丛书》为哲学社会科学学术创新作出的贡献之一。学术思想史的研究内容、研究方法、材料与工具自成体系，具有构建学术体系的各项特征。《丛书》通过对学术思想史研究的创新，为哲学社会科学学术创新提供了有益的尝试。

一是观点创新。中华人民共和国成立以来，随着马克思主义在哲学社会科学领域指导地位的确立，我国思想界发生了大规模、深层次的学术变革，70年间中国学术已经形成了崭新格局。《丛书》紧扣"当代中国"这一主题，突破"当代人不写当代史"的思想束缚，独辟蹊径、勇于探索，聚焦中国特色哲学社会科学的发展道路、马克思主义指导下的中国学术发展、中国传统学术继承和外来学术思想借鉴，民族复兴在学术思想史上的反映等问题，从而产生一系列的观点创新。

二是研究范式创新。一个时代的主流思想和历史叙事，是由反映那个时代的精神的一系列概念和逻辑构成的。当代中国学术的源流、变化与当代中国政治、经济、文化、社会的变革密切相关。《丛书》把研究中国特色学术道路的起点、进程与方向作为自觉意识，贯穿于全丛书，注重学术思想史与中国学术道路的密切联系、学理化研究与中国现实问题的密切联系、个别问题研究与学术整体格局的密切联系、研究当代中国与启示中国未来的密切联系，开拓了学术诠释中国道路的新范式。

三是体例创新。《丛书》将专题形式和编年形式相互补充与融合,充分体现了学术创新的开放性,为开创学术思想史书写新范式探路。对于当代学术思想史研究,创新之路刚刚开始,随着《丛书》种类的增多,创新学术思想史研究的思路还会更多,更深入。

学术思想史研究为构建哲学社会科学话语体系提供了广阔的平台。话语体系是学术体系的反映、表达和传播方式,是有特定思想指向和价值取向的语言系统,是构成学科体系之网的纽结。习近平总书记指出,在解读中国实践、构建中国理论上,我们应该最有发言权。这就要求我们在构建话语体系时,要坚持中国立场、注重中国特色,用中国理论阐释中国实践,用中国实践升华中国理论,更加鲜明地展现中国思想,更加响亮地提出中国主张。要主动设置议题,勇于参与世界范围的"百家争鸣"。《丛书》定位于对当代中国学术思想的独家诠释,内容是原汁原味的中国学术,具有学术"走出去"、参与国际学术对话、扩大我国学术思想影响力、增强中华文化软实力的条件。《丛书》通过生动的叙述风格传播中国学术、中国文化,全面、集中、系统地反映我国当代学术的建构过程,让世界认识"学术中的中国""理论中的中国""哲学社会科学中的中国"。习近平总书记强调,把中国实践总结好,就有更强的能力为解决世界性问题提供思路和办法。《丛书》通过对当代中国学术思想史的描绘,让世界了解中国特色的学术发展之路,进而了解中国特色社会主义文化和中国特色社会主义道路。《丛书》中的《当代中国法学研究》《当代中国宗教学研究》《当代中国近代史研究》《当代中国近代社会史研究》等已经翻译成英文、德文等多种语言，分别在有关国家出版发行，为当代中国学术思想的国际化传播开拓了新路。

目前，《丛书》完成了出版计划的一部分，未来要继续作好《丛书》出版工作。关键是要坚持正确的政治方向、学术导向和价值取向。要提高政治站位，增强"四个意识"，坚定"四个自信"，做到"两个维护"，在思想上、政治上、行动上同以习近平同志为核心的党中央保持高度一致。要坚持马克思主义的指导地位，特别是用习近平新时代中国特色社会主义思想指导学术思想史研究和出版工作。要落实意识形态工作责任制，做到守土有责、守土负责、守土尽责。作好《丛书》出版工作必须坚持以质量为生命线。在任何时候都要坚持质量第一的方针，坚持"宁缺毋滥"的原则，多出精品力作。要把社会效益放在首位，实现社会效益和经济效益相统一。要严格遵守学术规范，秉承认真负责的治学态度，严肃对待学术研究，潜心研究，讲究学术诚信，拿出高质量的学术成果。

当今世界处于百年未有之大变局，中国特色社会主义进入新时代，这都对哲学社会科学提出了更高的要求，广大哲学社会科学工作者要积极响应习近平总书记和党中央号召，以习近平新时代中国特色社会主义思想为指导，努力提高政治站位，增强思想自觉，敢于担当，奋发有为，繁荣中国学术，发展中国理论，传播中国思想，加快构建中国特色哲学社会科学"三大体系"，为实现"两个一百年"奋斗目标，实现中华民族伟大复兴的中国梦作出应有的贡献。

是为序。

2019 年 10 月

序 一

中国社会科学出版社计划出版《当代中国学术思想史丛书》，这对传承我国学术史研究的历史传统，繁荣发展哲学社会科学具有重要的意义。

一

《当代中国学术思想史丛书》（以下简称《丛书》）是近几年中国社会科学出版社吸取了我国哲学社会科学界专家学者的建议，经过广泛深入的学术咨询和学术研讨，才确定的重要出版项目。

《丛书》涉及历史学、考古学、文学、哲学、美学、宗教学、逻辑学、法学、教育学、民族学、经济学、国际政治学、国际关系学、敦煌学、语言学、简帛学等不同的学科和研究领域，内容丰富，能够比较全面地反映当代中国哲学社会科学领域的研究状况。《丛书》执笔者均为国内知名的学科带头人，在相关领域有长期深入的研究，这支作者队伍是《丛书》质量的重要保证，也折射出中国社会科学出版社对这套《丛书》立项的重视。

《丛书》包括三部分内容：一、当代中国学术史；二、年度综述；三、前沿报告。出版的是当代中国学术史的部分成果，展示了新中国特别是改革开放以来哲学社会科学相关领域建设与发展的状况，是对该时期相关学科发展历程与收获的检阅与巡礼，反映了中国哲学社会科学各个学科进步的内在动力和创造，实际上是一部规模恢弘的中国哲学社会科学学科发展史，必将为中国哲学社会科学的学科发展奠定良好基础，有力促进其繁荣与发展。

二

在我国，学术史撰写具有悠久的历史传统和鲜明的特色。"学术"一词，先秦典籍已有（如《礼记》等），有时被简称为"学"，如"世之显学，儒墨也"（《韩非子·显学》）、"论学取友"（《礼记·学记》）等。"学术"概念的内涵，历来学者们多有探讨。在中国学术史上，人们对"学术"的理解和界定是多元的，很难用一种固定的含义来把握，但是又具有相对稳定和明晰的意义。"学术"自然含有"学"与"术"两方面的内容，用今天话说既有理论意义，又有实践作用；"学"与"术"在中国传统学术观念中是不可分割的，所以被《庄子·天下》称作"道术"。梁启超、钱穆先生各自都撰有学术史著作，其"学术"比较接近班固《汉书·艺文志》的某些内容，相当于今天我们所说的"观念文化"，涵盖哲学、经学、史学等的思想观点、理论体系和研究方法。梁启超曾在《学与术》一文中，根据体用原则对"学"与"术"的关系作了发挥，认为"学者术之体，术者学之用。二者如辅车相依而不可离。学而不足以应用于术者，无益之学也；术而不以科学上之真理为基础者，欺世误人之术也"（《饮冰室文集》之二十五下），就具有近现代学术的基本风貌和精神，体现了学术史的时代性。

先秦时期的《庄子·天下》、《荀子·非十二子》（当然，也有学者根据《韩诗外传》所引，认为是《非十子》，如章学诚等）、《尸子·广泽》、《吕氏春秋·不二》、《韩非子·显学》等都是我国古代学术史的经典作品。

《庄子》称"道未始有封"（《齐物论》）、"道术无乎不在"（《天下篇》）、"无所不在"（《知北游》），都在强调道具有普遍性和无限性，并且寓于万物中，不能瞬息离开万物。《天下篇》还简明扼要地勾勒了先秦学术史的演变脉络，即"神巫之学""史官之学"到"百家之学"的过程，"天下多得一察焉以自好""道术将为天下裂"正反映了春秋战国时期学术分化、发展与演进的史实，即由"官师合一之道""官守学业"到"私门著述"（章学诚《校雠通义·原道》）的变化历程。这些论述都具有深邃的学术视野，有助于后人研究先秦时期的学术史。还有，《荀子·非十二子》集中论述了先秦它嚣魏牟、陈仲史䲡、墨翟宋钘、慎到田骈、惠施邓析、子思孟轲共十二子的学术内容与弊端，表彰仲尼子弓、舜禹之道，主张"上则法舜禹之制，下则法仲尼子弓之义，以务息十二子之说，如是则天下之害除，仁人之事毕，圣王之迹著矣"。《吕氏春秋·不二》指出"老聃贵柔，孔子贵仁，墨翟贵廉（疑应为'兼'），关尹贵清，子列子贵虚，陈骈贵齐，阳生贵己，孙膑贵势，王廖贵先，兒良贵后"的学术差异，希望能够从不同的学术见解中找出其相同点。《韩非子·显学》比较详细地描述了儒墨两派显学的发展状况，保留了"儒分为八，墨离为三"的儒墨学派演变的资料，为后人研究指出了方向。不过，韩非重点批评的是"愚诬之学"，认为"无参验而必之者，愚也；弗能必而据之者，诬也"，强调"参验"的重要性。

从先秦学术史资料中可以看出，"和"是有差别（矛盾）的统一性，而"同"则是无差别的统一性。孔子明确地指出，他自己主张"和"而反对"同"。在以孔子为代表的儒家思想的影响下，中国古代学术史要求从不同的学术思想派别中找到它们的统一性，这个目标促使中国古代学术思想既重视研究事物的相异面，又要找到它们之间的统一性，这是中国古代学术史能够持续发展的方法论和认识论的理论依据。

《史记·太史公自序》载司马谈《论六家要旨》，从《易大传》"天下一致而百虑，同归而殊途"开端，分述阴阳、儒、墨、名、法、道德六家学术要旨，认为它们都有共同的目标，只不过出发点不同，理论的深浅有别。在分类上，以各家各派的派别名称取代具体的代表人物，是学术史发展的必然趋势，评论褒贬有度，反映了当时学术发展的趋势。西汉末刘歆《七略》，也是重要的学术史作品，后被吸收进《汉书·艺文志》中。《汉书·艺文志》历来受到学者们的重视，曾被清代学者章学诚称为"学术之宗，明道之要"（《校雠通义·汉志六艺》）。《七略》《汉书·艺文志》最重学术源流，对后世学术史影响很大。我国古代正史中的《艺文志》（或《经籍志》）、《儒林传》等包含了丰富的学术史内容，成为学术史研究的重要资料。

从宋代开始，出现了以学派为主的学术史典籍，如南宋朱熹《伊洛渊源录》（这是学案体学术史的开创之作），明代周汝登《圣学宗传》，明末清初孙奇逢《理学宗传》等，均具备以学派为主勾勒学术思想演变的雏形。《伊洛渊源录》收录周敦颐、二程、邵雍、张载及程门高足的传记与时人评价，贯穿着洛学学派的学术思想，邵、张仅被视为洛学的羽翼，这一点未必准确。《圣学宗传》欲会通儒释，后被黄宗羲等批评。《理学宗传》虽网罗学派较多，但以程朱、陆王为主贯穿学术史。可见在学术史上真正会通各个学派并不是一件轻而易举的工作。

清朝初年，黄宗羲《明儒学案》和黄宗羲、全祖望等《宋元学案》则是学案体学术史的集大成者。《明儒学案》是一部系统的成熟的学案体学术思想史著作，侧重分析各家学术观点，"为之分源别派，使其宗旨历然"（《明儒学案·序》），体例上以"有所授受者分为各案，其特起者，后之学者，不甚著者，总列诸儒之案"（《明儒学案·发凡》），按照人物学术思想异同划分学派归属，处理学案分合。《宋元学案》出于多人之手，经历曲折，但卷帙浩大，资料丰富，注重人物之间的师承关系，并将其作为认定学派的主要依据。这种注重学术宗旨、学派传承的研究方法，对清代江藩《国朝汉学师承记》《国朝宋学渊源录》等都多有影响。

在我国近代，有些学者自己撰述学术史著作，其中有些成为传世之作，如梁启超《中国近三百年学术史》《清代学术概论》，钱穆《中国近三百年学术史》等。他们所阐述的"学术"，包含对中国传统思想文化的理解，也包括关于现实政治思想的评价等，具有综合性的特色。20 世纪末、21 世纪初，我国学人力图恢复这个传统，在新的起点上进行关于中国学术史著作的撰述。

今天我们看到以"学术史"命名的著作已有若干种，有的偏重于中国文明起源的研究；有的着重典章制度源流演变的探讨；还有的侧重历史文献和出土文献的考察。这些毫无疑问都属于"学术"范畴，从不同的角度和学科去研究具体学科的演变，总结学术经验与教训，为学科学术的未来发展提供借鉴，无疑是一件有意义的事情。

三

我国历史上的学术史传统源远流长，它是中华文化的智慧结晶和文化宝藏。无论是序跋体、传记体、目录体、笔记体、学案体、章节体、学术编年体等，中国学术史的优秀传统大体上可以归纳为：

1. 重视文献资料考订，坚持"明道之要"的学术原则。学术史著作重视文献资料考订，将学术史建立在可靠的资料基础上，这是学术史研究的基础。前贤在梳理学术史时，除强调实事求是，斟酌取舍，重视无征不信外，还主张"学"与"术"的结合，既重视文献资料的整理爬梳，又重视文化意义与学术精神的彰显弘扬。这就是学术史著作有关于"明道之要"（《校雠通义·原道》《校雠通义·补校汉艺文志》）的原因。《明儒学案》主张学术史研究要努力反映各种学术体现"道"的宏大与无所不包，"学术之不同，正以见道体之无尽"，并以大海与江河等关系为例："夫道犹海也，江、淮、河、汉以至泾、渭蹄涔，莫不昼夜曲折以趋之，其各自为水者，至于海而为一水矣。"（《明儒学案·序》）江淮河汉虽各有曲折，但都同归于海；学术虽有学派的不同，但都是道的体现。

2. 注重学术变迁的源流和发展脉络考察。"辨章学术，考竟源流"（《校雠通义·焦竑误校汉志》）一直是学术史的传统。如在《庄子·天下》《荀子·非十二子》以及《史记》史传作品的影响下，探讨学术流变的传承变化，成为学术史的重要内容和特色，《七略》《汉志》重学术源流后成为学术史著作的通例。

3. 重视对于学术史中不同学派特色的研究，揭示它们在中国学术史上的独特贡献。在对学派学术特色把握的基础上，重视研究不同学派间思想的差异与融合，则是学术繁荣和发展的生命。战国时期诸子百家之学的争辩交融，汉唐宋元时期儒、道、佛三教的发展与融合，明清时期中学与西学的会通，均深藏着相反而相成的学术精神。清初，黄宗羲、全祖望撰《宋元学案》，以理学家为主干，但并不排斥其他学派的学者，如永嘉学派的陈亮、叶适，王安石新学，苏氏蜀学，强调不同学派的交流影响，相反相成，正如黄宗羲主张的："有一偏之见，有相反之论，学者于其不同处，正宜着眼理会，所谓一本而万殊也。以水济水，岂是学问！"（《明儒学案·发凡》）

4. 继往开来，重视学术创新与进步。中国古代学术著作，在梳理学术流变的过程中，侧重学术的继往开来，袭故弥新，"以复古为解放"（《清代学术概论》）。不夺人之美，不隐人之善，否则，将被视为"大不德"（《清代学术概论》）。《四库全书总目》在一定程度上吸收了当时的研究成果，订正某些缺失，提要穷本溯源、辨别考证，展现了学术史的发展脉络和成果。正是这种订正增补，反复斟酌，使学术史长河滔滔不息，绵延两千多年而不绝，即使在民族遭遇重创的危机关头，中华文化中卓著的学术精神依然能够鼓励世人勇挑重担，成为民族发展的脊梁，正因为如此，学术兴替往往被视作民族精神生死存亡的大事。

5. 学术史带有明显的整体性、综合性、学术性，力求将学术思想、政治、经济、文化思想等熔于一炉，避免支离破碎。《庄子·天下》说："后世之学者，不幸不见天地之纯，古人之大体，道术将为天下裂。"《天下篇》的作者看到关于天地的整体学术被分裂为各个不同的部分，"譬如耳目鼻口，皆有所明，不能相通"，这很有见地。古代因为还没有现代意义的学科观念，传统的经史子集提供了更多融通交流的机会和可能，使传统的学术史研究能够注重整体性、综合性、学术性，并具有浓郁的民族文化的特色，又有很强的时代性。

四

中国古代学术史是我们宝贵的思想文化财富，在新时代如何吸收其优长，从更加开阔的学术视野出发，不仅看到思想史上学派间的差异，更加着力研究"差异"是如何转化为"融合""会通"的。如果我们能够在这方面进行细致的梳理研究，找出"融合"的关节点，以及"会通"与"创新"的关系，也许这是克服学术史研究中某些概念化、公式化的有效途径，使学术史研究更加具体、实在，逐步接近于学术史的原貌。

中国古代学术史重综合、完整与学术的特征在今天仍然具有时代意义。虽然现在的哲学社会科学主要是分门别类的研究，当然这是学科分化与发展的标志，但是由此而带来的学科分离与隔绝，则是学者们需要关注的问题。学科间的会通，是学科发展特别是交叉学科、跨学科、新兴学科产生和发展的关键。在西方，自文艺复兴以后，人文社会科学的发展，得益于经济学、社会学、地理学、人类学、心理学、人口学、语言学等学科的交流和相互借鉴，而且与自然科学的发展紧密相关，这个经验值得借鉴。

我国哲学社会科学的发展，需要学科间的交融（交叉融合），为此，可首先从不同学科的学术史研究着手，任何一门学科的学术史必然与其他学科有关，因此，对于学术史的研究，无疑为哲学社会科学各门学科之间的交叉与融合奠定了基础。可喜的是，当代中国学人已成功撰写了不少学术史著作，为我国哲学社会科学理论创新体系的建设提供研究成果。

《当代中国学术思想史丛书》的出版，肯定会为我国哲学社会科学的繁荣和发展作出新的贡献。

2010 年 7 月 16 日

序　二

何为中国近代史？这一发问如果是在20年前，甚至在10年前，回答是不同的。有关中国近代史的起止时间，在相当长的时间内，人们的认识是不一致的。在绝大多数的研究机构、高校与教科书中，1919年被视为中国近代史的终点，那以后的历史被称为"中国现代史"。近代史研究所率先把1840—1949年间的历史作为自己的研究对象，打破了1919年的藩篱。如今，多数人都会同意，中国近代史是1840—1949年间的中国历史。近代史时限的变迁，在某种程度上反映了近代史研究的深入，反映了人们对"近代"认识的深化。

"当代中国近代史研究系列"是对中华人民共和国成立以来中国近代史研究之研究，它以对1840—1949年间的历史的研究为考察对象，而无论这段历史研究在当时是被称为"近代史研究"，还是"现代史研究"。

民国年间，对于中国近代史的研究已经起步，但近代史学科获得迅速发展并成为系统的科学的研究则是在中华人民共和国成立之后。在以往学人的认知中，研究距离太近的历史难称学问，因为这一研究既可能包含着执笔人难以摆脱的情感倾向，又受制于历史结果还没有充分显现的现实困境，其研究结果便难以避免不够客观和不够准确的风险。因此，过近的历史是不宜研究的。"厚今薄古"的倡导，改变了这一状况，近代史研究受到前所未有的重视，获得空前发展。应该说，近代史研究的发展不仅仅是一项人为的政策的推动，实际上是适应了一个变动的社会的需求。社会发展对重新解释新近的历史提出了要求，人们需要认识刚刚过去的历史，肯定未来的发展方向。简言之，社会需要造成了中国近代史研究的大踏步发展。

近代史研究的发展进程大致与共和国的发展同步：当社会发展呈现繁荣景象时，学术发展亦呈现勃勃生机；当社会发展遭遇曲折时，学术研究亦出现曲折。因此，新中国成立以来的近代史研究亦大致可以1978年为界，分为两个大的发展时期。倘若细分，这两个大的时期内又可分为几个各具特色的发展阶段。对此，本丛书并未强求统一，而由各卷根据各自的学科发展特点来做分期研究。

总体而言，在前一阶段，中国近代史学科完成奠基并获得蓬勃发展。中国近代史作为一门独立的学科得到确认，并日益发展为历史研究中的显学。研究者以马克思列宁主义为指导来观察近代中国的发展过程，建立起比较系统的马克思主义近代史学科体系，并对近代史上的若干重大问题展开了实证性研究，形成了近代史研究的初步繁荣景象。

任何学术都难以避免时代的影响。社会发展对于近代史研究的需求，形成了强大的学科发展推动力，其利弊兼而有之。一方面，它促进了近代史研究的空前发展，另一方面，它的工具性要求，又不可避免地对近代史研究造成了困扰，这种困扰在前17年中便已存在，而在"文化大革命"中达到极致，其弊端彻底显现。"影射史学"一度使近代史研究在很大程度上沦为路线斗争的阐释性工具，沦为空头政治的奴婢，失去了自己的独立性，失去了自己的科学性。

"文化大革命"结束后的拨乱反正，使中国社会进入到一个新时期，也使近代史研究进入到一个新时期。社会的开放、思想的解放，为学术发展创造了一个宽松的环境，新论新知不断涌现，近代史研究的各个领域都出现了大发展，这一发展不仅表现在人们以新的视角来看待历史进程，观念和结论不断更新，还大量表现在对历史细节的还原上，各类史实的更正俯拾皆是。可以说，你很难找到一个原封不动停滞不前的领域。若干史实的重现和基本观念的拨乱反正，大大推动了近代史学科的发展，使人们对于近代史的认识更加接近历史的真实。

近代史的研究领域也大为开阔，由比较偏重政治史的局面，发展成多领域百花盛开的局面，形成了门类齐全的完整的近代史研究体系。传统的政治史、外交史、军事史研究新作迭出；原先基础较薄弱的文化史、思想史、经济史、社会史、民族史、边疆史研究有了极大发展；以往几近空白的人口史、灾荒史、观念史等新的研究领域不断开拓。在传统学科经历着知识更新的同时，新学科的发展势头迅猛，近代史研究整体呈现出蓬勃发展的局面。

改革开放以来近代史研究的发展，不仅得益于人们的思想解放，也得益于对外学术交流的拓展。不同文化之间的交流与借鉴是社会发展的重要途径，也是文化发展的重要途径。社会的开放，打开了人们的眼界，使人们看到了一个真实的而不是书本中的世界，造就了健康的理性的平等的世界观。人们不再一概以戒惧之心看待海外学术，而是以开放的胸怀取其精华。频繁的国际学术交流，缩小了中国史学与世界史学之间的距离，促进了中国近代史研究的繁荣。正所谓："文明因交流而多彩，文明因互鉴而丰富，文明因包容而发展"，诚哉斯言！

我们看到，学术发展与社会发展之间的关系绝不是被动的单向影响，而是互有影响互为促进。一方面，社会发展不断向学术研究提出新的命题，无论人们赞成与否，社会热点与需求总是要反映到学术研究中来；另一方面，学术研究的成果又影响了社会的认识。即使是一些在某些方面领先或超越了社会认识的成果，起初或许不能为社会所理解所接受，但数年或若干年后，它们逐渐为社会接受，成为社会认识，推动了社会的发展。这样的例子在改革开放以来的近代史研究中并不少见。

常有人感叹，今日之研究再无往日之"大师"再现。也有人忧虑，史学的"碎片化"及"多元化"正侵蚀着学科的发展。我以为，尽管这些现象确实存在，应该引起我们足够的注意，但却不必过于忧虑。或许是学科分工的过于精细，今日已很少得见过去那种百科全书式的大师，然而，与往日相比，更多的更为精深的研究在今天并不少见。科学研究本身就是一个探索的过程，既会有谬误的存在，也会有"无意义的碎片"的存在。正是在不断的切磋与争论中，谬误得以纠正，碎片得以扬弃与整合，科学得以向前推进。以此而观，今天的近代史研究仍然行进在健康发展的道路上，仍处于繁荣与可持续发展期。

史学的繁荣，并不在于观念或结论的一统，而恰恰在于学术论争所呈现出来的科学精神和求实态度的倡行。关于这一点，有关革命史范式和现代化范式的论争颇具典型意义。尽管两种范式的论争并没有结束，也很难得出孰优孰劣的结论，但越来越多的人认为，历史是丰富多彩的，对于历史的观察也应该是多视角多方位的,不必以一个范式否定另一个范式,实际上也不可能以一个范式取代另一个范式,不同范式的相互补充与共存,则更能展现历史的多重面相。革命史范式与现代化范式的讨论,对近代史研究的推动作用是显而易见的,它开阔了人们的视野,丰富了近代史研究。

正如改革开放的成果不只是体现在物质生活的极大改善,更为长远的是体现在人的思想变革上一样,近代史研究的繁荣,不仅是体现在科研成果的数量丰富上,这是外在的、有形的,而更为长远的无形的变化是,人们摒弃了非此即彼的思维方式,以更为宽广的视野更为宽容的态度来从事研究,以平等的态度来进行学术对话。这一思想方式的变化,影响深远,是近代史研究得以持续发展的长久性的保证。

知识的发展总是在前人知识积累的基础上进行的,历史学便是一门立于巨人肩膀之上的学问。近代史研究也是如此,它是在不断的积累和更新中发展的,今天的成就是一代代学者努力的结果。为进一步推动近代史研究的深入发展,回顾中华人民共和国成立以来近代史研究各分支学科的发展过程,把握学科的前沿动态,由此而明确今后的发展方向,是一项很有意义的基础性工作。

本丛书按专题分卷,分别为《当代中国近代史理论研究》《当代中国晚清政治史研究》《当代中国近代经济史研究》《当代中国近代思想史研究》《当代中国近代社会史研究》《当代中国近代文化史研究》《当代中国近代中外关系史研究》《当代中国民国政治史研究》《当代中国现代化史研究》《当代中国革命史研究》《当代中国台湾史研究》《当代中国抗日战争史研究》《当代中国近代史料学的轨迹和成果》《当代中国基督宗教史研究》《当代中国口述史研究》,另有《当代中国近代史研究》1卷,计16卷。

这些专题涵盖了近代史研究的主要领域,本所各研究室(编辑部)负责人及资深学者分别担纲相关各卷,全所同事广泛参与。杜继东及科研处的同事们承担了丛书的繁琐的组织工作,中国社会科学出版社的编辑人员承担了繁重的编校工作。在此,谨向为本丛书撰写和出版付出各种努力的同事们朋友们致以谢意。

该丛书中各种疏漏定然难免,我们期待着学界同行的指正。因受本所学科构成所限,丛书16卷并不能覆盖近代史研究的所有重要领域。我们设想,待未来时机成熟时,我们将邀请所外学者来共同参与这一工作,以形成一个更为完整的中国近代史学科前沿报告系列。

王建朗

2015 年 11 月 19 日

目　录

导　言 ………………………………………………………………（1）

第一章　近代文化史研究的历程 ……………………………（4）
　第一节　近代文化史研究的兴起与发展 ……………………（4）
　第二节　近代文化史研究的转向 ……………………………（18）
　第三节　文化转型研究的新进展 ……………………………（61）

第二章　近代文化史研究的理论方法 ………………………（71）
　第一节　文化史与近代文化史 ………………………………（71）
　第二节　近代文化史研究的理论问题 ………………………（88）
　第三节　近代文化史的研究方法 ……………………………（107）
　第四节　近代史研究的机构与课程设置 ……………………（112）

第三章　近代文化论争研究 …………………………………（119）
　第一节　研究成果概述 ………………………………………（120）
　第二节　总体研究趋向 ………………………………………（130）
　第三节　五四时期的东西文化论战 …………………………（138）
　第四节　科学与人生观论战 …………………………………（151）
　第五节　中国本位文化论战 …………………………………（159）
　第六节　近代中西医论争 ……………………………………（173）
　第七节　需要注意的问题 ……………………………………（177）

第四章　近代文化思潮研究 …………………………………（181）
　　第一节　保守主义 ……………………………………………（184）
　　第二节　自由主义 ……………………………………………（194）
　　第三节　三民主义 ……………………………………………（208）
　　第四节　新民主主义 …………………………………………（223）

第五章　近代文学艺术史研究 …………………………………（246）
　　第一节　近代文学艺术史研究概况 …………………………（246）
　　第二节　近代小说史研究 ……………………………………（249）
　　第三节　近代戏剧史研究 ……………………………………（261）
　　第四节　近代电影史研究 ……………………………………（276）
　　第五节　近代音乐史研究 ……………………………………（281）
　　第六节　近代绘画史研究 ……………………………………（291）

第六章　近代教育史研究 ………………………………………（325）
　　第一节　近代教育史研究概况 ………………………………（325）
　　第二节　教育制度与教育近代化研究 ………………………（336）
　　第三节　近代学校教育与留学教育研究 ……………………（347）
　　第四节　近代区域教育研究 …………………………………（362）
　　第五节　思考与展望 …………………………………………（369）

第七章　西学东渐与近代学术科技史研究 ……………………（376）
　　第一节　近代西学东渐研究 …………………………………（376）
　　第二节　近代西书翻译研究 …………………………………（390）
　　第三节　近代学术史研究 ……………………………………（404）
　　第四节　近代科技史研究 ……………………………………（423）

第八章　近代报刊史研究 ………………………………………（441）
　　第一节　研究历程 ……………………………………………（441）
　　第二节　史料整理与学术成果 ………………………………（447）
　　第三节　近代民营大报研究 …………………………………（458）
　　第四节　近代地方小报、女性报刊和画报研究 ……………（475）

第五节　报刊与近代社会变迁研究 ………………………………（505）
　　第六节　问题与趋向 …………………………………………………（518）

第九章　近代体育卫生与文化设施研究 …………………………（523）
　　第一节　近代体育研究 ………………………………………………（523）
　　第二节　近代医疗卫生研究 …………………………………………（537）
　　第三节　近代图书馆研究 ……………………………………………（551）
　　第四节　近代博物馆研究 ……………………………………………（581）
　　第五节　近代民众教育馆研究 ………………………………………（595）
　　第六节　近代文化社团研究 …………………………………………（609）

第十章　近代区域文化史研究 ………………………………………（638）
　　第一节　基本理论方法 ………………………………………………（638）
　　第二节　地域文化研究 ………………………………………………（643）
　　第三节　区位文化研究 ………………………………………………（692）

结语　社会文化史研究的突围之路 …………………………………（717）

后　记 ……………………………………………………………………（731）

导　言

新中国成立以后，尤其是改革开放以来，中国近代文化史研究作为一门新兴学科得到迅速发展并取得了突出成绩。改革开放初期的思想解放运动和20世纪80年代的"文化热"，直接推进了中国传统文化史研究的复兴。中国传统文化的特性及其与现代化、近代以来的中国新文化及西方文化的关系、中国传统文化的出路问题，引起了学术界的广泛关注。随着90年代"国学热"的兴起，中国传统文化史研究的领域逐步拓宽并向纵深发展。中国近代文化保守主义、中国近代知识分子、中国近代社会风俗风尚、中西文化关系、中国传统文化的近代转型等领域的研究逐渐深化，并出版了众多有特点的研究成果。从文化现代化视角重新评价中国近代文化人物，成为学术界的趋向，社会风俗、宗教、教育、科技、新闻、出版等过去比较被忽视的领域，也进入研究者的视野。

伴随着传统文化史研究的复兴，中国近代文化史的研究机构及学科建设加快推进。继复旦大学历史系成立中国思想文化史研究所、中国社会科学院近代史研究所设立文化史研究室之后，全国各高校陆续创建了专门研究中国文化史的学术机构，如清华大学中国思想文化研究所、黑龙江大学中国思想文化史研究所、山东大学传统文化研究所、湖北大学中国思想文化史研究所等。中国文化史研究的刊物也相继创办，其中比较重要的有中国艺术研究院主办的《中国文化》、北京语言大学主办的《中国文化研究》、南京博物馆主办的《东南文化》、四川社会科学院主办的《中华文化论坛》等；高等院校陆续开设了有关中国文化史的新课程，或称中国传统文化，或称中国文化传统，或称中国文化概论，或称中国文化史导论，精彩纷呈，出版了大量优秀的教材，形成了专业课教材与公选课教材相辅相成的局面。

20世纪90年代以后中国文化史发展的新趋势，是社会文化史研究的勃然兴起。刘志琴于1988年发表的《复兴社会史三议》一文，首次论述了文化史与社会史之间的连带关系，并提出了社会史与文化史相交织的"社会文化"及"社会的文化史"概念。此后，社会文化史的学科理论建设和研究实践逐渐展开并取得了一系列研究成果，吸引了越来越多研究者的兴趣，使这个新学科得到迅猛发展。长期无人问津或受人冷落的中国近代社会文化史研究领域，如近代科技文化、民间宗教、民间意识与观念、文化心态、公共空间、新词语与观念变迁、历史记忆、身体性别史、社会风俗等，均受到学术界的广泛关注，并出现了许多有分量的研究成果。

在中国社会文化史兴起之际，国际学术界出现了所谓"文化转向"，新文化史在西方学界悄然兴起。意义、话语、叙述、表象、文本、语境等，成为新文化史研究的工具。新文化史家强调的一切历史都是文化史、一切历史都可以作文化分析的核心理念，导致文化史研究范围的空前扩大。新文化史研究的重点，主要集中于社会与文化相互重合、相互渗透、相互交叉的领域，如社会生活、习俗风尚、礼仪信仰、大众文化、民众意识、社会心理、集体记忆、公共话语、文化建构与想象、公共领域、休闲文化、身体文化、物质文化、区域文化等。

社会文化史的兴起和新文化史的引入并日趋活跃，改变了中国文化史研究的基本格局，推进了中国近代文化史研究的深化，同时也带来了文化史学科属性与研究方法的困扰。文化史研究出现了学科属性差异而导致的方法困惑，出现了传统文化史重学科属性而忽视方法属性、新文化史重方法属性而否认学科属性的两难问题。传统文化史研究范式与新文化史范式在对于文化史的学科属性和方法属性上存在的根本分歧，困扰着21世纪以来的中国近代文化史研究。21世纪以来，学界同人在已有研究实践基础上，对传统文化史与新文化史的关系作了大胆探索，创建有中国气派和中国风格的社会文化史理论体系的条件逐渐成熟。

为了推进中国近代文化史研究的健康发展，学术界有责任全面回顾中国近代文化史研究的曲折历程，系统展示新中国成立以来中国近代文化史研究取得的成果，深刻总结中国近代文化史研究的发展经验，认真分析中国近代文化史研究的现状，发现并正视中国近代文化史研究存在的诸多问题，才能进而探明中国近代文化史研究的发展方向。这是编纂这部著作的主旨所在。

中国近代文化史研究的领域非常广泛，内容包罗万象，学术成果格外丰硕，难以短期内面面俱到地加以阐述。故这部著作按照中国近代文化演进的内在逻辑，采取了抓住重点领域、兼顾创新领域的书写策略，集中关注中国近代文化史研究的历程、理论方法、近代文化论争、近代文化思潮、近代文学艺术史、近代教育史、西学东渐与近代学术科技史、近代报刊史、近代体育卫生与文化设施、近代区域文化史10个方面，最后殿以《社会文化史研究的突围之路》作为结语，在论述中国近代文化史研究发展历程及其突出成就基础上，分析目前中国近代文化史特别是社会文化史研究所面临的新挑战及其突围之路，为未来中国近代文化史研究的发展方向提供初步意见。

第一章

近代文化史研究的历程

第一节 近代文化史研究的兴起与发展

一 起步中的初步成绩

中国是世界著名的文明古国，浩如烟海的文化遗存举世无双，强劲的文化传统传衍不息，但是在这个有着辉煌文化历史的国家，文化史研究却起步相对较晚。20世纪初，随着新学与旧学、中学与西学等文化论争的展开，中国文化史作为一门新兴学科起步并得到发展。中国文化史研究深受西方文化史研究的影响，并以政治、经济、军事以外的宗教、学术、艺术、科学、教育等为主要研究对象，注重对文化诸现象分门别类的描述。受中国治史传统的影响，民国时期的中国文化史研究偏重史料完备和叙事完整的研究，但对文化要素之间的联系性以及文化形态的整体性缺乏分析和阐发。五四时期东西文化论战和多种文化流派的激烈论辩，给中国文化史研究提供了丰富而生动的内容，出现了一批有代表性的研究成果。如1924年上海泰东图书公司出版的顾康伯著《中国文化史》一书，自上古述至清末，依朝代分为13章，每章内介绍当时的政治制度、刑法、宗教、农业、工业、商业、学术、选举等；1933年上海大东书局出版的顾康伯著《本国文化史》共4编32章，记述了中国上古、中古、近世文化史，着重研究历代典章制度、学术、宗教、生计、民风等；中华书局1928年出版的常乃德著《中国文化小史》共15章，叙述了中国上古到1928年所谓"中国文化运动"的文化思想史；上海北新书局1931年出版的杨东莼著《本国文化史大纲》分3编26章，阐述中国文化发展历程。该著尝试运用唯物史观研究中国文化史，认为人类的文化是人类的社会创造的，人类精神文化受经济基础决定；作者运用社会科学的分科研究方法，以事件性质为经、以时代的延续为纬，将每个朝代的内容定为三个部分：经济生活之部，包括农业、商业、工业、交通、财政、土地制度以及赋税制度等；社会生活之部，包括政制、刑制、教育、宗教、选举、家族、婚姻、丧葬等；智慧生活之部，包括哲学、文学和艺术等，该书深得当时学术风气之先，在中国文化史研究的学科建设上有所建树。

除柳诒徵的《中国文化史》之外，商务印书馆出版的《中国文化史丛书》共3辑41种，是最能代表民国时期文化史研究成绩的学术成果。这套成果主要有：《中国经学史》（马宗霍著）、《中国文字学史》（胡朴安著）、《中国训诂学史》（胡朴安著）、《中国考古学史》（卫聚贤著）、《中国音韵学史》（张世禄著）、《中国散文史》（陈柱著）、《中国俗文学史》（郑振铎著）、《中国绘画史》（潘天寿著）、《中国陶瓷史》（吴仁敬著）、《中国民族史》（林惠祥著）、《中国婚姻史》（陈顾远著）、《中国医学史》（陈邦贤著），及《中国水利史》（郑肇经著）、《中国交通史》（白寿彝著）、《中国度量衡史》（吴承洛著）等。中华书局于30年代出版的《中华百科丛书》《新中华丛书》《新文化丛书》《社会科学丛书》《国际丛书》等，也收录了许多有影响的文化史研究著作。

中华人民共和国成立后，中国文化史研究遽然冷却。虽然就文化史研究的局部来说，也不乏建树和发展，文化资料的积累和整理也相当丰富，有关中外文化交流史方面的论著也时有所见，但是作为最能代表文化史研究水平的综合性专著却几乎绝迹。据20世纪80年代初期编辑的《中国文化史研究书目》统计，1949年后30年间出版的有关文化史的综合研究，仅有蔡尚思的《中国文化史要论》，且基本上是书目评价。此时期，以思想史、艺术史取代文化史研究成为普遍现象。

二 文化反思中的再出发

"文化大革命"结束后，人们开始对"十年浩劫"进行反省，并开始从文化层面探寻造成"文化大革命"的深层原因，由此再次启动了文化史研究。人们由思想解放和现代化的需要，开始对与现代化有关的许多文化问题进行反省，这就引起了人们对以往的文化，包括中国传统文化和近代以来的文化以及西方文化等进行深入思考。由此在20世纪80年代初的中国学术界出现了"文化热"。由这种文化反思热潮，自然引发了对以往文化史，特别是近代文化史的回顾反省，因而出现了文化史研究的复兴。

中国的自然科学界率先从文化角度反思近代中国科学落后的原因，从而走进历史的深处。1982年10月在成都召开的"中国近代科学落后原因"学术讨论会，提出从文化传统探索近代中国科学落后原因的命题。古代中国的科学技术长期领先世界，在人类文明史上留下辉煌的篇章，为什么近代科学不能在中国产生，反而大大落后于西方？这一问题在80年代初期提出，是醒目而严峻的。与会者思想活跃，有的从中国科学内在缺陷方面分析，认为在中国古代科学技术成果中，技术成果占绝大多数，技术结构的非开放性，加重了技术转移的困难，儒道互补的文化体系使得理论、实验、技术三者互相割裂，不能出现相互促进的良性循环；有的认为，中国封建主义的用人制度排斥和鄙弃科学技术，缺乏产生近代科学的社会条件；有的则认为以伦理为中心的文化类型，不存在独立于政治意识以外的学术思想，这是中国不能孕育近代科学体系的重要原因。就会议提供的论文来说，对近代科学落后原因的分析未必充分，但是从文化传统方面提出命题，涉及中国沿袭数千年的价值取向、思维方式、民族心理能不能适应现代化这样一个重大问题。这也是中共十一届三中全会以后，实施开放政策，引进西方先进的科学技术，首先在自然科学界激起回应的原因所在。

1982年12月，由中国社会科学院近代史研究所文化史研究室、复旦大学历史系和联合国教科文组织《人类科学文化史》中国编委会，共同发起在上海召开的"中国文化史研究学者座谈会"，会聚了来自全国30多个单位的专家学者。会议呼吁大力开展中国文化史研究，以填补这一"巨大空白点"。这是1949年以来第一次文化史学术研讨会。会议还决定并在1984年正式创刊发行了由中国社会科学院近代史研究所文化史研究室和复旦大学历史系中国思想文化史研究室共同主办的1949年以来第一份文化史研究刊物——《中国文化》研究集刊（复旦大学出版社1984年3月出版第1辑，1985年2月出版第2辑）。

1983年5月，在长沙举行的全国历史学科规划会上，就如何加强对中国近代文化史的研究进行了讨论，提出《关于"六五"和"七五"期间开展中国近代文化史研究的初步设想》。7月20日，北京市历史学会举行中国近代文化史座谈会，邀请首都各高等院校，中国社会科学院中国近代史研究所、历史研究所、哲学研究所以及出版界、新闻界的专家学者30

余人与会。1983年9月，北京市历史学会编辑《中国近代文化史研究专辑》，收录1983年7月20日召开的中国近代文化史座谈会与会者文章。文章主要有戴逸的《开展中国文化史研究 重视中外文化的交流》；李侃的《就中国近代文化史提出几个问题来讨论》；刘志琴的《建设近代文化史 为历史学的繁荣增辉添彩》；方汉奇的《研究近代文化史要重视近代报刊资料》；王晓秋的《中国近代文化史的研究工作亟待加强》；徐宗勉的《使历史成为有血有肉的东西》；龚书铎的《关于中国近代文化史研究的一点想法》；李文海的《一举三得——也谈中国近代文化史研究》；张琢的《中国近代文化史要在分析的基础上进行综合研究》；陈铁建的《门外杂谈——文化、文化史研究》；耿云志的《文化与文化史研究刍议》；赵金钰的《关于中国近代文化史的研究》。该辑收录了《关于"六五"和"七五"期间开展中国近代文化史研究的初步设想》。1983年9月28日的《光明日报》，刘志琴发表《关于文化史研究的初步设想》一文，第一次公开提出应当关注中国文化史研究。1984年8月，中华书局出版《中华近代文化史丛书》。同年11月，在郑州召开首次全国性中国近代文化史学术讨论会，进一步推动中国近代文化史的研究。

1982年召开的"中国文化史研究学者座谈会"和1984年正式创刊的《中国文化》研究集刊，是新时期中国文化史学科开始复兴的标志。此后，学术界陆续出版了数量众多的研究论著，文化史刊物也不断出现。文化史研究蓬勃开展起来，成为80年代史学界的热门学科。此时文化史研究，集中于对传统文化与现代化的关系、近代以来中西文化关系等问题的认识。

与一般社会时尚不同，"文化热"需要有学术研究的积累。早在1980年，李泽厚在《孔子再评价》一文中已经提出研究民族文化心理结构转换的问题。当时理论界大多关切孔子的评价，而对文化研究中这个具有近代意义的课题并未引起应有的重视。直到1983年9月28日，《光明日报》才发表了刘志琴的《关于文化史研究的初步设想》一文。该文是新中国成立后见诸报端并从总体上研讨中国文化史的首篇文章。文化史研究的勃兴，时代的需要是决定性的因素。1984年经济改革的全面铺开，对文化研究起了明显的增温效果。人们正是从对中国传统文化的反省、中西文化的比较和民族文化心理的剖析中，发掘有利于现代化的因素，转变观念，以建立与社会主义商品经济相适应的文化意识和心态，给现代化赋予新的精神动力。

三 80年代的研究热点

20世纪80年代兴起的"文化热"突出了传统文化与现代化的问题。从中国近代历史演变的角度总结中华民族追求文化近代化的历程，成为当时中国学术研究的热门话题。据不完全统计，从1983年到1989年，国内学术界共发表了有关中国近代文化史研究论文600多篇，关注的论题主要集中于五个方面。

第一，文化近代化起点问题的论证。关于中国近代化的起点问题，1949年以前有宋元说、明清说、鸦片战争说，莫衷一是。1949年以后大体趋向于鸦片战争说。由于这一学说与中国近代社会的变革联系在一起，因此鲜有争议。20世纪80年代有关明清之际是中国文化近代化开端的观点异军突起，引人瞩目。这一说法的提出，20年代有梁启超，50年代有侯外庐，但从论证上来说，自侯外庐的《中国早期启蒙思想史》后，20多年无重大进展。值得注意的是，80年代以来有一批老中青学者再次提出这一课题，并加以论证，认为明清之际出现了突破封建藩篱的早期民主主义意识；注重新兴的"质测之学"，吸取科学发展的新成果；开辟一代重实际、重实证、重实践的新学风。有的认为，过去对这一观点的论证基本局限在精英文化的层次，研究的深入，有待扩大视野，从社会史的领域发掘大众文化资料。中国文化的近代化起自明清之际，经历了开启—中断—再开启的过程。与西方人文启蒙不同，中国早期启蒙的特点是政治伦理的启蒙，这主要表现为对忠君信条的怀疑、抨击与批判，而且下延到广大民众。持有上述看法的文章，实际上是在不同程度上对美国学者费正清论述中国近代史的"冲击—反应"模式表示了异议，认为这一见解忽视了中国社会和文化自身的变异，因此，发掘中国传统社会萌发近代化的思想资源是该问题取得进展的关键。

第二，对文化近代化历程的回顾成为敏感问题。对洋务运动及其思潮的评价是个颇为敏感的问题，1949年后，学术界对此一贯持批判态度，很少发表不同意见。80年代后，学术界从近代化进程的角度对此进行重新审视，提出洋务思潮的概念。有的论者认为，洋务思潮既有世界潮流的影响，也是龚、魏经世致用思想发展的必然结果，它以"变通""师夷""工商立国"为特点，对封建传统有一定的冲击作用。有的对"中体西用"作出新的解释,认为"中体西用"是利用儒家传统引进西方文化,减弱学习西方的阻力,力图在传统文化中找到西学的生根之处,通过对西学的吸收实现中国文化的自我更新。所以,"中体西用"虽然本身有不可克服的矛盾,但在当时起了好的作用。与此有关的是对洋务运动的评价,有的认为洋务运动构成了学习西方的重要环节,是促进民族资本主义发展的时代潮流,其历史作用不能低估。持否定意见的则认为洋务运动是政治运动,从它与帝国主义、封建主义和民族资本主义的关系来看,主要作用是消极的。

与此相联系的是关于"西体中用"的争论。李泽厚在《西体中用简释》一文中对这一命题作了阐释,认为"体"是社会存在、生产方式、现实生活以及生长在这体上的理论形态。现代化不等于西方化,但西体的实质就是现代化,这是指以西人为代表的现代化的历史进程。马克思主义就是从西方社会存在本体中产生的科学理论,正是从这个意义上才可谓西体,而"中用",就是怎样结合中国实际加以运用。附议者认为,"西体中用"论旗帜鲜明地支持改革开放,虽然将中西文化纳入"体用"范畴不尽准确,但方向是对的。有的还补充说,"西体"的主要部分应是商品经济,发展商品经济必然与传统体制发生矛盾,提出这一观念以与"中体西用"相对立,其意义是重大的。

第三,对五四精神的省思和不息的争议。以德、赛两先生作为五四精神的两大旗帜,在学术界历来鲜有异议。20世纪80年代以来对五四精神的再研究中出现了新的见解,认为民主是人的社会解放,科学是人的自然解放,因此五四精神可归结为人的解放运动。王元化认为五四文化思潮的主流是不是民主和科学还值得探讨,当年对这两个概念的理解十分肤浅,仅仅停留在口号上,近年来受到学术界重视的独立思想和自由精神,才是五四文化思潮的重要特征。五四运动作为一个历史文化概念,有的偏重它的救亡主题,视为爱国主义的政治运动;有的突出它批判传统的意义,认为是启蒙运动。李泽厚对此提出了自己的见解,认为五四新文化运动和爱国反帝运动是两个性质不同的运动,这两者由启蒙和救亡的相互促进发展到救亡压倒启蒙,忽视了对个体尊严和个人权利的尊重,导致三四十年代多次文化论战不彻底,遗留下早该解决的思想文化课题,等待今天去继续完成。有的认为,救亡唤起启蒙,启蒙为了救亡,戊戌时期是这样,五四时期也是这样,民主与科学精神贯穿五四运动的各个方面,影响整个时代，至今仍有现实意义。

第四，中国传统文化特性及其现代化成为热点问题。中国传统文化的特性问题，实际上是怎样认识和概括传统文化基本精神的问题。"文化热"首先在这个问题上引起争鸣。持人文说者认为，中国的人文主义的特点是强调和谐、义务和贡献，并从人际关系扩展到人与自然的关系，形成天人合一、主客互融的文化特色；主张人伦说者则认为，古人所谓人文是指人与人的等级隶属关系，每种关系都有相应的道德规范，人在这种模式中只有隶属他人才有存在的价值，很难有人权自主意识的觉醒，但是隶属观念又增强了人与人之间的相互依存和协调，有利于中华民族的凝聚，所以用人伦说更能体现传统文化以伦理为本位的特征；有的还认为，中国古代的人文主义是把人当作道德的工具，排除人的物质性和自然欲望，使人不成其为人，其结果是导向王权主义。

学界关于这个问题讨论的深入，必然提出传统文化在现代化的潮流中怎样才能获得新的发展机制的问题，亦必然要在中西文化的交流中寻找它们的异同、探讨其融合和吸收的历史经验，所以中西文化的比较研究与这一主题有一致性。海外华裔学者有关传统文化与现代化的见解在国内的引进，对活跃思想起了重要作用。具有代表性的论点，有力图从传统文化中发掘具有现代意义的因素，以谋求现代化的"儒学复兴"说；有认为在西方文化冲击下，作为文化核心的观念形态必须重建的"文化重建"说；也有认为在抨击传统中有害因素的同时，可以适当地对传统的符号和价值系统进行重新解释与建构的"创造性的转化"说；还有主张以多元开放的心态，建立以中国为本位的"中西文化互为体用"说，等等。

第五，弘扬传统与反传统的对峙及其发展。怎样对待传统文化，是个有世界意义的文化课题，由于近代中国社会变迁的激烈与反复，使这个问题的争议经常出现弘扬传统与彻底否定传统的两极对峙，在这两极之间又存在众说纷纭的歧见和程度不同的折中，从而使这一讨论具有更为复杂纷繁的内容。80年代"文化热"中，两极对峙的内容又有新发展。反传统的认为，"建立'现代'新文化系统的第一步必然是首先全力动摇、震荡、瓦解、消除旧'系统'，舍此别无他路可走"，因此主张与传统彻底决裂；维护传统的则认为，越是开放越要弘扬传统，21世纪将是儒学风行世界的新世纪。

进入20世纪90年代以后，"文化热"虽然有所退潮，但作为中国文化史重要内容的所谓"国学",不仅没有降温,反且成为新的热点。有人认为:"这种文化思潮既包涵着对80年代以来文化运作的反思,又对五四以来激进话语的反思;而它的发展也与目前冷战后的新世界格局有密切的联系,可以说是这一格局的一种文化反应。"所以,国学的重新提倡是对80年代反传统思潮的反拨,是作为与"西化"相抗衡的文化力量,重建信仰,以化解由市场经济带来的负效应。剧烈的社会变革引发社会秩序的失衡和人文精神的沦丧,使人们开始怀念传统的道德调谐;海外新儒家学派对中国传统文化的重新阐释,提高了国人的自信;西方后现代主义在国内的传播,又助长了回归传统的情绪。从总体上看,这股国学思潮,比五四时期的国学研究有较多的理性;比新儒家有较多的批判性;在整理古籍方面有一定的成效。

如何评价20世纪90年代兴起的这股国学热?客观地说,80年代"文化热"中出现的那种彻底否定中国传统文化的观点是一种偏差,但90年代不加分析地爆炒传统文化,以为只有儒家才能够拯救世界文明的观点,也是一个严重的认识误区。怎样科学地对待传统文化?怎样在批判旧观念的同时保持和弘扬优秀的文化传统?如何吸收西方文化的优秀成果,建设有中国特色的社会主义文化?其核心仍然是如何妥善处理中国传统文化与现代化的关系问题。

四 90年代后的新趋向

20世纪90年代初,随着文化研究视点的多元化和史学研究的平民化,中国近代文化史研究的内容逐渐从精英文化向平民文化转移。古往今来人们的生活风貌、衣食住行、社会交往以及人际关系等,都成为文化史研究的对象。这些生动活泼的历史内容,对人们具有独特的吸引力,从而促使文化史研究者及时调整了研究方向。学术界对近代知识分子、社会风俗风尚、中西文化关系等领域的研究逐渐深化,并出版了许多研究成果,出现了中国近代文化史研究的新趋向。

第一,中国近代知识分子群体研究和社会思潮研究取得了新进展。知识分子是文化传承的载体,知识分子的近代化与传统文化的近代化有紧密的联系。1949年以后30年的近代思想史研究多着眼个体人物的论述,对于知识分子群体的形成、特点和作用的研究,相当薄弱。80年代以来,已有改观。

中华书局1985年出版的钟叔河著《走向世界——近代知识分子考察西方的历史》，通过多侧面的研究，再现了早年出国的人们在认识介绍世界方面所经受的误解、屈辱、痛苦和走过的坎坷道路。人民出版社1987年出版的吴廷嘉著《中国近代知识分子》，吉林教育出版社1989年出版的王金铻著《中国现代知识分子的历史轨迹》，对近代知识分子成长的历程及命运作了宏观阐述。湖南人民出版社1988年出版的章开沅著《离异与回归——传统文化与近代化关系试析》，则通过对开创新制度的近代思想先驱的分析，揭示了他们对于传统文化所存在的离异与回归两种倾向，深化了人们对近代知识分子特性的认识。

90年代以来，陆续出版了一批有分量的著作。学林出版社1993年出版的李长莉著《先觉者的悲剧——洋务知识分子研究》对洋务知识分子的产生及特性作了分析，对他们致力于引进西方科技文化而又受到旧体制的约束和传统士人的排斥的悲剧命运作了揭示，认为其悲剧反映了中国文化推陈出新的艰难历程。学林出版社1991年出版的许纪霖著《智者的尊严：知识分子与近代文化》、复旦大学出版社2003年出版的《中国知识分子十论》，则通过对近代若干重要人物的分析，揭示了知识分子群体对中国近代文化发展的深刻影响。

由于1949年以后极"左"思潮的影响，有些在近代文化史上起过重要作用的人物成为批判的对象，评论有失公允。四川人民出版社1985年出版的耿云志著《胡适思想论稿》，是第一部突破胡适研究禁区的学术著作。此后，从文化近代化的视角重新评价近代人物成为研究的热点，像郭嵩焘、章太炎、辜鸿铭、康有为、梁启超、梁漱溟、瞿秋白、张东荪、曾国藩、李鸿章、杜亚泉、陈序经等都引起了学术界的研究兴趣，并发表了众多的学术论文，出版了不少研究论著。其中比较重要者，有上海人民出版社1991年出版的马勇著《梁漱溟文化理论研究》、中州古籍出版社1992年出版的易新鼎著《梁启超和中国学术思想史》、北京师范大学出版社1993年出版的郑师渠著《晚清国粹派文化思想研究》、广东人民出版社1994年出版的耿云志和崔志海合著《梁启超》、百花洲文艺出版社1995年出版的姜义华著《章太炎评传》、中国社会科学出版社1998年出版的左玉河著《张东荪文化思想研究》、浙江人民出版社1998年出版的高力克著《杜亚泉思想研究》、天津人民出版社2003年出版的刘集林著《陈序经文化思想研究》等著作，对深化中国近代文化史研究有重要作用。

第二，区域文化史研究日趋兴旺。"文化热"带动了区域文化史研究的活跃，这是学科建设的一大成效。起步较早的吴越、楚、巴蜀文化研究向纵深发展，后起的齐鲁、燕赵、湖湘、闽粤文化从点向面铺开。古代区域文化研究的兴旺促进了近代区域文化研究从无到有的开拓。近代湖湘文化研究成果表明，经世致用学说的传播和劲直尚气民风的形成，导致了湖南功业之盛在近代举世无出其右的局面。海派文化研究揭示了以个体为本位的市民心态的形成，对于物质功利的务实精神、精明敏锐的人生态度，以及某种浮躁和浅薄的市民习气。京派文化研究则多从文学、戏曲着眼，揭示其沉稳、凝重的社会意识。租界文化研究是一个富有开拓性的课题。租界是一个驳杂的移民社会，这一社区对传统观念的淡薄，对外来文化的优容，成为近代文化研究中一道独特的风景线。此项研究普遍采用了社会学的调查和口述历史方法，从而扩大了历史的视野。

20世纪末中国近代文化史研究的兴旺，使人很自然地想到五四时期的"文化热"。这两次文化讨论相距七八十年，几乎间隔有三代人之遥，虽然许多课题是那么相近、相似，然而这并不是简单的重复或延伸。21世纪以后中国近代文化史研究重新崛起，就其学术成果来说，无论从数量上还是在深度的开掘方面，都具有五四时期所没有的广度和力度，并以新领域的开拓为世人所瞩目。

第三，中国近代社会文化史研究的崛起。社会文化史是介于社会史和文化史之间的新兴学科，是社会史与文化史相结合的交叉学科。从文化史和社会史交叉的边缘而萌生的社会文化史，因为视角下移到平民百姓，开拓新的研究领域，充实文化史的学科建设。

值得注意的是，思想文化史研究与思想史研究出现交叉共融的倾向。这种倾向共同推进近代文化史和近代思想史研究的深入。以往研究近代思想文化史多注意西方的影响，而将传统作为与西化或近代化相对立的一面予以否定。随着近年反思文化传统思潮的兴起，许多学者开始注意探讨近代思想文化与传统文化内在联系的一面。从宏观上探讨近代文化与传统文化关系的论著颇多。《湖北大学学报》1992年第4期刊发的冯天瑜的《中华元典精神与近代化》，探讨了中国近代化进程与古代《诗经》《尚书》等典籍所包藏的基本精神之间的联系。《北京师范大学学报》1992年第5期刊发的龚书铎的《晚清的儒学》，对晚清儒学各派的流变进行了清理，认为理学、今文学和汉学三派都有过兴盛，但均未形成哪派独盛局面。上海人民出版社 1992 年出版的马勇著《近代中国文化诸问题》,以近代以来几代思想家对传统文化的态度和中西文化关系的认识为线索,对近代文化思潮做了系统评析。《天津社会科学》1992 年第 1 期发表的侯杰的《论晚清早期改良派的思想特征》指出,在早期改良派人物的思潮中,保存着大量传统思想武器。《江海学刊》1992 年第 6 期发表的李良玉的《儒学道统在中国近代的崩溃》认为,儒学道统与近代化方向在知识结构、政治观念、权力机制、社会调节、时代精神等方面都碰到了不可克服的矛盾,并由否定政治权力而蔓延到否认思想传统。

有些学者从革命运动与传统文化的联系的角度来阐释近代思想文化史。《中国社会科学院研究生院学报》1992 年第 3 期发表的王庆成的《儒学在太平天国》指出,太平天国政权否定传统儒家文化以致减弱了对知识分子的吸引力,是太平天国运动失败的重要原因。《学术论坛》1992 年第 4 期发表的蔡泽军、张红的《刍论宗教、儒学与太平天国的人才选拔》,阐述了宗教与儒学的矛盾冲突对太平天国人才选拔的影响。《复旦学报》1992 年第 3 期发表的王振忠的《从客家文化背景看〈天朝田亩制度〉之由来》认为,天朝田亩制度主要解决的是土、客之间的矛盾,而不是贫富悬殊的问题。《近代史研究》1992 年第 1 期发表的欧阳跃峰的《义和团运动与中国传统文化》认为,义和团运动是长期民族文化积淀的外化形式,从忧患意识到反帝爱国,从夷夏之辨到笼统排外,从天人合一到神助扶清,都可以看到与传统文化的联系。《历史研究》1992 年第 4 期发表的吴雁南的《"心学"与辛亥风云》探讨了资产阶级革命派利用儒学的分支——"心学"来鼓吹革命的作用及影响。《安徽史学》1992 年第 2 期发表的马勇的《辛亥后尊孔思潮评议》认为,辛亥革命后帝制变为共和,意识形态上需要相应转换,南京临时政府提出废除尊孔,但与民众的观念相脱节,由此导致国人信仰危机,故有人为确认民族统一信仰而重提尊孔,并得到了许多人呼应。

有些学者探讨了历史人物与传统文化的关系。《学海》1992 年第 1 期发表的李怀印的《儒家传统与张謇的一生》,从伦理思想、人生哲学和实践等方面探讨了儒家传统对张謇的影响,表现为忧患意识和力行精神,使他最终选择了实业救国道路。《近代史研究》1992 年第 3 期发表的罗检秋的《梁启超与近代墨学》认为,梁启超对墨学的研究和宣传,提高了墨学的文化地位,并影响了一大批学者。《历史研究》1992 年第 2 期发表的耿云志的《胡适整理国故平议》，对于新文化运动中胡适提出"整理国故"的口号是开历史倒车的观点，提出不一致的看法，认为这一口号是有一定积极意义的，一是为了吸收外来文化，二是通过这一口号来启示做学问的方法。《历史研究》1992年第2期发表的林甘泉的《郭沫若与中国传统思想文化》认为，郭沫若在文史哲取得的成就得益于其深厚的中国传统文化素养。

中国近代文化思潮是学术界研究的热点领域。近代以来涌现了众多文化思潮，有文化保守主义、自由主义、科学主义、马克思主义等。学界对近代文化保守主义表现了特别的关注，郑大华发表了系列文章，如《社会科学战线》1992年第2期发表的《现代中国文化保守主义思潮的历史考察》，《近代史研究》1992年第4期发表的《梁漱溟新儒学思想研究》，《中州学刊》1992年第2期发表的《"评判的态度"与"同情的理解"》，对以现代新儒家为代表的文化保守主义从宏观和微观、从横向和纵向作了多角度的考察。《历史研究》1992年第6期发表的郑师渠的《晚清国粹派的文化观》及《北京社会科学》1992年第1期发表的郑师渠的《晚清国粹派论清学》等文指出，国粹、国学是国粹派文化运思的两个重要概念，国粹派在激烈批判君主专制和独尊儒术政策的同时，主张复兴中国文化，提出"古学复兴"论并身体力行，但也产生了过于迷信古代文化的倾向。

中国近代自由主义研究是学界关注的热点。《学术月刊》1992年第4期发表的胡伟希的《理性的误区：二十世纪中国的自由主义》，从哲学角度阐释了中国自由主义对西方自由主义的扭曲及由此造成的矛盾。《学术界》1992年第5期发表的祁述裕的《论五四时期个性原则的提出及其局限性》对五四启蒙家们为解决民族危机而提出的"个性自由"口号作了分析，指出人权思想的主要影响是促使人们重新认识人的价值和地位，进而反对封建专制压迫和思想控制，使人们进一步获得民权意识和革命意识的觉醒。

科学主义是影响中国近代知识分子的重要思潮，安毅指出，中国几代知识分子在寻求现代化的过程中，寻找着支撑和通向这条道路的普遍之"道"，这就是对科学的崇拜，这是在传统方式下对科学的认同，因此表现为意识形态层面激烈的反传统，而在无意识层面又与传统不谋而合。[①] 周

---

① 安毅：《中国近代社会对科学的认知和认知解释》，《宁夏社会科学》1992年第2期。

质平则认为，胡适不同于当时其他人，胡适不过分崇拜科学及注重科学的实用性，而是特别强调学科的方法和精神，他认为科学是一种怀疑的态度，是不信一切没有证据的东西。①

"体用之争"是贯穿中国近代文化史的重要问题，当时把中国文化与西方文化称为"中学"与"西学"，对于二者的关系在较长时期内有所谓"中学为体，西学为用"的说法。中国社会科学出版社1995年出版的丁伟志、陈崧著《中西体用之间》和社会科学文献出版社2011年出版的两人合著的《裂变与新生：民国文化思潮论述》等著，利用丰富史料对中学和西学的冲突和交融及其文化观的萌生、形成、嬗变、分解进行了全过程考察，对鸦片战争到辛亥革命前后的"中西体用"思潮作了细致的梳理和深刻的阐发，详细论述了晚清、民国时期的文化曲折与多样发展的真实面貌，堪称学界专门研究近代中国东西文化观念演进问题的力作。

此外，社会风俗、宗教、教育、科技、新闻、出版等近代文化的诸多领域也进入研究者的视野，并出现了众多的研究成果。湖南人民出版社于1991年、人民出版社于1992年分别出版的严昌洪著《西俗东渐记——中国近代社会风俗的演变》和《中国近代社会风俗史》两部著作，对中国近代社会风俗，特别是西方文化影响及社会变迁所引起的社会风俗的变迁作了综合性论述，是有关中国近代风俗文化史的开拓之作。此后关于近代风俗史的著作，还有北京师范大学出版社1994年出版的李少兵著《民国时期的西式风俗文化》、人民出版社1994年出版的岳庆平著《中华民国习俗史》、首都师范大学出版社1998年出版的梁景和著《近代中国陋俗文化嬗变研究》及中国文史出版社2015年推出的李少兵、左玉河等人撰写《民国百姓生活文化丛书》，该丛书包括《衣食住行》《婚丧嫁娶》《节日节庆》3卷。继上海人民出版社1981年出版顾长声著《传教士与近代中国》后，四川人民出版社1994年出版的杨天宏著《基督教与近代中国》、上海人民出版社1996年出版的顾卫民著《基督教与近代中国社会》、天津人民出版社1997年出版的王立新著《美国传教士与晚清现代化》及上海古籍出版社2005年出版的陶飞亚著《边缘的历史：基督教与近代中国》等，是中国近代基督教史研究的重要成果。至于近代教育史、新闻报刊史、出版史及藏书史方面的研究，更有多种著作问世。关于上海、天津、武汉等

---

① 周质平：《评胡适的提倡科学与整理国故》，《近代史研究》1992年第1期。

城市史及江浙、湖湘、岭南、燕赵等地域文化史研究也开始起步，如上海人民出版社1996年出版的忻平著《从上海发现历史——现代化进程中的上海人及其社会生活》、天津人民出版社2002年出版的李长莉著《晚清上海社会的变迁——生活与伦理的近代化》等研究著作。专门文化史领域的拓展，成为80年代"文化热"之后中国近代文化史研究日趋深入的重要标志。

正是在各文化专门史研究深入的基础上，全面反映中国近代文化发展风貌的综合性文化通史著作陆续出现。[①] 特别是由史革新主编的《中国文化通史》（晚清卷）和黄兴涛主编的《中国文化通史》（民国卷），吸收了国内学术界十多位专家共同研究，充分吸收了改革开放后近代文化史研究的成果，在体例、观点上有了较大的突破，成为中国近代文化史研究领域较有权威、影响较大的通史性著作。

关于新时期中国近代思想文化史研究的发展倾向，有学者将其概括为四个基本趋向。一是思想人物的个案研究仍将是中国近代思想文化史研究的重点，研究对象会进一步从主要人物扩展到一般的思想文化人物，研究会更深入、更理性、更细致，对于近代思想文化人物进行细致比较会成为深化近代思想文化史研究的重要路向。二是学术思想史研究将继续受到关注，会有更多的学者走进研究者的视野，并重点关注中国传统学术的转型与现代学术的建立问题。三是中国近代思想文化史上的若干重大问题，如革命与改良、激进与保守的分野与对比，中西文化的冲突与融合、近代中国文化转型中传统因素与外来文化的作用及其相互关系，中国近代社会文化思潮及马克思主义中国化等问题，仍然继续成为学术界关注的热点。四是近代社会文化史将成为学术界研究的热点之一，近代民众生活史和观念史、近代社会民众文化史将会引起学术界的广泛关注，将是史学新观念和新方法的一个生长点。随着社会文化史的兴起，多学科、跨学科的研究将会加强，思想史与社会史、思想史与政治史、思想史与文化史的结合研究

---

① 其中比较重要者，有史全生主编《中华民国文化史》3卷本，吉林文史出版社1990年版；马勇著《近代中国文化诸问题》，上海人民出版社1992年版；龚书铎主编《中国近代文化概论》中华书局1997年版；郑师渠主编《中国文化通史》10卷本，中央党校出版社1999年版；汪林茂著《晚清文化史》，人民出版社2005年版；张昭军、孙燕京主编《中国近代文化史》，中华书局2012年版；龚书铎主编《中国文化发展史》，山东教育出版社2013年版等。

将进一步受到重视。①

第二节 近代文化史研究的转向

一 倡导社会文化史

文化有其相对独立性，又有其自身的传承性。文化和社会分不开，文化本身就是社会的一部分。文化史和社会史研究都是20世纪初出现于中国现代史坛，均受中国历史发展的制约。文化史和社会史研究经历了较大的波折，呈现出发展的阶段性特点，大致经历了民国年间兴起、新中国成立前三十年停滞与改革开放后逐渐复兴三个时期，各时期有各自阶段性的变化。文化史研究的出现，一定程度上要为社会经济的研究寻求突破，社会史研究的学者开始注意历史上的文化生活和文化成就，而"文化生活和文化成就"是文化史研究的重心。事实上，"文化成就"的研究从未间断，而"文化生活"则是新事物。当文化研究进入社会生活领域时，文化史与社会史就相遇并产生了新的交叉学科了。

特定的文化是特定的社会政治和经济的反映，社会政治浪潮影响并推进了文化的发展。社会文化史是继文化史和社会史复兴之后而出现的一个新兴交叉史学流派。90年代以后中国文化史研究的新趋势，即是社会文化史研究的勃然兴起。随着80年代文化史研究的深入，一些学者开始感到，决定中国社会历史发展的因素除了文化这一精神层面的因素之外，还有更为广阔、更为深厚的社会因素，因而必须通过对中国社会结构的深入研究，才能求得对中国现代化问题的深入认识。于是，一些学者又开始关注中国社会史的研究。其标志就是1986年10月，由天津南开大学历史系、《历史研究》编辑部和天津人民出版社共同发起召开的首届"中国社会史"研讨会。会后在《历史研究》1987年第1期上，刊登了关于这次会议的综述，以及冯尔康的《开展社会史研究》等一组专家学者们有关社会史研究的文章，呼吁大力开展中国社会史研究。这一呼吁得到了史学界的热烈响应。此后每两年召开一次中国社会史年会，至2002年16年间，已经召开了9次，并于1992年正式成立了以著名社会史专家、南开大学历史系冯尔康教授为会长的中国社会史学会。中国社会史遂迅速发展为一个

---

① 左玉河：《30年来的中国近代思想文化史研究》，《安徽史学》2009年第1期。

热门学科，仅在1986年至1990年短短四年间，就出版了中国社会史著作130多部，发表论文约900篇。① 中国社会史研究的内容主要集中于社会结构和社会生活，并借鉴了社会学、统计学、人类学等研究方法。到了90年代以后，社会史以更为强劲的势头兴旺发展，并愈益成为中国史坛的新主角，每年发表的论文都达数百篇之多。②

文化史主要研究社会的精神领域，社会史主要研究社会的生活领域，二者各有侧重，又互相补充，成为新时期历史学复兴的两翼。然而，到80年代后期，随着文化史和社会史的持续发展，也显露出一些问题。如文化史往往只注意精神层面，特别是精英思想层面的研究，而忽视大众观念及与社会生活之间的联系；而社会史又多注重社会结构和具体社会问题的描述而或显空泛，或显细碎，缺乏对人这一社会主体的关注及与观念领域的联系。所以，一些学者开始思考文化史与社会史相互结合、相互补充的可能性问题。

首先提出文化史与社会史相结合问题的学者，是中国社会科学院近代史研究所的刘志琴。她在1988年发表《复兴社会史三议》一文，首次论述了文化史与社会史之间的连带关系：社会史"不同于其他史学范畴的特点，是在于突出社会的主体，以人的问题为研究中心。人的生存、发展环境、习俗、生活、群体结构、文化观念的变迁都是研究的对象。古往今来，不同时代人们的生活风貌、行为模式、价值取向和人际关系的组合又形成文化体系的特质和传统。换言之，以研究人为主体的社会史的最高宗旨，是研究社会文化特质的形成、变易和流向的变迁史。从这个意义上说，社会史实际上是文化的社会史，文化史则是社会的文化史"。③ 她在这篇文章中首次提出了社会史与文化史相交织的"社会文化"及"社会的文化史"概念。

刘志琴在同年发表的《社会史的复兴与史学变革——兼论社会史和文化史的共生共荣》中，对这一看法进一步加以阐发。她认为，社会史和文化史是共生共荣的关系，社会史肩负重要的文化使命。社会史从一诞生，就与社会学、民俗学同根相连，互有补充。可以说回溯社会生活和民俗的

---

① 吴吉远、赵东亮：《中国社会史主要书目和论文索引》，见赵清主编《社会问题的历史考察》，成都出版社1992年版。
② 参见邹兆辰等《新时期中国史学思潮》，当代中国出版社2001年版，第86页。
③ 史薇（刘志琴）：《复兴社会史三议》，《天津社会科学》1988年第1期。

历史，也就进入社会史的领域。揭示伦理价值深入生活表现出民族性，需要文化史与社会史研究联手完成。文化史和社会史的对接，有赖于日常生活这一领域。李长莉则把文化史和社会史的结合表述为社会文化史。她还认为，社会文化史是人与人之间、人与社会之间的生活方式及其观念的历史；从探讨人类社会生活来说，它与社会史的研究对象是重合的，均探讨社会组织、制度、教育、法律、风俗习惯、文化传播方式、娱乐休闲方式等内容。社会史与文化史也有区别，前者更注重社会结构和运动的客观性，而后者则主要研究历史上人们的生活方式与思想观念之间的互补关系，关注的是隐蔽在人们社会行为后面的精神因素。她在该文中指出："社会和文化问题的交错、重叠、伴生已成为常见的规律性现象。社会史研究的终极对象是人，这与文化史异曲同工，从根本上说，是这两门学科的性质决定了它们的依存关系。……这两个领域最广阔而又关系最密切的学科，它们的区别在于，文化史是从文化的要素、结构和功能上认识文化现象，融合社会、思想和文化人类学的成果，揭示社会文化的形态和特质；社会史则从社会的构成和生活方式上认识社会现象，融合文化和社会学的成果，揭示社会文化的形态和特质。社会史和文化史从不同的方位出发，实际上是沿着同一目标双轨运行的认知活动。"①

刘志琴在这两篇文章中虽然还没有明确提出"社会文化史"这一学科概念，但致力于社会史与文化史的相互结合，以及将"社会文化特质"和"民族文化心理"作为研究的重心的基本思路已经形成。因此，刘志琴1988年发表的这两篇文章，可以说标志着"社会文化史"这一新学科概念的最初形成。

此后，在刘志琴领导下的中国社会科学院近代史研究所文化史研究室，开始明确提出以社会史和文化史相结合的"中国近代社会文化史"为以后一个长时期的主攻方向，并开始进行系列性长期研究计划，组织编写多卷本《近代中国社会文化变迁录》。1990年，在四川成都召开的中国社会史第三届年会上，李长莉又发表了《社会文化史：历史研究的新角度》一文，明确提出了"社会文化史"这一学科概念，并引入文化学的方法，对这一新学科概念作了比较完整的解说，对社会文化史的研究对象、研究

---

① 刘志琴：《社会史的复兴与史学变革——兼论社会史和文化史的共生共荣》，《史学理论》1988年第3期。

方法和意义，以及与文化史和社会史的区别等作了集中系统的论述，提出社会文化史"主要研究历史上人们的社会生活方式与思想观念之间的相互关系"，其重心是"对历史上某一时期社会的整体精神面貌作出描述和解释"①。

1992年，中国社会科学院近代史研究所文化研究室与《社会学研究》编辑部共同在北京召开了"社会文化史研讨会"，来自不同单位的历史学、社会学和文化学等学科的学者们，围绕建立社会文化史学科的意义、研究对象和内容、研究方法等问题进行了讨论，对于"社会文化史"这一新的研究视角给予了认可。② 1993年，刘志琴发表了《从社会史领域考察中国文化的历史个性》一文，进一步提出以社会史的方法来研究中国文化问题的思路并指出："伦理价值通过物质生活和精神生活的双重作用积淀到民族文化心理的最深层，成为群体无意识的自发意识，这样的文化才真正具有在各种波澜曲折中得到稳定传承的内在机制。"③

1997年年底，中国现代史学会在重庆召开"20世纪中国社会史与社会变迁"学术讨论会，鉴于以往现代史研究多侧重于政治、经济和军事、思想方面，对社会生活、社会心理、民间风俗等社会问题研究不够，这次会议特别提倡研究者应该加强社会史研究，以社会史研究为基础深化中国现代史研究。当时中国现代史学会会长郭德宏提出了以社会史研究推动和深化中国现代史研究的新思路，主张着重加强对近代中国的社会结构、社会运行机制、社会思潮和社会心理、下层群众和社会生活等方面的研究，拓宽现代史研究的领域。朱汉国则根据自己编撰《中国社会通史·民国卷》的经验，对社会史研究的对象与内容、社会史学科的体系及如何研究社会调控、社会问题、社会变迁等问题进行了较深入的探讨。他认为，社会史必须从社会学视角研究构成社会的各种社会关系，考察社会在历史上的运行情况，揭示社会发展和变迁的过程及规律。他强调，社会史对社会变迁的研究，应该以考察社会结构以及由此带来的社会生活方式的变化为

---

① 李长莉：《社会文化史：历史研究的新角度》，收入赵清主编的论文集《社会问题的历史考察》，成都出版社1992年版。
② 李长莉：《社会文化史：一门新生学科——"社会文化史研讨会"纪要》，《社会学研究》1993年第1期。
③ 刘志琴：《从社会史领域考察中国文化的历史个性》，《传统文化与现代化》1993年第5期。

主。他通过对民国时期社会调控、社会问题、社会变迁等问题的研究具体论证了这些观点。

20世纪80年代末和90年代初,通过上述一系列文章和会议讨论,"社会文化史"这一新的学科概念被明确提出来,并在学术界产生了一定影响。此后至今的二十余年间,社会文化史的学科理论建设和研究实践逐渐展开,取得了一系列研究成果,吸引了越来越多研究者,特别是青年研究者的兴趣,使这一新学科日渐发展成熟,也日益得到学术界的关注,并作为社会史的一个分支学科而得到认可。关于社会文化史的理论与方法,经过二十余年的讨论和积累,学界初步形成了一些基本共识。梁景和认为,社会文化史是研究社会生活与其内在观念形态之间相互关系的历史。社会文化史的研究对象,第一是涉及精英文化与大众文化的关系,研究社会文化史既不能脱离大众文化,亦不能忽视精英文化。精英文化源于大众文化,是从大众生活和文化中产生、是对大众文化和意识的提炼和总结。精英在社会文化形成过程中起着重要的作用。精英文化同时又是对大众生活和大众文化的体认、关注和指导。第二是要注意社会文化与国家意志的关系问题。第三是注重研究社会运动的社会文化意义;第四是要注重多维的层面和角度;第五是注意研究已经发生变化的部分及其变化的程度。[①]

江湄认为,文化史与社会史,一个重心在精神结构,另一个在社会结构,它们共同致力于恢复历史中人的生活的完整性,共同体现着多学科交叉和整合的现代学术趋向,又将共同成为史学范式变革与重建的两大生力军。[②] 李志毓认为,社会文化史是在传统的社会史中引入文化史视角和研究方法之后形成的一种新兴的研究方法。它继承与发展了传统社会史"总体史"的和"眼光向下"的视角,反对传统社会史过于强调客观结构的倾向,要求历史学家在承认"结构"的限制的同时,寻找人类的主体性,呼唤人性在历史中的回归,最大限度地追求人类的自由。它不仅带来了史学领域的拓展,而且也导致了史学方法论意义上的革新。[③] 左玉河认为,经过十多年的讨论和积累,关于社会文化史的理论与方法,初步形成了一些基本共识,他将社会文化史的定义确定为:"它是一门社会史和文化史相

---

① 梁景和:《关于社会文化史的几个问题》,《山西师大学报》2010年第1期。
② 江湄:《"文化热"、"文化史"与当代史学的观念变革》,《首都师范大学学报》1999年第5期。
③ 李志毓:《关于社会文化史理论的几点思考》,《河北大学学报》2011年第1期。

结合的新兴交叉学科，是要综合运用历史学、社会学、文化学、文化人类学、社会心理学等人文社会科学方法，研究社会生活、大众文化与思想观念相互关系变迁历史的史学分支学科。"①

社会文化史研究的主要特色是：关注下层社会，打通文化史与社会史、思想史与制度史，注重思想观念与社会的互动、上层与下层的互动，透视社会现象背后的文化意涵与观念世界，尤其注重社会生活与民众观念的联系。社会科学文献出版社 2010 年出版的梁景和主编的《中国社会文化史的理论与实践》一书，汇集了 20 世纪 80 年代以来十几位学者有关社会文化史理论方法及学科发展的代表性文章，记录了这个新兴学科从创生、奠基到探索、发展的历程，是对中国社会文化史理论方法与学科发展的总结，可以作为中国近代社会文化史学科已走过初创阶段而进入成熟发展阶段的标志性出版物。《学术月刊》2010 年第 4 期发表的李长莉的《交叉视角与史学范式——中国"社会文化史"的反思与展望》一文，对中国社会文化史与西方新文化史作了比较，并指出近年来中国"社会文化史"研究出现微观史与深度描述、建构理论与概念分析工具、以记述叙事为主要表现形式等趋向，同时也存在碎片化、平面化、理论与内容相脱节及"片面价值论"等缺陷。对于有些学者认为"社会文化史"应主要偏向所谓下层或大众文化的研究，"文化的社会史"则应更关注上层精英意识和精英文化的观点，黄兴涛并不认同，他认为无论是"社会的文化史"还是"文化的社会史"研究取向，其实都应该是全社会各阶层文化的整体性研究。如果偏要强调下层研究的意义，也必须清楚地意识到，这只不过是在目前下层社会和文化研究还十分不足的情况下的一种暂时的策略而已。要进行包括两种取向在内的文化史研究，即使从策略上讲，现在更为迫切的，或者说更具有方法论意义的，也应该是那些直接以上下层文化沟通为目标的研究实践。

经过较长时期的讨论，学术界初步形成了一些基本共识，并对社会文化史作了基本的界定：它是一门社会史和文化史相结合的新兴交叉学科，是要综合运用历史学、社会学、文化学、文化人类学、社会心理学等人文社会科学方法，研究社会生活、大众文化与思想观念相互关系变迁历史的

---

① 左玉河：《20 年来的中国近代文化史研究》，载郭德宏主编《中国文化现代化道路的探索》，吉林大学出版社 2006 年版，第 46 页。

史学分支学科。

二　社会史与文化史相结合

"社会文化史"学科概念被提出后，社会文化史的学科理论建设和研究实践逐渐展开，并取得了一系列研究成果，吸引了越来越多研究者，特别是青年研究者的兴趣，使这一新学科日渐发展成熟。浙江人民出版社1998年出版的刘志琴主编的三卷本《近代中国社会文化变迁录》，是中国近代社会文化史学科的基础之作。它以大众文化、生活方式和社会风尚的变迁为研究对象，探索百年来人民大众在剧烈的社会变革中，生活方式、风俗习惯、关注热点和价值观念的演变和时尚。该著提出世俗理性、精英文化的社会化、贴近社会下层看历史，以及上层文化与下层文化相互渗透等问题，引起学术界的广泛兴趣。

刘志琴主编的三卷本《近代中国社会文化变迁录》出版后，长期无人问津或受人冷落的中国近代社会文化史研究领域，如近代科技文化、民间宗教、民间意识与观念、文化心态、公共空间、新词语与观念变迁、历史记忆、身体性别史、社会风俗等，均受到学术界的广泛关注，并出现了许多有分量的研究成果。中国社会文化史研究的基本路向，是打通社会史与文化史，以文化视角透视历史上的社会现象，或用社会学的方法研究历史上的文化问题。其研究的重点集中于社会与文化相互重合、相互渗透、相互交叉的领域，如社会生活（日常生活、生活方式）、习俗风尚、礼仪信仰、大众文化（大众传播、公共舆论）、民众意识（社会观念）、社会心理（心态）、集体记忆、社会语言（公共话语、知识）、文化建构与想象、公共领域（公共空间）、休闲（娱乐）文化、身体文化、物质文化、区域文化等。

"社会文化史"概念提出后，伴随着社会史和文化史研究的兴盛，社会文化史研究不断发展，有越来越多的研究者，特别是青年研究者自觉或不自觉地进入这一研究领域，并陆续出现了不少研究成果。

第一，专史研究方面的成果，即本身兼有社会史和文化史相交叉的性质，反映社会生活和文化观念相交织的一些专史，如风俗史、宗教史、教育史、报刊史或传播史等。这些专史领域以往就存在，20世纪50年代至70年代只有少许继续，80年代后开始恢复，起初或归于社会史，或归于文化史范畴，却往往与同领域的其他内容有所不合，现在则可归于社会文化史范围。近二十余年来这些专史呈现兴旺之势,论著数量较多。如风俗史方面,有湖南出版社1991年出版的严昌洪著《西俗东渐记——中国近代社会风俗的演变》和浙江人民出版社1992年出版的《中国近代社会风俗史》等著作,对中国近代社会风俗,特别是西方文明影响及社会变迁所引起的社会风俗的变迁作了比较系统的、综合性的论述,是有关中国近代社会风俗史的开拓之作。

此后,关于中国近现代社会风俗史的著作,其中上海文艺出版社2001年出版的陈高华、徐吉军主编的多卷本《中国风俗通史》,是第一套贯通中国古代与近现代的大部头风俗通史。这套书记述了中国自原始社会直至中华人民共和国成立前,各个时代人们的衣食住行、婚丧节庆、生产娱乐、宗教信仰等诸项社会风俗发展演变的历史轨迹,是中国风俗史研究的集成之作。民间宗教史在近年也有较快发展,教育史和报刊史更有多种问世。这些社会文化专史由于以前就有,所以大多是沿着原有的研究领域和方法进行更广、更细、更深的开掘。

近十年来,学界对于近代社会风俗及礼俗的研究还出版多部专著。山东画报出版社2011年出版的张繁文等著《中国时尚文化史》清民国新中国卷;上海文艺出版社2011年出版的陈高华、徐吉军著《中国风俗通史》清代卷、民国卷;济南出版社2009年出版的耿光连主编《社会习俗变迁与近代中国》;中国社会科学出版社2013年出版的卫才华著《社会变迁的民俗记忆:以近代山西移入民村落为中心的考察》;暨南大学出版社2013年出版的杨秋著《变革时期的生活:近代广州风尚习俗研究》及四川大学出版社2017年出版的潘家德著《近代四川民俗变化研究》等书,分别考察了清代、民国时期的各种风俗,如饮食、居住、交通、丧葬、服装、礼仪等问题。对于近代的礼俗文化,罗检秋著《文化新潮中的人伦礼俗(1895—1923)》系统地梳理了近代精英思想与礼俗变迁的辩证关系。一方面,从孝道、贞节观念和社会礼俗等层面,多角度地研究了五四新观念的确立、社会传播及其局限;另一方面,以此时期主要文化娱乐为个案,从社会文化史视角考察了清末民初的京剧繁荣、商业化和坤角走红现象。[①]

对于婚姻、女性与家庭的文化,首都师范大学梁景和及其团队有专门

---

① 罗检秋:《文化新潮中的人伦礼俗(1895—1923)》,中国社会科学出版社2013年版。

研究，出版多部著作。如商务印书馆 2009 年出版的余华林著《女性的"重塑"民国城市妇女婚姻问题研究》、人民出版社 2010 年出版的《五四时期社会文化嬗变研究》及社会科学文献出版社 2013 年出版的《现代中国社会文化嬗变研究，1919—1949：以婚姻家庭妇女性伦娱乐为中心》；社会科学文献出版社 2016 年出版的王栋亮著《自由的维度：近代中国婚姻文化的嬗变（1860—1930）》等书，从婚姻、家庭、女性、性伦方面的几个重点问题作为阐述的对象，考察晚清、民国时期社会文化演变的特质和一般规律，揭示出婚姻家庭观念与行为变化背后的文化、价值冲突。

第二，综合史方面的成果，即对历史上某一时段、某一地域、某一群体或某一历史现象，从社会和文化的多个方面进行综合研究，以求比较全面地展现社会文化的整体风貌。如综合史、群体史、地域文化史等。综合史方面的有代表性的成果有：刘志琴主编的《近代中国社会文化变迁录》，是社会文化史学科的基础之作，它以大众文化、生活方式和社会风尚的变迁为研究对象，探索百年来人民大众在剧烈的社会变革中，生活方式、风俗习惯、关注热点和价值观念的演变和时尚生活。该著作提出世俗理性，精英文化的社会化，贴近社会下层看历史，以及上层文化与下层文化相互渗透等问题，引起学界的兴趣。此外，数十年来中国大陆从未有人问津的领域，如科学文化，基督教、佛教、民间宗教与近代中国文化等课题逐渐引起学术界的重视。吉林文史出版社 1990 年出版的史全生主编的《中华民国文化史》3 卷本、中共中央党校出版社 2000 年出版的郑师渠主编的《中国文化通史》10 卷本，是值得关注的重要著作。其中黄兴涛主编的《中国文化通史·民国卷》充分吸收了近年来近代文化史研究的成果，在体例、观点上有新的突破，成为这一领域比较有权威的、影响较大的著作。

综合研究地域社会文化史的成果大为增多，如关于上海、天津、武汉等城市史，及江浙、湖湘、岭南、燕赵等地域文化史，都出版了一些研究著作。如上海人民出版社 1996 年出版的忻平著《从上海发现历史——现代化进程中的上海人及其社会生活》一书，从人口结构、社会结构、上海人社会人格、生活方式、社会和文化生活及价值观等多方面，对于 1927—1937 年十年间的上海社会作了全面论述，作者称该书是"全息社会生活史"。

近十年来社会文化史研究日渐活跃，学界出版多部通论著作。如中国社会科学出版社 2017 年出版的李长莉、唐仕春主编《社会文化史 30

年》，为中国社会科学院近代史研究所文化史研究室的同人有关近代社会文化史的代表文章结集。北京大学出版社 2011 年出版的刘永华主编的《中国社会文化史读本》，收录了国家认同、神明信仰、宗教仪式、历史记忆及感知、空间等方面的代表性论文。中国社会科学出版社 2016 年出版的郭莹、唐仕春主编的《社会文化与近代中国社会转型》则为专题的会议论文集。梁景和主编的社会文化史学术辑刊系列，包括《婚姻·家庭·性别研究》、《社会·文化与历史的思想交汇》、《社会生活探索》（共 5 辑）、《中国现当代社会文化访谈录》。社会科学文献出版社 2015 年出版的梁景和主编《中国社会文化史的理论与实践续编》及社会科学文献出版社 2020 年出版的《中国社会文化史的理论与实践三编》是对二十多年来中国社会文化史的理论方法和主要研究成果的聚焦。此外，首都师范大学中国近现代社会文化史研究中心还举办了多次有关社会文化史的学术研讨会。

第三，社会史与文化史结合的成果，即将社会史和文化史相结合进行综合性研究的方法，注重探求社会生活、大众文化与思想观念之间的相互关系。这主要体现在社会心态史、社会与思想变迁史、社会生活与观念变迁史等研究领域中。心态史方面的著作有：生活·读书·新知三联书店 1998 年出版的周晓虹著《传统与变迁：江浙农民的社会心理及其近代以来的嬗变》、湖南教育出版社 2000 年出版的王跃著《变迁中的心态：五四时期社会心理变迁》、河北大学出版社 2001 年出版的韩进廉著《无奈的追寻：清代文人心理透视》等。上海人民出版社 1991 年出版的乐正著《近代上海人社会心态》，运用城市史与心态学相结合的方法，对清末时期上海社会生活的变化以及上海人社会心态的影响作了比较深入的研究。

社会生活与观念变迁史，是指研究以民众为主体的社会生活、大众文化与民众观念或社会思想的互动关系，这是最具社会文化史研究方法特色的一种路向。最早自觉运用这种方法进行研究的学者，当推社会文化史研究的倡导者刘志琴。她在 1984 年发表的论文《晚明城市风尚初探》一文中，分析了晚明时期消费生活的启动引发了伦理道德观念的变迁，揭示了民情风尚与精英观念的互动关系。[①] 中国社会科学出版社 2001 年出版的薛

[①] 刘志琴：《晚明城市风尚初探》，《中国文化》研究集刊第 1 辑，复旦大学出版社 1984 年版。

君度、刘志琴主编的《近代中国社会生活与观念变迁》一书，汇集了多篇以社会生活与观念变迁互动关系为研究视角和方法所撰写的研究论文，如李喜所的《民国初年生活观念和习俗的变迁》，罗志田的《新旧之间：近代中国的多个世界及"失语"群体》，冯尔康的《20世纪上半叶中国人的家族观》，左玉河的《由"文明结婚"到"集团婚礼"——从婚姻仪式看民国婚俗的变化》等。随着社会文化史研究的逐步深入，开始出现了比较深入系统的研究专著，如天津人民出版社2002年出版的李长莉著《晚清上海社会的变迁——生活与伦理的近代化》一书，以社会史的方法来解读文化观念的变迁，以民众生活方式与伦理观念变迁的互动关系为该书主线，从西器洋货流行与近代工商观念、尊卑失序之风与社会平等观念、享乐崇奢之风与消闲消费商业化观念、妇女走上社会之风与男女平等观念及台基、姘居之风与自主择偶观念等方面，对晚清上海社会生活与伦理观念变迁的相互关系作了多面的分析，从而揭示了中国近代伦理观念变迁的社会机制及特性。总之，十多年来社会文化史方面的研究成果迅速增加，以上仅是以著作为主的择要介绍，至于相关专题论文更是数量繁多，举不胜举，而且近年来更有日益增多之势。

"社会文化史"在中国大陆学术界的兴起，并不是孤立的现象，而是国际史学发展的趋势。法国年鉴学派明确批判传统史学重上层、重叙事的弊病，提倡总体史、社会史，标明了关注下层平民及注重分析综合的方法论取向。欧美学术界新兴起的"新文化史"学派同样强调思想史与社会史的结合，出现了以"社会与思想互动"为特征的观念史、语境论研究方法，英国学者彼得·伯克致力于民众态度和价值观念研究的"新文化史"路向[1]、美国学者艾尔曼致力于打通思想史与社会史的"新文化史"路向[2]、德国学者罗梅君讨论北京民俗所反映的中国社会现代化变迁的研究路向[3]，与中国大陆兴起的"社会文化史"路向是一致的。这种关注社会与观念的互动、民众生活与观念的互动，可以视为国际史学界致力于史学深入发展中不约而同选择的一个重要路径。

---

[1] 其代表作《历史学与社会理论》和《制造路易十四》的中译本，分别由上海人民出版社2001年、商务印书馆2007年出版。
[2] 其代表作《从理学到朴学》《经学、政治与宗族——中华帝国晚期常州今文学派研究》的中译本，分别由江苏人民出版社1995年、1998年出版。
[3] 其代表作《北京的生育婚姻和丧葬》的中译本，由中华书局2001年出版。

新文化史家着力从文化的角度解读历史，正如伊格尔斯在《二十世纪的历史学》中所云："文化不再被理解为是精神阶层所专享的知识和审美的领域，倒不如说是全民都在经历的体验生活的方式。"作为一种新方法和新视角，文化研究可以运用到历史学的诸多领域，一切历史现象均可以从文化的角度加以审视，都可以用文化分析方法加以解释。意义、话语、叙述、表象、文本、语境等，成为新文化史研究的工具。新文化史家强调的一切历史都是文化史、一切历史都可以作文化分析的核心理念，必然导致文化史研究范围的空前扩大。日常生活、物质生活、性别、身体、形象、记忆、语言、符号、大众文化等，均被纳入文化史研究的视野而受到学界的高度关注。

这些研究的基本路向，打通社会史与文化史，探索将二者结合起来进行交叉研究，基本上是从社会史与文化史相结合的交叉视角，以文化视角透视历史上的社会现象，或用社会学的方法研究历史上的文化问题。研究重点集中于社会与文化相互重合、相互渗透、相互交叉的领域：社会生活（日常生活、生活方式）、习俗风尚、礼仪信仰、大众文化（大众传播、公共舆论）、民众意识（社会观念）、社会心理（心态）、集体记忆、社会语言（公共话语、知识）、文化建构与想象、公共领域（公共空间）、休闲（娱乐）文化、身体文化、物质文化、区域文化等。

三　市民社会与公共空间

市民社会与公共领域，是 20 世纪 90 年代以来中外史学界关注的热点之一，但中国学者的研究尚处于起步阶段。针对西方学者强调市民社会制衡与对抗国家的作用，并认为这是其所独具有的最为重要功能的这一观点，《天津社会科学》1998 年第 2 期发表的朱英的《市民社会的作用及其与中国早期现代化的成败》一文认为，近代中国市民社会的这种作用只是其诸多功能之一，它还有另外一个主要作用，即在多维向度与国家达成良性的结构性互动关系，共同加快现代化进程。

21 世纪以来，国内学术界开始运用西方"市民社会"和"公共空间"理论，对中国近代社会变迁进行分析，提出了一些具有创见的观点。但由于介入近代市民社会和公共领域问题的研究路径不同，也产生了较大争论，出现了文化思辨派和商会研究派的分歧。前者侧重于辨析市民社会、公共领域在近代中西方之间的差异，所得结论也较悲观；后者代表了目前史学界研究的主流，致力于近代商会组织建立和运作等问题的实证性研究，由此提出了独具创见的结论——"在野市政权力网络—市民社会雏形"说。《近代史研究》2000年第2期发表的刘增合的《媒体形态与晚清公共领域研究的拓展》一文，在前人研究基础上，从晚清媒体形态问题入手，剖析了近代文化系统的扩张问题。他着重从大众媒介和辅助媒介两方面入手，研究了它们与近代公共空间不断扩张的有机联系。他认为，近代公共领域的扩张是各方面因素交互作用的结果，经济社会系统与文化精神系统各自从不同的领域构筑了近代公共领域的基础，由于各子系统运作规律的差异和封建政权对其采取的不同政策，导致近代公共文化和精神领域与国家之间的关系并未呈现良性互动的性质，其疏离对峙的一面更为明显，从而成为封建政权最终颠覆的重要因素。

　　近代中国市民社会问题，是近代中外史学界关注的热点。霍新宾从近代中国市民社会研究的发轫、近代中国市民社会的产生及其基本特征、近代中国市民社会的功能及其与国家关系等重大问题入手，对当前史学界关于近代中国市民社会问题研究的现状进行了总结。他认为，中国学者关于近代中国市民社会研究的途径主要有：一是从中西文化、中西历史比较角度出发，在掌握市民社会有关理论及西方学者关于近代中国市民社会研究成果的基础上，结合本身对中国近代史认识，辨析近代中西市民社会和公共领域的差异，概括近代中国市民社会的状况和特点，循此途径从事研究的学者可称为"文化派"，以萧功秦、杨念群等人为代表；二是运用公共领域和市民社会理论框架对中国近代史作实证研究和探讨，主要在商会史研究的丰富史料和大量成果的基础上，以本身在此方面的深厚功底论证具有中国特色的近代中国"公共领域"或"市民社会"，依此途径从事研究的学者可称为"商会派"，以马敏、朱英等人为代表。市民社会与国家的关系是市民社会的核心问题，"文化派"和"商会派"都认为近代中国的市民社会与国家之间主要是一种良性互动关系，与强调国家与社会二元对立的近代欧洲市民社会模式有着根本区别。

　　中国学者对近代中国市民社会问题的研究尚处在拓荒阶段，存在明显的不足。一是研究时空的不平衡。在时间跨度上，中国学者把研究的焦点集中于晚清时期，特别是20世纪前10年的中国社会，而忽视了对民国时期市民社会状况的研究；在空间上，其研究亦仅涉足长江流域的成都和苏州两个城市，而一些更具代表性的城市如上海，其市民社会研究却少有人问津。二是研究层面不平衡，存在"商会中心主义"倾向。三是对西方研究成果翻译、介绍和评论亦显滞后。

近代中国公共领域的研究，是 21 世纪以来学术界关注的热点之一。许纪霖的《近代中国的公共领域：形态、功能与自我理解》一文，从中国政治合法性的历史演变研究入手，以上海为例，分析近代中国公共领域形成的思想本土渊源、历史形态和舆论功能，并通过与哈贝马斯的公共领域观念进行比较，探讨近代中国的公共领域的普世性和特殊性。他认为，近代中国公共领域的出现，大致在甲午海战失败到戊戌变法这段时间。其最初形态是由学校、报纸和学会组成的。民国成立以后，学会和学校从整体上不再是公共领域固定部分，而在公共领域继续扮演公共角色的主要是报纸和杂志。近代中国的公共领域拥有自身的本土资源：儒家式的民本主义思想、古代士大夫反抗性的清议传统等。它从一开始就是以士大夫或知识分子为核心，直接以政治内容作为建构的起点，公共空间的场景不是咖啡馆、酒吧、沙龙，而是报纸、学会和学校，上海成为近代中国公共领域无可争议的中心，中国公共领域的命运，与上海的风云变幻息息相关。[1]

公共媒介是观察文化和意识形态系统的重要窗口，近代传媒既是中西文化互动的产物，也是中西文化传播的中介，近代文化传播媒介的发展，经历了传教士—维新士大夫—辛亥志士这一文化传播的三级跳过程。祝兴平的《近代媒介与文化转型》一文认为，近代中国大众传播媒介的大众化、世俗化、社会化的发展方向，使得文化传播从特权阶层解放出来，出现了民间化的特点。文本创造者身份的普泛化、传播机制的市场化、文化接受的大众化，是前所未有的变革。清末民初的教育改革、新式学堂的崛起、域外科学和自由主义文化思潮的传播，造就了一个新的知识群体，客观上构成了对旧的政治体制和封建文化的批判力量和破坏性因素。伴随着思想启蒙运动的发展，白话媒体空前活跃，反映了大众化、平民化、社会化的价值取向，打破了封建正统文化、精英文化的传统，影响了近代中国文化的发展方向。[2]

---

[1] 许纪霖：《近代中国的公共领域：形态、功能与自我理解——以上海为例》，《史林》2003年第 2 期。

[2] 祝兴平：《近代媒介与文化转型》，《湖北师范学院学报》2002 年第 2 期。

学会、报纸作为近代中国公共领域的重要角色，逐渐受到学术界的普遍关注。张敏的《略论辛亥时期的上海报刊市场》一文，对辛亥革命前十年间上海报刊市场作了较系统的考察。他认为，成熟的上海报刊市场使革命派利用报刊鼓吹革命成为可能，教会报纸、外国商业性报纸为上海报刊市场的形成提供了技术设备和经营管理模式，租界的存在也为报馆的设立提供了场所。20世纪初，上海的报刊市场被包括革命派的各政治派别充分利用，革命性报刊对推翻清政府的专制统治起了重要作用。[1] 20世纪的头二十余年，是中国近代史上各种社团最发达、影响也最大的时期。仅就学术社团而言，由于前近代的文化世家、地域性学派、书院已经基本消亡，一些能汇聚学人的高等院校、政府和社会开办的科研院所刚刚出现，所以知识分子无不热心于社团活动。故研究文化学术社团是研究中国近代学术文化的重要环节。现代意义的文化社团，不同于汉、唐、宋、明历代的朝中"朋党"，不同于古今不绝的下层民间结社，也有别于文人之间的雅集酬唱，而是近代中国处于转型中的知识分子或新式知识分子因动员和集结而成的群体组织。罗福惠以梁启超、章太炎、谭嗣为中心，对他们的"学会"观，在"学会"背景下进行的学术文化活动的内容、特点作了考察。他认为，强学会封禁之后，梁、章、谭各自撰写了为"学会"鼓呼的文章，分析了学会在中国的命运，高度评价学会的作用，并对组建学会、开展活动作了设想。三人在学会背景下从事的学术研究，基于共同的民族危机和文化危机时局，服务于改革救亡的目标，因而能把批判专制制度与讨论学弊结合，主张民族文化反省和强调民本位观念。但是三人在对待儒学、西学、孔教与佛教的态度上存有差异，对学会工作的重点及如何处理学会内部的人际关系看法有所不同。[2]

公园是近代城市社会发展的产物，是从封建帝制走向民主政治的产物，作为新兴的城市公共空间，它在开辟和发展的过程中经历了多种复杂的矛盾和冲突：一方面成为当局进行社会教育的工具，另一方面又成为民众进行民主活动的舞台；既是精英人士附庸风雅的场所，又是下层群众谋生或小憩的地方。公园为公众所有，为各个阶层的人们提供了舞台，也就

---

[1] 张敏：《略论辛亥时期的上海报刊市场》，《史林》2003年第2期。
[2] 罗福惠：《梁启超、章太炎、谭嗣同与近代文化社团》，《华中师范大学学报》2004年第5期。

成为各种社会矛盾的交汇点之一，成为社会冲突比较集中的空间之一。李德英选择近代传统城市成都为例，以城市公园这种新兴的公共空间为载体，通过对围绕公园的开辟、管理以及以公园为舞台而产生的社会冲突现象的观察与讨论，探讨近代城市公共空间与社会变迁的互动关系。①

现代意义上的公园是由西方传入中国的，最早出现于上海租界，而后逐步向华界扩展，又由沿海开放口岸向内陆城镇发展。作为舶来品的公园在近代经历了本土化过程，至民国时期公园逐渐成为人们旅游娱乐休闲的主要场所。公园的发展反映出近代中国社会在殖民主义影响下由传统走向现代的本质特征。陈蕴茜在《论清末民国旅游娱乐空间的变化——以公园为中心的考察》②一文中，考察了清末民国时期公园作为近代旅游娱乐空间的变化，尝试从一个新的视角揭示近代中国社会由传统走向现代的本质特征。作者认为，公园的发展与本土化折射出中国近代旅游娱乐空间变化的一特征，即将户外自然状态的旅游娱乐空间浓缩为狭小的旅游娱乐空间，由直接接触自然转向间接接触，由分散零星接受自然知识转向集中系统接受自然常识。近代中国公园的兴起与发展，直接映射出中国近代旅游娱乐空间在场所意义及文化内涵层面的拓展。政府过分强化旅游娱乐空间的意识形态功能，将"寓教于乐"的模式引入旅游文化中，使国家对旅游娱乐空间的控制增强，而旅游娱乐本身的身心放松功能则受到削弱，传统中国人追求的"知山乐水""天人合一"的旅游精神逐步被消解，昭示出现代国家对人的控制逐步加强、个人与社会及国家的关系日趋密切的必然。对于近代公园研究，戴一峰则指出，公园作为近代中国城市一种新型的公共空间，近年来引起一批学者的浓厚兴趣，问世了一批研究成果。研究者揭示了中国近代城市公园萌生与演化的历史进程、时代特征及其社会影响，并从不同的角度，运用不同的理论，解读中国近代城市公园的文化内涵、多重功能及其象征意义。这些成果既显示至今为止这一研究领域所达到的广度和深度，也显示了有待进一步拓展的学术空间：一是对不同城市公共空间的比较研究；二是关注城市公共空间建设的倡议者和设计者；三是探索城市公共空间与城市生态环境变迁的关系；四是处理好个体研究

---

① 李德英：《公园里的社会冲突——以近代成都城市公园为例》，《史林》2003年第1期。
② 陈蕴茜：《论清末民国旅游娱乐空间的变化——以公园为中心的考察》，《史林》2004年第5期。

与群体研究、实证研究与理论研究的辩证关系。①

近十年来，城市公共空间研究取得显著进步。上海辞书出版社2009年出版的瞿骏著《辛亥前后的上海城市公共空间研究》，主要围绕清末民初上海的开放私园、街头、店铺、茶馆、戏园、车站、码头、会馆等城市公共空间展开，研究范围包括舆论中的"革命"、形塑革命中的舆论变迁、新革命英雄谱系、革命烈士的生成、追悼会的现实情境、革命形象在生意中的呈现与流变、革命后的上海城市乱象与城市控制、民众日常生活等。上海辞书出版社2011年出版的王敏等编《上海城市社会生活史：近代上海城市公共空间，1843—1949》选取了1843—1949年上海城市公共空间的几种典型类型，如公园、戏园、电影院、游乐场、咖啡馆、跑马场等，叙述其沿革兴衰的历史过程，或考察其内部组织形式、日常经营方式、功能，着重探讨其与上海城市社会生活之间的关系。

王笛为近年来考察近代城市空间最为用力的学者，出版多部产生广泛影响的专著。社会科学文献出版社2010年出版的王笛著《茶馆——成都的公共生活和微观世界，1900—1950》，试图再现成都的公共生活方式和文化形象，勾画在公共生活的最基层单位上日常文化的完整画面，并通过挖掘在成都茶馆中所发生的形形色色的大小事件，建构茶馆和公共生活的历史叙事和微观考察，从而以一个新的角度观察中国城市及其日常文化。②商务印书馆2013年出版的王笛著《街头文化：成都公共空间、下层民众与地方政治（1870—1930）》及清华大学出版社2013年出版的《走进中国城市内部——从社会的最底层看历史》，则着力关注底层的大众文化，对下层民众公共空间与日常生活关系进行细致入微的分析。社会科学文献出版社2019年出版的王笛的著作《消失的古城：清末民初成都的日常生活记忆》从新文化史、微观史的视角，用通俗生动的语言展示了成都各种社会阶层的日常生活的细节以及庙会、节日、街头政治等城市中的各种社会活动。他在2020年于上海人民出版社推出的著作《显微镜下的成都》则通过成都地区代表性的街头、茶馆、袍哥、麻将作为具体个案进行微观叙事，展示了成都地区民众的公众生活。此外，江苏人民出版社2018年出

---

① 戴一峰：《多元视角与多重解读：中国近代城市公共空间——以近代城市公园为中心》，《社会科学》2011年第6期。

② 王笛：《新文化史、微观史和大众文化史——西方有关成果及其对中国史研究的影响》，《近代史研究》2009年第1期。

版的王元周、徐鹏主编的《城市：生活空间权力结构与文化衍生》则是有关近代城市空间文化的论文集，涉及北平、上海、成都、南京及苏区根据地的城市文化、城市权力机构及城市景观与空间等问题。

在外在形态上，中国传统城市与西方近代城市的最大区别体现在城墙上，故城墙问题很早就受到中外研究者的注意。近年来，国内学者也有以城墙为研究对象的论文发表，但研究者往往局限于就事论事，或将它作为一种城防建筑，或将城墙的兴废作为城市发展的某种标志。杜正贞的《上海城墙的兴废：一个功能与象征的表达》①一文，通过上海城墙兴建和拆除，探讨人们对于城墙的观念的变化，以及上海城墙在功能和象征意义上的转变。他认为，城墙从古代的城防工具到统治权威的象征，在晚清以后被视为故步自封的标志，是中国城墙通常走过的道路。上海城墙经历了因"夷"而建，因"夷"而拆的兴废历史。其功能和象征意义随着城市历史的演变而变化。对城市定位的改变、华洋之间矛盾和竞争的激化，使上海官绅对城墙的观念发生分歧，引起有关拆城的争论，最后作为一个旧政权、旧时代的象征被拆除。马敏的《中国近代博览会事业与科技、文化传播》一文，从思想演变和实际运作两个层面，对中国近代博览会事业中科技与文化传播情形及其局限作了初步探讨。他认为，近代中国社会朝野对博览会传播功能的认识经历了从"炫奇""邦交"到"商利""文明"的发展过程。②

四　大众文化研究

近代中国大众文化有其特殊之处，融入了通俗文化、消费文化、商业文化等多重文化，国内学者进行了深入探讨。《史学月刊》2008年第5期推出了马敏、姜进、王笛、卢汉超、周锡瑞等参与的《近代中国城市大众文化史研究笔谈——让城市文化史研究更富活力》。新星出版社2008年出版的姜进、李德英主编的论文集《近代中国城市与大众文化》，主要论述了城市空间的建构；城市与地缘社会；城市生活、休闲与情感；革命、战争与大众文化等问题。何一民指出：自鸦片战争以降，中国开始了工业化、城市化历程，中国的大众文化于此时初现端倪。然而，由于中国近代

---

① 杜正贞：《上海城墙的兴废：一个功能与象征的表达》，《历史研究》2004年第6期。
② 马敏：《中国近代博览会事业与科技、文化传播》，《历史研究》2004年第2期。

社会特殊的发展历程,致使大众文化仅限于在少数开埠城市中发展。此一时期的大众文化已经初具商业性、娱乐性、媚俗性和技术性等特征。① 王笛考察了成都的娱乐空间与大众文化后指出:晚清民国时期的茶馆戏园,作为公共空间为大众提供娱乐,从中除了可以了解人们在茶馆戏园的日常生活,还可以看到改良精英和地方政府竭力将改革戏曲作为控制大众娱乐的一部分,把他们的政治灌输在表演的节目之中,把他们所认为的"新的""进步的"情节加入传统戏曲中,以"教育"民众。精英和国家对茶馆戏园的改良和控制揭示了大众文化与精英文化之间、地方文化的独特性与国家文化的同一模式之间的斗争。② 姚霏等关注了上海的大光明电影院后指出:创建于1928年的上海大光明电影院,以好莱坞电影和西方现代主义的建筑装饰,迎合并引领上海民众推崇西方娱乐方式和文化,带动电影院成为近代上海摩登生活的文化地标。大光明电影院通过对好莱坞文化的传播刺激着上海社会对好莱坞元素的消费和再生产;同时,近代上海社会的民族主义、族群意识甚至政治风云也影响人们对电影的评价和对影院空间的态度。③

近十年来,学界出版多部研究近代大众文化的专著,涉及内容广泛。上海辞书出版社2010年出版的姜进等著《娱悦大众——民国上海女性文化解读》,对20世纪上海都市文化和现代城市公众空间的性别和阶层问题作深入的探讨,着重考察女性对上海通俗演艺市场的介入是如何影响了这一市场的形成和发展,而女性又是如何通过参与营造这一都市的公众空间而提升了自身的社会地位和身份的。北京大学出版社2011年出版的张英进编著的《民国时期的上海电影与城市文化》将上海电影纳入民国文化史的视野中加以讨论,从不同角度讨论了民国时期中国电影的丰富面向,以及上海的电影文化和城市文化特质。中国人民大学出版社2012年出版的叶文心著《民国时期大学校园文化(1919—1937)》,以民国时期的大学为研究对象,讨论了京、沪两地大学不同的办学风格、校园文化,及其与上海经济、民国政治、国民政府教育政策的互动关系。上海人民出版社

---

① 何一民、庄灵君:《城市化与大众化:近代中国城市大众文化的兴起》,《湘潭大学学报》2008年第1期。
② 王笛:《茶馆、戏园与通俗教育——晚清民国时期成都的娱乐与休闲政治》,《近代史研究》2009年第3期。
③ 姚霏、苏智良等:《大光明电影院与近代上海社会文化》,《历史研究》2013年第1期。

2012 年出版的洪煜著《近代大众传媒与城市文化研究》为作者关于近代报刊与上海城市文化的文章结集。社会科学文献出版社 2018 年出版的连玲玲的《打造消费天堂：百货公司与近代上海城市文化》从消费空间、消费观念出发对百货公司在近代上海城市文化中的作用进行了详细的探讨。胡悦晗的著作以 1927—1937 年上海与北京的知识群体为研究对象，勾勒出现代中国城市知识群体的日常生活图景，考察了知识群体所处的阶层位置，及其在饮食、交往、休闲、服饰等日常生活的不同维度中发展出的旨在建构身份认同感与合法性的话语资源。① 科学技术文献出版社 2021 年出版了郭立珍著《近代中国城市文化娱乐消费需求变迁研究》，考察了 1861—1937 年近代中国城市文化娱乐消费需求变迁的基本趋势和基本特征、变迁的动力机制以及对经济发展产生的影响等问题。

五　心态史及观念史

21 世纪以来，随着对西方新史学理论和方法的介绍和消化，越来越多的中国学者开始用西方新史学的理论和方法重新审视近代中国社会，并开辟出许多新的研究领域。近代中国文化心态史的研究，便是比较典型的一例。受法国年鉴学派的影响，近代社会心态史逐渐为研究者注意。把社会心理确认为社会存在的一种反映方式，可以启迪史学研究工作者通过社会风尚的演变，考察人们在日常生活和相互交往中形成的普遍意识，以便更准确地描述历史的场景和国民性。

赵泉民通过考察维新运动之后新知识分子对义和团运动的态度，揭示晚清知识分子文化心态的演变。他认为，作为一群处于古今中西新旧多重文化之间的"边际人"，晚清知识分子对于以下层农民为主体的义和团运动呈现出甚为驳杂的心态：惧乱、媚外的敌视心理；中立裁判者的心态；同情赞赏之态度。而造成诸种心态的背后质素是知识分子"历史心态"和"现实心态"的耦合。这种文化心态，最终导致了他们与下层民众运动的隔离，对随后的辛亥革命也产生了较大影响。②

对辛亥时期资产阶级革命派与会党的关系问题，前人多有论述，但对

---

① 胡悦晗：《生活的逻辑：城市日常世界中的民国知识人（1927—1937）》，社会科学文献出版社 2018 年版。

② 赵泉民：《试析晚清新知识分子对义和团运动的心理》，《华东师范大学学报》2000 年第 3 期。

会党参加资产阶级革命的过程总让人觉得是仁山智水，意犹未尽。郑永华试图用社会心理学的方法，对会党的社会心态进行分析，以便从另一侧面来把握会党的状况。他认为，辛亥时期的会党社会心态，大致有这样几个特点：寻求新领导成为多数会党的共识；联合起来共同革命受到会众的欢呼；民主共和得到了会党先进分子的认可；会党反教排外心态的变化明显。辛亥时期秘密会党的社会心态有了新的因素。他指出，由于这些社会心态变化只是极少数与资产阶级革命党人接触较多的精英人物有些新的萌芽，而一般会众的心态往往变化较小；更因为当时会党的心态较为驳杂，并随地区、时间、人物不同而表现得或强或弱，会党心态具有不稳定性。所以，对这种社会心态的变化的作用不能估计太高。①

此外，白纯通过考察台湾光复后的民众心态的变化，揭示了"二二八"起义爆发的深层原因。② 孔祥吉依据北洋水师营务处总办罗丰禄的数十封家书，分析了北洋水师上层人物在中国交战时的精神状态和内心活动，认为当时弥漫于北洋上下的畏惧、自私、不负责任的心理状态，是导致清廷在与日军较量中惨败的重要原因。③ 这样的研究思路，给人以耳目一新之感。

居阅时在《论社会心态对北洋历史进程的影响》一文中指出，社会心态是人类群体、民族、团体及个人受一定社会环境影响，在意识行为上的反映和表现。其表现形式较政治、经济难以把握，也容易为人们忽略，实际上社会心态却对历史进程起着重要的影响。北洋时期的社会心态主要有"接受""回归"和"再选择"三种主流表现，这三种心态在北洋时期建立民国、复辟倒退和维护革命成果的三大主题中，与政治、经济、文化等因素一起构成推动历史运动的合力，共同影响着北洋历史的进程。这表现北洋历史运动的发展，不是简单地由政治和经济两项因素所决定，而是由更多的因素包括社会心态在内共同作用的结果。④

21世纪以来，受法国年鉴学派的影响，中国近代社会观念史逐渐被学界所注意，"观念"史研究也呈现出新的气象。《史林》1999年第4期发表的方维规的《论近现代中国"文明""文化"观的嬗变》一文，对近代

---

① 郑永华：《辛亥时期会党社会心态之变化》，《清史研究》2000年第1期。
② 白纯：《台湾光复后的民众心态与"二二八"事件》，《民国档案》2000年第3期。
③ 孔祥吉：《甲午战争从北洋水师上层人物的心态》，《近代史研究》2000年第6期。
④ 居阅时：《论社会心态对北洋历史进程的影响》，《史学月刊》2002年第4期。

中国的"文明""文化"观念进行了追踪式的考察,揭示了西方观念输入中国而为中国人接受的复杂历程,是近代观念史研究中一个较为成功的例子。刘慧娟的《论中国近代国家观念的形成》一文,对近代中国的"国家"观念的形成作了考察,认为近代中国社会严重的内忧外患使中国人逐渐觉醒,是中国近代国家观念形成的条件;中国近代"国家"观念的形成,大致经过了传统国家观念的打破及近代新国家观念的萌芽、近代各种国家观念及其主流的产生、近代国家观念的基本确立三个阶段。近代国家观念的形成对中国社会产生了深远的影响:一方面,它使中国政府通过外交途径争回大量因不平等条约而丧失的国家主权;另一方面,使自由、民主和平等观念在中国民众中得到普及和被接受,对统治者的专制行为有一定抑制作用。[1] 蔡永明的《论晚清洋务思想家的近代外交观》一文,则通过考察近代中国"外交"观念的演变,认为鸦片战争以后,随着中西交往的日益频繁,洋务思想家的外交观念也发生了变化;这些思想家通过对主权观念的认识、对使节制度的建言、对交涉之道的探讨以及对国际外交准则的分析,提出了一套较为系统的"外交"理念,形成了他们的近代式的"外交"观念;这种新式"外交"观念的形成,推动了晚清外交观念的近代化。[2]

"谶谣"是一种利用隐晦而通俗的语言形式表述预言的神秘性歌谣。谶谣盛行是太平天国时期神秘政治文化现象的明显表征之一,颇有值得探研的意蕴。董丛林的《有关太平天国的谶谣现象解析》一文认为,太平天国时期的谶谣主要是围绕清朝与太平天国争斗事体者。这与当时战乱之下社会动荡、人心惶惑、迷信氛围浓烈的环境密不可分。[3] 与太平天国时期相似,清末新政期间各地"讹言繁兴",谣言蜂起,并逐步汇合为强大的反对新政的社会舆论,最终以暴力形式表现出来。黄珍德认为,这种历史现象的出现,与普通民众的社会心理有着相当大的联系。由于当时社会的急剧变动、普通群众的落后意识和清末新政给普通民众带来沉重的捐税负担,趋利避害的社会心理驱使普通民众视清末新政为"病民之政",因而不断信谣传谣,乃至掀起反对新政的武装斗争,冲击了新政的深入开展,

---

[1] 刘慧娟:《论中国近代国家观念的形成》,《宝鸡文理学院学报》2000年第1期。
[2] 蔡永明:《论晚清洋务思想家的近代外交观》,《厦门大学学报》2000年第4期。
[3] 董丛林:《有关太平天国的谶谣现象解析》,《安徽史学》2003年第1期。

动摇了清朝的统治。①

义和团教民的信仰状态,同样可以折射出 19 世纪末民众的社会观念及复杂心态。程歗、谈火生的《灵魂与肉体:1900 年极端情境下乡土教民的信仰状态——以直隶为中心的考察》一文,讨论了 1900 年中国基层社会天主教教民的信仰状态及其文化含义有其独特的学术价值。作者认为,只有将考察的视野从文本解析下沉到普通信徒的心态和行动领域时,才可能更深切地把握他们那种鲜活的跳动着的文化脉搏。这种由灵魂意识、神功崇拜和身体观念所表达的信仰状态,具有基督教教义和中国乡土文化诸要素交错互动的特色。它表明激烈的拳教冲突并非两种信仰体系的决然对立,而是在不同程度上反映了冲突双方根植于政治和经济事实的对于本土文化资源的分别解释和重塑。这种解释和改塑,将同一种资源系统推向了表层分裂而深层相通的两个极端,在一个特定情境下浓缩和凸显了乡土教徒将本土文化向西方教义悄悄移植的文化景观。②

吴淞铁路是中国近代第一条正式营运的铁路,它的兴废成为中外铁路史上著名的事件。长期以来,学界笼统地认为民众因风水观念及民族意识而反对兴建铁路,实际上民众对待吴淞铁路的态度并非如此简单。孙昌富、陈蕴茜《从民众态度看吴淞铁路的兴废》一文,将民众分为乡民和市民,分阶段细致考察他们在吴淞铁路兴建运营过程中的态度,再现了上海民众对待吴淞铁路的复杂态度。作者认为,上海民众尤其是沿途乡民对铁路火车的反对多是由于铁路有损其利益,并给其生产生活带来不便后才做出的被动反应,而不是出于维护国家主权而自觉的反抗。乡民的反抗活动是无组织的、一时爆发的,多是就事论事、持续时间不长。上海市民中具有自觉而强烈的国家主权观念的人也并不多,持自觉主权观的只是部分具有远见的文人与绅商。吴淞铁路虽然被拆毁,但它对民众空间观念、时间意识及民族意识均产生较大影响,在近代特殊的历史背景下,中国民众逐步形成了融利益观、时空观及主权观于一体的铁路观。③

中国近代国货运动迟至 20 世纪 90 年代方才引起学界关注。就迄今为数不多的成果来看,论者多注重长时段的通盘考察,认为国货运动有助于

---

① 黄珍德:《论清末新政时期的谣言》,《华南师范大学学报》2004 年第 1 期。
② 程歗、谈火生:《灵魂与肉体:1900 年极端情境下乡土教民的信仰状态——以直隶为中心的考察》,《文史哲》2003 年第 1 期。
③ 孙昌富、陈蕴茜:《从民众态度看吴淞铁路的兴废》,《开放时代》2005 年第 1 期。

中国的近代化或现代化进程。金普森、周石峰的《"国货年"运动与社会崇洋观念》一文,以1933—1935年的"国货年"运动为中心,试图探究国货运动与经济发展的关联性,分析社会崇洋观念对国货运动的重大影响。作者认为,从"圣化"的传统社会转向"世俗"的近代中国社会,交通日益发达,"以洋为尚"的社会风气借助于各种传媒,大量洋货以上海等通商口岸为策源地散布至全国各地。此种风气,仅仅依靠对民族主义的工具性利用,实难遏止。以上海为中心的国货年运动未获预期效益,民众的崇洋心态是构成民族产品市场的重大阻力之一,而此种心态的形成,与洋货物美价廉的路径依赖式影响、上层社会的消费示范作用,以及消费风尚借商品广告和人员流动而广播蔓延密切相关。[①]

中央与地方的关系,政府与民众的关系,是近年来学术界比较关注的问题。地方主义极端化的发展无疑是民国政治社会的一大特征,学术界对民国地方主义的研究近年来虽取得可喜的进展,但与这个问题的重要性、复杂性和学术价值相比,总体上仍显薄弱。地方主义可从思想观念和政治行为两方面考察,而思想观念又可分为地方心理观念和地方政治意识两部分,地方心理观念是地方主义的社会意识的内容;地方政治意识则是地方主义的政治意识内容。王续添在对民国时期地方心理观念问题以及民国地方主义的学理分析、政治行为、成因、历史定位等问题研究之后,进一步对"地方政治意识"作了专门研讨。他认为,民国时期的地方政治意识是指地方集团及其代表人物在国家政治制度、政治生活,尤其是国家的构建、中央与地方权力和利益的分配以及重大政治问题上的观点和主张,是中央集团与地方集团利益及意志矛盾长期得不到根本解决的产物。其基本架构是在认同国家的前提下,以与中央对立意识为基础,以地方的"自主""自治"意识为核心,以自保和扩张意识为动态特征;其本质是地方集团追求自我利益的扩大化和自我政治价值的实现;其存在形态只具有相对独立的地位;它不仅是地方心理观念的偏执在政治生活中的某种反映,也成为其地方政治行为的先导。[②]

近代中国的社会观念在东西文化冲击交汇下,呈现出多重面相,学者

---

① 金普森、周石峰:《"国货年"运动与社会崇洋观念》,《党史研究与教学》2004年第4期。

② 王续添:《论民国时期的地方政治意识》,《教学与研究》2003年第5期。

们也给予分析。杨念群著《何处是"江南"——清朝正统观的确立与士林精神世界的变异》一书，探研清朝"正统观"建立的复杂背景及其内容，并考察江南士人在与清朝君主争夺"道统"拥有权的博弈过程中，如何逐渐丧失自身的操守，最终成为建构"大一统"意识形态胁从者的悲剧性命运。① 生活・读书・新知三联书店2011年出版的杨念群著《儒学地域化的近代形态：三大知识群体互动的比较研究（增订本）》，则将思想史与社会史相沟通，提出"儒学地域化"的解释体系。法律出版社2009年出版的金观涛、刘青峰著《观念史研究：中国现代重要政治术语的形成》借助数据库，对中西现代观念差异的比较研究，突破了过往思想史研究以代表人物或著作为分析依据的局限，开启以例句为中心的观念史研究新方法。华中师范大学出版社2011年出版的马敏著《商人精神的嬗变——辛亥革命前后中国商人观念研究》一书，则是关注了近代商人观念及法律意识、政治意识等演变。中国社会科学出版社2017年出版的阎书钦著《范式的引介与学科的创建：民国时期社会科学话语中的科学观念》一书，则是梳理民国时期社会科学范式的构建、流变与派分，以其中蕴含的科学观念为主轴，系统反映民国时期社会科学学科体系构建情况。

在相关论文方面，李育民研究近代中国排外观念后指出：近代民族主义是从"排外"产生的。辛亥时期，国人对传统"排外"作了具有近代性质的扬弃和更新，为转向近代民族主义奠立了基础。"排满"的理论基点是"排外"，是"排外"的一种特殊形式，是近代民族主义的初始形态。正是借助"排外"理念，"排满"鼓荡了民族主义。"排满"在某种程度上适应了"攘夷"意识的需要，又贯注着反对外国侵略的"排外"精神，并具有国家独立、平等主权等近代民族主义内涵。② 罗检秋关注了知识界对"文明"的认知，指出：近代中国人对西方的认识经历了复杂演变，19世纪中期以"夷""洋"为标志的西器西俗，至清末则成为文明的象征。"文明"引领着都市社会的生活时尚，也成为思想领域的价值尺度，可谓蕴含复杂的近代话语。但清末民初知识界对"文明"的认知和思辨值得注意：他们试图纠正文明潮的物质化偏颇，而彰显了制度和精神文明；他们

---

① 杨念群：《何处是"江南"——清朝正统观的确立与士林精神世界的变异》，生活・读书・新知三联书店2010年版。
② 李育民：《"排外"观念与近代民族主义的兴起》，《史林》2013年第1期。

辨析了奢侈与文明的本质区别，而重视道德修养；同时摒弃了西方文明观隐含的殖民主义意识，体现了多元化的文明观念。① 李恭忠考察了晚清的"共和"表述后认为，在晚清时期"Republic/共和"概念的输入与接受，既是知识领域的跨文化互动问题，也是政治领域的现实行动选择问题。以梁启超和孙中山为代表，分别形成了两种竞争性的"共和"表述，前者侧重于知识和学理探讨，主张缓行共和；后者强调实际行动，主张跨越式速行共和。知识领域的问题与政治领域的问题相互交织，使西方共和概念的输入呈现为实与名的疏离。民初，"共和"成为耳熟能详的新名词，但制度移植的效果未能符合预期，以至于逐渐遭到质疑和批判。②

对于近代精英与知识分子等社会各阶层的观念与意识，学者讨论较多。中国社会科学出版社 2015 年出版的魏光奇著《选择与重构——近代中国精英的历史文化观》，主要论述西方传统的"世界历史"观念和中国观、中国传统的历史观念和文化观、选择与重构——近代中国人构建历史文化观的新模式等主题。华中师范大学出版社 2011 年出版的罗福惠著《辛亥革命时期的精英文化研究》则是关注传统文化、政治文化与新式知识分子文化。上海人民出版社 2017 年出版的许纪霖著《家国天下：现代中国的个人、国家与世界认同》，从传统的"天下观念"遭受现代性冲击入手，讨论了儒家、晚清立宪派与革命派、晚清的地方认同和个人认同、五四的"世界主义"、文明与富强之间的竞争、民族主义等等中国近现代思想革命中的尝试，最后提出了"新天下主义"的认同模式。郭双林则考察了辛亥革命知识界的平民意识，指出：当时知识界人士，特别是革命党人，不仅尊崇、同情平民，而且贬抑绅士与贵族，公然声称他们所进行的革命是"平民革命"，革命的目标是要建立"平民政治"。但是，革命非但没有使中国实现平民化，反而造就了一批新贵。然而历史是连续的，辛亥革命时期知识界平民意识的广泛传播，为五四时期平民主义思潮的澎湃作了思想上的准备，并构成近代中国社会平民化进程中不可或缺的一环。③ 许纪霖还关注了近代知识分子的士大夫意识，指出：传统中国的士大夫精英意识，在晚清"四民社会"解体之后，虽然一度被平等的国民意识所取

---

① 罗检秋：《清末民初知识界关于"文明"的认知与思辨》，《河北学刊》2009 年第 6 期。
② 李恭忠：《晚清的共和表述》，《近代史研究》2013 年第 1 期。
③ 郭双林：《论辛亥革命时期知识界的平民意识》，《近代史研究》2012 年第 3 期。

代,但国民内部智性和能力的不平衡,使梁启超等人产生了"既有思想之中等社会"这一新的士大夫意识;而到五四启蒙运动,个人观念的崛起又进一步在意志和理性上强化了知识分子的精英意识,其合法性基础也从个人的德性转变为现代的知识。人民固然是国家的主人,但政治和舆论的操盘者,应该是具有现代知识和政治能力的知识分子。[①] 此外,山东大学出版社2009年出版的周明之著《近代中国的文化危机:清遗老的精神世界》对清遗老的生活与复辟活动、文化学术活动等进行了系统研究。

学者们还讨论了中华民族观念与复兴问题。北京师范大学出版社2017年出版的黄兴涛著《重塑中华:近代中国的中华民族观念研究》一书,将传统的精英思想史与"新文化史"的有关方法结合起来,对现代中华民族观念的孕育、形成、发展及其内涵,作了系统深入的整体性考察和阐释。俞祖华考察了近代中华民族复兴观念演变,指出:中华民族是饱经历史沧桑的、生生不息的命运共同体。近代哲人习惯于以生命机体的角度去体认中华民族这一共同体,把她看成具有顽强生命力、具有充沛文化血脉的社会有机体。他们还把民族复兴看成是再生、复活,看成再现朝气蓬勃的生命气象,看成生命体的重新自我修复,并以人生意象"少年中国""青春中国",动物意象"东方睡狮""凤凰涅槃",植物意象"老树新芽"等,比喻古老中国的"旧邦新命"、中华民族的涅槃重生。[②] 郑大华等人指出:19世纪末,孙中山提出"振兴中华"口号,这是"中华民族复兴"之观念的最初表达;20世纪初,梁启超提出"中华民族"一词,这对"中华民族复兴"之观念的形成起了重要的推动作用;五四前后,李大钊提出"中华民族之复活"思想,这是"中华民族复兴"之观念基本形成的重要标志;到了"九一八"事变后,"中华民族复兴"之观念最终形成并成为具有广泛影响力的社会思潮,当时的知识界围绕中华民族能否复兴和中华民族如何复兴这两个问题展开了热烈讨论。推动"中华民族复兴"之观念形成的根本原因是日益严重的民族危机,促进了中华民族的觉醒。[③]《近

[①] 许纪霖:《"少数人的责任":近代中国知识分子的士大夫意识》,《近代史研究》2010年第3期。

[②] 俞祖华:《"少年中国"·"睡狮猛醒"·"老根新芽":近代中华民族复兴观念的文化意象》,《东岳论丛》2016年第9期。

[③] 郑大华、张弛:《近代"中华民族复兴"之观念形成的历史考察》,《教学与研究》2014年第4期。

史研究》2014年第4期推出《中国近代民族复兴思潮》笔谈，郑大华、金冲及、黄兴涛、罗志田、郭双林、王先明、郑师渠、荣维木等撰文分别从不同角度进行了讨论。特别是中国社会科学出版社2017年出版郑大华著《中国近代民族复兴思潮研究：以抗战时期知识界为中心》一书，以抗战时期的知识界为中心，首次对中国近代民族复兴思潮做了全面的研究，具体包括"民族复兴思潮的历史考察""民主政治与民族复兴""经济建设与民族复兴""学术研究与民族复兴""民族文化与民族复兴"等部分的内容。

六 近代新词语与概念史研究

清末民初之际，伴随着西学东渐力度的剧增，作为西学表征的新词语以汹涌之势进入中国。近代中国的新名词问题，长期以来是语言学的研究范畴。但近年来，史学界开始关注这一领域，并将新名词与新思想联系起来考察。黄兴涛在《近代中国新名词的思想史意义发微》[①]一文中，从新名词与思维方式、价值观念变革的关系入手，尝试着揭示近代中国新名词形成、传播之丰富微妙的思想史意义。他认为，数以万计的双音节以上新名词的出现和活跃，词汇的概念意义、规范"界说"的社会认同与实践，以及与之相随的新式词典的编撰和流行，增强了汉语语言表达的准确性，有效地增进了中国人思维的严密性和逻辑性；大量出现的近代新名词提供了众多新的"概念工具"和"思想资源"，极大地扩展了中国人的思想空间，提高了科学的思维能力和效率，为构筑中西会通的新思想体系奠定了重要的思想基础。从综合的整体性思想层面看，这些新名词具有沟通各领域、各门类专门思想、成为其背后共享的某些思想依据、概念工具之有机组成部分的特点；从思想的广泛社会性和有效性层面看，它们又是上层精英思想和下层民众思想互动的媒介和彼此共享的内容，是社会生活和思想价值观念之间互相影响的概念纽带。

面对新语入华大潮，中国民众或乐于迎受，或愤而拒斥，莫衷一是。冯天瑜对清末民初国人对新语入华的反应作了初步考察。他认为，近代中国话语世界呈现两极状态：一方面，人们普遍使用"大半由日本过渡输

[①] 黄兴涛：《近代中国新名词的思想史意义发微——兼谈对于"一般思想史"的认识》，《开放时代》2003年第4期。

入"的新名词；另一方面，这些"由日本贩入之新名词"构成一种强势的话语霸权，冲击着传统的话语系统，激起部分国人的反感与抗拒。清末留日学生和政治流亡者，是日源汉字新语的积极传输者，而晚清士人拒斥外来词，多发自民族主义情结。日源汉字新词尽管存在"非驴非马，足以混淆国语"的弊端，但积极效应是主要的。在或迎或拒的表象之下，新名词逐渐渗入汉语词汇系统，并归化为其有机组成部分。①

20世纪初的留日学界出现了一系列引人瞩目的关键词，这些新词语带来了留日学生思想意识的变化。"世界""文化"的意义首先值得注意。从"世界"一词意义上的变化，可以折射出中国知识分子地理空间观念上的变化，并导致了中国人感受自己和感受世界的方式上的差异。李怡对"世界"一词作了词源学上的考证，并对该词在留日学生中接受情况及传入中国的情况作了考察，说明了晚清从日本传入的关键词语与关键思想兴起与变化的互动关系。②与此相似，清末"国民"与"奴隶"这组词汇的内涵也发生转化，并迅速流行起来。厘清"国民"与"奴隶"之间的区别成为思想家的重要任务，主张对国民性进行改造更成为一股引人注目的时代思潮。对这一问题，以往的研究成果大多侧重于对围绕"奴隶主义"或"奴隶性"的批判进行研究，而没有去深入考察"国民"与"奴隶"这两个词汇内涵的变化和流行对近代中国社会变迁的意义和影响。有鉴于此，郭双林等人考察了"国民"与"奴隶"二词的渊源及其在清末从古典意义向近代意义的转化过程，分析了当时围绕"国民奴隶"与"奴隶"根性问题的讨论情况，并探讨了二词内涵在当时转化与流行的原因及对近代中国社会变迁的积极意义。作者认为，"国民"一词内涵的变化和流行，深深地影响到近代中国社会的变迁；"奴隶"一词内涵的转化和风行，尤其是当时对国人"奴隶性"的讨论，则直接为"五四"时期的国民性改造开启了先河。③

清末十年间，上海报刊舆论中出现了许多反映社会新情况的新话语，这些新话语推动了传媒间的话语革新和话语转换，促进上海乃至全国言论氛围和政治气候的转变。刘学照的《上海舆论、话语转换与辛亥革命》就

---

① 冯天瑜：《清末民初国人对新语入华的反应》，《江西社会科学》2004年第8期。
② 李怡：《关于"世界"的学说》，《徐州师范大学学报》2003年第4期。
③ 郭双林、龙国存：《"国民"与"奴隶"——对清末社会变迁过程中一组中坚概念的历史考察》，《中国文化研究》2003年第1期。

清末上海报刊舆论、话语转换与辛亥革命的关系作了论述。20世纪初,上海革命舆论中出现并传播前所未见的新话题和新话语,如时代、革命主义、帝国主义、民族主义、民族帝国主义、专制主义、君主专制、专制民贼、排满革命、种族革命、联合满蒙青藏、共和主义、民权革命、平等主义、平均人权、人道主义、自由主义、社会主义、共产主义、麦克思主义、国粹主义、国学、君学、国粹、欧化、共和、祖国等,这些新话语的大量涌现,形成日渐浩大的新信息流。它们的传播、连接、辐射,开阔了人们的眼界,改变着人们的观念,孕育着全国的政治气候,推动了武昌起义和共和革命高潮的到来。①

现代释义的"封建"话语,是解读中国近百年历史文化发展轨迹的"关键词"之一。薛恒从历史语言考察和语言解释学的角度,对这一概念在中国近代的提出、兴起和含义变化的过程进行探讨,以揭示在这一过程中因其意义处境化而与马克思主义原生语义的错离和其中的原因,客观地评价这种表述所起的历史作用和存在的理论得失。他认为,"封建"话语在中国近代从历史语言的边缘走向中心,与当时的社会变革息息相关;它与其说是一个学理话语,不如说是一个社会政治话语;它在服务现实需要的同时又接受现实反馈,带来了处境化的变异,其具体内容已经难以栖身于原来的理论架构中。②

近代中国城市是在西方影响下发展起来的,多数市政设施、管理方式、生活用品是由西方引进的,其用语大多从西文翻译而来。近代新式交通工具用语的形成过程,基本反映出近代城市用语的形成特点。邵建的《近代城市用语的形成——以上海城市交通工具用语为例》一文,以上海城市交通工具用语为例,探讨中国近代城市用语的形成过程。他认为,从对新事物的害怕、视之奇技淫巧或洪水猛兽,到初步接受,到最终艳羡、为之折服并模仿与学习,使近代城市用语有了从出现到最后普及的过程。也正是如此,才使自行车、汽车、电车、火车、电报、电话等新事物进入寻常百姓的生活中。③邵建还考察了近代上海的新名词传入,指出:中国近代的口岸城市,在城市规模、城市形态、社会经济结构、社会生活方式

---

① 刘学照:《上海舆论、话语转换与辛亥革命》,《历史教学问题》2002年第2期。
② 薛恒:《中国近代"封建"话语的兴起及其指义处境化》,《江海学刊》2003年第2期。
③ 邵建:《近代城市用语的形成——以上海城市交通工具用语为例》,《史林》2003年第3期。

等方面受外来文化影响甚深。大量新的词汇进入人们日常语言交流中,在一定程度上代表了时尚与流行,一些词汇沿用至今,成了汉语的新元素。作为口岸城市的代表,近代上海的城市用语受外来文化的影响尤为显著,这些用语随着上海本身的辐射效应,有的扩散到中国其他城市,继而深刻影响了其他城市和地区城市用语的更新和变化,上海也因之成为传播新的城市用语的集散地。[①]

近十年来,国内学者对近代概念史与新名词的研究内容日趋广泛。孙江等2013年开始主编的《亚洲概念史研究》辑刊,目前出版到第4辑,专门发表概念史的学术论文。对于概念史研究前景,李里峰则指出了概念史研究存在的问题:在中国,虽有少数学者的大力译介,史学界对于概念史的基本内涵、理论预设和研究方法仍未达成共识。有的论文冠以"概念史"之名,实际上只是稍涉概念含义的辨析而已,与德国和英美的概念史研究其实没有什么关系,难免有鱼目混珠之嫌;一些与概念史研究旨趣相契合的论著,却以"观念史研究""新名词研究"等其他名目称之,从而削弱了概念史的学术影响和号召力。[②]

在具体的概念研究上,北京师范大学出版社2015年出版的黄兴涛著《"她"字的文化史:女性新代词的发明与认同研究》增订版,为国内学界有关新名词研究的代表作,结合新文化史与传统史学的方法,从语言、文学、性别、观念及文化交流等角度,对她字的"现代性"与社会认同进行了详细解读。黄兴涛、陈鹏考察了近代中国"黄色"含义变化,指出:"黄色"由代表高贵、尊严的民族象征色彩词,转成与色情淫秽之指代并列共存、具有内在含义矛盾的词汇,是近代中西文化交汇与现实中国社会政治互动的产物。作为负面贬义的"黄色",表现出传统词义的一种变态,在社会环境演变和语境变量中,因经历所指和能指的开张组合、伸缩变化,与西方语词"黄色新闻"等概念中的黄色原义也有脱离。[③] 陈红娟则考察了中共革命话语中的"阶级"概念演变,指出:"阶级"这一概念经历了从服务于国民革命话语体系到成为中共革命话语体系核心的转变,其政治功能亦实现了从"阶级联合"到"塑造敌我"的变迁。不同时期中共

---

① 邵建:《新生活·新观念·新名词——以近代上海城市用语变迁为考察线索》,《学术月刊》2011年第6期。
② 李里峰:《概念史研究在中国:回顾与展望》,《福建论坛》2012年第5期。
③ 黄兴涛、陈鹏:《近代中国"黄色"词义变异考析》,《历史研究》2010年第6期。

对"阶级"的理解并不相同，总体而言，存在一个由是否参加劳动、资产多寡等表层现象向经济结构、政治压迫等深层问题发展的过程。中共用"阶级"辨识革命敌我，透过"共同利益"规训革命成员的阶级意识和身份认同，并以文本、标语等文化衍生品为载体不断撒播阶级话语。由此，阶级革命的话语逐渐渗透到革命的日常生活，转变为革命动员的政治力量。① 黄兴涛、陈鹏还考察了民国时期的"现代化"概念的演变，指出："现代化"概念传入中国后，即被运用于追寻"国家现代化"的整体诉求中，体现出全方位变革的综合性认知趋向。它不像学界以往所认为的，曾明显经历一个从重文化到重社会经济的内涵转变。30—40年代，"现代化"语词流播更广，知识界的有关概念认知也逐渐深化，但"现代与传统"的关系却并未成为当时思想史上的自觉命题。各党派均根据各自的政治立场和意识形态需要，运用"现代化"概念进行社会政治动员乃至历史书写。② 北京大学出版社2018年出版的方维规著《概念历史的分量：近代中国思想的概念史研究》关注了西学东渐过程中"夷""洋""西""外"及其相关概念；近现代中国"文明""文化"观；"民族"及相关核心概念；对"经济"译名及"知识分子"等概念的演变。

经济管理出版社2016年出版的冯天瑜等著《近代汉字术语的生成演变与中西日文化互动研究》对近代汉字术语寻流讨源，探寻语义变迁中的历史文化蕴涵，视域涵盖中—西—日，尤以近代西学术语之汉译及其在中日间之流转、互馈为重点，展现了异彩纷呈的近代文化状貌。社会科学文献出版社2018年出版的张帆著《近代中国"科学"概念的生成与歧变》则用丰富的史料详细考察了"科学"一词含义在近代的演变。他指出：19世纪、20世纪之交，"科学"一词在中国初现，虽与教育相关，却不特指分科教育。新政时期，中国朝野皆以日本教育作为汲取"科学"的渠道，使得晚清新教育与日本"科学"紧密结合，从而形成教科意义上的"科学"概念。这种"科学"概念的生成体现了朝野各方"以日为师"方向上的同一性，但"科学"意义之上负载了不同的政治理想。教科之"科学"的生成是"科学"概念在教育领域泛化的结果，它在学术与政治两方

---

① 陈红娟：《中共革命话语体系中"阶级"概念的演变、理解与塑造（1921—1937）》，《中共党史研究》2018年第4期。
② 黄兴涛、陈鹏：《民国时期"现代化"概念的流播、认知与运用》，《历史研究》2018年第6期。

面都动摇了清政府的专制统治。① 此外，社会科学文献出版社 2018 年出版的孙江主编的论文集《重审中国的"近代"》中对于"东洋""黄帝"等概念的叙述演变进行了考察。

对于区域概念，桑兵考察了近代"华南"一词演变后指出：今人习以为常的"华南"区域概念，始于 1895 年，与来华西人尤其是欧美报纸的报道和传教士的翻译有关；相应地日本方面的南清之说，也被译成华南；民国时期，因为地域差异和政治分裂，体育界采取分区方式组队参加远东运动会，华南为分区之一；国民政府统一后，分大区进行的模式被其他社会活动乃至政府组织所仿效，华南的用法日渐扩张；而日本实行南进政策以及国民政府加强珠江流域各省的建设，使得华南的指称更加流行。不过，华南一词的使用虽然逐渐增多，其含义却有广狭两种，广义即南华，指中国南方或南中国，狭义指以珠江流域为主的若干省份。② 郭卫东则对"北洋"一词进行了分析，指出："北洋"，在中国近代史上是一个习见名词，内含数变。其源头古意仅是地域名称。第二次鸦片战争后，转成官职概念。北洋大臣的设置是清朝外交从地方到中央的转变，从南到北位移的过渡，在李鸿章之手，天津的屏障外交作用得以充分发挥。到袁世凯的"北洋"，含义再变，前此侧重外交和洋务的意味淡去，而更多地具有了军事政治派系的命意，进而成为中国主要统治集团的称谓。③ 学界对近代新名词的分析，均着力发掘新名词背后的政治、文化内涵，展现了文化分析的独特魅力。

七 疾病文化史

疾病史的研究是西方史学界相当重要的领域，相关著作堪称汗牛充栋。而其方向是多元的，从较宏观的疾病与人群的生态关系史，到个别疫疾对社会的重大影响，如鼠疫、天花、霍乱、肺结核、梅毒到艾滋病等。帝国主义史与殖民主义史的研究重点之一，便是疾病与医疗史。20 世纪 90 年代以来，疾病社会史的研究在中国大陆迅速兴起，越来越多的历史学者对疾病史发生兴趣并予以关注。

---

① 张帆：《晚清教科之"科学"概念的生成与演化（1901—1905）》，《近代史研究》2009 年第 6 期。
② 桑兵：《"华南"概念的生成演化与区域研究的检讨》，《学术研究》2015 年第 7 期。
③ 郭卫东：《释"北洋"》，《安徽史学》2012 年第 2 期。

对于瘟疫史研究而言，以往研究者多关注其起因、流行线路、传播范围、社会经济影响以及国家、医学界、民众对瘟疫的反应，而对于瘟疫所引起的大众心态的变化论及较少。胡勇的《清末瘟疫与民众心态》一文，以1910年10月至1911年3月东北的鼠疫为中心进行考察，借以管窥处于社会转型时期民众面对瘟疫的社会心态。他认为，清末民众面对瘟疫的心态首先是恐惧，由恐惧而导致迷信；随着防疫的深化和瘟疫的成功扑灭，民众的心态迅速发生变化。这与公共卫生体系的建立及中外文化交流等因素有联系；器物和制度层面的转型，为公共卫生观念的确立做了铺垫。面对瘟疫，民众心态从迷信到理性有一个过程。推广科技手段时，要尊重民俗、民情，否则会适得其反甚至引起冲突。政府面对灾害坐视不管，加上民间自发组织力量又难以解决时，是民众倾向于迷信的重要原因；大规模现代化公共设施的建立、技术手段的推广是消解迷信的有效手段。①

麻风病患与社会之间长期的紧张关系来自深层的文化因素，单纯的生物性因素无法充分解释这种关系。梁其姿的《麻风隔离与近代中国》② 一文，针对麻风病的隔离问题所反映的文化意义，提出一些初步看法。她认为，西洋在华传教士与医生主要活动之一，就是推动麻风院的成立；该运动始于19世纪80年代，进入民国时期后更为积极，中国社会精英亦投入此运动中。对西洋人而言，细菌论、热带医学的兴起、传教的需要，都是建立麻风院的主要考虑。中国精英则认为，铲除麻风是当务之急。两者均认为将麻风病人与社会隔离是达到消灭麻风的主要方法。事实上，中国东南地区自明中叶以来即普遍建立了隔离麻风病人的机构，这个传统始终没有中断。这个传统的被忽视，反映了近代麻风隔离措施背后复杂的意识形态因素。

公共卫生是指与公众有关的卫生问题，主要是指通过社会共同努力、改善公共环境卫生、公共食品卫生、公共饮水卫生、灌输个人卫生知识、促进医事发展以及对传染病的防治。过去学术界对近代中国公共卫生事业的研究相对薄弱。何小莲的《论中国公共卫生事业近代化之滥觞》③ 一文，则通过比较中西城市公共卫生事业演进的历史，对近代卫生事业作了鸟瞰

---

① 胡勇：《清末瘟疫与民众心态》，《史学月刊》2003年第10期。
② 梁其姿：《麻风隔离与近代中国》，《历史研究》2003年第5期。
③ 何小莲：《论中国公共卫生事业近代化之滥觞》，《学术月刊》2003年第2期。

式概述。她认为，前近代时期，欧洲城市与中国城市在公共卫生方面基本上处于同一水平，但工业革命带来了欧美城市公共卫生事业的近代化，拉开了与中国城市的差距。中国被动开放以后，来华传教士首先关注中国公共卫生事业，上海租界领先全国，在污水排放、饮水卫生、食品卫生、传染病防治等方面作出了表率，其他通商口岸和北京等城市接踵其后，逐渐创建了近代新式公共卫生事业。公共卫生事业的近代化，关乎物质层次、制度层次、精神层次的文明。中国近代公共卫生事业举步维艰，正是中国近代化的缩影。中国社会科学出版社2015年出版的杜丽红著《制度与日常生活：近代北京的公共卫生》，以近代北京公共卫生制度作为研究对象，既从国家和社会的角度阐述制度变迁的过程，也从日常生活的角度分析制度在社会中的实际运作。

八 新文化史研究的活跃

西方新文化史引入中国并与社会文化史研究趋向结合后，出现了从传统文化史向社会文化史及新文化史转向的新趋势，产生了许多颇具新意的新文化史学术论著。如社会科学文献出版社2013年出版的湛晓白著《时间的社会文化史——近代中国时间制度与观念变迁研究》一书，把时间制度与观念的演变置于晚清民国社会近代化整体变迁的过程中去考察，梳理了以公历、星期制、标准时、时刻分秒计时制等为主要内容的近代时间体制在中国传播和建立的历程，以及近代时间为历法所赋值，为节庆礼仪所演绎，为政治文化所形塑的种种丰富的历史形态，并努力解读了其中所内蕴的政治和文化意义。在出版文化研究上，上海书店出版社2009年出版的张仲民著《出版文化与政治：晚清的"卫生"书籍研究》一书，从书籍史和阅读史的角度切入，研究晚清生理卫生特别是生殖医学书籍的出版与传播，进而探讨人们生理卫生观念、生殖观念乃至性观念的变化。他的另一部著作《种瓜得豆：清末民初的阅读文化与接受政治》2016年由社会科学文献出版社推出，则重点关注了清末民初中国的阅读文化建构及与之相关的"接受政治"问题、来自欧美与日本的新知识在中国如何再生产的问题及其产生的派生意义与社会效果。凤凰出版社2019年出版的潘光哲的专著《晚清士人的西学阅读史（1833—1898）》为系统研究晚清阅读史的代表性专著，作者以具体的个案叙述了晚清士人寻觅接受"西学"的读书历程，提出了"读书秩序"与"知识仓库"等新概念。

在近代知识生产与流动的研究上，中华书局 2010 年出版的黄东兰主编的《新史学》第 4 卷《再生产的近代知识》及复旦大学 2014 年出版的张仲民、章可编《以教科书为中心：近代中国的知识生产与文化政治》等著作，着重探讨近代以来国人业已熟知的各类知识是如何生产出来的，即知识的建构性，内容涉及历史、地理、生活、语言、医学、社会等多个方面。社会科学文献出版社 2019 年还推出学科、知识与近代中国研究书系，包括陈力卫著《东往东来：近代中日之间的语词概念》、章清著《会通中西：近代中国知识转型的基调及其变奏》、沈国威著《一名之立、旬月踟蹰：严复译词研究》、德国学者阿梅龙著《真实与建构：中国近代史及科技史新探》及潘光哲著《创造近代中国的"世界知识"》等著作。桑兵、关晓红主编的《近代中国的知识与制度转型》丛书有多部著作涉及近代知识文化，如上海人民出版社 2019 年推出的《近代国字号事物的命运》、2021 年推出的《解释一词即一部文化史》及《分科的学史与历史》等。知识产权出版社 2016 年出版的傅荣贤著《中国近代知识观念和知识结构的演进》一书，则在历时性分析近代知识观念与知识结构的总体演化轨迹及其谱系变革的动态特征的基础上，探讨了知识与社会文化的互动关系。谭徐锋则尝试讨论孙中山怎样进行革命动员，从细微处解读孙氏的革命宣传策略，并引入革命知识制作与流动的生活场景，留意革命仪式的变易，以及演讲者与听众的互动。① 上海古籍出版社 2009 年出版的复旦大学历史系等主编《新文化史与中国近代史研究》及上海古籍出版社 2015 年出版的《近代中国的物质文化》都是关于新文化史方面论文结集，包括专题论文与理论方法、综述及书评等。刘龙心的著作《知识生产与传播：近代中国史学的转型》从知识史的角度出发，探讨民族国家的观念如何制约着近代以来的历史书写，以及标榜着科学、客观的研究方法和制度化的学术机制，又是如何为历史书写的公正品质提供保证，从而使人们相信学院生产的历史知识为真。②

符号、仪式与节日纪念是新文化史特别关注的领域，同样引起了中国学界的兴趣并出现了许多研究成果。湖南师范大学郭辉近年来出版多部有

---

① 谭徐锋：《清末革命知识的制作与流动》，《清华大学学报》2019 年第 1 期。
② 刘龙心：《知识生产与传播：近代中国史学的转型》，生活·读书·新知三联书店 2021 年版。

关国家仪式、国家纪念日的著作。社会科学文献出版社2013年出版的《民国前期国家仪式研究（1912—1931）》一书，以政权合法性建设为论旨，用个案形式考察民国前20年间国家仪式的操演状况，进而探讨国家仪式本身及背后所蕴藏的政治文化内涵和意义，系统深入探寻国家仪式与合法性建构之间的复杂关系、国家仪式举办的主观动因和客观功用。社会科学文献出版社2019年出版的郭辉著《国家纪念日与现代中国（1912—1949）》则通过对北京政府的国庆纪念日、国民党的黄花岗起义纪念日、国庆纪念日与抗战胜利纪念日、商家的国庆纪念日、九一八纪念、孔子诞辰纪念日、民族扫墓节等一系列民国纪念活动的考察，来探讨了国家纪念日与政府合法性建构的关系，阐释了纪念日背后的政治内涵与意义。2021年，中国社会科学出版社推出的郭辉著《国家纪念日与抗日战争时期的政治文化》一书，则对国家纪念日与抗战时期的革命理念、崇拜、民族主义等问题进行分析，总结了国家纪念日在战时政权建设中起到传递社会记忆、维护权力秩序、构建文化传统及动员社会民众的作用。何卓恩等人对国民党"双十节"纪念的分析，认为"双十节"是武昌首义的纪念日，纪念"双十节"也是人们延续和重构辛亥革命历史记忆的重要方式。在民国初年，"双十节"的内在意涵并不十分确定，具有解释权力的北京政府和国民党，对此节日有着不同的理解和定位。以"共和"相诠解的北京政府随着掌权者的日益孤立，"双十"话语趋于衰微；以"革命"相定义的国民党随着继续革命的声势，逐渐将"双十节"的内涵直接与党的系谱相联系。二者节日叙事的背后，隐伏的都是强烈的政治暗示。①

陈金龙、韩晓莉、李军全对中共节日纪念及中共纪念中肖像政治的研究及李恭忠、陈蕴茜等人对民国政治符号的解读，均有新意。陈金龙的专著《中国共产党纪念活动史》全面考察了中国共产党纪念活动的缘起、类型与方式，梳理了中国共产党纪念活动发展的历史脉络，具体考察马克思主义经典作家纪念、十月革命纪念、五一国际劳动节纪念、辛亥革命纪念、抗日战争纪念、中国共产党建党纪念、新中国国庆纪念的历史情形，并对中国共产党纪念活动的基本特点、历史作用、当代启示进行客观评价。② 社会科学文

---

① 何卓恩、周游：《"共和"与"革命"：民初"双十节"诠释之演变》，《社会科学研究》2011年第1期。

② 陈金龙：《中国共产党纪念活动史》，社会科学文献出版社2017年版。

献出版社 2019 年出版的韩晓莉著《革命与节日：华北根据地节日文化生活（1937—1949）》，从社会文化史的角度对 1937—1949 年华北根据地的节日文化生活进行考察，关注了战争环境下的传统节日、根据地庙会的恢复、新节日的引入与创造、节日改造与社会生活等重要问题，分析了节日生活背后的传统与现代、官方与民间之间的关系变化。李军全著《过年：华北根据地的民俗改造（1937—1949）》以华北根据地春节文化为研究对象，一方面考察华北根据地政权开发春节价值的政治活动，另一方面考察春节民俗对于边区政权政治改造的因应状态，以此分析包括春节在内的乡村民俗文化在沟通中共政治理念和乡村民俗观念上的重要价值。① 李军全对中共根据地的春节纪念研究后指出：在春节期间，中共通常会通过刊发宣传要点来规整宣传内容，通过拓展宣传途径来生产宣传效益，通过实施宣传监管来保持宣传导向，最终实现了较好的宣传效能。乡村节庆与政治传播的结合扩张了战争时期中共的宣传资源，也为政治宣传的有效性提供了便利，这或许是中共的政治宣传异于其他政治力量的一个鲜明特征，也是这场现代革命身处传统乡村所衍生出来的一项政治优势。② 他还指出：基于政治生存环境的变化，中共在根据地、解放区的节庆活动中借助领导人肖像建构革命政权的权力象征。基于塑造政权合法性的思虑，中共适时地引进了本属国家话语系统中的孙中山等领导人肖像，并且在根据地节庆活动中频繁地使用；出于宣扬政权独立性的考量，中共在节庆中有意识地凸显自我领导人肖像，最终将毛泽东像视为革命政权最高象征使用在各种政治和社会生活中。③

政治符号解读视角新颖，学者关注颇多。社会科学文献出版社 2009 年出版的李恭忠著《中山陵：一个现代政治符号的诞生》一书，从陵墓、葬礼和纪念仪式等方面考察了孙中山身后形象的塑造过程，并将之与国民革命和"党治国家"体制建立过程结合起来分析，展现了现代中国政治文化变革进程当中一个相对隐晦的侧面。南京大学出版社 2010 年出版的陈

---

① 李军全：《过年：华北根据地的民俗改造（1937—1949）》，中国社会科学出版社 2018 年版。
② 李军全：《节庆与政治传播：中共华北根据地的春节宣传（1937—1949）》，《中共党史研究》2017 年第 4 期。
③ 李军全：《肖像政治：1937—1949 年中共节庆中的领导人像》，《抗日战争研究》2015 年第 1 期。

蕴茜著《崇拜与记忆：孙中山政治符号的建构与传播》一书，关注了孙中山政治符号的建构，认为孙中山崇拜既是中国传统文化中权威崇拜的遗存和延续，又是国民党政权在构建现代民族国家过程中刻意制作政治象征符号、借以整合社会、巩固其威权统治的一大创制。中国建筑工业出版社2012年出版的赖德霖著《民国礼制建筑与中山纪念》一书，通过考察民国早期礼制建筑及纪念物、南京中山陵的设计、中山纪念堂等问题，重新认识了中山纪念建筑作为政治符号和文化象征符号的深刻意义。社会科学文献出版社2011年出版的王建伟著《民族主义政治口号史研究（1921—1928）》从民族主义视角切入，分析了20世纪20年代的"反帝""打倒军阀""赤化"等政治口号的含义及论争。此外，武洹宇对黄花岗七十二烈士墓骷髅符号的释读，李俊领对民国时期泰山政治文化建构的探究，均注意发掘文化事物背后的政治内涵和文化意义，充分展示了新文化史研究的趋向和特质。

历史记忆与政治活动及社会生活的关联，是新文化史研究的新趋向。孙江主编的《新史学》第8卷《历史与记忆》，从唤醒的空间、记忆之殇、记忆中的历史、殖民与后殖民记忆等方面探讨历史记忆问题。福建教育出版社2011年出版的杨琥编《民国时期名人谈五四——历史记忆与历史解释（1919—1949）》及上海大学出版社2012年出版的忻平主编《历史记忆与近代城市社会生活》，均关注近代历史记忆与政治活动、社会生活问题的关联。华中师范大学出版社2011年出版的罗福惠等主编的《辛亥革命的百年记忆与诠释》一书，以民国以来各级政府、辛亥革命参与者、民间组织、学术界对辛亥革命的记忆与诠释为研究对象，以期加深对辛亥革命本身的研究，并透过百年来对辛亥革命的记忆与诠释，加深对近现代国家与社会的理解。

在相关论文方面，王先明从绅权考察了历史记忆与社会重构问题，指出：传统绅士的"历史记忆"本身，也在社会结构或权力结构的重建过程中，产生着潜在的却是不容低估的影响。关于绅士阶层不同的"集体记忆"，不仅呈现出不同利益主体的"选择性记忆"或"失忆"，而且这种"历史记忆"也成为重构的社会权力和利益关系的"社会认同"因素。[1] 候杰等关注赛金花的集体记忆问题，指出：不同的文本通过对赛金花的叙

---

[1] 王先明：《历史记忆与社会重构——以清末民初"绅权"变异为中心的考察》，《历史研究》2010年第3期。

说阐明了战争通过暴力手段对原有社会秩序不断颠覆、修正与调适的属性。这不仅改变着民族的命运，而且对战前中国固有的性别关系造成巨大的冲击，迫使女性在更加复杂多变的性别关系中做出调整，其"热爱和平"的天性也遭到一定的扭曲和变形。在特定历史时期，性别身份的建构是个人选择和社会选择双向互动的结果。① 马建标关注了"一战"国耻记忆并对其进行政治文化阐释，认为由巴黎和会外交失败而凸显的民族危机与国内激烈的派系斗争纠缠在一起，国耻记忆扮演着对普通民众进行救亡启蒙的社会角色。在这一国耻记忆形成与演变的背后，蕴含着时人关于如何救亡的集体潜意识，即加强民族内部团结，才是自我拯救之路。② 孙江考察了南京大屠杀的历史记忆后指出：随着南京大屠杀事件研究的"记忆转向"，记忆伦理这一基础理论问题的重要性愈发明显。该文截取两个断面进行探讨，即死者的记忆与伤者的记忆。死者的记忆是生者代理表象的产物，伤者则可以借助自身的回忆和"共享记忆"来证明受害事实。由于关于死伤者的事件不在场，加上事后回忆或他者表象的局限性，特别是历史修正主义对历史书写的暴力，所谓死伤者的记忆，于是转化为历史学之外为何记忆/忘却、谁在记忆/忘却之问题。③ 郭辉、罗福惠还提出了"中共记忆史"设想，指出：中共党史研究也可以汲取记忆史的理论和方法形成"中共记忆史"，发展出新的问题意识。"中共记忆史"研究需要注意记忆与遗忘、社会、政治等方面的关系，以拓展党史研究的视野，为党史研究提供新范式，并回答党史研究与历史记忆的关系。"中共记忆史"研究要运用记忆史重新审视中共党史，探索相关理论和方法，加强史料搜集和整理，培育学术共同体。④

性别与身体史解读也是新文化史关注的热点问题。杨兴梅关注中国近代知识分子对反缠足的呼吁，认为国家权力对缠足的干预与控制呈逐渐增强之势，但这并不是由于官方的主导而主要出自知识分子的要求。⑤ 上海

---

① 侯杰、王晓蕾：《记忆·文本·性别——以20世纪30年代赛金花为中心》，《郑州大学学报》2011年第3期。
② 马建标：《历史记忆与国家认同：一战前后中国国耻记忆的形成与演变》，《近代史研究》2017年第2期。
③ 孙江：《唤起的空间——南京大屠杀事件的记忆伦理》，《江海学刊》2017年第5期。
④ 郭辉、罗福惠：《"中共记忆史"研究的提出及构想》，《中共党史研究》2015年第4期。
⑤ 杨兴梅：《以王法易风俗：近代知识分子对国家干预缠足的持续呼唤》，《近代史研究》2010年第1期。

辞书出版社 2008 年出版的侯艳兴著《上海女性自杀问题研究》一书，力图揭示近代上海社会转型背景之下女性自杀的社会性别意义，广西师范大学出版社 2014 年出版的曾越著《社会·身体·性别——近代中国女性图像身体的解放与禁锢》一书，考察缠足由盛转衰（倡导"天足"）、提倡"天乳"与"曲线"的革命、女体的公开、近代女性服饰的选择，以及女性与家庭的关系等问题。中国社会科学出版社 2017 年出版的王雅娟著《权力话语下的身体规训与社会变革》一书，从近代中国社会特殊的国情出发，借助权力和规训等新文化史理论，以身体之服饰、辫发、缠足为三个思考维度，通过一些重大的历史事件，探讨近代以来"身体"与国家命运之间的关联。厦门大学出版社 2017 年出版的何玮著《"新女性"的诞生与近代中国社会》，则利用《妇女杂志》等资料探讨了民国前期社会"新女性"话语建构过程与文化内涵，并与日本近代女性话语建构作了比较。中华书局 2019 年出版的秦方著《"女界"之兴起：晚清天津女子教育与女性形象建构》对"女界"与晚清女性形象加以分析并对晚清天津女学图景、晚清天津女学师生的游移经验、晚清天津画报中的女学呈现及晚清女性公共形象的生成与传播等内容进行了探讨。生活·读书·新知三联书店 2021 年出版的张小红著《时尚的现代性》则关注了民国的时尚风潮与民族想象问题，对辫发、缠足、时装美人、旗袍等事物的现代性，从文化与国族、时尚与历史的层面进行了深刻分析。

在图像文化研究方面，中国摄影出版社 2018 年出版的吕晓等著的《中国图像文化史》清代卷对清代的遗民绘画图像、宫廷图像、金石学相关图像、文人画图像、西方影响下的画像等进行了深刻的文化解读。生活·读书·新知三联书店 2018 年出版的吴雪彬著《长城：一部抗战时期的视觉文化史》则搜集近两百幅国内外的珍贵图像材料，在美术史和视觉文化的范围内讨论长城图像的生产与传播，以及民族话语如何通过图像得以有效表达，为理解 20 世纪中国文化史提供了一个新的视角。生活·读书·新知三联书店 2018 年出版的陈平原著《左图右史与西学东渐：晚清画报研究》，将近代启蒙、新知传播、传教士、女学、科幻小说等诸多内容，配以 300 多幅图片，生动再现了晚清画报缤纷的面目。

九 传统文化史研究的继续深入

21 世纪以来，在传统文化史研究方面，学界仍出版了一批论著。此时期的传统文化史研究领域、广度和深度都得到发展，但正因偏重于"描述性研究"而忽视"解释性研究"，这种传统式的研究理念及研究方法并没有得到较大突破，故传统文化史意义上的中国近代文化史研究显得比较平稳。

五四新文化运动为学界研究较多的问题。学术专著如下：陕西人民出版社2001年出版的欧阳军喜著《五四新文化运动与儒学》；黄山书社2008年出版的伍启元著《中国新文化运动概观》；上海人民出版社2012年出版的杨剑龙著《"五四"新文化运动与基督教文化思潮》；中国书籍出版社2013年出版的吴静著《学灯与五四新文化运动》；人民出版社2015年出版的姬蕾著《"五四"新文化运动中的个人主义话语流变》；中国社会科学出版社2017年出版的陶东风等主编《新文化运动百年纪念文选》；生活·读书·新知三联书店2018年出版的陈万雄著《五四新文化运动的源流》修订版；知识产权出版社2019年出版的张利民著《中国近代文化哲学研究——以新文化运动时期为中心》及生活·读书·新知三联书店2021年出版的袁一丹著《另起的新文化运动》等著作，从不同侧面关注并深化了新文化运动的研究。2015年的《史学月刊》《北京大学学报》等刊物推出了纪念新文化运动一百周年的专栏文章，刊发了耿云志、李捷、许纪霖、张宝明的文章。安徽大学出版社2016年推出了"新文化运动与百年中国"丛书6种，分别为：《新文化运动与百年中国梦》《新文化运动与传统文化》《新文化运动与世界文明》《新文化运动与百年新思潮》《新文化运动与百年新文学》《新文化运动与百年中国教育》，展示了新文化运动时人们关于政治、文化、思想等方面变革的思考及争论。此外，人民文学出版社2020年推出了陈郁主编《新文化运动史料丛编》6卷本。

在文化专题史研究上，有百花洲文艺出版社2002年出版的王尔敏著《近代文化生态及其变迁》；吉林大学出版社2004年出版的曲广华著《中国近代文化与五四社团》；北京师范大学出版社2011年出版的史革新著《晚清学术文化新论》；安徽师范大学2012年出版的房列曙等著《中国近现代文化史专题研究》；中国人民大学出版社2011年出版的黄兴涛著《文化史的追寻——以近世中国为视域》；南京大学出版社2015年出版的潘光哲等著《中华民国专题史（第二卷）：文化、观念与社会思潮》；中国社会科学出版社2017年出版的冯天瑜、黄长义主编《中国文化近代转型的内因与外力》、东方出版社2018年出版的王东杰著《历史·声音·学问：

近代中国文化的脉延与异变》、北京师范大学出版社 2021 年出版的张昭军著《传统的张力：儒学思想与近代文化的嬗变》及人民出版社 2022 年出版的张昭军著《中国文化史学的历史与理论》，此外，北京师范大学中国近代文化研究中心还分别在 2007 年、2011 年及 2014 年主编出版了《近代文化研究》第 1—3 辑等书，皆对于近代文化脉络和转型、发展演变及文化史的理论方法与研究路径，以及晚清、民国文化史的具体问题进行了系统的专题研究。

在中外文化交流研究方面，山西人民出版社 2009 年出版的王介南主编《近代中外文化交流史》，中华书局 2018 年出版的吴义雄著《大变局下的文化相遇：晚清中西文化交流史论》，南京大学出版社 2018 年出版的岑红、周绵主编《留学生与中外文化交流》等书都从不同方面关注了晚清民国时期的中外文化交流。

在近代的民族、国家认同方面的研究上，社会科学文献出版社 2013 年出版的黄栋著《塑造顺民：华北日伪的国家认同建构》，以华北日伪政权的国家认同建构为研究对象，重点对其在文化认同方面的建构进行了探索。商务印书馆 2015 年出版的李帆、邱涛著《中国近代民族国家建设》以近代中国的民族国家认同历程和政权建设问题为研讨的主题，将观念层面的思想史和制度层面的政权建设结合起来论述。

赵立彬的专著《西学驱动与本土需求：民国时期"文化学"学科建构研究》专门关注民国时期"文化学"的学科建构，以学术史的问题形式而展现近代文化思想变迁的多维面相。该书认为，与其他现代学科在中国的境遇相比，"文化学"显示了异乎寻常的"发展"之势，这是近代以来在西学驱动下的民族自觉和文化自觉发展的结果。[①] 何建明的专著《中国近代宗教文化史研究》从历史与文化的视野，研究近代中国社会中传统的儒、释、道三家文化，与外来的基督宗教、进化论、科学思潮、社会主义等近代主要西方文化，以及新生的三民主义等近代中国文化之间的互动关系：从相遇、冲突，到交流、对话，后到融合与共存，探寻近代中国宗教文化的基本特点及其与当代中国宗教的直接或间接关系，具有重要学术价

---

① 赵立彬：《西学驱动与本土需求：民国时期"文化学"学科建构研究》，社会科学文献出版社 2014 年版。

值。① 中国社会科学出版社 2016 年出版的傅才武著《近代中国国家文化体制的起源、演进与定型》将 1911—1949 年分为五个时间段叙述分析了文化领导权、意识形态模式与现代国家建构之关系，并总结了近代国家文化体制的历史来源与模式建构。

抗战文化研究为近年学界关注热点，出版多部著作。如有中共党史出版社 2010 年出版的孟国祥著《抗战时期中国的文化损失》，商务印书馆 2015 年出版的孟国祥著《烽火薪传——抗战时期文化机构大迁移》，中国文联出版社 2015 年出版的文天行著《抗战文化运动史》，团结出版社 2015 年出版了李仲明著《抗日战争时期的中国文化》，中国民主法制出版社 2015 年出版的霍丹琳著《文化抗战》，四川辞书出版社 2015 年出版的文天行编《20 世纪中国抗战文化编年》等著作，深入推进了抗战时期中国文化的研究。

第三节　文化转型研究的新进展

一　关注近代文化转型问题

近代中国社会处于转型期，文化也同样处于转型的过程中。这个过程在很多方面仍在继续。由于中国传统文化积累异常丰富，故实现从传统到现代的转变，是一个长期而复杂的过程。中外学者对这个过程表示关注并进行一定程度的探讨，已有近百年的历史。1980 年来以来，关于文化问题成为学术界研究的热点，有不少论著涉及中国近代文化转型问题，但尚缺乏比较全面、系统、深入的专题研究。海外学者涉及这一问题，多限于模式化的讨论。例如，有所谓"冲击—反应"模式；有所谓"从内部发现历史"模式。前者过分强调西方文化的作用，视中国固有文化为"博物馆的陈列品"；后者专门致力于发掘中国固有文化内部的新质因素，而未能与外来文化的作用很好地结合起来。显然，两者都有片面性。外国学者受种种条件的限制，难以从长时段和多方面进行深入研究。在某些特定领域，就某些特别的问题，提出有参考借鉴意义的东西，已属难能可贵了。国内学者涉及这一问题的研究，一种是文化史著作，它们对近代文化发展演变有所描述，但不可能着力去分析、揭示其演变的复杂条件和内在机制。一

---

① 何建明：《中国近代宗教文化史研究》，北京师范大学出版社 2015 年版。

种是对思想史、文化史上的重要人物进行个案研究，只能涉及局部的甚至是非常狭小的范围。一种是对某次文化论争，某次文化运动进行研究，只是对于一个特定的短时段的考察。还有一种是许多专业专门史的著作对此也会有不同程度的涉及。以上所述各种类型的论著，不同程度上具有参考价值。但很明显地，比较全面、系统、深入地研究近代中国文化转型问题，仍有待中国学者做出专门的努力。

所谓文化转型，就是由传统文化转变到现代文化。而传统文化之发生转变，一是其内部产生了某些新的因素，造成原有的文化结构失衡；二是传统文化遇到外来文化的渗透或挑战。中国近代文化转型发生于西方列强侵略的大背景下，当时中国政治落伍且极腐败，使得国弱民穷，因此，西方文化表现出强势作用。中国人一方面以有悠久的传统文化而傲视、鄙夷和排斥西方文化；另一方面却又滋生钦羡乃至崇拜西方文化的心理。两种偏向长期存在，成为相当一部分中国人难以摆脱的困惑。在对待传统文化的态度问题上，也同样存在着两种互相矛盾的倾向：一方面是激烈地攻击和否定传统；另一方面是美化和迷醉传统。这种情况除了同社会现实有一定的联系之外，也同人们未能充分理性地认识近代文化转型的客观趋势及其意义有着极其密切的关系。为了建设中国现代新文化，实现中华民族的伟大复兴，我们必须科学地、充分理性地认识近代文化转型的大趋势，认识这个转型过程中，中西文化的关系，认识传统文化必然要发生的变革，认识西方文化——当然也包括世界各国、各民族的文化——在这一变革过程中所发挥的作用。只有如此，才能摆脱近代以来因中西文化和古今文化的冲突而产生的种种困惑，正确对待外来文化，正确对待传统文化，从而树立起健全的文化心态。这是顺利推进中国社会主义新文化建设的必备条件。这正是研究近代中国文化转型问题的重大意义所在。

作为中国社会科学院的重大课题，"近代中国文化转型研究"经院内外和京内外专家学者的充分论证，于2000年正式立项，由中国社会科学院学部委员、中国现代文化学会会长耿云志主持。该课题涉及广大范围的复杂而深刻的问题，而以往的研究所提供的学术积累又很不足。所以，该课题立项之初就明确定位是一种探索性的工作，决定采取类似社会学抽样调查的方法，先选择比较最受关注的几个方面作为子课题，约请相关专家担任研究和撰述，同时设一导论卷，就近代中国文化转型的长时段的宏观轨迹和若干理论问题作深入探讨。整个研究的基本框架共分九卷：导论；

社会结构变迁与近代文化转型；中国人的生活方式：从传统到近代；西学东渐：迎拒与选择；西学的中介：清末民初的中日文化交流；近代中国思维方式演变的趋势；人的发现与人的解放：近代中国价值观的嬗变；中国近代学术体制之创建；中国近代科学与科学体制化。

该课题研究的重点，是着重考察近代文化转型的两个关键时段。一是清末戊戌维新运动到清朝灭亡的这段时期。这个时期，中国围绕着政治转轨，即从两千余年的君主专制制度转变成某种类似西方的近代民主制度，引发极大的社会震荡，从而带动了一系列的文化变动。深入考察这些变动，既有助于揭示近代文化转型的轨迹及其内在机制与外在条件，又可便于观察文化转型与政治转轨之间的复杂关系。二是新文化运动时期。就文化转型的研究视角看，此时期中国传统文化受到空前的震撼和冲击，先进的中国人第一次对传统文化有了比较系统的、深入的、批评性的反省。同时，先进的中国人也第一次表现出比较成熟的开放的文化观念，由此造成了中国历史上空前的文化最为多彩的时期。所以深入研究这一时期的文化变动，不仅最有利于切近地观察文化转型的轨迹，而且也最典型地展示出文化转型与政治转轨之间的复杂关系。

二 文化转型研究的创新性成果

耿云志主持的这套多卷本《近代中国文化转型研究》，紧紧扣住近代中国文化转型的主题，在大量占有材料的基础上，运用马克思主义的基本理论与方法，并借鉴哲学、社会学、文化学的新理论与新方法，深入分析材料，写成内容充实、观点明确、富有创新意义的九卷研究著作。这套研究成果由四川人民出版社2008年正式出版。这项研究成果包括九卷学术专著，共350万字。

《近代中国文化转型研究导论》，比较宏观地勾画出近代中国文化转型的基本轨迹，首先是概括出明清之际以及清代思想文化的演变为近代文化转型所提供的基础。然后系统论述从鸦片战争到五四新文化运动，在中西文化激烈冲突和古今文化的深沉困惑中，中国近代新文化如何一步一步成长起来的过程。其中着重论述了晚清和新文化运动两个关键时段的文化变动，揭示了近代社会公共文化空间形成的意义，以及政治与文化互动的复杂关系。

《社会结构变迁与近代文化转型》，着重分析了社会结构——包括经济结构、阶级结构以及政治、法律和制度结构——的变动与文化转型之间的互动关系,并深入探讨引起社会结构性变动的诸因素。书中揭示出社会结构性变动导致文化演变,是从嘉道时期初起,继而渐渐展开,至清末民初乃至新文化运动时期达到全面展开的历史轨迹。

《中国人的生活方式:从传统到近代》,以社会文化史的研究方法,对晚清至民国初期的社会生态变动过程中,中国人的生活方式,包括生活空间、生活日用、衣食住行以及休闲娱乐等方面的演变的考察,揭示出社会生态—生活方式—文化观念之间的互动关系,着重指出生活方式的变化所引起的社会文化效应。这种实证的历史考察,及其在此基础上所作的分析,生动地诠释了物质生活变动必然引起精神文化生活变动,以及精神文化生活的变动反过来促进物质生活变动的普遍真理。

西学东渐是目前近代思想史、文化史研究中涉及最多的论题,但大都侧重研究西学输入的途径、内容,而对于国人对西学的认知、选择过程,对于影响西学输入以及国人认知、选择西学的诸多因素缺乏足够的研究。该课题之《西学东渐:迎拒与选择》,着重探究文化观念的封闭与开放,社会的知识与人才准备,现实需要与社会风气、人才晋身体制,当局的决策等诸多因素,与西学输入之间的互动关系,同时,又研究国人对西学、西政、西教的迎拒与取舍,并探讨这种迎拒取舍与西学输入,风气逐步开放和新知识的积累,观念的更新等之间的关系。从而,西学东渐与近代中国文化转型的内在机制就比以往更加清楚地显现出来。

以往,人们大体知道在清末民初,日本对中国文化的近代演变起了很大作用。但究竟在哪些方面,通过何种途径,发生多大程度的影响,大多不甚了了。该课题之《西学的中介:清末民初的中日文化交流》,通过大量的中、日档案以及报纸等第一手资料,首先厘清了清末中日官僚士绅间的交流和日本人士在华办报的情况,填补了学界在此方面研究的空白。其次,深入细致地探讨了晚清的译业与清末民初日译学术名词在中国的传播,并分析了它们在中国的近代文化转型过程中所起的作用。书中还深入探究了通过留日学生及流亡政治家的宣传活动,日本学者和思想家对中国的进化主义、自由主义、民族主义、无政府主义等思潮所发生的影响。

该课题很重视深入探索在近代中国文化转型中,中国人的思维方式的演变,以及中国人的价值观念的转变。在《近代中国思维方式演变的趋势》中，紧紧抓住秩序观和合理性这两方面，探讨近代中国思维方式的演变，特别是从晚清人士如何认识和理解国际法、公理和强权这一视角观察近代秩序观和合理性如何展开。书中揭示了贯穿在众多问题和思考之中的一个主导性思维方式——"自强式思维"，它不仅与中国传统的"王道论式"相对立，而且也不同于西方的"启蒙论式"，它是中国面临外部世界的巨大挑战而持续关注的主题。如果说西方近代思维是坚信人对于自然和社会的权力，那么中国近代思维则是追求在世界体系中的自立和自主，使自己重新强大起来。其他思维方式围绕它而展开，从而制约了其他的思维方式的演变。

《中国近代价值观的嬗变》集中论述中国近代价值观嬗变的历史轨迹和主要特点，突出展示"人的发现与人的解放"这个基本主题，重点阐明了近代中国价值观变革的启蒙性质，即由专制主义价值观向民主主义价值观转变。这其中包括揭示近代中国人由封闭意识向开放意识的转变；强调近代中国人"个体"—"主体"意识的不断增强，对专制主义价值观所造成的冲击，并奠定了近代价值观的基础；论证近代中国人由一元价值观向多元价值观的转变，其实质内容是个性解放思潮的勃兴、个人主义价值观的传播以及对民主法治目标的追求。

《近代中国学术体制之创建》，主要考察清末民初中国学术制度从传统形态向现代形态转化过程中的若干重大问题。首先，比较清晰地勾画出中国学术体制从传统形态转向近代形态的轨迹及基本轮廓。其次，深入地分析了学术研究主体、研究中心的变化，阐述了传统读书人转为近代知识人、从传统书院和官学转为新式大学及研究院所的复杂内涵，揭示了现代学术研究日益职业化、专业化和体制化的趋向。复次，比较全面地考察了中国现代学术评估、奖励及资助体制的引入与创建过程。再次，书中指出现代学术研究体制化与学术自由之间存在着张力，学术研究体制化既能为学术研究提供制度性保障，同时也会限制学术研究自由的空间，现代学术体制的完善与学术自由精神的培育，是近代中国学术进步与繁荣需要长期努力加以解决的问题。

《中国近代科学与科学体制化》，运用科学社会学的理论与方法，梳理和建构了近代科学作为一种社会建制的发生发展过程。中国科学体制化，既是近代科学发展到一定阶段的结果，更是中国近代科学进一步发展的条件。书中具体分析和讨论了中国近代科学体制化的具体内容。其中包括科学教育体系的建立与演化、科学名词术语的审定、科研机构的创建与发展、科学社团的发展及其功能演化、科学评议与奖励制度的形成与发展、科学家社会角色的形成与变异等，并指出了中国近代科学体制化道路的政府化趋势。

各卷既具有相对的独立性，又是有着内在联系的整体。全书紧紧扣住近代文化转型的主题，从多学科、多视角、多层面，比较立体地展现出近代中国文化转型的进程。这项研究成果，在四个方面做出了突出的学术贡献。

第一，比较清晰地勾勒出近代中国文化转型的基本轨迹，既显现其总体演变的轨迹，又显现出若干具体领域文化转型的轨迹。以往的文化史方面的著作，虽然能够描述近代文化发展演变的历史，但没有充分自觉地去揭示这种文化转型的历史轨迹。所以，这项研究成果为今后的中国近代文化转型和文化史的研究提供了新的起点。可以肯定地说，今后学者研究这个课题，不能不从这项学术成果所提供的心得研究起点出发。

第二，非常用力地揭示了近代中国文化转型的机制和条件。在以往相关的著作中，不是完全没有注意这一点，就是做得非常不够。中国传统文化之发生转变，一是其内部产生了某些新的因素，造成原有文化结构失衡；二是传统文化遇到外来文化的渗透和挑战。在内因和外因的综合作用下，传统文化发生深刻的质的变化。这便是近代中国文化转型的主要机制。该丛书对近代文化转型内外机制所做的深刻揭示，将中国近代文化史研究向前推进了一大步。

第三，以扎实的文献资料为基础，特别注重实证性研究，超越了以往研究的"模式化"影响，注重时空的双向互动，提出了许多值得关注的新观点。如中国近代文化转型的发展方向，过去一般都认为是民主与科学，而本项研究成果，特别是其导论卷，对此提出了新的概括，即世界化与个性主义。这一新的提法，是经过多年研究后得出的结论，应能比民主与科学更深刻地体现中国近代文化发展的深层本质和特征。又如，分析了在转型过程中政治与文化互动的复杂关系，既指出近代以来严重民族危机决定了政治变革的优先性，是政治变革带动文化更新；同时又指出文化的更新反过来会助推和深化政治变革。此外，该丛书还在社会公共文化空间形成对于近代中国文化转型的重大意义、文化保守主义的角色演变等问题上，提出了很精辟的见解。

第四，作者都是学有专长的专家，在各该领域具有相当的权威性，有着长期的学术积累，有着丰富的研究经验和研究心得。在研究各具体领域文化转型的各卷中，提出并解决了一些重要的学术问题，如社会物质条件及人们的生活方式对于文化转型的决定性作用问题，思维方式与价值观的演变在文化转型中的核心地位问题，近代中国的学术体制创建问题，中日近代文化交流问题，中国近代科学体制化问题，西学东渐与国人选择西学间的互动问题；如社会公共文化空间形成对于近代文化转型的重大意义的问题；如文化转型过程中政治与文化互动的复杂关系，既指出由于特殊的内外环境所造成的严重民族危机决定了政治变革的优先性，是政治变革带动文化更新；但同时指出，文化的更新反过来会助推和深化政治变革等。这些方面的新贡献，引起学术界的高度重视。

三　文化转型研究成果的学术影响

耿云志主持的这套多卷本《近代中国文化转型研究》出版后，立即得到学界的普遍赞誉。著名文化史专家冯天瑜认为，中国文化的近代转型是一个有着高度学术价值和现实意义的课题。这项卷帙浩繁的研究成果，题旨宏大，布局周严，论述精到，于质朴坚实的考辨中，透显出平允而又不乏卓异的史识，是"立足朴实的创获"。他以该项成果的《导论》卷为例，指出该书对于中国文化近代转型的发端、中国文化近代转型的动力、对于洋务派与顽固派的论争、"中体西用"论、"改良"与"革命"、"社会公共文化空间"、五四新文化运动等领域都贡献良多。既不菲薄传统，也不颂古非今；执守此一中道原则，又着眼历史实际，而不是从现成教条出发，探讨中国文化近代转型诸题，是该书的一大特色，也是其多有创获的原因。他强调，有《近代中国文化转型研究》这样建立在扎实考索基础上的创新之作，更精深的研究便具备了前进基地。[①]

北京大学历史系欧阳哲生教授称赞这部大书有明确的问题意识，较高的研究起点，他以《导论》卷为例，进行深入全面的学术评价，认为该书有三个特点：一是表现了作者"思想史"研究者的特质，全书处处闪现了作者对近300年学术、文化独特思考的亮点；二是着力对新文化史重新探讨，提出一些深思熟虑的新见解；三是作者对近代以来学术、思想、文化

[①] 冯天瑜：《探索近代文化轨迹的新创获》，《广东社会科学》2009年第6期。

评判的价值标准是现代性或现代化的，站在现代化的立场上对近 300 年中国思想文化进行评判。这三大特点决定了该书的基本面相，给人留下深刻印象。他还指出，作者对一些富有争议的思想主张作了独特处理，提出了一些个性化观点，如抓住"社会公共文化空间"这个核心概念讨论清末文化转型，对学衡派作了深入的分析和批评，提出了新文化的未来趋向是世界化与个性化的新见解。①

中国社会科学院近代史研究所崔志海研究员着重对《导论》卷的学术内容和学术贡献作了全面评价。他指出，该书对近 300 年来中国文化向近代转型的轨迹作了系统的勾勒和描述，对近代中国文化转型的发展方向提出了新见解，对近代文化转型中政治变革与文化转型的关系作了历史的、辩证的分析，对文化转型中出现的保守主义文化现象作了历史考察并提出了自己的见解，对转型中的知识分子所遭遇的精神困惑作了探讨，也对社会条件如何影响和制约近代中国文化转型作了扼要的分析，同时，还对中国新文化源流中传统与西方文化的关系作了新解释。他认为，将世界化与个性主义作为近代中国文化的核心观念及新文化发展的基本趋向，显然比学界以前所说的民主与科学更为深刻地把握了近代中国新文化之精髓，也更加具有普世性；它不仅概念更精确，而且对推动新文化的发展也更具有指导意义，更易于推动民主落实到位。他称赞说："《导论》对近代中国文化转型的研究，既有具体的历史描述，又不乏理论分析，富有哲理，并且还有强烈的文化使命感，不失为近年来中国近代文化史研究中一部颇有新意的著作。"②

首都师范大学梁景和教授对李长莉著《中国人的生活方式：从传统到近代》这一卷作了深入评析。他指出，作者依据"生活方式"这个核心概念，从生活空间、生活日用、交通通信、衣服服饰、休闲方式和文化生活等方面展开阐述，抓住了近代生活方式变化的主要方面；作者将近代生活方式变化归纳为市场化、社会化、大众化、商业化和城市化，抓住了近代生活方式变化的主要特征，涉及中国近代社会文化发展的深层机制。他还认为，该书探索社会生态、生活方式与社会观念之间的互动关系，是一次学术前沿的探索，在国内学术研究中还不多见，具有一定的原创性。他最

---

① 欧阳哲生：《中国近代文化史研究的一部力作》，《安徽史学》2010 年第 2 期。
② 崔志海：《读〈近代中国文化转型研究导论〉》，《近代史研究》2009 年第 2 期。

后称赞说:"从生活方式的视角来研究社会文化史是一条重要途径,尤其是在社会文化史研究的初始阶段,生活方式研究视角的意义尤显重要。这就是《生活方式》一书学术价值之所在。"①

中国人民大学历史文化学院郭双林教授对左玉河著《中国近代学术体制之创建》这一卷作了全面而深入的评析。他指出:该书从中国古代学术体制、现代学术研究主体、现代学术共同体、现代学术研究中心、现代学术研究机构、近代图书馆制度、现代学术讨论平台、现代学术成果交流、新式奖励评估体制、学术资助体制等方面探讨了中国近代学术体制创建的历程,是迄今为止第一部全面研究近代学术体制转型的学术专著。"通读全书之后,会发现,该书具有方法新颖、结构合理、材料翔实、选材精当、持论中允、视野开阔等特点,在许多地方均有所突破,为今后中国近代学术转型的进一步研究打开了思路。"该文最后总结说:"《创建》是以科学社会学为视角全面研究中国近代学术体制转型的成功尝试,它从关注学术思想层面转向关注学术制度层面,为近代学术及其制度转型研究方面搭建起厚实的基础,是一部真正的'建基'之作。"②

北京师范大学历史文化学院邱涛教授在《近代文化研究的总结与创新之作》中,称赞该丛书是"总结近百年中国近代文化史研究成果,勇于探索、善于创新的佳作",并重点对耿云志著《导论》卷作了深入评述。他认为,该书在准确界定了近代文化转型的概念的基础上,对文化转型问题的理论方法提出了独到见解,梳理了近代中国文化转型的基本脉络,对新文化运动在近代文化转型中的历史地位和意义给予高度评价,确立新文化运动为近代文化转型的枢纽地位。该书思辨性强,新见迭现,展现出鲜明的学术个性,提出了一些深刻的见解,如对问题与主义之争的评价,对学衡派的分析、对中国新文化趋向的探索等。他最后评价说:"《近代中国文化转型导论》是作者厚积薄发之作,凝聚了作者几十年的思考和心得,更是作者研究近代文化的一次开拓创新,将该领域的研究引入新的境界。相信《导论》一书历经岁月,必将成为研究中国近代文化史的必读之书。"③

从总体上看,耿云志主持的多卷本《近代中国文化转型研究》,是改

---

① 梁景和:《生活方式:历史研究的深处》,《近代史研究》2009年第2期。
② 郭双林等:《中国近代学术转型研究的"建基"之作》,《近代史研究》2010年第5期。
③ 邱涛等:《近代文化研究的总结与创新之作》,《社会科学管理与评论》2011年第1期。

革开放以来有关中国近代文化史研究领域一项宏大并极有学术深度的研究成果。它不仅正面回答了近代中国文化转型中的若干重大问题，弥补了中国近代文化史研究的严重不足，而且对摆脱近代以来因中西文化和古今文化的冲突而产生的种种困惑、树立健全的文化心态，有着重要的理论意义和现实意义。这项研究成果为中国近代文化转型问题的研究建立起扎实的基础，将中国近代文化史的研究推向了一个新的高度，为中国近代文化史的研究提供了一个新的起点。

第 二 章

近代文化史研究的理论方法

中国近代文化史是中国文化通史的组成部分，是中国近代史的分支学科，也是一门综合性的独立学科。其内容宽广、宏富、驳杂，又富有较大变化。中国近代文化史的特质在于它的近代性。长期以来，中国文化史研究偏向思想史、思潮史或学术史，而对晚清政府、民国政府的文化政策、文化改革、文化运作等关注不够。新中国成立后到"文化大革命"以前，中国近代文化史研究所涉及的只是一些具体的近代文化部门，如文学、史学、教育、艺术等，"从理论与实践的结合上将文化史研究作为一个专门的研究领域加以总体开拓，则付阙如"。[①] 20世纪80年代的"文化热"使学术界焕发出极大的理论热情和思想活力。经过四十年的探索，中国近代文化史研究取得了巨大成就。国内学术界对于什么是文化、什么是文化史、什么是中国近代文化史等核心问题有着独到的见解；对中国近代文化的分期、性质和特点，发展的过程、规律和结构的演变，西学的传播、中西文化的冲撞与融合、文化思潮的演进，不同历史时期和区域性的文化、重要人物的文化思想，社会风习变迁，以及文化史研究的理论和方法等，都取得了丰硕的研究成果；在近代史料的搜集、研究人才的培养、学科理论和方法的建立等方面同样有着突飞猛进的发展。

第一节 文化史与近代文化史

一 文化

"文化"一词在西汉晚期已经出现，但现代意义上的"文化"是伴随

---

① 周远廉、龚书铎主编：《中国通史》第11卷，上海人民出版社2015年版，第83页。

着西学的输入而流行的概念。如何界定文化的内涵,国内外学者给出了众多不同的答案。主要观点有:文化就是知识;除军事、经济、政治之外都是文化;凡是区别于自然的就是文化;文化是生活方式的总和;文化史意识形态;文化就是文明,是整个人类创造的物质文明和精神文明的综合,包括有形和无形的所有方面;有学者则把文化与文明相区别而强调文化的特殊内涵,认为文化指的是人类生活各部门、各方面的精神,偏重于人类的心智、精神,是无形的、内蕴的,而文明指的是人类用才智创造的物质或精神的产物,偏重于物质,是有形的、外表的。如此种种,不一而足。《文史哲》1987年第4期发表的龚书铎的《谈中国近代文化史的研究》一文认为,各种学科的研究者从自己的领域和角度来探讨文化问题,当然所看重的是本学科的那个方面,只要不把它视为唯一正确的而排斥其他的说法,就应该是合理的。① 但有一点是所见略同的,即"文化是一个整体,一个烙上人类实践活动的特殊印记的整体。因此,所谓文化史,便是综合考察这个整体的发展过程的历史"。② 据统计,目前学术界关于文化的概念有200多种,但大抵不出两派:一派主张广义的,把文化分为物质文化与精神文化两大类,并认为人类的全部社会生活、人类所创造的一切都属于文化的范畴;一派主张狭义的,认为文化就是一个社会的观念形态或者精神生活领域。李文海的《中国近代文化史研究对象与任务刍议》则不赞同这种看法。他认为前一种太泛,按照第一种说法文化就变成无所不包的东西,文化就是一切,一切都是文化,文化史也就是全部社会史,中国近代文化史也就与中国近代史没有什么区别了,范围无限扩大的结果,反而取消了文化史作为一种具有特殊对象与任务的研究领域的存在资格。后一种观点又太窄,有些文化现象并不能为观念形态所包括。③ 龚书铎则倾向于小文化即狭义文化的研究,即与政治、经济相对应的文化,认为一个学科有其特定的研究范围、对象,如果无所不包,就无从研究了。至于无论什么都贴上"文化"的标签,无所不在,把文化泛化,解决不了什么实际问

---

① 龚书铎:《谈中国近代文化史的研究》,《文史哲》1987年第4期。
② 朱维铮:《中国文化史研究散论》,《复旦学报》1984年第3期。
③ 李文海:《中国近代文化史研究对象与任务刍议》,载《中华近代文化史丛书》编委会《中国近代文化问题》,中华书局1989年版,第3页。

题，只能使文化庸俗化。①

综合起来，目前学术界对文化的概念有几种代表性的意见：第一，认为文化有狭义、广义之分。广义的文化包括物质文化和精神文化；狭义的文化则仅指精神文化，即思想、宗教、道德、科技、艺术、文字及其制度和机构。第二，认为文化或文化史可分为五类，即思想史、宗教史、文学史、科学史、社会史（包括机构、制度、风尚）。第三，认为文化就是"文物教化"。"文物"是指精神文化现象和它的物化现象，如雕塑、建筑；"教化"是指社会的精神状态、道德规范、社会风尚、习俗等。第四，认为文化史研究的文化是精神生活领域的社会现象，其核心内容是"作为精神产品的各种知识（及对于各种知识规律的认识）"。第五，文化层次说。把文化分为物质的、制度的、精神的三个层次，文化的物质层面，是表层的；而审美趣味、价值观念、道德规范、宗教信仰、思维方式，属于深层；介于二者之间的，是种种制度和理论体系。文化作为一种观念形态，其中深层是文化的内核，也最能体现文化的特征。还有人把文化理解成为一种生活方式、观念和习俗，"文化并不仅仅是一种政治制度，甚至也不仅仅是一种学术思想，它几乎渗入一切事物中，但又不等于任何事物本身。文化并不为士大夫所独有，更不是几个哲人的言论所能包容，它超越了历代皇朝更替，超越了学术流派的争辩，它代表了全民族的普遍意识，共同心理素质和思维方式"。②

文化的定义不尽相同，甚至千差万别，原因在于人们审视文化的视角不同，有的从文化传播学的角度审视，有的从文化形态、社会功能界定。无论文化概念的分歧有多大，有一点是达成共识的，即人是文化的核心内容。文化是人类智慧的创造，只有人才能创造文化。综合以上意见，安宇认为，应该将文化视为一个复杂的综合体，它包括人的一切生活方式和为满足这些方式所创造的事物（物质的和精神的），以及基于这些方式形成的心理和行为（内隐的和外显的）。③ 同时，他还阐释了文化与文明的不同之处，尽管有时文化和文明可以作为同义词使用。文明最初是用来表示人类由野蛮状态跨进一个先进社会阶段时，人类的智慧和创造力以及由此产

---

① 龚书铎：《杂谈中国近代文化史》，载龚书铎《求是室文集》，社会科学文献出版社2011年版，第56页。
② 王燕军：《近年来中国近代文化史研究述评》，《文化研究》1990年第3期。
③ 安宇：《冲撞与融合——中国近代文化史论》，学林出版社2001年版，第8页。

生的事物，它所表示的是人类社会发展进程中所处的进步状态。而文化的概念要比文明要宽泛得多，包容更广。一般来说，作为肯定价值或否定价值的社会现象，都在文化范围之内。只有在讲到文化发展的高级状态与积极成果时，文化与文明才可以作为同义词使用。文化在质的方面具有肯定价值的特征时，文化才与文明同义。王燕军从文化研究的对象和范围来确定文化的概念，他认为文化、文化史的定义，实质上就是其研究对象和范围的反映，不同的场合可以有不同的文化概念。文化是一个多样性的概念，这种多样性导源于研究对象的多样性和外延的不确定性，因此很难加以统一。文化定义的多样性可以使我们从多层次、多角度进行思考，从而用多种逻辑思维繁荣文化史的研究，对中国近代文化史亦应如此。①

正因文化的定义如此之多，故有学者认为文化史包括的范围相当广泛，其内涵和外延本来就不明确，或者说是一种模糊概念，因此无须为它下一个精确的定义；还有学者认为文化史研究虽然涉及面很广，但它仍有自己特定的对象，应该有明确的定义。不过，很多学者都主张先不要急于争论定义，而应考虑如何划定文化史研究的范围。

二 文化史

作为学术研究对象的文化史，有广义和狭义之分。广义文化史，包括人类创造的全部物质和精神文明成果及其创造的手段、规则、制度、习惯等；狭义的文化史，则仅指人类精神文明的建树。龚书铎认为，文化史是一门交叉综合学科，涉及的领域广泛，像人类学、社会学、民俗学、伦理学、心理学、文艺学等学科，都和文化史关系密切。研究文化史不能仅局限在历史学范围，还要懂得相关的学科。这不是说对各门学科都要专门研究，而是要了解这些学科各自的对象、范围和研究方法，以扩大知识和思维领域，吸取可用的方法，丰富近代文化史的研究。有学者认为，文化史之所以缺乏纵深度的开拓，主要原因在于"文化"的内涵过于模糊，致使文化史难以确定边界和规范。②

王继平认为，所谓文化史就是研究人类在一定的物质生产和生活方式制约下创造精神成果的历史及其创造过程的一般规律问题。也就是说，文

---

① 王燕军：《近年来中国近代文化史研究述评》，《文化研究》1990年第3期。
② 周积明：《二十世纪的中国文化史研究》，《历史研究》1997年第6期。

化史是研究人类在不同历史时期进行精神生产的规律及其精神成果的各种具体形态。这样来界定文化史的内涵，就正确说明了作为观念形态的文化与物质生产方式及社会结构的关系是文化史研究的前提。科学的文化史必须阐明作为精神生产的文化与物质资料生产方式和社会结构的关系，必须说明文化总体及各分支形式和文化因素之间的关系，必须说明文化各形态之间、相异文化之间和文化传统与创新之间的关系。只有这样，才能把文化史建立在真正的科学基础之上。①

"大文化"观念认为，"文化"就是"自然的人化"。它包含两层意思：一是人类对于自然的认识、利用和改造过程；二是人类使自己不断地在更高的水平上区别于动物，从"自然人"向"文化人"进化的过程。站在这样的观察点上观照人类历史，得到的景象就是"文化史"。过去许多文化史研究者不是不承认"大文化"，而是在承认它以后，紧接着就把自己的视野缩小到"小文化"（通常说的精神文化，或者观念文化）的域面。多数学者对于文化史的理解，最普遍的为专史说和范式说，专史说是以文化史作为相对于政治史、经济史、军事史等将历史进行条块分割出的一块。事实上，仅仅着眼于研究对象和范围的划分上，将文化史与政治史、经济史、思想史、哲学史直至科学史、工艺史等清晰地区分开来，不仅意义不大，而且根本就做不到。范式说则是以文化史作为研究历史的一种范式。所谓的"范式"是在科学的范围内以一种模式取代另一种模式，任何一种范式都有被后一种范式取代的可能性存在。且不说文化史理论是不是一种科学理论，能否以范式规限之，仅从文化史的发生和发展来看，它并不是作为取代其他史学研究范式的所谓一种范式而出现的，也不会被所谓其他史学研究范式所取代。大多数都将自己的"文化"观念定位于精神（或曰观念）的层面，有的论者还进一步明确提出"文化史"就是"民族精神史"。

对于这种认识，何晓明、王艳勤则提出，"文化史"是研究者以文化的眼光来看待历史的，至于什么是"文化的眼光"就要回到"大文化观"上，并从新文化史研究找出新的研究方法。新文化史在资料、对象、方法、目标上对于文化史的补充与修正，有助于我们深化对于文化史的理解。它提示我们，单单从资料、对象、方法、目标当中的任何一个方面来

---

① 王继平：《转换与创造：中国近代文化引论》，湖南人民出版社1999年版，第15页。

理解文化史都是不准确的。我们称之为文化史的研究，必须是以文化的眼光，从以上诸方面的综合上进行的研究。否则，我们就无从在跨学科研究的趋势下，将其与政治史、经济史、社会史明晰地区分开来。①

　　上海人民出版社 1990 年出版的冯天瑜、何晓明、周积明合著《中华文化史》一书认为，文化史把人类文化的发生发展作为一个总体对象加以研究，从而与作为社会知识系统某一分支发展史的学科如哲学史相区别；文化史研究尤其注意人类创造文化时主体意识的演变，从而与研究客观社会形态的经济史、社会史相区别；文化史不仅要研究文化的"外化过程"，即创造物化产品，改造外部世界的历史，而且要研究文化的"内化过程"，即人自身在以上实践中不断改造自身的历史，同时还要研究"外化"与"内化"过程如何相互渗透，彼此推引，共同促进文化的进步；文化史研究格外留意主体色彩鲜明的领域，如人的认知系统、语言文字系统、宗教伦理系统、习俗生活方式系统，同时，对那些主体性较隐蔽的科技器物系统、社会制度系统，也着力剖视潜伏其间的主体因素的创造作用。何晓明等人则进一步说明文化史理论包括的内容：人使自己区别于动物，区别于自然界的客观与主观因素是怎样产生的；这些因素发生过怎样的变化；人是怎样利用和发展这些不断变化的因素的；综合地看，人类的"人化"进程可以划分为几个阶段，划分的基本依据是什么，有什么共同规律；分别地看，各民族（也可是其他不同的群体）的"人化"进程可以划分为几个阶段，划分的依据是什么，有什么特殊规律，等等。

　　多数学者从研究对象和范围来界定文化史，认为文化史就是文化的历史。既然文化有广义、狭义之分，文化史也相应地被分为广、狭两义。广义的文化史，指包括物质文明和精神文明在内的一切人类文化的历史；狭义的文化史，指社会意识形态以及与之相应的制度和组织的发展史。这种界分方式，在 20 世纪 80 年代后的学界仍占据主流。不过从历史研究实践看，多数人取文化的狭义，主张以意识形态或观念形态的文化，即精神文化，为主要研究对象。但吴廷嘉、沈大德的《文化学和文化史的研究对象及其学科特征》一文则不认同这种狭义文化史的概念，他们认为中国学术界关于广义文化的看法，混淆了文化形态和社会形态的区别，把文化史与社会发展史的研究对象人为地等同起来；而关于狭义文化的看法，又混淆

---

① 何晓明、王艳勤：《文化史研究向何处去》，《学术月刊》2006 年第 6 期。

了文化形态同社会意识形态，尤其是它的重要组成部分即社会意识形态的界限，缩小了文化学、文化史的研究范围。这两种认识，究其实质，都只强调了文化的结果而不是文化本身，因而忽略了文化的主体——人的活动和作用在文化建设中的重要地位和重大意义。这种认识带有比较明显的见物不见人的色彩，并且造成了一些理论混乱。[①]

李振宏主张用整体的眼光来看待文化史。缺乏整体性思维，而把具体的文化史现象加以罗列，是在文化史研究开始初期就已经出现的普遍现象，而文化史研究最应该关注的基本问题，诸如中国文化的内在结构、文化发展的基本道路和内在逻辑、中国文化的基本特质、各种文化形式的内在联系、文化发展与整体历史发展的关系等，应采用整体性思维加以研究。他主张"研究文化作为一种具体的而又是一个整体的社会现象，它的发展规律；研究文化整体内部诸形式的特点，相互关系及其在不同历史时期的表现；研究文化特征形成和发展的历史、地理因素及其历史过程；研究文化整体在人类文明中的地位及其历史实践过程"[②]。

有学者不赞同文化史广义与狭义的划分方法。《复旦学报》1984年第4期发表的朱维铮的《中国文化史研究散论》一文主张，通过分析观念形态与物质生活的内在统一性，提出文化史要研究历史上的精神文化和物化了的精神，以化解文化史研究对象广与狭的矛盾。为了解决文化史全貌难以描绘的问题，有必要考虑将范围缩小，也就是将文化的含义限制在意识形态的范围之内，但这并不意味着割裂文化与物质的联系，他主张把观念形态与物质生活联合起来辩证地考虑。庞朴不赞同简单地把文化划分为物质文化与精神文化，主张从文化结构来解读文化及其历史。他提出，文化就是"人化"，"文化是人创造的，人又是文化创造的"[③]。

辽宁人民出版社1998年出版的常金仓著《穷变通久：文化史学的理论与实践》一书，也不赞同文化有广义和狭义之分，认为这样的做法破坏了文化的统一性和整体性。他不满于国内的许多研究停留在文化人物和事件的描述、评判水平，以及对文化各门类的拼盘组合层次之现状，极力强

[①] 吴廷嘉、沈大德：《文化学和文化史的研究对象及其学科特征》，《人文杂志》1987年第5期。

[②] 李振宏：《历史学的理论与方法》，河南大学出版社1989年版，第397—398页。

[③] 庞朴：《文化概念及其他》，载《稂莠集——中国文化与哲学论集》，上海人民出版社1988年版，第65页。

调文化本身及其研究的统一性和整体性。他指出:"历史学家之所以采取文化史的研究策略,正是要把人类的全部历史当作文化加以整体的考察,正是这个整体性才能克服旧式叙事史的个别性和独特性,从而发现文化发展的一般原理。政治、经济、宗教、哲学、风俗习惯、伦理道德、文学艺术、学术思想都是文化的表现形式,如果把他们割裂开来分别研究,犹如将一个人肢解以后再去研究他的各种生理活动一样。"①

《史学史研究》2007年第3期发表的黄兴涛的《文化史研究的省思》一文,并不完全认同常金仓的观点,认为常金仓所理解的文化范围毕竟还是过宽了一些,因而对基于这种宽泛理解意义上的整体性的强调和"以文化解释文化"策略的固执和排他,也就多少显得有点偏执。黄兴涛主张"文化史"研究包含两个方面的含义,或者说它实际由两方面的内涵构成:第一,它意味着一种为了研究方便而作出的论域之相对设定,是要把历史上有别于政治和经济的文化之发展内容作为专门研究的整体对象;第二,它也是一种方法、一种角,它要求从文化的角度来发现、分析和认知社会历史问题。不过他也认同文化还是存在其自身界限的,政治、经济等现象在有的时候、一定程度上和一定范围内,的确可以被看作文化,但就其本质来说,它们仍然有着不同于文化的独特内涵。

文化史的通史和部门史之间的分歧,也是学者争论的问题之一。文化史要与哲学、史学、文学、艺术、教育、宗教、自然科学等专门史有区别,多数学者主张应该对文化史的研究范围有所限制,文化史不能从整体上代表或取代历史学,它仅是历史学科下的分支之一,属于专门史。

蔡尚思认为,相对于思想史、学术史、文学史、艺术史等专史而言,文化史综括于它们之上,具有通史性质,可称为次级通史或"小通史"。文化应当与政治、经济、军事三者划分范围,不能混文化与其他三者为一谈。文化史也不像经学史、文字学史、文学史、史学史、哲学史、宗教史、风俗史、美术史、考古学史和科学史等的单一。文化史既纵贯,又横断,既有面,又有点,为上述各专门史的综合体和共同基础,上述各专门史都是文化史中的组成部分。它仅亚于通史,而超过各专门史。他指出:"文化史即文化通史,其范围的广大,内容的复杂,仅次于通史:就时间说,必须从古代通到近现代;就领域说,必须通到各有关专门史。其内容

---

① 常金仓:《穷变通久:文化史学的理论与实践》,辽宁人民出版社1998年版,第39页。

应当包括：语言文字史、文学艺术史、学术思想史（社会科学史）、科学技术史（自然科学）、典章制度史、体育运动史、风俗习惯史、古迹名胜史等等。"①

北京师范大学出版社 1994 年出版的张岱年、方克立著《中国文化概论》一书，把文化史分列语言文字、科学技术、教育、文学、艺术、史学、伦理道德、宗教、哲学九章；中华书局 1997 年出版的龚书铎著《中国近代文化概念》一书，列有社会思潮、儒学、史学、社会科学新学科、文学艺术、教育、自然科学技术、宗教、社会风俗九章；中共中央党校 1999 年出版的郑师渠主编的《中国文化通史》把每一时期的文化史断切为语言文字、哲学、儒学、史学、宗教、伦理道德、文学、艺术、教育、社会风俗等部门文化史；上海人民出版社 1998 年出版的萧克总纂的《中国文化通志》中的"历代文化沿革典"，也采取分类表述，把文化史分成思想、学术、文学、艺术、宗教、习俗、教育、科技等部门史。诸部门史之间也有主次之分，《文史哲》1984 年第 1 期发表的蔡尚思的《关于文化史研究的几个问题》一文认为，文化通史应以学术思想史为中心和基础，各部门文化史中，以语言文字史、文学艺术史、学术思想史、科学技术史、典章制度史为要，反对把思想史与文化史对立起来。

关于文化通史与各部门史之间的关系，国内学术界普遍强调文化史研究需要有整体的观念，文化通史具有各部门史不同的性质、规律和研究任务，反对把文化史条块分割为思想史、学术史、文学史、艺术史等部门史，或变成部门史的拼盘。文化史虽然是历史学科下的专史，但又具有通史的特征，是介于总体史与部门史之间的次级通史。文化史以探索统一和一般的规律为己任，不仅在内容上表现为各部门史的集合，而且在理念上强调文化的整体性和综合性。搞清文化史与哲学史、思想史、文学史、艺术史、宗教史、科技史等部门史的关系是很重要的。《历史研究》1985 年第 2 期发表的史革新的《中国近代文化史首次学术讨论会纪要》中认为，文化史与各种专史是包容和被包容的关系。各专史是构成文化史的不可缺少的组成部分。如果没有这些专史作研究的基础，文化史的研究就如建筑在沙滩上的楼阁。但是文化史绝不等于各种专史的机械相加。搞文化史的人不能也不可能一门一门地、具体深入地去研究各种专史，成为某一专史

---

① 蔡尚思：《关于文化史研究的几个问题》，《文史哲》1984 年第 1 期。

的专门家。专史是具体探讨各个部门的特殊规律,注意个性问题,而文化史则是研究各专史之间的相互作用、影响、渗透情况,探讨它们共同的特点、形态和效应。它是对各专史的进一步的综合与分析。

在文化史中,文化既是研究对象,又是视角、方法、眼光。常金仓、姚蒙、于沛、武云等人认为不能简单地以研究对象和范围来界定文化史,或视文化史为历史学科下的专门史,文化史是历史研究的一种方法或视角。

常金仓围绕文化史的性质和历史学的出路作了较为系统的思考,认为21世纪的史学是多样化的,但是文化史学将是它的主要潮流,这是因为史学研究范围的扩大和科学水准的提高向来是历史学的内在要求,而只有文化史学可以同时满足这两个要求,用文化史学取代政治史学,作为解决"史学危机"的方案。中国学者编写的大量文化史著作由通史而断代,由断代而分域,除补充一些新材料,增加一些新解释,在方法上基本没有长进。常金仓所提出的文化史研究策略,就是"用文化解释文化"。"文化史学应该是这样一种历史学,它不再满足于叙述一个个历史事件,并用简单的因果关系把它们连缀起来,它也不再满足于描述一个个历史人物,并品评他们的功绩与过错,它认为处于事件、人物水平上的历史学是最肤浅、最粗糙的历史学,因为历史学家把前人记录下来的事件没有做任何提炼和加工就直接使用了,这样的历史永远不能做出一个确定不移的答案。"[①] 他认为,文化史研究第一步是确定文化现象,第二步是解释文化现象。

《史学理论》1987年第3期发表的姚蒙的《文化、文化研究与历史学》一文,反对把文化史狭隘地理解为一种研究领域,而是强调把"文化研究"作为一种视角和方法,以及对文化进行历史研究所带来的范式革新意义。于沛在《文化、文化学和文化历史学》一文中,主张以广义的文化为基础,形成一门"文化历史学"。他认为,文化历史学是以人类文化发展过程作为研究对象的一门历史学分支学科或交叉学科,其内容涉及考古学、语言学、心理学、民俗学、宗教学、民族学、人类学、文学、古文献学等,其研究范围包括社会史、思想史、科学史、学术史、教育史、文学史、宗教史、民俗史、民族文化、民间文化和文化事业等方面的内容,研究内容因而归为三点:一是研究各个民族和国家在不同历史时代的文化特

---

① 常金仓:《穷变通久:文化史学的理论与实践》,辽宁人民出版社1998年版,第43页。

征,以及这些特征对历史运动的影响;二是研究人类各种文化传播、交流、融合的过程及其原因;三是研究文化在人类历史进程中的地位和作用。①

武云对于"文化就是人化,是人的本质力量的展线"的观点提出质疑,认为这种观点往往导致两种研究误区:一是依据这种观点,人们自然将人类所创造的一切都归入文化范畴,形成了包罗万象、无所不涉的大文化史观,造成研究对象的极端泛化;二是在人与文化的两极结构中思维,这就难免陷入用人来解释文化、用文化来解释人的循环怪圈,易于形成抽象的唯心主义文化观,严重忽视人与文化的社会性和实践性。主张文化史的研究应该沿着"历史的文化"和"文化的历史"两种理路进行拓展和深化。"历史的文化",即研究在历史的流程中民族的文化传统、民族性,包括心理结构、性格趋向、思维方式、价值观念、审美意识等若干稳定的观念形态是如何生成、嬗变、整合、积淀、定型的,从而探寻民族的心路历程,揭示民族文化的历史个性和特质。"文化的历史"即以文化为切入点,揭示在纷繁复杂的历史变迁中文化和社会生活的其他领域是怎样互相渗透、彼此推引的真相。②

正确地掌握文化史研究的理论与方法,能够推进文化研究的迅速发展。学界对此提出了不同意见。

第一,认为文化史研究应该吸取和采用其他专史研究的方法,如哲学中的分析法、归纳法,心理学中的心趣分析法,社会学中的计量法、比较研究法等。民族心理是一种重要的文化现象,不同的民族心理素质直接影响到各民族文化的特征。进行文化史研究,应该重视分析反映各民族文化心理的因素,使我们能够从一个新的角度把握民族文化的本质和特征。计量史学是试图通过对历史进行定量的分析研究来说明历史。如果用这种方法分析诸如近代中国知识分子的构成、留学生在革命运动中的作用等问题,用具体的图表和数据作为例证,或许会有更大的说服力。

第二,认为借鉴国外学者和自然科学领域中的研究方法是必要的。关于文化史研究,国外从19世纪中期就开始并取得一些研究成果。国外的史学工作者,特别是西方史学家往往受到历史唯心主义观点的支配,把文

---

① 于沛:《文化、文化学和文化历史学》,《史学理论》1989年第2期。
② 武云:《文化史研究的两种理路》,《山东社会科学》2007年第10期。

化的作用绝对化,这是不足为训的。但他们对文化进行的一些探讨包含了一定的合理因素。史革新认为,中国近代文化史研究有四条路径:一要提倡多样性研究。"百花齐放、百家争鸣",开展多样讨论,既可以从宏观的整体研究,又可以微观的专题讨论。二要加强综合研究。综合研究中国近代哲学、经济思想、伦理思想、教育、文学、报刊等著作,编著《中国近代文化史资料丛刊》。三要开拓新的领域。从各种不同的角度提出问题、分析问题和解决问题。四要加强对基本问题的研究。近代文化范围很广,基本的、核心的问题是中西文化关系问题。近代中西文化的斗争和融合贯穿于其他各个文化领域,如果把握住了这个问题,其他的文化现象也就比较容易解释了。①

三 近代文化史

由于文化的定义不同,近代文化史的内容亦不同。《武汉大学学报》1987年第5期发表的萧萐父的《关于中西文化论争以及传统文化与现代化的历史接合点》一文认为,一方面中国封建社会发展到明清之际已趋衰落,产生了资本主义萌芽,反映在上层建筑领域,必然会产生近现代文化因素。另一方面,中国传统文化里具备了某种近代文化因素,如人文主义精神等,近代文化的产生是中国传统文化发展的必然,因而有必要寻找传统文化与现代化的历史接合点。而《文汇报》1987年10月20日发表的魏承思的《中国近代文化的起点及其研究展望》一文则认为,中国近代文化的产生完全是西方近代文化闯入中国的结果,清末西学和中学之争,实际上就是中国传统文化与西方近代文化冲突的结果,中国社会被动地接受了某些近代文化因素。因此,中国走向近代的文化历程,也就是中国文化逐渐西化的历程。

有学者主张研究近代文化史时应宽泛界定"文化",先对"近代中国"得出整体认识,再以会通的眼光观察具体的点滴,从细节入手去认识整体,以尽可能展现新旧中西各方面多层次互动的动态图景。《四川大学学报》2008年第6期发表的罗志田的《解读变动时代的文化履迹——关于近代中国文化史研究的简单反思》一文认为,与近代政治、经济真可说是数千年未有的剧变相比,文化层面的变动相对来说更带隐而不显的特征。尽

---

① 史革新:《中国近代文化史首次学术讨论会纪要》,《历史研究》1985年第2期。

管人们口中常说"中国文化",实则"文化"一词的含义,百年来始终没有充分的共识。可以考虑借助人类学意义的视角,较为广义或开放地看待"文化",多关注传统、价值系统、观念形式和各类建制,所有这些皆不宜悬空议论,而是落实在各类人的具体生活经历和体验之中,侧重于社会层次、生活习俗、思想观念、学术状况与集体心态等。以传统专门史类别言,文化史可以相对更少一些政治史、军事史和经济史的内容,而更多整合社会史、思想史、学术史、生活史和心态史等面相,但要始终不忘这些面相与政治、军事和经济的密切关联。研究近代中国文化史,应借鉴近代人那种长时段的眼光,把以共和取代帝制为象征的全方位剧变视为一个发展中的进程。在近代中国这一时空之中,新旧中西的接触、碰撞、交流和相互依存、竞争及错位等现象至为复杂曲折,反映在政治、社会、思想、学术等方面。

中国近代文化与传统文化有很大差异。作为一个独特的领域,史学在鸦片战争后和整个文化一起发生了变化。龚书铎将其归纳为:写当代的历史,总结经验教训;翻译、编辑外国历史,以为鉴戒;研究边疆史地研究,以防外地入侵;建立资产阶级新史学,批判封建旧史学。这些变化都与近代社会变化分不开。[①] 近代中国文化结构也与传统文化有很大不同,传统文化的价值在逐渐降低,西方文化的价值在逐步上升。这种变化主要体现在:首先是文化构成的变化,鸦片战争以前,中国文化是单一文化;鸦片战争后,除传统文化外还有帝国主义文化和新文化。其次文化内在结构的变化,对于自然科学的接受和对民主思想的吸收,前者相对容易一些,后者则经历较为漫长的岁月。大体来说,是由对它的了解、介绍,进而称赞、接受,并对传统文化进行批判。最后是文化的部门结构的变化,原有的学科内容、体系经过很大的变革,一些新领域、新学科出现的文化体系中,主要有哲学、法学、政治学、教育、史学、文艺、语言学、自然科学等方面,还出现了报刊、出版、图书馆、博物馆等传播媒介。社会习俗上,从衣食住行到礼仪婚姻,都有不同程度的改变。

四 社会文化史的理论与方法

近代社会文化史在中国兴起后,学者对其理论与方法也多有探讨。

---

① 龚书铎:《中国近代文化探索》,北京师范大学出版社2011年版,第48页。

对于社会文化史的特征及表现，李长莉指出：社会文化史研究路向，主要是研究视角与理论方法上的创新，开辟了观察和解释历史的新角度、新路径。社会史与文化史的交叉，打破了传统学科以研究内容相区分的隔阂，打通了社会生活与文化观念、社会状况与精神世界的关联，并形成了一系列具有学科特色的新概念、新理论，为新的研究视角提供了更加有效的分析工具。这种理论方法创新，丰富了历史学，开辟了一条史学革新之路，推动史学由"描述性研究"向更加深入的"解释性研究"趋进，成为史学深入发展的一个生长点。其丰富多彩的研究成果，也展现了史学研究的新风貌和现代生命力。这是社会文化史的主要学术价值。① 吕文浩认为，本土社会文化史在生活方式、社会伦理、知识人社会、生活质量、礼俗互动等方面的研究，结合了中国历史文化和现实社会的情况，具有浓厚的时代气息和理论创新意识。像这样的理论探索，还应该继续下去。一个脱离时代语境，无力参与时代理论创新的研究领域是没有生命力的。社会文化史学者所能达到的思想高度，与提炼出了多少有生命力的概念、命题息息相关。② 罗检秋指出：社会文化史当然可以作为一种研究视角。历史上的政治事件、经济现象、英雄传奇都不是孤立地存在，必然与文化环境、社会状况密切相关，从社会语境、人际网络、文化蕴含对其进行阐释和分析，都可看作社会文化史的研究范畴。但社会文化史的使命不限于研究视角，而有其特定的领域、论题。关于深化、拓展社会文化史研究的问题，不必过多地讨论定义，不妨具体地思考一下有待深化、加强的论题。③ 韩晓莉则称：作为学科交叉融合的产物，它从兴起之初就表现出反思和借鉴的自觉。从重新定位文化，到对意义的深度解释，再到对普通人感受体验的重视，社会文化史在反思传统文化史、吸收和借鉴社会史与西方新文化史成果的过程中，实现了理论方法的创新和研究视角的转换，推动了中国史学的多元化发展。社会文化史研究兴起之初，为表示与传统文化史、思想史的区别，研究者强调社会文化史是运用分析与比较的方法进行的综合性研究，是对文化现象背后精神因素的概括和总结，但这并不意味着研究者放弃了对社会生活细节和人

---

① 李长莉：《中国社会文化史研究：25 年反省与进路》，《安徽史学》2015 年第 1 期。
② 吕文浩：《本土崛起与借镜域外——社会文化史在中国的若干发展》，《南京社会科学》2015 年第 5 期。
③ 罗检秋：《从新史学到社会文化史》，《史学史研究》2011 年第 4 期。

们心灵世界的探寻。①

关于社会文化史的发展，刘志琴指出：时代课题将促进社会文化史研究领域的扩展、深化与多样化。当今中国社会转型面临"社会治理"与"文化重建"两大课题，正是社会文化史研究的中心问题，社会文化史研究应当为此提供更多的本土经验与历史启迪。这种时代课题的挑战与相关性，会促进社会文化史研究的扩展与深化，特别是与这两大课题相关的论题会受到更多学者的关注。同时，史料数据化与网络化将为社会文化史学者利用海量史料，特别是民间史料、图文史料等提供便利。社会文化史贴近时代、贴近民众、贴近社会、贴近生活的内容特点，生动叙事、多样化的表达方式，将使其成果更受知识大众欢迎。因而，社会文化史研究会有更大的发展空间。② 她还提出从本土资源建树社会文化史，指出：社会文化史以生活方式、社会风俗和民间文化为研究对象。其研究的内容与社会史、民俗史和文化史有交叉，不同的是它不是个别的单个研究，而是对这三者进行统合考察，对生活现象做出文化解析和社会考察；从一事一物的发展和上层与下层的互动中，引出深度的阐释和思考。简而言之，可称之为富有思想性的社会生活史。这样一种研究思路，最能展现中国传统社会、文化思想的本土特色。社会文化史在中国有丰富而深厚的历史资源，足以创生不同于西方文化的中国理论。③

对于社会文化史的定义，左玉河认为，文化史关注的是社会民众的文化观念和文化意识。它关注的是大众的日常生活方式、社会生活和社会时尚。过去那些上不了台面的东西，逐渐进入研究者的视野。社会文化史关注的对象，是衣食住行、婚丧嫁娶、娱乐休闲、宗教信仰、节日节庆等等，生活方式和社会时尚的变化都体现在里边。可见，社会文化史的研究对象是非常丰富的，有着广阔的研究空间。凡是从文化史的视角来研究历史上的社会问题，用社会学的方法来研究文化问题者，都可称为社会文化史。概括就是，对社会生活的文化学提炼和抽象；对文化现象的社会学考察和探究。④ 梁景和还提出社会生活与生活方式是社会文化史研究的一对

---

① 韩晓莉：《从理解文化到重视感受——社会文化史研究的回顾与反思》，《史学理论研究》2020年第6期。
② 《社会文化史：史学研究的又一新路径》，《光明日报》2010年8月17日第12版。
③ 刘志琴：《从本土资源建树社会文化史理论》，《近代史研究》2014年第4期。
④ 左玉河：《着力揭示社会现象背后的文化内涵》，《晋阳学刊》2012年第3期。

重要范畴,是研究社会文化史的两个重要切入点,也是社会文化史研究的两个重要内容。抓住了这两个问题,社会文化史研究就有可能深入地开展下去。研究生活方式是从一个视域研究社会生活,通过对生活方式的研究,可以深察人们的社会生活本身。同时,研究社会生活也可以探究生活方式,以了解社会生活发展的程度和水平。①

对于社会文化史研究中碎片化问题,学者强调,在社会文化史研究领域,需要特别警惕"碎片化"问题。这是因为社会文化史的研究对象是下层社会、民众及民间文化,是具体而弥散式的存在,因而偏向小论题、个案化、深度描述的微观研究盛行,这是研究对象转换引起研究方法的自然转变。社会文化史研究需要在具体实证研究的基础上,加以一定的抽象"建构",并进行理论提升和逻辑概括。具体说来,就是"微观实证"和"宏观联系"相结合,多做综合性研究,多做中观研究。② 杨念群指出:史界出现的所谓"碎片化"倾向,也与文化研究者过度沉迷于复古体验和对此体验的过度消费有关。如果进一步深究原因,即可发现,新文化史研究正是因为过度沉迷于生活细节描述本身,遂无法与其他相关政治社会历史状况的解释模式之间形成有效的关联。如果中国近代文化史研究无法在文化现象与政治社会问题之间建立起合理的言说关系,就难免会加剧史学研究的"碎片化"趋势。③

近代区域社会文化史涉及内容复杂,是近年来学者研究热点,如行龙倡导区域社会史研究,生活·读书·新知三联书店 2015 年出版了其所著的《走向田野与社会(修订版)》等,他主张学者应走向田野与社会,指出:中国社会史研究的本土化,需要对本土的历史和现实有深入的了解与深切的感受,需要社会史研究者走向田野与社会。这里的田野包含两层意思:一是相对于校园和图书馆的田地和原野,也就是基层的城镇乡村;二是人类学意义上的田野工作,也就是参与、观察、实地考察的方法。这里的社会也有两层含义:一是现实的本土社会,要懂得从现在推延到过去,或者由过去推延到现在;二是社会史意义上的社会,这是一个"自下而

---

① 梁景和:《社会生活:社会文化史研究中的一个重要概念》,《河北学刊》2009 年第 3 期。
② 孙妙凝:《社会文化史研究不能"碎片化"》,《中国社会科学报》2014 年 5 月 23 日 A02 版。
③ 杨念群:《"整体"与"区域"关系之惑——关于中国社会史、文化史研究现状的若干思考》,《近代史研究》2012 年第 4 期。

上"的社会，也是一个整体的社会。① 小田则指出：人类学的独特思路可以导向地域文化研究的纵深发展。地域文化史应加强动态生活的呈现，毅然告别传统的脱离生活结构的习俗史，迈向生活领域；人类学的整体视野提醒人们特别关注地域社会内部各种不同类型的社群世界，向笼统的"中国社会"或"地域社会"概念提出挑战；人类学赋予社会结构中的任何劳动者以一席之地，要求地域文化观察重视作为民间文化持有者的普通百姓；人类学中习见的口头艺术形式，常常以文献与口头两种形态存留下来，成为地域文化研究的独特素材。值得注意的是，只有立足学科本位的地域文化史研究，才不至于在对他学科的借鉴中迷失自我。② 赵世瑜在区域社会文化方面用力颇深，北京大学出版社 2017 年推出其《小历史与大历史：区域社会史的理念、方法与实践》《在空间中理解时间：从区域社会史到历史人类学》，在区域社会史研究领域的理念、方法和实践上进行了深入探讨。东方出版中心 2016 年出版了刘志伟、孙歌著《在历史中寻找中国——关于区域史研究认识论的对话》，涉及区域史研究如何表述活的历史，如何区别动态历史与静态历史，如何推进关于普遍性论述的再思考。

此外，对于西方学界传入的新文化史在中国发展问题，学者们也进行了讨论。马勇指出：新文化史所强调的过程研究，更多地强调对文本化结果的探索，强调思考过程的研究。换言之，新文化史不满足于看到最终事实，而且通过对过程分析，探究事物发展演变的多种可能性。相对于旧的、传统的文化史研究，新文化史比较彻底地改变了提问方式，不再以追究事实真相为历史研究的唯一目的，而是通过对历史过程的分析归纳，联想起一切能够联想起来的物、事，重建过程，而不是揭示结果。③ 张俊峰则指出：在中国现阶段，社会史也好、文化史也罢，包括新兴的生态环境史、医疗疾病史、女性史、概念·文本·叙事的所谓"后现代史学"等，都是新史学的重要组成部分。相互之间并无高下之分，所谓的新与旧都是相对意义上的。就其现阶段的发展而言，中国的新文化史是在社会史机体上延伸出来的，并不是对社会史的一种彻底代替和取缔。这种发展路径完

---

① 行龙：《中国社会史研究呼唤本土化》，《人民日报》2012 年 5 月 31 日第 7 版。
② 小田：《地域文化史研究的人类学路径——倾向于江南的案例》，《清华大学学报》2010 年第 1 期。
③ 马勇：《新文化史在中国：过去、现在与未来》，《金融时报》2013 年 8 月 2 日第 9 版。

全不同于新文化史研究在西方的兴起。目前，中国的社会文化史、新文化史仍无法取代社会史独大的地位，充其量只是社会史大旗下的一个分支而非与社会史分庭抗礼的所谓"新史学"。[1] 余新忠也探讨了新文化史下的史料问题，指出：在运用史料展开历史叙事时，往往会在对相关史料深入探析的基础上，采用合理的演绎、推测甚或假设等手段来让叙事变得完整而更具意义。这种做法，一方面与新文化史往往以普通人物和民众的心灵世界为研究对象有关，这类选题资料较少，若拘泥于史料有限的字面信息，相关的探究根本无法展开。另一方面也缘于后现代史学对历史编纂的认识，其认为历史编纂是一种叙事，而叙事不可避免会借助比喻话语和故事的"情节化"，而这实际上就是一种虚构化，任何史学著作，其实都是事实化过程和虚构化过程并存的。[2] 张昭军则称：新文化史学以新文化论为基本理论支撑，强调通过对权力、符号、话语、表象、仪式等的文化解释，来解读历史的内涵和意义。在史观上，史家将文化因素和文化解释放在历史的首要位置，从而表异于此前的经济基础或社会结构决定论。新文化史学主张文化是一种视角和方法，故其研究对象所含甚广，不仅指上层文化，更重视下层和弱势群体的文化，还包括习俗、价值观和生活方式等日常文化。[3] 王笛则指出：新文化史是对此前政治史、社会史、经济史等宏大叙事的一种反思，开始重视大众文化、普通民众、边缘人群、性别身体、日常生活、符号象征、历史记忆、物质文化等新的研究方向和课题。当然，应该指出的是，新文化史的兴起并非试图取代传统历史学的研究路径，而是对过去整体史的一种重要补充。[4]

第二节 近代文化史研究的理论问题

中国近代文化史的研究成果很多，出现了大量研究著作和文章。1983—1989 年为中国近代文化史研究的初步形成时期，争论问题主要围绕中国近代文化史的含义、起点和阶段划分、特点和地位作用及中西文化关

---

[1] 张俊峰：《也论社会史与新文化史的关系——新文化史及其在中国的发展》，《史林》2012 年第 3 期。
[2] 余新忠：《新文化史视野下的史料探论》，《历史研究》2014 年第 6 期。
[3] 张昭军：《中国文化史学的过去与未来》，《社会科学战线》2019 年第 8 期。
[4] 王笛：《西方新文化史对中国史研究的影响》，《历史研究》2020 年第 4 期。

系等展开。① 特别是中共中央党校出版社 2000 年出版的史革新主编《中国文化通史》（晚清卷）和黄兴涛主编《中国文化通史》（民国卷），集聚了国内学术界十多位专家共同研究，充分吸纳了近年来近代文化史研究的成果，在体例、观点上亦有较大新突破，成为中国近代文化史研究领域影响较大的通史性著作。

一 研究对象

20 世纪 80 年代以来，中国近代文化史研究虽取得长足进展，但对于其研究对象等基本理论问题尚乏充分讨论。而对研究对象作较深入的理解，不仅是新形势下学科建设的内在要求，而且对具体领域的研究也有所帮助。按照文化的含义不同，中国近代文化史的研究对象也不同。归纳起来，大致可以分为两类：一是广义的，即把人类创造的一切（物质文化和精神文化）都视为文化史研究的对象；二为狭义的，即把文化史的研究限定在一定的范围之内。《历史研究》1985 年第 2 期发表的史革新的《中国近代文化史首次学术讨论会纪要》认为，如果按照广义的理解去研究文化史，文化就成了无所不包的东西，文化史也就成为全部社会史，这样也就把中国近代文化史与中国近代通史等同起来，实际上是取消了这一学科的特殊性。

那么，中国近代文化史要研究什么？从中国近代文化史字面上可以有两种理解：一是近代史对中国文化史的研究，这是近代学术史的一部分；二是中国近代文化的史学研究，这是近代史的一部分。《史学史研究》2007 年第 3 期发表的张昭军《关于中国近代文化史研究对象的确定问题》认为，中国近代文化史研究对象可分为四类：其一，以近代新文化的生成、发展史为主，兼顾近代历史上的其他文化；其二，文化史是文化的历史，是以民族、国家等共同体为主体的"总体史"，而不能是文学、艺术、伦理、宗教等专史的简单拼合，文化史具有整合性，非其他专史所能替

---

① 其中反映近代文化发展整体情况的著作主要有：章开沅《离异与回归——传统文化与近代文化关系试析》，湖南人民出版社 1988 年版；李良玉《动荡时代的知识分子》，浙江人民出版社 1990 年版；史全生主编《中华民国文化史》，吉林文史出版社 1990 年版；马勇《近代中国文化诸问题》，上海人民出版社 1992 年版；龚书铎主编《中国近代文化概论》，中华书局 1997 年版；焦润明《中国近代文化史》，辽宁大学出版社 1997 年版；郑师渠主编《中国文化通史》，中共中央党校出版社 2000 年版；汪林茂《晚清文化史》，人民出版社 2005 年版；汤奇学《中国近代思想文化史探索》，安徽大学出版社 2005 年版，等等。

代；其三，文化史是研究对象，又是不断发展的理论方法；其四，文化史研究的"外在取向"不能取代"内在理路"的探讨。

学界对于中国近代文化史研究的对象主要有以下几种意见：

第一，文化史研究对象可分为三类：一是观念形态，包括哲学、政治思想、宗教、道德观念、文学艺术、科学等；二是传播和反映这些观念形态的方式和手段，如文字、教育、新闻、出版、图书馆等；三是群众日常活动中具有民族特色的社会生活要素，如风俗习惯、饮食、居住、礼仪等。中国近代文化史就是研究这三方面的状况、发展变化、矛盾斗争及其他形形色色的表现。

第二，文化史的研究对象是思想史、宗教史、文学史、科学史、社会史（包括机构、制度、风尚）。这五类既是独立的专史，又是文化史不可分割的组成部分。《近代史研究》1984年第1期发表的李侃的《关于中国近代文化史研究中的几个问题》一文认为，中国近代文化史就是这五类的有机结合，其研究任务就是探究和揭示中国近代文化运动的历史规律。李侃认为中国近代文化史就是要研究反映中国近代社会政治和经济的意识形态发生、发展、变化的历史。说得具体一点，中国近代文化史主要就是研究中国近代的社会思潮、人们的思想状态和精神面貌以及社会风尚的变化；研究诸如教育、科学、文学艺术、新闻出版、体育卫生等各项文化事业、文化设置的发展状况；研究和揭示这些发展变化的社会经济原因、政治原因及其客观规律。把中国近代文化史的研究对象和范围限制在上述范围，那么，就必须掌握贯穿整个近代文化发展变化全部过程的基本内容。这个基本内容，在五四以前就是新学与旧学、西学与中学的斗争。

第三，文化史的研究对象是"文物教化"。"文物"是指精神文化现象和它的物化现象，如雕塑、建筑等，"教化"是指社会的精神状态、道德规范、社会风尚、习俗等。史革新等认为中国近代文化史就是要研究近代社会"文物教化"变化的历史。

第四，文化史研究的文化是精神生活领域的社会现象，复旦大学出版社1984年出版的《中国文化研究集刊》第1辑发表的丁守和等《试论文化史研究的对象和途径》一文中认为，其核心内容是"作为精神产品的各种知识及对于各种知识规律的认识"。

第五，文化史研究的是生活方式、观念和习俗。《历史研究》1985年第1期发表的叶晓青的《中国传统文化在近代》一文认为，文化并不仅仅是一种政治制度，甚至也不仅仅是一种学术思想，它几乎渗入一切事物中，但又不等于任何事物本身。文化并不为士大夫所独有，更不是几个哲人的言论所能包容，它超越了历代皇朝更替，超越了学术流派的争辩，它代表了全民族的普遍意识、共同心理素质和思维方式。中国近代文化史就是对这些内容的综合研究。

有学者认为，文化实际上是一种模糊概念，它的许多现象不能用明确的标准归属，文化史则是一门综合性的边缘学科。文化史的研究应该是综合和概括这些专史，从横向展开，研究它们之间互相作用、影响、渗透、演变的历史，从而探索它们共同的特质、形态等规律性的表现，是从横向角度综合研究纵向发展的历史。从外部关系来说，要研究文化和政治、经济的关系，阐明文化怎样反映政治和经济，又给予了政治和经济以何种影响和作用。

王继平认为，中国近代史的研究对象还要补充两点：第一，必须把近代中国社会的文化心态作为不可忽视的重要内容，以充分揭示近代中国文化的深层意义和结构；第二，必须把握和阐述近代中国文化与中国传统文化及其与近代西方文化的关系，近代中国文化既不同于传统中国文化，也不同于近代的西方文化，而是在近代中国的社会经济政治的制约下，中国传统文化与西方近代文化冲突与融合的过程中产生的一种新的文化形态。因此，中国近代文化史的研究对象应该表述为：中国近代文化史是研究近代中国半殖民地半封建社会中精神生产的发展、变化及其规律和精神生产的成果的各种形态及其相互关系的历史的科学。具体地说，它研究近代中国的社会思潮、学术思潮、各种理论思维体系（包括哲学、文学、科学、宗教等）以及社会的文化心理状态（包括思维方式、价值观念等）和道德、习俗、礼仪的变化和发展；研究近代中国社会中，中国文化与西方文化的冲突与交融的过程；研究近代中国社会经济政治的近代化对中国文化的制约与影响。一句话，就是研究中国传统文化的近代化过程及其在这一过程中传统与创新、中学与西学各因素的关系以及由此产生的新的文化形态。①

王继平对中国近代文化史研究对象的阐述是相当宽泛的，包括观念形态领域内一切精神成果和现象。但中国近代文化史不是把近代哲学、史

---

① 王继平：《转换与创造：中国近代文化引论》，湖南人民出版社1999年版，第21页。

学、文学、艺术、教育、宗教、科学等专门史简单地拼凑。这些专门领域的历史变化当然是文化史的研究内容和组成部分,但不能称之为文化史。因而,文化史不可能也不必要像专门史的研究那样对每个专门领域做专深细致的研究,而是在尽可能对这些领域作较多的了解的基础上,把握它们基本的和本质的东西。对这些领域的各个方面的发展变化过程做综合和概括的研究。也就是说,应当着重研究的是这些专门领域在近代的变化,各自在文化总体中的地位和作用,它们之间的相互关系和互相影响,表现了什么样的时代精神和社会作用,同时又对社会的物质生产和生活方式以及社会结构的发展变化产生了什么样的制约与影响力。王继平从对中国近代文化史的阐述上把近代文化史的研究范畴界定在四个方面:第一,近代中国的文化思潮的变迁与发展;第二,近代中国观念形态的理论表现形式和传播形式;第三,近代中国的文化心态,也就是制约和影响人们的思维方式、道德判断、价值取向和行为模式的深层文化现象,或隐形的文化因素;第四,近代中国文化与传统文化或相异文化的关系。在近代中国,这种关系实际上就是指中西文化的冲突和交融,传统文化在近代的变异和发展即近代化问题。

李侃、龚书铎的《中国近代文化史研究四十年》一文,从加强对近代中国文化的综合的、整体研究的角度,认为中国近代文化史研究的主要内容如下。(1)对近代文化的分期、性质和特点,发展过程及规律、结构的演变、重要价值观念的变化,历史地位、研究方法等问题,都做了有益的探讨。(2)研究近代文化思潮,诸如对"中体西用"论、"西学中源"说、"中西会通融合"论、欧化主义、国粹主义、无政府主义和"东方文化派"等,都程度不同地有所论述。(3)对中西文化及其关系的研究,如专门探讨传统文化在近代的变化、命运、影响和特点,着重研究西方资产阶级文化的输入、传播和影响,以及中西文化的矛盾、融合和新文化的发生发展。(4)探讨各个历史时期的文化和区域性文化,前者如鸦片战争、洋务运动、戊戌变法、辛亥革命和五四运动等时期都分别有专门论述,后者则以湖湘文化、海派文化、岭南文化的研究较为活跃。(5)对重要人物的文化思想研究,而以魏源、徐继畲、王韬、薛福成、郑观应、康有为、梁启超、严复、谭嗣同、章太炎、孙中山、吴虞、陈独秀、李大钊、杜亚泉等人的研究较多,尤侧重于中西文化观。同时,由个案研究进而及于阶层或群体，传统士大夫、近代新型知识分子、近代商人等都是研究对象。①

张昭军从历史的文化与文化的历史这一角度来分析中国近代文化的研究对象。中国近代文化史的研究对象应以文化的历史者为主，着重于阐述近代新文化形态产生、发展的历史。②左玉河分析了近代文化史研究热出现以来的研究转向，认为20世纪80年代兴起的文化热突出了传统文化与现代化的问题，从近代史上总结中国民族追求文化近代化的历程，成为当代中国学术研究的热门话题，这个时期学者们多讨论以下论题：文化近代化起点问题的复出与论证；对文化近代化历程的回顾成为敏感的问题；对五四精神的省思和不息的争议；传统文化特性及其与现代化的关系成为热点问题；弘扬传统与反传统的对峙及其发展。90年代以后近代文化史研究的新趋势是：知识分子群体研究和思潮研究的进展；区域文化史研究的兴旺；近代社会文化史研究的崛起。③

二 发展主线

中国近代文化发展的主线是中西文化之争，基本线索是中西文化关系，中西文化冲突是其突出特色。在中西文化冲突过程中，西学始终居于主要的地位。伴随着中国近代文化史研究的深入发展，近代中西文化的冲突和融合引起学界的普遍重视。有的学者强调中西文化冲突，有的学者强调中西文化融合。一种观点是全盘西化，另一种观点是复兴儒学，两种主张在五四新文化运动时期就有激烈争论。因此，中国近代文化史的研究首先要解决的重要课题是中西文化关系。有学者指出，鸦片战争后，西方文化传播进来，大至如政治运动，小至如风俗习惯，都存在两种文化的冲突矛盾。中西文化既有矛盾冲突的一面，也有相互融合的一面，洪秀全、洪仁玕、康有为、梁启超、谭嗣同、严复、孙中山等人都程度不同地体现出中西文化融合的趋向。④从一定意义上说，一部中国近代文化史，就是一部传统文化与西方文化冲突交汇的历史，就是传统文化在西方近代文化冲击和影响下向近代文化过渡转变的历史，也就是传统文化与西方文化相斥

---

① 李侃、龚书铎：《中国近代文化史研究四十年》，《历史教学》1991年第12期。
② 张昭军：《关于中国近代文化史研究对象的确定问题》，《史学史研究》2007年第3期。
③ 左玉河：《20年来的中国近代文化史研究》，载郭德宏主编《中国文化现代化道路的探索》，吉林大学出版社2006年版，第35页。
④ 林增平：《中国近代史研究入门》，河南人民出版社1990年版，第545页。

相纳的历史。①

叶晓青认为，中国传统价值观念在近代表现为强烈的排外，传统文化对引进西学产生阻碍作用。随着近代工业的发展及西方浪潮的冲击，传统的知足安分、重义、重信用等观念趋于崩溃，新观念直至辛亥革命后才引起人们重视，新文化运动就是这个问题得到重视的表现。②龚书铎认为中国近代，传统文化价值逐渐降低，"夷夏之辨"、道器观念、义利观念、伦理观念等次第在西方文化冲击和影响下都发生了变化，这是历史的进步。③许苏民认为中西文化的冲突和融合，包括西学东渐和东学西渐两方面。④

许纪霖、李侃、李华兴等人从中西文化的冲突和融合的时间，来探讨这一问题。许纪霖认为从鸦片战争到辛亥革命是中西文化互相调和时期，从新文化运动到30年代是中西文化互相批判时期，抗战后是中西文化融合时期。⑤李侃认为，传统文化与新生的近代文化在相当长时间内是互相对抗的。中国近代文化的萌发、生长、形成与发展，几乎每前进一步都要冲破旧的传统文化的阻碍和抵制，从始至终都与反帝反封建相连。⑥李兴华认为，"师夷长技以制夷"的观念迈出了近代中国向西方学习的第一步，"中体西用"是中西文化交融过程中一个承上启下的环节，严复是中西文化比较研究的鼻祖，辛亥革命以后的新文化运动，虽然有猛烈批判中国传统文化的功绩，但是这个运动一开始便出现全盘否定传统文化和无批判地吸收西方文化的偏向。⑦

中国近代文化史不是在自有的道路上发生变化，而是伴随着西方列强的侵入而发生的变化。有学者根据西方文化的影响，将近代文化史分为三个阶段：第一个阶段是洋务运动引进西方工艺技术和自然科学，开始了中西物质文化的融合，并奠定了中国近代科学技术的基础；第二个阶段从维新运动到新文化运动时期，特点是西方制度文化冲击中国的制度文化，致使中国传统社会瓦解，但中国并没接受西方制度文化，也无法重建新秩

---

① 吴晓东：《李维格———位鲜为人知的近代科技教育先驱》，南开大学出版社 2013 年版，第 50 页。
② 叶晓青：《中国传统文化在近代》，《历史研究》1985 年第 1 期。
③ 龚书铎：《近代文化漫论》，《北京师范大学学报》1985 年第 5 期。
④ 许苏民：《冲突与融合——西学东渐片论》，《学习与探索》1985 年第 1 期。
⑤ 许纪霖：《近代中国中西文化之争历史述评》，《学习与探索》1985 年第 4 期。
⑥ 李侃：《简论中国近代文化与近代革命》，《中州学刊》1985 年第 1 期。
⑦ 李兴华：《近代中西文化冲突交融的历史考察》，《复旦学报》1986 年第 1 期。

序；第三个阶段是马克思主义与中国文化结合，重建新秩序阶段。中国社会出版社2010年出版的韩泽春著《中国现代文化发展论纲》一书认为，中国近代文化的主线是救亡图存，核心是科学与民主。反帝反封建是近代中国的历史使命，近代中国的社会性质决定中国既要救亡实现民族独立，又有启蒙宣传民主、自由、平等、博爱，实现民主革命和人的解放，启蒙与救亡是同步而行的，可以称之为"启蒙与救亡的双重奏"。科学与民主出现在五四运动时期，是中国近代社会发展的必然结果，也是对中国近代文化基本内容的高度概括。韩春泽认为，中国近代文化的主线是救亡图存，核心是民主与科学。鸦片战争以后，西方文化随着资本主义列强的大炮、商品和传教士传播进来，与中国的传统文化发生了接触。中西文化关系成为中国近代文化史的一条主要线索。在西方文化与传统文化接触的过程中，两种文化不断发生矛盾和冲突，在朝廷、在士大夫内部有明显的表现，在民间、在下层群众中也有强烈的反响。而上下之间也不是对任何西方文化都采取截然不同的态度，在不少问题上都表现出共同的排斥性，如反对修建铁路、反对外国教会侵略等，就反映出这种共同的民族文化心理、感情和习惯。在近代历史上，中西文化的矛盾冲突贯穿在整个社会生活中。①

龚书铎认为，从近代历史发展的进程来看，中西文化冲突的趋势不是越来越尖锐，而是逐渐减弱。中西方文化的冲突只是问题的一个方面，在中西文化的接触过程中，两者有逐渐会通融合的一面。1895年甲午战争后，中西文化会通融合的趋势更为明显。中国近代文化是随着近代历史的发展变化而发展变化的。因此，研究近代文化要对近代历史有全面的了解。

关于中国近代文化的主线的讨论，主要有以下几种意见。第一，主张冲突占有主要地位，西学处于主要的地位。《通化师范学院学报》1999年第3期发表的李书源的《文化热与近代文化史研究》一文认为，近代中国文化未能实现转型，重要的原因是没能解决对外来文化和自身文化的体认问题，更没有找到正确的文化接合点与选择模式。中国在鸦片战争之前并没有真正意义上的资本主义萌芽，思想文化中也没有出现独立走向近代的征兆。它走向近代是外力冲击的结果，这个外力就是西方文化。正因为原

---

① 韩泽春：《中国现代文化发展论纲》，中国社会出版社2010年版。

动力在外而不在内，所以文化的近代化就十分被动，是一种"应付"型模式。中西文化是两种范式，各有其独立的价值系统。西学是文艺复兴以来高扬的近代资产阶级文化，而中学则是延续了两千余年的封建传统文化，二者有新与旧的本质区别。正是这种价值体系的、时代的、结构的种种差异，导致了中西文化的一系列尖锐的矛盾与冲突。近代斗争中的文化色彩很鲜明，如太平天国农民起义、洋务派与顽固派、戊戌维新、义和团运动等，斗争的双方无不在文化上各张一帜。近代文化的每一步变化都是迫不得已的，而且都是以西学为模式，所以是渐次的被动西化，而不是主动的化西。

第二，中西方文化既冲突又融合，中西方文化是一个彼此消长的关系，西方文化的传入有利于中国近代文化。韩泽春著《中国现代文化发展论纲》一书认为，中国近代文化史就是一部传统文化与西方文化冲突交汇的历史，是传统文化在西方近代文化冲击和影响下向近代文化过渡的转变的历史，也是传统与西华相斥相纳的历史。龚书铎认为，在这个过程中产生和发展了中国资产阶级的新文化。这是中国文化走向世界，进入近代化的过程。在这个过程中，中国文化有衰落、消亡的一面，也有改造、新兴的一面。如传统文化中居于主要地位的经学，在近代农村没落了，科举制度、八股文、书院终于被废除、停办，一些传统的或陈腐的观念、准则在人们的头脑里逐渐淡化、消失，自然科学、学校、话剧、油画等众多新的部门兴起，民权、平等新的观念、准则广泛传播，史学、文学等部门引进新的观点和方法。

许苏民的《冲突与融合——西学东渐片论》认为，冲突的性质绝不是所谓东方精神文明与西方物质文明的冲突，而是古老的东方与近代崛起的西方在物质文明和精神文明两个方面的全面的冲突。中西文化的冲突必然导致融合与汇通。近代中西文化的冲突和融合，促进了中国社会的巨大历史变迁，推动了中国社会走向现代化的进程，但其深度和广度都很不够。[①]《学习与探案》1986年第6期发表的姜鲁鸣的《论西方资本主义对近代中国社会的冲击》一文认为，西方资产阶级某些政治思想和社会学说，程度不同地影响过中国开明的封建士大夫和先进的资产阶级分子，成为他们救亡图存、解决中国社会问题的精神武器。正是在当时的西方近代文化的影

---

① 许苏民：《冲突与融合——西学东渐片论》，《学习与探索》1986年第1期。

响下，中国的文学、艺术、语言文字、史学、哲学、军事、教育等领域才相继发生了或大或小的变革，一些崭新的学科诸如经济学、逻辑学、美学等社会科学学科群和数学、物理、化学等自然科学学科群才相继在中国形成，从而构成了中国近代社会文化的基本格局。①

第三，文化的冲突与文化的交流并进。李晓明的《文化结构、文化心态、文化势能与文化冲突的图景——研究方法论》一文认为，文化冲突总是可以作两种彼此相关向度的考察，一是空间向度的考察，即外来文化与本土文化的冲突，一是时间向度的考察，即按照文明程度所作的时代性区分——传统与现代、旧文化与新文化。中国近代的中西冲突，对大多数人来说只是空间向度的冲突，即"华夷"矛盾，而日本则是时间向度的冲突。②

第四，以爱国主义与殖民主义、新学与旧学斗争为主线。以冯天瑜为代表的部分学者认为，鸦片战争至五四运动是"爱国思潮与西方殖民主义，资产阶级新学与封建旧学相抗争的旧民主主义文化阶段"。19世纪中叶以来，传统的东方文化与外来的西方文化相汇，彼此争斗、激荡、融合、风云变幻，但救亡图存的爱国主义与西方殖民主义、资产阶级新学与封建旧学之争的斗争，是这一历史阶段文化发展的基本线索，并决定了中国近代文化的面貌。此外，还有学者以要求独立和民主为主线，认为正是激烈的政治斗争和急剧变化的政治风潮，推动了近代文化的发展变化，而文化反过来为一定的政治服务。反帝反封建是近代政治的主题，从而要求独立和民主也就成为近代文化抒发的主要内容。

三 历史分期

20世纪20年代初，近代文化史研究刚开始时就提出了分期问题。有按历史朝代分期、按文化时期分期、按学术思想分期、按中外文化比照分析、按文化交流分期等各种主张。关于中国近代文化史的分期的上限，新中国成立前有宋元说、明清说、鸦片战争说，新中国成立后大体趋向于鸦片战争说。有学者认为上限为鸦片战争后，下限到五四新文化运动；有学

---

① 姜鲁鸣：《论西方资本主义对近代中国社会的冲击》，《学习与探索》1986年第6期。
② 李晓明：《文化结构、文化心态、文化势能与文化冲突的图景——研究方法论》，《湖北社会科学》1985年第1期。

者认为近代文化史的分期与近代史分期相同,即从鸦片战争后到新中国成立前。很长一段时间,中国近代文化史的上限始于第一次鸦片战争,下限为五四运动,所述偏向近代史上的文化。显而易见,这与80年的中国近代史相重合,似乎难以摆脱以政治史论断文化史的嫌疑。

对中国近代文化产生原因的不同看法,导源于对中国近代文化起点的分歧,而解决起点的关键则是何谓近代文化的问题。学界在中国近代文化史的上下限的分期问题上主要有五种观点。

第一,认为上限为明清之际,利玛窦等西方传教士来华。认为这时已经产生了近代文化的因素,不论是哲学思想、市民文学,还是自然科学思想、社会生活等都产生了这种近代文化因素。[①] 最早提出中国近代文化史起点是明清之际的是梁启超,人民出版社1956年出版的侯外庐的《中国早期启蒙思想史》也认同这种说法。20世纪80年代,部分学者再次论及此观点,认为明清之际出现突破封建藩篱的早期民主主义意识。巴蜀书社1988年出版的冯天瑜著《东方的黎明——中国文化走向近代化的历程》认为,明清之际的民主思想注重新兴的"质测之学",吸取科学发展的新成果,开辟一代重实际、重实证、重实践的新学风。《社会学研究》1993年第2期发表的刘志琴的《中国文化近代化的开启》一文认为,中国文化的近代化起自明清之际,经历了开启—中断—再开启的过程。与西方人文启蒙不同,中国早期启蒙的特点是政治伦理的启蒙,这主要表现为对忠君信条的怀疑、抨击与批判,而且下延到广大民众。《学术月刊》1998年第3期发表的冯天瑜、杨华的《中国文化史分期刍议》一文,把中国文化史分为六个阶段:前文明期——智人到大禹传子;文明奠基及元典创制期——夏、商、西周至春秋、战国;帝国文化探索、定格期——秦汉;胡汉、中印文化融合期——魏晋南北朝至唐中叶;近古文化定型期——唐中叶至清中叶;中西文化交汇及现代转型期——清中叶迄今。

第二,上限为鸦片战争,下限为五四新文化运动。安宇认为,之所以这样划定时间范围,主要是一个较为完整的中国近代文化体系在这个历史时期得以形成。中国近代文化是资本主义性质的文化,中国文化在近代由传统的封建文化发展演进为资本主义文化,经历了"睁眼看世界"—洋务运动中的"中体西用"—戊戌变法、辛亥革命为争取资产阶级君主立宪与

---

① 冯天瑜:《明清文化史散论》,华中工学院出版社1984年版。

民主共和的斗争—五四新文化运动对国民性的反思,"科学"与"民主"的追求。即三个层次依次展开、交错发展变化,最终形成一个新的文化体系。根据文化演进的特点,中国近代文化史大致可分为三个阶段。第一阶段是第一次鸦片战争至中日甲午战争;第二阶段是戊戌变法至清王朝覆灭,中华民国南京临时政府的成立;第三阶段是南京临时政府成立至五四新文化运动。

第三,上限为甲午中日战争,下限为新中国成立。《史学史研究》2007年第3期发表的张昭军的《关于中国近代文化史研究对象的确定问题》一文指出,甲午战争不仅构成中国历史的重大转折,而且是中国文化史的一大拐点。自此以后,中国文化的性质发生根本性变革,近代资产阶级新文化迅速出现,并发展成为文化思潮、文化运动。因此,以甲午战后戊戌新文化运动作为近代文化史的起点更具说服力。

第四,上限为鸦片战争,下限为新中国成立。《华南师范大学学报》1990年第2期发表的王燕军的《近年来中国近代文化史研究述评》认为,近代文化的起点应与近代社会的开端基本一致,近代文化的基础是社会化大生产,核心标志是民主与科学,这在东西方都是一样的。但是还要看到其特殊性,即具体到中国近代社会,还有一个特殊性问题。房列曙也认同将晚清、民国时期的文化史称为近代文化史,并将它作为近代文化史专题研究的时间范围。[①]

第五,上限为五四新文化运动,下限为新中国成立,五四时期打出民主与科学的大旗,标志着近代文化的出现。[②]

关于中国近代文化发展时段的划分,李侃认为,中国近代文化史可分为两个阶段、八个时期。《文汇报》1987年10月20日发表的魏承思《中国近代文化的起点及其研究展望》一文中将两大阶段八个时期具体划分为:第一个阶段从1840年的鸦片战争开始到1919年的五四运动为止,其中分为四个时期:从第一次鸦片战争到第二次鸦片战争失败。传统的"汉学"和"宋学"更趋没落,地主阶级经世学派开始兴起;太平天国对孔孟圣道进行了大胆的亵渎,太平天国和晚清统治阶级知识分子差不多同时都在思想文化上提出了向西方学习的新课题;从第二次鸦片战争战败到中日

[①] 房列曙等:《中国近现代文化史专题研究》,安徽师范大学出版社2012年版,第1页。
[②] 田文军:《"中国走向近代的文化历程"学术讨论会综述》,《哲学动态》1988年第1期。

甲午战争失败。与洋务运动的推行相适应，社会思潮发生了明显的变化，西方资本主义近代文化的设施，如报刊、学校、派留学生等开始在中国出现，传统文化趋于没落；从甲午战败到辛亥革命。维新变法和民主革命思潮迅速传播，思想文化发生了历史性的转折，资产阶级的意识形态成为时代思潮的主流，传统的经学、八股辞章走向终结；从辛亥革命到五四运动。由于政治倒退，尊孔读经又被提倡起来，另外出现了反对尊孔读经，反对封建礼教，提倡科学与民主，提倡白话文的新文化运动。第二个阶段从五四运动到中华人民共和国成立，其中又可分为四个时期：从五四运动到1927年大革命失败；从大革命失败到抗日战争爆发；从抗日战争爆发到日本投降；从日本投降到1949年新中国成立。

四 发展历程

关于中国近代文化的发展历程，学界比较流行的看法是梁启超提出的三层次说，即洋务运动时期是器物文化的变化，戊戌变法至辛亥革命进而为制度文化的变革，五四新文化运动发展为思想文化的变革。从文化的角度，中国近代史又可视为以"西学"为代表的资产阶级新文化与以"中学"为代表的封建文化之间斗争冲突的历史。这种冲突按照异质文化接触冲突的逻辑顺序展开。先进的中国人依次从技（科学技术）、政（政治制度）、教（观念形态）三个层面上引进、学习西方文化，逐渐走出了封建文化的峡谷，走上了向西方寻找真理的道路。有人强调，这种"新学与旧学之争"是近代文化史的纲，这个纲带动着近代文化的其他层面。[①]《中国社会科学》1985年第5期发表的庞朴的《文化结构与近代中国》认为，近代中国文化的发展依次经历了两个层面的变化：从鸦片战争经洋务运动，至甲午战争，是在器物上进行变法的时期；从辛亥革命至五四新文化运动，是从文化深层次进行的反思。这是目前比较流行的一种观点。

韩泽春认为，中国近代文化形成和发展可以分为三个历史阶段：一是从鸦片战争爆发到第二次鸦片战争前后20余年间，中国文化思想界探索西学的热点集中在"师夷长技"的"技"上，着重学习的是西方制造坚船利炮的工艺技术，只有个别人开始接触到机器生产上的技术。鸦片战争是中国社会发展的转折点，也是中国文化发展的转折点。二是从19世纪60

---

① 李书源：《清末民初研究论稿》，吉林教育出版社2001年版，第451页。

年代到中日甲午战争时期，文化思想界探索西学的重点转移到"格致之学"上，着重学习的是西方的自然科学理论。洋务派不仅兴办军事工业和民用工业，同时还翻译西方自然科学著作，翻译数学、物理、化学等输入中国，还派出大量的留学生到西方学习自然科学知识。洋务派认为中国文化的本质是圣人之道，而西方文化的本质是器物技艺，故"中体西用"的实质就是要用西方的科学技术来捍卫中国传统的纲常伦理。这一阶段西方文化在中国的影响进一步扩大，但是中国传统文化并未发生根本性变化。三是从中日甲午战争后到五四运动，这是近代文化形成、发展阶段，甲午战争是中国近代史的转折点，也是中国近代文化发展的转折点。从向西方学习船坚炮利为核心的西方物质文明，到以政治制度、思想文化为核心的西方精神文明。中国文化的焦点不再是"中体西用"，而是全面引进西方政治学说，以求救亡图存、振兴中华。五四时期，陈独秀、李大钊等人主张融合东西文化，创造中国的新文化，这代表了当时先进中国人的文化观。①

但有些学者不赞成这种说法，认为五四新文化运动虽然着力于思想文化方面，但作为器物、制度、思想文化三个阶梯顺序排列，未免机械。思想文化的变革始终贯穿近代文化的发展历程，如制度文化变革的戊戌变法至辛亥革命时期，思想文化的变革也是明显的，人们都称之为思想解放运动或启蒙运动，既然如此，把它仅定为制度文化的变革就不够全面、准确了；况且制度的变革离不开思想的变革，没有思想变革不可能有制度变革。②

五 近代文化结构

中西文化的冲突和融合引起了中国近代文化结构的变化。1984 年在河南郑州召开的中国近代文化史学术讨论会上，首先提出这一问题。有学者认为，鸦片战争前，孔孟儒学一直是中国封建文化的主干，并以其统帅其他各个领域，形成以纲常伦理为核心的封建主义文化体系。鸦片战争后，西方文化传播，中国文化结构发生深刻的变动，主要表现在：民权、平等思想逐渐在哲学、教育学、文艺等各个领域发生指导作用，削弱了纲常伦

---

① 韩泽春：《中国现代文化发展论纲》，中国社会出版社 2010 年版，第 81—82 页。
② 李侃：《中国近代文化史研究四十年》，《历史教学》1991 年第 12 期。

理思想的权威性，使中国传统文化的内在结构发生质的变化；近代资产阶级思想和研究方法的输入，形成近代科学体系，开拓了新的领域和学科；近代历史发展的迅速多变，西方文化的急遽引进，繁复的文化论战，使近代文化有丰富的容量和复杂的结构。

  龚书铎的《近代文化漫论》一文认为，中国的近代，文化结构发生了根本性变化，部门文化也相应发生显著变化，经学等传统部门衰落了，有的传统部门有了新的发展变化，不少新的部门兴起；达尔文进化论的传播，突破了儒家传统哲学的藩篱；小说戏剧地位的提高和创作的繁荣改变了传统的诗文为主的文学结构；西方科技在中国植根等。中国文化经历了从师夷长技到中体西用的演变，进而渐渐形成了资产阶级文化体系，直至19世纪末20世纪初，文化由始具有近代意义。①《历史研究》1985年第1期发表的龚书铎的《近代中国文化结构的变化》一文认为，直至19世纪末20世纪初，中国文化才始具有近代的意义，其变化及其使用频率的增加，反映出近代文化本身结构的变化。在他看来，从横向考察文化结构的变化，包含了三个层面。第一层是文化的构成，在鸦片战争以前，中国文化史单一的传统文化。在鸦片战争后，除传统文化外，还有帝国主义文化、新文化。中国的新文化，在旧民主主义革命时期是资产阶级的民主主义文化，在新民主主义革命时期是无产阶级文化。第二层是文化内在结构的变化。随着资产阶级民权、平等思想的提倡和传播，封建纲常论及支配意识形态一切领域的权威遭到了削弱，使中国文化结构的核心发生了变化，哲学、法学、政治、教育、史学、文艺、习俗等，逐渐地以民权、平等为指导思想并为宣传这种思想服务。文化内在结构的这一质的变化，是近代文化不同于古代文化的一个根本点。第三层是文化的部门结构的变化，它表现为"一是原有学科的内容、体系的变革，一是新领域、新学科的兴起"。②北京师范大学出版社1988年出版的龚书铎著《中国近代文化探索》一书认为，从文化变化的历史进程即纵向上看，鸦片战争、甲午战争是中国文化的两大转折，中国文化经历了从师夷长技到中体西用的演变，"甲午战争以后，中国资产阶级文化较为迅速地形成了一个比较完备的体系"，在此之前只是它的准备阶段。

---

  ① 龚书铎：《近代文化漫论》，《北京师范大学学报》1985年第5期。
  ② 龚书铎：《近代中国文化结构的变化》，《历史研究》1985年第1期。

近代中国的文化结构受制于社会经济和政治环境，近代中国的社会经济和政治结构必然要反映到文化上，由此导致中国文化的复杂性和多样性。王继平认为，这种结构变化与复杂多样性表现在三个方面：从文化形态的整体，即从文化构成的角度来考察，近代中国文化的结构可以说是一种以资产阶级新文化为主导的各种文化因素并存并彼此斗争的复杂而多样的文化结构；从近代文化的内在结构来看，它与传统文化也是不相同的，也发生了深刻的变化；近代文化结构的变化，还表现在组成文化各要素的结构的变化，一是新的领域、新的学科的兴起和发展，二是原有的传统学科内容、体系发生变化。近代中国文化结构虽然是新旧并存、复杂多样，但仍然有着占主导地位的文化思潮和文化形态。这就是资产阶级的新文化，就是以民主与科学为基本精神的资产阶级新文化。因此，王继平认为民主与科学，是中国文化的基本精神。同时他认为从文化学的角度来看，近代中国文化的这种丰富多彩而又肤浅粗糙、缺乏完整体系的现象，实际上是一种文化失范现象。所谓文化失范，就是文化处在一种剧烈变化而不稳定的状态。旧的文化价值观念被冲击，处于衰亡的过程，新的文化价值观念又没有完全建立起来，因而人们的价值和行为取向没有一定的标准而陷入彷徨、无所适从之中。

六　近代文化特征

关于中国近代文化史的特点，国内学术界展开了激烈的争论，大致有以下几种观点。

第一，中国近代文化史是对传统文化史的传承。许多人认为，中国文化史的特征在于其伦理性，这是相对于西方文化史而言。这一基本特征是在中国特殊历史地理环境和经济、社会、政治条件下形成的。它不仅反映中国传统文化的本质——以孝为核心的道德伦理体系，而且影响着中国传统意识形态的各个领域及各时代人们的心理和行为规范，中国传统文化的哲学思想以及教育、文艺、史学、制度、宗教、风俗中，无不体现着孝亲、尊祖、忠君、敬天等伦理观念，这是其他文化形态所没有的，因而可以看作其本质特征。龚书铎认为中国近代文化的特性在于其传承性。中国近代文化是从古代文化传承而来的。因此，研究近代文化不能仅局限于近代本身，而应很好地了解和熟悉古代文化，如儒家思想、道家思想、佛教思想、伦理道德、文学艺术等。如果对古代文化缺少应有的知识，则难以对近代文化进行研究。龚书铎认为，文化具有很强的传承性，中国近代文化是从古代文化传承而来的，近代社会里中西文化问题的传统文化或固有文化，实际上是古代文化的延续，因此研究近代文化不能仅局限于近代本身，对古代文化也要很好地了解和熟悉。[①] 有人提出，中国近代文化"具有延续不断的继承性、面向世界的开放性和兼容并包的融合性"。[②] 王继平认为，近代中国文化具有独有的特征和风貌，这种特征使它不同于古代中国文化，也不同于近代西方文化，而是一种独立的文化形态或类型。近代中国文化是中国文化发展史上的一个阶段，它既批判地继承了古代中国文化的传统，又吸收了西方文化的某些因素，在此基础上建立了以资产阶级新文化为主导的文化体系。同时，近代文化又为五四运动以后的中国文化的发展开辟了道路，所以，它成为连接古代文化与现代文化之间的桥梁。[③]

第二，中国近代文化史的特征是"变"。《历史研究》1985年第1期发表的龚书铎的《近代中国文化结构的变化》一文认为，变化不仅表现在由单一的封建文化向多元的包括封建文化、帝国主义文化、资产阶级文化和无产阶级文化在内的近代文化的变化，而且还表现在文化本位的变化（其核心是由封建伦理纲常逐渐变为资产阶级的民权、平等）和文化构成、文化内在结构、文化观念的变化。近代中国文化是在中国沦为半殖民地半封建社会的情况下形成的，它从一开始就跟政治密切相关。因此，要求独立与民主就成为近代文化史所抒发的主要内容，爱国主义是近代文化的精髓。

第三，中国近代文化史的特征时"古、今、中、外"。《历史研究》1985年第2期发表的史革新等《中国近代文化史首次学术讨论会纪要》及《中州学刊》1985年第1期发表的李侃的《简论中国近代文化与近代革命》及王宗虞的《中国近代文化史学术讨论会综述》等文认为，"古"和"中"都是指中国固有的文化，"今"和"外"则是指由于外来的西方文化的冲击而形成的近代文化。中国近代文化既有传统文化的遗产，又有西方文化的影响，集"古、今、中、外"于一体，它们之间的相互渗透、融合、吸收和斗争，构成了中国近代文化绚丽多彩的画卷，形成了多样

---

① 龚书铎：《中国近代文化探索》，北京师范大学出版社2011年版，第58页。
② 胡玉海：《中国现代文化的特征》，载郭德宏主编《中国文化现代化道路的探索》，吉林大学出版社2006年版，第19页。
③ 王继平：《转换与创造：中国近代文化引论》，湖南人民出版社1999年版，第81页。

性、变化性和复杂性的历史特征。也有人认为"古、今、中、外"的核心是"中、外","中、外"可以包括"古、今",因此中西文化之间的斗争、融合就是中国近代文化的特征。《西北师大学报》2001 年第 5 期发表的李清凌的《关于〈中国文化史〉的几个问题》一文认为,中国传统文化是以儒学为核心,以儒、释、道文化为主流,融会了各地区、各民族、各时代主要文化形式的动态文化系统。在概括中国传统文化特点的时候,既要看到儒学的核心主导作用,又须注意到中国传统文化的丰富内涵和多层面性,单纯以儒学来概括中国传统文化特点的做法既不符合实际又于情理不合,因而是不可取的。韩泽春认为,中国近代文化的特点在于其多样性与区域性。多样性表现在文化的基本类型、内部结构和人们的生活习俗上,是由于多种政治、经济成分的存在和影响。与多样性相伴而生的是中国近代文化的区域性,与中国近代社会经济发展的不平衡有很大关系。

第四,中国近代文化史的特征是民族形式和中西糅合。近代文化包括两个过程:一个是资产阶级新文化的萌芽、发生和发展的过程;另一个是以马克思主义为主体的新民主主义文化成长、壮大和确立的过程。在前一个过程中,近代资产阶级为了振兴中华,一方面继承了传统文化,另一方面又吸收了西方又化,从而形成了具有民族特色的中西糅合的新文化。北京师范大学出版社 2011 年出版的龚书铎著《中国近代文化探索》一书中,论述了中国近代文化史是在西方的影响下产生的,他认为中国近代文化的特点一是中国近代文化是在西方文化和中国传统文化相互冲突又会通融合的过程中形成的;二是民主和科学;三是近代文化的发展从一开始就同政治、救亡图存密切结合在一起;四是近代文化既丰富多样,又肤浅粗糙,没有完整的体系。他认为中国近代文化是连接古代文化与现代文化的桥梁,既批判地继承了古代文化传统,又吸收了西方文化,在此基础上建立了资产阶级的文化。它为五四运动后中国文化的发展开辟了道路。没有近代文化的发展变化,就不可能有五四运动,也不可能有马克思主义在中国的传播。湖南人民出版社 1999 年出版的王继平著《转换与创造中国近代文化引论》认为,中国近代文化史是在西方文化和中国传统文化相互冲突、相互融合的过程中形成的。

第五,中国近代文化的特征是对传统文化保留而对西方文化批判,北京师范大学出版社 1993 年出版的郑师渠著《晚清国粹派文化思想的研究》一书,系统考察了以章太炎、刘师培为代表的晚清国粹派和国粹主义思潮崛起的历史机缘，并对国粹派的文化思想，包括文化观、史学观点、伦理思想、经学思想及其历史地位等作了具体深入的探讨。他认为国粹派及国粹思潮的崛起，从一个侧面彰显了20世纪初期中国社会政治、文化变动及其相互交感的时代品格。因此，国粹派及国粹思潮的出现，绝非某些论者所说的封建地主阶级复古思潮在革命派队伍中的顽强表现，而是资产阶级民主革命思潮在传统的学术文化领域的延伸。对于国粹派及其思潮的历史地位，至少可以指出以下几点：（1）借中国的历史文化为时代和革命酿造了爱国主义的激情；（2）俗化、历史化孔子与《六经》于思想解放的意义；（3）开创了近代"国故研究之新运动"的先河；（4）提出了关于中国文化问题的新思路；（5）提出了某些积极的新文化主张。

第六，中国近代文化的特征是多样性、区域性。韩春泽认为，中国政治、经济形态的复杂性，决定了中国近代文化的多样性。与多样性相伴而生的是中国近代文化的区域性，这与中国近代社会经济发展的不平衡有很大关系。中国近代经济的多种成分并存与发展的不平衡，影响了近代中国文化的区域性。由于内地经济发展、社会风气的巨大差异，使中国文化地区差异越来越大，区域性特征越来越明显。[①] 湖南人民出版社1999年出版的王继平著《转换与创造中国近代文化引论》一书认为，中国近代文化的结构呈现出复杂、多种因素并存的特点，近代中国文化的结构发生了与传统文化结构不同的变化，由单一的封建文化结构改变为以资产阶级新文化为主导的、封建传统文化、殖民文化、早期的无产阶级文化等各种文化因素并存的复杂多样性文化结构。其内在的结构也由以儒家学说为核心转变为以民主与科学为核心。

第七，中国近代文化的特点是与政治紧密联系在一起。这种观点以王继平为代表，他认为近代文化的发展变迁与政治运动密切结合在一起，与近代政治运动的发展线索几乎是平行的，也就是说，近代中国每一次新的文化思潮的兴起，总是成为新的政治变革的抓手，而每一次新的政治变革运动的发生，又成为推动新的文化变革发展的动力。他认为从深层次的文化因素来看，中国文化具有显著的"政教合一"的特征。政治与教化（在很大意义上是文化）密不可分。不但政治上的统治者理所当然地承担了"教化"的义务，也造成了国民心理对政教合一的认同机制。因此，政治

---

① 韩泽春：《中国现代文化发展论纲》，中国社会出版社2010年版，第84页。

的判断成为衡量其他一切事物的价值标注。政治上不适宜的东西,也理所当然地被视为不适宜。这种浓厚的文化心理积淀,与功利主义的现实价值目标相结合,便成为近代中国人对政治与文化价值判断的高度统一,这也就影响了近代中国文化的独立发展。

有的学者以时间段来区别中国近代史上不同时期的文化特征。龚书铎以甲午战争为节点,将近代文化分为两个时间段来总结其特征。19世纪60年代到90年代文化领域的特征是:器唯求新,道唯求旧。尽管科学技术在冲击着传统文化,在改变着传统文化的结构,但传统文化并没有发生根本性的变化。吸收西方的科学技术是从保卫圣道出发,是从属于圣道的。从甲午战争到五四运动是中国近代文化的形成时期,资产阶级文化运动是在甲午战争以后才开展起来的,救亡图存、振兴中华成为时代主题,文化的地位和作用越来越突出,直到五四新文化运动之前,仍然把文化作为解决中国问题的根本途径。甲午战争后,中国资产阶级文化迅速形成一个体系,对于文化的研究和认识也比之前有了进一步的发展。这段时期近代文化新体系形成,并同旧文化进行了不断的斗争,文化本身的问题已被作为对象来加以探究比较,不同的文化观和派别也先后出现。[①]

第三节 近代文化史的研究方法

一 研究任务

中国近代文化史的研究任务是根据研究对象确定的。中国近代文化史的研究对象是十分广泛的,涉及思想史、哲学史、宗教史、文学史、艺术史、建筑史、教育史、法制史、民俗史等诸多门类。中国近代文化史不是这些专门史的简单相加,也不是要去替代专门史研究,而是有其特殊的研究任务。

中华书局1989年出版的《中国近代文化问题》收录的李文海的《中国近代文化史研究对象与任务刍议》一文认为,中国近代文化史的研究任务,是探究和揭示中国近代社会中各种文化运动发展的历史规律。一方面它要综合和概括各种专门史,从宏观方面把文化作为一个完整的体系去分析各个领域的相互结构和相互作用,另一方面它又要在整个社会史的范围

[①] 龚书铎:《中国近代文化探索》,北京师范大学出版社2011年版,第27页。

内,去着重分析近代文化怎样反映近代政治和经济,又给予了近代政治和经济以何种伟大的影响和作用。前者是研究文化所包含的各个领域之间的内部关系,后者是研究文化与政治、经济的外部关系。这样就能够更好地处理近代文化史与近代思想史、近代哲学史、近代文学史乃至更专门一些的如近代报刊史、近代绘画史等各种专史之间的关系,又能够较好地处理近代文化史与近代政治史、近代经济史等的关系,使中国近代文化史成为一个具有特定内容、特定范围、足以与其他学科明确区别开来的学科门类。文化史的研究还应包括各种专门史在内,使这些专门史成为文化史的不可或缺的分支,甚至可以说,文化史研究的开展正是要以各种专门史的研究的深入作为前提的。但文化史研究的任务,不可能也没有必要去回答所有文化领域的各种具体问题。强调研究文化的内部关系,就是要突出文化史的综合性和概括性,近代文化运动的历史规律,也只有在对近代各个文化领域进行综合和概括中得到真实的揭示。研究文化的内部关系,就是要研究中国近代社会不同文化成分之间的联合和排斥、矛盾和斗争。研究文化,既要研究其进步性,又要研究其消极性,只有如此,才能得到对社会文化的全面了解。中国近代文化史研究的另一个任务,是研究文化的外部关系,即近代文化与近代经济与政治的关系。不仅哲学、道德、艺术、宗教、学术等社会意识方面的东西是社会物质生活条件即一定社会的经济和政治的反映,就是语言、文字、风俗习惯等较之意识形态更加稳定一些的事物,也无不受社会经济生活和政治斗争的影响。①

《近代史研究》1984年第1期发表的李侃《关于中国近代文化史的几个问题》一文,阐述中国近代文化史的基本内容,认为中国近代文化史应该是对中国近代意识形态领域各个方面发展变化过程的综合和概括的研究,这种综合和概括又不能离开专题史的研究而架空起来。其基本内容,在"五四"以前就是新学与旧学,西学与中学的斗争,在"五四"以后,就是无产阶级领导的新文化与帝国主义文化、半封建文化的反动同盟——半殖民地半封建文化的斗争。当然在斗争过程中,也存在不断吸收外国的文化,并将其融合于中华民族文化之中的问题。

---

① 《中华近代文化史丛书》编委会:《中国近代文化问题》,中华书局1989年版,第6—9页。

二 方法范式

史学方法是史学工作者认识历史和表述历史的工具和手段,中国近代文化史的研究方法是建立在丰硕的研究成果基础上的,近代文化史研究的方法也是多种多样的。多数学者认为,要以综合研究方法来研究文化,使文化史既能充分吸收各种专史的研究成果,又不是简单的各种专史的"拼盘"。为此,要把对中国文化的宏观研究与微观研究结合起来。有学者强调,要用历史唯物主义观点为指导,对各个时期和各个地区文化进行实事求是的历史分析。

许多学者还从文化形态的视角进一步讨论文化的研究方法,其主要观点有三。第一,文化是一种复合体,在整体中包含不同形态。文化形态一经产生,便具有相对独立性,但作为历史性现象,文化形态又是发展的,在不同的时代有不同的面貌。因此,文化既具有历史性、地域性、民族性、排他性,同时又具有社会性、人类性、融合性、连续性、稳定性等属性。综合考察文化形态,从总体上把握它们的特性,是文化史研究的最重要方法。第二,文化形态是个复杂庞大的体系,运用科学的分类研究非常必要。第三,不同的文化形态有不同的内在结构,而研究文化形态的内在结构,不仅可以深入研究各种文化形态的特性,而且还可以避免文化研究中容易出现的简单化缺陷。① 张昭军则指出:对历史现象予以分类,然后确立该类型下的典型作为研究对象,是史学研究中常见的思维方式。但类型化、典型化的处理方式,也有其弊端,易失于准确。近代更多的文化事象可能处于新旧两极之间,同一个人物的文化思想也是多种因素共同作用下的复合体,并不见得绝对地是旧派唯旧,新派唯新。同一学派下成员的差别性,与不同学派间的共同性,均应予以重视。②

房列曙认为,中国近代文化史的研究可以用五种方法,即:阶级分析法、实证法、心理分析法、比较研究法、验证法。阶级分析法是用马克思主义的阶级理论观察和分析阶级社会中各种社会现象的基本方法。历史研究需要实事求是的态度,必须坚持马克思主义理论原则。马克思主义是科学的理论,在它的指导下,历史学才真正成为一门学科,当然阶级分析法

---

① 李建中:《中国文化概论》,武汉大学出版社2005年版,第427—428页。
② 张昭军:《中国近代文化史研究之检讨与反思》,《河北学刊》2021年第3期。

也有它的局限性，经济条件和经济地位虽然能够影响人们的思想观念，但是并不能决定人们的思想观念，运用阶级分析方法必须考虑到理论的适用条件。实证法是中国史学的传统研究方法，是指通过事物的真实表现来传达信息，是学术研究中常用的极具表现力与说服力的方法。在特定历史时期和特定思想问题的研究中应用实证方法，要求我们弄清思想是由谁提出来的？谁最先提出来的？思想源自何处？在什么时间、什么地点、什么刊物上发表的？思想是如何传播的？影响如何？等等。因此，弄清楚思想者的真实身份、思想提出的先后等会直接影响到对思想价值的判断。思想问题提出的时间不同，所包含的时代价值也不同；心理分析研究法是西方心理史学派常用的方法，是通过对历史人物的心理分析来研究历史的一种专门方法。心理分析法的优势在于它既包含主观因素也包含客观因素，是介于客观和主观之间、感性和理性之间的"模糊"分析法。利用这种理论可以对人的思想意识及行为方式进行研究，探讨人类个体及群体的精神世界；比较研究法是在进行学术研究的过程中，把同一类的不同事物放在一起进行比较，从而找出它们的共性和差异。比较的目的在于揭示思想的性质，客观平定其历史地位。比较研究法用在思想史研究上，主要通过不同国度、不同历史时期不同人物的思想的比较，来探讨古今中外思想的发生、发展规律，深化思想文化史研究；验证法是思想文化史研究最基本的方法，目的在于去伪存真。是由于思想文化的文本会有出入，某些文献史料、口碑史料、实物史料、声像史料在记录、编纂、制作、保存过程中会有不同程度的伪误，弄不清文本的真相，就容易导致误解，会出现牵强附会、张冠李戴、望文生义的现象。①

中国近代文化史是从古代文化继承来的，研究近代文化要很好了解和熟悉古代文化，这也是研究中国近代文化史的一种方法。如儒家思想、道家思想、佛教思想、伦理道德、文学艺术等在中国社会影响深远的领域，同时也要了解西方文化本来的状况，中国近代社会引进、移植了什么西方文化。② 除此之外，天津教育出版社1988年出版的《习史启示录：专家谈如何学习中国近代史》收录的龚书铎的《如何学习中国近代文化史》一文认为，研究文化史不能局限在历史学的范围，还要了解人类学、社会学、

---

① 房列曙等：《中国近现代文化史专题研究》，安徽师范大学出版社2012年版，第5—7页。
② 林增平：《中国近代史研究入门》，河南大学出版社1990年版，第546页。

民俗学、伦理学、心理学、文艺学等和文化史关系密切的学科，同时还应该懂得文化学。关于以上这些学科和问题，1949年后研究的很少，只有加深研究才能加深中国近代文化史的研究。张昭军还提出了文化史研究的三种取向："文化的社会史"，即历史视角下的文化史，是把文化史作为与政治史、经济史并列的研究对象；该取向客观上把文化视作一个同质的整体，侧重于外在解释，长于对文化作历史的社会的分析，对文化内部的复杂性和矛盾性有所淡化。"社会的文化史"，即文化视角下的社会史，是把文化史作为研究历史的一种方法，研究对象扩大到各种社会历史现象，明显突破了传统的文化史范畴；该取向注重文化内部因素的复杂性和矛盾性，尤其强调文化和个体意识在社会历史中的价值、意义和作用。"文化的文化史"，即文化视角下的文化史，既视文化史为一种研究视角和方法，又以之为研究对象；该取向强调从文化史的特性出发来研究文化史，有助于解决广义的文化史所带来的"泛化"和作为方法的文化史所产生的"碎化"问题以及客观论与主观论的矛盾和冲突。①

范式是一整套关于特定科学理论的概念、命题、方法、价值等。研究范式的形成，第一是受到了年鉴学派的影响，它使文化史从上层思想史扩展到了下层民众的心态史，它拓展了史料的范围，稗官野史、歌谣、传说、神话、谚语等都成了史料。第二是受到了文化转型论的影响，文化转型是指特定时代特定民族或社会群体中的人的生活方式的巨大变革，表现为一种新的文化形态替代旧的文化形态，表现为文化的变革、进步的过程。②

房列曙认为，中国近代文化研究的研究范式有两种。第一，公共领域、市民社会的范式。公共领域是指介于国家与社会（国家所不能触及的私人或民间活动范围）之间公民参与公共事务的地方，它凸显了公民在政治过程中的互动。市民社会指一个国家或政治共同体内的一种介于"国家"和"个人"之间的广阔领域，它由相对独立而存在的各种组织和团体构成。它是国家权力体制外自发形成的一种自治社会，是衡量一个社会组织化、制度化的标志，具有独立性、制度性的特点。市民社会是国家权威和个人自由的缓冲地带。用此种概念去理解晚清的城市文化具有启发性。

---

① 张昭军：《文化史研究的三种取向》，《史学月刊》2020年第8期。
② 房列曙等：《中国近现代文化史专题研究》，安徽师范大学出版社2012年版，第8页。

用此种概念去研究国家机构之外的各种各样的社会群体和组织，有利于研究传统的社会结构。这些社会群体和组织，有自己的习惯、规范，能够有效地处理其内部事务，有时参与甚至主导地方公共事务。① 用此种概念去研究租界文化，从而扩大了历史的视野。

文化史研究是目前学术界最有活力、最富于创造性的学术思潮之一，有的学者把它看作是后现代主义之后学术发展的主流，但同时它又是一个最富于变化、最难以定位的知识领域。这种领域有五点倾向：注重研究当代文化；注重大众文化，尤其是以影响为媒介的大众文化；注重被主流文化排斥的边缘文化和亚文化；注重与社会的联系，关注文化史中的权力关系及其运作机制；提倡跨学科方法。②

张昭军则强调会通以提高文化史的解释力，指出："会通"在中国近代文化史研究中别具方法论意义。中国近代文化是古今中西文化交汇融合的产物。"会通"不仅利于处理近代文化内部问题，而且对于从总体上把握近代文化的特点和大势十分重要。贯通古今，才能看清中国传统文化和近代文化的连续性与断裂、继承与创新，从整体上把握其时代特点。会通中西，才能辨识中国近代文化与西方文化的联系和区别，把握其民族特点。③

第四节　近代史研究的机构与课程设置

一　研究机构及期刊

中国近代文化史是中国近代史的分支学科，也是一个交叉综合的独立学科。对于该领域的研究，目前还很薄弱，远远不如鸦片战争、太平天国、甲午战争、辛亥革命等重大历史事件的研究有深厚的基础。新中国成立后，文化史的研究一度出现停滞现象。从 20 世纪 50 年代初到 70 年代末，文化史研究沉寂了 30 年。这个时期大专院校中几乎没有开设任何一门文化史的课程，科研院所也没有成立一个专门性的文化史研究机构，综

---

① 梁治平：《"民间"、"民间社会" 和 CIVIL SOCIETY——CIVIL SOCIETY 概念再检讨》，《云南大学学报》2003 年第 1 期。
② 罗钢、刘象愚：《文化研究读本》，中国社会科学出版社 2000 年版，前言第 1 页。
③ 张昭军：《走向新的综合：中国近代文化史研究的出路》，《社会科学报》2021 年 8 月 19 日第 5 版。

合性的文化史研究论著更是罕见,文化理论的研究同样是一片空白。"到1982年为止,全国以文化史命名的研究机构,只有中国社科院近代史所和复旦大学历史系的两个规模较小的研究室;全国高等院校在今年开设过的中国文化史课程的,只有北京大学中文系和复旦大学历史系,而且都是专题研究性质;……全国学术刊物很少发表讨论中国文化史的论文,大学的中国通史课程有所谓政治、经济、文化三大块的说法,其实文化部分属于陪衬乃至点缀,若干年来愈来愈趋向于略而不讲,如此等等。"①

20世纪80年代以后,近代文化史研究得到突飞猛进的发展,在各个领域均取得极大的成效。80年代中期,中国出现了"文化热",主要表现在全国各地先后召开了各种各样的座谈会、讨论会。

此外,一些高等学校和科研单位陆续成立起一批研究文化的机构和团体,如"中国思想文化史研究中心""东西方文化比较研究中心""近代文化史研究室""中国思想文化史研究室"等,并由这些机构创办了一些文化学科的研究刊物,如《中国文化研究集刊》《国学集刊》《中西文化比较研究》《中西文化研究》《中国近代文化问题》等。这些机构的成立和刊物的创办,初步组织了研究队伍,开辟了研究阵地;国内不少报刊也曾开辟专栏,如"传统文化与现代化""文化论坛""中外文化研究"等专栏,开展对文化问题的研究和讨论。同时,多家有影响的出版社也推出"文化丛书",如《中国文化丛书》、《中国近代文化史丛书》、《文化哲学》(丛书)、《现代思想文化译丛》等。在报刊专栏及各种专刊和丛书的组织和推动下,有关文化的研究成果如雨后春笋,仅1985年至1986年公开发表研究文化的论著,即达二百多篇、部。②

1978年,复旦大学历史系成立了中国思想文化史研究所;1981年,中国社会科学院近代史研究所设立了文化史研究室,蔡尚思的《中国文化史要论》正式出版。从1982年起,北京、上海等地先后多次召开文化史研究学术座谈会,会议呼吁:"中国文化史的研究,在我国学术领域属于一个巨大的空白",因此"必须注意填补这个空白,把加强中国文化史的研究提到日程上来"。③ 中国近代文化史研究的主要机构还有:清华大学的

---

① 吴修艺:《中国文化热》,上海人民出版社1988年版,第2页。
② 王卫:《社会思潮与青年教育:西方思潮在大学生中的传播现象研究》,大连理工大学出版社1993年版,第169页。
③ 《中国文化研究集刊》(第一辑),复旦大学出版社1984年版。

中国思想文化研究所、黑龙江大学的中国思想文化史研究所、山东大学的传统文化研究所、湖北大学的中国思想文化史研究所等。

20世纪80年代初期，文化和文化史研究开始受到学界关注，北京师范大学历史系龚书铎与学界同人发起组织两次全国性中国近代文化史学术讨论会，促进了中国近代文化史研究在全国的展开。他积极带领北京师范大学中国近代史教研室成员，调整学科研究方向，形成了以中国近代文化史为特色的研究群体。1984年，北京师范大学历史系在全国高校率先成立专门的研究机构——中国近代文化史研究室。1986年，北京师范大学设立以中国近代文化史为主要研究方向的中国近现代博士点。北京师范大学历史系成为中国近代文化史研究的学术重镇之一。北京师范大学历史系近代史教研室、近代文化研究室从宏观和微观两个方面开展关于中国近代文化史的学术研究，取得了一系列研究成果。龚书铎主编了由中华书局出版的《中华近代文化史丛书》，此外，该学科群体还合作完成了《中国社会通史》（8卷）、《中国文化通史》（10卷）、《中国文化发展史》（10卷）等有影响的集体研究课题。

中国近代文化史研究的主要刊物有：中国社会科学院近代史研究所主办的《近代史研究》、中国艺术研究院主办的《中国文化》、北京语言学院主办的《中国文化研究》、南京博物馆主办的《东南文化》、四川社会科学院主办的《中华文化论坛》、华南师范大学主办的《东方文化》等。

二　教材与课程设置

20世纪80年代以来，高等院校陆续纷纷开设了有关中国文化史的新课程，或称中国传统文化，或称中国文化传统，或称中国文化概论，或曰中国文化史导论，争奇斗艳，精彩纷呈。20多年来，中国文化史教学无论在广度上还是在深度上，都取得了长足的进展。

中国文化史是高校文科尤其是历史学科的一门主要课程，对于这门课程的教学内容和体系，目前学界还在摸索之中。学习和研究中国文化史是了解中国国情，继承中国文化优良传统，发展社会主义新文化的需要。对于青年学生来说，它至少可以达到三方面目的。一是掌握中国传统文化知识，比较系统地了解中华先民在物质文明、精神文明、制度文明和习俗文明等方面广博而深厚的建树，丰富知识，启发潜能，提高日后工作的热情、智慧和本领。二是深入地了解国情，国情包括历史和现实两个方面，通过中国文化史的学习和研究，掌握中国传统文化的基本精神和国情的历史方面，加深对国情现实方面的理解，加强对两个文明建设必要性、迫切性和个人责任性的理解。三是能够为爱国主义和思想道德的教育和修养提供历史的经验和素材。

中国近代文化史课程是进行大学生文化素质教育的基础课程，应当着眼于文化知识的认知、文化情怀的熏陶、文化价值的评判和文化生活的创造，不断深化教学改革，不断提高该课的人文内涵与人文魅力。中国近代文化史应是一门帮助学习者实现文化自觉的基础课，一门跨学科、超学科的综合课程。在高等教育全球化、国际化、现代化的大背景下，文化史的教育价值更显重要。从20世纪50年代到80年代初，全国没有一所大学设置文化史专业课程，更没有一个专门的文化史研究机构。80年代以来，中国近代文化史的教学和研究开始起步。北京师范大学历史系龚书铎教授选择中国近代文化史为主攻方向。1984年，在全国高校历史系率先成立了中国近代文化史研究室，作为开展学术研究和人才培养的平台。出版了《中国近代文化概论》《中国近代文化探索》等一批有影响的学术著作，开辟了新的研究领域。1986年，在全国设立了首个中国近代文化史专业博士点。80年代末90年代初，北京大学、南开大学、山东大学、中山大学、华中师范大学等高校的历史系本科专业陆续开设中国近代文化史的选修课，有些学校还将中国近代文化史作为中国近代史专业研究生的必修课。虽然在80—90年代中国近代文化史教学取得了巨大的成果，但是有些课程相对单一，课程体系还不完善，课程的受众面窄等弱点。

20世纪90年代以来，越来越多的高校开展了中国近代文化史的教学研究工作，出版了大量优秀教材，其中比较著名的有：中华书局1997年出版的龚书铎主编的《中国近代文化概论》、中国青年出版社1997年出版的汪澍白编的《二十世纪中国文化史论》、辽宁大学出版社1999年出版的焦润明编的《中国近代文化史》、北京师范大学出版社2010年出版的龚书铎主编的《中国近代文化概论》。这些教材是立足于高校历史学专业课的角度编写的，教材涉及的内容广泛、体系谨严，有效地解决了专业课与公选课教材的关系，使教材的内容与形式更好地结合起来，从科学而平实的角度把既具一定的专业特点，又能贯穿到其他学科专业的公选课教材推广到公选课的课堂，形成专业课教材与公选课教材相辅相成的局面。

《淮北煤炭师范学院学报》2009年第2期发表的舒习龙的《中国近代

文化史公选课教学改革的思考》一文认为，中国近代文化史教材的编写要突出以下原则：（1）强化学生基础知识的原则，所选内容为扩大学生的知识面、掌握近现代文化发展的基本动态；（2）所选内容注重学生的现有知识水平，符合学生的现有知识程度；（3）所选内容是中国近现代文化的重大问题，反映中国近现代文化的发展历程。关于教学方法和手段上，他认为应从三个方面努力：（1）以讲为主，形式多样，主要采用情景故事式、启发式、提问式、讨论式、朗读吟唱以及多媒体教学等方式；（2）师生双向互动，教学过程不仅是教师在讲台上传道授业的过程，更主要的是学生接受知识与培养能力的过程；（3）多媒体教学，提高效率。在教学过程中，全部采用现代化的多媒体教学，来增强学生的学习兴趣，提高单位时间的工作效率。

中华书局1997年出版的龚书铎主编的《中国近代文化概论》，是国家教委博士点基金"七五"规划的研究项目，堪称中国近代文化史教材的开创之作。该书采取综论与分述相结合的写作体例，对中国近代文化史及其基本理论问题做出了精辟的概括和论述，2001年被教育部研究生工作办公室推荐为"研究生教学用书"，由中华书局重排再版，于2002年出版。该书采取了专题论述的体例，全书共分十四章，前四章是综论性的，论述了中国近代文化的特征、发展变化、中西文化的争论，以及"西学中源"说和"中体西用"论问题。后十章是对具体文化领域的分别阐述，包括社会思潮、儒学、史学、新兴社会科学、文学艺术、教育、自然科学技术、宗教、社会习俗及文化事业和团体等方面。该书可以供文化史研究者阅读参考，也可作为大专院校中国近代文化史课教材。这部教材的基本特色是：一是以唯物史观为指导，系统探讨了有关中国近代文化发展变化中的一系列宏观问题，从理论上阐明了中国近代文化的特征、结构、发展变化规律，形成一家之言，从而展示了马克思主义史学在近代文化研究领域取得的新收获。二是在详尽占有史料的基础上，首次对中国近代文化的发展变化做了全面而清晰的论述，充实了以往研究的薄弱领域，具有弥补学界研究不足的意义。三是采取宏观综论与微观描述相结合的写法，较好地避免了目前文化史撰写中或者偏于过"实"，或者偏于过"虚"的偏颇，为文化史编写体例进行了有益新探索。但张晨怡认为该书适合研究生教学用书，其内容对于本科生来说有些艰深，并不完全适用于本科生教学。

中央民族大学出版社2012年出版的张晨怡主编的《中国近代文化十

二讲》，是国家"十一五""211工程"建设项目，该书把中国近代文化分为十二个模块：近代文化的精神导向与价值认同、近代文学的文化构建及国族认同、西方艺术在近代的传入、近代礼仪与生活风俗的演变、近代节日与娱乐交际、近代家庭和婚恋观的变迁、近代女性的社会地位及影响、近代教育观念与教育运动、近代教育变革及其影响、西风侵袭下的文化抉择、近代中国的民族主义思潮、近代"中华民族"观念形成的文化考察。该教材作为近现代史课程体系的重要组成部分，作为历史学本科生的教材，中国近代文化史的课程建设也获得了"211工程"的有力支持。该教材力图做到深浅适当，简明易懂，既做到让学生从整体上把握中国近代文化的发展规律和内在特质，给学生以全面、系统的知识概念，又注意综合百家之长，充分吸收前人研究成果，对中国近代文化的各领域做比较具体的论述，并加强了近代民族主义思潮、中华民族观念等内容的阐述。该书不仅可以满足历史专业本科生的教材需求，同时也给广大近代文化爱好者提供有益的参考。

20世纪50年代到80年代初，全国没有一所大学设置文化史专业课程，更没有一个专门的文化史研究机构。1984年，北京师范大学历史系在全国高校历史系率先成立了中国近代文化史研究室，两年后率先在全国设立了中国近代文化史专业博士点。20世纪90年代初，北京大学、南开大学、山东大学、中山大学、华中师范大学等高校的历史系本科专业陆续开设中国近代文化史的选修课，有些学校还将中国近代文化史作为中国近代史专业研究生的必修课，如安徽大学陆发春是安徽省内最早开设中国近代文化史课程的学者，该课程以专门史的硕士生课程建设"中国近现代思想文化研究"为学术背景支撑，先后有"中国近代文化概论""中西文化交流""中国近代文化"等名称，在全校公选课时，文理学生都积极选课和听讲，受到欢迎。从总体上看，此时中国近代文化的课程设置和建设，体现出课程教材相对单一、课程体系尚未完善、课程受众面相对较窄等特点。

20世纪90年代末，随着中国近代文化史教学研究的不断深入，一批有较高质量的中国近代文化史著作被高等学校所采用，如辽宁大学出版社1999年出版的焦润明著《中国近代文化史》获2000年辽宁省第七届人文社会科学优秀著作一等奖，并被辽宁省许多高校作为教材使用。刘志琴主编的《近代中国社会文化变迁录》一书，是多位专家经过多年集体合作的研究成果，它的出版标志着近代社会文化史作为一门独立的学科崛起。该套著作出版后，立即受到学术界的关注。中华书局2012年首次推出，2018年再版的张昭军、孙燕京主编的《中国近代文化史》，被列为"十二五"普通高等教育本科国家级规划教材和北京高等教育精品教材，对1826—1956年的近代文化分九章进行了论述。这些著作的陆续出版为中国近代文化史的课程设置和建设奠定了坚实的基础，为进一步完善课程体系提供了可靠的保证。

在教材建设的同时，许多高校还开展了中国近代文化史的教学研究工作，取得了相当重要的成绩。如广西师范大学的刘小林的《有西部特色的〈中国近代文化史〉课程建设研究》获得广西师范大学校级教研立项。安徽大学陆发春主持的《中国近代文化课程教研改革》（2001099）为安徽省教研一般项目，2003年主持的《中国近代文化变迁》获省教育厅全省多媒体教学课件二等奖。2004年，北京师范大学历史系龚书铎主持的中国近代文化史课程获得北京市教育委员会教学成果奖一等奖，2005年获得国家教学成果二等奖。

第 三 章

近代文化论争研究

中国近代的文化论争（或称论战、争辩、讨论等），是近代文化史的重要内容。19 世纪中叶以后，由于西力东侵，西学东渐，中国开始面临前所未有的西方文化的大规模进入，社会发生剧烈变动，传统的自然经济、官僚政治和封建伦理均遭受巨大冲击，不同的文化形态、文化类型、文化流派、文化思潮、文化运动，空前汇聚，异彩纷呈，中、西、古、今文化相互碰撞、冲突与渗透、交融。中国文化也正是在这种碰撞与交融中不断蜕变和延续。"一部中国近代文化史，就是一部传统文化与西方文化冲突交汇的历史，就是传统文化在西方近代文化冲击和影响下向近代文化过渡转变的历史，也就是传统与西化相斥相纳的历史。"[①] 作为一个尖锐的社会问题，古今中西文化论争正是这种碰撞、冲突、交融的外在表征，不仅贯穿了中国近代史的始终，而且至今尚未结束。

以当前学界对中国近代史的时间界定，中国近代历史不过一百余年，然而，其复杂性与多变性堪称中国历史之最。在这一百余年间发生的每一个具有重大历史影响的事件，都伴随着激烈的观念冲突。由于社会地位、人生经历、思维方式以及知识结构等方面的差异，人们在思想观念上存有分歧是正常的现象。事实上，中国自春秋战国以后几千年的历史长河中，思想文化领域里的分歧与斗争一直都存在着。然而，近代中国的思想分歧之严重，文化论争次数之多，程度之激烈，波及面之广在中国历史上恐怕是绝无仅有的。较大的论争就有鸦片战争时期围绕开眼看世界及"师夷长技"的争论，洋务运动期间的中西学之争，特别是围绕同文馆设置天文算

---

① 陈旭麓：《近代中国社会的新陈代谢》，上海人民出版社 1992 年版，第 385 页。

学馆的争论和修筑铁路之争,戊戌时期的今古文经学之争、维新与守旧之争,清末十年间的"国粹"与"欧化"之争,民国时期的尊孔与反孔之争、白话文与文言文之争、东西方文化论争、"科学与人生观"论争、东方文化派、西化派与马克思主义者三派间的文化论争、"中国本位文化"与"全盘西化"之争、中西医论争、主张新民主主义文化的中国共产党与其他党派的文化论争等。多种文化论争此起彼伏,连绵不绝。在这些论争中所展示出来的对待中、西、古、今、新、旧文化的不同态度,都与中国要走什么样的道路联系在一起,甚至在很大程度上影响着中国社会发展的方向和进程,也表现了中国人在文化道路上的艰难选择。

1949年新中国成立后,由于几十年来依然面临着如何处理中西文化关系以及传统与现代化的关系等重大的时代课题,所以近代中国人在文化问题上的论争成为当代中国文化史研究的重要内容之一。而且,由于不同历史时期的国际、国内背景的差异以及历史、文化、科学和哲学等相关学科理论的发展,人们在研究和评说近代中国文化论争时往往又引发出一系列新的论争。

第一节 研究成果概述

从学术界关注的课题的变迁和研究成果的数量来看,新中国成立以来对于近代文化论争的研究大致可以划分为四个阶段。

一 初始阶段(从1950年至20世纪70年代末)

新中国成立后前30年,与整个文化史研究的沉寂相一致,有关近代中国文化论争的研究成果也微乎其微。这期间,科学与人生观论战是马克思主义学界关注较早又较多的一个课题。当时发表的代表性专题论文有:《哲学研究》1956年第1期发表的张世英的《"科学"与"玄学"论战中胡适派所谓"科学"的反科学性》、《史学月刊》1957年第9期发表的黄元起的《1923年的"科学"与玄学的论战》、《学术月刊》1959年第5期发表的冯契的《论所谓"科学与玄学的论战"》、《北京大学学报》1959年第3期发表的邓艾民的《五四时期关于科学与人生观的论战》、《社会科学战线》1978年第4期发表的吕希晨的《评"科学与人生观论战"》等。在李新等主编的《中国新民主主义革命时期通史》一书中也专门对科玄论战作了阐述。这些论著对科学与人生观论战发生的背景、双方论点、阶级属性等问题进行了初步探讨。除了科玄论战，《人文杂志》1960年第3期发表的张岂之的《严复思想的分析批判——戊戌变法时期及其前后不久"西学"与"中学"的斗争》、《学术月刊》1961年第5期发表的蔡尚思的《"五四"前后东西文化问题的大争论》等文，也对相关论争进行了开创性研究。另据不完全统计，从1950年到1966年还发表有关于洋务派和顽固派争论的文章共5篇。① 除了这几次文化论争，中国近代其他文化论战则几乎无人论及，更谈不上系统的研究。

由于马克思主义唯物史观在中国大陆思想界取得了主导地位，深入宣传唯物史观和批判清理各种唯心主义思潮和形而上学的哲学原则及其文化观，成为当时史学研究的首要任务。在这种时代背景下，涉及中国近代文化论争的著述虽然对一些文化论争的史实作了一定程度的梳理，也适应了新中国成立初期政治思想斗争的需要，但从整体上看，视野不够开阔，论题比较狭窄，在评论时多把这些论争定性为阶级斗争，以政治评判取代学理分析，有意无意地忽视了论争中出现的某些合理成分，存在过于主观和简单化的问题。

二 崛起阶段（20世纪80年代）

自20世纪70年代末以后，中国进入了改革开放的新时期。国家的工作重心从以阶级斗争为纲转移到经济建设上来，为学术研究提供了宽松的社会和政治环境。随着改革、开放与现代化建设事业的展开，重新又把中西文化、传统文化与现代化的关系以及科技与人文等一系列重大问题凸显出来。置身于中西文化接触交流日趋频繁的现实，也推动人们回头审视近代中国的中西文化关系问题，包括起伏不断的中西文化问题的论争。另外，大陆与港台、中国与海外学者的学术文化交流日渐加强，新的理论和视角不断引入。种种因素终于造成中国在80年代中后期出现了举世瞩目的"文化热"，学界围绕中国文化危机、传统文化与现代化等问题展开了热烈讨论，文化史特别是中国近代文化史的研究逐渐成为热门课题，其中关于近代文化论争的研究也空前活跃起来，大量相关论著问世。

---

① 徐立亭、熊炜编：《中国近代史论文资料索引（1949—1979）》，中华书局1983年版，第147页。

1985年中国社会科学出版社出版的陈崧主编的《五四前后东西文化问题论战文选》，中国社会科学出版社于1989年又出版"增订本"。这部著作不仅提供了研究五四时期东西文化论战的基本资料，而且编者通过"前言"以及对所收录文章的分类，表达了对该论战的总体认识，从而使该书成为研究五四东西文化论战的奠基性成果。1987年，华东师范大学出版社出版了曾乐山著《中西文化和哲学争论史》，该书系统论述了从1840年鸦片战争到1949年中华人民共和国成立，各个哲学派别和各个阶级、阶层围绕中西文化和哲学的关系而展开的争论，全书共分8章，内容涉及顽固派、洋务派和改良派关于"中体西用""道器""体用"之争，革命派、立宪派和革命派内部的论争，五四时期新旧思潮和东西文化论争，抗日战争时期复古与反复古、非理性主义与理性主义之争，马克思主义者同戴季陶、蒋介石、陈立夫之间的争论等。这本书可谓最早的全面考察中国近代一百余年间中西文化和哲学论争的著作，对当时研究较少的一些人物如陈序经、钱穆、贺麟等人的中西文化观也进行了较为全面的分析。广西人民出版社1986年出版的徐迺翔主编的《文学的"民族形式"讨论资料（1938—1982）》，收录77篇文章，目录索引103篇，是研究抗战时期关于文艺"民族形式"论争的基本资料集。

　　另外，在20世纪80年代出版的一系列有关思想史、文化史的专著或论文集中，多对近代中国文化冲突和论争有所涉及，其中较有代表性的有四川人民出版社1986年出版的萧功秦著《儒家文化的困境——中国近代士大夫与西方挑战》、人民出版社1987年出版的李述一和李小兵著《文化的冲突与抉择——中国的图景》、上海人民出版社1987年出版的陈旭麓主编的《五四以来政派及其思想》、北京师范大学出版社1988年出版的龚书铎著《中国近代文化探索》、湖南人民出版社1988年出版的章开沅著《离异与回归——传统文化与近代关系试析》、辽宁教育出版社1988年出版的张志孚著《文化的选择——对中国近代化取向的反思》、上海人民出版社1989年出版的冯契著《中国近代哲学的革命进程》、湖南人民出版社1988年出版的龚书铎主编的论文集《近代中国与近代文化》、巴蜀书社1988年出版的冯天瑜主编的论文集《东方的黎明——中国文化走向近代的历程》、湖南人民出版社1989年出版的汪澍白主编的论文集《文化冲突中的抉择——中国近代人物的中西文化观》等。

　　与此同时，专门研究中国近代文化论争的论文也逐渐增多，有的从宏观上评述近代中西文化的冲突、交融与论争。① 有的则是对某一次或某个时期的具体的文化论争的专题研究，如《北京师范大学学报》1985 年第 5 期发表的郑师渠的《论辛亥革命后的中西文化论争》、《史学月刊》1988 年第 3 期发表的《"中国本位"与"全盘西化"的论争》、《理论月刊》1987 年第 12 期发表的陈江丰的《试评"全盘西化"论和"中国本位文化"论之争》、《史学月刊》1989 年第 6 期发表的关海庭的《1935 年"中国本位文化建设"问题的论战》等文章。

总体来看，处于改革开放初期拨乱反正和解放思想的社会氛围中，加之中国与国外的思想和学术交流日益密切，国外关于中国近代文化史的许多新的研究成果陆续传入中国。在这种新的实践和理论背景之下，1949 年后 30 年中国学者对中国近代文化论争的评论内容，对 80 年代学术界也有一定的启发，对论争及其主要参与人物的评价更为全面，一些过去被忽视或注意不够的课题也开始受到关注。

以科玄论战为例，80 年代对论战中两派的哲学思潮的实质、阶级属性以及是否反对马克思主义作出了与改革开放以前不同的分析和评价。② 另外，对于科学与人生观论战的意义，学术界也基本矫正了过去对科学派和玄学派全盘否定的看法，越来越多地肯定这场论战的理论和实践意义，尤其是对科学派倡导科学精神和玄学派重视人文精神的合理因素分别作出了肯定的评价。③

---

① 如有冯契的《古今、中西之争与中国近代哲学革命》，《上海社会科学院学术季刊》1985 年第 1 期；许纪霖的《近代中国中西文化之争历史评述》，《学习与探索》1985 年第 4 期；汪澍白的《近代中西文化论争的历史反思》，载见龚书铎主编《近代中国与近代文化》，湖南人民出版社 1988 年版；李华兴的《近代中西文化冲突交融的历史考察》，《复旦学报》1986 年第 1 期；许苏民的《冲突与融合——西学东渐片论》，《学习与探索》1986 年第 1 期等。

② 参见黎洁华《关于二十年代"科玄论战"的研究》，《国内哲学动态》1986 年第 1 期。另见袁伟时的《重评科学与玄学论战》（《中山大学学报》1985 年第 2 期）、《谈谈研究中国现代哲学史的指导思想与方法问题》（《中山大学学报》1985 年第 8 期）、《中国现代哲学史稿》（上卷）（第四编第三章，"科学与玄学"论战，中山大学出版社 1987 年版）、李子文的《关于"科玄之争"的性质问题》（《中国哲学》第 11 辑，人民出版社 1984 年版）。

③ 参见许全兴《科学与人生观论战的性质之我见》，《中国哲学史研究》1988 年第 2 期；闻继宁《试论科玄论战的双重性质》，《学术界》1988 年第 1 期；忻剑飞等《东西方文化大交汇的产儿——论"科学与人生观论战"在现代中国哲学中的地位》，《复旦学报》1986 年第 3 期；李泽厚《记中国现代三次学术论战》，载《中国现代思想史论》，安徽文艺出版社 1994 年版；高力克《科玄之争与近代科学思想》，《史学月刊》1986 年第 6 期；范岱年《对"五四"新文化运动的哲学反思——记二十年代初的科学与人生观论战》，《科学史论集》，中国科技大学出版社 1987 年版等。

当然，由于思维定式、"革命史观"等多种因素的影响，80年代的文化史研究在诸如评价标准、研究对象选择上仍存在一些值得注意的问题。以曾乐山著《中西文化和哲学争论史》为例，可以看出明显的"革命史观"印迹。如文中指出："有些人以保守的甚至反动的立场观点吸收西方文化和融合中西文化，例如，张之洞等洋务派学习吸收西方的科学技术和机器生产，却排斥和反对资产阶级的政治、经济制度，民主、自由、平等学说和进化论哲学思想等，提出所谓'旧学为体、新学为用'，即'中学为体，西学为用'，其实质是以西方先进的科学技术，'制造之长'，维护中国的封建专制制度与文化。五四时期及其以后，一些人的变相'中学为体，西学为用'论，其实质也还是如此。胡适则拜倒在近代西方文化与杜威实用主义面前，主张'全盘西化'或'充分世界化'，企图使中国文化走西方资产阶级的道路。再如有的以法国柏格森的生命哲学、直觉主义同中国王学泰州学派，佛教唯识宗哲学融合，有的以罗素的新实在论、逻辑实证论与中国程朱理学融合，有的以新黑格尔主义与中国陆王心学融合。蒋介石以中国传统的封建文化和唯心论同尼采的哲学融合。"在批评一些人"反动""保守"的同时，又把另一批人的观点视为"革命""进步"，认为"太平天国时期的洪秀全、洪仁玕，戊戌维新时期的康有为、梁启超、谭嗣同、严复，辛亥革命时期的孙中山、章太炎，五四新文化运动时期的陈独秀、李大钊、蔡元培、鲁迅等，则把近代西方民主主义文化和进化论哲学与中国固有文化和哲学中的优良传统融合，为变革和改造中国社会服务，对中国文化和哲学的发展，对促进中国社会的进步，起了积极的作用。毛泽东、周恩来等马克思主义者，则把马列主义的普遍真理同中国革命的具体实践相结合，和中国的优秀传统相结合，使中国的文化和哲学进入崭新的发展阶段，为中国新民主主义革命服务"[①]。这种二分法明显把复杂的思想文化斗争简单化了。

在研究对象方面，在"革命史观"的指导下属于进步人物、正面人物、革命人物的论战一方受到了较多关注，而那些被认为"落后""反动""保守"的人物则很少被关注。以五四时期的东西文化论争为例，笔者查阅期刊网，发现整个80年代研究该论争的专题论文只有7篇，而其中又多是对李大钊、陈独秀、瞿秋白等人的研究，其中仅考察李大钊与东

---

① 曾乐山：《中西文化和哲学争论史》，华东师范大学出版社1987年版，第10—11页。

西文化论战关系的论文就有3篇。①

三 持续发展阶段（20世纪90年代）

进入20世纪90年代以后，中国学术界出现了人们所谓的"国学热""儒学热"等现象，也有人称之为第二次"文化热"。国学研究成为文化史研究的热点，与中国近代民族主义或保守主义相关的思潮、学派、人物引起了众多研究者的兴趣，从而使关于中国近代文化论争的研究选题日益广泛，同时对不少问题的研究开始向纵深发展，研究者的视野和方法也在不断拓展和更新。与80年代相比，关于中国近代文化论争研究的整体水平有了显著的提高，大量质量上乘、影响广泛的权威性论著陆续问世。

第一，陆续出版了一批有关文化论争的专题资料集和著作。② 其中，由郑师渠、史革新合著的《近代中西文化论争的反思》一书是第一部从宏观上系统地研究中国近代中西文化论争的专著，正如有学者所评论的："《反思》第一次较为完整系统地论述了近代史上各个时期的有关论争，清晰地勾画出了此一论争发生发展和演变的脉络，总结了其历史特点、思想意义和时代价值，从而将这一课题的研究推向了新阶段。"③ 这说明，关于近代中国文化论争的研究在逐步走向成熟。

第二，陆续出版的一些综合性的思想文化史著作，如中国近代文化史、中国近代哲学史、中国近代社会思潮等种类的著作也都涉及近代中国文化论争的相关问题。其中具有代表性的有吉林文史出版社1990年出版的史全生

---

① 张利民：《李大钊与东西文化论战》，《中州学刊》1987年第4期；谭双泉：《李大钊与"五四"前后东西文化论战》，《中共党史研究》1989年第6期；秦英君：《五四时期李大钊的东西文化观——兼论五四前后东西文化的论争》，《河南大学学报》1989年第4期。

② 如罗荣渠主编的《从"西化"到现代化：五四以来有关中国的文化趋向和发展道路论争文选》，北京大学出版社1990年版；张岱年、敏泽主编的《回读百年：20世纪中国社会人文论争》（1—5卷），大象出版社1999年版；耿云志主编的《胡适论争集》，中国社会科学出版社1998年版；欧阳哲生所编的《容忍比自由更重要——胡适与他的论敌》，时事出版社1999年版；张岱年、程宜山合写的《中国文化与文化论争》，中国人民大学出版社1990年版；郑师渠、史革新合著的《近代中西文化论争的反思》，高等教育出版社1991年版；张利民的《文化选择的冲突："五四"时期东西文化论战中的思想家》，中国人民大学出版社1990年版；黄志辉编著的《我国近现代之交的中西文化论战》，广东高等教育出版社1992年版；廖超慧的《中国现代文学思潮论争史》，武汉出版社1997年版；朱耀垠的《科学与人生观论战及其回声》，上海科学技术文献出版社1999年版等。

③ 黄兴涛：《宏观的透视、辩证的思维——〈近代中西文化论争的反思〉评介》，《北京社会科学》1992年第3期。

主编的《中华民国文化史》(上、中、下)、江西人民出版社1992年出版的黄克剑著《东方文化——两难中的抉择》、中国青年出版社1992年出版的曹锡仁著《中西文化比较导论——关于中国文化选择的再探讨》、中共党史出版社1992年出版的肖效钦、钟兴锦等著《抗日战争文化史》、北京师范大学出版社1993年出版的龚书铎著《近代中国与文化抉择》、上海人民出版社1994年出版的熊月之著《西学东渐与晚清社会》、中华书局1994年出版的郑大华著《梁漱溟与胡适——文化保守主义与西化思潮的比较》、中国社会科学出版社1995年出版的丁伟志和陈崧著《中西体用之间——晚清中西文化观述论》、湖北教育出版社1996年出版的龚书铎主编的《中国文化的现代转型》、中华书局1997年出版的《中国近代文化概论》、湖南教育出版社1998年出版的吴雁南等主编的《中国近代社会思潮》、中国人民大学出版社1999年出版的彭明、程歗主编的《近代中国的思想历程》、中国青年出版社1999年出版的汪澍白著《二十世纪中国文化史论》、湖南人民出版社1999年出版的王继平著《转换与创造——中国近代文化引论》等。

需要指出的是，90年代发表了大量研究各种文化论争、参与论争的某个派别或某个人物的专题论文，不少论文还曾引起学界广泛的关注和讨论，大大拓宽和深化了对中国近代文化论争的研究。以五四时期的东西文化论战为例，笔者根据中国期刊网、读秀学术搜索所作的不完全统计，发现至少有11篇专题论文。其中《江汉论坛》1990年第10期发表的钱婉约的《两种人与两种文化态度——评五四时期的东西文化论争》、《江汉论坛》1992年第1期发表的郑大华的《"古今之别"与"中外之异"——五四东西文化论争反思之一》、《江汉论坛》1993年第4期发表的齐卫平的《五四前后东西文化论战的再认识》、《近代史研究》1994年第4期发表的《重评杜亚泉与陈独秀的东西文化论战》、《近代史研究》1995年第5期发表的朱文华《也来重新审视陈独秀与杜亚泉的论争》、《中共中央党校学报》1998年第3期发表朱洪的《陈独秀与东西方文化论战》、《湖南师范大学社会科学学报》1999年第6期发表的谭双泉的《五四时期的东西文化论战——为纪念五四运动80周年而作》等论文都很有新意，对过去的旧说提出了不同见解。

另外，王元化为《杜亚泉文选》撰写的序言《杜亚泉与东西文化问题论战》[①]，也曾"在海内外学术界引起了广泛的注意，甚至可以说是

---

① 见田建业等主编《杜亚泉文选》，华东师范大学1993年出版，第1—20页。

轰动"①。再如关于20世纪30年代的中国本位文化的论战,也有近10篇论文,其中较有代表性的有《历史研究》1991年第2期发表的陈崧的《30年代关于文化问题的论争》、《福建论坛》1994年第6期发表的许苏民的《情愫的执着与理性的吊诡——"中国本位文化"论者与"西化"论者的论战》、《中州学刊》1996年第5期发表的郭建宁的《三十年代全盘西化与中国本位的文化论争探析》、《求是学刊》1998年第3期发表的李妍的《"本位文化"论战刍议》、《吉林大学学报》1996年第1期发表的黄海燕的《30年代的文化论争与中国现代化的理论探索》、《江海学刊》1996年第3期发表的马千里的《三十年代文化论战透视》等。

与80年代相比,90年代大陆学界无论是对中国近代文化论争的整体研究还是个案研究,无论是史实的清理还是对论争的意义评判,都有明显深入。其中最引人注目的是,随着学术界对文化保守主义思想的重新认识,那些在"革命史观"下被认为"反动""落后""保守"而不被关注或关注很少的人物开始进入研究者视野中,这主要表现在对倭仁、张之洞、章士钊、杜亚泉、张君劢、张东荪、吴宓、梁实秋、梁漱溟、陈序经等人的研究上。有些人物还引起了学界广泛的讨论,取得了较为显著的成果。如曾与陈独秀等《新青年》派进行过激烈论争的杜亚泉,过去几乎无人问津,偶有涉及,也是完全否定。80年代有个别学者开始介绍杜氏在传播西方自然科学方面的成就,但仍把他视为"新文化运动中的落伍者"②。进入90年代,情况发生了巨大转变。诚如有论者所言,随着1993年《杜亚泉文选》的出版和纪念杜亚泉诞辰120周年全国学术讨论会在其故乡浙江上虞的召开,"一时间,满城争说杜亚泉,一个被尘封了半个多世纪的历史故人终于重见天日"③。与杜氏相似,其他一些在中国近代文化论争中长期被轻视、被否定的人物也越来越引起研究者的重视,他们在中国近代思想文化史中的地位得到了重新认识。

四 深化阶段(21世纪以来)

在经历了20世纪80年代的"文化热"、90年代的"思想家淡出、学

---

① 许纪霖:《杜亚泉与多元的五四启蒙》,载许纪霖、田建业编《杜亚泉文存》,上海教育出版社2003年版,第495页。

② 龚育之:《科学、文化、杜亚泉现象》,载《世界经济导报》1988年6月13日。

③ 许纪霖:《杜亚泉与多元的五四启蒙》,载许纪霖、田建业编《杜亚泉文存》,上海教育出版社2003年版,第495页。

术家凸显"之后，进入 21 世纪，中国近代文化论争的研究发展到了新的阶段。随着中国崛起为世界大国，民族文化建设问题日益凸显，对"中国价值"的追寻成为中国文化强国的发展目标。大陆和海外的学术文化交流不断扩大，相互影响愈趋深入，这又为重新评价近代中国文化论战提供了大量新的理论资源，并激发了许多新的视角。因此，在承袭了前五十年研究成果与经验的基础上，21 世纪以来的中国近代文化论争研究在学术史梳理、吸收哲学、社会学与文化学等理论、对论争的价值判断等方面都取得了长足的进步和显著突破，其观点也日益呈现出多元化倾向。

21 世纪以来，大批专门研究文化论争的著作出版或再版，如四川大学出版社 2000 年出版的黄玉顺著《超越知识与价值的紧张——"科学与玄学论战"的哲学问题》，广东高等教育出版社 2000 年出版的张庆著《20 世纪中国人生观论争》，生活·读书·新知三联书店 2003 年出版的罗志田著《国家与学术：清季民初关于"国学"的思想论争》、百花洲文艺出版社 2004 年出版的宋小庆、梁丽萍著《关于中国本位文化问题的讨论》，百花洲文艺出版社 2007 年出版的徐素华等所著《三大思潮鼎立格局的形成——五四后期的思想文化论争》，中华书局 2007 年出版的石凤珍著《文艺"民族形式"论争研究》，人民出版社 2010 年出版的艾丹著《泰戈尔与五四时期的思想文化论争》，黄山书社 2010 年出版的王存奎著《再造与复古的辩难：二十世纪二十年代"整理国故"论争的历史考察》，社会科学文献出版社 2012 年出版的焦润明著《中国现代文化论争》，中国社会科学出版社 2013 年出版的刘泉著《文学语言论争史论（1915—1949）》等书。

另外，一系列各具创见的综合性或专题性文化史著作和论文集出版。[1] 其中，丁伟志等著《中国近代文化思潮》上卷《中西体用之间》虽以整个

---

[1] 如有胡逢祥的《社会变革与文化传统——中国近代文化保守主义思潮研究》，上海人民出版社 2000 年版；黄兴涛的《中国文化通史》（民国卷），中共中央党校出版社 2000 年版；张艳国的《破与立的文化激流——五四时期孔子及其学说的历史命运》，花城出版社 2003 年版；马克锋的《文化思潮与近代中国》，光明日报出版社 2004 年版；赵立彬的《民族立场与现代追求：20 世纪 20—40 年代的全盘西化思潮》，生活·读书·新知三联书店 2005 年版；汪林茂的《晚清文化史》，人民出版社 2005 年版；秦英君的《科学乎人文乎——中国近代以来文化取向之两难》，河南大学出版社 2005 年版；郑大华的《民国思想史论》，社会科学文献出版社 2006 年版；丁伟志、陈崧的《中国近代文化思潮（上）：中西体用之间——晚清文化思潮述论》，社会科学文献出版社 2011 年版；丁伟志的《中国近代文化思潮（下）：裂变与新生——民国文化思潮论述》，社会科学文献出版社 2011 年版等，也都有较多篇幅论及中国近代文化论争问题。

晚清文化思潮为研讨对象，但实际上重点论述的是洋务时期的中学西学之争、戊戌维新时期围绕新学崛起展开的文化论争、辛亥革命前十年文化观念的演变等问题；下卷《裂变与新生》考察的是民国文化思潮，但主要研究的是新文化运动前后的文化冲突、文化论争。正如评论者所言，"该书并非一般的通论之作，而是本着强烈的问题意识和时代感，对从近代以来的重大文化论争做出经过自己独立思考的解答"。[①] 焦润明著《中国现代文化论争》系统论述了1915—1949年间在中国发生的白话文与文言文、新文学与旧文学、反孔与尊孔、基督教存废、东方化与西方化、科学与玄学、本位文化与全盘西化、中医与西医八个方面的论争，并把这些论争放在现代中国所处的"欧化时代"的背景下进行考察，以"现代化"视角分析了这些文化论争的时代意义。[②]

21世纪以来，有关中国近代文化论争的论文数量比过去五十年大大增加，限于篇幅，不再一一列举。这里要着重指出的是，学界对过去关注较多的课题，这一时期又有了新的富有创见的研究，如对近代中西学之争的研究。[③] 对过去学界关注非常少或研究不够深入的一些文化论争，如对民国时期中医存废论争的研究[④]，对1934年广州的文化论争，抗战时期陈序经与冯友兰、张申府、贺麟之间的文化论争的研究[⑤]，关于抗战时期文艺"民族形式"问题论争的研究[⑥]等，近十多年也都有了较多高质量的学术成

---

① 欧阳哲生：《作为学科的中国近代思想史研究（上）》，《社会科学论坛》2013年第6期。
② 焦润明：《中国现代文化论争》，社会科学文献出版社2012年版，第14—15页。
③ 代表性论文有桑兵的《科举、学校到学堂与中西学之争》，《学术研究》2012年第3期；孙占元的《儒学经世传统的复兴与近代中国的中学和西学观》，《东岳论丛》2009年第11期等。
④ 主要论文有：郝先中的《废止中医派的领袖——余云岫其人其事》（《自然辩证法通讯》2004年第6期）、《孙中山病逝前的一场中西医之争》（《南京中医药大学学报》2006年第1期）、《1929年上海医界围绕中医存废问题的论战》（《中医文献杂志》2006年第4期）、《中医缘何废而不止——近代"废止中医案"破产根源之分析》（《自然辩证法通讯》2006年第5期）等。另外，左玉河的《学理讨论，还是生存抗争——1929年中医存废之争评析》（《南京大学学报》2004年第5期）、奚霞的《上海民国时期的中西医论争》（《中医文献杂志》2005年第1期）、张爱华、岳少华的《中医兴衰与现代民族国家观念的形成——从"废止中医"案到赤脚医生制度》（《安徽大学学报》2010年第2期）、张婷婷的《近代社会变迁视野下的西医传播与近代中医》（《南京中医药大学学报》2011年第2期）等文也从不同角度深化了民国时期的中西医论争问题的研究。
⑤ 参见赵立彬《陈序经与1934年广州文化论战》（《广东社会科学》2000年第5期）、《抗战时期的文化论战》（《学术研究》2002年第9期）等文。
⑥ 据笔者查阅中国知网，发现关于文艺"民族形式"的论争80年代有论文6篇，90年代有4篇，2000年至2015年有27篇。

果。这些论文的发表，大大拓展和深化了对中国近代文化论争的研究。

值得注意的是，参与文化论争的人物始终是研究的重点。学术界对这些人物的研究不仅延续20世纪90年代以来人物研究的进路，而且又有很大的推进，对以往研究较多的人物，在已有的丰硕的研究成果基础上，进行了更深入的细化研究；对过去注意不够的人物，也进行了更为全面和具体的研究。除了涌现出一批人物文化思想研究专著，对所论人物参与的文化论争多有涉及。①还有大量的人物文化思想专题研究论文，其中也有多篇涉及文化论争。以对张君劢的研究为例，笔者查阅中国知网，发现80年代仅有论文2篇，90年代有22篇，2000年至2020年有279篇，这些论文涉及张氏的政治、哲学、经济、文化等多方面的思想，其中有多篇涉及他参与的文化论争。再以杜亚泉为例，80年代只有2篇论文，90年代有17篇，2000年到2020年迅猛增至130篇，且其中又有至少10篇是专门探讨杜亚泉与五四时期的文化论争的。

总体上说，21世纪以来，在新的社会条件和时代需求下，学术界对近代文化论争相关问题的研究，无论是宏观整体解读抑或专题性个案探讨，研究成果都大大增加，而且研究逐步深化和细化，选题更为丰富，研究视域更加宽泛。

第二节　总体研究趋向

新中国成立以来，学术界对于中国近代文化论争的研究是逐步发展并走向繁荣的。从研究理念、研究视角、研究方法上看，前后发生了根本性变化，简单化、教条化的模式已被突破，研究方法、视角日趋多元化，在价值评判上也不断摆脱意识形态的干扰以及感性化、情绪化的色彩，而更趋于客观平实的理性分析和思考。具体而言，60多年来至少呈现出三个明显趋向。

一　研究视角的转化

从研究视角上看，学术界对于中国近代文化论争的研究经历了从仅以

---

① 如有刘集林著《陈序经文化思想研究》，天津人民出版社2003年版；胡明著《胡适思想与中国文化》，广西师范大学出版社2005年版；高旭东著《梁实秋与中西文化》，中华书局2007年版；李细珠著《倭仁思想研究》，社会科学文献出版社2001年版等。

政治标准评判近代文化论争，到同时注重社会、文化、学术等多重视角的变化过程。毛泽东在《新民主主义论》中指出："在'五四'以前，中国文化战线上的斗争，是资产阶级的新文化和封建阶级的旧文化的斗争。在'五四'以前，学校与科举之争，新学与旧学之争，西学与中学之争，都带有这种性质。"他还说："在'五四'以后，中国产生了完全崭新的文化生力军，这就是中国共产党人所领导的共产主义的文化思想，即共产主义的宇宙观和社会革命论。"从此以后，由于中国无产阶级和中国共产党登上了政治舞台，"这个文化生力军，就以新的装束和新的武器，联合一切可能的同盟军，摆开了自己的阵势，向着帝国主义文化和封建文化展开了英勇的进攻。"[1] 新中国成立后最初 30 年，受"革命史观"和意识形态的影响，学术界在研究中国近代文化论争时，大多把毛泽东的这些论断奉为圭臬，从阶级斗争的视角加以考量，用分析阶级背景、划分阶级成分和作出政治鉴定等方法来代替对思想文化论争的客观冷静的分析，使文化史研究具有了浓厚的政治色彩。

从 20 世纪 80 年代中后期开始，伴随着中国近代史研究范式的转换、学术理念的更新和学术视野的拓展，学者们开始逐渐超越"意识形态"的框架，从多重层面考察中国近代文化论争。具体表现在：（1）宏观的、浮泛的定性分析越来越少，对具体问题的实证研究成果日渐增多；（2）更加注重吸收新的研究理论与方法对近代中国文化论争进行阐释，特别是注意吸收社会史的研究方法；（3）在评判标准上，随着"现代化"研究视角的引入，日渐摆脱过去单一的政治标准，而更加注重学术、文化、社会等多重标准。

如对科玄论战的研究，在 80 年代中期以前，学者们的问题意识多集中于论战中两派的哲学思想是唯心还是唯物、两派的主张各自代表的是哪个阶级的利益、他们是否反对马克思主义等。[2] 此后，学者们逐步突破了阶级斗争思维的局限，开始以更广阔的视野，从学术发展、学科进步的角度来分析该论战的意义。例如有学者从中国哲学学科的形成与发展的角度指出，哲学学科的形成以"科玄论战"为标志，因为论战所讨论的问题展

---

[1] 毛泽东：《新民主主义论》，《毛泽东选集》第 2 卷，人民出版社 1991 年版，第 696—697 页。
[2] 参见黎洁华《关于二十年代"科玄论战"的研究》，《国内哲学动态》1986 年第 1 期。

示了中国哲学的世界性意义。在论战中,以张君劢、梁启超为代表的"玄学派",以丁文江、胡适为代表的"科学派",以陈独秀为代表的"唯物史观派"都登台亮相。在东西文化大交汇的时代背景下,这场论战不仅形成了中国现代哲学的基本格局,而且体现了 20 世纪世界范围内的人文主义与理性主义哲学思潮在现代中国的回响。①

再如对于五四时期东西文化论争,学界也逐渐摒弃了过去用政治标准来进行评判的做法,比如丁伟志从整个中国近代文化转型的视角对这场论争的意义进行了考察,指出中国近世以来发生的文化转型,其深度和广度都是前所未有的,是一场中国文化史上的巨变;而其变革的中心内容即在于以新的视角来审视和处理本国的固有文化和外来的资本主义近世文化。如果说晚清的中学西学之争,是这场文化转型运动的序幕,那么,陈、杜中西文明之争,则正式拉开了这场文化转型运动的大幕。特别值得重视的是,此时的文化转型运动,已全非晚清时一举一动均需靠朝廷裁定的格局,而是变作了民间的自发活动,"已经是由知识界文化界的精英,以及越来越多的青年学生,自觉参与和承担起来的历史使命"。他特别看重论争中双方自由讨论的态度,认为陈杜之争是新文化运动期间百家争鸣、自由辩论的开篇;虽然双方唇枪舌剑,但它是一场平等的自由讨论,对于空前的生机蓬勃的文化新潮的形成,具有推动之功。② 对于过去从政治上被否定的杜亚泉,丁伟志指出,杜亚泉提出中国"固有文明救世论",或者说"儒学救世论",是和当时风头正劲的文化革新运动作对的。"他当时并没有任何政治意图,表达的只是一种文化情结,所以态度倒是坦坦荡荡的,这是用不到后人替他操心,做辩白的。但是,这种见解的出现,尤其是他对于固有文化所持维护其价值的文化守成主义态度,无论是从刺激力主引进西方先进文化来革新中国文化的激进革新派更深入地探讨和阐释文化革新的理由来看,还是从矫正激进的文化革新派对于中国固有文化采取虚无主义的过激态度来看,显然都是有益的,绝不应该把它划归到'反动阵营'里去"。③ 可以看出,这些论述已经摆脱了简单化、教条化的"革

---

① 张昭军、孙燕京主编:《中国近代文化史》,中华书局 2012 年版,第 247 页。
② 丁伟志:《中国近代文化思潮(下卷):裂变与新生——民国文化思潮论述》,社会科学文献出版社 2011 年版,第 124 页。
③ 丁伟志:《中国近代文化思潮(下卷):裂变与新生——民国文化思潮论述》,社会科学文献出版社 2011 年版,第 108—109 页。

命史"和"阶级斗争史"的模式，丰富和深化了对相关问题的研究。

21世纪以来，随着整个史学领域内社会史研究的勃兴、"总体史"观念的普及和学科互渗的加强，学术界对中国近代文化论争的研究也出现了一个重要趋势，这就是研究视线下移，将社会生活纳入视野，将文化论争放入广阔的社会背景中进行考察。如赵立彬从社会文化心理的层面来解析20世纪30年代关于本位文化问题的论战就颇有新意。他指出，"1935年的文化论战较为典型地反映了基本社会心理对文化思潮的影响。论战各方所使用的概念、逻辑和理论都源自西方，即使是反对西化各派，学理上亦早已西化。因而，本位文化派无论如何不能被理解成与以中学为体的'复古派'、'顽固派'等同，它的出现凸显了在知识界崇洋的基本社会条件下一些与政治当局关系密切的认识，试图用西理扭正社会上西化思潮的努力，无论从其内涵还是外部环境，都可称为'西化背景下的本位'。"[1] 这方面的成果不胜枚举。把文化论争植入政治、文化、学术与社会等多方互动关系的广阔视域下，无疑更能揭示文化问题的复杂面相与丰富意蕴，也更能清晰、准确地展现广阔的历史图景，拓展文化史研究的思路。

二 思维方式的转变

从思维方式上看，学术界对于中国近代文化论争的研究经历了从把论争双方纳入二元对立的思维框架中，到注意寻找他们思想主张的统一性的变化过程。从20世纪50年代到80年代末，学者们在研究近代文化论争时，往往把论争双方视为水火不容的对立的两极，纳入先进与落后、革命与改良、激进与保守、西学与中学、新与旧、传统与现代等二元对立的框架之中来理解，强调论争中的矛盾与斗争，而且往往满足于对论争双方作简单的肯定和否定。这种简单的二分法，把论争双方描述得泾渭分明、迥然有别、壁垒森严，往往造成给论争者"贴标签"的问题，遮蔽了思想的丰富性和复杂性。

20世纪90年代以来，很多学者开始在更宽阔的视野下，从一个更深刻的层面突破二分法的窠臼，既关注论争中不同思想流派之间的对立和冲突，也注意探讨他们之间思想交错、相互纠缠和交织在一起的统一关系，同时还深入同一思想流派内部，考究其内部的差异与分歧。从而不再仅仅

---

[1] 赵立彬：《本位、西化与1935年文化论战》，《福建论坛》2004年第5期。

把论争双方视为你死我活的敌对关系,而是更多地寻找他们思想上的异中之同与同中之异。

如对五四时期东西文化论战的研究,过去一般把西化派视为激进主义,把东方文化派视为保守主义,把二者置于两极对立的关系中。后来不少学者对此提出质疑,认为这过分夸大了保守主义与激进主义之间的分歧与斗争,而忽视了两者之间的同一性。实际上作为一个矛盾的统一体,激进主义与保守主义的关系是错综复杂的。激进与保守之间不是简单的两极对立、非此即彼,而是既互为矛盾、相互对立,又互为补充、相互依存,甚至互为转化的关系。如许纪霖认为,从表面上看激进与保守似乎势不两立,水火难容,但实际上它们是一个硬币的两面,在深层具有共同的思想预设和思维逻辑。在文化层面上二者都具有一元论的思想性格。将传统与现代置于价值天平的两端,只不过取向相反。在政治层面上中国的保守主义更具有激进主义的诸般特征,因此之故,保守主义才有可能在同一个层面上与激进主义厮杀个你死我活,不可开交,一旦坐标变易,他们之间也就可以轻而易举地相互转换,交换角色。① 马克锋也指出,近代保守主义与激进主义是近代社会变动和进步过程中的孪生物和伴生体。二者在政治上相互制衡,思想上相互影响,文化上相互依存。其中既有斗争,又有妥协;既有矛盾,又有调和;既有分歧,也有契合。有时甚至出现你中有我、我中有你的现象,并不总是剑拔弩张你死我活的二元对立。其实,他们虽然在思想上存在争论和分歧,有时甚至表现得十分激烈,比如围绕剧变还是渐变,批判传统还是弘扬传统等,这毋庸置疑。但是,在他们之间仍然存在许多一致之处,如对民主的追求与希望,对法治的憧憬和尊重,对道德修养和人格尊严的捍卫与执着等,是有共同语言的,我们不能过分扩大保守主义与激进主义的分歧与斗争。② 郑大华也强调,由于激进和保守都存在于同一历史时代中,面临着相同的"前现代"传统的内容和具体的历史处境,因此也就自然有交叉交集、相近相似、相辅相成的一面。以文化保守主义者和文化激进主义者而论,在文化问题上,他们思考和企图解决的是如何对待传统、如何引介西学、如何建设新文化的问题,换言

---

① 许纪霖:《激进与保守之间的动荡》,载李世涛主编《知识分子的立场——激进与保守之间的动荡》,时代文艺出版社1999年版,第41页。
② 马克锋:《有关激进与保守的几个问题》,《中国社会科学院院报》2004年1月8日。

之，也就是如何处理"西学"与"中学"、"传统"与"现代性"、"西化"与"现代化"的关系问题。他们也都具有强烈的民族主义意识，在本质上都是民族主义者。他们提出保守或激进的文化主张的目的，都是出于振兴民族、救亡图存，为中华民族选择一条强国富民的文化出路的考虑。当然，其主张在客观上正确与否另当别论。他们也都不反对中国实现现代化，只是各自选择的方向和道路有所不同而已。①

基于上述看法，学界对于中国近代的一些文化论争，逐渐有了一些新的认识。比如对于五四时期东西文化论战，近年来，学者们的研究出现了不少新趋向：第一，把论争双方都归入新文化倡导者中。过去研究五四新文化运动，仅仅把陈独秀、胡适、李大钊、鲁迅等人和《新青年》《新潮》等几个知名刊物视为新文化派，近年来学者们则越来越倾向于认为当时批评陈独秀等人主张的杜亚泉、梁漱溟、梁启超等东方文化派和学衡派也属于新文化运动的参加者，只是存在主流派与非主流派的区分，因为他们的文化主张的思想资源也都是新的。有学者还从启蒙的多元性来看待五四文化论争各方的主张，把新文化运动视为一个有多种思想和学派共同参与、各种现代性思潮互相冲突的启蒙运动。如许纪霖指出，除《新青年》《新潮》等刊物之外，当年同时在作启蒙宣传的，还有梁启超、张东荪"研究系"知识分子办的《学灯》和《解放与改造》；杜亚泉、钱智修等人主持的《东方杂志》。如果说《新青年》和《新潮》主要是在年轻的、激进的青年学生中产生影响的话，那么，《解放与改造》和《东方杂志》则是在中年知识分子中发挥着作用，它们也是当时主流知识分子的权威刊物，正因为其鲜明地趋向于科学与新文化，才与其他新思潮一起，汇成了五四时期不可阻挡的启蒙大潮。②

第二，认为论争双方有同样的思维方式。美籍华裔学者林毓生曾指出，受中国传统的倾向，即一元论和唯智论的思维模式的影响，中国第一代和第二代知识分子都有"借思想文化作为解决问题的途径"的思维方式。他以五四时期反传统主义的西化派——陈独秀、胡适、鲁迅等人为例，认为这种思维方式是他们主张西化和全盘反传统的思

---

① 郑大华：《中西与新旧之间：中国近代史上的激进与保守》，《学术研究》2011年第1期。
② 许纪霖：《杜亚泉与多元的五四启蒙》，载许纪霖、田建业编《杜亚泉文存》，上海教育出版社2003年版，第495—496页。

想根源。① 据此，郑大华指出，不仅反传统主义的西化派，而且维护传统的文化保守主义者也都具有这种"文化优位意识"。例如，几乎所有的文化保守主义者把他们所珍视的那部分传统文化视为中国的"国魂"或"立国之本"，从而把维护传统、弘扬本土文化看成是挽救民族危亡、振兴国家之举。郑大华还进一步说明，除传统思维模式的影响之外，文化保守主义者和西化派的这种"文化优位意识"的产生，主要是由社会存在，即现实历史条件和个人生活背景决定的。郑大华指出，五四时期新文化派和东方文化派在东西文化之比较、在新旧文化之关系、在中国文化之出路选择等方面的分歧，分开来看，针锋相对，构成悖论；合而视之，则又互为纠偏，彼此补充，二者存在一种对立统一的辩证关系，甚至存在一种相互转化的关系。② 杨慧清在论述五四时期东西文化论战中发现，在激烈的对垒中，双方却在社会主义思想上达成暗中投合，对社会主义不约而同地给予了充分关注和赞许。③

再如，对于民国时期的中、西医之争，有论者指出：论争双方均为中国人，都是医学工作者，并且都打着爱国的旗号。从论争的内容上看，西医方面否定中医，主张坚决废止中医的言论居多，而中医方面基本居于守势，主张维护中医，大部分主张用科学方法改造中医，使西医中国化，使国产药物科学化、标准化，挽回利权。于是，共同的利益凸显出来了，那就是建立中国特色的现代医学。这便是论争的最后喜剧性的结局。④

对于科玄论战，学界也认识到，在论战中"科学与哲学虽然是以对立的姿态出现，论战双方都企图战胜对方，但是实际上，科学与哲学是紧紧结合在一起的，对抗和融合并存"。⑤

对于30年代中国本位文化派与西化派的论战，学者们对两派之间的相同、相通之处也做了很多研究。特别是"现代化"研究视角引入后，论战双方在"现代化"问题上的探讨和共识引起了学者们的注意。早在90

---

① 林毓生：《中国意识的危机——五四时期激烈的反传统主义》，贵州人民出版社1988年版。
② 郑大华：《中西与新旧之间：中国近代史上的激进与保守》，《学术研究》2011年第1期。
③ 杨慧清：《五四时期东西文化论战中的泛社会主义现象》，《史学月刊》1999年第3期。
④ 焦润明：《中国现代文化论争》，社会科学文献出版社2012年版，第15页。
⑤ 李丽、李晓乐：《"科玄论战"的客观结果：科学与哲学的互融》，《江苏大学学报》2011年第3期。

年代初，罗荣渠就指出，"中国本位文化"论与西化论在讨论中逐步接近，或者说是互相吸收。西化派放弃了"全盘"的提法，而本位派也不断充实对"本位"的阐释，提出建立"中国本位意识"的观点。与此同时，"在讨论中，不论是主张西化论者还是主张中国本位论者，都逐步产生一种新认识，即用'现代化'这个新概念来取代'西化'、'中国化'等概念。"① 此后，越来越多的学者探讨了在论战中双方出现的相近、相通、相同的趋势。如张昭军等指出："与以往类似事件不同的是，本位文化建设运动虽然依旧伴随着有关古今东西文化优劣的论争，但最终没有演化为非彼即此的二元对立，而是在相互比较与吸收的过程中，逐渐出现了相近、相通的趋势。"② 左玉河具体考察了本位文化派与西化派在论战中对现代化的认识和双方形成的共识，认为在论战过程中，双方既不断批评对方的主张，更加清晰地阐明自己的意见，又不断吸收对方观点的合理之处，调整和修正自己的看法。西化派认识到"现代化不等于西化"，开始从主张"全盘西化"转向"现代化"；中国本位文化派则表示自己并不主张复古守旧，进而认同西化和"现代化"。这样，双方的观点越来越明朗化，渐渐形成了关于"现代化"问题的共识。人们逐渐用"现代化"来代替"西化"；"全盘西化"论在中国思想文化界的影响力逐渐减弱，中西文化真正进入了沟通融合以创造中国现代新文化的新阶段。③

可以看出，在看待文化论争时，学术界已超越了那种非好即坏，或非坏即好的两极思维模式，能够辩证地、历史地揭示论争中各个思想流派的复杂性及他们相互之间的复杂关系，从而对论争中不同思想流派的地位与作用作出客观的认识和评价。

---

① 罗荣渠主编：《从"西化"到现代化——五四以来有关中国的文化趋向和发展道路论争文选》，北京大学出版社1990年版，第20页。
② 张昭军、孙燕京主编：《中国近代文化史》，中华书局2012年版，第287页。
③ 左玉河：《中国本位文化论争与"现代化"共识的形成》，《中国社会科学院研究生院学报》2010年第5期。持类似观点的论著还有吕雅范的《二十世纪三十年代关于中国文化建设问题论战述略》，《社会科学战线》2000年第4期；周积明、郭莹的《震荡与冲突——中国早期现代化进程中的思潮和社会》，商务印书馆2003年版；郭天祥、李再超的《20世纪30年代中国文化建设走向问题的论战》，《广西社会科学》2004年第3期；阎书钦的《20世纪30年代中国知识界"现代化"理念的形成及内涵流变》，《河北学刊》2005年第1期；周文玖的《东西文化论争与中国现代化道路之探索——以20世纪二三十年代为考察中心》，《天津师范大学学报》2009年第3期。

第三节　五四时期的东西文化论战

1949年后特别是改革开放以来，随着思想解放和理论的深化、视野的拓展，关于近代文化论争的研究，可谓热点纷呈，有的问题还曾引发了一系列新的论争。这里仅选择较有代表性的四次文化论争为个案，对若干热点问题的研究予以粗略阐述。

五四前后东西文化论战是中国近代史上一次重要的文化论争，其规模之大、时间之长，在中国近代文化史上是空前的，其争论的诸多问题至今仍具有重大的理论意义和现实意义。长期以来，这场论战一直是学术界聚讼纷纭、成果迭出的热点问题之一。

一　论战各派的划分

改革开放之前，学术界把新文化运动时期的文化论战总体上分为两大派：一派是新文化运动的倡导者，认为以"陈独秀、李大钊、鲁迅、蔡元培等先进分子"为代表，另一派是新文化运动的反对者，包括以林琴南为代表的"桐城派"、辜鸿铭、以刘师培为首的"文选派"、胡先骕、改良主义刊物《东方杂志》等。他们被称为"反动的封建礼教的卫道者""反动复古主义者""顽固保守的封建旧文人""封建买办文人"等。[①] 这一划分方法和称谓带有明显的时代印迹和强烈的意识形态色彩。

改革开放以后，人们渐渐淡化了"以阶级斗争为纲"的思维，对论争双方的称谓日趋客观和中性，有学者认为，五四前后的东西文化论战是以陈独秀、李大钊、胡适等为代表的西化论者和国故派、学衡派、东方文化派等新旧复古守旧的封建思想文人之间关于东西文明比较的争论。[②] 也有学者把这两个派别称为"东方文化派"和"新文化派"，前者以杜亚泉、章士钊、梁启超、梁漱溟等人为代表，后者以陈独秀、李大钊、胡适等人为代表。[③] 目前学界对于五四时期东西文化论争，最常见的划分是分为

---

① 丁守和、殷叙彝：《从五四启蒙运动到马克思主义的传播》，生活·读书·新知三联书店1963年版，第78—87页。

② 刘健清、李振亚主编：《中国近现代政治思想史》，南开大学出版社1993年版，第174、173页。

③ 马克锋：《文化思潮与近代中国》，光明日报出版社2004年版，第343页。

"东方文化派"和"西方文化派",或分为"文化保守主义者"和"新文化主流派"。

二 论战阶段的界定

陈崧认为,五四时期东西文化论战从1915年起延续了十余年,直到1927年,因思想战线上争辩的焦点转到社会性质等问题上去,方才告一段落。由于论战内容的发展和争论重点的变化,该论战又大体可分为三个阶段:从1915年《新青年》创刊到1919年五四运动爆发为止,是新文化运动兴起的时期。论战大体集中于比较东西文明的优劣方面。1919年五四运动以后,进入了论战的第二阶段。这个阶段的论战是以讨论东西文化能否调和的问题开始而逐步深入的。第三个阶段是因梁启超《欧游心影录》的发表和梁漱溟《东西文化及其哲学》的出版而引起的激烈争论,形成了文化论战的高潮。① 这种时间界定和阶段划分方法成为大多数学者认识五四东西文化论战的基本思路。②

不过,也有学者把五四东西文化论争分为两个阶段。如郑师渠等以五四运动为界来划分近代中西文化论争,并强调这种划分"并非简单归附于政治史的分野,而是有其自身的依据"。其依据是:第一,五四前文化论争的态势,是日益激烈地否定中学而追求西学,即表现为向外的单向的文化选择。但五四后,对欧战的反思和受到十月革命的启迪,打破了原有向外单向选择的格局,而呈现出双向多元化的选择:"西化""东方化""社会主义文化"。第二,五四前指导文化论争的理论基础,主要是资产阶级的社会进化论和民权说。五四后代之而起的是马克思主义的辩证唯物论和社会主义学说。从此,前期主要由资产阶级与封建旧势力论争的简单格局被打破了,而演化成了马克思主义者、"西化派"、"东方文化派"之间多样化的对立与论争。③ 还有学者以第一次世界大战为分界线,将五四东西

---

① 陈崧编:《五四前后东西文化问题论战文选(增订本)》,中国社会科学出版社1989年版,前言,第4—5页。
② 参见谭双泉《五四时期的东西文化论战》,《湖南师范大学社会科学学报》1999年第6期;杨慧清《五四时期东西文化论战中的泛社会主义现象》,《史学月刊》1999年第3期;马立新《"五四"东西文化论战新探》,《山东师范大学学报》2004年第2期;张昭军、孙燕京主编《中国近代文化史》,中华书局2012年版等。
③ 郑师渠、史革新:《近代中西文化论争的反思》,高等教育出版社1991年版,第324—325页。

文化论争分为两个阶段：前一阶段的中心是关于东西文化特质的讨论，后一阶段转移到两种文化能否调和、能否互相补济的讨论。① 刘健清等则认为五四东西文化论战大约从 1915 年延续至 1925 年，由于论战内容的发展和争论重点的变化，又可大体分为两个阶段，一是从 1915 年《新青年》创刊至 20 年代初，大体集中于比较东西文明的优劣和关于东西文化能否调和的争论；二是从 20 年代初至 1925 年，论战内容主要是科学与玄学之争论。②

三 论战的主要内容

对于五四东西文化论争的主要内容，就笔者所知，主要有以下四种解读模式。

第一种是以陈崧、郑大华为代表，从中西、新旧文化关系的角度，认为主要围绕三大问题展开论战。

陈崧认为，五四时期东西文化论战，"内容非常丰富，涉及的问题非常广泛，但比较集中于东方文化和西方文化的关系问题"，"实际上也就是从文化的角度，就整个国家是否需要改革和如何进行改革，展开的辩论"。③ 由他选编的资料集《五四前后东西文化问题论战文选》把五四时期围绕东西文化问题争论的文章分为三个部分：第一部分是"关于东西文化异同优劣的争论"；第二部分是"关于新旧文化能否调和的争论"；第三部分是"关于第一次世界大战后，中国采用何种文化、走什么道路的争论"。这种划分实际上标示了五四东西文化论战的三大主要问题。郑大华也认为，以杜亚泉、章士钊、梁漱溟为代表的东方文化派和以陈独秀、胡适为代表的新文化派争论的主要问题，一是中西文化的差异，新文化派认为是"古今之别"，而东方文化派则认为是"中外之异"；二是新旧文化的关系，新文化派主张"弃旧图新"，东方文化派主张"新旧杂糅"；三是中国文化的出路，新文化派主张以西方文化取代中国文化，而

---

① 钱婉约：《两种人与两种文化态度——评五四时期的东西文化论争》，《江汉论坛》1990 年第 10 期。
② 刘健清、李振亚：《中国近现代政治思想史》，南开大学出版社 1993 年版，第 174 页。
③ 陈崧编：《五四前后东西文化问题论战文选（增订本）》，中国社会科学出版社 1989 年版，前言，第 2 页。

东方文化派则主张"中西调和"。① 郑大华还指出,这种认识的分歧根源于他们所持理论的不同,新文化派持的是一元的文化进化观,东方文化派则持一种被称为文化相对主义的理论。② 目前大部分学者基本上认同五四时期东西文化论战是围绕三大问题展开的,只是在具体表述上有所差异。③ 沈大德、吴廷嘉认为除了这三个方面的问题,在整个论战过程中,还反复涉及以下几个基本理论和实际问题:如何看待文化与经济、政治、社会、伦理等的关系,如何认识封建主义文化与资本主义文化以及它们同社会主义文化的关系,文化的继承与革新、选择与创造之间的矛盾,如何分析文化的民族性和阶级性,如何解决如何处理民族传统文化与外来文化间的冲突,并促成它们的融合,如何建立同特定时代和文化背景相适应的精神文明与社会风尚,等等。④

第二种以丁伟志、陈旭麓为代表,从文化变革的模式进行分析,认为论争是调和与反调和之争。

丁伟志认为,调和与反调和之争,是五四时期旧文化与新文化两派间论辩的一个焦点,是双方互为攻守的一种主要方式和主要形态。⑤ 陈旭麓的《近代中国社会的新陈代谢》一书也提出,五四时期所谓东方文化与西方文化问题的论战,主要就是调和与反调和两派之间的论战。该书进一步分析道:激烈的反调和论者主张"根本扫荡"旧思想旧传统,为新文化开路;而平和持中的调和论在力倡中西文化融合,并用中国固有的道德和文明去"救西洋文明之弊,济西洋文明之穷"的同时,在文化转型理论方面也提出了若干有价值的思考。⑥

第三种以高力克、许纪霖为代表,从启蒙的类型进行分析,认为这场争论是不同的启蒙思想的碰撞。

高力克认为,杜、陈文化理论的思想歧异与其说在于"激进"与"保

---

① 郑大华:《重评五四前后的东西文化论战》,《湖南师范大学》2003年第4期。
② 郑大华:《"古今之别"与"中外之异"——五四东西文化论争反思之一》,《江汉论坛》1992年第1期。
③ 参见杨慧清《五四时期东西文化论战中的泛社会主义现象》,《史学月刊》1999年第3期;董恩强:《杜亚泉的文化思想——兼评杜、陈文化论争》,《华中师范大学学报》2000年第2期;马立新:《"五四"东西文化论战新探》,《山东师范大学学报》2004年第2期。
④ 沈大德、吴廷嘉:《略论近代以来的中西文化冲突》,《天津社会科学》1988年第3期。
⑤ 丁伟志:《重评"文化调和论"》,《历史研究》1989年第4期。
⑥ 陈旭麓:《近代中国社会的新陈代谢》,上海人民出版社1992年版,第387—388页。

守"的对立，毋宁说在于启蒙运动之"激进"与"稳健"路线的分歧。二人同属"革新"的启蒙营垒，其文化启蒙的不同进路，很大程度上反映了一位急躁勇猛的革新家兼启蒙者与一位稳健温和的百科全书式启蒙学者的性格差异。他们提出的文化发展道路分别切中了中国文化现代化中"变革"与"认同"两大主题。如果说陈独秀的启蒙理性主义采借了激进的法国模式，那么杜亚泉的文化调和主义则更趋于温和的英国自由主义模式。高力克还进一步从哲学角度剖析了论战双方的文化观的对立，指出陈独秀在比较文化思潮时采用的是一元进化论文化范式，而杜亚泉提出了立基于二元进化论的文化多元论的东西文化观。① 许纪霖也认为，五四时期对西方启蒙思想的接受是全方位的，而西方启蒙思想又是非常复杂和多元的，由此造成了启蒙思想的相互歧异和紧张。五四时期存在三种启蒙：以陈独秀及其创办的《新青年》为代表的主流的激进启蒙；以杜亚泉和他主持的《东方》杂志为代表的科学启蒙和温和改革；以梁启超、张君劢、张东荪等人为代表，以《解放与改造》、《晨报》副刊、《学灯》副刊为阵地的又一种温和的、二元论式的启蒙思想。当时的几个重要论战，如陈独秀和杜亚泉的论战，科学与玄学的论战等，表现的就是来自不同源头的启蒙思想传统的相互冲突。这种冲突是内在的，而不是启蒙与反启蒙的紧张。他还具体从五种问题意识出发，分析了存在于现代中国的不同的启蒙思想取向：第一，从变革模式看，有转化与调适的冲突；第二，从世界观看，有一元论和二元论世界观的紧张；第三，从政治思想看，有自由主义和共和主义两种民主传统；第四，从文化趋向看，存在着理性主义与浪漫主义两种传统；第五，从人际意识的角度看，存在个人主义与社群主义的不同路向。②

第四种以欧阳军喜为代表，从文化观念的角度，认为新文化派及其反对派之间的论争基本上是一种文化观念的论争。

欧阳军喜认为，事实上，五四时期的中国思想界，并不存在一个典型意义上的保守主义派别，也不存在一个完全否定中国固有文化传统的激进派。他们之间的争论，主要是由于概念之间的"不可通约性"造成的。他们在不同的意义上使用文化（或文明）这个概念，一方固守19世纪流行的带有启蒙时代特征的"文明"概念，一方固守20世纪初流行的带有反

---

① 高力克：《重评杜亚泉与陈独秀的东西文化论战》，《近代史研究》1994 年第 4 期。
② 许纪霖：《转型中的思想分化》，《史学月刊》2004 年第 7 期。

启蒙时代特征的"文化"概念。从时代关系和理论形态来看，反对派更为趋新。平常所谓的新与旧几有倒转之观。因此，我们可以说，那场论战，没有什么"激进"与"保守"、"进步"与"反动"，只有从不同角度对民族文化的深切关注和思考。①

四 全盘性的反传统问题

虽然如前文所述自20世纪90年代末以来部分学者把五四时期的文化保守主义者如杜亚泉、梁漱溟等也纳入新文化派中，但若无特别说明，学界所用"新文化派"一般仍特指五四时期以陈独秀、胡适、李大钊、钱玄同、鲁迅等人为主将的"西化派"，他们以文化进化论的观点比较东西文化的异同，认为东西文化是新与旧、先进与落后的差别，认为中国传统文化是阻碍中国实现现代化的最大障碍，因此对中国传统文化的弊端进行了不遗余力的抨击，主张用以民主和科学为核心的西方文化全面取代中国传统文化。在"革命史观"主导下，新文化派这种激进变革传统的主张和态度一般是被肯定和褒扬的，认为他们猛烈冲击了封建主义思想堡垒，使广大知识青年受到了资产阶级民主主义和科学思想的熏陶，使他们从旧传统、旧礼教、旧道德的束缚中解放出来，为中国先进分子迅速接受十月革命的影响创造了思想上的条件，为马克思列宁主义在中国的传播开辟了道路。在20世纪80年代"文化热"的话语中，民主与科学是现代化的灵魂，五四东西文化论战中的新文化派因高扬民主与科学依然倍受推崇。

自80年代后期以来，受海外学者的观点影响，五四东西文化论战中的西化派因其激烈的反传统而成了近代中国激进主义的代表，甚至被认为对于20世纪中国政治、文化发展中所出现的种种歧误负有不可推卸的责任。针对海外华人学者林毓生提出的"五四"是"全盘性的反传统运动"的观点，关于五四新文化派是不是"全盘反传统"以及如何认识和评价他们的反传统问题，成为40年来大陆中国近代文化史研究的焦点和热点之一。这一问题也是我们梳理几十年来大陆学界认识和评价五四东西文化论战中的西化派的关键所在。

对于五四新文化派反传统问题的研究，大体而言有五种意见。

---

① 欧阳军喜：《历史与思想——中国现代史上的五四运动》，福建教育出版社2009年版，第110、125页。

第一种意见认为，近代以来，尤其是五四一代的知识分子，由于把"现代化"与"西化"不恰当地等同了起来，以一种全盘否定的"反传统"态度来对待中国文化，因此在客观上"切断"了中华民族的文化传统，造成了所谓的文化传统的"断裂带"。①

第二种意见是认为五四反传统确实存在整体上的偏激性，但又不认同一些批评者对此所作的"过度阐释"和过分放大，主张应对其缺失作出历史主义的辩证分析与合理阐释。持此取向的学者中，杨天宏对后五四时代将五四激进反传统倾向视为"法上取中"策略的观点予以否定，认为此说乃是基于历史反思所作的事后解释；该倾向系时势所致，在当时特定条件下有其历史依据，不必从其他方向为其寻求合理性解释。②

第三种意见虽然不认为五四新文化派是"全盘反传统"，但仍认为他们犯了民族虚无主义或历史虚无主义的错误。如有人指出："尽管新文化运动的倡导者陈独秀和胡适主张'反传统'的本意，并非全盘否定中国传统文化，而是源于对文化演进过程中惰性因素的思考。""他们看到，与欧洲许多国家'轻装上阵'相比，像中国这样具有悠久历史的国家，在传统向现代转变的过程中背负着沉重的历史包袱。在这种思想指导下出现的现实情况是，将实现现代化与继承传统对立起来，将西方文化的现代化模式看成是现代化的一般发展趋势，犯了历史虚无主义的错误。"③还有人指出："陈独秀的偏激之举，既犯了历史虚无主义错误，又违反了社会思维规律中的承续接力规律。"④郑师渠认为，新文化派"以西学反对中学，以新学反对旧学，于其时的思想解放运动虽产生了巨大的推动作用，但由于对复杂的文化问题采取了简单化的态度，一味颂扬西方文化和否定固有文化，也存在着民族虚无主义的弊端"⑤。汪永平也说："他们把传统文化从总体上当成有百害无一利的东西，要求一律弃绝，从而在理论上陷入历史虚无主义的泥潭。"⑥

---

① 甘阳：《八十年代文化讨论的几个问题》，载甘阳主编《文化：中国与世界》第1辑，生活·读书·新知三联书店1987年版，第18页。
② 杨天宏：《新文化运动思想文化的目标与取径》，《社会科学研究》2004年第2期。
③ 艾丹：《泰戈尔与五四时期的思想文化论争》，人民出版社2010年版，第152—153页。
④ 陈秀萍：《重评陈独秀与杜亚泉的东西文化论战》，《中共党史研究》1996年第3期。
⑤ 郑师渠：《论欧战后中国社会文化思潮的变动》，《近代史研究》1997年第3期。
⑥ 汪永平：《20世纪初东西文化论战中"西化派"的历史困境》，《西北工业大学学报》2004年第1期。

第四种意见既不认为新文化派是全盘反传统，又对其反传统的必要性总体上持肯定态度。持这种意见的学者最多。他们认为，五四是反传统的，但并非全盘性反传统，它反对的主要是儒家的"吃人"礼教，而对于先秦非儒学派及旧传统中的民间文学是肯定的；即使是儒学，新文化人也肯定了其内在的价值。①耿云志认为，无论是"一意西化"，还是"全盘性反传统"，都不足以表示新文化运动的实质，都只是极表浅的一偏之见。他具体分析了陈独秀、胡适、鲁迅的中西文化观，认为新文化运动几位最重要的领袖，都不是简单的西化论者或全盘性反传统主义者，而是追求中西结合以创造新文化的先驱分子。②袁伟时指出，新文化运动没有"全盘否定中国传统文化"。古代文学艺术大部分受到推崇，特别是小说、白话文学等更是得到前所未有的很高的评价。诸子和佛学的研究在深化，恢复了它们应有的地位。就以儒学来说，指出其价值观念不适应现代社会生活的同时，也没有全盘否定其在历史上的作用。陈独秀等人严厉批判"三纲"，但对儒家一些道德观念仍有所肯定。③魏绍馨认为，所谓"全盘反传统主义"并不是五四的基本指导思想，而是五四以后从俄国传入的一种极"左"思潮，这种极"左"思潮曾经产生过一定的消极作用，但是五四反传统在中国的主要影响是积极的、健康的，它并没有使中国文化"经历一场灾难性的语言破坏"，而是开辟了中国新文化运动的历史航程。④

第五种意见是不认为新文化派是全盘反传统，肯定其反传统的合理性，又通过细密的分析，揭示他们由于受传统的制约而在反传统问题上的历史局限性。

欧阳哲生通过对新文化派和他们的反对派的比较，梳理了新文化派与传统文化的历史关系。第一，在治学途径上，新文化人师承清代汉学，因而与继承宋明理学衣钵的现代新儒家恰成分庭抗礼之势。第二，在"疑古"思想推动下向前发展的三百多年的"复古解放"思潮，对新文化运动

---

① 参见王元化《论传统与反传统——从海外学者对"五四"的评价说起》，《人民日报》1988年11月28日；龚书铎：《五四时期的反传统》，《北京师范大学学报》1989年第3期；郑大华：《"五四"是"全盘性的反传统运动"吗——兼与林毓生教授商榷》，《求索》1992年第4期；严家炎：《"五四""全盘反传统"问题之考辨》，《文艺研究》2007年第3期。

② 耿云志：《五四新文化运动再认识》，《中国社会科学》1989年第3期。

③ 袁伟时：《新文化运动与"激进主义"》，欧阳哲生、郝斌主编：《五四运动与二十世纪的中国》（上），社会科学文献出版社2001年版，第273页。

④ 魏绍馨：《五四"反传统"文化思想的历史价值》，《东方论坛》2000年第1期。

的"价值重估"产生了先导作用。第三，新文化人在思想、学术、语言、文学等各个方面积极倡导传统下层文化，严厉批判上层文化，使传统文化的内部结构发生了根本的变化。新文化人在实现传统的创造性转化中也出现了历史局限：一是他们进行的"整理国故"属于微观史学的范畴，不可能进行高层次的历史哲学思辨，更欠缺在宏观上驾驭中国历史的能力，很难说达到了"价值重估"的要求。二是他们提出的"价值重估"，满足于一种单纯意义上的历史批判，在一定程度上反映了传统的"正本清源"思维模式的影响。三是历史地解剖传统文化的内在构成，其上层文化并非全是糟粕，其下层文化亦并非全是精华，而当时的新文化人却很少理性地认识并把握这一点。[1] 汪永平指出，"西化派"尽管有这样那样的缺点与弱点，但它猛烈地抨击了传统文化，输入了西方文明的新空气，打击了文化界的惰性与盲目性，在当时的思想界起了振聋发聩的作用。然而，"西化派"并未大获全胜，而是面临重重历史困境：（1）启蒙所需要的民族自卑意识与救亡所需要的民族自尊意识相冲突；（2）西方文化多元化与救亡所需要的文化一元化相矛盾；（3）全盘否定民族文化的手段与建设民族文化的目的相背离；（4）要求走资本主义道路的强烈愿望与封建势力根深蒂固的黑暗现实相反差。[2] 高旭东认为，五四反传统存在双重矛盾和限制：一是其内在文化根源来自传统的实用理性精神，二是其精神内驱力来自传统的强烈使命感；它并未丧失与中国文化传统的血脉关系，其创造的新文化是中西合璧的结果。[3]

五 东方文化派的主张及价值

东方文化派是对五四时期东西文化论战中那些不赞同新文化运动，要求维护中国传统文化价值，主张中西文化调和的一批知识分子的统称，包括《东方杂志》主编杜亚泉以及陈嘉异、章士钊、梁启超、梁漱溟等。

新中国成立以来，学术界对东方文化派的评价经历了全盘否定、大致肯定并总结其正反两方面的经验的过程。传统观点认为，东方文化派多数"是与封建势力有较密切联系的那部分资产阶级知识分子"，他们所要维护

---

[1] 欧阳哲生：《试论中国新文化运动的传统起源》，《社会科学战线》1992年第2期。
[2] 汪永平：《20世纪初东西文化论战中"西化派"的历史困境》，《西北工业大学学报》2004年第1期。
[3] 高旭东：《怎样看待"五四"及其反传统》，《中华读书报》2009年4月8日。

的不过是早已过时的封建宗法制度及其思想。① 也有学者认为,"把这些人视为留恋'工业中的行会制度,农业中的宗法经济'的旧式小资产阶级的思想代表,也许更贴切一些"②。进入90年代中后期以后,尽管仍有少数学者认为,从表面上看杜亚泉等人的观点似乎持平公允,"实际上则是封建文化卫道士的花样翻新"③,但多数学者已不再用阶级分析法来评价杜亚泉等东方文化派,而是更多地从历史、文化的角度理性分析他们的思想价值和局限性。

由于文化保守主义思潮的兴起,自20世纪80年代末开始特别是90年代以降,属于文化保守主义阵营的东方文化派可谓备受学界关注。与对新文化派的研究相比,对于其论争对手东方文化派的研究成果要丰富得多。1989年,丁伟志撰文对五四文化论战中东方文化派的"文化调和论"进行了新的探讨,提出无论是主张旧文化和新文化有必然联系的"调和论",还是主张东、西方文化之间可以取长补短的"调和论",在大前提完全错误的文化理论体系中,却包含着合理的方法论成分,这就是:注重分析不同时代的文化之间或不同民族的文化之间的相互关系,承认其间存在交流融合的可能性与必然性。当年主张文化调和论的人,提出并论证了文化的历史延续性质和文化的交流融合性质这样一些重大问题,其中包含的合理成分是弥足珍贵的,绝不能因为那是出自反对新文化的人士之口而因噎废食。④ 张岱年等在其出版于1990年的《中国文化与文化论争》中,认为东方文化派宣扬东方文化中心主义,"具有旧文化卷土重来的性质",后来的历史发展证明了他们的文化主张是"反动的、根本行不通的",他们所谓的中西文化的"综合""融会"实际上是"主观随意的调和折中"。⑤ 不过,东方文化派在文化研究方面也并非毫无所见,首先,他们在揭示中国文化特点方面做了有益的工作。其次,他们从第一次世界大战中敏锐地看到了资本主义文明已陷入了全面的危机,并对资本主义的固有矛盾作了相当深刻的分析和揭露。这对中国人自19世纪60—70年代以来逐渐形成的以为只要走资本主义道路就可以救中国的信念,起了破坏的作用,客观上

---

① 袁伟时:《中国现代哲学史稿》(上卷),中山大学出版社1987年版,第680、705页。
② 张岱年、程宜山:《中国文化与文化论争》,中国人民大学出版社1990年版,第350页。
③ 谭双泉:《五四时期的东西文化论战》,《湖南师范大学社会科学学报》1999年第6期。
④ 丁伟志:《重评"文化调和论"》,《历史研究》1989年第4期。
⑤ 张岱年、程宜山:《中国文化与文化论争》,中国人民大学出版社1990年版,第349页。

有利于社会主义思想在中国的传播。①

进入20世纪90年代以后,关于东方文化派的研究成果大量涌现,人们开始更为理性地分析和评价东方文化派的文化主张,既从总体上肯定该派文化观的价值,又深入分析其局限性。目前,学术界对东方文化派研究的焦点主要集中于在东西文化论战中该派的文化主张上,对此基本达成的共识是:东方文化派有着强烈的民族主义情感,强调中国的精神文明与西方物质文明的调和,甚至要用中国文明拯救西洋文明。针对新文化派认为东西文化是"古今之别"的观点,他们指出二者"乃性质之异,而非程度之差",实质上是"中外之异";针对新文化派"破旧立新"或"弃旧图新"的主张,他们认为新旧不能截然分开,从而主张"新旧杂糅""新旧调和";针对新文化派向西方学习的主张,他们认为应实现中西文化的互补调和。他们的主张既给当时方兴未艾的新文化运动造成了极大的阻力,同时也使新文化运动存在的一些过激言论和主张得到了某种程度的纠偏和消解。二者存在着一种对立统一的辩证关系。在论战中东方文化派虽然往往与复古派互为奥援,但他们并不避讳东方文化的缺陷,同时也不否认西方文化的长处,这就使得他们在文化取向上不仅与那些全盘肯定并主张抄搬西方文化的"全盘西化论者",而且与那些全盘肯定并维护中国传统文化,拒斥一切外来文化的顽固守旧分子区别了开来。东方文化派文化观的主要缺陷在于:虽然注意到中西文化的民族性一面,但却否定文化的时代性,也即是否认中国文化落后于西方文化,未能顺应时代发展的要求;他们不能正确认识文化的变革与承续之对立统一的辩证关系,因此,不能区分传统文化的精华与糟粕。几乎所有的东方文化派视旧伦理、旧道德为"立国之本",具有永恒的价值,从而对它采取的是继承和弘扬的态度。②

---

① 张岱年、程宜山:《中国文化与文化论争》,中国人民大学出版社1990年版,第349—350页。

② 参见郑大华《"古今之别"与"中外之异"——五四东西文化论争反思之一》,《江汉论坛》1992年第1期;郑大华《论"东方文化派"》,《社会科学战线》1993年第4期;王先俊《五四时期的"东方救世论"思潮》,《北京师范大学学报》1999年专刊;董恩强《杜亚泉的文化思想——兼评杜、陈文化论争》,《华中师范大学学报》2000年第2期;郑大华《第一次世界大战与战后中国文化保守主义思潮的兴起》,《浙江学刊》2002年第5期;刘黎红《超越对立:五四时期"新旧调和论"社会反应的整体透视》,《江汉论坛》2003年第2期;郑大华《重评"五四"前后的"东西文化论战"》,《湖南师范大学社会科学学报》2003年第4期;耿云志《五四以后梁启超关于中国文化建设的思考——以重新解读〈欧游心影录〉为中心》,《广东社会科学》2004年第1期;马立新《"五四"东西文化论战新探》,《山东师范大学学报》2004年第2期;马克锋《文化思潮与近代中国》,光明日报出版社2004年版,第350—351页等。

六 评价论战的标准

从理论上说，在历史上文化保守主义和激进主义往往相伴而生，如同一枚硬币的两面，存在对立统一的关系。但在后人对他们的文化主张进行评说时，却往往如同脚踏跷跷板，贬低这一方常常会抬高另一方，贬低另一方却又会抬高这一方，在两者之间很难达至平衡。学界在研究五四东西文化论争时就曾出现这一问题。在"革命史观"占主导地位时，对新文化派大力褒扬，而基本上完全否定东方文化派文化主张的历史价值；在后来反思和批判激进主义的过程中，却又极力推崇东方文化派的文化主张，批判新文化派的偏失。有学者就曾产生这样的困惑，如钱婉约曾提出，对论战双方进行评价时，存在一个用什么标准来衡量的问题，即政治标准和学术标准两难统一的问题。五四这个特定时期的现实政治斗争、社会变革需要义无反顾的批判勇气和彻底的革命精神，而从文化讨论这一学术活动来说，则要求讨论者从文化本身出发，具有相对独立、冷静、理智的态度，要求研究者在对待批判与继承、引进与吸收、理论与实践等问题上，作深入的学术研究、理论探讨。用前一标准来衡量，新文化战士无疑是作出了伟大的贡献，后一标准则是在讨论中被普遍忽视而做得不够的。[①] 作者的意思很明显，是希望用学术标准正确理解东方文化派的历史合理性。但在实际操作过程中，用学术标准来认识东西文化论争，却又往往出现矫枉过正现象。

对此，有学者指出：在今天看来，陈独秀的观点似无可取之处。然而，评析历史问题不能离开当时的社会历史背景。"当时中国处于纷乱状态，关于如何对待中西文化问题，有时不能按常规宣传，尤其不能按学术研讨来处理，应从政治斗争角度去对待。当国人沉迷于传统文化中时，矫枉过正地大喊一声，未必不是良方，未必比从学术角度冷静剖析差。""陈独秀出于救亡，采取这种偏激观点，今日看来不仅可以理解，而且还有一定的道理和一定的社会作用，即有一定的合理内核，当然，也有不少非合理因素。"[②]

---

① 钱婉约：《两种人与两种文化态度——评五四时期的东西文化论争》，《江汉论坛》1990年第10期。
② 陈秀萍：《重评陈独秀与杜亚泉的东西文化论战》，《中共党史研究》1996年第3期。

郑大华也强调，"虽然从学理上分析，无论新文化派，还是东方文化派，对一些问题的认识都存在着片面性，然而，如果我们把他们所争论的问题置于特定的历史背景下来考察，以历史发展的客观要求为其评价的标准，那么，显而易见新文化派的理论主张比东方文化派的理论主张更符合历史的要求，更有它的历史价值和现实意义。"以他们有关中西文化差异之性质的争论为例，"新文化派认为是'古今之别'，东方文化派认为是'中外之异'，从学理上分析，二者都失之片面性，前者强调了文化的时代性，而忽略了文化的民族性；后者则强调了文化的民族性，而忽略文化的时代性，但从当时的历史要求来看，是要人们承认中国传统文化在时代性上比西方近代文化的落后从而奋起直追，使中华民族立于世界民族之林，而不是保持本民族文化的纯洁性，肯定它有其存在的特殊价值和意义。"①

郑大华等学者还进一步指出，一般评价人物的标准有三个：历史的标准、学理的标准和道德的标准，其中又以历史的标准为主。所谓历史的评价标准，是把人物放置于他所处的社会时代之中，看他的活动在多大程度上顺应或满足了当时社会的发展趋势或需要。就近代中国而言，社会的发展趋势或需要一是民族独立，二是社会进步。在中国近代史上，凡是对民族独立和社会进步起过积极作用的历史人物就应肯定，反之则应否定。然而有的学者在评价中国近代思想史上的人物时，主要用的是学理的或道德的标准，而不是历史的标准。比如，就学理的评价标准而言，五四时期以杜亚泉、梁漱溟为代表的东方文化派，以梅光迪、吴宓为代表的学衡派和以张君劢为代表的玄学派，的确有值得充分肯定的地方，因为无论是对文化之民族性的强调，还是对中国传统文化之精神价值的发掘，抑或是对普世的人文价值与人文精神的肯认，他们都作出过重要贡献。但从历史的评价标准来看，值得充分肯定的无疑是以陈独秀、胡适为代表的新文化派。因为五四时期历史给中华民族提出的要求是向西方学习，变革中国文化的时代性，从而实现从传统向近代的转变，而非强调自己文化的民族特征，是要中国融入世界，充分接受现代文明，而非对传统文化之精神价值的固守和体认。而这些正是新文化派所主张和东方文化派、学衡派、玄学派所反对的东西。我们以前只讲历史的评价，忽略了以杜亚泉、梁漱溟为代表的东方文化派，以梅光迪、吴宓为代表的学衡派和以张君劢为代表的玄学

---

① 郑大华：《论"东方文化派"》，《社会科学战线》1993年第4期。

派在学理上的贡献，这固然是片面的，但如今有的学者从一个极端又走到另一个极端，只以学理的标准来评价五四时期以陈独秀、胡适为代表的新文化派和以杜亚泉、梁漱溟为代表的东方文化派，以及以梅光迪、吴宓为代表的学衡派，以张君劢为代表的玄学派，贬斥前者，而肯定后者，这同样是片面的、不是正确的评价历史人物的态度。①

第四节　科学与人生观论战

"科学与人生观论战"，也称"科学与玄学论战"，简称"科玄论战"，是五四东西文化论争的延续和深入。这场论争虽然主要是在玄学派与科学派中进行，但部分马克思主义者也参加了进去。相比中国近代史上其他的文化论争，对于这场论争，是1949年以来学术界开展比较早的一个研究课题，参与研究的人员也比较广泛，不仅有历史学者，还有很多哲学学者以及其他人文学科的学者、自然科学学者加入。60多年来，学界关于这场论战的研究取得了巨大进展，所讨论的问题也很多，限于篇幅，这里仅从两个方面对相关研究作一简要综述。

一　论战的实质和意义

学术界对科玄论战大体有以下几种认识。

第一，立足于政治批判的认识。新中国建立初期，清除历史上遗留下来的各种愚昧和错误思想是当时政治思想工作的一项重要任务，于是，自20世纪50年代初起中国大陆开展了宣传唯物主义和批判唯心主义的工作，在50年代中期又号召在全国范围内开展了声势浩大的批判胡适思想的运动。在这种历史背景下，马克思主义学者对科玄论战双方的哲学思想都进行了批判。李新等人主编的《中国新民主主义革命时期通史》认为，"科玄论战"就是"反动的唯心主义哲学阵营内部的一场混战"，玄学派张君劢、梁启超等是现代化了的封建复古主义者，所代表的是现代化的地主阶级的利益；科学派提倡帝国主义奴化哲学，代表了买办资产阶级的利益。"两派都极其狠毒地破坏科学，反对唯物主义，特别是反对历史唯物主

---

① 郑大华、贾小叶：《90年代以来中国近代思想史研究中的重大问题争论》，《怀化学院学报》2016年第3期。

义","他们对真正的科学的人生观——马克思主义的人生观,拼命地加以进攻","甚至连他们发生内部争吵的时候,也不曾忘记和放松了对马克思主义的斗争"①。冯契也认为,论战"其实是玄学同玄学的吵闹","并非什么科学同玄学论战,而是一派玄学同另一派玄学吵吵闹闹"。② 黄元起强调:"如果我们把这场论战单纯看作资产阶级各流派之间的'混战',也是错误的。我们应该看到它的最本质的东西,还在于反对真正的科学,反对马克思列宁主义与中国人民的革命运动。""这场混战,绝不是什么封建思想与资产阶级思想的斗争,而是反动资产阶级思想内部各流派的矛盾与斗争,也是他们的反动思想的特征在方式不同的矛盾冲突而引起的。"③ 可以看出,新中国成立初期对科玄论战的研究,虽然对论战的史实作了一定程度的梳理,对当年科学派和玄学派的失误也作了较深刻的批判和反思,但很明显,这种立足于政治批判的研究,对当年参战各方的动机和论战性质产生了严重曲解。

第二,立足于学术意义的探讨。改革开放以来,学界对该论战的认识多是以广阔的视野,从世界范围内人们对科学与人文之间关系的思考以及对中国哲学思潮的影响来认识这一论战的学术意义。郑师渠在考察了第一次世界大战对中国社会文化思潮的影响后指出,"脱离了 20 世纪初年西方文化思潮的变动和国人反思欧战的历史场景,对这场论争性质的判断是不可能准确的"。他认为,"与其将这场论争说成是科学与反科学之争和东方文化派对'五四'精神的反动,不如说这是国人在反省欧战的基础上对科学问题进行的再认识,它是中西文化问题论争的继续"④。陈筠泉等指出,"科玄论战"实质上是西方科学主义和人文主义两大思潮的对立在我国思想文化界的反映。论战所讨论的是自然规律和社会规律、社会规律和人的活动、真理观和价值观、理性因素和价值因素等一系列关系问题。⑤ 李维武说,科学与玄学论战,在中国哲学史上第一次尖锐地提出了科学与哲学的关系问题。这次论战对科学与哲学的意义范围、思维特点、社会功能、

---

① 李新等主编:《中国新民主主义革命时期通史初稿》第一卷,人民出版社 1962 年版,第 169—171 页。
② 冯契:《论所谓"科学与玄学的论战"》,《学术月刊》1959 年第 5 期。
③ 黄元起:《1923 年的"科学"与玄学的论战》,《史学月刊》1957 年第 9 期。
④ 郑师渠:《论欧战后中国社会文化思潮的变动》,《近代史研究》1997 年第 3 期。
⑤ 陈筠泉、刘奔:《哲学与文化》,中国社会科学出版社 1996 年版,第 102 页。

相互关系诸问题所展开的一系列论争，最后都归结为对哲学本体论是肯定还是否定这一根本问题，从而突出了本体论问题在20世纪中国哲学发展中的重要地位。①方松华认为，"这场论战既是20世纪西方理性主义与非理性主义哲学思潮在现代中国的回响，又标志着20世纪中国哲学的诞生"。它"为马克思主义哲学的传播提供了契机"。②还有学者认为，"科玄之战"不仅仅是带有意识形态性质的"中学"与"西学"之战，更是一个极富有象征意义的文化哲学事件，其对科学哲学关系的探索与思考实际上开辟了一个关于科学文化哲学的新的主题。因此，虽然"科玄论战"的结果表面上是以科学派的胜利告终，但实际上则是建立在科学基础上的更高层次上的文化整合。科学哲学化的过程中渗透着哲学科学化的过程，"科玄论战"展示了科学主义哲学的发展路向，而科学哲学化成为主要的发展趋势。③另有学者指出，"从内容看，论战实质上所探讨的是科学与人文的关系问题，这表明已触及当时西方哲学的前沿问题，标志着中国思想文化界已逐渐走向成熟"④。

第三，立足于思想史意义上的思考。李泽厚认为，这场论战的真正核心在于："现时代的中国人（特别是青年一代）应该有什么样的人生观才有助于国家富强社会稳定？这场看来是科学与哲学的关系等纯学术问题的论战，从根本上却是两种社会思想的对立。它具有思想史的意义。"他指出，科玄论战的真实内涵"并不真正在对科学的认识、评价或科学方法的讲求探讨，而主要仍在争辩建立何种意识形态的观念或信仰。是用科学还是用形而上学来指导人生和社会？""它的确是一场关于'人生观'的争论，这种人生观的争论又是与选择何种社会改造方案联系在一起的。尽管论战中似乎争辩了那么多的科学哲学和宇宙观、认识论问题，但真正的重点和要害并不在那里"。⑤

第四，从文化变革的方式激进与保守的视角来认识。汤一介认为，"五四"时期的李大钊和陈独秀是激进主义的代表，胡适和丁文江是自由主义的代表；梁漱溟、张君劢和《学衡》派则是保守主义的代表。科玄论

---

① 李维武：《二十世纪中国哲学本体论问题》，湖南教育出版社1991年版，第64—65页。
② 方松华：《二十世纪中国哲学与文化》，学林出版社1997年版，第35、38页。
③ 李丽：《"中体西用"到"科玄论战"的文化动因》，《自然辩证法通讯》2014年第6期。
④ 张昭军、孙燕京主编：《中国近代文化史》，中华书局2012年版，第232页。
⑤ 李泽厚：《中国思想史论》（下），安徽文艺出版社1999年版，第874、876页。

战是新文化运动以来东西文化论战的继续,"是一次新文化运动的主流派与非主流派的大冲突","是激进主义派联合自由主义派与保守主义派的对垒"。这一场论战实质上仍然是"东西古今"之争。但论争的结果看起来似乎是保守主义派失败,但更重要的是自由主义派与激进主义派的分手。因为自由主义派主张用改良的办法,而激进主义则主张用"大破坏"即"革命"的方法对待旧文化和旧道德。因此,自20年代中后期起,在中国文化界就出现了自由主义、保守主义和激进主义三足鼎立的局面。①

第五,借用马克斯·韦伯所提出的"价值理性"和"工具理性"的概念分析"科玄论战"。有人认为,20世纪初以来的东西文化争论实质上是这两种文化标准的冲突,这种冲突在"科玄论战"中得以充分表现,当时,激进的功利主义者(如陈独秀和胡适)认准工具理性的发展是西方近代文明的特色,他们绝对排斥价值理性,无条件地拥抱西方的工具理性(科学文明),其结果是只看到了功利目的而忽视了人文本身就是人的终极目的,因而他们势必漠视人文价值和人类情感。而文化保守主义者则自觉或不自觉地扮演了维护价值理性的角色,他们的所有论点不在于要不要工具理性的发达,而在于强调新的社会仍然必须有价值理性,人文价值必须有自己的独立的尊严和领地,而且东西方的价值理性并无古今高下之分,东方的价值理性(儒家文化)仍有存在的必要。②

二 "唯科学主义"问题

自20世纪80年代末以来,由于中国经济、社会的转型,市场经济条件下道德失范现象时有发生,人文学术受到冲击,于是,有人发出"人文精神失落"的感叹。与此同时,大陆部分学者由于受到当代西方的实证主义思潮和人文主义思潮,以及当代海外新儒家的文化保守主义思潮的影响,特别是美籍华裔学者郭颖颐著《中国现代思想中的唯科学主义(1900—1950)》一书被译成中文并在国内出版后,引起了广泛关注。受其

---

① 汤一介:《五四运动与中西古今之争》,载欧阳哲生、郝斌主编《五四运动与二十世纪的中国》(上),社会科学文献出版社2001年版,第471页。另见汤一介《中国文化书院十年》,载张岱年等著《文化的回顾与展望——中国文化书院建院十周年纪念文集》,北京大学出版社1994年版,第77—78页。

② 陈来:《"五四"东西文化论争的反思》,载《北京大学纪念"五四"运动七十周年论文集》,北京大学出版社1989年版,第162—164页。

影响，一些学者开始使用"唯科学主义"（scientism）的概念，并以之来批评"五四"和"科玄论战"以来的中国科学思潮，这种倾向激起了一部分人的反驳，因此引发了一些新的争论。

什么是唯科学主义？郭颖颐认为，"唯科学主义可被看作是一种在与科学本身几乎无关的某些方面利用科学威望的一种倾向"。五四时期的唯科学主义者"是一些热衷于用科学及其引发的价值观念和假设来诘难、直至最终取代传统价值主体的知识分子"①。他们可以分为两大派别，即以陈独秀、吴稚晖为代表的"唯物论唯科学主义"和以胡适、丁文江为代表的"经验论唯科学主义"。他分析说，20世纪头20年，中国的许多知识分子不仅传播科学而且号召接受科学的世界观，要求抛弃传统的人生哲学。吴稚晖对科学的工业文明大胆讴歌，陈独秀对以科学和民主为基础的现代文明热情颂扬，胡适对科学的批判态度的普遍适用所作的辩护，《新青年》《学艺》《科学》《新潮》和《少年中国》等刊物均将科学作为一种价值取向来宣传，要求用科学精神取代儒学精神，要求建立一种以科学为基础的新的人生哲学。他们均表现出了强烈的唯科学主义的倾向，因此，"可以说，甚至在1923年这场论战开始前，唯科学论者就取得了胜利"②。这种唯科学主义使中国传统的价值观念受到严重挑战，中国传统思想的连续性遭到破坏；传统主义者面对挑战试图竭力挽救中国传统的人生哲学，使之不被科学一元论淹没。他们从第一次世界大战的惨状中找到了反击科学万能论的根据，从罗素等西方学者盛赞中国精神文明的演讲中获得了维护传统的借口，从梁启超和梁漱溟的观点中获得了素材。正是在这种历史背景下，传统论者向唯科学论者发起了反击，于是爆发了一场围绕传统世界观和科学世界观的关系问题的激烈论争——科学与玄学（人生观）大论战。郭还认为，论战的结果促进了唯科学主义在中国更加流行，而唯科学主义的流行又进而阻碍了科学的发展。因为，在唯物论的唯科学主义的支配下，人们将科学作为一切知识的合理性的"仲裁者"，一切"科学的"试验都被当作是判决性的，这实际上是以对科学的盲从代替了科学的批判精神。唯科学主义还从对科学的崇拜走向了方法论的形而上学。现代中国的

---

① 郭颖颐：《中国现代思想中的唯科学主义（1900—1950）》，江苏人民出版社1995年版，第1页。
② 郭颖颐：《中国现代思想中的唯科学主义（1900—1950）》，江苏人民出版社1995年版，第12页。

许多思想领袖都未能把批判态度与方法论权威、科学客观性与绝对理性、科学规律与不变的教条区别开来。这就引起不了一个多种观念相互竞争的时代。而这有助于开启另一个时代,即一种超级思想体系的一统天下,唯科学主义最终会导致思想专制。因此,郭颖颐说,唯科学主义影响到人类生活的各个方面,但并不有益于科学本身的进步。①

郭颖颐的著作在大陆翻译出版后,产生了巨大影响,直接影响到人们对科玄论战的认识。大批学者认为科学派存在"唯科学主义"的问题,并据此对科玄论战中的科学派和玄学派进行了新的评价。

郑师渠认为,论战中"三派各有长短,互有得失"。他指出,这场论争没有脱离战后反思中西文化的路向,因之论争中三派思想分野依然清晰可辨:张君劢等人之所以力攻"科学万能论",要反省西方物质文明的偏颇导致了欧战,呼吁重视精神的价值和中国文化的优长,但他们却不恰当地主张复活新宋学;丁文江诸人竭力维护科学的权威,但却陷入了科学主义,固执地坚持"不相信中国有所谓'精神文明'";陈独秀等人坚持唯物史观,批评胡适诸人不彻底,陷于唯心论,慧眼独具,但却同样未能尽脱科学主义的羁绊。针对学术界过去认为玄学派的思想"是反对科学发展的一种思想,是'五四'精神的反动"②的说法,郑师渠指出:"就东方文化派而言,尽管其时中国面临的主要问题尚非迷信科学而是菲薄科学,但是它提出要重视科学却应反对科学主义,并进而要求重新审视中国文化趋重精神文明的价值优长,毕竟表现了可贵的前瞻性。"③

还有很多接受"唯科学主义"概念的学者,用它来分析"科玄论战"的前因后果,像郭颖颐一样,把这场论战视为"唯科学主义在中国兴起的产物,并认为这场论战的结果又导致了唯科学主义在中国的更加流行"。④高力克认为,"科玄论争表明'万能'的科学在攻占自然和社会领域后,开始染指精神世界这一传统玄学视为神圣不可侵犯的领地,它无疑标志着近代科学思潮的进一步深化。"⑤有人以"科学主义"指称科学知识的独

---

① 郭颖颐:《中国现代思想中的唯科学主义(1900—1950)》,江苏人民出版社1995年版,第172页。
② 北京师范大学历史系中国现代史教研室编:《中国现代史》,北京师范大学出版社1983年版,第112页。
③ 郑师渠:《论欧战后中国社会文化思潮的变动》,《近代史研究》1997年第3期。
④ 顾昕:《唯科学主义与中国近现代知识分子》,《自然辩证法通讯》1990年第3期。
⑤ 高力克:《科玄之争与近代科学思潮》,《史学月刊》1986年第6期。

断主义，或称"科学知识崇拜"，即相信科学不仅提供了对于宇宙、人生的最正确的解释，而且成了裁定一切学说、观念的准则，科学俨然成了一种新的思想权威：它普遍有效而又绝对正确；"赛先生"于是变成"赛菩萨"。科学在这里不仅是真理的标准而且是价值尺度，它成了取代传统人文观念的新的价值准则。这种意义上的唯科学主义，不仅体现在胡适和丁文江等科学派人物的思想中，而且也体现在陈独秀和瞿秋白的思想中，因为陈、瞿也把科学作为意识形态去信奉，他们对科学问题也采取定于一尊的解决方式，一个问题一个答案，毫无例外。① 也有人指出，陈独秀和瞿秋白当年在对玄学派和东方文化救世论的批判中，犯了全盘西化和唯科学主义的错误，忽视了东方文化除了它的封建落后性的一面外确实具有与西方文化不同之处；忽视了自然科学方法的应用条件和范围，忽视了自然、社会与人文历史现象之间的区别。20年代中国的历史条件决定了人们倾向于科技文明，因而在"科玄论战"中玄学派不得不失利。自此以后，中国文化和中国学术便大踏步地走上了唯科学主义之途，结果整个思想界弥漫着一股强劲的唯科学主义思潮，唯"自然科学"是从，盲目地搬用自然科学的准则、方法、概念和术语，妄图使人文、社会科学乃至人的生活的一切方面都自然科学化，与自然科学相异的活动都被讥讽为"非科学的"。②

还有学者探讨了科学主义与马克思主义传播的关系。杨国荣指出："作为五四科学思潮影响之下形成的第一代马克思主义者，他们或多或少亦带有某种泛科学主义的特点。"③ 何中华也认为："'科玄论战'以来盛行起来的科学主义思潮，构成了中国人接受马克思主义哲学的一种无法剔除的解释学背景。"④ 顾昕指出，陈在1923年的大论战中，把"科学"直接等同于"唯物史观"；因而，与吴稚晖相比，陈独秀的唯科学主义的影响面更广泛。⑤

对于科玄论战中科学派是否有"唯科学主义"的问题，也有部分学者是根本否定的，他们坚决反对把五四科学思潮判定为科学主义思潮并加以

---

① 顾速：《评现代中国的科学主义》，《南京大学学报》1991年第2期。
② 朱红文：《人文精神与人文科学——人文科学方法导论》，中共中央党校出版社1994年版，第231页。
③ 杨国荣：《科学的泛化及其历史意蕴——五四时期科学思想再评价》，《哲学研究》1989年第5期。
④ 何中华：《"科玄论战"与20世纪中国哲学走向》，《新华文摘》1998年第7期。
⑤ 顾昕：《唯科学主义与中国近现代知识分子》，《自然辩证法通讯》1990年第3期。

贬抑、批判。耿云志指出："在五四新文化运动中，在五四以后，中国都不曾存在什么'唯科学主义'。直到今天，我们还是要大力提倡实事求是的科学态度。"① 徐辉论述了五四科学思潮与西方科学主义思潮的本质区别：首先，二者与人文主义的关系不同，"西方科学主义，是以与人文主义相分离、相对立为特征的"，而"五四科学思潮是一种人文主义性质的学术思潮"。其次，二者赖以产生的社会背景各异，因而社会效果也不一样，西方科学主义是科学技术高度发达后的一种"异化"表现，而五四时代的中国，尚是近代科学全面输入和现代科学建立之际，自然谈不上科学主义问题。②

许良英指出，"五四"之前并没有所谓的"唯科学主义"，此后马克思主义的传播也与唯科学主义无关。第一，"五四"新文化运动并非是由于"唯科学主义"流行的结果。《科学》和《新青年》杂志都没有唯科学主义的倾向，《科学》的发刊词强调科学对于人的物质生活和精神生活的重要性，强调科学是"去贫"之道和"修德"之途，但并没有说人生只需要科学；科学家们强调"科学救国"，但并没有说仅有科学就能救中国。陈独秀于1915年9月《青年杂志》创刊号的发刊词中就呼吁"科学与人权并重"。1919年陈将"人权"扩大为"民主"，举起了"德先生"和"赛先生"双面旗帜，这明显是强调科学与人文的结合，怎么能说是"科学万能论"和"极端功利主义"？怎能视之为"科学主义"？第二，新文化运动之后，马克思主义在中国的传播也与所谓"唯科学主义"无关，因为，事实上，中国知识分子接受马克思主义首先是通过政治斗争的实践，其具体机制是从俄国"十月革命"的胜利中发现了马克思主义的价值，这是19世纪以来中国几代知识分子历尽艰辛，向西方寻求救国良方而屡遭挫折之后的又一次新的觉醒，这怎么能说是由于"唯科学主义"影响的结果呢？③

由此可见，"批评科学主义的人有两种类型：一种人着重于批评中国马克思主义，认为马克思主义有科学主义倾向并有对自由（人文精神）的剥夺和对科学精神（批判意识）的背弃的消极面；另一种人的着眼点在于

---

① 耿云志：《应当怎样评估五四新文化运动》，《东岳论丛》1999年第3期。
② 徐辉：《五四科学思潮辨》，《自然辩证法通讯》1994年第2期。
③ 许良英：《为科学正名——对所谓"唯科学主义"辨析》，《自然辩证法通讯》1992年第4期。

批评片面的（自然）科学精神而强调不能以自然科学取代人文文化。"①反对批评唯科学主义的人，为科学派和早期马克思主义辩解，认为他们并没有因提倡自然科学而忽视人文学科的价值；他们虽然反对使用"唯科学主义"的概念，但是对科学的价值观念（人文）功能却竭力提倡。应该说，维护人文精神的人和反对批评科学主义的人有其共同的预设前提，即都承认科学文化与人文文化必须统一。

总之，批评科学主义与反对批评科学主义的意见纷争，实质上也是对科学文化与人文文化的关系的争执。应该说，维护人文精神的人和反对批评科学主义的人有其共同的预设前提，即都承认科学文化与人文文化必须统一，但正如有论者所指出的，它们的着眼点却有所差异：一方想阻止科学的肆意扩张，力避人文精神被片面的科学主义所挤压；另一方则要求以科学去影响人文（如意识形态），强调科学不仅是科学，它在一定的条件下有必要且有可能变成人文（价值观）。这两方是在大前提一致之上的着眼点的分歧，双方都有其一定的合理性和现实针对性；但是着力于批评马克思主义的人有更严重的理论误区和更多的对史实的曲解。②

第五节 中国本位文化论战

1935年1月10日，王新命、何炳松等10位教授，在《文化建设》上发表《中国本位的文化建设宣言》（以下简称《宣言》），史称"十教授宣言""本位文化宣言"或"一十宣言"，引发了学术界持续一年多的关于"全盘西化"与"中国本位"的文化争论。这场争论是继五四之后又一次有关中西文化的论战，也是五四以后众多文化论战中影响较大者，因此是新中国成立后学术界研究较为集中和深入的文化论战之一。

一 "本位文化"派是否有政治背景

改革开放之前，受整个思想文化史研究环境的制约，几乎无人提及30年代关于"中国本位文化"的论战问题，仅见有著作介绍十教授及其《宣言》，而且完全是否定性的评价。其中，发表"中国本位的文化建设宣言"

---

① 朱耀垠：《科学与人生观论战及其回声》，上海科学技术文献出版社1999年版，第368页。
② 朱耀垠：《科学与人生观论战及其回声》，上海科学技术文献出版社1999年版，第369页。

的十位教授，被称作"CC系反动教授"，作者认为"他们以这种假装的第三者的面孔出场，实际是在宣传封建的本位文化为法西斯主义政治服务"；《宣言》"不但是在为蒋介石的反动统治捧场，而且是想借'建设'的名义来反对革命"①。

到了20世纪80年代，研究者仍然几乎一致认为《宣言》的发表具有明显的政治背景，是"国民党在'复兴民族文化'的幌子下，推行思想文化统制政策的产物"②，是"在民族危亡的紧要关头，一伙'帮闲文人'为转移抗战目标，反对马克思主义在中国传播，极力兜售封建本位文化，鼓吹蒋介石个人独裁，建立封建法西斯专制统治而搞起的一个思想文化运动，是一个反动的文化思潮"③，"是三十年代复古逆流在文化领域的主要表现"④，"实际上反映着国民党统治集团在思想文化领域实行'党化'的方针意图。是国民党政权日益法西斯化在文化问题上的表现"⑤。因此，对"本位文化派"及其宣言学术界基本上给予了否定。

20世纪90年代以来，随着大陆学界学术理念的逐渐转变以及对这场文化论战研究的不断深化，研究者对于这场论战发生的政治背景，对于参与论战的"本位文化派"的认识开始发生变化，其观点也日益呈现多元化的趋向。

大部分研究者仍然认为《宣言》的出台有官方背景，认为其本意"是要用'蒋记三民主义'文化统一全国，以强化对思想文化界的控制"⑥，"是文化界对国民党复古倾向的附和"⑦，"实际上就是国民党对于文化方面总政策的厘定，或者说是其文化意识形态的确认"⑧，反映了国民党"加强思想统治的要求"⑨。不过，也有学者对于本位文化派和官方的关系有不

---

① 李新等主编：《中国新民主主义革命时期通史初稿》第二卷，人民出版社1962年版，第237—238页。
② 郑师渠：《"中国本位"与"全盘西化"的论争》，《史学月刊》1988年第3期。
③ 马克锋：《试论三十年代中期的中国本位文化建设运动》，《宝鸡师范学院学报》1987年第4期。
④ 施微：《三十年代"全盘西化论"初探》，《清华大学学报》1987年第1期。
⑤ 关海庭：《1935年"中国本位文化建设"问题的论战》，《史学月刊》1989年第6期。
⑥ 吕雅范：《二十世纪三十年代关于中国文化建设问题论战述略》，《社会科学战线》2000年第4期。
⑦ 张太原：《20世纪30年代的"全盘西化"思潮》，《学术研究》2001年第12期。
⑧ 赵立彬：《本位、西化与1935年文化论战》，《福建论坛》2004年第5期。
⑨ 郑大华：《30年代的"本位文化"与"全盘西化"的论战》，《湖南师范大学社会科学学报》2004年第3期。

同看法。

宋小庆、梁丽萍指出：从本位文化运动的发起来看，它确实得到了国民党当局（主要是陈立夫所代表的 CC 派）的大力支持，十教授联名发表的"一十宣言"和"我们的总答复"，在本质上，特别是在一些重要原则问题上，与官方的主张多有契合之处；被时人指为"曾致力于党务"的十教授，与当局也是有着或深或浅的关系。从社会效果来看，本位文化建设运动在一定程度上配合、助长了国民党当局引发的尊孔复古逆流，这恐怕也是事实。但是，也应看到，"一十宣言"一经发表就得到各方热烈响应，其中缘由绝非一句"当局指使"便能说清。况且单就十教授而言，他们各自的文化主张也不尽一致，他们同当局的关系、对本位建设的理解以及对尊孔复古的态度，也还存在差异。此后，他们各自的人生选择也有着很大的不同。至于那些参加讨论的学者，其学术背景、政治立场、文化主张也是千差万别。①

在强调《宣言》发表的政治动因的同时，研究者也开始较多地关注当时的社会、文化背景。许苏民通过分析 30 年代民族危机的大背景，认为《宣言》的出台，固然与国民党当局在文化建设上主张"中国本位有关"，"但从处于中西文化冲突中的中国社会的各种文化心态来看，《宣言》的出现决不仅仅是现实政治的产物，而有着更深厚的社会文化心理基础"，"充满着对民族文化深沉而执着的情愫"②。尤小立也认为，虽然本位文化派更多的是站在维护和承认国民党政权的立场之上，以承认其权威主义为前提，但是《宣言》的发表，"也多少反映出民族危机来临时的一种民族的内心倾向"。"在'救亡图存'心理已成为普遍观念的情况下，'中国本位文化'派挖掘'本位'，也确有其合理性。"③ 胡逢祥也强调，对十位教授应区别对待，认为其中"有一些属比较正派的学者"，他们之所以提倡"本位文化"而反对"盲目西化"，"从主观愿望看，主要还是出于对时局和民族前途的关怀，其中也不无合理的因素。"④

---

① 宋小庆、梁丽萍：《关于中国本位文化问题的讨论》，百花洲文艺出版社 2004 年版，第 3 页。
② 许苏民：《情愫的执着与理性的吊诡——"中国本位文化"论者与"西化"论者的论战》，《福建论坛》1994 年第 6 期。
③ 尤小立：《20 世纪 30 年代文化论战的现代思考》，《江海学刊》2000 年第 5 期。
④ 胡逢祥：《社会变革与文化传统——中国近代文化保守主义思潮研究》，上海人民出版社 2000 年版，第 161 页。

对"本位文化派"的文化主张,90年代以后,仍有少数学者依旧沿袭80年代的看法,认为其"保守""倒退""封建"等。如顾速认为,所谓的中国本位的文化建设,实际上是"继承封建传统文化的本位","其实质则是以此来重新提出文化复旧的纲领"。"其特征是以传统的中国封建旧文化为依托,进行装潢门面的局部修修补补,而骨子里则是把封建文化的一整套体系再建设起来,其历史倒退作用显而易见。"①

但也有不少研究者提出不同见解。许苏民认为十教授所提出的那些抽象原则,如强调从中国此时此地的需要出发,强调恢复民族自信心,反对盲目模仿外国,对中国旧文化应当"去其渣滓,存其精菁",对西方文化应当"取长舍短,择善而从"等观点从理论上看并没有错。但考虑到当时的时代背景,十教授"过于强调了民族文化的特殊性而忽视了将中国文化纳入世界文明发展大道的普遍性方面,对现代化进程中的文化冲突也实在缺乏心理承受能力"。②黄海燕同样认为本位文化派的观点虽然是正确的,但是,"一付诸实践则往往事与愿违,会带来较大的危害。因为它可以被保守分子用来作为反对现代化的理论根据"。因此"以宣言为代表的'中化论'尽管有其合理成分,但从总体上是不利于中国现代化的"③。

张岱年、程宜山指出,"中国本位"的提法在纯粹学术意义上所具有的合理性及其反映的正在各阶层中普遍高涨的民族主义情绪是使人们很难对它在原则上加以否定的重要原因。但如果分析一下本位文化派的具体解说,"其调和折中的实质和反动的政治倾向就会暴露出来"④。对此,马千里也认为,本位文化派"从中国社会的状况出发,提出按照中国社会的实际,建设'中国本位'的文化,保持中华的独立,无疑迎合了人们的民族自救情绪和心理,人们对它寄有一种重振中国文化的希望。同时,它抛弃了欧洲文化中心主义、中国文化中心主义及二者的折衷调和,在理论上是一种进步,在文化选择方法上是一次尝试"。但是,由于十教授关于建设

---

① 顾速:《以改革开放的时代精神创造面向世界的新文化——评"中国本位的文化建设"》,《江苏社会科学》1995年第2期。
② 许苏民:《情愫的执着与理性的吊诡——"中国本位文化"论者与"西化"论者的论战》,《福建论坛》1994年第6期。
③ 黄海燕:《30年代的文化论争与中国现代化的理论探索》,《吉林大学学报》1996年第1期。
④ 张岱年、程宜山:《中国文化与文化论争》,中国人民大学出版社1990年版,第363—364页。

中国本位文化的主张,只是提供了一个抽象的原则,而对于所谓"此时此地的需要"这一概念的阐释,又缺乏确切的内涵和外延,容易造成文化选择上的主观随意性。因此,"一方面,复古派完全可以说固有的文化就是需要,应以中国文化为'本'。另一方面,《宣言》主张要使中国政治社会和思想都具有中国特征,不能不使人联想到'中国为体'的思想。实际上就为中国文化的选择留下了一道理论屏障,也为复古派提供了东山再起的机会。"①

杨思信也指出:"全面审视这场论战,应该承认,当时十教授及其追随者所提出的一些文化主张,如强调从中国此时此地的需要出发,反对盲目模仿外国、注重恢复民族自信心等,在大的原则方面并没有错。不过,由于此次论战掺杂了太多的政治因素与国民党官方的背景,使'本位文化派'的文化民族主义主张在可信度和合理性上大打折扣,难以产生持久的影响力。"②阎书钦则从现代化的视角出发,在分析了十教授"中国本位"概念的含义后指出,"实际上,十教授所言'中国本位文化',即具有相当'现代化'之意谓。因为它所强调的,是'中国空间时间的特殊性',并非指以'中国文化'为本位,乃是指以'现代中国'为本位。所谓'中国本位',就是'现在的中国'的'此时此地的需要'。以现代中国此时此地的需要为标准的文化方针就是:无论是传统文化,还是欧美文化,均要取其所当取,去其所当去。这种'调和中西,创造新文化'的态度,自然可以纳入到现代化的范畴之内。"③

总的来看,在20世纪80年代中期之前,学界对于30年代的中国本位文化问题,基本上一致认同其"政治"背景而采取基本否定的态度。从80年代末开始,研究者开始关注这场论战发生的历史、时代、社会背景,以更广阔的视野全面考察这场论战。除了阐述政治背景,研究者也较多地注意到本位文化建设运动的发生,是多种因素推动的,"既是对当时不断加重的民族危机的回应,又是五四以来中西古今文化命题的延伸和继续,同时也与国民政府当局其时正在推行的'民族复兴'潮流相契合。从某种

---

① 马千里:《三十年代文化论战透视》,《江海学刊》1996年第3期。
② 杨思信:《文化民族主义与近代中国》,人民出版社2003年版,第393页。
③ 阎书钦:《20世纪30年代中国知识界"现代化"理念的形成及内涵流变》,《河北学刊》2005年第1期。

意义上讲,本位文化建设运动系新生活运动在思想文化领域内的拓展"①。

二 全盘西化派及其主张

20世纪50年代中期,结合对胡适思想的批判,大陆学界曾涉及对30年代文化论战中的全盘西化派及全盘西化论的批判。改革开放以后,对"全盘西化派"及其主张才真正有了学术意义上的研究。

赵立彬将全盘西化思潮中的流派分为"自在的派"和"外在的派",并指出两派具有不同特征,在实际中不能协调一致,影响着各自主张的表达和文化论战的走向,制约全盘西化思潮的历史命运。②

一些学者具体分析了陈序经和胡适的"全盘西化论"的不同。郑师渠认为,"全盘西化"论的代表是陈序经与胡适,但二者又有不同。胡适更多地将"全盘西化"看成一种矫枉必须过正的策略,而非一种必然的理想。陈序经则不然,他自构"理论",视"全盘西化"为中国文化必然的出路。所以人称胡适是"半盘西化"或"以折衷为目的的全盘西化"论者,陈序经则为"极端的全盘西化"论者。因之,说到底,"全盘西化"论的真正代表,又是非陈莫属。③

王鉴平、杨林书等也认为30年代胡适文化观存在一个方法与结果的矛盾:从文化改造的方法上说,胡适是全盘西化论者;而从文化改造的结果上说,他却是中西文化交融论者。④ 张岱年、程宜山指出,全盘西化论者对所谓"全盘西化"的解释并不完全一致,大体存在有胡适的所谓"策略"的"全盘西化"论、陈序经的"百分之百"的"全盘西化"论,还有另外一些人所谓的"根本"的西化论等差异。⑤ 何卓恩认为胡、陈二人均主张西化反对复古,但对"全盘西化"的理解存在差异。胡主过程全盘论,陈持目标全盘论;胡的西化有特定的英美模式;陈则注重共性,英美式、德意式抑或苏俄式均可。⑥

张利民提出从学术意识与功利意识之间的矛盾来认为胡适的全盘西化

---

① 张昭军、孙燕京主编:《中国近代文化史》,中华书局2012年版,第282—283页。
② 赵立彬:《"论"与"派"文化论战中的全盘西化思潮》,《历史研究》2006年第1期。
③ 郑师渠:《"中国本位"与"全盘西化"的论争》,《史学月刊》1988年第3期。
④ 王鉴平:《中西汇合与全盘西化——胡适中西文化观演变的一点分析》,《中州学刊》1989年第1期;杨林书:《试析30年代胡适文化观的矛盾》,《安徽史学》1993年第4期。
⑤ 张岱年、程宜山:《中国文化与文化论争》,中国人民大学出版社1990年版,第353页。
⑥ 何卓恩:《胡适与陈序经文化观之比较》,《武汉交通科技大学学报》1999年第2期。

主张。他指出，要注意胡适不同阶段思想的变化。大致说来，从留美后期到 20 年代中期，胡适是一个坚定的西化论者，但还算不上"全盘西化"论者，20 年代中期到 30 年代中期胡适则不仅是西化论者，而且也成为"全盘西化"论的主要代表。30 年代后期，胡适的观点又有一定的变化，逐渐趋于温和。这是考查胡适思想的发展所得出的结论。20 年代中期至 30 年代中期的胡适，与陈序经同属"全盘西化"派。当然，胡适、陈序经在对文化的惰性、文化成分是否可分、"全盘西化"口号是否可以继续使用问题上，存在一定的分歧。胡适是把"全盘西化"当作一种"取法乎上、仅得其中"的政策，陈序经却坚信"全盘西化"可以实现，而且把它当作一条较为完善较少危险的文化出路，两人在主张和实行这种理论的彻底的程度上是有区别的。但是，这种区别应当视为"全盘西化"论者内部的区别，我们不应无限夸大这些差异而忘记他们之间更基本的共同点。作为一个"全盘西化"论者，胡适典型地代表了部分知识分子在学术意识与功利意识之间的矛盾，在激烈的文化论战中、在面向一般大众时，为了鼓舞人们朝西化的方向走，暂时抛开学术意识，发出过激的言论，然而，回到书斋，学术意识又恢复了。事实证明，这种为了功利而抛弃学术意识的做法，是十分有害的。同时它也从思想的内部说明，"全盘西化"是无法自圆其说的理论。[1]

尤小立则提出，离开了具体语境来谈胡适"是"或者"不是""全盘西化"论者都是没有意义的，应从现实态度与学术态度的差异来认识胡适的思想。他认为胡适复杂的思想中内含着现实态度与学术态度两个层面，二者虽有联系，但基本上是分裂的。这一裂痕在 20 世纪 20 年代他参与议政后显得更加明显。30 年代中期，胡适出而声援陈序经的"全盘西化"论就是他的现实态度的一个突出表现，其中既有偶然性，又寄存着必然性，但无论怎样，它都是具体语境中的产物。就胡适思想言，现实态度上的赞同"全盘西化"论与其学术态度也有着明显的冲突和紧张。胡适在 30 年代中期的"全盘西化"主张，只是他的现实态度的一种表现，并且有其具体语境，抛开这个语境去谈论他"是"或者"不是""全盘西化"论者，都是没有意义的。[2]

---

[1] 张利民：《胡适与"全盘西化"论》，《哲学动态》1997 年第 10 期。
[2] 尤小立：《胡适与"全盘西化"论再思》，《江苏社会科学》2002 年第 4 期。

20世纪80年代，学界对全盘西化论的评价虽从反对封建文化、反对国民党专制独裁方面给予了一定的肯定，但总体上仍是持批判态度。如龚书铎分析了陈序经所谓西方文化优于中国文化、西洋文化是世界文化的趋势、文化本身是不可分的观点，肯定了其"全盘西化"论有反封建复古主义的一面，但也指出其观点是错误的，其主张是行不通的。① 郑师渠在肯定全盘西化派"在客观上给大吹大擂的'中国本位的文化建设运动'泼了冷水，实际上即是冲击了国民党的文化统制，至少戳穿了它的假面具"的同时，又对全盘西化派进行了猛烈批判，认为"在中国历史上，还未曾出现过象'全盘西化'论这样的狂热与愚妄，公然主张全盘抛弃自己民族的固有文化，和割断民族的历史。它严重伤害了国人的民族自尊心，这不仅在于它全然抹杀了历史，而且还在于它完全无视现实的客观实际"②。戴知贤也提出：胡适站在"全盘西化"的立场上来抨击十教授的复古倾向，是"从一个错误极端去否定另一个错误极端。因此它虽然尖锐，却不可能战而胜之"③。施微认为，全盘西化论是"反对'本位文化论'的正面力量"，"是对复古思潮的抗衡"，"在无产阶级领导的反帝反封建的新民主主义革命中，它仍旧是革命的力量。'全盘西化论'对腐朽封建文化的批判，对国民党独裁统治的否定，不失为是给予新民主主义革命的一种支持"。但是由于"它是落后于时代的非科学的理论主张"，所以"无力推动历史前行"。④ 关海庭也同样认为，以胡适等人"能以世界文化的眼光，观察比较东西文化，认识西方近代文化的优胜先进和中国封建文化的腐朽落后，具有反封建的革命意义和进取精神"⑤。

进入20世纪90年代以后，由于中国近代史研究范式的转换，学术界对于30年代全盘西化论有了更全面和深入的考察，尤其是"现代化"视角的引入，进一步推进了对全盘西化论的研究。虽然仍有些文章指责"全盘西化论"是民族虚无主义的产物，但主张具体地、历史地评价全盘西化论的得失的声音占有多数。

赵立彬的专著《民族立场与现代追求：20世纪20—40年代的全盘西

---

① 龚书铎：《中国近代文化探索》，北京师范大学出版社1988年版，第49—55页。
② 郑师渠：《"中国本位"与"全盘西化"的论争》，《史学月刊》1988年第3期。
③ 戴知贤：《十年内战时期的革命文化运动》，中国人民大学出版社1988年版，第287页。
④ 施微：《三十年代"全盘西化论"初探》，《清华大学学报》1987年第1期。
⑤ 关海庭：《1935年"中国本位文化建设"问题的论战》，《史学月刊》1989年第6期。

化思潮》在考订史实、厘清渊源的基础上，重在揭示全盘西化思潮发生、成潮、高涨、式微的阶段变化，描述思潮内部不同人物和群体间立论的差异及在论战中的复杂表现，探寻各方主张的关系及其与社会的交互影响。[①] 他认为，"全盘西化者所使用的概念、逻辑和理论都是西式的，而与全盘西化论相辩驳论战的各派亦是如此，构成了本世纪中国思想文化界'西与西战'的独特景观，这也与上个世纪的文化论争截然不同。"[②] 他强调，尽管全盘西化派观点上有失偏颇，但他们所宣扬的全盘西化却是"民族立场上的西化"，是"在民族危机、国事凋敝的时局中对中国出路的一种探索"。因此，这场论战显示出了"西化背景下的本位"和"民族立场上的西化"的复杂矛盾。[③] 张太原指出，相对于 30 年代的复古思潮，"全盘西化"的思想倾向"无疑是作为向前的积极有益的一种张力来参与其中的，尽管这种张力有所偏颇"，但"它为中国文化的进步和创新担当了必不可少的角色"[④]。李华丽认为只有从文化的定义、世界性和惰性三方面对陈序经东西文化观进行考察，才能真正理解其内心的苦衷，澄清人们的误解。[⑤]

很多学者从现代化的视角来分析本位文化论战中的全盘西化论。黄海燕认为，"从现代化视角来看，主张西化实际是想在中国实现西方式的现代化"，因为在西化论者的心目中，西化就是全球化，亦即全球资本主义化，这是一种"历史的进步，至少比'中化论'更符合历史实际"[⑥]。张世保认为陈氏主张的全盘西化论不能简单地理解为全盘资本主义化，其真实含义应当是要求在中国文化土壤中确立现代性，陈主张"全盘西化"的用意是反对"旧时代的投机者"——折中派。[⑦] 许苏民提出，全盘西化论者"看到了现代化是当今世界的发展潮流，是任何一个民族都必须走的具有全人类普遍性的发展道路"，这是"无可非议的"[⑧]。尤小立也指出，

---

① 赵立彬：《民族立场与现代追求：20 世纪 20—40 年代的全盘西化思潮》，生活·读书·新知三联书店 2005 年版。
② 赵立彬：《崇洋心理与全盘西化思潮》，《中山大学学报》1998 年第 3 期。
③ 赵立彬：《本位、西化与 1935 年文化论战》，《福建论坛》2004 年第 5 期。
④ 张太原：《20 世纪 30 年代的"全盘西化"思潮》，《学术研究》2001 年第 12 期。
⑤ 李华丽：《陈序经的东西文化观新论》，《五邑大学学报》2011 年第 1 期。
⑥ 黄海燕：《30 年代的文化论争与中国现代化的理论探索》，《吉林大学学报》1996 年第 1 期。
⑦ 张世保：《陈序经"全盘西化"论解析》，《中南民族大学学报》2008 年第 2 期。
⑧ 许苏民：《情愫的执着与理性的吊诡——"中国本位文化"论者与"西化"论者的论战》，《福建论坛》1994 年第 6 期。

"如果从传统的以民主化和工业化为标志的现代化理论看,胡适等西化派的思想更具现代性。"①

在肯定全盘西化的现代性的同时,学界对于全盘西化论的缺失也进行了探讨。许苏民指出,西化论者明知"全盘西化"实际上做不到而偏要如此鼓吹,"充满了一种理性的吊诡",而论战最终迫使胡适承认"先民"的优越成绩,以"充分世界化"来代替"全盘西化","从而宣告了'全盘西化论'在学理上的退却"②。刘集林从具体的时代环境出发,指出陈序经的西化思想有明显割裂中西、笼统含糊的谬误和空想性的一面,其时代的长处与短处都体现在其极端性中。陈的全盘西化论是一种"以西洋现代取代中国传统的替代论","内中体现的是传统与现代、民族性和时代性的截然对立",而事实上,现代社会学与人类学家公认,传统与现代有其冲突的一面,但也有融合性的一面,陈序经从现实中传统的消极面着眼,否认传统的积极因素,从西化进步的事实中逻辑地演绎出最终必然全盘西化的结论,既缺乏事实根据,也没有可能性和必要性③。总之,多数学者认为,陈序经的全盘西化论建立在其文化整体性理论和不可分理论基础上,这一理论在事实上是行不通的。

三 论争的总体评估

20世纪80年代,学者们对这场论争总体上是否定的。郑师渠认为:"中国本位"与"全盘西化"的论争,终究是一场远离真理的混战。前者是晚清"中体西用"论的变种,后者则为民国初年民族虚无主义情绪的恶性发展;"中国本位"论引导中国后退;"全盘西化"论同样无法引导中国前进。而且,二者表面上虽然针锋相对,但在反对共产主义革命的共同目标下,却是可以相通的。"从中国近代文化思想发展的趋向看,'中国本位'与'全盘西化'论,归根结底,都不过是历史主潮中的逆流而已。"④施微认为,"全盘西化论"与"本位文化论"争论的焦点在于:"全盘接受西方文化还是中西文化调和;而争论的实质则是中国走自由资本主义道

---

① 尤小立:《20 世纪 30 年代文化论战的现代思考》,《江海学刊》2000 年第 5 期。
② 许苏民:《情愫的执着与理性的吊诡——"中国本位文化"论者与"西化"论者的论战》,《福建论坛》1994 年第 6 期。
③ 刘集林:《陈序经全盘西化思想论略》,《广东社会科学》2001 年第 5 期。
④ 郑师渠:《"中国本位"与"全盘西化"的论争》,《史学月刊》1988 年第 3 期。

路还是坚持封建买办资本主义统治。""如果说,'全盘西化论'是自由资产阶级期望国民党统治集团确立英美式路线的表示;那么,'本位文化论'则反映了蒋介石想学习德、意榜样,在民族复兴的口号下强化独裁政权的欲望。"①

进入 20 世纪 90 年代以来,研究者的观点日趋多元化。大部分学者开始逐渐超越"意识形态"的框架,从当时的时代背景、文化和社会发展的现状去考察和分析这场文化论争。随着"现代化史观"的引入,这场论战现代化意义渐渐凸显。汤一介认为,当时的"本位文化"和"全盘西化"的争论仍是"古今中西"之争。本位文化派强调的是文化发展的民族性,而忽视了文化发展的时代性;而全盘西化派又只是把眼光盯着文化发展的时代性,而全然忘记了文化的民族性和继承性。因此,"这一讨论并没有能对中国文化的发展起多大的推动作用"。"论战的意义虽然不能否定,可是由于当时各派并没有来得及对一些争论的问题作深入研究,而难免陷入为争论而争论,或者受着当时某些政治势力所左右,所以虽然提出了一些应受到重视的问题,但并没有能为中国文化的发展提供较大意义的资源。"②

还有学者指出,本位文化建设运动是近代民族危机和文化危机的产物。它在"复古"和"洋化"的主张受到普遍质疑和批判的境况下,试图为彷徨徘徊的中国文化寻找出路。本位文化建设运动持续的时间并不长,不管是赞同者还是反对者都提出了不少中肯的意见,这些意见为国人如何正确地对待中国文化,如何对待西方文化,以及如何对待中西文化的差异,提供了有益的参考。③

有些学者把 30 年代的文化论争放在近代国人对文化建设的探索历程中去分析其历史地位。陈崧在《30 年代关于文化问题的论争》一文中,一方面指出中国本位的文化建设的提出,反映了执政的国民党加强思想统治的要求,另一方面也肯定了这是一次颇具规模、很有深度的文化讨论。他认为,"这次讨论从相当宏阔的角度比较深入地评论了'五四'以来中国文化的形势;对中国固有文化和外来文化在中国当代文化中的地位、性

---

① 施微:《三十年代"全盘西化论"初探》,《清华大学学报》1987 年第 1 期。
② 汤一介:《古今东西之争与中国现代文化的发展》,《江淮论坛》1994 年第 6 期。
③ 张昭军、孙燕京主编:《中国近代文化史》,中华书局 2012 年版,第 287 页。

质、作用，以及中国文化建设的任务这样一些重大问题，都进行了探索。所以这场讨论既是在新的时代条件下'五四'文化论争的继续，又是对五四新文化运动的一次检验和评估。"他认为，"从方法论上看，'中国本位的文化建设'的讨论，把文化的'民族特征'问题提出来了，这就是一个进步。不管《宣言》自身的主张如何，政治意图如何，它尖锐地抨击轻视'中国时间空间的特殊性'的文化倾向，促使30年代这场文化争论围绕着文化的时代性和民族性的关系问题而展开，总是五四以后文化论争的一个新进展。这样，文化的论争便不只是停留在'挑选'哪种文化的层次上，而是深入到发扬自己的固有文化要不要使其具有时代性，吸取外来文化要不要使其具有民族性这样的层次上了。""如果我们把这场关于'中国本位的文化建设'之争，与稍后的中国共产党内关于马克思主义要不要结合中国实际之争联系起来加以考察，更可以明白这场关于文化的'中国特征'的论争，具有着承前启后的时代意义，同时具有着重大的方法论价值。"①他认为，把30年代中期的这场文化讨论，概括为"中国本位文化"论和"全盘西化"论之争，是名实不符的。事实上，当时对于"全盘西化"论批评最多的，道理也讲得比较透彻的，恰恰是一批对"中国本位文化"论持反对态度的知识分子。他们"批评'全盘西化'的议论，反映出30年代中国文化界，已经对'西方文化'有了更加深入的了解，绝大多数人已经不再象五四新文化运动初期那样，把'西方文化'当作一个单一的整体来看待了。总体上，多数人都赞同引进'西方文化'，要有分析，有选择，有取舍（至于分析、选择、取舍的标准，自然又存在很大分歧），也赞同对不同性质的'西方文化'成分，采取不同的引进方法。这种划分方法，不见得科学，但确实表现了30年代中国知识界对'西方文化'的了解比以前具体深入了。"②

曹锡仁认为，"三十年代的文化论争虽然不像五四时代那样热烈而影响整个社会，但无疑在若干基本理论方面却显得更加深入得多了"。"二三十年代的文化论争，的确从文化自身的系统看，它是接续五四文化的遗留而来，但也许更为重要的原因，恐怕倒是根植于当时中国社会面临的新问题、新课题和新动向。论争展开在文化思想界，根源却产生于整个中国的

---

① 陈崧：《30年代关于文化问题的论争》，《历史研究》1991年第2期。
② 陈崧：《30年代关于文化问题的论争》，《历史研究》1991年第2期。

现实历史土壤之中。"① 胡逢祥在《社会变革与文化传统——中国近代文化保守主义思潮研究》一书中指出，从内容上来看，《中国本位的文化建设宣言》本身其实并无惊人之处，在文化理论的阐发上尤显得十分"浮泛粗糙"，但它之所以会在当时形成轰动的社会效应，除了国民党当局的有意推动之外，"更主要的，还在于'五四'以来，虽然对中国文化的建设途径有过一些大的讨论，但不少问题往往展开而未能深入；也有些问题，理论认识社会实际仍存在着较大的距离。因此，在经历了十多年的实践摸索后，思想界已普遍感到需要进行及时总结或重加探讨。这就使《宣言》的发表，引起了社会各方尤其是学术界的瞩目。"因此，这场讨论"由于包含了人们对十余年来文化建设理论和实践的某些反思，因而有些地方反而显得更为直截、清晰和接近现实"②。

宋小庆、梁丽萍特别强调参与论战的人员的复杂性，他们指出，就论战本身而言，大致可分为本位文化派和西化派两大阵营。但仔细考察又可发现，西化派中实际又分为部分西化派和全盘西化派；而本位文化派的一些人也并非如全盘西化派所指责的那样，是所谓主张复古、拒绝西化。当时的情况是，一方面，你来我往的论战显得非常热闹；另一方面，则是参与者观点上的异中有同、同中见异，使论战的阵线有时变得不那么清晰了。而且，有人是进行有针对性的论辩，有的则主要是正面阐述对文化建设的意见。对于这一切，都需要作具体的分析。③

也有很多学者从"现代化"的视角关注这一文化论争的现代化意义。罗荣渠指出，30年代的文化争论是20年代的文化争论的继续和扩大，从"东方化"引出中国本位观点，从"西化"引出"现代化"的观点，表明中国思想界对中国发展道路的思趣认识在逐步深化中，把现代化的基本概念确定为工业化、科学化、合理化、社会化。在这些年中也基本形成。中国知识界通过自身的思想论辩与探索得出的现代化概念，与战后西方学者根据马克斯·韦伯的观点提出的现代化概念，是基本一致的。到40年代

---

① 曹锡仁：《中西文化比较导论——关于中国文化选择的再探讨》，中国青年出版社1992年版，第431—432页。

② 胡逢祥：《社会变革与文化传统——中国近代文化保守主义思潮研究》，上海人民出版社2000年版，第155—163页。

③ 宋小庆、梁丽萍：《关于中国本位文化问题的讨论》，百花洲文艺出版社2004年版，第3页。

初,现代化一词不仅进入我国政治家的语汇中,并引起冯友兰、贺麟等哲学家讨论的兴趣。①

黄海燕指出,在这场论争中,"一个超越于'中化'、'西化'等老概念的新概念——'现代化'被逐步采纳,大有后来居上之势"。"不论主张的客观效果如何,就主观动机而言,应该说都为中国现代化理论的探索做出了各自的贡献。"② 马千里认为,"论战对于中国的文化出路没有求得一个统一,可它却为一种新文化观的问世作了有益的铺垫"。"文化论战中所提出的文化现代化的观点既明确又具体,为人们从折中、西化等文化选择的定式中重新转换了一个新的选择角度,使中国的文化建设触摸到了时代跳动的脉搏。""文化讨论中把文化建设的目标指向了现代化,无疑使文化的建设进入了一个全新的方位。"③

周积明与郭莹也认为,无论是"全盘西化"论者还是"中国本位文化"论者,在当时那种"特殊历史语境"下面,"他们都有一个明显共同的目标:在中国建立现代性文化。而他们的思想合力,则有助于理性现代性的建立,起码有助于理性现代性的形成"。而且,这次论战"重墨浓彩地揭示了文化的民族性与世界性的关系问题,或者说是揭示了现代性的'地方性'与'普世性'问题。在中国现代化进程中,或者说中国在建立现代性的过程中,把'国情'的因素考虑进去是思想界的一大进步。因为这意味着中国自身现代性理论的建立,同时也意味着对西方现代性理论的反思"。④

在30年代的这场争论中,双方主要围绕着文化的时代性与民族性、文化的整体性与可分性、文化的演进规律等基本理论问题展开交锋。郭建宁探讨了双方在方法论上的经验教训:一是西化与现代化。他指出,陈序经在西化与现代化之间是画等号的,在他看来,现代化实质上就是西化。胡适后来似乎注意到了两者的一些区别,但是他着重论述的是"全盘"与"充分"的区别,而不是"西化"与"现代化"的不同。相比而言,在张

---

① 罗荣渠主编:《从"西化"到现代化——五四以来有关中国的文化趋向和发展道路论争文选》,北京大学出版社1990年版,第21—22页。
② 黄海燕:《30年代的文化论争与中国现代化的理论探索》,《吉林大学学报》1996年第1期。
③ 马千里:《三十年代文化论战透视》,《江海学刊》1996年第3期。
④ 周积明、郭莹:《震荡与冲突——中国早期现代化进程中的思潮和社会》,商务印书馆2003年版,第328、329页。

熙若和冯友兰等人的论述中，西化与现代化已经有了明确的区分。西化不等于现代化，现代化可，西化不可。这对于今天中国的现代化建设具有重要的启迪作用。二是文化的整体性与可分性。"文化的整体性与可分性是密切相联的，将其人为的割裂甚至对立起来，是造成文化选择失误的方法论原因之一。陈序经等人不仅将西化等同于现代化，而且否认文化的可分性，只承认文化的整体性，因而走上了全盘西化之途。中国本位文化论者则将文化的可分性夸大化、绝对化，从而导致中体西用，同样走上歧途。"三是文化的民族性与时代性。自由主义的西化派的文化选择落脚点是时代性。中国本位文化派的立足点则是民族性。由于争论双方对文化是时代性和民族性的有机统一缺乏正确理解，因而是各执一端，所争论问题也就难以解决。四是国情与世情。在论争中，本位文化派过多地强调国情和"中国特征"，而忽视了世情与世界性。在走向现代化的过程中，过分强调国情的"特殊性"，很有可能成为抵御人类文明，保守落后，闭关自守的借口和根据。①他还强调，"今天，西化和全盘西化这一概念早已为现代化和全球化所取代，中国本位也被中国特色所取代。在中国特色与现代化、本土化与全球化的讨论中，我们仍然能够依稀看到当年讨论的影子，不时能听到讨论的回声，认真回顾和审视20世纪30年代这场文化论争，对于我们今天建设中国特色的社会主义，全面推进社会主义现代化建设，确实是大有裨益的。"②

第六节　近代中西医论争

熊月之指出："西医最得西方古典科学重具体、讲实证的精神，中医最得中国传统文化重整体、讲联系的神韵，如果在各种学科中，举出最能体现中西文化特征的一种，我以为医学最为合适。"③所以，近代中西医论争特别是对于中医存废问题的论争，不仅属于医学学术问题的论争，更是一场重要的中西思想文化之争。

学界针对该问题出版多部著作，如1989年，赵洪钧编著的《近代中

---

① 郭建宁：《三十年代全盘西化与中国本位的文化论争探析》，《中州学刊》1996年第5期。
② 郭建宁：《当代中国的文化选择》，北京大学出版社2004年版，第58、59页。
③ 熊月之：《西学东渐与晚清社会》，上海人民出版社1994年版，第710页。

西医论争史》由安徽科学技术出版社出版。该书从中西医论争的历史背景、清末医学界的变迁、辛亥后中西医论争大事本末、论争中的中医教育、论争中的名家和学术问题、废止中医思想研究六个方面全面梳理了近代中西医论争的过程和争论的主要问题，书中还附有大量相关史料。这本书是研究近代中西医论争的具有开创性意义的著作。之后有中国中医药出版社2007年出版的刘理想的《中医存废之争》，山东科学技术出版社2007年出版的张效霞的《无知与偏见——中医存废百年之争》，中国友谊出版公司2008年出版的海天、易肖炜合著的《中医劫——百年中医存废之争》及中华书局2019年出版的皮国立的《近代中西医的博弈：中医抗菌史》等书。对于该问题的研究，主要集中于以下两个问题上。

一　论争的实质

部分学者侧重于从文化交流与冲突的角度解读中西医论争。马伯英的《中外医学文化交流史——中外医学跨文化传通》一书从中外文化交流的视角论述了中国医学史，该书第十二章题为"嚣言废止，论争蜂起"，探讨了近代以来中西医的接触与冲突，从"中西医牴牾之浮云初起""从日本模式开始侈言废医""当局的行政滥施和中医界的奋起抗争""中医界空前卓越的学术辩论"等方面对中西医论争问题进行了阐述。[1] 郝先中认为，从文化接触的视角来看，近代以来中西医之间的论争与对立，无疑是中西两种文化体系及话语场域之间的冲突。这场论争实质上是中国文化近代化运动在医学领域的反映，烘托出近代思想文化史上的一道景观。五四时期的欧化思潮与反传统主义为中西医论争埋下了思想根苗，而转型时期传统与现代化的冲突构成了中西医论争的文化表征。[2] 邓文初认为近代中医论争是"被挤压在中西夹缝中的摇摆"，中西方文化的密切接触使得中医成为"失语的中医"。骂中医"是西风压倒东风的表征"，其"背后是西化知识分子对中医的激烈否定的态度"。他进一步指出，"主流文化对我们这些被迫边缘化了的后殖民文化的挤压，迫使我们不得不放弃自己的话语系统乃至日常语言"，使用非母语来言说自己的思想，陷入"邯郸学步

---

[1] 马伯英等：《中外医学文化交流史——中外医学跨文化传通》，文汇出版社1993年版，第524—572页。
[2] 郝先中：《传统与现代性：近代中西医论争的文化表征》，《皖西学院学报》2008年第1期。

般的结结巴巴的困窘"。①

还有部分学者认为中西医论争的焦点是中医是否科学。他们从科学主义冲击中医的角度论析中西医论争及其对中医的影响。左玉河认为,"近代中西医之争主要表现为处于强势的西医对中医的打压,名为中西医之争,实际上乃是科学主义冲击下中医存废之问题"。他指出,以余岩为代表的西医废止旧医之最重要理由,乃为中医不合近代科学。在科学主义高扬的时代洪流中,只要中医理论在科学上没有根据,中医理论不能以科学来解释,也就无法得到科学的承认。得不到科学承认的中医,其存在的合理性、合法性便会受到怀疑,中医的生存危机便难以得到根本消除。故此,在围绕中医存废之论争中,中医不合科学之特性已被充分揭示出来,政府及西医界以中医需要改良、中医需要科学化为由,向中医界施加强大压力,迫使中医向科学化迈进。即使是那些不赞同废止中医者,也多主张中医应该改良、整顿、革新,应该科学化。经历了此次生死抗争的中医界不少有识之士,也意识到中医革新、中医科学化的迫切性。②

顾植山认为,近代中西医论争是"近代医学史上的'中医科学化'运动",并认为"中医科学化"是近代中医史上继汇通思潮后又一大潮流,是整个"科学救国"的一个侧面。但由于"中医科学化"的主张者过分崇信西方医学的"科学性"而导致过分西化,并上升到国家层面,从而导致改造中医运动。③ 刘带认为中医是科学,但不是按狭义的自然科学的标准定义的科学,而是不同于西方分析还原论的复杂性科学,是地地道道的系统整体性科学。因此用西方证实主义和证伪主义的划界标准来评判中医的科学性是不合理的。④ 刘理想认为进化论思想使中医贴上了"落后"的标签,并给予批判中医政治上的正当性,成为废止中医的思想来源,使得中医为"非科学",中医表达自身的话语权也逐渐发生了转移,造成"失语"现象。⑤ 李虹也指出,中医存废之争的焦点是中医是否具有科学性。将科学性作为判定中医存废的标准,一方面与医学是一门自然科学的前提

---

① 邓文初:《"失语"的中医》,《读书》2004 年第 3 期。
② 左玉河:《科学主义话语下的中医存废之争》,《中华读书报》2004 年 11 月 17 日。左玉河:《学理讨论,还是生存抗争——1929 年中医存废之争评析》,《南京大学学报》2004 年第 5 期。
③ 顾植山:《近代医学史上的"中医科学化"运动》,《南京中医学院学报》1989 年第 2 期。
④ 刘带:《关于中医存废之争的实质分析》,硕士学位论文,武汉科技大学,2008 年。
⑤ 刘理想:《试论进化论思想对近代中西医论争的影响》,《医学与哲学》2007 年第 3 期。

相关，另一方面也与现代科学主义思潮的盛行以及在此基础上形成的对科学一词的神化有关。① 郝先中发表的《近代中医存废之争研究》一文，认为中西医学在20世纪这一时空的相遇和碰撞，其结果表明双方都无法消灭和排除对方，对抗与抗拒无法解决的问题，多元与共生才是合理的发展途径，豁达与从容是中国医学走向世界、走向未来最为舒展的文化姿态。②

二　废止中医风波

近代中西医之争，仅影响较大的就有4次：1920年余云岫与杜亚泉的争论、1929年的废止中医案的争论、1934年《大公报》《独立评论》等报刊对于"所谓国医问题"的争论、1941年发生在国民政府参政会的傅斯年与孔庚之争。其中，1929年的废止中医案，是关系中医命运的一件大事，引发了全国性的大争辩，掀起了近代中西医论争的高潮，废止中医案最终被政府撤销。左玉河以这次废止中医案为对象，通过对其所引发的社会风潮做实证性探究，分析了西医界废止中医的理由及措施，考察了中医界从学理及生存角度所作的激烈抗争以及政府的态度，从而揭示了中西医之争背后的中医学理困惑、生存危机及政治情状。由此他进一步指出，中医存废之争，不是简单的学理上的讨论，也不仅仅是一场普通的文化论争，而是一场中医界为寻求自身生存和发展而进行的殊死抗争。这场论争的范围，不局限于中西医学理上的是非，而是扩大到思想文化范围，甚至提升到了政治意识形态层面，卷入了政治势力及政治派系冲突的旋涡中。而争论的结果，尽管中医之生存危机并没有得到根本消除，但在中西医两大阵营对峙、冲突与融合、调适过程中，中医自觉或不自觉地走上了自我革新与科学化之路。③

郝先中认为废止中医破产的原因是多重的，包括传统与国情、民生与市场、政治与经济、中医药具有公认的价值与效验等，并不能仅仅归因于各界的拼力抗争。④ 他还特别强调，废止中医案的最终失败，主要还是失

---

① 李虹：《中医的科学性与中医存废之争》，《中医药管理杂志》2011年第12期。
② 郝先中：《近代中医存废之争研究》，博士学位论文，华东师范大学，2005年。
③ 左玉河：《学理讨论，还是生存抗争——1929年中医存废之争评析》，《南京大学学报》2004年第5期。
④ 郝先中：《中医缘何废而不止——近代"废止中医案"破产根源之分析》，《自然辩证法通讯》2006年第5期。

之于西化派余云岫等人的"浮躁",缺乏全国通盘的考虑,同时,也确实低估了中医和民间学术的反弹力。在程序和手段上,西化派过于迷信和依赖政府的权威,忽视了社会公众的话语权及诸多制约力量,试图通过权力机构实施强行限制,自然无法服众,遭到猛烈回击也在情理之中。[1] 另有大量的文章对废止中医案提出的过程及引发的社会反响进行了史实梳理,但理论分析不够。[2]

第七节　需要注意的问题

新中国成立以来学界对于中国近代文化论争的研究,是与对中国近代文化史乃至整个中国文化史的研究进展基本上是同步的。60多年来,研究成果由微而著,取得了巨大成绩,特别是改革开放以来,研究进入了一个持续30多年的大发展时期。学者们的求真创新意识、历史反思意识和社会责任感、人文情怀日益增强,研究方法与视角日趋多元化,相关专题研究不断深化、细化,对一些过去研究的薄弱问题进行了新的发掘和探索,对一些热点问题则进行了更深入的探讨。当然,在肯定成绩的同时,也应看到目前研究中仍存在一些不能忽视的问题。

一　研究内容的畸轻畸重

首先,从宏观上看,迄今为止,对若干重大论争的个案微观研究都取得了相当的进展,但鲜见对于中国近代文化论争宏观、全局性问题的研究成果。据笔者所见,综合研究中国近代文化论争的著作仅有郑师渠、史革新合写的《近代中西文化论争的反思》、丁伟志等所著的《中国近代文化思潮》(上、下)等少数几部。有的著作出版时间较早,最新的个案研究成果不能吸收;有的著作仅重点考察了从鸦片战争到五四新文化运动期间的文化论争,或者从五四前后到新中国成立期间的文化论争。系统性的通

---

[1] 郝先中:《传统与现代性:近代中西医论争的文化表征》,《皖西学院学报》2008年第1期。

[2] 参见茂青《1929:中医药界大请愿》,《文史精华》1997年第3期;李群、钱永全《1929年民国中医废存风波》,《档案与建设》2009年第3期;陆茂清《震惊民国的中医药界大请愿》,《紫金岁月》1996年第2期;余岳桐《70年前的废止中医风波》,《百姓》2003年第9期;奚霞《上海民国时期的中西医论争》,《中医文献杂志》2005年第1期。

论性著作严重缺失，一是造成不能完整和深入地了解和认识整个中国近代文化论争的全貌。比如，对于中国近代文化论争发展线索的描述，我们一般依据的常常是革命史的发展线索和阶段划分，即毛泽东所说的在五四前的旧民主主义革命时期，表现为资产阶级的新文化反对封建的旧文化的斗争；在五四后的新民主主义革命时期，主要表现为无产阶级领导的新民主主义文化反对帝国主义文化和封建文化联盟的斗争①；或者套用近人曾廉、梁启超的观点，把中国近代向西方学习的过程分为器物、制度、文化三个阶段，认为近代中西文化论争正是围绕着这三者形成一个依次递进、由浅入深的过程，即洋务派从文化结构的表层发端，学习西方物质文化而与顽固派展开的论争；维新派与洋务派和革命派与改良派围绕学习西方制度文化展开的论争；新文化派与尊孔复古派和文化调和派围绕着学习西方心理意识层面而展开的论争。② 从某种层面看，这两种解读中国近代文化论争发展线索的模式都有一定的道理，但随着改革开放以后多学科理论和多元视角引入文化史研究，是否还有其他的认识中国近代文化论争的思路，值得研究者进一步探索。二是造成对一些具体的文化论争的研究只能就事论事地孤立地评判，而不能放在历史发展的长河中探索这一事件的存在意义，以及它的源头和它的后续发展，进而使历史的叙述失去了连续性和整体性。

其次，在个案研究中，又多集中于几次大的论争上，如五四时期的东西文化论争、30年代的中国本位文化论争等，研究力量比较集中，成果较多。而对于其他时段的文化论争问题，虽然也有不少个案研究成果，但比较分散、零碎，不够系统和深入，相比而言数量、质量均不如对五四东西文化论争、本位文化论争的研究。特别是对抗战时期、解放战争时期的文化论争的研究还比较薄弱。个案研究不均衡，造成一些文化论争缺少深入研究，而某些研究较多的文化论争，其成果则出现了一些低层次重复研究的现象。

二 非历史主义倾向

郑大华等学者在回顾中国近代思想文化史研究状况时，曾批评研究中

---

① 郑师渠、史革新：《近代中西文化论争的反思》，高等教育出版社1991年版，第4页。
② 徐芳维：《近代中西文化论争与中国的历史命运》，《贵州文史丛刊》1995年第5期。

出现的非历史主义现象。① 实际上，中国近代文化论争研究中同样存在非历史主义倾向。具体表现为：

一是在缺乏严谨实证研究的基础上简单地作出概念化的定性。在研究近代文化论争时，往往把论争双方简单地纳入先进与落后、革命与改良、激进与保守、西学与中学、新与旧、传统与现代等二元对立的框架之中来理解，并对论争双方作出简单的肯定或否定性评判，以价值判断取代实证研究，不注重揭示人物思想的复杂性，这就难免产生认识上的偏差。例如涉及五四时期新文化派的反传统，不少学者不深入细致地分析新文化派与传统文化的关系，就轻易地下结论说陈独秀等人犯了民族虚无主义和历史虚无主义的错误。

二是在研究文化论争时不能将其放置在特定的历史背景中，从历史事实出发。如有人批判五四新文化派激烈反传统、反儒学，但他们却不去深入考察新文化派激烈反传统的历史合理性，也不去考察新文化人自己如何看待自己的激烈反传统，从而对历史人物有"同情之了解"。

三是有的研究成果局限于阐述文化论争中观点的交锋，或局限于"文本"就事论事，而不去探究论争主体的文化理论背景以及这种理论形成的过程，并考察论争者言说的历史语境，从而使研究成为纯粹的抽象的思辨，缺乏历史的底蕴和厚重，显得苍白和玄虚。

四是有的论著明显激情多于学理，寄托了作者太多的现实诉求和理想抱负。中国近代文化论争中所争论的诸多问题，如怎样对待西方文化、怎样对待传统文化等，在当今中国新的历史形势下并没有完全解决，争论似乎仍在今天延续。因此，有的学者就把自己在当今文化问题上的看法投射到历史的研究中，造成不是从史实、史料出发，而是"以论代史"，或者在运用史料时断章取义。这些非历史主义的倾向根源于研究者忽视了史学的实证性特征以及学术研究所应遵循的科学态度和理性精神。

三 理论方法有待深化

从目前对中国近代文化论争的研究状况来看，学者们的分歧往往不在

---

① 参见郑大华、贾小叶《20世纪90年代以来中国近代史上的激进与保守研究述评》，《近代史研究》2005年第4期；郑大华、伏炎安《20世纪90年代以来五四东西文化论战研究述评》，《广州大学学报》2006年第4期。

于对文化论战的具体过程的梳理和对论战中不同派别文化主张的具体阐述上，而更多地体现在对他们的主张的价值评判上。一些研究成果的问题也正是失之于价值评判。如支持陈独秀的学者认为当时文化的时代性更重要，认为陈独秀把握住了文化的时代性；支持杜亚泉的学者则认为杜看到了文化的民族性，坚守文化的民族性至关重要。其实，文化的时代性和民族性是矛盾的两个方面，并不能割裂开来。

整体来看，对中国近代文化论争的阐释和评论不仅仅是关于论争本身，而是涉及对一些更宽泛的问题的研究的深化，如对中国近代史的整体认识，对中国近代文化史的认识，对中国传统文化的价值的认识，对西方文化的价值的认识等。还决定于历史学、文化学、哲学、政治学等学科诸多理论问题的深化，如对文化的时代性和民族性、文化的继承性和变迁性、文化的整体性与可分性、科学与人文、保守与激进、传统与现代、共性与个性等一系列基本矛盾的辩证理解，正是这些看似矛盾的方面共同构成了文化发展的统一体。如果不能在这些矛盾中找到一个平衡点，在研究中就会厚此薄彼，就不能对研究对象给予严谨审慎、客观全面的多维度辩证思考。

另外，在研究方法上，还应加强跨学科的渗透。研究中国近代文化论争不仅需要历史学、文化学的理论与方法，还要注意吸收其他学科的理论方法，才能全面客观评价整个近代文化论争。如研究近代中西医论争时需要医学方面的理论与方法，研究学衡派与新文化派的论争需要文学的理论与方法，研究科玄论战还需要有哲学的理论与方法等，研究一些文化论争时可能还要考察当时的社会心理因素以及不同层次的民众对这些论争的反响，这就要运用到社会学、心理学、心态学等理论方法。布罗代尔指出："很久以来，我们注视着这些相邻科学的经验和研究，因为我们认识到，与它们取得联系或走它们的道路能使历史学耳目一新。在我们这方面，也可能给它们提供一点东西。"① 运用不同学科的理论与方法，能在最大限度上避免研究盲区，也是全方位、多角度认识研究对象，进行创造性研究的重要条件。

---

① ［法］布罗代尔：《历史和社会科学：长时段》，蔡少卿：《再现过去——社会史的理论视野》，浙江人民出版社1988年版，第50页。

第四章

近代文化思潮研究

　　中国近代以来的历史，充满了波澜壮阔、异彩纷呈的思想。从某种意义上说，近代中国社会的变革是不同思想鼓荡并在现实政治与社会中寻求实践检验的历史。中国近代思想史，自有其特有的魅力。而对中国近代思想文化的研究，可以有很多种进路，其中"思潮研究"便是重要一途。以"思潮研究"切入对中国近代以来的历史探索，不但可以清晰地考察中华民族所经历的苦难与辉煌历史给予比较系统的描述和解释，更可以从不同思潮的关联与纠缠中，更好地把握探索未来民族进一步发展的可能性。

　　以"思潮"来看待和观察近代中国思想史的演进与变迁，不但是一种理论的视角与建构，更切合近代以来国人对世界、对国运、对风气的感受。早在20世纪初梁启超写作《清代学术概论》时，便提到"时代思潮"一说，并评论曰："此语最妙于形容。凡文化发展之国，其国民于一时期中，因环境之变迁，与夫心理之感召，不期而思想之进路，同趋一方向，于是相与呼应汹涌，如潮然。"[①] 可见"思潮"与"时代""文化"有着紧密的联系。20世纪中国思想文化界风云鼓荡、百家争鸣的时期要属五四新文化运动时期。彼时，中国知识分子感受和讨论最多的是各种"主义"。海外学者张灏在对五四新文化运动的研究中亦观察到，五四新文化运动所反映的关怀，并不纯粹是民族主义，它尚有超民族主义的一面，这是世界主义的一面。此种世界主义，让五四知识分子有感于中国是世界现代文明的一环，而现代文明有其主要的发展趋向和历史潮流，中国应该认同这种

---

① 梁启超：《清代学术概论》，复旦大学出版社1985年版，第1页。

趋向和潮流，才不愧是世界文明的一分子。张灏提出这种关怀，就是一种"潮流意识"。① 然而，在近代几代知识分子眼里，何种"潮流"为真，何种潮流应该是最适合中国走向独立富强的道路，却是见仁见智甚至带有一定价值判断的认识。但不容否认的是，近代知识分子对于"时代思潮"有着特殊的敏感与关怀，以至于在思想表达或文字撰述中，都自觉将"思潮"与个人的创造挂钩相连。如较早的侯外庐先生主编的《中国思想通史》，讨论到明清之际的"启蒙主义"与龚自珍以来的近代学术思想变迁的时候，注意到它们是某种思潮。冯友兰自述其书"不以人为纲，以时代思潮为纲，以说明时代思潮为主，不以罗列人名为贵"②。这反映了学者们欲在时代思潮背景下为自己学术开展定位的自觉意识。

然而，真正以"思潮"这一视角和方法切入中国近代思想史研究，却是"文化大革命"结束之后。那时知识分子在反思近代以来的思想史、学术史、哲学史过程中，开始用"思潮"来涵括特定历史时期的思想。如侯外庐《中国近代哲学史》中，开始用"社会思潮"来概述某一历史时期的思想；③ 20世纪80年代末，金冲及提出研究中国近代思想史，重要的是注重各种社会思潮的发展演变和他们之间的相互关系。由于不同阶级、阶层的人群所处经济地位和社会关系不同，他们的利益也不同，因而在社会上就形成不同的思潮，有主流、之流、潜流、逆流，综合构成一幅极为复杂而丰富的历史图画。90年代初，著名哲学家冯契在为一部中国近代思潮研究丛书所作序言中，对于近代中国思潮涌动及思潮研究有一段很中肯的评价："在短短百年间，特别是19世纪末至20世纪前半叶的数十年间，如此多的思潮纷呈涌动，在数千年的中华文明史上可以说是没有前例的，它集中地表现了中华民族在近代历史条件下，思想的空前活跃，精神的迅速高扬……思潮蜂起的总画面表现了民族精神在寻求救国救民、走向现代化的道路，这一点是毫无疑问的。正是在这一长期艰苦的探索中间，形成了值得珍视的近代文化传统。"④ 可见，此时学者们对于以"思潮"来洞察和研究中国近代历史已经有了广泛的共识和高度肯定的评价。

---

① 张灏:《五四运动的批判与肯定》,《幽暗意识与民主传统》,新星出版社2010年版,第177页。
② 冯友兰:《三松堂全集》第10卷,河南人民出版社2000年版,第4页。
③ 侯外庐:《中国近代哲学史》,人民出版社1978年版。
④ 冯契主编:《中国近代社会思潮研究丛书》,上海人民出版社1991年版,"总序"。

正是在 20 世纪 80 年代末以后，中国学界陆续出版了大量以"思潮"和"思潮史"命名的专著、论文。① 这类著作大多冠以"社会思潮"的名称，并以其为线索，构筑中国近代思想史的撰述。也正是通过上述学者的努力，中国近代"思潮"，已经从背景性衬托直接变为学术研究的对象。此外，尽管多数学者在"思潮"一词前加上"社会"，实际上多数人的研究已经跳出了此前狭隘的政治性论述，即便是马克思主义和社会主义，实质上也在"思潮"的名义下，被安置到了更广泛的文化层面，成了与改良主义、自由主义、无政府主义等并列的诸种思潮之一。当然，这与整个 80 年代"文化热"讨论中时人的"文化"观念有密切关系，因为那是对于"文化"普遍是作为一个社会和生活的整体概念来看待的。

进入 21 世纪，有关社会文化思潮的研究已经积累起丰硕的成果，对于以"思潮"研究中国近代历史，学术界更是有了新的反思和理论方法的总结。其中 2008 年"思潮研究百年反思：历史、理论与方法"学术研讨会的召开，可以说是学术界对以往中国社会思潮研究的系统检讨。在此次会议上，诸多思潮史研究的著名学者纷纷撰文，对百年思潮研究的成就与问题作出梳理，会议主要的论文后来被编入四卷本的《中国思想评论》，体现了学者们积极推动和展示对于近代以来尤其是 20 世纪中国社会思潮的学术研究所作总结和反思。

现有的对于中国近代思潮史的研究，通论性的著作大多采用时间顺序，即按思潮发生的时段进行分类，通常以近代（1940—1919）、现代（1919—1949）、当代（1980 年至今）为论述框架，具体时间段会有不同的截取。此种论述的好处，是将各种不同思潮放入历史推演的大背景下，便于从总体上清晰把握"思潮"视角下中国近代思想的涌现、冲突、融合、演化与变革。除了上述时段性的研究与观察，还有更多分门别类的研究，既有按照学科分类的个案研究，也有还原到近代思想史中各种"主义"的研究。尤其对于后者，学者们似乎有某种共识，即具体的思潮研究都是针对某种"主义"的研究。如学者高瑞泉指出，80 年代的思潮研究

---

① 较有影响的有：吴剑杰著《中国近代思潮及其演进》，武汉大学出版社 1989 年版；吴雁南著《清末社会思潮》，福建人民出版社 1990 年版；戚其章著《中国近代社会思潮史》，山东人民出版社 1994 年版；胡维革著《中国近代社会思潮研究》，东北师范大学出版社 1994 年版；黎仁凯著《近代中国社会思潮》，河北人民出版社 1996 年版；高瑞泉主编《中国近代社会思潮》，华东师范大学出版社 1996 年版，等等。

通常都灌注着研究者对这些"主义"的阐释。同时,多年来,在思潮研究中已经形成了某些分析框架,譬如自由主义、激进主义、保守主义的三角关系;① 崔宜明的《自由主义与 20 世纪中国社会思潮研究》一文说:"中国的事情不能不是'主义'层面上的,对任何'问题'的理解,其背后都有某种'主义'作为理解方式在发挥作用,提供着理解问题的背景和解答问题的方向。"②

第一节　保守主义

就现代西方现代化历程中而言,保守主义则充分褒扬民族传统文化的本质和优长,对于资本主义现代化,一方面有限度地接受其有益成果,另一方面,也批判其负面影响,总体上主张以"返本开新"的方式,实现民族文化的现代化。中国作为文明古国,有着悠久灿烂的古代文明,也即有着深厚绵延的传统;而近代以来的中国,又恰恰遭遇数千年未有之变局,从政治结构到社会形态再到文化认同都面临一系列的冲击与改变,甚至是出现了明显的传统与现代之间的断裂。此种历史背景,正为政治与文化保守主义提供了温床。因此,此种思潮在近代思想史上具有显著而突出的影响,就连鲁迅也曾说,任何外来的主义也撼动不了中国的保守主义。无怪乎很多现代学者也认为 20 世纪中国现代化的挫折主要应归罪于中国传统中种种保守的势力。③ 尽管对于保守主义的势力及影响评价,学者们见仁见智,但 1949 年后尤其是改革开放四十年来对此问题的探讨却堪称广泛、深入而全面。

一　宏观历史考察

新中国成立初期,随着马克思主义完全占领意识形态的阵地,其对学术的影响出现了政治化、斗争化的局面。

改革开放后,对于"保守主义"的讨论真正在一种全新的历史起点与

---

① 高瑞泉:《思潮研究百年反思:历史、理论与方法》,《思潮研究百年反思》,《中国思潮评论》第一辑,上海古籍出版社 2009 年版,第 14 页。
② 崔宜明:《自由主义与 20 世纪中国社会思潮研究》,《思潮研究百年反思》,《中国思潮评论》第一辑,上海古籍出版社 2009 年版,第 51 页。
③ 姜义华:《激进与保守:与余英时先生商榷》,《二十一世纪》1992 年 4 月号。

理论视野基础上展开，学界对于"保守主义"的内涵、特征、发展阶段、主要流派及代表人物、地位与评价等具体问题，都形成了广泛而深入的探讨。①

何晓明对近代中国的文化保守主义的梳理，总结出三大派别、四组特征、几点启示。认为从时间序列及思想流变上分析，近代文化保守主义可划分为三大派别，即19世纪60年代至90年代的"体用"派；19世纪90年代至20世纪20年代的"国粹"派；20世纪20年代至五六十年代的"新儒家"。三大派别之间，又有两组过渡性人物，"体用"派与"国粹"派之间，有康有为、严复；"国粹"派与"新儒家"之间，有吴宓、梅光迪。文化保守主义是伴随着资本主义现代化的全球扩张而发生于世界各国、各民族的普遍现象。由于各国、各民族自身历史背景的差异，以及资本主义现代化介入的不同条件、方式、后果，文化保守主义呈现出异彩纷呈的格局。就近代中国而论，文化保守主义有四组特征：一是民族立场与忧患意识；二是人文精神与反科学主义；三是道德本体与宗教情怀；四是变易情怀与中庸准则。文化保守主义在中国经历一百多年的发展，也给我们留下了丰厚的遗产：第一，其对现代化过程的本质分析，富有相当的认识价值；第二，其对现代化过程的传统基础的强调，具有一定的理论意义；第三，文化保守主义的根本理论缺陷，在于其对于现代化所需要的社会系统的"整体创造性转换"认识不足。②他的专著《返本与开新：近代中国文化保守主义新论》坚持历史与逻辑相统一的思维路径和叙述方式，力图在还原思想史实、文化史实的基础上，对中国文化保守主义的学理脉络、文化价值及其现实社会功能进行梳理和探讨。③

马庆钰认为，文化保守主义是在鸦片战争后社会危机加剧的背景下凸显出来的政治文化思潮，是介于文化民族主义的传统派和激进主义的西化派中间的文化选择，"中体西用"和"中国文化本位"之类的理论与实践是其主要形式，干预政治发展是其主要内容，维持封建政治秩序和利益分配格局是其最后归宿。从总体上看，文化保守主义与文化相对主义、文化民族主义一样，最终都成为延误中国现代化进程的主要因素。④

---

① 姜义华：《激进与保守：与余英时先生商榷》，《二十一世纪》1992年4月号。
② 何晓明：《近代中国文化保守主义述评》，《近代史研究》1996年第5期。
③ 何晓明：《返本与开新：近代中国文化保守主义新论》，商务印书馆2006年版。
④ 马庆钰：《对于文化保守主义的检省》，《中国人民大学学报》1997年第3期。

胡逢祥认为，近代以降，面对漂洋东来以新型工业资本社会形态为背景的西方文化咄咄逼人的挑战，中国本土文化能否继续延展其几千年来不绝的生命，曾是思想界长期纷纭不决的一大公案，文化保守主义便是在这场争论中对此始终持肯定态度，并身体力行地为重塑传统文化的现代精魂而呐喊的一种社会思潮或学术流派。作者认为，严格意义上的近代文化保守主义，应当是一种具有自觉的近代意识或以这种意识为主导的文化保守主义。也就是说，在整个中国近代的历史时段中，事实上存在两种不同性质的文化保守主义，一种是封建的文化保守主义，它不但主张在文化和意识形态上固守一切传统，拒斥各种异端和外来文化因素的加入，还极力要求在政治上保持旧有的封建制度或其主体。从近代前期视一切洋货洋物为"奇技淫巧"而深恶痛绝的封建正统派、洋务运动时期的顽固派直到辛亥革命以后屡屡掀动复辟浊流的封建遗老，都是这一文化保守主义血脉相承的思想代表。另一种是近代式的文化保守主义，他们虽然也对传统怀有强烈的依恋感，并且十分强调文化变动的历史延续性，始终倾向以传统文化为根底或主体的近代文化建设进路，但却并不因此盲目维护传统社会体制。他们不仅能以理性的姿态看待整个社会的近代化趋势，有的还积极投身推翻封建专制和建设现代民主制度的革命实践。即使对于所钟爱的传统文化，也不一味偏袒，而是有所反思和批判，其文化观的内涵和关切目标都已显露出一种背离封建的近代文化建设意向。从章太炎到"五四"以后新儒家的文化保守主义，无不具有这样的特点。① 上海人民出版社 2000 年出版的胡逢祥的专著《社会变革与文化传统：中国近代文化保守主义思潮研究》，分传统文化的失落、近代文化保守主义的初兴、东方文化重振、追求民族文化的永恒生命及关于传统文化历史命运的思索等内容进行了论述。

喻大华对晚清文化保守思潮的界定，强调应客观地理解"保守"与"文化保守"，应持一种中西会通的文化观，应注意中外文化保守的不同。作者认为晚清文化保守思潮是一种"在中西文化交融过程中力图维护中国文化主体地位的社会思潮"，并将张之洞的中体西用派、康有为的孔教派与章太炎的国粹派作为重点考察对象，从中理出晚清文化保守思潮的发展脉络。喻大华所著《晚清文化保守思潮研究》一书，对于中体西用理论形

---

① 胡逢祥：《试论中国近代史上的文化保守主义》，《华东师范大学学报》2000 年第 1 期。

态详加辨析，认定其为 19 世纪儒学谋求活力、摆脱危机的必然产物，从而肯定了其文化保守的实质。该书还揭示了康有为的孔教体系，探讨了康有为孔教主张的理论价值与实践价值的矛盾，揭示了晚清文化保守人物的师友关系体系，论述了文化保守人物政治人格与文化人格等问题，考察了文化保守思潮本身，还对该思潮与自由主义、文化激进主义、无政府主义思潮的关系有所解释，颇有深度。①

郑大华认为，中国的文化保守主义思潮起源于清末民初，以章太炎为精神领袖的"国粹派"是中国近代第一个保守主义的文化团体，文化取向与政治取向的分离是"国粹派"和中国文化保守主义者的重要特征。五四时期文化保守主义思潮出现高涨，成为当时与反传统主义的西化思潮、马克思主义思潮鼎足而立的主要文化思潮之一，不仅五四时期中国思想界发生的几次大的思想文化论战都是保守主义的"东方文化派"和"学衡派"挑起的，而且他们的一些文章和著作发表或出版后都产生过巨大的社会反响。三四十年代文化保守主义思潮走向成熟，其标志是现代新儒家作为一个学派的形成。中国文化保守主义思潮及其代表人物主要是围绕"中西文化""新旧文化"和"西化与现代化"这样几个问题展开思考，并与反传统主义的西化派、主张俄化的马克思主义者进行争论的，他们的长处与短处，优点与缺点，理论建树与理论局限，也主要反映在对这些问题的思考和认识上。②湖南人民出版社 2015 年出版的他的专著《中国近代思想脉络中的文化保守主义》，对文化保守主义的历史考察、"东方文化派"与五四新文化运动、泰戈尔访华与五四时期的思想文化斗争、"学衡派"对五四新文化—新文学运动的批评等问题进行了考察。

二　主要流派及代表人物

主要流派与人物是学界讨论的热点，也是积累学术成果最丰富的领域。此方面探讨包括洋务运动时期的"中体西用派""国粹派""东方文化派""学衡派""新儒家"等。

何晓明梳理近代洋务运动时期主要思想人物及政治家的思想，指出洋务运动的实施，既是对中国文化保守主义进行全面"胎检"，同时又是对

---

① 喻大华：《晚清文化保守思潮研究》，人民出版社 2001 年版。
② 郑大华：《中国文化保守主义思潮的历史考察》，《求索》2005 年第 1 期。

其进行强刺激的"催生",而"中学为体、西学为用"说,则是洋务运动的理论纲领,也是中国文化保守主义的出生证。从理论与实践两方面看,张之洞代表的"体用派"无疑具有文化保守主义的典型特征。①

喻大华也把中国近代保守主义思潮的起源定在洋务运动时期,认为19世纪中叶以曾国藩为代表的洋务派是近代中国最早的文化保守主义者,因为洋务派的指导思想是"中体西用",而体用派倡导学习西方是为了保中学之体,表现出对中国文化强烈的责任感。"中体西用"既规定了中西双方的主从关系,也是中西文化结合的大原则,因而"中体西用"理论是保守主义的文化理论。②与对"体用派"文化保守主义研究相伴的是对代表人物如冯桂芬、王韬、郑观应、曾国藩、李鸿章、张之洞等人的研究。将洋务运动中的代表人物视为文化保守主义的代表,亦会对与"洋务派"相对立的"顽固派"的界定评价出现矛盾,如李细珠的《晚清保守主义思想的原型——倭仁研究》一书,立论即完全相反,认为"近代中国保守思想"是中国传统文化对西学东渐的抗拒性回应,与近代中国"向西方学习"的进步思潮相比,是一种具体表现为更多地维护传统文化而反对引进西方文化的文化心态或思想取向。该书以倭仁为中心,以近代中西思想文化关系为背景,从中国本土思想资源中,探寻近代中国思想的渊源与流变。③

对于康有为及其"孔教派"的研究,学界讨论热烈,成果频出。俞祖华认为文化保守主义本身不是一成不变的,而是不断随时代背景的变化作理论的调整,其中一次重大转折以从康有为的"三世"进化史观到梁漱溟的"文化三路向"说为代表,由政治的进路转向文化的进路、面向西学转向回归传统、进化论转向退化论、外王事功转向道德心性之学。④

房德邻对民国初年以康有为及其弟子为中坚掀起的孔教运动作出全面梳理与评析。⑤相关代表性文章还有《汕头大学学报》1989年第3期发表的赵春晨的《论戊戌时期康有为的"创教"、"保教"主张》、《中国文化研究》1999年第2期发表的张锡勤的《论戊戌时期的"孔教复原"》、《西

---

① 何晓明:《近代中国文化保守主义述评》,《近代史研究》1996年第5期。
② 喻大华:《晚清文化保守思潮述论》,《天津社会科学》2000年第1期。
③ 李细珠:《晚清保守主义思想的原型——倭仁研究》,社会科学文献出版社2000年版。
④ 俞祖华:《文化保守主义思潮的重要转向》,《中州学刊》2014年第4期。
⑤ 房德邻:《康有为与孔教运动》,《北京师范大学学报》1988年第6期。

北联合大学学报》2003 年第 1 期发表的韩星的《康有为孔教说述评》等文章。

国粹主义是 20 世纪初兴起的一股学术文化思潮，代表人物为章太炎、邓实、黄节、刘师培、陈去病、马叙伦等一批具有近代民主意识的知识分子，他们的文化主张，反映了当时知识界对民族文化深层危机日趋严重的某种自觉。面对席卷而来的"西化"浪潮，国粹派诸子深恐国人将失去民族精神的凭借，因而希望通过民族传统文化的继承和发扬，激发民族自信心，抵御外来侵略而"保国保种"。较有影响的专题论文有：《新建设》1965 年第 2 期发表的杨天石的《论辛亥革命前的国粹主义思潮》、《历史研究》1985 年第 5 期发表的胡逢祥的《论辛亥革命时期的国粹主义史学》、《理论与现代化》1991 年第 1 期发表的李喜所的《略论辛亥革命时期的国粹主义思潮》、《历史研究》1992 年第 1 期发表的郑师渠的《晚清国粹派的文化观》、《北京社会科学》1992 年第 1 期发表的郑师渠的《晚清国粹派论清学》、《近代史研究》1995 年第 2 期发表的丁伟志的《晚清国粹主义述论》、《文史知识》1999 年第 3 期发表的李洪岩的《晚清国粹派史学》及《故宫博物院院刊》2002 年第 3 期发表的喻大华的《论晚清国粹派与国粹思潮》等论文。

学衡派是以欧美留学归国知识分子为主而形成的一个学术群体，核心人物为吴宓、梅光迪、胡先骕、汤用彤等。他们以 1922 年创刊的《学衡》杂志为学术阵地，打出"昌明国粹，融化新知"的旗号，一方面继承晚清国粹派的某些论学宗旨，另一方面引入西方学者白璧德的新人文主义，以一种特有的中西合璧式保守情怀，看待并从事现代学术文化的构建。相关重要研究论文有：《史学理论研究》1995 年第 4 期发表的张文建的《学衡派的文化保守主义及其影响》、《探索与争鸣》1995 年第 11 期发表的《学衡派的中西文化融贯说》、《首都师范大学学报》1999 年第 1 期发表的龙文茂的《融通中西　贯概古今——学衡派文化观念述评》、《北京电子科技学院学报》2005 年第 1 期发表的段妍的《"学衡派"与 20 世纪初期中国文化保守主义》等。北京师范大学出版社 2001 年出版的郑师渠的专著《在欧化和国粹之间——学衡派文化思想研究》、人民文学出版社 1999 年出版的沈卫威著《回眸"学衡派"：文化保守主义的现代命运》和河南大学出版社 2000 年出版的沈威著《吴宓与〈学衡〉》、甘肃人民出版社 2005 年出版的周云著《学衡派思想研究》、江西教育出版社 2007 年出版的沈卫威著《学衡派谱系：历史与叙事》、广东人民出版社 2013 年出版的李广琼著《学衡派与新人文主义中国化》、合肥工业大学出版社 2013 年出版的郭昭昭著《学衡派的精神世界》及南京大学出版社 2021 年出版的朱鲜峰著《学衡派与近代中国大学教育》等书，是关于学衡派研究的有重要影响的专门著述。此外，中国广播电视出版社 1995 年出版的孙尚扬和郭兰芳编选的《国故新知论——学衡派文化论著辑要》及长春出版社 2013 年出版的杨毅丰等编《民国思想文丛：学衡派》，更将学衡派代表人物的基本文章及观点收纳其间。所有这些，都显示了学界对这一问题的重视和收获。

最能展示此时期文化保守主义思潮主流色彩的，则是现代新儒家的活动。该派代表人物为梁漱溟、张君劢、熊十力、冯友兰和贺麟等。五四时期，梁漱溟首先在思想界公开打出现代"新孔学"的旗号，鼓吹复兴儒学，将全世界都引导到"孔子的路上"。在随后发生的"科学与人生观论战"中，张君劢复极力倡导以宋明理学的道德精神涵养现代人性，以救时弊。他们的主张得到了学术界和教育界部分人士的响应，这些人互通声息，有的还结为学社进行团体活动，渐渐形成一个具有共同文化宗旨甚至学术传授系统的现代新儒家学派。《中国哲学史》1995 年第 6 期发表的方克立和李翔海的《现代新儒学发展的逻辑与趋向》、《孔子研究》2004 年第 6 期发表的赵吉惠的《现代新儒学基本理论的自我消解》、《宁夏社会科学》1995 年第 6 期发表的周溯源的《现代新儒学述评》等文章，也从不同角度深化了该问题的研究。此外，针对现代新儒学代表人物的研究，更是取得了令人瞩目的成果。

三 与其他思潮的关联

中国近代思想史充满了各种此起彼伏、澎湃激荡的思想文化思潮，除激进主义、自由主义和保守主义的三派对立互动外，社会主义、三民主义、共产主义等各种流派或思潮之间处于一种错综复杂的关系。如何梳理文化保守主义与其他同时代主流思潮的关系，是一个无法回避的问题。

学术界对保守主义与激进主义在中国近代思想史上孰为主流问题展开了讨论。高瑞泉认为，五四时期大致上可以分自由主义、文化保守主义、激进主义（浪漫主义）和马克思主义等若干思潮或流派，它们对于中国现代精神传统的塑造都贡献了力量,尽管它们对"进步""创造"等价值的释意不尽相同。①

郑大华认为,由于文化保守主义、西化派、马克思主义面临的历史情景、文化遗存相同,因此,它们又有着许多相同或相似之点。在文化上,它最为关心的问题,大体上是如何对待传统与西学,如何建设新文化等问题。他们有着强烈的民族主义热情,都不反对中国实现现代化。但由于它在文化建设问题上的价值趋向不同,这三大思潮之间也存在斗争,马克思主义思潮既与西化思潮和文化保守主义思潮进行了针锋相对的斗争,也部分地肯定和接受了西化派和文化保守主义者提出的某些合理观点。②

欧阳哲生认为,文化保守主义、文化自由主义、文化激进主义三大文化流派三位一体。从中国新文化的演变过程看,它是一个历史的排列;从文化演变的内在联系看,它是一个逻辑的排列。三者之间的实际关系错综复杂,组合离异不一,不可简单而论。三大文化流派的文化成果和历史作用不一,相互之间不可替代。但三大文化流派之间也有会通交融之处,这就是它们都包含有民族性、开放性、效用性的特点。③

更具体的论述保守主义与其他思潮的关系的成果还有:王中江分析了中国近代思想家对进化论的理解和运用与中国近代的渐进与激进立场所构成的关系,并指出在中国近代的历史过程中,激进—渐进—保守三种立场虽因时空的变化而有中心转移的情形但整体上说它们交叉地、错综复杂地存在着。④

何晓明研究了文化民族主义与文化保守主义的关系,指出两者既有关联,更有区别。从概念确立的思维坐标分析,文化民族主义只考虑了一维,即如何认识并处理中国文化与外来文化(西方文化)的关系;而文化保守主义则考虑了两维,既要认识并处理中国文化与外来文化(西方文化)的关系,又要认识并处理古代文化与当下文化的关系。文化民族主义,就是坚持历史形成的传统民族文化价值不容否定、不应忽视、不可取代的社会心理和理论主张;而文化保守主义,则是坚持传统文化变与不变

---

① 高瑞泉:《中国现代精神传统——中国的现代性观念谱系》,上海古籍出版社 2005 年版。
② 郑大华:《中国文化保守主义思潮的历史考察》,《社会科学战线》1992 年第 2 期。
③ 欧阳哲生:《中国近代文化流派之比较》,《中州学刊》1991 年第 6 期。
④ 王中江:《进化主义与近代中国的保守、渐进、激进》,《西方思想在近代中国》(论文集),社会科学文献出版社 2005 年版。

相统一、民族文化的个性与时代文化的共性相统一、文化的返本与开新相统一的社会心理和理论主张。归根结底，文化民族主义以维持现代化的民族文化基础为根本旨归，而文化保守主义则是以实现民族文化的现代化为根本旨归。①

孙旭红的《中国近代文化保守主义思潮与马克思主义中国化》一文，指出五四新文化运动之后，中国文化保守主义者就中国传统文化与西方文化之间关系等问题展开了一系列论战。文化保守主义者在论战中既强调传统的生命力和文化的延续性，又确认民族文化之间的相通性。中国马克思主义者对文化保守主义的合理思想资源进行了吸收和超越，提出了新民主主义文化的科学论断。因此，文化保守主义对马克思主义中国化进程确实起到了一定的推动作用，而在与文化保守主义等思潮作斗争的过程中，中国的马克思主义者更加坚定了走以马克思主义为指导的中国革命道路。②

李毅的论点则正好相反，认为文化保守主义与马克思主义在历史上二者是对立的，20世纪20年代、40年代、50年代，二者之间曾几次展开过相互批判的斗争。从理论上看，二者更具有根本的分歧，首先，二者是哲学基础上唯物论、唯物史观与唯心论、唯心史观的对立；其次，二者是"中体西用"文化观的思想方法与"综合创新"社会实践文化观思想方法的对立；再次，二者是"改良观"与革命观的对立。③ 此外，对于保守主义与自由主义、科学主义、社会主义的关系均有大量相关研究问世，展现了学界对此问题的关注。

四 评价反省

如何评价"文化保守主义"在中国近代历史上的作用与影响？学术界的主流意见是对文化保守主义的积极意义和负面影响都要予以重视。胡逢祥认为，尽管文化保守主义在近代推进思想启蒙和社会变革方面显得步履滞缓，对于当时人普遍急切企盼的富国强兵，也缺乏有效的应变之术，而是把传统伦理道德作为救世良方，有的甚至指望以传统社会固有"伦理本位"精神，来抗衡和避免这类现代病这样的主张，理所当然地不为历史所

---

① 何晓明：《近代中国文化民族主义与文化保守主义的关系》，《新视野》2007年第4期。
② 孙旭红：《中国近代文化保守主义思潮与马克思主义中国化》，《社会科学家》2013年第10期。
③ 李毅：《中国马克思主义与现代新儒学》，辽宁大学出版社1994年版。

认可。也尽管存在这些认识误区，但并不表明它在中国现代思想史上只是树立了一种阻碍历史进步的反面形象。值得注意的是，20世纪以来文化保守主义的代表人物大多是深情的爱国主义者，他们的文化主张，容或有其认识上的片面性，但却无不浸透着对祖国文化的热爱和对民族命运的深切关注，其对新文化建设过程中暴露出来的某些弱点和将文化更新简单化做法的批评，也足以启人深思。故从整个中国现代文化建设的总趋势看，这种激进与保守间思想互动所形成的合力，客观上实起着推动其不断由表层拓向深处，由粗率走向精微，由幼稚趋于成熟的作用。①

何晓明将文化保守主义的价值归结为三个方面。一是文化保守主义对古今中外文化关系的学理探讨，有利于科学的现代化观念的养成；二是文化保守主义对中国传统文化（尤其是儒家文化）的深入研究，有利于其自身的新陈代谢；三是文化保守主义对西方现代化过程中的负面现象的批判，有利于中国现代化吸取教训，后来居上。但是文化保守主义由于自身理论趋向而存在的缺弊，也会对中国现代化事业产生消极的影响，首先，保守主义的"创新"，根据在于常识、经验和传统，这种"后顾性的文化价值取向"必然严重限制文化保守主义的眼界和视角，无法以真正健康的心态，迎接新的知识经济时代、民主法制社会的到来。其次，中国文化保守主义的泛道德主义取向的误导作用也是必须警惕和防止的。②

郭齐勇认为，文化保守主义思潮客观上修正了主流派，在坚持中西融通的兼综导向、重视不同民族文化启蒙的不同特点等方面做出了一定的贡献。因为在对近代文化和五四文化的研究中总是把主张文化的"西化"或"苏化"的自由主义、科学主义、社会主义思潮看作是进步的、革命的。这无疑是不全面的。离开了民族主义、保守主义，上述思潮便失去了文化生态上的平衡。不唯如此，在中国现代化的过程中，后者不仅是前者的对立互补要素，而且是民族文化现代化重建的重要的动力之一。与西化派不同的文化保守主义在20世纪中国思想史上占有一席之地。③

此外，李翔海、李维武也分别强调了当代文化保守主义思潮对于当

---

① 胡逢祥：《试论中国近代史上的文化保守主义》，《华东师范大学学报》2000年第1期。
② 何晓明：《返本与开新——近代中国文化保守主义新论》，商务印书馆2006年版，第324—354页。
③ 郭齐勇：《二十世纪文化保守主义论》，见湖北大学中国思想文化史研究所主编《中国文化的现代转型》，湖北教育出版社1996年版，第548—561页。

代中国文化建设的意义以及寻求一种新的文化价值观，重构中国人的精神家园的积极影响。但与此同时，文化保守主义又具有不合理的负面影响。①

当然，对于文化保守主义，也有学者持基本否定的态度。持这种观点的人认为，保守主义在中国从来都是统治阶级意识形态的组成部分，前者服务于后者的统治利益，后者支持前者的理论模型。它们都不习惯和惧怕国内外发展中的新事物、新观念，力图以专制权力的体系为核心，来严格划定政治、经济、文化变革的价值取向和可行性范围。因此，文化保守主义与文化相对主义、文化民族主义一起，是封建传统力量抵制社会全面现代化的三道主要障碍。②

总起来说，新中国成立尤其是经过改革开放后的学术积累，人们对文化保守主义的研究，已经取得了很大的成绩，无论宏观还是微观方面，都有相当多有分量和影响的成果问世。相较于其他文化思潮，对文化保守主义的研究可以说是学术界着力较多、成果较为丰硕的，但对文化保守主义的研究依然有进一步深化的必要，如对20世纪90年代以来的文化保守主义、对文化保守主义与政权之间的关系、对文化保守主义与其他思潮（如文化自由主义、三民主义等）之间的关系，都还有待加强；此外，要重新审视以前的研究成果，对于那些确实站不住脚、经不起历史检验的研究结果也要加以清理。③

第二节　自由主义

新中国成立初期，由于政治斗争及意识形态论争的需要，严肃及客观意义上对"自由主义"的探讨是缺失的，"自由主义"及自由主义者往往被贴上国民党"反动文人"的标签予以打压和批判。改革开放以后，中国学术界、文化界逐渐展现出多元的格局，各种思潮、学说、学派涌现。与新自由主义在全球的蔓延相适应，当代中国自由主义的思潮也浮出水面。

---

① 李翔海：《当代中国文化保守主义的内涵、意义与困限》，《天津社会科学》1998年第1期；李维武：《文化保守主义再度兴起的实质、原因与影响》，《学术研究》2008年第3期。
② 马庆钰：《对于文化保守主义的检省》，《中国人民大学学报》1997年第3期。
③ 张世保：《因势而起、异彩纷呈：近20年来中国文化保守主义思潮研究述评》，《华东师范大学学报》2009年第4期。

当代中国自由主义借鉴了两种思想资源：西方的自由主义思想与近代中国的自由主义传统。学者们注意到，在20世纪上半叶，自由主义在中国早期现代化进程中也曾有一定的声势和影响，它与激进主义、保守主义一起被并称为近代三大文化流派、三大文化思潮。学界开始注意梳理中国自己的自由主义传统，重新翻检与审视曾被蒙在尘埃中的近代中国自由主义这份历史遗产。①

在20世纪的相关研究中，存在两种试图系统描述和解释近代以来社会思潮演变和发展的理论模式，这就是"进步（革命）与落后（反动）"两分模式和"自由主义、激进主义和保守主义"三分模式。第一种模式曾经在很长时间里居于主导地位，今天几乎已经销声匿迹，而后一种模式则取而代之，成为学界广泛探讨的主导模式。尽管三分法存在这样那样的弊端，但总体上说，此种解读模式，还是能较好地说明近代以来中国社会思潮的历史延续性和价值取向的格局变化。相比于激进主义和保守主义，近代以来对"自由主义"的认知恐怕最难达成共识，常常陷入言人人殊的境地，因此，近三十年来出版了诸多关于近代中国自由主义思潮研究方面的著作，如上海人民出版社1991年出版的胡伟希、高瑞泉、张利民合著《十字街头与塔：中国近代自由主义思潮研究》，中华书局1994年出版的郑大华著《梁漱溟与胡适——文化保守主义与西化思潮的比较》，上海三联书店1998年出版的刘军宁著《共和·民主·宪政：自由主义思想研究》，中国人事出版社1998年出版的刘军宁主编《北大传统与近代中国自由主义的先声》，中国社会科学出版社1998年出版的李强著《自由主义》，时代文艺出版社2000年出版的李世涛主编《知识分子的立场：自由主义之争与中国思想界的分化》，北京大学出版社2004年出版的任建涛著《中国现代思想脉络中的自由主义》，新星出版社2007年出版的闫润渔著《自由主义与近代中国》，社会科学文献出版社2008年出版的郑大华、邹小站主编《中国近代史上的自由主义》，湖南人民出版社2009年出版的暨爱民著《自由对国家的叙述：近代中国自由民族主义思想研究》及中国社会科学出版社2020年出版的兰梁斌著《近代中国"自由"主义思潮研究》等。

---

① 闫润渔：《20世纪90年代以来中国近代自由主义研究述评》，《教学与研究》2006年第4期。

一 内涵及特征

"自由主义"在中国,作为一个舶来品,其内涵与特征,一如西方世界对此的研究一样,歧见纷纭,难有共识。"要断定谁不是自由主义者,什么是自由主义,已经成了十分困难的事。"[1] 美国学者约翰·凯克斯在《反对自由主义》一书中指出:"对自由主义的讨论应当从确定所有版本的自由,主义都必须满足的一组必要而充分的条件的定义开始。但这样的一组条件并不存在,这就使得自由主义成为不可捉摸的东西。"[2] 李强在《自由主义》一书中称:当我们试图找出自由主义的确切含义,找出自由主义区别于其他意识形态的本质内涵时,我们却不能不感到迷惘,感到无力。翻阅西方学者关于自由主义的著作,你会发现,有多少种著作,就会有多少种不同的定义。自由主义是所有基本词汇中最有歧义的概念之一。[3] 在黄克武看来,世界范围内的自由主义者的观点虽有分歧,却也有共识,大致而言有四点:一是政治性的,强调以民主分权来保障个人的自由与权利,并以渐进改良,而非暴力革命的方式来达到此一目的;二是经济性的,强调私有财产,并以私有财产和市场经济为基础,而设计出政治模型,此一体制肯定市场竞争,缩减国家干预;三是社会性的,19世纪以后,自由主义也关注社会问题,注意到社会正义,特别是弱势族群(如少数民族、妇女、同性恋者)的生存、平等的问题;四是哲学上的,肯定个人主义(以个人为出发点来构建整个政治、社会秩序)、思想自由,强调容忍异己等。而"自由主义"译介到中国则具有一些典型特色:一是中国自由主义者将自由社会理性化,因而表现出乌托邦精神;二是具有精英主义的特色;三是多半较为强调柏林所说的"积极自由",而忽略消极自由的若干方面;四是拒绝个人主义,强调群己平衡。[4]

正是因为"自由主义"在中国语境下的复杂内涵,学者们更多的是从历史主义的维度进行基本史实的梳理与重建,从而界定和厘清"自由主

---

[1] [英]安东尼·德·雅塞:《重申自由主义——选择、契约、协议》,陈茅等译,中国社会科学出版社 1997 年版,第 11 页。
[2] [美]约翰·凯克斯:《反对自由主义》,中国社会科学出版社 1998 年版,第 1 页。
[3] 李强:《自由主义》,中国社会科学出版社 1998 年版。
[4] 黄克武:《近代中国的自由主义:缘起与衍变》,载《中国近代史上的自由主义》,社会科学文献出版社 2008 年版,第 28—36 页。

义"的内涵与特征演变。

作为近代中国自由主义的代表,殷海光既承袭了胡适等前辈学人的自由主义信仰与追求,又对"自由主义"本身进行了历史梳理,尤其是切身反思了近代中国自由主义者特有的困境。他列出了近代中国自由主义所具有的六种性质:批孔、提倡科学、追求民主、好尚自由、倾向进步、用白话文。殷海光认为,当某一人物在某一阶段的思想合于这一组性质的四种时,就将它放进"自由主义"栏里。① 王元化认为,五四时期的思想成就主要在个性解放方面,这是一个"人的觉醒"时代。② 欧阳哲生则认为,殷海光所界定的六大条件过于宽泛,他认为中国式的自由主义,其主要特征是:在个人自由与社会群体的关系中强调以个人为本位,在社会渐进与激进革命的选择中主张以改良为手段,在科学探索与宗教信仰的对抗中鼓吹以"实验"为例证,在文化多元与思想一统中趋向自由选择。③ 胡伟希则从分析自由主义的开篇人物严复的自由主义思想入手,指出其基本特征是认识论上的实证主义,伦理观上的个体主义,历史观上的进化观,经济思想上的放任主义。这些特征,对于了解整个中国近代自由主义思想的普遍特点来说亦具意义。④

郑大华指出,在西方不同的历史时期和不同的国家里,自由主义的具体表现和特色是不同的。但作为一种社会政治思潮或流派,自由主义的核心价值或思想内涵是基本一致的,这就是强调以理性为基础的个人自由,主张维护个性的发展,反对一切形式的专制主义,认为保障个人自由和个人权利是国家存在的根本目的。从这一核心价值或思想内涵出发,自由主义在思想上主张开放、多元与宽容,在政治上主张实行代议制民主,主张通过温和的社会变革实现社会的发展和进步。正是这种核心价值与思想倾向,使它区别于激进主义、保守主义等其他社会政治思潮,而形成了自己的特色。中国近代自由主义是西方的舶来品,是严复、梁启超等人于19

---

① 殷海光:《中国文化的展望》,商务印书馆2011年版,第269页。
② 王元化:《对五四的思考》,《中国文化书院九秩导师文集 王元化卷》,东方出版社2013年版,第329页。
③ 欧阳哲生:《中国近代文化流派之比较》,《中州学刊》1991年第6期。
④ 胡伟希等:《十字街头与塔:中国近代自由主义思潮研究》,上海人民出版社1991年版,第23页。

世纪末 20 世纪初介绍到中国来的。①

章清在梳理近代自由主义的历史脉络后认为，所谓"中国自由主义"的命名，是指结合中国因素进行阐述，并赋予近代中国思想史上某些人与事"自由主义"的色彩。此前即便有论及"自由主义"的文字，所言说的对象往往皆是"西方"。② 可见，近代中国"自由主义"的内涵本身，是杂糅了西方自由主义的原典精神与中国本土化理解两方面的思想资源，欲对其有明确的定义是非常困难的，必须在具体历史时段具体历史人物的主张中寻找内涵。

二　主要类型及发展历程

对于近代中国自由主义的起源及发展历程，胡伟希指出，其源头在戊戌维新时期，而严复则可以说是"中国自由主义之父"。③ 他还把兴起于戊戌时期的近代自由主义划分为四个阶段。一是维新运动时期，严复从英国直接输入经验论传统的西方自由主义，谭嗣同则将传统思想与外来思想糅合，提出一种基于社会正义与人人平等的自由观念。二是五四新文化运动是中国近代自由主义高涨期，其突出表现是提倡个性解放的伦理、道德革命和白话文运动。三是 20 世纪 20 年代末 30 年代初自由主义思潮从伦理、道德领域向政治领域渗透。四是 40 年代末中国自由主义者的政治活动空前活跃，他们提出"第三条道路"，力图超越国共两党和国际上美苏的对立。④ 与之相对应，作者把 20 世纪中国自由主义划分为四种类型：一是将自由主义作为一种终极信念与原则去追求的思想理念型自由主义；二是根据中国现实对自由主义加以修正，主张一面坚持英美式的民主政治，一面吸取社会主义计划经济的政治功利型自由主义；三是以疏离政治的方式将自由主义理想贯彻在学术和教育中的学术超越型自由主义；四是对中国自由主义运动进行批判性检讨的文化反思型自由主义。⑤

---

① 郑大华：《历史为什么没有选择自由主义——关于"近代中国自由主义的对话"》，《中国近代史上的自由主义》，社会科学文献出版社 2008 年版。
② 章清：《1940 年代：自由主义由背景走向前台》，载高瑞泉主编《中国思潮评论》，上海古籍出版社 2012 年版，第 38—39 页。
③ 胡伟希：《中国自由主义之父——严复》，《甘肃社会科学》1994 年第 2 期。
④ 胡伟希：《中国近代自由主义的基本悖论详述》，《南京社会科学》1991 年第 4 期。
⑤ 胡伟希、田薇：《20 世纪中国自由主义的基本类型》，《中国人民大学学报》2003 年第 5 期。

黄克武指出，20世纪初期严复、梁启超、胡适、蔡元培等人将西方自由主义传入中国，此后经历了曲折的思想过程，发展出一种具有中国特色的自由主义。近代中国的自由主义思潮具有乌托邦主义、精英主义追求积极自由与强调群己平衡等特色，其背后的思想预设乃是乐观主义的认识论与人性论，因而与英美的自由主义有所不同。由于受到诸多思想与非思想因素的影响，中国自由主义在政治实践之中屡遭挫败。①

高瑞泉认同中国自由主义的思潮发源于戊戌时期，认为严复翻译约翰·弥尔的《群己权界论》和亚当·斯密的《原富》等古典自由主义的论著，引入了英美自由主义的源头。谭嗣同虽然也受到卢梭的影响，一度表现出激进的政治革命姿态，但是基本上代表着中国本土文化对自由主义的内在期待。20世纪初中国思想界的旗手梁启超的自由主义理论，可以看作是中西自由主义合流的产物。发生期的自由主义思想富有四面出击的勇气与生机，终于在新文化运动时期迎来它的黄金时代。20世纪20年代以后，自由主义曾经有十分复杂的经历，包括一度处于暴政与革命的两难选择中，又来又自居国民政府的"诤友"而不得，到抗日战争中投身救亡事业。直到40年代，由于特殊的国际、国内环境，自由主义才迎来了空前的高潮。②

对中国近代自由主义的主要类型及发展历程的理解，许纪霖则立足西方原典的解读，指出西方自由主义不是只有一种，而是有好多种，最简单地说，从英国的洛克，一直到现在的哈耶克所代表的是古典自由主义的传统或保守的自由主义传统，另外还有一个传统是新自由主义和左翼的自由主义。从英国的约翰·弥尔、格林，一直到现在的罗尔斯，而拉斯基和哈贝马斯更多的是内化了自由主义的社会民主主义。因此，自由主义的传统是很丰富的，我们不能简单地说现代中国就是受到自由主义的影响。在许纪霖看来，在现代中国，一直缺乏从洛克到哈耶克的古典自由主义传统，这个传统到50年代被殷海光和张佛泉他们注意到，在1949年以前这路传统在中国基本上没有什么影响。中国自由主义主要是两路：一个是胡适、傅斯年所代表的新自由主义传统；另外一个则是张东荪和张君劢所代表的

---

① 黄克武：《近代中国的自由主义：缘起与衍变》，载《中国近代史上的自由主义》，社会科学文献出版社2008年版，第27页。
② 高瑞泉：《中国现代精神传统——中国的现代性观念谱系》，上海古籍出版社2005年版，第31—32页。

社会民主主义传统，他们都受到拉斯基的影响。在现代中国，对中国自由主义影响最大的，不是杜威，也不是罗素，而是从来没有来过中国的拉斯基。①

但在现代中国自由主义起源问题的看法上，许纪霖则认为其源头应追溯到新文化运动时期。许纪霖认为："如果要追溯中国自由主义的起源，应该从五四算起。在此之前，严复、梁启超也宣传介绍过西方的自由主义学理和思想，不过，自由主义对于他们而言，是一种救亡图存的权宜之计，而非终极性的价值追求。当个性解放、人格独立和自由、理性的价值在新型知识分子群体之中得到普遍确认，而且具有形而上的意义时，中国方才出现真正意义上的自由主义者。"

对于中国自由主义背后复杂的"西学"渊源，张世保也指出："由于中国文化自身缺乏深厚的自由主义传统，自由主义在中国的发展相当程度上乃是对西方自由主义的移植。在这种移植过程中当然会发生很多变异，变异的一个重要表现就是移植乃是选择性的移植，且移植对象的含义发生了变化。通观整个20世纪中国自由主义的发展史，我们认为在西方自由主义思想家中，拉斯基对中国自由主义的影响最大……大略地说，拉斯基影响了20世纪上半叶的中国自由主义，哈耶克影响了20世纪下半叶的中国自由主义。"②

俞祖华、赵慧峰更明确区分了近代自由主义有不同类型：从学理渊源的角度，可区分为西化自由主义与本土自由主义；从问题领域的角度，可区分为政治自由主义、文化自由主义与经济自由主义；从问政方式的角度，把对"直接参政"感兴趣的行动型自由主义分为认可、容忍、融入现政府的介入型，与同样热衷于"直接参政"但与当局互别苗头、另组政党、另走"第三条道路"的组党型，把拒绝"直接参政"的观念型自由主义者分为热衷于舆论干政、办报议政的议政型与"参透"政治因而与政治保持距离的疏离型四类。中国近代自由主义的主体是西化自由主义，西化自由主义内部则有从古典自由主义到新自由主义、社会民主主义的演进过程；但也有思想家相对来说更关注从本土的思想资源中挖掘类似于西方近

---

① 许纪霖：《中国知识分子十论·自序》，复旦大学出版社2004年版，第12—13页。
② 张世保：《"拉斯基"还是"哈耶克"——中国自由主义思潮中的激进与保守》，载高瑞泉主编《中国思潮评论》，上海古籍出版社2012年版。

代自由思想的元素。中国近代自由主义主要发生在政治与文化领域，经济自由主义较为薄弱。从问政方式的角度，以胡适为代表的民间议政型自由主义与民主党派领导人的组党型自由主义，在现代中国政治舞台上发挥了重要的影响。①

三 主要流派及代表人物

对近代以自由主义更具体的研究体现在对主要派别及代表人物的研究上，从历史脉络来看，大体可划分为四个时期的代表人物：戊戌及清末时期的严复、梁启超等人；五四时期的胡适、傅斯年等人；后五四时期的张东荪、张君劢等人；20世纪八九十年代的"新启蒙"代表人物。

无论是否认同中国现代"自由主义"起源于戊戌变法时期，对于严复介绍西方"自由主义"的贡献以及严复本人"自由主义者"身份的认同，似乎是学界多数学者的共识。几部代表性的严复传记以及大量有关严复的专题研究论文，在严复一生思想转变的认识上有着较大歧义，但对严复早年介绍自由主义并广泛深刻地影响于知识界，却是一致认同的。② 关于严复与自由主义，海外学者史华慈的研究对国内产生较大影响，国内诸多学者基于史华慈的经典研究而展开进一步的讨论。史氏不认同国内学者如周振甫等把严复一生截然划分为早年西化、激进，晚年保守落后的看法，认为"严复像斯宾塞、赫胥黎、弥尔、甄克斯一样，从未接受过卢骚（卢梭）关于自由和平等之基础的看法"，他们否认由社会进化的客观进程，会带来自然的权利或平等；而严复在《群己权界论》中，也以弥尔的自由观念来批评卢梭"斯民生而自繇"的想法。③ 金观涛、刘青峰则认为，严复将儒家伦理与西方科技与制度视为互不相干，是所谓中西二分的"二元论儒学"或"二元论式自由主义"的典型例子。④ 黄克武则指出，"他在前后期的思想虽因应时代的变化，有着重点的畸轻畸重，然其围绕着'自由'的内在理路，以及肯定自由所需的精神基础是前后一致的。在他激进时并未完全放弃传统理念，而在保守稳健的晚年也并未放弃西方的自

---

① 余祖华、赵慧峰：《近代中国自由主义的类型及演变格局》，《烟台大学学报》2009年第3期。
② 王栻：《严复传》，上海人民出版社1976年版；王中江：《严复》，（台北）东大图书公司1997年版；皮后锋：《严复大传》，福建人民出版社2003年版。
③ ［美］史华慈：《寻求富强：严复与西方》，叶凤美译，江苏人民出版社2010年版。
④ 金观涛、刘青峰：《中国现代思想的起源》，法律出版社2011年版，第276页。

由、民主。他一贯地追求会通中西，为中国未来找到一条合适的现代化道路。严复的自由思想史基于柏林所谓的积极自由的民主社会"①。

对于严复是否为"自由主义者"，萧功秦持有不同看法。他认为严复尽管对专制政治的抨击所显示出来的激烈与深刻性，在当时来说几乎可以说是前无古人的，但即使在他以最为猛烈的方式来抨击传统专制制度的早期论文中，他也并没有认为，应立即在中国取消君主政治，这是因为，他认为对于中国而言，"其时未至，其俗未成，其民不足以自治也"。他反复强调西方的个性自由与个人的能动性，是西洋社会日臻富强的原因。但这并没有使他成为中国的自由主义者。一些国外的权威学者称严复为"中国自由主义者"可以说是极大的误解。正是严复，认为中国长期专制传统以及由此形成的国民性，作为中国的既存现实，使中国不可能通过自由主义的方式来实现富强。②

更多的学者围绕严复自由主义思想的构成及"自由观"展开讨论。如有学者认为，"在近代中国自由主义谱系中，经济自由主义始终未曾获得与之重要性相称的一席之地"③。严复则属于"那个时代极其少有的经济自由的倡导者"。④ 他是"近代中国经济自由主义的典型代表"⑤。严复的自由观，首重国家自由，次争政治自由，三分群己权界，四存絜矩之道。他以译介西方自由主义学说为基础，结合中国现实需要和传统文化而建立起新自由主义体系。⑥

对于严复传播自由主义的影响与评价，学者们有不同看法，如胡伟希称，严复堪称中国自由主义之父。⑦ 陈国庆称，严复作为中国自由主义的首倡者，其新自由主义的传播与广泛接受，使自由主义运动在中国的发展一波三折，虽然迭有高潮，但最终还是归于寂灭。"正是由于严复在引进

---

① 黄克武：《惟适之安：严复与近代中国的文化转型》，社会科学文献出版社 2012 年版，第 17 页。
② 萧功秦：《"严复悖论"与近代中国新保守主义变革观》，载《萧功秦集》，黑龙江人民出版社 1995 年版。
③ 刘军宁：《北大传统与近代中国自由主义的先声》，中国人事出版社 1998 年版，第 8—9 页。
④ 冯英：《析严复的经济自由主义思想》，《黑龙江社会科学》2002 年第 5 期。
⑤ 俞政：《论严复的经济自由主义》，《苏州大学学报》1994 年第 3 期。
⑥ 姚群民、皮后锋：《严复自由观论析》，《南京高师学报》1998 年第 9 期。
⑦ 胡伟希：《中国自由主义之父——严复》，《甘肃社会科学》1994 年第 2 期。

自由主义时所持的工具主义态度，才断送了自由主义在中国的命运。"① 宝成关也持此种观点："中国自由主义思想的两大特点：工具主义、与西方古典主义严重脱节，可以追溯到严复那里，严复首开其端，后辈竞其余绪"，"中国自由主义之所以发育不良，半途夭折，很大一部分原因就在于古典自由主义先天不足，后天失调；就在于功利性的目标遮蔽了人道主义的诉求。……因此，说严复与西方自由主义的独特关系影响到中国自由主义的命运不无道理"②。

梁启超是中国近代最有影响的启蒙思想家之一，堪与日本的福泽谕吉相比。对于梁启超"启蒙思想"的研究一直是近几十年来的研究热点。而对其与中国近代自由主义的关系的关注，也吸引了不少学者目光。张汝伦认为，梁启超理解了西方自由主义之根本价值，但是时常将之置于国家主义或民族主义的大旗下。③ 颜德如等认为，梁启超的自由观有以下特征：一是附合性，对西方自由主义的核心概念"自由"采取附会之理解；二是游离性，没有始终如一地抓住西方自由主义的根本价值——个人主义；三是松散性，没有系统的文章或著作介绍西方自由主义；四是矛盾性。④ 蒋广学认为，梁启超在思想文化领域信仰新自由主义，其内涵包含三方面内容：（1）梁之"自由主义"是以西方"积极的"自由主义为基础，不是要别人赐予我自由，而是我自己主动争取自由；（2）融合了西方进化论与佛家万法无我之说、道家自然、墨家非命说，以及儒家尽性主义，既含有理性的追求，也包括坦然和无私的心灵状态；（3）人文主义因素多于科学成分，所以他在科学与人生观论战后，被视为玄学鬼张君劢的后台。⑤

胡适是民国时期最有影响的思想家和学者之一，他在许多领域都有开创性的贡献。由于人所皆知的原因，长时期里，人们对他只有批判而无研究。耿云志是改革开放后较早对胡适开展全面、客观研究的学者，其对胡适的研究集中于《胡适研究论稿》一书。该书是中国大陆第一部系统地实事求是地研究胡适的专著。该著对胡适的生平活动有扼要而有系统地记

---

① 陈国庆：《再论严复对自由学说的理解》，《西北大学学报》1999 年第 1 期。
② 宝成关：《严复与自由主义》，《社会科学战线》1999 年第 1 期。
③ 张汝伦：《现代中国思想研究》，上海人民出版社 2001 年版，第 133—134 页。
④ 颜德如、颜俊儒：《离合之间：梁启超与西方自由主义》，《江苏社会科学》2004 年第 2 期。
⑤ 蒋广学：《梁启超的现代学术思想与 20 世纪中国思想史之关系》，《江苏社会科学》2001 年第 4 期。

述；对其政治态度、思想主张，以及学术与教育等方面的贡献，都做了全面的揭示和辩证的分析。[1] 欧阳哲生将胡适的自由主义思想概括为："在人生观上，他鼓吹易卜生主义，提倡以个人为本的'健全的个人主义'精神；在东西文化论战中，他要求充分的世界化，反对文化保守主义的'本位文化建设'；在社会政治生活中，他力主和平渐进的改良主义原则，反对'根本解决'的政治革命。"[2] 许纪霖对胡适发起的"好政府主义"讨论作了详细而深入的探讨。[3] 徐宗勉认为，胡适的影响"虽然也有消极的负面的成分，但其主要方面是积极的、进步的。这是因为他毕生着力提倡的是民主、自由思想和理性主义"[4]。

杜钢建将胡适的自由主义人权思想拔得很高，认为"以胡适为代表的新月派的人权意识在中国思想界达到20世纪的最高水平"[5]。也有学者对胡适的自由主义思想的地位持有异议，认为"对胡适的自由主义人权思想加以全面肯定，任意拔高，这也是有失偏颇的"[6]。余祖华对胡适的自由主义进行了界定，认为胡适在启蒙与政治之间不断摇摆，《新青年》时代曾经宣言"不谈政治"，20年代开始谈政治，宣传自由、民主、人权、宪政等政治理念，批评中国的政治现状，还动过组党的念头，不过最终保持了党外知识分子的超然身份，以舆论干政为特色，但与权势人物也有所周旋，代表着民国前期居于自由主义主流的关心政治而又避免直接参政的议政型自由主义。[7] 秋风在把新文化运动置于现代中国立国的进程中进行考察，通过探究、揭示新文化运动的精神结构，解释了胡适所代表的现代中国自由主义在立国进程中的无力感，及此一运动之后展开的立国进程的激进特征。[8]

---

[1] 耿云志：《胡适研究论稿》，四川人民出版社1985年版。
[2] 欧阳哲生：《中国近代文化流派之比较》，《中州学刊》1991年第6期。
[3] 许纪霖：《中国自由主义的乌托邦——胡适与"好政府主义"讨论》，《近代史研究》1994年第5期。
[4] 徐宗勉：《关于评价自由主义知识分子的一点想法》，《学术界》2003年第2期。
[5] 杜钢建：《论胡适的自由主义人权思想》，《兰州学刊》1993年第6期。
[6] 叶青：《〈论胡适的自由主义人权思想〉一文商榷》，《徐州师范学院学报》1996年第1期。
[7] 余祖华、赵慧峰：《近代中国自由主义的发展轨迹及其严谨形态》，《学术月刊》2012年第5期。
[8] 秋风：《新文化运动与立国进程之转向：以胡适为中心》，《嵌入文明：中国自由主义之省思》，江苏文艺出版社2014年版。

除了对胡适本人自由主义思想的研究外，学界还对围绕在胡适周围的"胡适派"学人群体有所关注。章清把"胡适派学人群"和现代中国自由主义的演变放在近现代中国历史和思想发展的过程中加以考察，既论述了该群体的人物谱系、政治理念及权势网络，也论述了自由主义与社会主义、民族主义等的关系及其在言路和现实世界中的处境。[1] 沈卫威对胡适派文人作了深入的研究，作为政治上的自由主义，胡适派文人被共产党和国民党两大政党所反对；作为文化上的自由主义，他们被文化激进主义者和文化保守主义者所不容。[2]

在对自由主义的研究过程中，学者们注意到对"自由主义"的内部边界以及群体人物作出区分是必要的，前文已引述，许纪霖即指出中国自由主义主要是两路：一个是胡适、傅斯年所代表的新自由主义传统；另外一个则是张东荪和张君劢所代表的社会民主主义传统。"在现代中国屈指可数的自由主义政治理论中，无论是张君劢的国家社会主义、王造时的主张与批评派观点，还是当时产生了极大政治影响的罗隆基起草的民盟一大纲领，都可以看到社会民主主义的鲜明标记。"张君劢、张东荪、罗隆基、王造时这些人，又被称为"行动的自由主义者"[3]，这些人深受英国费边主义思想家拉斯基的影响。成庆对张君劢和张东荪比较后认为，张君劢和张东荪在民主和宪政理念上存在分歧，张君劢虽然修正了英国的自由主义传统，但却明显地遵循着自由主义民主的逻辑。"在多个层面上，张君劢都显现出与自由主义民主观念近似的取向。"相比之下，张东荪的看法"与共和主义民主的观念架构颇为相似"，"张东荪一直都致力于对儒家政治传统的转化，我们似乎可以将他视作儒家式的共和主义者"[4]。

丁三青从自由派学人教育背景分析入手，认为"中国的自由主义大致上都有英、美或德、法背景。相应地，中国的自由主义也分为英美式、德法式。这实际上是'中国史境'下的自由主义的两大'解读模式'。英美式自由主义又分为胡适的实用主义、民盟的英国式自由主义（包括张君劢和张东荪的社会主义）；德法式自由主义又分为张君劢和早期青年党的自

---

[1] 章清：《"胡适派学人群"与现代中国自由主义》，上海古籍出版社2004年版。
[2] 沈卫威：《自由守望：胡适派文人引论》，南京大学出版社2009年版。
[3] 许纪霖：《现代中国的自由主义传统》，《二十一世纪》1997年第8期。
[4] 成庆：《自由主义与共和主义：现代中国思想史中的两种民主观》，《天津社会科学》2005年第4期。

由主义、新文化运动时期陈独秀的法国式民主主义"。刘志强撰文指出，罗隆基发表的文章多引用拉斯基的学说，从其人权思想来看，很大部分来源于拉斯基的学说，从他的政治实践层面来看，受拉斯基学说的影响，也是非常巨大。①

对于当代自由主义思潮的研究，学术界也高度重视，相关的研究成果陆续出现。王炳权指出，当代中国自由主义思潮产生于90年代中后期，以西方近代自由主义特别是古典自由主义和当代新自由主义为理论来源，与20世纪80年代所谓启蒙思想或者说资产阶级自由化思潮有一种继承和发展的关系。从根本上来说，自由主义思潮是试图效法现代西方社会的经济、政治、文化模式，全面改造中国社会的意识形态。他指出，20世纪90年代的中国自由主义理论来源于西方自由主义理论和近代中国的自由主义传统，具有理论系统性较强的特点。其自由、民主、宪政的口号，顺应市场经济大潮，有一定的群众基础，也具有一定的现实针对性，以深化改革、批判改革中的问题而展开。②

余科杰指出，当代自由主义在中国的传播和影响经历了三个阶段，即从20世纪70年代末到80年代末自由主义与社会主义意识形态和国家政权激烈对抗的时期；从80年代末到90年代末自由主义在总体上被迫淡化其激进色彩而转向保守的同时，把现实的批判转化为以法制分权、经济自由为内容的制度设计，在某种程度上找到了与国家政权的契合点；90年代末以后，自由主义在对前一时期思想继承的同时，开始从理论上进行系统的阐述和宣传。真正意义上的当代中国自由主义就是从这个时候开始的。当代中国的自由主义思潮虽然经历了曲折和冷却，但在总体上呈上升趋势，对中国政治、经济、文化和社会的影响越来越大。③

王岳川从自由主义的推进者、自由主义的反对者、自由主义的研究者三个方面考察了自由主义在当代中国出场中所形成的三种不同姿态，认为自由主义在当代中国社会中有其自身不可否认的合法性，但仍需要寻绎自己的有效性边界，使自己成为中国当代政治经济文化转型的重要力量。④

---

① 刘志强：《试论拉斯基对罗隆基的影响》，《广东社会主义学院学报》2003年第4期。
② 王炳权：《20世纪90年代中国自由主义思潮述析》，《理论界》2005年第11期。
③ 余科杰：《当代中国自由主义思潮的历史演变及其基本特征》，《毛泽东邓小平理论研究》2004年第11期。
④ 王岳川：《自由主义在当代中国的出场》，《天津社会科学》2000年第1期。

四 基本评价

关于自由主义在近代中国的命运及历史评价,美国学者格里德有精到的分析,他认为:"自由主义之所以失败,是因为中国那时正处在混乱之中,而自由主义所需要的是秩序。自由主义的失败是因为,自由主义所假定应当存在的共同价值标准在中国却不存在,而自由主义又不能提供任何可以产生这类价值准则的手段。它的失败是因为中国人的生活是由武力来塑造的,而自由主义的要求是,人应靠理性来生活。简言之,自由主义之所以失败,乃因为中国人的生活是淹没在暴力和革命之中的,而自由主义则不能为暴力与革命的重大问题提供什么答案。"[1]

国内诸多学者也是着重于从中国近代复杂的国际、国内环境入手分析自由主义以及自由主义者之在近代中国的历史命运。如李泽厚从严复提出的"以自由为体,以民主为用"的思想,判定严复是真正理解英国的自由主义的,但也指出:严复在实际主张上"仍然把国家的自由(即独立)、把富强、救亡远远放在个人自由之上","这就构成严复的理论思想('自由为体')与实际主张的一个重大的内在矛盾"[2]。胡伟希指出,20世纪中国自由主义思想根源主要来自西方,但自由主义传入中国后发生了重大变形:自由主义被作为救亡的工具和手段,加以使用,遮蔽了其内在的价值;个体至上的原则被弱化;经济自由主义被忽视;受"精英政治"思想支配,与民众保持有天然距离;视理性为万能,使自由主义没有发展成西方近代那样声势浩大的社会改革运动等。[3] 而其失败,首先,自由主义者大多是现代化论者和爱国者,希望中国通过现代化道路而进入世界强国之列,但由于他们缺乏对中国近代国情的真切了解,也割裂了西方国家现代化发展过程中的历史与现状,试图将西方国家实现现代化的传统全盘照搬到中国,犯有教条主义与形而上学的错误;其次,自由主义者大抵是一些"个人主义者",有轻视群众和群众运动的先天局限。许纪霖也强调了由于国共内战的动荡时局,"使得这一出色的社会民主主义纲领无法获得其实

---

[1] [美]格里德:《胡适与中国的文艺复兴》,鲁奇译,江苏人民出版社1989年版,第377—388页。

[2] 李泽厚:《中国近代思想史论》,人民出版社1979年版,第282页。

[3] 胡伟希等:《十字街头与塔:中国近代自由主义思潮研究》,上海人民出版社1991年版,第45—75页。

践的机会，中国也就从此与自由主义的中间道路失之交臂。一旦战争的暴力替代了理性的对话，自由主义也就失去了其生存的最基本空间"①。

欧阳哲生则从近代自由主义的理论准备视角指出，自由主义在中国遭受命运不济的冷遇，其本身思想脆弱、理论浅薄是一个原因。与西方自由主义相比，中国还没有出现像穆勒《论自由》、海耶克《自由之构成》这类理论巨著；与国内的保守主义相比，它不像熊十力"新唯识论"，冯友兰的"新理学"、贺麟的"新心学"那样构筑了一个严密的思想体系。②有学者提出："自由主义在中国的失败，并不意味着保守主义或革命主义的全盘胜利；也不表示它们有着天然的冲突。因为，这不是成败与否的问题，而是它为中国社会的进步提供了多少合理资源与价值，不要无限地夸大它们之间冲突，而是要理性调整三者的关系，从中汲取有益的东西。"③

第三节 三民主义

三民主义思潮是近现代中国具有重大影响力的社会思潮之一。1905年，孙中山在日本东京组建中国同盟会，并提出"驱除鞑虏，恢复中华，创立民国，平均地权"十六字纲领，随后在《民报》发刊词上将之总结归纳为"民族、民权、民生"三大主义，革命派借助《民报》作具体阐发，标志着三民主义的正式提出。1924年，中国共产党帮助孙中山改组国民党，提出"联俄、联共、扶助农工"三大政策，重新解释原有"民族、民权、民生"三大主义，三民主义发展到新阶段。在"三民主义"提出之后，无论是国民党还是共产党领导的革命实践，都深受其影响。新中国成立之后，孙中山"三民主义"思想的研究一直是史学界的热点领域。

一 民族主义

近代以来，由于西方殖民者的入侵与清朝统治的腐朽，民族主义一直都是一股最有影响力的社会思潮。而孙中山的民族主义不但有完整的理论根据，还以此为指导付诸了革命实践，他的民族主义思想无疑是影响最为

---

① 许纪霖：《许纪霖选集》，广西师范大学出版社1999年版，第221页。
② 欧阳哲生：《中国近代文化流派之比较》，《中州学刊》1991年第6期。
③ 颜德如：《严复与自由主义在中国的失败》，《历史教学》2005年第1期。

深远的。孙中山认为民族主义是"国家图发达和种族图生存的宝贝",故在他的三民主义体系中居于首位。关于孙中山民族主义思想形成的源流问题,许多学者提出自己的见解。张晖在《孙中山民族主义的思想渊源及学术解析》① 一文中指出:孙中山的民族主义经历了三个不断丰富和完善的发展阶段,其思想渊源来自西方进化论、自由平等观念以及改良派关于民族与国家的理论探索和中国传统的民族平等观念等。孙中山民族主义学术价值在于:它立足于建立真正意义的具有国民认同特质的民族国家,兼有强调民权论的政治民族主义和包含中华文化自信心的文化民族主义的二重性。耿云志在《孙中山民族主义思想的历史演变》② 一文中指出:孙中山的民族主义思想,经历了三个发展阶段。在同盟会成立前,其民族主义以反满为主要特征,未能完全摆脱狭隘民族主义的藩篱。同盟会成立后,从本质上说,已确立以民族建国为目标的近代民族主义。但因作为革命主要力量的会党群众基本上只能接受反满的号召,加之他对帝国主义列强有幻想,同时又必须与立宪派在反满的问题上划清界限。所以,孙中山仍未能完全摆脱反满的局限。民国成立后一段时期,孙中山在国内民族关系的问题上有过一些不很正确的提法,容易使人误解他为大汉族主义者。到五四新文化运动时期,孙中山的民族主义有了新飞跃。他非常明确地阐明了争取建立各民族一律平等的国际新秩序的思想。这是他民族主义思想遗产的重要部分。

尹全海在《论孙中山民族主义之"先民"》③ 一文中,对孙中山民族主义来源中"先民"的指称做了考证后认为:孙中山在《中国革命史》中说:"盖民族主义,实吾先民所遗留。"但他说的先民是谁,学界说法有三种:洪秀全、朱元璋和华夏民族意识。然而,根据民族主义的基本内容及其演进过程,洪门会党才是孙中山所说的先民,即孙中山民族主义之源。

关于孙中山民族主义思想的社会地位与现代性问题,冯夏根在《试论孙中山民族主义思想的社会作用》④ 一文中指出:孙中山的民族主义思想在19世纪末20世纪初的近代中国发挥的巨大社会作用,具体表现在以下五个方面:孙中山的民族主义是推翻清朝封建专制统治,解决民族压迫问

---

① 张晖:《孙中山民族主义的思想渊源及学术解析》,《西北大学学报》2006年第1期。
② 耿云志:《孙中山民族主义思想的历史演变》,《广东社会科学》2007年第1期。
③ 尹全海:《论孙中山民族主义之"先民"》,《史学月刊》1999年第2期。
④ 冯夏根:《试论孙中山民族主义思想的社会作用》,《安徽史学》2000年第3期。

题的强大思想武器;"五族一家"的民族平等思想,维护了国家的统一,促进了民族团结,激发了各民族人民特别是少数民族的革命热情;"中国民族自求解放"的反帝革命纲领推动了中国人民的反帝斗争和革命运动的发展;孙中山的民族主义加速了中华民族意识的觉醒和民族凝聚力的增强,促进了中华民族向近代民族发展、进步;孙中山的民族主义鼓舞了亚洲人民争取民族解放的斗争。

黎山峣在《孙中山民族主义的现代性》①一文中认为:孙中山倡导国族主义,坚持文化历史意义的中华民族和政治法理意义的中国相一致相叠合;旗帜鲜明地反对分裂、反对两国论。对民族主义和世界主义的关系作了辩证的阐述,指出没有民族主义,就没有世界主义,世界主义是从民族主义中发生起来的。他认为,实业是人类文明发达之基,只有实业发达,才能救贫和救亡。对外开放,是民族主义现代性的题中应有之义。孙中山的民族主义,是以人为本的。个人和社会、小我和大我,不是一个是非问题。在当时民族十分危急的形势下,他着重倡导国家的自由,而这又是以人为目的、为旨归。林齐模在《从民族革命到民族再造——以孙中山民族主义思想为中心》②一文中指出:建立独立自主的民族国家是中国近代民族主义的核心内容。但是民族主义主张的单一民族建国理论与中国统一多民族国家的传统有根本冲突。为解决这一矛盾,中国早期民族主义者对源自西方的民族主义进行了改造。从最初的"排满"到提出各民族互不侵犯、平等生存;从提倡以汉族为主导的民族同化到设想国内各民族在平等的基础上融合为统一的中华民族。中国近代民族主义在民族建国理论上完成了从汉族国家经由五族共和再到中华民族国家的嬗变。

关于孙中山民族主义内容与性质的研究,学界成果颇丰。廖大伟在《论孙中山的民族主义》③一文中认为:孙中山的民族主义是不断发展的思想理论,其内涵有一个丰富完善的过程和从功利到理性的飞跃,开放性和自主性为基本特征,"天下为公""世界大同"为终极追求。它来源于中国传统文化和西方资本主义文化,而之所以能兼纳两种不同,与他生活的时代社会和个人特有的经历有关。在推翻皇权专制的过程中,孙中山的民

---

① 黎山峣:《孙中山民族主义的现代性》,《北方论丛》2016 年第 5 期。
② 林齐模:《从民族革命到民族再造——以孙中山民族主义思想为中心》,《民族研究》2009 年第 3 期。
③ 廖大伟:《论孙中山的民族主义》,《上海师范大学学报》2004 年第 5 期。

族主义具有积极意义，同时为今后处理国内各民族的关系指明了正确的道路。"恢复民族精神"的强调，加速了中华民族意识的觉醒，增添了民族凝聚力，促进了古老的中华民族向近代民族发展和进步。其"反帝"主张的明确提出，弥补了早期民族主义的缺陷，推动了中华民族反压迫斗争和民主革命运动的发展。

另外，有许多学者就孙中山民族主义思想的特点问题展开论述。崔志海在《论孙中山民族主义思想的几个特点》[①]一文中指出：孙中山的民族主义思想在其发展过程中具有三个鲜明的特点。第一，在处理国内各民族关系上，承认民族平等，维护民族团结。第二，继承中国酷爱统一的传统，始终将谋求国家的统一作为民族主义的核心内涵。第三，在处理与其他民族国家的关系上，反对以强凌弱，提倡"济弱扶倾"，寻求民族主义与世界大同理想的辩证统一。这些特点，最大限度地克服了民族主义思想往往具有的狂热情绪和各种非理性成分，避免了由信仰民族主义而走上大国沙文主义歧途以及民族国家建立后国内各民族之间的纠纷和冲突，不但有利于中国多民族国家的团结和统一，亦有助于构建一个公正合理的国际新秩序，不失为一份宝贵的人类共同思想财富。

曾成贵在《孙中山民族主义思想再认识》[②]一文中指出：孙中山的民族主义思想乃融会东西方民族主义思想学说加以独见创获而成，具有鲜明的实践特色，指导了中国民族民主革命。曾文指出，孙中山的民族主义思想是一笔至为宝贵的精神遗产，值得后人学习继承和发扬光大。在促进当代中国发展与祖国和平统一的历史进程中，自觉地运用孙中山民族主义思想，弘扬民族复兴、民族平等、民族统一的核心价值，有利于发挥中华文化的凝聚作用，形成新的社会动员和社会整合。孙博在《孙中山民族主义思想之探析》[③]一文中认为：民族主义作为孙中山"三民主义"思想中产生最早、宣传最多、影响最大的理论，贯穿于他整个革命实践过程中，并且随着时代的发展变化始终坚持润色完善，彰显出鲜明的时代感和强大的生命力。虽然民族主义思想本身存在历史局限性，但其内涵是具有深远意义的，值得不断探析。尤其在当前更要坚持理性的民族主义，从政治民族

---

① 崔志海：《论孙中山民族主义思想的几个特点》，《史林》2007年第4期。
② 曾成贵：《孙中山民族主义思想再认识》，《湖北社会科学》2010年第2期。
③ 孙博：《孙中山民族主义思想之探析》，《东南大学学报》2008年第10卷增刊。

主义逐渐转向经济民族主义，发展我们的民族和国家。

二 民权主义

在孙中山的革命实践中，民权主义一直是其核心思想。在长期的革命实践中，孙中山与时俱进，不断将自己的理论推向前进，其民权主义从资产阶级的民权理论逐渐发展成为"革命的民权理论"，这也成为第一次国共合作的重要理论基础。所以，有关孙中山民主主义的研究，近年来成果颇为丰硕。

韦杰廷、陈先初的《孙中山民权主义探微》[①] 一书，详细解析了孙中山的民权主义思想，认为以往学界对孙中山民权思想的评价有失偏颇，孙中山的民权主义不仅于他在世之时起了动员、组织和鼓舞革命人民群众的革命斗争的作用，而且在他去世之后还对中国社会政治的发展乃至一些亚洲国家产生巨大的影响。

关于孙中山民权主义思想与宪政的关系问题上，陈先初做出了详细的论述。他在《从宪政维度看孙中山民权主义的价值取向》[②] 一文中认为：学术界一般认为孙中山有一套成系统的宪政思想，其实这是一种误解。孙中山在思考中国问题时确实常常涉及宪政问题，但完整意义上的宪政思想在孙中山那里并不具备，即使是以"宪政"为旨归的民权主义也并未严格遵循宪政理论的内在逻辑。陈先初在《孙中山民权主义的宪政考量》[③] 一文中再次强调：孙中山的民权主义，包含着某些宪政因素，但与宪政的要求相去甚远。19 世纪末叶的中国已经沦为半殖民地半封建社会，摆在中国人民面前的主要任务不是从事国家建设，而是驱逐外国势力和推翻封建帝制，为建立新国家扫清障碍，由此决定了主要服务于当前革命运动的民权主义不可能遵循宪政的逻辑。不过民权主义中关于未来中国政治制度的目标设定，仍具有相当的宪政意义。

关于孙中山民权思想与革命现实之间关系的论述，有以下研究。张艳的《论孙中山民权主义的内外困境》[④] 一文认为：孙中山的民权主义面临着被民族主义所压抑、与古代民本主义相错位、与民众素质相脱离等多重

---

① 韦杰廷、陈先初：《孙中山民权主义探微》，广西师范大学出版社 1995 年版。
② 陈先初：《从宪政维度看孙中山民权主义的价值取向》，《天津社会科学》2005 年第 5 期。
③ 陈先初：《孙中山民权主义的宪政考量》，《安徽史学》2014 年第 4 期。
④ 张艳：《论孙中山民权主义的内外困境》，《西北工业大学学报》2004 年第 2 期。

困境，从中我们不难窥见时代条件、文化传统与民众素质对思想家所起到的难以逾越的制约作用。孙中山民权主义的困境，凝聚着近代中国错综复杂的时代矛盾和文化冲突，折射出近代中国政治现代化的艰难历程。江秀平的《宏观的理想主义与程序的现实主义——对孙中山民权主义政体设计的探析》[①] 一文同样认为，孙中山民权主义的政体设计存在宏观上的理想主义与程序中的现实主义两个向度。他指出：孙中山民权主义的结构，包括国体构想和政体设计两个方面。民权主义的国体是资产阶级共和国，这是明确的。政体问题是统治阶级组织政权的形式，包括权力结构、权力运作、权力分配等等，内容比较丰富复杂。孙中山民权主义政体设计在宏观上追求最理想的、超越于其他国家的共和国方案，提出五权宪法，主张"直接民权"；在微观的程序上又设计了军政、训政、宪政三个阶段。宏观的理想是彻底的"主权在民"，现实的运作则从极权的"军政"时期开始。这就体现了孙中山民权主义政体设计在宏观与微观上的不一致性。对于这个问题需要更加深入的分析。

关于孙中山民权主义思想形成的演进过程，许多学者都提出了自己的观点。谢俊美的《略论孙中山的民权主义思想》[②] 一文认为：在中国建立一个"民治、民有、民享""主权在民"的资产阶级民主共和国是孙中山一生为之奋斗的理想。自1905年提出这一思想后，他的民权主义思想经历了一个认识、实践、再认识、再实践、不断完善的过程。1912年前，他的民权主义处于理论探索阶段。1912年中华民国的建立，是他的民权主义思想实践阶段，但随着政权的交出、革命的失败，他的民权主义并未实现。目睹民国初年的残酷社会现实，孙中山认识到只有人民经济独立、素质提高、政治上有权可言，民权主义才能成为现实。晚年，他受苏俄十月革命影响，对西方民权主义的虚伪性进行了深刻批判，认识到只有推翻帝国主义、封建主义在中国的统治，民权主义才能在中国真正实现。

郭辉的《孙中山的"共和"政制构想及其特征》[③] 一文，利用概念史理论和方法，从孙中山"共和"政制角度论述了孙中山的民权思想，认为孙中山的"共和"政制构想历经美国联邦制共和政体，到法国内阁制共和

---

① 江秀平：《宏观的理想主义与程序的现实主义——对孙中山民权主义政体设计的探析》，《厦门大学学报》1994年第3期。
② 谢俊美：《略论孙中山的民权主义思想》，《华东师范大学学报》1997年第1期。
③ 郭辉：《孙中山的"共和"政制构想及其特征》，《广东社会科学》2014年第3期。

政体，以及后来强调瑞士、美国等地直接民权，甚至在联俄联共后，承认俄国政治的共和性质。同时，孙中山也积极地探寻、创建符合中国国情的"共和"政制，运用"五权宪法""三民主义"进行国家建设。李国青、侯永峰的《孙中山民权主义的历史演进》[①]一文认为：民权主义作为孙中山先生三民主义的核心内容，其自身有个不断发展完善的过程。该文论述了孙中山民权主义的历史演进过程，将民权主义的演进划分为三个阶段：民权主义初步形成阶段、民权主义深化阶段、民权主义新发展阶段。结合历史背景具体分析阐述了每个阶段民权主义的内容特点以及从资产阶级民权主义向革命民权主义发展的过程，深刻揭示了孙中山的民权主义是与时俱进、不断发展的理论。

宋德华的《孙中山民权主义思想演进的特点》[②]一文指出：孙中山一生追求中国实行民主政治，其民权主义思想不断演进发展，表现出极为鲜明的特点。他以"取法乎上"作为理想，力求紧随世界民主潮流而前进，同时留意避免西方民主制的弊端，主张通过中西结合来完善民主制度。依据对中国国情的体认，他强调实现民主应以国家民主制度的建设为重心，以"革命程序"的推进为方略。通过辨析这些特点，有助于深入认识孙中山民权主义思想的价值和不足。

另外，关于孙中山民权主义思想与辛亥革命的关系问题，耿云志在《孙中山的民权主义与辛亥革命的结局》[③]中指出，辛亥革命时期，孙中山和他的战友们为推翻专制制度、创立民主共和国进行了顽强的斗争，但革命的结果，虽然打倒了清朝皇帝，却并没有建立起真正的民主制度。这其中就包含着孙中山民权主义的理想与当时的革命实际之间的矛盾问题。他认为辛亥革命虽然没有能够实现孙中山的民权主义目标，但却赢得了"民国"这一共和制招牌。而辛亥以后的革命实践表明，"民国"虽然是一块有名无实的招牌，但有此招牌和无此招牌却大不一样。所以我们不能因此而低估辛亥革命的历史意义。郭世佑的《孙中山的民权理念与辛亥革命》[④]一文指出：1896年孙中山在伦敦受到英国社会各界全力营救的传奇经历，对他确立民权理念关系甚大。与其说孙中山的"革命程序论"与梁启超的

[①] 李国青、侯永峰：《孙中山民权主义的历史演进》，《东北大学学报》2004年第4期。
[②] 宋德华：《孙中山民权主义思想演进的特点》，《广东社会科学》2009年第5期。
[③] 耿云志：《孙中山的民权主义与辛亥革命的结局》，《历史研究》1986年第6期。
[④] 郭世佑：《孙中山的民权理念与辛亥革命》，《学术月刊》2001年第9期。

"开明专制论"一脉相承，还不如说陈天华的"开明专制论"与孙中山的"革命程序论"一脉相承。倘若适当回顾辛亥革命准备时期孙黄关系、孙章关系的波折与同盟会分裂之起因，不仅有助于总结孙中山与革命党人的成败得失，而且有助于考量孙中山本人的民主素质。

还有学者认为，孙中山的民权主义与传统中国儒家的民本主义有相似之处。王钧林在《孙中山的民权主义与儒家的民本主义》[①]一文中，分析了孙中山民权思想与传统中国的儒家民本思想的同与异。他指出：孙中山先生不是从民本起步，走向民主，而是相反，首先取法乎西方民主，然后反观本土民本，融会贯通而创立一"中西合璧"式的民权主义。民权主义与传统儒家的民本主义有其相通的一面，又有其明显的差异。大致说来，在"民有"（of the people）和"民享"（for the people）的观念上，二者大同小异；而在"民治"（by the people）的观念上，却是一有一无，截然分别。"民治"观念为儒家民本主义所当有而未有，孙中山先生补其阙，济其穷，乃以比较完备的民权主义完成了对儒家民本主义的发展和超越。这是孙中山站在中国文化发展的历史之流上所作出的重大理论贡献。

韦杰廷的《论孙中山民权主义思想的历史地位》[②]，对孙中山民权主义的历史地位作了总结。他指出：孙中山是第一个提出并始终坚持要在中国实施民主立宪政治制度的伟大民主革命先行者；他第一个提出在中国建立不是资产阶级一个阶级所专有，而为一般平民所共有的国家政权的思想；他第一个把在中国建立民主立宪的政治制度同建立国有和地方公有经济作为国民经济主体的经济制度结合起来；他提出由中国国民党和中国共产党联合而成的党作为掌握政权之中枢等。

三 民生主义

新中国成立之后，有关孙中山民生主义思想的形成与内涵的研究取得了丰硕成果。魏晓文、季相林的《孙中山"民生主义"评析》[③]认为，在中国进入新民主主义革命阶段后，非资本主义的前途成为不以人们意志为转移的历史必然，孙中山民生主义就有了更多的实际意义和合理因素。在

---

① 王钧林：《孙中山的民权主义与儒家的民本主义》，《文史哲》2001年第1期。
② 韦杰廷：《论孙中山民权主义思想的历史地位》，《湖南师范大学社会科学学报》1995年第4期。
③ 魏晓文、季相林：《孙中山"民生主义"评析》，《长白学刊》2003年第1期。

这个意义上说，他首次提出了中国式独特发展的历史道路——中国非资本主义前途理论的设想。如果低估孙中山民生主义思想的现实意义，那将被历史证明是短见的。蒋大椿的《孙中山民生史观析论》①认为：孙中山民生史观的基本含义有二：一为民生是历史的重心，表明孙中山对社会历史内容和基本结构的见解，突出了历史主体的人；二为人类求生存是社会进化的定律，表明孙中山对历史发展规律及其动力的认识。他认为阶级斗争不是社会进化的原因，社会进化的原动力一是民生，二是"人类求生存"，三是"民生主义"。孙中山研究历史的观点和方法是带有直观性的唯物主义，而他由此得出的民生史观是多元动力的主体进化史观。

张海鹏的《试论孙中山"民生主义"的真谛》②，对孙中山"民生主义"的定义、内容及其实质进行了解说和分析，认为：民生主义所代表的是正在发展中的、渴望同官僚垄断势力和外国资产阶级争取平等地位的中国民族资产阶级的利益，它实际上是孙中山设计的一种有中国特色的资本主义发展模式，可称之为民生社会主义。杨家海、吴擎华的《孙中山民生主义思想的形成与发展》③，从思想史角度论述了民生主义思想发展的渊源脉络、理论来源和核心成果等，认为：民生主义思想包括对中国传统思想的继承，也有对西学的吸收，思想的核心则包括"民生"概念的形成、平均地权和节制资本、振兴实业等方面。

有关孙中山民生思想与当时其他社会思潮的相互关系主要有以下研究。杨天石的《孙中山与中国革命的前途》④一文，从清末民初资本主义前途论者对孙中山民生主义思想的批评入手，指出：尽管孙中山一生都没有超出主观社会主义的水平，但他的有关思想中包含着应该为无产阶级政党所珍视的积极的、合理的内核。中国共产党不仅是孙中山民主革命事业的继承者，而且正确解决了他提出而未能解决的社会主义前途问题。孙中山是近代中国社会主义的前驱宣传家和思想家。所以人们可以批评孙中山未能正确地解决中国革命的特殊矛盾，可以指出他的理想并非科学社会主

---

① 蒋大椿：《孙中山民生史观析论》，《中国社会科学》2000年第2期。
② 张海鹏：《试论孙中山"民生主义"的真谛》，《中国社会科学院研究生院学报》1996年第5期。
③ 杨家海、吴擎华：《孙中山民生主义思想的形成与发展》，《中华文化论坛》2014年第1期。
④ 杨天石：《孙中山与中国革命的前途》，《北京社会科学》1987年第1期。

义，也可以说明他的"毕其功于一役"只是一种不切实际的幻想。但在20世纪初年，当中国革命还在起步的时候，孙中山就勇敢地揭露西方资本主义社会的腐朽，认为中国不能再走欧美老路，革命应有新的特点，必须避免资本主义祸害，它的前途应该是社会主义。

还有很多学者认为孙中山民生主义思想中包含了极为丰富的内涵。杨天宏认为，作为具有"社会主义"倾向的政治家和思想家，孙中山曾极力宣传"土地国有""节制资本"，对私有制度多有微词，以致不少学者认为他是要废除土地私有制，并以国有资本为主构建现代企业制度。但孙中山对"平均地权"与"土地国有"所作范围限制以及他对私人资本与国家资本所作权重设置并不支持这类见解，而倾向于支持系以私有制为主的认知。孙中山的政治理想是西方式的自由民主制度，其民生思想中的资产权属理念与其政制选择是同构的。然而由于孙中山对自己思想主张的实用主义表达，加之政治实践及研究中存在的实用主义倾向，其思想的概念边界变得模糊，对其思想主张的理解也意见歧出。[①] 李育民的《孙中山民生主义中的对外理念和主张》[②]指出：孙中山视民生为一切社会活动的重心，民生主义在其思想体系中居于中心地位。作者从孙中山民生主义思想中所包含的对外理念和主张着眼，提出孙中山民生思想中对外理念主要包括"保护门户"和"开放门户"两点，保护门户是不让列强从中国掠夺财富，而开放门户则是在保护门户的前提下，吸收外国资源来发展自己的经济。这两方面看似相反实则相辅相成。

另外，有学者认为孙中山民生主义思想与儒家经济伦理存在着密不可分的联系。胡成的《儒家经济伦理与孙中山民生主义思想的建构》[③]指出，孙中山作为近代中国向西方寻求真理的先驱者，其思想的建构，尤其是民生主义，与儒家经济伦理有着十分密切的承继关系。一方面，他将提高人民的物质生活置于思想的首位；另一方面，又力求在这之中实现儒家先哲代代相承的大同理想。他将思想的建构置于知识的领域，目的不仅在于制度的变革和创新，而且也在于社会道德的完善和价值的重建。因此，孙中山思想鲜明地体现出近代中国中西文化的融会贯通和创造性转换。

---

① 杨天宏：《孙中山民生思想中的资产权属理念》，《史学月刊》2009年第11期。
② 李育民：《孙中山民生主义中的对外理念和主张》，《晋阳学刊》2010年第3期。
③ 胡成：《儒家经济伦理与孙中山民生主义思想的建构》，《史学月刊》1997年第6期。

韦杰廷的《论孙中山民生主义的历史地位》①，从七个方面分析和论述了孙中山民生主义的历史地位：第一，孙中山是第一个设法在中国实施近代社会主义的伟大探索者；第二，民生主义在人类思想史上第一次提出使半殖民地半封建的国家跳越资本主义历史阶段，使半殖民地半封建的社会直接过渡到社会主义社会这一重大理论问题；第三，在社会主义思想史上，孙中山的民生主义破天荒提出了这样的构想：在半殖民地半封建的经济不发达国家，建立以国营经济和公营经济为主体的多种经济成分并存发展的所有制结构；第四，孙中山的民生主义在社会主义思想史上第一次提出在经济落后的半殖民地半封建国家，在取得民族民主革命胜利之后，对于私人资本应当采取既容许和奖励其发展，又"节制"或限制其发展的政策；第五，在经济落后的半殖民地半封建国家中，民族民主革命彻底胜利后，应当紧接着进行社会主义革命或社会主义改造，"政治革命"和"社会革命"两个阶段应当"衔接"，"不容横插"一个"为资产阶级所专有"的国家政权的阶段；第六，孙中山是经济不发达国家通过暴力革命建立非"资产阶级所专有"的国家政权后，就有可能用和平手段进行社会主义革命或社会主义改造的第一个揭示者；第七，孙中山的民生主义理论，为科学社会主义应用于中国资产阶级民主革命、应用于中国的社会主义革命或社会主义改造，提供了丰富的思想内容。

张顺昌的《论孙中山民生思想及当代价值》②一文认为：孙中山的民生思想是在分析中国人民生活现状的基础上提出，借鉴了欧美各国经验教训，创造性地提出了解决民生问题的思想，他用"平均地权"来解决土地问题，采用现代农业生产流通方式，确保粮食安全，采用国家社会主义政策，来节制私人资本，发达国家资本，实行开放政策，利用外资，发展实业，通过人与人之间互利、合作、互爱，来实现社会和谐。

四 三民主义思潮

"三民主义"历来是孙中山研究的热点内容。新中国成立之后，"三民主义"学说研究取得了丰硕的成果。贺渊的《三民主义与中国政治》③一

---

① 韦杰廷：《论孙中山民生主义的历史地位》，《湘潭师范学院学报》1991年第5期。
② 张顺昌：《论孙中山民生思想及当代价值》，《广东社会科学》2010年第1期。
③ 贺渊：《三民主义与中国政治》，社会科学文献出版社1995年版。

书以蒋介石与戴季陶、新生命派、邓演达为首的第三党、国民党改组派、胡汉民、汪伪政权、中国共产党七个政治派别为专题，较为系统地考察孙中山逝世后三民主义的演变与发展。张军民著《对接与冲突：三民主义在孙中山身后的流变（1925—1945）》[①]一书，进一步深入考察了三民主义的历史流变。全书分5部分：第一部分探讨"三民主义本体的哲学辩证"；第二部分为"东亚联盟舆论声中的大亚洲主义"；第三部分为"'五五宪草'与孙中山的宪法精神"；第四部分为"三民主义的'法西斯蒂'变异危机"；第五部分为"中国共产党对三民主义的理解和运用"。该书以三民主义的具体内容为经，国共两党为纬，较为深入详细论述了三民主义的历史流变及其形态。房世刚著《抗战时期国共两党对三民主义认知与践行的研究》一书，围绕抗日民族统一战线的形成和发展，对抗战时期国共两党对三民主义的认知与践行进行全面、系统而深入的研究，通过比较国共两党对三民主义的认知与践行，突出中国共产党对三民主义的坚持，促成并维护了抗日民族统一战线。[②]

关于"三民主义"理论渊源与思想源流方面问题的研究，吴珍认为，孙中山三民主义的创造除受中国传统文化熏陶、西方思潮启发外，还受到清末社会时论影响，且离不开孙中山的理论独创。孙中山三民主义是"一个糅合了中国传统儒家思想、近代西方社会学说以及近代中国知识分子先进思想，具有中国化色彩的资产阶级建国理论体系"[③]。周兴樑的《融铸东西方思想文化而成的三民主义》一文[④]，分别对"民族""民权""民生"三方面的思想源流做了进一步的阐述。他认为，孙中山三民主义乃融合东西方思想文化而成，且相当细致地考察了其民族、民权、民生各主义的思想渊源。具体而言，民族主义思想因袭了中国古代华夏民族的正统观念，继承了秘密会党和古近代农民起义领袖的种族革命思想，同时又注意用欧美等资产阶级民族革命的思想对中国固有民族观念等进行一番改造，增添新的时代含义和民主革命的阶级内容；民权主义主要"取法于欧美的民主

[①] 张军民：《对接与冲突：三民主义在孙中山身后的流变（1925—1945）》，天津古籍出版社2005年版。
[②] 房世刚：《抗战时期国共两党对三民主义认知与践行的研究》，中共党史出版社2018年版。
[③] 吴珍：《孙中山"三民主义"的理论渊源》，《兰台世界》2013年第22期。
[④] 周兴樑：《融铸东西方思想文化而成的三民主义》，《贵州社会科学》1992年第3期。

主义思想和议会政治，同时也吸收了中国传统文化中的民本主义及朴素的民主观念，并借鉴了中国古代政制中的考试、监察等制度"；民生主义的形成"受到西方经济学家地租理论及欧美社会主义流派思想的部分影响，并采纳了美国亨利·乔治的土地'单一税'理论；同时也借鉴了中国古代有关社会土地问题的某些思想资料。"

另外，孙中山的"三民主义"与中国传统文化之间也存在紧密联系。杨洪富的《孙中山"三民主义"对传统文化的"扬弃"》① 一文指出，孙中山对传统文化采取"扬弃"态度，在此过程中逐渐形成"自己独特的文化创新思想"。武东亮的《略论孙中山三民主义的时代特色》② 一文指出，孙中山"三民主义"思想不仅渊源于"古今中外优秀文化、先进思想"，同时亦立足于"中国时代国情"。他认为中国的现代化进程，严格地讲始于孙中山先生，他融中国传统文化与西方资本主义文化于一体，创立了中国历史上第一个比较系统的现代化方案。为了谋求民族独立与解放、国家政治生活的民主与平等以及人民生活的真正幸福，他提出了民族、民权、民生三大主义。三民主义不但洋溢着鲜明的时代特色，而且是一个开放的爱国主义的思想体系，它对中国的现代化建设有着重要的借鉴意义。

马静、胡玮的《浅析孙中山三民主义思想中的中西方文化》③，不仅论述了中国传统文化对"三民主义"思想形成的影响，还关注了西方文化因素的影响。该文指出，在中国文化方面，民族主义深受中国古代"夷夏之防"传统思想与朱元璋"驱逐胡虏，恢复中华"口号影响，后来又根据革命形势需要，发展出反对帝国主义、争取民族独立的内容；民权主义"体现了对我国传统文化中的'重民'、'民本'思想的传承"；民生主义是中国古代思想家的"大同主义"。西方文化方面，民族主义受到达尔文进化论影响，主张"物竞天择，适者生存"，但"世界上各个国家不分民族大小、国家强弱都可以团结起来，抵御外敌侵略，不受压迫，实现民族独立和解放"；民权主义绝大多部分来自欧美，卢梭提出的"上天赋予人人生而自由平等的权利"的民权思想；民生主义受到马克思主义思想启发，及美国经济学家亨利·乔治、英国经济学家约翰·穆勒等影响。

---

① 杨洪富：《孙中山"三民主义"对传统文化的"扬弃"》，《天府新论》1998年第5期。
② 武东亮：《略论孙中山三民主义的时代特色》，《学术论坛》2000年第1期。
③ 马静、胡玮：《浅析孙中山三民主义思想中的中西方文化》，《黑河学刊》2013年第10期。

1924 年，孙中山以"联俄、联共、扶助农工"三大政策重新解释了"三民主义"之后，"三民主义"进入一个新的历史阶段。杨天石的《关于孙中山"三大政策"概念的形成及提出》①一文指出，孙中山著作和国民党"一大"文件确实没有"三大政策"这一概念，但这一概念包括的三个方面内容又确实来源于孙中山，是在特定环境下从特定角度对孙中山晚年思想和主张比较精练的概括。"三大政策"概念的提出发端于对戴季陶主义和西山会议派的批判。它有一个长达一年有余的熔铸、提炼过程，在此期间，跨党的中共党员沈雁冰、施存统、陈独秀、周恩来，国民党左派柳亚子等人，以及国民党上海左派组织、黄埔左派学生、中共广东区委、中共中央等皆发挥过作用。吴剑杰的《孙中山的三大政策与新三民主义的内在联系》②一文，考察了孙中山三大政策与新三民主义间关系，认为孙中山重新解释三民主义是为适应三大政策需要，同时也为三大政策实施提供了思想理论上的依据；三大政策是新三民主义核心，是新三民主义在当时历史阶段的最重要的政策体现。三大政策与新的民族、民权、民生三大主义有着对应关系，密不可分。单为民的《三民主义能否区分为"新与旧"？——兼谈旧民生主义发展为新民生主义》③，主张将孙中山的三民主义分为"新与旧"，因为"它们反映了旧民主主义和新民主主义两个革命时期的不同历史特点。把三民主义区分为新与旧，并没有分割或割裂它的'连贯性和整体性'，恰恰相反，只有把三民主义区分为新与旧，才能更好地说明它的连贯性和整体性，才能更好地说明它的发展，说明它的质的飞跃"。实际上，旧三民主义在国共第一次合作后发展成为新三民主义。高淑英的《略论孙中山新三民主义思想的形成》④一文，也认为"三大政策"促成了旧三民主义向新三民主义的转变。该文认为孙中山因为辛亥革命的胜利果实落入封建军阀手里，陷入绝望。而十月革命爆发，中国共产党成立，工农运动迅猛发展，使孙中山重振精神，在共产国际帮助下实行"联俄、联共、扶助农工"的三大政策，由此顺应历史发展需要，实现了

---

① 杨天石：《关于孙中山"三大政策"概念的形成及提出》，《近代史研究》2000 年第 1 期。
② 吴剑杰：《孙中山的三大政策与新三民主义的内在联系》，《武汉大学学报》1996 年第 3 期。
③ 单为民：《三民主义能否区分为"新与旧"？——兼谈旧民生主义发展为新民生主义》，《湖南师范大学社会科学学报》1992 年第 6 期。
④ 高淑英：《略论孙中山新三民主义思想的形成》，《沈阳师范学院学报》1999 年第 3 期。

从旧三民主义向新三民主义的转变。

大部分学者对于三民主义的历史地位都给予了高度肯定。韦杰廷的《孙中山三民主义历史地位论》[①]，系统评述了孙中山三民主义的历史地位。他认为孙中山三民主义是第一次提出要在中国实施民主立宪的政治制度和多种经济成分并存发展的经济制度。真正的"民主"和"民治"是真正"共有"和"共享"国有公有经济利益的前提，两者结合起来国家才有可能走向真正的繁荣富强，人民才有可能享受真正幸福。因此，孙中山三民主义在当时历史条件允许的范围内反映了中国人民力求使中国由贫弱变为富强的强烈愿望，反映了中国人民力图使中国快速近代化、快速汇入人类世界主流文明的迫切要求。

韩隆福、刘平政的《论孙中山的三民主义及其历史作用》[②]，也对孙中山三民主义及其历史作用给予了很高的评价。他们指出，孙中山三民主义扩大了统一战线，赢得了辛亥革命胜利，建立了资产阶级共和国，结束了绵延两千余年的封建君主专制政体。随着马克思主义广泛传播，新文化运动蓬勃发展，在共产国际、苏联和中共帮助下，孙中山确立了联俄、联共、扶助农工三大政策，发展了三民主义，指导两次国共合作统一战线的实现，取得北伐战争和抗日战争胜利，大大推动新民主主义革命事业发展。李慧的《孙中山的新三民主义在第一次国共合作中的作用》[③] 一文特别指出孙中山在苏联和中国共产党帮助下，将旧三民主义发展为新三民主义，使之成为国民党指导思想，由此成为"第一次国共合作的基础，是动员民众向帝国主义、封建主义作斗争的力量源泉，在第一次国共合作的革命史上，为中华民族的复兴写下了可歌可泣的光辉篇章"。

总之，新中国成立以后，中国学界对孙中山三民主义思想的研究十分重视，取得了丰硕的研究成果。有关研究既有全面概述，又有细微探析；既有纵向考辨，又有横向贯通。无论是老一辈学者还是青年史家，都在这一领域倾注了大量心血，共同把孙中山三民主义研究推向深入。综观整个三民主义思想研究领域，有以下几个方面的特点。

---

① 韦杰廷：《孙中山三民主义历史地位论》，《文史哲》1997年第5期。
② 韩隆福、刘平政：《论孙中山的三民主义及其历史作用》，《常德师范学院学报》2002年第2期。
③ 李慧：《孙中山的新三民主义在第一次国共合作中的作用》，《云南师范大学学报》2002年第3期。

第一，最近几年有关孙中山三民主义思想的研究整体上呈下降态势。其中原因是多方面的。首先，前些年大批相关研究成果的出现，使许多学者认为这一领域的研究已经相当完备，没有可以继续深入研究的空间。其实从某种意义上来说，对某些复杂的历史问题研究得越多，其进一步探讨的可能性也往往越大。其次，这一研究领域的前期研究者中有很多是德高望重的老一辈学者，他们的研究成果无论是资料还是研究深度已经十分完备，造成一些后辈学者不敢对他们的研究提出质疑，造成该领域的研究很难继续深入开展。最后，近些年一些"碎片化"研究兴起，这种"短平快"的研究模式吸引了大批学者，"填鸭"式研究成为趋势，而像三民主义这种有大量前期成果的思想史研究成为"冷门"。

第二，早期孙中山的三民主义思想研究受传统革命史观影响较为深刻，没有能够突破政治家著作预设的思想框架，这就造成各种研究的落脚点相同，结论与评价基本雷同。其论据也多是领袖人物的表述，并未做到观点从史料中来。这样就使研究成果存在片面性和局限性。近些年来这一现象有明显的好转，史料创新、观点创新不断出现。

第三，从整体上看，孙中山三民主义思想研究成果大多数偏重静态研究。今后研究应该"动静结合"，探索一条动态思想史研究的路径。动态研究主要包含以下方面。首先，应该重视思想的整体性。从纵向上关注孙中山三民主义思想的思想源流与后来的发展转变。从横向上注意孙中山三民主义与当时世界上其他思潮之间的相互影响。其次，应该把孙中山的三民主义理论和革命实践结合起来进行研究。三民主义说是孙中山一生革命实践的总结，并非凭空构想出来的理论，而且孙中山去世之后国共两党所领导的革命道路都受三民主义影响。最后，近代中国是一个大变革时代，传统制度与西方势力交互影响，错综复杂，要把三民主义理论放在当时的时代背景中考察，研究社会现实因素对三民主义的形成与发展的影响。

第四节　新民主主义

在中国近代历史上，以毛泽东为代表的中国共产党人把马克思主义关于社会革命和社会发展的理论同中国社会的具体实际以及时代特征相结合，创立了具有中国特色的新民主主义理论。新民主主义，是毛泽东思想的重要组成部分，是中国共产党集体智慧的结晶。新中国成立以来，学术界相继开展了该领域的学术研究，取得了丰硕的成果，呈现出了自身的特点。

一 新民主主义的文本研究

《新民主主义论》是毛泽东1940年1月9日在陕甘宁边区文化协会第一次代表大会上的讲演，原题为《新民主主义的政治与新民主主义的文化》，载于1940年2月15日延安出版的《中国文化》创刊号。同年在延安出版的《解放》第98、99期合刊登载时，题目改为《新民主主义论》。该文是毛泽东在领导中国人民进行新民主主义革命的进程中，把马列主义基本原理与中国革命实际和时代特征相结合而撰写的经典著作。它全面系统地回答了在中国这样一个落后的东方大国怎样开展新民主主义革命的一系列问题，对其开展文本研究，是学术界的一项基础工作。

1978年出版的《〈新民主主义论〉浅说》一书，对《新民主主义论》的历史背景、根本思想、三大纲领、历史价值、现实意义等进行了详细的介绍。[1] 康沛竹等编著的《〈新民主主义论〉导读》[2] 一书，从《新民主主义论》写作背景、关于中国革命的一系列重要理论问题、对新民主主义基本纲领的阐述、关于中国革命前途和指导思想的几种错误言论的有力驳斥、《新民主主义论》的意义等方面对《新民主主义论》进行了全面导读。

方敏在《毛泽东对〈新民主主义论〉的修改》[3] 一文中指出，我们今天看到的人民出版社出版的《毛泽东选集》中的《新民主主义论》，是经过毛泽东多次修改后形成的，内容上发生了比较大的变化。文章把毛泽东每一次修改的时间、每次修改后正式发表的形式、每次修改的内容考察清楚，并以此为基础，对毛泽东的思想发展变化情况提出了自己的看法。

项晨光在《共产国际对〈新民主主义论〉中几个观点形成的影响》[4]

---

[1] 中山大学哲学系中共党史组编：《〈新民主主义论〉浅说》，广东人民出版社1978年版。
[2] 康沛竹等编著：《〈新民主主义论〉导读》，中国民主法制出版社2012年版。
[3] 方敏：《毛泽东对〈新民主主义论〉的修改》，《中共党史研究》2006年第6期。
[4] 项晨光：《共产国际对〈新民主主义论〉中几个观点形成的影响》，《党史研究与教学》2006年第2期。

中提出，在共产国际的世界革命理论和战略、"帝国主义战争论"等的影响下，毛泽东在《新民主主义论》中认为，当今的世界处在战争与革命的新时代；资本主义道路在殖民地半殖民地国家走不通，社会主义将是唯一选择。

王建国在《关于〈新民主主义论〉几个问题的辨析》[①]中，根据对多个版本的《新民主主义论》的文本研究和相关文章的对照研究，认为《新民主主义论》的实际写作时间是1939年，写作目的是批判国民党顽固派和党内教条主义者。《新民主主义论》与《新民主主义的政治与新民主主义的文化》在同一天定稿，而内容有明显差别，可能是因为毛泽东根据两篇文章准备发表的刊物性质，进行了不同的处理。尚无充分证据表明毛泽东在新中国成立前对《新民主主义论》进行过修改；新中国成立以后作了修改，主要是由原来侧重论证新民主主义与新三民主义的一致性，转变为侧重论证新民主主义社会与社会主义社会共同之处。仲伟通在《解读〈新民主主义论〉》[②]中，对《新民主主义论》的写作背景及核心内容，新民主主义的总路线、纲领、意义等进行了全面解读。周建伟在《毛泽东文化民族性命题之意蕴——以〈新民主主义论〉为中心的思想史考察》[③]中认为，《新民主主义论》运用辩证唯物主义观点，对中国文化持辩证和相对肯定的看法，首次承认文化民族性并将其置于新文化属性的首位。新民主主义文化纲领中的文化民族性，与中国本位的文化建设论、新启蒙运动、文化保守主义、文化复古主义等形成复调式的对话关系，含有吸收、批判、创新、包容等多重意蕴，对中共在统一战线中争取文化领导权具有积极的作用，对推动马克思主义中国化和中国的新文化建设具有积极意义。

辛文斌的《〈新民主主义论〉与中国文化现代化》[④]一书，从分析研究《新民主主义论》入手，从哲学、文化的视角透视中国主流文化现代化的进程，梳理了马克思主义文化理论中国化的基本线索，寻找中国先进文化的源头活水和发展规律。吴汉全在《〈新民主主义论〉对马克思主义政

---

① 王建国：《关于〈新民主主义论〉几个问题的辨析》，《党的文献》2009年第4期。
② 仲伟通：《解读〈新民主主义论〉》，吉林出版集团2013年版。
③ 周建伟：《毛泽东文化民族性命题之意蕴——以〈新民主主义论〉为中心的思想史考察》，《党的文献》2011年第2期。
④ 辛文斌：《〈新民主主义论〉与中国文化现代化》，中央编译出版社2007年版。

治学的贡献》① 中指出，从马克思主义政治学的视野来看，《新民主主义论》在对新民主主义革命和新民主主义社会的研究中，在革命论、阶级论、国家论、人民论四方面，构建了独具特色的新民主主义的政治学体系，创造性地发展了马克思主义政治学。《新民主主义论》在马克思主义政治学发展史上，具有开创性的学术地位。张淇在《〈新民主主义论〉与马克思主义中国化、时代化和大众化》② 中认为，《新民主主义论》从形成背景到主要内容再到价值意义，均体现了马克思主义中国化、时代化和大众化的方法论自觉，对新世纪新阶段深化"什么是马克思主义，怎样对待马克思主义"具有重要的启示作用。

李永进在《〈新民主主义论〉与中国革命话语体系的建构》③ 中提出，以毛泽东的《新民主主义论》为标志而初步建构的新民主主义革命话语体系，是中国共产党人创造性地运用马克思主义基本原理，吸收、借鉴三民主义的合理内核，以具有民族特色、民族风格的表达方式为载体的，关于中国革命的一系列概念、范畴和基本原理的有机结合，实现了马克思主义向中国化马克思主义的话语转化。这一话语体系是政治话语、大众话语和学术话语的统一，不但使中国共产党人赢得了中国革命的话语权，也深刻影响了当代中国的话语方式。雍涛在《〈新民主主义论〉与毛泽东的文化哲学》④ 中指出，《新民主主义论》是构成毛泽东思想体系的第一部基础理论著作，它提出了"新民主主义社会论"，发展了马克思主义社会形态理论，详细论述了新民主主义的文化问题，奠定了毛泽东文化哲学的基础。以《新民主主义论》为基础构建的毛泽东文化哲学仍然是当今社会主义文化建设应当遵循的基本原则，对于执政党如何实现文化战略的转型，对于在全球化条件下如何进行文化建设和文化选择，有着重要的现实意义。

此外，一些学者考察了民国知识界视野中的《新民主主义论》。李晓

---

① 吴汉全：《〈新民主主义论〉对马克思主义政治学的贡献》，《政治学研究》2010 年第 1 期。
② 张淇：《〈新民主主义论〉与马克思主义中国化、时代化和大众化》，《齐鲁学刊》2010 年第 4 期。
③ 李永进：《〈新民主主义论〉与中国革命话语体系的建构》，《社会主义研究》2014 年第 3 期。
④ 雍涛：《〈新民主主义论〉与毛泽东的文化哲学》，《毛泽东邓小平理论研究》2010 年第 9 期。

宇在《民国知识阶层视野中的〈新民主主义论〉》①中指出，《新民主主义论》在传播过程中，对当时社会的知识阶层产生了深刻影响。这种影响在1949年以前和以后，在左翼知识分子和旧式知识分子身上，又有着非常不同的表现。文章以接受理论为方法，从民国知识阶层开始接触《新民主主义论》的时间入手，分析以上两种知识分子对它的不同体会和感受，并揭示《新民主主义论》在当时的历史意义。王毅在《民国知识界言说中的〈新民主主义论〉》②中认为，民国知识界对《新民主主义论》的广泛关注与评述，为解读《新民主主义论》的历史价值提供注脚。《新民主主义论》的发表回击了国民党顽固派的攻击，宣示了中共新的革命与建国篇章，消除了知识界对中共的误解，成为一些知识分子最终选择中共的原因。此外，《新民主主义论》使马克思主义中国化的结论与术语成为知识界的分析工具，标志着马克思主义中国化的发展。任晓伟的专著《新民主主义思想的源起和走向》深入细致地研究了20世纪40年代到50年代毛泽东新民主主义思想在理论上的起源和在历史上的来龙去脉，挖掘和梳理出了许多过去不被人们所重视的问题，深化了人们对新民主主义思想理论复杂性和历史创新性的新认识。③

二　新民主主义文化观研究

新民主主义革命时期，中国共产党在思想文化战线上的斗争实践中，经历了长期的艰苦的理论探索，形成了新民主主义文化观。它包括中国共产党关于新民主主义文化与政治、经济辩证关系的论述，关于新民主主义文化的历史特点，及新民主主义文化革命的性质、任务、对象、动力、发展方向和方针等一系列重大理论观点。新民主主义文化观是新民主主义理论的重要组成部分，是学术界研究的热点问题。

阐明新民主主义文化观的基本内涵，是开展深入研究的基础。沙健孙在《毛泽东论新民主主义文化》④一文中，对毛泽东关于新民主主义文化的思想进行了综合梳理，着重阐明了以下几个问题：新文化与新经济、新

---

① 李晓宇：《民国知识阶层视野中的〈新民主主义论〉》，《毛泽东思想研究》2007年第4期。
② 王毅：《民国知识界言说中的〈新民主主义论〉》，《党的文献》2016年第3期。
③ 任晓伟：《新民主主义思想的源起和走向》，陕西师范大学出版社2019年版。
④ 沙健孙：《毛泽东论新民主主义文化》，《北京大学学报》2002年第5期。

政治的关系及革命文化工作在新民主主义革命中的作用；现代中国文化发展的历史特点与无产阶级文化思想的地位；民族的、科学的、大众的文化及其内涵；正确对待中国古代文化和外国文化对新民主主义文化建设的意义；造就革命文化工作队伍与建立文化工作的统一战线。金怡顺在《对毛泽东新民主主义文化观内涵的几点探析》[①]中，从新民主主义文化产生的历史必然性，阶级属性，革命的对象、领导力量、动力和发展前途，主要内容和形式以及如何建设好这一新文化等方面，对毛泽东新民主主义文化观的内涵进行了探析。郭建宁在《关于毛泽东新民主主义文化观的几个问题》[②]中，从毛泽东新民主主义文化观的特征、表述、内容、实质等方面进行了探讨，强调要确立文化自觉、文化自信、文化自强，创造既富有民族优良传统又有鲜明时代特点、既立足中国大地又面向世界、既正视国情现实又放眼未来的新文化。

刘辉、黄兴涛在《新民主主义文化纲领的再认识》[③]中指出，长期以来，提到新民主主义文化纲领，人们都习惯使用"民族的、科学的、大众的文化"这一表述。实际上，在1942年以前，曾流行过更值得重视却长期被忽视的提法，即"民族的、民主的、科学的、大众的文化"。两种提法虽然并无本质的区别，但后一种提法更为准确、贴切和完善。在论述新民主主义文化纲领的时候，似应采用后一种提法。孙玉太在《毛泽东新民主主义文化理论述论》[④]中指出，毛泽东的新民主主义文化理论，科学概括了新民主主义文化的性质、内涵、特征、地位和作用，成为近代中国人会通中西文化最为珍贵的历史结晶，既高扬着民主和科学的旗帜，又灌注着强烈而理性的民族精神。

新民主主义文化观，是一个动态发展演变的过程。马启民在《新民主主义文化纲领的由来、变化及发展》[⑤]中认为，新民主主义文化纲领的最早提出者是党的理论家张闻天。其后，毛泽东给予科学的定位，从而使党的文化纲领正式确立。党的文化纲领经历了一个从四维性到三维性再到四

---

① 金怡顺：《对毛泽东新民主主义文化观内涵的几点探析》，《毛泽东思想研究》2003年第2期。
② 郭建宁：《关于毛泽东新民主主义文化观的几个问题》，《马克思主义与现实》2011年第4期。
③ 刘辉、黄兴涛：《新民主主义文化纲领的再认识》，《党的文献》2002年第3期。
④ 孙玉太：《毛泽东新民主主义文化理论述论》，《山东社会科学》2006年第12期。
⑤ 马启民：《新民主主义文化纲领的由来、变化及发展》，《武汉大学学报》2003年第3期。

维性的历史变化过程。秦文志、刘静在《毛泽东新民主主义文化思想的科学内涵及其现实指导意义》① 中指出，毛泽东新民主主义文化思想，集中体现在《新民主主义论》这篇重要著述之中。《在延安文艺座谈会上的讲话》，则从文学艺术的角度，丰富了毛泽东新民主主义文化思想的科学内涵。

曾宪林、张艳国在《试论新民主主义文化观》② 中，对新民主主义文化观做了细致的考察，认为它有三个发展阶段：第一阶段，从 1919 年 5 月至 1921 年中国共产党成立前的五四新文化运动。这个新文化运动标志着中国近代文化发展的历史性转折，具有初步共产主义思想的李大钊、陈独秀等人，对中国封建文化帝国主义的奴化文化展开了猛烈批判，在思想界传播共产主义文化，并迈开了探索中国无产阶级文化发展道路的历史步伐。第二阶段，从 1921 年 7 月中国共产党成立至 1932 年初，中国共产党人对新民主主义革命阶段的文化，进行无产阶级的文化改造，开展了新的文化运动的理论研究工作，以瞿秋白为代表的中国共产党人，初步提出了这个历史阶段上进行文化革命的纲领。第三阶段，从 1932 年初至 1940 年初，以毛泽东《新民主主义论》的发表为标志，形成了新民主主义文化学说。

但是，对于新民主主义文化观最终形成的标志的说法，学术界有不同的观点。刘辉在《新民主主义文化思想体系形成标志新论》③ 中指出，学界长期流行的仅以毛泽东的《新民主主义论》一文作为新民主主义文化思想体系最终形成标志的说法，是不完备和不全面的。除该文之外，居于"标志"地位的至少还应包括张闻天等人的《抗战以来中华民族的新文化运动与今后任务》等文。这样来理解"标志"问题，可以较清楚地反映该思想体系的形成特征，真正体现中共高层在文化问题上的集体智慧、思想共识和整体认识上的互补性特点。张闻天等所概括的"民族、民主、科学、大众"的文化四原则，较之于毛泽东概括且后来流行的"民族、科学、大众"的文化三原则，不仅更为准确和完整地揭示出了新民主主义文化的本质特征，而且更能反映 1942 年以前中共高层在这一问题上的共识。

---

① 秦文志、刘静：《毛泽东新民主主义文化思想的科学内涵及其现实指导意义》，《探索》2006 年第 5 期。
② 曾宪林、张艳国：《试论新民主主义文化观》，《中共党史研究》1991 年第 5 期。
③ 刘辉：《新民主主义文化思想体系形成标志新论》，《中国人民大学学报》2001 年第 2 期。

而方敏在《新民主主义文化纲领的几个问题》[1] 中则明确指出,中共新民主主义文化纲领确立的标志是毛泽东《论联合政府》的发表。

侯且岸在《毛泽东新民主主义文化思想论析》[2] 中,主要从创新、民族、科学、大众、建设五个方面论述了毛泽东关于中国新民主主义文化的基本思想,说明这一思想对当今先进文化的建设仍然具有特殊的指导意义。同时,对孙中山和毛泽东的"文化立国"思想进行了比较。张艳国在《再论新民主主义文化观》[3] 中指出,从历史学的角度看,新民主主义文化观有丰富的时代内涵;从文化学的角度看,它是一种科学的文化模式;从现实的角度看,它通向社会主义初级阶段的文化理论与实践,具有极其重要的现代价值。高寿平在《毛泽东新民主主义文化观与现代中国的文化选择》[4] 中认为,新民主主义文化观把马克思主义与中国传统文化结合起来,主张在兼收、融合中西文化的基础上建设中华民族新文化,科学地解答了中国文化的出路问题,为现代文化的发展指明了正确的方向。

此外,关于新民主主义文化观的特点和地位等,学术界也多有研究。杜君、王金艳在《论新民主主义文化的特征及作用》[5] 中认为,新民主主义文化产生于中国民族民主革命斗争中,包括理论和实践两个方面,带有鲜明的时代性、民族性、科学性等特征。它作为新民主主义政治经济的反映,对于促进中国社会政治经济的变革起了积极的推动作用。杜艳华在《从新民主主义文化到社会主义文化——新民主主义文化的历史局限性探析》[6] 中指出,新民主主义文化在当时是被当作为革命斗争的武器来打造的,它带有明显的政治功利性,它极端地强调为阶级斗争服务,为工农兵服务,忽视文化发展的内在规律。这决定了新民主主义文化必须自我扬弃或与时俱进,才能顺畅地通向社会主义,才能孕育出健康的社会主义文化。新中国成立后,社会主义文化由于延续了新民主主义文化建设模式而遭受的挫折,进一步证明了新民主主义文化存在局限性。程守梅在《论毛

---

[1] 方敏:《新民主主义文化纲领的几个问题》,《首都师范大学学报》2009 年第 3 期。
[2] 侯且岸:《毛泽东新民主主义文化思想论析》,《教学与研究》2004 年第 6 期。
[3] 张艳国:《再论新民主主义文化观》,《华中理工大学学报》1999 年第 1 期。
[4] 高寿平:《毛泽东新民主主义文化观与现代中国的文化选择》,《毛泽东思想研究》2003 年第 4 期。
[5] 杜君、王金艳:《论新民主主义文化的特征及作用》,《理论学刊》2010 年第 1 期。
[6] 杜艳华:《从新民主主义文化到社会主义文化——新民主主义文化的历史局限性探析》,《内蒙古大学学报》2005 年第 3 期。

泽东新民主主义文化观的历史地位和现实意义》①中强调，毛泽东新民主主义文化观是对马克思列宁主义文化观的继承和发展，它指导和促进了新民主主义文化的建设，对于社会主义文化建设，对于我们坚持和培育民族精神，都具有重要的现实意义。

三 新民主主义革命论研究

新民主主义革命理论是毛泽东思想体系中最基本的内容，也是长期以来党史学界研究的热点问题之一。肖一平、何进在《关于新民主主义革命理论的几个问题》②一文中，从产生的历史条件、主要内容、形成和发展、伟大意义四个方面对新民主主义革命理论进行了全面的考察。陈安丽在《试论新民主主义革命理论创新机制的有机构成》③中强调，作为毛泽东思想重要组成部分的新民主主义革命理论，是由新民主主义革命理论创新的思想机制、认识机制、文化机制和实践机制所构成的新民主主义革命理论创新机制的有机啮合、有序运作而产生的。对新民主主义革命理论创新机制的尝试性研究，旨在为探索我国新时期理论创新的基本规律提供一种向度。

罗正楷在《毛泽东的新民主主义革命理论》④中指出，新民主主义革命理论，是毛泽东思想的重要组成部分，是中国共产党领导中国人民誓取新民主主义革命胜利的锐利武器。其主要内容为：第一，阐明了关于中国革命不断革命论和革命发展阶段论相统一的学说；第二，制定了中国新民主主义革命的总路线及其具体纲领；第三，阐明了中国民主革命走农村包围城市、武装夺取全国政权道路的理论；第四，正确处理了同资产阶级又联合又斗争的关系，制定了统一战线的方针和政策；第五，完善了中国共产党的建设理论和处理党内关系的原则，解决了从思想上建设党的根本问题。刘辉在《近二十年来新民主主义革命理论研究述评》⑤中认为，新民

---

① 程守梅：《论毛泽东新民主主义文化观的历史地位和现实意义》，《马克思主义与现实》2006年第6期。
② 肖一平、何进：《关于新民主主义革命理论的几个问题》，《社会科学战线》1982年第4期。
③ 陈安丽：《试论新民主主义革命理论创新机制的有机构成》，《毛泽东思想研究》2006年第1期。
④ 罗正楷：《毛泽东的新民主主义革命理论》，《中国人民大学学报》1991年第4期。
⑤ 刘辉：《近二十年来新民主主义革命理论研究述评》，《教学与研究》2001年第12期。

主主义革命理论有广义和狭义之分。广义的新民主主义革命理论包括新民主主义革命的总路线、革命道路理论、革命纲领以及革命的"三大法宝"等。狭义的新民主主义革命理论，则只包括新民主主义革命的总路线和革命道路理论。长期以来，学术界对于新民主主义革命理论的理解多取其狭义，一般均把革命道路的理论等排除在外。实际上这种理解是过于狭窄了。作者以为，就其理论思路的合理性而言，广义地理解和把握新民主主义的革命理论，显然要更为符合这一理论自身所具有的内在逻辑。《新民主主义革命思想的开端》[1]一书，通过对中国共产党自建党至"一战"时期理论探索的分析，提出了自己对新民主主义革命思想开端的看法。

王桧林主编的《中国新民主主义理论研究》[2]，是一部研究和论述中国新民主主义理论的产生和完备、它发挥作用的过程和终止、它的体系和内涵的著作。全书分六章，介绍了马列主义关于民主革命的理论及其与中国新民主主义理论的关系，中国新民主主义革命理论的形成、发展与成熟等。刘晶芳在《新民主主义革命史研究若干难点热点问题》[3]中指出，近些年来，新民主主义革命史研究在深度和广度上都取得了较大的进步。如中国共产党创建史研究，对大革命时期"党内合作"的评价，农村包围城市道路的形成和标志，遵义会议研究，长征中的"密电"问题，西路军失败的原因，延安整风的研究和评价，共产国际、苏联与中国革命的关系，新民主主义理论研究等问题，在学者的研究中都有了推进。不过，由于存在不少分歧与争议，有些问题仍然没有定论，有赖于学者的进一步努力和对档案的继续挖掘。

吴文华在《新民主主义革命理论是中国革命实践经验的概括和总结》[4]中指出，以毛泽东为主要代表的中国共产党人，在领导新民主主义革命的过程中，科学地概括和总结新民主主义革命的实践经验，创立了新民主主义革命理论。新民主主义革命理论来源于中国共产党领导的新民主主义革命的伟大实践；在不断概括和总结中国革命实践经验的过程中形成、成熟

---

[1] 徐义君：《新民主主义革命思想的开端》，湖南人民出版社1985年版。
[2] 王桧林主编：《中国新民主主义理论研究》，党建读物出版社1998年版。
[3] 刘晶芳：《新民主主义革命史研究若干难点热点问题》，《党的文献》2012年第2期。
[4] 吴文华：《新民主主义革命理论是中国革命实践经验的概括和总结》，《思想理论教育导刊》2008年第1期。

和发展；其基本内容在不断概括和总结实践经验的基础上进一步丰富和完善。郑德荣在《毛泽东新民主主义革命理论实践的集中成果：中华人民共和国的成立》① 中指出，毛泽东思想是马克思列宁主义中国化第一次历史性飞跃的理论成果，新民主主义革命理论是毛泽东思想的主体内容。在新民主主义革命理论指引下，中国共产党坚持以农村包围城市武装夺取全国政权的道路，组成广泛的革命统一战线，最终夺取了新民主主义革命的伟大胜利，成立了中华人民共和国，确立了社会主义制度，一个伟大的社会主义新中国巍然屹立于世界东方。

张福记在《社会现代化视野下新民主主义革命历史根据的再认识》② 中认为，近代中国社会处于从农业文明向工业文明转型的过程中，现代化的因素不断增长，日益与旧制度产生冲突，从而成为新民主主义革命发生发展的内在推动力量，并规定着新民主主义革命的性质和发展方向。革命旨在构建新制度，为社会现代化成分的顺利成长排除障碍开辟道路，并使社会进步成果为大多数人所享有，最大限度地实现社会新的整合，进而在一个新的社会起点上迅速推进社会发展。蔺淑英在《近年来唯物史观在新民主主义革命时期的传播及影响研究述评》③ 中提到，唯物史观在新民主主义革命时期的传播，对中国社会发展、学术发展以及马克思主义中国化等方面产生了广泛而深远的影响。近年来，国内外学者对唯物史观在新民主主义革命时期的传播及影响进行了非常重要的、基础性的研究。

新民主主义革命论是中国共产党集体智慧的结晶，瞿秋白、蔡和森、陈独秀等都对新民主主义革命理论的形成和发展做出过重要贡献。徐爱玉、张建荣在《瞿秋白与新民主主义革命理论的萌芽》④ 中，探讨了中国共产党早期重要领导人瞿秋白在1923年至党的六大期间，为新民主主义革命理论的形成所作的独创性贡献。易永卿在《蔡和森对中国新民主主义

---

① 郑德荣：《毛泽东新民主主义革命理论实践的集中成果：中华人民共和国的成立》，《毛泽东思想研究》2009年第5期。
② 张福记：《社会现代化视野下新民主主义革命历史根据的再认识》，《中共党史研究》2005年第5期。
③ 蔺淑英：《近年来唯物史观在新民主主义革命时期的传播及影响研究述评》，《中共党史研究》2010年第12期。
④ 徐爱玉、张建荣：《瞿秋白与新民主主义革命理论的萌芽》，《浙江社会科学》2006年第3期。

革命理论的探索》[①] 中指出，蔡和森以马克思列宁主义为指导，以中国的历史和当时的社会现实为依据，深刻研究了中国社会和革命的特点，具体地探讨了中国新民主主义革命理论，为中国新民主主义革命理论体系的建立作出了重大贡献。彭清在《列宁对中国新民主主义革命理论的伟大贡献》[②] 中认为，以毛泽东为主要代表的中国共产党人将马克思列宁主义与中国革命的实际相结合，创造出具有中国革命特色的新民主主义革命理论。这个理论与列宁的民族殖民地革命的思想有着十分密切的关系。列宁将世界分成压迫民族和被压迫民族两部分的思想，是新民主主义革命理论的主要思想渊源和理论先导。

陈独秀的"二次革命论"与毛泽东新民主主义理论比较研究，是一个不可回避的重大理论问题，因为这表现出中国共产党思想发展史的继承与发展。周翠娇、陈光明在《陈独秀对新民主主义革命理论的贡献》[③] 中认为，陈独秀在我党探索新民主主义革命理论过程中作出了重大贡献，他用实际行动揭开了新民主主义革命的序幕，最早用马克思主义观点比较系统地分析了中国社会各阶级，对无产阶级领导权的提出和形成，也多有论述。史学界对他在新民主主义革命理论中所作的贡献很少提及或根本不提，这是很不恰当的。

李波在《毛泽东新民主主义理论和陈独秀二次革命论的异同分析》[④] 中，通过对毛泽东新民主主义论和陈独秀二次革命论的比较研究，阐述了二者之间的相同和不同。二次革命论为新民主主义理论的形成奠定了理论基础，而新民主主义理论正是在对二次革命论的批判性继承中形成的，因此这就要求我们在研究毛泽东新民主主义理论的同时，不应该忽视二次革命论的基础性地位。张晶在《陈独秀的"二次革命论"与毛泽东的新民主主义论的比较研究》[⑤] 中，系统阐述了陈独秀的二次革命论与毛泽东的新民主主义论的异同，并从三个方面对陈独秀的二次革命论与毛泽东的新民

---

① 易永卿：《蔡和森对中国新民主主义革命理论的探索》，《求索》2004 年第 12 期。
② 彭清：《列宁对中国新民主主义革命理论的伟大贡献》，《理论月刊》2004 年第 6 期。
③ 周翠娇、陈光明：《陈独秀对新民主主义革命理论的贡献》，《安庆师范学院学报》2005 年第 5 期。
④ 李波：《毛泽东新民主主义理论和陈独秀二次革命论的异同分析》，《社会科学论坛》2008 年第 3 期。
⑤ 张晶：《陈独秀的"二次革命论"与毛泽东的新民主主义论的比较研究》，《内蒙古农业大学学报》2011 年第 6 期。

主主义论出现差异的原因作了辨析。

王也扬在《历史地看待毛泽东的新民主主义论及其变化》[①]中指出，毛泽东的新民主主义论，具有政纲与政策两重的性质，其依据是列宁关于资本主义后进国家无产阶级革命的策略。毛泽东把列宁主义的原则同中国的实际相结合，有创造更灵活；但作为革命家，列宁和毛泽东都是从政治上考虑问题，以"我们的力量"和"力量对比"为尺度来制定和决定政策的，这是新民主主义论的重要特征。

陈洪玲在《新民主主义革命理论与马克思主义时代化的实现》[②]中强调，新民主主义革命理论的形成过程是马克思主义时代化逐步实现的过程，以毛泽东为主要代表的中国共产党人在领导中国革命的过程中，紧紧抓住准确把握时代主题这一中国革命的关节点，牢牢把握无产阶级掌握资产阶级民主革命的领导权这一中国革命的关键问题，坚持资产阶级民主革命的非资本主义前途，不断将马克思列宁主义与中国革命的具体实际相结合，创立了新民主主义革命理论，不仅回答了中国革命向何处去的战略方向问题，而且创造性地发展了马克思列宁主义，实现了马克思主义时代化。

吴玉才在《新民主主义革命理论对世界革命的贡献》[③]中认为，在世界历史的形成与发展的过程中，先后出现过资产阶级民主革命和无产阶级社会主义革命。新民主主义革命理论，既立足于半殖民地半封建中国的特殊国情，又站在世界历史、世界革命的高度，对中国革命的性质作了准确的判断。新民主主义革命既不同于资产阶级民主革命，也不同于社会主义革命，创造了第三种革命类型，解决了在半殖民地半封建的落后国家，无产阶级怎样领导资产阶级民主革命的新课题。

林立公在《新民主主义革命的理论关于民族资产阶级的思想及其启示》[④]中指出，新民主主义革命的理论中关于民族资产阶级的思想，是正确运用马克思主义阶级分析方法解决中国实际问题的典范，是正确认识社

---

① 王也扬：《历史地看待毛泽东的新民主主义论及其变化》，《中共党史研究》2001年第3期。
② 陈洪玲：《新民主主义革命理论与马克思主义时代化的实现》，《当代世界与社会主义》2012年第6期。
③ 吴玉才：《新民主主义革命理论对世界革命的贡献》，《思想理论教育导刊》2010年第6期。
④ 林立公：《新民主主义革命的理论关于民族资产阶级的思想及其启示》，《政治学研究》2013年第6期。

会主义初级阶段私营企业主阶层的重要理论资源。其启示是：在巩固和发展公有制主体地位、增强国有经济控制力影响力的前提下，鼓励、支持、引导非公有制经济发展；完善国家宏观调控，保护工人阶级和私营企业主阶层的合法经济利益，协调二者的经济利益冲突，建设社会主义和谐劳动关系；以统一战线工作团结、帮助、引导私营企业主阶层成为社会主义事业建设者；坚持马克思主义在意识形态领域的领导权，建设社会主义文化，抵制资产阶级腐朽文化，维护意识形态安全。

四 新民主主义社会论研究

新民主主义社会理论及相关问题一直是近年来学术理论界研究的热点问题，也是党史、国史研究和教学中的难点问题。陈龙在《新民主主义社会论研究述评》①中指出，近二十年来，学界围绕新民主主义社会论这一主题，对其形成和发展、结束的原因、与社会主义初级阶段的关系等方面多有探讨。实际上，从新民主主义社会到社会主义初级阶段，都暗含了一个深层的理论背景，新民主主义社会论和社会主义初级阶段论都是中国共产党人对社会主义理想与中国现实实际之间张力关系建构的结果。郑国瑞在《新民主主义社会问题研究综述》②中认为，1999年以来，学界围绕新民主主义社会论的研究取得了重大进展。在新民主主义社会是否存在、新民主主义社会主要矛盾和性质、新民主主义社会中断原因、新民主主义社会理论的比较等问题的研究方面，学界进行了深入、全面的研究，积累了丰富的研究成果。文章在梳理上述研究成果的基础上提出自己的观点。陈雪薇在《新民主主义社会理论的基本内容》③中指出，新民主主义社会论的基本点，主要有五个方面：关于全国革命胜利以后党的战略、策略的出发点；关于党在革命胜利后的工作重点和总任务；关于由新民主主义社会向社会主义社会过渡时期中的主要矛盾；关于新民主主义社会的经济成分状况和党的基本政策；关于人民民主专政的国家政权。刘晶芳在《新民主主义社会论的由来和发展》④中认为，新民主主义社会论从最初的探讨到最后的放弃，大致经历了30年的历史变化：一是中共在创立时期和大革

---

① 陈龙：《新民主主义社会论研究述评》，《湖湘论坛》2012年第3期。
② 郑国瑞：《新民主主义社会问题研究综述》，《理论视野》2013年第10期。
③ 陈雪薇：《新民主主义社会理论的基本内容》，《党史研究与教学》2011年第2期。
④ 刘晶芳：《新民主主义社会论的由来和发展》，《党史研究与教学》2011年第2期。

命时期对革命前途问题的初步探讨；二是土地革命战争时期对革命前途转变认识的曲折和进展；三是马克思主义落后国家社会发展理论与中国实际结合的飞跃；四是新民主主义社会论在抗日战争和解放战争的实践中进一步发展。梅定国的专著《新民主主义社会理论再研究》对新民主主义社会理论开展全景式研究，力求从整体上对其进行有机整合和系统归纳，并尝试开展开拓性或延展性研究，在重墨刻绘它的逻辑演进和体系建构的同时，也花了相当篇幅回溯它的思想渊源，再现它的社会历史前提，廓清它和若干重要范畴的关系，梳理研究中的论争和分野。①

阿明布和、阿荣在《毛泽东新民主主义社会论的构建原则及其演变》②中认为，毛泽东按照马克思主义基本原理与中国革命具体实践相结合的基本原则，构建了新民主主义社会论。毛泽东总结和概括的基本原理，揭示了无产阶级领导的资产阶级民主革命转变为社会主义革命，并由此过渡到社会主义社会的普遍规律，是构建新民主主义社会论的理论依据；新民主主义革命实践的不断深化，中国共产党在政权建设方面的长期探索，是构建新民主主义社会论的实践依据。党的七大以后，新民主主义社会论的演变是偏离上述基本原则的结果。柳建辉在《新民主主义社会理论的几个问题》③ 中强调，中国共产党的奋斗目标，是在中国通过新民主主义革命建立新民主主义国家，并在此基础上逐步过渡到社会主义社会，最终实现共产主义。因此，建立一个什么样的新中国，便成为革命战争年代中国共产党人经常思考的一个重大理论课题，并在马克思主义社会形态理论的指导下，进行了不懈的探索。文章从提出及内容、发展、新中国的建立、思想价值四个方面对新民主主义社会论作了专题考察。《毛泽东的新民主主义社会理论研究》④ 一书，对毛泽东的新民主主义社会论进行了专题研究，主要内容包括：毛泽东的新民主主义社会理论的形成，毛泽东的新民主主义社会理论的丰富和发展，毛泽东的新民主主义社会理论的进一步发展，对毛泽东的新民主主义社会理论中若干问题的认识，毛泽东的新民主主义社会理论的历史地位和现实意义。

---

① 梅定国：《新民主主义社会理论再研究》，人民出版社 2019 年版。
② 阿明布和、阿荣：《毛泽东新民主主义社会论的构建原则及其演变》，《湖南科技大学学报》2009 年第 3 期。
③ 柳建辉：《新民主主义社会理论的几个问题》，《党史研究与教学》2011 年第 2 期。
④ 陈娟编著：《毛泽东的新民主主义社会理论研究》，大连海事大学出版社 2008 年版。

梅定国对新民主主义社会论的一些基本问题也有自己的看法。他在《新民主主义社会理论研究中两个重要范畴的考析》①中认为，"毛泽东的新民主主义社会理论"和"新民主主义社会理论"是两个不同的范畴，明确这两个范畴的内涵，厘清二者之间的关系，是新民主主义社会理论研究的逻辑前提。这两个重要范畴之间是个人认识和集体智慧、本初发轫和阐发深化、曲折探索和严整科学、滑轨嬗变和隐性发展的关系。蒲国良在《毛泽东新民主主义社会理论的历史地位》②中强调，新民主主义社会理论极大地丰富和发展了马克思主义关于社会发展阶段的理论，把马克思主义关于落后国家走向社会主义的理论探索推进了一大步；同时，作为中国共产党的第一个社会建设性纲领，它在毛泽东思想的理论体系中占有不可取代的地位；它是中国特色社会主义理论的滥觞，为中国社会主义建设理论的探索提供了一笔巨大的可资借鉴的财富。

王丽荣在《新民主主义革命论与新民主主义社会论之比较》③中，对新民主主义革命论和新民主主义社会论作了比较研究。他认为，新民主主义革命论和新民主主义社会论，二者同属于一个理论体系，有着密切的联系和前后继承性。从二者相同或相通之处来看，主要有以下几方面：都是中国共产党人的独创；二者有密切的联系；在形成过程中都经历了一个曲折过程。同时，二者在内容和理论形态方面又有着不同。

新民主主义理论是否包括新民主主义社会论？由于1981年6月中共中央审议通过的《关于建国以来党的若干历史问题的决议》中没有使用这个概念，这成为理论界的一个争论问题，也是毛泽东思想研究和教学过程中不能回避的问题。

陈述在《对"新民主主义社会"的几点认识》④中，经过文本考察和研究，认为毛泽东不仅完整地提出了新民主主义社会理论，而且还在多篇著作中阐述了这个理论的主要内容。他明确认为毛泽东完整地提出了新民主主义社会理论，阐述了新民主主义社会的八个基本理论问题，并就如何

---

① 梅定国：《新民主主义社会理论研究中两个重要范畴的考析》，《中共党史研究》2013年第12期。
② 蒲国良：《毛泽东新民主主义社会理论的历史地位》，《中共福建省委党校学报》2006年第8期。
③ 王丽荣：《新民主主义革命论与新民主主义社会论之比较》，《党史研究与教学》1993年第2期。
④ 陈述：《对"新民主主义社会"的几点认识》，《党史研究与教学》2011年第2期。

看待毛泽东"新民主主义社会"理论的变与不变以及毛泽东"新民主主义社会"理论是战略思想还是策略思想这两个方面的问题，提出了自己的看法。王敦琴在《"新民主主义社会论"理论体系探究》①中强调，学术界对"新民主主义社会论"理论体系问题有不同的看法。讨论的焦点问题，一是毛泽东有没有真正想建立一个新民主主义社会，二是新民主主义社会论到底有没有形成一个完整的体系。文章就此展开讨论并得出结论：毛泽东对新民主主义社会的呼唤是真诚的，新民主主义社会论形成了一个较为完整的体系。梅定国在《关于新民主主义社会理论研究中若干争论的思考》②一文中提出，关于新民主主义社会理论的争论，主要集中在虚构之争、战略策略之争、"夭折""成长"之争、"天国""地狱"之争等方面。

但学术界对此也有不同的声音。李伟在《"新民主主义社会理论"不能成立》③中强调，有人编造"新民主主义社会理论"，把它说成是毛泽东的。部分学人将其当作学术上的新发现和理论上的新观点加以宣传，欺骗了读者，毒化了学风。"新民主主义社会理论"不仅是国内某种政治力量用来否定中国社会主义革命和建设的理论纲领，也是用来颠覆中国社会主义道路的政治纲领，理论上不能成立，政治上极为有害。黄爱军也指出，"新民主主义社会论"是后人杜撰出来的所谓理论。新民主主义理论包含一个相对独立的"新民主主义社会"，所谓"新民主主义社会论"并没有形成一个可以和"新民主主义革命论"并提的成熟的理论体系，"新民主主义社会论"论的是新民主主义革命的性质、步骤和前途，是"新民主主义革命论"不可或缺的内容。新民主主义理论服务于现实革命斗争需要的有关政策与策略，不能用"新民主主义社会论"来解读。④

新民主主义社会论为什么会退出历史舞台？学术界在这方面的认识也是见仁见智。黄爱军在《新民主主义社会提前结束原因研究述论》⑤中提到，关于新民主主义社会提前结束的原因，近年来学术界进行了热烈讨论，提出了多种观点。文章对这些观点进行了综述，并相应提出了自己的看法。李东朗指出，为什么会发生对资本主义政策的重大变化呢？第一，

---

① 王敦琴：《"新民主主义社会论"理论体系探究》，《毛泽东思想研究》2003 年第 4 期。
② 梅定国：《关于新民主主义社会理论研究中若干争论的思考》，《探索》2015 年第 4 期。
③ 李伟：《"新民主主义社会理论"不能成立》，《探索》2008 年第 4 期。
④ 黄爱军：《"新民主主义社会论"的说法值得商榷》，《探索》2010 年第 5 期。
⑤ 黄爱军：《新民主主义社会提前结束原因研究述论》，《中共党史研究》2004 年第 1 期。

从指导思想上看，允许资本主义存在和发展，目的在于利用其为社会主义服务。这是一种策略思想，而非战略思想。第二，从认识上看，毛泽东之所以在新中国成立后迅速改变对私人资本主义的看法，主要是突出地注重了资本主义所带有的消极作用。第三，在对待资本主义问题上，毛泽东认为找到了好的方式——国家资本主义。第四，党内外强烈消灭资本主义呼声的影响。学界不少学者强调苏联因素的影响。① 王庭科指出，在马克思主义发展史上，毛泽东第一次创造性地提出了"新民主主义社会"和"新民主主义国家"的科学概念。1953年中国发生了向社会主义过渡的战略转轨，毛泽东却放弃了新民主主义的道路选择，转向"走苏联走过的道路"。其内在原因是新民主主义社会理论的不彻底性和对新民主主义社会主要矛盾的判断失误，外在原因则是苏联道路的强烈影响。在内外因交互作用下，造成中国搞社会主义走了相当曲折的道路，为新中国的道路选择留下启迪未来的历史教训。② 杨奎松认为，不论怎样认识毛泽东对新民主主义的态度变化，有一点是不能不了解的，那就是来自俄国经验和俄国模式的影响。③ 罗平汉认为，按照中共领导人原来的设想，中国需要经过一二十年的新民主主义社会后，才能采取向社会主义过渡的步骤。1952年秋，党内领导层开始酝酿过渡时期总路线，并于1953年秋正式提出，中国开始了由新民主主义向社会主义的过渡。苏联模式的影响，全国人民对社会主义的急切向往，对农村可能出现的两极分化的过度担心，对私人资本主义负面作用的过度害怕，是新民主主义社会被提前结束的重要原因。④

有些学者关注到新民主主义社会论自身的理论缺点问题。刘晶芳认为，新民主主义社会理论来源于马克思列宁主义，是对马克思列宁主义关于落后国家社会发展道路学说的继承和创新；其本身也存在局限性，成为导致这一理论被过早放弃的重要原因。⑤ 刘长江认为，毛泽东过早放弃新民主主义社会论的主要原因，既不是新民主主义社会论本身的缺陷所致，

---

① 李东朗：《毛泽东为什么放弃利用资本主义的思想？》，《党史研究与教学》2011年第2期。
② 王庭科：《毛泽东为何放弃新民主主义社会道路——中国道路选择的重要启迪》，《毛泽东思想研究》2009年第6期。
③ 杨奎松：《毛泽东为什么放弃新民主主义——关于俄国模式的影响问题》，《近代史研究》1997年第4期。
④ 罗平汉：《也论新民主主义社会提前结束及其原因》，《理论学刊》2008年第5期。
⑤ 刘晶芳：《继承、创新与局限——新民主主义社会论与马克思主义关系考析》，《中共党史研究》2010年第2期。

也不是苏联的影响，而是对什么是社会主义这个根本问题在理论上没有弄清楚。[1] 项东在《新民主主义社会实践特点新探》[2]中提出，为什么新民主主义社会在新中国成立后会很快消失？过去的研究视点往往局限于新民主主义社会论本身，存在就理论谈理论的倾向。其实，新民主主义社会已构成相对独立的社会发展阶段，并在实践中体现出与一般社会形态不同的特点，正是这种实践的特殊性酿成了它在新中国成立后的"突然"中断。

有些学者关注到了新民主主义被取代的历史必然性。杨俊在《论过渡时期总路线正式取代新民主主义的内在根据》[3]中指出，新民主主义的理论渊源、基本内容和历史实践，都揭示出其核心与灵魂在于它规定了社会主义因素的主导地位和社会主义社会的发展前途，本质上是一个社会主义因素不断生成与壮大、非社会主义因素不断被限制与改造的动态发展过程。社会主义因素在1952年底取得全面优势，已经完全具备采取"实际的社会主义步骤"的基础了，总路线的提出是马克思主义的题中应有之义和逻辑必然，是历史和现实赋予共产党人的庄严使命，根本不存在所谓的"自相矛盾""认识偏差"和"情绪性"等问题。

有些学者强调毛泽东个人意向的决定作用。萧冬连在《再议新民主主义的提早结束》[4]中认为，新民主主义社会论是一种过渡性的构想，它的实行对于中共平稳接管政权和恢复秩序起了重要作用。在新民主主义制度存废的问题上，毛泽东的意向起着决定性的作用。但急于搞社会主义的想法在党内有相当的思想基础，根源就在于社会主义理想与新民主主义政策之间存在紧张关系，新民主主义政策很难持久，提早结束反而符合其自身逻辑。

新民主主义革命时期、从新民主主义社会到社会主义社会的过渡时期、社会主义初级阶段，这几个历史阶段的区别在哪里？学术界对此开展了大量研究。鲁振祥的《探索的轨迹：新民主主义和向社会主义过渡思想

---

[1] 刘长江：《毛泽东放弃新民主主义社会论的主要原因辨析》，《西南民族大学学报》2004年第5期。

[2] 项东：《新民主主义社会实践特点新探》，《毛泽东思想研究》2004年第2期。

[3] 杨俊：《论过渡时期总路线正式取代新民主主义的内在根据》，《马克思主义研究》2011年第8期。

[4] 萧冬连：《再议新民主主义的提早结束》，《中共党史研究》2014年第8期。

研究》① 一书，对中国政治思想路线进行了研究，围绕新民主主义和向社会主义过渡这个主题，收录了有关新民主主义理论概要、中国共产党的早期理论探索、三大政策研究中的几个问题等文章。龚育之在《新民主主义·过渡时期·社会主义初级阶段》② 中提出，实践要求我们对社会主义进行再认识，对新民主主义、过渡时期、社会主义之间的区别和联系进行再认识，对 1949 年以来党的历史进行再认识。

汪连兴在《新民主主义社会是社会主义初级阶段的早期形态》③ 中指出，新民主主义社会与社会主义社会不是相互拒斥或相互交叉的两个并列概念，它们之间的关系是包含关系、从属关系，即前者包含于后者、从属与后者，换言之，新民主主义社会是社会主义社会的一个阶段，是社会主义初级阶段的早期形态。金冲及在《新民主主义社会和社会主义初级阶段》④ 中指出，新民主主义社会是一个过渡性质的阶段，是要走向社会主义的，并不是过渡时期总路线突然提出来的新问题。新民主主义社会和社会主义初级阶段的根本区别，最重要的是看公有制经济在整个国民经济中是否处于主体的地位。

郭德宏在《再谈新民主主义社会与社会主义初级阶段的异同》⑤ 中认为，从 20 个世纪 50 年代到 21 世纪 50 年代这 100 年，本来应该是建设新民主主义社会，准备向社会主义过渡的 100 年，可是由于过早地结束了新民主主义社会，这个任务只好由社会主义初级阶段来完成了。所以从根本上来说，中国的社会主义初级阶段与新民主主义社会处于同一个发展阶段，在很多方面必然是相同的。但由于经历了 50 多年的发展，与那个时候毕竟有了很大的不同。张太原在《新民主主义社会论与社会主义初级阶段论的关系》⑥ 中指出，新民主主义社会论的提法与社会主义初级阶段论

---

① 鲁振祥：《探索的轨迹：新民主主义和向社会主义过渡思想研究》，中央文献出版社 2003 年版。
② 龚育之：《新民主主义·过渡时期·社会主义初级阶段》，《中共党史研究》1988 年第 1 期。
③ 汪连兴：《新民主主义社会是社会主义初级阶段的早期形态》，《史学理论研究》1994 年第 4 期。
④ 金冲及：《新民主主义社会和社会主义初级阶段》，《党的文献》2008 年第 5 期。
⑤ 郭德宏：《再谈新民主主义社会与社会主义初级阶段的异同》，《党史研究与教学》2011 年第 2 期。
⑥ 张太原：《新民主主义社会论与社会主义初级阶段论的关系》，《党史研究与教学》2011 年第 2 期。

有明显的不同。第一，新民主主义社会论是毛泽东主要向前看时得出的一种认识，因而具有模糊性、动态性；社会主义初级阶段论则是邓小平主要向后看时得出的一种认识，因而具有明确性、稳定性。第二，新民主主义社会论与社会主义初级阶段论容忍私营经济的根据是不同的。如果说新民主主义社会论有相当程度的策略成分，那么社会主义初级阶段论则是向更美好社会发展的一种战略。

雍涛在《从新民主主义到中国特色社会主义》① 中指出，"新民主主义社会论"的历史命运给我们的现实启示：一是必须弄清"社会主义初级阶段"与"新民主主义社会"的关系，充分认识中国特色社会主义实质上是新民主主义的回归和超越；二是要重新认识资本主义和资产阶级与建设社会主义的关系，建立改革开放的话语权；三是要借鉴新民主主义社会建设经验，加强社会的经济、政治、文化、社会建设，坚定不移地走中国特色社会主义道路；四是要进一步解放思想，重新评价毛泽东和毛泽东思想，坚持和发展马克思主义。燕凌在《从新民主主义到社会主义的转变》② 中，根据大量史料，详尽地分析了形成这一急剧转变的主客观原因，并在此基础上提出了值得深入思考的若干问题。邢和明认为，20世纪40年代至50年代初期，中国共产党关于中国社会模式经历了一个从新民主主义到社会主义的转变。中国共产党一方面坚持按照新民主主义建设新中国，另一方面又向苏联学习，实际上是在寻求新民主主义模式同苏联社会主义模式的对接。过渡时期总路线要解决的是如何过渡到社会主义的问题，它的提出，表明中国共产党选择了苏联模式的社会主义。③

除了从新民主主义文化观、革命论、社会论进行研究之外，学术界还对新民主主义的政权理论进行了专题考察。张光宇主编的《新民主主义政权理论的演进》④ 一书指出，中国共产党的新民主主义政权理论是在长期的探索中形成发展的，它在资产阶级共和国政权方案失败的历史条件下产生，并随着新民主主义革命的深入和中国共产党的日臻成熟而不断地发展，经历了萌芽、形成、成熟、胜利四个时期。新民主主义政权理论的演进是与其政权的实践紧密结合的，其发展的直接成果是中华人民共和国的

---

① 雍涛：《从新民主主义到中国特色社会主义》，《重庆邮电大学学报》2009年第1期。
② 燕凌：《从新民主主义到社会主义的转变》，《中国社会科学》1990年第2期。
③ 邢和明：《从新民主主义论到过渡时期总路线》，《中共党史研究》2006年第4期。
④ 张光宇主编：《新民主主义政权理论的演进》，武汉大学出版社1991年版。

诞生。黄志仁编著的《中国新民主主义政治制度史》① 一书，以大量的材料系统地考察了新民主主义政治制度，包括政权机构、司法制度等方面的发展历史，以及它在新中国成立初期的新变化。

金丽薇、刘海焕在《新民主主义政权理论的演进与发展轨迹》② 中指出，中国共产党自成立起，就开始了对政权理论的探索。从中国共产党成立到大革命失败，为新民主主义政权理论的孕育时期。"九一八"事变后，中国共产党走出苏维埃模式，提出"国防政府"主张、"人民共和国"思想和"民主共和国"方案，标志着新民主主义政权理论主要观点的形成。抗日战争时期，"新民主主义论"的发表，标志着新民主主义政权理论体系的形成；中共七大《论联合政府》报告，标志新民主主义政权理论发展到达顶峰。新民主主义政权理论的直接成果就是中华人民共和国的成立。"五四宪法"标志着新民主主义政权建国方略基本结束，社会主义建国方略正式开始。宋俭在《新民主主义政权理论的早期探索》③ 中认为，中国共产党人关于新民主主义政权理论的早期探索经历了一个由"建设劳工专政的国家"到"统一中国本部为真正民主共和国"再到"平民之革命民权独裁制是中国到社会主义的唯一道路"的认识过程，到党的三大前后，形成了新民主主义政权思想的萌芽。这种探索为国民革命时期提出新民主主义国家学说的基本思想作了重要的理论准备。

韩大梅在《试论新民主主义宪政思想的形成》④ 中提出，新民主主义宪政是中国共产党在新民主主义革命阶段民主政治建设中的伟大创举。新民主主义宪政思想是经过长期艰难探索才逐步形成的。民主联合战线的"革命的民众政权"的构想和苏维埃工农民主政权的实践，是中共早期对政权模式的探索；"人民共和国"及"民主共和国"方案的提出是新民主主义宪政思想的萌芽；基于新民主主义理论的新民主主义共和国政权模式构成了新民主主义宪政思想的雏形；抗日根据地"三三制"政权的提出和建立是新民主主义宪政思想形成的标志；《陕甘宁边区宪法原则》和人民政协《共同纲领》的制定是新民主主义宪政思想更臻完善的体现。新民主主义宪政思想的形成与

---

① 黄志仁编著：《中国新民主主义政治制度史》，厦门大学出版社1988年版。
② 金丽薇、刘海焕：《新民主主义政权理论的演进与发展轨迹》，《河北学刊》2006年第1期。
③ 宋俭：《新民主主义政权理论的早期探索》，《中共党史研究》2003年第6期。
④ 韩大梅：《试论新民主主义宪政思想的形成》，《南开学报》2001年第5期。

新民主主义政权的建立和发展相辅相成。在《新民主主义宪政研究》[①]一书中，韩大梅重点揭示了新民主主义宪政理论的形成和发展以及中共在各个时期、各个地区对这一理论的实践，论述了新民主主义宪政的政权模式、人民权利的保障、选举制度、政党制度等各个侧面等内容。

基于以上对新民主主义研究成果的梳理可以发现，自新中国成立以来，学术界在新民主主义的研究方面付出了巨大的心血。该领域的研究呈现出了如下特点：一是研究成果极大丰富，更不乏对于新民主主义理论的重大命题的研究论著；二是研究者多集中在党史领域，其他学科的学者相对不是太多；三是学者关注的视野更加宽阔，并且表现出了极强的反思意识。

在今后的新民主主义研究中，学术界可以从三个方面进行探索。首先，继续加强文本研究。新民主主义理论的提出和发展，都建立在文本之上。从文本出发展开研究，应是新民主主义研究的基础工作。文本研究并不是"钻故纸堆"的学术游戏，而是具有强烈的现实关怀和问题意识。除了对《新民主主义论》进行研究，也要加强对其他经典著作（如《〈共产党人〉发刊词》《论联合政府》等）的深入研究。其次，历史学是一切社会科学的基础，新民主主义的研究应该更多地借鉴历史学的实证研究方法，重视对史实的考辨。孤证不立，对于一些存在争论的重大历史问题，应该充分挖掘档案等核心文献。在评价时，要坚持历史主义的原则。最后，应该从宏大的视野出发，解放思想，与时俱进，打破党史研究的学科界限，以多学科的视域，充分挖掘其思想价值。新民主主义不仅是中国共产党在革命时期重要理论，更是中国近代重要的社会思潮。只有将新民主主义置于大的时代背景中去，对其研究才会更加深入。

---

① 韩大梅：《新民主主义宪政研究》，人民出版社2005年版。

第五章

近代文学艺术史研究

第一节 近代文学艺术史研究概况

一 研究史料

改革开放以来，学界出版了一批近代文艺史料的专题汇编，方便了学界利用。如在文学方面，河南人民出版社1979年出版的《中国现代文学史资料汇编》；四川人民出版社1980年出版的马良春、张大明主编的《三十年代左翼文艺资料选编》；山西人民出版社1983年出版的刘增杰、赵明等编的《抗日战争时期延安及各抗日民主根据地文学运动资料》3册等；上海文艺出版社1984—1985年推出了20卷的《中国新文学大系（1927—1937）》；山西高校出版社1993年推出了刘长鼎等编《中国现代文学运动史料编年》3册；天津社会科学院出版社1989年出版了《晋察冀文学史料》；河北教育出版社1989年出版了《冀鲁豫文学史料》。在20世纪90年代，则有海峡文艺出版社1993年出版的万近行主编的《福建革命根据地文学史料》，1999年内部印行的刘艺亭主编的《冀南革命根据地文学史料》等资料。重庆出版社1992年推出了22卷的《中国解放区文学书系》，分文学运动和理论、小说、报告文学、散文、杂文、诗歌、戏剧、民间文学、说唱文学、外国人士作品等内容。上海文艺出版社1994年出版了20卷的《中国新文学大系（1937—1949）》，收录了国统区、沦陷区及解放区的诸多文学作品。河南人民出版社推出了《中国近代文学文献丛刊》，2018年推出了诗歌卷100册、散文卷100册，2019年推出了戏剧卷100册及小说卷100册。

在近代艺术资料方面，上海文艺出版社1962—1984年先后出版了

《中国现代文艺资料丛刊》1—8辑；江苏省文联资料室1983年编印了《江苏革命根据地文艺资料汇编》；湖南人民出版社1984年推出了"延安文艺丛书"16卷，包括延安时期出版的各种文学艺术作品；上海文艺出版社1985年出版了汪木兰等编《苏区文艺运动资料》；北岳文艺出版社1987年出版了《山西革命根据地文艺资料》；《中国人民解放军文艺史料选编》，分红军时期、抗日战争时期及解放战争时期共10册，分别由解放军出版社于1986年、1988年及1989年出版；河南省文化厅文化志编辑室1988—1990年推出了《冀鲁豫边区文艺史料选编》5册；河南省革命文化史料征编室1991年印行的《豫皖苏边区文艺史料选编》；辽宁、吉林及黑龙江文化厅1990—1993年编印了《东北革命文化史料编年》3册；河北省文化厅文化志编辑办公室1991年则印行了《晋察冀革命文化史料》《晋察冀、晋冀鲁豫乡村文艺运动史料》及《晋察冀革命戏剧运动史料》。湖南文艺出版社2015年推出了《延安文艺大系》28册，收录了各种体裁的延安文学艺术作品，并有专门的文艺史料卷；太白文艺出版社2015年推出的《延安文艺档案》则包括延安音乐、延安文学、延安美术、延安影像、延安戏剧、延安文论六大部分，共27卷60册。辽宁人民出版社2018年推出了朱德发等编《第三次国内革命战争时期解放区文艺运动资料汇编》上下册；上海书画出版社2019年还推出了《中国近代艺术文献丛刊》第一辑·美术卷，共60册，涵盖中国传统的绘画、书法、金石等，以及西方艺术的各个门类等资料。广陵书社近年来推出了"近代文艺史研究资料丛刊"，如2018年，该社出版了《近代美术史研究资料汇编》50册、《近代电影史研究资料汇编》40册；2019年该社出版了《近代戏剧史研究资料汇编》38册；2020年，该社还推出了《近代美术史研究资料续编》54册、《近代电影史研究资料续编》42册及《民国时期报纸文艺副刊汇编》80册；该资料丛刊2020—2021年还在上海科学技术文献出版社分别推出了《近代艺术史研究资料汇编》60册及《近代艺术史研究资料续编》16册；大象出版社2021年推出了《民国艺术史料丛编》，共分"艺术理论""书法""绘画""雕刻、摄影、工艺美术"4编436册；中国社会科学出版社2021年出版的王荣著《延安文艺史料学》则对延安文艺的基本史料进行了详细介绍。

二 研究著作

在根据地、解放区的文艺研究方面，早在 1958 年，百花文艺出版社即推出了江超中的《解放区文艺概述（1941—1949）》；改革开放后，有山西人民出版社 1989 年出版的亦文和齐荣晋著《山西革命根据地文艺运动史稿》、中国文联出版公司 1989 年出版的王剑清等著《晋察冀文艺史》；陕西人民出版社 1992 年出版的贺志强等《延安文艺概论》等著作；百花洲文艺出版社 1998 年出版的刘云主编《中央苏区文化艺术史》、江西省文化厅 2001 年印行的《江西苏区文化研究》、河北教育出版社 2009 年出版的艾克恩编著的《延安文艺史》等著作。河南人民出版社 2018 年推出了"马克思主义与 20 世纪中国文艺活动"丛书，包括赵炎秋等著《风起清萍（1895—1921）》、苏志宏著《大潮澎湃（1921—1927）》、马驰著《星火燎原（1927—1937）》及徐清泉等著《战火洗礼（1937—1949）》等书。

在其他文艺研究方面，厦门大学出版社 2014 年出版的王烨著《国民革命时期国民党的革命文艺运动（1919—1927）》集中考察了国民党早期的革命文艺活动。复旦大学出版社 2014 年出版的吴增杰著《中国现代文艺思潮史》则是关注了五四以来中国现代文艺思潮的发展状况。中国社会科学出版社 2016 年出版了李杨著《从第三厅、文工会看国统区抗战文艺（1937—1945）》，考察了国统区的抗战文艺。还有学者编辑了中国现代文艺大事记，兼具史实及史料价值，如四川省社会科学院出版社 1985 年出版的文天行编《国统区抗战文艺运动大事记》；陕西师范大学出版社 2016 年出版了孙国林等主编《延安文艺大事编年》；北方文艺出版社 2017 年出版了刘春英等著《伪满洲国文艺大事记》等。

在近代文学研究方面，国内学者出版的著作颇多。如在近代文学研究方面，有中山大学出版社 1987 年出版的陈则光的《中国近代文学史》，河南大学出版社 1988 年出版的任访秋主编的《中国近代文学史》；山东教育出版社 1990—1993 年推出的郭延礼主编的《中国近代文学发展史》3 卷本；中华书局 2013 年出版的关爱和主编的《中国近代文学史》。在晚清文学研究上，有辽宁大学出版社 2000 年出版的马春林著《中国晚清文学革命史》；凤凰出版社 2011 年出版的张天星著《报刊与晚清文学现代化的发生》；中国社会科学出版社 2015 年出版的姜荣刚著《留学生与晚清文学转型》等著作。此外，漓江出版社 1991 年还推出了近代文学研究丛书，涉及晚清文学革命、诗界革命、近代戏剧等内容。

在现代文学史研究方面，吉林人民出版社早在1962年即出版了《中国现代文学史》；人民文学出版社1980年出版了唐弢等主编《中国现代文学史》；东北师范大学出版社1986年出版了萧新如等主编的《中国现代文学史》；高等教育出版社1988年出版了孙中田主编的《中国现代文学史》；高等教育出版社1999年出版了朱栋霖主编的《中国现代文学史》；中国人民大学出版社2007年出版了程光炜著《中国现代文学史》及武汉大学出版社2012年出版了黄曼君等主编《中国现代文学史》等代表著作。在民国文学的专著方面，有华夏出版社2005年出版的魏朝勇著《民国时期文学的政治想象》，山西人民出版社2015年出版的孙郁著《民国文学十五讲》、北京时代华文书局出版的郝庆军著《民国初年的文学思潮与文学运动》及中国国际广播出版社2018年出版的王福和著《民国比较文学史》等书；在丛书方面，山东文艺出版社2015年推出了《民国历史文化与中国现代文学研究》丛书共9册；花城出版社2014年、2018年分别出版了《民国文学史论》丛书第一辑、第二辑，内容包括了民国文学的不同时期、不同专题的18本专著；在解放区文学研究上，有河南大学出版社1988年出版的刘增杰、王文金主编《中国解放区文学史》，海峡文艺出版社1994年出版的石文年等著《中国解放区文学史》，辽宁大学出版社1995年出版的王建中等著《东北解放区文学史》，中国社会科学出版社2000年出版的苏春生著《中国解放区文学思潮流派论》，文化艺术出版社2009年出版的黄科安著《延安文学研究》及中国社会科学出版社2016年出版的杨琳著《回归历史的现场：延安文学传播研究（1935—1948）》等著作。

第二节　近代小说史研究

晚清民国时期为小说创作的高峰期，学界也保持了高度关注，出版了许多部著作。如作家出版社1955年出版的阿英著《晚清小说史》、山东文艺出版社1984年出版的韩立群著《中国现代小说史》、南京大学出版社1991年出版的叶志铭主编《中国现代小说史》、浙江古籍出版社1997年出版的欧阳健著《晚清小说史》、山东人民出版社2000年出版的武润婷著《中国近代小说演变史》、人民文学出版社2001年出版的杨义著《中国现代小说史》、河北人民出版社2008年出版的钱振纲著《晚清民国小说史论》、人民文学出版社 2014 年出版的陈大康著《中国近代小说编年史》6 册；凤凰出版社 2017 年出版的张振国著《民国文言小说史》。此外，南开大学出版社 2010 年还推出了《民国中国小说史著集成》10 卷本。现对鲁迅、矛盾、老舍、巴金等人的小说研究进行集中介绍。

一　鲁迅小说

鲁迅一生写了三部短篇小说集，即以现实生活为题材的《呐喊》《彷徨》以及以神话、传说及史实为题材的《故事新编》。学界也出版多部研究鲁迅小说的专著，如四川文艺出版社 1985 年出版的丁尔纲著《鲁迅小说讲话》、天津人民出版社 1986 年出版的徐鹏绪的《鲁迅小说理论探微》、同年陕西人民出版社出版的宋建元著《鲁迅小说探微》，天津人民出版社 1989 年出版的冯光廉著《鲁迅小说研究》、首都师范大学出版社 2002 年出版的赵卓的《鲁迅小说叙述艺术论》、昆明大学出版社 2014 年出版的谭君强著《叙述的力量：鲁迅小说叙事研究》等书。西南交通大学出版社 1989 年出版的李煜昆编著的《鲁迅小说研究述评》，对 1919 年至 1981 年大约 60 年间的鲁迅小说研究加以述评。

有学者认为，新中国成立后 30 年的鲁迅小说研究是同时以"政治革命"和"思想革命"为视角的系统。1949 年 4 月，冯雪峰以《阿Q正传》为例，说明鲁迅的作品既有政治革命的内容又有思想革命的内容，认为《阿Q正传》使人们对于压迫和损害阿Q的那一切物质的和精神的、社会的和历史的种种势力的愤怒，使人们明白这黑暗社会非粉碎不可，中国历史和传统思想都非粉碎不可。[①] 进入 21 世纪后，有学者认为西方结构主义叙事学对鲁迅小说研究有启迪作用。结构主义叙事学认为小说中的人物是"功能性"，将人物视为从属于情节或行动的行动者，情节是首要的，人物是次要的，人物的主要作用在于推动情节的发展，它的一些基本理论板块如它的话语观、情节观、人物观等对中国现代小说研究很有帮助，特别是对以鲁迅小说为代表的现代经典文本的分析阐释来说，提供了一些相当便利的方法，使得对鲁迅小说的理解能够更为丰富深入。[②] 王富仁主张用思想分析来带动创作方法分析、艺术分析，认为《狂人日记》的狂人是现实

[①] 冯雪峰：《鲁迅创作的独立特色和受俄罗斯文学的影响》，《小说》第 3 卷第 1 期。
[②] 杨若蕙：《结构主义叙事学对鲁迅小说研究的启迪》，《河西学院学报》2002 年第 4 期。

主义与象征主义相结合的形象。①

有学者认为，鲁迅以中年人特殊的心态和意识，对社会人生进行剔骨入里的剖析，他的小说不仅具有博大精深的文化品格，而且闪烁着浓烈深邃的理性之光。鲁迅小说创作是为了重铸现代国魂，使中华民族以健全体魄和蓬勃生机参与世界竞争，因而，改变社会、改良人生就成为鲁迅小说矢志不移的预期目标。② 何以刚认为，鲁迅在小说中运用现实主义的创作方法，以高度的艺术概括力，描写了生动的细部，真实再现了典型环境中的典型人物，他描写的每个人，无论行动、语言、肖像或内心活动，都与每个人所生活的典型环境有关，都打上了时代的、社会的、阶级的以及地理自然环境的烙印，他笔下典型环境中典型人物的阿Q、祥林嫂、赵七爷，是鲁迅的世界观和方法论所决定的。③ 由于鲁迅在小说创作中坚持写自己感受最深的现实生活，因而他的小说作品最大的特点和优点便是真实，具体表现在：典型环境真实；故事情节真实；人物形象真实。他在小说创作中，坚持积极的现实主义，把真实性和倾向性结合起来，一方面，他的小说作品来源于生活，反映生活；另一方面，他的小说帮助人们深刻认识社会生活的本质，唤起人们为改良社会、为医治国民精神、为新的人生而斗争。这就是鲁迅小说具有强大生命力的根本原因。④

杂文主要是由鲁迅开创的一种文体，他共写了600多篇杂文。最早在研究鲁迅的专著中以专章的篇幅研究鲁迅杂文的是李长之。他于1936年出版的《鲁迅批判》第四章即为"鲁迅的杂感文"；1940年巴人的《论鲁迅的杂文》，是中国第一部研究杂文的专著。一种观点认为，五四时期的鲁迅杂文始终关注现代中国人的生存问题，鲁迅希望人们正视现代中国人的生存困境，反抗一切妨碍现代中国人生存与发展的现实黑暗，致力于现实中国社会、人生与人的改造。⑤ 一种观点认为，鲁迅早期杂文是强烈捍卫新文化运动和文学革命宗旨，充满着以社会改革和历史进步旨归的整体

---

① 王富仁：《〈呐喊〉〈彷徨〉综论》，《文学评论》1985年第3、4期。
② 江胜清：《论鲁迅小说的理性色彩》，《孝感师专学报》1997年第2期。
③ 何以刚：《真实的再现典型环境中的典型人物》，《广西民族学院学报》1980年第4期。
④ 何以刚：《芝麻与芝麻油——鲁迅小说研究之二》，《广西民族学院学报》1980年第5期。
⑤ 钱理群：《关于"现代中国人的生存和发展"的思考》，《贵州师范大学学报》2003年第3期。

化的理性思辨激情,① 是犀利无比的匕首与投枪,集中表现了鲁迅启蒙呐喊的战斗意识。② 一种观点认为,若要认识一个真实的鲁迅,就必须去了解一个完整的鲁迅,不仅要看到他杂文中的意气风发,同时还要看到他杂文中的悲凉情绪;不仅要看到他改造国民性的巨大热情,同时要看到他质疑思想启蒙的精神追问。完全没必要将鲁迅自己所说的思想"毒"气,牵强附会地理解为是一种"对于生命信仰问题的执着楔入",③ 鲁迅对中国古老文化的理解与认识,都有着常人难以企及的思想深度。作为一个平凡的普通中国人,他对属于个人之间的恩怨情仇,也有着常人那种绝不妥协的倔强人格;作为一个跨越传统与现代的历史"中间物",他那种精神世界的痛苦挣扎,更是有着他那代知识分子的历史负重感。因此,只有将正面、侧面与背景进行全方位的组合,才能构建出一个五四时期的完整鲁迅,任何取其一点而不顾其他的简单做法,都应是对鲁迅思想与人格的曲解或亵渎。④ 还有学者认为,鲁迅杂文具有鲜明的文化批评的特质,他不仅承传了中国忧患意识的文化情结,而且与 20 世纪世界性的文化变革相交接;尤其在鲁迅的早期杂文中,凸显出对于文化史和思想史的反思与批判,自此奠定了鲁迅乃至 20 世纪中国批评史的基调。⑤

二 茅盾小说

学界对茅盾创造的小说研究颇多,先后出版多部著作,如上海文艺出版社 1989 年出版的王嘉良著《茅盾小说论》、厦门大学出版社 1995 年出版的史瑶著《论茅盾的小说艺术》、百花文艺出版社 1991 年出版的邱文治著《茅盾小说的艺术世界》、广西教育出版社 1997 年出版的刘焕林著《封闭与开放:茅盾小说艺术论》、中国社会科学出版社 2013 年出版的梁竞男

---

① 李林荣:《穿越"新文化运动"——鲁迅杂文前期形态的内在嬗变及其历史情景》,《海南师范学院学报》2003 年第 6 期。
② 李志瑾:《鲁迅杂文战斗意识的表现形态及历史成因》,《文艺理论与批评》2013 年第 2 期。
③ 彭小燕:《启示"虚无体验"邀约"战士人生"——论鲁迅杂文蕴含的生命信仰路标》,《汕头大学学报》2008 年第 2 期。
④ 宋剑华、王苹:《"热分"与"冷气"——从杂文看鲁迅早期思想的复杂性与矛盾性》,《鲁迅研究月刊》2014 年第 4 期。
⑤ 殷国明:《鲁迅与中国批评文化的滥觞——鲁迅早期杂文阅读札记》,《社会科学》2011 年第 2 期。

和康新慧著《茅盾小说历史叙事研究》等书。

关于茅盾小说与中国古典小说的关系，有学者认为，茅盾继承了中国古典小说现实主义写实的创作原则，坚持深入生活、实地观察的创作实践，注意揭示生活的本质，指明历史发展的趋向，并敢于触及当时的政治漩涡的中心，从而创造出真实性很强的充满时代精神和富有民族风格的精品；重视中国古典小说中着力塑造典型人物的创作经验，对很多描写人物行之有效的传统方法都尽量吸收并灵活运用。他还在通过人物塑造来显示历史发展的趋向、体现强烈的时代精神，将间接描写人物心理与直接描写人物心理有机地结合，从多角度、多层次来塑造人物等方面，对传统都有所发展。茅盾对中国古典小说结构艺术方面的继承和发展具有较高的理论价值。他把传统小说的封闭性与外国小说的开放性结合起来，还运用横切与直缀相结合的方法，从而创造出富有民族风格的精品。[①]

有学者考察了茅盾小说与传统文化的关系后认为，茅盾在反抗旧传统的同时，其小说创作又深受传统文化精神的影响。他发扬感时入世的实用伦理精神，追求"求实""近史"的风格，注重理性规范，讲究艺术的辩证法则，都是以现代精神整合古典传统。茅盾小说创作历程体现了对民族传统由批判到认同、从离异到回归的动态变化，这种回归给小说带来了浓郁深邃的文化氛围，同时又有某些不尽如人意之处。[②]

关于茅盾20世纪30年代前半期小说，有学者认为，茅盾小说通过上海这一中心城市的种种骚动，描绘出一幅30年代前半期中国社会大动荡的全景图。注重内忧外患交织而成的政治经济网络，是茅盾的独特视角。[③]丁尔钢认为，20世纪30年代茅盾写《子夜》等作品时，实际上是把"左拉方式"（经验人生）和"托尔斯泰方式"（经验了人生）结合起来。[④]关于都市意象与茅盾30年代小说创作，有学者认为，茅盾小说创作中所表现的都市意象远远超出了将都市作为背景的表层意义，其小说中所表现的

[①] 刘焕林：《封闭与开放、横切与直缀相结合——三论茅盾对中国古典小说的继承和发展》，《广西师范大学学报》1995年第4期。

[②] 秦志希：《传统精神的叠印及形态演化——论茅盾小说创作受传统文化的影响》，《茅盾与中外文化——茅盾研究国际学术讨论会论文集》，1991年。

[③] 秦弓：《动荡中国的全景图——茅盾30年代前半期小说》，《上海大学学报》1999年第6期。

[④] 丁尔钢：《把"左拉方式"和"托尔斯泰方式"结合起来——三论茅盾小说的典型提炼》，《山东师范学院学报》1981年第3期。

都市欲望、骚动情绪和都市文化的深层含义是植根于传统又超越了传统的。现代性视野中,都市拯救意识在他的作品里表现得尤其明显,在对以上几个方面的创作实践中,茅盾完成了政治想象的宏大构筑。①

关于茅盾与自然主义和新浪漫主义关系,黎舟认为,茅盾早期无论提倡新浪漫主义还是介绍自然主义,都与其"为人生"的文学观紧密相连。只有扣紧"为人生"的核心,才能正确理解他为什么要提倡新浪漫主义,介绍自然主义,并弄清这两者的内在关联及其与现实主义创作观点之间的关系。茅盾在充分肯定批判现实主义文学的优点及历史功绩的同时,也清醒地看到他的不足之处,敏感地预见到中国的新文学将不会与批判现实主义文学完全相同。茅盾提倡新浪漫主义有三个原因,其一,带有新文学宣传新思潮的目的;其二,克服写实文学重客观、轻主观的偏颇,复活为写实文学所缺少的"浪漫的精神";其三,吸取新浪漫主义的"兼观察与想象","综合地表现人生"的长处。② 王中忱认为,茅盾的现实主义文学观,并不以中国古代与外国现实主义文学思潮为唯一思想来源。无论他的文学创作或理论批评,都曾经受到新浪漫主义的影响。③

关于茅盾小说的历史价值,王嘉良认为,茅盾的小说创作最引人注目的特点是它的社会分析色彩,即通过对社会现象的细密描绘,去分析研究社会问题,或通过文学的命题提出具有巨大思考力的历史命题和哲学命题。茅盾小说研究社会的另一个特点是茅盾通过小说解剖社会,也总是借助思想之力,运用了他长期积累起来的对人生的巨量思考,去分析研究社会问题,他的作品也就以"思想丰富为特色",或提出了触目惊心的重大社会问题,或在透辟的社会分析中表现了敏锐的政治洞察力和深刻的思想见解。在茅盾小说中,贯穿始终的是一条清晰的社会分析和理性分析的线路,真正称得上是在对社会人生作着"哲学研究"。④

三 老舍小说

国内学界对老舍的小说研究也是热门话题,出版多部著作,如有宁夏

---

① 宋剑华、陈婷婷:《论都市意象与二三十年代的茅盾小说》,《湘潭大学学报》2008 年第 2 期。
② 黎舟:《论茅盾早期提倡新浪漫主义与介绍自然主义》,《茅盾研究》1983 年第 1 辑。
③ 王中忱:《论茅盾与新浪漫主义文学思潮》,《浙江学刊》1985 年第 4 期。
④ 王嘉良:《对人生的哲学研究——茅盾小说独具的历史价值》,《天津社会科学》1985 年第 2 期。

人民出版社 1983 年出版的佟家桓著《老舍小说研究》、北京十月文艺出版社 1994 年出版的《老舍小说艺术心理研究》、陕西人民出版社 2000 年出版的《老舍小说创作比较研究》等书。

国内 1950—1976 年有关老舍研究,以作品介绍和阅读感受为主,艺术批评被弃置一边。有学者认为,祥子是老舍用世俗的、自然主义、现象学的方法塑造出来的"抽象的概念的人物","老舍对革命的认识也是'世俗'的",这种世俗的看法本质上是反动的。方白的《读〈骆驼祥子〉》、公兰谷的《老舍的〈骆驼祥子〉》、蒋孔阳的《谈〈骆驼祥子〉》、思齐的《〈骆驼祥子〉简论》等持论比较客观,肯定《骆驼祥子》是成功的现实主义创作,肯定祥子是有典型意义的形象;也有学者泛论老舍小说反帝反封建的积极意义,肯定《骆驼祥子》所达到的思想高度和艺术成就,明确指出老舍早期小说和《骆驼祥子》的不足。这一时期研究者不是着眼艺术分析和学术研究,而是用社会政治的标尺进行简单或武断的价值判断,老舍的创作特点、艺术个性都得不到应有的阐释。① 五六十年代的老舍研究,学术文化空间较为狭窄且限制较多,老舍研究进展缓慢,评价错位,研究的客观性、准确性都大受影响。

1978 年之后,老舍研究由感性表现走向理性分析,努力接近老舍世界的深层和本质,表现出可贵的理性精神、高度的学术自觉和相当的研究深度。孙钧政基于文本细读论述老舍的语言指数;崔明芬、翟瑞青分析老舍小说创作的教育学思想;谢昭新运用心理学的理论和方法研究老舍的创作心理;李梨耘、李振杰结合实地考察从文学地理学的角度阐释老舍创作的某些特点;关纪新分析老舍的满族身份对其创作的影响;史承钧比较分析老舍某些作品的不同版本,说明老舍创作思想的发展演变;宋永毅、董炳月分析了老舍创作与西方文学的关系,认为被视为纯民族作家的老舍其实广泛接受了外国文学影响,在对外国文学的借鉴中构建自己的文学世界。赵园的《北京:城与人》从文化批判、文化表现、文化认同等方面,论述老舍与北京城与人的精神联系,分析北京文化对老舍文化心理的塑造以及老舍对北京文化的表现。吴小美从文化冲突、人格理想、宗教精神、文化接受、忧患意识等方面对老舍小说与东西方文化予以系统论述,研究老舍

---

① 石兴泽:《老舍研究的历史回顾与思考》,《文学评论》2008 年第 1 期。

作为一代文化伦理型作家的思想特征和创作个性。① 杨义比较了老舍与茅盾、巴金的创作风格，认为老舍是风俗文化辅以政治伦理型作家。② 关于老舍小说与儒家文化，有学者认为，儒家文化为老舍个体文化构成的核心和主体，老舍小说烙刻着浓厚的儒家文化印记。从老舍对于儒家文化批判中有眷恋、眷恋中有批判的复杂心态；老舍小说对地域性血缘关系和北平文化的自觉认同，老舍笔下人物"杀身成仁""舍生取义"的生死选择方式的文化视角，凸显老舍小说与儒家文化的精神联系。③

有学者认为，老舍创作的艺术价值包括：按照艺术规律的审美的观念审视社会体认人生所表现的文化底蕴的丰富性、深刻性；创作方法的开放性及其表现手法的多样性；对小说文体艺术特征探索的创新性；小说样式的完美性和幽默机智的艺术风格的独特性等基本内涵。④ 学者们从叙事学角度发掘老舍叙述对中西叙述方法的创造性借鉴和贡献。有学者以老舍的《断魂枪》《上任》《兔》《月牙儿》为例，分析老舍对传统诗学文化中的材料进行的现代化转型，这些作品都把世俗层面的对象超擢到崇高价值层面上，放射出一个现代主体的光辉，老舍小说融传统情节叙事与西方诗学非情节叙事，由内到外，不作偏废的艺术手腕，实在是融合中西的至高至伟的成就。⑤ 有学者把老舍短篇小说的叙事材料分类，认为老舍的绝大多数短篇偏重于人格心理，且事实饶有趣味，真正做到了心灵与事实的循环运动，事实恰恰是在心灵的知觉过程中才显示出意义与情感的深厚。老舍叙述来自传统的"即叙即议"和"闲文""文章义法"。⑥

王卫东从性别心理学角度研究老舍的女性观、婚恋观并探讨老舍性别文化心理中的男权意识以及文化心理的传统性。由于老舍对于城市贫民生活非常熟悉，对经济力量在婚恋中的主宰作用有着更为清醒的认识，所以，老舍在生活上和生命意义上对婚恋观的表现，写出的是"婚恋生活中的物化现象"，是婚恋生活中的诸多误区，如"屈从式婚姻观念造出的凑合婚""打着自由的幌子放荡自己""追求物质享受的金钱婚"，老舍的与

---

① 上述综述参见石兴泽《老舍研究的历史回顾与思考》，《文学评论》2008年第1期。
② 杨义：《茅盾、巴金、老舍的文化类型比较》，《文艺研究》1987年第4期。
③ 岳凯华：《老舍小说与儒家文化》，《文学评论》2011年第5期。
④ 方维保：《21世纪与老舍研究的深化》，《安徽师范大学学报》2003年第3期。
⑤ 徐德明：《老舍小说融中西诗学实践窥指》，《老舍与二十世纪》，天津人民出版社2001年版。
⑥ 徐德明、孙华幸：《老舍小说的叙述价值》，《走近老舍》，京华出版社2002年版。

众不同在于他还写出了旧礼教规范对现代婚姻的束缚"来自人的内心"。因而提出了"以男女双方的互爱"和"男女双方在经济上的自立",尤其妇女在经济上要自立为基础的婚恋理想。① 有学者着重分析了老舍塑造贤妻良母型和摩登型两类女性形象上的情绪倾向,认为把摩登与知识连起来,是老舍女性意识的特点,也是他文化心理传统性的突出表现,在传统守旧的女性意识王国里,也有现代自由的空间。但这空间很小,且有很多的限制和界限。最突出的限制就是严肃的态度,要对自己的行动负责,不能丢失女性的本质,放弃女性的义务。②

从文化视角研究老舍小说的作品有石兴泽的《老舍文化心理的运行轨迹》《现代意识与传统观念的表存形态及其茅盾运动》《情感宣泄与理性制约及其对生活和创作的影响》、郭锡健的《老舍创作的文化底蕴》《刚柔相济的生命形态——老舍文化人格论之一》等文,他们认为老舍的文化心理生成于北京市民文化之中,发展于传统文化向现代文化过渡之时,接受西方文化熏陶达到辉煌,又滑翔于现代文化与传统文化交替的双轨栈道,最后结束于北京市民文化的沼泽地。有学者认为,老舍短篇小说的叙述形式与其文化观念互为表里。在老舍的短篇小说中,其所选择的叙述形式整合了传统与现代的诸多艺术表现手法,形成现代的受"拟说书人"程式影响的叙述者和叙述过程中的"叙述空隙",并以此表征特别的文化意义。从对老舍短篇小说中的叙述者类型和"叙述空隙"的分析中,可见特定时期的文化形态和作者隐秘的文化心理。③ 有学者从通俗性、现代性和革命性分析老舍在20世纪30年代短篇小说创作的个性化特征:故事和人物的通俗性、叙述技巧的现代性和思想内容的革命性。④ 有学者从欲求与节制同在、压抑与放纵共生、变性与不变性共存等角度探索了老舍长篇小说中的人性问题,认为生存世态、爱情状态、性格形态是老舍长篇小说中描绘的"人寰三态",这些描述体现出老舍对人性的思考和探索。⑤

关于老舍小说中的中国形象,有学者认为,老舍坚持以启蒙主义为

---

① 王卫东:《论老舍小说中所体现的婚恋观》,《老舍与二十世纪》,天津人民出版社2001年版。
② 石兴泽:《天平在贤妻良母与摩登女郎之间倾斜》,《走近老舍》,京华出版社2002年版。
③ 马海:《老舍短篇小说的叙述形式》,《沈阳师范大学学报》2012年第3期。
④ 陶文兰:《论20世纪30年代老舍短篇小说创作的个性化特征》,《赤峰学院学报》2011年第1期。
⑤ 靖婧:《论老舍长篇小说中亲润的人性之光》,《内蒙古民族大学学报》2012年第3期。

"现代性"审美标尺,深入审视社会生活,生动描写人生人性,在小说中创造出三种形态的中国形象:一是以启蒙现代性为审视基点的现在式中国形象;二是以反思历史文化为感知主体的过去式中国形象;三是以乌托邦精神为想象性建构的未来式理想中国形象。他小说中的中国人和中国形象,始终贯穿着弘扬民族精神,期盼民族复兴的思想意蕴,正像他自己所说,表现"人的尊严"和"中国人的尊严"是其创作的"基本思想与情感"。老舍小说中塑造的中国形象的演化道路,正是中国社会"现代化"历史进展的道路。①

关于老舍小说创作中的平民意识,有学者从老舍小说创作平民意识的归因、老舍小说创造平民意识的呈现、老舍小说平民意识的文学价值等方面作了解读。有学者以《骆驼祥子》和《四世同堂》为中心考察老舍小说中的北京民俗与历史后认为,老舍擅长在一个相对稳定的空间内铺展北京市民生活的人情世态,为了保持北京市民生活世界的自足性,历史事件和历史变迁往往被有意无意地模糊化,这在《骆驼祥子》中表现得尤为明显。但他对民俗与历史关系的处理方式也经历了变化的过程,老舍在《我的一辈子》中开始尝试将历史事件纳入小说叙事结构中,到写于 40 年代的《四世同堂》中,小说中的人物摆脱了民俗文化标本的特征,成为自主选择命运的主体。②

有学者认为,老舍抗战时期的小说反映了战时人们的精神面貌,彰显了现代民族国家意识,延续了作者早期对国民劣根性的批判和对中国传统文化的反思,服务于抗战需要,行走在审美与功利之间。③ 老舍研究专家吴小美认为,《四世同堂》反映了抗战全过程,突出了国家和人民的尊严,非常生活化、世俗化,是一部史诗,是老舍创作的一座高峰,也是抗战文学的高峰。④ 有学者认为,老舍用文化批判的眼光审视中国传统文化和城市生态,在揭示、批判传统文化糟粕和市民自身弱质的同时,对社会的黑暗进行有力的控诉和批判。正是这种文化批判和社会批评双重批判的独特性,构建起他特有的批判意识,体现了老舍小说创作独特

---

① 谢昭新:《论老舍小说中的中国形象》,《中国现代文学研究丛刊》2011 年第 9 期。
② 季剑青:《老舍小说中的北京民俗与历史》,《民族文学研究》2015 年第 1 期。
③ 李卉:《老舍重庆抗战时期小说论》,《民族文学研究》2013 年第 6 期。
④ 吴小美:《抗战时期长篇小说中的〈四世同堂〉》,《中国现代文学研究丛刊》2015 年第 11 期。

的艺术价值。①

四 巴金小说

在研究巴金小说的著作方面，有南开大学出版社1987年出版的袁振声著《巴金小说艺术论》、复旦大学出版社2012年出版的张民权著《巴金小说的生命体系》、天津社会科学院出版社2013年出版的黄长华著《巴金叙事研究》，复旦大学出版社2016年出版的田悦芳著《巴金小说形式研究》等代表作。

有学者认为，巴金小说的民族文化特质主要表现为：形象的性格、心理内涵；全部作品的意识去向；感性形式特点。巴金的感性、心灵里有着浓重的诗人气质，从而造成了感性形式方面的民族文化性格。在这方面，巴金的《激流三部曲》等小说是与曹雪芹的《红楼梦》声气相通的。② 巴金关于人物典型化的理论和创作实践，是有个性特征的。他是从受胎、神思、审美等相互联系的环节来创造"比较象活人"的艺术形象的，从而实现了他的人物典型化：受胎是典型化的起点，神思是典型化的中介，审美是规范衡量典型的尺度。③

巴金小说的激情风格，首先表现为强烈主观情感的抒发，这决定了其小说物象突出的主观色彩，其次表现为作家情感表达方式的直露，又形成了物象运用的体系化特征，即通过对某些物象的反复运用而形成一种核心物象，在其周围聚集起一系列与主观情感相对应的同义或反义物象，形成具有内在情感张力的物象体系。④ 有学者认为，强调巴金小说的主观性特色，并不是要否定其作品的现实主义方法特征，这不但因为主观性与现实主义创作方法并非截然对立，更因为巴金的作品确与欧洲历史上典型的浪漫主义作品有差别。巴金小说的现实主义特征主要表现为敢于直面人生，不轻易给人完满、也是廉价的应诺。无论就创作方法的内在精神或具体表现言，巴金小说都同时交织有两种创作方法的影响。⑤ 巴金对以俄国文化

---

① 张永东：《论老舍小说创作中的文化批判与社会批判》，《哈尔滨学院学报》2013年第1期。
② 张民权：《巴金小说与民族文化传统》，《天津师范大学学报》1987年第4期。
③ 吕汉东：《对巴金人物典型化方案的考察》《海南大学学报》1999年第2期。
④ 柯贵文：《巴金小说物象简论》，《五邑大学学报》2014年第3期。
⑤ 张民权：《巴金小说的主观性特色》，《安庆师范学院学报》1988年第1期。

与法国文化为代表的无政府主义、人道主义与基督教等西方文化的接受，是有选择、有保留和有批判的，而西方文化最终通过中国化过程才被巴金吸收到自己的文化视野中。①

由于家庭环境、政治信仰等文化因素和社会现实因素的影响，巴金的文化心理在经过 1934—1935 年的创作沉默期之后有明显变化。而巴金文化心理的变迁，对作家与文学革命的选择、英雄与普通人的塑造、社会与家庭的题材书写等方面产生了直接的影响，反映出巴金将文学创作作为一种宣泄政治热情的代偿性行为向有意创作转变的心路历程。有学者认为，对生命价值的探索，追求"丰富的、满溢的生命"，是巴金人物创作的主旨。汪文宣们是出走的觉慧的化身，他们的生命是觉慧生命的延伸。造成"充实生命"委顿的原因是社会的动荡、经济的重压、思想的停滞。引起作家创作嬗变的是文艺思想的转变、生活实践的启迪、对人的精神世界的深入探索。它启迪人们：冲出家庭的觉慧们只有融入时代大潮，才能使生命永远"丰富""满溢"。②

关于巴金小说中的儒教"宗教人"形象，有学者认为，在 20 世纪中国文学史上，儒教"宗教人"的形象集中出现在家族小说中，其中尤以巴金的成就最为突出。揭示儒教的"吃人"机制和"吃人"本质，是巴金对 20 世纪中国启蒙文学的重要贡献。从儒教的角度重新解释巴金的家族小说，不仅可以使我们更清晰地把握儒教"宗教人"最主要的精神特质，而且可以使我们更深刻地思考中国现代文学的现代性与宗教性的复杂关系。③

巴金后期小说创作的思想主题和艺术风格，要比 20 世纪 30 年代更为成熟。其作品《憩园》《第四病室》《寒夜》在巴金后期创作中具有里程碑的意义，其思想主题的多重意蕴及艺术风格的巨大变异，对人性的深度探索以及注重细节的描摹，展示了一颗伟大文学心灵的卓越的想象力和吞吐经验的能力，显示了巴金小说的巨大美学价值。④ 有学者认为，巴金中

---

① 王明科、孔瑞林：《论巴金小说的西方文化接受》，《山东行政学院山东省经济管理干部学院学报》2005 年第 4 期。
② 周芳芸：《试论巴金小说的人物创作》，《四川师范大学学报》1995 年第 1 期。
③ 哈迎飞：《论巴金小说中的儒教"宗教人"形象》，《广东社会科学》2013 年第 6 期。
④ 段福德：《论巴金后期小说创作的思想主题和艺术风格》，《时代文学》（下半月）2011 年第 4 期。

篇小说长于人物精神世界刻画，着力描写青年人的反抗和斗争，善于营造情感氛围，使小说在结构艺术、人物塑造、语言艺术等方面都具有了独特性。《憩园》的艺术手法更臻于娴熟，表现在：主题深刻而独到；环境描写诗意盎然，生活体验蕴蓄表达；采用视角转换、复调的手法，使叙事结构细致绵密。[1] 关于巴金早期小说所呈现的思想体系，有学者认为它主要由泛爱主义、英雄主义、无政府主义三部分组成；他的泛爱主义用一种变奏的形式即"憎"的形式表现；他的英雄主义有一种"悲壮"的美学特征；他的无政府主义是与民主主义一脉相通的。[2]

第三节　近代戏剧史研究

近代戏剧在保持中国传统剧种的同时，也引进了西洋剧种，呈现出百花齐放之势，学界也进行了综合研究。如在专著方面，南方出版社 1999 年出版了左鹏军著《文化转型中的中国近代戏剧》、上海三联书店 2005 年出版了田根胜著《近代戏剧的传承与开拓》、商务印书馆 2012 年出版了韩晓莉的《被改造的民间戏曲：以 20 世纪山西秧歌小戏为中心的社会史考察》、上海古籍出版社 2015 年出版了张福海著《中国近代戏剧改良运动研究（1902—1919）》、社会科学文献出版社 2015 年推出了姜进著《诗与政治：20 世纪上海公共文化中的女子越剧》；中国社会科学出版社 2016 年出版了陈庚著《传承与新变：近代化进程中的北京戏剧市场研究（1912—1937）》、江苏凤凰美术出版社 2019 年出版了王雪芹著《民国戏剧史》、北京时代华文书局 2021 年出版了杨连启著《近代宫廷戏曲档案文献研究》及上海人民出版社 2021 年出版了孙柏著《十九世纪西方演剧与晚清国人的接受》等书。此外，国家图书馆出版社 2016 年还推出了《清末民国戏剧期刊汇编》60 册。现集中对郭沫若、曹禺、梅兰芳、程砚秋、荀慧生、尚小云等人的戏剧艺术研究进行梳理。

一　郭沫若戏剧

陈瘦竹认为，郭沫若所写的历史剧主要是悲剧，《屈原》这种悲剧不

---

[1] 张存孝：《巴金中篇小说艺术新论》，《黎明职业大学学报》2015 年第 1 期。
[2] 杨晓塘：《巴金早期小说的三大思想支柱》，《洛阳大学学报》1996 年第 3 期。

是屈原个人的悲剧,也不仅是楚国的悲剧,而是我们民族的悲剧,郭沫若的全部历史剧都不同程度地表现了许多历史人物高贵的严肃的雄伟的壮丽的悲剧精神。① 郭沫若的悲剧观念,来自对中国历史的科学分析。战国时代是一个悲剧的时代,许多志士仁人为了争取把人当成人,杀身成仁,舍生取义,具有一种悲剧精神,中国历史上的这种悲剧精神,成为郭沫若创作的历史基础。② 王淑明认为,郭沫若历史剧的基本精神是强调人的尊严,把人当作人,显示了作者的胆识和认识的深刻性。③ 徐迟认为,屈原与郭沫若本质的相同在于他们都是自己那个时代的发言人,那个时代精神的肉身。④ 陈瘦竹揭示郭沫若历史剧中诗意蕴涵的本质特征,指出郭沫若历史剧对文学传统的继承和发扬,郭沫若历史剧中的主角是抒情诗人自己,那么当他处理历史题材时,不仅有所选择而且必然有所创造。郭沫若历史剧的诗意不是单一因素造成的,而是全方位的,是由戏剧冲突、戏剧语言、人物性格等多种因素造成的。⑤

关于郭沫若的历史剧创作理论,王瑶认为,从创作方法的角度,根据郭沫若史剧理论的渊源和特点,认为郭沫若是按照"可能怎样"(而非按照"应该怎样")进行艺术虚构的,其中心内容是强调主观感兴。王瑶以中外史剧理论和成功的创作实践论证了郭沫若史剧浪漫主义创作理论的合理依据和艺术价值,把握了郭沫若史剧理论质的规定性。⑥ 高国平从具体剧阐述作创作目的、创作原则、艺术手段和创作格调论述郭沫若剧作的浪漫主义特色。⑦ 有学者在深层结构上论述郭沫若独特的浪漫主义精神,黄侯兴认为,郭沫若对于客观现实有他独异的审美意识和艺术个性,即主观性、冲动性和主情主义,以屈原为代表的抗战史剧正是由于发挥了自己的艺术个性,因而在思想上和艺术上都获得了成功。⑧

20世纪90年代以后,学界扩大了郭沫若研究的文化空间,从文化视

---

① 陈瘦竹:《郭沫若的历史剧》,《戏剧论丛》1958年第2期。
② 陈瘦竹:《再论郭沫若的历史剧》,《现代剧作家散论》,江苏人民出版社1979年版,第43—49页。
③ 王淑明:《论郭沫若的历史剧》,《文学研究》1958年第2期。
④ 徐迟:《郭沫若、屈原和蔡文姬》,《剧本》1979年第1期。
⑤ 陈瘦竹:《剧中有诗》,《江苏文艺》1978年第12期。
⑥ 王瑶:《郭沫若的浪漫主义历史剧创作理论》,《文学批评》1983年第3期。
⑦ 高国平:《革命浪漫主义的奇花异果》,《文学评论丛刊》第9辑。
⑧ 黄侯兴:《论郭沫若的艺术个性》,《中国社会科学》1983年第5期。

角研究郭沫若历史剧中的文化因素。① 郑守江从文化学的视角来思考郭沫若的抗战史剧，阐明了其历史剧创作的两个重要的文化特征：人的发现和开放型的思维。不是开放型的思维，就不会出现郭沫若历史剧的与众不同的特点。正是开放型的思维，才促使其历史剧创作数量之丰富，艺术形式之独特。② 潘晓生运用新历史主义批评方法分析郭沫若历史剧作，认为郭沫若极少在剧中表面地罗列历史事件或现象，他更注重这条流动之河底层的内容，注重前人的叙述中所隐含的东西，他更关注自己对此特有的认识，自己对历史话语的发现和体现，以求通过各种人所熟悉的话题来发掘人们忽略了的意义。郭沫若的史剧不仅有史，更有诗，用历史诗学来评价郭沫若的历史巨作是十分恰当的，对历史的诗意理解，使得他往往能避免某些历史偏见，不盲从，避免封闭式的历史意识，从大文化的观念去思考问题。③

这一时期，有学者研究郭沫若剧作与歌德、席勒历史剧的关系，认为郭沫若对歌德、席勒的美学、文学思想的接受几乎是全盘的，在实践创作上，歌德、席勒的历史剧和郭沫若的历史剧一样，不追求客观地再现历史面貌。④ 高扬从想象与灵感两个艺术层面总结郭沫若历史剧的心理特征，认为，郭沫若历史剧的构思特点是：以历史人物为主的典型创造充分现实作家想象进行假设、推断的能力和敏锐的内心视角；将自己与人物类似的感情融进人物之中，将奔放的创作冲动表现为想象的驰骋，形成激情澎湃的浪漫主义风格；在构思过程中，从人物出发，从人物性格发展逻辑中大胆引申，虚构出相应的情节，将想象建筑在深刻观察、体味人生的基础上。灵感思维在郭沫若历史剧构思中的特征是：灵感思维与传达同时产生，具有自动性；灵感感性激发的基础深厚；灵感触发信息的多样性；灵感爆发的周期性规律。⑤ 刘平透过郭沫若的历史剧与传统文化的关系阐释其史剧创作的风格和特点，认为作翻案文章并以人道主义重塑古代人物形

---

① 刘平：《借古抒怀以鉴今——试析郭沫若的历史剧与传统文化的关系》，《郭沫若学刊》1995年第3期。

② 郑守江：《从文化学的视角对郭沫若抗战史剧的思考》，《郭沫若学刊》1996年第1期。

③ 潘晓生：《在历史与现实的撞击中追问——对郭沫若历史剧创作的新历史主义批评》，《郭沫若学刊》1998年第4期。

④ 章俊弟：《歌德、席勒与郭沫若的历史剧》，《青海师范大学学报》1991年第3期。

⑤ 高扬：《历史精神与艺术构想——论郭沫若历史剧的心理特征》，《郭沫若学刊》1998年第4期。

象，这一风格贯穿郭沫若整个历史剧创作过程，对历史的科学态度和塑造历史人物的政治热情现实了郭沫若历史剧创作与现实精神的高度统一，以现实沟通历史是郭沫若史剧诞生的精神动力，而历史发展的精神则又是郭沫若历史剧创作的根本出发点。①

进入 21 世纪，学者期待发掘和阐释郭沫若历史剧的独特历史价值和时代精神。沈庆利认为，郭沫若的过人之处在于，他对中西思维方式与文化传统都有着充分体察、理解与同情，并能依托自己深厚的国学根底，在不改变西方理论实质精神的前提下，对西方理念加以本土化的解释、改造和利用，从而成功地将那些原本异质的外国理论融化为自己的血肉。② 关于郭沫若的史剧观，杨菲认为，它主要包括三个紧密结合的要点：浪漫主义的表现、现实主义的本质、战斗意志的张扬。③

关于郭沫若历史剧"失事求似"④ 的创作原则，学界一直有不同看法，20 世纪 80 年代，曾立平认为《蔡文姬》《武则天》是"失事求似"创作的恶果；⑤ 有学者认为，关于历史剧创作，郭沫若是坚持两点论点的：一方面坚持失事求似，以为历史剧不必囿于历史，而要发展历史的精神，另一方面主张史剧家创作之前对于自己取材范围内的史料要有充分的了解和研究，这才是他的唯物辩证的史剧观；⑥ 有学者认为，"失事求似"仅仅是创作的手段，郭沫若的历史剧主要是采用浪漫主义的历史方法，浪漫主义历史剧作家是以发展历史的精神为宗旨的。⑦ 有学者认为，失事之后，形似也好，神似也好，就一似也不似了。⑧ 宋宝珍认为，总括郭沫若的史剧论述，失事求似原则中的"失事"有一个量度，这个量度就是求似，"求似"包括尊重历史、尊重史事；尊重艺术创作规律；艺术追求在于达到一

---

① 刘平：《借古抒怀以鉴今——试析郭沫若的历史剧与传统文化的关系》，《郭沫若学刊》1995 年第 3 期。
② 沈庆利：《贯通"中西古今"——郭沫若史剧理论的启示》，《天津师范大学学报》2013 年第 2 期。
③ 杨菲：《郭沫若的历史剧及其历史剧的美学风貌》，《南华大学学报》2008 年第 2 期。
④ 郭沫若：《历史·史剧·现实》，张澄寰编选《郭沫若论创作》，上海文艺出版社 1983 年版。
⑤ 曾立平：《评历史剧创作中的反历史主义倾向》，《戏剧艺术》1981 年第 1 期。
⑥ 黄侯兴：《论郭沫若的史剧观》，《北京大学学报》1983 年第 3 期。
⑦ 傅正乾：《关于人物性格"合理的发展论"》，《贵州社会科学》1985 年第 1 期。
⑧ 蒋星煜：《历史剧的历史感和时代感》，《戏剧艺术》1983 年第 1 期。

个完整的境界；反映时代的精神。① 佟波认为，郭沫若历史剧"失事求似"的主要政治目的是服务于抗战。② 龙永干认为，郭沫若的这种变通与创造并非旨在对抗与颠覆，而是在价值立场上对历史存在的肯定与认同，是理解而不是对抗，郭沫若谨慎地处理历史题材，所写人事也保持着历史的本来面目，但这种谨慎并非一般史学上的客观性的遵循，而是在寻求历史与主体存在的统一。③

二 曹禺戏剧

王瑶于1951年出版的《中国新文学史稿》一书认为，《雷雨》是新文学运动以来戏剧创作上稀有的成就，以情爱与血缘的各种巧合的伦常纠葛来冲淡了这个悲剧的社会性质，观众是把它当作社会剧来观看的。④ 1958年，学术界围绕《雷雨》的命运观与曹禺的世界观和创作方法展开了一场争论。《处女地》1958年第2期发表的甘竞、徐刚发表的《也谈曹禺的雷雨和日出——兼论作家的世界观和创作方法》认为，曹禺在《雷雨·序》中的主宰、命运、自然法则等引起人民争议的思想只是从书本上得来的，并不构成作家真正的世界观，在作品中作者并没有突出命运的力量，把它作为命运的主宰，强调作品是通过偶然性事件来突出地表现生活中已经产生和必然产生的结局，是人物在各种不同的性格的冲突的基础上导致悲剧的结局；曹禺的世界观存在缺陷的，这种缺陷就是他脱离实际的斗争，没有与工农相结合，缺乏马克思主义的思想武装，作品无法达到高度的历史真实性，不能有力地表现现实生活中的革命情势和广阔的社会背景。刘正强则不同意这种观点，认为曹禺在《雷雨》序言里所作的解释反映了他的世界观的缺陷，这种缺陷同时影响作品中的那些非现实主义成分。曹禺进步的世界观一直是他掌握先进创作方法的关键，但也不能否认他的观念世界中那些不正确的因素对他作品带来不良影响。⑤ 也有学者认为，曹禺世界观有落后的因素，雷雨中有宿命观念，侍萍回到周宅的情节正是体现了

---

① 宋宝珍：《郭沫若的史剧观与唯美——阐释学批评》，《邵阳学院学报》2002年第1期。
② 佟波：《论郭沫若抗战史剧的特征及政治理念》，《黑龙江社会科学》2013年第3期。
③ 龙永干：《历史理解的认同路向及其限度——论郭沫若现代史剧的文化值阈》，《中国文学研究》2013年第3期。
④ 王瑶：《中国新文学史稿》，新文艺出版社1951年版。
⑤ 刘正强：《曹禺的世界观和创作》，《处女地》1958年第6期。

命运的规律，侍萍关于命运的一些台词在一定程度上是反映了曹禺的思想的。①

1962年，钱谷融从作品人物的言行出发，从戏剧情节出发，细致深入地分析了人物性格的复杂性、人物的潜意识、潜台词，避免了当时文学讨论中的教条主义。②这种观点受到一些学者的批评，如《文学评论》1963年第4期发表的王永敬的《读〈雷雨〉后的人物异议》，《上海文学》1963年第8期发表的王一钢、张履岳的《周朴园的"深情遣绻"——评钱谷融的〈《雷雨》后的人物〉异议》等文。还有学者探讨了曹禺剧作中的矛盾冲突和偶然性问题后认为，曹禺善于选择、虚构及运用偶然事件来构成高度集中的、富有艺术性的戏剧结构，以及变化多端震荡人心的戏剧情节。③

20世纪60年代，围绕《雷雨》中的人物形象塑造展开了一场讨论。钱谷融对周朴园、繁漪的形象作了细致分析："繁漪不但有《雷雨》的性格，她本人简直就是《雷雨》的化身，她操纵着全剧，她是整个剧本的动力。曹禺认为，他在写《雷雨》时，把剧中一个最主要的人物，就是那被称为《雷雨》的好汉，漏掉了。其实，我认为他并没有漏掉，还是写进去了。那个人就是繁漪。"④有学者对上述看法提出商榷，认为其对曹禺所说的《雷雨》中漏掉的是第九个角色，能操纵其余八个傀儡，作者漏掉他，并非在剧中没有写到，而是因为技巧上的不允许，不能明显地添上这个人，所以虽写到他，而又不能让他出场，仿佛是漏掉的样子。这个角色是谁？显然是象征雷雨中渺茫不可知的神秘人物，或者说，它就是在冥冥之中主宰着人们命运的一种力量。⑤这一时期对《雷雨》版本研究的是廖立的《谈曹禺对〈雷雨〉的修改》⑥，作者对1934年版、1936年版、1951年版、1954年版、1959年版的《雷雨》修改作了比较，认为这些修改反映了曹禺思想的变化。

20世纪80年代以后，曹禺及其作品的研究成为学界研究的热点之一，

---

① 建领、君圭：《对〈雷雨〉讨论中的几点意见》，《处女地》1958年第6期。
② 钱谷融：《〈雷雨〉人物谈》，《文学评论》1962年第1期。
③ 沈明德：《谈谈〈雷雨〉的几个场面——戏剧结构学习札记》，《安徽文学》1962年第3期。
④ 钱谷融：《〈雷雨〉人物谈》，《文学评论》1962年第1期。
⑤ 胡炳光：《读〈《雷雨》人物谈〉——和钱谷融同志商榷》，《文学评论》1962年第6期。
⑥ 廖立：《谈曹禺对〈雷雨〉的修改》，《郑州大学学报》1963年第1期。

出现了许多有影响的成果。有学者认为，曹禺是杰出的现实主义艺术家，《雷雨》是现实主义创作的起点，[①] 它的主题是反封建与个性解放，这是曹禺剧作的一贯主题。[②] 有学者从人性出发研究《雷雨》中的人物，认为周朴园对侍萍的感情纠葛是复杂的，有情与无情是相互交织在一起的。繁漪身上有旧传统的烙印，也有新思想的影响，这使她以乱伦的方式去追求爱情，乱伦本身是一种畸形的关系，而不是反封建的标志。[③]

20世纪80年代以后，《雷雨》的戏剧风格、剧作结构、语言成就成为新的研究领域。有学者从艺术角度研究《雷雨》后认为，曹禺是用激情、凭直觉去感受生活的，产生了风格中突出的感情因素，使雷雨呈现出沉闷压抑而热烈激荡，表面平静而内在紧张的戏剧风格[④]；有学者认为追求诗意是曹禺的美学理想，《雷雨》就是这种追求的诗，它的诗一般的意境，是由雷雨的气氛、雷雨的性格、雷雨般猛烈的冲突及其涤荡一切的解局所合成的。[⑤] 有学者认为，理解《雷雨》全部意义的关键，在于明确意识到周朴园的存在并对他的典型意义有一个较清晰的了解。《雷雨》的典型意义在于，它是稍后于《呐喊》《彷徨》的一个历史时期中国城市中进行的反封建伦理道德观念的思想斗争的一面镜子。[⑥] 有学者重新探讨了《日出》的结构艺术上的特点，认为《日出》在曹禺戏剧创作中最富于创新意味的，是它的艺术结构。拿《日出》和《雷雨》相比较可以清楚地看到，在谋篇布局的构思上，曹禺是在试探一条新路。五四以后的话剧大多采取的是西洋戏剧史上锁闭型的结构模式，其主要特点是具有严格选择的、最低限度的登场人物，及其节省的活动地点和时间，以及直线发展的题材。《日出》打破了传统的话剧结构——封闭式的一人一事，因果关系为基础的戏剧结构，采用以人物性格行为为主线的新的格局，这种新的尝试和探索，表现了剧作家曹禺勇于进取和创造的精神。[⑦]

有学者从文化内涵角度研究曹禺与基督教文化的关系，认为《雷雨》蕴含的基督教文化因素有：《雷雨》的茅盾结构模式——体现了上帝的意

---

① 孙庆生：《曹禺论》，北京大学出版社1986年版。
② 朱栋霖：《论曹禺的戏剧创作》，人民文学出版社1986年版。
③ 晏学：《繁漪与周萍》，《戏剧论丛》1981年第3期。
④ 朱栋霖：《论曹禺的戏剧创作》，人民文学出版社1986年版。
⑤ 辛宪锡：《曹禺的戏剧艺术》，上海文艺出版社1984年版。
⑥ 王富仁：《〈雷雨〉的典型意义和人物塑造》，《文学评论丛刊》第23辑。
⑦ 陈坚：《日出的结构艺术》，《中国现代文学研究丛刊》1986年第2期。

志;周朴园性格的发展轨迹——从邪恶走向忏悔;《雷雨》的环境布局——基督教色彩的直接外现。认为《雷雨》是一部具有巨大社会价值的优秀作品,无论是过去还是现在,它都以惊人的艺术生命力,活跃在话剧舞台上,受到广大观众的高度评价。这种社会价值与艺术价值的产生,其根本原因是作者对弱小者的同情和对强暴者的憎恨,表现了他宽阔的人道主义胸襟,并在一定程度上,较真实地揭示了人——这个文学主体的价值。① 也有学者认为,《日出》取得的成就,就思想上来源于作家强烈的民主主义的革命要求,和严格遵照生活现实逻辑的唯物主义世界观与现实主义的创作方法,陈白露是一个因受黑暗社会所破,资产阶级思想所腐蚀,既已堕落又不甘心沉沦,起来斗争又缺乏信心和勇气,最终是痛苦地结束了自己生命的小资产阶级知识妇女的悲剧形象。②

关于曹禺创作道路和创作思想的综合性研究方面,20 世纪 80 年代后,学界突破了此前的曹禺研究体系,贴近曹禺的精神世界、贴近于艺术生产的客观规律,出现了以宗教文化理论模式和精神分析学理论模式重新认识和评价曹禺及其作品的历史定位。宗教文化理论模式,是指研究者从基督教文化对曹禺的浸染,研究曹禺早期话剧创作的主体生成。有学者认为,作者写《雷雨》,目的并非是要揭示社会中的阶级对立矛盾,而是在探索生活,并且触及基督教、天主教的问题,所以,周朴园乃至《雷雨》总体表现出的忏悔意识,都带有一定的西方宗教色彩。曹禺虽未受洗入教,亦非耶稣的忠实信徒,但受基督教文化的影响却是极为深刻的。以情感的体验对《雷雨》《日出》《原野》这三部优秀剧作进行整体观照,一定会敏感觉察到这些撼人心弦、催人泪下的悲剧作品,都笼罩着一层基督教伦理意识的光环;③ 在曹禺的早期艺术思维中,始终存在一个以基督教伦理意识为基础的艺术创作模式,即恶→毁灭→善,在这个模式中,作者糅进了他从日常生活中所撷取的各种各样的悲剧因素,编织成一幕幕平凡的悲剧,而悲剧的主人公,也多被蒙上了一层浓厚的罪人色彩。曹禺笔下的人物形象同他的创作模式一样,其文化意识远远大于政治意义。④

关于曹禺早期的思想和对创作的影响,甘竞存和华枕之展开了学术争

---

① 宋剑华:《试论〈雷雨〉的基督教色彩》,《中国现代文学丛刊研究》1986 年第 1 期。
② 卢湘:《论〈日出〉——曹禺戏剧艺术探讨》,《吉林大学学报》1979 年第 2 期。
③ 宋剑华:《论〈雷雨〉的基督教色彩》,《中国现代文学研究丛刊》1988 年第 1 期。
④ 宋剑华:《曹禺早期话剧中的基督教伦理意识》,《江汉论坛》1988 年第 11 期。

论。甘竞存认为，一方面是政治上反帝反封建的革命民主主义思想，哲学上是朴素的唯物主义，同时还接受了无产阶级思想某些影响，有朦胧的社会主义倾向和阶级观点；另一方面比较突出的是资产阶级人性论和历史唯物主义观点，用他自己的话说是悲天悯人的思想。① 华枕之不同意上文资产阶级人性论和历史唯心至上观点，指出，从周朴园、周萍的胡作非为中，从侍萍、鲁大海的反抗斗争中，完全可以清楚地看出阶级的分野和现实社会阶级对立的关系，体现了作者鲜明的爱憎，这怎么能说是表现了资产阶级人性论的思想呢？②

20 世纪 90 年代，学术界开始用接受美学的理论研究《雷雨》，颇有新意。孔庆东利用大量史料，考察了导演、演员、观众对《雷雨》的不同处理和不同理解，展示了《雷雨》强大的生命力③，钱理群以"作家—作品—读者"的三维空间，从作品的生产过程与消费的统一与运动视角研究曹禺的作品，把曹禺剧作放在更广阔的接受背景中去研究，开创了曹禺研究的新局面。④ 有学者从曹禺的三部戏剧研究观众接受过程中对文本的误读：如《雷雨》，曹禺原本要表现的是整个宇宙的残忍和冷酷，所有的人都难以摆脱痛苦和不幸，而观众却觉得《雷雨》是暴露大家庭的罪恶，是反封建，曹禺在《雷雨》中探讨的是自然中人的命运，人的悲剧，而观众却认为《雷雨》象征资产阶级的崩溃，说明了资产阶级不会有好的命运。之所以产生误解，其原因是剧作家所要表现的精神世界与导演、观众的接受期待视界的分离，作者的主观意图与客观效果的分离，也是时代、社会选择的必然结果。⑤ 21 世纪以后，学术界继续就《雷雨》的主题展开争论，主要有社会现实主题说、生存困境主题说、命运悲剧主题说、伦理道德与人性冲突主题说、忏悔与救赎主题说、社会文化悲剧说、妇女问题与爱情主题说、多层面复杂主题说。

三 梅兰芳及梅派艺术

关于梅兰芳的移步不换形理论，1949 年 11 月 3 日，天津《进步日报》

---

① 甘竞存：《曹禺的创作道路》，《南京师范大学学报》1978 年第 5 期。
② 华枕之：《论曹禺解放前的创作道路》，《江西师院学报》1981 年第 1 期。
③ 孔庆东：《从〈雷雨〉演出看〈雷雨〉》，《文学评论》1991 年第 1 期。
④ 钱理群：《大小舞台之间——曹禺戏剧新论》，浙江文艺出版社 1994 年版。
⑤ 王卫平：《接受与变形——曹禺剧作的主观追求与观众的客观接受》，《社会科学战线》1994 年第 1 期。

发表《移步不换形——梅兰芳谈旧剧改革》指出："我以为，京剧艺术的思想改造和技术改造最好不要混为一谈。后者在原则上应该让它保留下来，而前者也要经过充分的准备和慎重的考虑，再行修改，这样才不会发生错误。因为京剧是一种古典艺术，有几千年的传统，因此我们修改起来，就更得慎重些。不然的话，就一定会生硬、勉强。这样它达到的效果就变小了。""俗话说，'移步换形'，今天的戏剧改革，却要做到'移步'而不'换形'。"有学者认为，把各种旦角技巧有机地结合起来，合理地灵活运用，是从梅兰芳开始的。他以现实主义的创作方法，娴熟地运用表演技巧，创作出生动、鲜明的人物形象。梅兰芳之所以能达到京剧艺术的一个顶峰，开辟一个新的艺术境地，正是由于他真正热爱艺术，一生投身京剧艺术，不仅有扎实的、系统的学习而且在长期艺术实践中积累了丰富的艺术修养，再加上他自身的天赋才创造出梅派艺术。①

关于梅兰芳艺术表演体系，有学者认为是指京剧及中国戏剧艺术的本质、表现原则和系统的表演方法。其艺术精华是寓绚丽于质朴、于平易处显深邃。其艺术特点为嗓音宽亮、音色甜润、行腔大方、悠扬动听，有雍容华贵之风度。做工讲究、刻画入微、吐字清晰、富于音乐感。武功扎实洗练又饱含着极丰富的感情，沉静平稳中又蕴藏着深厚的功夫。风格典雅大方，清新华丽，节奏准确，姿态优美。②有学者指出，梅兰芳将基本功训练，打好专业基础放在培养演员的首位，以传统戏打基础，以昆曲打基础，是梅兰芳的重要戏曲教育思想，其核心思想是多学、多看、多演，提高辨别精粗美恶的能力，以扩大见识，提高艺术眼界，推动艺术长进，培养艺术创作力。③

21世纪以来，学界开掘梅兰芳研究的深度和广度，取得不菲成绩。关于梅兰芳对京剧艺术的改进与创新，有学者认为，以梅兰芳为代表的男旦群体对旦行艺术进行全方位的改进与创新，技术层面的提高与道德内涵的立意成为梅氏鼎革的重心，外形结构之美与内涵意境之美的双重融合，即大力提升旦行表演体系的品位，京剧男旦艺术成为古典戏曲表演艺术的最

---

① 许朝增：《艺无止境——谈流派的形成、继承和发展——为京剧大师梅兰芳诞辰100周年而作》，《戏剧文学》1995年第2期。
② 陈其兴：《浅议梅兰芳表演体系》，《戏曲艺术》1991年第3期。
③ 葛士良：《梅兰芳戏曲教育思想初探》，《戏曲艺术》1994年第4期。

高典范之一。① 关于梅兰芳的演唱艺术技巧，有学者指出，梅兰芳用气、发音的合理方法，使之嗓音高宽清亮、圆润甜脆，能收能放、刚柔相济、操纵自如。②

有学者研究了梅兰芳与新文化的关系后认为，梅兰芳与胡适以及新月社的重要成员张彭春、徐志摩、余上沅等人有诸多交往，梅兰芳访美与访苏的成功，是梅兰芳与新文化阵营诸多交往结出的丰硕果实。梅兰芳与新文化千丝万缕的联系，为他走向世界提供一条重要的路径，这是梅兰芳远超同侪的国际影响最为关键的原因。③

四 程砚秋及程派艺术

20世纪80年代，有学者认为，程派艺术的特色，在于唱、表独具卓然不同的风格。程腔缜密绵延，低回婉转，起伏跌宕，节奏多变，更严守音韵，使旋律与字调紧密结合。他的演唱，讲究表演的美和韵味隽永，追求"声、情、美、永"的高度结合。他的发音结实圆润，吐字沉着有力，既重字头腹尾的转换，又咬而不死，隐而不显。慢板唱得抑郁婉转，回肠荡；"快板"犹如珍珠脱线。他常将某一长音或高音控制在气若游丝的范围内，以表现人物复杂的内心感情；并以较明的音色，加强歌唱中的悲剧色彩。他行腔圆活，除注重轻重缓急、抑扬顿挫外，在断连之间更以连为主，连中有段，却又音断意不断，音断气不断。这种演唱方法形成了深沉含蓄，外柔内刚、若断若续、一气呵成的崭新家数，为京剧旦行的唱腔和演唱方法增添了卓绝的一大流派。程砚秋的表演，更是以表情、身段、歌唱、念白的高度融合表现、塑造人物艺术形象的范例。特别是他创造了水秀功的十大技法"勾、挑、撑、冲、拨、扬、弹、甩、打、抖"，可以根据剧情有机编排组合，既大大有助于塑造人物形象，揭示人物的内心活动，又使舞姿变化万千，给观众以美的享受，从而把京剧的审美价值推向一个新高度。④

关于程砚秋的戏剧导演理论，20世纪80年代有学者指出，程砚秋是中国近代戏曲演出艺术中论述戏曲导演问题的第一人，他在《赴欧考察戏

---

① 徐蔚：《梅兰芳男旦艺术鼎革论析》，《中国戏剧学院学报》2007年第3期。
② 陈炜：《梅兰芳演唱艺术技巧》，《中国戏剧学院学报》2008年第1期。
③ 傅谨：《梅兰芳与新文化》，《文艺研究》2014年第5期。
④ 邵章：《守成不泥脱成不背》，《满族研究》1987年第1期。

曲音乐报告书》中提出的导演权力高于一切的观点，是从世界近代导演学的角度理解导演这一创作因素在戏曲艺术中的高度综合性和演出态体性方面的重要作用的。① 也有学者认为，程砚秋在艺术创造上的突出特点，就是勇于博撷众英，而且把它消化了，化到自己的表演体系里去了，这可以说是程派艺术能受全国欢迎的一个历史原因。②

进入 21 世纪，程砚秋研究在深度和广度方面都有新的研究成果。关于程砚秋的艺术创新贡献，有学者认为，程砚秋为了增强人物的悲凉痛楚的效果，以唱反二黄来呜咽哀怨的情调。程砚秋的创新还体现在对剧本的修改方面，《窦娥冤》是程砚秋亲自修改的一个剧本，在重要情节上有所改动，过去一般的演出剧本，窦娥并未被斩杀，程砚秋在演出中为了增加悲剧气氛，毅然决然地改成窦娥被斩的结局。③ 关于程砚秋的声腔艺术，有学者指出，"程腔"作为程砚秋戏曲表演艺术的核心，具有合理运用气息、重视口法和恰当运用和休止三个方面的特点。他们共同营构出"程腔"有别于其他旦行声腔艺术的独特形态，并在后继者的创化中不断呈现新貌。④ 关于程砚秋的演唱艺术，有学者认为，在程砚秋的演唱艺术中，听出了陈德霖的吐字和顿挫，听出梅兰芳的甜润，甚至听出西洋音乐的特点，如此种种，都融会在程砚秋自己的声腔中。⑤

有学者研究了程派的发声特点后指出，程派的发声是高位置的，有亮音的，他的共鸣点高，着力点在咽后壁下方一点点处，声音集中，呈柱状，立体感很强，声音通透，似小风箱，音色很浑然一体的，特别注重明暗对比、强弱对比和声音的收放。特别强调程砚秋的程派艺术就是这个稳固的基石，这个观点跟梅兰芳的"移步不换形"理论是一个道理，大同小异。⑥

五 荀慧生及荀派艺术

有学者将荀派的特点概括为：表演性格化、生活化，而且是兼取青

---

① 高宇:《程砚秋的戏曲导演理论与实践》,《戏剧艺术》1985 年第 3 期。
② 白登云、翁偶虹、吴祖光、冯牧:《程砚秋和程派艺术》,《戏剧报》1983 年 2 月 15 日。
③ 方继孝:《程砚秋的艺术创新》,《光明日报》2011 年 6 月 2 日。
④ 庄严:《程砚秋声腔艺术初探》,《戏剧之家》(上半月) 2014 年第 3 期。
⑤ 叶秀山:《程砚秋艺术的启示》,《中国戏剧》2004 年第 1 期。
⑥ 王琢玉:《论京剧程派艺术的发展与传承》,《戏剧之家》2014 年第 9 期。

衣、花旦、刀马旦之长。① 荀派传人孙毓敏认为，荀派的特点是再现真实生活的艺术美，创作鲜明个性的自然美，反映普通人所喜爱的风俗美。② 关于荀派艺术的两条线和三个对象，有学者指出，一个人物有一条充实的内心是靠一条"思想活动线"来贯穿始终的，还必须有一条外在表演的行动线来展示，两者相互有机地结合起来，拧成一线。三个对象是指舞台交流对象，主要指角色之间交流，人物内心交流与外在景物交流；合作对象，即不在舞台上演出的合作参加者，如舞美、服装道具、音乐伴奏等；服务对象即观众。③

有学者研究了荀慧生的京剧艺术思想，认为荀慧生主张戏要通俗易懂，要跟观众生活中遇到的事接近，这才能引起观众的兴趣。④ 荀慧生在他的表演艺术中，非常重视从戏情、戏理出发，根据人物性格、情绪的变化，把唱、念、做、打、舞具体结合成一体。⑤

关于荀慧生的"三分生"原则，有学者认为，这一原则体现出创作主体意识的活跃和主体精神的高扬。所谓主体意识和主体精神，指的是艺术家在整个创作过程中出于一种十分主动、积极、自觉、自由的精神状态中，是发自内心的真诚和不可遏止的创造激情。三分生的创作原则揭示出继承与创新的辩证关系，生和熟是一对矛盾，由生入熟，就是通过苦练继承传统，由熟入生，就是通过揣摩变革创新。三分生原则对今天的戏剧创作和戏剧建设具有重要的现实意义。⑥ 关于荀慧生舞台艺术的精髓，有学者指出，创新突破是荀派旦角艺术流派产生、定型、发展最主要的和带有决定性的因素。⑦

关于荀慧生的三化三感，荀派传人孙毓敏认为，趣味化幽默感、个性化真实感、生活化时代感有其不同的内容，趣味化幽默感就是荀慧生在台上特别注意"视象具化"并常常使用"间离效果"来拉近演员与观众的距离，产生了舞台上打成一片的共创局面，充满了情趣和智慧；个性真实感，就是角色悲哀的时候他会真哭，真流泪，高兴的时候他是极其洒脱

---

① 《学无止境 艺无止境——记荀慧生创立荀派的艰苦努力》，《人民戏剧》1979 年第 3 期。
② 魏子晨：《论荀派新发展》，《中国京剧》1996 年第 2 期。
③ 张正芳：《荀派艺术的两条线、三个对象》，《戏剧报》1988 年 3 月 30 日。
④ 周桓：《荀慧生艺术漫谈》，《中国京剧》1995 年第 4 期。
⑤ 于文青：《荀慧生艺术道路探微》，《戏曲研究》1996 年第 2 期。
⑥ 周传家：《荀艺三论》，《戏剧之家》1996 年第 6 期。
⑦ 吴乾浩：《创新·突破——荀慧生舞台艺术的精髓》，《戏曲艺术》2000 年第 4 期。

的；生活时代感就是荀慧生善于演小丫头、小女子、受害者等低层人物，他的戏更接近于民众、接近当代、通俗易懂、可亲可近。①

随着荀慧生研究的深入，有学者提出荀慧生的"荀学"，认为，"荀学"是系统地、完整地研究京剧大师荀慧生及其创建的荀派艺术体系的一门学科。荀派富于鲜明特色的艺术风格，是在 20 世纪 20 年代建立起来的，主要标志就是当时剧评家说的"变淫蝶为幽窈"，他摒弃了传统花旦表演中那些庸俗、色情的成分，保存并发扬了民间舞台上这类戏有生气有活力的优点，端正了剧中那些少女思想性格，同时创造出许多天真、活泼、娇憨、热情的表演，使这类戏的内涵更加丰富，格调大为提高。②

关于荀慧生的演唱艺术，有学者认为，他力图把板腔用活，来表达剧中人物的特定情感。他强调以情带声和借字抒情，还注意通过音色变化，表现不同人物的不同口吻。他揣摩戏情戏理十分深入，在保持各种板式、腔调基本规格的基础上，谱制了大量新腔，其中既有活泼多姿、秀丽精巧的戏剧性旋律，又有委婉缠绵、深沉细腻的悲剧性唱腔。在唱法上，他讲求意境，写意神态的刻画，强调轻重、抑扬、虚实、飞顿的节奏变化，从而也自成体系。他的演唱，情真意切，最擅深入刻画古代纯情少女的内心世界。③

关于荀慧生的戏剧观，学者指出，就总体说，仍属于写意范畴，不过他在写意的基础上，巧妙地融入了写实的因素，做到程式化表演和生活化表演的结合一体。这种结合，是有机的，是适度的。④ 关于荀慧生声腔变化的阶段，荀派弟子孙毓敏认为经历了由嫩、甜、比较流畅（19 世纪 20 年代）→成型（19 世纪 30 年代）→声腔韵味浓厚（19 世纪 40 年代）→老练（19 世纪 50 年代）几个阶段。⑤

六 尚小云及尚派艺术

李洪春总结了尚小云的唱、念白和舞、武打等表演特点后认为，尚小云的唱，以刚为主，无论是行腔还是吐字，都是那样刚劲有力。在念白

---

① 孙毓敏：《荀慧生大师的三化三感》，《中国戏剧》2000 年第 2 期。
② 王家熙：《荀学建构刍议》，《上海艺术家》2000 年第 6 期。
③ 王家熙：《荀学建构刍议》，《上海艺术家》2000 年第 6 期。
④ 王家熙：《荀学建构刍议》，《上海艺术家》2000 年第 6 期。
⑤ 孙迎辉、周秋莎：《荀派京剧艺术风格综述》，《小说评论》2010 年第 4 期。

上，都是字音清楚，韵味醇厚；舞，别具一格，赏心悦目；武打，不论是钟离无盐的耍大刀、石秀的耍单刀，还是马金定的耍杠子，都是有家有法。① 张君秋在论及尚小云的演唱特点时指出，他的嗓音以清脆、刚劲、圆亮称著，延长起来，音量气足，逢高无挡。尚小云以唱功取胜又不满足于青衣的唱功演唱，而是向武的方面进取，独胜一筹。②

有学者认为尚小云的声腔艺术较多地保留着京剧旦角的传统唱法。他的发音是以阳刚之气为主，气足而"喷口"发放得均匀。在行腔中，高音处用"勒"劲显其刚劲，低音处用"挫"劲溢出神韵。他的唱腔基本特征是：奔流豪放、真力弥满、高下闪兼、跌宕起伏，并运用"丹田"之气，在拖腔的尾音尤见气力不虚、直贯到底，宛如奔流的江水，一泻千里，勇往直前，给人以向上的力量。③ 关于尚小云文戏武唱的美学意义和美学价值，有学者认为，这种自觉追求表现人物外部动作与传达内心情感的有机结合，强调、突出戏剧的"四功五法"的复合运用，以发挥出戏曲综合性特征的优势，进而创造出完整统一、形神兼备的艺术形象，是我们民族戏曲的宝贵传统财富。此种追求艺术辩证统一的整体美与和谐美也是大师们审美理想的最佳境界。④

关于尚派深受广大观众爱戴的原因，有学者认为，尚小云在半个多世纪的舞台生涯中，举止稳健端庄，做戏热烈火炽，其表演寓壮于谐，富于阳刚之美。他的演唱风格是端庄中呈妖艳，规整中见花巧，属于以刚为美的壮美型。他的表演追求力度和节奏美，强调力的聚和气的流动。其演唱风格特别适于表现性格刚烈的侠女列妇和古代巾帼英雄。他那刚劲大方中见洒脱，遒健豪爽中寓俏丽的表演风格，最能体现民族传统的唱法。⑤ 关于尚派的表演，有学者从接受美学的角度研究，认为尚派表演气韵生动，具有一股冲击视听、激奋人心的艺术感染力。⑥

有学者总结了尚小云的表演艺术后认为，尚小云的嗓音以清脆、刚劲、圆亮著称，演唱起来，音量气足，逢高无挡。他的演唱越唱越亮，越

---

① 李洪春：《忆尚小云的表演》，《戏剧报》1984年3月16日。
② 张君秋：《缅怀尚小云先生》，《戏剧报》1984年1月31日。
③ 晓湖：《奔流豪放 刚健洒脱——尚派艺术特点简介》，《当代戏剧》1985年第5期。
④ 胡世铎：《尚小云的文戏武唱》，《中国戏剧》1990年第10期。
⑤ 于文青：《尚小云的人格魅力与艺术特色》，《中国京剧》2000年第1期。
⑥ 胡芝风：《尚小云和他的尚派艺术》，《上海戏剧》2005年第9期。

唱越脆,被誉为铁嗓钢喉。尚小云的身段表演,蕴涵着鲜明的节奏感,他借助身段表演和舞蹈动作来反映内心活动,把戏演得生动活泼,改变了青衣只能捂着肚子唱的偏见。尚派的舞蹈动作,幅度大,力度强,在审美愉悦、启迪教益方面,常常给观众带去美的享受。①

第四节 近代电影史研究

电影作为西方事物在清末引进中国,之后在民国时期不断发展壮大,也引起国内学界的广泛关注。中国传媒大学出版社2009年推出了民国电影史丛书,包括杨燕、徐成兵著《民国时期官营电影发展史》,彭骄雪著《民国时期教育电影发展简史》,严彦等著《陪都电影专史研究》。在近代上海电影研究上,中国电影出版社2011年出版了陈刚著《上海南京路电影文化消费史(1896—1937)》,上海书店出版社2012年则出版了张真著《银幕艳史:都市文化与上海电影(1896—1937)》;在民国电影研究上,江苏美术出版社2014年出版了陈洁编著《民国电影艺术编年》;中国电影出版社2018年出版了秦翼著《民国时期喜剧电影研究》;中华书局2021年出版了张新英著《早期中国电影史研究(1915—1925)》。在民国电影检查方面,则有中国电影出版社2012年出版的钟瑾著《民国电影检查研究》,中国人民大学出版社2013年出版的汪朝光著《影艺的政治:民国电影检查制度研究》两部代表作品。在抗战电影研究方面,有重庆出版社2015年出版的虞吉的《大后方电影史》,江苏人民出版社2002年出版的秦翼、张丹的《电影与抗战》两书。在电影资料方面,国家图书馆出版社2013年出版了《民国时期电影杂志汇编》166册。下面重点对郑正秋、张石川、蔡楚生及郑君里等人的电影活动进行介绍。

一 郑正秋及其作品

有学者考察第一代导演郑正秋、蔡楚生编导的《姊妹花》《渔光曲》在上海的持续轰动演出后认为,20世纪30年代的上海电影市场,五光十色的好莱坞出品遮天蔽日,上海豪华的高级影剧,都由美国制片公司箕踞独坐,中国影片只局促于二三流电影院里。《姊妹花》和《渔光曲》正是

---

① 张娟:《魅力"尚"足,前途"尚"远》,《中国戏剧学院学报》2012年第2期。

在这种劣势地位中脱颖而出的。郑正秋、蔡楚生注重表现表演手法的民族化,郑正秋在《姊妹花》里成功地运用了对比架构,蔡楚生更爱用对比的目光来观察生活,构思情节。从艺术风格看,蔡楚生的作品中,渲染最深的无疑是中国的古典文学。他们的作品,都是明白晓畅,跌宕起伏,层次井然,符合观众的一般欣赏习惯,他们对大多数观众的尊重,理所当然地会得到观众的拥护。《姊妹花》《渔光曲》用令人信服的艺术,力透银幕的热情,倾诉人民的苦难,揭示矛盾的症结,无疑是博得观众共鸣的主要原因。①

有学者研究了郑正秋的电影创作思想后认为,营业加良心而更偏重于良心,就是郑正秋的制片思想。这是他在中国以儒家为主题的传统文艺观念的熏陶下,作为艺术家的社会责任感和作为制片实业家的求实精神相结合的产物,反映了当时电影艺术发展的历史条件和要求。② 有学者把郑正秋的创作历程和艺术思想分为早、中、晚三个时期,1913—1926 年为早期,通过影片宣传人道主义和社会改良主义;1926—1932 年为中期,适应市场的需求,创作了一批为广大观众所欢迎的情节片、娱乐片;1932—1935 年为晚期,创作出一生杰出的作品《姊妹花》。郑正秋编导影片成功的原因是:其一,对人生有丰富的知识,对中国社会有透彻的观察力,因此他的影片非常贴近社会现实。其二,对观众有深切的了解,他能够十分熟悉并牢牢把握住观众的心理状态,懂得观众的喜爱与憎恨。他善于编织故事情节,他的影片流畅生动、明白易懂,富有浓厚的民族风格特色。其三,善于识人,尤其精于选择演员。他对演员能够做到用其所长,量才派戏。其四,郑正秋的为人为当时影剧界所称道。他在事业上严肃认真孜孜以求的刻苦精神,和他待人的和善可亲、虚怀若谷的长者风度,都受到影剧界的尊敬和赞美。③

有学者研究了郑正秋电影创作中的思想内涵、创作方法,表现为反帝爱国的思想、反封建求解放的思想、改良主义的思想、人道主义的思想和阶段论的思想。郑正秋在创作过程中,艺术上形成了一整套独特的创作方法和表现形式,开创了中国电影现实主义的创作道路,顺乎时代,适应观

---

① 柯灵:《中国电影的分水岭——郑正秋和蔡楚生的接力站》,《电影艺术》1984 年第 5 期。
② 李晋生:《论郑正秋》(上),《电影艺术》1989 年第 1 期。
③ 李伟梁:《"电影负着时代前驱的责任"——纪念郑正秋先生诞辰一百周年》,《电影新作》1989 年第 2 期。

众；在变现形式上，探索和追求民族化的形式。①

有学者认为，将伦理喻示、家道主义、戏剧传奇混合在一起所形成的电影传统，将家与国交织在一起，将政治与伦理交织在一起，将社会批评与道德抚慰交织在一起，将现实与言情交织在一起，采用中国老百姓所喜闻乐见的传奇化的叙事方式，通过个人和家庭悲欢离合的故事，一方面关注现实，另一方面提供某种精神抚慰。② 有学者指出，中国电影在 20 世纪 20—30 年代以郑正秋为代表的家庭/伦理情节剧，30—40 年代以蔡楚生为代表的社会/伦理情节剧，善于围绕伦理教化的目的，编演引人入胜的故事情节。③

二 张石川、蔡楚生等人作品

在中国电影史上，张石川的声望虽不及郑正秋，但是从对中国电影发展的贡献来说，却并不逊于郑正秋。有学者认为，张石川的贡献主要是在电影事业管理和导演艺术方面，张石川既有实业家的雄心和魅力，又富于实干和钻研精神，他导演的影片在整体水平上当时也比较高。他更偏重电影的商业性，在他看来，电影主要是一种娱乐性的实业，这种电影观，是由他的文化背景造成的。张石川电影语言运用上的基本特点是以演员表演为中心，演员的表演不仅是镜头构成的重要内容，而且是电影叙事的主要载体，镜头的调度和组接，主要是为了准确、连贯地记录演员的动作。张石川在电影语言使用的技巧和方法有：比喻或象征，烘托渲染，重复强化，闪回叠印，对比暗示省略。中国二三十年代能够形成一支拥有许多著名电影演员，为广大观众喜爱的电影演员队伍，张石川功不可没。④

有学者认为，蔡楚生的艺术特色主要表现在严格的现实主义精神和执着的民族化探求方面。关于现实主义精神，主要有勇于直面纷乱的影坛现实，抉择现实主义电影之路；严格忠于现实，强调作品的社会价值；自觉坚持艺术地把握现实，坚持作品审美的特征和艺术的品格；关于民族化追求，表现为他的作品的内容总是富于民族生活特色的，他的作品的人物总

---

① 谭春发：《顺乎时代和观众的艺术家》，《当代电影》1989 年第 1 期。
② 尹鸿：《尹鸿自选集：媒介图景·中国影像》，复旦大学出版社 2004 年版，第 288—289 页。
③ 何春耕：《论中国伦理情节剧电影艺术的创新与发展》，《湘潭大学学报》2005 年第 5 期。
④ 李晋生：《论张石川对中国早期电影发展的贡献》，《电影艺术》1995 年第 3 期。

是富于民族的思想感情气质和文化心理的,他的作品的表现形式总是中国的广大观众所喜闻乐见的。民族化特色还表现在人物塑造上,善于在人物性格塑造中,艺术地把握和表现我们民族的文化心理状态;民族化特色还表现在他尊重中国老百姓的欣赏习惯,努力使自己的作品内容丰富、情节曲折及结构上有头有尾、层次分明;表现在意境、对比手法上的纯熟运用上。①

21 世纪,有学者研究蔡楚生的导演理念,集中体现为大众化,具体表现为题材、主题与人物的大众化,艺术手法的大众化,人文关怀的大众化。他的影片以下层民众及其日常生活为题材,塑造了一大批普通民众形象,影片在艺术手法上借鉴了中国传统艺术的技巧,更便于大众的欣赏;影片还追求浓厚的戏剧风格,为观众所喜闻乐见。人文关怀充满了批评精神,与当时大众化的商业通俗片有了一定差别,获得了持久的票房。②

20 世纪 80 年代出版的《中国电影发展史》对费穆及其作品作了全面评述。从 1987 年《电影研究》发表张爱华《论费穆影片的艺术特色》起,陆续发表了一批研究费穆及其作品的论文,对费穆的美学造诣,给予很高评价。③

关于费穆电影与东方电影的关系,有学者研究《小城之春》的价值后认为,该片及其电影语言经典性地体现了东方人对感伤经验、感伤文化的态度。它一方面在很大程度上明显破坏了以常规电影的叙事文法和时间流程,另一方面又以一种几乎先天性的理性力量最终维护了其他电影世界的完整性和连续性,使之不敢走向西方常见的那种破碎化、零散化的"感性经验拼装":迷而不乱,怅而不惘。《小城之春》及东方电影美学传示出一种新的讯息,他透视出东方人文经创造性转换而积极参与国际文化建设的深远潜力。④

有学者认为,《小城之春》的历史价值在于,他对既有现代特征又有民族风格的中国电影,作了大胆超前的实验和成就卓著的求索,具有一种现行性的开启现代电影创作思维的历史意义。⑤ 费穆对中国电影的突出贡

---

① 少舟:《蔡楚生电影艺术成就初探》,《电影艺术》1988 年第 7 期。
② 胡非玄:《谈谈蔡楚生的大众化导演理念》,《电影文学》2013 年第 5 期。
③ 罗艺军:《费穆新论》,《当代电影》1997 年第 5 期。
④ 应雄:《〈小城之春〉与"东方电影"》,《电影艺术》1993 年第 1、2 期。
⑤ 李少白:《中国电影的前驱》,《电影艺术》1996 年第 5、6 期。

献之一，是他对电影技、艺的探索，为电影的电影化作出先锋性的贡献。①

三 郑君里及其作品

学术界对郑君里的学术研究，是从 1989 年开始的。有学者认为，郑君里电影创作有两个明显特性：一是郑君里从步入电影导演的开始阶段，就从中国传统的欣赏心理出发，通过戏剧化手段，使自己的影片具备强烈感染观众的艺术魅力；二是郑君里对我国多门类艺术美学进行了大量研究，紧紧抓住它们体现诗化美的共同特性，努力再现于电影领域，因此刻意追求电影的诗化意境，体现传统的审美心理。② 有学者研究了郑君里的《林则徐》成功的原因后认为，精细地调查历史研究资料是《林则徐》在艺术上成功的基础，执着地追求艺术上的民族风格，是《林则徐》在艺术创作上取得成功的决定因素；以正确思想为指导，是《林则徐》通过艺术表现体现思想深度的根本。③

有学者认为，20 世纪 50 年代的社会语境规定了郑君里必须在这个时代视阈之中进行历史叙事，择取一定特定的革命历史叙事模式。对于向旧的经济形态和上层建筑作斗争出现的新的阶级力量，影片在历史叙事中选择了多种叙事策略赋予其优势地位，依次来获取对历史的权威性的阐释力量。④ 有学者指出，郑君里的艺术经历和多重身份使他的电影创作富有更加自觉的探索精神。他大胆地调动各种手段探索电影时空的表现，自觉坚韧地探求电影的民族化之路，热情追寻新时代的电影语言，同时他终难摆脱舞台的印迹，形成个性化的影像风格，在时代的巨变中带着矛盾和困顿，经历艺术之路的曲折。⑤

有学者分析郑君里电影作品的民族化经验后认为，在电影创作的民族化方面，郑君里注重的是对艺术形式的民族化，他自觉追求新的电影表现方式，探求中国电影的民族化之路，取得了很大成绩，也因时代语境的限

---

① 陈墨：《费穆电影论》，《当代电影》1997 年第 5 期。
② 宋时：《郑君里创作个性初探》，《电影艺术》1990 年第 1 期。
③ 陈播：《电影艺术经典之作——〈林则徐〉——在郑君里电影艺术研讨会上的发言》，《当代电影》1990 年第 4 期。
④ 储双月：《时代视阈中的历史叙事——郑君里历史题材电影创作初探》，《当代电影》2005 年第 2 期。
⑤ 边静：《激情表达与矛盾跳跃——郑君里导演艺术分析》，《当代电影》2005 年第 2 期。

制留下了无法弥补的遗憾。[1] 有学者指出，郑君里的影片借鉴了传统艺术的经验，体现了他在探索民族化的道路上不懈的锐进。[2]

第五节　近代音乐史研究

国内学界对晚清民国时期的音乐研究较多，出版许多部著作。如在近代音乐通史方面，人民音乐出版社2009年出版的刘再生著《中国近代音乐史简述》，华中师范大学出版社2013年出版的陈永著《中国音乐史学之近代转型》，中央民族大学出版社2006年出版的汪毓和著《中国近代音乐史》，人民音乐出版社2007年出版的冯长春著《中国近代音乐思潮研究》，上海人民出版社2006年出版的余甲方著《中国近代音乐史》、中国青年出版社2009年出版的余峰著《近代中国音乐思想史论》，高等教育出版社2018年出版的李俊著《中西音乐文化在近代中国租界城市的交融》等书；在民国音乐史研究上，则有上海音乐出版社2005年出版的陈建华、陈洁编著《民国音乐史年谱（1912—1949）》，江苏凤凰美术出版社2019年出版的陈洁著《民国音乐史》；在近代音乐史资料上，中国音乐家协会与中国音乐研究所于1959年编印了《中国近、现代音乐史参考资料》4辑，人民音乐出版社1998年出版了张静蔚编《中国近代音乐史料汇编（1840—1919）》，世界图书出版西安公司2000年出版有《中国近代音乐史教学参考资料》3册，国家图书馆出版社2015年出版的《民国时期音乐文献汇编》30册，广陵书社2019年出版了华平、黄静枫主编《民国中国音乐史著汇编》8册，2022年，该社又推出了《近代音乐史研究资料汇编》34册。下面重点对国内关于萧友梅、刘天华、贺绿汀、黄自、冼星海等著名音乐家的研究进行介绍。

一　萧友梅及其音乐

关于萧友梅与中国新音乐的关系，有学者认为，萧友梅是中国新音乐的先行者，史实、文化观念、现代眼光构成了萧友梅音乐史观的三个支点，萧友梅改组北大附设音乐传习师，指挥最早之一的西洋管弦乐队，翻

---

[1]　岳莹：《枯木逢春——郑君里的民族化电影实验》，《北方文学》2012年第6期。
[2]　杨健：《解析郑君里的电影风格》，《电影评价》2013年第17期。

译介绍西方理论,创立第一所现代专业音乐院校,组织并亲自编撰大量音乐教材,倡导中国古代音乐史、传统乐器、音乐美学、比较音乐学的研究,几乎在音乐的每个领域卓有建树。①

关于萧友梅的音乐理论贡献,有学者指出,他是一位对中国近代音乐创作起了重要开拓作用的优秀作曲家,他一生作有百余首各种体裁的歌曲、两部大型合唱曲以及包括钢琴曲、提琴曲、弦乐重奏曲、钢管乐曲、管弦乐曲等多种形式的器乐曲。②

关于萧友梅在新音乐批评方面的贡献,有学者对萧友梅在新音乐批评方面的建树作出初步的梳理与归纳,他的许多批评理论及其观念已经具有较深的学术水准和专业造诣。③关于萧友梅钢琴语言的艺术特色,有学者认为,其钢琴作品无论是对欧洲古典音乐的模仿,还是对民族风味的追求,都与作曲家不同时期的音乐观念密切相关。④

关于萧友梅的音乐教育思想,有学者认为,通过借鉴现代西方音乐文化和音乐教育的经验和技术,同时贯彻"古今中外,兼收并蓄"的方针,为培养大批优秀的音乐人才打下全面坚实的基础,这一切又是为了提高整个国民音乐教育,推进中国现代新音乐的发展。⑤关于萧友梅在抗战时期提倡的音乐上的精神国防,有学者认为,这是抗日战争大环境下抗日救亡思潮的一个分支,是术有专攻,是一介文人在不能投笔从戎之时以文思契合时代风潮并积极入世的表现。⑥

关于萧友梅《和声学》研究,有学者从萧友梅《和声学》的内容构建、理论体系并与高寿田编著《和声学》、吴梦非编译《和声学大纲》以及桑桐撰写《和声学教程》相比较,认为萧友梅《和声学》体系建构具有全面性、编撰观念的前瞻性等特点,但也存在一定的局限性。⑦

---

① 乔建中:《中国新音乐的伟大先行者》,《中国音乐学》1992 年第 4 期。
② 陈聆群:《萧友梅的音乐理论贡献》,《中国音乐学》1993 年第 2 期。
③ 明言:《作为新音乐批评家的萧友梅》,《星海音乐学院学报》2003 年第 1 期。
④ 迟冰:《萧友梅钢琴语言的艺术特色》,《中国音乐学》2009 年第 3 期。
⑤ 王珀:《一代宗师萧友梅的思想与贡献》,《黄河之声》2010 年第 23 期。
⑥ 李岩:《萧友梅"精神国防"与"非常期"教育政策研究》,《天津音乐学院学报》2012 年第 3 期。
⑦ 刘冬云:《萧友梅〈和声学〉研究》,《音乐研究》2015 年第 2 期。

二 刘天华及其音乐

关于刘天华的艺术观,李元庆认为要从刘天华的经历、创作和零星的文稿中看出一个大的轮廓:刘天华主张音乐要顾及一般民众,把音乐教育的内容放在第一位,重视艺术实践。[①] 有学者认为要用求实的眼光研究刘天华的作品和他的文艺观与审美观。[②]

关于刘天华的音乐思想,有学者认为,在20世纪30年代的音乐思想中,刘天华的思想是先进的,他的平民音乐观集中反映了民主的思想;改进音乐观集中反映了爱国的思想,东西合作观集中反映了科学的思想。[③] 21世纪后又有学者认为,刘天华对中西音乐有着辩证的认识,既不盲目推崇西方的音乐,同时也能正确对待我国民族音乐的优点和弊端,主张我国的音乐既要植根于民族又要打开窗户与世界同步。[④]

学界对于刘天华的中西融合的艺术观有不同的认识,一种观点认为,刘天华的道路只是一条改良道路,是把落后于时代的民族音乐表现体制当作改进国乐的基础,因而是不可能是国乐与世界音乐并驾齐驱的。[⑤] 另一种观点认为,刘天华成功地吸收古今中外艺术营养,创造性地表现他自己的时代内容,为民族音乐改革所建树的业绩是突出卓然的,为民族音乐所开辟的道路也是客观存在而不宜否定的。[⑥]

关于刘天华作品的时代精神,有学者认为,刘天华的作品成功地表现了他所处时代追求进步的小资产阶级知识分子的思想、情绪生活和要求,他的作品当之无愧应历史之先进潮流、合时代之进取步伐,具有鲜明的现实主义精神和时代精神。[⑦] 关于刘天华与国乐的传承和发展,有学者指出,在思想与实践上,刘天华通过引进、交融和融合的方式,对中国传统音乐

---

① 李元庆:《刘天华:五四时代杰出的音乐家——纪念刘天华逝世25周年》,《人民音乐》1957年第12期。
② 李坚雄:《观千剑而后识器 操千曲而后知音——纪念刘天华先生逝世六十周年忌辰》,《黄钟》1992年第4期。
③ 梁茂春:《刘天华的音乐思想》,《中国音乐》1982年第4期。
④ 黄明政:《植根民族与世界同步——论刘天华先生的音乐思想》,《黄河之声》2007年第4期。
⑤ 蒋一民:《关于我国音乐文化落后原因的探讨》,《音乐研究》1980年第4期。
⑥ 黄国俊:《刘天华的道路是一条改良道路吗?》,《音乐研究》1981年第2期。
⑦ 袁静芳:《刘天华作品的时代精神》,《音乐研究》1992年第4期。

的挖掘、整理、创作、教学演出对国乐传承与发展作出了贡献；在琵琶与二胡的教学上，将二胡带入高等学府，使其走上专业化发展道路；对二胡进行全方位的改革，涉及乐器形制改造、演奏技法、乐谱使用、音乐创作与教学，对当下的传统音乐文化继承有重要意义。①

有学者研究了刘天华与崇明琵琶的关系，认为刘天华是崇明派琵琶的重要代表人物，刘天华的演奏，较多地运用了推、拉、带等多种技巧，听起来生动、活泼、流畅，特别是他创作的《虚籁》《歌舞引》等琵琶曲，结合了西洋作曲技术理论，更加丰富了琵琶的表现力，对崇明派琵琶的传承与发展起了巨大的作用。②

关于刘天华的美学思想，有学者指出，刘天华在特定的历史条件下萌生的强烈的民主思想、爱国责任心和民族音乐革新倾向，构成了刘天华音乐美学的基础。他重视音乐的审美、娱乐和教育功能，赞成为人生而艺术的主张，具有浓厚的现实主义倾向，提倡音乐的平民性和普及性，推崇民族性。③

关于刘天华音乐创作风格的阶段性变化，有学者认为，刘天华的音乐创作，是一种内心独白的音乐方式，刘天华的二胡音乐是为了实现个人理想而奋斗的过程中体验到的忧患和期盼等内心情感的表达，这是由当时的社会现实生活和作曲家的阶级属性所决定的，刘天华作为一个小资产阶级知识分子，还没有要为表现某一群体的思想情感而创作的觉悟。④

三　贺绿汀及其音乐

有学者研究了贺绿汀的音乐教育思想后指出，其教育思想的特点是：培养音乐专门人才，应在专业上有高标准、严要求；坚决团结、依靠有真才实学和强烈事业心的教师办学；逐步形成完整的高等音乐教育体制；加强民族音乐的教育和建设；极端重视音乐科学研究工作；办好音乐高等教育，必须兼顾及普及音乐工作。⑤ 关于贺绿汀歌舞创作的艺术特色，有学

---

① 牛飒飒：《从刘天华的贡献看国乐的传承与发展》，《交响——西安音乐学院学报》2007年第1期。
② 斯琴：《"崇明派"琵琶的传承及其现实影响》，《内蒙古大学学报》2007年第2期。
③ 林艳华：《刘天华音乐创作和美学思想探析》，《江西金融职工大学学报》2007年第6期。
④ 李祖胜：《试论二胡音乐创作风格的阶段性衍变》，《云梦学刊》2006年第1期。
⑤ 常受宗：《贺绿汀的音乐教育思想》，《音乐艺术》1983年第4期。

者指出，用歌来塑造鲜明的艺术形象；浓郁的民族风格和朝气澎湃的部队生活的结合；以极简单的手法，展示了戏剧情节，体现了矛盾冲突。① 关于贺绿汀的复调手法，有学者从模仿的应用、支声的写法、对位的处理这几种贺绿汀常用的复调手法，指出贺绿汀在复调艺术的成就是，有机地吸收了我国民间多声部音乐的形式，并加以变化、发展，丰富其表现力；突出旋律的作用，多侧面地表达一个主要音乐形象；灵活地运用欧洲的复调技术与富有特色的民族音调紧密结合，力求达到内容与形式的统一。②

关于贺绿汀的音乐批评，学者认为，贺绿汀在新音乐运动中，纠正了新音乐家群体中左翼倾向的弊端，成为新兴音乐家群体中的核心人物；在批评贺绿汀所作《论音乐的创作与批评》一文中，贺绿汀较为全面地阐述了新中国成立之初音乐艺术的创作与批评中存在的一些根本问题、现实问题及具体问题；在"德彪西讨论"中，贺绿汀对极左艺术批评观念进行了尖锐的批评。③

关于贺绿汀作品的和声写作，有学者认为他有独到的民族化法，常常有一些细微的、精到的和声处理，避免了功能结构与民族音调之间风格的矛盾。④ 关于贺绿汀的音乐美学思想，有学者认为包括三个方面，音乐创作中主体与客体存在在"时空"中的对话；音乐批评中批评家与被批评者应"平等交流"；音乐审美中通过音乐来感知和享受生活的美。⑤

四 黄自及其音乐

有学者研究了黄自编写的《复兴初级中学音乐教科书》的内容，认为其特色有：世界性与民族性特色、思想性与艺术性特色、科学性与有序性特色、经典性与时代性特色，教材在设计上追求科学化、编写知识体系的民族化、内容体系的课程化、编写结构体系的角色化都具有现代意义。⑥

有学者研究了黄自美学思想的实质后认为，黄自在他律主义的基础

---

① 彦克：《贺绿汀的歌舞剧艺术》，《音乐艺术》1983年第4期。
② 陈铭志：《贺绿汀的复调艺术手法》，《音乐艺术》1984年第2期。
③ 明言：《作为新音乐批评家的贺绿汀——对贺绿汀部分音乐批评文论的历史批评》，《交响》2004年第3期。
④ 杨亮：《贺绿汀声乐作品和声技法分析》，《电影文学》2008年第10期。
⑤ 徐科锐：《贺绿汀音乐美学思想初探》，《东北师范大学学报》2012年第2期。
⑥ 杨和平、吴月欣：《黄自的〈复兴初级中学音乐教科书〉研究》，《星海音乐学院学报》2006年第4期。

上，承认自律主义，但主流是他律的，是唯物的。黄自认为音乐是有内容的，是与社会生活有联系的，不同的音乐体裁有着不同的音乐内容的表达方式，音乐美的体现层面因而也就不同。黄自接受的音乐教育是以欧洲古典与浪漫时期的作曲技法与音乐理论为主，因而其音乐创作上的美学特征也都鲜明地体现了这一点，与标题音乐相比，黄自更推崇绝对音乐，但他的审美理性却是能兼具主观美与客观美而能达到适当的平衡的作品，他的作品大都追求结构规整，又注重音乐的表情性，应属浪漫乐派的表情主义，而非纯正音乐。黄自在音乐创作中探索民族音乐手法以及多数作品中所透露出的古朴典雅的音乐风格，又体现了中国传统文化与美学品位的潜在影响。从他的音乐创作中见不到纯粹形式主义的美学追求。①

关于黄自艺术歌曲创作的特征，有学者指出，他的艺术歌曲风格清新、格调高雅；在传承我国优秀古典文化、借鉴西方作曲技巧方面树立了典范，体现了鲜明的时代性、民族性特征，并充满诗化意境的美学特征。②有学者探讨了黄自艺术歌曲钢琴伴奏的特点是，为艺术歌曲编配的钢琴伴奏，多数采用主调音乐形式，配以丰富、多样的伴奏音型，采用琶音式分解和弦伴奏音型，采用柱式和弦伴奏音型，采用半分解式和弦伴奏音型，采用半分解式伴奏音型演变形式的伴奏音型，各种音型的综合运用；复调形式的伴奏织体。黄自为中国独唱曲钢琴伴奏创作揭开了新篇章。③ 有学者将黄自音乐美学的特点归纳为：从音乐接受的角度出发，从对审美心理的挖掘和对音乐语言的表情方式进行剖析入手，揭示音乐的本质与艺术规律。既有对音乐本质的形而上的思辨，又有音乐审美实践的形而下的考察。④

五　冼星海及其音乐

吕骥发表的《纪念冼星海同志》⑤ 是一篇具有导向性质的文章，为以后的冼星海研究确定了基调。1957 年，有学者以乐谱为依据，对冼星海的部分交响乐品进行了技术层面的剖析，认为冼星海忽略了音乐艺术本身的

---

① 冯长春：《黄自音乐美学思想的基本观点及其本质探微》，《中国音乐学》2000 年第 3 期。
② 李林：《论黄自艺术歌曲创作之特征》，《菏泽学院学报》2005 年第 6 期。
③ 张怡：《浅析黄自艺术歌曲钢琴伴奏的特点》，《中国音乐》2004 年第 1 期。
④ 冯长春：《黄自音乐美学思想的基本观点及其本质探微》，《中国音乐学》2000 年第 3 期。
⑤ 吕骥：《纪念冼星海同志》，《新音乐》1949 年第 5 期。

规律，而热衷于史实细节的自然主义的表现，企图用音符去直译新闻报道。① 梁燕麦从音乐形态学研究了冼星海的神圣之战交响乐，认为作品成功地运用了主导动机贯串发展的手法，表现了苏联人民和德国法西斯之间的正义和暴行的斗争。② 有学者以冼星海的《催眠曲》为例研究了冼星海的音乐美学，认为歌曲充满了母亲对孩子最温暖、最慈爱的感情。③

关于冼星海的美学思想，有学者认为其主要内容有：对我国人民群众音乐创造能力有着坚强的美的信念，他极力主张建立与他们相共的音乐审美观；使自己的音乐创作同时代、阶级、社会的要求相适应，反对音乐创作家把自己禁锢在自我之中。④ 也有学者认为，冼星海的美学思想涉及新音乐的性质、特点、内容、形式和风格诸方面，这种论述是比较具体的，不仅从整体上提出付诸实现的途径，而且对每一方面的实施也提出了具体意见。冼星海的有关理论与中国的新民主主义文化运动是密切相连的，对新民主主义音乐的建设和发展起了较大作用。他的新音乐美学思想具有一定的革命性、先进性和科学性。⑤

关于冼星海的音乐观，有学者指出，冼星海的音乐观带有鲜明的功利性，即为抗战服务；实践性，他的音乐理论，紧密联系着抗日救亡歌咏运动的发展，密切联系着自己的创作经验，密切联系着在延安初步兴起的研究民歌的热潮，密切联系着音乐界开展的理论争论；冼星海的音乐修养和学识是比较高的，他的艺术视野较宽，眼光比较远大。⑥

关于冼星海声乐作品的创作特征，有学者从塑造音乐形象、运用音乐语言和选择音乐载体等方面分析冼星海音乐创作的特征。冼星海的歌曲创作，以其准确、深刻和丰富多样的音乐形象，鲜明地体现了中国人民在反抗日寇侵略，争取民族解放的时代特征；冼星海音乐作品中，音乐语言的形象性、深刻性和通俗性，是建立在民间音调的基础上的，是和先进的创

---

① 汪立三、刘施任、蒋祖馨：《论对星海同志一些交响乐作品的评价问题》，《人民音乐》1957 年第 4 期。
② 梁燕麦：《争议与暴行的斗争——浅析冼星海的〈神圣之战交响乐〉》，《星海音乐学院学报》1983 年第 1 期。
③ 齐毓怡：《杨树叶儿哗啦啦——星海的〈催眠曲〉》，《星海音乐学院学报》1983 年第 1 期。
④ 谌亚选：《冼星海音乐美学思想在召唤》，《中国音乐》1983 年第 2 期。
⑤ 罗小平、高梁：《试论冼星海的美学思想》，《星海音乐学院学报》1985 年第 4 期。
⑥ 梁茂春：《冼星海的音乐观》，《人民音乐》1985 年第 4 期。

作技术紧密相连的，也是作曲家审美理性最直接的体现。冼星海第一个把欧洲传统的清唱剧形式同我国革命的现实生活内容相结合，创造了新型的大合唱载体，塑造了新型的英雄形象。① 有学者以《青年进行曲》为例分析了冼星海歌曲的音调造型和结构设计。②

有学者从文化角度研究冼星海审美趣味的形成后认为，文化环境培养了冼星海独特的审美趣味，这种趣味又促使他在创造上形成宏伟、新颖、丰富的艺术风格与题材、体裁的多样性，作品情趣各异、韵味不同的特点。③ 有学者认为，中西文化的碰撞与融汇是其人文精神产生的原因；雅俗文化的碰撞与融汇是其人文精神发展的基础；民族音乐创作实践与国际音乐家理想之间的对立与统一，不断深化星海作品的文化意蕴，升华星海音乐的人文精神；多元文化的整合作用和个人品格的自我完善，是其人文精神完型的必然。这种精神也是20世纪三四十年代的中国精神。④

六 聂耳及其音乐

关于聂耳的研究，第一种意见主张分为以下阶段：聂耳逝世至1949年前，聂耳研究的形成阶段；1949年后至"文化大革命"前，聂耳研究的初步繁荣阶段；党的十一届三中全会以后，聂耳研究的深入发展阶段。1949—1965年公开发表的主要音乐刊物及著作，大多数属于纪念聂耳的文章，真正的学术文章不足10%。⑤ 第二种意见认为，聂耳逝世至1949年为第一阶段，新中国成立至2003年为第二阶段；2004年成立聂耳音乐基金会则为第三阶段的开始。⑥

关于聂耳的创作，有学者认为，聂耳随着新的时代的需要，发展了民族的音乐形式；聂尔善于掌握他所表现的体裁的特点，用最简洁的音乐手

---

① 许树坚：《民族的心声、时代的号角——试析冼星海音乐作品的创作特征》，《星海音乐学院学报》1985年第4期。
② 孟文涛：《从一首曲子看星海歌曲的音调造型和结构设计——分析〈青年进行曲〉》，《星海音乐学院学报》1985年第4期。
③ 罗小平：《从文化学的角度谈星海审美趣味的形成》，《人民音乐》1995年第11期。
④ 冯明洋：《星海音乐的人文精神》，《音乐艺术》1995年第4期。
⑤ 冯伯阳、李金藻、韩冈觉：《聂耳研究述评》，《艺圃》（吉林艺术学院学报）1985年第2期。
⑥ 冯光玉：《新的阶段 新的收获——〈聂耳音乐研究文集〉读后》，《天津音乐学院学报》2007年第2期。

段来刻画鲜明的多样的音乐形象。为了刻画多样的形象，聂耳运用了各种各样的音乐语言。聂耳的作品把平易性和独创性完美地结合，表现了高度的艺术性。①

关于聂耳的歌曲与民间音乐的关系，有学者研究指出，聂耳的歌曲中，不但接受了近代国际革命歌曲和西洋古典音乐的优秀特点，更主要的是他创造性地继承和发扬了民间音乐的优良传统，他的歌曲有着浓厚的民间色彩。与云南的民间歌曲有很大的联系，特别是聂耳歌曲中那种抒情性，很显然是受了民间音乐的影响。其他地区的民间音乐也影响着聂耳的创作。② 关于劳动呼号和聂耳艺术创造的关系，有学者研究指出，聂耳的《码头工人歌》《大陆歌》是以劳动呼号为基础来进行他的艺术创作的；将呼号融于曲调之中，而不是原始的、纯自然的音响。③

关于聂耳创作的形式，有学者认为，聂耳以创作实践把人民为主体的内容和形式加以统一，反映中国人民革命斗争的群众歌曲形式、反映40年代时代特征的革命的音乐风格就完全形成了。从聂耳作品的音调可以看出，为了创造能够表现人民生活的完美形式，聂耳在继承了民族音乐传统，又在传统的基础上创造了新的音调。聂耳的主要成就是战斗性的歌曲，在创作抒情歌曲和戏剧性的歌曲方面也有良好的开端。④

关于聂耳的世界观与创作方法的关系，有学者认为，由于世界观不同，所以在艺术境界中才有不同的世界。聂耳是从人民、从革命的音乐的需要出发，以批判性的态度对待遗产，以创造性的态度吸收其中可用的因素到新音乐中。聂耳的战斗性、群众性的歌曲在内容上是革命的，在形式上也是革新的。刚毅、坚决、明朗是聂耳一切作品中的主导精神。从聂耳作品中可以看出共产主义世界观对于革命的音乐艺术的决定性作用。⑤ 关于聂耳歌曲的艺术特色，有学者认为，聂耳歌曲的艺术特色主要表现为：其一，笔锋犀利。聂耳对生活有敏锐的洞察力，能"听见"群众内心的"呐喊，狂呼"，并善于用生动的音乐语言表达出准确的形象、真切的感

---

① 王镇亚：《研究聂耳札记》，《人民音乐》1955年第6期。
② 王树：《聂耳的歌曲与民间音乐》，《人民音乐》1955年第7期。
③ 李业道：《劳动呼号和艺术创造——学习聂耳创作笔记之一》，《音乐研究》1958年第3期。
④ 李业道：《形式的创造者——聂耳创作学习笔记之二》，《音乐研究》1959年第2期。
⑤ 李业道：《世界观和创作方法——聂耳创作学习笔记之三》，《人民音乐》1960年第10期。

情。其二，不拘一格。聂耳的歌曲，音乐语言新颖，曲式结构自如，开创了时代的新风气、新气派。其三，平易上口。聂耳歌曲朴实平易，朗朗上口，词曲结合紧密，句句入耳，字字动心，所以深受群众喜爱。①

关于聂耳创作中的音乐形象，有学者研究指出，聂耳在歌曲创作上最突出的成就是对广大被压迫劳苦大众的艺术形象的塑造，特别对工人阶级艺术形象的塑造，就在于他们的形象特别鲜明生动，大多具有强烈的时代气息。② 关于聂耳性格特征中的批判精神，有学者通过研究聂耳批判性格特征的形成、升华对聂耳艺术批评、艺术创作的影响，认为充溢在聂耳身上的批判精神，是其精巧创造力的活水源头。③ 关于聂耳歌曲调式，有学者研究了聂耳的歌曲作品，认为其调式构成有大小调、五声性调式以及二者的结合三种类型。聂耳在歌曲写作中运用了如此多样的调式类型，取得了如此巨大的创作成就，这与他的家庭环境、学习音乐的经历、社会时代背景及其歌曲的题材、体裁等方面有密切的关系。④

关于聂耳的贡献，有学者指出：聂耳成功地创造出表现中国工人阶级英雄形象的作品，在中国音乐史上建立起中国工人阶级形象的第一面丰碑，除了他个人的勤奋、努力和天才条件外，更主要的是他解决了立足点和音乐为谁、写谁以及深入工农生活与音乐创作的关系问题。聂耳塑造的富于政治责任感的新时代女性，也是聂耳以前的作曲家描写妇女的生活的作品没有出现过的。把富于无产阶级革命意识和新时代特点的中国觉醒妇女形象当作革命动力和新生活的创造者来塑造，这是中国音乐史上一个翻天覆地的变革。聂耳是中国新音乐的开拓者，是中国革命歌曲的奠基者。他在广泛的民族音乐的基础上吸收了外国革命歌曲的创作经验，创作了具有中国风格和中国气派的中国革命歌曲。聂耳不仅是新音乐内容的创造者，也是新的音乐形象、语言和新的音乐风格探索者。聂耳善于用单纯、简洁的音乐语言表现深刻、生动的音乐内容。聂耳在歌曲曲式结构方面也进行过大胆的探索和创造，是一位用有限的音域创作深刻、生动的音乐思想内容的大师，也是一位独创性和平易性结合得非常好的歌曲作者。⑤

---

① 践耳：《聂耳歌曲的艺术特色》，《中央音乐学院学报》1982年第2期。
② 汪毓和：《聂耳创作中的音乐形象》，《中央音乐学院学报》1987年第1期。
③ 郭树群：《聂耳性格中的批判精神》，《音乐研究》1992年第2期。
④ 樊祖荫：《聂耳歌曲调式研究》，《音乐研究》2006年第3期。
⑤ 竹风、唐远如：《革命歌曲大师——聂耳》，《音乐研究》1982年第3期。

第六节 近代绘画史研究

近代的绘画美术事业也是名家辈出，多姿多彩，在中国美术史上占据重要位置，国内学界在绘画美术方面出版了多部著作。如有四川美术出版社1992年出版阮荣春、胡光华著《中华民国美术史（1911—1949）》，中国美术学院出版社2008年出版的孔令伟著《风尚与思潮：清末民国初中国美术史的流行观念》，荣宝斋出版社2009年出版的乔志强著《中国近代绘画社团研究》，天津美术出版社2011年出版的曹铁铮、曹铁娃著《民国时期美术史学的现代转型》，南京大学出版社2014年出版的尚莲霞著《徐悲鸿与民国时期的大学美术教育》，商务印书馆2015年出版的李伟铭著《传统与变革：中国近代美术史事考论》，吉林人民出版社2019年出版的刘春芽著《中国近代美术文化探寻与思考》等书，涉及近代美术通史、美术社团、美术教育等问题。下面对国内有关齐白石、黄宾虹、徐悲鸿、张大千、刘海粟等近代著名的绘画大师的研究情况进行重点介绍。

一 齐白石的绘画艺术

早在1957年，王朝闻就对齐白石画和前人的关系、画的境界、画的美、画家的爱、意境作了分析。齐白石继承了中国艺术的优良传统。他依靠观察的努力和敏感，深知对象的美之所在，敢于把自己的深切感受表现出来。看起来并不新奇的东西，一经他的描画，就把欣赏者诱入迷人的境界之中。他的笔墨的好处，较之准确，他更注意神似，虽然准确和神似是不矛盾的。他那简洁明快而浑厚的用笔，其实是力图表现对象最精彩最动人的东西。他匠心独运地考虑着画面的虚实、照应诸关系，从而揭示着对象的美。齐白石的画充满诗意，抓住了对象的神、对象的美，体现了画家对于对象的感受——爱，情景交融。[①]

有学者从题材和题跋方面研究齐白石艺术后认为，在齐白石作品里共同的东西就是贯穿在作品里的劳动人民的立场观点和思想感情。齐白石的作品鲜明地揭示了劳动人民的爱和憎。他所创造的艺术形象，无论是花鸟虫鱼，或山水人物，几乎离不开劳动人民所熟悉所喜爱的东西。他画一条

---

① 王朝闻：《再读齐白石的画》，《美术》1957年第12期。

鲇鱼，要附上"年年有余"的题字，画一树石榴，象征"多子"，画一蓝桃子，象征"多寿"，这些题字，表达了老百姓的愿望，这些字眼题在齐白石的画上就显得朴素自然。他所画的虾米、螃蟹、青蛙、小鸡、冬笋、香菇、芋头、白菜，无不流露出善良的劳动者的感情。要不是他真正对这些东西发生兴趣，怎么能描写得如此生动、如此美丽呢？齐白石思想中认为美好的事物，是和他的劳动人民立场观点一致的，那么，他认为丑恶的东西，必然从同一个立场观点出发。齐白石出身于劳动人民，尽管他后来读书学画，在生活上和士大夫文人有了广泛的接触，但始终保持了劳动人民的优秀品质，所以他的作品能够表现出民间气派和民族传统的高度统一。①

关于齐白石绘画理论，有学者认为，他发展了历来以"六法"为中心的绘画理论，提出了精辟的见解，主张融会贯通，大胆创造；深入生活，把现实生活看作创作的第一源泉。"作画妙在似与不似之间，太似为媚俗，不似为欺世"，"画者功之余"，认为绘画的技法是可以经过学习掌握的。②有学者认为，齐白石在艺术上一贯反对保守，主张革新创造，原因就在于他的阶级出身、客观条件和他自己的思想感情，都要求齐白石在从事艺术工作以后，要用新的健康的思想感情去从事创作，建立自己独创的使人耳目一新的艺术风格；长期的勤劳和艺术实践，客观地帮助他认识到必须从生活大自然中去寻找创作的源泉。③

关于齐白石绘画的形式与风格，有学者研究指出，其艺术形式表现为山水画、人物画、花鸟鱼虫及其他，其风格是单纯而朴、平直而刚、鲜活而趣。齐白石的艺术风格既来自对传统图示的选择与改造，也来自个性心理特质的外设——感知把握世界的独特方式。这两方面的纵向背景，是民族文化的历史和心理结构的文化链，横向背景则是时代与地域文化特性，与齐白石气质个性密切相连。有学者认为，齐白石是扇面画高手，并形成独特的风格。他的画法是大写意，多取材于花卉、人物、山水、鱼、虾、蟹、蛙、昆虫之类。齐白石扇面画构图布局的特点是：其一，"繁"而不乱。在繁杂的场面里，能抓住要点，画出繁而不乱的效果，突出说明主

---

① 叶浅予：《从题材和题跋看齐白石艺术中的人民性》，《美术》1958年第5期。
② 松涛：《对齐白石绘画理论的一些体会》，《美术研究》1958年第1期。
③ 朱丹：《论齐白石在艺术上的革新精神》，《美术研究》1979年第3期。

题。其二,"简"而不"陋"。"简"是使画面简,内容并不简,这就需要艺术加工,艺术概括,既要体现真,又要体现美,才能雅俗共赏。其三,"动静"相间的运思。齐白石从事写意人物、山水、花鸟创作,最有代表性的是鱼、虾、蟹、蛙、虫类,因为它们善动,动则生情趣,静在生内涵,两者合二为一,于相间互动之中产生很大的魅力。①

有学者以《齐白石蛙声十里出山泉》为对象研究了齐白石绘画艺术的时空观后认为,齐白石用简略的笔墨在一抹远山的映衬下,从山间的乱世中泄出一道急流,六只蝌蚪在激流中摇曳着小尾巴顺流而下,它们不知道已离开了青蛙妈妈,还活泼地戏水玩耍。人们可以从那稚嫩的蝌蚪联想到画外的蛙妈妈,因为失去蝌蚪,它们还在大声鸣叫。虽然画面上不见一只青蛙,却使人隐隐如闻远处的蛙声正和着奔腾的泉水声,演奏出一首悦耳的乐章,达到蛙声一片的效果。诗情画意融为一体,准确表达了诗中的内涵,达到了中国画"诗中有画,画中有诗"的境界。② 有学者认为,书画同源、诗书画印的融为一体,是中国画区别于西方绘画的根本所在,亦是中国画中的中国艺术精神之根本体现。诗书画印都是齐白石艺术创作成就中不可分割的部分,它们相互影响、相互交融,早已成为一个整体,这样的整体完美地体现出了中国艺术的精神。③

关于齐白石的衰年变法,一种观点是,齐白石在北平革新派文人画家影响下,尤其在陈师曾的劝导下,力图变革图新,打破和超越了传统文人画笔墨程式,经长期自觉而艰辛的努力,终于大器晚成,创造了举世无双的"齐家样画风"。另一种看法是,齐白石当年变法在很大程度上是出于无奈,是由于要摆脱被京都画坛冷落的尴尬窘迫境遇,因此,其变法并非自觉而主动,完全是不得已而长期磨砺修炼,水到渠成、瓜熟蒂落的结果。④ 有学者认为齐白石衰年变法是对传统中国画的解构与重建,是对自我形象、内在思想感情的解构与重建,并隐含着对旧制度的结构与重建。这种艺术变革是社会变革的征兆,与西方现代主义艺术有着不谋的暗合和

---

① 王树春:《齐白石扇面画艺术》,《美术观察》1997 年第 8 期。
② 张光明:《简析〈蛙声十里出山泉〉——浅议齐白石绘画艺术的时空观》,《美术之友》1998 年第 4 期。
③ 萧元:《齐白石与中国艺术精神》,《书屋》1998 年第 3 期。
④ 陈祥明:《齐白石衰年变法再探索》,《美术观察》2000 年第 5 期。

本质的区别。① 还有学者从齐白石的文化背景、艺术世界和生活世界笔墨境界以及精神境界三方面研究了齐白石的衰年变法。②

有学者研究了齐白石对写生和神似的追求及齐白石形神与粗细笔法及雅俗联系起来所作的理论阐发，认为齐白石发展了传统的形神论。③ 关于齐白石的绘画艺术，有学者指出是优秀传统技法与民俗主题完美结合的典范，以土到极处、俗到极处、美到极处的高贵气派而站在时代艺术的高峰。④ 有学者认为，齐白石绘画是典型的文人画，他的绘画创作与他早期的农民和民间艺人身份没有直接关系。齐白石的画又非传统文人画的简单延续，他的审美变异使得传统文人画弱化了"逸"的成分，而强化了个性意识与笔墨张力。齐白石作为现代绘画史上将传统文人画推到极致的人物，同时也标示着传统延续的难度。⑤

关于齐白石绘画的文化意义与传承，有学者指出，解读齐白石的画作，探究他的画论，可见其中饱含齐白石对中国传统文化本质的深度把握。齐白石充分将儒道崇尚自然、法天贵真的思想融入绘画作品之中，在审美意趣上追求清淡冲雅、质朴天真的美学品格，从而体现了"天人合一"的儒道哲学。齐白石深谙中国传统文化精神，有着不偏不离、不粘不束绘画形神观，所以他创作出的绘画作品才会令世人雅俗共赏、拍案叫绝。⑥

二 黄宾虹的绘画艺术

1957 年，有学者指出，黄宾虹最杰出的成就是在山水画创作上，在许多方面发展了前人的表现方法，超出了前人的风格，出现了前所未有的新面貌和新境界，他的山水画创作上笔墨技法的高明，他对于古人的笔法、墨法都有精到的研究。他对于传统笔法、墨法最精到的研究是五种笔法（平、圆、留、重、变）、七种墨法（浓墨、淡墨、破墨、积墨、泼墨、焦墨、宿墨），堪称近代山水画大家。⑦

---

① 胡守海：《解构与重建——试析齐白石的衰年变法》，《抚宁师专学报》2000 年第 1 期。
② 陈祥明：《齐白石衰年变法再探索》，《美术观察》2000 年第 5 期。
③ 史洋：《齐白石的形神论》，《美术及设计版》2003 年第 2 期。
④ 张宜书：《土极·俗极·美极——谈齐白石的绘画艺术》，《美与时代》2003 年第 11 期。
⑤ 姜寿田：《现代画家批评——齐白石》，《南京艺术学院学报》2005 年第 1 期。
⑥ 范存刚：《论齐白石绘画的文化意义与传承》，《美术观察》2014 年第 9 期。
⑦ 朱金楼：《近代山水画大家——黄宾虹先生》（上），《美术研究》1957 年第 2 期。

关于黄宾虹的绘画理论，有学者认为是黄宾虹从他的艺术实践中总结出来的，故比较切合实际。黄宾虹认为艺术必须以生活为依据，不能脱离对象。他生动地阐释过形神的关系，及其对人的感染作用。对继承传统与革新，他提出了自己辩证的看法。关于表现方法的问题，他从构思、结构以及用墨用色，都有深入浅出的论述。①

有学者认为黄宾虹晚年的变法主要体现在三个方面：一是运用积墨、宿墨和渍墨的"三墨法"；二是点彩法；三是铺水法。三法归一，即是黄宾虹晚年臻于神化的墨法。黄宾虹晚年的变法，不仅对山水画的发展作出了贡献，对于美学的建设，也有重大的贡献。②

关于黄宾虹绘画艺术中对黑与白的处理，有学者认为，都是经过精心安排而经营出来的。画面上，对白的处理，如按几何形体分析来看，可有散点、块片、带状，可有曲形、直形、斜形，还有不规则的蚕食形、波折形、放射形。千变万化，奇形异状，如烟云飞腾，如波涛起伏，是根据意境之需要、凭借极高的修养，冥思苦想、掏尽心机为画面之需要而经营出来的。③

关于黄宾虹对自然和艺术的认识及其方法，有学者研究认为，黄宾虹对于我们民族的审美意识有精深的理解，继承和发展了我们民族审美认识的方法，把静穆观照的视觉式样和宇宙万物生生不息的生命跃动统一于他的内心世界，使之成为充满活力的认识境界。黄宾虹的认识方法，代表了人类艺术史上一种基本的视觉式样。它突出地存在于东方世界，而特别为中国传统的文化所催育、所激发，是创造性思维的集中体现。黄宾虹以静去参悟古人的画境，通过整体进行创造性思维，创造的艺术世界是古典的浑厚华滋的面貌。④

关于黄宾虹论太极图及山水画的价值，有学者指出，其价值在于，第一，承认客观存在是第一性，从太极图联系到绘画，他明确表示，有了山水，才有山水画；其二，通过对太极图的分析，指出人在认识、利用大自然，以及对待事务矛盾冲突时的主观能动作用，对于艺术的开拓是必需的；通过谈太极图，特别强调变，他自己便是身体力行者，他的晚年变

---

① 王伯敏：《黄宾虹画论研讨》，《美术研究》1960年第1期。
② 王伯敏：《黑墨团中天地宽——论黄宾虹晚年的变法》，《新美术》1982年第4期。
③ 李蒂：《黑与白——谈黄宾虹的几幅山水画》，《新美术》1982年第4期。
④ 洪再新：《静中参与格式塔黄宾虹的艺术世界》，《新美术》1985年第3期。

法，完全证明了他的艺术实践，就是遵循艺术所需要的变。① 有学者从黄宾虹充满哲理的题画跋、黄宾虹的民学思想、浑厚华滋的美学理想、守常达变的绘画理念、学与思的绘画观、道与艺的关系、绘画中的辩证法等方面，论证了黄宾虹的艺术哲学观。② 有学者认为黄宾虹的中国画教学观、方法论，就是述练习、法古人、师造化、崇品学，是着意于传统精神延续性基础上接触实际生活以求得开拓和发展的"具古以化"的教学观和方法论。③

有学者从黄宾虹的美术文化观、艺术境界观、笔墨技法观加以论述，认为其美术文化观的内涵包括：画家须有良好学养，学有渊源，切莫流于空疏，失去法度；画家须有深厚功力，修炼笔墨，不能仅凭灵感，失之怪野；画家须有高尚人格，自尊持重，决不可沾染江湖气和市井气。其浑厚华滋的艺术境界观的两层内涵是：一是指笔墨效果，沉着厚重，酣畅雄浑，鲜活苍润，得古意，不浮华，有韵味；二是指艺术意境，深沉含蓄，曲径通幽，传山水之神，写造化之妙。笔墨技法观是黄宾虹画学的核心，气韵来自笔墨，用笔与用墨浑然难分。以引入书，以书入画。墨色并用，点染成趣。④

有学者研究了黄宾虹的道咸画学中兴说后指出，该观点的中心内容就是把金石书画作为孪生体放在历史的过程中考察，从最初的同源到北宗的正道再到道咸的复兴，这足以揭示中国民族绘画的发展特征。⑤ 21世纪，学者耀文星分析了黄宾虹推崇道咸画学的原因，认为应从黄宾虹所处的时代风气、学者画、大家画的内在联系、提出民学去探讨。⑥ 他后来撰文分析，应当从黄宾虹的独特艺术史视角和思想轨迹及其和晚年的艺术关系角度来阐释。⑦

关于黄宾虹的绘画美学思想，有学者从黄宾虹关于绘画的社会功能、绘画与现实的关系、画家在创作过程中的主观作用、对绘画美的综合要

---

① 王伯敏：《类万类之情——释黄宾虹论太极图及山水画法》，《学术月刊》1988年第8期。
② 赵志钧：《黄宾虹的艺术哲学观》，《新美术》1988年第1期。
③ 王克文：《述练习，法古人，师造化，崇品学——黄宾虹中国画教学观、方法论》，《南京艺术学院学报》1989年第1期。
④ 陈祥明：《浑厚华滋 境深意远——黄宾虹的绘画艺术观》，《美苑》1993年第1期。
⑤ 洪再新：《试论黄宾虹的道咸画学中兴说》，《美术》1994年第4期。
⑥ 耀文星：《道咸画学中兴与黄宾虹晚年艺术》，《贵州大学学报》2005年第2期。
⑦ 耀文星：《黄宾虹道咸画学中兴说评议》，《荣宝斋》2012年第11期。

求、笔墨技巧、绘画的类型与品位、中西绘画的比较、对新安画家的评论等方面予以研究，认为黄宾虹在继承中国传统绘画美学思想和吸收西方绘画美学思想的基础上，有自己的重大建树。①

关于黄宾虹的艺术与老庄哲学的关系，有学者从道法自然、知白守黑、守常达变角度研究了老庄哲学对黄宾虹的影响，认为老庄哲学是黄宾虹艺术理论、艺术风格形成的思想渊源。②有学者分析指出，有着浑厚传统素养的黄宾虹，竭其一生可以创新，师法自然，力学深思、守常达变，晚年终于打破传统文人画的金科玉律，创造出"黄家笔墨"，使文人山水画向艺术本位回归，给后世带来深远的影响。③

三　徐悲鸿的绘画艺术

关于徐悲鸿的素描，有学者认为，徐悲鸿的素描造诣较之他国画和油画，显得更高；徐悲鸿素描方法表现原则是尽精微，致广大；他绘画技法在指导学生时得到辩证的运用：宁方，不要圆；宁拙，不要巧；宁脏，不要太干净。徐悲鸿素描作品中的浓淡曲直、粗细长短的线条表现了人体各部位软硬厚薄、前后转折的感觉，既传达出物象的生命，也使观者欣赏到他的线条之美。④

有学者指出，徐悲鸿素描方法不仅表现在具体的题材内容和题句上面，也表现在他的艺术风格上。特别是动物画和山水画，生动地表现了马的雄俊、狮子的威武、鹰鹫的锐猛、北京古柏的伟健和庐山五老峰的磅礴气势。有学者认为，徐悲鸿提倡写实，艺术应该对社会起作用，不应该是自我陶醉或是消遣的活动。绘画必须研究现实生活，要有反映生活的能力。提倡从真实的生活感受出发，要求发挥独创精神，要求形神兼备，在技法上要求豪放与精严相结合。⑤

有学者从徐悲鸿美术教育目的、创建教育体制、实施教学方法、编制教材等方面予以探讨，认为这一教育思想源于他的艺术观和世界观，其美

---

① 郭因：《黄宾虹的绘画美学思想》，《安徽大学学报》2002年第1期。
② 巨潮：《黄宾虹的艺术与老庄哲学》，《甘肃社会科学》2005年第2期。
③ 谭崇正：《黄宾虹之大师成因浅析》，《湖北师范学院学报》2006年第4期。
④ 倪贻德：《谈徐悲鸿先生的素描》，《美术》1954年第1期。
⑤ 张安治：《纪念徐悲鸿先生》，《美术》1963年第5期。

术思想概括起来就是去伪求真。① 有学者研究后指出，徐悲鸿的美术教育思想包括：注重培养创造性思维；关注审美教育与形式美感；贴近生活，强调美术的社会功能；徐悲鸿的美术教育方法有：强调知识面宽广和突出艺术学科的教学特点；遵循科学的艺术教学规律。徐悲鸿是一位对现代中国美术和美术教育的发展有很大贡献的美术教育家。② 有学者研究了徐悲鸿的美学思想后指出，徐悲鸿的美学思想有四：第一，妙属于美——创造是艺术的生命；第二，师法造化——近精微，致广大；第三，寄托高深，喻意象外；第四，新七法——徐悲鸿从事中国画和油画的总结。③

关于徐悲鸿对中国画的创新，有学者认为，徐悲鸿以其超逸的禀赋与胸襟，吸收古今中外艺术巨匠的成就为营养，而不为一切陈旧的形式所局限，从而发扬中国画的特征，形成了他独步古今的新中国画。④ 关于徐悲鸿的绘画思想，有学者总结为：第一，近广大，尽精微；第二，中西融汇，雅俗共赏；第三，坚决走现实主义道路，反对一切形式主义。⑤ 有学者认为，徐悲鸿的一生和艺术，总是和中西文化密切相关，从徐悲鸿的创作分期不难看出，其在中西文化认知程度和艺术特点上，存在着差异。早期，国画启蒙，临西洋画片，其作品特点是受西画的间接影响，并无纯正西洋味；留学时，国画作品非常少，已具有西画写实技巧；归国后，是徐悲鸿最重要的时期，他力倡用西方写实主义方法改造中国画，正是这种实践，改造了20世纪中国画坛的主流画派；1949年后，他的艺术又与时代紧密相连，其写实主义主张与从苏联引进的"社会主义现实主义"并为一体，从而确立了徐悲鸿在中国美术史上的地位。⑥

关于徐悲鸿的艺术思想，有学者认为，徐悲鸿全部艺术思想的核心是现实主义，并为之奋斗终生。这是由他的民主主义和爱国思想决定的。⑦ 有学者从结构人类学的角度出发，将徐悲鸿留学期间接触到的西方造型观念和实践视为在"内在法则支配下的一系列符号体系"，考察并评价徐悲

---

① 冯法祀：《徐悲鸿艺术思想和教育体系初探》，《美术研究》1995年第3期。
② 张小鹭：《徐悲鸿的美术教育思想与方法及其现实意义》，《艺术教育》1996年第2期。
③ 杨辛：《徐悲鸿美学思想初探》，《北京大学学报》1984年第3期。
④ 屈义林：《徐悲鸿对中国画的创新》，《文史杂志》1985年第1期。
⑤ 屈义林：《徐悲鸿对中国画的创新》，《文史杂志》1985年第1期。
⑥ 陈伟：《徐悲鸿艺术特点与分期》，《温州师范学院学报》2005年第4期。
⑦ 左庄伟：《论徐悲鸿的艺术思想和创作》，《南京师范大学学报》1992年第3期。

鸿在将这个体系转移成中国文化系统下的造型体系时所作的种种努力。①有学者从分析徐悲鸿的作品的视角研究,认为主要包括,以人物为主体表现悲天悯人创作思想,美术要表现悲天悯人的激情,悲天悯人的思想就是人道主义思想,这种思想由徐悲鸿所处的时代所产生。② 有学者认为徐悲鸿的美术教育和绘画创作是融会中西的结果,徐悲鸿主张学习欧洲文艺复兴精神,提倡艺术与科学相同,注重形与神的辩证统一,以解决形式美问题,从而实现中国画的创新。③

有学者认为,徐悲鸿的油画色彩上的造诣和特色表现在五个方面:其一,能洞察物象暗部色彩的微差,突破古典油画以棕色或素描深浅表现的局限,能画出景物的丰富细致的色彩感和响亮的透明感,他的色彩能发出共鸣与响声。其二,不带成见的观察对象,真正打开自己的眼睛观察世界,因此,其色彩能够随千变万化的对象而变化,时有发现,时有创新,而不是以不变应万变,这是通向创造与更新的最可贵的技巧,是现实主义创作最基本的过硬功夫。他掌握了这套真本领、硬功夫,将油画这一外来品种移植到中国土壤。其三,徐悲鸿对油画色彩的探求,始终与严谨而完美的造型相结合。其四,敏锐地区分物象明暗交接线过渡到半吊子之间的色调微差,用笔将调好的颜色撮起来,"摆"上画面,即用色调渲染,而不是涂抹。其五,他的色域宽广,在人体肤色中,能够大胆使用平普蓝、深红、橘黄、柠檬黄一类烈性颜色,这是罕见的。④

关于徐悲鸿与中国现实主义绘画,有学者认为,徐悲鸿作品的现实主义精神——对现实的贴近及鲜明的社会意义,主要是出于他朴素的爱国主义精神、社会责任感和对民众的同情心。20世纪上半叶中国现实主义美术的发生和发展,揭开了中国美术史上新的一页,这段美术的创立和发展,是和徐悲鸿的名字紧密联系在一起的。⑤ 有学者认为,徐悲鸿写实主义现实观,就是徐悲鸿的现实主义艺术观,徐悲鸿一方面强调要师造化,以阐发造化之美为天职,另一方面强调素描是一切造型艺术的基础。这两点和

---

① 吴杨波:《艺术观念的转译——徐悲鸿艺术思想再探讨》,《美术学报》2012年第3期。
② 艾中信:《悲天悯人——徐悲鸿研究之二》,《美术研究》1980年第1期。
③ 艾中信:《取精用宏——徐悲鸿研究之七》,《美术研究》1983年第3期。
④ 冯法祀:《徐悲鸿艺术思想和教育体系初探》,《美术研究》1995年第3期。
⑤ 邓福星:《徐悲鸿与中国现实主义绘画》,《美术》1995年第12期。

他的求真、倡智联结在一起，构成了徐悲鸿写实主义观的全部内涵。① 有学者研究徐悲鸿写实主义及其论争后指出，作为写实主义绘画的重要代表，徐悲鸿强调写实与素描的重要性，目的是希望用写实绘画重新树立艺术的观念，再现社会现实，表现历史与社会理想。徐悲鸿事实上将西方学院艺术与写实主义运动的精神混淆了，这就给写实绘画开辟了一个功利主义的方向。可是，无论如何，对于长期以文人画传统为背景的中国画家，写实绘画的基本方法是他们接近现代社会的必要课程——这也正是徐悲鸿的历史意义。② 华天雪通过对徐悲鸿人物画的重新解读，阐释了徐悲鸿美术改良观念下的"写实主义"在内容与形式上的复杂性，进一步厘清了"写实主义""现实主义""写实""现实"几个概念的各自内涵及外延流变。③ 有学者分析了徐悲鸿写实主义的成因，指出徐悲鸿写实主义思想体系的形成，不仅是其个人审美理想与社会使命感的体现，也是历史和社会选择的结果。④

有学者研究了徐悲鸿写实主义美术教育思想的不同阶段表现，他早年通过北京大学画法研究会教学、上海南国艺术学院以及围绕全国美展展开的论战初步确立了"徐悲鸿写实主义美术教育思想"的主流导向。随后徐悲鸿通过执掌国立中央大学艺术系期间的艺术教学实践使得"徐悲鸿写实主义美术教育思想"日臻成熟。抗日战争爆发后，以徐悲鸿为代表的艺术教育工作者将写实主义融入中国画教学中，反映现实，回应生活，从而实现写实主义的本土化以及与中国抗日救亡的社会现实相结合的艺术创作理想。⑤

关于徐悲鸿的画马在中国绘画史上的地位，有学者分析说，徐悲鸿创作的马的形象，既没有唐马的雍容，也没有宋马的清俊，其忍辱负重、激流勇进之态跃然纸上，是对艰难国运中雄健国民的精神写照。在绘画艺术史上，徐悲鸿革新传统，引进西法，在诸多方面拓展了中国笔墨画的观念和表现力。代表作"奔马"，是徐悲鸿学贯中西的艺术结晶，在中国美术思想史、中国传统绘画艺术发展史和美学研究史上，都占有重要的地位，

---

① 李树声：《徐悲鸿先生的写实主义》，《美术研究》1995 年第 3 期。
② 吕澎：《关于徐悲鸿写实主义及其论争》，《文艺研究》2006 年第 8 期。
③ 华天雪：《徐悲鸿的写实主义》，《美术观察》2009 年第 6 期。
④ 封加樑：《徐悲鸿写实主义思想的成因》，《新美术》2010 年第 6 期。
⑤ 尚莲霞：《徐悲鸿写实主义思想之滥觞》，《南通大学学报》2012 年第 6 期。

具有深远的影响。① 关于徐悲鸿"新国画"体系的确立，有学者认为，在现实主义美术思潮的激荡下，经徐悲鸿的推波助澜，以西画写实技法与传统笔墨相结合的新国画式样，成为古今中西融合的主流，并非个人意志使然，而是历史注定。②

关于徐悲鸿的素描观，有学者研究指出，徐悲鸿一生非常重视素描，认为素描是一切造型艺术的基础，一定要严格训练。素描最根本的是培养正确地观察、分析、综合对象并把它们生动地表现出来的能力。徐悲鸿善于从中国源远流长的传统文化中汲取各种养分，同时很注重"洋为中用"，对西洋素描法及其发展都有独到之见解。在素描的风格上，徐悲鸿并不要求简单划一，他认为各种艺术都有其独特的表现语言。③ 有学者研究了徐悲鸿油画的民族内涵，认为徐悲鸿把民族文化注入于他的油画之中，其作品在"构图""用笔""诗境"等方面，具有很高的民族美学品位，表现了作者积极入世、关心民族命运的进步思想和崇高的人格力量。④

关于徐悲鸿绘画的中国视角，有学者认为，所谓独特的视角，就是徐悲鸿不是用中国画公认的价值判断如笔墨、皴法、气韵、境界等去品评作品及成就，而只专注作品形象是否合乎自然。当徐悲鸿完成造型眼睛的转换之后，也就形成了他看待中国画的独特视角。如果单纯从西画家的视线，单纯地从一个中国画家去移植西画的角度，这样倒干脆彻底。不然，怎么能领悟作为异质文化表征的另一艺术的真谛？但徐悲鸿偏偏画了中国画，这表明他在造型眼睛转换的表层还保留或掩藏着中国的文化心理与依恋故土的传统情结。这种文化心理与传统情结，不仅表现在他革新中国画的历史责任感上，而且更为深沉地反映在他的传统文化修养和审美心理上。正是在这一点上，他的这一回头，也开始了民族文化和审美心理对他造型眼睛的修复和矫正。⑤

有学者提出了"徐悲鸿学派"这一看法，认为中国美术在20世纪经历了从古典形态向现代形态的转型，并正以特有的风格和气派走向世界。

---

① 蒋立群：《论徐悲鸿的"马"在中国绘画史上的地位和意义》，《南京师范大学学报》1996年第1期。
② 黄宗贤：《大忧患时代中的建构——徐悲鸿新国画体系的确立》，《西南民族学院学报》2000年第10期。
③ 孙宝林：《徐悲鸿的素描观》，《淮阴师范学院学报》2001年第1期。
④ 刘继炜：《徐悲鸿油画的民族内涵》，《怀化师专学报》2002年第1期。
⑤ 尚辉：《徐悲鸿的中国画视角》，《南京艺术学院学报》2002年第1期。

徐悲鸿学派正是在 20 世纪形成和发挥其历史作用的一个爱国进步学派。在中西文化交流中，徐悲鸿学派以横融中外美术的胸襟，洋为中用，古为今用，奏时代之旋律；在艺术教育危机时，投身美术教育，把素描、油画、水彩、水粉、写生、速写、默写引进教学；在民族救亡时，发民族救亡图存之最强音；在艺术创作出于低谷时，奋发创作，在艰苦的环境中，以搏斗的智慧、不懈的努力，进行了艺术的创造，产生了无愧于民主革命伟大时代的精品佳构，屹立于世界文化艺术之林。①

关于徐悲鸿与岭南画派关系，有学者以广东省博物馆所藏徐悲鸿、高剑父等《文艺姻缘》册为例，研究徐悲鸿与"岭南画派"创始人及其传人的因缘，通过对徐悲鸿与"岭南画派"诸家交游史料的梳理，揭示出二者的同盟关系。②

21 世纪，有学者对徐悲鸿写实主义思想体系从艺术价值观、造型美学观、包容意识、民族主体意识重新解读，指出，徐悲鸿选择写实主义作为革新中国美术的旗帜，不只是个人的审美爱好，更是顺应时代潮流的选择，是历史的抉择，徐悲鸿写实主义思想体系是由艺术精神和艺术语言两大支柱建构而成，其本质，并不等同于西方意义上的写实主义，而是融进了中国艺术审美体系之中的新型的写实主义。③

关于徐悲鸿艺术思想在新世纪的现实意义，有学者指出，徐悲鸿在绘画艺术的精神层面提倡真善美的统一，提倡艺术兴国的爱国主义；又在绘画艺术的表达层面提倡"妙""俏"辩证统一的现实（写实）主义，完整地形成了他的绘画创作和绘画教学的一整套体系，这个"徐悲鸿体系"的形成，既有中外美术史艺术规律发展的必然逻辑，也是中国特定国情使然。它的产生，为中国现代美术的发展奠定了基石。④

有学者从文化思想史的角度阐释徐悲鸿精神的现代意义，认为以社会为己任、以公共精神的关怀者和推动者阐释和守护世界意义（人文意义），是徐悲鸿的现代人文知识分子的角色认定。在后殖民时代凸显的徐悲鸿精神，鼓舞和启示我们在对民族化和现代化、本土化和全球化的二律背反的

---

① 王泽庆：《徐悲鸿学派》，《美术》2002 年第 1 期。
② 朱万章：《论徐悲鸿与岭南画派之关系：以〈文艺姻缘〉册为例》，《美术研究》2003 年第 3 期。
③ 马鸿增：《徐悲鸿写实主义思想体系的重新解读》，《美术》2003 年第 6 期。
④ 王仲：《徐悲鸿艺术思想在新世纪仍具有重要的现实意义》，《文艺报》2004 年 2 月 5 日。

思虑中，加强民族自信，让东方发声而不成其为验证西方强大霸权的"他者"形象，以倡导东西方真正的对话交流。① 有学者将徐悲鸿素描体系与契斯恰柯夫素描体系对比研究后认为，徐悲鸿素描体系和契斯恰柯夫素描体系都遵循现实主义写实原则，都对中国高等美术教育产生了深远的影响，两者的不同表现在：其一，形成体系过程中的社会环境不同；其二，素描训练针对的创作目的不同；其三，审美趣味的不同。通过这两种体系的比较，可以更好地促进中国美术教育事业的发展，并从中透视了中国近百年美术教育的风雨历程。② 有学者从徐悲鸿的作品中具有的饱满的创作激情和剧烈的运动感、崇高的浪漫主义特征、对中国传统艺术精神和笔墨特征的追求、独特的个性特征及深厚的修养等方面，论述了徐悲鸿艺术的本质在于浪漫主义。③

四 张大千的绘画艺术

有学者分析了张大千取得成就的原因后指出，张大千吸收融化了大量的语言艺术和形象艺术如诗词、文学、书法、篆刻、戏剧、音乐等，作为他丰富艺术养料和内在精神。④ 关于张大千的艺术道路，有学者从学古人、画家之画、山水王国、花鸟人物等方面予以论述，认为画家风格的变，是画家思想深处的矛盾运动在发展，时代对画家的要求，只能默化，应当尊重画家的个性。⑤ 有学者研究了张大千对待传统的态度，认为张大千对待传统是博采众长、认真研究，但他师古而不泥古，既师古人之迹，更师古人之心。他学古是为了创新，继承传统是为我所用。⑥

关于张大千的晚年变法，有学者分析说，张大千奠定了结实的传统根基，吸吮了近三年的敦煌乳汁，跋涉了千山万水，由于他的勤奋和天资，终于在进入老龄阶段的时候，从必然王国进入了自由王国。他挥洒自如，得心应手，也只是在这个时候，画家的话才畅通无阻地从心里涌到纸卷

---

① 王文娟：《徐悲鸿精神的现代性阐释》，《中国人民大学学报》2005 年第 3 期。
② 谭文华：《徐悲鸿素描体系与契斯恰柯夫素描体系的比较研究》，《南京艺术学院学报》2006 年第 1 期。
③ 唐培勇：《徐悲鸿浪漫主义艺术的本质特色》，《陕西师范大学学报继续教育学报》2007 年第 1 期。
④ 黄苗子：《张大千的艺术修养》，《文艺研究》1983 年第 6 期。
⑤ 叶浅予：《张大千的艺术道路》，《文艺研究》1983 年第 6 期。
⑥ 秦化江：《张大千艺术刍论》，《四川文物》1988 年第 6 期。

上。张大千再不是"唐宋元明清了",而是现代的、崭新的张大千了。张大千之所以能成为"法古变今的开派人物",是他能立足中国,放眼世界,通古至今,善于处理借鉴与创新的关系的结果。由于他勤奋好学,禀赋过人,足履全球;阅历深,见识广,善思求变,不满足所取得的成就,能敏锐地洞察世界性的艺术发展趋势,因而能挣脱牵绊,勇敢地投身于现代艺术地潮流之中,奉献出与时代同步的艺术佳品,为中国画的创新作出了巨大贡献。① 另有学者认为,张大千晚年变法的根源出自国画传统。②

有学者认为张大千对敦煌笔画研究的贡献表现在:其一,为莫高窟作了科学系统的编号;其二,对敦煌壁画作了系统研究,并将这一艺术珍宝向社会作了生动感人的宣传;其三,揭示了敦煌石窟画下藏画的奥秘;其四,推动了艺术保护与研究事业的发展。③ 有学者认为,张大千的美术思想表现为"铸造风骨、浩气长存""博采古今力求创新""遗貌取神表现真美""取法乎上,得乎其中""读万卷书,行万里路"五个方面。④

关于张大千的山水画,有学者认为张大千虽然是一个多才多艺的全能画家,但代表他最高艺术水平的作品,还是山水画。以石涛为楷模打定根基,是张大千山水第一阶段的特点,第二阶段即是在石涛的基础上广泛吸收清以前历代名家的艺术营养,并游历祖国名山大川,逐渐形成自己的浑厚、华滋、潇洒、秀逸的艺术风格。第二阶段的山水画从 20 世纪 30 年代中期一直延续到 50 年代末期,山水画以不变应万变:万变者,唐宋元明千百画家之笔墨技巧、构图章法;不变者,张大千自身的风格也。第三阶段,最具个人风格的阶段即泼墨泼色阶段,起于 50 年代末期,成于 60 年代中期,经历了五六十年的不断试验、摸索,才完成了最后一次蜕变,留下了《万里长江图》等不朽名作。⑤

关于张大千的艺术风格,有学者将其分为三个时期,第一个时期从 20 世纪 20 年代初至 30 年代末,由张大千在上海拜曾熙、李瑞清学习,迄于前往敦煌面壁为止。这一阶段,他仿四僧青藤、白阳等诸家的逸笔画风入手,兼及"吴门四家"。其后,他又取法院派大青绿的金碧山水那种精丽

---

① 邱笑秋:《试论张大千晚年变法》,《美术》1988 年第 7 期。
② 屈义林:《五百年来一大千——略论张大千的绘画艺术》,《文史杂志》1990 年第 5 期。
③ 王炜民:《张大千对敦煌笔画研究的贡献》,《阴山学刊》1996 年第 2 期。
④ 罗宗良:《张大千的美学思想探析》,《天府新论》2000 年第 6 期。
⑤ 包立民:《张大千的山水画》,《长沙铁道学院学报》2000 年第 1 期。

工致的表现。他从元四家进而上溯到李唐、马远、董源、范宽、巨然、郭熙等，总的画风为一种清丽秀润的人文气质。第二个时期从20世纪40年代初至50年代末，由张大千赴敦煌，迄于50年代末开创泼墨泼彩画风前夕。其中，敦煌潜修三年的时间，使他深受先民伟大艺术的启迪，由此而形成这一时期精丽雄浑的画风。第三个时期为20世纪60年代初至80年代，这一时期使张大千泼墨画风从探索走向成熟的时期，他完全打破了过去以线为主要造型词汇、点线为构图要素的惯用手法，将传统山水画中的没骨、泼墨和重彩技法结合起来，在强调主观意兴和表现自然的主客观统一过程中，使写景和抒情、现实和浪漫、感性和理性、具象和抽象结合，不但不因西洋画的影响而丧失传统，而且吸收了西洋画的长处，加以融化、发展，创造出完全具有中国神韵和民族气派的崭新的中国画。① 另有学者将张大千的艺术经历分期为四个时期：第一时期，画家早期的艺术经历（1940年以前）；第二时期，迈入职业画家的艺术创作经历（1940—1949）；第三时期，画家旅居海外的艺术经历（1950—1961）；第四时期，画家旅居海外风格的艺术风格转变。②

关于张大千泼彩泼墨艺术特点，有学者总结为：以没骨为基础；彩墨交融和彩墨交叠；其融会意笔和工笔勾勒于一体；运用水迹效果；整体性和明暗性的加强；以石青、石绿为主，间用他色。这六大特点，突出显示了张大千在解决墨、色关系上的变革精神和创新意识，从而确立了他所创立的泼彩泼墨画法在画史的重要地位。③

关于张大千与20世纪中国画的关系，有学者指出，张大千重新建立了自己从传统中提取的技术体系，并与中国的艺术观念与审美原则结合在一起，变幻出中国绘画的20世纪新传统。如果20世纪的画坛没有张大千，那么人们对于中国绘画传统的具体样式就要生疏和隔膜得多。④ 有学者比较了石涛与张大千创作特色，认为石涛和张大千都善于师古人，都重视师造化，作品都讲求气势，是他们的创作特色的相同之处。但两人艺术

---

① 魏学峰：《论张大千临摹敦煌笔画的时代意义》，《敦煌研究》2006年第1期。
② 孙菲、邹婷、兰淋淋、雷天珍：《张大千艺术风格探索及其影响》，《内江师范学院学报》2008年增刊。
③ 萧桑：《造型似而尚气韵　融色墨而重笔意——从蓬莱山水图看张大千泼彩泼墨的艺术特征》，《书画艺术》2000年第5期。
④ 陈滞冬：《传统的吊诡——从张大千看20世纪中国画》，《美术大观》2001年第10期。

个性不同，用笔、用墨特点不同，表现手段不同，则构成了他们创作特色的区别。①

有学者研究了张大千画荷，指出张大千画荷喜用湿笔，学八大山人（明代画家朱耷之号）而略有变化。荷花画大致可以分为三类：其一，工笔荷；其二，写意红荷和白荷；其三，勾花点叶荷。张大千画荷得荷之魂。② 另有学者研究了张大千荷花画中的禅意与张大千的艺术风格，认为其艺术特点为：其一，蕴含着儒释道屈合一又深受来自于敦煌壁画影响的佛的圆融性。因而，生命力也如禅意徐徐而来，又漾于画外。其二，艺术风格具有疏淡简远的空逸性。张大千的荷花系列画作以简淡来表现文人的风流意境，如行云流水，如落花无声；以画面的简略来呈现自心的生命体悟，形成了其任意自在、疏淡雅静的艺术风格。其三，对于艺术表达的非执着之执着性。③

关于张大千泼墨泼彩成因，有学者从内因和外因两方面做出分析，内因方面，生性豪放，"无不造其极"的个性，熔铸古今、临摹万轴名画的功夫，眼疾无奈，顺势而就是其泼墨泼彩的三大内因；古法启示，中西画法对比，迎合市场需求是其泼墨泼彩的三大外因。④ 关于张大千水墨山水及其嬗变，有学者认为，张大千水墨山水绘画由于深植于传统，又能品真自然造化，其所取得的成就异常丰硕。张大千虽然早年对石涛山水有过全面深入的研究，还临仿、仿造过大量石涛作品，但这仅仅是他习画的一个重要阶段，他并未止步于石涛，也未止步于"四僧"，而是立足于他们画论、画理、画法基础上并上溯历代山水画大家，采取兼容并蓄、广取博收之念条。尤其在探索画家、文人画、北宋画与南宋画的结合方面作出了可贵的尝试。⑤

有学者指出了张大千临摹敦煌笔画的时代意义。其一，张大千以非凡的勇气作出与其同时代画家截然不同的选择。一个有责任感和自信心的艺术大家必然会担负起重振民族艺术的使命，只是张大千更清楚地看到传统

---

① 刘远修：《石涛与张大千创作特色之比较》，《东南文化》2002 年第 5 期。
② 叶康宁：《君子之风其清穆如——张大千画荷浅论》，《收藏界》2005 年第 11 期。
③ 郭伟：《张大千荷花系列禅意研究》，《文艺争鸣》2011 年第 2 期。
④ 林锐翰：《张大千泼墨泼彩成因蠡测》，《桂林航天工业高等专科学校学报》2006 年第 4 期。
⑤ 张恨雨：《张大千水墨山水及其嬗变》，《美术向导》2009 年第 5 期。

艺术的根源是由民间艺术、文人艺术、宫廷艺术三大部分组成,且互为补充。作为全能型的艺术家,张大千把自己推向时代的弄潮者的位置,也可以说是历史选择了张大千。其二,张大千在经历了敦煌苦修后,实现了自身的超越,自此他进入了高古之境,实现了精神层面的提升,使他在以后成为借古开今的一代大师。① 有学者认为,张大千在绘画风格上具有丰富而多元的表现,有时华丽富贵,有时清润秀逸,有时气势磅礴,有时典雅纤细,有时又狂狷奔放。② 有学者指出,一方面,敦煌之行让张大千梳理了传统人物画尤其宗教画的绘画流程;另一方面张大千重新研究了从魏晋到五代、宋的宗教画的特点,在中国人物画的研究,尤其敦煌艺术的研究中作出了重大贡献,同时张大千以其自身的艺术实践在敦煌壁画的临摹中取得显著成果③。也有学者认为,张大千1941年至1943年主持甘肃敦煌莫高窟的临摹和研究,使敦煌艺术宝库从此为国人和世界广为瞩目,对宣传敦煌艺术作出了贡献。④

关于张大千敦煌之行与中国文艺复兴的呼应,有学者认为,张大千的一生有两个重要选择,一是敦煌之行,二是海外之旅,两次均在绘画史上留下了深深的印迹。对敦煌壁画的临摹和演习,使得他对中国的文人画传统作了反省。他所说的"中国绘画发展史,简直就是一部民族活力衰退史",指的就是文人画传统在演变中逐渐陷入困境的进程。基于这样的感触,张大千自设的使命是在绘画上重新激发民族的活力。在他心目中,敦煌壁画不仅仅是单纯的画艺而已,实则具有在绘画史上补偏救弊的重大意义。张大千绘画有三阶段之说,即师古、师自然、师心。在以古人和造化为师基础上发展起来的内心体悟,在本源上主导着绘画之为艺道的境界和内涵。晚年他在海外对简笔泼墨、泼墨泼彩的尝试,加深了对绘画之道的领悟。在此基础上,他对中国古典艺术的复兴之路作出了自己的诠释。他推崇精神气韵,也重视学问法度。从石涛、八大山人出发,张大千逆溯而上,梳理出中国绘画史上的两条脉络:一是承接陈淳、徐渭表达精神气韵

---

① 魏学峰:《论大千张临摹敦煌笔画的时代意义》,《敦煌研究》2006年第1期。
② 孙菲、邹婷、兰淋淋、雷天珍:《张大千艺术风格探索及其影响》,《内江师范学院学报》2008年增刊。
③ 罗宗贵、石思茂:《张大千敦煌壁画研究的意义简析》,《大众文艺》2010年第17期。
④ 姚彩玉:《张大千与敦煌艺术的世界性》,《文史博览》2010年第11期。

的一路，二是以董其昌为轴、上接宋元传统的重视学问法度的一路。① 关于张大千的绘画艺术对复兴中国画色彩的启示，有学者从三方面意义加以探讨，其一，张大千师古、师自然、师心的艺术创作理念符合当代社会大众的审美需求；其二，张大千的艺术表现对现代中国画色彩表现语汇有着重要的启示；其三，张大千"延续传统勇于创新"的精神值得后人学习和发扬。②

有学者研究了张大千山水画生态意识的表现，认为张大千山水画具有极强的生态意识、生命意识，这对当今的人们走近山水、亲近山水、贴近山水、在山水中完善自我有积极的启发意义。③ 关于张大千泼墨泼彩绘画的古典美学特质，有学者以传统中国画"水墨"观、动化机制分析张大千泼墨泼彩的创作过程，再用意向限量学说分析其画面效果，透析张大千泼墨泼彩绘画的古典美学特质——一种具有中国美学特质和民族文化精神的新型艺术样式。④

有学者梳理了张大千的绘画思想，将其综述为：其一，师范古人，重视传统；其二，博学与笃行并举；其三，兼顾书法与绘画；其四，自用我法，又追求创新；其五，画品人品相得益彰。借鉴张大千的绘画思想，对当代中国山水画的健康发展具有深远的意义。第一，重新认识山水画的优良传统，第二，重新认识山水画的创新方法。⑤ 关于张大千山水画的创新精神，有学者将其概括为：第一，构图的创新；第二，笔墨的创新；第三，色彩的创新。⑥

有学者研究了张大千泼彩的三种境界，认为，张大千以其晚年独创的泼彩技艺，卓立于现代中国画坛，成为开创性的中国画大师。对于他的山水画表现而言，他的泼彩主要起了四种作用：以彩当墨，以笔当泼；以墨作底，以彩醒墨；以色作染，晕然天趣；以笔运彩，抽象天成。这几种泼彩效果的使用，体现了张大千在泼彩山水画中对泼彩利用上的三种境界：

---

① 张重岗：《张大千敦煌之行与中国的文艺复兴》，《中国文化研究》2014 年第 3 期。
② 彭永馨：《张大千的绘画艺术对复兴中国画色彩的启示》，《内江师范学院学报》2010 年第 9 期。
③ 李东风：《张大千山水画中"生态意识"的表现》，《内江师范学院学报》2010 年第 7 期。
④ 王鹏：《张大千泼墨泼彩画的古典美学特质》，《文化艺术研究》2010 年第 1 期。
⑤ 谢华文、覃育兵：《论张大千的绘画思想在当代中国山水画发展中的借鉴意义》，《美术大观》2011 年第 6 期。
⑥ 谢华文：《张大千山水画的演变与创新精神》，《内江师范学院学报》2012 年第 1 期。

泼墨醒色，无形之形，复归于有。张大千泼彩的境界，达到了与抽象艺术相类似的趣味高点，那就是以形为形，以色写色。这是张大千泼彩走向现代的真谛。[①]

五 刘海粟的绘画艺术

有学者将刘海粟在西洋画输入的贡献归纳为，其一，1912年在上海创办美术专科学校，设有西洋画科，培养西洋画人才，对现代美术事业作出了贡献；其二，1914年使用西方人体模特写生，影响深远；其三，1918年10月，上海美专创办《美术》杂志，系中国第一本专业美术杂志；其四，刘海粟参与组织了第一个有影响的美术社团——天马会；其五，将西方艺术家的作品编译出版；其六，刘海粟是我国接受西方新兴画派影响的先驱。[②]

关于刘海粟美学思想，有学者从感受—契合—创造方面，探讨了艺术家的主观意识对于艺术创作的作用，刘海粟根据自己对描写对象的感受和理解，根据艺术规律的要求，建立了一个完整的艺术天地。[③] 另有学者认为，"情动"说、"表现"说、"创新"说，是刘海粟美学思想的结构层次。情感和灵感在刘海粟的美学思想体系中占有重要地位，表现说占有核心的位置，表现说内涵丰富，涉及审美的本质问题，"移情"和作家个性、人格、生命以及艺术表现等一系列重要命题。创新说融个性（自我—生命、人格、气质、情操、修养）、民族性（民族文化艺术传统、民族审美心理意识）于时代之新（生活现实—外来信息—时代精神）之中。[④]

有学者归纳了刘海粟艺术教育思想，表现为，其一，艺术教育的宗旨在于美的育化和良善的培养；其二，艺术教育的活力在于依着时代而不息的变动；其三，培养学生智能的着力点在于"闳约深美"。[⑤] 该学者还总结了刘海粟的美术教育思想：第一，加强教师队伍的建设，知人善任；不拘一格，培养人才；第二，遵循艺术教育的科学规律；第三，主张在艺术教

---

① 贺万里：《张大千泼彩的三种境界》，《内江师范学院学报》2013年第1期。
② 樊正：《刘海粟在西洋画输入中的贡献》，《南京艺术学院学报》1982年第1期。
③ 吴礽六、江宏：《刘海粟美学思想泛论》，《社会科学》1984年第1期。
④ 朱金楼：《刘海粟大师的艺术事业和美学思想》，《南京艺术学院学报》1986年第1、2、3、4期。
⑤ 丁涛：《闳约深美——刘海粟艺术教育思想管窥》，《美术》1989年第10期。

育中学习生活、学习社会，提倡学生旅行写生。① 有学者评述了刘海粟美术教育思想，认为，生命哲学是其美术教育思想的基础，"情动""表现""创新"是其具体表现形式；强调美育对国民个体精神素质和民族整体素质的提高是其美术教育的核心内容；"宏""约""深""美"是其美术教育的方针；不断进行学制改进、创设模特写生制度、设立写生制度、设立男女同校制度、采取多种形式办学则是刘海粟在美术教育形式上的开拓性贡献。②

关于民族审美心理对刘海粟艺术观念确立的影响，有学者认为，就刘海粟特殊的文化结构和历史境遇而言，油画的传播与移植在与东方文化相互碰撞与冲突的同时，也开始经受中国文化与民族审美心理的整合，这种文化冲突与整合构成了他复杂多变的心理过程。一面是叛逆心理，向西方寻求复兴中国艺术的道路，确立欧洲的造型艺术观念，另一面则是回归心理，最终确立了刘海粟的艺术观念，他一生的创作实践和心路历程无不体现了文化冲突与文化整合。③ 有学者否认刘海粟泼墨泼彩是受张大千的影响，认为他们的泼彩是艺术发展的必然，是他们各自的创造。④

关于刘海粟的艺术品格，有学者认为，刘海粟艺术的童年、少年、青年、中年到最后的老年，恰好相映着他一生孜孜以求、不懈探索、不断追求、不断升华的光辉艺术历程，也标志着他在"不息的变动"支撑下的艺术品格、艺术境界已臻于完善的顶峰。⑤ 关于刘海粟油画的中国气派，有学者认为刘海粟在油画的全面引进及扎根本土的艰巨事业中作出重大贡献，在油画中的探索勇气和创新精神使他的中国作品具有了鲜明的中国气派。⑥ 关于刘海粟的艺术教育思想，有学者指出，宏观上从整体社会实际和时代要求出发，采用系科性、多形式、多层次办学，在普及与提高、专业与业余、学校与社会、理论与实践关系问题上，统筹兼顾，密切配合，

---

① 周积寅、丁涛：《刘海粟的美术教育思想》，《南京艺术学院学报》1992 年第 4 期。
② 封钰：《刘海粟美术教育思想评析》，《南京社会科学》1998 年第 12 期。
③ 尚辉：《民族审美心理对刘海粟艺术观念确立的影响》，《南京艺术学院学报》2001 年第 3 期。
④ 周积寅：《关于刘海粟研究中的两个问题》，《南京艺术学院学报》2003 年第 1 期。
⑤ 张安娜：《"不息的变动"——贯穿刘海粟生命历程的艺术品格》，《美术》2003 年第 5 期。
⑥ 沈行工：《海粟油画的中国气派》，《南京艺术学院学报》2003 年第 1 期。

构成一套完整的从初级到高级的教育体系。①

有学者以刘海粟1930年秋天在巴黎的画展和1931年3月在法兰克福大学演讲"中国画学史上的六法论"以及4月底在柏林举办的茶会,竭力推介中国现代艺术,除了让欧洲的学者钦佩外,还达到了把中国现代画带到欧洲展览的目的。② 有学者从刘海粟的"艺为救国"的美术教育思想与赫伯特·里德"工具论"美术教育观的联系,和刘海粟思想自由兼容并包的美术教育思想与赫伯特·里德工具论美术教育观的联系角度分析,认为二者存在一定的一致性。③

关于刘海粟绘画理论,有学者指出,从创作方法上看,刘海粟对东方与西洋的绘画传统兼收并蓄,将再现与表现的创作手法融会贯通。他对传统的继承吸收是"化古为新,师古不泥古"的"扬弃"态度,在这个过程中,刘海粟一方面临摹中国古代文人的精品,另一方面集中临习西方大师的经典名作,逐渐打通了不同艺术之间的文化隔阂,他的作品,国画与油画只是工具材料的不同,而精神理念是一致的;而在对景写生的现场创作中,他往往是从真山实水中获得创作激情,在构图时把自然物象大胆搬移到更合理的位置,然后再依据自己的情感变化主观敷色。在"写形为手段、写神为目的"的创作思想指导下,他把东西方技法合理互补并相得益彰,总结凝练出创新的途径,最终达到"合中西而创艺术新纪元的"目的。④

有学者将1919年刘海粟日本之行置于新文化运动的大背景下加以考察,认为刘海粟的这次考察触及东京美术学校改革的核心内容。他归国后对上海图画美术学校进行了全面的改革,其教学方法不再是传统画派中的师徒相传,而是建立在人文与科学教育之上,通过学习大师,表现自我的独特个性。⑤ 有学者研究刘海粟与上海美专的早期课程教学后认为,1922年前后上海美专课程的演变,以及其中凸显出的刘海粟美术课程观念的充实与变化,在中国现代美术教育的历史上具有重大的意义,对当代美术高

---

① 谢海燕:《刘海粟大师的美育思想和艺术道路》,《南京艺术学院学报》2006年第2期。
② 刘蟾:《刘海粟:让中国现代美术走向世界》,《书画艺术》2008年第1期。
③ 杨建平:《论赫伯特·里德的美术教育观与刘海粟美术教育思想的一致性》,《美与时代》(中) 2010年第6期。
④ 任大庆:《融合中西 以情写景——刘海粟绘画创作双楫》,《艺术学研究》2010年第2期。
⑤ 林夏翰:《1919年刘海粟日本之行考》,《美术学报》2014年第4期。

等教育，亦有借鉴的价值。①

六　潘天寿的绘画艺术

有学者以 20 世纪 60 年代的作品为例，说明潘天寿的作品是诗、书、画、印的结合，认为在国画上，诗、画、书法、篆刻的结合，不仅体现在内在的相互融会贯通上，而且表现在画的形式格局上，这就是诗文题跋、印章和绘画部分的配合关系。题跋在画面上的作用也是多方面的：画中虽然可以有诗，视觉形象有时不仅能完全表达出诗的思想感情，诗文的题跋恰恰补充了这种不足：正是由于这样的补充，更加充实了绘画的内容，使观赏者在欣赏时，从整体到局部，再从局部到整体，经过反复参证的欣赏过程，诗情画意和造型美的统一，就更丰富了观者美感的享受，启发更多想象，这就不仅要求诗与画的艺术质量，同时也要求书法的质量，特别还要和印章配合起来，使画面真正达到完整的表现。在潘天寿的许多作品上，可以看出他随着不同的题材，不同的绘画形象，以各种变幻的字体，或简或繁地作出了出色的题跋；有时对画面各个分散的部分作了巧妙的联系，有时加强了虚实的关系，有时在整个结构中起"开闭"的作用，特别是在较大的山水画上，题跋在画的部分穿插着，由于画家的书法和画法互相影响，融合渗透，所以两者就能取得有机的联系，既有变化又是统一。②

有学者认为，潘天寿的构图，繁处自繁，简处自简，板处自板，灵处自灵，对比映衬，形成画面强烈的节奏。有时他把画上的物体看作线条，线与线，画与边均避免平行，纵横交错，合乎常规，但是由于他善于艺术的处理，仍能脱离窠臼，平中见奇。无论超规合矩，他都能左右逢源，创造出自己独特的风格来。③

关于潘天寿的艺术特点，有学者认为包括以下方面。第一，潘天寿的艺术总能跟着时代前进，他努力在作品中追求用传统绘画形式反映时代精神和生活气息，认真自觉改造世界观和艺术观，用他的画笔为社会主义事业服务。第二，潘天寿磅礴睥睨、雄浑质朴的艺术风格，表现了他的独特

---

①　黄厚明、王东民：《刘海粟与上海美专的早期课程教学》，《南京艺术学院学报》2014 年第 4 期。

②　倪贻德：《读潘天寿近作——试谈中国画诗、书、画、印的结合》，《美术》1961 年第 3 期。

③　吴茀之：《潘天寿国画艺术简论》，《美术》1962 年第 6 期。

才能和与众不同的特点。在他的作品中，那种雷霆万钧的气势、淋漓奔放的笔墨、深沉坚实的内在力量，是与甜俗浮华轻巧的作风完全对立的，而和他的思想性格则完全一致。他的作品，风格鲜明，意境深远，构图新奇，手法多样，不愧为大家规范。①

有学者研究潘天寿的艺术思想后认为，潘天寿重视艺术的功能，他认为艺术为人类精神之食粮，应有益于身心，最艺术之艺术，亦为人类也。关于山水画的写神，潘天寿不主张遗貌取神，把形和神分裂开来。他认为神就是生存于宇宙间具有之生活力。潘天寿认为一幅好的中国画应该是：笔、墨、气息神情和风韵格趣四者俱全，而以笔为骨，墨和色彩为血气，气息神情为灵魂，风韵格趣为意志。笔墨是中国画最基本的造型方法，因为画上的形象，每以墨线为主体，所以笔墨技巧是衡量一幅中国画艺术水平的重要标准之一。②

关于潘天寿绘画的造型特色，有学者认为，潘天寿着眼于形象构成的主要特征，也就是形象的基本身段，他毫不犹豫地扬弃外形表面的琐碎变化，不爱玲珑爱质朴。他直探博大与崇高的精神世界。潘画的主要特色是造型性强，画意重于诗意，在表现手法上特别重视对比。③有学者将潘天寿的艺术风格概括为：其一，气势雄浑，朴厚劲挺；其二，奇险稳健，平中求奇；其三，简洁明豁，以少胜多；其四，诗、书、画、印熔于一炉。④有学者研究了潘天寿的艺术、作品、用笔后认为，潘天寿的艺术，继承了我国传统绘画，尤其是历代文人画大家的精华，功力深厚；同时，他又有独特强烈的艺术个性，不拘陈法，脱尽窠臼，创造出沉雄奇崛、苍古高华的自家面目。潘天寿的作品，充分发挥了中国画表现方法以线为主的特点，造型概括，风骨遒劲。他的用笔，果断而精练，强悍而有控制，如垩壁漏痕，拗铁折钗，具有雄健、刚直、凝练、老辣、生涩的特点。他善用浓墨、泼墨，间用焦墨、破墨，苍茫厚重，枯涩浓淡均见笔力。设色古艳，清超绝俗，不以自然色相为囿。他深入研究和发展了中国传统绘画的构图规律，尚气势，重整体，追求不平凡的艺术表现。他作画极有魄力，而章法结构又极为坚劲严谨，沉静周密；惨淡经营，直如老将用兵，高瞻

---

① 邓白：《略谈潘天寿先生的艺术特点》，《美术》1978年第6期。
② 王靖宪：《潘天寿的艺术思想及其创作》，《文艺研究》1980年第3期。
③ 吴冠中：《潘天寿绘画的造型特色》，《新美术》1981年第1期。
④ 叶尚青：《气势雄阔独树一帜——谈潘天寿先生的艺术风格》，《新美术》1981年第1期。

远瞩，出奇制胜。能在险绝中又见平稳，造成极大的力量感和特有的结构美。[1] 有学者从六个方面论述潘天寿的艺术：其一，花鸟画史上又一高峰。潘天寿在花鸟画外，兼长山水，又创造了一种花鸟和山水相结合的体裁；他的画笔力雄健，气势磅礴，布局新奇，格调高华，他留下来具有民族气魄的作品，是传统绘画的瑰宝，无愧于世界艺术宝库的珍品。其二，无挂碍处生阿寿。潘天寿的艺术取得了民族性、个性与时代性三者的统一协调。其三，熔诗、书、画、印于一炉。他不仅对四者有全面的修养，做到画面上的四全，更可贵的是，他把这四者的结合，在形式上做到了文人画中前所未有的有机统一和极尽完美的程度，从而使传统绘画这种特有的美的法则得到最高的体现。这是潘天寿艺术上的出色成就，也是他在中国花鸟画史上所以能攀登又一高峰的原因之一。其四，"书中有画，画中有书"。潘创造的新体行书，那种匀称整饬的线条美，以及特别加大行距以突出字里行间大小、参差、错落的结构美，非常具有画意，同他在画上运用的线条和造型的结构也是非常协调，可说是书中有画。反过来，潘天寿也是画中有书。其五，"强其骨"与"不雕"。强其骨是潘天寿做人之道，也是作画之道。不雕是贵其自然、古拙、浑朴、刚健之美。强其骨和不雕互为表里，是潘天寿笔墨上所追求并形成的特色。其六，"相讥纤细与粗顽"，不反对树立学派特色。[2]

有学者探讨了潘天寿画论中的几个美学问题，涉及艺术对于社会功能问题、艺术中主客观关系、对艺术的理解、形与神的关系、笔墨和构图的形式美问题。关于艺术的社会功能问题，潘天寿认为艺术是人民的精神食粮，反对脱离时代、脱离生活、脱离人民的艺术。关于对艺术的理解，即形式和技法，潘天寿是从表现生活看问题的，艺术形式上的一切变化，应服从于表现生活的需要。关于形与神，潘天寿认为形是手段，神是目的，形要以传神的需要而改变。关于构图的形式美，贯穿着"多样统一"形式美的根本规律。[3]

关于潘天寿的艺术，有学者认为，潘天寿的画有新的面貌，新的意境，新的形象，新的笔墨。笔墨以生、硬为主，有浙派的特点，是中国现

---

[1] 潘公凯：《潘天寿传略》，《新美术》1981 年第 1 期。
[2] 朱金楼：《论潘天寿的艺术》，《新美术》1981 年第 1 期。
[3] 杨成寅：《潘天寿画论中的几个问题》，《新美术》1981 年第 1 期。

代传统绘画的一个高峰，他的艺术成就和他生活的浙江环境是分不可的。①

有学者研究了潘天寿的指头画后认为，首先，由于潘天寿的笔画有很高的造诣，故所作指画，能超古创今，独树一帜；其次，指头画的技法正好适合于潘天寿刚直倔强和深沉质朴的性格。以粗放取胜的指头画，可以充分发挥他胸中的壮气和蓬勃的创作激情。②也有学者认为，他擅长于笔墨画，擅长于简笔画。这种画都须掌握画面总的形势，而舍弃细枝末节。他以最简练的笔墨表现出最丰富的内容。③

关于潘天寿的艺术观点，有学者从以下方面予以论述：其一，关于继承与创新。潘天寿强调民族绘画的继承性的同时，亦十分重视绘画艺术的创新。对于承与革的辩证关系，潘天寿认为，有常必有变；变从有常起；先承而后革；新旧是相对而言。创新要有两方面的基础：民族传统的基础和生活的基础。创新的要求是：时代性和画家自己的个性和风格。其二，生活的真实和艺术的真实。艺术的真实必须以生活的真实为基础；艺术要高于生活。其三，思想境界和艺术境界。思想境界的高低决定作者对自然对象的理解和感受程度；绘画的意境不仅存在于客观世界之中，也存在于作者本人内心世界的外化。④

有学者探讨了潘天寿画上的题跋与用印，指出，潘天寿借题跋发挥艺术创作的理论或记画家的心绪之花的做法，是继承了石涛、郑燮等文人画的作风，而有所发展的。题款与钤印可以使画面更加丰富和完美。他的题款和用印在每幅画中都有不同的处理，均做了精心安排，铸成他独特的风格。潘天寿各体书法均长，用笔沉着刚健，又极富变化，各尽其妙。⑤

关于潘天寿与中国画教学，有学者认为，作为浙江美院的院长，潘天寿十分强调中国画教学的独立性，强调继承传统的重要意义，主张在继承的基础上创新。关于素描教学，潘天寿的观点是，强调中国画的造型是笔线造型，不赞成用明暗块面塑造的观念和方法作为中国画的造型训练内容；中国画的造型训练应以素描写生临摹为主，结合默写；将西洋素描中的速写和慢写加以改造，减少明暗外光，加强结构和线的运用，以弥补白

---

① 余任天：《一味霸悍——漫谈潘天寿的艺术》，《新美术》1981年第1期。
② 邓白：《潘天寿的指头画》，《新美术》1981年第1期。
③ 周昌谷：《潘天寿先生的人品和画品》，《新美术》1981年第1期。
④ 潘公凯：《略谈父亲的几个艺术观点》，《新美术》1981年第1期。
⑤ 刘江：《试论潘天寿画上的题跋和用印》，《新美术》1984年第1期。

描、双勾的不足。教书育人，提倡人格教育，为人师表。① 有学者指出，潘天寿对于中国画教学所作的最主要的贡献，在于他旗帜鲜明地倡导和坚持了现代中国画教学的民族性和独立性，并在浙江美术学院初步形成了比较完整的中国画教学体系；主张分科教学，不赞成明暗素描，强调继承传统是创新的基础；临摹与写生并重；强调笔线造型；注重传神写意，注重艺术格调；强调全面文化修养；大学学制改为五年；注重人格教育，博采众长。②

关于潘天寿的意境格调说，有学者指出，关于意境说，意境创造是受之于眼，游之于心，得之于感悟；意境的实现是意与象的统一，情与景的统一；关于静美的独特见解是，由动美到静美。关于格调说，潘天寿认为，格调与思想绝对有关，制约格调的因素是很复杂的；还涉及创作流派和风格，作家的自我修养，眼界和鉴赏力的提高，美的超功利性。③ 有学者研究了潘天寿对画面结构的探索后认为，潘天寿的作品在构图上具有鲜明的特色，他在画面上寻求的是明确的秩序，雄浑的力量感，在静态中蕴含着动的生命，这是潘天寿构图的独到之处。④

关于潘天寿山水画作品的象征寓意，有学者将潘天寿的作品作了归类：第一类，隐逸山水；第二类，祥瑞山水；第三类，实验山水。并对隐逸山水和祥瑞山水的寓意予以研究，认为潘天寿隐逸山水的心理背景和意义是，潘天寿在生活态度和价值观上都曾经保留了浓厚的传统文人的典型特征，他的精神气质和人格品性中都具有淡泊超然甚至强烈的遁世色彩。至于祥瑞山水画（具有强烈社会和政治意义的山水画），潘天寿在表达象征意义时的图式违反了合适原则，超出了潘天寿自己所能控制的范围。⑤

有学者认为，潘天寿的画特别注重意境、气韵、格调这类中国文人画的传统要求。他是文人画优秀传统的继承者。他将中国画以线为主的特点发展到极致，造型概括，骨峻力遒，融书法"屋漏痕""折钗股"的手法于画中，运笔果断而精练，强悍而有控制，藏豪放坚劲之力于含蓄朴拙之中，具有雄健、刚直、老辣、生涩的特点。他的用墨，枯涩浓淡均见深厚

---

① 顾生岳：《潘天寿先生与中国画教学》，《新美术》1985 年第 3 期。
② 季实：《潘天寿对中国画教学的贡献》，《新美术》1988 年第 1 期。
③ 万青力：《潘天寿的意境格调说》，《美术》1991 年第 3 期。
④ 潘公凯：《潘天寿对画面结构的探索》，《美术》1991 年第 3 期。
⑤ 黄专、严善錞：《潘天寿几幅山水画作品的象征寓意研究》，《文艺研究》1994 年第 6 期。

的传统功力，用色则古艳淡雅，清新绝俗。潘天寿的绘画是一种大写意绘画，笔线粗而果敢，笔笔要求清清爽爽，落笔不能犹豫。潘天寿的作品大气磅礴，奇崛高古，在绘画史上独树一帜。①

关于潘天寿艺术创造意识，有学者探讨了潘天寿艺术创造意识的来源、在绘画基础理论一些领域所体现的创造性、体现在中国画技艺上诸要素的创造意识。认为潘天寿的艺术创造意识来源于：其一，潘天寿把前人的思想成果、艺术及与艺术有关的思想成果接过来，经过研究、消化、实践，再作出准确的阐释，综合成自己的学说。其二，潘天寿作为画家，对自己所生存时代出现的艺术现象有深刻的了解，对当代各个阶段的成果有明确的认识，对历史发展变化有深入的研究。其三，潘天寿重视和研究自己所处时代的社会和现实生活。其四，在不断地艺术实践的基础上确立自己的创造思想。关于在绘画基础理论的创造性，潘天寿在中国绘画基础理论所探讨的深度是非常突出的，如意境、境界方面的论述，找到了解释意境根据和实现意境的艺术规律—静观—静美—静中寓动—静悟—意境。关于体现在中国画技艺上诸要素的创造意识，潘天寿对技艺的研究铺放详尽慎细入微，许多问题都是深刻到了人们难以理解的程度。②

关于潘天寿艺术的人文精神，有学者指出，不能简单概念化地将潘天寿划定为一般性延续性艺术家，因为他对传统文化精神的整体理解与独特把握不乏现代美学意识或曰"现代精神"的流露与追求。潘天寿绘画是对传统绘画的一种历史推进，更是历史人文画的现代展开，其文化的依托即在于往昔的哲学与诗意文化以至书法文化，或可用"气结殷周雪"概而言之。潘天寿是一个深刻理解并遵从既定法则的艺术家，但他的伟大更在于敢于否定既定法则，而建立一种新形式法则，背反阴柔美学体系，高扬阳刚美学主张，从而实现了现代中国画的自律并将之推向一个新境界。③ 有学者从"高峰意识""立奇达和""奇平之道"和"边角学问"论述了潘天寿绘画思想的学术价值以及对中国画的创新与发展所具有的启迪意义。④

有学者通过对潘天寿的绘画艺术的剖析和解读，发掘蕴藏在中国绘画

---

① 卢炘：《雄伟博大的潘天寿绘画艺术》，《中国艺术》1995年第2期。
② 杨悦浦：《潘天寿艺术创造意识略析》，《名作欣赏》1996年第6期。
③ 梅墨生：《气结殷周学——回视潘天寿艺术的人文精神》，《文艺研究》1997年第1期。
④ 童中焘：《超逸高雄警奇古厚——略谈潘天寿绘画思想的学术价值》，《文艺研究》1997年第1期。

传统中关于传统的更为丰富深刻的意味。潘天寿用他一生的探索实践，以非常个人化和风格化的作品，为传统中国画可持续发展提供了富有说服力和借鉴意义的典型个案。[1] 有学者认为，潘天寿从世界的大范围思考中国画的发展，强调"中西绘画要拉开距离，个人风格要有独创性"，他的理论和作品都饱含着民族的自信，具有鲜明的时代精神。[2] 有学者分析了潘天寿的"画贵能极"说后，认为其内涵包括：主张人品极高洁；学问极深广；艺术境界极脱俗；绘画风格极强烈。这一主张与传统山水画大家"集大成"的方法相比，属于强化个人风格、一线突破的创新思想，但也往往导致不易归于"平淡"之境界。[3]

关于潘天寿美术教育思想，有学者从潘天寿的教育理念、教育原则、教育目标和教育内容、教育过程以及教育评价和为人师表等方面来理解和研究他的美术教育思想的体系和构成，分析其产生和发展的原因，从而为当代的艺术教育尤其是中国传统艺术教育在当下如何发展，提供借鉴。[4] 有学者研究了潘天寿关于发展民族艺术的"特色论"，认为潘天寿是"特色论"的旗手，他反复强调的基础理论和信念是，精神食粮论、民族精神洁净论、艺术不同论、民族绘画自信论。民族绘画自信论是要对民族绘画的历史成就有基本的把握，艺术不同论是最本质、最重要之理论前提，民族精神洁净论既是对精神食粮论的深化，又是民族绘画自信论的归宿。关于潘天寿发展民族绘画的战略思想，包括以下主要方面：中西绘画两大系统说；拉开距离说；扬长避短说；借古开今说。[5]

关于潘天寿花鸟画作品构图的立意、用笔、墨色、审美意蕴的现代性，有学者认为，其画作图构思独特，构图生动，蕴动于静，造型形式多样，作品笔墨空灵，拙趣横生，成功地实现了传统花鸟画构图审美范式的突破。[6] 关于潘天寿的中国画思想，有学者认为主要包括对笔墨、构图、色彩等方面的技法归纳与分析，将绘画视为学术，从而将诗文、篆刻理论包含在绘画理论中，构成了以"诗、书、画、印"为一体的绘画观。[7]

---

[1] 王嘉：《传统的意味——潘天寿绘画艺术解读》，《美术研究》2003年第3期。
[2] 卢炘：《潘天寿绘画与时代是否合拍》，《美术研究》2003年第3期。
[3] 赵海若：《潘天寿"画贵能极"说释论》，《云南师范大学学报》2004年第5期。
[4] 王来阳：《潘天寿美术教育思想构成研究》，《浙江艺术职业学报》2007年第3期。
[5] 卢炘：《潘天寿关于发展民族艺术的"特色论"》，《中国书画》2008年第4期。
[6] 刘靖宇：《潘天寿花鸟画构图审美意蕴的现代性解读》，《巢湖学院学报》2014年第2期。
[7] 赵成青：《潘天寿的中国画思想》，《书画世界》2015年第6期。

七 李可染的绘画艺术

关于李可染的艺术来源，有学者认为，李可染的艺术自齐白石、黄宾虹出发，与明遗民艺术系统一脉相承。他继承了齐白石最可贵的创作态度与创作方法，也形成了李可染艺术上的鲜明特点与独创风格，同时他也肯定了黄宾虹艺术的最大长处，不断地钻研和吸取。在其艺术中可以看出，曾受两位大师不同的影响，却又得到了一定的综合。[1] 另有学者认为，从笔墨的简练天真处看，在李可染画中可以找到齐白石的根源。李可染爱画牛、画牧童，齐白石也画过牛和牧童。两人的作品就有近似之处，都能用简练朴素的笔调刻画牛的性格，看得出李可染的画是从齐白石的画出来的，但齐白石更概括，正因不讲究形似而十分神似；李可染较精确，是以素描为根底脱胎出来的齐白石画，这就鲜明地说明两代人中既有继承又有发展的现代中国画的道路。[2]

关于李可染山水画的特点，有学者认为，李可染以独特的风格，体现了现代山水画的时代共性，他是一位开派画家，也是一位开创时代画风的画家之一。李可染是一位具有超越的识见，过人的功力，开创的实践，作品是以代表其所处时代水准的艺术家。李可染的作品，调子严整，色阶丰富，黑、白、灰分明，将素描的基本功有机地融合于传统的表现方法之中，成功地开出了一条新路。[3] 有学者认为，李可染在画中先是抓住具有形象特征的近景，因为他发现古人的定律"近大远小，近深远淡"实际上并非完全如此。他根据不同的对象、不同的面貌特征，采用了不同的造型手法，所得到的韵味与效果自然也是极其强烈的。"真力弥满，义气横溢"。李可染的山水画大都有这样的特点。真，就是真实，逼真；力，是力量，胆力、笔力、功力；气，则是气质，气魄、气魄、气势、气韵；意，就是意境。在构图上，李可染的画既严整，又饱满，纵深感极强，少见有大面积的虚白处理。但他的满和饱是为了内涵的丰富和宽敞，是要将观众的视线往画的深处引；构图的"满"，是为了全局的"宽"。他的画着墨苍润，层次神厚，以墨为主，设色颇有些单纯。他的水墨山水，有极

---

[1] 张仃：《可染的艺术》，《美术》1959年第9期。
[2] 黄苗子：《师造化 法前贤——答小棣关于李可染艺术的来信》，《文艺研究》1982年第6期。
[3] 白黑：《开派画家李可染》，《名作欣赏》1984年第4期。

浓的，也有极淡的。①

有学者分析了李可染艺术思想的形成后指出，可贵者胆，所要者魂。这是他从长期探索实践中凝练出来的肺腑之言。在他的艺术思想中，最重要的是胆力和勇气，即敢于打破成规，甚至反其道而行之，显示出一种异乎寻常的艺术韵味和酣畅淋漓的艺术效果。为了打破陈陈相因的窠臼，他把写生作为创作的起点。他认为写生是熟悉和表现对象的根本途径，是对客观事物再认识的深化过程，写生也是印证传统。② 有学者认为，李可染在意境创造上的独到之处，就是有意识地使形象描绘更具有真实、丰富、深厚和含蓄的诸种效果的同时，又注意形式法则的运用，和全画的浑然一体。在他的画作上，凡与意境表现有关的形式法则的运用，都是得体而精到的，几乎一笔也挪动不得。无论在与情意抒发的配合，或有助于节奏韵律的形成，凡此种种形式上的安排处理都那么左右逢源，得心应手，并与全画意境的表现取得浑然一体的效果。③

关于李可染的山水意象，有学者指出，创造团块性的、黑色调的、整体上鲜明而内中丰富的山水意象，是李可染思索并总结了他个人和前人处理山水意象的历史经验的结果，也是他独特的审美感受的产物。李可染山水境界的丰富形态、丰富层次，都统一在窈窈冥冥的混沌之中，李可染山水的美，不妨说是"黑入太阴"的美。李可染山水境界不仅源自他的审美经验，他的气质个性，也植根于深层民族心理意识结构，是与民族审美心理源远流长的潜流汇合在一起的。④ 另有学者认为，李可染山水画的主题风貌是陈雄、博大、深厚、华滋，并以"黑"著称，这是因为这位胸中涌动着时代风云的画家，非"黑"不足以显其厚，非厚不足以抒其情，也就不能得其可以追求的山河之魂和民族之魂。⑤

有学者研究了李可染的山水风格，认为有两种。其一是以色墨积染法画崇山峻岭和茂林飞瀑，这些画笔墨蓊郁、色相华滋，意境幽深，气象雄浑，具有总览大千于笔端，舒卷风云于腕下的气魄；其二是清新俊爽，妩媚空灵，这类作品多画江南水乡的空蒙雨景，都以极为简约轻淡的笔墨画

---

① 贾靖宏：《国画艺术的开拓者——李可染》，《瞭望周刊》1986 年第 19 期。
② 贾靖宏：《国画艺术的开拓者——李可染》，《瞭望周刊》1986 年第 19 期。
③ 华夏：《新颖 耐看 韵味足——从李可染先生的个展谈起》，《美术》1986 年第 4 期。
④ 郎绍君：《黑入太阴意蕴深——读李可染先生山水画》，《文艺研究》1986 年第 3 期。
⑤ 杜哲森：《李可染和他的艺术风格》，《美术研究》1990 年第 1 期。

出了润物无声的蒙蒙细雨和天光水色，一派晶莹明澈景象。① 有学者以"深秀谨密"概括李可染山水画的风格。深秀涵括着自然对象的特征，涵括着李可染对水墨性格、水墨情调的独特理解与把握。谨密是李可染山水的另一特征。谨密，指画风严谨、结构严密。②

关于李可染的素描速写，有学者研究后认为，他的素描观和作品中的素描感，显示了现代山水画家的开放精神，他的写生实践和写生论，尤其关于专业基本功和把握事物形象规律的论述，是现代山水画教学的一笔宝贵的财富；他在写生和创作过程中，由忠于生活到主宰生活的转折，以及感情投入和意境说、艺匠说，生动地说明了在由自然到艺术的跋涉中，从大自然中获取的新鲜感受，怎样从自然性的信息转化为艺术性的信息，他怎样在主客观的结合中完成了由自然到艺术的跃进。③

关于李可染写意人物风格和牛图风格，有学者指出，李可染的写意人物，风格上经历了"放—收—放"三个阶段。20世纪40年代初至50年代初，早期人物"放"，五六十年代中期人物趋向"收"，"文化大革命"后，又从"收"回归于"放"，晚年写意人物大放异彩。早期作品，人物意态、表情、构图，以"奇"为主，中期作品则以"正"为主，晚年复归于"奇"，实现了他理想中的"奇中见正"。李可染牛图风格分为三种类型，第一种类型，为牛作特写，为牛造像，颂扬牛的奉献精神；第二种类型，写牛性以自况、自励；第三种类型，由牛图派生、发展、演化出一系列优美的诗意画——四季牧牛图。李可染的牛图，在不断演变中沿着中国传统绘画长河的轨迹，伴随现代哲学思维发展，与诗、与书法艺术结缘，创造了国画美的新观念，全面跃出中国古典绘画和历代文人画范畴，获得20世纪现代艺术丰碑的品格。④

关于李可染的"用光"特点，有学者认为，李可染师承黄宾虹，黄宾虹用光的特点，偏重和谐，采用正面散光，繁密多变；李可染"用光"特点，偏于强烈，多采侧逆光，简洁明朗、洗练、统一。传统中国画的技法，多用"笔""墨"，虽有"用光"，但极少触及理论研究。事实上，"用光"在绘画上有着强大的表现力，中国画要有所创新，当拓展光和面

---

① 杜哲森：《李可染和他的艺术风格》，《美术研究》1990年第1期。
② 郎绍君：《李可染的山水画》，《文艺研究》1991年第5期。
③ 刘曦林：《从自然到艺术的跋涉——李可染素描速写论评》，《文艺研究》1991年第5期。
④ 孙美兰：《不朽的创造——李可染写意人物和牛图小引》，《文艺研究》1991年第5期。

的技法研究，从而建立起中国画"用笔""用墨"之外的第三技法系统。在这方面，黄、李二人则已经从实践和理论上为我们开辟了一条可行之道。①

关于李可染前后期的艺术风格，有学者指出，李可染前后期艺术风格相比较，具有时代的本质区别：前者是个人的抒情言志，而后者则体现出民族整体的壮阔的审美意念；前者是站在个人的角度俯察社会众生，而后者则立足于生活，挖掘、体验与把握社会思想文化的内在光华；前者仍属于"玩赏品"的范畴，而后者则"为祖国山河立传"，树立起新时代民族精神的丰碑。两者既有区别，又都是李可染在艺术实践中不断追求时代精神的结果，具有不同时代递进嬗变的联系。②

关于李可染后期山水画的审美特色，有学者认为，李可染明确认识到自己的艺术已渐入化境，是对神韵天成境界的更自觉的追求。画中意象进一步综合、提升。天下大山的雄伟、峻厚、奇秀、瑰丽，并经过综合、融汇，形成大美大壮的山川形象，其中包孕着华夏的魂魄。李可染后期的艺术创作，都贯穿着这一共同的审美特色。③

关于李可染山水画从写生到创作的发展，有学者指出，李可染是通过山水写生来改造中国画的实践者，是古典山水画向现代山水画过渡的大师。他创立了一套现代山水写生方法并形成独特的山水画风格，在20世纪60年代逐渐完善了自己的山水画艺术。李可染山水画，从写生到创作的发展过程中的成果和经验，是学习和研究中国画所必需的，也是20世纪中国美术史的重要课题。④

关于傅抱石与李可染对比研究，有学者认为，傅抱石迅捷挥洒与李可染的稳重敷写形成对比，却都异曲同工，来传达一个审美内容，达到一个同样精神高度。究其背后的原因，既有艺术道路的差异，又有具体而微的用笔用墨的区别。⑤ 有学者对傅抱石、李可染山水画艺术特色予以比较，指出，两位画家的山水画在创立新的民族山水图式、彰显艺术个性的同时，也暗含了民族传统艺术中两种典型的风格。前者具有气吞山河、磅礴

---

① 周学斌：《浅谈黄宾虹李可染的"用光"特点》，《佛山大学学报》1997年第1期。
② 郑伟建：《时代中的李可染与李可染的时代精神》，《东南文化》2000年第12期。
③ 李松：《李可染后期山水画的审美特色》，《中国书画》2003年第5期。
④ 李强：《李可染山水画从写生到创作的发展》，《宝鸡文理学院学报》2004年第5期。
⑤ 崔自默：《傅抱石与李可染对比研究》，《解放军艺术学院学报》2006年第4期。

大气的浪漫主义风格，后者更接近深沉雄厚、静穆壮丽的现实主义风格，开创了新时期民族山水画艺术的新天地。①

关于李可染山水画的空间表现，有学者从审美立场、表现方法、逆光运用三个方面比较它与传统山水画空间表现的异同，剖析其空间表现的特征，阐释其对深化意境的重要作用。② 有学者指出，李可染的现代之道，既是对现代价值的认同，也是对民族文化传统本根自觉的沟通，更有"应该站在中国人的立场上看中国画"的文化价值立场。③

关于李可染在山水画写生观念的现代演进，有学者研究后指出，李可染对于自己的老师黄宾虹十分恭敬虔诚，尊师重道，但他师学所长，重在学其创造精神。他汲取了黄宾虹层层积墨、积染技巧与浑厚华滋的意蕴，但在整体画面构成和具体形象上又迥异于老师，在图示、气象、气韵和意境的营造上又比其师更富于变化，更具时代气息。④

关于抗战前后李可染艺术风格转变的原因，有学者认为，李可染作品在 1945 年前后经历了一次巨大改变，这一改变表现在作品内容上，就是 1932 年以前以人物和西洋画为主，抗战时期作了大量宣传画，也一度画牛多年。1945 年后又将山水画作为自己毕生的事业方向。

关于李可染"黑"山水画的艺术表现，有学者从三个角度进行分析。第一，构图饱满，似倚反正；第二，聚合意象，幻化空间；第三，笔与墨会，黑山逆光。李可染用个性化的语言描绘出了深秀、壮丽、博大、雄浑、崇高的"黑"山水画意境，手法奇绝，前无古人。⑤

关于李可染写生山水诗化，有学者认为，从早期山水富含高隐之诗思幽情，到其后变画境为诗境、诗隐笔墨，其写生山水创造了诗魂、"道诗无诗却有诗"。他在"对景创作"中把现实生活推进到艺术的境地，通过意境的体验与艺匠的经营，并以久坐凝思寻求诗境，将写生山水转化为诗境。李可染以诗境确立了其在中国现代山水画史上的位置，也使写生山水

---

① 余永红：《傅抱石、李可染山水画艺术特色再比较》，《文化艺术研究》2010 年第 4 期。
② 王江鹏：《李可染山水画的空间表现》，《陕西师范大学继续教育学报》2006 年第 1 期。
③ 宋晓霞：《李可染的现代之道》，《美术》2008 年第 1 期。
④ 王贵胜：《山水画写生观念的现代演进——从黄宾虹到李可染》，《美术研究》2009 年第 3 期。
⑤ 刘宝水：《刍议李可染"黑"山水画的艺境表现》，《国画家》2010 年第 4 期。

翻开了新的篇章。① 有学者探讨了李可染融合中西的绘画思想,认为,李可染融合中西,提出了面向自然写生,发掘自然美的特质,有机吸纳西方绘画的写实因素,对传统山水画开拓创新,创造山水画新意境的绘画思想。②

---

① 刘曦林:《道是无诗却有诗——李可染写生山水诗化谈》,《中国国家博物馆馆刊》2011年第3期。
② 钟国胜:《李可染融合中西的绘画思想》,《沈阳工程学院学报》2011年第3期。

第 六 章

近代教育史研究

第一节 近代教育史研究概况

一 资料整理

1954年，中国科学院近代史研究所主编的《近代史资料》创刊问世。该刊包括了部分教育史方面的内容。1957年，《抗战中的中国文化教育》由中国现代历史资料编辑委员会翻印出版，为研究抗战时期的文化教育提供了珍贵资料。教育科学研究所筹备处编辑出版的《老解放区教育资料选编》1959年由人民教育出版社出版，为研究解放区教育提供了参考资料。1961年，舒新城主编的《中国近代教育史料》由人民教育出版社出版，该资料分上、中、下三册，上起1840年鸦片战争，下至1919年五四运动前后，内容主要涉及晚清、民国政府初期教育政策和措施，下册第七章资料为冯桂芬、郑观应、康有为、梁启超、孙中山、蔡元培等人的教育理论和思想介绍；第八章为帝国主义对中国的文化侵略，资料为帝国主义在中国开办学校进行文化侵略和利用庚子赔款进行文化侵略。该资料为研究中国近代教育制度的基础资料，对中国近代教育史的研究起到了积极作用。上海师范大学教育系编写的《教育发展史资料》于1973年出版，为研究中国近代教育史提供了部分资料。

改革开放后，中国近代教育史资料整理取得了很大进展。陈学恂主编的《近代中国教育大事记》1981年由上海教育出版社出版，以教育史为主，适当收集有关政治、文化等方面的重要史事，力求反映中国近代教育的演变和发展过程，注重中国近代教育方面的重要事件。该书收录了清政府的教育诏谕、臣僚教育奏议及有关活动，民国初期的教育政策、法令，近代教育家的教育论著、教育活动，学校教育的建立、演变和发展，外国人在华办学情况等，所收内容从1840年至1919年，采取以五四运动划分中国近现代史分期方法划分教育史分期。该书的出版发行，对改革开放后近代中国教育史料的建设具有筚路蓝缕之功。人民教育出版社1983年出版的陈学恂主编《中国近代教育文选》，选录了魏源、冯桂芬、容闳、郑观应、李端棻、盛宣怀、严修、康有为、梁启超、严复、张之洞、张百熙、孙诒让、张謇、蔡元培、汤化龙、黄炎培、陈独秀等教育家的教育论著，与其随后主编的《中国近代教育史教学参考资料》和《中国近代教育史教学参考资料》一起，构成了改革开放后第一批编辑出版的近代教育史资料集。

华东师范大学出版社1983—1993年先后出版的朱有瓛主编《中国近代学制史料》共4辑，所选资料以原始资料为主，少量有参考价值的传述、杂记和后人的专著、论文也择要选录，为研究从1862年同文馆成立到1922年壬午学制公布的中国学制演变奠定了基础。人民教育出版社1987年出版的李桂林主编《中国现代教育史教学资料》，所选资料从1919年五四运动起到1949年中华人民共和国成立止，以原始资料为主，对有价值的当事人回忆和记述，也有少量选录。所选内容，第一部分为中国共产党的教育思想、政策、方针，中共在根据地所建立的教育机构、学校等方面的资料；第二部分为北洋军阀和国民党统治时期的教育，包括北京国民政府和南京国民政府统治时期的学制改革、教育方针、政策、法令等方面的资料；第三部分为西方列强对华教育侵略，主要涉及教会学校、庚子赔款与兴学、日本在中国东北的奴化教育等相关资料；第四部分主要是蔡元培、徐特立等教育家，勤工俭学、平民教育等教育思潮，教育团体、教育刊物等相关资料。该书主要为中国高等院校教育系师生研究中国现代教育史的教学参考资料。北京师范大学出版社1983年出版的李友芝等人编《中国近现代师范教育史资料》、教育科学出版社1988年出版的中央教育科学研究所编《中国现代教育大事记》、人民教育出版社1989年出版的华东师范大学教育系编《中国现代教育文选》等资料先后出版，为近代教育史提供了基础性资料。其中《中国现代教育文选》一书，收录了蔡元培、张伯苓、徐特立、黄炎培等21人有关教育的论文、演讲、书信、随感录、读书杂谈、办学方法等文章91篇，对高等教育、职业教育、师范教育、中小学教育、新民主主义教育等多有涉及。此外，教育科学出版社1987

年出版的李楚材主编《帝国主义侵华教育史资料：教会教育》则是集中收录了近代基督教、天主教在华办学的史料。

20世纪90年代是中国近代教育史资料整理出版的发展时期，一些大型资料集先后出版，为研究近代中国教育提供了大量可靠的资料。其中最重要者当数陈元晖、陈学恂主持编选的大型专题教育史资料《中国近代教育史资料汇编》10卷本，该资料由上海教育出版社从1990年开始出版，到1997年出齐。该套资料集包括10卷：璩鑫圭主编的《中国近代教育史资料汇编·鸦片战争时期教育》，主要收集了两次鸦片战争时期清王朝教育方面的资料及太平天国关于教育方面的资料；高时良编《中国近代教育史资料汇编·洋务运动时期教育》，辑录了洋务运动时期清政府关于近代教育产生、发展的相关资料；汤志均、陈祖恩编《中国近代教育史资料汇编·戊戌时期教育》，以专题为纲，辑录了1895—1901年有关教育改革等方面的资料；璩鑫圭、唐良炎编《中国近代教育史资料汇编·学制演变》，主要收集壬寅癸卯学制、壬子癸丑学制、壬午学制等中国近代学制演变情况的相关资料；陈学恂、田正平编《中国近代教育史资料汇编·留学教育》，主要收录了1872年至1922年前后留学教育的相关史料，特别注意近代留学教育对中外教育交流的影响；璩鑫圭等编《中国近代教育史资料汇编·实业教育 师范教育》，主要收集从鸦片战争到五四运动前后实业教育、师范教育等方面的相关史料；李桂林等编《中国近代教育史资料汇编·普通教育》，主要搜集普通教育（包括中学、小学及幼儿园等）方面的相关资料，内容涉及教育方正政策、规章制度及办学情况等；朱有瓛等编《中国近代教育史资料汇编·教育行政机构及团体》，主要搜集从鸦片战争到五四运动前后教育机构演变、教育团体建立及其活动等方面资料；潘懋元、刘海峰编《中国近代教育史资料汇编·高等教育》，主要辑录了近代中国高等教育产生、发展及其实际情况的相关史料；璩鑫圭、童富勇编《中国近代教育史资料汇编·教育思想》，主要搜集了反映中国教育思想发展及各种教育思潮产生、教育理论争论等方面资料。

人民教育出版社1992—1993年推出的陈学恂、叶立群主编的《中国近代教育论著丛书》，是《中国古代教育论著丛书》的继续。该丛书选辑了1912—1949年中国近代著名教育家的代表论著，包括论文、演讲、书信、日记、教育改革建议、教育实验、调查报告以及专著节录等，并大力收集未公开发表的手稿或遗稿，对于一些教育家1949年后的代表性教育论著，也有少量收录。被录入该套丛书的近代主要教育家有蔡元培、陶行知、陈独秀、梁漱溟、俞庆棠、廖世承、黄炎培、晏阳初、俞子夷、梅贻琦、雷沛鸿、郑晓沧、经亨颐、陈鹤琴、胡适、傅葆琛、李建勋、蒋梦麟、陈宝泉、舒新城、张伯苓、庄泽宣、孟宪承、陆费逵等人，各卷卷首有该卷作者的照片、手迹等。每卷有"本卷前言"，介绍所选录教育家的生平事迹和教育主张，对研究中国近代教育思想帮助甚大。江苏古籍出版社 1991—2000 年间陆续推出的中国第二历史档案馆编辑的《中华民国史档案资料汇编》第 3 辑（教育）、《中华民国史档案资料汇编》第 5 辑第 1 编（教育）、《中华民国史档案资料汇编》第 5 辑第 2 编（教育）、《中华民国史档案资料汇编》第 5 辑第 3 编（教育），提供了研究国民政府教育方针、教育制度及教育方面的实施情况的大量档案资料。

中国近代教育史资料编辑出版趋向超大型化发展。其中最具代表性的资料集，当属大象出版社 2015 年推出的李景文、马小泉主编的《中华民国教育史料丛刊》。该丛书共 1120 册，时间界限从 1912 年中华民国建立到 1949 年中华人民共和国成立，内容包括民国时期出版的教育学、心理学著作、民国时期教育法规、高等教育、中等教育、初等教育、师范教育、职业教育、教育思潮等相关资料。选取民国时期教育基础档案、教育理论及研究论著、中小学和师范教育课本、课程标准、教学方法等相关论著 4000 余种，按中图法分为 61 类，60 万页成书 1120 册，是研究民国时期教育的主要参考资料。

张研、孙燕京主编的《民国史料丛刊》1128 册和《民国史料丛刊续编》1140 册分别于 2009 年、2012 年在大象出版社出版，是国内第一次系统整理和出版的以中华民国政府为主题的基础史料，其中不乏民国时期教育方面的内容。高等教育出版社 2003 年出版的刘昕主编的《中国考试史文献集成》第七卷（民国），为研究民国时期的考试制度及考试方面的相关问题提供了可靠史料。福建教育出版社 2007 年推出的瞿葆奎、郑金洲主编的《二十世纪中国教育名著丛编》，收录有 26 部近代教育名著，对研究中国近代教育学的发展情况、中国近代小学教材、中学教材的编写情况、中国近现代教育史有较大帮助。

此外，在专题教育史料方面，知识产权出版社 2020 年出版的吴洪成著《中国近代教育史料学》对中国近代教育史料按专题进行了系统介绍；凤凰出版社 2014 年出版了《近代教会大学历史文献丛刊》80 册；人民教育出版社 2015 年出版的宋恩荣、余子侠主编的《日本侵华殖民教育史料》共分东北、中国台湾、华北及华东华中华南四卷本，主要收录了日本在上述地区的殖民教育方针与政策、教育行政机构、初等教育、中等教育、高等教育、社会教育、留日教育、教育团体与组织、教育报告与统计等史料；在民国乡村教育文献方面，也推出多部大套史料，如四川大学出版社 2017 年出版的《民国乡村教育文献丛编》70 册，国家图书馆出版社 2014 年、2017 年及 2019 年先后推出的《民国乡村教育文献丛刊》28 册、《民国乡村教育文献丛刊续编》34 册及《民国乡村教育文献三编》30 册等资料。2020 年，浙江教育出版社推出了"中国近代教育文献丛刊"，包括留学教育卷 24 册、教育法规卷 14 册、教育史卷 26 册、外国教育译介卷 45 册等资料。同年，中华书局与现代教育出版社联合推出了《清代教育档案文献》第一编诏谕·规制卷，共 66 册。2021 年，上海科技文献出版社还推出了《近代师范教育研究资料汇编》63 册；次年，该社还出版了《近代留学史研究资料汇编》62 册。

国家图书馆出版社近年来致力于出版民国教育史料丛编，其中有涉及民国教育的大量史料，极大便利了研究者的利用。如该社 2014 年、2016 年相继推出了《民国高等教育史料汇编》50 册及《民国高等教育史料续编》30 册；在职业教育方面，该社 2015 年、2016 年相继推出了《民国时期职业教育文献辑刊》30 册及《民国时期职业教育文献辑刊》第 2 辑 30 册；在社会教育方面，该社 2017 年、2020 年推出了《民国时期社会教育史料》40 册及《民国时期社会教育史料续编》40 册；在教育统计资料方面，国家图书馆出版社 2010 年、2012 年出版了《民国教育统计资料汇编》30 册、《民国教育统计资料续编》25 册；该社还在 2009 年出版了《民国教育公报汇编》208 册，全面系统收录民国时期教育部、大学部及各省（市）教育厅所编的教育公报；另该社 2021 年又出版了《近代女性教育文献丛刊》30 册及《民国时期大学校刊汇编》100 册。

二 研究成果

新中国成立后，近代中国教育史的研究被提上日程，但后来受到政治因素影响，始终没有出现引人注目的研究成果，大多为介绍性的论文或回忆性的短文。改革开放后，迅速出版了一批中国近代教育史方面的研究著作。

陈景磐的《中国近代教育史》于 1979 年在人民教育出版社出版，是 1949 年后第一部公开出版的较系统论述近代中国教育的中国近代教育史教材。该书采用中国近现代史分期方法，所论述的中国近代教育史主要范围是从鸦片战争到五四运动，即旧民主主义时期的近代中国教育。编写者运用历史唯物主义和阶级斗争分析方法，吸收了中国近代史、中国革命史的研究成果，主要从帝国主义的奴化教育、资产阶级的新文化新教育两方面来论述中国近代教育的产生、发展史，同时介绍了封建主义教育及其向新式教育的转变。与以前中国近代教育史相比，该书内容较为完整、详略得当；给出一个新的中国近代教育史框架；深刻揭露帝国主义奴化教育；力求对中国近代教育史进行辩证分析等特点。该教材的不足之处是过分重视阶级斗争，如对洋务运动的否定，对李鸿章、张之洞亦然。在中国近代教育史的分期上仍采用中国革命史的划分方法而非近代教育史的形式进行划分。教育科学出版社 1984 年出版的沈灌群著《从鸦片战争到五四运动时期的教育》，以人物教育理论、思想介绍为主线，主要论述了龚自珍、魏源、张之洞、康有为、梁启超、严复、孙中山、蔡元培等人的教育主张，同时对太平天国政权的革命教育和教会教育也作了阐述。1995 年学林出版社出版的桑兵著《晚清学堂学生与社会变迁》，将社会学理论与历史学考证方法相结合，对清末学堂发展、学生人数变化、学潮的兴起及学部采取的措施进行了考察、分析，对清末教育经费的短缺及其影响进行了深入探讨，对新式教育的发展对清末社会的影响进行了总评估。该书是一部难得的将教育发展与社会变迁联系的教育史著作。此外，人民教育出版社 1990 年出版的董宝良著《中国教育史纲》（近代之部）、教育科学出版社 1994 年出版的宋恩荣主编《近代中国教育改革》，华东师范大学出版社 1994 年出版的郑登云编著《中国近代教育史》等书，也集中考察了中国近代教育史。

在现代教育研究方面，人民教育出版社 1979 年出版的陈元晖编著《中国现代教育史》，采取中国革命史分期方法，主要论述了 1919 年至 1949 年新民主主义革命时期中国教育的发展历史，内容包括帝国主义的教育奴化、资产阶级的教育和新民主主义的教育。北京师范大学出版社 1985 年出版的高奇主编的《中国现代教育史》，注重总结中国现代教育发展史中的历史经验，特别是中共领导下的新民主主义教育和社会主义教育的经验。该书在重点研究中共教育思想、政策及其教育实践的同时，对国民政府的教育政策、教育体制、办学情况也有论述，基本展示了中国现代教育的全貌。1988年教育科学出版社出版的中央教育科学研究所编《中国现代教育大事记（1919—1949）》，按时间顺序记录了1919年至1949年中国教育方面的重大事件、政府关于教育的政策、方针及其举措；记述了中国共产党及其所创立的根据地的教育政策、措施及其教育活动。吉林教育出版社1991年出版的李桂林著《中国现代教育史》的主要内容为：一是对现代教育思潮和教育团体及其教育活动的研究；二是对国民党政权教育方针、政策，教育制度的演变，高等教育、师范教育、中等教育、国民教育等方面的研究；三是对中国共产党及其政权之教育思想、方针、政策及根据地实施教育等方面的研究；四是对蔡元培、晏阳初、鲁迅、陶行知、黄炎培、陈鹤琴等教育家教育思想、教育活动的研究；五是对沦陷区日本奴化教育的介绍。其中，中共教育所占分量最重，约占三分之一；对国民党及其政权教育的研究略显单薄，不足五分之一；教育家思想及其活动的内容占全部内容的三分之一，对北洋军阀政权统治时期的教育没有涉猎。

在民国教育研究方面，河南人民出版社1994年出版的申晓云主编的《动荡转型中的民国教育》、广东人民出版社1996年出版的何国华著《民国时期的教育》、重庆出版社1997年出版的熊明安著《中华民国教育史》，介绍了民国时期的教育状况，包括各级各类教育机构、学校的建立、发展情况。上海教育出版社1997年出版的李华兴著《民国教育史》叙述了民国教育的沿革和发展，对民国时期的教育政策、举措进行了分析评述，从多学科联系的视角，将各个教育流派的成立与影响、教育制度的变化特征、教育行政机构的运作、各类教育的发展沿革等，置于中国近代化的进程中考察，进行深入探讨、综合分析，使该著作达到了相当的深度和广度。此外，还有学者专门研究了近代的教会学校，如有湖南教育出版社1994年出版的高时良著《中国教会学校史》，广东教育出版社1996年出版的何晓夏等著《教会学校与中国教育近代化》，福建教育出版社1996年出版的黄新宪著《基督教教育与中国社会变迁》等书。

通过上述关于中国近代教育史的论著介绍可知，20世纪80、90年代，研究者多把1840—1949年中国近代教育史划分为中国近代教育史、中国现代教育史两部分，基本采用了当时中国近现代史的划分方法。在方法上多以历史唯物主义和阶级斗争分析方法为指导，对中国近代教育史进行梳理和系统论述,在中国现代教育史论著中,对中国共产党及其创立的根据地的教育着墨较多,对国民政府关于教育方面的教育政策、举措和活动论述稍有欠缺。当然,一些断代教育史著作较深入地探究了那一时段的中国教育政策和实践。

21世纪以后,中国近代教育史研究朝着专题化方向发展。山西教育出版社2006年出版的江铭、谢长法任主编《中国教育史专题研究丛书》,在前人研究成果的基础上,以清理从古代到近代各级各类学校教育自身发展的基本线索为中心任务,全面反映了不同历史时期中国教育的演变轨迹。该丛书为专题研究中国教育史,尤其是中国近代教育史的鸿篇巨制,使中国近代教育史研究向前推进了一步。山东教育出版社2008年出版的周洪宇主编的《教育史学研究新视野丛书》包括10部著作:郭娅著《反思与探索——教育史学元研究》,将教育史学本身作为反思和研究的对象,主要探讨教育史的学科性质,学科特征,研究内容、方法、范畴,学术功能,基本理论等,可视为该套丛书的理论总纲。但昭彬著《话语与权力——中国近现代教育宗旨的话语分析》,从话语权与教育宗旨,官方话语权、民间话语权等方面,对20世纪上半叶中国教育宗旨的发展与流变进行了深入研究,提出官民话语权演变规律,并从教育宗旨这个点来窥探近代中国社会变迁的规律。广少奎著《重振与衰变——南京国民政府教育部研究》,主要研究国家教育体系和教育制度,是制度主义理论运用于中国近现代教育史研究的初步尝试。赵厚勰著《雅礼与中国——雅礼会在华教育事业研究(1906—1951)》,对以往人们很少关注的雅礼会在华教育活动和影响,作了认真挖掘和深入研究。肖会平著《合作与共进——基督教高等教育合作组织对华活动研究(1922—1951)》,在前人研究成果的基础上,运用大量档案资料,探讨了中国共和大学中心办公室、中国基督教大学委员会、中国基督教大学联合董事会等基督教高等教育合作组织诞生的历史背景、组织职能、结构演变、服务活动及其主要社会关系,并对该组织在近现代中国高等教育特别是基督教高等教育发展进程中的作用,作了客观评价。中国昌著《守本与开新——阎锡山与山西教育》,从"地方军阀办教育"这一民国时期特殊现象入手,对阎锡山在山西的办学理念和实践进行了深入挖掘,拓展了区域教育史的研究,为后人研究军阀办教育提供了参考。周洪宇著《开拓与创建——陶行知与中国现代文化》,一改过去人们从教育角度研究陶行知的传统做法,从文化角度对陶行知在教育方面的成就进行深入探究。蔡幸福著《融通与创新——陶行知与牧口常三郎教育思想比较研究》,对东方教育史上的两个著名教育家——中国的陶行知和日本的牧口常三郎的教育思想作了比较研究。耿红卫著《革故与鼎新——科学主义视野下的中国近现代语文教育改革研究》,以科学主义为视角,对近现代语文教育科学化的历程作了认真梳理。汪楚雄著《启新与拓域——中国教育运动研究》,运用组织社会学理论,对民国初年新教育运动进行了考察和全新阐释。该套丛书从不同视角对中国近代教育的不同领域进行了新的探析。

近十年来,近代教育史研究内容日趋丰富。武汉出版社 2011 年出版的左松涛著《变动时代的知识、思想与制度:中国近代教育史新探》,人民教育出版社 2011 年出版的李剑萍和杨旭的《中国现代教育史——中国教育早期现代化研究》,河北大学出版社 2012 年出版的吴洪成等著的《晚清教师史研究》,知识产权出版社 2013 年出版的吴洪成著《中国近代教育思潮新论》,华中科技大学出版社 2014 年出版的刘训华著《困厄的美丽——大转局中的近代学生生活(1901—1949)》等著作从不同方面深化了近代教育研究。在抗战教育研究方面,则有社会科学文献出版社 2014 年出版的申国昌著《抗战时期区域教育研究》,余子侠、冉春著《抗日战争时期中国教育研究》等著作。

21 世纪以来中国教育史研究方面最具代表性的著作,是王炳照、李国均、阎国华主编的《中国教育史通史》。全书共 16 卷,700 万字左右,系统论述了从古代到当代中国教育的历史,同时对清末民国时期的各种教育思潮,如国民教育思潮、军国民教育思潮,职业教育思潮、实用主义教育思潮,美感教育思潮,科学教育思潮、平民教育思潮等进行了详细介绍;对近代教育家的教育思想进行了客观评析;对近代清政府、国民政府的教育政策及其实践活动进行了阐述。该著作代表了当今中国近代教育史研究的水平。华东师范大学出版社 2001 年推出的由陈学恂主编、田正平任分卷主编的《中国教育史研究》(近代分卷),力求将中国近代教育的发展放在鸦片战争后资本主义思潮席卷全球的国际大环境和中国社会发生重大变化的国内大环境中进行考察;对教育近代化与传统、学习西方与本土化、近代西方文化教育的积极影响与殖民侵略等重大问题之关系,该书力求正确处理;对教育近代化与中国社会近代化的互动关系、对教育近代化以来传统教育在中国各个层面发生的变革轨迹和影响等,该书都作了条分缕析。2018—2021年期间，湖南教育出版社还推出了"民国教育史专题研究丛书"，包含有侯怀银著《民国教育学术研究》、曲铁华著《民国乡村教育研究》、熊贤君著《民国义务教育研究》、周慧梅著《民国社会教育研究》、张礼永著《民国教育社团研究》、石鸥著《民国中小学教科书研究》、王建军著《民国高校教师生活研究》、程斯辉著《民国学校管理研究》、王建军著《民国教育视导研究》、熊贤君著《民国教育行政研究》、王伦倍著《民国私立学校研究》、朱梁顺著《民国特殊教育研究》、刘正伟著《民国学校课程研究》共13本专著，从不同方面深化了民国教育史研究。此外，在近代社会教育史研究方面，北京师范大学教授周慧梅在此方面用力颇深，出版多部著作，如有2013年出版的《"新国民"的想象：民国时期民众学校研究》，2019年出版的《中国社会教育社研究》；社会科学文献出版社2021年出版的《国民塑造与社会建设：1896—1949年中国社会教育研究》等。

在期刊论文方面，改革开放后，学界发表的有关近代教育史论文主要集中于四个方面。

第一，关于中国教育史的理论探讨。韩达就中国教育史研究的指导思想、教育史的目的和教育史的发展分期进行论述，认为教育史学界在论述教育思想时，往往过多地叙述哲学思想和政治思想，模糊了教育思想的特点。对于中国教育史的阶段划分，文章分析了当时中国教育史三种划分意见后，认为应以课题研究的目的、任务为标准划分教育史的阶段，如编写大专院校教材、中国教育史著作或中国近代史著作，可采用通史分期法或中国近现代史分期法线性叙述中国不同阶段的教育。如进行深层次、大范围的理论探究，宜按专题进行组织、深入研究。[①] 谢文庆指出：在中国近代教育史的主线和分期尚未达成共识的情况下，以教育现代化为主线作为研究的新视角，据此把近代教育史分成三个阶段，即1862年至1903年教育现代化起步与初步发展时期、1904年至1927年教育现代化的制度发展时期、1927年至1949年教育现代化的深入探索与路径分化时期。在这三个阶段，中国近代教育形成了形式化、制度化、本土化的三次超越。[②]

---

① 韩达：《关于中国教育史学科体系问题的讨论》，《教育研究》1981年第4期。
② 谢文庆：《试论中国近代教育史的主线和分期》，《教育史研究》2012年第2期。

第二，对中国近代教育理论及经验的总结。《沈阳师范学院学报》1991年第1期发表的王雷的《略论中国近现代教育观之演变》一文，梳理了中国近现代百年教育观的演变。《教育史研究》2013年第4期发表的王晓璇的《中国近代统筹发展城乡社会教育的本土经验》一文认为，统筹发展城乡社会教育是适合近代中国国情的一项教育事业。文章分析了近代城乡社会教育具有的对策性、公益性、多样性、灵活性等特点，论述了统筹发展城乡社会教育的历史作用，总结了该方面的经验教训。

第三，社会经济、教育组织与教育发展的关系。《历史教学》1994年第9期发表的娄向哲的《中国近代教育发展与经济发展》介绍了中国近代教育的发展历程，论述了中国近代教育发展对中国经济发展的积极作用。《教育史研究》2013年第4期发表的杨卫明的《中国近代教育学会与教育科学的发展》一文，论述了中国近代教育学会的教育专业人员以教育学会为依托，引导散居全国各地的会员讨论各种教育问题，组织力量参与译介西方教育学著作、理论，开展教育实验，介入教育体制建设等，故中国近代教育学会是推动中国教育科学发展的重要力量。《教育史研究》2007年第3期发表的董静芳的《晚清留学教育与中国近代教育的关系》一文，在前人研究成果的基础上论述了晚清留学教育的原因、概况和特点，探讨了留学教育对中国近代教育发展的影响，分析了留学教育的历史作用。认为留学教育扫除了教育近代化的心理障碍，还推动了中国近代教育的发展，有力促进了新学制的建立，为近代中国高等教育奠定了人力基础等。《教育史研究》2005年第1期发表的周晔《教育近代化的积极推动力：中国近代教育学术团体之研究》一文，对中国近代教育学术团体的产生、发展进行了梳理，对中国近代教育学术团体在我国近代教育制度、实际事业、理论研究等方面起到的组织动员、示范作用进行了分析。《教育史研究》2011年第4期发表的张雪蓉《近代社会教育与女性公民意识的培养》一文，对近代中国女性公民意识觉醒进行了梳理，认为社团、报纸、小说、戏曲等在开启女性公民意识中起到了十分广泛的社会功能。在启蒙思想家社会教育构筑的文化语境中，女性的地位逐步提高，公民意识逐渐觉醒。

第四，近代中日教育进行比较。《历史教学》1991年第8期发表的娄向哲的《近代中日两国教育发展的若干比较》，对中日近代教育发展的背景、政府的教育政策等进行比较。《兰州大学学报》1992年第1期发表的陈静的《近代中日教育得失论》一文，从中日教育基础条件、近代化过程、教育行政等方面进行比较，论述中日近代教育的得失。

第二节　教育制度与教育近代化研究

中国近代教育制度变迁是教育近代化的重要标志，近代中国教育制度变革有力促进了近代教育的发展，带动了教育的近代化，同时教育近代化也促进了教育制度的变革。改革开放后，学术界对中国近代教育制度和教育近代化等问题研究不断深入，成果颇丰，而热点主要集中在中国近代教育制度的变迁、近代学制的嬗变、大学教育体制变革、教育近代化等方面。

一　教育制度

关于中国近代教育制度的研究，山东教育出版社2000年出版的李国均、王炳照主编的《中国教育制度通史》（1—8卷）最具代表性，该通史第6卷由金林祥主编，论述了从鸦片战争到辛亥革命中国教育制度的变迁，对近代中国新式教育的产生、发展，新教育制度的建立着墨较多，对太平天国教育制度、教会教育制度进行了论述。于述胜所著第7卷，主要对民国初期教育制度的转变、三民主义教育制度的建立、新民主主义教育制度的创立及发展进行了系统梳理和深入探讨，其中对中共所创立的新民主主义教育制度进行了深入分析。江苏教育出版社1984年出版的顾树森著《中国历代教育制度》，将中国教育制度的变化分为八期，其中第八期为中国沦陷为半殖民地半封建社会直至新中国成立前的时期，对清末至抗战时期中国教育制度的嬗变分期进行论述，对太平天国的教育制度改革作了简单介绍，但缺少对中共根据地教育制度的述评。山东教育出版社2000年出版的林金祥主编的《中国教育制度通史》（第6卷）和山东教育出版社1999年出版的雷克啸主编的《中国教育制度通史》（第8卷）论述了中国近代教育制度的产生、演变和发展及教育近代化的历程。

研究近代教育制度的论文，多呈现出时段性特点，如邓夏、叶雨对清末教育行政的改革进行了论述，分析了教育行政改革对近代中国教育制度和教育事业发展的影响。① 陆发春对清末教育行政机构的演变进行了梳理,比较了清末新旧教育行政机构的不同,认为清末教育行政机构已具备近代教育机构的特点。② 高慧斌认为京师同文馆"馆政"制度为行政管理制度;"掌教"制度为学校管理制度,论述了京师同文馆从"馆政"制度到"掌教"制度的发展过程,分析两种不同制度的人事任用原则。③ 马鸿儒肯定了清末新政对教育的改革,论述了学部成立对促进中国教育发展的历史作用。④ 朱鹏认为清朝末期的教育宗旨虽以维护清政府统治为主,但也反映出新式教育对新式教育人才的培养,显示了部分官绅对新式教育变革的努力。⑤ 王列盈对20世纪20年代国民党政府以法国教育行政体制为样板进行的教育行政体制改革失败原因进行了探讨,认为失败原因主要是缺乏必要的社会基础、改革宗旨与中国近代教育改革的主题及政治环境相悖、缺乏宽松的社会环境和改革经验积累等。⑥ 刘建对20世纪前半期中国地方行政教育体制的演变进行了梳理,指出其规范化、民主化、独立化、专业化、开放化等特点,同时也指出其存在着机构紊乱、方式激进、内容西化、目标理想等问题。⑦

近代教育管理的变革,从侧面反映了中国近代教育制度发展,故近代教育管理应属中国教育制度史的一部分。武汉工业大学出版社1989年出版的程斯辉主编《中国近代教育管理史》,是较早研究中国近代教育管理史的力作,该书运用管理学理论对中国近代教育管理及其演变进行分析评价,并探讨了中央与地方教育管理之间的关系。海潮出版社1995年出版的梅汝莉主编《中国教育管理史》一书,对近代学部设立、教育机构演变进行考察,认为近代教育机构的设立是中国近代教育近代化的重要标志,学部、教育部与其他各部平等,不仅反映了中国近代教育的需要,同时也说明教育地位的提高。人民教育出版社1996年出版的孙培青主编的《中国教育管理史》一书的近代部分,较为详细地论述了从清末到新中国成立

---

① 邓夏、叶雨:《试论清末教育行政改制及其意义》,《沈阳师范学院学报》1986年第3期。
② 陆发春:《晚清中央新式教育行政管理机构的沿革》,《安徽史学》1996年第3期。
③ 高慧斌:《京师同文馆"馆政"与"掌教"制度研究》,《教育史研究》2008年第4期。
④ 马鸿儒:《清末"新政"与教育改革述评》,《历史档案》1993年第4期。
⑤ 朱鹏:《晚清教育宗旨奏折试析》,《清史研究》1996年第3期。
⑥ 王列盈:《民国时期教育行政体制改革失败原因再探》,《高等教育研究》2013年第4期。
⑦ 刘建:《清末及民国地方教育行政体制的历史反思:1909—1949》,《南京师大学报》2014年第5期。

的中国教育管理的演变、发展情况，重点阐述了各个时期的教育行政体制、中央及地方各级教育管理机构和著名教育家的教育管理思想等。江西教育出版社1996年出版的李才栋等主编《中国教育管理制度史》，该书近代部分从清末、民初、北洋政府和国民政府四个时期对中国近代教育管理制度进行了论述和评析。广东教育出版社1998年出版的王建军著《中国教育管理史教程》，重点论述了学校管理制度，分析了近代中国教育制度的特征，如新旧兼顾、富于创意、适应战争等。广西师范大学出版社2001年出版的李露著《中国近代教育立法研究》，上海教育出版社2014年出版的刘建著《中国近代教育行政体制研究》、人民教育出版社2014年出版的熊贤君著《中国近代教育行政史》、华中科技大学出版社2016年推出的《生成与失范——民国时期中学教师管理制度研究（1912—1949）》等著作都关注了近代政府的教育立法及教育管理问题。河北人民出版社2014年出版的李占萍著《清末学校教育政策研究》，河北教育出版社同年推出的《南京国民政府时期学校教育政策研究》则是关注了清末、国民政府的教育政策。

二 近代学制

中国近代学制是学界长期关注的焦点。广东教育出版社1996年出版的钱曼倩、金林祥主编的《中国近代学制比较研究》，叙述了近代学制产生的历史背景，即清末经世致用思想的兴起，教会学校与外国教育的影响，新式学校的建立；系统论述了壬寅学制、癸卯学制、壬子癸丑学制、壬戌学制的产生、内容及其沿革，对各个学制的特点、意义及其异同进行了分析，是研究学制方面的代表性著作之一。关于学制研究的论文，以癸卯学制为多，马立民的《癸卯学制对中国教育近代化的作用》认为癸卯学制是清末新政期间教育制度的创新，对20世纪中国学校教学制度变革产生了重大影响。该学制的颁布推动了全国兴办新学的高潮和中国教育的近代化。[①] 袁晓晶认为"中体西用"之间的关系与张力构成了癸卯学制的核心原则，论述了"中体西用"对传统教育向近代化教育转型中的决定性作用，同时指出了"中体西用"也加剧了儒家教化思想的近代危机。[②] 刘虹

[①] 马立民：《癸卯学制对中国教育近代化的作用》，《陕西理工学院学报》2007年第2期。
[②] 袁晓晶：《癸卯学制中的"中体西用"观与儒家教化的近代危机》，《教育学报》2013年第5期。

介绍了癸卯学制制定的历史背景，论述了近代学制制定对近代教育发展的历史作用。① 曾成贵对癸卯学制的产生、内容及该学制促进教育近代化、学校制度变迁等作用进行了认真梳理。② 龚启耀主要论述了近代教育改革和癸卯学制的制定的必然性。③ 甄建均介绍了癸卯学制颁布的历史背景、内容，论述了张之洞中体西用论对癸卯学制的影响，指出该学制的指导思想即是张之洞的中体西用论。④

许多论文从不同角度探讨了近代学制产生的背景及其对近代教育的影响。杨晓以清末中日关系易位为背景，论述了清政府借鉴日本近代教育经验，建立近代学制，在全国启动教育近代化的文化价值取向。⑤ 张伟平系统探索了中国近代癸卯学制、壬子癸丑学制、壬戌学制等学制制定与近代教育社团的关系。⑥ 邓亦武、叶琼瑶通过考察近代癸卯学制、壬子癸丑学制、壬戌学制的制定，论述了中国高等教育从封建社会垄断、封闭到近代社会的民主化、实用化、平民化、国际化的转变趋势。⑦ 韩立云论述了壬戌学制颁布、内容及其历史作用，指出该学制对中学教育和职业教育乃至大学教育的促进作用，分析其对近代中国人才培养的重大影响。⑧

三 大学教育体制

中国近代大学教育体制变革是学界研究的又一热点。田子俊介绍了大学院制的成立与失败，认为蔡元培等人发起的大学院制之所以失败，与当时政治环境、社会环境等有密切关系。⑨ 殷修林论述了蔡元培在民国时期改革教学制度的作用，如改革清末旧学制、小学废止读经、实施信仰自由和兼容并包、创办各种研究所、学会等。⑩ 吕红艳、罗英姿认为民国时期高等教育行政体制所蕴含的制度成果主要体现在"学为政本"型的高校的

---

① 刘虹：《试论中国近代学制的产生》，《河北师范大学学报》1986 年第 3 期。
② 曾成贵：《癸卯学制简介》，《江苏教育》1982 年第 3 期。
③ 龚启耀：《近代教育改革和癸卯学制的制定》，《福建广播电视大学学报》2002 年第 1 期。
④ 甄建均：《癸卯学制与张之洞的教育思想简议》，《湖北教育学院学报》2007 年第 1 期。
⑤ 杨晓：《清末中国学制改革的文化价值取向》，《四川师范大学学报》2013 年第 2 期。
⑥ 张伟平：《试论教育社团与我国近代学制的演变》，《浙江学刊》2002 年第 3 期。
⑦ 邓亦武、叶琼瑶：《从近代三部学制看中国高等教育的近代化》，《平顶山学院学报》2007 年第 3 期。
⑧ 韩立云：《壬戌学制与近代中国人才培养》，《云南社会科学》2014 年第 3 期。
⑨ 田子俊：《南京国民政府初期大学院改制失败原因又解》，《史学月刊》2015 年第 3 期。
⑩ 殷修林：《蔡元培大学教学制度改革探微》，《中南民族大学学报》2013 年第 5 期。

行政立法体制与"民主倾向"型的高等教育行政管理体制。针对当下高等教育行政立法的"泛政治化"和高校行政化倾向，民国时期高等教育行政体制仍有借鉴意义。①

刘恒、李秀丹力图从近代历次学制改革入手，探讨民国时期高校国立化潮流及其原因。② 项建英梳理了中国近代壬寅癸卯学制、壬子癸丑学制和壬戌学制近代学制发展历程，指出上述学制的制定促使中国近代大学教育学科趋向多元化和开放化。③ 斯日古楞探讨了中国大学预科制度从列入学制到废除的20年的历程，分析了该制度的特点和历史意义。④

四 教育近代化

对于中国教育近代化经历起步阶段、初步发展阶段、曲折发展阶段和腾飞阶段，学术界并无分歧，分歧主要来自中国教育近代化的肇始。何飞认为中国教育近代化开始于鸦片战争，以魏源、林则徐为代表的中国学者、官僚以学习西方为契机，中国教育就开始了近代化的进程。⑤ 詹素平认为中国教育近代化肇始于洋务运动时期，"中体西用"的洋务教育思想是中国教育改革的起点，也是中国教育近代化的起点。⑥ 田正平则认为中国教育近代化是一个历史过程，即由传统教育向近代式教育转型的过程。⑦ 王慧平认为中国教育近代化经历四个发展阶段，即起步阶段（1840—1895）、初步发展阶段（1895—1927）、曲折发展阶段（1927—1949）和新中国成立后的突飞猛进阶段。⑧ 从其阶段划分可以看出，中国教育近代化肇始于1840年的鸦片战争。

中国教育近代化是指近代教育对传统教育的超越，也可以说是传统教育在中国社会近代化推动下，实现由传统向近代化转型。其实质是突破传

---

① 吕红艳、罗英姿：《民国时期高等教育行政体制之历史省察》，《江苏社会科学》2012年第1期。
② 刘恒、李秀丹：《中国近代高校的学制改革与国立潮流的兴起》，《黑龙江史志》2014年第15期。
③ 项建英：《论近代学制与大学教育学科的发展》，《江苏高教》2007年第3期。
④ 斯日古楞：《清末民初大学预科教育制度述评》，《内蒙古大学学报》2010年第2期。
⑤ 何飞：《鸦片战争对中国教育的影响》，《黔西南民族师范高等专科学校学报》2006年第3期。
⑥ 詹素平：《试论洋务教育对中国教育近代化的影响》，《井冈山学院学报》2005年第9期。
⑦ 田正平：《中国教育近代化历史进程的启示》，《中国教育报》1998年8月8日。
⑧ 王慧平：《中国的近代化》，《发明与创新》2006年第6期。

统的束缚，建立超越性的近代化教育机制，故加强中国教育近代化研究十分必要。在中国教育近代化的研究中，广东教育出版社 1996 年出版的田正平主编的《中国教育近代化研究丛书》最具代表性，该丛书由 7 种独立著作构成，分别为田正平著《留学生与中国教育近代化》、周谷平著《近代西方教育理论在中国的传播》、钱曼倩等著《中国近代学制比较研究》、王建军著《中国近代教科书发展研究》、史静寰著《教会学校与中国教育近代化》、董宝良等著《从湖北看中国教育近代化》、张彬著《从浙江看中国教育近代化》。该丛书围绕中国教育近代化展开论述，内容包括制度变迁、教会教育、教科书改革、地方教育等。该丛书不仅为教育近代化理论范式提供了诠释话语，使中国教育近代化的研究范式逐步得到学界认同，而且为中国教育近代化研究拓展了广阔的学术探讨空间。浙江教育出版社 2009 年出版的田正平、陈胜著《中国教育早期现代化研究——以期末民初乡村教育冲突考察为中心》一书，深刻剖析了清末民初早期教育现代化冲突的深层原因，细致描绘了该时期乡村社会教育的发展状况，考察了中国教育早期现代化的发展历程。

　　杜成宪、丁钢著《20 世纪中国教育的现代化研究》2004 年在上海教育出版社出版，该书在前人研究成果的基础上，以史料为基础，深入探索了 20 世纪中国教育的现代化的发展轨迹。该书从传统与发展相结合的角度，揭示了中国教育在 20 世纪中外文化交流的过程中、在国际教育影响下进行的本土化、民族化、现代化变革，最终实现现代化的历程。该书在论述中国教育现代化的过程中，力图突破以往把 20 世纪中国教育发展过程简单概括为向西方学习之历程的观点，可谓研究中国教育近代化的重要著作。人民教育出版社 2004 年出版的杨晓著《中日近代教育关系史》，该书主要论述了中日间的教育交流及其对中国教育近代化的影响。

　　历史人物与教育近代化是学界研究重点。张之洞作为中国近代掌有实权的地方督抚、教育家对废科举、建立新式教育起了重大作用。黄新宪论述了严复在中国教育近代化过程中的历史作用。[1] 韦斌认为盛宣怀虽然在政治上存在一定的保守性，但他倡导的振兴实业的办学目的、拯救中华民族的办学方针、开创新的教学模式、学习和借鉴西方教育经验等都有力推

---

[1] 黄新宪：《严复与中国教育的近代化》，《教育科学》1994 年第 1 期。

动了教育近代化向前发展。① 肖芳林认为，左宗棠对教育近代化的贡献主要在实践上，其在封建教育体制下利用"中体西用"之名，创办福州船政学堂等，推动了中国教育近代化的步伐。②

中国教育近代化与社会变革、经济发展密不可分，中国近代史上的重大事件对中国教育近代化的产生和发展都起了重大作用。如很多学者从不同侧面论述了洋务运动、清末新政、辛亥革命对中国教育近代化的推动作用。③

此外，对于晚清、民国教科书的研究，也是学者关注热点。福建教育出版社出版的毕苑著《建造常识：教科书与近代中国文化转型》，以中国近代教科书为焦点，从知识建构史的视角探察近代中国文化转型。在晚清社会文化背景下近代教科书如何诞生，其编审制度怎样形成演变，以及它在塑造近代国民意识和培养科学观念上的贡献，是该书着力考察的重心。④ 广东教育出版社1996年出版的王建军著《中国近代教科书发展研究》、福建教育出版社2011年出版的吴小鸥著《中国近代教科书的启蒙价值》，社会科学文献出版社2016年出版的刘超著《历史书写与认同建构：清末民国时期中国历史教科书研究》，皆对近代教科书的概况进行了详细研究。

五　近代教育家及其教育思想

国内学界对近代著名教育家及其思想也进行了深入研究。在晚清教育家方面，康、梁教育思想一直是教育史学界关注的热点。辽宁教育出版社1997年出版的李剑萍著《康有为教育思想研究》，阐述了康有为教育思想的理论来源、历史背景，对其主张教学内容、方法上的变革、提出的近代教育体制、要求男女平等的教育思想和理论进行了探讨，同时指出了康有为教育思想和教育活动的历史意义和当代价值。在梁启超教育思想研究方面，2014年由知识产权出版社推出的安尊华著《梁启超教育思想研究》

---

① 韦斌：《盛宣怀与中国教育的近代化》，《新疆教育学院学报》2005年第6期。
② 肖芳林：《左宗棠与中国教育近代化》，《湘潭大学学报》2007年第5期。
③ 具体可参见黄丽芬的《洋务教育与中国教育的近代化》，《镇江师专学报》2001年第1期；雷钧的《京师同文馆对我国教育近代化的意义与启示》，《现代教育科学》2002年第7期；朱更勇的《略论洋务运动时期的留学教育与中国近代化》，《重庆科技学院学报》2008年第10期；马立民的《癸卯学制对中国教育近代化的作用》，《陕西理工学院学报》2007年第2期；黄保信《辛亥革命与中国教育近代化》，《河南大学学报》1991年第4期等文章。
④ 毕苑：《建造常识：教科书与近代中国文化转型》，福建教育出版社2010年版。

一书颇具代表性。该书介绍了梁启超教育思想产生的历史背景，梳理了其教育思想的形成历程，分析了梁启超国民教育、德育、教育改革、师范教育、女子教育、高等教育、职业教育、社会教育、学科教育等教育理论和主张，指出其教育思想的局限性及其历史意义。1993年辽宁教育出版社推出的宋仁著《梁启超教育思想研究》则系统论述了梁启超的教育思想与实践。

对张之洞教育思想的研究，改革开放后逐渐走向深入。1994年辽宁教育出版社推出的蔡振生著《张之洞教育思想研究》一书，是对张之洞教育思想研究用力颇多的著作，它改变了以前研究张之洞多集中于《劝学篇》《奏定学堂章程》及江楚会奏三折方面的探究和分析，依据丰富的一手资料，对张之洞的教育思想和主张进行了系统梳理、深入探讨，尤其是重点关注了张氏从传统教育向近代教育的转变主张和实践。该书对张之洞最后两年教育思想主张的研究，填补了以往史家在此方面研究的不足。福建教育出版社1991年出版的黄新宪著《张之洞与中国近代教育》，主要论述了张之洞从传统教育向近代教育的转型，介绍了其近代教育思想和实践。山西人民出版社2001年出版的孟旭编著的《张之洞教育思想专题研究》，分专题论述了张之洞的教育思想、教育实践及其影响等。

在民国教育家研究上，集中在蔡元培、陶行知、黄炎培、梁漱溟、晏阳初、陈鹤琴、徐特立等人。关于蔡元培的教育思想的探究，是史学界和教育界研究的热点，其中蔡氏思想自由、兼容并包的大学教育思想尤其被学界关注。如王玉生著《蔡元培大学教育思想论纲》2007年由光明日报出版社出版，主要论述了蔡元培大学教育思想的理论来源和时代背景，探讨了其大学教育思想的形成过程及历史意义，并指出其时代价值和历史局限性。北京大学出版社1996年出版的梁柱著《蔡元培与北京大学》、山东教育出版社2004年出版的金林祥著《思想自由、兼容并包——北京大学校长蔡元培》等，对蔡元培主张思想自由、兼容并包的大学教育教育思想进行了深刻、全面的分析和探讨，详细描述了蔡元培在北大的教育活动，并对其教育思想及其实践进行了客观评价。蔡元培教育思想被关注的另一热点，是其"五育并举"和美育教育思想。巴蜀书社2009年出版的汤广全著《自由与和谐——蔡元培"五育并举"观研究》，对蔡元培实利主义教育、军国民教育、世界观教育、公民道德教育和美感教育的内涵从不同角度进行了深入分析，对其"五育并举"观形成之文化动因、哲学基础和实践根由进行了探讨,并指出"五育并举"观对当今社会的积极影响。对于蔡元培教育思想进行全面论述的学者也不乏其人,辽宁教育出版社1994年出版的金林祥著《蔡元培教育思想研究》、高等教育出版社2006年出版的梁柱著《蔡元培教育思想论析》等著作,分析了蔡元培教育思想产生的时代背景、思想渊源,系统梳理了其教育思想的形成历程,论述了其教育思想的内容、特征及历史意义。

陶行知是中国著名教育家,学界对其教育思想和实践的研究较为深入,著述颇丰,主要有安徽教育出版社2011年推出的朱小曼主编《陶行知研究丛书》,"丛书"共有5本专著组成,分别是曹常仁著《陶行知师范教育思想的现代价值》、何荣汉著《陶行知:一位基督徒教育家的再发现》、吴擎华著《陶行知与民国社会改造》、储朝晖著《多维视野中的生活教育》、谭斌著《文化冲突视野下的陶行知》。该套丛书在前人研究成果的基础上,运用翔实的历史资料,从不同视角对陶行知的教育思想渊源、师范教育思想、生活教育思想及其教育活动进行了深入的探讨,指出了陶行知教育思想和实践的历史意义和现实价值。上海教育出版社2014年出版的张新平、陈学军著《陶行知教育管理思想与实践》一书,对陶行知教育管理思想的产生、嬗变进行了梳理,从教育管理学的角度,重新解释和领会陶氏的教育思想。通过对其教育领导、学校管理、乡村学校管理、师范学校管理、教学管理、经费管理、物资管理、学校民主自治等内容的探讨,展现了陶行知教育管理思想与实践所具有的大教育管理特征。著作指出了陶氏教育管理思想与实践的历史意义和对当下教育管理与实践的启迪作用。辽宁教育出版社1991年推出的郭笙著《陶行知教育思想研究》,从陶行知师范教育思想、生活教育理论、创造教育思想,陶行知教育思想及其当代价值与实践意义等多方面探讨了陶氏的教育思想与实践。湖北教育出版社1993年推出的董宝良著《陶行知教育学说》,将陶行知教育思想分为幼儿教育、中小学教育、大学教育、师范教育、职业教育、全面教育、终生教育等多方面进行论述。

黄炎培是中国近代著名的职业教育家,学者对黄氏研究的重点不约而同地集中在其职业教育思想方面。红旗出版社2006年出版的成思危主编《黄炎培职业教育思想文萃》,从不同视角论述了黄炎培职业教育思想,对其职业教育实践活动进行了深入探讨,分析了黄氏职业教育思想及实践的影响及借鉴意义。辽宁教育出版社1997年出版的田正平、周志毅著《黄炎培教育思想研究》一书，对黄炎培教育思想产生的历史背景、理论基础、思想渊源及个人因素等进行了探讨，梳理了其教育思想的产生、嬗变历程，论述了黄炎培教育思想的内容及其历史意义、现代价值，并对黄炎培教育实践活动给予客观公允的评价。

陈鹤琴是中国现代儿童教育家，被誉为中国现代儿童教育之父。改革开放后，对陈鹤琴教育思想的研究不断深入，研究性著作陆续问世。王伦信著《陈鹤琴教育思想研究》1995 年在辽宁教育出版社出版，是第一部系统研究陈鹤琴教育思想的专著。该书对陈鹤琴教育思想的形成进行了详细梳理，全面深入探讨了陈鹤琴的儿童教育思想、生活教育思想、家庭教育思想、教师教育思想等，指出了其教育思想的历史意义和当代价值。21世纪以后，对陈鹤琴教育思想的研究越来越细化，内容包括家庭教育、儿童教育、教师教育、教学方法等诸多方面。如教育科学出版社 2007 年推出的张毅龙编的《陈鹤琴教学法》一书，在论述陈鹤琴教育思想的同时，重点研究其幼儿教学法问题。南京师范大学出版社 2012 年推出的陈秀云、柯小卫编《陈鹤琴教育思想读本》，共 8 本，分别为《儿童心理》《幼稚教育》《小学教育》《活教育》《儿童游戏与玩具》《儿童语言教育》《儿童美术教育》等，从不同方面论述了陈鹤琴的教育思想。华夏出版社 2004 年出版的徐桃坤的《陈鹤琴特殊教育文选及研究》，探讨了陈鹤琴家庭教育、特殊教育思想，为当前家庭教育提供了很好借鉴。

梁漱溟是中国近代乡村教育思想家，他的乡村教育思想颇受学界关注。《高等师范教育研究》1998 年第 3 期发表的刘秀红的《梁漱溟的生命哲学观与乡村教育理论述评》，《高等师范教育研究》1998 年第 3 期发表的刘秀江的《梁漱溟的生命哲学观与乡村教育理论述评》，《教育探索》2002 年第 1 期发表的周逸先、宋恩荣的《试论梁漱溟乡村教育理论的形成与发展》等文，阐述了梁漱溟乡村教育思想形成的历史背景，梳理了其乡村教育思想的形成过程，分析了该思想的具体内容、历史意义和当代价值，指出了其历史局限性。《河北师范大学学报》2005 年第 3 期发表的蒋纯焦的《试析梁漱溟教育思想与实践的三次转变》、《青岛大学师范学院学报》2001 年第 1 期发表的祝彦的《试论梁漱溟的教育思想》等文，对梁漱溟为学术而教育，以教育促学术；为青年而教育，以教育促进青年的发展；为乡村教育，以教育促进乡村建设与进步教育思想的三次转变进行了系统梳理，认为梁漱溟教育思想的每次转变都是在强大的时代背景和个人认识背景下完成的。上述论文对梁漱溟教育思想的主要内容及其教育活动进行了深入分析，并论述了其教育思想的历史意义。关于晏阳初教育思想的研究，辽宁教育出版社1994年出版的宋恩荣、熊贤君著《晏阳初教育思想研究》一书颇具代表性，是国内第一部系统研究晏阳初教育思想的著作。该书认真梳理了晏阳初教育思想的形成、演变及发展的历程，作者站在社会总体高度，将晏阳初教育思想与当时的时代背景放在一起考察，深入分析了晏阳初教育思想的内容，客观公允地评价了其教育思想及实践，同时指出其教育思想的局限性和当代价值。湖南省武冈师范编委会编的《晏阳初教育思想研究》1988年由湖南教育出版社出版，对晏阳初教育思想的产生背景、教育思想的内容、时代价值和历史局限性等进行了全面论述。

徐特立教育思想博大精深，长期以来成为学者研究的主要课题。湖南教育出版社1983年出版的曹国智、孟湘砥著《徐特立教育思想讲座》和曹国智著《徐特立教育思想概说》两部著作，较为系统地梳理了徐特立教育思想的形成、发展过程，介绍了其生平事迹和教育实践活动，论述了徐特立教育哲学思想、办学方法、教学目的、道德和道德教育、教学工作、教师、教育和生产劳动相结合等教育理论和方法，指出了徐特立教育思想的历史意义和当代价值。广东人民出版社1990年出版的吉多智等著《徐特立教育学》，从教育的本质与作用、教育的对象和目的、科学化、大众化、民族化等教育基本原理，到基础教育、师范教育、成人教育等各种类型的教育、课程教材教法诸方面，全面论述了徐特立的教育思想。辽宁教育出版社1992年推出的陈桂生著《徐特立教育思想研究》，集结了研究徐特立教育思想的相关论文，揭示了其教育思想之特色。广东教育出版社1994年推出的吴紫彦、吴重光主编的《徐特立师范教育思想》一书，对徐特立关于师范教育的内容、方法、原则、目标和地位、教学过程乃至师范教育形式、教师和师范生的要求等问题进行了深入探讨。涂光辉、周树森著《徐特立基础教育实践与理论》1998年在湖南师范大学出版社出版，是研究徐特立基础教育理论与实践的主要著作，该书对徐特立基础教育的办学思想、培养目标、课程设置、教材编写、教学过程及方法、学校管理等进行了系统梳理和研究。湖南人民出版社2002年出版的孙海林著《徐特立教授法研究》，对徐特立小学各科教授法包括修身、国语、算数、体操、历史、地理、理科、图画、手工等教授方法进行了系统梳理和总结。

第三节 近代学校教育与留学教育研究

学校教育是中国近代教育的重要载体,是中国近代教育发展的主要表现形式。中国近代学校教育为留学教育提供了大量优秀生源,留学生完成学业归国,又促进中国近代学校教育的发展和教育水平的提高。故中国近代学校教育研究,一直是学界关注的焦点,而高等教育、师范教育、职业教育、中小学教育和留学教育等又是学校教育研究的重点。

一 高等教育

中国近代高等教育的起源问题,一直以来,众说纷纭,主要有以下观点:第一种观点认为中国近代高等教育起源于洋务学堂,以1862年京师同文馆创立为标志。如郑登云、李华兴、霍益萍、朱国仁、潘懋元等即持此种观点。[1] 第二种观点为天津京师学堂、上海南洋公学和京师大学堂说。认为1895年天津中西学堂和1897年、1898年上海南洋公学、京师大学堂的建立标志着近代中国大学的创设。[2] 第三种观点为京师大学堂说。以京师大学堂的建立作为我国新式高等教育的开端。[3] 第四种观点认为,中国近代高等教育的先河应以北洋大学堂的建立为标志,高奇、王杰等即持此种观点。[4] 第五种观点认为,福建船政学堂的建立标志着中国近代第一所高等学校的诞生。[5] 第六种观点则认为,美国北长老会在山东创办的登州文会馆为中国第一所现代大学。[6] 由此可见,中国近代高等教育的起源

---

[1] 郑登云:《中国高等教育史》上,华东师范大学出版社1994年版,第19页;李华兴:《民国教育史》,上海教育出版社1998年版,第593页;朱国仁:《西学东渐与中国高等教育近代化》,厦门大学出版社1996年版,第27页;霍益萍:《近代中国的高等教育》,华东师范大学出版社1999年版,第10页;潘懋元:《潘懋元论高等教育》,福建教育出版社2000年版,第514页。

[2] 胡建华:《现代中国大学制度的原点:50年代初期的大学改革》,南京师范大学出版社2001年版,第1—2页;凌安谷、司国安、冯蓉:《中国高等教育溯源——论北洋西学学堂、南洋公学和京师大学堂的创建》,《西安交通大学学报》2003年第2期。

[3] 刘晓林:《国家意志、太学传统与京师大学堂的建立》,《青海师专学报》2004年第4期;《辞海》,上海辞书出版社1999年版。

[4] 高奇:《中国高等教育思想史》,人民教育出版社2001年版,第195页;王杰:《关于北洋大学的几点考证》,《天津大学学报》2004年第3期。

[5] 潘懋元:《福建船政学堂的历史地位及其影响》,《汕头大学学报》1998年第2期。

[6] 郭大松:《晚清第一所现代大学登州文会馆若干史事考辨》,《史学月刊》2013年第9期。

至今仍无定论,但多数学者认为应以京师同文馆的建立为标志。而产生不同看法的主要原因,在于学者们对"高等教育"概念的理解分歧所致。

关于中国近代高等教育的发展动力问题是史学界关注的另一焦点。一种意见认为中国近代高等教育的发展动力来自外部。张斌贤对此进行了深入研究,将近代高等教育发展动力归结为内源发展型和外源发展型、发展的连续性、不同国家和地区之间进行的文化传播、对近代高等教育本质的理解以及由此形成的发展近代高等教育的基本构想四种,而中国近代高等教育发展的动力主要来源于外部,一是来自外部的压力,属于外源发展型,二是文化传播是中国近代高等教育发展的重要动力。① 第二种意见认为来自内部,外来影响仅为中国近代高等教育发展提供了参考,但推动高等教育转型的根源首先是来自中国内部,持此种观点的学者较多,主要有吴二持、谷贤林、朱国仁、马廷奇等。② 还有人认为,中国近代高等教育发展是多种合力的结果,改革是其直接动力,即改革推动了中国近代高等教育的发展,是实现高等教育现代化的直接动力。③

关于对近代高等教育的探索,华东师范大学出版社 1999 年出版的霍益萍著《近代中国的高等教育》、厦门大学出版社 1996 年出版的朱国仁著《西学东渐与中国高等教育近代化》、广东高等教育出版社 2003 年出版的潘懋元主编《中国高等教育百年》等著作,将中国近代高等教育的产生、发展放在历史变革的大环境中进行考察,认真梳理了从洋务思潮兴起、京师同文馆等新式专科学校的创建,到维新思潮产生、改革书院、筹办京师大学堂,制定壬寅、癸卯学制、确立近代高等教育制度和民国建立后中国高等教育发展之进程,探讨了中国近代派遣留学情况及留学生与中国高等教育发展的关系。华中理工大学出版社 1982 年出版的蔡克勇编的《高等教育简史》、重庆出版社 1988 年出版的熊明安编著的《中国高等教育史》、华东师范大学出版社 1994 年出版的余立和郑登云著《中国高等教育史》

---

① 张斌贤:《中外近代高等教育发展动力》,《高等教育研究》1997 年第 6 期。
② 吴二持:《试析中国近代高等教育的产生》,《汕头大学学报》1996 年第 2 期;谷贤林:《百年回眸:外来影响与中国高等教育发展》,《北京科技大学学报》2001 年第 1 期;朱国仁:《西方高等教育的传播与中国近代高等教育的形成》,《高等教育研究》1997 年第 4 期;马廷奇:《高等教育发展的模式抉择与动力机制》,《周口师范学院学报》2003 年第 4 期。
③ 马廷奇:《高等教育发展的模式抉择与动力机制》,《周口师范学院学报》2003 年第4 期。

(上、下册)、湖北教育出版社 1997 年出版的涂又光著《中国高等教育史论》、海南出版社 2000 年出版的郝维谦和龙正中主编《高等教育史》等著作，从古代中国大学教育的产生、近代高等教育的发轫、近代高等教育的拓展和定型、到国民政府时期高等教育的发展入手，系统梳理了中国高等教育的演变历程。对近代高等教育法规法令如《专门学校令》《专门学校规程》《修正大学令》《国立大学条例》等进行了深入探讨。还有一些论文对近代以来中国高等教育布局的非均衡性进行了探讨、分析，对中国近代及不同阶段高等教育的发展脉络进行了梳理，并论述了中国近代高等教育的发展动力、历史分期等问题。[①]

关于近代大学的研究的综合类专著方面，中央文献出版社 2000 年出版的金以林著《近代中国大学研究》，是研究近代中国大学的专著，该书在大量占有史料的基础上进行详细论述，重视政府高等教育法令的颁布、沿革，将中国高等教育制度变迁与政府高等教育法令、法规的颁布结合起来进行分析，肯定了高校应具有的爱国精神和科学精神。山西教育出版社 1993 年出版的曲士培著《中国大学教育发展史》、华东师范大学出版社 1999 年出版的霍益萍著《近代中国的高等教育》，教育科学出版社 2000 年出版的许美德著《中国大学 1895—1995：一个文化冲突的世纪》及北京师范大学出版社 2006 年出版的方增泉著《近代中国大学（1898—1937）与社会现代化》等著作，主要对中国高校尤其是近代高校的产生、发展进行研究，分析了近代高校对近代文化教育、社会经济发展的积极影响。另有一些专著对某一大学进行个案分析，探讨其产生、发展历程及影响。[②] 在私立大学研究

[①] 主要有刘海峰的《高等教育史学科初探》，《高等教育研究》1993 年第 2 期；李骏的《中国近代高等教育研究史略》，《北京大学教育评论》2004 年第 1 期；朱国仁的《西方高等教育的传播与中国近代高等教育的形成》，《高等教育研究》1997 年第 4 期；张斌贤的《中外近代高等教育发展动力的比较》，《高等教育研究》1997 年第 6 期。

[②] 主要南开大学校史编写组编的《南开大学校史（1919—1949）》，南开大学出版社 1989 年版；肖超然著《北京大学与近现代中国》，中国社会科学出版社 2005 年版；刘超著《学府与政府：清华大学与国民政府的冲突及合作（1928—1935）》，天津人民出版社 2015 年版；王东杰著《国家与学术的地方互动：四川大学国立化进程（1925—1939）》，生活·读书·新知三联书店 2005 年版；西南联合大学北京校友会编：《国立西南联合大学校史：1937 至 1946 年的北大、清华、南开》，北京大学出版社 2006 年版；闻黎明著《抗日战争与中国知识分子：西南联合大学的抗战轨迹》，社会科学文献出版社 2009 年版；许小青著《政局与学府：从东南大学到中央大学（1919—1937）》，中国社会科学出版社 2009 年版；赵清明著《山西大学与山西近代教育》，高等教育出版社 2011 年版；何睦著《象牙塔与摩登都市：近代天津的大学成长与城市发展》，社会科学文献出版社 2021 年版。

上，天津人民出版社2003年出版的宋秋蓉著《近代中国私立大学研究》及其2006年由陕西人民教育出版社出版的《近代中国私立大学发展史》，全面论述了近代中国私立大学的办学历程；天津师范大学出版社2016年推出的李秉谦编著的《一百年的人文背影：中国私立大学史鉴》5卷本，全面梳理了1840—1953年间中国私立大学从萌芽、勃兴到壮大，再到调整、裁撤的历史进程。

对于近代在华教会大学也是学者关注热点，出版多部著作。如珠海出版社1999年推出了"中国基督教大学史丛书"，包括燕京大学、齐鲁大学、圣约翰大学等10所教会大学的研究著作，河北教育出版社2004年推出的"教会大学在中国"丛书包括圣约翰大学、东吴大学、福建协会大学等7所大学的介绍，另各教会大学也都有专门的个案研究。[1]

还有出版社推出一系列集中研究近代高等教育的丛书。如福建教育出版社推出了中国近现代高等教育丛书，包括2007年出版的张正峰著《权力的表达：中国近代大学教授权力制度研究》与黄启兵著《中国高校设置变迁的制度分析》、2011年出版的崔恒秀主编《民国教育部与高校关系之研究（1912—1937）》、2013年出版的洪芳著《〈大公报〉与中国近代高等教育》、2015年出版的夏骏著《苏州章氏国学讲习会与近现代国学高等教育》等书。2014年起，南京大学出版社集中推出了大学与现代中国丛书，包括2014年推出的尚莲霞著《徐悲鸿与民国时期的大学美术教育》，2015年推出的徐保安著《教会大学与民族主义：以齐鲁大学学生群体为中心（1864—1937）》、牛力著《罗家伦与国立中央大学》、韩立云著《创立与传承：民国时期北京大学人才培养模式的形成》，2016年推出的蒋宝麟著《民国时期中央大学的学术与政治（1927—1949）》，2017年推出的倪蛟著《抗战时期国立中央大学的学生生活》、徐亚玲著《分科时代的通才教育：以清华大学为考察中心（1925—1937）》，2022年推出的吴忠良著《南高学派研究》、魏善玲著《国民政府对海外留学生的救助（1937—1946）》

---

[1] 如有张玮瑛、王百强等主编：《燕京大学史稿（1919—1952）》，人民中国出版社1999年版；张宪文主编：《金陵大学史》，南京大学出版社2002年版；熊月之、周武主编：《圣约翰大学史》，上海人民出版社2007年版；徐海宁：《中国近代教会女子大学办学研究：以金陵女子大学为个案》，南京师范大学出版社2008年版；章博：《近代中国社会变迁与基督教大学的发展：以华中大学为研究的考察》，华中师范大学出版社2010年版；[美]裴宜理：《异同之间：中国近代教会大学个案研究》，浙江人民出版社2019年版等著作。

及骆威的《南京国民政府时期的高等教育立法》等书。

关于近代著名大学校长的研究，在专题研究上有中国社会科学出版社2010年出版的吴立保著《大学校长与中国近代大学本土化研究》，人民教育出版社2010出版的程斯辉著《中国近代大学校长研究》等书。在个案研究上，2003年到2004年山东教育出版社出版的《中国著名大学校长书系》（全套10卷），是研究近代大学校长的代表性著作。该丛书分别为梁吉生著《允公允能 日新月异——南开大学校长张伯苓》，金林祥著《思想自由 兼容并包——北大校长蔡元培》，黄书光著《国家之光 人类之瑞——复旦公学校长马相伯》，王运来著《诚真勤仁 光裕金陵——金陵大学校长陈裕光》，吴洪成著《生斯长斯 吾爱吾庐——清华大学校长梅贻琦》，张彬著《信言求是 培育英才——浙江大学校长竺可桢》，孙邦华著《身等国宝 志存辅仁——辅仁大学校长陈垣》，冒荣著《志平至善 鸿声东南——东南大学校长郭秉文》，余子侠著《工科先驱 国学大师——南洋大学校长唐文治》，程斯辉、孙海英著《后生务实 巾帼楷模——金陵女子大学校长吴贻芳》等。2012年，山东教育出版社又出版《中国著名大学校长书系》一套，分别为刘筱红著《追求卓越 坚守自由——北京大学校长胡适》，夏泉等著《忠信笃敬 声教四海——暨南大学校长何炳松》，吴晓、程斯辉著《功盖珞嘉"一代完人"——武汉大学校长王星拱》，徐畅著《战士品行 学者风范——山东大学校长华岗》，许小青著《诚朴雄伟 泱泱大风——中央大学校长罗家伦》，张亚群著《自强不息 止于至善——厦门大学校长林文庆》，王东杰著《建立学界 陶铸国民——四川大学校长任鸿隽》等。在专题研究上，人民教育出版社2010年出版了程斯辉著《中国近代大学校社研究》、中国社会科学出版社2010年出版了吴立保著《大学校社与中国近代大学本土化研究》、福建教育出版社2013年还出版了肖卫兵著《中国近代国立大学校社角色分析》。这些关于中国近代大学校长的著作，论述了近代中国著名大学校长的教育思想、教学理念和管理活动，在许多方面仍值得今天的高等教育界借鉴。此外，还有著作专门研究教会大学的校长，如福建教育出版社2001年出版的吴梓明编著《基督教大学华人校长研究》、福建教育出版社2015年出版的谢竹燕著《中国近代基督教大学外籍校长办学活动研究1892—1947》、中国社会科学出版社2021年出版的杨习超著《冲突与交融：民国时期教会大学华人校长角色研究》等著作，对教会大学的华人校长及外籍校长有系统研究。另有一些论文重点介绍了近代著名大学校长的教育思想、治学理念和进行大学创新、大学管理基本策略等。①

二 师范教育

师范教育问题是社会各界关注的热门话题，学者们对中国近代师范教育的产生、发展及其特色，以及师范教育与其他教育和社会发展之间的相互关系关注较多，并取得了丰硕的成果。关于师范教育发展史的研究。人民教育出版社1985年出版的刘问岫编的《中国师范教育简史》，是1949年后至20世纪80年代以来第一部中国师范教育史专著。作者系统梳理了中国近代师范教育发展之历程，认为中国近代师范教育的发展经历了五个发展阶段，即从创设师范学堂到辛亥革命时期、民国成立至五四运动时期、五四运动至国民革命时期、第二次国内革命战争时期、抗日战争及解放战争时期。该书对近代中国师范教育课程开设、教师培养、学校管理、资金筹措等进行了探讨，最后一章专门介绍了中国幼儿师范教育的发展。

从总体上看，20世纪80年代中国近代师范教育研究有三个明显特征，一是受近代史研究模式的影响，套用政治史和革命史模式研究近代师范教育；二是用宏观分析方法，从近代史发展脉络角度探究近代师范教育的发展，且未能深入探讨其发展规律；三是研究对象较为模糊，主要是从教育政策、法规等方面论述，对师范教育政策的实施情况研究甚少。

东北师范大学出版社1998年出版的宋嗣廉、韩力学主编的《中国师范教育通览》是一部以师范教育为主题、百科全书性质的大型辞书。作者对近代中国师范教育的发展历程，依据不同时期政府颁布的教育规程、方针政策等，来阐述不同时期师范教育的学生招生、学科设置等问题。该书分"历史卷"和"理论卷"，作者在"历史卷"中力图展示师

---

① 主要有黄书光的《论马相伯在中国近代高等教育史上的地位》，《高等教育研究》2003年第6期；宋恩荣、熊贤君的《简论唐文治的"教育救国"思想》，《教育研究》1996年第10期；周建超的《论严复与近代中国教育的现代化》，《历史档案》2003年第1期；朱宗顺的《蒋梦麟高等教育思想与实践》，《高等教育研究》1996年第4期；李硕豪的《梅贻琦的高等教育思想和办学实践》，《高等教育研究》1998年第4期；程斯辉的《张伯苓教育管理思想评介》，《高等教育研究》1988年第3期；周红霞的《张伯苓学校管理理念研究与借鉴》，《高等教育研究》2006年第4期等。

范教育的全貌，在"理论卷"中理论阐发深入透彻，但却出现了史论脱节之不足。首都师范大学出版社2003年出版的马啸风的《中国师范教育史：1897—2000》，以历史唯物主义为指导，将100多年的师范教育置于政治、经济、文化、社会的背景之下，系统梳理了中国近代师范教育的基本线索，介绍了师范教育的主要内容。全书分上、下两编，上编叙述了师范教育的发展历程，下编侧重师范教育方面的理论研究，这种通史和理论相结合的方法为该书的主要特色，但上、下编有材料重复使用之不足。山西教育出版社2006年出版的崔运武著《中国师范教育史》一书，立足教育，又注意从政治、经济、文化等多视角研究中国近代（1840—1949）师范教育产生、发展及变迁，分析近代师范教育的主要内容和特色。该书采取政权更迭的时段研究师范教育，没有从师范教育内部探寻线索和脉络进行分析，未摆脱以政治时代划分研究师范教育的窠臼。北京师范大学出版社2002年出版的刘捷、谢维和著《栅栏内外：中国高等师范教育百年省思》一书，对中国近现代百年高等师范教育的发展进行了探讨，肯定了高等师范教育取得的巨大成就，并对存在的问题进行了反思。2021年，商务印书馆出版的杨彩丹著《民初高师与近代社会文化转型》包括民初高师的沿革及其历史境遇、民初高师与新文化运动、民初高师与近代社会思潮、民初高师与新教育运动、民初高师与新史学建设等五部分。

　　研究近代师范教育产生、发展的论文，主要探讨了中国近代师范教育的发展历程，分析了近代师范教育的特点及其影响，论述了高等师范教育模式的嬗变、课程设置及师范教育制度等问题。如有《徐州师范学院学报》1981年第1期发表的陈乃林、蔡林村的《我国近代师范教育初探》，《河南大学学报》1984年第6期发表的程合印的《我国近代师范教育及其社会影响》，《南京师范大学学报》1986年第4期发表的丁明宽的《中国近代的师范教育》，《天津师大学报》1995年第1期发表的王劲军的《中国近代师范教育制度的建立及其积极意义》，《华东师范大学学报》1996年第3期发表的江玲的《论我国早期师范教育的特点》，《高等师范教育研究》1997年第3期发表的胡艳的《试论中国近代师范教育的改革》，《华东师范大学学报》1998年第1期发表的王建军的《试论中国近代高等师范教育模式的演变》等文章。另有一些论文从微观层面论述了张之洞、梁启超、张謇、陶行知等教育家、思想家的师范教育思想。[1]

三 职业教育

中国近代职业教育从产生、发展到得到社会各界重视，走过了艰难曲折的道路。学者们对职业教育的研究不断深入，成果颇丰。关于职业教育起点及实业教育与职业教育关系的争论。关于实业教育的起点，学界主要有四种不同观点。第一种观点以李蔺田为代表，认为1862年京师同文馆的建立是中国近代职业教育萌芽的起点。[2] 第二种观点以梅汝莉为代表，认为江南制造总局附设的福州船政学堂是中国近代最早的事业学堂，学堂相当于初、中级程度的职业技术学校。[3] 第三种观点以夏东元为代表，认为洋务运动中应工商及医学卫生等需要而创办的以学习西方科学技术和管理知识为主的新式学堂，如电报学堂、实学馆、矿务学堂、铁路、商务、医学等学堂，即为实业教育的肇始。[4] 第四种观点以陈元晖、谢长法等认为代表，认为1896年倡设的江西高安蚕桑学堂是中国实业教育开始的标志。谢长法认为，江西高安蚕桑学堂明显带有自发性质，较为规范性的官办事业学堂应在百日维新时期建立。[5] 目前多数学者同意第四种观点。

多数学者认为，实业教育与职业教育二者本质相同且一脉相承。刘桂林认为，实业教育与职业教育在实质上同大于异，虽名称不同，但本质相同，却别是非本质的。[6] 高宇在强调实业教育和职业教育本质相同的同时，又指出了它们的区别在实业教育突出社会本位之特点，职业教育凸显了以人为本，兼顾服务社会的特点。[7] 霍益萍则强调实业教育和职业教育的区

---

[1] 主要有宋守鹏的《梁启超的师范教育思想》，《教育史研究》1998年第1期；翟卫星的《论张謇的师范教育思想》，《南京师大学报》1998年第1期；胡世刚的《张之洞的师范教育述评》，《江西社会科学》2002年第7期；徐鸿、张洪的《试论陶行知的师范教育思想》，《西南民族大学学报》2004年第11期；张炳生的《陶行知的师范教育思想》，《河北师范大学学报》2001年第3期、安尊华的《论梁启超师范教育思想》，《贵州师范大学学报》2014年第3期等文章。

[2] 李蔺田：《中国职业技术教育史》，高等教育出版社1994年版，第5页。

[3] 梅汝莉：《中国教育管理史》，海潮出版社1995年版，第397—398页。

[4] 夏东元：《洋务运动史》，华东师范大学出版社1992年版，第424、430页。

[5] 谢长法：《实业教育的传入及其在中国的萌芽》，《教育与职业》2001年第10期。

[6] 刘桂林：《中国近代职业教育思想研究》，高等教育出版社1997年版，第124页。

[7] 高宇：《近代中国留学教育与职业教育发展研究》，硕士学位论文，河北师范大学，2007年。

别，认为二者在具体内涵、要解决的问题、所反映的发展经济阶段都有差异。① 据此分析，近代中国实业教育与职业教育虽然其时代背景、教学内容等方面有所不同，但本质是相同的，都是为了国家建设培养应用型人才，实业教育和职业教育是同一种教育的两个阶段。

关于中国近代职业教育发展及其特点的研究。吉林教育出版社 1991 年出版的吴玉琦著《中国职业教育史》一书，按历史发展顺序与专题研究相结合的方法，对从古代到近现代职业教育产生、发展和变革的历史规律进行了总结归纳，然后，以中华职业教育社为主线，对职业教育学校、职业补习学校、在普通中学兼施职业教育、农村改进及职业指导等分章节论述之。上海教育出版社 2009 年出版的米靖著《中国职业教育史研究》、山西教育出版社 2011 年出版的谢长法著《中国职业教育史》等著作，对中国近代职业教育的发展历程进行了系统梳理，在此基础上，从职业教育近代化的角度论述了晚清职业教育在各方面的发展，对民国建立至抗战爆发前中国职业教育的发展状况进行了较为深入细致的研究和考证，还设专章论述中华职业教育社、职业教育理论、职业教育指导等内容，对中国近代许多职业教育家的思想和实践进行了分析。

另外，有不少论文探讨了中国近代职业教育在近代不同阶段发展的历程、特点、历史作用及当代价值。如《历史档案》2000 年第 2 期发表的谷小水的《近代中国的职业教育（1866—1927）》、《河北师范大学学报》2003 年第 5 期发表的孙越的《中国近代职业教育制度的确立》等文章认为，中国职业教育从 1840 年到 1922 年经历了初步确立时期、初步调整时期、正式确立时期三个阶段。《东北师范大学学报》2008 年第 2 期发表的曲铁华、罗银科的《论国民政府初期职业教育的发展与启示》，论述了民国初年职业教育的发展，并认为政府提倡和教育工作者的不懈努力是职业教育发展的主要原因。还有文章对职业教育发展呈现的不平衡性，职业教育办学形式以民办、私立为主体，注重职业教育社会化，重视职业教育立法，职业教育重心由城市转向农村等特点进行了论述分析，并指出了职业教育的当代价值。②

---

① 霍益萍：《中国近代实业教育和职业教育》，《教育与职业》1988 年第 3 期。
② 主要有曲铁华、白媛媛的《试论民国时期职业教育的特征》，《沈阳师范大学学报》2006 年第 6 期；赵锋的《试论近代职业教育的发展轨迹与办学特点》，《郑州大学学报》2010 年第 5 期；罗银科、曲铁华的《民国时期农村职业教育特点》，《河北师范大学学报》2013 年第 11 期等论文。

关于职业教育思想的研究方面，高等教育出版社 1997 年出版的刘桂林著《中国近代职业教育思想研究》，是中国近代职业教育思想研究的代表作。该书对实业教育与职业教育的概念进行了阐述，分析其异同，并对近代中国职业教育思潮进行了深入探析。作者将职业教育思想的发展划分为三次思潮的起伏更替，通过对三次职业教育思潮演变脉络的剖析，探寻了职业教育思潮产生、发展、嬗变的内在联系，对许多职业教育家的职业教育思想和实践进行了论述。另外，《华东师范大学学报》1996 年第 4 期发表的刘桂林的《论中国近代职业教育思想》一文认为，近百年来中国职业教育思想表现为三次思潮的起伏更替，即 1840 年至民国初年的实业教育思潮、民国初年至 20 年代的职业教育思潮、20 年代末至 30 年代再次崛起的职业教育思潮，且每次职业教育思潮的兴起，都导向政府职业教育制度的建立和修正。《华中师范大学学报》1995 年第 3 期发表的余子侠的《近代中国职业教育思潮的形成演进与意义》、《教育评论》2003 年第 4 期发布的刘虹的《从近代学制看职业教育思想嬗变》、《徐州师范大学学报》2011 年第 1 期发表张雁南的《论近代职业教育思想的缘起与定位》等文章，对近代不同时期职业教育思潮的发展及其意义进行了深入研究和客观评价。此外，还有文章论述了黄炎培、陶行知、蔡元培、蒋梦麟、杨贤江等近代教育家的职业教育思想。[①]

四 中学教育

关于中等教育历史的探究上，山西教育出版社 2009 年出版的谢长发主编的《中国中学教育史》，是论述近代中学教育发展史的较为全面的专著。该书以中国中学近代化为主线，对清末民国时期中学教育的发展及演变、中学教育宗旨、体制、教育立法、男女同校、课程设置、教材教法、学校管理等进行了全面、翔实的探究，对一些教育家的中学教育思想进行了深入分析。华东师范大学出版社 2002 年出版的王伦信著《清末民国时期中学教育研究》，从中学教育制度、教学课程、训育等方面入手，梳理了 20 世纪上半期中国中等教育发展的基本脉络，详细考察了当时的教育

---

① 王春英：《论黄炎培职业教育思想及其特色》，《历史档案》2006 年第 2 期；吴奕宽：《陶行知职业教育思想初探》，《浙江师范大学学报》1986 年第 4 期；梁柱的《论蔡元培的职业教育思想》，《教育研究》2006 年第 7 期；谢长法：《蒋梦麟的职业教育思想》，《教育与职业》2000 年第 8 期；刘桂林：《杨贤江的职业教育思想》，《教育研究》1995 年第 5 期。

规模和教育结构的动态发展情况。上海人民出版社 2007 年出版的尹文涓编《基督教与中国近代中等教育》，收录了尹文涓、吴小新等人关于研究基督教与中国近代中等教育研究论文多篇，对晚清基督教中学的创立及课程设置、基督教中学对中国近代中学的影响、基督教中等教育与中国近代乡村教育的关系、华中大学与华中区基督教中学的关系等课题进行了深入研究。

另外，《华东师范大学学报》2012 年第 1 期发表的刘军的《中国近代大学预科发展与中等教育关系研究》一文，较为全面地分析了中国近代大学预科招生对中等教育的影响。《甘肃联合大学学报》2012 年第 6 期发表的肖功国的《清末民国学校教育改革渊源考》一文，对清末民国时期中国学校教育（包括中国小学教育）的转型进行了探讨。《河南科技学院学报》2012 年第 1 期发表的冯丽的《晚清中学教育发展的历史考察》一文，主要考察了晚清中学教育发展的历程及其存在的问题。《教育与管理》2001 年第 7 期发表的黎世忠的《我国中学教育政策百年历程》一文，对近百年来中国中学教育政策的演变进行了探究。《沈阳师范大学学报》2013 年第 5 期发表的李银慧、谢长法的《近代中学教育研究的现状、问题与构想》一文，认为时下近代中学教育研究侧重论述中学教育制度、人物思想等方面，主张以后从多元视角出发，强化问题意识，突破固有的研究视角和内容，推动中学教育研究进一步走向深入。

近代中学教科书的编纂，是中学教育史研究的另一重点。《图书馆学刊》1984 年第 2 期发表的王余光的《近代我国新式教科书的产生和发展》，对近代新式教科书的萌芽和发展进行了梳理，对其思想内容、组织形式、出版情况等进行了论述。《教育研究》2006 年第 4 期发表的曲铁华、于桂霞的《中国近代中小学教材的改革》一文，对中国近代中小学教材改革经历洋务运动、维新运动、民国初年教育改革、五四新文化运动四个阶段的发展进行了探究，并认为白话文教材法的确立，是中国近代中小学教材由古代向现代的根本性转变。《教育史研究》2007 年第 4 期发表的毕苑、卜德镇的《中国近代教科书研究》一文，对中国近代教科书组织编写、发行、在教育中的作用等进行了探讨和分析。《内蒙古师范大学学报》2013 年第 4 期发布的李春兰的《中西数学文化碰撞下的清末中学数学教科书》一文，主要探讨了清末数学教科书的出版情况及其与西方数学文化的关系。上海教育出版社 2013 年出版的王正瀚著《民国时期中学历史教科书研究》，从社会变迁、史学史和历史学科教育发展史三重视域专门研究了民国时期的中学历史教科书的内容。北京大学出版社 2016 年出版的李斌著《民国时期中学国文教科书研究》则是专门研究了国文教科书。此外，在资料方面，上海辞书出版社 2010 年出版了王有朋主编的《中国近代中小学教科书总目》，该社于 2018—2021 年还陆续分科目出版了《中国近代中小学教科书汇编》清末卷。

五 小学教育

关于中国近代小学教育史的研究。山西教育出版社 2006 年出版的吴洪成著《中国小学教育史》一书颇具代表性，该书在前人研究成果的基础上梳理了中国自远古到现代小学教育形成、演变和发展的过程，总结了不同历史阶段小学教育的特点及发展规律，重点论述了近代小学教育的嬗变过程。另外，该书还阐述了不同时期教育家或思想家关于小学教育的看法和主张及其对今天小学义务教育的借鉴作用。华中师范大学出版社 1998 年出版的熊贤君著《中国近代义务教育研究》，浙江教育出版社 2000 年出版的田正平、肖郎主编《世纪之理想——中国近代义务教育研究》等著作，诠释了义务教育之概念，分析了义务教育理论与历史，对义务教育与普及教育、国民教育、民众教育、乡村教育的区别进行了辨析。两书详细介绍了义务教育酝酿成的时代背景及传教士、官绅权贵、留学生等对义务教育的推动作用，梳理了义务教育产生、发展的历程，认为其经历了酝酿发轫、徘徊停滞、民间醒悟、厉行推展四个时期。对义务教育的学制体系与行政管理、师资培养、行政督导、经费筹措与配置、课程开设、教材教法、近代女子义务教育、近代义务教育思想等进行了研究、评析，并总结了经验教训，给出相应对策。

不少论文对中国近代小学教育的发展给予关注，如《西南师范大学学报》1999 年第 1 期发表的吴洪成的《试论近代中国新式小学的兴起》，对 19 世纪 70 年代以后中国近代新式小学的产生、发展进行了探讨，对新式小学的培养目标、教学内容、方式方法、组织形式及学校管理等进行了论述，并分析了近代新式小学出现的社会作用。《南阳师范学院学报》2011 年第 1 期发表的杨涛的《近代小学教育改革本土化的探索——以新式教学法引介为中心》，主要梳理了近代新式教学法从理论和实践被引入中国后经历的由简单模仿到内化吸收的过程。《基础教育》2014 年第 4 期发表的辞玲玲、曲铁华的《民国时期农村基础教育政策及其变迁特征》一文，认为民国时期的基础教育政策大致经历了民国前期的发轫与渐进、民国中期的发展与改革、民国后期的调整与拓展三个阶段，国民政府的基础教育政策根据不同时期的历史特点制定了相应的基础教育政策，从而促进了基础教育的发展。

关于小学教育学科教学的研究。学科教学涉及语文、数学、德育等各个方面，山东教育出版社 1995 年推出的田正平主编的《中国小学常识教学史》、王权主编的《中国小学数学教学史》、林治金主编的《中国小学语文教学史》三部著作，探讨了中国小学常识教学、数学教学、语文教学的发展历史。山东教育出版社 1995 年出版的高谦民主编的《中国小学思想品德教育史》一书，介绍了从先秦至改革开放时期中国的小学思想品德教学演变、发展情况，论述了各个时期教育宗旨、教育改革、教育思潮等对小学教育德育课程的影响，尤其对民国时期小学训育的措施及实施情况进行了较为全面的分析及具体、细致的研究。山东教育出版社 2007 年出版的黄书光著《变革与创新——中国小学德育演进的文化审视》，从文化视角和精神层面论述了近现代百年来中国中小学德育之得失，是一部系统且贯通整个 20 世纪的中小学德育研究型著作。

还有一些论文论述了近代小学课程的发展情况，如《史学月刊》2011 年第 10 期发表的易春燕的《中国近代小学体育教育的发展演变》，对 1901 年后中国取消武科考试后近代小学体育教育的发展情况进行了研究。《邯郸学院学报》2009 年第 1 期发表的王月平的《洋务运动时期的小学课程分析》，介绍了洋务运动时期小学课程的内容、课程设置、指导思想等情况，分析了新式小学课程对小学近代化的促进作用。

六 留学教育

中国近代留学教育史研究在 20 世纪 80 年代后呈螺旋式、向纵深发展，直到今天仍为学界的研究"热点"。如上海教育出版社 1980 年出版的颖之著《中国近代留学简史》、辽宁人民出版社 1984 年出版的董守义著《清代留学运动史》、人民出版社 1987 年出版的李喜所著《近代中国的留学生》、四川教育出版社 1989 年出版的黄新宪著《中国留学教育的历史反思》等著作，都较为实事求是地论述了中国近代留学历史的曲折发展历程，对一些重要的留学事件、著名代表人物、近代不同时期留学政策的变化等进行了较为透彻的分析，对近代留学生在中国现代化进程中的巨大贡献作了较为客观公允的评价，相对于改革开放前的史学论著，给人耳目一新的感觉。但由于时代的局限，今天回头观察上述著作在新材料的挖掘及对留学生侧面的描述、新领域的开拓等方面尚有不尽如人意之处。与之相得益彰的是一些专题研究在80年代有了新的起色。如上海人民出版社1982年出版的张允侯和殷叙彝编《留法勤工俭学运动》、黑龙江人民出版社1982年出版的张洪祥和王永祥合著《留法勤工俭学运动简史》等相继出版。

与20世纪80年代相比，90年代中国留学教育的研究深度、广度都有明显拓展，一些著作陆续出版，如天津人民出版社1992年出版的李喜所著《近代留学生与中外文化》一书，从文化交流与融合的视角探讨了留学生在近代文化交流中的特殊作用。对中国留学教育的演变、容闳、王韬、严复等留学生对中国的影响、留学与外国文化的传播等进行了论述。湖北教育出版社1992年出版的王奇生著《中国留学生的历史轨迹》，详细地叙述了1840年至1949年中国留学史的曲折历程和各阶段的特色，对留学生与中国政治、留学生与科技、留学生与教育等分专题进行了考察，颇有学术深度。广东教育出版社1996年出版的田正平著《留学生与中国教育近代化》，为专题研究留学教育的代表作。作者吸收了中国史学界现代化理论，通过对留学生这一特殊群体与中国教育近代关系的考察，揭示了中国社会内部发生教育现代化的根源、潮流及影响。辽宁教育出版社1997年出版的沈殿成著《中国人留学日本百年史》（上、下册），梳理了1896年至1996年中国留日学生的发展历史，对留日教育中的一些重大事件进行了深入探讨，提出了自己独特的见解。广西师范大学出版社1995年出版的王奇生著《抗战期间海外学人群像》，以翔实资料论述了留学海外学子的学习情况及其对中国抗战作出的巨大贡献。辽宁大学出版社1990年出版的黄利群著《中国近代留美教育史略》、中国和平出版社1993年出版的孙石月著《中国近代女子留学史》、巴蜀书社1994年出版的鲜于浩著《留法勤工俭学运动史稿》等著作，从不同侧面研究了中国近代不同时期的留学问题，不论是研究范围、角度、使用资料等方面都超过了以往，标志着留学史研究整体水平的提高。

进入20世纪90年代，关于留学生及留学教育的论文达500余篇，研究广度和深度皆令人振奋。在留学教育的研究中，《徐州师范大学学报》创办的留学教育研究专栏，颇有特色。如1990年第1期刊发了周棉的

《留学生与近代以来的中国文学》、胡相峰和姜静溪的《留学生与中国的新式教育》、武世俊的《留学生与近代中国的图书馆事业》等文，1996 年第 4 期集中刊发了姜新和冯明周的《浅析近代江苏留学活动的不平衡》、欧筱琦的《留学生与中国现代音乐文化的建构》、刘一兵的《留学生与晚清海防事业的近代化》等文，2000 年第 4 期集中刊发了周棉的《留学生与五四爱国运动》、安宇的《留学生与晚清西学东渐刍议》等文，在探究中国近代留学生派遣的同时，还论述了留学生与中国文学、新式教育、图书馆、中国法律、中国音乐、中国海防、西学东渐、中国语言学等方面的关系。在此时期，还有一些文章探讨了中国近代留学政策的制定和演变，以及留学教育兴起的原因，从不同角度深入研究了中国近代留学教育兴起、发展及其在中国近代不同领域的重大影响。①

进入 21 世纪，留学教育的研究持续平稳前进。天津古籍出版社 2000 年出版的李喜所和刘集林等著《近代中国的留美教育》、南京大学出版社 2000 年出版的安宇和周棉著《留学生与中外文化交流》、上海人民出版社 2000 年出版的吴霓著《晚清留美幼童命运剖析》、江西教育出版社出版的李喜所等著《留学旧踪》、河北教育出版社 2001 年出版的谢长法著《借鉴与融合：留美学生抗战前教育活动研究》、重庆出版社 2001 年出版的靳明全著《攻玉论：关于 20 世纪初期中国军界留日学生研究》、黑龙江教育出版社出版的郝世昌和李亚晨著《留苏教育史稿》、河北教育出版社 2002 年出版的谢长法著《借鉴与融合：留美学生抗战前教育活动研究》、南开大学出版社 2005 年出版的刘晓琴著《中国近代留英教育史》、山西教育出版社 2006 年出版的谢长法著《中国留学教育史》、社会科学文献出版社 2007 年出版的周一川著《近代中国女性日本留学史（1872—1945 年）》；广东教育出版社 2010 年出版的李喜所主编《中国留学通史》晚清卷与民国卷；人民出版社 2010 年出版的彭小舟著《近代留美学生与中美教育交流研究》；民族出版社 2015 年出版的刘振生著《近代东北人留学日本史》；中

---

① 主要有庄佳骝的《容闳和中国近代留学教育》，《教育史研究》1993 年第 1 期；冯开文的《论晚清的留学政策》，《近代史研究》1993 年第 2 期；杨学萍的《试论清末留学制度》，《辽宁大学学报》1994 年第 4 期；谢青的《论清末留学毕业生考试》，《历史档案》1995 年第 2 期；章清的《近代中国留学生发言位置转换的学术意义——兼析近代中国知识样式的转型》，《历史研究》1996 年第 4 期；周棉的《近代中国留学生群体的形成、发展、影响之分析与今后趋势之展望》，《河北学刊》1996 年第 5 期等。

国社会科学出版社 2017 年出版的周棉著《留学生群体与民国社会发展》；科学出版社 2019 年出版的李永、顾晓莉著《中国近代留学教育活动史研究》及大象出版社 2020 年出版的郑刚著《留学生与中国近代研究生教育》等先后问世，这些著作的选题、研究视角、学术水准等明显地前进了一步，有力推动了 21 世纪留学教育史的研究。此外，此时期发表的留学生及留学教育研究的论文运用更多史料，研究更加细微深入。[①]

另外，近代的公民教育也受到学界关注，近年出版了多部著作。如有大象出版社 2017 年出版的刘保刚著《中国近代公民教育思想研究》；江苏大学出版社 2018 年出版的翟楠等著《近代中国中小学公民教育研究》；科学出版社 2020 年出版的杨云香等著《从〈教育杂志〉看近代中国的公民教育》及浙江教育出版社 2021 年出版的刘争先著《公民教育与国家建构的互动关系研究：基于中国近代公民教育史的考察》等著作。

第四节　近代区域教育研究

近代区域教育研究是中国近代教育史研究的延伸和加强，深入系统研究近代地方教育史可更加全面地理解中国近代教育近代化历程。由于中国省市众多，故笔者仅就区域近代教育史、区域教育近代化、近代著名人物与地方教育发展、少数民族教育等研究状况分别叙述。

一　区域教育发展

近代区域教育研究多集中于地方教育通史专著中论述了近代部分，但还有一些著作专门研究近代教育。如在近代东北教育上，辽宁大学出版社出版的《东北教育史研究丛书》，共分三册，分别为 1992 年出版的齐红深主编的《东北地方教育史》、1999 年出版的王贵忠著《东北职业教育史：从远古到民国》和刘志超著《东北职业教育史：1932—1949》。该丛书叙述了从远古到当代东北地区教育发展的历史，尤其深入探讨了东北职业教

[①] 主要代表文章有何益忠的《归国留学生与上海华资银行业的进步》，《史林》2000 年第 3 期；吕顺长的《清末留日学生从量到质的转变》，《浙江大学学报》2001 年第 1 期；孔繁岭的《抗战时期的中国留学教育》，《抗日战争研究》2005 年第 3 期；侯耀先的《洋务运动时期的留学教育》，《西北民族大学学报》2007 年第 5 期；周棉的《留学生群体与民国时期新式教育体制的建立》，《浙江学刊》2012 年第 5 期。

育的发展历史。在华北地区教育上，天津人民出版社1993年出版的张大民主编的《天津近代教育史》，对天津近代教育的产生、演变和发展进行了论述。社会科学文献出版社2014年出版的申国昌著《抗战时期区域教育研究——以山西为个案》，则重点研究了抗战时期的山西教育。在近代西北地区教育上，人民教育出版社2008年出版的余子侠、冉春著《中国近代西部教育开发史——以抗日战争时期为重心》，叙述了从晚清到抗战胜利后西部地区新式教育的产生、兴起到发展的嬗变过程，对国民政府的教育政策尤其是抗战时期的教育政策进行了深入探讨，对战时西部高等教育、中等教育、师范教育、职业教育、初等教育及留学教育等展开了全面、系统阐述，对高校西迁及其对西部教育的发展给予充分肯定，同时，介绍了战后西部地区教育的发展变化。抗战时期的西南、西北地区大后方教育是学者研究的热点，如余子侠、冉春2015年在团结出版社推出的《抗日战争时期的中国教育》，重庆出版社2015年推出的徐辉、冉春著《抗战大后方教育研究》等书，重点对大后方的教育政策，基础教育、职业教育、高等教育、社会教育、民族教育的发展状况进行了系统介绍。

在华中、华东地区的近代教育研究上，河南大学出版社1990年出版的申志诚等人编的《河南近现代教育史》，详细叙述了河南近代教育（从1840年前后至1949年）发展的历史，全面介绍了河南近代学制的变迁和教育改革，对中国共产党的教育思想和实践着墨尤多，但不足之处是对国民党及国民政府的教育改革论述不够。华东是中国经济发达地区，大多数地方教育水平和近代化程度较高，该地区近代教育史研究也取得了丰硕成果。山东人民出版社2001年出版的赵承福主编《山东教育通史》近现代卷，系统论述了山东从旧教育体制向近代教育体制的演变与发展历程，介绍了山东近代教育制度及教育政策的变迁、学校教育、教学概况，分析了近代教育的发展对山东社会经济的影响。上海教育出版社2003年出版的陈科美主编的《上海近代教育史》，认真梳理了上海开埠前到1949年教育初创、兴起、演变到发展的概况，论述了上海的租界教育和教会教育。

革命根据地教育是一种全新的不同于其他地区的教育形式，是新民主主义教育。教育科学出版社1982年出版的陈元晖主编的《老解放区教育史》，是一部专门介绍中国共产党及其所建立根据地的教育政策、教育理念、教育制度及教学实践的专著，该书认为中共根据地的教育制度是一种新型的教育体制，它创建了新的教学制度和多种形式的办学模式，对根地民众提高文化水平起到了积极作用。教育科学出版社 1991—1993 年出版的董纯才主编的《中国革命根据地教育史》3 卷本，是一部专门研究根据地教育的巨著，该著作论述了中国共产党成立到中华人民共和国成立中共的教育思想、方针和政策，对土地革命时期、抗日战争时期和解放战争时期革命根据地的教育进行了深入探究和梳理，详细介绍了根据地的教育行政机构建设、高等教育、中等教育、师范教育、小学教育、干部教育、职业技术教育和社会教育等教育行政体制和各种类型学校的办学情况。该书可称为中共及其领导根据地教育史研究的代表著作。

在根据地教育的其他专著上，江西教育出版社 1986 年出版的李国强著《中央苏区教育史》，是一部专门介绍中央革命根据地教育的专著。该书论述了中央苏区教育的总方针和中心任务，梳理了苏区教育的发展历程，详细介绍了中央苏区教育管理机构及其运作、师资建设情况，深入探讨了中央苏区的儿童业务教育、干部教育、红军教育、师范教育、职业技术教育、苏维埃大学、红军大学、中央农业学校等不同类型学校的教学实践，客观公允地评价了中央苏区的教育。陕西人民出版社 1994 年出版的刘宪曾、刘端棻主编的《陕甘宁边区教育史》一书，对陕甘宁边区土地革命战争时期、抗日战争时期、解放战争时期的中共教育方针、政策及理论进行了深入探讨，对边区教育制度、边区高等干部教育、在职干部教育、中等教育、初等教育、社会教育、扫盲教育、部队教育、少数民族教育、思想政治教育、师资队伍建设、教材建设等进行了详细介绍和全面论述。总结了土地革命战争时期、抗日战争时期、解放战争时期三个历史阶段边区教育的发展规律。该书资料翔实，叙事清晰，使人对陕甘宁边区的教育有了完整认识。吉林教育出版社 1989 年出版的苏甫主编的《东北解放区教育史》，对东北解放区教育进行了梳理和评述。北京大学出版社 2005 年出版的曲士培著《抗日战争时期解放区高等教育》，对抗战时期中共教育政策、方针及解放区高等教育发展的三个阶段进行了较为详尽的论述，对中共创建的高等院校作了较为全面的介绍。陈桂生著《中国革命根据地教育史》分上、中、下三册，展示中国革命根据地教育事业演进的全过程，中央根据地和地方根据地教育活动的全景，就各个历史时期不同根据地有关教育行政管理、学校制度、课程、教学方法、考试、训育、师资、学校管理、教育经费等专题的"根据地教育问题史"，还对作为探索中国教育道路先驱的根据地教育活动家进行系列的研究。[1] 山东教育出版社 2020 年出版的姚宏杰著《中国革命根据地教育史事日志》，则整理了中国共产党自 1927 年创建井冈山根据地到 1949 年以来在各根据地教育活动大事。

关于沦陷区日本奴化教育的研究，改革开放后逐步展开并取得可喜成绩。沦陷区教育研究有代表性的著作是人民教育出版社 2005 年出版的宋恩荣、余子侠主编的《日本侵华教育全史》。该书分东北、华北、华东华中华南及台湾共 4 卷，写作范围从"九一八"事变开始到 1945 年日本投降止，叙述了日本侵占中国东北及半壁中国河山后奴化中国人民的教育政策及其政策的嬗变，梳理了日本在满蒙、华北、华东、中南等不同区域日伪政权下的教育行政体制及其运行情况，论述了日伪统治区高等教育、中等教育、初级教育及师范教育、社会教育等实施状况和后果。该著作对日伪奴化教育进行了系统、全面和深入的探讨，具有填补中国近代教育史空白之意义。对于日伪奴化教育的研究，张玉成著《汪伪时期日伪奴化教育研究》一书颇具代表性。该书从汪伪政权成立谈起，对日伪奴化教育、学校教育、社会教育、军事教育的情况进行了论述，对其教育方针、教育机构、奴化教育理论进行了探究和分析，力图昭示日本奴化教育失败的原因："不是以与拥有异质文化的民族的共存为目标，而是将自己的文化强加给其他民族，自居为指导民族使之服从。——在持这种态度的日本人这里，真正的民族协和不可能实现。无论是怎样的恩惠或善意，如果试图用外力强加给其他民族，便成为侵犯该民族的自主性的行为，结果也不可避免地伤及自身。"[2]

在沦陷区教育的其他专著上，人民教育出版社 2002 年出版的齐红深著《日本侵华教育史》一书，对日本侵华过程中对中国人民的奴化教育、日伪政权的教育政策、组织及教育运作等都进行了详细论述。辽宁教育出版社 1994 年出版的武强著《日本侵华时期殖民教育政策》，对日本侵华期间的殖民教育政策进行了梳理和探求。辽宁人民出版社 1997 年出版的齐红深编著的《东北沦陷时期教育研究》、吉林出版社 1989 年出版的王野平主编的《东北沦陷十四年教育史》、黑龙江人民出版社 2008 年出版的王希亮著《东北沦陷区殖民教育史》等著作，主要论述了东北沦陷 14 年间日

---

[1] 陈桂生：《中国革命根据地教育史》，华东师范大学出版社 2015—2016 年版。
[2] 张玉成：《汪伪时期日伪奴化教育研究》，山东人民出版社 2007 年版，第 282 页。

本对东三省的奴化教育及其影响。社会科学文献出版社 2015 年出版的曹必宏等著《汪伪统治区奴化教育史》，河北教育出版社 2017 年出版的吴洪成著《日本侵华时期沦陷区奴化教育研究》等书，论述了日本对于中国教育事业的破坏，其中又重点介绍了汪伪统治区的奴化教育政策及中小学、高等教育及社会教育等情况。

二 区域教育近代化

区域教育近代化是中国教育近代化的重要组成部分，中国教育近代化研究应建立在区域教育近代化研究的基础之上，只有把握富有代表性的一个个省区教育近代化的历史进程，才能更加准确地掌握中国教育近代化的嬗变的轨迹和特征。而区域教育近代化研究以沿海地区成果较为丰富。河北教育出版社 2001 年出版的刘正伟著《督抚与士绅：江苏教育近代化研究》一书，全面深入地论述江苏教育近代化的历程。《史林》2002 年第 1 期发表的施扣柱的《沿江城市教育近代化的发生机制与社会背景》，认为沿江城市教育近代化有其独特的历史背景，论述了沿江城市教育近代化这一重大社会历史现象。《学术探索》2013 年第 11 期发表的王晓玲、徐静玉的《张謇与江苏教育近代化中的制度建设》，通过张謇参与学制修订、推动省教育行政机构改进等论述了其在江苏教育近代化中的作用。《杭州大学学报》1997 年第 3 期发表的张彬的《留学生和浙江教育近代化》，论述了辛亥革命至五四时期留学生对浙江教育近代化的影响。《福州党校学报》2006 年第 2 期发布的陈清辉的《论福建船政学堂与福建教育的近代化》，阐述了福建船政学堂对福建教育近代化的促进作用。《教育评论》2004 年第 2 期发表的金林祥的《上海教育近代化的历史进程》、《教育观察》（中下旬刊）2013 年第 17 期发表的孙明堂的《清末民初天津留学教育与天津教育近代化》等论文，分别论述了上海、天津的教育近代化问题。

除沿海地区外，也有不少论文探讨了其他地区教育近代化问题。如《合肥师范学院学报》2008 年第 4 期发表的张珍珍的《教会学校与安徽教育近代化》，论述了 19 世纪末 20 世纪初安徽教会学校的产生及其对安徽教育近代化的促进作用。《河北师范大学学报》2005 年第 3 期发表的王金生的《试论洋务学堂对中国教育近代化的影响——以河北地区为例》一文，以河北省为例论述了洋务学堂的建立及其对中国教育近代化的影响。

还有论文对山西、湖南、江西、四川、贵州等地的教育近代化进行了研究。①

三 少数民族教育

中国是一个多民族国家，近代少数民族教育是中国近代教育的重要组成部分，在近代教育变革的大潮中，少数民族教育也得到了长足的发展。改革开放后，近代少数民族教育研究逐渐为学者重视，成果颇丰。民族出版社2002年出版的滕星、王军主编的《20世纪中国少数民族与教育》一书，主要探讨了中国近代少数民族教育的演变和发展。民族出版社2007年出版的马廷忠著《民国时期云南民族教育史研究》，梳理了云南少数民族教育从传统到近代化教育的发展历程，分专题论述了云南地区基督教教会学校教育和近代学校教育的发展，并对民国时期云南民族教育进行总结和思考。该书是学术界第一次将云南民国时期的民族教育作整体研究，并总结了云南民族教育的得失。甘肃教育出版社2002年出版的张学强著《西北回族教育史》，对西北各地回族教育发展的历史进行了探讨，其中该书第五章、第六章分别论述了民国时期西北及陕甘宁边区回族教育的发展状况，评析了近代回民教育对回民区域社会文化进步的历史作用。

改革开放以后，研究近代少数民族教育的文章甚多，《蒙古史研究》2010年第10期发表的田中刚的《"蒙疆政权"的教育政策——以蒙古人初中等教育为中心》，对20世纪30、40年代"蒙疆政权"统治下蒙疆教育政策、内蒙古自治运动与教育问题及内蒙古初等、中等教育状况进行了探究。《民族高等教育研究》2013年第2期发表的张振霞、徐丹的《民国时期甘宁青地区民族教育发展及其影响》，对民国时期甘宁青地区回民教育的发展状况进行研究，对该地区民族教育制度、教育内容和教育规模等进行了具体分析。《石河子大学学报》2006年第1期发表的郭宁、王珍的《试论新疆近代少数民族教育的发展》，论述了近代新疆各民族在新疆教育

---

① 有刘安荣的《基督教与近代山西教育事业现代化》，《山西农业大学学报》2006年第1期；莫志斌、伍春辉的《论湖南教育近代化》，《湖南师范大学教育科学学报》2008年第4期；连振斌、黎志华的《清末江西巡抚与江西教育近代化》，《教育学术月刊》2015年第4期；王丽云的《留学生与云南教育近代化》，《徐州师范大学学报》2009年第3期；岳程楠的《留日学生与清末四川教育近代化》，《日本问题研究》2009年第4期；梁中美的《清末贵州留日学生与贵州教育近代化》，《贵州师范学院学报》2012年第7期，这些论文论述了山西、江西、湖南、贵州等不同省份教育近代化的发展历程。

中的活动和对新疆教育的贡献。

云南、贵州两省近代少数民族教育史研究成果颇多，其中《思想战线》2013 年第 3 期发表的孔令琼的《清末民国时期云南沿边地区民族教育与边防近代化》、《云南民族大学学报》2014 年第 4 期发表的刘远碧和李蔚的《近代云南少数民族地区女子基督教教育的嬗变及启示》、《云南社会科学》1988 年第 3 期发表的李荣昆的《关于近代云南的回族教育问题》、《民族教育研究》1998 年第 1 期发表的苍铭的《民国云南边地民族教育概说》等文章，对云南少数民族的近代教育情况进行了探讨，分析了近代少数民族教育对云南少数民族集聚区文化、经济发展的积极作用。《教育评论》2006 年第 1 期发表的湛玉书、李良品的《论乌江流域土家族地区土司时期教育的类型、特点与影响》一文，对乌江流域（包括贵州）土司时期的学校教育进行了论述，并认为土司时期是该地区学校教育发展的重要阶段之一。《中南民族大学学报》2004 年第 4 期发表的李良品、崔莉的《略论乌江下游少数民族地区近代教育的发展》，对乌江下游民族聚集区从清末到 1949 年的近代教育进行了探讨，认为虽然乌江下游少数民族近代教育发展极其缓慢，但对该地区的各方面发展也起了一定作用。

四 地方私塾教育

在近代教育改革的过程中，各地对以前的私塾进行改良，为近代乡村教育的发展起到了积极作用。改革开放后，不少学者开始关注地方私塾教育，如《华东师范大学学报》1998 年第 3 期发表的熊贤君的《中华民国时期私塾的现代化改造》，对民国时期的私塾改造情况、现代价值进行了翔实论述，并对其进行了客观之评析。《历史档案》2002 年第 2 期发表的柳琴和左松涛的《略论 20 世纪上半叶中国的私塾改良》、《浙江大学学报》2005 年第 1 期发表的田正平和杨云兰的《中国近代的私塾改良》与郝锦花和王先明的《论 20 世纪初叶中国乡间私塾的文化地位》等文，介绍了 20 世纪上半期私塾改良的历史背景，分析了该阶段中国私塾改良问题。

在区域的私塾研究上，《浙江大学学报》2001 年第 3 期发表的张彬、秦玉清的《近代浙江私塾改良》，对近代浙江私塾改良进程进行了梳理。《南京社会科学》2000 年第 10 期发表的唐秀平的《论民国时期江苏私塾教育》，论述了民国时期江苏私塾教育的生存状况。《江西社会科学》2003 年第 3 期发表的罗玉明、汤永清的《三十年代南京政府对私塾的改良述论》一文，介绍了20世纪30年代南京政府对该地私塾的改造情况。《黄淮学刊》1995年第1期发表的王天奖的《近代河南的旧式学塾》及《聊城大学学报》2012年第6期发表的岳红廷的《近代天津私塾改良教育》等论文，对中国近代河南、天津等省市私塾改造问题进行了探讨。

此外，在乡村教育的宏观研究上，人民教育出版社2004年出版的苗春主编的《中国近代乡村教育史》一书，从宏观和微观相结合的角度，阐述了20世纪20年代以来的乡村教育思潮和乡村教育，推动了乡村教育研究的发展。该书是迄今为止中国近代乡村教育史研究较为全面、系统的专著。北京师范大学2016年出版的朱汉国等人合著的《转型中的困境：民国时期的乡村教育》，系统地梳理了民国时期乡村教育的转型与发展，考察了乡村新旧教育的冲突、乡村学校的师资、招生与管理、课程与教学、经费问题，发展乡村教育的对策等问题，客观地总结了民国时期乡村教育发展的特点及教训。中国社会科学出版社2021年出版的高盼望著《乡村教师生活的历史考察》，则专门研究了清末民国时期乡村教师群体社会生活、生存状态及时代际遇等。

第五节　思考与展望

一　研究成绩

中国近代教育史研究在新中国成立后经历了由起步、发展而走向繁荣的发展历程，取得了较大成就。

首先，近代教育史资料的出版日趋丰富，且向大型化发展。中华人民共和国成立至1978年，中国近代教育史资料出版甚少，且较为单一，内容主要反映了中共的教育政策与实践、帝国主义对华的文化侵略。改革开放后，中国教育史研究逐步走向正轨，教育史资料的出版逐步向多样化、大型化发展。许多近代教育家、革命家如梁启超、张之洞、蔡元培、陶行知、黄炎培、徐特立、杨贤江等人的全集、教育文集、日记相继出版发行，为近代教育史研究提供了丰富多样的原始资料。

其次，中国近代教育史研究的热点不断出现。1949年后中国近代教育史研究集中于对无产阶级教育家的褒扬，对革命根据地教育的介绍和回忆，对资产阶级教育家的批评和批判。改革开放后到90年代，学者主要对以前中国近代教育史研究进行拨乱反正，集中力量，编写和出版了一批中国近现代教育史著作、教材，论文也多是对近代教育史的介绍，对近代政策、教育制度、教育思想及教育家主张的宏观把握和探究。90 年代以后，对近代中国教育史的研究不断向深度和广度拓展，热点纷呈，除中国近代教育通史研究外，教育思想、教育制度、教育近代化、高等教育、中等教育、初等教育、学前教育、留学教育、职业教育、师范教育、女子教育等研究热点不断出现，相关著作相继出版发行，促进了中国近代教育史研究的发展和繁荣。

最后，研究领域不断深化、细化。中国近代教育史研究，在阶级斗争为纲的年代，对教育史上的大事件、教育家的教育思想和主张等采用阶级斗争观点，给予简单肯定或否定。改革开放后，对中国近代教育史的发展脉络进行了梳理，对中国近代教育的发展进行了较为全面的介绍，并较为客观地评价了近代教育发展的历史作用。90 年代以后，中国近代教育史开始向专题化方向发展，如江铭、谢长法主编的《中国教育史专题研究丛书》、周洪宇主编的《教育史研究新视野丛书》等著作陆续出版。另外，学者对近代中国教育研究逐步走向细化，从微观角度探讨中国近代教育的发展规律，如在学制研究方面，有的学者从学科起源与学制联系入手探究近代学制的变革，有的学者从学制与女子教育的关系入手，研究学制变革对近代女子教育的促进作用。在中国近代师范教育研究中，有学者从制度与群体的视角叙述近代师范教育，有学者通过对高师演变轨迹的考察，探讨近代以来的各项教育政策在高等师范教育中的利弊得失。

二　存在的问题

中国近代教育史研究虽然取得了很大成绩，但也存在不少问题，这主要体现在五个方面。

首先，中国近代教育史资料的整理，有待进一步挖掘。如中国第二历史档案馆虽已编辑出版了中华民国史档案资料（包括教育方面），但仍有大批档案资料未能结集出版，学界需加倍努力，在形势许可的情况下，将其他未出版档案资料早日整理出版。私立学校文献、档案资料的整理工作还很不够，至今还没有出版一部私立学校的综合性史料集，严重影响近代中国私立学校的研究工作。关于乡村教育的历史资料，目前所见主要为政府部门、各种社会团体、组织、个人等对乡村进行的大量调查，政府颁布的相关法令法规及各项方针政策，当时乡村教育者的文集等，大量地方档案馆保存的相关教育档案、一些地方报纸、杂志的相关报道等，少有辑录成册，对于地方志、族谱、家谱、日记、碑刻等资料中教育史料的整理，更加欠缺。近代少数民族教育史资料的编辑出版有待加强。

其次，中国近代教育史研究许多领域出现失衡现象。从宏观上观察，对全国性教育发展研究较为深入，对区域教育研究显得不足。从历史发展阶段看，对洋务运动时期、戊戌变法时期、清末民初时期的教育研究较为深入，对鸦片战争前后，尤其是抗战胜利后的中国教育研究不足。关于近代民族教育史的研究，对近代汉族教育的研究较为充分、全面，对少数民族的教育研究不够深入。在民国时期社会教育史研究中，专家学者多集中于民众教育馆研究，对于扫盲运动中起到中心作用的民众学校研究不够深入；对进行民众教育的社会教育机关研究颇多，对当时社会教育经费、社会教育制度、社会教育事业管理等研究显得薄弱；从纵向观察，对抗日战争时期的社会教育研究较为深入，对抗战前十年和战后数年社会教育状况研究较少。在高等教育的研究中，多偏重于高等教育的制度、思想方面，对近代高等教育的实践课题，即高等教育的实施情况和实施效果等研究不足。关于民国时期大学校史的研究，多侧重于国立大学和教会大学的研究，忽略对地方性大学的探讨。在近代大学校长群体研究中，个案研究突出，但缺乏大学校长整体性研究和连续性研究（中国近代大学校长高等教育思想之间发展、继承研究）。关于近代教育家的研究，对陶行知的研究非常深入，与之相比，对其他教育家的研究显得不足。至于严复教育思想的研究，仅仅局限于对其教育主张的介绍，研究的深度和广度远逊于对陶行知的研究。对于晏阳初的研究，主要集中在其教育思想和河北定县教育实践方面，对其在湖南、四川、广西等进行的平民教育活动，很少引起人们的关注。关于中小学教科书的研究，不平衡性更加突出：从研究角度观察，历史学与出版学的研究成果较多，教育学与社会学的研究较少；从研究实现上考察，清末民初的研究突出，民国中后期的研究缺乏；从学科类型看，历史与语文等人文社科类教科书研究成果较多，数学与物理等自然科学类教科书研究成果明显较少。

再次，缺乏比较性研究。中日近代教育发展有不少相同之处，但对近代中日教育发展的比较研究甚少。中共教育政策及根据地教育实践与国民党教育方针、国统区教育状况应有异同，但甚少研究。在社会教育史研究中，呈现国民政府社会教育机关以及社教发展成效、民间团体社会教育或民众教育思想、根据地冬学运动及民众动员三足鼎立之势，但对于三者的比较研究很少，仅限于国共两党对农村社会控制比较研究、中共与民间团体关于农民教育思想比较研究、中共与民间团体教育理念与效果的比较研究等。

复次，许多重要问题的研究有待深入。对近代中国教育史研究多为宏观分析，对近代教育的论述多以教育论教育，往往忽视教育与当时社会经济、政治变革、人文环境、国外影响等互动关系。在中国近代教育史理论研究方面，缺乏深度哲学思考，成为近代教育史研究中的薄弱环节。在专题研究方面有深入不够之处，如对中国近代高等教育的研究，多为宏观把握，给人空泛之感觉，对一些具体问题的研究如教育宗旨、教育政策、课程设置、师资建设、教育实施等研究，多为史料罗列，处于简单叙述、数字统计阶段，其研究有待深入。具体到大学校史的个案研究，多数停留在对学校历史沿革的描述，或阐述学校教育宗旨、教育行政与方式的变革、课程设置及演变等，甚少关注高校与当时社会经济、政治、文化、科技的互动关系，以小见大的研究偏少。关于乡村教育研究，大多论著集中在陶行知、晏阳初、梁漱溟等人的教育思想及乡村教育实践方面，对其他问题涉猎较少，如乡村师范教育问题，1930年以后，各县乃至各乡都设有师范或简易师范学校，但研究文章和著作却寥寥无几。关于近代教育家的研究，多集中于其生平介绍、教育思想、主张与活动的论述，对其他方面关注不够。如对蔡元培教育思想和实践的研究，多数论文主要集中于教育实践方面，对其教育思想和主张多停留在简单介绍上，很少有文章探讨其教育思想的整体构成及演变，更少有文章将其教育理论与活动联系起来，观察其互动情况，形成动态的立体的研究。对晏阳初的研究，多为其教育思想及乡村教育实践的介绍，缺乏对其为首的平教会群体的整体研究。对陈鹤琴教育思想的研究，主要集中于其生平研究与"活教育"思想探讨，研究内容重复较多，对其师范教育、家庭教育、特殊教育等方面的研究不够深入。对徐特立的研究，与其在中国近代教育史上的地位不符，有些重要理论问题涉及甚少，如徐氏教育思想与古今中外教育思想的关系、其创造教育思想、各科教学理论和方法等等。总之，还有许多近代教育史上的问题需要进行理性的全面的分析。

最后，研究方法比较单一。在中国近代教育史研究中，主要活跃着两支研究队伍，一是以历史分析方法研究近代教育史，二是以教育学理论进行研究，二者各有所长。用历史分析法进行研究，显得资料充实，有历史感，探讨问题深入，比较厚重，但给人呆板之感；用教育学理论研究中国近代教育史，显得新颖、灵活，但缺乏历史研究的深度。而研究中所缺乏的正是二者的有机结合。不仅如此，由于近代教育史研究涉及教育学、心理学、社会学、经济学、政治学等许多学科，在研究方法上应借鉴其他学科的理论和研究方法，多角度、全方位研究中国近代教育发展的方方面面。由于近代教育史一些专题涉及教育实践，需要研究者亲临一些大学、中学、小学、幼儿园等进行调查，而在近代教育史的研究中很少有学者用调查研究和实验研究之方法，因而造成研究中理论和实践的脱节。

三 努力方向

首先，加大史料整理力度，出版更多待挖掘之史料。史料是历史研究的基础，只有不断发掘新的史料，才能在研究上有所突破，提出新的观点和主张。就目前出版的中国近代教育史资料来看，可谓成果丰硕，但仍有进一步挖掘的必要。如中国第二历史档案馆档案资料尚有大量民国教育史资料未与公众见面，有整理出版之必要。近代少数民族与边疆教育研究不足，与教育资料不足密切相关，史学工作者有义务整理出版少数民族与边疆地区的近代教育资料，以促进该领域研究的发展。近代私立学校的文献和档案资料较为分散，至今未见私立学校综合性史料集，如能有所突破，实为对近代私立学校研究的巨大贡献。近代乡村教育史资料存留较少，需组织专业人士进行调查研究，查找地方档案资料和报纸杂志、碑刻、家谱、族谱、日记等，整理出版近代乡村教育综合资料集。关于近代教育家的历史资料，多集中于著名教育家、思想家、政治家的教育思想、主张和实践，许多坚持地方教育一线的教育工作者的相关资料发掘不够，有待整理出版。另外，地方教育史资料的整理出版工作需进一步加强，以便出版一批有影响的近代地方教育史资料。

其次，拓宽研究领域。教育是政治、经济、社会、文化的反映，受它们的制约，同时又反作用于它们，脱离近代政治、经济、社会、文化、科技研究近代教育，往往使近代教育史研究走向片面，从中国近代教育史的研究状况观察，大多论著都是以教育论教育，很少与当时的社会经济发展、政治、文化变革联系起来考察教育的发展状况。因此，联系近代政治、经济、社会、文化的变革研究教育，应为以后研究的方向之一。中国近代教育史是中华民族近代教育的发展历史，在研究近代汉族教育史的同时，要注意近代少数民族教育史的研究。中国近代教育史应突破以汉族为中心，以经济发达地区为范围的结构，全面深入研究近代中国不同区域、不同民族教育的发展状况。应加强实践课题的研究，只有通过对近代教育实践课题的研究，才能对中国近代教育发展情况作出较为客观公允的评价。要加大力度进行地方教育史的研究，使全国性近代教育研究与地方教育史研究相互辉映。要注重近代农村教育史研究，进一步拓宽近代教育史研究的领域。另外，在研究过程中，应发挥近代教育史的借鉴功能，为当前教育改革提供经验教训。

再次，深化研究内容。尽管中国近代教育史研究已达到了相当深度，但仍有进一步加深的必要。在研究中，不能只是史料的罗列、史实的叙述、资料的统计、背景的介绍，要在史料的基础上对中国近代教育进行理性分析、深入研究。如注重宏观把握与微观研究的结合，整体研究与个案研究的结合，在个案研究的基础上进行归纳和概括，使中国近代教育史研究，既有宏观把握，又能达到一定深度。在研究中国近代教育产生、嬗变与发展的过程中，应与中国社会、经济、政治、文化等变革联系起来，进行互动研究。在专题研究中，如学制研究方面，重复内容较多，有不少雷同研究过程和结论，在某种意义上降低了学术价值，应更加细化，从政治体制近代化入手，理性分析近代学制的演变。在人物研究方面，多为对近代教育家教育思想、主张与实践的宏观介绍，少有论著将教育家教育理论与实践结合起来探讨。如关于蔡元培研究，多数论著仅是对其教育理论和教育活动的论述，或探究其教育思想的演变，或介绍其教育实践，如将其教育理论和教育实践结合起来研究，使二者互动，形成动态、立体的研究，可真正实现对蔡元培教育思想和实践研究的突破，增加研究深度。再如对徐特立教育思想体系和实践缺乏系统研究，其教育思想与古今中外教育思想的关系还较少涉及，研究者需加强研究力度，将徐氏教育思想与实践研究引向深入。总之，21世纪应是中国近代教育史研究不断走向深入的世纪，只有这样，中国近代教育史研究才能充满活力。

复次，丰富研究方法。中国近代教育史研究涉及不同学科，有些专题如初等教育、学前教育、实验教育等可操作性强，而目前研究者主要采取单一的历史文献分析法或教育学理论方法研究近代教育史，很少运用多种分析方法，多维度探讨中国近代教育的历史。故我们主张学者们能采用历史文献分析法、教育学理论研究法、调查研究法等多种方法相结合，从社会学、心理学、经济学、哲学等多角度探讨中国近代教育发展的状况。

最后，加强研究队伍建设。目前近代教育史研究者主要是高校教师和科研机构人员，其中又分为历史学和教育学两类研究方法，二者联系不紧密。因此，历史学出身和教育学出身的研究者应该相结合起来，组建联合团队，在研究中互补；应该吸纳有研究能力的一线教师参加，加强对教育实践、教育实验、教育调查的研究力量，同时以教育史研究指导一线教学工作。

第七章

西学东渐与近代学术科技史研究

第一节 近代西学东渐研究

一 史料整理

"西学东渐",顾名思义是指西方文化传入中国的渠道、内容及其影响。从时间上看,早在明末清初即已出现西学传入中国的情况,在1840年之后出现了中国历史上第二次大规模的西学东渐潮流。囿于长期以来中国近现代史分界定为1919年,相应地学界对近代西学东渐的研究时段定于1840—1919年。最初关于西学东渐研究的内容,多集中为梳理和介绍西学传播的渠道和论著的具体内容,在这些基础信息大致明晰之后,才开始转向研究西学东渐对中国社会各领域产生的影响。总体而言,国内学界对中国近代西学东渐的研究在晚清时期已经出现,但新中国成立后一度处于停滞,直到20世纪80年代以后出现相关研究成果的井喷现象,且主要集中于西方科技传华史和对西学东渐总论性的研究。

新中国成立以来,国内学术界关于近代西学东渐的首套史料整理书籍当属钟叔河主编的"走向世界丛书"。[①] 编者钟叔河自述,他前后浏览了200多种1840年至1911年中国人亲历西方的记载文献,从中筛选了100种编入此套丛书。在整理过程中,钟叔河对比不同的刻本、抄本和印本,详加考订和校点,并在每种书前都作了一篇叙论,介绍该书的作者生平、

---

① 钟叔河主编:"走向世界丛书",第一辑共计36种,前后在两个出版社出版,1980—1983年,前10种由湖南人民出版社出版;1984—1986年间,第二批包括前10种,共计36种由岳麓书社出版;2008年岳麓书社出版了第一辑的修订版,共计10册35种。

写作的时代背景及对作品内容的评介。2002年，钟叔河将书中叙论部分单独抽出，加以修订，汇成一书，题目为《从东方到西方——走向世界丛书叙论集》。① 在25篇叙论基础上，钟叔河又扩充为40万字的著作，题为《走向世界——中国人考察西方的历史》②，并由钱锺书作序。

"走向世界丛书"第一辑所收录36种书籍的书目如下：林鍼《西海纪游草》、斌椿《乘槎笔记·诗二种》、志刚《初使泰西记》、张德彝《航海述奇·欧美环游记》、容闳《西学东渐记》、祁兆熙《游美洲日记》、张德彝《随使法国记》、林汝耀等《苏格兰游学指南》、罗森《日本日记》、何如璋等《甲午以前日本游记五种》、王韬《扶桑游记》、黄遵宪《日本杂事诗［广注］》、郭嵩焘《伦敦与巴黎日记》、曾纪泽《出使英法俄国日记》、王韬《漫游随录》、李圭《环游地球新录》、黎庶昌《西洋杂志》、徐建寅《欧游杂录》、刘锡鸿《英轺私记》、张德彝《随使英俄记》、薛福成《出使英法义比四国日记》、蔡尔康等《李鸿章历聘欧美记》、戴鸿慈《出使九国日记》、载泽《考察政治日记》、康有为《欧洲十一国游记二种》、梁启超《新大陆游记及其他》、钱单士厘《癸卯旅行记·归潜记》等。③ 2017年，岳麓书社又推出了《走向世界丛书续编》，包括康有为的《英国游记》《德意志等国游记》及《西班牙等国游记》，黄遵宪的《日本国志》，张荫桓的《三洲日记》，伍廷芳的《美国视察记》等共65种，全面反映了晚清中国人眼中的欧美各国情况。

2006年12月，中山大学成立了国内首个"西学东渐文献馆"，致力于收集西学东渐相关文献，拟构建一个针对西学东渐课题的文献中心，召开学术会议，出版刊物《西学东渐研究》。截至2021年，该刊物已由商务印书馆自2008年起连续出版到第10辑，基本是文献馆所召开学术会议的论文集，每辑有固定的研究主题。广陵书社2018—2019年还推出了"近代西学东渐"文献丛刊，分历史、哲学、心理学、教育学、经济学、政治学、法学等卷。南方日报出版社2018年、2021年分别推出了晚清西学丛书第一辑、第二辑，收录了《大同学》《时事新论》《普法战纪》等十多

---

① 钟叔河：《从东方到西方——走向世界丛书叙论集》，岳麓书社2002年版。
② 钟叔河：《走向世界——中国人考察西方的历史》，中华书局1985年、2000年、2010年版。
③ 此书目见钟叔河主编"走向世界丛书"第一辑第一册《凡例》，岳麓书社2008年版，第7、8页。

种在晚清产生广泛影响的西学书籍；2021年，上海科学技术文献出版社还推出了熊月之主编的《近代人文社会科学译著》8册，收录了清末民初翻译引进的《路索民约论》《万法精理》等20多种西方学术书籍。此外，北京大学出版社2012年出版了张晓的《近代汉译西学书目提要》，收录了明末至1919年的近6000种汉译西学书目。

二 综合性成果

中国近代西学东渐的综合性研究成果，首推上海社会科学院熊月之著《西学东渐与晚清社会》。① 尽管此书在出版之后收到一些学者对其具体细节上的商榷文章，② 指出该书在个别细节问题上有误写误记之处，但这并不能掩盖此书在晚清西学东渐研究领域的开创性价值及重大影响。作者在此书绪论中，高屋建瓴地对晚清西学东渐的一些基本问题进行阐释。他指出1843—1860年西学东渐的特征有四：通商口岸成为传播基地、出版了数量客观的科学著作、中国知识分子中出现主动了解和吸收西学的趋向、中国知识分子开始参加译书工作；1860—1900年西学东渐的特征有五：传播机构多种多样、政府创办译书机构、翻译西书量多面广、上海成为译书中心、西学影响逐渐扩大到社会基层；1900—1911年西学东渐的特征有五：转口输入、数量空前、社会科学比重加大、影响深入、中国第一代译才登台。

作者还认为，西学东渐的内容、进程受到多重因素的制约，分别为：传播主体与受传对象、传播主体与受传对象的心理距离、传播媒介、译书方式及译书机构。关于西学东渐的主题主要有五：了解世界、求富求强、救亡图存、民主革命、科学启蒙。该书除绪论和小结之外，共分为十九章，除了按照时间顺序论述西学传入中国后引起的社会各界的回应及反应之外，着重论述了一些重要的机构及人物，如同文馆、广方言馆、格致书院、《万国公报》、江南制造局翻译馆、广学会、傅兰雅、李提摩太、林乐

---

① 熊月之：《西学东渐与晚清社会》，上海人民出版社1994年版。
② 相关讨论文章有：王扬宗的《一部瑕瑜互见的西学东渐史——评熊月之〈西学东渐与晚清社会〉》，《近代史研究》1996年第2期；熊月之的《对〈西学东渐与晚清社会〉书评的回应》，《近代史研究》1996年第5期；王扬宗、熊月之的《关于〈西学东渐与晚清社会〉的再讨论》，《近代史研究》1997年第1期；周育民的《从世界的角度看西学东渐——熊月之〈西学东渐与晚清社会〉读后》，《开放时代》1996年第1期；于语和、庾良辰的《关于近代西学东渐史研究的几点想法——兼评〈西学东渐与晚清社会〉》，《中国图书评论》1997年第1期。

知，关注教会学校、科普杂志、西书出版机构、留学与译书以及三类译才在西学东渐中所起到的作用。作者在前人研究基础上，结合自身新发现的史料，总结并制作出 35 个表格，将重要信息以最直观、客观的方式展现出来，其中绝大部分成为现今研究者不可忽视的研究资料，这也是该书成为相关学者案头必备之书的原因所在。

从近代中国文化转型角度研究西学东渐的著作，有中国社会科学院近代史研究所邹小站著《西学东渐：迎拒与选择》①，研究时段集中于鸦片战争后至辛亥革命时期，侧重考察中国人对西方文化的迎拒心理，及西方文化被吸收、融入的机制。除去引言和结语部分，全书基本按照时间顺序分为五章：第一章明末清初西学东来及其对于中国思想文化的影响，第二章鸦片战争前后的西学输入与国人的反应，第三章洋务时期的西学输入，第四章洋务时期西学输入与国人的迎拒、认知，第五章戊戌及戊戌以后的西学东渐，每章内容大致上是首先考察某时期西学东渐的基本状况及其特征，再叙述该时期国人的反应。作者总结了 19 世纪 20、30 年代西学东渐收到的诸多制约因素：第一，传教士很难很好地承担西学东渐的任务；第二，国人在文化观念上的变更以及知识、人才的储备上存在极大问题；第三，国人在反抗列强侵略和学习西方之间长期找不到合理的契合点；第四，由于近代西方文明与中国传统存在某些冲突，使得深受中国传统文化熏染的精英分子在接纳西方文明时存在相当的障碍；第五，中国科举制度长期束缚了知识阶层的求知趋向和视野，使得热衷于干禄的士人不能及时投身于西学的学习和研究。

将明末至近代 300 年间西学东渐前后贯通的著作，是宝成关著《西方文化与中国社会——西学东渐史论》②，该书所涉时段为 1583—1919 年，按照西方文化在中国传播的历史演进与逻辑发展叙述，着重考察每个时期输入中国的西学内容及其与中国传统文化的冲突与融合，当时的文化政策或朝野文化观念对西学输入的影响及其利弊得失。除去前言和结语，全书内容如下：第一章利玛窦来华与西学东渐的发轫；第二章清初顺康时期西学东渐的继续；第三章雍正禁教与清中叶西学东渐的断落；第四章鸦片战争西学东渐的转折；第五章太平天国的儒耶合流"与番人并雄"；第六章

---

① 邹小站：《西学东渐：迎拒与选择》，四川人民出版社 2008 年版。
② 宝成关：《西方文化与中国社会——西学东渐史论》，吉林教育出版社 1994 年版。

西方文化的第二次大输入：从"西器""西艺"到"西教""西政"；第七章维新派的西学输入、辛亥时期的西学输入；第八章"五四"西学东渐的界碑。在结语部分，作者总结了300余年间西学东渐的趋势与特点为：速度由快到慢、规模由小到大、内容由"天学"到"人学"、学习行动由被动到主动、学习对象由欧美到日本。作者认为西方文化传入中国，有传教、贸易、殖民、战争、旅游、留学、外交活动及图书交流等多种形式，其中影响最大、输入西方文化最早最多的首推传教；真正把西学对中国具有进步意义和鼓舞作用的积极成果介绍给中国的，还是中国人，尤其是中国留学生；西学东渐还有一个不可忽视的渠道，就是通商口岸和租界；传教士的东来肇因于西方的殖民侵略，因此西学东渐与西力东渐几乎是同步进行的。中国人民大学出版社2019年出版的刘大椿等著《中国近现代科技转型的历史轨迹与哲学反思》的第一卷《西学东渐》、第二卷《师夷长技》，考察了从明末到民国时期的西方科学传入中国及近代科技探索转型的历史。此外，辽宁教育出版社2008年出版了刘虹著《洋务教育与西学东渐》；山西教育出版社2012年出版了尚智丛著《传教士与西学东渐》。

除了学术著作，学界还出现了数量不少的相关学术论文，如涉及晚清西学东渐总体性研究的有熊月之的《晚清西学东渐史概论》[①]，作者提出了研究存在的问题，如史料的挖掘和整理还有很大缺门；西书内容有待进一步厘清；对社会影响的研究相当薄弱；对于晚清西学传播的全过程，缺乏综合研究；并将晚清西学东渐划分为几个时期，总结了各个时期的特点。韩国学者曹世铉的《最近五年来关于晚清时期"西学东渐"问题的研究略述》一文，[②] 分别从西学东渐概论、西学输入的内容（自然科学和社会科学）、西学输入的主体（传教士与留学生）、中学与西学的问题、人物研究五个方面介绍了五年间国内的相关研究成果，认为学术界对西学东渐的研究注重西学在中国输入过程的内在逻辑问题，但他们的看法并不完善，原因之一是对西学的解释问题。曹世铉主张"西学东渐"研究中应先了解近代欧美日本等地的政治、社会、文化的特殊性和各种西方思想、学术的变迁过程，然后进一步研究进化论、民约论等欧美各种理论输入近代中国的

---

① 熊月之：《晚清西学东渐史概论》，《上海社会科学院学术季刊》1995年第1期。
② ［韩］曹世铉：《最近五年来关于晚清时期"西学东渐"问题的研究略述》，《近代史研究》1998年第1期。

具体情况，而且为了克服形成固定模式的思维，需要从世界史的角度看近代中国的问题。

郑大华的《论民国时期西学东渐的特点》一文，认为与晚清时期比较，民国时期的西学东渐，具有三个特点：一是内容丰富，几乎所有的西学门类，如政治、经济、军事、法律、哲学、宗教、心理学、地理学、史学、文学、美学、语言、文字、艺术、科技、医学、教育，以及各种各样的思潮、学说、观念都先后传入到了中国；二是主体的变化，回国留学生取代传教士和开明士大夫"扮演了'盗火者'的角色"，成为传播西学的主体；三是途径的多样性，除翻译西书外，著述介绍、邀请西方学者来华讲学等也是西学东渐的重要途径。① 郑权的《简述近代中国的"西学东渐"历程》一文，认为1840—1860年西学在近代中国的传播处于初始阶段，对当时开明知识分子产生了一定影响；1860—1895年西学引进的学科门类大大增多，并构成了对中国传统文化的威胁；1895—1911年资产阶级的社会政治学说大量引进，引起了中国人对传统伦理道德和价值观念的怀疑，知识分子阶层的价值观念开始改变；以1915年陈独秀创办《青年杂志》为标志，西学在中国的传播进入了新阶段，资产阶级的伦理、思想、文化成为西学传入的主流，进化论乃至社会达尔文主义得到更为广泛的传播，成为此时反传统主义的重要理论基础；在引入西学过程中，为应付急迫的政治要求，人们习惯于从短期政治效应上认识和处理问题，给中国社会产生了一定的负面效应。②

郝振君的《中国近代西学东渐的主要成就及经验教训》一文认为，中国近代的西学东渐虽然取得了不小的成就，但与日本相比，却是不够成功的。这其中的原因，除与两国文化特征、原有教育文化基础和民族心理有关外，学习外国、对待异质文化的态度等也是不可忽视的因素。首先，从西学东渐的历程看，国人在对待西学的态度问题上经历了艰难的转变过程；其次，学习中的"一边倒"现象和盲目照搬现象也使中国的西学东渐走了许多弯路；最后，学习中的"急功近利"思想也是造成西学东渐大打折扣的重要原因。③

---

① 郑大华：《论民国时期西学东渐的特点》，《中州学刊》2002年第5期。
② 郑权：《简述近代中国的"西学东渐"历程》，《延安大学学报》2004年第3期。
③ 郝振君：《中国近代西学东渐的主要成就及经验教训》，《宁夏大学学报》2005年第2期。

学界对西学东渐对中国社会的影响进行了深入探讨。郑大华的《西学东渐：晚清从封闭走向开放的桥梁》一文认为，西学的传入对中国社会产生了巨大影响，促动国人的思想观念逐渐发生转变。首先是知识结构的变化，逐步形成完全不同于中国传统教育的西学主导型课程结构；其次是极大地拓展了人们的认知空间，从本乡本土逐渐拓展到了全国乃至全世界；最后是引起了比较模式的转变，即由过去注重历史性的纵向比较，转变为共时性的横向比较，比较的坐标也从过去的"三代"，转变成了当今的"西方"。[1] 孙树芳的《西学东渐及对中国近代社会的影响》一文认为，在明末至晚清的三百年间有过两次西学输入的运动，1581年利玛窦的来华标志着第一个阶段的开始，到乾隆二十二年实行闭关政策，期间持续了大约二百年；从19世纪40年代到20世纪初，是西学输入的第二个阶段。西学东渐对中国近代思想文化产生了极为深刻的影响：一是形成了以爱国主义为主题的拯救中华的时代巨流，促进了国人的觉醒；二是西学输入导致了近代中国知识分子队伍的出现，中国传统学术和书院制度开始向现代转型，推动了中国教育制度的创新；三是西学输入推动了中国近代工业的发展和社会的进步，推动了马克思主义在中国的传播。[2]

三 专题性成果

学界对西学东渐的研究呈现出从整体向个案研究过渡的倾向，相应地发表、出版了一批专题性的论文与著作，着手较早的是科技史专家对西方自然科学技术传入中国的相关研究。

在西方科技传入中国史的研究方面作出突出贡献的，是中国科学院自然科学研究所。该所前身是中国自然科学史研究室，由中国科学院副院长竺可桢创议成立于1957年，是中国第一个综合性的科技史专门研究机构，1975年扩建为自然科学史研究所。1978年，该所增设近现代科学史研究室，其学科方向由中国古代科技史拓展至近现代科技史。

杜石然等人主编的《中国科学技术史稿》[3]，分为上下两册，为中国第一部中国科学技术通史专著，2012年出版了最新修订的版本。该书第十章

---

[1] 郑大华：《西学东渐：晚清从封闭走向开放的桥梁》，《河北学刊》2006年第6期。
[2] 孙树芳：《西学东渐及对中国近代社会的影响》，《胜利油田师范专科学校学报》2002年第3期。
[3] 杜石然等编：《中国科学技术史稿》上下册，科学出版社1982年版。

为"近代科学技术（清末民初时期1840—1919）"，详细阐述了西方科学技术知识的大规模传入、各种自然科学知识的传入、铁路和冶金等各种技术知识的传入、西方医学知识的传入等情况，介绍了中国近代西方科学技术书籍编译，近代数学、物理学、化学、天文学、地学、生物学知识的传入，留学生派遣和学会的创立等，对李善兰、徐寿、严复等重要的科学家和翻译者亦有所涉及。

董光璧主编的《中国近现代科学技术史》[1]，是中国科学院自然科学研究所拓展研究领域至近代科技史的重要成果，全书3卷18篇合订为一大册，每卷6篇，共计1647页，其中上卷为近代科技启蒙、中卷为近代科技体系形成、下卷为科技的现代发展。在全书导言中，作者赞成以1582年意大利传教士利玛窦来华为中国科学近代化起点的标志，至于整个历史进程的分期，则依据三个历史事件作为分期的标志性时间点，把中国近现代科学技术史大致分为三个时期：1582—1928年是近代科学技术启蒙期，以1582年利玛窦来华为标志，是从传统科学到近代科学的转变；1928—1956年是近代科学技术的形成期，以1928年中央研究院的设立为标志，是从欧美模式到苏联模式的转变；1956年以后是国家计划指导下科学技术的现代发展时期，以1956年十二年远景规划的制定为标志点，是从国防动力到经济动力的转变。其中涉及该书讨论的1840—1949年的则是从第3篇至第12篇，分别论述了洋务运动的科技引进、科技教育的产生兴起合法化及制度化、科技学会的兴起和成长发育、新文化运动的科学其名及科学思潮、科学研究的体制化、基础学科的建立、工业布局与技术体系的形成、近代农业科技的奠基、近代医学和医疗卫生系统的萌生与确立。

中国科学院自然科学研究所樊洪业、王扬宗所著《西学东渐：科学在中国的传播》一书[2]，在引言部分提出所谓"西学东渐"就是西方科学在中国的传播，全书所涉时段自明末清初至近代，后半部分涉及新教来华与近代科学传入、洋务运动与科技引进、幼童留美生与船政留欧生、维新运动与西学热、新学制与科学教育等，也论及墨海书馆、益智书会、广学会、同文馆、江南制造局、格致书院等重要机构。

---

[1] 董光璧主编：《中国近现代科学技术史》，湖南教育出版社1997年版。
[2] 樊洪业、王扬宗：《西学东渐：科学在中国的传播》，湖南科学技术出版社2000年版。

李经纬、鄢良著《西学东渐与中国近代医学思潮》[1],着重研究中国医学近代化过程中产生的各种思潮,分为七章,其中前两章为西学东渐及近代中国文化思潮背景的介绍;第三章介绍了西医学的传入与近代中国医学思潮概观;第四章讨论清末在华西医对中医学的认识、洋务时期文化界人士的中西医学观、中医人士的中西医血观;第五章在简要介绍了清末民初的文化和医学概况之后,着重论述清末民初的医学改良思潮,如医学改良论、中体西用论、欧化论、国粹保存论和中西折中论;第六章讨论的是20世纪20年代以后的主要医学思潮,如余云岫与"废止中医"论、"中医科学化"思潮、保存中医思潮及"中西医汇通";第七章为总结与评价。在最后一章里,作者着重评价了近代中国的医学、特别是中医思潮,认为晚清至民国近百年间中国医学历史的核心问题是中西医的比较与抉择,围绕这一问题医界人士展开论证提出观点,由此形成各种医学思潮。该书将近代中国医学思潮的演变情况整理为庚子以前为中西医参合(中体西用)、清末民初为了改良中国医学形成了存在整顿中医、保存国粹、中体西用、中西折中和发展西医几种不同的思潮,而到了20年代以后则合并保留了三种观点,即保存中医、中医科学化和废止中医论。至于导致近代中国医学思潮变迁的重要动因,作者认为是西医在医界势力和影响的增大以及与中医的决裂与冲突。单就近代中医来说,它经历了变迁和分化的历程,而且促使其变迁和分化的直接因素仍是西医影响的深入和势力的扩大。通过与西方医学相比较,中医界认识到了中医学和中国医界的种种弊端,在"天演竞争"的意识的刺激下,谋求中医的改良(或改进)遂成为清末到民国50年间中医界的中心论题,"改良中医"成为近代中医发展的新趋向。当然,"改良中医"的意图是要力争在与西方医学的竞争中立于不败之地。到20世纪30年代以后,中医界中终于有相当一部分中医人士从部分接受、肯定西医理论发展到全盘肯定西医理论,同时又从部分否定中医理论发展到全盘否定或基本否定中医理论,由此走上中医西化的道路。而另一些正统中医人士则以维护中医理论体系为宗旨形成保存中医派。中医界的西化派和保存派此时仍同举"改进中医"之旗帜,但这两种"改进中医"的方法和结局已成天壤之别。总体上讲,近代中医界对西医学是持肯定和接受的态度,但部分中医人士却由此而走向自我否定,而且中医界的

---

[1] 李经纬、鄢良:《西学东渐与中国近代医学思潮》,湖北科学技术出版社1990年版。

崇古尊经、因循守旧之风渐弱。西医的冲击加深了中医人士对中医学自身的认识。

朱国仁著《西学东渐与中国高等教育近代化》① 分为六章，分别讨论了西文、西艺、西政的传播与中国高等教育近代化的基本完成；"中体西用"论、"会通中西"观、"西化"论、西方高等教育思想传入与中国近代高等教育思想的发展；中国近代高等教育机构的建立与变革、中国近代高等学校教育制度的确立与完善、中国近代高等教育行政管理体制和高校内部管理体制的产生与发展；洋务运动时期、维新运动与清末"新政"时期、辛亥革命后高等教育目标、课程、教学方式与方法，中国近代高等教育改革的特点；西学东渐与高等教育近代化之中日比较，着重探讨二者的差异及造成差异的原因；西学东渐与中国高等教育近代化的理论探讨及评价。作者认为，"西学东渐"潮流组成部分的中国高等教育近代化是"后发外生型"的，在引进西方高等教育模式时，不可避免地存在某些盲目照搬的现象，但就其总体而言，中国高等教育近代化并非西化，而是结合中国传统文化形成了自己的特点；中国高等教育近代化的核心是课程的近代化，其主要标志是近代科学进入中国高等教育的课程并占据主要地位。

栗洪武著《西学东渐与中国近代教育思潮》② 一书，绪论部分介绍了近代西学的内容、传入中国的途径、历史特征及其对中国社会的影响，正文部分共分为十章，分别论述了鸦片战争加速封建教育的解体，也刺激了少部分有识之士，兴起了学习西方、改革旧教育思潮；拜上帝会促进了太平天国农民革命教育思潮的兴起，它实行宗教与教育合二为一，阻碍了教育按自身规律正常发展；洋务运动催生洋务主义教育思潮兴起，这也正是中国教育近代化历程中的关键性环节，为清末新教育制度的建立做好了实践和理论准备；维新运动时期兴起了改良主义教育思潮，亦称改良主义教育救国思潮，其特征为教育救国，该思潮发端、酝酿于洋务主义教育思潮，兴起、高涨于维新变法阶段，发展、延伸至辛亥革命时期的民主主义教育思潮，有着中介环节的作用；辛亥革命时期兴起的民主主义教育思潮的基本点是民主和科学教育，但当时的诸多教育政策没有来得及有效实施，沦为一纸空文；基督教在中国的传播促使教会教育思潮的兴起，教会

---

① 朱国仁：《西学东渐与中国高等教育近代化》，厦门大学出版社1996年版。
② 栗洪武：《西学东渐与中国近代教育思潮》，高等教育出版社2002年版。

学校是中国近代特定历史条件下的特殊产物,既是西方列强殖民入侵的附属物,又是近代西学东渐的引进品,其性质、影响程度和作用十分复杂;西学东渐影响下的留美、留欧、留日留学教育思潮既是教育思潮也是社会思潮的重要内容;新文化运动过程中出现了多种新教育思潮的纷争,包括民主与科学的传播、对封建主义文化教育思潮的清理、教育改革的推动、教育团体的建立等;20年代以后中国教育沿着两条路线发展,一条是民间路线,杜威的实验主义教育学说传入中国,出现一批教育家的教学方法改革实验和乡村教育实验,另一条则是官方的路线,借助"三民主义"教育思潮的兴起,1922年开始了学制改革,这一时期民间与官方教育互相补充和促进;伴随马克思主义在中国的传播,新民主主义教育思潮兴起,具体包括早期马克思主义者从事的教育活动、党领导开展的工农教育运动,以及革命根据地进行的各类教育实践。

张立程的博士学位论文《西学东渐与晚清新式学堂教师群体研究》[①],以晚清新式学堂教师群体为研究对象,关注该群体形成的背景、过程、标志、群体结构、意识、行为、特点以及群体地位,并探讨其在中外文化交流、近代化进程以及社会变革中的地位和作用。晚清学堂教师群体形成的背景有三:中西学交汇的文化背景、王朝自救的政治背景以及开启民智的社会背景。晚清新式学堂教师群体的来源分为三种类型:归国留学生、旧式文人以及半新半旧之士。从学术背景方面考察,晚清新式学堂教师群体的学术背景及其来源可分为三种:传统儒学、经世实学以及西学。在群体意识方面,新式学堂教师的群体意识也可分为国民意识、参政意识以及变革意识三种。在群体活动方面,学堂教师的本职工作除教学以外,主要从事翻译、编辑教科书籍;教师的社会活动有发动宣传革命、参政议政等。新式学堂教师群体内的不同类型,各有其不同的代表,文中选取了"中体西用"派的代表陈衍、革命派教育代表蔡元培、留日学生代表钱玄同进行个案解析。晚清新式学堂教师群体特点是:首先,在结构上呈现出新旧并存的特点;其次,在观念意识上呈现出相互矛盾的特点;最后,在群体行为方面呈现出总体趋新的特点。晚清新式学堂教师是新式知识分子的一个重要组成部分,在西学传播方面起了传播主体的信息源和文化交流的桥梁

---

① 张立程:《西学东渐与晚清新式学堂教师群体研究》,博士学位论文,中国人民大学,2006年。

作用，促进了中国人思想观念的近代化。在社会变革方面，晚清新式学堂教师群体作为"中等社会"的核心力量，在清末"新政"以及抵制美货、请开国会、反对"铁路国有"等爱国社会运动中发挥着组织联络、舆论宣传的作用。

孙青著《晚清之"西政"东渐及本土回应》① 一书提出，19 世纪末 20 世纪初，"西政"东渐成了这一阶段"西学东渐"的重要内容。寻求富强的中国知识精英，逐渐形成了一个关于"西方政治之学"的明确概念。然而，所谓"西方政治之学"的统一概念在当时的西方并不存在，国人的观念，乃是某种建基于自身认识条件的想象图景。作者共分七章来阐述"西方政治学"作为一个统一的、清晰的影像是如何渐渐在中国本土建立起来的：第一章晚清中文语境内"西方政治之学"的对应符号——译名；第二章晚清中文世界对"西方政治之学"的界定及其变化；第三章晚清中文话境内"西政"之学的内容载体——译本；第四章从《政治经济学（适合学校教学及参考用）》到《佐治当言》——传教士译述对晚清"西政"的形塑一例；第五章"中学"与"西政"——西政东渐的本土回应；第六章"西政"的影像：晚清本土精英的"西政"观；第七章从"西政"到新"世界学"——政治学本土谱系的初建。

易生运著《西学东渐与自由意识》② 一书，绪论部分回顾了自由学说在西方的发展与演变，亦总结了其在中国的传播与特征，认为自 19 世纪 80 年代起西方的近代自由学说在中国思想界开始发生影响，中国近代自由思潮的特征大致可以归结为一个趋向、两种冲突、三个层次。所谓一个趋向是指由宣传资产阶级个性解放到传播马克思主义的发展趋向；两种冲突是指新、旧文化之间的冲突和"西学"本身的相互冲突；三个层次是指中国近代的自由思潮大致包括哲学（认识论）、伦理学、文艺美学三个方面的内容，这实际上构成了"真、善、美"的系统，达到"真、善、美"的境界，也就是自由的实现。该书第二至第九章分别论述了普遍性、必然性与自我意识——对自由的哲学探讨，章太炎的"真我"（真如）自由说、"科学与人生观"大讨论的实质；严复寻求国家富强的自由观；近代伦理道德观中实现人的解放的自由意识；蔡元培探索人道主义思想的自由观，

---

① 孙青：《晚清之"西政"东渐及本土回应》，上海书店出版社 2009 年版。
② 易升运：《西学东渐与自由意识》，湖南人民出版社 1988 年版。

"自成"说、美的特性与自由；以《新青年》为中心"个性主义"思想的发展，陈独秀的自由意识、胡适的"纯粹的个人主义"以及"个性主义"的人生观；近代文学艺术观念的变革，"诗界革命"、"小说界革命"、苏曼殊文学作品中的自由意识、审美价值取向的转换、"人的文学"的理论与实践、"易卜生主义"的传播、尼采学说与新文学运动；运用马克思主义的一个尝试——李大钊的自由观，并分析了李大钊自由观的三个层次。

彭大成、韩秀珍著《魏源与西学东渐——中国走向近代化的艰难历程》①一书，分上、中、下三篇，分别聚焦魏源的生平与思想轨迹、魏源在中西文化交流中的历史地位与时代意义、魏源与中日两国的近代化及其比较研究。在中篇中，作者认为魏源在中西发展对比的历史坐标系上既全面继承了中国传统文化，以其具有湖湘特色的经世思想为代表，又是西方先进文化的首位推介者。在下篇里，作者在介绍了魏源思想与洋务运动代表人物曾国藩、左宗棠、郭嵩焘的关联之后，着重比较了洋务运动与日本明治维新，分析了影响二者成败的复杂历史原因。

赵德宇著《西学东渐与中日两国的对应——中日西学比较研究》②一书，专注于考察中日两国的西洋学史，按时间顺序详细考察具体史实。全书分为五章，分别论述日本的天主教时代、在华耶稣会的变异、西学理路、兰学历程、历史错位。在历史错位一章，作者比较了林则徐与渡边华山的西洋知识与西洋观，并分析了造成二者差异的原因及其影响。在附录一中，作者罗列了一份"西洋学家译述目录"，共收录延享年间（1744—1747年）至1852年日本兰学家的译述约480种，其依据为穗亭主人所辑《西洋学家译述目录》。

西学东渐与女性研究方面也有不少成果值得关注。陈文联的《西学东渐与中国近代女权思想的形成》③一文认为，来华传教士最早将西方男女平等思想输入中国，其方式有二：一是通过对西方近代文明和社会状况的介绍，来传递男女平等的信息；二是通过兴女学和戒缠足的具体活动，开通中国社会风气，改善中国妇女地位。戊戌维新时期尚属朦胧的男女平等

---

① 彭大成、韩秀珍：《魏源与西学东渐——中国走向近代化的艰难历程》，湖南师范大学出版社2005年版。
② 赵德宇：《西学东渐与中日两国的对应——中日西学比较研究》，世界知识出版社2001年版。
③ 陈文联：《西学东渐与中国近代女权思想的形成》，《中南大学学报》2003年第6期。

思想至此豁然开朗，成为新时代的里程碑，具体表现有三：一是维新志士的妇女观已经初步渗入近代人权思想；二是维新先觉者对待妇女问题，大大超越前人止于同情、怜悯窘境，而是使之更富有社会意义，并付诸实践；三是维新派兴女学、戒缠足的宣传与活动，极大地促使了少数先进女性的觉醒。20 世纪初，随着西方女权理论的输入，中国近代女权思想得到确立，其特征为：其一，对妇女的各项权利进行了广泛的讨论，具体包括女子身体健康权、受教育权、婚姻自由权、经济独立权、政治参与权；其二，将兴民权与妇女权，把民权革命与女权革命结合在一起；其三，强调女权应通过切身努力而非坐等施舍去实现；近代中国女权思想具有中西融合的特点，既强调女权是人权的一部分，又主张将政治变革与女权革命联系起来，成为实现男女平权的重要保证。总之，近代女权思想的产生和发展，既是社会变迁的产物，同时也是推动社会转型的重要力量。以李大钊、陈独秀、向警予等为代表的具有初步共产主义思想的先进知识分子，提出了以提高妇女社会地位为根本出发点，以建立社会主义自由平等的社会制度为根本目标，以政治革命为根本途径，以劳动妇女为根本依靠力量的理论体系，从而正确揭示出妇女解放的科学规律。这一理论体系的形成与确立，标志着近代中国妇女解放思想已跃上了一个新境界、新层次。

王辉的《洋务运动时期海外游记与西学东渐》[①] 一文，以 19 世纪 60 年代洋务运动兴起至甲午战争爆发时期中国文人出游西方所做的海外游记为研究对象，分析洋务时期海外游记与西学东渐的关系。首先对洋务时期中国文人在西方尤其是欧美的出游情况做简单介绍，之后重点考察这些海外游记中，中国文人对西方政治、经济、社会、教育、科技以及军事情况的考察和思考，分析这些游记中的记载对西学东渐的推动作用。最后从文化思想、政治主张、经济主张、教育主张和宣传西学效果等方面剖析这些海外游记的局限性。

曾佩珊的《西学东渐与中国近代版权制度的建立》[②] 一文，着重论述了在晚清西学东渐过程中，维新派传播的资产阶级社会学说和制度中包括带有资产阶级法权性质的版权制度，其中的代表人物分别是梁启超、严复。梁启超在报刊编辑、论著出版活动中积极实践版权制，有效维护了自

---

① 王辉：《洋务运动时期海外游记与西学东渐》，硕士学位论文，吉林大学，2007 年。
② 曾佩珊：《西学东渐与中国近代版权制度的建立》，《韶关学院学报》2013 年第 1 期。

身的版权利益。严复在译书过程中十分注重原著作者人身权利，还明确对作者财产权的保护问题提出著译者的报酬和版税要求，并借鉴西方各国版权成例，对版税支付的操作提出更具体的办法，此外还呼吁政府注重版权，实施全面的立法建制保护。以林乐知为代表的西方传教士在广学会的报刊编辑出版活动中，主张录用他刊新闻著论译稿时要注明出处，反对掠夺他人之利；广学会传教士专门撰文论述版权问题，阐发版权思想和主张。1902 年，美国、日本借续修商约之机，对中国提出版权保护要求，此间发生的关于版权条款的论争引起国人对版权问题的极大关注。1904 年，北洋官报局公然翻印文明书局的四种图书，并发行谋利，文明书局提出指控，但最终无理撤销文明书局印书的版权保护。此事件激发了人们的版权保护意识，呼吁版权立法，亦促使出版界组织成立书业商会，以集体力量维护自身版权权益。这些都促使清政府在 1910 年颁布了中国历史上第一部版权法《大清著作权律》，结束了中国单靠官府告示保护版权的历史，是中国版权保护从人治开始逐步向法制过渡。民国初继续沿用《大清著作权律》，北洋军阀政府、国民党新军阀分别在 1915 年和 1928 年在《大清著作权律》基础上制定并颁布《著作权法》，拉开了中国版权保护法治化的序幕。

第二节　近代西书翻译研究

一　综合性成果

西学书籍的翻译是西学东渐的基础和重要组成部分，学界对西书翻译的研究早已有之，早期的研究者多关注重要的翻译机构和译者，后来则把西书翻译作为翻译史的一部分或者以其传播史及对社会的影响作为研究重心。研究时段上，对 1840—1919 年间的西书翻译研究较多，1919—1949 年的翻译则为研究的短板，成果甚少。

首先，对近代西书翻译的整体研究基本按照时间顺序论述洋务运动时期、戊戌维新时期及五四运动时期的西学书籍的翻译，对此后的西书译介研究则主要集中于马、恩、列、斯著作的翻译与传播。国内出版的第一部翻译史著作是马祖毅的《中国翻译简史》（"五四"以前部分）[①]，该书系

[①] 马祖毅：《中国翻译简史》（"五四"以前部分），中国对外翻译出版公司 1984 年版。

统阐述了周代至五四以前的历代翻译活动，其中第五章集中论述从鸦片战争到五四运动前的翻译活动，包括组织翻译活动的先驱林则徐、鸦片战争后清朝的外事机构与翻译活动、甲午战前战后的西学翻译、外国文学的翻译、关于译名统一问题等等，对重要翻译机构、西书、译者都有介绍，范围较广，除了科学技术，也涉及文学、艺术等社会科学著作的翻译。

黎难秋主编的《中国科学翻译史料》①中所谓"科学翻译"，不仅包括自然科学、技术工程范畴的翻译，还涵盖哲学及除文学艺术之外所有社会科学范畴的翻译。该书收录资料涉及的历史限于1911年辛亥革命成功之前，全部资料划分为七个部分：即奏疏、序言识语、目录提要、论述、翻译机构、翻译人物以及长篇专文。

邹振环著《影响中国近代社会的一百种译作》②一书，以明清之际至新中国诞生前的三百余年西学翻译为考察对象，采用翻译作品为主线，以这三百余年影响较大的一百种译作的出版先后为经，以这一时期的文化人与文化运动为纬，来展示一部西书中译的历史以及这三百年来西书中译与社会文化之间的关系。书中译作的入选标准是译本的社会影响，即它需是产生共时性和历时性重大影响的名著。作者从西书译本在近代中国的影响切入，从一个侧面展示了近代中国思想文化变迁的脉络，对每本书的评述亦不求面面俱到，仅选择一点深入探究。

李伟著《中国近代翻译史》③一书，认为科学的、完整意义上的"中国近代翻译史"应当包括自然科学、社会科学及文学作品的翻译，研究时段设为1810年前后至1923年前后，内容上以西学翻译为主，偶有涉及中学外播。全书分五章：第一章"近代翻译的发轫"叙述鸦片战争时期林则徐、魏源、徐继畬、梁廷枏及马礼逊等传教士的翻译活动；第二章"实用科学书籍的译介"从清代官办翻译机构同文馆、江南制造局翻译馆和外国在华译书机构墨海书馆、广学会等两方面叙述洋务运动时期的翻译活动，亦对近代翻译理论的出现进行了探索；第三章"译书为维新"叙述了康有为、梁启超等维新派对西学翻译的提倡与推动、严复的翻译、近代翻译理论如翻译新标准的发展；第四章"西学输入的大潮"主要介绍了辛亥革命

---

① 黎难秋主编：《中国科学翻译史料》，中国科学技术大学出版社1996年版。
② 邹振环：《影响中国近代社会的一百种译作》，中国对外翻译出版公司1996年版。
③ 李伟：《中国近代翻译史》，齐鲁书社2005年版。

时期资产阶级革命理论的翻译与西学传播、各种翻译机构如上海商务印书馆编译所、译书汇编社、会文学社等及以林纾、苏曼殊、马君武等人为代表的文学翻译热潮；第五章"民主与科学"着重介绍新文化运动时期马克思主义在中国的早期传播及最新自然科学、西方哲学著作的翻译。

冯志杰著《中国近代翻译史（晚清卷）》[①] 一书，采用非编年体例，在简要介绍中国近代社会背景和晚清翻译活动演进的基础上，从翻译的客体、翻译的主体、历史流变和历史影响等方面，探讨了晚清翻译活动的发展演进规律，同时探讨了晚清翻译活动对中国近代社会变革的历史作用。全书分九章：中国近代翻译兴起的社会基础；晚清翻译活动发展的历史演进；晚清时期科技著作的翻译及其特点；晚清时期社会科学著作的翻译及其特点；晚清时期文学著作的翻译；晚清时期译介西学的重要期刊；晚清时期的翻译机构；晚清时期的翻译家；晚清翻译活动与近代中国社会转型，整书框架大但论述未精。作者归纳晚清科技著作翻译的特点为引进特别注重实用性、翻译人才主要集中于少数知识精英、引进科技的多途径和多领域、专门机构成为科技著作翻译的主力。晚清时期社会科学翻译的特点为翻译引进西方社会科学著作的主旨是为维新变法和为实现政治改良提供理论依据和精神动力、主要集中在历史政治和社会学说、翻译主体以维新派政治精英为主、翻译引进源头从欧美扩展到日本。作者认为晚清翻译活动在科学技术近代化方面，促进中华民族的科学启蒙与科学觉醒、促进近代科学技术的应用；在近代教育体制方面，促使科举教育体制的终结、催生近代化教育体制的确立；在近代中国文化发展方面，冲破了封建文化桎梏、引发文学界革命及促进文学近代化、催生新闻出版业迈向近代化；在近代中国政治社会变革方面，为维新变法提供了思想营养、为资产阶级革命提供思想基础和理论借鉴。

方华文著《20世纪中国翻译史》[②] 一书，管窥清末民初时期的"语际"翻译，即中文和外文的互译活动，将梁启超、严复和林纾称为当时的"译坛三杰"，认为三人对我国的翻译事业作出了划时代的贡献，无论在译品类型还是翻译观念上都大有建树。该书对翻译家的生平经历及翻译成绩一笔带过，更重视对翻译家的译学观点详细陈述。作者认为外国翻译理论

---

① 冯志杰：《中国近代翻译史（晚清卷）》，九州出版社2011年版。
② 方华文：《20世纪中国翻译史》，西北大学出版社2005年版。

为中国的译论提供了丰富的影响，也活跃了中国理论家的思维，促进了中国翻译理论的建设。中国的翻译理论家提出"建立中国自成一体的翻译理论体系"，总结和集中传统译论的经验和智慧，糅以西方理论之精华，构建为中国新译论的基本框架。全书分为三个部分：第一部分论述清末民初时期的翻译活动，对译坛三杰的译论详细介绍，亦涉及科学、小说、诗歌、戏剧的翻译；第二部分论述民国时期的翻译活动，鲁迅、郭沫若、矛盾、瞿秋白、傅雷、刘半农的译论得以详述，也论述了俄苏、法国、日本、英国、德国、美国文学作品、西方哲学著作的译介；第三部分详述1949年后的翻译活动，论及苏联及俄罗斯、日本、法国、英国、德国、北美、印度等国家文学与文化的译介。并提出罗新璋等人提出的中国自成一体的翻译理论。此外，湖北教育出版社2006年出版的冯祖毅等著的《中国翻译通史》古代卷及现当代卷，分别论述了清末的西学翻译及民国时期在文学、自然科学及社会科学等方面的翻译事业。

闫清景著《传统与现代之间：传统中国现代性价值追寻中的西学翻译与传播》[①] 一书，以明末至近代中国西学翻译对当时中国社会从传统向现代的转型所产生的影响为研究探讨的对象，同时对西学翻译不同阶段的翻译主题、特点、策略、翻译的主体、翻译内容的传播进行了讨论，在结论部分论述了全球化语境下翻译的本质问题。全书分为十章，并在每章最后一节专门论述该阶段西学翻译的特点及社会影响，其第一章论述耶稣会士的西学翻译与传播及其学术传教；第二章讨论新教的西学翻译与传播及其文化渗透；第三章为海防时代的西学翻译与传播；第四章为洋务运动时期的西学翻译与传播；第五章为维新时期的西学翻译与传播；第六章为严复对西方社会科学的翻译；第七章为清政府在新政期间对西方法制的翻译与传播；第八章为辛亥革命时期的西学翻译与传播；第九章为五四前后的西学翻译与传播；第十章为马、恩、列、斯著作的翻译与传播。北京交通大学出版社2018年出版的卢明玉著《西人西学翻译与晚清救国的良策》则是梳理了救国视角下的晚清西学书籍的翻译；科学出版社2021年出版的白靖宇著《翻译与中国近代科学启蒙——传教士科技翻译研究（1582—1911年）》则是集中考察了近代传教士在华的科技文献的翻译活动。

---

① 闫清景：《传统与现代之间：传统中国现代性价值追寻中的西学翻译与传播》，河南人民出版社2009年版。

邹振环著《疏通知译史：中国近代的翻译出版》① 一书，收录了16世纪末至20世纪40年代中国近代翻译出版史的28篇论文，均为作者几十年间的代表性论文。全书分为"译史通述""译局专论""译家译著""译史或问"四编。第一编尽可能地准确客观描述翻译出版史的史实；第二编重点论述翻译出版机构，如墨海书馆、京师同文馆、上海土山湾印书馆及创办初期的商务印书馆，反映了近代中国译局的官方、教会和民营三个重要的系统；第三编为作者发掘、整理和考订新材料写就的关于黄胜、杨荫杭、丁福保、冯承钧、张元济、伍蠡甫、巴人及其翻译作品的论文；第四编的论文在解读史料的基础上，作者引出了一系列颇有价值的问题。此外，中华书局2017年出版的邹振环著《20世纪中国翻译史学史》，涉及1902—1949年间中国的各种翻译活动。

二　翻译机构

无论翻译机构还是译者译著研究，均见于王扬宗、熊月之、邹振环等人的综合性著作中，未免重复，此处仅介绍专门研究的论著。近代中国的翻译机构为数不少，相关研究则主要集中于墨海书馆、京师同文馆、江南制造局翻译馆、益智书会、广学会等知名机构。

较早介绍墨海书馆的专文有胡道静、王锦光的《墨海书馆》②，对墨海书馆的历史、中西译者及译著作了简要介绍。叶斌的《上海墨海书馆的运作及其衰落》③ 一文，考察了墨海书馆的开办、新馆址和新设备、经费来源、日常管理与内部矛盾、衰落的具体原因。陈昌文的《墨海书馆起讫时间考》④ 一文，经过仔细考证，认为1848年建成说较为合理，1860年墨海书馆实际上并未关闭，其真正停业时间当是1877年的七八月间。王立群的《近代上海口岸知识分子的兴起——以墨海书馆的中国文人为例》⑤ 一文，集中讨论了王韬、李善兰、蒋剑人、管嗣复、张福僖等中国文人陆续进入墨海书馆工作，成为通商口岸第一批与西方人合作的知识分子，他

---

① 邹振环：《疏通知译史：中国近代的翻译出版》，上海人民出版社2012年版。
② 胡道静、王锦光：《墨海书馆》，《中国科技史料》1982年第2期。
③ 叶斌：《上海墨海书馆的运作及其衰落》，《学术月刊》1999年第11期。
④ 陈昌文：《墨海书馆起讫时间考》，《史学月刊》2002年第5期。
⑤ 王立群：《近代上海口岸知识分子的兴起——以墨海书馆的中国文人为例》，《清史研究》2003年第8期。

们所翻译出版的西方科学文化书籍，促进了西方近代科学在中国的传播，在中国近代史上具有重要意义。马福华的《论晚清西方教会出版机构的翻译出版活动——以墨海书馆为中心的考察》[①]一文，介绍了墨海书馆翻译出版活动的缘起、翻译出版活动的具体内容，如翻译出版西学书籍、创办报纸杂志、采用"西译中述"的翻译方法，并探讨了这些活动对近代中国的意义和影响。任莎莎的硕士学位论文《墨海书馆研究》[②]首先是整体介绍墨海书馆的概况，进而介绍对墨海书馆的翻译事业贡献最大的两类人——传教士和秉笔华士，以及由墨海书馆翻译出版的《圣经》、西方科学书籍及创办的综合性书刊，最后阐述墨海书馆对中国近代翻译出版事业的影响。

关于墨海书馆的资料整理方面，出版有《六合丛谈：附题解·索引》[③]，该书分为三部分：研究编、资料编和《六合丛谈》影印。研究编收录了解题部分以及学者对《六合丛谈》的研究论文，资料编收录了19世纪汉译西洋书籍和刻本藏书地目录、墨海书馆出版书目、《六合丛谈》总词汇索引和上海地图（1851—1853）。影印部分收录了第1号至第15号《六合丛谈》。

关于京师同文馆较早的研究论文，是李喜所的《清代的同文馆——中国最早的外语学校》[④]。该文对同文馆的历史作了简要的介绍，认为同文馆教学中的显著特征是注重学用结合，鼓励学生和老师共同翻译西书，同文馆开一代风气之先的拓荒作用不可低估。王维俭的《丁韪良和京师同文馆》[⑤]一文，详述了丁韪良担任同文馆译书教习后在推进翻译西书方面的贡献，同时也展示了丁韪良之所以加入同文馆所持的宗教目的。张美平的《丁韪良与京师同文馆的翻译教学》[⑥]一文，论述了丁韪良在同文馆任职期间启动的课程革命的内容、特点、成就与影响，认为同文馆的教育尝试具有里程碑的意义，不仅揭橥了中国新教育的发轫，而且标志着中国近代外语教育的正式起步。周俐玲、段怀清的《京师同文馆与晚清"学生—译员

[①] 马福华：《论晚清西方教会出版机构的翻译出版活动——以墨海书馆为中心的考察》，《咸阳师范学院学报》2014年第6期。
[②] 任莎莎：《墨海书馆研究》，硕士学位论文，山东师范大学，2013年。
[③] 沈国威编著：《六合丛谈：附题解·索引》，上海辞书出版社2006年版。
[④] 李喜所：《清代的同文馆——中国最早的外语学校》，《文史知识》1982年第2期。
[⑤] 王维俭：《丁韪良和京师同文馆》，《中山大学学报》1984年第2期。
[⑥] 张美平：《丁韪良与京师同文馆的翻译教学》，《浙江树人大学学报》2016年第2期。

计划"》① 一文,论述了该计划设立的初衷及其调整、在宗旨依归上的困窘,认为尽管那些西教习们倡导着西学和西式科学技术实验,但在同文馆的开办者、主持者那里,依然谨慎地固守着同文馆作为一所旨在培养翻译人才的初衷,以及有限地对于西学的接触,这种在各种思想观念、各种利益诉求、各种文化价值之间艰难挣扎而又缓慢前行的经历,就构成了同文馆最真实的历史的一部分。

王薇佳的《中国近代外语教育的开端:论京师同文馆的英语教学和翻译活动及其影响》② 一文,在肯定京师同文馆的英语教学和翻译活动对我国近代外语外交人才培养和翻译事业贡献甚大,培养出中国近代第一批懂得西文、西艺的人才,开创了外语教育和翻译工作相结合的新局面的同时,指出由于英美侵略势力的控制以及为维护封建统治服务的办学宗旨,京师同文馆的教育受到时代历史、思想观念、教育体制等方面的局限,英语教学并没有取得应有的成绩。胡浩宇的《京师同文馆与西方科技知识在华传播》③ 一文,通过分析《格物入门》和《格物测算》,尤其是后者成为连接西方科技在中国传播由简易转向专业化过程中的重要一环,进一步肯定了京师同文馆翻译和编写的科技书籍为洋务时期的西方科技知识的引入作出了重大贡献。

浙江大学出版社 2017 年出版的张美平著《京师同文馆的外语教育研究》,全面考察了京师同文馆的师生群体、课程教学、西学翻译等内容。张慧丽的《京师同文馆的翻译出版活动及其贡献》④ 一文,考察了京师同文馆翻译出版机构和职位的设置情况,如印书处、翻译处、翻译官和纂修官,统计其翻译出版的主要书籍,进而分析其翻译出版活动的主要特点,并总结其重要贡献和意义,指出对于京师同文馆进行的翻译出版活动,尤其是其附属翻译处及印书处,应给予其在近世中国翻译史和出版史上应有的地位。杨文瑨、罗列的《论晚清洋务派的翻译政策与京师同文馆翻译人

---

① 周俐玲、段怀清:《京师同文馆与晚清"学生—译员计划"》,《北京化工大学学报》2006年第2期。
② 王薇佳:《中国近代外语教育的开端:论京师同文馆的英语教学和翻译活动及其影响》,《徐州师范大学学报》2007年第6期。
③ 胡浩宇:《京师同文馆与西方科技知识在华传播》,《学术界》2010年第2期。
④ 张慧丽:《京师同文馆的翻译出版活动及其贡献》,《山东图书馆学刊》2010年第5期。

才培养模式》①一文，探讨了洋务派的翻译政策与京师同文馆翻译人才培养的主要举措之间的关联，分析了翻译政策与人才培养的得失，展示了同文馆翻译人才培养模式实际上是官方翻译政策的直接产物。石明利的硕士学位论文《京师同文馆译书活动研究》②一文，讨论了京师同文馆译书活动研究的原因、印书技术、出版物内容、编译人员和出版观念的近代化，总结了同文馆译书活动的特点和社会作用，认为同文馆的编译出版活动时中国出版事业从传统走向近代的典型例证。

对江南制造局翻译馆的研究起步较早，英国传教士傅兰雅早在1880年就在《格致汇编》上刊载了《江南制造总局翻译西书事略》，1949年后，中国台湾学者亦有不少研究，80年代以来，成果颇为丰硕。如黎难秋的《我国早期的兵工专业情报翻译机构——江南制造局翻译馆》，③梳理了译馆的创建史、创建者、译员、译馆的特征及其翻译的成果等。王扬宗的《江南制造局翻译馆史略》，④深入考察了译馆的创办缘起、历史发展，并对有关事实作了考证和补充，将其历史分为创办时的周折与计划、从兴盛至平淡到终结两段描绘，亦讨论了译馆的译者、译著及其影响，还编制了一些重要的数据图表，如翻译馆译书与办舆图经费表、翻译馆主要口译人员表、翻译馆主要笔述人员表等。张增一的《江南制造局的译书活动》⑤考订了译局翻译西书的数量和种类，分析了译书活动三个阶段的不同特征，译著的内容及其社会影响，并探讨了江南制造局翻译馆在清末译西书活动中的地位。那世平的《江南制造局翻译馆的西书翻译及其特点》⑥总结翻译馆具有翻译与出版相结合、翻译与编译相结合、理论与实践相结合、基础与应用相结合、文史与理工相结合、图书与情报相结合、翻译与科技教育相结合等特点。与此类似，任娟玲、刘长亮的《江南制造局翻译馆译介特点研究》⑦认为，译馆具有翻译与出版相结合、翻译与编译相结

---

① 杨文瑨、罗列：《论晚清洋务派的翻译政策与京师同文馆翻译人才培养模式》，《北京第二外国语学院学报》2014年第12期。
② 石明利：《京师同文馆译书活动研究》，硕士学位论文，西南大学，2012年。
③ 黎难秋：《我国早期的兵工专业情报翻译机构——江南制造局翻译馆》，《情报科学》1982年第3期。
④ 王扬宗：《江南制造局翻译馆史略》，《中国科技史料》1988年第3期。
⑤ 张增一：《江南制造局的译书活动》，《近代史研究》1996年第3期。
⑥ 那世平：《江南制造局翻译馆的西书翻译及其特点》，《图书馆学刊》2012年第4期。
⑦ 任娟玲、刘长亮的《江南制造局翻译馆译介特点研究》，《兰台世界》2013年6月。

合、理论与实践相结合、基础与应用相结合、图书与情报相结合、翻译与科技教育相结合。张美平的两篇文章①前者论述了江南制造局翻译馆的创办缘起、译书过程与方法、译书内容与影响,后者着重考察了后来并入江南制造局的上海广方言馆、译馆的译书方法以及译馆发展史。

关于江南制造局翻译馆的史料整理方面,近年来上海图书馆共有三部相关著作出版。上海图书馆编《江南制造局翻译馆图志》②中,樊兆明依据上海图书馆馆藏文献为基础,整理了江南制造局翻译馆的兴衰史、西方及中国的主要翻译人员、译馆的译著数量、种类及特点,并以译馆的译书目录为附录,本书最大的特点是大量原始图片和照片的呈现。上海图书馆整理的《江南制造局译书丛编·政史类》③是以上海图书馆馆藏为底本,影印出版的14种江南制造局刻印出版的政史类译著,共分为五册。上海图书馆编《江南制造局译书丛编·兵制兵学类》④是以上海图书馆馆藏为底本,影印出版的37种江南制造局刻印出版的兵制兵学类译著,共分为六册。

有关益智书会的论文,见王扬宗的《清末益智书会统一科技术语工作述评》,⑤该文简要介绍了益智书会成立前传教士翻译和统一科技术语的工作之后,作者总结了益智书会统一科技术语的工作与成就,具体讨论了该会编辑出版的两部科技术语词典《协定化学名目》和《术语辞汇》,并指出该会曾编译出版过很多科学教科书,而从事统一术语译名的工作正是由此而来的。张龙平的《益智书会与晚清时期的译名统一工作》⑥介绍了益智书会涉足译名统一的缘起、前期(1877—1890)和后期(1890—1912)中国教育会期间的译名统一工作,作者认为译名统一进展缓慢的原因有译名本身的难度、传教士语言上的障碍、教育会成员之间意见的分歧等。丁

---

① 张美平:《江南制造局翻译馆的译书活动及其影响》,《中国科技翻译》2009年第4期;《翻译一事,系制造之根本——江南制造局的翻译及其影响》,《中国翻译》2010年第6期。
② 上海图书馆编:《江南制造局翻译馆图志》,上海科学技术文献出版社2011年版。
③ 上海图书馆整理:《江南制造局译书丛编·政史类》,上海科学技术文献出版社2012年版。
④ 上海图书馆编:《江南制造局译书丛编·兵制兵学类》,上海科学技术文献出版社2014年版。
⑤ 王扬宗:《清末益智书会统一科技术语工作述评》,《中国科技史料》1991年第2期。
⑥ 张龙平:《益智书会与晚清时期的译名统一工作》,《历史教学》2011年第5期。

西省的《益智书会与中国近代教科书的出版》①，简要介绍了益智书会的主要传教士成员，专门负责教科书的编撰与出版，也注重普及读物的编写。何涓的《益智书会与杜亚泉的中文无机物命名方案》②，论述了传教士组织益智书会与中国学者杜亚泉的中文无机物命名方案及其异同，指出两套方案都以确定物质的属名及一套定性词头为主要特征，并进一步讨论了类属式命名方案的影响及未得到流传的原因。

广学会在传播西学方面的作用较早被学者们注意到，1961年何兆武在《历史研究》上发表《广学会的西学与维新派》③，从三个方面说明广学会的西学及其与维新派的思想区别：戊戌前夜维新派西学的历史特点；广学会西学的实质；维新派与广学会在思想上的分歧。与广学会颇有渊源的传教士也成为研究的对象，如孙邦华的《李提摩太与广学会》④ 一文，指出了李提摩太的个人领导能力对广学会发挥传播西学的作用十分重大，如李氏争取华人官员和学者入会和捐助、面向官员和文人的西学传播活动等。再如李巍的《季理斐在广学会活动述评》⑤ 一文，肯定了季理斐作为广学会的重要编者，除了热心宗教书籍的编译和推广，还翻译和编写了西方国家历史和自然科学的书籍、从事统计工作和编辑刊物。吴雪玲的《广学会与晚清西学传播》⑥，肯定了广学会作为晚清有影响的文化教育团体所发挥的作用，认为它通过出版书籍、创办报刊、组织学会等诸多形式，传播西方社会的政治、经济、军事、科学、文化、风土人情知识，不仅成为晚清时期中外文化交流的媒介和桥梁，而且对于中国近代的社会思潮与政治变革起到了有力的推动作用。

赵少峰的《广学会与晚清西史东渐》⑦ 一文，则侧重论述广学会发行的众多历史类的图书，这些图书涉及世界通史、国别史、当代史、人物传记等方面，其中所蕴含的世界史观、进化史观、国家观念，阐发的变法改制思想、世界各国快速发展的动态等内容，成为刺激和鼓舞中国知识阶层的"思想资源"。顾卉的硕士学位论文《广学会时期（1889—1907）〈万

---

① 丁西省：《益智书会与中国近代教科书的出版》，《兰台世界》2013年第6期。
② 何涓：《益智书会与杜亚泉的中文无机物命名方案》，《自然科学史研究》2007年第3期。
③ 何兆武：《广学会的西学与维新派》，《历史研究》1961年第4期。
④ 孙邦华：《李提摩太与广学会》，《江苏社会科学》2000年第4期。
⑤ 李巍：《季理斐在广学会活动述评》，《世界宗教研究》2003年第2期。
⑥ 吴雪玲：《广学会与晚清西学传播》，《东岳论丛》2009年第8期。
⑦ 赵少峰：《广学会与晚清西史东渐》，《史学史研究》2014年第2期。

国公报〉发展特点研究》①的第三部分，分析了这一时期《万国公报》中中西学者的政论所体现的公共领域的特点以及这些批判的言论、变法的观点对维新变法的推动作用和在变法过程中所产生的复杂影响。马福华的《西学东渐：书刊编译技巧与策略演进——以广学会为中心的考察》②一文，从编译技巧和策略上分析促使广学会编译、出版事业扩大的若干因素，如将书、刊结合进行连载、续编、摘译、节译、广告等，提倡"孔子加耶稣"的文化适应策略，对原文内容进行增删规避，采用"归化"策略翻译译名和术语等。

近代以来创建的出版机构，如商务印书馆、中华书局等，对于中国近代文化史的进展有很大作用。中华书局是近代中国两大民营出版社之一，中华书局2007年出版的周其厚著《中华书局与近代文化》，介绍了中华书局以出版书籍、刊物和教科书为手段，积极参与社会文化改造，成为介绍和传播近代思想文化的出版重镇，在中国近代化的行程中写下了光辉篇章。该书虽然是以研究中华书局为中心，但是该书以中华书局与近代文化互动关系为个案，将中华书局放在近代社会剧变和文化发展这个大背景下，围绕政治变革、教育转型、中西文化冲突和交流、社会思潮的变迁等问题，深入研究中华书局与近代文化思潮的辩证关系。北京大学出版社2006年出版的史春风著《商务印书馆与近代中国文化》，阐释了商务印书馆的崛起与发展、商务印书馆与近代政治思潮、商务印书馆与近代中西文化、商务印书馆与近代教育、商务印书馆与近代文化名人，作者依托坚实的史料基础，将商务印书馆置于近代中西文化冲突交融的历史进程中，作长时间段和系统的考察，集中探讨了它的崛起与发展，尤其是与近代政治思潮、近代中西文化等多方面的关系。商务印书馆2005年出版的李家驹著《商务印书馆与近代知识文化的传播》、2017年出版的董丽敏著《商务印书馆与中国文化的"现代"转型（1902—1932）》，也对商务印书馆在近代文化传播与转型的贡献进行了深入研究。

商务编译所隶属商务印书馆，是20世纪初重要的西书翻译出版机构，

---

① 顾卉：《广学会时期（1889—1907）〈万国公报〉发展特点研究》，硕士学位论文，华东师范大学，2007年。
② 马福华：《西学东渐：书刊编译技巧与策略演进——以广学会为中心的考察》，《出版发行研究》2014年第7期。

较早的回忆文章可见茅盾的《商务印书馆编译所生活之一》①及《商务印书馆编译所生活之二》。②钱益民的《1920—1921年商务印书馆的改革》③第二部分,详细介绍了1921年胡适、王云五主导的对编译所的改组工作,尤其是在引进新人的同时还要留住人才,为此形成了具体的办法,而新一代编译所同人与前辈不同,他们在编译书刊启蒙国人外,把继续自己的专业研究、紧跟世界先进水平放在同样重要的地位。郑峰的博士学位论文《多歧之路:商务印书馆编译所知识分子研究(1902—1932)》,④以1902—1932年曾在商务印书馆编译所工作过的知识分子为研究对象,运用知识社会学理论,通过分析近代中国的知识变迁、编译所知识分子的"知识结构"、"知识劳动",在社会史的层面解读旧式学人、新式教育培养的新式知识分子、受过现代学术专门训练的高级知识分子这几类知识分子在近代中国生存和发展的状况,附录中还收录了编译所职员名单。周武的《杜亚泉与商务编译所》⑤一文,回顾杜亚泉加盟商务印书馆的过程、编译教科书、主编自然科学著作、普及自然科学知识的活动,认为杜亚泉既担当了近代科技传播的重要角色,同时认识到科技的有限性,为人文的张扬预留了空间。

三 译者译刊

20世纪80年代起已有对译者及其译著的论文问世,黎难秋的《清末科技资料翻译初探》⑥一文,简要梳理了清末一些重要的翻译家、翻译学馆、翻译机构、译著提要的目录、译刊和科学杂志。田勇介绍了韦廉臣在墨海书馆、益智书会、广学会、《万国公报》复刊的工作。⑦元青、齐君的《过渡时代的译才:江南制造局翻译馆的中国译员群体探析》一文,将江南制造局翻译馆中50余人的中国译员作为群体研究,分析了译馆中国译员群体的构成及其译书活动。作者认为这些中国译员普遍热心西学且学有

---

① 茅盾:《商务印书馆编译所生活之一》,《新文学史料》1978年第1期。
② 茅盾:《商务印书馆编译所生活之二》,《新文学史料》1979年第1期。
③ 钱益民:《1920—1921年商务印书馆的改革》,《浙江师范大学学报》2002年第3期。
④ 郑峰:《多歧之路:商务印书馆编译所知识分子研究(1902—1932)》,博士学位论文,复旦大学,2008年。
⑤ 周武:《杜亚泉与商务编译所》,《科学》2016年第1期。
⑥ 黎难秋:《清末科技资料翻译初探》,《中国翻译》1981年第2期。
⑦ 田勇:《韦廉臣在华的西学传播与传教》,硕士学位论文,首都师范大学,2006年。

专长，其籍贯来源多集中于以江苏为核心的江南地区；除少数考有功名外，其多数出身于科举时代没有功名的普通知识分子；其教育背景新旧杂陈，接受洋务教育者居多。其群体构成反映了近代初期较早接触西学的新型知识分子的某些共同特征。在翻译西书过程中，他们积极参与书目选择、专业名词创设及"西译中述"方式的译书活动，在与西人合作下，完成大量高质量的西学作品翻译，对近代西学传播作出巨大贡献。他们是晚清翻译高潮中相当数量的中国译员群体的一个缩影，是被动开放的中国在急需引进西学而又缺乏人才情况下的过渡时代的译才。①

译刊中较为典型的是两种刊物：一是江南制造局翻译馆创办的以国际时事为主要内容的中文译刊《西国近事汇编》，二是格致书院创办的专门刊载自然科学知识的综合性期刊《格致汇编》。乐正、郑翔贵运用抽样统计的方法，通过一系列统计表格，较直观地展示了此刊物翻译发表的有关亚洲事务的报道，如各洲信息条数及比重、各卷编译校者、亚洲信息空间分布、亚洲信息条数变化、亚洲信息的数量与比重、有关日本信息抽样分类、有关日本信息问题抽样等。② 王治浩、杨根介绍了《格致汇编》的创刊经过、办刊宗旨和内容、出版情况和发行范围及其作用和影响。③ 王扬宗从科技史角度讨论其创刊缘起、刊行情况、编者与作者，分析其内容与特色，论述其在清末传播近代科学技术知识方面的贡献与影响。④

王强的《〈格致汇编〉的编者与作者群体》⑤ 一文，着重考察了傅兰雅、徐寿父子及其他中西人士所撰写稿件及其科学传播内容，并对比了其他中西人士合作创办的科学期刊，探讨该刊的历史意义，认为客观上推动了中国人自办科技期刊的第一次高潮，也培养了近代中国最早的科技期刊编辑、作者和读者群体。赵中亚的《〈格致汇编〉与中国近代科学的启蒙》⑥ 一文，介绍了傅兰雅的早年经历，《格致汇编》的创办与经营，刊

---

① 元青、齐君：《过渡时代的译才：江南制造局翻译馆的中国译员群体探析》，《安徽史学》2016 年第 2 期。
② 乐正、郑翔贵：《〈西国近事汇编〉及其亚洲报道研究》，《近代史研究》1995 年第 4 期。
③ 王治浩、杨根：《格致书院与〈格致汇编〉纪念徐寿逝世一百周年》，《中国科技史料》1984 年第 2 期。
④ 王扬宗：《〈格致汇编〉与西方近代科技知识在清末的传播》，《中国科技史料》1996 年第 1 期。
⑤ 王强：《〈格致汇编〉的编者与作者群体》，硕士学位论文，西北大学，2008 年。
⑥ 赵中亚：《〈格致汇编〉与中国近代科学的启蒙》，博士学位论文，复旦大学，2009 年。

载的科学技术知识，选取了两则重要科学文本研究分析科学技术知识在翻译过程中的准确性问题，论述了该刊在晚清科学启蒙过程中的影响，并论及该刊在朝鲜、美国、英国及澳大利亚的流传，在附录部分列出了上海富强斋、铸记书局盗印《格致汇编》而成的《格致丛书》详细目录，日本东京大学图书馆藏《最乐草堂丛钞》中的《格致汇编》文献。

邹振环著《晚清西方地理学在中国：以1815年至1911年西方地理学译著的传播与影响为中心》[①]一书认为，晚清西方地理学在中国的传播和扩散与中国传统的知识体系发生了激烈的碰撞，在19世纪末20世纪初出现了地理学发展的"加速度现象"，改变了中国人传统的知识结构下形成的以华夏为"天下"，唯中国有文明的"虚幻环境"，从而导致了清末地理学从传统到近代的学术转型和近代地理学"范式"确立。全书分为六章，第一章考察了明末清初利玛窦、艾儒略、南怀仁等耶稣会士通过汉文西书引进的西方地理学新知识点，论证了明末清初的西方地理学知识的传播仅局限在很小的学者圈子里，远远没有成为一般中国人的地理常识；第二章按19世纪西方传教士以及编译的杂志和书籍为重点，论证了戊戌变法前新教传教士作为主译者绘制的地理学知识线，及其这些译著所形成的中国"地理大发现"，对于中国士大夫建立"地理台阶"，并在此基础上从技术科学到心理认知，逐步理解西方文化的意义；第三章是以留学生群体和翻译出版机构为中心，考察了戊戌到辛亥近代西方地理学思想与知识体系的输入；第四章梳理了晚清地理学文献中西方自然地理学新词的出现；第五章论述了清末地理学教育与近代地理学教科书的编纂；第六章则论述了清末地理学共同体的形成与近代中国地理学的学术转型，并首次提出非体制化和体制化的"地理学共同体"的概念，并用这一概念来分析地理学这一学科的转型，从而为阐述中国近代学术传统的变革，提供一个新的视角。该书末还附有三则重要附录，分别为晚清西方地理学译著知见录、晚清中国人编纂的地理学教科书书目和晚清地理学译著与教科书出版年代分类统计表。此外，上海古籍出版社2007年出版的邹振环著《传播与影响：西方传教士与晚清西史东渐》专门考察了外国传教士翻译的西方历史译著在晚清的传播过程与影响。

[①] 邹振环：《晚清西方地理学在中国：以1815至1911年西方地理学译著的传播与影响为中心》，上海古籍出版社2000年版。

王宏志著《翻译与近代中国》①，是一部将翻译放进中外文化关系史范畴内进行研究的论文集，所收录文章覆盖时段从1792—1793年马戛尔尼使团来华开始，至第一次鸦片战争前夕，重点关注一些中国翻译史上没有受到关注的课题，如通事、外交语言、使团国书翻译等问题。该文集分为政治、语文和人物三篇，政治篇集中论述马戛尔尼使团及蒲安臣使团国书翻译的问题，语文篇收录了关于近代中英交往中外交语言的问题及周作人的文学翻译，人物篇的两篇文章分别叙述了中国翻译史上所见统治者对翻译的焦虑和律劳卑事件中"夷目"的翻译问题。

第三节　近代学术史研究

1949年后学界对中国近代学术史研究，大致以1978年为界，分为改革开放之前和改革开放之后两个时期。改革开放之前，直接以"近代学术史"为名整理的资料集有限，更多的是以思想史资料汇编、文化史资料汇编、哲学史资料汇编等名义出现，对五四运动和对康有为、梁启超、章太炎、陈独秀等思想人物的研究成果相对集中。改革开放之后，近代学术科技史资料的整理工作发展较快，大批个人文集、专题性文集、通史性资料集，以及日记、年谱等资料得以出版。属于学术史范畴的思想史研究发展较快，这主要体现为大批通史性著作和涉及近代几乎所有重要思想、思想家或思潮的专题性论著的出现，直接以"近代学术史"命名的著作陆续出现，逐渐形成了"学术史热"，推动了近代学术史研究的发展。

一　"学术史热"

20世纪90年代以前，以"近代学术史"名义出现的论著，只有广东人民出版社1986年出版的蔡尚思的《中国近现代学术思想史论》和上海社会科学院出版社1988年出版的王亚夫、章恒忠主编的《中国学术界大事记：1919—1985》等少数几种。《中国近现代学术思想史论》分通论和专论两部分。通论部分指出，探讨中国近现代学术思想史研究，要以马克思主义为指导，不能离开阶级分析的方法，"以近代现代为重点"，繁荣学术的方法在解放思想，开展争鸣，中国文化应走的道路"是以马克思主义

---

① 王宏志：《翻译与近代中国》，复旦大学出版社2014年版。

思想为指导,而将古今中西文化的精华结合在一起,亦即以马克思主义为中心思想而集人类优秀文明之大成"。专论部分少数文章论述了中国近现代思想史上的重大问题,如佛学、辛亥革命时期的新思想和五四新文化运动等,其他多数文章主要论述中国近现代学术思想史上的著名人物,如严复、康有为、谭嗣同、宋恕、孙中山、章太炎、梁启超、蔡元培、李大钊、蔡和森、胡适、戴季陶、梁漱溟、冯友兰、潘光旦、王芸生、王国维、柳诒徵、吕思勉、陈垣、顾颉刚、郑天挺、范文澜、嵇文甫、艾思奇,以及他们的著作。总体来说,由于该书作者"直接或间接地参与了新民主主义革命至社会主义革命时期的历次重大的思想文化运动和学术讨论活动",所以,在一定程度上该书"也可以视为中国近现代学术思想史的缩影或片段"①。

《中国学术界大事记:1919—1985》中的近代部分(1919年至1949年)占全书近三分之一的篇幅,以编年的方式记录了近代有较大影响的学术报刊、书店、图书馆、出版社的创办和变动情况,著名的学术论战,主要学术机构、学术团体的成立和活动,有较大影响的学术论著的发表,中外学术交流活动,学术界的重大活动或改革,以及著名学者的逝世和论著情况。该书是一本实用性很强的资料性工具书,为人文社会科学的研究提供了有利条件。

20世纪90年代初,"学术史热"兴起。陈平原认为,这是对20世纪80年代中国学术"失范"的纠偏,当时"旧规范的失落与新规范尚未形成",导致了学风的"浮躁"与"空疏",因此学界"或许更需要自我约束的学术规范"。而学者通过梳理学术史,可以"分源别流","了解一代学术发展的脉络和走向","尽快进入某一学术传统,免去许多暗中摸索的工夫"②。左鹏军指出,"学术史热"的兴起"蕴含着深刻的历史文化传统因素,也有着紧迫的现实学术文化原因","是对长久以来中国传统学术尤其是对近现代以来中国学术道路、学术建树的全面总结,是对鸦片战争以来尤其是新文化运动以来中国文化命运、学术走势的冷静反省,它实际上蕴含着在世纪末对新世纪的新学术状况、新学术高峰的期盼与期待"③。李

---

① 凌莹:《踏实·创新·争鸣——读蔡尚思〈中国近现代学术思想史论〉》,《学术研究》1987年第5期。
② 陈平原:《学术史研究随想》,《学人》第1辑,江苏文艺出版社1991年版,第2、3页。
③ 左鹏军:《90年代"学术史热"的人文意义》,《华南师范大学学报》1998年第3期。

帆指出，学术史之所以成为"显学"，从外在环境上说，是由于20世纪八九十年代之交的政治动荡，必然使得时代环境有一个大的转变，引起人们的反思，"渐渐地，大家发现，80年代思想里面有些东西在学理上讲不太通，缺乏学术的根基，甚至有的是有思想无学术……于是，有些学者就从思想、文化转向学术根基问题，无形中推动了学术史的勃兴"；从内在理路而论，是由于改革开放以后，"西学再次大举进入，我们又一次面临巨大冲击，这情形与清末相似，这就需要去开展学术史研究，再度寻找中国学术更新的道路"，因此，"学术史热"的兴起"无非是外在环境的变化和学术发展的内在逻辑使然"①。

"学术史热"的主要表现为，一是大批以学术史研究为主旨的刊物和论著的出现，如王元化主编的《学术集林》丛刊、《学术集林丛书》，均由上海远东出版社出版；北京大学出版社出版的陈平原主编的《学术史研究丛书》、中国社会科学出版社1996年出版的张岂之主编的《中国近代史学学术史》、中国美术学院出版社1998年出版的范景中主编的《学术史丛书》；二是一些重要学术刊物或重要刊物的学术专栏的推出，如《中国文化》《中国社会科学》《读书》开辟了专门的学术史研究专栏，《学术思想评论》《学人》《原学》等以学术史为主要内容的学术刊物的出现；三是大批近现代以来重要学术典籍的重新出版，如《民国丛书》《民国学术经典》《现代学术经典》《中华近代学术典籍》等大型丛书；四是一批新的学术史著作的出版，如黄修己的《中国新文学史编纂史》、郭英德等著的《中国古典文学研究史》、刘增杰的《云起云飞——20世纪中国文学思潮研究透视》，等等；五是长期被忽视的某些重要人物，如沈增植、罗振玉、王国维、刘师培、辜鸿铭、梁漱溟、胡适、熊十力、陈寅恪、吴宓、杜亚泉、吕思勉等重要人物引起更多重视，他们的著作被整理和出版。②

进入21世纪以后，关于某个专题或地域性的学术史研究成果继续增长，主要著作有：河北大学出版社2002年出版的方朝晖著《"中学"与"西学"：重新解读现代中国学术史》，北京师范大学出版社2003年出版的李帆著《刘师培与中西学术：以其中西交融之学和学术史研究为核心》，生活·读书·新知三联书店2008年出版的刘梦溪著《中国现代学术要

---

① 李帆：《论题：学术史的若干省思》，《历史教学问题》2013年第4期。
② 左鹏军：《90年代"学术史热"的人文意义》，《华南师范大学学报》1998年第3期。

略》，江西高校出版社2004年出版的郭延礼著《20世纪中国近代文学研究学术史》，中国社会科学出版社2005年出版的董平著《浙江思想学术史——从王充到王国维》，中共中央党校出版社2008年出版的卢毅著《整理国故运动与中国现代学术转型》，北京师范大学出版社2010年出版的李帆著《古今中西交汇处的近代学术》，社会科学文献出版社2012年出版的杨绍军著《战时思想与学术人物——西南联大人文学科学术史研究》，北京师范大学出版社2013年出版的刘巍著《中国学术之近代命运》，知识产权出版社2014年出版的武齐著《中国广告学术史（1815—1949）》，山东人民出版社2014年出版的王明德著《中国近代学术谱系研究》，等等。

在目前的研究成果中，被冠以"学术史"名义出版的图书虽然有一定的数量，但多是专题性的、就某一学术问题的研究，专门、系统、全面的研究中国近代学术史的著作还是比较少的。

二 现代学术的生成

对于"学术"，梁启超认为，"学也者，观察事物而发明其真理者也；术也者，取所发明之真理而致诸用者也"，"学者术之体，术者学之用"①。严复认为，"盖学与术异。学者考自然之理，立必然之例。术者据既知之理，求可成之功。学主知，术主行"②。刘梦溪指出，梁启超的观点是其"看到的对学术一词所作的最明晰的分疏。学与术连用，学的内涵在于能够揭示出研究对象的因果关系，形成建立在累积知识基础上的理性认知，在学理上有所发明；术则是这种理性认知的具体运用"，而严复"用知与行的关系来解喻学与术两个概念，和任公先生的解释可谓异曲同工"③。对于"学术史"，有论者指出，从明末清初的黄宗羲到近代梁启超、钱穆等人的相关著作，"嘉惠后学，功不可没，"④ 无疑是当代人讨论"学术史"时的重要参考。黄宗羲所撰的《明儒学案》，开篇即是《师说》一卷，列方孝孺等诸儒，继以诸儒为纲，总结和记述明代传统学术思想的发展、演变及其流派的。对此，梁启超认为，"中国有完善的学术史，自梨洲之著

---

① 梁启超：《学与术》，《梁启超全集》（4），北京出版社1999年版，第2351页。
② 严复：《〈原富〉按语》，王栻主编《严复集》第4册，中华书局1986年版，第885页。
③ 刘梦溪主编：《中国现代学术经典·黄侃刘师培卷》，河北教育出版社1996年版，"总序"第2页。
④ 陈平原：《学术史研究随想》，《学人》第1辑，江苏文艺出版社1991年版，第2页。

学案(《明儒学案》)始。"① 而刘师培曾说:"予束发受书,喜读周秦典籍,于学派源流,反复论次,拟著一书,颜曰《周末学术史》,采集诸家之言,依类排列,较前儒学案之例,稍有别矣(学案之体,以人为主。兹书之体,拟以学为主。义主分析,故稍变前人著作之体也)。"随后,他从心理学、伦理学、论理学、社会学、宗教学、政法学等方面叙说周末学术史。显然这是近代西方的学术史体例。这种体例与"学案体"不同,是以"学"为主,而非以"人"为主。此后,梁启超作《中国近三百年学术史》,全书正文共十六部分。前四部分是引论和总论,而第五到第十二部分分别从儒学、经学、史学、实践实用主义、科学等方面,讨论了清初的学术,这就"大体遵循了刘师培创立的学术史范式"②。后四部分是"清代学者整理旧学之总成绩",其分类有经学、小学、音韵学、校注古籍、方志学等,又体现了古代学术史的传统。总体上看,其代表的是一种接近西方式的学术史范式。

其后,钱穆的同名作《中国近三百年学术史》的"学术史"写法,仿《明儒学案》,以"人"为中心。有鉴于此,周国栋在《两种不同的学术史范式——梁启超、钱穆〈中国近三百年学术史〉之比较》一文指出,这就与梁启超的以"学"为中心的写法,形成对立之势,而两者也代表了学界的两种学术史研究法。李帆指出,"总体而言,中国(古代)所谓的'学术'主要在'学',涉及到一些方式方法意义上的'术',对于技术技艺这个层面基本是不讲的"。而近代"严复、刘师培等人已是用西方概念来理解'学术',即'学'和'术'在西方大致是一体的,有学就有术","如严复所说'学者,即物而穷理……术者,设事而知方'";刘师培也说"学指理言,术指用言','学为术之体,术为学之用'"③。就目前来讲,李帆指出,"还没有谁能对'学术史'这一概念做一完善界定,这始终是个见仁见智、颇有争议的问题"④。这与张立文的"学无确解"的观点是一致的。

---

① 梁启超:《中国近三百年学术史》,天津古籍出版社2004年版,第53页。
② 周国栋:《两种不同的学术史范式——梁启超、钱穆〈中国近三百年学术史〉之比较》,《史学月刊》2000年第4期。
③ 周国栋:《两种不同的学术史范式——梁启超、钱穆〈中国近三百年学术史〉之比较》,《史学月刊》2000年第4期。
④ 李帆:《论题:学术史的若干省思》,《历史教学问题》2013年第4期。

对于学术史的含义的认识，目前较有影响的观点有如下几种。一是章学诚的"辨章学术、考镜源流"的观点在讨论时被广泛征引。二是黄宗羲开创的"学案"体，影响日显，如《民国学案》《新中国学案丛书》等皆以"学案"为题名。三是罗志田提出的观点："'学术史'就是学术的历史，也只应是学术的历史。而其主体，不仅要有学术，更应有学人。学术史离不开具体的学术文本（包括菁英和常人的作品），更当采取'见之于行事'的取向，回到'学术'的产生过程中，落实到具体学术作品的创造者和学术争辩上，着眼于特定时代'为什么某种学术得势，原因在哪里，起了什么作用'（蒙文通语），在立说者和接受者的互动之中展现学术的发展进程。"① 四是张立文提出的观点："学术在传统意义上是指学说和方法，在现代意义上一般是指人文社会科学领域内诸多知识系统和方法系统，以及自然科学领域中的科学学说和方法论。中国学术史面对的不是人对宇宙、社会、人生之道的体贴和名字体系或人对宇宙、社会、人生的事件、生活、行为所思所想的解释体系，而是直面已有的中国哲学家、思想家、学问家、科学家、宗教家、文学家、史学家、经学家等的学说和方法系统，并借其文本和成果，通过考镜源流、分源别派，历史地呈现其学术延续的血脉和趋势。这便是中国学术史。"② 五是葛兆光提出的观点：学术史与思想史是有一定界限的，是可以"分家"的。③ "思想是有时代性的，思想史也是有时代性的，可是，学术史则应该用另一种眼光与另一种价值来观看学术的发展，学术史处理的是'学术'，人文学科的研究领域、研究办法、研究角度以及学术价值的断定，它似乎与思想史并不一样，如果思想史的判断过多地干涉学术史的描述，那么，学术史是很难公正地还原它的本来历程的。"④

关于学术史研究的内容，赵轶峰指出，"以学术思想为核心"，即"应该主要涉及该门类学术在知识体系中的定位，关于该门类学术范围的看法，研究的预设、问题取向和范式，资料文献的观念和运用方法，对前人

---

① 罗志田：《学术史：学人的隐去与回归》，《读书》2012 年第 11 期。
② 张立文：《中国学术的界说、演替和创新——兼论中国学术史与思想史、哲学史的分殊》，《中国人民大学学报》2004 年第 1 期。
③ 葛兆光：《思想史与学术史》，《学人》第 1 辑，江苏文艺出版社 1991 年版，第 27 页。
④ 葛兆光：《世间原未有斯人——沈曾植与学术史的遗忘》，《读书》1995 年第 9 期。

相关重要思想的评价,基本主张,独到成就,对后世学术思想的影响,等等。"① 何晓明认为,"学术史研究的内容很多,学术观点的胪列、学术流派的介绍、学术团体的活动、学术纷争的来龙去脉,乃至学人之间相互交往的逸闻趣事,都在其列",然而"学术理路的梳理才是学术史研究的核心"。"所谓学术理路,是指治学者遵循的治学逻辑、路径,所认同的治学重心、目标定位、价值标准,所依本的思维方式和操作方式。学术理路既可以是个性化的,也可以是群体共同遵守的。人们常常议论的学术派别,其实就是大致遵守相同学术理路的学者的集合体。就此而论,学术理路是学术派别形成的内在学理依据,学术派别是学术理路的人格化的群体体现。""在学术事业的巨川大河里,头角峥嵘的浪花固然光彩照人,但是更具历史伟力的,是其下托举浪花的内在学理逻辑的潮头涌动。"②

关于中国现代学术的生成,或者说中国传统学术向中国现代学术的转型问题,是学界探讨中国近代学术史时关注的重点问题。学界多把晚清民国之际作为中国现代学术的起点。如陈平原指出,中国现代学术建立的标志是"新范式的建立"。而考之近代,可说是"晚清和五四两代学人的'共谋',开创了中国现代学术的新天地"。晚清沈曾植、王国维诸人"深刻意识到危机所在,走出'或托于先秦西汉之学,以图变革一切'的'道咸以降之学',追求的正是新范式的建立"。"五四那代学者,对上一代人的研究思路与具体结论,都做了较大幅度的调整","确实不为传统经学的家法和门户所限,对西学的汲取与借鉴,也比上一代人切实且从容"③。

张国刚、乔治忠指出,"晚清新学在学术史上的重要性在于,肇中国现代学术转型之始"。"晚清学术风气转移的表现之一时由推崇'通人'转为注重'专家',而完成这一转变不免涉及几方面关系的变化:学术与政治,学科与方法,授业与传道,为学与为人。现代学术不同于传统学术的一个最显著的特点是学术的独立性,而这可算西方学术对中国学术的根本性冲击。"而"最能体现传统学术向现代学术之转变或在此转变过程中真正起到奠基性作用的,仍当推王国维"。王国维"最重大的贡献在于学

---

① 赵轶峰:《关于学术史的几个问题》,《史学月刊》2011年第1期。
② 何晓明:《学术理路的梳理是学术史研究的核心》,《史学月刊》2011年第1期。其观点与赵轶峰关于学术史研究内容的判断有相似之处。
③ 陈平原:《中国现代学术之建立:以章太炎、胡适之为中心》,北京大学出版社2010年版,第6、8页。

术方法与学术精神的会通中西","所接受的西学方法则是实证主义与哲学抽象的结合,以实证为基础并汇总抽象、思辨、分类、综合、分析等方法",这都使王国维"巍然为传统学术与现代学术之界标"①。林久贵、周春健指出,"以'人'为中心还是以'学'为中心,是传统学术与现代学术的一个显著区别,这实际上也是一个与学术史著述体裁相关的问题","从章太炎和梁启超的学术史研究看,都已超越了'以人为学'的层次,而做到了'以学为主'。""传统学术讲究学术的打通与融合,现代学术则讲究学术的分工与分科,而且随着学术的发展和研究的深入,这种分工和分科会越来越细密。"而梁启超在《中国历史研究法补编》中,将"学术思想史"分为"道术史的做法""史学史的做法""社会科学史的做法""自然科学史的做法"四类,并阐明了其各自做法。"这样,梁启超就从学科建设的角度开创性完成了关于'学术史'的理论建设。从此,中国学术逐渐摆脱了在传统史学中附丽于其他的状态,以一种独立的面目掀开了现代学术史发展的新篇章。"②

李帆指出,中国近代学术具有过渡性特征。嘉庆、道光年间考据学趋于衰落,而今文经学、理学、诸子学等相对显赫,学术出现多元化局面,"为此后的学术转型奠定了包容性基础";甲午战后,自道光、咸丰年间在中国传播开来的西学"发生突变","不再是缺乏章法的缓慢进入,而是有章法第大举拥入,成建制,成体系,并以人文社会科学著述为主",促使中国"加快了学术转型的步伐";学术转型的完成,或者说现代中国学术的确立,是在五四时期,这也是不少学者的共识,"所以五四时期似应作为中国近代学术史的下限"。"总之,研究中国近代学术,嘉道之际、甲午战争时期、五四时期三个时间点的把握至为关键。"③

三 研究理论及范式

有学者探讨了作为近代学术源头的传统学术的研究理论及其方法。柴文华指出,"中国学术史方法论生长于中国传统社会中,具有较纯粹的本土特色和较丰富的自身内容"。其主要特色,一是自发性,或称自在性、

---

① 张国刚、乔治忠等:《中国学术史》,东方出版中心2002年版,第607页。
② 林久贵、周春健:《中国学术史研究》,崇文书局2009年版,第301页。
③ 李帆:《反思中国近代学术史研究》,《社会科学报》2012年5月17日。

非自觉性等，指中国学术史方法论处在"自发运用而非自觉研究阶段"，如中国传统的学术史著作，从《庄子·天下》《荀子·非十二子》《韩非子·显学》到《名儒学案》《宋元学案》等，"虽然涉及许多学术史方法论问题，但主要是朴素的、零散的，又大都蕴含于学术史之中，缺乏对方法论独立、系统、自觉的研究和论证"；二是简约性，其评史方法"述作结合，高度凝练"，虽然"具有单刀直入、画龙点睛的优点，能使人对某家、某人的学说宗旨有一个总体了解，但另一方面也具有简单粗略、笼统含混的缺点，不能使人把握某家、某人学说的总体结构，缺乏逻辑的立体穿透效果"；三是双维性，指用两点论对研究对象进行价值评判，其评价视角"无可挑剔，因为好中有坏，坏中有好往往是事实"；四是纲领性，指抓住研究对象的学术宗旨；五是动态性，即注重对研究对象发展过程的把握；六是原创性，既重视研究对象的理论原创性，也重视研究者自身的理论创造，而且"不是要求人们忠实于解释客体，而是强调了解释主体的中心地位，展示了解释主体对解释客体的主动性和再创造性，从而为伸张自己的理论独创性提供了重要的平台"①。柴文华对中国学术史，特别是中国传统学术史总结，无疑是值得重视的。他的这种认知，对于认识中国近代学术史的形成及其理论与方法具有重要意义。

对于近代学术史的理论与方法，学者们从多个方面进行了探讨。如赵轶峰探讨了学术史研究的本质与线索问题。他指出，学术史研究"必然渗透更多选择和评价的因素。这意味着，虽然学术史研究必须遵循实证的原则，其结果却又必然具有较强的主观性。力求写出客观的学术史是合理的，但实际写出来的学术史总是带有很强的主观性。正视这种情况，就应该明确，学术史本质上是反思的，是当下的思想与以往思想的对话，其核心任务，是以当下的、研究者的尺度，从内部视角重新认识以往的学术经验，以供当下及今后学术之参考"；认为"毕竟以学术演变线索最为径直。学人为线索，近于史书类传，人物行实夺学术本身考察之意境；学派为线索，无以处特立独行之学人，而且每每夸张差异，忽略通同交融之处；著作为线索，则易于流为文献目录之学，不易辨析学术内涵"②。

李帆研究了研究学术史时的视角问题后指出，"学术与思想紧密相关，

---

① 柴文华：《中国学术史方法论纲》，《求是学刊》2011年第5期。
② 赵轶峰：《关于学术史的几个问题》，《史学月刊》2011年第1期。

二者常常合而为一，所以直到今天，学术与思想或学术史与思想史的界限问题，仍是尚未厘清的问题，有思想的学术与有学术的思想咸为学者所追求的目标"。同时，他也强调文化史视野的重要性："思想二字从'心'，集中在人的心灵、精神层面，较为空灵；学术虽也有精神层面的东西，但更重求真求实，强盗脚踏实地；文化则具有包容性，精神、物质两个层面都在其中。较之思想的超越古今、天马行空，学术的步伐相对笃实，而且对外在环境依赖较大，近代学术尤其如此。近代中国，社会空间扩大，学术也愈来愈脱离国家、政府的控制而走向独立，不过这种独立是需要条件保障的，如软环境方面的观念形态，硬环境方面的制度建设、物质保障等。研究中国近代学术史，学科、学人、学术著述等自然是主要对象，但对保障学科发展、学人能够独立从事研究的观念形态、制度建设、物质条件等因素也不能弃置不顾，这些甚至是近代学术得以成立的前提。"①

桑兵研究了学术史研究中的学派问题后认为，在学术史研究中，学派往往是条贯的脉络而成为论述的中心，但同时，分派也有过度简约化而牺牲大量错综复杂的事实、缺乏明确严格的划分标准、容易陷入门派之见而任意谱系化等的弊端。因此，研究学术史如以学派为对象，则需注意：第一，"首先须按时间顺序考察该学派如何被指认出来的历史过程，以及这一指认如何被后来人用于描述该派学人的学行和编织谱系"；第二，"应考察其人员和主张的构成，尤其是围绕核心逐层外扩的松散梯次结构，进而把握该学派的内涵与外延"；第三，对于某一学派"应当在与其他各派学人的联系和区别中考察与把握其特性"，"派分的相对性导致派内的差有时甚至大于派外的同"；第四，"在近代学术发展变化的来龙去脉中理解和把握每一学派的历史位置"，"不要强分学派，不要因为关注学派而忽略多数不在派分系统的学人"；第五，研究学派"要进得去，出得来，站在高处，把握学术发展的大势"，"达到超越学派看学术变动以及超越学术看学人与思想界及全社会的关系，更好地理解古往今来的较高境界"②。

罗志田鉴于"现代史学中'人的隐去'"的弊端，强调要"侧重学人的学术史"。他指出，"历史的共性，本蕴藏于也可以展现在个人的经历和体验之中。所谓学术史，最好让读者看到学者怎样治学，并在立说者和接

---

① 李帆：《中国近代学术史研究的若干思考》，《史学史研究》2007年第3期。
② 桑兵：《中国思想学术史上的道统与派分》，《中国社会科学》2006年第3期。

受者的互动之中展现学术思想观念的发展进程。若采取'见之于行事'的取向，回到'学术'的产生过程中，落实到具体学术观念、取向的创立者以及当时的学术争辩之上，即不仅摘取其言论，而是将每一立说者还原为具体场景中活生生的人物，或能避免人的过度抽象化，甚或'物化'。这样，不仅研究者可能会有更为深入的体会和认识，学术史本身也会因增强活力而吸引更多的读者。"[1] 他还指出，研究要返其旧心，注重当事人的当下时代关怀，获得了解之同情；同时在历史学科的大范围内尽量跨越子学科如思想史、社会史、学术史的藩篱，以拓宽视野；在不忽视各领域自身发展演变之内在理路的基础上，特别关注它们之间的互动关系，侧重近代中国变化的一面。[2]

臧知非探讨了学术史研究的"主体"与"客体"问题。他指出，研究学术史要做到"深入其中，出乎其外"。所谓"深入其中"，即"从事学术史研究，研究者首先要置身于历史过程之中，从时代对学术研究的要求以及研究者的回应入手，通过学术研究的个案分析，在总体上对学术思潮、学术热点得出科学的认识，既能科学地把握其合理性，又能认识其局限，同时分析其究竟所以"。所谓"出乎其外"，即"站在时代的高度，按照历史与逻辑相统一、历史与现实相统一、形式逻辑和辩证逻辑相统一的原则，全面总结前人的成就和不足，科学地揭示其原因"。"比较而言，深入其中不易，出乎其外更难。这要求有高屋建瓴式的学术素养，有背负青天往下看的大视野，既能把握研究者的主观追求和客观结果之间的关系，又能把握研究者个体与群体之间、学术研究与政治使命之间的关系，同时在主观上力求避免被具体学术观点、历史情感所左右而丧失或弱化研究的公平、公正。"[3]

周祥森探讨了学术史与学术的关系，提出"学术史是学术"的命题。他指出，"学术史是学术的本质，而学术则是作为本质的学术史的具体表现，是整个学术发展过程的结果"。也就是说，"学术史在其现实性上是由整个学术发展过程中不同形态的学术构成的；而一定形态的学术，在本质

---

[1] 罗志田：《学术史：学人的隐去与回归》，《读书》2012 年第 11 期。
[2] 罗志田：《权势转移：近代中国的思想、社会与学术》，湖北人民出版社 1999 年版，第 9 页。
[3] 臧知非：《深入其中，出乎其外：学术史研究中的"主体"与"客体"》，《史学月刊》2011 年第 1 期。

上是它之前整个学术发展过程的产物，它只有在反映了其学术史本质的前提下，才能称得上是有意义的学术。这表明，学术史和学术之间具有同一性"。"学术史，作为学术的本质，必然要通过自我否定和自我超越的方式与途径而不断地以新的学术形式表现出来，以新的学术形态存在起来。"在他看来，学术史和学术的同一，即学术史之"内史"和"外史"的同一，既是学术史研究的方法，也是学术史论著的写法。"无论学术史研究法还是学术史写法，作为形式，本质上不过是学术史自身内容的展开，是学术史之本质内容的自我表现，它不能脱离其所要表现的学术史之本质内容而独立自存。"①

朱汉国借美国学者托马斯·库恩提出的"范式"概念，探讨了近代学术史的范式问题。他指出，"所谓中国传统学术，泛指民国之前经过累代形成的学术旨趣、方法、技术系统等范式。在一定意义上，也特指从汉代到清朝长期占据学术中心的儒学或经学"。五四时期的学术是现代意义上的学术，即是"力图走出经学时代、颠覆儒学中心、融会西方学术而创建的新的学术范式"。五四学人构建的新学术范式的基本特征是：第一，学术旨趣多元化，如"学术救国""为学问而学问""为新生活而读书"；第二，学术分类专门化，如1919年北京大学"废门设系"，共设立数学、物理、化学、哲学、史学等14个系，说明现代意义上的专门性的学术分科已初步定型；第三，学术方法科学化，如胡适特别重视新的科学方法对学术研究的意义，介绍杜威的实验主义到中国，并专门进行解释："科学的方法，说来其实很简单，只不过'尊重事实，尊重证据'。在应用上，科学的方法只不过'大胆的假设，小心的求证'"；第四，学术形式通俗化，如五四学人主张：（1）以白话文取代文言文；（2）简化文字；（3）推广汉语拼音；（4）文章应加标点符号；（5）文章排列改右行直下为左行横迤；（6）数字用阿拉伯字；（7）论著施行章节体裁；等等。五四新学术范式的这些特征，"标志着中国学术已逐渐走出传统的学术范式，开始向现代学术范式转型"②。

梅新林、俞樟华研究了学术史研究的主要体式。他们将学术史研究体

---

① 周祥森：《学术史是学术》，《史学月刊》2011年第1期。
② 朱汉国：《创建新范式：五四时期学术转型的特征及意义》，《北京师范大学学报》1999年第2期。

式主要分为如下几种：一是以《庄子·天下篇》为发端的序跋体；二是以《史记·儒林列传》为发端的传记体；三是以刘向《别录》、刘歆《七略》为发端的目录体；四是以程颐《河南程氏遗书》、朱熹《朱子语类》等为发端的笔记体；五是以朱熹《伊洛渊源录》为发端的道录体（又称"渊源录体"），率先熔铸为学术史研究专著体制，并以此推动着中国学术史研究走向成熟；六是以黄宗羲《明儒学案》为发端的学案体，代表着传统学术史研究的最高成就；七是清末民初由梁启超《中国学术思想变迁之大势》和刘师培《周末学术史序》为发端的章节体；八是民国期间以钱穆的《先秦诸子系年》、刘汝霖所著《汉晋学术编年》《东晋南北朝学术编年》为发端的编年体。除这八种体式外，尚有注疏体、书信体，以及散布于各种文集之中的大量论文。其中，"由梁启超、刘师培等引入西学理念与著述体例，章节体成为学术史研究著作之主流，标志着中国学术史及其研究的走向现代并与世界接轨。"[①]

赵轶峰探讨了学术史著作中的"个人著作"和"集体工程"问题。他认为"'学术'二字覆盖所有专门研究所获得的知识，如求名实相符，则学术史是一个庞大的知识系统，很难成为单一著作所覆盖的内容"。"现代知识彰明，学术门类繁复，统一的学术史其实已经不可能。如梁启超、钱穆各自写作《中国近三百年学术史》，实际只能就人文学术之一部分做提纲挈领的叙述，借以发挥一家之言，余不能及，故能言之有物。两书旨意有别，又各能自立。""今日的人文学和社会科学研究，也已经无个人能够通体把握，所以即使限于人文学与社会科学的学术史，只能作为集体工程，不能作为个人研究著述。而集体工程必然需要妥协，妥协牺牲反思的能力……所以，大规模的学术史，当以文献梳理为目标，不可强求深刻；反思的学术史，则需是个人的著作，而且必须有专门领域的限制……若史学家强做通体一贯的学术史，则多半流于形式。"[②]

另外，有论者对学界既有的研究范式进行了反思。如对于中国学者普遍使用的"现代化"范式，方朝晖认为，现今我们习惯于用哲学、伦理学、政治学、经济学、历史学、社会学、文学等一系列西方现代学科范畴

---

① 梅新林、俞樟华：《中国学术史研究的主要体式与成果》，《浙江师范大学学报》2009年第1期。

② 赵轶峰：《关于学术史的几个问题》，《史学月刊》2011年第1期。

来衡量一切学术,然而西方现代学科体系的之所以形成,"是以'求知'为内在理路",持的是"文化理想";近代学者继承了儒家"做"的内在理路,将"救中国"的理念隐藏其现代化范式后面,持的是"国家理想",这样就"把西方学术原有的'文化理想'转化为'国家理想'来理解和接受"。也就是说,"恰恰是由于长期以来我们不自觉地把国家需要、把民族现代化当做了现代中国学术的最高理想,结果事实上导致中国学术长期不能与世界一流水平对话,长期不能'现代化'"。实际上"现代化无非就是指各行各业的人们按照'正义'的方式把自己行业的事情做好,表现为各行各业的独立、自治与理性化"。按此而论,"所谓学术的现代化(如果存在的话)应当针对'个人'而不是针对'国家'而言。从这个意义上说,学术的现代化包含着学术的独立和自治,而学术的独立和自治本身就意味着坚决反对在学术之外人为地预设国家需要等一系列高于学术的目标"。因此,要想取得真正的发展,"中国学术必须在国家需要之外,从普遍的人性状况出发来确立自己的学理基础,中国学者必须重建学术自身的内在逻辑,建立起独立的意义世界,创造出仅属于自身的价值王国。"①

史料是学术史研究的依据。王国维提出的"二重证据法"在近代学术史上有重要影响。他说:"吾辈生于今日,幸于纸上之材料外,更得地下之新材料。由此种材料,我辈固得据以补正纸上之材料,亦得证明古书之某部分全为实录,即百家不雅驯之言,亦不无表示一面之事实。此二重证据法,惟在今日始得为之。"②刘梦溪认为,王氏此一"新理念"的提出,对20世纪的中国学术"自有其影响,同时也是中国现代学术何以史学最富实绩的原因"③。需要指出的是,虽然王国维当时提出的"新材料"主要是就甲骨文、金文、考古资料和诗歌等而言,但对于学界使用的学术史资料范围的扩大,无疑产生了重大而深远的影响。在近代学术史研究中,前人的论文、著作无疑是研究所依靠的第一手资料。

除此之外,有论者指出,"以日记、书信、年谱为主体的私人文献类

---

① 方朝晖:《"中学"与"西学":重新解读现代中国学术史》,河北大学出版社2002年版,第408—409页。
② 王国维:《古史新证·总论》,谢维扬、房鑫亮主编:《王国维全集》第11卷,浙江教育出版社2010年版,第241—242页。
③ 刘梦溪主编:《中国现代学术经典 黄侃 刘师培卷》"总序",河北教育出版社1996年版,第26页。

型丰富，数量众多，对建构近代学术谱系、解读近代学术的特点和精神具有重要的价值"。日记"是文献山脉里最多的'富矿'"，"作为原始史料，记录了日记主人独特的日常生活体验、见闻、学术经历和政治事件等，并遵循内心的感悟与体验，其创作具有'非公共性'和'排他性'的特点"，"包孕着丰富的学术史资料，透过这些史料，可以梳理中国近代学术文化的脉络，感悟中国近代学术文化的精神"。书信包含着"写信人所谈自己的境遇、思想、心情以及对人对事的看法，往往是在公开的文字中看不到的，故在相当程度上能透露历史的真相。有关论学的内容，有些是在已发表著作中没有谈到或谈得不充分的，也可作为公开著作的补充"，是"研究其学术思想、学术关系的第一手文献，据此可以考察他们的学术经历和学术旨趣"。年谱"是私人文献中十分重要的史书体裁，其中的学人年谱对学术史研究具有重要的价值。学人年谱以年月为经，反映谱主事业成就、思想变迁、师友交往、学术传承等一生的事迹"。总之，"私人文献是我们今后进一步深入研究中国近代学术史极为有效的途径"，有利于"更加全面、客观、准确地研究中国近代学术史，进一步提升其学术水准及品格"[1]。

从形式上看，除以往的纸质型等资料继续受到重视外，数据库的开发和利用日益受到学界的重视。如有论者指出，数据库的开发和利用"是对中国近代学术史资料的系统整理"，"促进了学者间占有资料的公平性"，对于近代学术史研究具有基础性作用；"是对中国近代学术史史料检索方式的深刻变革，能够有力促进课题的设计和难题的考订"；"是对中国近代学术史研究方法的重大突破，有力地促进了数据统计分析方法的引入和运用"，这些都为中国近代学术史的研究提供了良好的条件。但是，"由于数据库设计上的缺陷以及学者自身学识和治学态度的影响，数据库在运用过程中也存在一些值得研究者反思和警惕之处，这是需要慎重注意的"[2]。

湖南师范大学出版社 2001 年出版的麻天祥等著《中国近代学术史》一书，从文化哲学的角度，探讨了走向理性与科学的近代史学、近代佛教哲学研究、近代哲学的重建、中国文论的现代转型、学术研究的新趋势与新学科的建设、重商与富民经济学说的兴起、马克思主义哲学的传播与发

---

[1] 舒习龙：《私人文献与重写中国近代学术史》，《河北学刊》2014 年第 5 期。
[2] 陈鹏：《数据库的开发利用与重写中国近代学术史》，《河北学刊》2013 年第 5 期。

展等内容，形成了有特色的学术叙述和分析架构，基本展现了在古今中西文化交汇融合之下近代学术的发展脉络。其对中国近代学术的发展态势进行了有创见性的概括，提出"中国近代学术就是变、合与创新。变、合、创新，就要对古今中西之学予以比较和选择，并在此基础上倾向趋同，由是而表现继往开来的特征"[①]。作为一部近代学术通史专著，其内容是比较完整和系统的，但仍存在进一步完善的空间，如对在近代影响不小的三民主义学术状况的关注不够，对马克思主义学术状况的关注也不够全面，对近代学术本身有着重要影响的外在环境——学术内部的体制、制度和运行机制，几乎没有注意到。虽如此，该书的价值是不容忽视的。另外，该书还附录了一个"中国近代学术史年表"，以编年的方式，叙述了从1840年到1949年间新式报刊的创办，新式出版机构和研究机构的成立，新式大学和学会的创建，新的学术资料性图书和论著的出版，外国图书报刊和理论学说的引进，中外学术交流中的重大事件等情况，为后人的研究提供了便利条件。

四　学术转型及学术体制

近代学术与科技发展的重要趋向，是由传统的学术体制向近代的学术与科技体制的转化。传统的学术体制在1905年清政府宣布废除科举制后逐渐走向终结。新的学术与科技体制随着西方近代学术体制的移植而逐步建立起来。桑兵对学科分置与学术研究的关系进行了深刻反思。他指出，"经过清季和民初的两度分科教学与分科治学，中国的所有思想学术文化被按照西洋统系分解重构……所有分科系统，不仅将原来浑然一体的思想学术文化历史肢解成相互脱离的部分，而且扭曲变形，或化有为无（如经学），或无中生有（如哲学、政治学、社会学以及相关各种专史等），或名同而实异（如文学、'经济'学等）。分科治学从无到有（而非学科转型），导致中国学术系统全然改观，用外来系统重新条理固有材料，犹如将亭台楼阁拆散，按西洋样式把原有的砖瓦木石重新组装，虽也不失为建筑，可是材料本来所有的相互关系及其所起的作用，已经面目全非，其整体组合所产生的意境韵味，更加迥异……在日后专业化不断加强的趋势下导致学人的局限性日益明显……反映了当时崇拜分科，以为可以根绝误谬

---

①　麻天祥等：《中国近代学术史》，湖南师范大学出版社2001年版，"前言"第10页。

偏蔽的盲目性。"①

上海书店出版社 2004 年出版的左玉河著《从四部之学到七科之学：学术分科与近代中国知识系统之创建》和四川人民出版社 2008 年出版的《中国近代学术体制之创建》，是研究中国近代学术转型及学术体制的代表性成果。左玉河在《从四部之学到七科之学：学术分科与近代中国知识系统之创建》一书中认为，中国传统学术向现代学术的演变，是在晚清经世思想盛行，西学东渐潮流之深刻影响下发生的。"四部之学"被纳入"七科之学"知识系统之中，不仅标志着中国传统学术开始融入近代西方学科体系中，而且标志着中国的传统知识系统开始转向西方近代知识系统之轨道上来；标志着以注重通、博的中国传统"四部之学"知识系统，在形式上完成了向近代学术分科性质的"七科之学"知识系统的转变。在这一转变过程中，经学被分解到文、史、哲等近代学科中，渐趋衰亡；传统史学发展为现代史学；义理之学发展为近代哲学；刑名之学发展为近代政治学、法学；经济学、社会学等学科引入；传统术数之学发展为近代数学；天文历算之学发展为近代天文学；传统舆地学发展为近代地理学；传统格致学发展为近代物理学、化学；植物学、生理学等学科被引入。他在《中国近代学术体制之创建》中探讨了中国学术由旧体制向现代体制转型的历程。他指出，近代中国学术体制实现了八个方面的转型：一是学术研究主体，从传统的读书人，转换为近代新式知识人；从"官学一体化"之士人，转向"官学两分"的职业学者，学术研究者日益职业化。二是学术研究共同体，从传统"以文会友，以友辅仁"为宗旨的诗会文社，转为探求专门知识之新式学会，为学术发展和交流提供了必要平台。三是学术研究中心从传统的各种书院和各级官学，转为追求学术独立和学术自由的新式大学；依据近代西方理念创建的新式大学，日益成为学术研究的中心。四是中央研究院及其他专业研究机构的建立，日益成为学术研究的"重镇"，学术研究日益走向职业化和建制化。五是西方新式传播媒介，如学术报刊创立并趋于发达，为学术研究提供了更多交流机会；近代新式印刷及出版技术引入后，逐渐建立起现代出版制度，为学术成果迅速公布提供了保障，学术成果交流日益便捷化。六是资料收藏中心由传统藏书楼向现代图书馆转变，现代图书馆制度逐渐建立和完善，为学术研究提供了资料、信

---

① 桑兵：《分科的学史与分科的历史》，《中山大学学报》2010 年第 4 期。

息和服务性保障。七是资助教育文化及学术研究的各种基金会逐步建立，形成了独立于政府之外的学术资助体制。八是随着大学评议会、中央研究院评议会及各种学术委员会的设立，逐渐形成了一套学术成果评估机制和奖励制度。

左玉河还从学科、学会与学术的角度，探讨了中国现代学术共同体的建构问题。指出中国近代新式学会的基本功能，是增进本学科或相关学科学者之间的学术交流。学会、期刊与年会，构成了"三位一体"的学术体制：有学会必有会刊，有会刊必有年会。学术社团之建立及其活动，学术研讨会之举办，为中国现代学者提供了学术交流的平台，促进了中国现代学术的发展。近代学科是新式学会创立和发展的基础，新式学会是伴随着西方近代诸多新学科在中国的引入而逐渐建立并发展的；同时，新式学会又反过来促进了本学科及相关学科的发展。新式学会不仅成为中国现代学术体制之重要组成部分，而且有力地推进了中国现代学科的确立及学术发展。学术团体数量之增多，是学术发展的重要衡量指标；学术团体活动的频繁，是学术活跃之重要标志。故学科、学会与近代学术发展呈现出互动多赢的格局。但应该承认，民国时期的学术共同体还存在不完善的空间，如专业性学会还是偏少的，学术界共同研习交流之机会还是有限的，传统结社中党同伐异的门户之见还较为严重地存在着。①

胡逢祥从制度层面上探讨了中国现代史学的建立，指出中国现代史学的制度建设酝酿于清末，至20世纪20年代，在专业设置、人才培养模式、研究机构与学术团体的组织等方面已初步形成了一套比较完整的体制。这一体制，就其基本框架而言，仿自西方近代的学术运行模式，其间虽也有人注意到对某些传统制度的借鉴问题（如清华国学研究院之兼采旧书院制度等），但总的来说，效果不著。另外，由于各种条件的限制，其对西方制度的引入实际上又是残缺不全的，最明显的是没有建立起自己较为稳定和独立运作的社会性学术基金资助体系，以致一定程度上影响了某些学术研究事业的持久正常开展。②

陆胤从学风、学制、文体三方面，考论张之洞学人圈引进近代新知

---

① 左玉河：《学科、学会与学术：中国现代学术共同体之建构》，《安徽史学》2014年第5期。
② 胡逢祥：《中国现代史学的制度建设及其运作》，《郑州大学学报》2004年第2期。

识、新经验的"缓冲模式",探讨近代学术、文教在体制内转型的别样路径。他指出,张之洞学人圈,是清季张之洞任督抚时期,在其周边以昔日"清流"士人为核心的学人圈子。他们虽未具备趋新学者的超前意识或专业精神,却善于将外来新经验制度化、常识化、普及化,使其更容易为士林社会及政教体制接纳,开创了近代学术转型在本土语境下的"缓冲模式"。在"洋务模式"之外另辟蹊径,将学术文教引入以器物为主的早期近代化进程。戊戌前后,经过与康有为、梁启超等趋新势力的接触及冲突,逐渐趋向稳健改革的政治认同,亦注意与晚近地方学统相整合,两湖书院中出现各地方学统累积、竞争甚至纷争的局面。张之洞参与清末学制改章,亲自主导了经学及"中国文学"课程的制定。戊戌前后张之洞方面是提倡"东学""东文"的先驱;但在戊戌政变后,为了与康梁势力切割,同时更受近代国族意识的影响,他们在维持对日联络的同时,却对来自日本的学术、出版、政治新经验不无保留。曾经一度感动中日双方朝野人士的"同文"意识,遂日渐淹没于体现国族特性的"国语""国文"言说,并最终凝固为清末学制规划中同时带有近代国族意识与传统政教理念的"国文"学科。①

张先飞探讨了钱穆与中国现代学术体制的创建,指出在现代中国学术发生期,钱穆在承继梁启超、胡适、柳诒徵等倡导的历史写作准则基础上,通过自身的历史写作实践,使其《国学概论》成为"统一史观的贯通之作":"统一史观不仅完全贯注、渗透于每一时段的历史分析、学术思想解析、各种学术流脉的梳理当中,并且能够将所有时段的起伏变迁连接、贯通为一体,真正使得整个历史显现成为一个整体"。《国学概论》虽有缺憾,未能完全做到统一史观的一以贯之,是他不相信先验的历史理念,只尊重客观的历史真实,不会为了体系的圆满、理论的无懈可击而牺牲真实的体现。所以,从一定意义上讲,这种缺憾反而显得弥足珍贵。他的这一历史写作实践标志着现代学术史的写作观念与实践已初步趋向完善,同时也标示着20世纪30年代后学术史研究的另一条独特路径。②

此外,刘巍的著作《中国学术之近代命运》以经史之学为中心,从富于个性的视角探讨西力东侵、西学东渐背景下中国近代学术变迁之大势:

---

① 陆胤:《近代学术的体制内进路》,博士学位论文,北京大学,2011年。
② 张先飞:《钱穆与中国现代学术史体制的创制》,《史学月刊》2008年第8期。

经学史学之更替、子学之凌驾经学、"汉宋之争"之折变、"国史"创制之新局诸端。① 桑兵、关晓红主编的著作《近代学术的清学纠结》以西学、东学、中学为支点，打破分科治学的局限，沟通古今中外，解析西学与东学对于认识中国历史文化的格义附会，重建中国自己的话语系统和条理脉络，争取和保持对于世界文明发展日显重要的中国历史文化解释的主动和主导地位。② 张凯的著作《经今古文之争与近代学术嬗变》考察了经今古文之争在晚清民国时期的渊源流变，虚实相济，贯通经史，揭示出儒学义理与科学史学二者诚有珠联璧合的可能，为认识近代学术的转变提供了深入的视角。③

第四节 近代科技史研究

一 研究历程与理论方法

新中国成立后的较长时期内，学术界将主要力量集中于近代科技史文献整理方面，其中比较重要的是中国科学图书馆1959年出版的《中国科学技术史文献目录（1949—1959）》。该目录收录了1949年至1959年间国内发表的科学技术史文献，包括数学、物理学、化学、天文学、地球物理学、地质学、地理学、生物学、植物学、动物学、人类学、生理学、解剖学、心理学、医学、农学、力能学、电技术、矿冶工程、机械工程、化学技术、轻工业制造、土木建筑工程、水利工程、交通运输等方面，相对说来，专深的研究成果较少，其中值得关注的是人民出版社1957年出版的许良英、范岱年编著的《科学和我国社会主义建设》。该著以马克思主义观点探讨了科学的发生和发展问题，中国科学从古代到当时的发展过程，科学对于社会发展的重要作用，社会对科学提出的要求，强调"百家争鸣"的方针是科学繁荣的保证，指出要充分地动员和发挥科学家的力量，大力培育科学干部。上海师范学院1982年出版的袁小明等编的《科学哲学与科学技术史论文索引（1951—1981）》，对新中国成立后有关科学技术史的成果的收录是比较全面的。清华大学出版社1982年出版的《科学技

---

① 刘巍：《中国学术之近代命运》，北京师范大学出版社2013年版。
② 桑兵、关晓红主编：《近代学术的清学纠结》，上海人民出版社2019年版。
③ 张凯：《经今古文之争与近代学术嬗变》，四川人民出版社2020年版。

术史讲义》也收录了少量有关中国近代科技史方面的成果。

改革开放以后,中国近代科技史研究成果逐渐增多。在各种相关研究成果中,既有通史性的,也有专题性的。在各种通史性论著中,值得重视的是湖南教育出版社1991年出版的董光璧著《中国近现代科技史论纲》和由其主编在湖南教育出版社1997年出版的《中国近现代科学技术史》(1—3卷)。前者是改革开放后最早出版的通史性近代科技史专著,但属于论纲性质的,后者的内容则比较全面。《中国近现代科学技术史》从科学的内史和外史结合的角度,将中国近现代科技史分为三个时期:1582年至1928年中央研究院成立,是近代科学技术的启蒙期;1928年至1956年十二年远景规划的制定,是近代科学的形成期;1956年以后是国家计划指导下科学技术的现代发展时期。在这三个时期中,中国近现代科技史分别经历了三大转变,即从传统科学到近代科学的转变,从欧美模式到苏联模式的转变,从国防动力到经济动力的转变。该著认为,"在从经济社会走向智力社会的转变中,作为智力代表的科学扮演着重要角色。科学在这一转变中的作用主要体现在它的文化功能,而不是像它在经济社会中那样以其生产力的功能起主要作用。这就要求科学必须人性化,而正是这一要求使得中国自然人文主义思想传统具有新的启发意义。当今人类社会需要在现代科学的背景下把这种原始的科学人文主义升华到高级的科学人文主义"。至关重要的是,"科学必须接受善这一理性的最高层成分","逻辑理性、数学理性和实验理性都不能至善"[①]。

此外,山西人民出版社1989年出版的汪玉凯著《社会变革与科学进步:近代中国科学与政治发展的历史考察》一书指出,西方近代科学技术的孕育、发端和进步,是与资本主义商品经济的发展、生产方式的确立紧密地结合在一起的。而近代中国的情况与此不同。"近代中国的政治与科学的相互作用及其影响,常常是在一种扭曲的形态下进行的,并反过来强化了整个社会结构的扭曲,形成了一种非资非封、即资即封的畸形社会形态。"即"为了抵御外来侵略,先注重技术,后注意科学,企图以此建立近代化的物质基础;当这一实践导致政治的失败后,继而转向政治变革的尝试,乃至激烈的政体革命;在政治革命的成功也有名无实时,回过头来

---

① 董光璧主编:《中国近现代科学技术史》(下卷),湖南教育出版社1997年版,第1644页。

又补资产阶级思想启蒙的课。"① 这体现了近代中国科学与政治相互作用的复杂性。郭金彬著《中国科学百年风云——中国近现代科学思想史论》一书，集中精力来讨论近代科学在西方产生之后，"中国是怎么想的和怎么做的"②，并对中国近现代科学思想进行思考和探索。

国内有关近代科技通史类著作主要还有：四川省社会科学院出版社1985年出版的毕剑横编著的《中国科学技术史概述（近代部分）》，人民出版社1994年出版的梁成瑞、何艾生著《中华民国科技史》，鹭江出版社1992年出版的林庆元、郭金彬著《中国近代科学的转折》，重庆出版社1995年出版的祝慈寿著《中国工业技术史》，江西教育出版社2000年出版的樊洪业著《科学旧踪》，河北科学技术出版社2000年出版的张奠宙的《中国近现代数学的发展》，科学出版社2000年出版的吴熙敬主编的《中国近现代技术史》，湖南教育出版社2002年出版的戴念祖主编的《中国物理学史大系·近代物理学史》，科学出版社2003年出版的杜石然主编的《中国科学技术史·通史卷（近代部分）》，广西教育出版社2003年出版的赵匡华主编《中国化学史·近现代卷》，中国三峡出版社2006年出版的冯志杰的《中国近代科技出版史研究》，科学出版社2011年出版的谢清果的《中国近代科技传播史》，湖南人民出版社2016年出版的刘祖爱的《中国近代国防科技史稿》及江西人民出版社2020年出版的尹晶晶的《中国近代科技发展的政治建构研究》等。其中规模最大的当属2006年由山东教育出版社出版、路甬祥主编的"中国近现代科学技术史研究丛书"。该丛书收录的有关近代科技史方面的著作达30余种，比较全面地反映了改革开放后中国科技史研究的新成果，将中国近现代科技史研究推上了一个新台阶。该丛书说收录的《中国近现代科学技术史论著目录》，极大地便利了后人的研究。

随着对近代科技史研究的深入，中国近代科技史的分歧问题引起学界的重视。董光璧在其主编的《中国近现代科学技术史》中，"从科学的内史和外史结合的角度"，将中国近现代科技史分为三个时期：1582年至1928年中央研究院成立，是近代科学技术的启蒙期；1928年至1956年十

---

① 汪玉凯：《社会变革与科学进步：近代中国科学与政治发展的历史考察》，山西人民出版社1989年版，第5—6页。
② 郭金彬：《中国科学百年风云——中国近现代科学思想史论》，福建教育出版社1991年版，第4页。

二年远景规划的制定,是近代科学的形成期;1956年以后是国家计划指导下科学技术的现代发展时期。杨德才等将近代科技史的时限定在19世纪中叶至1949年,并具体分为三个时期:一是西学东渐和近代科学技术的肇始(19世纪中叶至1914年科学社的成立);二是中国科学社和近代科技的传播(1914—1927年中央研究院的成立),三是中央研究院的成立和近代科技的发展(1928—1949年)。①

张祖林认为,将1840—1949年作为中国近代科学技术史的分期线是值得讨论和商榷的。他以中国科学技术自身发展的规律和特点为依据,以中国传统科学为参照系,联系世界近现代科学在我国的传播、冲突与融合状况,综合国内外学者对中国近代科学技术史分期的不同观点,将中国近代科学技术史的时间上限定在1582年利玛窦来华。他认为,这是中国从古代传统科学向近代科学历史转变的开始,从此之后中国出现了第一次世界科学文化传播的高潮,中国传统科学的内容已经开始逐步地更新。他将下限定在1928年中央研究院成立,认为其是中国近代科学技术体制化完成的重要标志,也是中国从近代科学向现代科学转变的重要转折点。从此之后科学技术成为中国国家公共事业的一个重要组成部分,中国现代科学技术史也由此开始。简言之,他最后确定1582—1928年为中国近代科学技术史研究的时间界限。②

对于近代科技史研究来说,方法的自觉和探讨是其走向成熟的重要条件和表现形式。学界日益关注近代科技史研究的方法问题。如姜振寰将科学技术史的研究层次大体分为三类:第一类是发掘考证历史史实,属于基础性工作;第二类是根据经过考证的史料进行的各种比较性研究,归纳分析以阐明一些规律性或结论性的内容;第三类是根据史实及其逻辑关系,以及一定的历史背景线索,通过"虚构""想象"等手法,编纂出"类故事"情节,进行历史的、艺术的再创造,以完成对历史的撰写。他还指出,在研究的过程中必须真正地倡导"求实"的原则,也就是"实事求是"的治学精神。由此,他还提出了若干方法论原则:一是从中国近现代科学技术发展的史实出发,充分占有材料,这是保证研究客观性的基本出

---

① 杨德才等:《20世纪中国科学技术史稿》,武汉大学出版社1998年版。
② 张祖林:《关于中国近代科学技术史分期问题的讨论》,《自然辩证法研究》2001年第3期。

发点；二是从历史主义出发，考察研究近现代科学技术在中国的发展；三是把近现代中国科学技术史研究与当代中国的经济、文化相结合。①

杨舰从科学社会史的角度指出，科学作为一种建制或者科学家共同体的活动，在不同的地理、风土以及社会历史条件下，其展开也必然会呈现出种种不同的样式。因此，阐明西方近代科学技术向本国移植过程中种种因素的相互制约，并由此揭示科学技术在中国社会中生长或发展的特质，是中国近代科技史研究的应有之义。他还指出，中国的近现代科学技术史研究，总体说来仍处在打基础的阶段，许多资料仍有待发掘，许多事实尚有待澄清。因而应当将着眼点更多地放在这些基础建设上。因为是基础建设，就应当像对待基础研究那样，更强调扎扎实实地工作，而不可草率地去追求同现实需要的结合。②

张柏春认为，中国近现代科学技术的发展历程主要是近现代科学技术在中国传播、建立和发展的历史，基本上不属于那种发现、发明的历史。面对大量的新问题，我们应该借鉴国际科学史界的经验，尝试新的研究思路。为促进中国近现代科技史研究，他提出了若干内容和研究视角：一是近现代科学与技术在中国的传播和各学科的建立与发展；二是科学技术的研究机构、教育机构和体制的建立与演变；三是国家的科学技术规划与政策；四是科学技术的其他社会组织；五是科学技术专家的身份；六是实验室、语言和仪器；七是科学的文化史研究；八是科学技术与社会因素的互动。此外，科技史研究要从大处着眼，从具体的"小题目"入手，"没有深入系统的个案研究，就不会有成熟的学科史和综合史。"③

王作跃强调近现代科技史研究要采用"跨国的视角"，提出值得关注的意见：一是对近现代中外科技交流史的研究，二是关于各国，包括日本、俄国、欧美等对中国科技发展影响的研究，并指出："近现代科技史的研究要繁荣发展，有两个必要条件：一是研究资料的有序公开，二是自由讨论的氛围，而二者皆有赖于一个民主社会的发展完善。反过来，对近

---

① 姜振寰：《中国近现代科学技术史研究的方法论问题》，《自然科学史研究》2001 年第 2 期。
② 杨舰：《中国近现代科学技术史研究的意义与方法问题》，《自然科学史研究》2001 年第 2 期。
③ 张柏春：《中国近现代科学技术史研究的若干内容与视角》，《自然科学史研究》2001 年第 2 期。

现代科技史的研究不光会促进科学与民主的发展,而且也会成为衡量一个国家现代化和社会开放程度的重要标志"①。

在探讨近代科技史研究方法的成果中,值得重视的是陈久金、万辅彬主编的《中国科技史研究方法》一书。该书分为上卷和下卷。上卷是中国科技史研究方法综述,在对科技史的研究意义、范畴分析的基础上,系统地总结介绍了科技史的研究方法论问题,进而对科研选题、文献搜集与研究,乃至作为研究成果表达方式的论文、专著、报告的写作方法,以及工具书的使用方法,进行了全面的研究、介绍与阐述。下卷辅以科技史研究案例,进一步从实证的角度分析了科技史研究的方法与方法论问题。正如有论者所说:"这是一部结构严谨、内容丰富、介绍与分析深入浅出、可读性强的科技史基本理论著作,是国内第一部科技史研究方法的专著,更是从事科技史学习与研究的青年学者和大学生、研究生应当认真研读的一部专业性著作。"②

二 科技与社会文化

任定成的《在科学与社会之间:1915—1949年中国思想潮流的一种考察》一书1997年在武汉出版社出版,该书从独特的科学—社会问题域,讨论了五四新文化运动中的科学与民主、科玄论战中的科学与人生观、中国科学化运动中的科学与社会建设、文化出路论战中的科学与文化、"自然科学运动"中的科学与新民主主义、"全盘民主化"中的科学与政治等问题。上海人民出版社1999年出版的杨国荣在《科学的形上之维——中国近代科学主义的形成与衍化》一书,主要是对中国近代科学主义的历史起源及其多重理论向度进行梳理,并力图由此揭示其中的内在脉络。

辽宁教育出版社1991年出版的杜石然等人著《洋务运动与中国近代科技》,充分肯定了洋务运动在近代科技史上的作用。他们指出,洋务派以官办、官督商办形式创办了将近65个工矿企业,其中军事工厂21个,航运1个,煤矿15处,金属矿15处,纺织6个,冶炼1个,敷设了364里铁路线及遍布各省的电线,办起了近27所有别于旧式书院的学堂,派

---

① 王作跃:《近现代中国科技史研究:历史、现状与展望》,《中国科技史杂志》2007年第4期。

② 姜振寰:《序(二)》,陈久金、万辅彬主编:《中国科技史研究方法》,黑龙江人民出版社2011年版,第1—2页。

出了 198 名留学生（回国人数 179 人），培养了 2980 个各类专业毕业生，近代海军的建设也有一定规模，这些数字既表明洋务运动引进西方技术的成就，也意味它的失败。洋务派未把科技的引进和本国科学研究及实验相结合，洋务派科技专家缺乏把工艺生产实践经实验、归纳、分析、演绎导向理论化的活动。张晨曦指出，在洋务运动中，人们对西方先进科技的认知是从军事、民用技术这一器物层次向价值观念、制度体制等更深层次渗透扩散；持肯定态度的主体是从士大夫、知识分子阶层向广大群众扩展的，有一个官办示范民众仿效的过程；中国社会的接受意向是从被动渐趋主动，逐步发展的。虽然洋务派引进近代西方科技的目的是服务于封建统治，是仅求能勉强应付紧急事态的工具，引进中又缺乏全盘的整体规划，但在中国近代史上，其规模和深度都是空前的。洋务运动期间中国对近代西方科技态度的转变，为以后中国科学事业的发展奠定了基础，在中国近代科技史上有其不可忽视的重要作用。① 杨怀中认为，洋务派通过创办近代军事和民用工业、创办新式学堂、翻译出版西方科学技术书籍、派遣留学生等途径，把"科学救国"思想付诸实践，第一次比较全面、系统地传播了西方近代科学技术，从根本上转变了国人的科学技术观念，推动了中国近代科学技术的发展。②

关于戊戌维新变法在近代科技史上的作用，胡晓登、周松柏指出，戊戌维新时期，维新派认识到科技对于国家富强的重要作用，强调近代科技对提高生产力和生产效率的重大作用，大力宣传国家、民权、三权分立学说，抨击封建制度，同时大量介绍西方的学术和科学，发表了介绍心理学、医学、生物学、化学、物理学等方面的文章，宣扬进化学说、科技文明和科学方法论，显现出科学启蒙理想的光辉，大大促进了科学技术在中国的社会化进程。③

汪广仁在《中国近代科技思想刍探》一文中指出，中国近代科技思想是中国近代特殊历史条件下的社会思想产物，也是那一时期中西文化碰撞

---

① 张晨曦：《洋务运动期间中国社会对西方近代科技态度的转变》，《自然科学史研究》1990 年第 9 卷第 1 期。
② 杨怀中：《洋务派"科学救国"思想及其对中国近代科技发展的影响》，《自然辩证法通讯》2011 年第 5 期。
③ 胡晓登、周松柏：《戊戌维新与近代科技在中国的命运》，《贵州文史丛刊》1998 年第 6 期。

和交融的产物,主要表现在跻治平、通艺术的科学功能观,中外连属、借法自强的对外开放观,实事求证的科学实验观,利在国计民生的科学价值观等方面。总体上近代科技先驱的科学技术思想"处在萌发状态,还缺乏系统的理论表述",但是反映了时代发展趋势,富有生命力,值得后人继承和发扬。①

浙江大学出版社1996年出版的段治文著《中国近代科技文化史论》一书,从文化角度探讨近代科技文化的形成,又从科技角度探索近代中国思想及社会文化变迁,该书既研究了近代科技在中西文化交汇与冲突背景下的艰难孕育,又研究了近代科技在中西文化矛盾运动中发展的三个阶段,即洋务运动阶段、戊戌维新阶段和新文化运动阶段;既研究了近代科学观发展四形态,即器物科学观形态、方法论科学观形态、启蒙科学观形态、唯科学观形态,也研究了这些形态与中国思想的理性化过程;既研究了科学文化发展与近代中国学术变迁的关系,也研究了近代科技文化发展与社会民众文化变迁的关系,以及科技发展与近代中国社会经济变革的关系。书中指出近代科技文化有促进中国社会发展的历史功绩,也指出其有民众科技意识不强,具体科学仍未得到重大发展,以及唯科学主义导致的神化科学的局限性。

李双璧指出,西方传教士利玛窦来华后为创造性地开展"合儒"工作,经过一番缜密考虑,用"格致"之学来定义西方自然科学。但"格致"的传统诠释对自然科学的发展是一种障碍,因为"'格物致知'命题,是个典型的经学问题","格致"所说的"理",不是指物质变化、自然里象之"理"(规律),而是指修齐治平之理,修身养性之理。19世纪末20世纪初,人们对西学的理解早已突破"格致"的范畴,更加深入地认识到近代科学体系的本质特征,进而更深入地认识科学的社会功能和思想解放意义。1915年,任鸿隽在《科学》杂志创刊号对"科学"进行了权威解说,这说明"科学在中国,终于被确定为一种研究自然现象、社会现象变化规律的系统学问,而科学的地位,也得到了中国知识分子的普遍认同,被安放在神圣的学术殿堂里了"②。

---

① 汪广仁:《中国近代科技思想刍探》,《清华大学学报》2002年第5期。
② 引自李双璧《从"格致"到"科学":中国近代科技观的演变轨迹》,《贵州社会科学》1995年第5期。

中国近代科技落后原因，是学术界长期探讨的重要问题。陕西科学技术出版社1983年出版的中国科学院自然辩证法通讯杂志社编的《科学传统与文化——中国近代科学落后的原因》一书，收录了多位作者的论文，对此进行了比较全面的探讨：林文照指出，中国传统科学的内在缺陷是重要的原因，但是社会的原因比中国科学本身的因素还更为根本。由于中国封建势力的强大，资本主义在中国得不到发展，而中国封建主义的政治体制、教育和选拔人才的制度，又排斥和鄙弃科学技术，这就使中国缺乏欧洲那样的产生近代科学的社会条件。[1] 戴念祖指出，中国封建社会的长期停滞性、封建经济结构与"强本抑末"政策，以及封建官僚政治导致了中国近代科技的落后。[2]

何新认为，中国"在学术源头上既缺乏古希腊那样的自然哲学和自然科学研究传统，而在两千年的封建时代对于自然科学理论的研究，又长期承受着儒教经学的沉重压抑和排斥，我认为这就是中国自然科学理论发展迟滞，并且在中国传统学术的土壤上，必然不能孕育出近代欧洲那样新型科学技术体系的原因"[3]。叶晓青指出，中国古代对自然界有许多即使在今天看来也往往是正确的见解，但由于缺乏科学依据始终没有促成产生近代科学的产生。中国传统的有机自然观使古人观察自然时猜出了较符合事物内在联系的结论，但在有机自然观支配下不可能产生近代科学的方法——经验归纳法。有机自然观满足了中国在各方面都追求至善至美意境的民族心理。它的模糊使理论具有几乎是无限的涵容性，这种涵容性又赋以理论左右逢源的生命力，使它不致被否定，然而从整个科学史来看，没有否定也就不会有发展了。[4] 刘吉在通过对比中西方民族性格的一般表现和在科学技术方面的表现之后指出，中华民族长于综合、短于分析的民族性格，

---

[1] 林文照：《近代科学为什么没有在中国产生？》，中国科学院自然辩证法通讯杂志社编：《科学传统与文化——中国近代科学落后的原因》，陕西科学技术出版社1983年版，第82—105页。

[2] 戴念祖：《中国近代科学落后的三大原因》，中国科学院自然辩证法通讯杂志社编：《科学传统与文化——中国近代科学落后的原因》，陕西科学技术出版社1983年版，第106—128页。

[3] 何新：《中西学术差异：一个比较文化史研究的尝试》，中国科学院自然辩证法通讯杂志社编：《科学传统与文化——中国近代科学落后的原因》，陕西科学技术出版社1983年版，第147页。

[4] 叶晓青：《中国传统自然观与近代科学》，中国科学院自然辩证法通讯杂志社编：《科学传统与文化——中国近代科学落后的原因》，陕西科学技术出版社1983年版，第154—166页。

是近代中国科学技术落后的"个性原因"①。郭永芳指出，八股文以阐述经义为目的，缺乏自然科学知识，以八股文取士的制度，阻碍自然科学的继承和发展。②

此外，多篇论文也对此进行了探讨。如李耕夫指出，中国哲学是中国文化的核心部分，它在中国文化整体系统中起着主导作用。它的重人生、贵践履、合知行、一天人、同真善、重和谐、求统一、重直觉的基本精神，以及它的重经验轻逻辑、重传统轻创新等都给中华民族的科学文化、观念形态、行为模式产生巨大影响。从消极方面说，这种重德的文化精神使人的价值活动单一化，即人的一切活动都伦理化，使人们的思维与认识一再处于对人际关系的维系，很少在这之外去探求自然宇宙的奥秘，它使人的个性、活力、潜能、创造性受到全面压抑，它陶冶的人是抑制本能，克己内省的人，不利于科学人才的出现和成长，不利于科学技术的发展。③

李曦、洪英俊认为，中央集权的强应变力、能动性与调节能力成为控制市场经济的力量。这样，在中国，近代科技的产生和发展就缺乏市场这一强大的动力。为选拔官员而创设的科举制，使中国封建社会的知识分子脱离社会经济生活实践，而致力于仕途，空谈政论，不注重自然科学研究。这样一来，以实验为基础的近代自然科学就缺乏在中国产生的主体条件。这样，高度集权的社会体制就成为中国近代科技衰落、近代实验科学没有在中国产生的深层原因。④ 张明国通过对中日科技的比较指出，历史上因文化悠久、地大物博而产生的文化中心主义和鄙外崇内的对外文化价值观，变成包袱或累赘，到近代没有及时而有效地实施文化变革。洋务运动虽然对引进西方科技起到了一定的促进作用，但当时不注重根据本国文化对外来科技实施民族化，不注重以此振兴民族工业，也不能使中国近代科技与经济获得发展。换言之，"未能及时而有效地同时实施和实现文化

---

① 刘吉：《民族性格：一个可供思索的因素》，中国科学院自然辩证法通讯杂志社编：《科学传统与文化——中国近代科学落后的原因》，陕西科学技术出版社 1983 年版，第 189—208 页。
② 郭永芳：《八股取士与中国近代科学落后》，中国科学院自然辩证法通讯杂志社编：《科学传统与文化——中国近代科学落后的原因》，陕西科学技术出版社 1983 年版，第 209—220 页。
③ 李耕夫：《中国传统哲学的伦理化倾向对古代科技发展的影响——关于中国近代科技滞进的文化思考》，《求是学刊》1993 年第 2 期。
④ 李曦、洪英俊：《高度集权体制与中国近代科技的衰落》，《求索》2005 年第 11 期。

变革和技术民族化，这是导致中国近代科技落后的重要原因。"①

三 科技人物与科技传播

对于在中国近代科技史上有重要影响的西方传教士李提摩太，赵军、张培富指出，李提摩太和蔡尔康翻译的《泰西新史揽要》，号称是晚清翻译西方史书中销量最大的一部，内容涉及织造业、交通运输、采矿业、通讯、电力、医学、农学等新兴技术革新状况。李提摩太主持广学会期间，广学会翻译了大量科学著作，广学会下设《万国公报》刊登了大量的科学文章。李提摩太提议山西开办学堂，并任山西大学堂西学专斋总理，促进了中西文化交流，有利于中国文化教育事业的发展，有利于国人学习和了解西方近代科学技术。李提摩太还参与了大量的社会工作，涉及政治改革、科学教育、工业技术革新和发展、出版印刷业等行业，产生过积极的社会影响。②

对于近代早期科学家徐寿，王治浩、杨根指出，徐在格致书院和《格致汇编》的创办中，做出了不少贡献。格致书院与《格致汇编》，为介绍西方先进科学技术，在中国普及近代科学知识，促进中西文化交流和中国近代科学技术的发展起了重要作用，在中国近代科学技术上具有先驱意义和历史价值。③

对于蔡元培，习培德指出，蔡把科学作为国家事业，参加了中国自辛亥革命以后近三十年间科学和教育事业的几乎所有重大实践活动，从事组织领导工作，兼任过数十个大学、中学、专门学校以及学术团体的校长、董事等职，做了许多开创性工作，承担了时代赋予的严重责任，"不愧为现代中国知识界的卓越前驱"，是"中国近代科学和教育事业的奠基者"④。高平叔在《蔡元培对中国科学事业的贡献》一文中，阐述了蔡元培在科学、技术方面的经历，指出蔡扶助科学社团，鼓励科学研究，任职

---

① 张明国：《从中日科技比较看近代中国科技落后的原因》，《自然辩证法通讯》2003 年第 1 期。

② 赵军、张培富：《李提摩太在中国近代科技发展中的作用》，《山西高等学校社会科学学报》2006 年第 5 期。

③ 王治浩、杨根：《格致书院与〈格致汇编〉——纪念徐寿逝世一百周年》，《中国科技史料》1984 年第 2 期。

④ 习培德：《蔡元培：中国近代科学和教育事业的奠基者》，《自然辩证法通讯》1981 年第 3 期。

中华教育文化基金会期间，以退还的庚款促进中国科学事业，创立中央研究院，奠定中国科学研究的基础。① 赵慧芝所编《任鸿隽年谱》②，以年谱的形式，梳理了近代重要教育家、化学家任鸿隽的生平和科技活动状况，为后人的研究提供了便利。樊洪业的《任鸿隽：中国现代科学事业的拓荒者》一文指出，任鸿隽是"科学界和教育界的班头人物"，创办《科学》杂志和中国科学社，任职中华教育文化基金董事会（简称"中基会"）长达十年，与其合作者们为 20 世纪 30 年代中国科学事业的繁荣，"为施泽于其后几十年科学人才的培养，做出了不可磨灭的贡献"。③

王姣从群体视角研究了近代科技知识分子。王姣指出，科学社等自然科学技术社团和中央研究院等正规研究机构的成立，标志着科技知识分子群体的形成。科技知识分子以学术团体和研究机构为平台，可以进行广泛的交流和从事科学研究活动。自此，科技知识分子群体有了统一的活动，有利于摆脱单纯介绍西方科学技术成就的局面，独立地开展科学研究。科技知识分子群体意识观念则是新文化运动时期倡导的民主思想与科学精神，以及科学救国意识。这一切促使科技知识分子的学术水平有了很大提高，其中某些领域还达到世界水平。科技知识分子构建了中国比较健全的科技研究和教育体系，为中国科技事业的发展奠定了基础。此外，科技知识分子群体是在比较自由宽松的学术氛围中形成的，这对后来的科技工作具有很好的启示作用。④

王汉熙等人考察了中国近代科技期刊的发蒙，指出中国科技期刊的出现与"西学东渐"存在必然的关联，可以说是"西学东渐"的必然结果。中国近代科学期刊的初肇是英国传教士马礼逊和米怜。英国传教士傅兰雅创办的《格致汇编》是中国最早的自然科学类的综合性期刊。西方传教士热心创办科学期刊的目的在于"控制这个国家的头和背脊骨"。中国人自办的科学期刊最早的是 1872 年的《瀛寰琐记》。中国人自办的科学期刊一开始就具有宣传新思想、反对旧制度的性质。它对于解放思想、冲破封建枷锁具有积极意义。进入 20 世纪 30 年代，中国科学期刊开始出现专业

---

① 高平叔：《蔡元培对中国科学事业的贡献》，《自然辩证法通讯》1982 年第 1—2 期。
② 见《中国科技史料》1988 年第 9 卷第 2、4 期，1989 年第 10 卷第 1、3 期。
③ 樊洪业：《任鸿隽：中国现代科学事业的拓荒者》，《自然辩证法通讯》1993 年第 3 期。
④ 王姣：《中国近代科技知识分子群体研究》，硕士学位论文，辽宁师范大学，2008 年。

化、体制化、国际化的苗头。①

唐颖梳理了中国近代科技期刊的诞生和发展，指出其主要特点是，在学科分布上，农业类期刊、综合性期刊、气象、地质、工程类的期刊占据了多数；在区域分布上，地区发展不平衡；在时间分布上，科技期刊的数量不断增多，在20世纪二三十年代达到了高峰；在期刊寿命上，大多数期刊存在的时间并不长；从创办团体来看，高校知识分子和科研团体是我国近代科技期刊的主要创办者。近代科技期刊不仅传播了大量科技知识，而且从年度传播的主题篇数来看，近代科技期刊所传播的科技知识相当深入。科技期刊与民众之间的关系逐渐深化，科技知识逐步被民众所接受，科技普及的目的一步步得到实现。②

冯志杰认为，在跨越110年的中国近代历史进程中，中国近代科技出版在近代中国社会背景下经历了四个阶段：从第一次鸦片战争到洋务运动兴起（1840—1860）是萌芽阶段；从洋务运动到辛亥革命（1861—1911）是开拓阶段；从辛亥革命到抗日战争爆发（1912—1937）是勃兴阶段；从抗日战争爆发到解放战争结束（1937—1949）是跋涉阶段，并从出版物生产、出版组织机构、出版家等诸方面，首次对中国近代科技出版进行了比较系统的研究，勾勒出了近代科技出版的历史图景，对近代科技出版的产生条件、发生动力、发生途径、历史演进等进行了分析。指出中国近代科技出版，一方面推动科学技术的进步，另一方面促进民族的政治觉醒，两者均推进了中国近代化发展进程。③ 吴川灵以上海图书馆馆藏中国近代科技期刊为样本，统计分析其种类、数量、各分类最早创办刊物情况，并根据创刊时间统计其在各年代的分布。指出我国近代科技期刊种类广、数量多，学科、地域、时代特色明显，各年代创刊数量受政治经济因素影响而产生波动。④

科学出版社2011年出版的谢清果著《中国近代科技传播史》一书，从传播渠道入手，系统地考察了近代中国是如何通过传教士、科技翻译、科技留学、科技教育、近代工业、科学普及、科技学会等途径，传入、涵

---

① 王汉熙等：《中国近代科技期刊发蒙考》，《出版科学》2002年第4期。
② 唐颖：《中国近代科技期刊与科技传播》，硕士学位论文，华东师范大学，2006年。
③ 冯志杰：《中国近代科技出版史研究》，博士学位论文，南京农业大学，2007年。
④ 吴川灵：《中国近代科技期刊的种类数量与创刊时间统计分析》，《中国科技期刊研究》2016年第9期。

化和扩散西方近代科技的,注重分析近代中国士人对诸媒介与中国近代科技传播关系的思想认知过程,梳理各传播媒介传播近代科技的历史进程,并评价其传播的社会效果;进而,比较中日两国对"西学东渐"的不同回应及由此产生的后果,借以整体反思中国近代科技传播的经验与教训。[①]

四 科技体制近代化

中国科学院中国近现代科技史研究室以中国近现代科学史为研究重点,积极开展学科史、科学社会史、口述科学史和中国近现代科学史的资料搜集整理与研究等工作。科学技术史专业在大学和科研机构中的设置,以及《自然辩证法通讯》《科学与哲学》《科学对社会的影响(中文版)》《中国科技史杂志》《中国科技史料》等有关科学技术史的刊物的创办和发行,都推动了中国近代科技史的研究。

四川人民出版社2008年出版的张剑著《中国近代科学与科学体制化》一书进行了比较全面、系统的研究,为代表性成果。该书主要应用实证主义科学社会学的理论和方法,探讨了中国近代科学的体制化,也就是科学社会体制的形成问题。他指出,传统中国科学自身不具备爱因斯坦所指出的近代科学发展的两大基础,即形式逻辑体系与系统的实验,而且也缺乏系统性、完备性,在科学方法、思维方式等方面也与近代科学具有本质的区别。在传统中国社会的观点中,科学并不是学问,只是奇巧淫技,最多仅仅是经世致用的工具而已;只有民间的能工巧匠与在朝的业余科学爱好者,没有真正意义上的科学家。中国近代科学是通过输入、引进西方近代科学而逐渐发展起来的,不是传统中国社会自发产生的,也不是传统中国科学通过转型而发展起来的。近代一系列对外战争的失败,加快了对西方科学技术引进的步伐。中国近代科学体制,包括科学教育体系的建立与演化,科学名词术语的审定与科学宣传交流术语基础的奠定,科研机构的创建与发展,科学社团的发展及其功能演化,科学评议与奖励系统的形成发展,科学家社会角色的形成与变异等,全面走向近代化。由于中国近代科学体制化道路存在的各种问题,无论是科研机构、名词术语审定,还是科学评议与奖励等方面都存在政府化趋势,最终导致中国科学体制的政府化。"中国科学体制化是在近代科学的逐步发展过程中完成的,既是近代

---

① 谢清果:《中国近代科技传播史》,科学出版社2011年版。

科学在近代中国发展到一定阶段的结果，更是中国近代科学发展的基础。"①

刘大椿、吴向红认为，维新运动以后，中国自觉开始了科学文化体制全面近代化的进程，从教育体制、科研体制、社会支持系统、价值取向、思想意识诸方面，建立近代体制化的科学文化。在19世纪20、30年代，中国有一批大学的科学教育达到了国际上的一般的大学水准，也创立了按国际通行规范运转的研究机构，中国的科学文化近代体制化"已然初具规祺，走上了与国际体制接轨的道路"②。张祖林指出，中国近代科学技术的体制化运动开始于年戊戌变法之后。戊戌变法以及随后的晚清新政时期，是我国近代科学技术体制化的萌动期，中国科学社团大量兴起，科技教育体制开始改革。中国近代科学技术体制化过程有三个重要标志：一是1915年正式成立的中国科学社；二是1919年前后的"五四"新文化运动；三是1928年中央研究院的成立。1928年中央研究院的成立是中国近代科学技术体制化完成的重要标志，也是中国从近代科学向现代科学转变的重要转折点。③

操菊华指出，清政府实施新政期间的体制改革，客观上推动了近代前期科学技术的发展。五四时期兴起的科学思潮为体制化奠定了坚实的思想基础。中国科学社作为近代中国第一个真正意义上的科学共同体，为科学的体制化作了大量的前期工作，成为体制化过程中的重要里程碑。中央研究院的建立标志着体制化的正式形成。它的建立实现了由松散型体制到官办集中型体制的转变。中国近代科学的体制化呈现出五大特点。第一，中国近代科学并不是土生土长的，而是从两方引进的，具有外生、移植型特征。第二，中国近代科学体制是在政府的干预、调控下得到发展的。第三，讲究实用理性，重视技术应用。第四，科学总是与政治制度的变革有着密切关系。第五，科学取代以儒学为核心的传统价值观念，成为民众新的价值取向，并作为一种新的思想体系意识形态化。④

---

① 张剑：《中国近代科学与科学体制化》，四川人民出版社2008年版，第13页。
② 刘大椿、吴向红：《新学苦旅——科学·社会·文化的大撞击》，江西高校出版社1995年版，第31页。
③ 张祖林：《关于中国近代科学技术史分期问题的讨论》，《自然辩证法研究》2001年第3期。
④ 操菊华：《中国近代科学体制化的历史演进》，硕士学位论文，华中师范大学，2002年。

孙从军认为，科技体制化是指科技由一种自发存在的社会活动逐步形成相应管理组织、研究机构与制度法规的过程。近代中国的科技体制化进程从明末清初西方传教士来华开始，到20世纪40年代下半叶基本完成。具体可分为三个阶段。第一阶段从明末清初西方科技传入中国到20世纪20年代科技社团的大量涌现，为中国近代科技体制化的萌芽阶段，其标志是1915年中国科学社成立。在此阶段，科技活动由以前零散的个人独立研究转变为有组织的集体活动，中国科技开始步入了体制化轨道。第二阶段从中国科学社成立到1949年中华人民共和国成立，为中国近代科技体制化的形成阶段，其标志是国立中央研究院、北平研究院的成立与院士制度的建立，其间有国民政府分散型科技体制、伪满洲国殖民科技体制和陕甘宁边区科技体制等类型。第三阶段是1949年以后，为中国近现代科技体制化的发展阶段，实行集中型科技体制。①

宋清波、童鹰指出，作为中国近现代史上影响最大的一个综合性、群众性科学团体，中国科学社成立后致力于西方科学在中国的传播与普及和规模宏大的科研机构设置计划，推进了中国的科技体制化进程，带动了中国各科学学会组织的创立与进展，培养造就了中国现代的科学家队伍，对中国现代科学的创立和发展做出了积极的贡献。虽然成就巨大，但它的角色转换没有取得成功。除了当时复杂的社会环境，其未能完全实现职业化是其中重要原因。而学会达不到职业化，就不可能成为一种社会建制而长期存在。这表明中国科学化的体制化程度还比较低。尽管如此，它确实堪称中国初步实现科学体制化的标志。②

胡晓登、周松柏指出，维新派对中国近代科技体制化作了极大贡献，是中国科技体制化的伟大先驱。在维新派的推动下，科举制被废除，新式学校纷纷出现，这标志着科技在中国体制化的开端。各种学会纷纷成立，这是中国近代科技团体的最初发端，在中国近代科技发展中起了重要的作用。维新派还大大促进了西方自然科学书籍的翻译和自然科学期刊的发行。③

学界有些成果涉及了学术类和科学技术类两方面的内容。如周谷平、

---

① 孙从军：《中国近现代科技体制化的历程研究》，硕士学位论文，湖南大学，2005年。
② 宋清波、童鹰：《中国科学社与科学体制化》，《科学技术与辩证法》2005年第3期。
③ 胡晓登、周松柏：《戊戌维新与近代科技在中国的命运》，《贵州文史丛刊》1998年第6期。

应方淦认为，在近代中国，教会大学率先将西方的学位制度引入中国高等教育的实践层面。教会大学通过向国外政府或大学注册立案的方式获取学位授予权，并按照国外的标准进行操作。随着办学水平和质量的提升，教会大学逐渐扩充学位门类、提高学位层级、拓展学位课程，使学位制度得以发展完善。教会大学学位制度的建设和发展，使教会大学的培养计划能与外国大学相挂钩，为其学生顺利进入西方大学进行高一级学习提供了条件，促进了中外高等教育之间的交流，并对中国本土大学的生存和发展构成较大的挑战，刺激、加快了中国学位制度的建立，客观上推进了中国高等教育近代化的历程。[1]

张栋认为，中央研究院从成立到终结，成功地完成了以主持者为院长，构成主体为院士，学术评议之责属于评议会，学术研究实体为各研究所的一套比较完整的科学组织、管理体制，初步奠定了我国现代科学体制化的基础。中央研究院具有国家学院的性质，积极从事科学研究的同时，利用国内科研资源进行本土化发展，创办学术刊物，发表研究成果，积极与国外科学界交流合作，培养大批的科学人才，推动了近代中国学术事业的发展，确立了在中国科学文化事业发展进程中的重要历史地位。[2]

李来容指出，自20世纪30年代起，中央研究院采取循序渐进的方针，借鉴、模仿乃至创新西方院士制度，诸如设置名誉会员、评议会等方法，推动自身的发展。1941年至1948年8年间，中央研究院结合本国国情，经历了提出与确立、立法、筹备、候选人提名、资格审查、正式选举等多个步骤，自主创建了中国院士制度，成功选举首届81名院士。这在中国学术发展史上具有重要的里程碑意义，标志着以院士为主体的国家学院体制化建设的最终完成，及中国现代学术体制化建构趋于成熟。总体而言，中央研究院主导的首届院士选举活动，基本反映了当时中国学术界的整体概貌和最高水平，进而成为学术共同体内自主选举的一个成功典范。院士制度作为中国现代学术建制的重要一环，代表着民国时期学术发展的体制性成就，对1949年后大陆及台湾地区的相关制度产生了一定的影响，具

---

[1]　周谷平、应方淦：《近代中国教会大学的学位制度》，《浙江大学学报》2004年第1期。
[2]　张栋：《中央研究院科学体制研究（1924—1949）》，硕士学位论文，南京航空航天大学，2008年。

有重要的启示意义。①

从总体上看，中国近代学术科技史，是中国传统学术走向终结，西方近代学术大力引进，中国学术全面近代化的时期。中国学术的近代化无疑具有促进中国学术发展，加快与世界学术发展趋势融合，从而推动中国社会发展的积极作用。正是因此，近代新式学科纷纷被引进中国，旧的学术形态走向终结，新的学术体制逐渐构建，中国学术实现了由传统形态向近代形态的全面转型，有了全新的面貌，取得了有目共睹的巨大成就。但是，中国学术近代化的消极作用也是不容忽视的。如其分科治学、提倡专业化的一个后果就是，使得知识被分割得支离破碎，学人的知识面有日益狭窄的危险，"通人之学"日渐遥远，人的全面发展越来越受局限。中国的传统学术面临日益窘困的境地，"国学"日益式微。而传统是一个国家的重要精神来源和象征，传统学术在维护、延续和发展传统，延续民族的精神命脉方面起着至关重要的作用。因此，继承和发展传统学术和科技的现代积极作用，推动中国近代学术科技研究迈上新的台阶，实在是关乎民族发展和国运兴衰的重大问题。然而，通过对目前研究状况的梳理可以看到，资料的整理在某些方面是初步的，不够全面的，深入、系统的研究成果有限，各学科之间不乏畛域之见，交流不足。就此而言，深化中国近现代学术科技史研究，可谓任重而道远。

---

① 李来容：《院士制度与民国学术——1948年院士制度的确立与运作》，博士学位论文，南开大学，2010年。

第八章

近代报刊史研究

近代中国为报刊的高度发展时期，出现了各种中外政府、民间团体及个人所办的报刊，既有以《申报》《大公报》《东方杂志》等为代表的著名报刊，也有各种小报、女报及画报，共同推动了近代报刊事业的繁荣。国内学界对近代报刊保持了高度关注，发表出版了一大批高质量的研究论著。

第一节 研究历程

中国近代报刊发端于外国传教士来华所办报刊，其间历经晚清、民国60多年的时间。由于"近代"一词本身是一个变动不居的概念，在新中国成立之初的学术研究中，"近代"范畴多指1840—1919年这一段历史；历史的车轮步入21世纪后，研究者已基本形成共识，"近代"系指1840—1949年这段历史。近代报刊史是近代中国社会文化的重要组成部分。对于中国近代报刊史的研究，新中国成立以来的研究大致可以分为两个时期。第一个时期自1949年新中国成立至1978年改革开放前后这一段时期。第二个时期自1979年至今。

一 新中国成立初期

从新中国成立至1989年的近30年，中国近代报刊史研究受苏联模式和"左"倾思想的影响，相关研究受限较多，诸多研究未能充分展开，其主要特征及成果表现在四个方面。

第一，研究重点是报刊所刊载内容以及报刊在革命斗争中的宣传作用。研究时段相对固定，即从 1919 年五四运动以来中国共产党领导下或影响下创办起来的各类革命和进步报刊的历史。其他报刊偶有提及，也多是一笔带过，或语焉不详。从事报刊史研究的主力，是中共中央高级党校新闻班中的部分高级研究人员，以及中国人民大学、复旦大学两校新闻系从事新闻史教学的部分教师。主要研究成果有：1956 年中共中央高级党校新闻班编写的《中国报刊史教学大纲》《中国现代报刊史讲义》，着重介绍"五四"到 1949 年前的这段历史时期革命和进步报刊的历史。后复旦大学和中国人民大学均以此讲义为基础，各自分别在 1962 年、1966 年编印了《中国新民主主义革命时期新闻事业史讲义》《中国新闻事业史（新民主主义时期）》。这几部讲义代表着当时中国报刊史研究的成果，填补了报刊史研究上中共报刊史研究的空白。

第二，以革命史为蓝本，探讨中国近代报刊史的发展历程。由于强调以介绍革命新闻事业的历史为主轴，注重各时期新闻宣传内容的介绍和分析，强调新闻宣传在政治斗争和思想斗争中的作用，从而导致在内容上与中共党史、中国革命史有较多的重叠。如 1956 年中共中央高级党校新闻班编成的《中国报刊史教学大纲（草稿）》，将中国报刊的历史划分的四个阶段，即中国早期报刊的产生与发展、旧民主主义革命时期的中国新闻事业、新民主主义革命时期的新闻事业（中国共产主义报刊的产生与发展）、中国共产党和人民的报刊为建成社会主义而奋斗，在分期完全以中国近代革命史的分期为标准。①

第三，以阶级斗争视角对近代报刊的阶级属性进行划分，从而评判某一报刊的进步与落后。这典型地体现在对《大公报》的评价上。1958 年 1 月《新闻战线》刊发了名为《旧大公报剖视》的文章，称《大公报》"是一张反动的报纸"，"用'小骂大帮忙'的手法来掩饰它为国民党反动统治集团服务的实质"②。王芸生、曹谷冰撰写的回忆文章《英敛之时代之大公报》《1926 年至 1949 年旧大公报》，均以阶级斗争的视角界定《大公报》历史上英敛之、吴鼎昌、胡振之、张季鸾等几位代表人物的阶级属性，从而对他们的办报活动予以"清算"。

---

① 丁淦林：《中国新闻史研究需要创新——从 1956 年的教学大纲草稿说起》，《新闻大学》2007 年第 1 期。
② 德山：《旧大公报剖析》，《新闻战线》1958 年第 1 期。

第四，一批报刊史料的整理与出版。在新中国成立后的前 5 年，出版业和全国其他的各行各业一样百废待兴，尚未关注近代期刊的整理和出版工作。到了 20 世纪 50 年代中后期，以人民出版社、上海文艺出版社为代表的出版单位整理、影印了一批民国时期的报刊。如人民出版社在 1954 年到 1956 年间影印了《新青年》《每周评论》《政治周报》《解放日报（延安）》《中国工人》等刊物。50 年代末 60 年代初，上海文艺出版社影印了一批文艺类的民国刊物，如《巴尔底山》《正路》《萌芽月刊》《文学新地》《文化月报》《时代文艺》《海风周报》《新流月报》《新兴文化》等。该阶段有几份重要的报纸也相继整理出版。如北京图书馆影印了《人民日报》（1946 年创刊，1948 年停刊）、《东北日报》《新华日报》（1938—1947 年），中华书局在 1965 年影印了《湘报》。1966 年，人民出版社出版了《解放》《共产党》《共产党人》《中国农民》《中国青年》《中国文化》等。潘梓年等撰写的《新华日报回忆》，张静庐主编的《中国近代出版史料》《中国现代出版史料》以及阿英的《晚清文艺报刊述略》，徐忍寒辑录的《申报七十七年史料》等。中共中央马克思恩格斯列宁斯大林著作编译局研究室编的《五四时期期刊介绍》（3 集），由人民出版社于 1958—1959 年相继出版，介绍了 150 余种以上的刊物，对每种刊物的主要言论、思想倾向均作了分析。

由上可知，这个阶段出版单位关注的主要是中国共产党以及左联、创造社、太阳社等进步文学团体主编的一些重要报刊。五四时期出版的数众多的期刊，其中大量革命的、进步的刊物，也受到学界关注。由于受苏联和"左"的思想影响，研究领域过于狭窄，同时还人为地设置了很多禁区，对共产党党报党刊以外报刊的历史很少涉猎。偶有提及，也只是把它们作为共产党报刊的对立面，当成靶子进行批判，缺乏实事求是的辩证分析。同时，对历史上的名记者、名编辑、名报人的研究和相关业务的研究严重缺失。此种情况在"文化大革命"期间发展到了极致，以致报刊史的研究计划全部陷于停顿。

二 改革开放新时期

1979 年至今，在总结历史正反经验教训的过程中，人们思想得到极大解放，中国近代报刊史研究在此背景下得以迅速展开。就研究成果来看，这时期的研究是以反思和批判 1949 年以来研究的不足和失误为开端，之后通史的编撰，断代史、专门史、地方史研究均迅速推进。研究对象的扩展，从过去注重报刊史转变为对广播、电视、通讯社等传播媒体的全面关注，从单一的党报研究扩展到对历史上所有重要报刊的分析；研究者以科学的态度，严格按照历史学科的规律，从史料出发对近代史上重要报刊重新评价；同时，研究的视角也发生变化，从单一的革命史视角，转变为更加多元的路径，对报刊与政治、经济、社会、文化的复杂关系深入探讨。

第一，恢复实事求是的思想路线及实证研究的兴起。中共十一届三中全会后，伴随着政治控制的松动和人们的思想解放，多数学者秉承实事求是的原则，坚持论从史出，对近代报刊进行系统、深入的研究。报刊史既是一门探索报刊产生发展的科学，也是一门隶属于文化史范畴的历史科学。① 对报刊史的研究理应遵从历史科学研究的特殊方法，即以实证为主还原历史的本来面貌。而前30年的报刊史研究，多是简单地进行阶级划分，以下论断的方式代替实事求是的实证研究，报刊的复杂面向也无从得以展示。

实证研究与报刊史研究者的治史思想的更新密切相关。实证研究要求研究者对历史真实予以关注，而理论观点只是历史事实自然的反映。"论是从分析历史事实中概括或引申出来的理论观点植根（或隐藏）于史实之中同史实血肉相连。我们的任务是从史实中提升理论观点决不能按照理论观点的需要去篡改历史。"② 这既是实证研究的具体要求也是论从史出的治史思想。

在对报刊进行实证研究方面，研究成果颇多，并且由最初只关注革命报刊和影响较大的报刊，进而拓展到有一定影响的其他报刊。如过去多关注《解放日报》《新华日报》《大公报》《申报》等革命报刊和大报的研究，20世纪80年代以后，研究者将目光转向其他一些要报和地方小报的研究。如对《新闻报》，及康有为、梁启超等维新人士创办的《时务报》《清议报》《新民丛报》《国风报》等，史学界已有所研究，尤其是出现了报刊个案与立宪思想、清末新政等关系的研究。这些研究通过对报刊个案信息进行梳理，使人们对这些报刊的创办、发行、宣传宗旨与内容及历史

---

① 方汉奇：《方汉奇文集》，汕头大学出版社2003年版，第4页。
② 丁淦林：《中国新闻史研究需要创新——从1956年的教学大纲草稿说起》，《新闻大学》2007年第1期。

意义等有全面的了解。1980年代以来，报刊史研究颇具代表性的成果多是源于实证方法的广泛运用。

第二，开始摆脱政治史、革命史观的影响，注重探索近代报刊自身的衍变轨迹。近代报刊的发展、演变，诚然与近代中国社会的发展密不可分，但是报刊史作为文化史的重要组成部分，有其自身的演变规律与特点。早在20世纪20年代，戈公振明确指出报刊史的研究应以报刊自身发展演变逻辑为主线，"所谓报学史者乃用历史的眼光研究关于报纸自身发达之经过及其对于社会文化之影响之学问也"①。新中国成立后的前30年由于受苏联模式等因素的影响，致使报刊史研究中自身的逻辑线索并不鲜明，且沦为革命史、政治史的附属品。对此，改革开放之初，报刊史学界呼吁报刊史研究要以报刊为主体，关注报刊自身的衍变轨迹。1982年，方汉奇在反思自己的《中国近代报刊史》编写体例时指出，报刊史编写得像党史、思想史、政治史，缺乏自身的个性，"写出来的东西还是个半大的解放脚基本上还是采用了按政治运动分期的那种体例"②。这一思想解放的历程颇为曲折。如何将报刊自身的逻辑线索落实到报刊史的编写之中，报刊的发展变迁与社会政治、经济、文化之间有着怎样的复杂关系，这些关系如何在报刊史研究中妥善处理，并能体现出报刊史研究自身特色等问题，一直困扰着中国近代报刊史本体研究的推进。因此，较长时间内，仍然有不少学者撰文反思报刊史研究中的本体意识问题，并有学者着力于尝试按照报刊自身发展规律来研究近代报刊。如黄瑚著《中国新闻事业发展史》，打破《中国新闻事业通史》偏重于中国近代报刊在中国社会发展过程中的历史作用因而在历史分期上与中国近现代革命史基本相同的编辑方式，重新按照新闻事业自身发展的脉络划分历史阶段。该书将百余年中国新闻事业发展划分为四个阶段：新闻事业在中国的出现与长足发展，民族报业的勃兴到新闻事业的全面发展，两极新闻事业的发展及其影响，社会主义新闻事业的建立、发展与改革。③ 不论其分期是否合理，单以打破以往的革命史、政治史的分期而论，确有其贡献。

学界在按照报刊自身发展逻辑编写近代报刊史的同时，还开始关注近

---

① 戈公振：《中国报学史：整理插图本》，上海古籍出版社2003年版，第1页。
② 方汉奇：《方汉奇文集》，汕头大学出版社2003年版，第22页。
③ 黄瑚：《中国新闻事业发展史》，复旦大学出版社2004年版。

代报刊与近代社会转型的复杂关系,从而探讨报刊与中国政治、经济、思想文化等方面的交互影响、错综复杂的关系。这方面的研究在 90 年代初逐步兴起,最近几年尤为盛行。较早的有闾小波著《中国早期现代化中的传播媒介》,主要从中国早期现代化的视野,分析了《时务报》对人的现代化和社会变迁的积极作用。① 贾晓慧著《〈大公报〉新论:20 世纪 30 年代〈大公报〉与中国现代化》,侧重于从现代化的角度分析 20 世纪 30 年代的《大公报》所表现出来的政治观点和政治态度。② 蒋晓丽著《中国近代大众传媒与中国近代文学》,从分析近代政论报刊与近代文学关系入手阐发近代报刊在近代文学发生发展中的重要角色。③

第三,研究路径的多元化。利用社会科学理论作为史学研究的解释框架,在 20 世纪中叶的西方史学中已经凸显,而在报刊史学界则是近十几年逐步显现的发展趋向。一些学者开始尝试运用社会科学理论框架进行解释性研究。如唐海江以政治文化动员理论为依据,试图将社会科学理论与中国报刊史研究相结合,考察清末社会转型期政治文化的变迁与清末政论报刊的言论取向的内在关联,以及这种新的政治文化如何投射到报刊的传播实践当中,从而展示清末民初报刊的政治动员模式。④ 侯杰所著《〈大公报〉与近代中国社会》一书,引入社会性别理论对《大公报》开女智进行研究,这是值得借鉴的解释框架,颇能显示报刊史研究的渐变趋势。⑤ 中国社会科学出版社 2019 年出版的齐辉著《中国近代职业传媒与文化嬗变》,则是从近代报纸、杂志、广播等大众传媒入手,关注了社会变迁与新闻文化的嬗变。

第四,史料整理和学术成果的大批量涌现。1980 年以来,伴随着近代报刊史研究重点、研究方法、研究路经的不断革新,大量研究成果不断涌现,其中既有对旧报刊资料的整理出版,也有高质量的学术论文的发表。这方面研究成果将在下面内容中分类介绍。

---

① 闾小波:《中国早期现代化中的传播媒介》,生活·读书·新知三联书店 1995 年版。
② 贾晓慧:《〈大公报〉新论:20 世纪 30 年代〈大公报〉与中国现代化》,天津人民出版社 2002 年版。
③ 蒋晓丽:《中国近代大众传媒与中国近代文学》,巴蜀书社 2005 年版。
④ 唐海江:《清末政论报刊与民众动员——一种政治文化的视角》,清华大学出版社 2007 年版。
⑤ 侯杰:《〈大公报〉与近代中国社会》,南开大学出版社 2006 年版。

第二节 史料整理与学术成果

一 史料整理

报刊的内容涉及政治、经济、文化各个方面,是研究政治史、经济史、文化史、思想史及新闻出版史极其珍贵的原始资料,因此报刊史料的整理作为历史研究的基础性工作,较早受到学界的关注。新中国成立初期,全国许多出版单位对近代报刊资料的整理和出版工作给予重视,取得了一定成绩,但"文化大革命"爆发后,报刊史料的整理工作被搁置。80年代以后,学术界再度关注近代报刊史料的整理工作,并投入了大量的人力、物力、财力进行报刊史料的整理出版,取得了突出的成绩。

20世纪80年代初,人民出版社重新启动了"文化大革命"前对民国报刊的影印整理工作,先后影印了《北京大学日刊》《晨报副镌》《晨钟》《大公报》《建设》《救国时报》《热血日报》《汉口民国日报》《少年中国》等刊物。辛亥时期是近代报刊业的发展时期,丁守和主编的《辛亥革命时期期刊介绍》由人民出版社出版于1982—1987年相继出版。该书共五集,每集介绍刊物若干种,着重研究和介绍刊物的内容,包括刊物的性质,主要言论和倾向,在重大政治事件中的思想斗争中的态度,对中国社会的认识和有关中国文化的观点,对西方各种思想文化的看法与介绍,以及该刊在当时社会上的影响的作用等。同时该书还对该时期刊物的编辑出版者、主要撰稿者、刊期、版式等进行说明。该书是研究辛亥革命时期思想史、文化史和报刊史的重要资料。上海书店(原上海古旧书店)作为一支新生的力量,在民国报刊整理领域异军突起,整理出版了《申报自由谈》《生活教育》《生活日报》《月月小说》《新小说》《绣像小说》《新新小说》《小说林》《笔谈》《太白》等大批近代报刊。

20世纪80年代中期,随着广东人民出版社等单位的加入,一批规模较大的报纸,如《华商报》《盛京时报》《申报》《晋察冀日报》等先后被影印出版。到了90年代,中华书局陆续推出了《中国近代期刊汇刊》系列图书,收录了《清议报》《强学报》《时务报》《昌言报》等19世纪末由维新派等创办的近代报刊。21世纪以后,中华书局又陆续推出了该套丛书的第二辑,收录了《国风报》《民报》《湘报》《译书公会报》等近代报刊。此外,90年代中期,江苏古籍出版社和上海书店出版社还联手出版了大型报刊《中央日报》。重庆出版社于1996年出版的《中国现代报史资料汇辑》，按照地域、省份划分，记载了1919—1949年全国12个城市、28省（区）、解放区和沦陷区的报史资料。新华出版社1999年出版了张赫玲主编的《中国地方报业史志汇编》（上中下），则是一部有分量的地区报刊史料汇编。

21世纪以后，近代报刊的整理工作进入鼎盛阶段，这具体表现为参加单位数量的进一步扩大和图书选题更加系统深入。20世纪的整理工作以期刊的单品种影印为主，而进入21世纪后出现了许多以题材为单位的汇集多种期刊的大型丛书，如《中国早期农学期刊汇编》《中国早期国学期刊汇编》《中国早期白话报汇编》《中国近现代女性期刊汇编》《中国近代中医药期刊汇编》《晚清珍稀期刊汇编》《晚清珍稀期刊续编》《民国珍稀期刊》《民国时事文献汇编》《民国边事文献汇编》《民国国术期刊文献集成》《民国珍稀短刊断刊》《民国时期集邮期刊汇粹》《民国新闻期刊汇编》《民国佛教期刊文献集成》《辛亥革命时期期刊介绍》《民国漫画期刊集萃》《民国画报汇编》《抗日战争期刊汇编》《伪满洲国期刊汇编》等。这些丛书规模较大、内容系统全面，是从事报刊史研究不可或缺的珍贵资料。

在近代报刊被影印出版的同时，还编纂出版了近代报刊史上一些重要报人的年谱、日记、文集等。如方舟的《一代报王史量才》、庞荣棣的《史量才——现代报业巨子》和《申报魂：中国报业泰斗史量才图文珍集》相继出版。庞荣棣长期潜心搜集史量才的资料，掌握了大量第一手材料，其著作既全方位、深入记载了史量才的报人生涯，对其出色的报业经营才能和变革精神多有所揭示，同时还为研究民国新闻人物提供了重要史料。近年各出版社相继推出的民国名报人评传，均通过大量珍贵的史料、严谨的学术态度和细腻的文笔，对一度被忽略的民营报人进行了客观的评述。此外，与近代报刊、报人有密切关系的作者撰写的回忆性文著也相继出版。

值得关注的是，书画金石类报刊集成也陆续影印出版。2015年，上海书画出版社编《民国书画金石报刊集成》影印出版。该书共28册，为民国时期北平、上海以及其他地区书画金石类报刊的合集，共收录报刊21集，其中包括北平的《故宫周刊》《湖社月刊》《艺林旬刊》，上海的《金石画报》《草书月刊》《艺术丛编》，杭州的《金石书画》，重庆的《书学》等具有较高学术性和史料价值的报刊,全面展示了民国时期金石书画报刊的整体面貌。

值得一提的是,还有一批近代报刊的篇目索引类工具书出版,如上海人民出版社的《中国近代期刊篇目汇录》、国家图书馆出版社出版的《民国时期期刊索引》、上海书店出版社出版的《抗战时期中文期刊篇目汇录》等,方便了学者们的使用。

晚清和民国时期,中国社会发生着深刻的变化,各种思想异彩纷呈,传统思想文化精华在这个特定的历史时代不断被传承和累积。而记录这一切的正是当时出版的书籍和刊物。这些书籍和刊物比较全面地反映了该时期的真实面貌,具有很高的研究利用价值和收藏价值。加上1949年后历次政治运动对文化的破坏,导致距今未远的民国晚清文献资料大量散佚。为此,一些单位和公司开始致力于近代图书和期刊资料的数据库建设。目前,与近代报刊相关且较有影响的数据库主要有:国家图书馆的《民国时期文献专题资源库》(读者可以通过该资源库查阅民国期刊4350余种)、上海图书馆的《全国报刊索引》和《民国时期期刊篇名数据库》、北京时代瀚堂科技有限公司的《民国文献大全(1949)数据库》、大成公司的《大成老旧刊全文数据库》、重庆图书馆的《清末民初报刊篇名索引》等。

其中,《晚清期刊全文数据库》和《民国时期期刊全文数据库》,是上海图书馆(上海科学技术情报研究所)"全国报刊索引"品牌旗下的两个重要的数据库产品。这两个数据库收录了1833—1949年间出版的2.5万余种期刊,近1000万篇文献,内容集中反映了这段历史时期政治、经济、法律、外交、教育、思想文化、宗教等各方面的情况,拥有众多的"期刊之最"。作为历史档案的重要组成部分,《晚清期刊全文数据库》和《民国时期期刊全文数据库》具有极为重要的学术价值和史料价值,不仅丰富了期刊数字资源,而且方便了广大读者、用户进行关于中国近代史的兴趣了解和学术研究。数据库采用便捷的检索服务平台,读者用户可以从标题、作者、刊名、分类号、年份及期号等途径对文献进行检索、浏览并下载全文。同时,读者用户还可以使用期刊导航功能直接对所需文献进行整本浏览。

大成公司致力于1949年前的所有文献资料的搜集整理和数字化的工作,2010年推出《大成老旧刊全文数据库》,以收藏1949年前的期刊为特点,收藏种类多、内容涵盖广、珍本孤本收集较全,使用简单便捷,目前已收藏数字化期刊7000多种，14万多期，已经成为研究近代史学、文学、政治学、法学、社会学、经济学以及各个学科史等学术研究不可或缺的数据库工具。

《民国文献大全》数据库，由北京时代瀚堂科技有限公司提供。该数据库包含海量图文并茂之民国时期文献，计图书：130000本（册），3000万页。期刊：逾20000种、13万期、600余万篇，文字总量4亿字。其中《新青年》《学衡》《食货半月刊》《甲寅周刊》《每周评论》《同声月刊》《制言》等百余个品种为数码全文加工入库。报纸：涵盖的报纸新闻与广告条目达1000万笔，文字总量逾15亿字。收纳的民国报纸涵盖上海《申报》《民国日报》，天津《大公报》《益世报》，北京《顺天时报》，重庆《新华日报》，长沙《大公报》等十余种民国大报。其中上海《申报》数码全文入库。至2014年全库文字资料近20亿字，并以每月一亿字的速度不断扩充资源，动态更新添加内容。这些数据库内容丰富，且在不断增加完善之中，是研究各个学科发展及科技传承脉络的重要工具。此外，爱如生数字化技术研究中心推出的中国近代报刊库、中国近代大报库，国家图书馆研发的中国历史文献总库·近代报纸数据库、近代期刊数据库及瀚堂公司推出的近代报刊数据库，也收录了大量的近代中国报刊。

总之，新中国成立以来，出版界通过努力整理出版了丰富的近代报刊材料，但也有一些问题值得关注。一是出版力量不均衡。有的期刊反复出版，如《海潮音》有多家出版单位进行了影印，这固然是因为它比较重要，但在客观上造成了出版资源的浪费，而一些十分重要的外文期刊却少人关注。二是人名、篇名索引等配套工具的编制比较滞后。在文献量非常庞大时，会影响已出版图书的利用。三是由于有些报刊的总量非常大，造成了出版物定价高昂，影响了出版物的销售和推广。有些报刊是综合类的，某些特定科研单位也许只对其中部分文章感兴趣，如果其所占比例过小，使得投入与产出不成比例，也会影响销售量。这些问题有待出版界通过有效的资源整合加以解决。

二 理论探讨

"报"与"刊"分指报纸与杂志，其区别是泾渭分明的。但在19世纪初，中国人还难以分清两者区别。近代最初的报刊是由外国传教士因传教需要而引入中国，报纸与杂志的区别在当时无从谈起。19世纪下半叶，日报开始出现,但并不意味着报纸与杂志分工的开始。故笔者依据当时的情况,将报纸与杂志统称为"报刊"加以综述。

对中国近代报刊进行研究,首先面临的是近代报刊的研究时限问题。就近代报刊的发端时间,有学者沿用戈公振在《中国报学史》中的观点,以《察世俗每月统纪传》的创办为产生标志,其理由为:"《官报》仅辑录成文,无访稿,无评论,盖 Bulletin(公报)之一类耳。若在我国而寻求所谓现代的报纸,则自以马六甲(Malacca)所出之《察世俗每月统纪传》(原名 Chinese Monthly Magazine)为最早,时民国前九十七年(嘉庆二十年)西历一八一五年八月五日也。"① 倪延年、吴强等认为,虽然从 19 世纪初就有外国传教士在中国大陆创办了中文报刊,但毕竟不是中国人自己创办的报刊,称之为中国近代报刊似乎稍失严密。中国近代报刊产生的实质性标志应是康有为等人于 1895 年在北京创办的中国大陆最早的政论性杂志《中外纪闻》。② 王炎龙则指出,倪延年、吴强在理解"中国近代报刊"时,把"中国(人)"作为创办者主体,而从客观历史来看,应把"中国(人)"作为地域性主体,这样就不会割断报业发展流程中的历史联系,毕竟"中国近代报刊"与"近代中国报刊"的内涵不同,如果是后者,则倪、吴观点姑且可以自圆其说,但这会有悖报业历史发展事实。因此,按照方汉奇的观点,把中国近代报刊产生时间界定为 1815 年传教士创办第一批中文报刊《察世俗每月统纪传》开始,既符合报业发展的历史,也便于问题的讨论。

对于中国近代报刊的下限,学术界一般定为 1919 年五四运动的发生或 1915 年《新青年》的创刊为标志。戈公振、方汉奇持前种观点,喻春梅则认为"思想文化史的分期与政治史的分期密不可分,但思想文化史的分期毕竟不能完全等同于政治史的分期",故近代报刊的下限应以 1915 年《新青年》的创刊为标志。③

关于近代报刊的历史分期,王凤超将 1949 年以前的中国报刊史分为古代报纸、近代报纸、现代报纸三个时期:古代报纸(713—1815),为历代统治者发行的宫廷报纸;近代报纸(1915—1915),从第一份中文报纸

---

① 戈公振:《中国报学史》,生活·读书·新知三联书店 1955 年版,第 64 页。
② 倪延年、吴强:《中国现代报刊发展史》,南京大学出版社 1993 年版。
③ 喻春梅:《20 世纪 90 年代以来中国近代报刊史研究回顾》,《吉林大学学报》2006 年第 2 期。

的出现到《新青年》的诞生,为资产阶级领导的旧民主主义革命的舆论工具,在维新变法和推翻清王朝的辛亥革命中发挥了巨大的宣传和组织作用;现代报刊(1915—1949),从 1915 年《新青年》到 1949 年新民主主义革命胜利为止,以倡导民主、科学和主张文学革命的彻底反封建的资产阶级革命报刊的出现为主要开端,无产阶级报刊的诞生、成长和壮大是这个时期报刊业的主要特征。①

黄瑚的《论中国近代新闻事业发展的三个历史阶段》一文,以新闻事业发展的自身规律与社会发展的历史诉求相结合为研究视角,将中国近代新闻事业发展的历史过程划分为三个阶段:第一阶段为近代报刊的诞生与初步发展阶段(1815—1895)。该阶段的基本特点是:近代报刊因外国传教士传播福音的需要,而在中国诞生。鸦片战争后,在外国商人等各色人等的共同努力下,"渐行于中土",其中商业性报纸发展为报业的主流。但是,直至 19 世纪 90 年代中期,中国报业市场与舆论阵地始终为外报所垄断。第二阶段为以民办报刊为主体的民族报业的日趋兴旺与新闻事业的全面发展阶段(1895—1927)。该阶段的基本特点是:以民办报刊为主体的民族报业崛起,结束了外报长期垄断中国报业市场、主宰中国新闻舆论阵地的局面;在以后长达 30 多年的历史发展进程中民办报刊始终保持日趋兴旺发达的势头。20 世纪 20 年代前后出现了新闻事业全面发展、新兴新闻事业兴起等报业发展的新现象。第三阶段为两极新闻事业的出现与发展阶段(1927—1949)。该阶段的基本的特点是:是两极新闻事业的出现与发展。一极是指中国国民党的新闻事业,另一极是中国共产党的新闻事业。国民党新闻事业由强转弱,共产党新闻事业由弱转强,是这一历史阶段两极新闻事业发展的基本轨迹。其他资产阶级和小资产阶级的新闻事业都只能在两极新闻事业的夹缝中生存与发展,并在国共较量的最后时刻向两极分化。② 关于近代中国报刊的分期,新中国成立后多数研究者采用了以中国历史分期为原则、以中国报刊历史的宏观进展为依据的分期法,彰显了中国近代史上历次社会变革催生的办报高潮。

近代中国报刊是社会发展的产物,是一个种类多、数量大、内容无所不包的史料宝库。周兴樑认为,近现代中国报刊史料具有重要学术价值,

---

① 王凤超:《中国新闻业史的历史分期》,《社会科学战线》1982 年第 2 期。
② 黄瑚:《论中国近代新闻事业发展的三个历史阶段》,《新闻大学》2007 年第 1 期。

其主要特点为：一是报刊史料是公开出版、显现于社会的第一手材料——有些是原始文本资料，有的则是经过访员与记者加工的非原始材料。二是报刊史料的内容范围极其广泛，几乎无所不包，成为人们了解当时社会的一部百科全书；三是报刊史料属于社会意识形态范畴，具有鲜明的阶级性；有些报刊随着时代的发展进步或主办人的变更，其政治立场往往会出现变化。此外，近代中国报刊还有新闻广告性强、报道不够准确、文牍主义泛滥等特点。近现代报刊史料对拓展、深入近现代史研究所起的主要作用表现有三个方面。一是近现代报刊史料能补充与增添重要历史人物活动的新史料，以进一步推进人物生平活动和思想实践的研究。二是近现代中国报刊史料有助于开拓史学研究的新课题与新领域；全份或某些重要地方性报刊的发现，其史料往往可以拓展与深化该地方史的研究。三是近现代中国报刊史料有助于我们辨明和订正一些史实谬误，以还历史事件与活动的真实面目。①

邱捷则强调近代报刊对研究中国近代社会经济史的独特价值，并对近代报刊资料的收集、整理与利用提出了建设性意见：第一，应该进一步重视近代报刊的资料建设工作；第二，应该把更多的近代报刊制作成电子出版物；第三，争取同港澳台及国外的大学、学术机构、图书馆、档案机构的合作，以便把收藏于全世界的近代中国报刊纳入中国近代资料中心或数据库的建设工作。②

三　重要著作

作为一门专门史，中国报刊史是伴随着中国近代报刊的产生并在社会中影响的扩大而逐步兴起的。但在相当长时间内，涉足中国近代报刊史领域的研究者并不多，80年代之前中国近代报刊研究成果寥寥无几。随着改革开放的深入开展，中国近代新闻史、思想文化史、社会史的兴起，尤其是20世纪90年代后这种研究状况逐渐有所改观，相继出版和发表了一些论著。

1978年以后，新闻史学研究中通史的编纂最受研究者重视，而此一时

---

① 周兴樑：《中国报刊资料与近现代史研究》，《中山大学学报》2005年第1期。
② 邱捷：《近代报刊与中国社会经济研究——以研究清末民初的广东为例》，《民国档案》2003年第4期。

段编纂的 20 余部通史著作，皆是以报刊为主体，因而可作为报刊史研究的重要成果。通史类研究有上海人民出版社 1985 年出版的李龙牧著《中国新闻事业史稿》，河南人民出版社 1988 年出版的许焕隆著《中国现代新闻史简编》，福建人民出版社 1986 年出版的复旦大学新闻系新闻史研究编的《简明中国新闻史》；中国人民大学出版社 1983 年出版的方汉奇等主编的《中国新闻事业简史》；华中理工大学出版社 1990 年出版的吴廷俊主编的《中国新闻业历史纲要》，王洪祥主编的《中国新闻史》、新华出版社 1997 年出版的王洪祥主编的《中国现代新闻史》；四川人民出版社 1998 年出版的丁淦林主编的《中国新闻事业史新编》，武汉大学出版社 2005 年出版的刘家林著《中国新闻通史》，高等教育出版社 2002 年出版的丁淦林主编的《中国新闻事业史》，复旦大学出版社 2001 年出版的黄瑚著《中国新闻事业发展史》，以及方汉奇主编的《中国新闻事业通史》《中国新闻事业编年史》等。

其中，最具代表性的当属方汉奇主编的 3 卷本《中国新闻事业通史》[1]，被海内外公认为是改革开放以来我国新闻史研究成果的集大成之作。全书由 50 多位新闻史研究学者历时 12 年编撰而成 260 余万字，上限起于公元前 3 世纪，下限止于 1990 年，时跨 2200 年。内容以报刊为主体兼顾通讯社、广播、电视等新闻事业的各个方面。方汉奇主持编写的 3 卷本《中国新闻事业编年史》[2]，采用编年记事体例，从中国最古老的报纸开始，逐年逐月日记录下中国新闻业的演进轨迹。与此相配套的还有方汉奇等主编的《近代中国新闻事业史事编年（1815—1919）》，为新闻出版史研究者提供一部较为详尽的可供翻检的工具书。[3]

倪延年著《中国报刊法制发展史》，分为古代卷、现代卷、当代卷及史料卷四卷，系统地研究了从古至今我国新闻法律的发展过程。其中《中国报刊法制发展史 现代卷》，论述了中国现代报刊与中国现代报刊法制、民国初期的报刊法制、民国北京政府时期的报刊法制、民国南京政府时期

---

[1] 方汉奇主编：《中国新闻事业通史》（第一、二、三卷），中国人民大学出版社 1992 年、1996 年、1999 年版。
[2] 方汉奇主编：《中国新闻事业编年史》（上、中、下），福建人民出版社 2000 年版。
[3] 方汉奇、谷长岭、冯迈：《近代中国新闻事业史事编年》，《新闻研究资料丛刊》1981 年第 3、4 辑。

的报刊法制等。① 以新闻史、法制史为题的通史类研究，虽然不是对近代报刊的专门研究，但近代报刊的产生发展历程一直是通史中的主体内容，而通史的纵向跨度也为我们展示中国近代报刊发展的历史脉络提供了清晰的坐标系。

报刊史断代史的研究是学界研究的重要方面。属于近代部分的，有山西人民出版社1981年出版的方汉奇著《中国近代报刊史》、中国社会科学出版社2002年出版的卓南生著《中国近代报业发展史（1815—1874）》、新华出版社1986年出版的杨光辉和吕良海著《中国近代报刊发展概况》、山东画报出版社2003年出版的陈玉申著《晚清报业史》、复旦大学出版社1993年出版的秦绍德著《上海近代报刊史论》、复旦大学出版社1999年出版的黄瑚著《中国近代新闻法制史论》及上海社会科学院出版社2007年出版的《中国近代新闻法制史》等。属于现代部分的，有南京大学出版社1993年出版的倪延年和吴强著《中国现代报刊发展史》、新华出版社1997年出版的王洪祥著《中国现代新闻史》等。

其中，方汉奇著《中国近代报刊史》最具有代表性，是"文化大革命"结束后最早出版的中国近代报刊史研究著作。该书自1981年问世后，先后再版四次。全书共57万字，涉及报刊500余种报人1500余人，较为详尽地叙述了近代报刊的产生发展历程，时限上到1815年，下迄1915年《新青年》杂志出版。同时，纠正前人同类著作中的错失200余处，是这一时期问世较早的一部报刊史专著。② 卓南生著《中国近代报业发展史（1815—1874）》，挖掘了大量散佚于英、美、日诸国和中国香港地区等地珍贵的早期中文报刊原件翻版与抄本，是一部考订精详的著作，通过史料考订，追溯中国近代报刊发展初期的历史面貌，清晰地勾勒中国近代报业萌芽与成长期的特征，并纠正了不少的"定论"。③

清末报刊史研究中，陈玉申著《晚清报业史》，以报业发展为经，以时代背景为纬，对晚清报业的创兴、演进与影响，作了全面的考察与研讨。重在阐明报业与政治、社会和文化潮流之间的关系，揭示报业在晚清大变局中的作用与贡献，展现报人言论救国之精神。④

---

① 倪延年：《中国报刊法制发展史》，南京师范大学出版社2006年版。
② 方汉奇：《中国近代报刊史》，山西人民出版社1981年版。
③ 卓南生：《中国近代报业发展史（1815—1874）》，中国社会科学出版社2002年版。
④ 陈玉申：《晚清报业史》，山东画报出版社2003年版。

专题史或是报刊个案研究，是深化中国报刊史研究整体水平的重要环节。近年来这方面的成果不断涌现，既有对中共党报史上重要报纸（如《新华日报》《解放日报》等）的发掘和整理，也有对重要民营大报（如《申报》《大公报》等）的专门研究。从形式上看，近代报刊史专题研究大体可分为三种。

第一，选取近代报刊产生发展历程中某一时段或某一类型的报刊作为研究对象进行深入分析。如徐松荣著《维新派与近代报刊》，以四个时期，即维新时期（1895—1898）、启蒙时期（1898—1903）、立宪时期（1904—1911）和民初时期（1912—1922）为主线，对维新派的办报活动及其新闻报刊思想进行了全面系统的研究与著述。① 王天根著《晚清报刊与维新舆论的建构》，通过对政府控制下官方报刊舆论、列强控制的外报舆论及本土意见领袖的维新舆论的历史考察，揭示晚清报刊与政治舆论的建构及解构之间的复杂关系，显示近期报刊史研究的变化趋势。②

对不同性质的报刊进行研究的成果，主要有上海三联书店 1999 年版范垦程著《中国企业报发展史》、解放军出版社 1986 年出版的黄河和张之华合著《中国人民军队报刊史》等。对不同政治背景报纸的研究成果，广西新闻出版局 1997 年出版的张鸿慰主编的《桂系报业史》和团结出版社 1998 年出版的蔡铭泽著《中国国民党党报史研究（1927—1949）》等。对少数民族报刊史研究的研究成果，主要有中央民族大学出版社 1994 年出版的白润生编著《中国少数民族文字报刊史纲》，内蒙古大学出版社 1999 年出版的特古思朝克图、王秀兰合著《蒙古文报刊简史》，中央民族大学出版社 2005 年出版的周德仓著《西藏新闻传播史》等。

第二，以报刊史上重要报刊、重要报人以及重要新闻事件作为研究对象，通过个案分析的方式展现近代报刊的丰富面相。对清末《苏报》及"苏报案"研究的主要成果有：上海社会科学院出版社 2005 年出版的周佳荣著《苏报及苏报案——1903 年上海新闻事件》、上海人民出版社 2010 年出版的王敏著《苏报案研究》及上海古籍出版社 2010 年出版的徐中煜著《清末新闻、出版案件研究：以"苏报案"为中心》等书。此外，研究者对近代大报《大公报》《申报》等研究投入较多精力成果丰硕，具体成果

---

① 徐松荣：《维新派与近代报刊》，山西古籍出版社 1998 年版。
② 王天根：《晚清报刊与维新舆论的建构》，合肥工业大学出版社 2008 年版。

将在近代大报研究中进行具体介绍。近代报刊史上重要报人的研究颇为热门，例如台湾商务印书馆1980年出版的赖光临著《中国近代报业与报人》，武汉出版社2008年出版的曾宪明著《中国近现代报业与报人》，社会科学文献出版社2008年出版的程丽红著《清代报人研究》，等等。

有学者开始对一些前人不曾涉及或者历史面貌模糊不清的报刊予以个案解读。澳门基金会1998年出版的程曼丽著《〈蜜蜂华报〉研究》、兰州大学出版社2002年出版的李磊著《〈述报〉研究》首开近代在华外报研究之先河。在其他在华外报研究上，还有上海三联书店2015年出版的李秀清著《中法西绎：〈中国丛报〉与十九世纪西方人的中国法律观》及上海书店出版社2015年出版的马学良等著《〈密勒氏评论报〉总目与研究》等书；团结出版社1998年出版的蔡铭泽著《中国国民党党报历史研究》，是新中国成立后出版的第一部有关国民党党报史的研究专著。《万国公报》研究方面也有两部值得注意的著作：一是湖南人民出版社2002年出版的杨代春著《〈万国公报〉与晚清中西文化交流》，二是为齐鲁书社2004年出版的王林著《西学与变法：〈万国公报〉研究》等。这些报刊史研究成果，拓展了近代报刊史研究的范围，丰富了报刊史研究的内容，推动了中国近代报刊史研究的发展。

第三，将近代报刊各个传播分支作为研究对象纳入整理研究之中，主要涉及报刊编辑、报刊文体、报刊经营、办报思想，等等。有代表性的研究成果有：山西教育出版社1996年出版的胡太春著《中国近代新闻思想史》、广西师范大学出版社1996年出版的曾建雄著《中国新闻评论发展史：近代部分》、福建人民出版社2002年出版的李良荣著《中国报刊文体发展概要》等。

此外，还有以"图"为主的研究专著，如边靖著《中国近代期刊装帧艺术概览》，收集了近代各时期130多种期刊的封面、扉页、插图等，呈现画报的装帧样式特点与时代风格，并对期刊的有关情况作简要介绍。[1] 蒋建国著《报界旧闻：旧广州的报纸与新闻》，收集了大量报刊影印图片，从宏观上介绍报刊发展与社会变迁之间的关系。[2]

---

[1] 边靖：《中国近代期刊装帧艺术概览》，北京图书馆出版社2007年版。
[2] 蒋建国：《报界旧闻：旧广州的报纸与新闻》，南方日报出版社2007年版。

第三节　近代民营大报研究

1978 年以来，中国大陆学界对近代以来上百种报纸进行个案研究，并出版了相关专著和论文。但作为重点进行深入研究主要有 20 多种，其中主要是中共建党以来出版的一些重要的机关报的发掘和整理，如《新华日报》《解放日报》等。由于长期受"左"的思潮影响和意识形态的禁锢，民营报业和报人一直是研究的空白。20 世纪 80 年代以来，随着政治气候的宽松和思想的解放，1949 年以前的民营老报及报人，如史量才和《申报》，胡政之、张季鸾和《大公报》，汪汉溪和《新闻报》等受到关注。

一　上海《申报》

作为近代报业史上历史最为悠久的报纸，《申报》创刊于 1872 年，终刊于 1949 年，历时 77 年，是一家蜚声中外的老报纸。《申报》见证了中国近现代发展的主要历程，是记录中国近现代历史的一个宝库。由于《申报》的历史地位和重要影响，国内外对《申报》的研究可谓成果丰硕，研究的领域主要集中于新闻传播领域、史学领域和文学领域，在跨学科领域也有不少成果性的研究。

关于《申报》整体进行研究的成果，专著主要有上海文史馆 1962 年出版的徐忍寒编写的《〈申报〉七十七年史料》；海外中文图书 1965 年出版的《申报：清同治 11 年至光绪 13 年》；新华出版社 1988 年出版的徐载平、徐瑞芳著《清末四十四年〈申报〉史料》；上海社会科学院出版社 1996 年出版的宋军编写的《申报的兴衰》；全国图书馆文献缩微复制中心 2001 年出版的申报馆的《清代报刊图画集成 5——申报画册》；杨继光主编的《史量才与〈申报〉的发展》，等等。

徐忍寒辑录的《〈申报〉七十七年史料》，对《申报》的报道进行了分类整理，具有较高的史料价值。徐载平、徐瑞芳合著《清末四十四年〈申报〉史料》的出版，标志着史学界真正注意到《申报》的史学价值。此外，新闻报刊史研究方面，涉及《申报》的有曹文政、张国派编的《旧上海报刊史话》，暨南大学编著的《中国近代报刊史参考资料》，徐铸成著的《报海旧闻》等书籍中的相关文章，对《申报》予以概括性的梳理与介绍。丁淦林著《中国新闻事业史新编》、马光仁著《上海新闻史》、秦绍德著《上海近代报刊史论》等，对《申报》产生的社会历史背景、各时期的基本情况有相对全面的概括。

《申报》副刊研究方面的著作主要有：王灿发著《现代报纸副刊专刊透视：30年代〈申报〉副刊研究》一书，分析30年代《申报》副刊变革的社会背景；从微观上研究30年代《申报》的几个重要副刊、专刊；探讨了30年代《申报》副刊的历史方位、所传承的精神以及新时期报纸副刊传承的特征及存在的问题。① 谢波著《媒介与公共空间——〈申报·自由谈〉（周瘦鹃时期）研究》，对《自由谈》的几个重要特征、《自由谈》的作者群、《自由谈》的编辑理念与方法、《自由谈》与同时期副刊的比较、《自由谈》对"自由"的想象与实践等进行了专题研究。②

新闻报道研究方面的主要成果有：复旦大学葛丽丹的硕士学位论文《从〈申报〉杨乃武案看重大社会新闻的报道》，对《申报》关于该案报道全程的78篇文章进行分析，揭示了《申报》早期社会新闻的报道特点、前后变化及其对新闻价值的发掘过程，该文对成功报道背后所蕴含的新闻思想和新闻精神的探索，对当代的新闻工作者有所启发。《申报》在甲午战争期间发表了一系列关于战争的失实报道，其中重点关注影响比较大的几场战役，如"牙山战役""黄海海战""平壤战役""旅顺攻防战"等，山东大学曾庆雪2015年的硕士学位论文《关于甲午战争期间〈申报〉的失实报道研究》通过对失实情节的梳理，分析失实报道的特点、失实报道的类型、新闻失实的原因，以及《申报》追求新闻真实的努力。

随着体育新闻教育的兴起，体育新闻报道的研究逐渐增多。肖鸿波的《〈申报〉体育报道研究》一书，从长时段的角度，剖析《申报》不同时期体育新闻报道的基本内容，探讨体育新闻报道的特征，揭示《申报》体育新闻报道内容和形式变迁的轨迹，通过对变迁轨迹的探究，找到影响体育新闻发展的因素，进而探寻体育新闻报道发展的历史规律。③ 薛文婷对《申报》前后共三次奥运报道进行了分析，总结了《申报》奥运报道的特征，但描述居多，学术性尚嫌不足。④ 蒋含平比较了两家媒体不同的报道

---

① 王灿发：《现代报纸副刊专刊透视30年代〈申报〉副刊研究》，远方出版社2005年版。
② 谢波：《媒介与公共空间——〈申报·自由谈〉（周瘦鹃时期）研究》，江苏人民出版社2014年版。
③ 肖鸿波：《〈申报〉体育报道研究》，复旦大学出版社2013年版。
④ 薛文婷等：《解放前我国〈申报〉奥运报道分析》，《北京体育大学学报》2007年第6期。

特征，以定性研究为主，分析比较中肯。①

随着近代的商业发展，消费成为大众生活的重要组成部分，而伴随着商业的发展，广告业也达到了近代的巅峰时期。近代上海广告事业繁荣发展最具代表性的当属报刊广告，而报刊广告最具代表性的当属《申报》广告。学界对《申报》广告的研究成果颇为丰富，以《申报》广告为研究对象，重在分析广告本体、广告与社会等。对于广告的本体性研究，主要包括广告创意、广告表达形式、广告策略以及广告形态这几个方面。林升栋著《中国近现代经典广告创意评析〈申报〉七十七年》，以《申报》每10年为一个跨度，共分8个时期来评析各种典型广告，涉及各行各业，配以大量广告图片，加上作者专业知识点评。② 他的另一部著作《20世纪上半叶：品牌在中国——〈申报〉广告史料1908—1949研究》，梳理《申报》三十年的广告发展源流，以图片为主，以专业点评为辅。③ 此外，《史林》2002年第6期发表的河世凤的《解读申报广告：1905—1919年》；《广州大学学报》2003年第2期发表的刘雪梅的《浅议〈申报〉广告的阶段性演化》；《西安社会科学》2009年第4期发表的王萍的《试析1930年〈申报〉广告的宣传特点——以服饰类广告为例》等文，分别对不同时期、不同类型的《申报》广告的发展、演变、特点及其价值等进行解读。刘雪梅认为，《申报》是把近代报刊的四大基本要素结合得较为完美的报纸之一，其广告经历了三个阶段性的演变：（1）从创刊到1905年大改革前；（2）1905年大改革后至1912年史量才接办前；（3）史量才接办后到停刊。纵观《申报》广告的变化历程，可以看出其由原始向现代演进的步伐。④ 李兰萍指出，清末民初《申报》女性商业广告的特点是以男性为中心的优势意识形态与商品的需要相结合，共同塑造了广告中的女性形象，这种形象随着中国妇女地位的变迁而发生演变。⑤

在广告与社会的研究方面，多是通过报刊广告来透视社会发展和文化

---

① 蒋含平：《〈申报〉、〈大公报〉的中国首次奥运之行的回顾》，《新闻记者》2008年第8期。
② 林升栋：《中国近现代经典广告创意评析〈申报〉七十七年》，东南大学出版社2005年版。
③ 林升栋：《20世纪上半叶：品牌在中国——〈申报〉广告史料1908—1949研究》，厦门大学出版社2011年版。
④ 刘雪梅：《浅议〈申报〉广告的阶段性演化》，《广州大学学报》2003年第1期。
⑤ 李兰萍：《清末民初〈申报〉中的女性商业广告》，《安徽史学》2010年第3期。

变迁。王儒年著《欲望的想像：1920—1930年代〈申报〉广告的文化史研究》，通过图像史的研究方法，探讨了作为当时上海最重要的媒体《申报》，特别是数量庞大、无所不在的《申报》广告，是如何参与建构上海市民消费主义意识形态过程的。① 庞菊爱编著的《跨文化广告与市民文化的变迁：1910—1930年〈申报〉跨文化广告研究》，以《申报》跨文化广告为研究对象，对其强势文化扩张力的源泉及促进近代上海市民文化变迁的运作机制做了深入解读，是对跨文化广告文化功能的第一次深度理论探讨，也是对跨文化广告促进市民文化变迁的第一次实证研究。② 此外，学界还出版多部著作，从不同方面深化《申报》广告研究。③

有学者通过对《申报》广告内容的具体分析，得出近代上海商业的繁荣与发展状况。④ 王儒年通过对《申报》大量具体广告的解读，分析二三十年代《申报》广告的话语中隐含的各种消费观念，并分析了这些观念同上海市民需求之间的关系，以及这些观念对上海市民消费意识产生的影响。⑤ 许纪霖和王儒年通过对20世纪20—30年代的《申报》广告研究，分析其作为都市大众文化的重要组成部分，是如何借助各种各样广告形象和话语，赋予了消费多种功能和价值，以此参与建构了近代上海市民的身份认同，为处于世俗化过程中的上海市民提供了一整套消费主义的意识形态。⑥

对于《申报》广告所体现的民族政治运动趋向和消费主义文化的兴起，学界有不少较为深入的研究。尤其是20世纪初，民族资产阶级提出了"实业救国"的口号，高举爱国主义大旗，以抵制洋货为主要内容，展

---

① 王儒年：《欲望的想像：1920—1930年代〈申报〉广告的文化史研究》，上海人民出版社2007年版。

② 庞菊爱编著：《跨文化广告与市民文化的变迁：1910—1930年〈申报〉跨文化广告研究》，上海交通大学出版社2007年版。

③ 如有林升栋的《20世纪上半叶品牌在中国：〈申报〉广告史料1908—1949研究》，厦门大学出版社2011年版；潘薇薇的《从〈申报〉广告看中国近代小说运动》，东方出版中心2015年版；张艳的《媒介呈现、生产与文化透析 民国〈申报〉征婚广告镜像》，商务印书馆2017年版等。

④ 许爱莲：《从申报广告看近代上海商业的繁荣与发展》，《历史教学问题》2000年第4期。

⑤ 王儒年：《〈申报〉广告语上海市民的消费主义意识形态——1920—1930年代〈申报〉广告研究》，博士学位论文，上海师范大学，2004年。

⑥ 许纪霖、王儒年：《近代上海消费主义意识形态之建构——20世纪20—30年代〈申报〉广告研究》，《学术月刊》2005年第4期。

开了制造和销售国货的活动。此阶段的《申报》成为国货广告的重要阵地。对此，王儒年认为，当国货广告分析了国民应当承担的责任，并为他们提供了依靠爱国这一高级道德情感塑造自身的想象空间并借以寻求情感体验的同时，广告告诉消费者，消费国货就是爱国的表现，就是体现爱国的途径。但是国货广告话语的笼统性和模糊性使得爱国主义在世俗化的过程中很容易被庸俗化。① 许峰、田花以《申报》国庆日商业广告为研究对象，在民国年间的国庆日《申报》上，广告主将诸如国旗、党旗、双十字、伟人名字或肖像等国家象征符号融入商业广告中，借此唤起广告受众的爱国主义情怀和民族认同感，从而达到纪念国庆与商品推销的双重目的。②

从女性视角出发研究《申报》中的女性广告，体现了《申报》在改变妇女的生活方式、消费观念和人生理念，提升妇女社会地位方面扮演了重要角色。张晓霞和顾东明则以《申报》中寻找走失婢女广告为中心，考察了晚清婢女的社会地位和生活状况。③ 有学者通过对五四时期《申报》女性广告的定性和定量研究发现，五四运动和妇女解放等相关社会变革对广告中女性形象有一定的影响，使女性广告数量、社会角色、广告产品都有了一定的变化，并且这些变化反映了当时妇女解放运动的趋势和潮流，体现女性开始挣脱家庭束缚，走向社会的愿望。④ 董陆璐则从法学角度，通过对《申报》刊登的民国初期的法律广告进行分析，发现律师广告体现了律师对自身形象的积极塑造。⑤ 这些对研究中国法律文化都起到了重要的作用。

对《申报》与历史人物历史关联的考察，主要涉及史量才、黎烈文、陶行知、鲁迅等的报刊活动。作为一代报业巨子的史量才，其在《申报》发展史上起到了至关重要的作用，因此，学界对史量才的研究成为焦点。

---

① 王儒年：《二三十年代的〈申报〉广告与爱国主义的世俗化》，《史林》2007 年第 3 期。
② 许峰、田花：《政治符号、"双十"纪念与商品推销——以〈申报〉国庆日商业广告为中心》，《贵州社会科学》2011 年第 9 期。
③ 张晓霞、顾东明：《晚清婢女的社会地位及生活状况——以〈申报〉1899—1903 年寻婢广告为中心考察》，《学术研究》2011 年第 4 期。
④ 李文瑾、都凌霄：《五四时期报纸广告中的女性形象研究——以〈申报〉为例》，《新闻界》2010 年第 6 期。
⑤ 黄陆璐：《民初的法律广告与法律文化（1912—1926）——以〈申报〉为中心的考察》，《学术研究》2011 年第 4 期。

一些学者根据与史量才本人相接触的回忆或者访谈史量才的同事或家人对其的描述,结合已有的研究史料,还原史量才的生平事迹,如上海教育出版社 1999 年出版的庞荣棣著《史量才:现代报业巨子》、上海远东出版社 2008 年出版的《申报魂——中国报业泰斗史量才图文珍集》等。傅德华等主编的《史量才与〈申报〉的发展》,是为纪念《申报》在沪创刊 140 周年和史量才接办《申报》100 周年而结集出版的论文集,围绕《申报》研究、史量才与《申报》的文化产业和与史量才有关的人和事等方面展开,书末附有史量才传记资料论著目录。①

史量才新闻思想是学术界研究的热点问题,出现了诸如代雅静的《经营报纸——史量才报刊思想研究》、张宇航的《史量才与中国现代报业经营》;马庆的《论史量才的"史家办报"思想》、张允若的《办报和治史——从史量才的办报思想谈起》等研究成果。还有学者从史学与现代启示角度,着重研究史量才经营《申报》的模式对报业现代化的启示。如谢昌军的《略论史量才的报刊经营策略》,胡明华和刘红平的《史量才的报刊经营策略及启示》等。姚珺的著作《史量才办报思想及策略研究》考察了史量才在北洋政府、南京国民政府时期争取新闻自由的策略,认为正是在史量才主持《申报》的时期,将报刊制造舆论、参与政治的社会功能发挥到了其历史上的最高水平。②

《申报》是中国近代商业报纸的突出代表,率先完成了由商业报纸向企业化大报的转型,其企业化经营最具代表性。因此,产生了大量研究《申报》经营管理特色与理念等方面的文章。有学者认为,《申报》的成功是中国新闻史上一座丰碑,也是一项宝贵的资源。从它健全管理体制、完善发行渠道,到改进印刷设备、提高技术水平,再到价格策略、内容管理和办报方针,这些措施都值得借鉴,但要根据不同时代和环境下报纸的实际状况加以应用。③ 张立勤的著作《1927—1937 年民营报业经营研究:以〈申报〉〈新闻报〉为考察中心》则是以 1927—1937 年的《申报》《新闻报》为考察中心,试图从经营体制、组织管理、广告经营和发行经营等方面呈现这一时期民营报业的经营概貌与经营特性,着力对同期民营报业

---

① 傅德华、庞荣棣、杨继光主编:《史量才与〈申报〉的发展》,复旦大学出版社 2013 年版。
② 姚珺:《史量才办报思想及策略研究》,华中科学技术大学出版社 2020 年版。
③ 郭墨池:《史量才时期的〈申报〉经营策略研究》,《新闻知识》2009 年第 3 期。

的体制转型、组织变革及其动因进行深描和探讨,以期对当下中国报业转型实践提供现实观照的历史资源。①

近年来,学界还从政治、文化或社会生活等多重视角,对《申报》进行深入研究,从各个侧面反映当时社会各方面发展状况,尤其是当时民众的生活现状和消费理念。许爱莲从《申报》广告入手,对上海的商业的主要内容构成、特点、规模等问题进行了分析,并注意到了《申报》广告作为折射社会的多棱镜的作用。②黄浦林研究了《申报》中的香烟广告,总结出"国货运动"对香烟业的影响有:一是国货唤起国民的"爱国主义",中国烟商从中获益;二是在一定程度上扭转了国人"崇洋媚外"的消费思想,外烟被迫采取对应措施;三是烟企消解爱国主义的严肃性,"爱国"成为国民的廉价消费品。③王萍从降价促销、广告语特点、打运动旗号、提倡国货四个方面研究了1930年《申报》上服饰类广告,深化了人们对当时上海乃至全国的经济、生活现状更深层次的了解。④

范继忠的《晚清〈申报〉与上海城市文化研究》⑤一文,以晚清为研究时段,阐述了《申报》与上海城市文化研究的关系。他随后探讨了早期《申报》与近代大众阅报风习的关系。⑥黄益军以《申报》为例,探讨大众传媒与城市娱乐业之间的互动关系。⑦还有学者从《申报》上大量的医药广告入手,分析了东西方在医学观念上的差异,及对上海市民的社会生活产生的深刻影响。⑧

《申报》与社会问题研究的成果,主要有华南师范大学黄真真的硕士

---

① 张立勤:《1927—1937年民营报业经营研究:以〈申报〉〈新闻报〉为考察中心》,浙江工商大学出版社2014年版。
② 许爱莲:《从〈申报〉广告看近代上海商业的繁荣与发展》,《历史教学问题》2000年第4期。
③ 黄浦林:《从〈申报〉香烟广告看"国货运动"对香烟业的影响》,《广西大学学报》2009年第8期。
④ 王萍:《试析1930年〈申报〉广告的宣传特点——以服饰类广告为例》,《西安社会科学》2010年第3期。
⑤ 范继忠:《晚清〈申报〉与上海城市文化研究》,硕士学位论文,中国人民大学,2001年。
⑥ 范继忠:《早期〈申报〉与近代大众阅报风习浅说》,《新闻与传播研究》2004年第3期。
⑦ 黄益军:《从〈申报〉看晚清上海城市娱乐业的发展(1872—1911年)》,硕士学位论文,苏州大学,2007年。
⑧ 黄克武:《从申报医药广告看民初上海的医疗文化与社会生活》,"中央研究院"近代史研究集刊》第17期(下),1989年。

学位论文《法律与女性离婚——以1927—1931年〈申报〉离婚案例为中心》；《江西师范大学学报》2004年第5期韩小林的《从〈申报〉资料看中日甲午战争前国民的社会心理》；《甘肃行政学院学报》2003年第3期温文芳的《晚清时期贞女烈妇盛行的原因及状况——建立在〈申报〉(1899—1909) 上的个案分析》，陕西师范大学魏秀萍的硕士学位论文《从1895—1911年〈申报〉看中国近代女性解放》；安徽大学李新军的博士学位论文《转型时期弱势群体社会保障问题研究——以〈申报〉(1927—1937年) 为中心》等，这类研究涉及近代社会各类社会问题，十分庞杂，但具有重大的历史和社会意义。刘秀梅的著作《〈申报〉社会新闻报道研究（1872—1949）》，对该报社会新闻的发展阶段、各时期社会新闻的特征，社会新闻的历史变迁，社会新闻的历史意义进行了研究，并结合清末著名的杨月楼案进行了分析。①

学界关注较多的，还有从《申报》上所刊载的内容来看待当时的某些重大历史事件或社会问题。利用《申报》对甲午战争研究的相关成果，主要体现在两个方面。一是把《申报》作为研究的史料，如《新闻与传播研究》2014年第10期发表的阐延华、付津的《甲午战争中的舆论较量及影响》，《天府新论》2004年第2期发表的韩小林的《〈申报〉对研究中日甲午战争的史料价值》等。二是把《申报》作为研究的主体，研究《申报》战争期间的言论，以此探讨和甲午战争的关系。在这方面有建树的主要是一些学术论文，如华东师范大学2004年陈鹏的硕士学位论文《甲午战争期间的〈申报〉舆论》、四川大学2005年李慧的硕士学位论文《〈申报〉对中日甲午战争的回应》、山东大学2012年李康民的硕士学位论文《中国的新闻舆论与中日甲午战争》等。此外，黄山书社2017年出版的朱晓凯的著作《〈申报〉与中法战争研究》则是关注了该报对中法战争的报道及舆论引导。

还有学者利用《申报》研究五四运动、五卅惨案、西安事变等重大历史事件。如《从对五卅惨案的报道看〈申报〉的史料价值》，探讨了《申报》是如何报道"五卅惨案"的以及报道"五卅惨案"所呈现的特点，②

---

① 刘秀梅：《〈申报〉社会新闻报道研究（1872—1949）》，中国社会科学出版社2021年版。
② 曾成贵：《从对五卅惨案的报道看〈申报〉的史料价值》，《武汉文史资料》2007年第11期。

以及《〈申报〉对研究"五四运动"的史料价值》等，均凸显了《申报》的史料价值。① 《〈申报〉报道的西安事变》一文强调，《申报》对西安事变的报道，在一定程度上反映了国际社会及国内各界对西安事变的态度，为我们重构当时的历史原貌、理解中国近现代社会的急剧变动提供了宝贵资料。② 徐煌、向开斌指出，"一·二八事变"中，《申报》始终站在爱国和正义的立场上，通过时评深刻揭露日本发动事变的侵略野心，积极声援十九路军和第五军抗战，大力支持上海民众的抗日救国运动，积极为抗日斗争建言献策，在维护国家和民族尊严、唤起民族觉醒等方面发挥了积极作用。③ 蔡虹的《〈申报〉与晚清灾荒救济》一文，探讨《申报》与晚清灾荒救济的关系，即通过《申报》的记录来观察并评论晚清灾荒发生原因及救灾的效果，从而揭示以《申报》为代表的近代媒体在救荒事业中所发挥的作用。④ 李岚的《〈申报〉中晚清救荒资料述略》一文，对《申报》有关晚清灾荒救济的报道进行了分类总结，并高度认可了《申报》在救荒中所发挥的报道灾情、呼吁救灾、参与救灾等方面的作用，认为其为我国的近代救荒事业做出了贡献。⑤

二 天津《大公报》

天津《大公报》作为中国新闻史上声誉最盛的一家报纸，堪称"一部百科全书式的中国现代史"。该报自1902年创刊，至1966年在大陆停刊，历经半个多世纪的风风雨雨，真实地见证了发生在国际国内舞台上的风云大事，发挥出了前所未有的积极作用，培养了一大批报业人才，为中国新闻事业的发展做出极大贡献。其历史价值、功过是非早已成为新闻史学者、社会科学者深入研究和探索的课题。作为近代中国历史的见证者中国报业的领头军，《大公报》受到了学界的充分关注，取得了丰硕的成果，出版了丰富的文献作品。尤其是近年来，学术界对于《大公报》的研究几乎涵盖各个领域，选取不同的方向和角度对《大公报》进行了细致而全面的深入探讨。

---

① 温文芳：《〈申报〉对研究"五四运动"的史料价值》，《兰台世界》2009年第7期。
② 梁严冰、董艳华：《〈申报〉报道的西安事变》，《百年潮》2007年第4期。
③ 徐煌、向开斌：《〈申报〉与"一二八"事变》，《民国档案》2006年第3期。
④ 蔡虹：《〈申报〉与晚清灾荒救济》，硕士学位论文，山东师范大学，2007年。
⑤ 李岚：《〈申报〉中晚清救荒资料述略》，《历史档案》2006年第1期。

《大公报》史的研究由20世纪60年代王芸生、曹谷冰合写的两篇回忆录性质的文章开其端绪。1978年以后，这方面的研究受到新闻史研究者的重视。但早期对《大公报》的研究主要是在新闻史、报刊史或断代史中有所涉及。如山西人民出版社1981年出版的方汉奇著《中国近代报刊史》、中国人民大学出版社1983年出版的《中国新闻事业简史》、新华出版社1991年出版的《报史与报人》及中国人民大学出版社1992—1999年出版的方汉奇主编的3卷本《中国新闻事业通史》，对于《大公报》在不同历史时期的地位和作用进行过整体性的评价，而其他学者的著作，如中国新闻出版社1985年出版的戈公振著《中国报学史》、华中理工大学出版社1999年出版的吴廷俊著《中国新闻传播史稿》等，基本上是在进行新闻史整体性研究的基础上对《大公报》有所论及，侧重点有所不同。

20世纪80年代以后，中国学界围绕《大公报》相继出现了许多学术专著和论文。[①] 其中，吴廷俊著《新记〈大公报〉史稿》是作者历时4年、通读了这一时期的全部《大公报》后撰著的研究著作，该著对《大公报》的政治倾向、言论主张、业务特点及是非功过作了深入剖析，纠正了前此在《大公报》评价上的一些偏颇。该著获得吴玉章奖的新闻学一等奖，在学界有很大影响。

2002年为《大公报》创刊100周年，北京、香港、天津等地均有纪念活动，由此掀起了《大公报》史研究的又一次高潮。复旦大学出版社本年推出了《大公报》香港馆编撰的《〈大公报〉一百周年报庆丛书》。方汉奇组织10位著名新闻史学者分工编撰的《〈大公报〉百年史》，介绍了晚清至新中国成立四个历史时期跨越百年的《大公报》的历史进程、办报宗旨及其对中国新闻事业的历史贡献。该书详尽地评述了1949年之后《大

---

① 公开出版的专著主要有周雨著《大公报史（1902—1949）》，江苏古籍出版社1993年版；方蒙等著《大公报与现代中国（1929—1949年大事记）》，重庆出版社1993年版；吴廷俊著《新记〈大公报〉史稿》，武汉出版社1994年版；王芝琛著《百年沧桑：王芸生与〈大公报〉》，中国工人出版社2001年版；王芝琛、刘自立著《1949年以前的〈大公报〉》，山东画报出版社2002年版；方汉奇等著《〈大公报〉百年史：1902.06.17—2002.06.17》，中国人民大学出版社2004年版；彤新春著《时代变迁与媒体转型：〈大公报〉（1902—1966年）》，社会科学文献出版社2013年版；郭恩强著《重构新闻社群：新记〈大公报〉与中国新闻业》，上海人民出版社2013年版；俞凡著《新记〈大公报〉再研究》，中国社会科学出版社2016年版，等等。

公报》的发展、演变，填补了重大的学术空白，具有很高的学术价值。①任桐著《徘徊于民本与民主之间——〈大公报〉政治改良言论评述（1927—1937）》，考察了 1927—1937 年《大公报》的言论导向和发展史貌，并以此为切入点，探讨其间中国政治改良思潮的脉动、社会时局的走势以及民间舆论的潜变。②

《大公报》中有关红十字会活动的报道十分丰富，是当代红十字运动研究者必须充分利用的"资料库"。池子华、傅亮系统整理了 1949 年以前天津《大公报》中有关红十字会报道的大量史料，并按照一定的体例进行编排和解释，对推动中国红十字事业发展起到积极的促进作用。③这些专著从不同方面，对历史上的《大公报》作出了公正的评价，使《大公报》史的研究达到了新水平。

《大公报》百年庆典之后，出现了一个研究热潮，论文数量增多，研究领域有所拓展。《大公报》广告方面的研究成果主要有：《河北经贸大学学报》2008 年第 6 期发表的孙会的《〈大公报〉中的另类社会广告与近代中国社会》、《河北师范大学学报》2008 年第 4 期发表的孙会的《透析清末〈大公报〉中的另类社会广告》及《社会科学论坛》2008 年第 8 期发表的孙会的《〈大公报〉的征婚广告与近代社会变迁》等文，通过对《大公报》广告内容的分析与解读来揭示近代社会生活的生活内容、生活方式、生活观念、生活风尚等多方面的特点。孙会的专著《〈大公报〉广告与近代社会（1902—1936）》，以梳理近代报纸广告发展的脉络、分析报纸广告发展中的特色、研究报纸广告对社会变迁所产生的影响及探讨广告对今天社会转型的借鉴意义为目的，选取 1902 年至 1936 年间的《大公报》广告为研究对象进行细致的分析，探讨了报纸广告与社会相互影响的关系。④汪前军采用历史文献法和比较研究法，对 1902 年至 1916 年的《大公报》广告进行了深入研究，并从《大公报》的历史背景与定位、广告经营发展史的分期、《大公报》与中国广告思想近代化、《大公报》与中国广告营销近代化、《大公报》与中国广告产业近代化等方面分析了《大公

---

① 方汉奇主编：《〈大公报〉百年史》，中国人民大学出版社 2002 年版。
② 任桐：《徘徊于民本与民主之间——〈大公报〉政治改良言论述评（1927—1937）》，生活·读书·新知三联书店 2004 年版。
③ 池子华、傅亮主编：《〈大公报〉上的红十字》，合肥工业大学出版社 2012 年版。
④ 孙会：《〈大公报〉广告与近代社会（1902—1936）》，中国传媒大学出版社 2011 年版。

报》广告,有利于拓展中国广告史研究的深度和广度。① 贾海洋等人以1926—1937年《大公报》广告作为研究对象,从其规模的发展、类型及其变化、编排与表现手法等方面入手,揭示《大公报》广告经营的某些特征,呈现了近代中国报业广告发展的基本图景。②

《大公报》历来以评论见长,擅写言论者众多。《〈大公报〉一百年社评选》对《大公报》的评论进行了研究,展示了几代报人对不同时代的所感、所悟与所为。③ 方蒙主编的《〈大公报〉与现代中国:1926—1949年大事记实录》中,重点对《大公报》的社评进行了深入分析,将《大公报》对无产阶级政党及工农的态度如实地记载下来,还原了历史的本来面目。④

石涛围绕着国民党完成二期北伐之后的裁兵编遣问题,通过分析《大公报》对此问题发表的大量"社评",透视了其所代表的社会舆论对国民党裁兵编遣运动从期望到绝望的态度变化。⑤ 王印焕通过分析《大公报》刊发的大量有关国家政事的时评,为我们对民初政局的重新审视提供了便利。⑥ 徐思彦对《中央日报》和《大公报》1938年至1939年的七七社论文本进行了较为细致的考察,阐述了对政府、领袖、军事、抗战建国等概念的不同提法和态度。⑦ 邓备、庄廷江的《浅论〈大公报〉的民族主义宣传——以张季鸾社评为例》,阐述了由爱国社评所构建起来的全民族团结一致,共同抵御外辱的社会舆论氛围。⑧ 唐小兵通过解读《大公报》"星期论文"的评论内容、论证风格及作者群体等方面,剖析了近代中国公共

---

① 汪前军:《〈大公报〉(1902—1916)与中国广告近代化》,中国社会科学出版社2014年版。
② 贾海洋等:《〈大公报〉广告及其特征——以1926—1937年为例》,《山西大学学报》2011年第6期。
③ 《〈大公报〉一百周年报庆丛书》编委会编:《〈大公报〉一百年社评选》,复旦大学出版社2002年版。
④ 方蒙主编:《〈大公报〉与现代中国(1929—1949年大事记实录)》,重庆出版社1993年版。
⑤ 石涛:《从期望到绝望:舆论视野中的编遣运动——以〈大公报〉社评为中心的考察》,《兰州学刊》2008年第8期。
⑥ 王印焕:《从天津〈大公报〉的时评看民初政局》,《民国档案》2003年第8期。
⑦ 徐思彦:《官与民:对〈中央日报〉〈大公报〉七七社论的文本分析》,《学术界》2006年第6期。
⑧ 邓备、庄廷江:《浅论〈大公报〉的民族主义宣传——以张季鸾社评为例》,《当代传播》2011年第1期。

舆论的特质。①

关于《大公报》专刊研究的成果，主要有李秀云著《〈大公报〉专刊研究》一书。该书从社会文化史与学术思想史的理论视角，在全面占有并细致梳理《大公报》专刊一手资料的基础上，勾勒《大公报》专刊的发展概貌，揭示《大公报》专刊的发展特点，分析《大公报》专刊的发展动因，剖析《大公报》专刊的办刊立场、办刊原则与办刊理念，阐释《大公报》专刊对现代天津及中国的社会转型、思维方式转型与学术文化转型所起的推动作用。②

自晚清以来，中国报纸的"文学副刊"是世界新闻史上一个独特的角色，具有鲜明的"中国特色"，在中国整个文学甚至文化发展中居于主导地位。学界的专家学者也纷纷对《大公报》文学副刊和专刊进行了研究。刘淑玲所写的《〈大公报〉与中国现代文学》③，聚焦于1926年至1937年鼎盛时期的新记《大公报》推出的文学副刊，它们建构了一个独特的文学世界，阐释了这些副刊对于中国现代文学的传承。江南著《从三十年代〈大公报〉"文艺"副刊看京派文学》④，对于说明《大公报》是30年代京派文学的重要阵地这一说法做了一些补缺工作，并由"人性论"与"距离说"所涵盖的艺术特征，揭示其自由主义文学标本的历史地位。

以《大公报》为核心对中国近代社会进行宏观审视的主要成果有：段彪瑞、岳谦厚著《媒体、社会与国家：〈大公报〉与20世纪初期之中国》，以《大公报》报道、社评及其所刊文章为基本素材的一些专题性研究，且以20世纪30年代前后发生的某些重要历史事件为主要研究对象或范畴，通过对《大公报》所刊文章及社评的研究分析，从不同侧面反映了20世纪初期的中国社会状况。⑤ 侯杰著《〈大公报〉与近代中国社会》，探讨了《大公报》与中国近代社会文化转型的联系，展示了近代中国社会的嬗变，

---

① 唐小兵：《现代中国的公共舆论——以1930年代〈大公报〉的"星期论文"和申报的"自由"谈为中心的考察》，社会科学文献出版社2012年版。
② 李秀云：《〈大公报〉专刊研究》，新华出版社2007年版。
③ 刘淑玲：《〈大公报〉与中国现代文学》，河北教育出版社2004年版。
④ 江南：《从三十年代〈大公报〉"文艺"副刊看京派文学》，《复旦学报》（社会科学版）2002年第4期。
⑤ 段彪瑞、岳谦厚：《媒体、社会与国家：大公报与20世纪初期之中国》，中国社会科学出版社2008年版。

揭示了中国社会的本质、特征。①

此外，有不少论著以《大公报》为核心，对近代社会问题进行微观审视。如贾晓慧以30年代的《大公报》为中心，并对中国现代化问题进行深入探讨。② 作为开辟新的《大公报》研究路径的一种尝试，侯杰的《20世纪二三十年代天津女性生活状态解读》，以社会性别视角来对《大公报》中所挖掘出的史料加以分析和研究。③

近几年，学者们已逐渐着眼于由细微之处寻找切入点。其中，南开大学侯杰除了在所撰写的《〈大公报〉历史人物》④ 一书中专门评介英敛之，还发表了《英敛之、〈大公报〉与中国近代社会文化变迁》一文，透析英敛之的思想和实践活动。⑤

除了英敛之，还有很多论文或专著涉及《大公报》的其他重要报人。如对王芸生的研究，有《百年沧桑：王芸生与〈大公报〉》与《一代报人王芸生》两部专著，此二书均为王芸生之子王芝琛所著，记述了《大公报》百年发展历程以及王芸生波澜壮阔的一生。关于张季鸾的研究著作有三部，《报人张季鸾》《报人时代：张季鸾与〈大公报〉》和《报人张季鸾先生传》，肯定了张季鸾作为中国早期报人的良知与操守。《一代报人胡政之》以及《胡政之与〈大公报〉》，系统概述评价了胡政之的一生，肯定了他对《大公报》所做出的贡献。夏晓林的《论张季鸾的办报思想——"文人论政"》一文中，对张季鸾主持《大公报》时，将"文人论政"这条该报纸的底色的产生原因、经过，以及如何实行进行了阐述。同时揭示了文人气息重的张季鸾与热衷做官的吴鼎昌与当老板的胡政之的区别。⑥这些成果分别对新记《大公报》续刊后的核心领导人物、从不同角度进行了论述。

从总体上看，以往的研究成果多集中于论述《大公报》的发展演进

---

① 侯杰：《〈大公报〉与近代中国社会》，南开大学出版社2006年版。
② 贾晓慧：《大公报新论——20世纪30年代〈大公报〉与中国现代化》，天津人民出版社2002年版。
③ 侯杰等：《20世纪二十年代天津女性生活状态解读》，《纪念天津建城600周年文集》，天津人民出版社2004年版。
④ 侯杰等：《〈大公报〉历史人物》，香港大公报出版有限公司2002年版。
⑤ 侯杰、辛太甲：《英敛之、〈大公报〉与中国近代社会文化变迁》，《天津社会科学》2003年第1期。
⑥ 夏晓林：《论张季鸾的办报思想——"文人论政"》，《新闻研究资料》1992年第1期。

史，或偏向于研究代表性人物或影响力人物身上，回忆录性质的著作占有很大比重，而侧重于研究某个特殊年代的相关内容的研究著作相对薄弱，值得学界深入探讨。

三 上海《新闻报》

《新闻报》于1893年2月17日由英人丹福士创办，1899年由美国人福开森购得，任命汪汉溪为总经理，开创了《新闻报》的全盛时期。1929年元旦，福开森将《新闻报》售予华商领袖吴在章、钱永铭（新之）与史量才等，由汪伯奇任社长，至此，《新闻报》完全收归国人所有。《新闻报》作为上海著名的中文报纸，堪与《申报》齐名，从各个方面记载着中国的近代社会，故引起了学界的关注并出现了不少研究成果。孙慧整理的《〈新闻报〉创办经过及其概况》，考察了新闻报的出版经过及其大致概况。[1] 李亚峰以上海《新闻报》为中心，从报业经济学、新闻学、社会史学等方面对其进行考察，力求发现其存在的特点和基本变迁规律。[2] 杨振宇对《新闻报》不同时期特色进行了分析，并与《申报》进行了比较研究。[3] 不少学者分别从《新闻报》各时段所采用的诸如"提早送报"、"竞近不竞远"、"在商言商"、联合发行、广告促销等经营策略，作了介绍与梳理。

还有学者对《新闻报》股权经营风波做了研究，如古晓峰与赵宗强则探讨了《新闻报》在苏州市场与《早报》联合发行所引起的利益纠纷事件。[4] 詹佳如认为，史量才收购《新闻报》主要出于经济上的考虑，其行为是经济性质的，却在两个过程中被政治化：收买者身份的政治化和报业"托拉斯"问题上的政治化。经济兼并意图被政治化的史量才，以及在股权兼并中具有切身经济利益的商界、以虞洽卿为代理人的《新闻报》方面，为争夺经济利益而寻求政府的谅解和支持。在政府介入之下达成妥

---

[1] 孙慧：《〈新闻报〉创办经过及其概况》，《档案与史学》2002年第5期。
[2] 李亚峰：《民国时期的民营报业——以上海〈新闻报〉为中心的考察》，《哈尔滨学院学报》2006年第7期。
[3] 杨振宇：《〈新闻报〉浅析——兼与〈申报〉比较》，《新闻传播》2009年第4期。
[4] 古晓峰、赵宗强：《民国时期报业市场的利益与政治纷争——1936年上海〈新闻报〉在苏州的发行纠纷事件》，《新闻大学》2006年第2期。

协，基本实现和确保了各自的经济利益。①

杨朕宇著《〈新闻报〉广告与近代上海休闲生活的建构（1927—1937）》中，首次对探讨了《新闻报》的广告为20世纪30年代上海市民建构了怎样的休闲想象，作者认为《新闻报》广告通过大量的话语，在"空间、身份、性别"等关乎休闲生活的根本维度上，建构和形塑了30年代上海休闲生活的整体文化特征以及由休闲生活的发展变迁所引起的上海市民价值观念、道德判断的变化。从《新闻报》广告探讨其对上海休闲文化的建构是第一次将《新闻报》与上海的文化相结合，这也是第一次从文化史角度研究《新闻报》。② 杨朕宇还以《新闻报》广告为视角，透析30年代上海女性休闲空间的移换与拓展。③

报刊作为社会舆论的先锋和载体，一定程度上反映了民众的心理和需求，同时，报刊舆论又在不同程度上引导社会和民众的关注焦点，因此具有很大的影响力。《新闻报》作为甲午战争期间沪上重要的新闻报刊，发行量大，影响面广，保存完整，无疑具有很高的史料价值。

四　《世界日报》

《世界日报》是中国新闻史上一份重要的民营报纸，它的发行量曾达3.5万份，是新中国成立前北京地区发行量最大的日报。1962年，曾任该报总编辑的吴范寰，首先在全国政协主办的《文史资料选辑》上，发表了《成舍我与北平世界日报》一文，对该报历史作了初步介绍。1978年以后，曾在该报工作过的贺逸文、夏方雅、左笑鸿等人开始对该报历史进行全面研究，写出了一部13万字的《北平〈世界日报〉史稿》，后与吴文及其他回忆文章一道，汇集成了《〈世界日报〉兴衰史》于1982年由重庆出版社出版。该书是对《世界日报》发展历史梳理最为全面的著作，书中涉及多方面的人和事，对《世界日报》的历史进行了全景式的扫描。对《世界日报》成功经验的探讨，刘雪飞将其归结为，报纸抓住了创新、竞争、

---

① 詹佳如：《报刊、商界与政府：1929年〈新闻报〉股权事件》，硕士学位论文，复旦大学，2010年。
② 杨朕宇：《〈新闻报〉广告与近代上海休闲生活的建构（1927—1937）》，复旦大学出版社2011年版。
③ 杨朕宇：《1930年代上海女性休闲空间的移换与拓展：以〈新闻报〉广告为视角》，《新闻大学》2009年第3期。

读者、管理这四个报业发展中最关键的因素。即在办报模式、报纸内容、版面编排上不断改革创新；大搞轰动报道，办优质副刊，与《大公报》争夺读者；加强国际新闻报道，调整改进版面状况，紧抓读者这个力量源泉；成立监核处，改革会计制度，实行工作日记制。① 孔岩对《金粉世家》在《世界日报》所引发的轰动效应进行了分析，提出"《世界日报》的成功创办和成舍我的苦心经营"是成功原因之一，它们为《金粉世家》提供了一个好的平台。②

左笑鸿对《世界晚报》的副刊《夜光》和《世界日报》的副刊《明珠》进行了回顾，介绍了两个副刊各个时期的主持人及主要刊载内容，尤其肯定了张恨水对于《世界日报》副刊发展的贡献。他认为，"谈这两报的副刊，决不能不提到张恨水"。③ 除了以张恨水为中心的副刊文学的研究，比较有特色的是对《新闻学周刊》和《妇女界》两个专刊的研究。唐海江和廖勇凤对《新闻学周刊》进行了考察。④ 侯杰和傅懿对金秉英主持的《妇女界》进行专门研究，认为《妇女界》为广大的妇女提供了一个可以交流的公共空间，《妇女界》"呈现出来的是知识女性有别于其他阶层妇女的主体意识和追求，一方面它在妇女解放运动中起到了积极的作用，另一方面在抗战背景下又鼓励妇女也要承担起国家民族的责任"⑤。

关于成舍我的生平研究颇具规模，年谱简编、亲友回忆、学术论文和相关媒体报道在提供其详细生平史料的同时都对他做了相关评价。方汉奇对成舍我及其办报活动进行了客观评价，对成舍我在近代新闻史上进行准确的定位。总结了成舍我的"五个第一"："从事新闻事业最长的人、参与和创办新闻媒体最多的人、为了办报受到挫折最多的人、旧中国发行量最大的报纸的创办人、中国历史上培养学生最多的新闻教育机构的创办人"，评价其作为一代报人，表现最为突出的是"爱国的新闻工作者、杰出的报业

---

① 刘雪飞：《成舍我〈世界日报〉成功经验及启示》，《湖北大学成人教育学院学报》2006年第2期。

② 孔岩：《〈世界日报〉连载〈金粉世家〉的历史启迪》，《新闻世界》2009年第2期。

③ 左笑鸿：《世界日报和世界晚报的副刊》，《新闻研究资料》1983年第19期。

④ 唐海江、廖勇凤：《论1930年代北平新闻学话语的逻辑构成与纠葛——以〈世界日报〉〈新闻学周刊〉为文本个案》，《国际新闻界》2009年第2期。

⑤ 侯杰、傅懿：《女性主体性的媒体言说——对20世纪30年代〈世界日报〉专刊〈妇女界〉的解读》，《安徽大学学报》2010年第4期。

活动家、卓越的新闻教育家"三个方面。①

这些评价和定位，成为此后成舍我研究普遍采纳的框架。1998年中国人民大学港澳台研究所编著的《报海生涯——成舍我百年诞辰纪念文集》，计有"传略、文粹、论文、亲情、缅怀、编年"六部分，是研究成舍我及《世界日报》的一份比较全面的资料，特别是"亲情"及"缅怀"两部分，通过亲朋好友的回忆文章，展现了一个更为"立体"的成舍我。②

对成舍我报业实践活动的考察，主要体现在对其典型报纸以及新闻思想两方面的研究中。李磊重点挖掘了成舍我"两个效益"的思想，认为"成舍我在办报过程中，坚持经济效益与社会效益并重。这也就是为什么成舍我创办的报纸既能够获得经济上的成功，又能够拥有大量读者支持"的原因。③

对《世界日报》其他报人的研究资料，散见于这些报人的回忆性著述以及关于这些报人的个案研究中。《新闻研究资料》1981年第2期发表的张友渔的《我与世界日报》，回忆了张友渔与《世界日报》长达十年的关系，追忆了自己从投稿人做到主笔的历程，谈及了成舍我对自己的重用以及如何利用报纸进行合法斗争的经过。北京十月文艺出版社1995年出版的张伍《忆父亲张恨水先生》一书，谈到了父亲张恨水与成舍我及《世界日报》的关系。张珏的《报坛驰骋三十年——记先父张友鸾新闻工作经历》，对张友鸾的新闻生涯进行了整体回顾，详述了张友鸾"骂进"《世界日报》的有趣经历以及张友鸾与成舍我之间三次合作、长达一生的友谊。因此，目前学界对《世界日报》的研究主要集中在成舍我生平以及办报思想上，且以回忆性、阐述性的文献居多，很少出现关于《世界日报》某一方面的系统研究，关于这方面的研究目前在学界还处于空缺状态。

第四节 近代地方小报、女性报刊和画报研究

一 地方小报

新中国成立之初，民国小报被斥为黄色低级读物，封存一隅。改革开

---

① 见方汉奇《新闻史的奇情壮彩》，华文出版社2000年版，第232—233页。
② 中国人民大学港澳台新闻研究所编：《报海生涯——成舍我百年诞辰纪念文集》，新华出版社1998年版。
③ 李磊：《一篇反映成舍我办报思想的重要文献：对成舍我〈中国报纸之将来的〉的一个解读》，《国际新闻界》2009年第10期。

放以来，它虽不再是学术禁区，但关注者并不多。关于小报的研究论著，除了郑逸梅的《民国旧派文艺期刊丛话》中有小报部分外，几乎无重要的论著可参考。近几年，近代小报的研究逐渐受到关注并出现了一些成果。孟兆臣著《中国近代小报史》一书，是中国近现代小报的资料集，具有较高的资料价值。① 李楠着重对晚清及民国时期的上海小报做文化、文学的综合考察，并在概述上海小报的总体特征后，对小报所反映出的上海市民文化，以及对小报小说、散文均有精彩的论述。② 洪煜著《近代上海小报与市民文化研究》一书，从社会史的角度，系统梳理了1897—1937年间上海小报的历史由来、生存环境，小报特殊的产权经营发行销售状态，从事该报业的文人群体特征，小报的各类品位及其所反映的社会文化内涵等。③

关于近代小报，学界主要从内容和版面两方面加以区分界定。第一，从报纸的内容风格上来看，大报和小报的区别，有人归结为："大报用正面或直视的方法观察社会，小报用侧面或透视的方法来观察社会。""大报多硬性新闻，小报以软性为多"，"大报的新闻重时间性，小报的新闻偏重趣味性。"④ 赵君豪在《中国近代之报业》中说："小报性质，笼统言之，无非描写社会间有趣味之事件，以供各级人士之消遣。"⑤ 皆是从小报内容上而言的。第二是从报纸的版面大小来界定小报。有人认为小报是与大报相比较而得名的，小报不仅是每一纸张小于大报一半，而且小报的内容是专载逸闻琐事与小品文章的。⑥ 戈公振也说过，小报"以其篇幅小故名"⑦。《上海研究资料》上说："所谓小报，不仅是每一纸张小于大报一半而已，并且是内容专载逸闻琐事与小品文的。"⑧ 这些资料记载多从报纸的版面以及内容上作大小报的区分。因此，秦绍德将近代小报定义为：是

---

① 孟兆臣：《中国近代小报史》，社会科学文献出版社2005年版。
② 李楠：《晚清、民国时期上海小报研究——一种综合的文化、文学考察》，人民文学出版社2005年版。
③ 洪煜：《近代上海小报与市民文化研究》，上海书店出版社2007年版。
④ 张君良：《海上小报泛论》，申报电讯社十年纪念刊《十年》，第173页。
⑤ 赵君豪：《中国近代之报业》，《民国丛书》第3编，上海书店出版社1991年版，第157页。
⑥ 上海通社编：《上海研究资料》，上海书店出版社1984年版，第386页。
⑦ 戈公振：《中国报学史》，生活·读书·新知三联书店1955年版，第248页。
⑧ 上海通社编：《上海研究资料》，上海书店出版社1984年版，第385—386页。

一种篇幅小,以新闻、时事、随笔小品、文艺小说等趣味性消遣内容为主的报纸。①

有学者根据版面、内容、笔调等特点对小报进行界定,认为"小报是相对大报而言的,首先在开张上小报是四开,或八开,或小于八开,比大报小。更重要的是内容上与大报不同,大报以有关国家大计的新闻为主,而小报则以休闲娱乐为主,有小说、小品、漫画、新旧体诗、街巷琐事、名人逸事、花伶艳闻、影舞动态、地方掌故、生活常识,总之是容易引起人们兴趣的事和人。小报的笔调也与大报不同,大报严肃、客观,小报则诙谐风趣,机智灵活。总之,小报是一种供城市市民消遣的休闲娱乐报纸"。② 洪煜对近代上海小报界的界定也有类似观点,认为上海小报为一种"幅小(一般为四开、八开),内容多为消闲娱乐之类的文艺游戏小品文,主要迎合市民的文化趣味,篇幅短小、风趣,记载名人的趣闻逸事,滑稽幽默,以消遣为主的通俗大众化小型报纸篇"③。

傅海、沈岚在《民国前期小报兴盛的动因分析》中指出,民国前期小报得以兴盛的动因是:宽松而混乱的政治环境,中国城市化进程的加快,社会文化价值观的困顿和迷惘,小报读者群的扩张,编撰人的多样化等等。其中前三个因素是民国前期整个报业比较发达的主要原因,而后两个因素则是小报得以兴盛的特殊动因。④

民国时期,各种势力和历史因素交织,以刊载趣味性内容和提供消遣娱乐为主的近现代小报业乘势崛起。遍布全国各大城市的小报数量庞杂,形式丰富多样。有学者依据小报的内容,将民国前期的小报分为四类:娱乐性和知识性小报;横报和黄色小报;综合性小报;社团、行业、同乡会小报。⑤ 孟兆臣将中国近代小报分为三个时期,第一个时期是从 1897 年到 20 世纪 20 年代,以李伯元的《游戏报》和《世界繁华报》为代表,内容以花、伶两界为主,常附送名妓照片,制以铜板,印以磅纸,粘在报中。第二个时期是从 19 世纪的 20 年代到 1937 年,以"四大金刚"——《晶

---

① 秦绍德:《上海近代报刊史论》,复旦大学出版社 1993 年版,第 134 页。
② 孟兆臣:《论中国近代小报的研究价值》,《社会科学战线》2006 年第 5 期。
③ 洪煜:《近代上海小报与市民文化研究(1897—1937)》,博士学位论文,上海大学,2006 年,第 15 页。
④ 傅海、沈岚:《民国前期小报兴盛的动因分析》,《当代传播》2008 年第 2 期。
⑤ 傅海、沈岚:《中华民国前期小报的种类》,《宁波大学学报》2012 年第 3 期。

报》《金刚钻》《福尔摩斯》《罗宾汉》为代表，内容多军政新闻、社会秘辛，所载多为大报不敢载者。第三个时期从1937年到1949年，以《上海日报》《社会日报》《东方日报》为代表。这一时期的小报都是日刊，流传下来的最多，内容更全面、更丰富。①

关于小报的特点，孟兆臣将中国小报的特点概括为5个方面：在形式上，小报在开张上比大报小，或四开、或八开、或横四开、横八开、或方形；在种类上，有日报、三日报、周报、花报、戏报、游乐场报、党派团体报、电影报、舞报、小说报等；在数量上，小报数量巨大，远远超过大报，仅上海图书馆一处，据不完全统计，就有千种以上；在内容上，与大报不同，小报以消闲娱乐为主，熔新闻、评论、文艺、知识、娱乐、地方掌故于一炉；在地域上，大报是全国性的，小报则是地方性的，用当地方言，写当地事，面对当地读者，出在当地，销在当地。②

近代小报虽然数目众多，远远超过大报数量，但由于其内容相对大报而言对于时代和社会缺乏应有的影响力，在新闻专业精神方面也远不如大报，故在报刊史中一直处于边缘位置。余子泓的《中国近代小报的历史作用——辩证互动的视角》，从大报和小报辩证互动关系来探究小报对于中国近代报业的发展的历史作用。③孟兆臣从新闻、历史、文学、小说等方面，分析了近代小报的研究价值，认为中国近现代小报是中国近、现代通俗文学的主阵地和主营通俗文学的文化实体，登载了大量的文学作品，有着重要的文学价值，可是中国近现代文学研究很少有人注意到小报，这是中国近现文学研究的一大缺憾。④

晚清以来流行于上海的小报，在近代上海报刊史上占有重要的地位，但历来对其评价不高。洪煜的《从小报看近代上海的新闻舆论公共批评》则认为，近代上海小报在建构市民文化公共空间方面开辟了新的领域，它们以颇具特色的"嬉笑怒骂"的"游戏文章"方式开启了新的市民文化公共空间，发挥了大众传播媒介的新闻舆论公共批评功能。从表面上看，小报所刊登的多为低级趣味的世俗、消遣和娱乐文字，比如插科打诨、冷嘲

---

① 孟兆臣：《中国近代小报研究发凡》，《长春师范学院学报》2005年第4期。
② 孟兆臣：《中国近代小报研究发凡》，《长春师范学院学报》2005年第4期。
③ 余子泓：《中国近代小报的历史作用——辩证互动的视角》，《今传媒》2012年第11期。
④ 孟兆臣：《中国近、现代文学研究的文献缺憾——论近、现代小报的研究价值》，《福建师范大学学报》2006年第2期。

热讽之类,实质上它是对晚清以来政府的一种民间化的社会批判模式。这种边缘式的批判模式营造了市民大众文化的公共空间,同时也反映了市民大众文化对于政治权威和社会主流文化的反抗和消解。① 蔡维友、胡丽丽以上海近代小报《先施乐园日报》作为研究对象,对其创刊发行、编审与撰稿人员、栏目设置、内容风格,以及史料价值、社会价值、广告价值进行了考证和分析,对民国时期小报的价值再发现作了进一步探索。②

小报蕴藏着丰富的文献资料,目前已有部分学者注意到小报的史料研究价值,并对此进行了相关研究,在文学史、报刊史等方面取得了重要成果。人民文学出版社 2005 年出版的李楠《晚清、民国时期上海小报研究——一种综合的文化、文学考察》,社会科学文献出版社 2005 年出版的孟兆臣著《中国近代小报史》等,开始利用近代上海小报内容对中国文学史、报刊史等进行重新书写。

有学者对民国时期小报的市场结构、市场竞争状况进行分析。如陶喜红分析了民国时期民营小报市场结构的特征,即遇到的制度性壁垒比较低,导致民营小报出现爆炸性增长的态势;民营小报表现出分散竞争性市场结构形态;同质化竞争现象严重。③ 他还指出,民国时期小报发行市场竞争压力主要来源于几个方面:正在进入或已经进入市场的大量民营小报之间的竞争;民营大报、各种书刊、党报和官报对民营小报的替代竞争;民营小报的供应方和需求方对其发行带来的压力等。民营小报发行工作面临高强度的市场竞争,多数报纸发行量很小,难以打开市场,对其竞争秩序和盈利水平产生一定的影响。④

上海的小报在近代小报中独具特色。据史料显示,在 20 世纪 20 年代末 30 年代初短短五六年时间里,仅上海地区先后出版的小报就达 700 多种,几乎占上海小报总量的四分之三,真正出现了小报的"泛滥"局面。但小报一直以来被看作是低级庸俗的读物,而尘封于历史的角落里无人问津。1980 年后,小报逐渐进入研究者的视野。1981 年姚吉光、俞逸芬发表《上海的小报》一文,1988 年祝君宙发表的《上海小报的历史沿革》

---

① 洪煜:《从小报看近代上海的新闻舆论公共批评》,《上海师范大学学报》2010 年第 4 期。
② 蔡维友、胡丽丽:《民国小报的价值再发现——对〈先施乐园日报〉的多角度解读》,《今传媒》2014 年第 12 期。
③ 陶喜红:《民国时期民营小报市场结构的特点》,《青年记者》2013 年 7 月下。
④ 陶喜红:《民国时期民营小报发行市场竞争强度分析》,《湖北社会科学》2011 年第12 期。

一文，专门介绍近代上海小报的发展沿革，拉开了新时期上海小报研究的序幕。① 孟兆臣著《中国近代小报史》是一部较完整介绍中国近代小报研究发展概况较完整的著作，介绍了近代上海小报的概况、小报报人等一些情况，同时对小报小说的刊载进行了较详尽细致的梳理，为我们进一步研究近代上海小报提供了方便。②

与此同时，一些新闻史著作也加大了对小报的叙述，如中国人民大学出版社1992—1999年出版的方汉奇主编的《中国新闻事业通史》、复旦大学出版社1996年出版的马光仁主编的《上海新闻史》等，均对上海小报发展历史作了一定程度的梳理。复旦大学出版社1993年出版的秦绍德著《近代上海报刊史论》设专章来讨论近代上海小报的发展演变过程。古典文学出版社1958年出版的阿英著《晚清文艺报刊述略》，对于晚清上海小报的数量及报名进行了考证。华东师范大学出版社1991年出版的曹正文、张国瀛合著的《旧上海报刊史话》，高等教育出版社2002年出版的丁淦林主编的《中国新闻事业史》等，在前人研究的基础上对于近代上海报刊发展史进行了较为详细的论述，但对近代上海的小报的勾勒还只是粗线条的，且大多语焉不详，有待于进一步深化。

对于近代上海报刊的研究，不少学者从新闻史角度进行探讨，对近代上海小报的研究也是如此，这些研究和资料整理所取得的成果有：平襟亚的《上海小报史料》③，对阿英的《晚清小报录》进行补充，并介绍了上海各时期的小报发展情况。姚吉光、俞逸芬的《上海的小报》④，以当时办报人的身份，为我们梳理了上海小报的发展脉络，并重点分析了几种小报的内容和风格。陈灵犀作为《社会日报》的主笔，论述了《社会日报》的种种内幕和发展情况。⑤ 杨嘉枯的回忆录《半个世纪的上海小报》⑥，对上海小报的发端及其各时期小报的发展状况进行了叙述，为研究上海的小报

---

① 姚吉光、俞逸芬：《上海的小报》，《新闻研究资料》总第8、9辑，新华出版社1981年版。祝均宙：《上海小报的历史沿革》，《新闻研究资料》总第42、43、44辑，中国社会科学出版社1988年版。
② 孟兆臣：《中国近代小报史》，社会科学文献出版社2005年版。
③ 平襟亚：《上海小报史料》，《新闻研究资料》第5辑，上海文史馆编印。
④ 姚吉光、俞逸芬：《上海的小报》，《新闻研究资料》第8辑。
⑤ 陈灵犀：《社会日报》，《新闻研究资料》第15辑。
⑥ 杨嘉枯：《半个世纪的上海小报》，《档案与史学》2002年第3期。

提供了很多有参考价值的史料。沈飞德的《汤笔花忆旧上海的小报》①,周楞伽的回忆录《我与上海滩小报的因缘始末》②,江上行的《旧上海的小报与报人》③ 等,均以当事人的身份从新闻史的角度追忆了上海小报发展过程中的轶事,具一定的史料价值。

近年来,许多学者从不同角度、不同的侧重点对上海小报进行研究和探索,取得了丰硕的成果,如李楠在《学术月刊》2004年第6期发表的《市民文化笼罩下的都市想象——上海小报中的"上海"》、在《新文学史料》2005年第8期发表的《上海小报视境下的新文学文坛》,洪煜在《上海师范大学学报》2010年第7期发表的《从小报看近代上海的新闻舆论批评》及在《史学月刊》2006年第9期发表的《近代小报中上海市民的人格分析》等。

在社会史研究中,小报常常被认为格调低下,可信度较差,因而不足为凭,自然难以进入研究者的视野。21世纪以后,随着学术研究的深入,学术界开始将视角转向对小报的跨学科研究,成果丰硕。洪煜运用大众传播学、公共领域、场域、现代性等相关理论,分析了近代上海小报的产生及生存状况,小报文人群体的建构,以及上海小报与市民生活、上海小报公共空间与市民文化现代性之间的关系。④ 他还以近代上海出现的大量小报所记载的内容为例,来探析它们对于研究近代上海城市文化所提供的史料价值。⑤ 李秋新通过对20、30年代上海小报的繁盛之状的概述以及对其繁盛原因的分析探究,并在此基础上分别从市民文化语境与精英文化语境两个角度来探讨小报的反应与对策。⑥

洪煜的《近代上海小报视野下的苏州评弹》认为,小报与评弹在上海城市化进程中,互为利用,共同促进了城市文化的发展繁荣。⑦ 洪煜对晚

---

① 沈飞德:《汤笔花忆旧上海的小报》,《档案与史学》2001年第3期。
② 周楞伽:《我与上海滩小报的因缘始末》,《档案与史学》2000年第5期。
③ 江上行:《旧上海的小报与报人》,《上海滩》1999年第11、12期,2000年第1、2期。
④ 洪煜:《近代上海小报与市民文化研究(1897—1937)》,博士学位论文,上海大学,2006年。
⑤ 洪煜:《近代报刊和城市文化研究——以近代上海小报为》,《都市文化研究》2012年第1期。
⑥ 李秋新:《对抗与调试——20世纪20、30年代上海小报文学的市民性与"精英化"》,硕士学位论文,上海社会科学院,2007年。
⑦ 洪煜:《近代上海小报视野下的苏州评弹》,《史林》2010年第1期。

清以来上海繁盛的小报与苏州评弹之间的关联进行探讨,一方面,苏州评弹促进了上海小报的发展繁荣;另一方面,小报报人利用苏州评弹这一流行于江南吴语地区的民间文化在市民中的影响大力宣传,争取生存空间。同时,对评弹艺人的追捧也体现了传统知识分子在市民文化商业化进程中对大众文化的引领和重塑。这两种不同类别大众文化在商业发达的城市中,进行着融合和渗透。① 他还以苏州评弹艺人为研究对象,探究这一生命群体如何在商业化都市上海营造出颇具特色的戏曲文化,他们在商业文化都市中,又是如何争取生存空间,借以安身立命,以此来表现生命的价值和意义;同时,通过对媒介空间中苏州评弹的认识,也是我们探讨城市民众生活、心态和大众娱乐乃至城市文化现代性等问题的重要视角。②

有学者从文学的角度来研究上海的小报文化,如《河南师范大学学报》2004 年第 2 期发表的李楠的《上海小报中的两种市民文化》、《学术月刊》2004 年第 6 期发表的《市民文化笼罩下的都市想象——上海小报中的"上海"》等。特别是李楠著《晚清、民国时期上海小报研究——一种综合的文化、文学考察》③ 一书,从文化、文学的角度切入,研究鸳蝴文化与海派文化对中国市民社会形成所具有的作用,借助小报文本对鸳蝴文化和海派文化作了整合性的文化思考,是比较系统地对上海小报进行的文学和文化的综合研究。此外,孟兆臣以传播学的视角,对 20—40 年代通俗小说在上海小报上的传播情况进行研究,指出小说在小报上的广泛传播有很多原因,文章主要从小报对小说的成功经营和作家职业化两方面进行探讨。④ 何宏玲从晚清上海小报切入,探讨近代小报与小说间种种之景况。指出小报凭其浓郁的文艺气息成为近代最早的大众读物,为小说的广泛兴起提供了适宜的历史语境。⑤ 这些学者对上海小报与当时上海的市民生活和市民文化之关系所做的研究,为深入研究近代上海小报的社会文化史意义提供了有价值的学术基础。

---

① 洪煜:《近代上海小报与苏州评弹》,《史学月刊》2010 年第 8 期。
② 洪煜:《1940 代后期的上海小报〈罗宾汉〉与苏州评谈》,《史学月刊》2012 年第 11 期。
③ 李楠:《晚清、民国时期上海小报研究——一种综合的文化、文学考察》,人民文学出版社 2005 年版。
④ 孟兆臣:《20 世纪 20—40 年代通俗小说在上海小报上的传播》,《中国现代文学研究丛刊》2005 年第 6 期。
⑤ 何宏玲:《晚清上海小报与近代小说关系初探》,《江淮论坛》2006 年第 1 期。

李时新的《论晚清及民国时期上海小报的限禁》,① 将近代上海小报界发生的种种问题，归纳起来主要有两个方面：一是报纸内容无聊、污秽、传播不实消息，二是报人借手中的报纸行不法之事，这正是小报遭受限禁的主要原因。而在上海租界，先后主要有两种政治势力实施对不良小报的限禁：一是租界当局，即公共租界的工部局和法租界的公董局；二是国民党政府。总的来看，无论是租界当局还是国民党政府对不良小报的限禁都付出了努力，但因为各种因素，限禁的效果并不明显。他还以《晶报》为考察对象，研究上海小报的"花稿"问题，认为近代上海小报的花稿开始只是文人悦情怡性的手段，是没有什么功利性的。之后，由于受到读者的追捧，"花稿"日趋商业化，最终成为小报刺激销量、摆脱困境的重要手段。"花稿"长盛不衰的原因在于：一般市民读者嗜好花稿；当局严苛的新闻检查将小报驱赶到远离政治的报道领域；浓厚的商业性又使小报依附于花稿，而很少用社会道德来约束自己。②

民国前期小报种类繁多，形式多样。以北京小报为代表的北方小报风格和以上海小报为代表的南方小报风格存在明显差异。有学者通过对两地的小报进行比较研究，指出北京小报侧重时政，格调严肃、庄重，上海小报内容侧重休闲娱乐，内容丰富，形式多样；北京小报和上海小报在数量、种类、发行及办报规模方面各有所长，小报文字风格显露的地域特色明显。③李楠研究了北京、上海小报语言文化现象，指出在晚清现代白话的酝酿期，北京小报以"口语白话"、上海小报以"松动文言"作为各自的语言基础，参与其间；后虽受到"五四"欧化白话的影响，却始终沿着自己的"语言文化轨道"前行，两地小报逐渐减弱或变化口语和文言的成分。至20世纪40年代，北京小报完全融入现代白话之中，上海小报则形成文言、白话、上海方言混合的局面。究其原因，与两地小报的历史渊源，市民读者和小报文人的文化水准、文化立场，及所处语言环境的制约性有关。④

关于上海小报方面的研究，大致分为两种路径：一是从新闻史角度出

---

① 李时新：《论晚清及民国时期上海小报的限禁》，《新闻与传播研究》第15卷第5期。
② 李时新：《论民国时期上海小报的"花稿"——以〈晶报〉为考察对象》，《理论界》2010年第9期。
③ 傅海：《民国前期北京小报和上海小报的特殊》，《新闻界》2012年第17期。
④ 李楠：《京沪两地晚清、民国小报的语言文化现象》，《复旦学报》2007年第3期。

发，对上海小报的发展和流变进行了分析和探讨；二是从文化、文学的角度对上海小报所反映的文化意义及其小报与鸳鸯蝴蝶派和海派之间的关系进行了较为深入的研究，同时对于小报所反映的市民生活和文化也进行了一定程度的关注。但从社会史的角度对上海小报的研究尚缺乏比较全面、系统的分析和探讨，小报与市民生活及上海小报对市民文化的现代性影响，仍是目前和以后小报研究中的一个可以继续深入的领域。

地方报刊史研究是近年来中国近代报刊史研究中的热门领域，其研究主要包括三种类型：一是地方志中的报纸杂志；二是当地主流媒体编写的媒体自身的发展演变史；三是学者们以某地报刊史为研究对象而形成的学术专著。

其中，以上海地方报刊史研究成果最为突出。在专著方面，主要有秦绍德著《上海近代报刊史论》[①]，马光仁主编的《上海新闻史（1850—1949）》[②] 和曹正文、张国瀛著《旧上海报刊史话》[③] 等。秦绍德的专著则以近代上海的政治、经济、文化发展为背景，分析上海近代报刊的发轫、变革和盛衰的历程。而马光仁的专著是一部全面系统研究上海近现代新闻事业产生、发展和变化的著作，该书从第三章到第六章，主要对从戊戌变法到辛亥革命、从旧民主主义革命向新民主主义革命的转变这两个时期的上海报业的发展进行研究，着重介绍两次国人办报高潮的兴起，打破外报的垄断，政论报刊逐渐向政党报刊的转变，以及在新闻业务、新闻学研究方面的进展。同时，对新文化运动给上海新闻事业带来的一系列深刻变化作了深入探讨，特别是一种全新的无产阶级报刊在上海率先诞生，开辟了我国新闻事业发展的新时代。曹正文、张国瀛一书，对上海1949年前的大报、小报、晚报以及期刊作了介绍，并简略地对上海近代报刊作了评论。许纪霖主编的一套"都市空间与知识群体研究书系"，以全新的视角对近代上海地区重要报刊进行了一番颇有新意的读解。

许多学者从历史学角度去研究上海近代报刊的起源、特点以及特殊时期报刊业繁荣的原因等。对近代上海报刊进行总体性介绍的论文有：秦绍德的《论上海近代报刊的诞生》[④]、宋佩玉的《近代上海早期中文商业报

[①] 秦绍德：《上海近代报刊史论》，复旦大学出版社1993年版。
[②] 马光仁主编：《上海新闻史（1850—1949）》，复旦大学出版社1996年版。
[③] 曹正文、张国瀛：《旧上海报刊史话》，华东师范大学出版社1991年版。
[④] 秦绍德：《论近代上海报刊的诞生》，《上海社会科学院学术季刊》1990年第2期。

纸的变迁——以〈上海新报〉为例》①、赵文的《旧上海的青年报刊》② 以及韦少波的《辛亥革命前上海近代报刊的产生和发展》③。李时新指出，"大报小办"和"小报大办"是近代上海报纸在发展过程中两种不同的取向，两种报纸内在的运动为上海市民的精神文化需求提供了多样的选择，也从多个角度记录了近代上海社会的变迁。④ 陈彤旭分析了20世纪30年代的上海报纸广告所具有的鲜明的地域色彩和时代特征，总结了广告丰富的诉求方式，从而透视了当时上海社会价值观的多元化。⑤

在近代上海地方报刊史研究取得重大成果的同时，武汉、广州、天津等近代报业发达城市的报刊史研究亦逐步推进。湖北教育出版社1991年出版的刘望龄主编著《黑血·金鼓——辛亥前后湖北报刊史事长编》；香港明报出版社2000年出版的李谷城著《香港报业百年沧桑》；江苏人民出版社1993年出版的倪波等主编的《江苏报刊编辑史》；黑龙江人民出版社2001年出版的张守宇著《东北新闻史（1899—1949）》；广西人民出版社1998年出版的彭继良著《广西新闻事业史（1897—1949）》；中共党史出版社2001年出版的叶文益著《广东革命报刊史（1919—1949）》；广东人民出版社1998年出版的邓毅、李祖勃著《岭南近代报刊史》；中山大学出版社1992年出版的梁群球主编的《广州报业》等，均属此类成果。

二 女报与社会变迁

关于中国近代女性报刊的研究就零散地分布在报刊史、新闻史、女性史等方面的著作中。如中国海洋出版社1990年出版的郑晓昆、王晓燕主编的《中国近现代妇女报刊通览》；中国社会科学出版社2012年出版的刘人锋著《中国妇女报刊史研究》等。其中，郑晓昆、王晓燕主编的《中国近现代妇女报刊通览》，简明扼要地介绍了从1989年到1989年间146种

---

① 宋佩玉：《近代上海早期中文商业报纸的变迁——以〈上海新报〉为例》，《上海师范大学学报》2011年第3期。

② 赵文：《旧上海的青年报刊》，《上海青年管理干部学院学报》2002年第2期。

③ 韦少波：《辛亥革命前上海近代报刊的产生和发展》，《上海师范大学学报》1985年第4期。

④ 李时新：《"大报小办"与"小报大办"——近代上海报业发展的两种取向》，《湖北大学学报》2010年第3期。

⑤ 陈彤旭：《论30年代上海报纸广告的多元价值观》，《中国青年政治学院学报》2002年第2期。

女性刊物的基本情况，如创刊时间、地点、主要创办人、社会影响，以及停刊的时间和原因等。① 刘人锋著《中国妇女报刊史研究》所论时间维度更长，聚焦百余年来中国妇女报刊的发展史，研究妇女报刊与女性的生活以及社会发展之间的关系。② 张丽萍著《报刊与文化身份：1898—1981 中国妇女报刊研究》，以这一时间段的女性报刊为研究对象，主要对女性报刊的原始材料进行分析，展现当时的女性刊物对新女性身份的建构所发挥的影响。③

在一些新闻史的专著中，也有部分的章节粗略勾画了女性报刊与近代中国女性觉醒的关系。宋素红著《女性媒介：历史与传统》，比较完整地梳理了从 1897 年到 1949 年五十多年的中国近现代妇女报刊和女性新闻工作者的发展历程，在新闻史领域有拓荒之功。④ 此外，华东师范大学出版社 1991 年出版的曹正华、张国赢著《漫谈上海近代妇女报刊》以及光明日报出版社姜纬堂、刘宁元主编《北京妇女报刊考（1905—1949）》，对地域性的近代女性报刊进行了研究。研究者大多为女性学者，对近代妇女报刊一般持肯定态度，但在具体评价上略有差异。

关于近代女报研究的论文较多，这些研究主要集中在对女报兴起原因、发展概况、特点及其影响的探讨上。如《河北师范大学学报》1997 年第 1 期发表的周昭宜的《中国近代妇女报刊的兴起及意义》，《安徽师范大学学报》2003 年第 3 期发表的胡文华、刘淑波的《略论中国早期妇女报刊》，《河南图书馆学刊》2013 年第 11 期发表的王萍的《简论中国近代妇女报刊》，《浙江学刊》2003 年第 2 期发表的畅引婷的《近代妇女报刊对妇女发展的影响》，《曲靖师范学院学报》2001 年第 5 期发表的王晓丹的《中国近代妇女报刊述论》，《湖南社会科学》2001 年第 3 期发表的刘涛的《论辛亥革命时期女性报刊的舆论宣传作用》，《华东师范大学学报》2006 年第 3 期发表的董智颖的《中国近代史的两种〈女子世界〉》，《湖南农业大学学报》2008 年第 4 期发表的刘人锋的《晚清妇女报刊诞生原因探析》，《社会科学研究》2003 年第 6 期发表的陈晓华的《中国近代报刊

---

① 田景昆、郑晓燕：《中国近代妇女报刊通览（1898—1989）》，中国海洋出版社 1990 年版。
② 刘人锋：《中国妇女报刊史研究》，中国社会科学出版社 2012 年版。
③ 张丽萍：《报刊与文化身份：1898—1981 中国妇女报刊研究》，中国书籍出版社 2012 年版。
④ 宋素红：《女性媒介：历史与传统》，中国传媒大学出版社 2006 年版。

史上的一座里程碑——论辛亥革命时期的妇女报刊》,《近代史研究》1994年第4期发表的徐辉琪的《辛亥革命时期妇女的觉醒与对封建礼教的冲击》,《史学集刊》1995年第3期发表的张显菊的《辛亥革命时期妇女刊物的妇女解放思想宣传》等。

宋素红以时间为线索,分五个阶段探讨了1949年前中国妇女报刊发展的历史:(1)维新时期中国妇女报刊的产生;(2)辛亥时期妇女报刊第一次发展高潮;(3)五四时期妇女报刊的转型;(4)救亡与抗战时期妇女报刊的繁荣;(5)抗战后妇女报刊的发展。特别对产生于戊戌维新时期的妇女报刊的地位、价值进行了强调,指出:该阶段的妇女报刊是中国新闻事业的重要组成部分,在反映妇女生活、传播妇女解放观点、动员妇女参加自身解放和国家解放的运动等方面发挥了重要作用。① 胡文华等人认为,中国早期妇女报刊的特点有:报刊的主编、主笔大多是中国妇女的最早觉悟者;早期妇女报刊具有创办地域的不平衡性;内容丰富多彩,并以倡导妇女解放为主题;雅俗共赏形式古朴;大多数报刊持续时间不长,出版期数有限。中国早期妇女报刊的历史地位主要表现在:倡导民主与独立,促进了妇女的觉醒;为当时的社会革命摇旗呐喊,发挥了重要的舆论宣传作用;标志中国女性正式登上中国政治历史舞台。② 陈晓华通过考察辛亥革命时期创办的妇女报刊,概括出这一时期妇女报刊的特点:(1)妇女报刊成为民族民主运动和妇女解放运动强有力的舆论宣传工具;(2)办妇女报刊和创妇女团体紧密结合,以团体为阵地,报刊为工具;(3)妇女报刊编者与作者合二为一,女报人、女作者、女社会活动家三位一体;(4)妇女报刊内容丰富文字浅显易懂;(5)受当时历史条件的影响和制约,辛亥革命时期的报刊有其历史局限,一方面表现在对妇女问题存在的社会根源缺乏深层次的认识,另一方面表现在这一时期大多数妇女报刊持续的时间都不长。③

对于近代女报的影响意义,学者多从妇女发展、女性解放的角度展开论述。畅引婷认为,自戊戌维新中国第一份《女学报》问世,经辛亥革命

---

① 宋素红:《简论中国妇女报刊的产生与发展(1898—1949)》,《郑州大学学报》2003年第5期。
② 胡文华、刘淑波:《略论中国早期妇女报刊》,《安徽师范大学学报》2003年第3期。
③ 陈晓华:《中国近代报刊史上的一座里程碑——论辛亥革命时期的妇女报刊》,《社会科学研究》2003年第6期。

和五四运动,至中国共产党成立,妇女报刊的创办在中国历史上第一次掀起了高潮。这些报刊不仅在近代妇女生活和社会生活中占有重要的位置,而且对妇女自身的发展也创造了良好的内部条件和外部环境。概括起来,主要表现在:其一,为知识女性展示自我提供了广阔的活动空间;其二,为妇女大众的权益保障提供了有力的舆论支持;其三,为男性了解女性开启了一扇窗户;其四,为社会关注女性架起了一道桥梁;其五,为后人研究妇女积累了丰富的史料。① 周昭宜认为,中国的妇女报刊兴起于近代社会。它自诞生之日起,就成为妇女争取自身解放的喉舌。近代妇女报刊的数量不多,存在的时间也不长,但它的出现具有划时代的意义,至今仍有重要的认识价值。② 还有一些硕士学位论文对近代女性报刊进行专门研究,如 2003 年四川大学李谢莉硕士学位论文《中国近现代妇女报刊研究(1898—1949)》;2007 年西北大学尹晓蓉硕士学位论文《清末民初女性期刊的演化与传播探析》;2013 年内蒙古大学尹深的硕士学位论文《中国近代妇女报刊与妇女解放思想》等,从不同角度梳理了近代女报的发展演变及其影响。

在晚清女性报刊研究方面,刘人锋认为,中国最早的妇女报刊是 1898 年在上海创刊的《女学报》,这是晚清多方面因素综合影响的结果。近代报刊在中国的出现以及晚清自办报刊的热潮是妇女报刊诞生的大环境;晚清妇女解放思想的萌生及其实践是妇女报刊产生的直接动因;晚清白话文运动的推广与妇女报刊的出现有着必然的联系。③ 新闻学与史学、文学、哲学等学科的"联姻"越来越普遍,这就使学者对报刊资源的运用日益呈现出灵活、多元化的动向。以晚清女报为资源,探讨妇女解放运动发展史的研究视角开始被学界接受,此类论文不胜枚举,而以之切入讨论晚清变动中的社会和文化的论文则更体现研究者的功力和眼光。如夏晓虹,从女报的一个横切面进入,综合利用诸如包括多种晚清女报在内的原始文献,深入探讨了"唱歌"栏目在晚清女报中设立的历史,探讨其功能,研究乐歌在参与构建女性新生活中的实际运用和各方面的影响。④ 她还以《女子世界》和《北京女报》为研究对象,分析当时对西方女杰的选择性引入和

---

① 畅引婷:《近代妇女报刊对妇女发展的影响》,《浙江学刊》2003 年第 2 期。
② 周昭宜:《中国近代妇女报刊的兴起及意义》,《河北师范大学学报》1997 年第 1 期。
③ 刘人锋:《晚清妇女报刊诞生原因探析》,《湖南农业大学学报》2008 年第 4 期。
④ 夏晓虹:《晚清女报中的乐歌》,《中山大学学报》2008 年第 2 期。

中国古代妇女楷模的重新阐释，从而传递出晚清女性典范建构中所呈现的多元化景观。① 此类专著论文虽然数量不多，却代表了近年来学科融合的研究趋势。

清末民初的女性报刊研究方面的论文主要有：《社会科学研究》2003年第6期发表的陈晓华的《中国近代报刊史上的一座里程碑——论辛亥革命时期的妇女报刊》，《南通大学学报》2012年第3期发表的陈文联的《二十世纪初年的女性报刊》，《图书馆杂志》2000年第5期发表的印永清的《清末民初上海妇女报刊》等。其中，陈晓华考察了辛亥革命时期妇女办报活动的兴衰、特色，指出辛亥革命时期的妇女报刊虽有其历史局限，但主流是积极的、革命的；虽寿命都不长，但在中国近代报刊史上却占有重要地位。② 刘涛专门对辛亥时期女性报刊进行研究，探寻它的起源、特点及意义，并着重强调辛亥革命期间女性报刊舆论宣传效果是巨大的，使人们接触到了革命思想，启迪和鼓舞了广大妇女向封建势力作斗争，为中国妇女解放运动立下了不可磨灭的功绩。③ 陈文联着重从思想文化的角度，探讨女报的兴起、类型分布与社会探源，指出20世纪初年女性报刊，大体围绕着资产阶级民主革命和妇女解放运动这两大中心，充分彰显了近代中国妇女运动的民族特色。同时，还客观分析了20世纪初女报对妇女解放和社会革命的划时代意义。④

五四时期，妇女问题得到前所未有的关注，一批专门研究妇女问题的女性期刊因此应运而生。这些期刊虽然宣传重心不一，但它们大都以西方资本主义国家和苏联社会主义国家的妇女解放实践为参照物，大力张扬女性解放。有的女性期刊还创造性地运用马克思主义妇女解放理论，对中国妇女问题进行了较为全面而深入的探赜。熊显长的《"五四"报刊与妇女解放运动》，循着时间的顺序对五四报刊进行梳理，探讨它们在不同阶段对妇女问题关注的不同特点，从而对五四报刊作出评价。⑤ 陈文联、张亚芳的《论"五四"女性期刊对女性解放话语的构建》，从妇女解放的角度

---

① 夏晓虹：《晚清女性典范的多元景观：从中外女杰传到女报传记栏》，《中国现代文学研究丛刊》2006年第3期。
② 陈晓华：《中国近代报刊史上的一座里程碑——论辛亥革命时期的妇女报刊》，《社会科学研究》2003年第6期。
③ 刘涛：《论辛亥革命时期女性报刊的舆论宣传作用》，《湖南社会科学》2001年第3期。
④ 陈文联：《二十世纪初年的女性报刊》，《南通大学学报》2012年第3期。
⑤ 熊显长：《"五四"报刊与妇女解放运动》，《编辑学刊》1999年第6期。

去剖析五四时期的女性期刊,力求从中得出某些启示。①

《新妇女》是五四运动时期在《新青年》及其所倡导的新文化运动的巨大影响下,于1920年1月在上海创刊。刘人锋以五四时期《新妇女》关于妇女解放的探讨,揭示到五四运动时期妇女解放思想的时代特色。② 杜若松则关注前五四时期女性期刊中的性别构建,指出性别主体构建体现了前五四时期对于女性性别主体的"选择性忽略",女性的价值判断标准经历了"国家"到"家庭"的转换,但唯独没有自身生命价值的体认和彰显,这也预示了"五四"文学女性主题的先声和缺憾。③ 杜若松的另一文《前五四时期女性期刊中的女性自叙体叙事创作》,考察五四时期女性期刊中现代女性创作的动机、叙事内容、叙述模式等。④ 周利荣的《章锡琛与五四时期的妇女报刊》,探析了章锡琛对五四时期的妇女报刊的贡献,指出章锡琛编辑的妇女报刊,以启蒙的文化立场和激进、新锐的刊物内容,顺应了当时的妇女解放运动的方向。《妇女杂志》《新女性》两刊的成功与章锡琛把握时势、开拓创新的编辑风格有绝大的关系。⑤

全面抗战爆发后,为了动员女性抗战,各类女报再次勃兴。刘巨才、宋学群将抗日战争、解放战争期间的妇女报刊,按其发展情况,将其分为三个阶段:1937—1940年为蓬勃发展时期,出现了中国现代史上妇女办报刊的新高潮,妇女报刊创刊数量创历史最高纪录;1941—1944年为萎缩时期,由于国民党消极抗日,积极镇压民众抗日活动,迫使妇女报刊纷纷停办;1945—1949年,随着抗战的胜利和国统区民主运动的高涨,妇女报刊略有回升。1947年以后,由于解放战争胜利进行,人们忙于战争,妇女报刊走向低落。1949年,随着全国的解放,政治的统一,妇女报刊统一于《新中国妇女》。⑥

---

① 陈文联、张亚芳:《论"五四"女性期刊对女性解放话语的构建》,《徐州工程学院学报》2016年第5期。
② 刘人锋:《〈新妇女〉与"新妇女"——五四运动时期〈新妇女〉关于妇女问题的探析》,《中华女子学院学报》2009年第3期。
③ 杜若松:《国女杰与贤妻良母:前"五四"时期女性文学期刊的性别构建》,《辽宁师范大学学报》2014年第3期。
④ 杜若松:《前五四时期女性期刊中的女性自叙体叙事创作》,《海南大学学报》2014年第4期。
⑤ 周利荣:《章锡琛与五四时期的妇女报刊》,《出版史料》2011年第2期。
⑥ 刘巨才、宋学群:《抗日战争、解放战争时期的妇女报刊》,《新闻研究资料》1989年第1期。

刘宁元对1931年至1937年全面抗战爆发前的北平女性报刊进行分析，指出在国统区北平，中共地下党所领导的妇女抗日组织的会刊和地下党员担任主编的报刊在众多的女性报刊群中起着领军的作用。① 黄玉萍对抗战时期武汉的妇女报刊进行研究，指出这时期武汉的妇女报刊突破了以往追求男女平等、妇女解放的要求，以挽救祖国危亡为共同目标，为推动妇女抗日救亡运动做出了应有的贡献。② 1939年6月1日，中共中央妇女运动委员会在延安创办了《中国妇女》月刊。李九伟对《中国妇女》在抗战时期的主要贡献作了概括：宣传中国共产党的路线、方针、政策，鼓舞人民群众的斗志；倡导妇女教育、妇女解放、妇女参政，培养优秀的妇女干部；把广大妇女动员组织起来，开展妇女参战、生产运动，做好儿童保育工作。③

北平沦陷时期的妇女报刊，是日伪政权推行奴化教育宣传的一个重要阵地。刘宁元对北平沦陷时期的妇女报刊进行了分析，将其特点归为四点：多创办于1938—1940年，尤其是1939年，反映了当时日寇为建立和巩固日伪统治，竭力控制北平的社会教育及宣传；在日伪当局的支持下，这些刊物中寿命长者居多；基于同样的政治原因，这些妇女报刊的篇幅数量相当可观；在组织结构上与日伪当局关系密切，在内容倾向上亲日媚日、宣扬妇德。④

1907年，上海妇女界为纪念秋瑾创办了合刊《神州女报》，发行3期后停刊。辛亥革命爆发后的次月即1912年11月，《神州女报》复刊，孙中山为该报题词"发达女权""同进文明"。该报初为旬刊，出版了8期之后，于1913年3月改为月刊。由于《神州女报》年代久远，且存世时间较短，因此制约了相关研究的开展。目前学界关于清末民初中国女性报纸杂志的著述中，1983年人民出版社出版的丁守和主编《辛亥革命时期期刊介绍》，1990年北京海洋出版社出版的田景昆、郑晓燕编著《中国近现代妇女报刊通览》，以及2002年华文出版社出版的叶再生编著《中国近代现代出版通史》等著作中，部分章节介绍了《神州女报》。

迄今为止，将《神州女报》作为研究主体的论文仅有数篇。李九伟的

---

① 刘宁元：《抗日救亡运动中的北平女性报刊》，《北京社会科学》2007年第4期。
② 黄玉萍：《抗战时期的武汉妇女报刊》，《船山学刊》2006年第2期。
③ 李九伟：《抗战时期的〈中国妇女〉的贡献》，《出版发行研究》2005年第3期。
④ 刘宁元：《沦陷时期北平妇女报刊述略》，《中共党史研究》2001年第6期。

《〈神州女报〉的两个版本》，从出版宣传的角度介绍了《神州女报》旬刊和月刊两个版本，就创办、发行、组织架构、编排模式到办报思路对前后两个版本进行了大致的比较。①周锦的《〈神州女报〉月刊版之研究》一文，以《神州女报》月刊版为中心，系统考察其创刊背景、编辑群体、版面特点、出版发行状况及言论内容特色，探讨该报在开拓女性视野、倡导女性革命、号召女性政治关注、推动女性教育、呼吁女性实业发展等方面的影响，剖析其与同时期其他女性报刊的相互作用影响，展现该报的历史面貌及其在沪上女性报刊的独特地位。②

刘人锋以辛亥时期妇女解放运动朝争取参政权的方向发展为背景，论述《神州女报》以时代弄潮儿的姿态，适应了当时社会的发展要求。该报一方面力辩妇女应该参政，另一方面则回归妇女，来谈妇女如何才能获得参政权。该文侧重从内容上解读《神州女报》的女性色彩。③

《女子世界》是辛亥革命时期出版时间最长的妇女刊物。该刊的宗旨在于"改造女魂"，以倡导女子革命著称，主张男女平等、抨击封建礼教、鼓吹政治革命与家庭革命并举，成为辛亥革命时期影响最大的妇女报刊之一，被秋瑾称为女子刊物中的"巨擘"。贵州教育出版社2003年出版的《〈女子世界〉文选》收录了夏晓虹的《晚清女报的性别观照——〈女子世界〉研究》一文，该文以《女子世界》为标本，通过讨论该杂志的办刊方式及宗旨，大致揭示晚清女报的运作方法、作者构成与议论主题诸层面的问题。赵立军2010年的硕士学位论文《20世纪初女性报刊——〈女子世界〉研究》，把《女子世界》的研究放到中国近代辛亥革命前夕的大背景下，试图通过研究《女子世界》的创刊背景、主要内容、影响以及地位等方面尽可能全面地展现辛亥革命前夕女性觉醒的概况，并对该杂志在中国民族民主革命、女性解放运动中的作用给予客观公正的评价。其他关于《女子世界》研究的著作并没有出现，只是在一些论著中有小部分章节或篇幅简单地介绍《女子世界》。涂晓声研究长期被视为"汉奸"杂志的《女声》，考察其办刊背景、主编生平、刊物宗旨、编辑方针、期刊栏目等，并与其他日伪杂志对比，探讨沦陷区"言语空间的复杂性"和"殖民

---

① 李九伟：《〈神州女报〉的两个版本》，《出版史料》2005年第4期。
② 周锦：《〈神州女报〉月刊版之研究》，硕士学位论文，东华大学，2013年。
③ 刘人锋：《民国初期力主参政的妇女刊物——〈神州女报〉》，《中华女子学院学报》2010年第5期。

地文化传播的特点"。① 王慧介绍了 1914 年创刊的《女子世界》的创刊宗旨、刊物内容和广告发行,对主编陈蝶仙及其家人的生平和作品作了具体翔实的梳理。②

基督教会创办的女性报刊以宣扬基督教义为宗旨,但也致力于普及新知识、倡导新女性,在客观上培养了女性社会责任意识。孙浩然指出,"《女铎》的话语叙述同行动实践紧密相连,以女学教育为基础,家庭责任为前提,服务社会为职志,报效国家为目标,积极倡导女子独立、男女平权、婚姻自由等理念,在当时妇女报刊中独树一帜,为民国时期女学教育、女性发展做出了重要贡献"。③ 杨照蓬讨论了《女星》的基本概况、内容及地位,力图展示基督教女报对近代中国女性家庭和社会角色的建构,肯定了《女星》对妇女启蒙和妇女解放的贡献。④

《女学报》是晚清同时也是我国历史上第一份妇女报纸,它在女子教育刚刚萌生的时候就集中地探讨女学问题。刘人锋以《女学报》为例,围绕为什么兴办女学、兴办何种女学、兴办女学为了什么、如何兴办女学四个方面来讨论如何发展女子教育。⑤ 李春梅的《论晚清妇女报刊女权思想的三种倾向》⑥,则以《女子世界》《中国新女界杂志》和《天义报》为中心,窥视晚清时期妇女报刊女权思想的三种倾向:激进民族主义、温和主义、女性本位的无政府主义女权思想。李灵革探讨了留学生与清末民初女报的关系,指出从清末到民初,中国妇女报刊先后经历了三次高潮,在这三次高潮中,中国留学生或者积极筹集资金,创办妇女报刊;或者撰写文章,参与编辑,对清末民初妇女报刊的发展起了至关重要的作用。⑦

近现代中国的报刊深刻影响了中国社会的各个层面,研究近代女性报

---

① 涂晓声:《上海沦陷时期〈女声〉杂志的历史考察》,《中国现代文学研究丛刊》2005 年第 3 期。
② 王慧:《也谈〈女子世界〉——以陈蝶仙及其家人为中心》,《学术交流》2013 年第 12 期。
③ 孙浩然:《1912—1922 年〈女铎〉文本与妇女运动的关系》,《云南民族大学学报》2013 年第 3 期。
④ 杨照蓬:《基督教妇女传媒与近代中国女性角色的建构——以家庭平民月刊〈女星〉为例》,《黑龙江史志》2010 年第 21 期。
⑤ 刘人锋:《晚清女性关于女学的探讨——以第一份妇女报纸〈女学报〉为例》,《中华女子学院学报》2008 年第 3 期。
⑥ 李春梅:《论晚清妇女报刊女权思想的三种倾向》,《华南师范大学学报》2010 年第 1 期。
⑦ 李灵革:《清末民初留学生与妇女报刊》,《浙江传媒学院学报》2008 年第 2 期。

刊等于多打开了一个眺望近代社会生活的窗口，必定会丰富对近代的知识建构。然而研究工作存在一些缺憾，有待进一步拓宽和深化。

三 近代画报

彭永祥在《中国近代画报简介》一文，介绍从1840年至1919年间，在中国内地及中国港澳地区出版的画报性质的刊物有118种之多。① 中国近代出版了200余种画刊，其中多数又为时事画一类的刊物，记录了清末民国剧烈动荡的多维社会形态，为后人留下了一份中华文化独有的视觉档案。韩丛耀、彭永祥对中国大陆地区1872年至1919年间的画报性质的出版物进行了初步的调查和统计，并对此48年间中国画刊进行了分阶段举要介绍。这时期有名可考的画报有190多种，还有20余种有名却暂时无从考证。② 2015年出版彭永祥编著《中国画报画刊1872—1949》，系统研究整理1872—1949年中国画报出版的史书。该书展现了众多近现代的画报、画刊、照片等珍贵资料，有不少资料在国内还是首次披露。该书填补了中国近现代画报研究的空白，是一部研究中国出版史、中国报刊史、中国图像史不可多得的工具书。③

王跃年的《从〈真相〉到〈良友〉——1912—1937年中国摄影画报简论》，分析了1912—1937年间具有代表性的摄影画报，将其大致划分为新闻时事型与综合型两类，前者以《真相》为代表，后者以《良友》为代表，分别进行个案分析以揭示该时期摄影画报的发展状况。④ 李从娜以文献分析法为基础，引入社会性别、视觉文化、传播学等理论方法，遵循透过媒体看社会的路径，展现报刊媒体下的近代中国女性身体的转型与变迁，揭示报刊媒体、女性身体及其社会之间复杂的互动关系。⑤ 吴果中著《〈良友〉画报与上海都市文化》一书，从对现代都市里的文化衍生物——《良友》画报的本体研究、都市文化语境中的空间生产——民国《良友》

---

① 彭永祥：《中国近代画报简介》，见《辛亥革命时期期刊介绍》第4辑，人民出版社1986年版。
② 韩丛耀、彭永祥：《中国近代画刊出版研究》，《中国出版》2009年9月下、10月下合刊。
③ 彭永祥：《中国画报画刊1872—1949》，中国摄影出版社2015年版。
④ 王跃年：《从〈真相〉到〈良友〉——1912—1937年中国摄影画报简论》，《民国档案》2004年第3期。
⑤ 李从娜：《近代中国报刊与女性身体研究：以〈北洋画报〉为例》，中国社会科学出版社2015年版。

画报与上海及多维文化视域中的《良友》画报等方面，探讨了画报与上海都市文化的发展密不可分的关系。①徐沛、周丹在《早期中国画报的表征及其意义》一文中探索摄影作为新技术、新媒介对近现代中国画报的影响，考察"西学东渐"背景下中国人"看世界"方式的变化及这种变化的意义。②

（一）《点石斋画报》

上海是中国近代画报的策源地，又是画报出版最兴盛的地区。上海画报中，以《点石斋画报》和《良友画报》是代表。《点石斋画报》创刊于1884年5月，停刊于1898年8月，是中国第一份时事画报。在创办的14年时间里，它对中外关系、晚清朝政、科技发明、风土人情、官场丑态、三教九流人物肖像等都做了实录和细致的描绘，为我们提供了一部晚清社会丰富多彩而又真切可感的形象的历史风俗画卷。《点石斋画报》广泛的现实性与完美的艺术性引起学界的大量研究，成果显著。研究方向上，有对画报内容的系统性、历史性的研究，有编辑视野、杂志的经营方式的研究，也有以画报内容作为文献依据的史实考证研究。

关于《点石斋画报》的研究著作主要有：人民美术出版社1958年出版的吴样涛编写《点石斋画报的时事风俗画》；中国古典艺术出版社1958年出版的郑为编《点石斋画报时事画选》；广东人民出版社1983年出版的《点石斋画报》（影印）；贵州教育出版社2000年出版的陈平原选编的《点石斋画报选》；百花文艺出版社2001年出版的陈平原、夏晓虹编注的《图像晚清：点石斋画报》；京华出版社2006年出版的黄勇编著的《回眸晚清：点石斋画报精选释评》等。其中，陈平原的《点石斋画报选》，以独特的视角选取了画报的180多幅画，引导读者"以新眼读旧书，以旧眼读新书"，了解晚清时代涌入的西学，强调画报"其蕴含的酸甜苦辣，都将成为后人咀嚼回味的不可或缺的'历史文化遗产'"。而陈平原、夏晓虹编注的《图像晚清：点石斋画报》一书，从《点石斋画报》4000余幅图像中，摘取160多幅，以"中外纪闻""官场现形""格致汇编""海上繁华"四大主题把握晚清社会与历史，再加以阐释与补充，使晚清生活的各个层面在其中均有绝佳的展现。此书既为研究晚清历史者提供了很好的资

---

① 吴果中：《〈良友〉画报与上海都市文化》，湖南师范大学出版社2007年版。
② 徐沛等：《早期中国画报的表征及其意义》，《文艺研究》2007年第6期。

料，也为普通读者提供了一个阅读晚清的视角。① 黄勇的《回眸晚清：点石斋画报精选释评》，也收入了大量图片，具有故事性和可读性。陈平原的《点石斋画报选》将全书分为十五个专题，展现了晚清人对于西方文明的接纳，成为中国晚清东学西渐的重要途径，开阔了眼界。②

许多学者从各种角度研究了《点石斋画报》，如《新闻与传播研究》1981 年第 5 期发表的俞月亭的《我国画报的始祖——〈点石斋画报〉初探》；《图书馆学刊》1989 年第 3 期发表的张毅志的《中国近代著名的画报——〈点石斋画报〉》；《南京艺术学院学报》2005 年第 4 期发表的刘赦的《图像与新知：〈点石斋画报〉与美术大众化》；《美术学报》2006 年第 3 期发表的郑星球的《〈点石斋画报〉图式流传与衍化》；《编辑学刊》1994 年第 5 期发表的陈镐汶的《〈点石斋画报〉探疑》；《东南传播》2007 年第 8 期发表的姜吉玲、赵芮的《论〈点石斋画报〉的经营管理》等，分别阐述了《点石斋画报》的发展概况、经营管理、社会价值等方面。

《点石斋画报》作为中国历史上第一份真正意义上的兼具时事性与趣味性的通俗新闻画报，是对晚清人社会风尚的最好展现，涉及生活的各个方面。叶汉明利用《点石斋画报》进行文化史研究，可以揭示新文化研究方法中的文本分析法、文本交互分析法、跨文本分析法等方法对媒体研究的重要性，以及文本和语境分析的结合对解释各种论述间的矛盾和不一致多提供的裨助，窥探画报如何反映和表述 19 世纪、20 世纪之交处于现代转变边缘的中国对现代性的迎拒挣扎。③ 关于《点石斋画报》中服饰变化的研究文章有不少，如《云南艺术学院学报》2015 年第 2 期发表的冯鸣阳、华雯的《图像中的服饰：〈点石斋画报〉中西洋女装的图像表达》和《吉林艺术学院学报》2015 年第 3 期发表的《从晚清〈点石斋画报〉透视 19 世纪末西洋女装》；《艺术设计研究》2015 年第 2 期发表的冯鸣阳的《从意象服饰到象征都市：对〈点石斋画报〉中西洋女装的研究》；《艺术设计研究》2009 年第 12 期发表的郭秋惠的《从〈点石斋画报〉窥探晚清上海都市女装的设计与消费》等。其中冯鸣阳、华雯《从晚清〈点石斋画报〉透视 19 世纪末西洋女装》，从西方男性洋装入手，分析比较服饰的性

---

① 陈平原、夏晓虹编注：《图像晚清：点石斋画报》，百花文艺出版社 2001 年版。
② 黄勇编著：《回眸晚清：点石斋画报精选释评》，京华出版社 2006 年版。
③ 叶汉明：《〈点石斋画报〉与文化史研究》，《南开学报》2011 年第 2 期。

别与历史，透过《点石斋画报》中描绘的西洋女装，解读出西方女性服饰作为交流的载体，对当时中国女性的着装、生活方式、思想观念、女性意识等方面起到开化和启蒙的作用。①

《点石斋画报》中关于女性形象及展示女性生活的内容不少，通过对画报中外国女性和中国女性的对比更好地反映晚清与西方的差异。冯鸣阳运用图像学的方法，以外国女性为中心对《剖割怪胎》进行图式层次的解读；然后以外国女子形象为中心进行四个层次的人物关系分析；最后对《点石斋画报》透视国外女性形象的视点进行分析。这样可以在外国女性身上得到通俗化和西方化的双重映射，对晚清社会具有重要意义。② 他还对外国女性的娱乐生活有所研究，展示了19世纪末外国女性的职业生活、婚恋家庭生活、奇闻逸事和娱乐生活的方方面面，以此来透视晚清中国人对于外国女性参与公共娱乐生活的认知和态度，以及外国女性在中外生活方式传播上扮演的角色。③ 王娟通过探讨晚清民众视野中的西方女性形象，以及民众对西方"女尊"的认知和解读。了解西方女性婚姻、家庭、教育和职业的图文报道带有明显的猎奇和想象成分，得出在晚清女性解放的过程中却起过重要作用的结论。④

《点石斋画报》与中国女性研究中，郭誉茜考察了《点石斋画报》中对上海女性角色分工的报道，认为她们率先迈开了由家庭到社会的步伐，从为人佣工、娼妓的职业变化到女工学生的出现，体现了女性角色的变迁，是社会变动的有机组成部分，也是社会发展的动力元素。⑤ 田梅英、张云英等学者都是采用女性性别视角，以小见大，从女性变化方面看社会变迁。《画报》所展示的女性角色的变迁，为女性和社会提供了新的视角，也赋予女性比较和选择生存方式的自由。⑥ 高蓉等从区域划分和地区差的

---

① 冯鸣阳、华雯:《图像中的服饰:〈点石斋画报〉中西洋女装的图像表达》,《云南艺术学院学报》2015年第2期。
② 冯鸣阳:《复合之眼——以〈剖割怪胎〉为例分析〈点石斋画报〉中外国女性形象》,《南京艺术学院学报》2009年第5期。
③ 冯鸣阳:《上海〈点石斋画报〉中外国女性的娱乐生活》,《创意与设计》2016年第1期。
④ 王娟:《〈点石斋画报〉中的西方女性想象》,《汉语言文学研究》2012年第6期。
⑤ 郭誉茜:《〈点石斋画报〉看晚清时期上海女性地位的变化》,《艺术科技》2015年第7期。
⑥ 田梅英、张云英:《〈点石斋画报〉与晚清女性角色的变迁》,《山东女子学院学报》2013年第3期。

角度总结清末婚嫁服饰形制及其特征，按服饰"等级说"对清末婚嫁服饰进行了层次划分和特征分析，同时对清末婚姻缔结中最为典型的陋俗现象进行了论述，进而研究了清末婚嫁服饰与婚俗的关系。①张美玲对《点石斋画报》视野下晚清女性的社会生活、职业特色、休闲娱乐、婚姻观念以及家庭地位都做了详尽研究，反映出在外国资本和思潮涌入的晚清时期所发生的社会文化变迁。②

图像是画报的重要展示途径，画报以图像与文字构成，学界对《点石斋画报》的研究也有不少。如《吉林艺术学院学报》2008年第2期发表的俞玮的《从〈点石斋画报〉看视觉文化的融合与延续》，《华中师范大学学报》2008年第3期发表的罗福惠、彭雷霆的《形塑与变形：〈点石斋画报〉中的日本图像》，《科学经济社会》2012年第4期发表的杜建华的《"器物"的形塑与现代性想象——〈点石斋画报〉文字与图像解析》，以及江南大学梁汐2015年的硕士学位论文《〈点石斋画报〉图像演进与叙事范式研究》等。殷秀成认为，《点石斋画报》用图像真实地记录了当时社会的各种画面，展现了晚清时期的时代特征：它的内容和形式反映了中西方在政治、科技、风俗、艺术等方面的碰撞与融合，它是中西方文化碰撞与融合的一个缩影。③冯鸣阳认为《点石斋画报》在图像的组织中，采用了一系列的图像改良手法，具有中西拼接与模件化、图像的参与与观看、场景化和最惊人的一瞬间、有意的误读等特点。这一系列特点，构成了具有点石斋特色的画报型图像改良主义，使得《点石斋画报》展示一幅晚清中国人的凭借自身文化经验和视觉习惯对西方生活进行修正，这一图景不同于在历史文献或文学作品中的展现，由此更加显示了图像在历史记录中的力量。④

（二）《良友画报》⑤

《良友画报》创刊于1926年，终刊于1945年，历时19年，是中国新

---

① 高蓉、张竞琼：《基于〈点石斋画报〉的清末婚嫁服饰研究》，《东华大学学报》2015年第3期。

② 张美玲：《〈点石斋画报〉视野下晚清女性生活形态探究》，硕士学位论文，福建师范大学，2011年。

③ 殷秀成：《中西文化碰撞与融合背景下的传播图景——〈点石斋画报〉研究》，硕士学位论文，湖南师范大学，2009年。

④ 冯鸣阳：《东方想象和视觉修正——谈〈点石斋画报〉展示西方图景时所采用的图像改良主义》，《南京艺术学院学报》2010年第5期。

⑤ 有关《良友画报》的研究，文中出现《良友画报》、《良友》、《良友》画报等，本书梳理以原研究成果为依据。

闻史上最具有影响力的一部大型综合性新闻画报，是见证中国近现代发展的一份珍贵宝藏。由于《良友画报》在国人乃至世界华人界的巨大影响力，学界对其研究相当重视，研究成果颇丰。

关于《良友画报》研究的专著主要有：生活·读书·新知三联书店2002年出版的马国亮编著的《良友忆旧——一家画报与一个时代》；良友画报出版社1966年出版的伍联德撰写的《良友回忆漫谈》；北京大学出版社2001年出版的李欧梵著、毛尖翻译《上海摩登：一种新都市文化在中国（1930—1945）》；上海社会科学院出版社2004年出版的程德培、郜元宝、杨扬编写的《1926—1945良友散文》《1926—1945良友随笔》《1926—1945良友人物》《1926—1945良友小说》等。李欧梵认为，《良友画报》对上海都会文化的构建有很大意义。"由此它不仅标志了现代中国报刊史上意义深远的一章，也在呈现中国现代性本身的进程上迈出了历史性的一步。"① 而吴果中的《〈良友〉画报与上海都市文化》，把《良友》视为现代都市文化的衍生物，视为上海都市文化的载体，作者认为《良友》为上海都市文化的孕育、繁衍、滋生、汇聚、弘扬和发展做出特殊的贡献。②

另有有关《良友画报》研究的相关论文。如《现代传播》2007年第3期发表的吴果中的《良友画报文化地位整体构建的历史考察》，《出版广角》2007年第3期发表的刘永昶的《良友画报——上海的都市文化品格》，《上海交通大学学报》2002年第2期发表的李康化的《〈良友画报〉及其文化效用》，《广西大学学报》2003年第6期发表的李志雄的《〈良友〉：画报史上的一朵奇葩》，《新闻大学》2004年第4期发表的杨春晓的《解读〈良友画报〉封面》，《新闻周刊》2002年第4期发表的康慨的《〈良友〉的花样年华》等。这些文章从微观角度入手，系统地考察了《良友画报》概况特点及其对中国近代社会的影响。还有一些硕博学位论文对《良友》作了比较深入的研究。如华中科技大学刘永昶的博士学位论文《作为时代图像志的〈良友画报〉——一个现代性视域中的媒介研究》；华中师范大学宋畅的硕士学位论文《〈良友〉画报（1926—1945）对民国美术展览的传播》；上海师范大学沈雁君的硕士学位论文《〈良友〉画报

---

① 李欧梵：《上海摩登：一种新都市文化在中国》，北京大学出版社2001年版，第90页。
② 吴果中：《〈良友〉画报与上海都市文化》，湖南师范大学出版社2007年版。

中的图像叙事研究》；中南大学张洁亮的硕士学位论文《〈良友〉画报的跨文化传播研究》等，分别从性别、文化、图像、媒介等视角，对《良友画报》进行研究。

《良友》无疑是近代广告鼎盛时期最好的广告样本，从广告视角了解中国近代社会是一种很好的方法。学者们对于《良友》广告研究有不少成果。罗妍认为，中国近代这一特殊历史转型期，对于中国广告业发展也是关键时期。广告作为一种强有力的竞争手段成为中外企业的迫切需要新式传媒受西方列强影响发展壮大，报刊新闻媒体对中国近代广告业有着举足轻重的作用。① 吴果中认为，《良友》广告还建构了民族主义的想象共同体。把民族爱国情怀和消费文化情愫在大众媒体广告里相结合成政治文化空间。1933年的"国货年"，"抵制日货，提倡国货"以及1945年抗战胜利后把商业推销与爱国宣传的民族主义政治文化浓墨重彩地书写在广告空间里。②

在商业价值的元素外，广告日益增显其文化附加值。《良友》画报广告对上海消费文化空间的意义愈发重要。吴果中认为根据大众媒介的接近原则，它必然以上海或与上海的相关信息作为媒介内容选择，无论是新闻报道、文学文艺以及消费娱乐方式的介绍，还是广告的刊登，都脱离不了上海都市空间的核心定位，并以适合上海市民的文化心理、知识观念和传播话语样式，实现影响力的最大化。③ 在消费空间里，广告不仅传播物品的有用信息，而且在权力背景和历史与文化的联系里，建构人与物的社会关系，并赋予物品以资本主义社会中的商品属性，不仅能够被使用，具有使用价值，而且"把消费者整合到一张充满复杂的社会身份和符号意义的大网里"④。报刊广告作为民国时期极受大众欢迎的宣传途径，《良友》中的书业广告对当时的文化事业，对社会生活有深远影响。王丽丽认为，在报刊刊登广告是书业宣传的极佳途径。而作为一份发行量巨大、影响广泛的报纸，《良友》画报中的书业广告能为研究当时文化状况提供可贵的资

---

① 罗妍：《〈良友〉画报广告研究》，硕士学位论文，厦门大学，2008年。
② 吴果中：《民国时期〈良友〉画报广告与上海消费文化的想象性建构》，《广告大观》2007年第3期。
③ 吴果中：《从〈良友〉画报广告看其对上海消费文化空间的意义生产》，《国际新闻界》2007年第4期。
④ 吴果中：《民国时期〈良友〉画报广告与上海消费文化的想象性建构》，《广告大观》2007年第3期。

料。不同的机构经营业务不同，反映在广告内容上自然也就差异很大。书籍、期刊、报纸、画册、唱片、明星照片等，《良友》上的书业广告内容差异很大。①

近代以来，随着中国传统社会向现代社会转型，女性的自主权有很大提高，男权话语依附下的女性认同越来越被大众所接受。邓银华、范苗苗的《论〈良友〉画报广告的女性身份认同》中，作者认为以《良友》画报的广告为研究对象，置于作为20世纪二三十年代商品经济中心的上海时代背景之中，分析女性形象建构下的身份认同。② 而王婷从另一个男性视角分析广告对男女性形象表达方式的不同和男女价值认同的不对等，来展现男权意识。王婷认为，尽管民国时期女性的自我意识已经开始觉醒，然而由于历史的局限，民国时期女性的价值观和消费观仍然局限于做男人所喜爱的"贤妻良母"的范畴，女性追求得以取悦男子的商品与消费，其从属地位并没有因为广告中女性形象的大量出现而改变。③

学术界从经济、社会生活、文学艺术、电影图像等多个方面，探讨《良友》画报对于社会生活方方面面的影响，体现上海市民的消费观念与社会生活。张洁亮认为，《良友》画报有着国际化的选题策划能力，它关注世界政治经济的变化，跟踪世界政治局势的动态，报告全球经济发展的情况；它聚焦科技文化的前沿，介绍科技发展的情况，策划世界文化的专题；它引领艺术娱乐的潮流，指点全球艺术风尚的动态，发布世界潮流的趋势。这种跨文化传播能给世界带来震撼。④ 罗婉娴介绍了医药广告表达的特色，通过对比中西医学观点，从中反映了《良友》读者群的社会阶层及其特性，如民众对西药现感、西药在中国传播的情况。⑤ 吴果中认为物质消费决定了文化消费的整体方式。《民国时期〈良友〉画报广告与上海消费文化的想象性建构》一文通过探讨民国时期《良友》画报广告对20世纪二三十年代上海消费文化的想象与建构，从生产消费语境、传播内容

---

① 王丽丽：《浅析1945年前〈良友画报〉中的书业广告》，《山东图书馆学刊》2011年第5期。
② 邓银华、范苗苗：《论〈良友〉画报广告的女性身份认同》，《新闻世界》2015年第1期。
③ 王婷：《论民国报刊广告中的男权意识——以〈良友〉画报为例》，《新闻世界》2014年第9期。
④ 张洁亮：《〈良友〉画报的跨文化传播研究》，硕士学位论文，中南大学，2012年。
⑤ 罗婉娴：《民国时期医药广告的宣传特色——以〈良友画报〉（1926—1945年）的医药广告研究做个案》，《社会历史评论》第14卷。

选择及其所营造的消费空间三个方面，分析了《良友》画报广告与上海消费文化的互动关系。① 满建对早期刊登在《良友》画报上的散文加以研究。该文指出散文在内容上以市民生活为表现对象，认同市民价值观念，重视日常生活的意义；在艺术上以丰富的日常知识作为基础，以生活中的小智慧加以调适，在肆意放谈中呈现出浓郁的市民趣味。②

刘永昶以电影为个案考察《良友画报》对于都市中兴盛的大众文化的理解。无论是《良友画报》对电影"工业化生产"的认知还是"消费主义"的报道策略，都体现了大众文化的现代性特征。③ 刘慧勇对《良友》在纪实摄影方面有所分析，作为摄影的大众传播媒介《良友》画报陆续刊登摄影学会的活动、介绍摄影名家名作、探讨摄影理论和技巧直接促进了纪实摄影的发展，同时也反映了民国纪实摄影的发展状态。④《中国书画》2004 年第 5 期发表的汤静的《〈良友〉画报——新型的美术大众传播载体》；《美术》2014 年第 5 期发表的赵昊的《〈良友〉画报对民国美术展览的传播》等文，对《良友》画报的美术传播提出了自己的观点。

全面抗战爆发后，主流媒体宣传抗日的职责得到充分展现。《南京政治学院学报》2007 年第 2 期发表的刘永昶的《民族救亡中的商业媒体觉醒——以〈良友画报〉为例》、《新闻世界》2015 年第 1 期发表的韩文的《心系抗战，图说新闻——抗战时期〈良友〉画报传播特色初探》、《东南传播》2015 年第 5 期发表的赵昊的《抗战时期〈良友〉对中国共产党视觉形象传播研究》、韩文的 2015 年的硕士学位论文《〈良友〉画报抗战报道研究》等，研究了抗战时期《良友》的发展概况及其特征作用。赵昊认为，《良友》画报是 20 世纪 20 年代至 40 年代最重要的综合画报，抗战期间刊载了八路军、新四军、延安、国统区等一系列中国共产党的视觉形象，宣传了中国共产党领导下的抗日战争状况，起到了良好的传播效果。《良友》画报在抗战期间对中国共产党视觉形象的传播，充分宣传了中国

---

① 吴果中：《民国时期〈良友〉画报广告与上海消费文化的想象性建构》，《广告大观》2007 年第 3 期。
② 满建：《民国〈良友〉画报与予且早期散文的"市民趣味"》，《河北工程大学学报》2015 年第 2 期。
③ 刘永昶：《大众文化认同与消费主义策略——论〈良友画报〉的电影栏目叙述》，《南京艺术学院学报》2008 年第 2 期。
④ 刘慧勇：《民国纪实摄影之推手——〈良友〉画报与民国纪实摄影的发展》，硕士学位论文，浙江师范大学，2009 年。

共产党，使中国共产党各项政策得到有效传播，成为当代抗战史研究的重要图片史料，也是民国报编辑史研究的重要资料。① 刘永昶也在《良友》对共产党的态度转变方面有所研究，《良友》画报并没有接受过共产党的领导或直接指导，其对共产党报道之态度的转变完全是在困厄时局中自发的体认与觉悟，也体现出她对于这个在血与火中锤炼出的新型革命政党所寄予的理想色彩。②

20 世纪 30 年代女性形象受到时尚都市生活方式的冲击，开始变化，从保守逐步走向开放。《良友》画报对女性方面的研究有不少成果。《苏州教育学院学报》2014 年第 4 期发表的余慧娴的《〈良友〉画报女性研究》；《新闻世界》2011 年第 11 期发表的黄思捷的《〈良友〉画报女性形象的文化传播分析》；《青年记者》2008 年第 5 期发表的黎宁的《〈良友〉画报中的女性形象》；《南京艺术学院学报》2008 年第 9 期发表的孙堃的《〈良友画报〉与 20 世纪初的女美术家们》；《唐山师范学院学报》2011 年第 11 期发表的高云、马媛媛的《从〈良友〉画报看二三十年代上海女性生活变化》等，通过《良友》画报，透视近代杂志对近代女性的形象、身份建构中的作用。

黄思捷认为，《良友》画报在肩负文化传播使命之前首先是作为一本刊物存在的，作为女性时尚杂志的鼻祖之一的《良友》也深谙此道，在传递信息的同时也在向读者传达一种积极乐观的生活态度，倡导一种健康的生活方式，唤醒女性独有的性别意识，鼓励女性树立起对生活的自信心。研究《良友》画报中的女性形象对于更好地审视女性在社会文化发展过程中的作用至关重要。③ 卢天塝通过对比《良友》中的城市女性和乡村女性来反映真实的社会生活，认为《良友》画报正是通过这些女性专栏，将女性形象构造得丰满充实，向读者传递一种积极健康的生活方式：阳光、和谐的家庭生活、学习新知识等这些都应该是新女性生活的组成部分。④

《良友》与图像史研究方面的成果主要有：苏州大学钱丽娜的硕士学

---

① 赵昊：《抗战时期〈良友〉对中国共产党视觉形象传播研究》，《东南传播》2015 年第 5 期。
② 刘永昶：《民族救亡中的商业媒体觉醒——以〈良友画报〉为例》，《南京政治学院学报》2007 年第 2 期。
③ 黄思捷：《〈良友〉画报女性形象的文化传播分析》，《新闻世界》2011 年第 11 期。
④ 卢天塝：《浅析〈良友〉画报中城市女性和乡村女性的形象》，《新闻传播》2011 年第 2 期。

位论文《上海都市文化的图像叙述——解读〈良友〉画报（1926—1945）》；上海师范大学沈雁君的硕士学位论文《〈良友〉画报中的图像叙事研究》。钱丽娜认为，画报是一种特殊的表现形式，画报是以图片为主、文字为辅的期刊。图与文，谁主谁次，是画报区别于一般期刊的分水岭。①吴赛华认为，《良友》画报通过由编辑者精心选择、刻意重组的图像形式将其建构的日本形象呈现给读者，带领读者从理性的角度去审视日本及中日关系，尤其在抗日战争时期对于作为侵略者的日本形象的描绘及民族意识觉醒之方面功不可没。②此外，上海科学技术文献出版社2021年推出了"《良友》里的民国生活"丛书，包括《民国里的上海》《民国生活简史》《他们的民国》《在民国谋生》《民国亲历记》和《行走在民国》共6册。

（三）《北洋画报》

《北洋画报》与《良友》一北一南，堪称民国时期画报之双璧。《良友》画报研究自李欧梵著作《上海摩登：一种新都市文化在中国（1930—1945）》出版之后在国内掀起一阵热潮，但对《北洋画报》的研究却乏善可陈，《中国新闻史》《中国摄影史》只是将其放到"摄影画报"章节中略有论及。近年来，《北洋画报》论文数量增多，研究领域有所拓展。张元卿的《读图时代的绅商、大众读物与文学——解读〈北洋画报〉》，认为冯武越的绅商角色和其文化抱负决定了画报的文化品格及其对后世的影响，并对《北洋画报》作为读图时代的传媒如何构建其"文化理想"、如何制造"时尚"、如何创造"当代文学"加以论证。③

《北洋画报》作为当时天津乃至整个华北地区的热销画报，也成为当时的重要广告媒介。韩红星以《北洋画报》上的广告为对象，分析其类型，讲解其流变。④李从娜考察了《北洋画报》在其消费文化视野下的女性身体建构以及所反映的复杂面向，不仅是对身体史研究的进一步推进，同时也揭示了宏大历史叙事之外社会生活的某些侧面及其深层意涵，其对

---

① 钱丽娜：《上海都市文化的图像叙述——解读〈良友〉画报（1926—1945）》，硕士学位论文，苏州大学，2007年。

② 吴赛华：《图像日本——民国〈良友〉画报中的日本形象》，硕士学位论文，浙江工商大学，2011年。

③ 张元卿：《读图时代的绅商、大众读物与文学——解读〈北洋画报〉》，《天津社会科学》2002年第4期。

④ 韩红星：《一报一天堂：〈北洋画报〉广告研究》，厦门大学出版社2012年版。

妇女/社会性别史和身体史研究相结合的研究方法较为新颖。①

《北洋画报》作为引领当时社会时尚的风向标，对民众生活、观念等产生了重大影响。李从娜以《北洋画报》为代表的画报媒体，积极推介、宣传交际舞，引导社会价值观念。《北洋画报》对于舞女群体有着颇多呈现，其以舞女群体为对象，向社会大众呈现出都市消费与两性关系的异化，进而实现了画报媒体与社会的互动。② 刘虹结合民国时期天津服饰中西合璧、追求个性的服饰特征，通过对画报封面女郎、服饰广告、服饰专栏等内容进行研究，确立《北洋画报》在天津乃北方地区女性服饰风尚的传播的领先地位。③ 陈艳以《北洋画报》封面自 20 世纪 30 年代起转向对爱国女学生及女运动员的热衷为切入点，分析了《北洋画报》在政治意识形态和时代审美趣味变动下的积极选择。但同时也指出，这些女学生形象表面的现代化并不能消解其意识形态上的保守性，其表述具有调和现代与传统的特殊功能。④ 韩红星的《民国天津市民消费文化空间的建构——基于〈北洋画报〉的研究》⑤，依据画报史料，从消费空间、生活范式、消费时尚等方面重构民国天津市民的消费文化空间。韩红星另一文《中国近代女性角色的重塑——来自〈北洋画报〉的记录》⑥，认为民国画报是近代历史学研究的重要文献资料，借助于民国画报史料，我们从身体角色、社会角色、观念价值几个方面描述了近代中国女性角色消解与重塑的过程及面貌。

第五节　报刊与近代社会变迁研究

一　传教士与近代报刊

1815 年英国传教士马礼逊、米怜在马六甲创办的《察世俗每月统记

---

① 李从娜：《〈北洋画报〉的身体史意蕴及解读》，《兰台世界》2011 年第 16 期。
② 李从娜：《从〈北洋画报〉看民国时期都市交际舞业》，《中州学刊》2010 年第 1 期。
③ 刘虹：《从〈北洋画报〉看民国天津女性服饰风尚的传播》，《天津纺织科技》2011 年第 2 期。
④ 陈艳：《"新女性"的代表：从爱国女学生到女运动员——20 世纪 30 年代〈北洋画报〉封面研究》，《广西社会科学》2009 年第 12 期。
⑤ 韩红星：《民国天津市民消费文化空间的建构——基于〈北洋画报〉的研究》，《历史教学》2011 年 7 月下半月。
⑥ 韩红星：《中国近代女性角色的重塑——来自〈北洋画报〉的记录》，《妇女研究论丛》2011 年第 4 期。

传》是第一份中文报刊,影响着其后中国报刊业的发展。传教士报刊不仅促进了中国近代新闻出版事业的产生与发展,而且对近代中国的政治、社会、文化、观念等各方面产生了深刻影响,在中国新闻史、报刊史、文化及出版史上均占有重要地位。因此,研究传教士创办近代报刊的历史具有深远意义。20世纪90年代开始,学术界对中国近代社会中传教士和近代报刊展开了研究并取得了大量的研究成果。

从1815年到1951年,外国传教士和教会创办了数量众多的中文报刊。传教士中文报刊是中国近代报刊的先驱,之后逐渐融入中国社会,成为中国近代文化的组成部分。传教士中文报刊的变迁造就了世界历史进程中一种非常奇特甚至可以说是独一无二的文化现象。赵晓兰、吴潮著《传教士中文报刊史》一书,是我国第一部对传教士中文报刊136年发展历史进行全景式阐述和系统研究的著作,对于推动传教士与近代报刊史的研究,对于近代文化史的研究,都会起到一定的推动作用。① 尹延安著《传教士中文报刊译述中的汉语变迁及影响(1815—1907)》,从语言与文化互动的角度考察传教士中文报刊译述活动对汉语变迁的历史影响和作用。以话语分析理论为架构,通过具体文本剖析形成如下观点:传教士中文报刊译述语言是介于文言与白话之间的"第三语码",是汉语书面语流变的一种趋势。② 研究近代传教士及中西文化交流的论著中,对传教士在华办报活动也多有涉及。如顾长声著《传教士与近代中国》一书,第十六章《圣经》在中国的翻译与传播、第十七章传教士与中西文化交流,涉及传教士在华办报的活动。③ 熊月之著《西学东渐与晚清社会》,有专门章节对传教士在华创办的主要报刊、出版机构等进行研究。④

传教士来华办报一定基于某种动机和目的,并通过不同时期的方向宗旨来指导活动从而达到自设目标,因此研究传教士来华办报动机可以更清晰地把握中国近代报刊业发展脉络。陈建云指出:传教士把创办中文报刊作为传教的一种策略,内容上传播西方文化知识,实际上传播宗教信仰,带有"文化侵略"的特质,创办报刊是对传播宗教信仰的一种最快捷和最

---

① 赵晓兰、吴潮:《传教士中文报刊史》,复旦大学出版社2011年版。
② 尹延安:《传教士中文报刊译述中的汉语变迁及影响(1815—1907)》,上海交通大学出版社2013年版。
③ 顾长声:《传教士与近代中国》,上海人民出版社1981年版。
④ 熊月之:《西学东渐与晚清社会》,上海人民出版社1994年版。

方便的方式。① 高小淞指出，传教士办报动机可以分为三层：一是报刊公开宣称的动机，是为传播教义、介绍西方文明，促使中国人民进步；二是通过西方文明的呈现，破除中国人对西方人的轻视心理，建立一个类似西方的文化环境；三是最终动机，包括办报在内的一切活动的真正主观动机是传教。② 田峰认为，基督新教传教士来华创办报刊是为了传播基督教，报刊是其重要的辅助传教手段，传教士的根本目的是希望通过"文字传教"等方式来实现"中华归主"，使中国人皈依基督教。③

赵晓兰指出，传教士中文报刊经历了一个从传播宗教到传播西学再到传播宗教的过程，并研究了传教士办报宗旨的演变过程，指出传教士来华办报根本是为了传播宗教，从文化上击破中国人的"壁垒"，传播西学，而且传教不能直接进行，于是通过办报来间接传播教义，报刊只是一种重要的传播手段。④ 谭树林认为，最早的中国近代报刊几乎全由外国传教士创办，这些中外文期刊不仅促进了基督教在华人中的传播，推动了近代中西文化交流的进程，而且开我国近代报业之先河，为中国近代报刊业的发展提供了先进的印刷技术和编辑排版方式，在中国新闻史、报刊史及出版史上占有重要地位。⑤

传教士中文报刊发展活动也随着中国社会演变和国内外形势发展发生着变化，在不同的历史时期有着不同的活动，以及传播方向。王海在《外国传教士在华报刊活动的历史分期》一文中，详细介绍了外国传教士在华报刊活动的历史分期，为研究传教士中文报刊活动提供了清晰的脉络。⑥ 赵晓兰认为，19世纪上半叶，外国传教士创办的中文报刊将西方近代报刊的概念与形式介绍到中国，揭开了中国近代报刊的序幕。19世纪下半叶，近代报刊逐渐走向成熟。以鸦片战争为界，分为两个阶段来分析报刊的近代化进程。⑦ 沈继成认为，鸦片战争之前，少数传教士在南洋及广州等地办了几份中文刊物，这是中国近代报刊的萌芽；从19世纪40年代到90年

---

① 陈建云：《来华基督教传教士办报动机辨析》，《西南民族大学学报》2007年第4期。
② 高小淞：《基督教传教士来华办报动机辨析》，硕士学位论文，山东师范大学，2012年。
③ 田峰：《基督新教传教士与中国近代报刊的发端》，《山东理工大学学报》2016年第4期。
④ 赵晓兰：《传教士中文报刊办报宗旨的演变》，《浙江大学学报》2011年第5期。
⑤ 谭树林：《早期来华基督教传教士与近代中外文期刊》，《世界宗教研究》2002年第2期。
⑥ 王海：《外国传教士在华报刊活动的历史分期》，《河南大学学报》2012年第1期。
⑦ 赵晓兰：《19世纪传教士中文报刊的历史演变及近代化进程》，《世界宗教研究》2008年第1期。

代，大批传教士涉足报刊业，所办刊物的数量也急剧增加。① 刘晓多的《近代来华传教士创办报刊的活动及影响》指出，1815 年到 1842 年是西方传教士在华创办报刊的第一阶段，也是教会报刊在中国的初创时期；1842 年到 19 世纪末是西方传教士在华创办报刊活动的第二阶段，也是教会报刊在中国迅速发展时期。②

中国近代报刊业，发端于 19 世纪初新教来华传教士创办的报刊。《察世俗每月统记传》揭开了中文近代报刊出版的序幕。传教士中文报刊引进了先进模板，采取了新型理念创作方式，推动了中国报刊业的发展，对中国近代报刊产生了深刻影响。《山东理工大学学报》2016 年第 4 期发表的田峰的《基督新教传教士与中国近代报刊的发端》《世界宗教研究》，2012 年第 4 期发表的赵晓兰的《论传教士中文报刊对中国近代民族报刊的催生作用》都认为，中国近代报刊业开端与传教士来华办报有着紧密联系。《福建教育学院学报》2006 年第 4 期发表的陈超的《试论传教士报刊对中国近代报业发展的影响》、《新闻与传播研究》2009 年第 5 期发表的吴潮和赵晓兰的《我国关于传教士中文报刊的研究》、《山东大学学报》1999 年第 2 期发表的刘晓多的《近代来华传教士创办报刊的活动及其影响》等文，对传教士办报对中国报刊业发展起到促进催化作用进行研究，认为传教士中文报刊的开创发展推动着中国报刊业兴起和进步，传教士中文报刊引进了西方近代化的报刊样式，为中国近代民族报刊提供了模板，传教士引进的西方先进印刷技术为中国近代报刊提供了技术支持。③

传教士来华办报，最深远的影响是推动中国近代社会文化观念发生转变，其中包括对传统宗族观念、儒家思想的冲击，还有民主思想的传入，女性思潮兴起等。王金珊认为，传教士报刊强行进入中国后，引起了广大进步知识分子追求民族独立、国家富强的思想观念、思维方式的深刻变化，传教士报刊进入中国开启了国人智慧、推动历史变革。④ 程丽红则认为，近代在华基督教传教士报刊最重要的意义在于西学文化的传播：一是早期传教士报刊有关基督教的宣传，对基督教在中国广泛传播起到铺垫作用；二是传教士报刊关于西学的大量介绍，对中国知识分子具有思想启蒙

---

① 沈继成：《试论 19 世纪在华传教士的报刊活动》，《华东师范大学学报》2002 年第 6 期。
② 刘晓多：《近代来华传教士创办报刊的活动及影响》，《山东大学学报》1999 年第 2 期。
③ 田峰：《基督新教传教士与中国近代报刊的发端》，《山东理工大学学报》2016 年第 4 期。
④ 王金珊：《早期传教士报刊对中国近代文明的构建》，《内蒙古社会科学》2008 年第 5 期。

的作用。①

　　传教士报刊对女性观念的宣传是中西文化交流系统中的重要分支，不仅从思想角度引发中国人对女性观念的新思考，同时也从现实角度提高了中国女性的社会地位，推动中国近代化发展。杨照蓬认为，基督教女报以女性为主要受众，其主旨为促进中国女性基督化，进而促进中国家庭的基督教化。《女星》作为一个以中下层女性为主要受众刊物鲜明体现这一点。②宋好认为，为了配合西方殖民者对中国的殖民政策，在华从事办报活动的外国传教士，采取"合儒"策略，以中国人熟悉的方式，向他们宣传西方的宗教、科技、社会制度，为落后的中国带来了当时较为先进的西方文明，间接地推动了中国社会的变革。③赵晓兰的《传教士中文报刊的儒学态度——从附儒到既儒又批儒的转变》④认为，传教士们通过创办中文报刊传播西方思想文化的行为，势必与儒学特殊的地位发生碰撞、形成挑战。因此，传教士所办的中文报刊对儒学采取了颇为复杂的态度。谢丹对鸦片战争前后传教士报刊对西方近代民主制度进行介绍，认为尽管传教士在中国办报的目的是将其作为"文字布道"的工具，其中对西方近代民主制度的介绍客观上却对近代中国社会民主思想的萌生起到了推动作用。⑤

二　国民党党报

　　对国民党党报的研究，蔡铭泽著文最多。其代表作有：《新闻研究资料》1992年第1期发表的《中国国民党党报发展述略》、《新闻大学》1993年第2期发表的《论抗战时期国民党党报的发展》、《新闻大学》1994年第2期发表的《四十年代国民党党报企业化经营管理概述》、《新闻与出版研究》1995年第2期发表的《大陆时期国民党党报管理体制的

---

①　程丽红：《文化侵略的工具文化交流的媒介——论近代在华基督教传教士报刊的文化意义》，《社会科学战线》2000年第6期。
②　杨照蓬：《基督教女报与中国女性形象的建构（1912—1941）》，硕士学位论文，上海师范大学，2011年。
③　宋好：《论19世纪外国传教士创办华文报刊的"合儒"策略》，《理论界》2011年第4期。
④　赵晓兰：《传教士中文报刊的儒学态度——从附儒到既儒又批儒的转变》，《新闻与传播研究》2013年第1期。
⑤　谢丹：《鸦片战争前后传教士报刊与西方近代民主思想的渗入》，《理论月刊》2008年第2期。

变化》、《广州师院学报》1995年第1期发表的《论中国国民党地方党报的建立和发展》等，这些文章的观点最后集中于其于团结出版社1998年出版的《中国国民党党报历史研究（1927—1949）》一书中。该书对国民党党报的文化专制主义及其宣传方针、宣传策略作了较为详尽的论述，对国民党企业化经营管理作了正面评价。①

有学者从新闻的新闻政策的视角，研究国民政府的报业发展。杨师群的《党治下的新闻报业——国民党专制时期（1928—1937）新闻报业的考察》②一文，着重对南京国民政府前期新闻报业的发展做了介绍。文章指出，在国民党一党专制的政体下，虽然整个新闻界受到严密控制，然而，民间新闻工作者与国民党党治下的新闻专制依然进行了顽强的斗争。而这种专制与自由的矛盾与斗争构成了这一时期新闻报业的特点，并使得当时的新闻出版事业依然不断发展。何村的《抗战时期民族主义视阈下的国民党党营报纸大众化》一文，就国民党党营报纸大众化产生和发展的社会背景、发展状况以及影响和不足等进行了分析和阐述。③ 张太原的《二十世纪三十年代国民党主流报刊上的马克思学说之运用》一文，研究了在国民党主办或控制的报刊上，马克思主义学术的运用情况。④

《中央日报》是中国国民党的中央机关报，于1928年2月创刊于上海，后迁南京；抗日战争爆发后迁往内地。《中央日报》主要宣传国民党的方针、政策，发表对各种政治事件、国内外大事的政治主张和基本态度。它是国民党的喉舌和舆论工具。1949年后，《中央日报》随国民党迁往中国台湾，继续出版。研究国民党在大陆统治的历史，《中央日报》可以提供许多有参考价值的史料。

文史哲出版社1971年出版的余光编的《〈中央日报〉近三十年文史哲论文索引1936—1971》，将《中央日报》近三十年文史哲论文做成索引，方便学者查找。台湾"中央日报社"1988年出版的胡有瑞主编的《六十年来的〈中央日报〉》记录了作者与《中央日报》及《中央日报》六十年

---

① 蔡铭泽：《中国国民党党报历史研究（1927—1949）》，团结出版社1998年版。
② 杨师群：《党治下的新闻报业——国民党专制时期（1928—1937）新闻报业的考察》，《华东政法大学学报》2010年第5期。
③ 何村：《抗战时期民族主义视阈下的国民党党营报纸大众化》，《新闻大学》2014年第2期。
④ 张太原：《二十世纪三十年代国民党主流报刊上的马克思学说之运用》，《中共党史研究》2014年第2期。

大事迹,并对《中央日报》的历史发展进行了细致的分析和比较客观的评价。赵丽华以《中央日报》副刊(1928—1949)为研究对象,对其进行整体梳理和研究,深化了国民党文艺研究这个课题,拓展中国现代文学史的学术视野。该书重点考察国民党对于文艺的规划与设计,展现在政党意志、政府体制下文艺的面貌以及生成运作的方式。① 总体而言,对《中央日报》研究的学术性专著相对较少,值得更全面深入的研究。

有学者对《中央日报》的发展始末、经营特色、舆论宣传等进行研究,如《新闻研究资料》1985年第1期发表的罗自苏的《〈中央日报〉的历史沿革与现状》、《中国传媒大学学报》2015年第5期发表的赵丽华的《民国〈中央日报〉发展的四阶段与宣传特色》等。穆逸群的《〈中央日报〉的廿二年》,分武汉时期、上海时期、南京时期、重庆时期和复刊时期这五个时期,介绍了1927年国民革命军底定武汉至1949年人民解放军解放南京这22年中《中央日报》的情况,作者穆逸群沿着《中央日报》发展的时间轴,分析了其发展进程与人民利益日益背离的历史现实,剖析了《中央日报》最终走向灭亡的原因。② 黎宁的《抗战时期〈中央日报〉的新闻宣传研究》③,以抗战时期《中央日报》为研究对象,总结了《中央日报》的经营管理体制、宣传方针、宣传内容、宣传策略,从宏观角度梳理了《中央日报》在抗战时期的概况,重点论述了国民党新闻政策对《中央日报》宣传内容的影响,并对其作出评价。还有一些学者从多角度对《中央日报》做出评价。如吴海勇的《1928年至1948年〈中央日报〉对五四运动的评论》④,分析了《中央日报》有关五四运动的社论文本,归纳出其三次话语变迁,并透析社论与国民党领袖五四观的张力关系,最终得出"服从并服务于政治的强烈意识,使《中央日报》五四社论对于至为关键的青年问题态度游移,因而丧失了客观性与说服力"的结论。

社论是报纸的灵魂,《中央日报》作为国民党的喉舌,代表的是国民党中央的声音和意见。因此,学界对《中央日报》社论给予较多关注,通

---

① 赵丽华:《民国官营体制与话语空间:〈中央日报〉副刊研究(1928—1949)》,中国传媒大学出版社2012年版。
② 穆逸群:《〈中央日报〉的廿二年》,《新闻与传播研究》1982年第5期。
③ 黎宁:《抗战时期〈中央日报〉的新闻宣传研究》,硕士学位论文,湖南师范大学,2009年。
④ 吴海勇:《1928年至1948年〈中央日报〉对五四运动的评论》,《上海党史与党建》2009年第5期。

过研究《中央日报》社论,来探究当时国民党对各重大事件的态度,对于国民党研究具有很大帮助。如徐思彦通过对《中央日报》和《大公报》1938 年至 1939 年的七七社论文本进行较细致的考察,并检索和比较该两种报刊中某些关键词的频率,乃至对于政府、领袖、军事、抗战建国等概念的不同提法和态度,分析在当时的抗战大势下,代表官方的《中央日报》与代表民间的《大公报》之异同。① 张家飞通过对 1949 年《中央日报》社论进行考察,对国民党在危局中的应对与反省做了分析。②

对《中央日报》副刊进行研究,除了赵丽华著《民国官营体制与话语空间——〈中央日报〉副刊研究(1928—1949)》一书,还有一些学者利用《中央日报》副刊对事件和相关人物进行研究。重庆大学敦枫 2012 年的硕士学位论文《抗战时期重庆〈新华日报〉、〈中央日报〉副刊上的文艺论争》,运用历史研究、量化研究等方法,对两报的文艺舆论加以比较分析,总结了《新华日报》和《中央日报》在文艺宣传及论争上的得失。西南大学陈静的硕士学位论文《战后〈中央日报〉副刊与文艺思潮变迁》,通过对战后《中央日报》副刊的研究,一方面探究了其在特定历史语境中的地位和影响,对《中央日报》副刊的研究作出补充;另一方面,考察了战后复员时期国统区文化的转变,窥探战后国民党党治文艺的走向。张武军对 1928 年上海《中央日报》文艺副刊进行了考察,这既是对革命文学谱系的历史还原和重新梳理,也是在民国历史语境中对中国文学"现代性""摩登性"的重新探究。③ 他在《首都师范大学学报》2015 年第 3 期发表的《〈中央日报〉、〈新华日报〉副刊与抗战文学的发生》一文明确《中央日报》在抗战文学发生中的主导地位,认为《中央日报》《新华日报》这两大报纸副刊之间并非只是对台戏,还有更多复杂的关联,由此可以发掘抗战文学的丰富性、多元性和开放性。

华东师范大学 2009 年张慧的硕士学位论文《〈中央日报〉副刊与储安平》和韩成的《从观察文坛到关注社会——〈中央日报〉副刊时期储安平

---

① 徐思彦:《官与民:对〈中央日报〉〈大公报〉七七社论的文本分析》,《学术界》2006 年第 6 期。
② 张家飞:《国民党危亡之秋的应对与反省——以 1949 年〈中央日报〉社论为中心》,硕士学位论文,华中师范大学,2011 年。
③ 张武军:《"红与黑"交织中的"摩登"——1928 年上海〈中央日报〉文艺副刊之考察》,《文学评论》2015 年第 1 期。

之转折》，探讨了"新月派第二代文人"的储安平从担任《中央公园》编辑到其转型的经历，体现了国民党当局新闻专制与《中央公园》现代性的冲突，揭示了储安平日后命运的必然性。① 张颖在西南大学的硕士学位论文所写《孙伏园与重庆时期的〈中央日报〉副刊研究》，综合考察了孙伏园与《中央副刊》之间的关系。

学界对《中央日报》的广告研究相对较少，其中以《资本论》广告事件研究居多。高伶俐对1928—1937年近十年的《中央日报》婚事广告进行爬梳，从其表现形式和内容等方面分析婚事广告蕴含的内在意义，呈现出这一时期城市婚姻生活的各种状态。②《青年记者》2014年第27期发表的李静的《近代民族工商企业香烟广告的广告策略——以1928年〈中央日报〉国货广告为例》一文，以《中央日报》为例，探讨了20世纪初国货运动中，香烟行业的广告营销策略等。

学界关注较多的是从《中央日报》所刊载的内容来看待当时的某些重大历史或社会问题。研究学者主要从两方面利用《中央日报》进行研究：一是将《中央日报》作为史料，透过《中央日报》的报道来研究重大事件，如刘广建的《从〈中央日报〉看战后日本战犯的审判》③，从《中央日报》对日本甲级战犯审判的相关报道中来管窥国民政府对审判日本战犯的态度；二是将《中央日报》作为研究主体，通过研究《中央日报》的言论探讨《中央日报》与大事件的关系，乃至国民党对大事件的态度，如刘丽丽通过梳理《中央日报》对马部抗战的报道来透视南京国民政府对日政策的走向及在新闻舆论的引导和抗战动员宣传方面的策略和作用。④ 学界对《中央日报》重大事件的研究，主要集中于抗日战争时期。如张可以《大公报》《中央日报》《解放日报（西安版）》作为研究对象，探讨西安事变发生后不同的新闻媒体因为各自所从属的利益集团不同，都分别在各自的报道中向公众传达着有利于己方意愿的信息，以此来制造社会舆论，

---

① 韩戍：《从观察文坛到关注社会——〈中央日报〉副刊时期储安平之转折》，《安徽大学学报》2014年第5期；张慧：《〈中央日报〉副刊与储安平》，硕士学位论文，华东师范大学，2009年。

② 高伶俐：《〈中央日报〉婚事广告与南京城市婚姻文化的建构（1928—1937）》，硕士学位论文，南京师范大学，2014年。

③ 刘广建：《从〈中央日报〉看战后日本战犯的审判》，《日本侵华史研究》2015年第1期。

④ 刘丽丽：《九一八事变后南京国民政府对日政策的演变——以对〈中央日报〉马占山抗战的报道为中心》，《民国档案》2015年第4期。

从而试图推动西安事变朝着各自期望的方向发展。① 刘建明指出，南京国民政府成立后，蒋介石日渐加强思想控制，对报刊实行严酷的新闻政策，把《中央日报》推向危机，也使其"党化"新闻业同其政权一道在大陆迅速崩溃。② 范紫轩对抗战时期国民党对《中央日报》的创办、管理及"政党、政权、党报"的关系进行了探讨。③

《中央日报》作为国民党的中央直属机关报，在新闻舆论的引导和党的大政方针政策宣传方面有着最为强势的传播效果。学界近年来对此予以越来越多的关注，如《东南传播》2011年第1期发表的孟娜的《抗战时期国民党〈中央日报〉的宣传特点》；天津师范大学张曦文2012年的硕士学位论文《〈中央日报〉抗日宣传手段及作用研究（1937—1945）》等，对《中央日报》在抗日战争时期的宣传技巧、宣传特点等进行了深入的探究。陆海峰将重庆谈判作为媒介事件，以《新华日报》《中央日报》《大公报》为研究来源，研究两党、三方重庆谈判期间的宣传策略，并从中探讨各方是如何建构社会认同，进而使得形势朝有利于自己的方向发展。④ 湘潭大学陈冠宇2015年硕士学位论文《〈新华日报〉与〈中央日报〉"常德会战"宣传比较研究》对《新华日报》与《中央日报》对常德会战宣传特点的异同进行了比较，并对其历史启示进行了深入探究。此外，一些学者从微观角度对《中央日报》进行了研究，如随红松通过对《中央日报》1928年至1937年离婚启事的解读，分析这些启事文字叙述之中隐藏的社会信息，以此窥视当事的离婚状况与社会生活。⑤

可见，学者们对国民党党报从诞生到衰败的整个过程都予以关注，但视线主要集中在《中央日报》上，对其他类型的国民党党报的研究还不够充分，而且研究多是对历史事件"点"的论述，对"面"上把握不足。目前国内学界有关《中央日报》的研究成果，与《申报》《大公报》而言相

---

① 张可：《框架理论视野下西安事变的媒体呈现——以〈大公报〉、〈解放日报（西安版）〉、〈中央日报〉为样本》，硕士学位论文，安徽大学，2010年。
② 刘建明：《〈中央日报〉风波与蒋介石的新闻专制》，《新闻与传播研究》2015年第3期。
③ 范紫轩：《从抗战时期〈中央日报〉看其"党、政、报"的关系》，《内蒙古农业大学学报》2011年第3期。
④ 陆海峰：《重庆谈判期间国共两党及民主党派的宣传策略研究——以〈新华日报〉〈中央日报〉〈大公报〉的社论为例》，硕士学位论文，南京师范大学，2014年。
⑤ 随红松：《中国近代离婚观念的嬗变——以〈中央日报〉离婚启事为例》，《安庆师范学院学报》2008年第11期。

对较少,应加强对该报纸的研究。

三 报刊与社会变迁

在中国近现代中国众多的报刊中,存在时间短者固然很多,但报龄长者也不少,有些报刊自身沿革变迁的历史,可以折射出近现代社会政局与社会生活的变迁。孙文铄等从近代报刊名称这个视角考察近代报刊发展与近代历史发展的关系,认为从报刊名称的演变,可以看到中国近代各个时期社会政治、经济、文化等各方面的变化,也可以看到中国近代报业自身进化的轨迹。① 姚琦认为,1815—1915 年中国出版了近 2000 种中文报刊,这些报刊在内容上反映了近代中国从最初西潮东来到洋务、维新、反清革命、创建民国的过程,在名称上折射了近代中国的历史进程、社会变迁和国人对中外大势的认识。在出版地上由东南沿海不断向内陆辐射,体现了西学东渐和中国近代报刊发展的基本规律,通过对中国近代报刊的宏观考察分析,可知中国近代报刊发展与中国近代历史发展线索基本一致,从诸多侧面反映了中国近代社会政治、经济、文化的发展和变迁。② 曾宪明等认为,近代报刊与中国现代化意识这两者之间的关系密不可分、相互交织、相互影响,就像有机体和周围环境的关系一样,表现出一个刺激和反应的互动过程,共同推动着近代中国向现代化社会的艰难过渡。③

对清末报刊的研究,不少是以报刊传媒为切入点研究某个专题。这类研究成果,有研究报刊个体的舆论宣传对某一历史事件或社会某一方面的影响者,如唐富满的《〈东方杂志〉与清末立宪宣传》等;也有以报刊群体为考察对象,研究报刊传媒对社会变迁的影响者,如黄顺力将大众传媒对晚清革命的催化作用予以分析后认为,报刊传媒的出现,对近代思想文化的变迁,尤其在促成辛亥革命的爆发方面产生了剧烈而深远的影响。④ 桑兵认为,大众传播媒介的发达,是近代社会变迁的重要动力和指标。而大众传播业的民间化,对清末社会产生了重大影响,不仅促成政体形式由

---

① 孙文铄、郭亮:《中国近代报刊名称考》,《暨南学报》1994 年第 2 期。
② 姚琦:《中国近代报刊业的发展与百年社会变迁》,《社会科学辑刊》2001 年第 6 期。
③ 曾宪明、黄月琴:《论近代报刊与中国现代化意识的交互关系》,《湖北大学学报》2002 年第 2 期。
④ 黄顺力:《报刊传媒与晚清革命论略》,《厦门大学学报》2007 年第 6 期。黄顺力、李卫华:《清末留日学生后期革命报刊的思想宣传及影响》,《厦门大学学报》2008 年第 6 期。

帝制向共和剧变，而且引起整个中国社会结构的连锁反应。该文还对报刊业的民间化问题做了重点探讨。① 唐海江以报刊传媒为主要内容考察晚清社会变迁。该书以清末报刊传媒中的政论报刊为研究对象，运用政治文化动员理论，解读动荡变局中报刊的社会动员功能。② 李卫华探讨了清末"预备立宪"与报业空间的关系，指出清廷预备立宪对清末报业发展意义极其重要。在此期间报界的言论环境有所改善；体现宪政以法治国的报律出台，报律规定了报界应履行义务的同时也赋予报界发展必要的基本权利；报律作为社会规范，它不仅约束报界本身，也对行政权力干涉报界的行为有一定的制约；咨议局的设立，亦成为限制行政力干涉报馆的重要政治因素；清政府将官报作为推行宪政的载体，鼓动创办官报，这无疑是推动报业发展的官方动员。③

有学者考察了辛亥革命前的报刊在马克思主义传播史上的地位和作用。④ 也有学者从传播功能角度去观察中共早期报刊。⑤ 何扬鸣比较详细地考证了浙江在 20 世纪初创办的宣传过马克思主义的刊物及有代表性的文章。⑥ 研究者对报纸视野下的历史事件研究也进行了有益探索。如《安徽师范大学学报》2005 年第 6 期发表的廖大伟、高红霞的《〈民立报〉对南京临时政府组建的建言和监督》，《历史研究》2005 年第 5 期发表的潘光哲的《〈时务报〉和它的读者》，《史学月刊》2005 年第 12 期发表的刘永文、陈晓鸣的《〈时报〉报道的中国西藏》，《江海学刊》1999 年第 2 期发表的刘增合的《试论晚清时期公共舆论的扩张——立足大众媒介的考察》，《史林》2001 年第 1 期发表的刘学照的《上海庚子时论中的东南意识述论》等文章。

侧重于通过单份报纸考察中国近代史上的重大事件的成果主要有：《求是学刊》1997 年第 2 期发表的赵兴元的《从〈申报〉看甲午战后国人

---

① 桑兵：《清末民初传播业的民间化与社会变迁》，《近代史研究》1991 年第 6 期。
② 唐海江：《清末政论报刊与民众动员——一种政治文化的视角》，清华大学出版社 2007 年版。
③ 李卫华：《清廷"预备立宪"与清末报业发展空间的扩展》，《国际新闻界》2011 年第 5 期。
④ 乔云霞：《辛亥革命前的报刊在我国马克思主义传播史上的地位》，《天津师大学报》1985 年第 6 期。
⑤ 高金萍：《中国近代早期报刊的传播功能分析》，《中国文化研究》2009 年夏之卷。
⑥ 何扬鸣：《试论浙江早期传播马克思主义的报刊》，《浙江大学学报》2001 年第 5 期。

心态》、《安徽史学》2004年第1期发表的王晋玲的《〈申报〉与中法战争》、《天府新论》2004年第2期发表的韩小林的《〈申报〉对研究中日甲午战争的史料价值》、《历史档案》2004年第3期发表的徐建平的《甲午战争时期的天津〈直报〉及其对战后舆论的导向》、《清史研究》2004年第3期发表的贺玲的《琉球事件中的中国社会关于宗藩体制的舆论——以〈申报〉为主要考察对象》、《学术月刊》2004年第6期发表的孙邦华的《晚清来华新教传教士对中国科举制度的批判——以〈万国公报〉为舆论中心》等。另外，华东师范大学历史系有多篇中国近现代史专业硕士论文中对报纸资料的运用，如程鹏的《甲午战争期间的〈申报〉舆论》、岑洪的《义和团运动期间的〈申报〉舆论》、姚颖冲的《甲午战争期间的〈新闻报〉舆论》、况落华的《〈新闻报〉视野下的义和团运动》《〈新闻报〉视野下的袁世凯与帝制》等。湖南师范大学、河南大学中国近现代史硕士毕业论文也有几篇，如粮艳玲的《试论〈清议报〉的立宪宣传》、石烈娟的《〈新民丛报〉的立宪宣传》、李吉莲的《〈大公报〉与清末妇女解放》等，都是利用不同报刊对近代史上的重大事件进行分析解读。知识产权出版社2019年出版的杨晓娟的《中国近代报刊的社会角色》则是以《申报》《女子世界》《新青年》为个案考察了近代报刊在社会转型过程中的作用。

此外，在近代新闻史研究方面，除了作为主体的报刊史研究，还有学者对近代的广播事业有所研究。如重庆出版社2015年出版的张小航著《抗战八年广播纪》、团结出版社2021年出版的谢鼎新著《民国广播事业史研究》；中国广播影视出版社2017年还出版的赵玉明、艾红红主编的《中国抗战广播史料选编》，中国传媒大学出版社2021年出版的艾红红等编《民国广播文献集成》。另近年还出版了多部新闻史的专题或通论著作，如北京大学出版社2010年出版的龙伟的《民国新闻教育史料选辑》；南京大学出版社2012年出版的韩丛耀等著《中国近代图像新闻史》5卷本；石家庄人民出版社2016年出版的许晓明著《中国近代新闻教育发展史研究（1912—1949）》；南京师范大学出版社2016年出版的倪延年著《民国新闻史研究》；人民出版社2017年出版的李滨著《中国近代新闻思想的嬗变》、人民出版社2020年出版的《近代中国新闻实践史略》及中国传媒大学出版社2021年出版的倪延年著《中国近代新闻国际交流史》等著作，丰富了近代新闻史的研究视角。

第六节　问题与趋向

新中国成立以来，尤其是20世纪80年代以来，学术界对中国近代报刊史的研究发展迅速，相继出版和发表了一些专著和论文，从不同侧面对中国近代报刊相关理论问题、近代民营大报、地方小报、近代妇女报刊、近代画报、外国传教士与近代报刊等问题进行了深入探讨。就目前而言，近代报刊史的研究，仍呈现方兴未艾之势。但是，在对中国近代报刊史研究中仍存在一些问题，在研究方法、研究视角、研究范围等方面有待进一步深化。

一　存在的问题

第一，研究的不平衡。这主要体现在：一是研究对象的不平衡。通过对近代报刊史研究成果的梳理中不难看出，已有研究多集中在有限的大报（《申报》《大公报》及革命报刊《解放日报》《新华日报》等）研究上，而对其他相当有影响的报刊关注仍然不够，如《时报》《新闻报》与《申报》，这三份报纸是当时上海三个发行量最大和最受欢迎的报纸，而对《时报》《新闻报》研究明显欠缺，其研究成果根本无法与《大公报》《申报》相提并论。而官报则是清末报刊中的一个特殊而重要的群体，对清末社会的影响理应纳入研究的视野，但目前的研究与其重要性颇不成正比，因此应加强这类报刊的研究。二是总体研究的多而专题研究的少、对个案研究较多而群体考察较少。已有报刊史研究的个案分析较多，近代社会发展变革固然与某些报刊的鼓吹不无关系，但是个体报刊的影响力毕竟有限，未必能在某刊与某一历史事件之间建立必然的因果联系。由各个个体报刊组成的报刊传媒的力量则强大得多，它覆盖和影响到不少有一定识字能力的社会阶层和城镇居民。近代报刊传媒之于近代社会变迁的影响应该从报刊群体上予以考察。三是研究队伍分布的不平性。从事近代报刊史研究的团队，主要分布在上海、北京，研究机构主要为复旦大学、清华大学、中国人民大学、中国社会科学院等高校和科研机构，他们从事的多是全国性报刊研究，或是所在地报刊的研究，这就导致研究成果主要集中在通史类研究研究，或地方报刊（主要是近代上海报刊）史的研究，或其他地方的报刊史研究则极为薄弱。诚然，近代报刊以京沪为中心分布，但是中国疆域辽阔，地方文化事业也极为发达，各地报刊各具特色。因此，应加强地方报刊史研究，彰显近代文化事业的多样性。

第二，研究成果交叉和重复。这在教材类的成果中表现得尤为突出。据初步统计，已出版的以《中国新闻事业史》命名的教材，和与之配套的"大纲""文选"等辅助教材有几十种。如此众多的同类教材和教辅材料出现，不仅使读者眼花缭乱，目不暇接，且辗转承袭相互征引之处，其中有不少属于低水平的重复，没有太多的学术含量。在论文方面，很多文章也是低层次重复出现，突出表现在大批雷同的硕博士学位论文的出现。

第三，研究资料的匮乏。尽管在近代报刊资料的整理出版方面，各机构已投入巨大的人力、财力，但是由于近代报刊浩如烟海，近代史上的很多报刊，由于战火或运动而被毁，已经无存。现存的报刊，特别是清末民初的报刊，由于年代久远，加之保护工作不到位，在存放了近一个世纪以后，已经接近糟朽，有的几乎一触即碎。近几年，不少收藏部门采取扫描、影印、缩微等措施进行抢救。整理好一部分，开放一部分。对那些尚未加工整理的部分，则暂停出借。这使很多报刊史的研究，难为无米之炊。还有不少地方档案馆，由于观念意识落后以及人力、财力的限制，报刊抢救工作开展迟缓，致使很多地方报刊根本无法利用，这十分不利于地方报刊史研究的开展，故应加大地方报刊的保护力度和开放程度，以便更好地推动地方报刊史研究。

第四，政治化倾向依然存在，本体意识有待加强。受革命史观、政治史观的影响，近代报刊史研究的政治化倾向依然存在。1982年，方汉奇在反思自己的《中国近代报刊史》编写体例时，指出报刊史编写的像党史、思想史、政治史，缺乏自身的个性，称《中国近代报刊史》也存在同样的问题，"写出来的东西还是个半大的解放脚，基本上还是采用了按政治运动分期的那种体例"[①]。尽管随着报刊史研究的深入，这种政治化倾向明显减弱，但依然存在。因此，应避免以政治思想斗争为主线，加强报刊史研究的本体意识。

二　未来趋向

一是拓展研究内容。目前近代报刊史研究主要集中在中国近现代史上

[①] 方汉奇：《方汉奇文集》，汕头大学出版社2003年版，第22页。

进步媒体和革命报刊，以及重要的民营大报，对思想较为保守的报刊、国民党方面的报刊以及国外的新闻媒体很少关注。故应在总体研究，宏观研究不断深入的同时，专题研究亟待加强。如洋务派与近代报刊、资产阶级革命派与近代报刊等的专题研究有待进一步加强。从地域分布来看，对大城市出版的报刊重视的多，对中小城市出版的报刊注意的少。如天津《大公报》的研究，已有多部有分量的专著问世，而对近代湖南地区历史最长的民营报纸《大公报》至今未有系统研究。中小城市出版的报刊作为构成报刊史整体内容的重要组成部分，同样不可忽略，因此大力挖掘地方报刊的史料价值势在必行。此外，对中国近代外报外刊的研究严重不足。中国近代报刊始于传教士在华所办报刊，一度外报外刊占中国近代报刊总数近80%之多，通过外人的视觉看中国，可以更全面地恢复历史原貌。这是一块不可忽视的研究领域。然而，鉴于语言方面的障碍，涉足这方面的学者少之又少，故亟须补上这块空白。

二是创新研究方法。首先应该突破传统的与各时期的政治紧密结合的范式，更多地从报刊自身的发展规律来论述和研究报刊史。其次，要引入新的理论、方法，完成从单一的报刊史到丰富的新闻传播史的转向。最后，要多借鉴其他学科，如史学、社会学、新闻学、传播学的研究思路和方法。中国近代报刊史研究中因陈旧的"革命史范式"使得报刊史研究失去历史本应具有的活力和生命力。要摆脱这种处境，可以借鉴其他学科的研究方法，探求一种新的研究方法和路径。具体地说，就是立足当下，面向历史，以社会史的范式和叙事学的方法，综合考察并书写新闻传播的历史衍变与现实关联，从而启动或复活新闻史的生命力。①

运用比较研究方法引起研究者的讨论。比较史学作为一种新的史学研究方法，为近代报刊史研究提供了新的研究范式。比较研究既可以是对同时期不同性质报刊的横向比较研究；也可以是对不同时期同一报刊的纵向比较研究；还可以是对不同地域报刊间的比较研究。目前，一些学者将《申报》与同时期或其前后时代报纸的比较研究，《申报》与国外报纸的比较研究等。吉林大学王晴晴的硕士学位论文研究的是《申报》办报理念之民生关怀——对30年代《申报》社会新闻的透视，文中把当时其他报刊所载的社会新闻和30年代《申报》的社会新闻进行了比较分析，也把

---

① 李彬：《"新新闻史"：关于新闻史研究的一点设想》，《新闻大学》2007年第1期。

《申报》与当时的《大公报》进行了对比。此外，还有论文比较研究《申报》与《大公报》有关中国首次奥运之行的报道。总体来说，此类研究成果不多，且研究不够深入。

口述史研究法的引入。所谓口述史就是通过对当代人物的访谈，将储存在当事人或知情人记忆中的历史事件真实而生动地记录下来，作为一种"私人叙事"再现历史真实。然而，目前中国近代报刊史研究状况来看，多以群体抽象为基础的"宏大叙事"模式，这就与以个体经验为基础的"私人叙事"构成了一对颇为矛盾的对应关系。故中国近代报刊史研究可以借鉴"口述史"研究方法，从而能扩展历史叙述，打破报刊史研究叙述一元性和垄断性；把报刊史研究推广到普通民众之中；完整而生动地再现社会发展轨迹，丰富报刊史研究的历史维度。

三是扩展研究视角。目前近代报刊史研究开始摆脱单一的革命视角，出现多元化的趋向。但总体而言，许多研究还是在对报刊定性的基础上，对其内容与传播特色的描述。报纸不仅仅是作为思想内容的传播载体，其本身即构成社会系统的有机组成部分，对受众思想观念的改变不仅是传播内容的影响，而且报纸作为交往的手段在时空观念上深刻改变着人们的思维方式。有论者提出从政治文化视角研究中国近代报刊史的新思路。政治文化属于政治的主观维度范围，结构包括政治思想、意识形态、政治心理三个层面，将其置于中国新闻史的研究当中为受众与传者之间互动机制的确立与演化提供了一条逻辑通道，从而弥补中国近代新闻史研究当中仅从新闻事业本身演变轨迹探索历史规律的缺陷。[①] 社会文化史是介于社会史和文化史之间的新兴学科，作为一种新的史学研究视角也被学者尝试着运用到中国近代报刊史研究当中。有学者指出，将社会文化史视角用于新闻史研究，应包括四个方面的内涵：社会文化环境、社会文化生活、社会文化心态、社会文化价值观念。社会文化史视角研究中国新闻史就是将媒体置于整体的社会文化环境中，探索社会文化、传播媒体、受众之间复杂的互动机制。[②]

四是加强报刊史研究工作者之间的交流与协作。协作是研究工作者之

[①] 唐江海：《政治文化史视角与近代新闻史研究》，《新闻与传播研究》2005年第1期。
[②] 吴果：《社会文化史视野下的中国新闻史研究——以〈良友〉画报为个案分析》，《湖南师范大学社会科学学报》2007年第5期。

间的一个好的传统，应该继续坚持。交流则不限于学校、地区内部，应该同时包括海峡两岸和海内外。目前，报刊史研究的团队较为集中，学术交流也多限于这些团队间的交流。实际上，涉及与海峡两岸有共同关系的报刊和报人历史的研究，以及海外华文报刊史的研究，就需要两岸学者和海内外新闻史研究工作者进行协作和交流。这种交流，既包括研究成果之间的交流，也应该包括研究资料之间的交流。两岸报刊史学者这方面的交流，既有广阔的前景，也有着广阔的空间。

第九章

近代体育卫生与文化设施研究

第一节 近代体育研究

新中国新成立以来,由于各种因素的影响,中国有关近代体育的研究起步比较晚,但发展比较迅速。改革开放以来,随着思想领域的解放、人们体育意识的增强,有关体育方面的论文层出不穷,笔者就研究的脉络按照时间线索分专题加以评述。

国内学界关于近代体育史研究,出版了多部通史性著作。如有人民体育出版社1981年出版的成都体育学院体育史研究室编著的《中国近代体育史简编》,北京体育学院出版社1989年出版的国家体委体育文史工作委员会、中国体育史学会编的《中国近代体育史》,人民教育出版社1994年出版的苏竞存编著《中国近代学校体育史》,北京体育大学出版社2007年出版的罗时铭著《中国近代体育变迁的文化解读》,首都师范大学出版社2008年出版的崔乐泉、杨向东主编《中国体育思想史》近代卷,安徽人民出版社2016年出版的李显国著《中国近代体育产业发展史研究》,北京体育大学出版社2018年出版的廖慧平著《媒介舆论与中国体育近代化研究》,及人民体育出版社2021年出版的王宏江著《民国体育学术史研究》等著作。

一 地区体育运动

关文明、向勤主要是从广州口岸的开放与近代体育观念的输入、军事学堂的开办引入了近代体育以及派遣留学生在传播近代体育中的作用、康有为和梁启超等人的思想对近代体育的影响、公私立学堂的创办促进了近代体育的发展以及基督教青年会促进了近代体育的开展等方面论述了近代广州体育的兴起，认为受上述一系列因素的影响，或者在上述一系列因素的综合作用下，共同促进了广州近代体育事业的发展。① 王增明、徐国营认为，陕甘宁边区的体育是在中国共产党及边区政府领导下，以劳苦大众为主体的新式的体育运动，它在赢得抗日战争及解放战争的胜利中起到过积极的作用，在中国近代体育史上占据着重要的历史地位。②

管学庭发表的《抗战时期桂林文化城的体育活动》认为，抗战爆发后大批著名体育文化人士云集桂林，积极投身于抗日救亡的文化体育活动，开展义赛义演、劳军支前、赈济灾民、捐献滑翔机等活动，体现出了体育健儿的爱国主义精神，这些体育活动改善了当地人的精神面貌和促进了体育事业的发展。③ 郗杰发表的《陕甘宁边区民间体育活动的内容和特点》一文，认为陕甘宁边区的体育活动作为民族的、大众的文化教育在中共党人及边区政府的领导下获得了相应的发展，其体育活动呈现出与生产劳动相得益彰、与娱乐活动融为一体、与军事训练密切相关、中央领导身体力行、民间体育登上大雅之堂等特点。④ 向常水发表的《清末民初的军国民教育思潮》一文，主要就湖南积极提倡军国民教育的原因、军国民教育思潮在湖南的演进及其对湖南社会的影响等问题进行探讨，认为清末民初军国民教育思潮激荡全国，湖南是鼓吹和推行军国民教育最有力的省份之一，这种局面的形成与近代湖湘文化的大背景不无关系。⑤ 刘志民等人发表的《上海竞技体育历史研究》一文，主要从鸦片战争开始，从竞技体育队伍的起源、初步发展以及1949年以后的正式形成、"文化大革命"时期的沉沦、改革开放后快速发展等，系统地论述了上海市竞技体育的历史，包括人物、设施、组织等，作者希望通过这样的研究以期提高上海和整个中国竞技体育的水平。⑥

---

① 关文明、向勤：《广东近代体育的兴起》，《华南师范大学学报》1987年第1期。
② 王增明、徐国营：《试论陕甘宁边区体育的目的及其历史地位》，《体育文史》1989年第5期。
③ 管学庭：《抗战时期桂林文化城的体育活动》，《广西师范大学学报》1990年第4期。
④ 郗杰：《陕甘宁边区民间体育活动的内容和特点》，《体育文史》1992年第5期。
⑤ 向常水：《清末民初的军国民教育思潮》，《湖湘论坛》2001年第2期。
⑥ 刘志民、虞重干、丁燕华、平杰：《上海竞技体育历史研究》，《体育科学》2004年第12期。

王荷英发表的《〈申报〉中的上海近代体育研究（1872—1919）》一文，以 1919 年以前的《申报》与上海近代体育事业的发展情况为研究对象，分别就《申报》中的上海近代租界体育、学校体育、竞技体育、女子体育等，以及该报所揭示的上海近代体育思想的嬗变进行系统的分析和研究，认为利用报纸进行研究比较切近上海近代体育发展的原生态。① 刘欣发表的《天津近代学校体育教育发展及其借鉴》一文，从历史学的角度将天津近代学校体育教育的演进过程分为了以下几个阶段：清末洋务学堂开始引进西方体育，并建立学校体育制度；民国初期学校体育双轨并行，师资培训初步开展；民国中期体育课程重大改革，课外活动及竞赛蓬勃兴起，师资走向专业化道路；民国末期总体滑入低谷。作者认为可以从中借鉴的是树立开放观念；立足本土现实；重视课外活动；珍视传统体育；开发教学模式；构建体育文化，等等。②

此外，在地区体育研究专著上，还有上海社会科学院出版社 2006 年出版的郎净著《近代体育在上海（1840—1937）》，中国矿业大学出版社 2015 年出版的李鹏程著《山东近代体育的结构与变迁》，暨南大学出版社 2019 年出版的钮力书编著《近代粤侨与广东体育发展研究》等书，从区域史视野深化了近代体育史研究。

二 体育学派及体育思潮

苏竞存发表的《中国近代体育中的自然体育学派》一文考察了以美国威廉士为代表的自然体育学派传入中国的情况，认为美国的自然体育思想对中国近代体育理论与实际有较大影响。③ 他发表的《三十年代的军事体育化思想》一文认为，20 世纪 30 年代军事体育化思想是在当时民族矛盾等诸多因素的影响下兴起的一种"强种保国"的一种思潮，其主张体育要为军事作准备，体育要军事化等，这在当时是自然的，但并没有达到预期的效果。④ 郑志林主要就军国民教育的产生、实施以及对中国近代体育的影响作了论述，认为它对当时的军事、政治、教育等产生了重大影响，对

---

① 王荷英：《〈申报〉中的上海近代体育研究（1872—1919）》，硕士学位论文，苏州大学，2005 年。
② 刘欣：《天津近代学校体育教育发展及其借鉴》，《天津大学学报》2015 年第 1 期。
③ 苏竞存：《中国近代体育中的自然体育学派》，《体育文史》1983 年第 1 期。
④ 苏竞存：《三十年代的军事体育化思想》，《体育文史》1987 年第 4 期。

中国近代体育的兴起和传播有着更为密切的关系。①

谭华发表的《旧中国的体育立法活动》，主要就晚清、北洋政府时期、南京国民政府时期以及苏区及边区政府有关体育立法进行了简单的梳理。② 郭国灿发表的《论近代尚力思潮》认为，这股长达半个世纪的尚武尚力思潮打破了中国士林尚文轻武的传统，第一次把感性生命的力推进军事体育、文学、文化哲学等，并加以实践，导致了中国新一代阳刚性知识分子群体的兴起，促进了中国近代文化史的发展。③ 朱英认为，在晚清特定的历史条件下，商人尚武思想的产生和发展，可以看作当时商人思想意识由旧趋新的具体表现之一，也反映了商人日渐强烈的爱国救亡观念，使商人的自身力量和社会影响更为突出。④

军政、天敏认为，近代体育思想对现代体育的模式和价值观念规范的形成起了积极的促进作用，而以儒家思想为核心的养生思想，包括传统思想中的伦理道德观、健康长寿观、自然养生观等弥补近代体育思想中的某些不足，二者在一定基础上的斗争与融合，共同促进了中国近代体育思想的形成和发展。⑤ 傅砚农认为，在特定社会政治背景下形成的军国民教育思潮，资产阶级改良派、资产阶级民主革命派、清王朝和北洋政府时期民主教育家，为了实现不同的政治目的，对"军国民主义"进行宣传、倡导，加以迎合利用的必然结果。⑥

潘志琛、王凯珍认为，自然主义体育思想对中国的体育事业的发展有着积极的影响和消极的影响，因此对自然主义体育思想既不能全盘肯定，亦不能全盘否定，要在辩证分析的基础上，吸取其精华，去除其糟粕。⑦ 姜允哲认为，近代体育教育思想史是一部自然主义体育思想的发展史，近代体育思想源于近代产生的自然主义哲学和自然主义教育思想。自然主义

---

① 郑志林：《论军国民教育与中国近代体育的兴起》，《杭州大学学报》1989 年第 3 期。
② 谭华：《旧中国的体育立法活动》，《体育文史》1989 年第 2 期。
③ 郭国灿：《论近代尚力思潮》，《福建论坛》1992 年第 2 期。
④ 朱英：《晚清商人尚武思想的萌芽及其影响——晚清商人思想意识研究之二》，《史学月刊》1993 年第 3 期。
⑤ 军政、天敏：《中国近代体育思想的演变》，《史学月刊》1993 年第 5 期。
⑥ 傅砚农：《清末民初"军国民"思潮主导学校体育的政治原因探析》，《烟台师范学院学报》1994 年第 2 期。
⑦ 潘志琛、王凯珍：《论自然主义体育思想对中国近代学校体育理论与实践的影响》，《中国学校体育》1994 年第 1 期。

体育思想的遗产奠定了现代体育向现代化发展的基础,现代体育教育思想及其发展趋势是终身体育和快乐体育。① 武泉华运用文献资料的研究方法,论述了中国近代教育思想的形成和发展,认为鸦片战争以前,中国由于受重文轻武思想的影响,并没有形成独立的体育思想;鸦片战争后西方近代体育思想传入,中国逐步形成和发展了近代体育思想。② 何叙等人认为,中国近现代体育思想始终贯穿的基本主线有两个,即传统与现代的碰撞与融合;东方与西方的碰撞与融合,这两条线索又始终相生相伴,始终缠绕着。中国近现代体育思想的发展既遵循着人类思想和体育思想发展的基本规律,又有着自己独特的规律。③

王德峰发表的《略论中国近代体育文化的形成》一文,认为中国近代体育文化的形成经历了两个时期,是在与西方体育文化不断斗争和融合的过程中形成的,中国传统体育文化经过近代社会的缓慢演变,形成了具有中国民族特色的近代体育文化。④ 周丛改认为,洋务运动和维新思潮使体育向教育领域延伸,催生了学校体育的产生;军国民教育思想推崇"尚武",推动了中国学校体育制度的确立,民主与科学思想完成了学校体育由单纯体操课向双轨制的过渡;实用主义思潮丰富了学校体育内容的形式,促使学校体育向理论化体系化演进。⑤

牟艳主要是从正反两方面对实用主义体育思想对民国时期体育事业的影响进行了分析,认为实用主义体育思想的传播促进了自由活泼体育形式的出现,促使国家开始有组织、有系统地开展体育教育,使体育的法治制度开始向健全化的方向发展,但也存在体育军事化、劳动替代体育等倾向,阻碍了中国体育事业的发展。⑥ 程文广主要分析和阐述了中国近代体育思想的产生和发展过程、中国近代以来体育思想的实践过程,分析近代

---

① 李连友、姜允哲:《近代以来体育教育思想的演变及其走向》,《东疆学刊》1999 年第 1 期。
② 武泉华:《论中国近代体育教育思想的形成和发展》,《山西师大体育学院学报》2002 年第 4 期。
③ 何叙、律海涛、那述宇:《中国近、现代体育思想传承与演变的轨迹与特色》,《体育科学》2012 年第 9 期。
④ 王德峰:《略论中国近代体育文化的形成》,《山东体育科技》1990 年第 3 期。
⑤ 周丛改:《影响中国近代学校体育发展的几种社会思潮》,《北京体育大学学报》2014 年第 1 期。
⑥ 牟艳:《民国时期实用主义体育思想研究》,硕士学位论文,苏州大学,2005 年。

以来体育思想及体育实践对当下的启示，在此基础上分析了体育思想的核心价值观、杰出人物的体育思想及其贡献，以及社会生态对体育的影响。①

三 学校体育及女子体育

林思桐从军国民教育对近代学校兵操兴衰的影响、中国留日学生在引进学校兵操中的作用、五四新文化运动中学校兵操的急剧衰落、实用主义教育思潮使兵操在学校彻底废止等方面，论述了学校兵操在中国兴衰的历程。② 陈永军介绍了早期学校运动会产生的历史背景，论述了早期学校运动会从单一的体操游戏发展到综合性运动会的特征，认为早期学校运动会改变了中国人传统的体育观念，妇女体育逐渐受到重视，传统武术得到发展，锦标主义盛行。③ 王健、邓宗琦主要分析了中国近代体育师资教育及课程模式的形成与发展，认为"体操课"的普遍设置是体育师资教育形成的直接动因，学校体育课及课外体育运动的发展变化直接影响着体育师资培养的课程内容；随着学校体育模式的变化，体育师资培养的课程模式由"日式"向"美式"转化。④

张艳华、陆宗芳主要通过对中国近代学校体育思想流变的梳理，把握中国学校体育发展的基本脉络；通过考察伴随近代中国变革的学校体育课程的变革，反观学校体育思想对人才教育和培养的关系。⑤ 陈磊、宋燕认为，体育学科在学校体育中的地位是在癸卯学制中确立的，但体育学科的建立经历了一个复杂的制度化过程，体育学科专业训练和研究的制度化实现了体育学科的学科规训，制度化的体育学科逐渐建立起来。在体育学科规训的过程中，控制学科知识和实践的权利伴随着学科知识系统的发展和完善，实现了从领域外向领域内的转移。⑥

---

① 程文广：《近代以来中国体育思想及体育教育发展研究》，博士学位论文，北京体育大学，2006年。
② 林思桐：《简论中国近代学校兵操的兴衰》，《成都体院学报》1986年第1期。
③ 陈永军：《对中国早期学校运动会的历史考察》，《武汉体育学院学报》2003年第5期。
④ 王健、邓宗琦：《中国近代体育教师教育课程模式的发展》，《华中师范大学学报》2000年第3期。
⑤ 张艳华、陆宗芳：《中国近代学校体育思想流变及大学体育课程的演进》，《北京体育大学学报》2004年第10期。
⑥ 陈磊、宋燕：《近代中国体育学科的发展——基于学科规训理论视野的考察》，《浙江体育科学》2014年第2期。

张庆新、毛振明对中国近现代体育教材内容的嬗变历程进行深入的剖析和评价后，总结出六条特点和四条有益启示：内容丰富，种类繁多，且不断发展与变化；内容类别呈现出不同的发展趋势；内容随着学科的名字改变而改变；部分内容呈现出更迭现象；同一教材类别在不同时期包含的内容存在一定的差异；不同时期不同教材类别的教材内容存在重叠、时分时合的现象。四条有益启示为：体育教材的内容多种多样，开发要注重适量；继承现有体育教材内容与开发民族民间体育、引进新兴体育相结合；要符合学生的身心特点，兴趣爱好和发展需要；准确把握体育课程内容的性质、特点和价值。[1]

章亮发表的《清末民初日本体育书籍的译介与西方近代体育的传入》一文，认为西方近代体育之所以能在清末民初传入中国并被接受，交织着主动接受和被动接受的两重性，翻译日本体育书刊正是主动接受西方近代体育的表现。[2] 林翠认为，近代资产阶级民主人士的开女禁、争女权、兴女学以及禁缠足等，为中国女子体育的兴起打下了思想基础并创造了基本的条件，教会学校和归国留学生倡导的尚武精神又促进了近代中国女子体育的发展。[3] 王玉立认为，中国近代女子体育的兴起和发展，按照其性质和内容可以分为四个部分，即教会女塾的女子体育；女子学校的体育；女子体育教育；女子体育组织和体育竞赛等，作者也正是按照这个逻辑进行行文的。[4] 此外，山西科学技术出版社2016年出版的刘欣著《天津近代学校体育发展史（1860—1949）》则专门研究了近代天津的学校体育。

四 武术及军事体育

谢凌宇通过分析"土洋体育之争"来探讨中国近代体育发展的特色及其规律性，认为"土洋体育之争"使中国传统体育与西方近代体育由抵牾转向了融合。[5] 周伟良认为，20世纪30年代，西方近代体育与中国传统武术两种异质文化之间产生了对峙和冲突，传统武术在这场文化交锋中所反

---

[1] 张庆新、毛振明：《近现代中国体育教材内容的嬗变与展望》，《北京教育学院学报》2009年第2期。

[2] 章亮：《清末民初日本体育书籍的译介与西方近代体育的传入》，《浙江体育科学》1994年第3期。

[3] 林翠：《中国近代女子体育运动的兴起》，《衡阳师专学报》1991年第1期。

[4] 王玉立：《中国近代女子体育的兴起和发展》，《山东体育科技》2004年第2期。

[5] 谢凌宇：《试析中国三十年代的"土洋体育之争"》，《体育科学》1989年第2期。

映出的某些思维方式的嬗变，标志着中国传统武术找到了与近代社会发展相链接的结合点，从而实现了自身的历史转型。[①] 鸦片战争后，随着武术生存的社会基础被削弱，传统武术也开始发生变化，这些变化集中体现在清末民初的国术改良运动中。谭华讨论了民间和政府的双向努力，认为经过这场运动，植根于传统农耕生活的传统武术已经逐渐转化为适应现代城市生活的新的体育方式，但也造成了武术运动的分裂。[②] 谭华随后发表的《近代中国社会的变革与武术的进步》一文认为，随着农村经济组织和村社组织的破坏，城市生活逐渐成为中国社会生活方式的主导，植根于传统农耕社会的中国武术，也逐渐转化为适应城市现代生活的新的体育方式。[③] 林柏原认为，鸦片战争至辛亥革命前中国传统体育的发展有三种不同的情况，即武术作为中国人民反侵略的战斗手段空前发展，造成众多拳械门类迅速增多，并逐渐由农村转向城市，以义和团运动为契机，中国传统武术开始上升为主要活动；宫廷体育娱乐活动逐渐衰落直至消亡，民间的体育活动在一定程度上也受到了影响；多数传统体育项目作为一种长期流传的文化形式，因民族文化的强大因袭力，其发展并没有呈现出衰落的迹象。[④] 杨建营认为，20世纪中国武术的发展经历了三次跌落和三次崛起的历史过程，即20世纪初期，清朝政府废除武举制，禁止民间习武，进入了其第一跌落期；民国初期军国民教育思潮的兴起，使中国武术重新开始兴盛起来；抗日战争时期，武术发展再次跌入低谷；新中国成立，武术再次崛起，并被正式纳入现代体育范畴；"文化大革命"前半期，武术再次跌入低谷；"文化大革命"后半期，竞技武术开始崛起，改革开放后，武术逐渐发展到20世纪的最高潮。[⑤] 韩之波等人认为，武术在近代的发展，一是服务于被民族矛盾所激起的救亡图存任务中；二是顺应于被封建压迫这一矛盾所决定的资产阶级文化变革，从而表现出双向特征，两种趋向相互交织、相互促进，共同促进了中国武术事业的发展。[⑥] 易剑东认为，民国时

---

① 周伟良：《近代武术史中思维方式的嬗变》，《上海体育学院学报》1998年第4期。
② 谭华：《20世纪前期的"国术改良运动"》，《北京体育大学学报》2002年第1期。
③ 谭华：《近代中国社会的变革与武术的进步》，《华南师范大学学报》2003年第1期。
④ 林柏原：《论鸦片战争至辛亥革命前中国传统体育的发展变化》，《体育科学》1992年第4期。
⑤ 杨建营：《20世纪武术发展总体走势的研究》，《体育文化导刊》2004年第7期。
⑥ 韩之波、李成银、申玉山、曹文明、邱建华：《近代武术发展的双向性》，《体育与科学》1995年第3期。

期武术在近代民族主义和人本主义等思潮的影响下被视为增强军力和完善国民的手段，赋予了救国救民的目的。武术进入学校体育课程，扩大了武术的传播范围；武术会馆改变了传统的师徒相授、口授心说的方式，实行公开和大规模的体育锻炼，武术成为体育竞赛的内容。这三种社会化的发展方向打破了传统武术狭小、封闭的教育的传统模式，对于武术的演进具有重要意义。①

郑飞、王楚泽运用文献资料法、逻辑分析法对民国时期"国术"出现的原因、内涵、价值等进行了探讨，认为"国术"的产生是近代尚武精神演变的结果，传统的"正名"思想为其提供了思想基础；提高了武术的地位，既是对传统武术的总结，又是结合当时的环境对武术的发展提出的新要求。②李印东、李军认为，20世纪30年代的"土洋体育之争"对武术产生了重大影响，武术在体育化改造过程中既有借助现代体育的科学性、规范化，便于普及、推广的一面，同时走向了一条充满艰辛且坎坷的道路。在体育化过程中，以拳种门派为传承形式的武术被肢解为若干体育项目；在技术上，难以符合现代体育的要求；在文化上，又失去了传统武术所体现的中国人的文化精神。③马廉祯认为，"土洋体育之争"作为中国社会现代化在体育里的反映，对于中国体育的发展产生过深远的影响。④

李宁认为，近代体育在欧洲兴起后，开始传入中国，近代体育传入中国的重要途径是通过晚清政府练兵政策的实行而展开的，虽然带有一定的殖民色彩，但在客观上促进了近代体育在中国的发展以及军队的现代化。⑤陈晴认为，军国民教育顺应了救亡图存的时代要求，在振奋民族精神、抵御外辱中起过巨大的推动作用，孕育和促进了近代体育的发展和普及，促进了中国近代教育的改革，并改变了传统的体育教育内容。⑥白刚论述了西方兵操的引进及发展、兵操向体操的转变，并认为体操的衰弱以及体育的兴起反映了中国由向日本学习开始转向美国学习的趋势，教育宗旨的思想基础由实用主义取代了军国民主义，完成了德日体育体制向英美体育体

---

① 易剑东：《民国时期武术社会化探析》，《南京体育学院学报》1996年第4期。
② 郑飞、王楚泽：《民国"国术"内涵及价值分析》，《浙江体育科学》2013年第1期。
③ 李印东、李军：《从"土洋体育之争"的历史文化背景谈西方体育对武术的影响》，《北京体育大学学报》2010年第4期。
④ 马廉祯：《论现实视角下的近代"土洋体育之争"》，《体育科学》2011年第2期。
⑤ 李宁：《晚清军队编练与近代体育传播》，《体育文史》1984年第3期。
⑥ 陈晴：《军国民教育与中国近代体育》，《武汉体育学院学报》1996年第1期。

制的过渡。①

五 体育项目、用品及产业

近代中国棒球运动是在19世纪末期，首先由留美、留日学生以及归国华侨引进的，后来经过外国教会学校、基督教青年会的提倡，逐渐在中国兴盛起来。陈显明发表的《棒球运动在中国的兴起与早期发展》一文主要就棒球运动在中国的兴起和发展做了论述，它随着中西文化交流的发展而发展。② 刘捷认为，近现代中国足球有着浓厚的足球文化氛围，促进了近现代中国足球生态文化圈的生成；一批具有国际影响的足球运动员有着"东亚病夫"的民族隐痛和构建中国近代民族体质新形象的内在诉求，开创了中国足球"技术细腻，短传推进，边线进攻"的战术风格。③

中国近代体育用品亦是由西方传教士传入中国的，李显国的《中国近现代体育产业发展史研究》一文，主要是以鸦片战争到新中国成立的这段时间内的有关体育经济活动，包括从近代体育传入的中国体育博彩到近代体育项目传入中国，以及体育经济活动的发展情况等进行分析，认为爱国主义以及挽回利权的斗争促进了中国近代体育产业的发展，在近代体育制造品技术水平比较落后的情况下，形成了自己独有的品牌，产品远销南洋诸国。中国近代体育经济活动分布不平衡，主要集中在几个大城市且规模比较小。队员参与体育竞赛的积极主动性比较强，但在另一方面却充当了资本家赚钱的工具。④ 易剑东认为，中国近代体育经济主要有体育场馆的建造及经营、体育用品的生产和销售、体育组织的运作、组织与参与运动竞赛的经营管理、体育书刊的出版与销售五大内容，它随着社会和体育的发展而呈现出自身独特的历史发展阶段，即1840—1914年为体育经济的孕育阶段、1914—1927年为体育经济的进一步发展阶段、1927—1937年为体育经济的空前繁荣和活跃阶段、1937—1945年为体育经济步入低潮阶段、1945—1949年为体育经济几乎消失阶段⑤。

詹睿、周勇发表的《20世纪中国文化变迁与中国体育定位》一文认

---

① 白刚：《中国近代体育史中的兵操、体操与体育》，《上海体育学院学报》1999年增刊。
② 陈显明：《棒球运动在中国的兴起与早期发展》，《成都体育学院学报》1991年第2期。
③ 刘捷：《近现代中国足球发展历史及其启示》，《体育学刊》2011年第2期。
④ 李显国：《中国近现代体育产业发展史研究》，硕士学位论文，苏州大学，2005年。
⑤ 易剑东：《中国近代体育经济发展阶段论》，《山东体育学院学报》1997年第4期。

为,通过历史的横向比较,可以发现中国文化的变迁过程,同时也是中国人对体育的转变过程,通过考察体育运动文化意义进而确定体育在人类文化大系统中的地位,作者认为体育可以确定为一种亚文化现象,新时期中国体育的地位应从文化的战略角度来考虑。① 赵蕴、欧阳柳青通过史料收集和调查访问,对20世纪上半叶中国重要体育期刊的数量、区域、主办者和内容等进行了定量分析,并对其发展的历史特征进行了研究。② 陈晴主要探讨了清末民初的新式体育,认为新式体育促进了近代新式教育的转型和完善;新式体育促进了社会教育的发展;新式体育作为一种社会现象,在某些方面起到了积极作用,如促进了新式教育的规范和完善,超越了宗教的束缚,推进了中西文化的融合,促进了中华民族的凝聚力和向心力。③ 人民体育出版社2008年出版的罗时铭主编的《中国体育通史(1840—1926)》,分为上、下两编,上编为晚清时期的体育,下编为民国初期和北京政府时期的体育,涵盖的内容非常丰富,不仅包括体育思想的引进,也包括中国对体育思想的接纳、运动会的举办,各种类型的体育组织的建立等。

六 体育组织

精武体育会是由霍元甲于1909年创办的体育组织,李佩弦梳理了精武体育会的组织、规程等,认为它是中国成立最早、规模最大、历时最长的民间体育组织,为中国的体育事业做出了贡献。④ 谷世权对中华业余运动联合会的成立、发展以及其内部组织结构进行了较为系统的梳理,勾画出了一幅生动的画面。⑤ 林柏原认为,民国时期民间武术组织的普遍设立,呈现出以下特点,如打破了以往单家传授或者秘密传授的特点,使其更具社会化,并为全国性的联络工作提供了方便。⑥ 开云主要在近代中国出现并发展至今的体育盛会"全运会",对近代中国全运会和新中国的全运会的概况、特征等进行了分析,并探索了这两者之间的联系,分析了全运会

---

① 詹睿、周勇:《20世纪中国文化变迁与中国体育定位》,《四川体育科学》1988年第1期。
② 赵蕴、欧阳柳青:《20世纪上半叶中国体育期刊的发展特征》,《体育成人教育期刊》2003年第3期。
③ 陈晴:《清末民初新式体育的传入与嬗变》,博士学位论文,华中师范大学,2007年。
④ 李佩弦:《精武体育会简史》,《体育文史》1983年第1期。
⑤ 谷世权:《中华业余运动联合会成立前后》,《体育文史》1991年第2期。
⑥ 林柏原:《民国时期民间武术组织的建立与发展》,《体育文史》1994年第3期。

具有持久生命力的原因，并对未来全运会的发展提出了自己的见解和建议。①

龚茂富从文化适应和文化自觉的理论出发，分析了武术文化在近代发展过程中的变迁现象及成因，认为中国武术文化变迁的深层次的原因是民族主义与现代化的双向需求，其直接动力来自东西方文化的冲突。武术文化的东方品行和奥林匹克运动对体育的竞技规整之间的矛盾，促使了中国武术文化发生变迁，在这一变迁的过程中，中国武术亦付出了惨痛的代价。②闫杰、彭国强主要运用文献资料方法等，梳理了自行车骑行与骑行的关系，认为职业骑行、"政治化"骑行、职团骑行、休闲骑行、奥运骑行和旅游骑行呈现出以为生计、除旧布新、张弛有别、标新立异、为国争光和环球冒险等诸多特征。③

何叙发表的《中国近代体育思想的发展历程及特征》一文，认为中国近代体育思想在其发展历程中呈现出胚胎、萌芽、初步形成、基本成熟、深入发展五种特征，胚胎期思想主体对体育的认识，不是明确的、自觉的，而是隐含在经济、政治和军事思想之中；萌芽期对体育的认识仅限于体育功能、形式等浅层次问题；初步形成期对体育的认识已深入体育的本质，特征等实质层面；基本成熟期对中国近代体育思想初现完整；深入发展期的近代体育思想具有很强的学科性，明显呈现为以职业体育教育家、体育思想家为主的鲜明的主体特点，使中国近代体育思想的发展达到了一个新的高峰，并独具特色。④

七　人物与体育

聂啸虎发表的《恽代英早期的体育思想和实践》一文认为，恽代英早期关于体育方面的思想与实践绝大部分是符合体育科学的基本规律的，是针对当时社会积弊的，起到了积极有益的作用。⑤麦克乐作为美国基督教青年会体育干事于1913—1926年来华传播近代体育，杨志康发表的《论

---

① 开云：《中国全运会述评（1920—2001）》，硕士学位论文，南京师范大学，2005年。
② 龚茂富：《近代中国武术文化变迁的文化人类学审视——从文化适应到文化自觉》，《成都体育学院学报》2008年第4期。
③ 闫杰、彭国强：《近代中国自行车骑行特征研究》，《体育文化导刊》2015年第1期。
④ 何叙：《中国近代体育思想的发展历程及特征》，《南通大学学报》2015年第2期。
⑤ 聂啸虎：《恽代英早期的体育思想和实践》，《体育文史》1983年第3期。

中国近代体育史上的麦克乐》一文认为，麦克乐的体育思想和体育实践对中国近代体育产生了较大影响，但对其应做实事求是的评价，不能全盘否定，亦不能评价过高。① 基督教青年会在中国近代社会上影响很大，其在近代体育史上的影响也是很明显的。罗时铭认为其作用表现在：注重近代体育的宣传、建有最早的体育机构、组织多种形式的体育竞赛、创办体育学校和训练班等。②

郑志林发表的《蔡元培的体育主张与实践》一文，主要就蔡元培的尚武精神、德智体美不可偏废的教育主张、体育的最要之事为运动的实践以及其养生观念等做了论述，认为其关于体育方面的主张和实践，在当时的历史环境下起了改革教育、尚武求强的进步作用。③ 王玉立认为，蔡元培的妇女体育思想是蔡元培教育思想的重要组成部分，其思想的核心就是"解放妇女""男女平等"，蔡元培是从妇女和民族的发展与竞争的关系、德智体美全面发展和尚武的角度来认识和倡行妇女体育运动的，其妇女体育思想在近代中国教育思想史上占有重要的地位。④ 罗时铭、苏肖晴对蔡元培的体育思想进行了归纳，认为其体育思想不仅包含着较为丰富的内容，而且形成了较为完整的理论体系：强调三育并重，坚持全面发展，是其思想的核心内容；倡导军国民教育，注重体育的社会功能，在充分肯定体育对人的发展具有重要意义的同时，又强调学校体育要求以普及为原则，是其思想的基本态度。⑤

肖冲从清末留学的政策、日本有关体育课程的设置等方面，阐述了中国留学日本的学生对日本体育的引进情况，认为他们不仅带回了有关体育方面的教材，并且积极主动开展各种类型的运动会等，促进了中国体育事业的发展。⑥ 罗时铭就近代中国近代留学生与近代中国体育发展的关系进行讨论，认为中国近代史上大规模的留学生运动，在加快中国近代社会转型和文化转型的同时，也在一定程度上对中国近代体育事业的发展做出了

---

① 杨志康：《论中国近代体育史上的麦克乐》，《成都体院学报》1985年第3期。
② 罗时铭：《浅谈基督教青年会在中国近代体育史上的作用》，《成都体院学报》1985年第4期。
③ 郑志林：《蔡元培的体育主张与实践》，《杭州大学学报》1985年第2期。
④ 王玉立：《蔡元培的妇女体育思想》，《中国体育科技》2002年第2期。
⑤ 罗时铭、苏肖晴：《蔡元培体育思想研究》，《体育学刊》2008年第7期。
⑥ 肖冲：《清末留日学生对"欧化"的日本体育传入中国所起的作用》，《体育文史》1987年第3期。

积极的贡献；近代中国留学生对近代中国体育的影响，不仅表现在中国对西方体育的引进上，而且表现在对中国的体育事业的整体引导上；在近代中国体育史发展的研究中，应对留学群体给予特别的关注。①

关文明认为，康有为从爱国图强出发，主动吸取西方进步学说，积极提倡体育救国，德、智、体三者并重，大量派遣留学生和解放妇女、禁止缠足等体育主张和实践，对近代体育在中国的兴起，特别是近代体育在教育中逐渐为社会所认识等方面起到了重要的作用。②胡小明将陶行知的体育思想和实践分为三个时期，第一个时期所研究的体育理论在当时是比较先进的，对体育的认识也比较科学；第二个时期对体育的认识受其生活教育理论的影响比较大；第三个时期大力宣扬"健康第一"的体育思想并加以实践，也在一定程度上丰富了他的教育思想。③李力研从思想史的角度对严复作为近代"尚力思潮"的先驱作了论述，认为鼓民力就是鼓吹体育的重要、体制的重要、力的重要，这是中国迈向世界强健民族之林，以及实现现代化的根基所在。④吴庆华阐述了蔡锷的军国民教育思想、内容，及其在呼唤军国民教育中所起的历史作用及其历史局限性，认为其中所包含的尚武思想的进步性应该给予肯定。⑤

崔晋静分析了梅贻琦与清华体育及其关于体育的思想观念，认为人人讲求体育，体育培养道德，体育完善人格，体育增进健康，以及体育为救国之本等是梅贻琦最基本、最朴素的体育观。⑥李世宏运用文献资料的方法，对张伯苓的体育思想进行了梳理，认为其体育思想有着丰富的内容，明确提出了德智体三者不可偏废，重点研究了学校体育课程设置的问题，既有对学校体育活动竞赛的认识，也非常重视学校体育的德育功能。⑦李启迪等人对王国维体育教育观作了分析，认为其体育教育观主要体现在：提倡四育并举的教育，重视儿童体育教育，提出人体解剖学和生理学依

---

① 罗时铭：《近代中国留学生与近代中国体育》，《体育科学》2006年第10期。
② 关文明：《康有为的体育思想及其影响》，《岭南文史》1988年第1期。
③ 胡小明：《陶行知与体育》，《成都体院学报》1989年第4期。
④ 李力研：《"尚力思潮"第一人：严复——中国近代第一个体育思想家》，《天津体育学院学报》1991年第4期。
⑤ 吴庆华：《中国近代军国民教育的报晓声——蔡锷尚武思想述论》，《武汉体育学院学报》1999年第2期。
⑥ 崔晋静：《梅贻琦之体育观》，《体育文化导刊》2003年第8期。
⑦ 李世宏：《张伯苓学校体育思想研究》，《体育文化导刊》2010年第7期。

据，主张身体、德道、知识教育的相辅相成。①

总之，学界有关近代体育的研究的论著可谓丰硕。但这些研究中，较少关注地区举办的体育运动、有关运动员的研究、体育器材的引进、体育法规的演进等，这些内容待有所加强。

第二节 近代医疗卫生研究

一 医学与医药

李涛于1954年发表的《中国医学发展史》一文，是目前见到新中国成立以来研究中国医学的发端之作，作者主要是对中国医学发展的历史脉络进行了梳理，在革命史观的指导下，作者认为中国医学有深厚的历史渊源，但由于深受封建社会、反动统治者的阻挠和迫害，中国的医学发展停滞不前，确是中国医学发展史的一大损失。②

彭益军发表的《近代西方医学的传入及其意义》一文，主要从明末清初以及清末两个时期论述了西方医学的传入对中国的影响，作者认为前者主要以传教为目的，在很大程度上促进了中西医学交流和发展，后者虽然以侵略为目的，但也要辩证地看问题，近代西方医学的传入是由西方传教士不自觉传入中国的，但促进了中国医学事业的发展，对中国的卫生保健事业产生了重大的影响。③

陈建明主要论述了近代教会团体及传教士在华医疗活动及慈善精神、传教活动以及社会改良的关系。教会举办医疗的目的主要是吸引人们信奉基督教，但在客观上缓解了乡村和边远地区缺医少药的情况，推进了西方先进的医疗技术在中国的传播和发展，培养了人们的公共卫生意识，有利于社会的改良。④

李传斌于2000年发表的《基督教在华早期医疗事业论略》一文，认为1834—1887年是基督教在华医疗事业的早期阶段，基督教在华医疗事业的产生，与基督教的性质、中国政府的宗教政策、中国的医疗卫生、生

---

① 李启迪、兰双、卢闻君、邵伟德：《王国维体育教育观及其启示研究》，《北京体育大学学报》2015年第4期。
② 李涛：《中国医学发展史》，《中级医刊》1954年第10期。
③ 彭益军：《近代西方医学的传入及其意义》，《山东医科大学学报》1998年第3期。
④ 陈建明：《近代基督教在华医疗事业》，《宗教学研究》2000年第2期。

活环境以及西方社会的发展有着密切的联系，其对中国近代社会产生了不可忽视的影响。[1] 湖南人民出版社 2010 年出版的李传斌著《条约特权制度下的医疗事业：基督教在华医疗事业研究（1835—1937）》主要是围绕基督教在华创办的医疗事业及其特征，以及对中国政治、文化等方面的影响展开论述，认为基督教在华的医疗事业是基督教传教事业的一个组成部分，在中国近代历史上有一个发展和变迁的过程，并逐渐地开始了本土化，对中国近代社会产生了深远的影响。

在近代西医传入中国研究上，上海古籍出版社 2006 年出版了何小莲著《西医东渐与文化调适》，对明清以来西方医学传入中国及其被国人接纳的历程进行了深入研究。何小莲在其《西医东传：晚清医疗制度变革的人文意义》一文中指出，虽然传统中国医学延续了几千年，在医学知识及技术方面取得了一定的进步，但在体制上却没有大的变化。西方医学知识传入中国以后，尤其是西方的医院制度的引入，引起了中国医疗制度的大变革，诸如从医家到医院的空间变化、医患关系的变化、医生对患者的生理和心理的兼顾关怀、对社会弱势群体的关注等，这不只是医疗制度方面的变革，更大程度上带有一定的人文意义，提高了患者的社会地位，体现了自文艺复兴以来的人道主义精神。[2] 李传斌认为，教会的医疗事业是基督教在华传教的特殊组成部分，与晚清政府有着紧密的联系，晚清政府对其政策也是几经变化，在禁教的情况下，对西方的医疗事业采取了容忍的态度和政策；两次鸦片战争之际，在条约的束缚下，对西方的医疗事业采取了被迫接纳的态度，但仍有所抗拒；两次鸦片战争之后，随着条约体系的形成，清政府对基督教乃至西方的医疗事业的态度有所变化，采取了更切实际的态度，即保护、支持和利用的态度。[3] 中国医药科技出版社 2009 年出版的刘远明著《西医东渐与中国近代医疗体制化》，广东人民出版社 2019 年出版的张大庆、陈琦等著《近代西医技术的引入和传播》及人民出版社 2019 年出版的郝先中著《近代中国西医本土化与职业化研究》也都关注了西医传入中国后的发展与调适问题。

程功章、谈玉林发表的《解放前上海新药业在全国占优势的原因分

---

[1] 李传斌：《基督教在华早期医疗事业论略》，《晋阳学刊》2000 年第 1 期。
[2] 何小莲：《西医东传：晚清医疗制度变革的人文意义》，《史林》2002 年第 4 期。
[3] 李传斌：《晚清政府对待教会医疗事业的态度和政策》，《史学月刊》2002 年第 10 期。

析》一文认为，新药业在上海占优势的原因主要有：充足的货源、技术力量的雄厚、注重产品质量、具有一定经营管理水平、制度比较完善等。①董泽宏从民国时期北平地区的医事管理、中医教育、中医杂志、中医团体、中药业等方面论述了北平地区中医药业的发展历程，认为民国时期北平中医药的发展史是一个斗争和曲折的发展的历史，虽然中医药界有关人士对中医药发展认识的滞后和片面在一定程度上阻碍了中医药业的发展，但经验大于教训，仍然取得了巨大的成就。②赵婧认为，1927—1936年上海市政府的妇幼卫生行政是在富国强种的背景下展开的，为了降低妇婴的死亡率，全面控制城市的社会生活，政府通过颁行法规、设立机构等措施，迈出了妇幼工作的第一步，同时社会舆论在一定程度上也起到了舆论监督的作用，并呼吁社会担负起养育健康国民的重责。③杨祥银认为，医疗卫生广告的频繁出现不仅展示了商家的广告策略和销售技巧，同时也反映出医疗卫生产品消费背后的深层次问题，医疗卫生广告不仅将个人身体的健康与国家的富强紧密地结合起来，而且由此引起的消费文化也引发了人们对现代健康生活方式的想象和欲望，这两种象征的意义表现了国家现代性的两个维度，即建立现代民族国家的强烈诉求和追求现代生活方式的强烈欲望。④

在近代中医史研究上，广东高等教育出版社1999年出版了邓铁涛主编的《中医近代史》，中国中医药出版社2007年出版了文库编著《移植与超越：民国中医医政》，生活·读书·新知三联书店2008年出版了皮国立著《近代中医的身体观与思想转型：唐宗海与中西医汇通时代》，商务印书馆2012年出版了沈伟东著《中医往事：1910—1949民国中医期刊研究》，苏州大学出版社2017年出版了范延妮著《近代传教士中医译介活动及影响研究》，都对近代中医的发展与调整进行了深入考察。

近十年来，学界还推出了医疗社会史一批代表性著作，结合近代中国

---

① 程功章、谈玉林：《解放前上海新药业在全国占优势的原因分析》，《中国药学杂志》1990年第2期。
② 董泽宏：《民国时期的北平中医药发展史研究（1912—1949）》，博士学位论文，中国中医研究院，2005年。
③ 赵婧：《1927—1936年上海的妇幼卫生事业——以卫生行政为中心的讨论》，《史林》2008年第2期。
④ 杨祥银：《卫生（健康）与近代中国现代性——以近代上海医疗卫生广告为中心的分析（1927—1937年）》，《史学集刊》2008年第5期。

医疗与社会互动情况加以探讨。如中国人民大学出版社2013年再版了杨念群著《再造"病人"：中西医冲突下的空间政治（1832—1985）》，考察了中西医在近代的命运，分析了医疗史、地方性与空间政治形象的问题。中国人民大学出版社2012年出版的梁其姿著《面对疾病——传统中国社会的医疗观念与组织》，侧重考察医学知识的建构与传播、医疗制度与资源的发展、疾病观念的变化与社会的关系，试图发掘医疗史与近世中国社会和文化息息相关的历史。科学出版社2013年出版的胡成著《医疗·卫生与世界之中国：跨国和跨文化视野之下的历史研究》，则从跨文化的视野考察了传教士与地方社会、华人医药、华人"不洁"、烈性传染病、公共卫生事业、防疫、废娼等日常生活史意义上的底层社会、普通民众的医疗卫生史。北京大学出版社2013年出版了余新忠、杜丽红主编的《医疗、社会与文化读本》，通过选取医疗社会史方面代表文章，强调将社会史的分析和文化史的诠释结合起来，不仅还原和描绘医疗史实演变的具体过程，更要挖掘这些现象背后的社会关系、权力关系，及其特定的文化含义。社会科学文献出版社2016年出版的马金生著《发现医病纠纷：民国医讼凸显的社会文化史研究》，以民国时期医讼的凸显为切入点，借助对医生、病人、社会、国家间互动关系的探讨与呈现，进而揭示了国人生命、法制与权利观念在现代国家形成的过程中逐渐转型的历史轨迹。厦门大学出版社2016年出版的张孙彪著《近代中国医学社会史探微》及中国社会科学出版社2021年出版的张玲等著《近代医学社会史九讲》，都关注了近代中国医学社会史中疾病防控、公共卫生、中西医关系等重大问题。中华书局2017年出版的余新忠主编的《新史学》（第九卷）：医疗史的新探索专题收录6篇论文，这些专门的医疗史研究具有社会文化史的视角，且颇多日常生活史、物质文化史、身体史和性别史的色彩。人民出版社2018年出版的王春霞著《民国时期医院社会工作研究》则集中研究民国时期公私立医院开展的各种社会工作。

此外，在资料方面，国家图书馆出版社2018年推出了余新忠主编的《中国近代医疗卫生资料汇编》30册，2020年又推出了《中国近代医疗卫生资料续编》30册，2021年又推出了《中国近代医疗卫生资料三编》30册。上海科学技术文献出版社2019年、2022年分别出版了《民国时期医疗卫生文献集成》45册及其续编60册。

二 人物与机构

潘文奎发表的《对章太炎从事医疗实践的考证》一文，认为章太炎不仅从事医学研究，发扬古之奥义、开后学之坦途，更是一个自病自疗的医学实践家。① 丁名宝发表的《论毛泽东的医疗卫生思想》一文，主要分析了毛泽东关于医疗卫生的一系列指示和讲话对中国医疗卫生事业的影响，认为毛泽东关于医疗卫生的指示和讲话精神对促进中国当前医疗卫生事业的发展仍有一定的借鉴意义。②

胡凯、刘丽杭认为，毛泽东的卫生思想形成于土地革命战争时期，发展于抗日战争和解放战争时期，在1949年后日趋成熟，形成了完整的理论体系和实施方法体系，对建设具有中国特色的社会主义卫生事业有一定的指导意义。③ 张海燕、李正祖认为，毛泽东在延安时期结合中国的实际国情，对边区的医疗卫生事业发表了许多重要指示和见解，并提出了医疗卫生工作的重点是农村以及实行人道主义的救助原则等，对当下中国医学的发展仍有一定的借鉴意义。④

郑洪发表的《近代岭南医家梁龙章》一文，主要论述了岭南著名医家梁龙章在近代史一些活动，如中外行医、举办慈善事业、在近代广东鼠疫的医治中，发明"易数运气方论"，医治患者等。⑤ 李筑宁、李丽发表的《战火中飘扬的中国"红十字"——林可胜与救护总队》一文，主要论述了1939年至1945年间由林可胜率领的中国红十字总会救护总队以及战时卫生人员训练总所援助中国抗战的历史事迹。⑥ 此外，上海辞书出版社2017年出版的何小莲著《近代上海医生生活》则集中考察了近代上海医生的职业与生活。

近代以来，西方医学被传教士带进中国，推动了中国西方医学的传播

---

① 潘文奎：《对章太炎从事医疗实践的考证》，《上海中医药杂志》1990年第1期。
② 丁名宝：《论毛泽东的医疗卫生思想》，《山东医科大学学报》1993年第1期。
③ 胡凯、刘丽杭：《略论毛泽东卫生思想的形成和发展》，《毛泽东思想论坛》1996年第2期。
④ 张海燕、李正祖：《延安时期毛泽东的医药卫生思想及其历史意义》，《延安大学学报》1997年第1期。
⑤ 郑洪：《近代岭南医家梁龙章》，《中华医史杂志》2001年第2期。
⑥ 李筑宁、李丽：《战火中飘扬的中国"红十字"——林可胜与救护总队》，《党史纵横》1996年第9期。

和西方医学教育在中国的发展。王尊旺发表的《嘉约翰与西医传入中国》一文，认为美国医疗传教士嘉约翰是近代西医传入中国的关键人物之一，他创办的博济医院，是在中国近代史上为近代西医创办的历史最长、影响最深远的医院之一；开办医学教育、创办医学书籍和期刊等活动，对当时的中国医学界了解和学习西方起到了很大的作用。①

秦永杰、王云贵发表的《传教士对中国近代医学的贡献》一文，认为传教士在近代中国的医疗活动促进了西医的传播和发展，培养了一大批的医学人才；借鉴了国外的管理体制，提供了先进的医学教育模式；发扬了医生的职业道德，在一定程度上解除了人们的痛苦；建立了乡村的医疗网，揭开了近代中国公共卫生事业的序幕。②尹倩认为，伴随着这种趋势的发展，西医的人数迅速增加，并形成了新的职业群体，他们为数不多，但发展迅速，并呈现出地域不平衡、内部构成复杂、良莠不齐的特点，给中国医疗事业的发展和中国近代社会的转型带来了深远的影响。③胡成认为，基督教医疗传教士在中国社会取得成功，并不仅仅取决于其先进的医疗水平及个人的奉献精神，还在于中国作为一个高度世俗化的社会，普通民众的质朴、良善和地方社会的慈善传统。④

孙仪之于1959年发表的《中国工农红军卫生学校在瑞金》一文，对土地革命战争时期的中国工农红军卫生学校的发展及组织情况做了简单梳理，认为它在瑞金存在的时间虽然不长，但培养了大批的红色卫生干部，是值得我们纪念的。⑤夏东民、龚政、张孝芳发表的《博西医院（苏州）始末》一文，主要从医院的沿革、医院的医疗和预防工作、医院的教学工作三个方面论述了博西医院的发展历程，作者认为作为中国第一所教会医院，该院对苏州近代西医的传入起到了促进作用。⑥

刘燕萍发表的《解放前的协和护校》一文，主要是对1949年以前的协和护校的发展历程做了简单的梳理，认为它培养和造就了一批具有扎实的理论基础、高水准的外语能力，独当一面的护理教育、护理行政管理等

---

① 王尊旺：《嘉约翰与西医传入中国》，《中华医史杂志》2003年第2期。
② 秦永杰、王云贵：《传教士对中国近代医学的贡献》，《医学与哲学》2006年第7期。
③ 尹倩：《近代中国西医群体的产生与发展特点》，《华中师范大学学报》2007年第4期。
④ 胡成：《何以心系中国——基督教医疗传教士与地方社会（1835—1911）》，《近代史研究》2010年第4期。
⑤ 孙仪之：《中国工农红军卫生学校在瑞金》，《人民军医》1959年第8期。
⑥ 夏东民、龚政、张孝芳：《博西医院（苏州）始末》，《中华医史杂志》1997年第2期。

高级人才，推动了中国早期护理事业的发展，极大丰富了中国护理学的内容。①

中华医学会是近代中国成立较早、规模最大的医学社团，在其发展过程中逐渐形成了一系列的规章制度，并创办了《中华医学杂志》作为学术交流平台。刘远明发表的《中华医学会与民国时期的医疗卫生体制化》一文认为，由于中华医学会的骨干分子和成员拥有一定的学业背景，使它在医疗行政比较疲软的民国时期，扮演了医疗卫生体制的筹划者、推动者与组织者的角色，推动了中国医疗卫生事业的发展。②

三 地区医疗

徐承俊、刘刚、余仁于1983年发表的《对陕甘宁边区第一野战医院的回忆》一文，作者用较小的篇幅回忆了解放战争时期陕甘宁边区第一野战医院的救护工作。③ 欧阳竞回忆了陕甘宁边区的医疗卫生活动以及边区的医疗卫生组织，作者认为陕甘宁边区的卫生工作形成了以预防为主、卫生工作与群众运动相结合的一套工作方法，培养了一批强大的医疗卫生队伍，有力地支持了抗日战争和解放战争，并为新中国医疗卫生事业的发展打下了基础。④ 孙忠年、敏英发表的《陕甘宁边区针灸学发展简史》一文，认为针灸学在陕甘宁边区及其困难的条件下，以其得天独厚的优势得到了较快的普及、提高和发展，并广泛应用于临床。边区针灸学的发展为解决边区缺医少药的困难起到了积极的作用，为抗日战争以及解放战争的胜利做出了贡献，并为中西医的结合树立了典范，促进了中国针灸学事业的发展。⑤

张启安发表的《陕甘宁边区的医疗卫生工作和医德建设》一文，主要论述了陕甘宁边区的医疗卫生事业的建设，以及在此过程中形成的医德建设，认为陕甘宁边区的医疗卫生事业建设和医德建设构成了延安精神的重要方面，构成了中国民族文化精神中的一笔无价的精神财富。⑥ 太行根据

---

① 刘燕萍：《解放前的协和护校》，《当代护士》1997年第3期。
② 刘远明：《中华医学会与民国时期的医疗卫生体制化》，《贵州社会科学》2007年第6期。
③ 徐承俊、刘刚、余仁：《对陕甘宁边区第一野战医院的回忆》，《医院管理》1983年第11期。
④ 欧阳竞：《回忆陕甘宁边区的卫生工作（上、下）》，《医院管理》1984年第1、2期。
⑤ 孙忠年、敏英：《陕甘宁边区针灸学发展简史》，《针灸学报》1992年第2期。
⑥ 张启安：《陕甘宁边区的医疗卫生工作和医德建设》，《中国医学伦理学》2001年第3期。

地是八路军总部和中共中央华北局所在地，也是华北人民政府的重要辖区，对赢得战争与革命的胜利做出了巨大的贡献，刘秩强发表的《革命与医疗——太行根据地医疗卫生体系的初步建立》一文，主要以太行根据地医疗卫生领域的变革为线索，以根据地的医疗卫生和社会变迁的关系为研究对象，探讨了在战争和革命背景下医疗卫生体系的演变，作者认为中国共产党建立的医疗卫生体系是"生产支前"工作的重要保证和取得革命胜利的重要因素，是一个全新的医疗卫生体系，改变了根据地的医疗卫生事业落后的状况，具有重要的意义。①

郭洪涛分析了梁漱溟20世纪30年代在山东邹平县创建的实验区卫生院，勾画出三级医疗卫生的模式，并对乡村妇幼卫生、学校卫生、公共卫生等进行了有益的探索，作者认为梁漱溟的工作为中国医疗卫生事业的发展做出了贡献。②朱德明发表的《近代上海租界卫生史略》一文，认为近代上海租界在卫生行政机构、医院、中西药制销业、卫生防疫和环境卫生五大方面各有特色，并取得了一定的成就，为中国近代西医事业的发展具有一定的借鉴作用。③谢铭发表的《论近代广西基督教的医疗事业》一文，认为近代广西医疗事业的创办与发展，是西方传教士为了排除传教的障碍而设立的，在一定程度上实现了他们传教的目的，但在客观上对广西社会产生了积极的影响，具有一定的进步意义。④

近代历史上，西方教会在安徽省建立的医院达到70多所，其中影响最大、存在时间最长的有4所，陆翔、陆义芳发表的《安徽省近代几所教会医院概述》一文认为，这些医院对近代安徽医疗事业发展产生了积极影响，但大批中国医护人员同样做出了积极贡献。⑤

抗战期间，基督教会在中国西南地区的传播是以服务边疆的名义展开的，成先聪、陈廷湘主要考察了在这一服务中医疗事业方面的活动，认为由于基督教会建设西南大后方被纳入国民党战时西南开发的组成部分，因此其具有服务边疆的性质，它的服务，不仅改善了西南少数民族地区的医

---

① 刘秩强：《革命与医疗——太行根据地医疗卫生体系的初步建立》，《史林》2006年第3期。
② 郭洪涛：《梁漱溟创办山东邹平县乡村卫生事业概述》，《中华医史杂志》1995年第1期。
③ 朱德明：《近代上海租界卫生史略》，《中华医史杂志》1996年第1期。
④ 谢铭：《论近代广西基督教的医疗事业》，《河池师专学报》1999年第1期。
⑤ 陆翔、陆义芳：《安徽省近代几所教会医院概述》，《中华医史杂志》2000年第4期。

疗卫生条件，而且改变了这一地区落后的生活习惯，推动了边疆社会向近代文化方面的转型。①

教会医院在近代中国扮演过复杂的角色，刘国强主要从近代广州教会医院兴办的情况入手，分析了其特点和影响，认为近代广州教会医院的创办和发展，虽然没有脱离其传教的初衷，但其在客观上却极大地推动了广东乃至全国医疗事业的进步，这是应该给予充分认可的，但也不能过分夸大其在中国近代史的作用，一定要走中外相结合的道路，才能推进中国医学的发展。②邱广军发表的《清末民初基督教在东北施医布道探析》一文，认为清末民初基督教在东北地区的施医布道活动是基督教在东北传教活动的组成部分，它的开创和发展的本意是为了传教活动，但在客观上对东北地区西医事业的发展起了积极的作用，因其并没有背离其传教的初衷，因此这种积极作用也被大大打了折扣。③

吴郁琴发表的《现代化进程中的民国江西公共卫生事业（1928—1941）》一文，认为江西农村公共卫生事业是国民党为了复兴农村经济、巩固其基层统治，进而消除共产党在这一地区的影响的大背景下产生和发展的，这一时期江西农村的公共卫生事业取得了巨大发展，但由于当时社会环境的限制，又在一定程度上限制了这种发展，因此农村公共卫生事业的发展必须要有资金、专业技术人才以及科学的管理体制等方面的重要保障。④民国时期新疆多次大规模暴发流行性传染疾病，为此民国政府及新疆地方政府采取了种种措施应对这种状况。陈健发表的《民国时期新疆疫病流行与新疆社会》一文认为，疫病的频发给新疆社会的发展带来了种种消极的影响，民国政府及新疆地方政府采取的种种防治措施，在一定程度上遏制了疫病的传播，并促进了新疆医疗卫生事业的发展。⑤

陈蔚琳发表的《晚清上海租界公共卫生管理探析（1854—1910）》一文，主要是以《工部局董事会会议记录》为核心材料，分析了西方公共卫

---

① 成先聪、陈廷湘：《基督教在西南少数民族地区的传播——以医疗卫生事业为例》，《宗教学研究》2001年第4期。
② 刘国强：《试析近代广州教会医院的特点》，《广州大学学报》2003年第3期。
③ 邱广军：《清末民初基督教在东北施医布道探析》，硕士学位论文，东北师范大学，2005年。
④ 吴郁琴：《现代化进程中的民国江西公共卫生事业（1928—1941）》，硕士学位论文，江西师范大学，2005年。
⑤ 陈健：《民国时期新疆疫病流行与新疆社会》，硕士学位论文，新疆大学，2005年。

生管理制度在上海租界的确立和发展,从制度化管理的层面对租界内公共卫生管理体系的产生、发展以及影响做了系统的论述,作者认为上海租界的公共卫生管理在一定程度上促进中国卫生事业的发展。① 彭善民发表的《近代上海民间时疫救治》一文,认为在近代上海都市公共卫生的发展过程中,一批倡导公共卫生的民间组织在时疫救治方面发挥了积极的作用。与政府的时疫救治相比较,民间组织表现出较强的自愿性、主动性,发挥出政府政策不能企及的天然优势,取得了较好的卫生治疗效果,但经费等条件的限制又影响了其职能的发挥。②

周启明发表的《论转型中的武汉公共卫生建设(1927—1937)》一文,认为公共卫生是现代化行政的中心环节之一,它与社会、经济、文化等有着密切的关系,十年转型期间武汉的公共卫生取得了长足的进步,即使这样,由于受各种因素的限制,所取得的成就与拥有十几万人口的城市是不相匹配的,在公共卫生领域方面仍存在诸多的不足,诸如公共卫生资源的分布不均衡,其公益性、公平性完全被忽视,这是与当时国民政府的政策以及公共卫生资源与人口相矛盾造成的。③ 中国社会科学出版社 2017 年出版的郗万富著《病痛河南:近代河南的医生、医疗与百姓(1912—1949)》则重点考察了民国时期河南的医疗卫生事业。

钟丽的《民国时期山东疫病传播和卫生防疫》,认为瘟疫的发生既有自然因素的原因,但在更大程度上也是战乱、人口密度、人口移动、风俗等人为因素造成的。面对瘟疫在山东的肆虐,当时都采取了积极的防治政策和预防措施,在一定程度上遏制了瘟疫的肆虐,并使山东的卫生防疫事业逐步走向现代化,但由于民国时期山东的政局动荡、战事不断、自然灾害频发等多种因素的影响,又在一定程度上制约了卫生防疫政策的贯彻执行,并影响了其实际效果的发挥。④ 唐力行、苏卫平发表的《明清以来徽州的疾疫与宗族医疗保障功能——兼论新安医学兴起的原因》一文,着重论述了徽州宗族在医疗方面所建立的疾病预防、医疗和救助较为完善的医

---

① 陈蔚琳:《晚清上海租界公共卫生管理探析(1854—1910)》,硕士学位论文,华东师范大学,2005 年。
② 彭善民:《近代上海民间时疫救治》,《广西社会科学》2006 年第 9 期。
③ 周启明:《论转型中的武汉公共卫生建设(1927—1937)》,硕士学位论文,华中师范大学,2006 年。
④ 钟丽:《民国时期山东疫病传播和卫生防疫》,硕士学位论文,山东大学,2007 年。

疗体系，认为由于徽州宗族的长期延续，从某种意义上说，也是族人身体的延续，所以徽州宗族十分重视其医疗保障功能，这是徽州地区发生瘟疫比较少的一项重要原因，同时族医制度和传统的宗族核心价值促进了新安医学的发展，并保障了其繁荣。① 刘桂奇发表的《近代广州卫生事业的发轫》一文，认为瘟疫流行、西医东渐以及清末新政是广州卫生事业发轫的三大动因，而近代广州城市公共卫生事业发端的情形，在某种程度上是近代中国沿海城市公共卫生事业肇始的写照。②

四 疾病防治

余新忠对20世纪80年代以来史学界对中国疾病、医疗和身体史的研究进行了回顾和展望，认为80年代以来兴起的这一课题的研究，必定是未来史学界研究的重要方向之一，它不仅拓展了历史研究的领域，而且在一定程度上促进史学理论和史学方法及观念的革新。③ 商务印书馆2013年出版的梁其姿的专著《麻风：一种疾病的医疗社会史》，则将中国关于麻风病的历史经验和公共卫生的大历史以及西方医学权力体制联系起来，从中探索中国对待疾病的中西视野中的文化和政治含义。

张晓风发表的《民国时期的传染病防治》一文，认为20世纪初叶是传染病的高发时期，民国政府针对这种情况，开始摒除驱瘟降魔的封建迷信做法，采取了更加科学的防治措施，有效地控制了一些传染病在中国的传播，但由于受社会制度和当时医疗体制的制约，当时亦有无数人死于非命。④ 龙伟的专著《民国医事纠纷研究（1927—1949）》以史学界关注较少的民国"医事纠纷"为考察对象，分析探讨当时医事纠纷的特点及成因，并结合近代卫生行政体制的确立及医学职业化进程这一宏观语境，分析国家、社会与医患之间的互动。⑤ 张斌、张大庆发表的《浅析民国时期的医事纠纷》一文，认为近代西医传入中国以后，民众逐渐认识了西医，并在一定程度上接受了西医，但在医疗过程中，医患之间的矛盾开始有所

---

① 唐力行、苏卫平：《明清以来徽州的疾疫与宗族医疗保障功能——兼论新安医学兴起的原因》，《史林》2009年第3期。
② 刘桂奇：《近代广州卫生事业的发轫》，《历史教学（高教版）》2009年第2期。
③ 余新忠：《中国疾病、医疗史探索的过去、现实与可能》，《历史研究》2003年第4期。
④ 张晓风：《民国时期的传染病防治》，《中国档案》2003年第9期。
⑤ 龙伟：《民国医事纠纷研究（1927—1949）》，人民出版社2011年版。

突出，并诉诸法律，引发了当时的广泛讨论，作者在此基础上分析了医疗纠纷的原因，并对当今社会的医疗纠纷案件有何启示亦做了探讨。[①] 张建俅发表的《中国红十字会经费问题浅析》一文，认为中国红十字会的经费来源主要有募捐、政府拨款以及会费三种形式，其中捐款是红十字会最为重要的经费来源，因此红十字会采取了种种募捐的形式，诸如宣传同胞爱、积功德以及人道主义等，其中人道主义发挥的效力最大；红十字会的另一经费来源是会费，同时在支出方面，除了救助被灾人群，红十字会亦对理财给予重视，这是有别于传统的慈善机构的。[②] 山东教育出版社 2006 年出版的张大庆著《中国近代疾病社会史（1912—1937）》则关注了近代传染病防治、疾病控制、医患关系及社会卫生等问题。

余新忠等著《瘟疫下社会拯救：中国近世重大疫情与社会反应研究》，主要论述了不同时期的瘟疫及其特点以及社会方面的应对措施，最后作者还就瘟疫产生的原因、影响和后果以及对当今的启示等问题进行了总结。该书认为，尽管任何制度都不会是尽善尽美的，但一定要满足人民的基本的生存的权利，如果我们对自然和生命有所敬畏，对现代化后果有所警惕，似乎就能为我们自己和后代少忍受一些灾难和痛苦。[③] 北京师范大学出版社 2016 年出版的余新忠的专著《清代卫生防疫机制及其近代演变》，集中考察了清代卫生防疫的实践及其在晚清的新变化。伍连德在近代疾病防治中做出突出贡献，学界也有研究，国家图书馆出版社 2019 年出版了李冬梅编《伍连德及东三省防疫资料辑录》，福建教育出版社 2011 年出版的王哲著《国士无双：伍连德》，哈尔滨出版社 2018 年出版的孟久成著《伍连德在哈尔滨》均对其防疫贡献进行了论述。

李传斌发表的《教会医院与近代中国的慈善救济事业》一文，认为教会医院是具有慈善性质的传教事业，它在产生之初即实行免费的医疗政策，实行收费制度之后，教会医院还实行了多种的慈善医疗活动等，在战争期间，还进行红十字医疗活动，虽然这些慈善活动是有传教的考虑，但教会医院在近代历史上的慈善救济事业中占据了重要的地位，产生了积极

---

① 张斌、张大庆：《浅析民国时期的医事纠纷》，《中国医学伦理学》2003 年第 6 期。
② 张建俅：《中国红十字会经费问题浅析》，《近代史研究》2004 年第 3 期。
③ 余新忠等著：《瘟疫下社会拯救：中国近世重大疫情与社会反应研究》，中国书店 2004 年版。

的影响。①

　　邱五七、马彦发表的《公共卫生概念历史演进和思考》一文，主要是对公共卫生概念历史演进进行了简单的梳理，公共卫生的概念经历了漫长的历史演进的过程，人们对公共卫生的理解也在不断地深入和发展。作者认为公共卫生是一个社会问题，公共卫生的核心当然是公众的健康，公共卫生服务于全体社会成员，其实质是公共政策。②刘玉龙从医疗与人的关系、建筑与人的关系出发，从历史的脉络和当代的横向比较的综合角度，分析了中国医疗建筑发展的情况，认为中国传统医疗和医疗空间具有朴素的人本主义属性，近现代医疗和医疗建筑在继承了西方现代医疗和医疗建筑成果的同时也继承了科学医学和功能主义建筑重视疾病、重视技术而忽视人的心理需求的弱点，这种情况改革开放后开始引起人们的关注，并有所改善。③

　　谭晓燕的《民国时期的防疫政策（1911—1937）》，认为民国时期的防疫政策具有鲜明的时代特征，民国政府主义加强防疫建设，逐步确立了从中央到地方的防疫体系，促进了中国防疫事业的发展，但也存在一系列的缺陷，如注重城市防疫，相对来说忽视了农村的防疫等，同时由于受政局动荡等一系列因素的影响，又使民国时期的防疫政策十分的有限。④杨念群发表的《如何从"医疗史"的视角理解现代政治》一文，从医疗史提供的一些线索发现"现代政治"如何从身体、空间、制度和社会动员等几个角度影响中国社会的演进，认为西医的传入首先影响到了中国人对身体的认知和感受，其破坏了中国传统社会熟人社会对人伦关系的界定，进而带入了一种具有"委托制"的关系，这种关系的制度化，改变了中国的社会结构。政治也通过医疗为手段的社会动员策略被赋予了民族主义的新内涵，从而为中国政治体制的变革提供了依据。⑤李彦昌关注了近代注射知识的传播，指出：近代注射知识与实践是西方医学传入的重要内容之一。

---

① 李传斌：《教会医院与近代中国的慈善救济事业》，《中国社会经济史研究》2006年第4期。
② 邱五七、马彦：《公共卫生概念历史演进和思考》，《预防医学情报杂志》2006年第3期。
③ 刘玉龙：《中国近现代医疗建筑的演进——一种人本主义的趋势》，博士学位论文，清华大学，2006年。
④ 谭晓燕：《民国时期的防疫政策（1911—1937）》，硕士学位论文，山东大学，2006年。
⑤ 杨念群：《如何从"医疗史"的视角理解现代政治》，《中国社会历史评论》2007年第8卷。

晚清与民国时期，来华传教士、医学界及医药业等采用多种传播手段与途径，传播注射疗法。社会大众在疗效的对比中，对注射疗法的态度总体经历从怀疑到认可的转变过程，又兼有既接纳又排斥的复杂面相。注射疗法兼具表层文化的工具性和深层文化的价值性，其在华传播经历了由治病而攻心、由技术而观念的过程，体现了技术进步、大众观念、社会制度之间的复杂互动关系。①

民国时期北平协和医院、南京的鼓楼医院、济南的齐鲁医院等相继建立了社会服务部开展社会医疗工作。高鹏程发表的《民国医疗社会工作述评与当代启示》一文认为，民国的社会医疗工作起步不晚，但分布不广；以经济救助为主，以个案工作为主要手段；与学校互动，实践和教学良性循环；民国时期的医疗社会工作彰显了以北平协和医院为代表的相关医院的人道主义精神和强烈的社会责任感，对当前中国的医疗社会工作有强烈的借鉴意义。②余新忠发表的《医疗史研究中的生态视角刍议》一文，认为由于疾病和医疗，特别是传染病与环境的关系，在研究环境史中往往将医疗史包括在内，但医疗史作为一个独立学科，并不能将其简单地归入环境史。两者之间既自成一体，又密切相连，所以医疗史与环境史之间的关系既有研究对象的部分交集，也有理念和视角的相通。作者进而认为在医疗史研究中引入生态史的意识，不仅有利于我们关乎人类医疗、健康等文化内容的环境分子，更有利于体认到历史的复杂性，更好地理解历史上医疗的观念和行为。③

余新忠于2014年所修订的《清代江南的瘟疫与社会：一项医疗社会史的研究》，是当时国内关于社会医疗史的开山之作。该书通过清代江南疫情及其与社会互动的关系，较为全面地展示了中国近世社会发展的脉络，清代国家和社会的互动关系等，既拓展了中国史研究的领域，开拓了疾病史的研究范围，又在深入研究的基础上，对中国近世社会变迁、国家和社会的关系等问题做出了新的诠释。④余新忠认为，虽然国

---

① 李彦昌：《由技术而观念：注射知识与实践在近代中国的传播》，《近代史研究》2017年第3期。

② 高鹏程：《民国医疗社会工作述评与当代启示》，《社会工作》2012年第4期。

③ 余新忠：《医疗史研究中的生态视角刍议》，《人文杂志》2013年第10期。

④ 余新忠：《清代江南的瘟疫与社会：一项医疗社会史的研究》，北京师范大学出版社2014年版。

内环境史的研究起步点比较高，也取得了不菲的成就，但都有意或者无意地忽视了其中的文化维度，因此主要是从疾病和健康的角度探讨缺失文化维度的缘由、文化研究的意义和内容等问题，环境史的研究固然是希冀增加人们的生态学意识，但同时也需要文化来理解这样一种潮流和现象。①

总之，国内学术界对医疗史的关注比较晚，20世纪八九十年代以前主要是对近代尤其是解放区的医疗情况关注比较多，但大多是回忆性质的文章，并不是严格意义上的研究论著。21世纪以来，随着史学交流和史学观念的解放，不入流的医疗史开始为史学家所关注，但就目前来说，论文和专著的数量仍然不能适应这一趋势的发展，仍然期待学者加强对近代医疗史的关注。

第三节 近代图书馆研究

一 全国图书馆事业

(一) 发展概况

新中国成立后对近代图书馆的研究，发轫于谢灼华1959年发表的《关于图书馆事业史研究的几个问题》。该文认为，中国图书馆事业的发展和政治、法权以及其他文化事业，共同促进或延缓了中国社会经济的发展，图书馆在自身发展过程中，也充满着矛盾和斗争，正是这些矛盾和斗争，推进了图书馆事业的进一步发展；该文把中国图书馆事业发展史分为四个阶段进行研究，即封建社会的图书馆事业（上古三代到鸦片战争）、旧民主主义革命时期的图书馆事业（1840—1919）、新民主主义革命时期的图书馆事业（1919—1949）、新中国成立以来图书馆事业的发展，认为对图书馆事业发展史的研究可以达到三个目的，首先是通过图书馆事业发展史的研究，更好地理解经济基础与上层建筑的关系问题，其次是更好地理解中国图书馆事业发展的规律，最后即是通过对图书馆事业发展史的研究，依此来继承中国的优秀文化，进而促进中国社会主义文化事业的发展。②

---

① 余新忠：《浅议生态史研究中的文化维度——基于疾病和健康议题的思考》，《史学理论研究》2014年第2期。
② 谢灼华：《关于图书馆事业史研究的几个问题》，《武汉大学人文科学学报》1959年第7期。

路林于 1983 年发表的《中国近代图书馆事业之兴起》一文，着重分析了晚清至辛亥革命前，由于受西方的影响，中国图书馆事业开始向近代转型，由传统的私人藏书楼向近代社会化的图书馆转变，文中列举了各大藏书楼向近代转变的例子，亦可说明这样的问题，至辛亥革命前后，近代意义上的图书馆开始在中国大地上生根发芽，并初具规模，为中国近代图书馆事业的发展奠定了基础。[1] 李再阳于 1985 年发表的《中国图书馆简史》一文，主要对近代图书馆的发展脉络进行了简单的梳理，其中也对古代藏书楼的发展也做了简单的梳理，藏书楼在明清两代繁盛起来。[2] 张维强、郭向东发表的《再论帝国主义文化侵略对中国近代图书馆事业的客观影响》一文，认为对帝国主义对中国的侵略要客观的分析，帝国主义的侵略一方面给中国造成了深重的灾难，但在客观上给中国带来先进的文化和科技，促进了中国在近代的路上缓慢地向前发展。[3]

浮邱生发表的《试论近代图书馆的特征——兼谈中国近代最早的私立图书馆》一文，主要对中国近代图书馆的特征进行了分析，认为中国近代图书馆产生于欧美图书馆观念输入之后以及中国接受这种观念之后，作者对比了共读楼与古越藏书楼之间的区别，认为共读楼仍然属于古代藏书楼性质，而古越藏书楼由于借鉴了欧美国家的先进经验，因此是一所近代意义上的图书馆。[4]

王西梅的《中国图书馆发展史》一书，主要论述了中国图书馆发展的进程与社会政治、经济、文化的相互关系，研究了中国历代图书馆的文献利用对中国学术发展的影响，作者用七个章节论述了从古至解放战争时期中国图书馆的发展概况，是一本有关图书馆通史性的著作。[5] 姜月荣主要是从经济改革、政治改革、西学东渐三个方面论述了近代化对中国图书馆产生的影响，认为近代化是借助图书馆事业的发展而取得进步的，反过来，又促进了近代图书馆制度的确立和发展，二者是一种互补的

---

[1] 路林：《中国近代图书馆事业的兴起》，《河南图书馆学刊》1983 年第 2 期。
[2] 李再阳：《中国图书馆简史》，《云南师范大学学报》1985 年第 3 期。
[3] 张维强、郭向东：《再论帝国主义文化侵略对中国近代图书馆事业的客观影响》，《图书与情报》1986 年 4 月 29 日。
[4] 浮邱生：《试论近代图书馆的特征——兼谈中国近代最早的私利图书馆》，《江苏图书馆学报》1987 年第 5 期。
[5] 王西梅：《中国图书馆发展史》，吉林教育出版社 1991 年版。

关系。① 黄鹂发表的《论近代中国创建图书馆的热潮》一文认为，随着新政的展开，在中国兴起了图书馆建立的热潮，从中央到各省乃至各个机关团体相继建立了图书馆，这是在引进西方图书馆学理论基础上，由中国传统的藏书楼发展而来，它是资产阶级文化的一部分，也是救国图强的一种尝试。②

冯文龙发表的《中国近代图书馆的兴起》一文，认为中国近代图书馆萌芽和发展主要经历了三个时期，即由传统的藏书楼向近代图书馆过渡的时期；早期的图书馆的兴起和产生时期；近代图书馆的发展和完善时期，从历史的连续中把握中国图书馆的发展的历史脉络，对中国图书馆的发展及发展的规律是有裨益的。③

王新田、彭杏花发表的《中国近代图书馆发展概说》一文，认为中国近代图书馆是在西学东渐的影响下，在中国资产阶级逐步发展和壮大以及移植西方图书馆学说的基础上逐渐产生和发展起来的，作者认为虽然近代以来受各种条件的限制，图书馆不能充分发挥其作用，但图书馆在普及文化、社会启蒙、破除封建旧文化以及建立新文化等方面产生的作用是不可抹杀的。④ 隋元芬发表的《中国近代图书馆事业的兴起》一文，主要论述了中国近代图书馆事业初兴时的一般情况，辩证地论述了近代藏书楼与图书馆的关系，作者认为近代藏书楼是现代意义上的图书馆，两者只是名称不一样，并没有实质性的差别。⑤ 顾微微发表的《中国近代图书馆与文化之变迁》一文，主要论述了中国近代图书馆与近代中国变迁之间的关系，作者认为中国近代图书馆的产生是中国近代文化变迁的结果，反过来，中国近代图书馆的发展，又促进了中国近代文化的变迁。⑥

印永清发表的《近代中国图书馆事业对外开放的历程》一文，认为近代中国图书馆发展的背景，是先进知识分子追求世界先进潮流、开放思想、更新图书馆观念的过程。因此中国图书馆事业对外开放的过程是中国

---

① 姜月荣：《近代化运动与中国近代图书馆事业的产生》，《辽宁师范大学学报》1992 年第 1 期。
② 黄鹂：《论近代中国创建图书馆的热潮》，《辽宁师范大学学报》1994 年第 2 期。
③ 冯文龙：《中国近代图书馆的兴起》，《成都大学学报》1995 年第 4 期。
④ 王新田、彭杏花：《中国近代图书馆发展概说》，《镇江师范专科学校学报》1998 年第 4 期。
⑤ 隋元芬：《中国近代图书馆事业的兴起》，《浙江社会科学》2000 年第 5 期。
⑥ 顾微微：《中国近代图书馆与文化之变迁》，《图书与情报》2000 年第 4 期。

向世界寻求图书馆发展经验、积极开展国外图书馆学研究、联系国际图书馆界以及加强与国际图联交流的过程。① 吴稌年则认为，中国近代图书馆的产生与发展经历了认同阶段、吸纳与表达阶段以及整合发展三个阶段，并呈现出了不同的历史特征。②

谭世芬、胡俊荣发表的《中国近代图书馆发展迟缓原因探析》一文，主要对近代图书馆发展迟缓的原因进行了分析，认为封建专制、动荡的社会环境、落后的经济状况及藏书楼的传统观念的束缚等是近代图书馆发展迟缓的主要障碍③。杨子竞就20世纪80年代以来中国近代图书馆事业的研究情况做了梳理，认为中国近代图书馆事业的产生是中国近代化过程中的产物。④ 疏志芳主要从藏书楼与近代图书馆、中国近代图书馆的发展概况、近代图书馆兴起与发展的历史条件、西方文化与中国近代图书馆、近代人物与近代图书馆、关于中国近代图书馆评价6个方面进行回顾与梳理，认为在此基础上应进一步做好文献的搜集和整理、拓宽图书馆史的研究领域以及进行跨学科研究。⑤

卿玉弢、王黎、朱俊波发表的《简析中国近代图书馆的产生和发展》一文，认为中国近代图书馆是在中国古代封建政治、经济、文化衰落，近代西方图书馆理念的输入，维新派公共藏书思想的影响下形成的；在新文化运动、新图书馆运动等影响下，由私有垄断文化向阶级专享文化、服务大众文化转变；同时也促进了各类图书馆的兴起和创建以及相关学科的发展。⑥

龚蛟腾认为，清末至民国时期是中国图书馆事业的勃兴与繁荣的时期，这一时期，社会各界力量在传播西学、开民智的大背景下，建立了一系列的新式的图书馆，也促使中国由传统的藏书楼向近代图书馆的过渡，进而掀起了图书馆管理革命，兴办图书馆学专业教育以及开启图书馆学学术研究的热潮。⑦ 张书美对中国近代民众图书馆的基本情况作了系统考察，

---

① 印永清：《近代中国图书馆事业对外开放的历程》，《情报资料工作》2001年第5期。
② 吴稌年：《中国近代图书馆发展之三阶段》，《晋图学刊》2001年第3期。
③ 谭世芬、胡俊荣：《中国近代图书馆发展迟缓原因探析》，《图书与情报》2002年第4期。
④ 杨子竞：《中国近代图书馆事业史研究概述》，《高校社科信息》2004年第6期。
⑤ 疏志芳：《近20年来中国近代图书馆史研究综述》，《池州学院学报》2008年第5期。
⑥ 卿玉弢、王黎、朱俊波：《简析中国近代图书馆的产生和发展》，《图书馆》2009年第4期。
⑦ 龚蛟腾：《清末至民国图书馆事业的勃兴与繁荣（下）》，《图书馆》2011年第2期。

并按组织管理、藏书建设、阅读推广事业、社会功效四个部分对民众图书馆的历史作了较为深入的研究。①

范凡通过对晚清至民国时期图书馆法令中有关图书馆条款的考察，揭示了作为图书馆事业一部分的私立图书馆不断发展的原因，通过对一些私立图书馆的分析，揭示了其对中国图书馆理论与实践的贡献，作者认为当时的私立图书馆揭示了其为公不为利的时代精神。②何建中主要从私立大学图书馆的发展、兴盛、衰落三个时期分析了私立大学图书馆的兴亡史，作者认为民国私立大学是中国近现代高等教育事业的组成部分，私立大学图书馆的兴衰史是中国近现代图书馆事业研究的重要领域。③

（二）藏书楼与图书馆

葛光发表的《封建藏书楼向近代图书馆变革成败新探》一文，认为不能过分夸大近代图书馆对古代藏书楼的冲击，晚清各种变革固然冲击了古代藏书楼的堡垒，但这种冲击并不彻底，并没有使古老的、传统的藏书楼发生彻底的革命性转变，作者认为这是由于当时社会动荡、科技落后以及资产阶级的保守性造成的。④叶柏松从中国藏书楼使用范围狭小的内、外部原因，明清时代士人对藏书楼藏书目的提高，清末近代图书馆的雏形以及西方图书馆对中国藏书楼的冲击和影响分析了藏书楼与近代图书馆之间的关系，作者认为藏书楼与图书馆是同一事物的两个不同的历史发展阶段。⑤

卢刚认为，藏书楼是中国古代图书馆事业的一种主要的形式，进入近代以来，由维新派人士在戊戌运动中创办的学会藏书楼，这些学会藏书楼藏书的管理与应用开始采用了西方的管理模式，使之具备了近代图书馆的特征，因此作者认为学会藏书楼是近代图书馆的前身。⑥左玉河发表的《从藏书楼到图书馆——中国近代图书馆制度之建立》一文，认为中国自古以来就有藏书的传统，并形成了完备的制度，藏书楼造就了少数精英学者，并具备了若干近代性因素。晚清以来，随着西方图书馆理念的输入，

---

① 张书美：《中国近代民众图书馆》，江西人民出版社2020年版。
② 范凡：《晚清至民国时期私立图书馆研究》，《图书情报工作》2007年第1期。
③ 何建中：《民国时期中国私立大学图书馆发展史略》，《图书与情报》2004年第5期。
④ 葛光：《封建藏书楼向近代图书馆变革成败新探》，《广东图书馆学刊》1985年第3期。
⑤ 叶柏松：《再议藏书楼与图书馆》，《图书馆》2003年第1期。
⑥ 卢刚：《近代图书馆的先身——学会藏书楼》，《求索》2003年第3期。

传统的藏书楼向近代图书馆转变,这一转变的实质是藏书性质和藏书功能的转变。作者认为近代图书馆一方面促进了学术研究的同时,另一方面学术研究也对图书馆提出了更高的要求,促进了图书馆目录学等的发展,近代图书馆成为学术信息集散中心,成为继新式学会、近代大学、专业研究院所之外的另一个学术研究的重镇。①

骆伟从聊城海源阁的创办背景、藏书情况等方面介绍了其发展与兴衰的历史,认为历代私人藏书楼,由于社会制度的限制,他们有的虽可能发展一定的程度,取得一定的规模,但一般总经不起动荡的社会,最后而消亡,只有社会主义制度和正确的路线、政策的指导,才能使中国古代文化遗产得到深入的挖掘、妥善的保管和充分的利用。②汪家熔的《涵芬楼和东方图书馆》一文,主要对商务印书馆的涵芬楼藏书所到东方图书馆的演变做了简单的梳理,认为它是中国图书馆事业的发展史上的一个里程碑。③

(三) 晚清的图书馆

黄建国于1982年发表的《清末改良运动与近代中国图书馆事业》一文,主要分析了清末改良运动对古代藏书楼的冲击,促进了近代图书馆事业的产生和发展,作者认为带有社会教育功能的图书馆的产生,中国资产阶级登山历史舞台,与清末改良运动的发展有着密不可分的关系。近代意义上的图书馆的产生,为现代图书馆事业的发展开辟了道路,但也存在一些问题。④白光田发表的《维新思潮与近代图书馆事业》一文,分析了维新思潮对近代中国思想文化的冲击,尤其是对近代图书馆事业的冲击,促进了中国由传统的藏书楼向近代图书馆的转变,此外,该文还着重分析了促进近代图书馆产生和发展的代表人物及其由此产生的近代图书馆,如郑观应等人,以及在此思潮影响下产生的古越藏书楼,作者认为虽然戊戌变法失败了,但维新派把人才问题同图书馆事业联系在一起的思想,以及普及和提高图书馆的做法,是值得借鉴的。⑤

叶农发表的《戊戌变法与中国近代图书馆事业的诞生与发展》一文,认为近代图书馆的诞生于清朝末年,是适应社会发展需要,在古代藏书楼

---

① 左玉河:《从藏书楼到图书馆——中国近代图书馆制度之建立》,《史林》2007年第4期。
② 骆伟:《晚清山左藏书楼——海源阁》,《山东图书馆季刊》1981年第2期。
③ 汪家熔:《涵芬楼与东方图书馆》,《图书馆学通讯》1981年第1期。
④ 黄建国:《清末改良运动与近代中国图书馆事业》,《浙江学刊》1982年第3期。
⑤ 白光田:《维新思潮与近代图书馆事业》,《大学图书馆通讯》1985年第3期。

的基础上，汲取了外国有关图书馆的先进理论与方法而出现的新事物，促使中国由传统的藏书楼向近代图书馆转变的重要契机就是维新运动，而其转变的主要标志就是戊戌变法。作者主要是从中国近代图书馆诞生的原因、戊戌变法至辛亥革命前夕中国图书馆事业的发展等论述了戊戌变法对中国近代图书馆事业发展的重要影响。作者认为之所以产生这么大的影响，是因为"首先，它适应时代的需要，是中国近代图书馆事业诞生的条件。其次，图书馆学理论有了萌芽。西方图书馆章程制度及图书分类理论也传入中国并付诸实施。《西学书目表》《日本书目志》拟出了完善的图书分类体系，冲破了四库法，为近代分类法的输入和产生打开了局面。这些萌芽是中国第一代图书馆学家研究的起点，近现代图书馆事业发展的理论基础"①。

张敏发表的《试论晚清图书馆事业》一文，分析了晚清图书馆的概况、特点、产生的原因以及对社会进步的贡献等，认为晚清图书馆是根据社会的需要，在吸收中国藏书楼的基础上及吸收西方的先进技术的基础上产生和发展的，在中国图书馆事业发展史上起到了积极的作用。②

白克誉发表的《清末近代图书馆成因析》一文，主要分析清末近代图书馆的成因，认为近代图书馆的产生主要有几方面原因，如清末救亡图存的措施、对西学东渐的积极回应、新藏书楼的促进作用、强大的社会文化氛围等，正是在这些因素的共同作用下，促进了近代图书馆的产生和发展。③胡俊荣发表的《戊戌变法与中国图书馆的变革》一文，主要论述了戊戌变法时期维新知识分子创建近代图书馆的历史功绩，他们为清末《京师及各省市图书馆通行章程》的出台和京师大学堂藏书楼的创办打开了通道。④

胡俊荣发表的《晚清西方图书馆观念输入中国考》一文，主要分析了晚清西方图书馆观输入中国的途径，认为其传入中国主要有五个途径，即西方传教士对西方图书馆观的输入；翻译介绍对西方图书馆观的输入；中国人走向世界实地考察对西方图书馆观的输入；近代报刊对西方图书馆观的输入；学会图书馆对西方图书馆观的输入。正是通过这些途径，促进了

---

① 叶农：《戊戌变法与中国近代图书馆事业的诞生与发展》，《图书馆》1988年第1期。
② 张敏：《试论晚清图书馆事业》，《山东图书馆季刊》1994年第2期。
③ 白克誉：《清末近代图书馆成因析》，《图书馆界》1995年第3期。
④ 胡俊荣：《戊戌变法与中国图书馆的变革》，《山东图书馆季刊》2000年第3期。

中国图书馆事业的产生和发展。① 范玉红发表的《中国近代社会教育思潮与图书馆观念的迁变》一文，主要论述了中国近代教育思潮与图书馆观念变迁之间的关系，作者认为中国近代图书馆经历了由单纯的典藏图书到传播新知，开启民智，由面向"好学之士"到面向民众以提高国民素质观念的转变。②

（四）民国时期的图书馆

卢中岳于1979年发表的《五四后的进步图书馆》，主要就五四时期各地创办的图书馆做了简单的梳理，该文认为，"五四后各地创办的进步图书馆，规模虽则不大，数量也不多，却是中国图书馆事业史上的划时代事件。它们的办馆方针、工作方法既不同于封建藏书楼，也不同于资产阶级图书馆，是以宣传马克思列宁主义，宣传新文化新思想，为人民大众服务的新型图书馆，是直得认真研究和总结的"。③

马力发表的《辛亥革命与近代图书馆》一文，主要论述了辛亥革命对近代图书馆事业的冲击，认为作为物质和精神文明产物的图书馆，由于辛亥革命的洗礼，也从封建式的藏书楼过渡到了近代意义上的图书馆，是一个重要的历史转折。④ 谢灼华认为，辛亥革命不仅促使了清末产生的图书馆逐步走向开放，并陆续建立了各种类型的公立图书馆，逐步完成了省立图书馆的创建工作，同时由于受西方图书馆学及日本的图书馆学的影响，使中国的图书馆开始摆脱藏书楼的局限作用，逐步走向社会化道路，因此该文从三个方面论述阐述辛亥革命对中国图书馆事业发展的影响，即辛亥革命的成立，完成了中国公共图书馆的建设；辛亥革命的胜利，促使了中国资产阶级图书馆法规之公布；辛亥革命的胜利，促进了图书馆学的研究的开展。⑤

李久琦发表的《五四时期的通俗图书馆》一文，主要从通俗图书馆的产生和发展，通俗图书馆的特点，通俗图书馆的地位和作用及其局限性和蜕变等方面论述了通俗图书馆在近代图书馆事业上的作用，认为近代通俗

---

① 胡俊荣：《晚清西方图书馆观念输入中国考》，《图书与情报》1999年第4期。
② 范玉红：《中国近代社会教育思潮与图书馆观念的迁变》，《图书与情报》2005年第3期。
③ 卢中岳：《五四后的进步图书馆》，《四川图书馆学报》1979年第2期。
④ 马力：《辛亥革命与近代图书馆》，《宁夏图书馆通讯》1981年第3期。
⑤ 谢灼华：《辛亥革命对中国图书馆事业的影响》，《武汉大学学报》1982年第1期。

图书馆的产生，与"平民教育"没有关系。①

程焕文发表的《民国时期图书馆事业的发展与评价》一文，认为民国时期图书馆事业半殖民地半封建性质的图书馆事业，从近代图书馆事业发展的历史来看，民国时期图书馆事业的历史影响和作用是不可忽视的，在这一时期，"基本上完善了近代图书馆体系；发展了近代图书馆的管理与工作的内容；创立了和发展了近代图书馆学术和图书馆学教育，提高了社会对图书馆的认识"。②该文主要从五四前后图书馆事业的发展状况的对比展开论述，认为五四运动对中国图书馆事业的发展产生了重要的影响，诸如使中国的图书馆事业发生了根本性的变化，使中国的图书馆事业与整个社会文化生活紧密联系起来，对中国图书馆学的发展与丰富亦有重要的影响，因此五四运动是中国图书馆事业发展史的一座里程碑。③

荆孝敏发表的《新文化运动与中国近代图书馆事业的发展》一文，主要从图书馆观念的深化、图书馆藏书建设事业的发展、读者的变化、管理机制的变革等方面论述了新文化运动对图书馆事业带来的冲击，认为新文化运动带来的冲击是方方面面的，正是在这一系列的冲击下，使中国的图书馆事业得到长足的发展，为此后中国图书馆事业的发展奠定了基础。④

黄少明发表的《民国时期的私立图书馆》一文认为，虽然私立图书馆在发展规模上不及公立图书馆，但它仍然是中国图书馆事业的重要组成部分。⑤王子平主要分析了日本侵华期间对中国图书文献的掠夺、图书馆的命运以及战时日本图书馆的活动，认为图书馆作为人类文化结晶的产物，也是日本侵华战争的主要见证者，因此对其研究在一定程度上也关照了这场战争。⑥罗德运论述了抗战时期国立北平图书馆、国立中央图书馆、国立西北图书馆在八年抗战其间反日寇侵略、保存文化典籍、求生存、谋发展的事迹，认为这些国立图书馆为中国文化事业的发展做出了贡献。⑦韩翠华发表的《民国初年中国图书馆事业的发展》一文，认为中国近代图

---

① 李久琦：《五四时期的通俗图书馆》，《图书馆学研究》1984年第1期。
② 程焕文：《民国时期图书馆事业的发展与评价》，《图书情报知识》1986年10月1日。
③ 予文：《五四运动对中国图书馆事业的影响》，《图书馆学通讯》1989年第2期。
④ 荆孝敏：《新文化运动与中国近代图书馆事业的发展》，《图书馆学刊》1989年第6期。
⑤ 黄少明：《民国时期的私立图书馆》，《图书馆学研究》1993年第2期。
⑥ 王子平：《日本侵华战争与中国图书馆》，《山东图书馆季刊》1995年第2期。
⑦ 罗德运：《抗战时期的三大国立图书馆》，《江苏图书馆学报》2001年第1期。

馆产生于清末立宪时期，至民国初年，中国图书馆事业得到了较快的发展，主要表现为近代图书馆意识的增强、图书馆数量的增加、管理方式的近代化以及图书馆学研究的兴起等方面。①

王华、秦玉珍将 1901—1918 年划分为辛亥革命时期，认为革命派的读书活动和阅书报社的创建，以及革命后有关图书馆法律法规的颁布，加速了中国传统藏书楼向近代图书馆的转变，促进了在全国兴建图书馆的热潮，带动了各种类型的图书馆的建设，促进了中国图书馆事业的蓬勃发展。② 刘岩、秦亚欧认为，巡回文库是民国时期社会各界有识之士为扫除文盲、推广阅读、散布文化而设立的一种阅读推广器，它具有贴近普通民众、附载空间多样化等多种特征，因此民国时期的巡回文库无论是其建置还是服务，基本上承继了其扫除文盲、服务民众等多种功能，是中国图书馆事业发展史上不可分割的一部分。③

王旭明发表的《20 世纪"新图书馆运动"述评》一文，主要论述了 20 世纪 20 年代新图书馆运动产生的历史背景、发展过程及结束的原因，并分析了这次运动的不足与成绩，作者认为这次运动是一次破除陋习大于建设新规的运动，发出了图书馆平民化的先声。④ 吴稌年发表的《"新图书馆运动"若干关键点之研究》一文，认为中国近代图书馆馆史中的新图书馆运动，有些关键点是值得研究的，如新图书馆运动的前奏、起止期，要素说在这一运动乃至整个图书馆学研究中的地位以及新图书馆运动中的失误等等都是值得研究的，对这些问题的研究，能较好地指导 21 世纪中国图书馆事业的发展。⑤

在民国时期图书馆研究的专著上，赖伯年等专门研究了陕甘宁边区的图书馆事业，对该地区的公共图书馆、机关图书馆、干部学校图书馆、中等学校图书馆、基层图书馆、民众教育馆、图书出版、图书协作交流等内容用专章都进行了详细介绍。⑥ 霍瑞娟专门考察了民国时期全国性的图书馆学术团体——中华图书馆协会，该协会是民国时期全国性的图书馆专业

---

① 韩翠华：《民国初年中国图书馆事业的发展》，《现代情报》2003 年第 4 期。
② 王华、秦玉珍：《辛亥革命与近代中国图书馆事业的蓬勃发展》，《图书馆建设》2011 年第 4 期。
③ 刘岩、秦亚欧：《民国巡回文库之历史思源》，《长春师范大学学报》2015 年第 2 期。
④ 王旭明：《20 世纪"新图书馆运动"述评》，《图书馆》2006 年第 2 期。
⑤ 吴稌年：《"新图书馆运动"若干关键点之研究》，《图书馆》2006 年第 6 期。
⑥ 赖伯年主编：《陕甘宁边区的图书馆事业》，西安出版社 1998 年版。

学术团体，她既从历史角度分析了中华图书馆协会的产生、发展及衰退历程，又从多个专题角度，研究了中华图书馆协会的组织结构、规章制度、内交外联、学术研究、年会活动等内容。① 刘劲松专门考察了抗战时期的中国图书馆界，阐述了抗日战争期间中国图书馆界的文化救国活动，包括图书馆的战时因应、进行战时损毁图书馆的调查、转移珍贵文献、抢救收购沦陷区文献等方式努力保存中国优秀典籍，传承中华传统文明；向国际社会征集书籍，促进中外文化交流；推动西部地区的图书馆建设，图书馆的战后筹划复兴等内容。②

（五）大学图书馆事业

王植于1986年发表的《中国近代高校图书馆组织管理的两个特点》一文认为，中国近代高校图书馆自产生以来，在组织管理方面有两个显著的特点，即集中管理与组织图书馆协会协助管理的特点，它反映了中国近代高校图书馆在组织管理方面存在合理的方面，为中国近代图书馆的发展提供了有益的借鉴。③ 王植还从以下几个方面论述了高校图书馆的历史作用：在革命进程中的作用，它主要包括宣传马列主义，培养革命青年；搜集革命史料，服务于革命斗争；宣传抗日思想。在教育事业发展过程中所起的作用，主要包括服务教学科研，成为学校的学术中心；扩大读者对象，补充教以之不足，以及收藏顾问典籍，保存了中国文化遗产，并推动中国图书馆事业的发展等作用。④

在教会大学图书馆研究上，孟雪梅的专著主要介绍了近代中国教会大学图书馆的形成条件与主要特点、发展历程与阶段划分、馆藏特色、流通服务、组织机构、经费使用等内容。⑤ 陈剑光、翟云仙分析了近现代教会大学发展历史、特点及其贡献，认为尽管教会大学带有一定的侵略性质，但其对中国文化的交流和发展仍起到了积极的作用，教会大学图书馆不仅搜集了丰富的藏书，而且也倡导了先进的图书馆管理方式、引进西方的图书分类法、编目方法以及本国化等方面起到了先锋的作用。⑥

---

① 霍瑞娟：《中华图书馆协会研究》，国家图书馆出版社2018年版。
② 刘劲松：《抗战时期的中国图书馆界》，商务印书馆2018年版。
③ 王植：《中国近代高校图书馆组织管理的两个特点》，《黑龙江图书馆》1986年第3期。
④ 王植：《中国近代高校图书馆事业的历史作用》，《高校图书馆工作》1987年第2期。
⑤ 孟雪梅：《近代中国教会大学图书馆研究》，国家图书馆出版社2009年版。
⑥ 陈剑光、翟云仙：《中国教会大学图书馆发展史略》，《图书与情报》1999年第2期。

二　各地图书馆事业

（一）华北、东北及西北地区

在近代北京地区的图书馆研究方面，孟化出版的专著《国家图书馆与近代文化（1909—1949）：从京师图书馆到国立北平图书馆》，对国家图书馆（1909—1949）从京师图书馆到国立北平图书馆的发展历程进行梳理，将其分为酝酿期、初创期、兴盛期、衰退期、复原期五阶段，详细论述了1909年至1949年间国家图书馆在文献收藏、整理和文化传播方面的过程和成就，并研讨了其对近代中西学术研究传播的贡献。[①] 张铁弘于1959年发表的《北京图书馆馆史二三事》，主要对北京图书馆的发展脉络做了简单梳理，介绍了北京图书馆的建立过程、发展现状、馆藏碑刻及有关人物的遗物。[②] 丁志刚于1980年发表的《北京图书馆的历史与发展》一文，主要就北京图书馆的发展分为六个时期和五次变动以及1949年后北京图书馆在建设、藏书等方面存在的缺陷展开论述，并对当前图书馆存在一些问题，在中央制定大政方针的基础上，提供了一些建议。[③]

王洪生发表的《齐齐哈尔市图书馆简史》一文，主要就近代齐齐哈尔市图书馆的起源及发展做了简单梳理，将齐齐哈尔市图书馆发展分为四个时期展开论述，一是晚清光绪年间其草创时期，二是伪满洲国前时期，三是伪满洲国时期，四是抗战胜利后时期。[④] 宋益民、吴景熙发表的《松坡图书馆始末》一文，主要介绍了该馆的建设背景及藏书情况，认为它既有辛亥革命的历史意义，又有图书馆事业史上的意义，应该载入史册。[⑤] 郭松年发表的《北京大学图书馆历史沿革》一文，分析了北京大学图书馆的藏书情况，并着重分析了北京大学1949年前的情况，介绍了其兴起、发展、改组以及人员活动的情况。[⑥]

张永伟发表的《"九一八"事变前后辽宁省公共图书馆事业》一文，通过事变前后辽宁省图书馆事业发展的情况对比，认为辽宁省各地公共图

[①] 孟化：《国家图书馆与近代文化（1909—1949）：从京师图书馆到国立北平图书馆》，人民出版社2014年版。
[②] 张铁弘：《北京图书馆馆史二三事》，《文物》1959年第9期。
[③] 丁志刚：《北京图书馆的历史与发展》，《国家图书馆学刊》1980年第3期。
[④] 王洪生：《齐齐哈尔市图书馆简史》，《黑龙江图书馆》1981年第2期。
[⑤] 宋益民、吴景熙：《松坡图书馆始末》，《国家图书馆学刊》1982年第3期。
[⑥] 郭松年：《北京大学图书馆历史沿革》，《北京大学学报》1982年第3期。

书馆的性质和规模方面，在"九一八事变"前后是截然不同的，无论是从数量还是从规模上来讲，日寇统治时期的图书馆事业较之前大大倒退了。①山东省图书馆馆志编纂小组发表的《民国时期山东各县图书馆的兴衰》一文，把民国时期山东省各县的图书馆的发展历史脉络分为三个阶段，即初创阶段、普遍建馆阶段、衰亡阶段，并呈现出以下特点：建馆早且普遍；各县对工作人员要求严格；图书馆的发展屡屡受到战乱的影响；图书馆的规模比较小；图书馆的读者社会阶层一般以商、学、军界为主，工农占的比例很小。因此作者认为山东省乃至各县的图书馆兴起于清末时期，在辛亥革命至北伐战争期间有所发展，抗战爆发后开始衰落，伴随着这种趋势，呈现出了上述不同的特点。②

包云志发表的《抗战前的山东大学图书馆》一文，主要对全面抗战前七年的山东大学图书馆进行了论述，认为抗战前的山东大学图书馆存在以下优点，诸如大学注重图书馆的建设；图书馆应聘了具有高素质和专业人才；独具特色的藏书；对读者制定了一系列的规章制度。③ 李仁瑞发表的《沧桑巨变六十年——南阳市图书馆在发展》一文，主要梳理了南阳自建馆以来六十年的图书馆建设情况作了介绍。④ 王惠生、冯平发表的《我省早期图书馆——胶州图书馆》一文，主要介绍了胶州图书馆的建立时间以及藏书情况等。⑤

李春芳、孟友群发表的《东北解放区的图书事业》一文，主要介绍了抗战结束后中共党政机关对东北地区图书事业的挽救所做的各种努力，为保存中国优秀文化遗产做出了杰出的贡献。⑥ 王野坪发表的《宁夏解放前图书馆事业初探》一文，主要论述了1949年前宁夏图书馆兴起的背景以及宁夏图书馆发展的历史脉络，认为宁夏图书馆的发展经历了兴起、发展、衰落（解放区的图书馆有所发展）、繁荣的历史阶段，为中国图书馆

---

① 张永伟：《"九一八"事变前后辽宁省公共图书馆事业》，《图书馆学刊》1983年第3期。
② 山东省图书馆馆志编纂小组：《民国时期山东各县图书馆的兴衰》，《山东图书馆季刊》1983年第2期。
③ 包云志：《抗战前的山东大学图书馆》，《山东大学图书馆季刊》1984年第2期。
④ 李仁瑞：《沧桑巨变六十年——南阳市图书馆在发展》，《河南图书馆学刊》1984年第3期。
⑤ 王惠生、冯平：《我省早期图书馆——胶州图书馆》，《山东图书馆季刊》1985年第3期。
⑥ 李春芳、孟友群：《东北解放区的图书事业》，《黑龙江图书馆》1986年第4期。

事业史的发展贡献了自己的力量。① 李春芳主要论述了哈尔滨公共图书馆历史发展的脉络，列举了哈尔滨不同发展时期的图书馆馆章以及图书馆的相关表格，使我们能较清晰了解哈尔滨公共图书馆发展的历史事实。② 邵国秀发表的《民国时期甘肃的图书馆事业》一文，主要根据图书馆的种类，如政府设立的公共图书馆、学校图书馆、科研机构图书馆以及解放区的图书馆及有关的图书活动等，对这些图书馆在民国时期的情况做了简单梳理，为了解这一时期甘肃图书馆的情况提供了一幅生动的画面。③

胡竹林、龚爱红发表的《陕甘宁边区的图书馆事业》一文，主要分析了陕甘宁边区不同类型的图书馆的发展情况，认为陕甘宁边区图书馆事业在解放战争爆发前夕得到了蓬勃的发展，是中国图书馆事业发展史上的重要组成部分。④ 冷绣锦著《"满铁"图书馆研究》一书，主要分为五个章节，以新的视角论述了"满铁"大连图书馆和奉天图书馆以及"满铁"各图书馆成为殖民时期为日本侵略制造舆论的阵地，但同时又在另一方面对中国文化典籍的保存起到了积极的作用。⑤

（二）华中、华南及西南地区

于常于1981年发表的《常州市图书馆简史》一文，把其分为了三个阶段，即武进商会图书馆、武进县立图书馆以及常州市图书馆三个阶段进行简单的介绍。⑥ 陈北南按照时间顺序介绍了云南省图书馆藏书的变迁情况，主要包括购买、收藏版片、刻印图书、交换、接收、赠送等，大大促进了图书馆藏书的数量和质量。⑦

徐家汇藏书楼为上海图书馆的前身，葛伯熙发表的《徐家汇藏书楼简史》一文主要从藏书楼的起源、库房和设备、组织和藏书等方面论述了徐家汇藏书楼的一些情况。⑧ 李建中发表的《申报流通图书馆》一文，认为申报流通图书馆手续简便，采取各种借阅方式满足读者的需求。⑨ 刘秀莲、

---

① 王野坪：《宁夏解放前图书馆事业初探》，《宁夏大学学报》1987年第4期。
② 李春芳：《哈尔滨公共图书馆历史沿革考略》，《黑龙江图书馆》1988年第1期。
③ 邵国秀：《民国时期甘肃的图书馆事业》，《图书与情报》1992年第3期。
④ 胡竹林、龚爱红：《陕甘宁边区的图书馆事业》，《图书馆理论与实践》1993年第3期。
⑤ 冷绣锦：《"满铁"图书馆研究》，辽宁人民出版社2011年版。
⑥ 于常：《常州市图书馆简史》，《江苏图书馆工作》1981年第3期。
⑦ 陈北南：《云南省图书馆藏书七十年变迁》，《图书馆学研究》1982年第1期。
⑧ 葛伯熙：《徐家汇藏书楼简史》，《图书馆杂志》1982年第2期。
⑨ 李建中：《申报流通图书馆》，《图书馆杂志》1982年第3期。

李建中从三个方面论述了沦陷时期上海图书馆的兴衰，即中国人自己办的图书馆，日本人办的图书馆以及欧美国家在上海办的图书馆，认为抗战爆发后上海图书馆的事业遭受了一轮又一轮的摧残。[1]

以湖北省图书馆署名发表的《湖北省图书馆八十年》一文，主要对湖北省图书馆的历史发展脉络进行了梳理，认为馆史既是历史的记录，又是借鉴经验和教训的良好素材。[2] 李泉新、陈为民发表的《八年抗战中的江西省图书馆》一文，主要论述了江西省图书馆在抗日战争时期的变迁及活动，诸如广泛建立图书流通处与巡回文库，宣传抗日思想及慰问抗日受伤士兵，等等，认为江西省图书馆在极端艰难的情况下，仍然做了大量的工作，贡献了自己的力量。[3] 湖南省图书馆编《湖南省图书馆历史简介》，梳理了湖南省图书馆历史发展状况，主要围绕毛泽东在湖南图书馆的活动展开论述。[4] 易世美编译的《湖南图书馆史之研究——中国近代公立图书馆的成立与日本》一文，主要是根据日本小黑浩司所著《湖南图书馆史の研究》一文翻译缩编而成的。该文主要论述了湖南公立图书馆成立的历史，以及日本学者调查有关湖南图书馆的史料，最后论述了湖南图书馆存在的问题及湖南图书馆的发展，这是笔者目前所见到的第一篇介绍国外学者研究中国近代图书馆历史的学术型论文，为我们的研究打开了视野。[5] 祁汉生认为，阅书社是以民间团体创办的私人图书馆，它不同于古代的藏书楼，它具有一定的社会性，因此是近代图书馆的一种。由于其属于民间自办，资金较少，因此规模也就十分有限，它出现于辛亥革命前夕，辛亥革命后，随着政府主导的图书馆的兴起，阅书社作为私人图书馆的作用逐渐减弱，但作为近代图书馆的雏形，为中国近代图书馆发展史上的一个重要组成部分。[6]

劳敏伯发表的《关于古越藏书楼的几个问题》一文，主要论述了古越藏书楼的兴建背景、特点及地位等，作者认为古越藏书楼作为近代早期的公共图书馆之一，推动了中国由藏书楼向公共图书馆的转变，促进了中国

---

[1] 刘秀莲、李建中：《上海沦陷时期的图书馆》，《上海大学学报》1984年第3期。
[2] 湖北省图书馆：《湖北省图书馆八十年》，《图书情报知识》1984年第3期。
[3] 李泉新、陈为民：《八年抗战中的江西省图书馆》，《赣图通讯》1986年第3期。
[4] 湖南省图书馆编：《湖南省图书馆历史简介》，《图书馆工作》1977年第2期。
[5] 易世美编译：《湖南图书馆史之研究——中国近代公立图书馆的成立与日本》，《高校图书馆工作》1988年第1期。
[6] 祁汉生：《阅书社——近代民办图书馆》，《江苏图书馆学报》1988年第4—5期。

现代图书馆事业的繁荣。① 陶宝庆发表的《无锡近代图书馆史存》一文，主要是梳理了无锡近代各种不同类型的图书馆的历史发展脉络，为整体了解无锡图书馆的产生与发展提供了方便。② 熊月英发表的《近代化运动与湖南图书馆事业的源流》一文，主要考察了湖南图书馆的产生与发展的历程，揭示了中国近代化运动与湖南图书馆的产生与发展的辩证关系，认为近代图书馆的产生与发展与中国近代史上以救亡图存为目的，以促进中国社会近代化为实质内容的进步改革运动密切相关，并以后者为其基本推动力。③ 杨玉麟发表的《民国时期"国立罗斯福图书馆"研究》一文，主要分析了抗日战争胜利后，国民政府筹备建立国立罗斯福图书馆的时代背景、筹备的过程及活动，并考证了其开馆的时间，分析了其影响和结局。④ 沈小丁发表的《民国视野下的湖南地方图书馆事业（1912—1949）》一文，认为民国时期湖南地方图书馆事业经历了萌芽、勃发、艰难和衰退四个时期，正是以时间为经，以事件为纬，该文分析了民国时期湖南地方图书馆事业的发展脉络。⑤

三 近代人物与图书馆

徐英着重分析了孙毓修于晚清时期的《图书馆》一书，认为该书是主要介绍公共图书馆的一门介绍性书籍，书中体现了作者对图书馆的一些看法，其内容主要包括图书分类方法、图书馆的建设等一系列问题。徐英认为，虽然中国现在处于完成四个现代化的时期，不同于"西学东渐"的时代，但为了中国图书馆事业的发展，仍需要借鉴西方的一些理论与方法。⑥ 谢灼华发表的《维新派与近代中国图书馆》一文，主要从早期改良主义者对图书馆的认知及维新派建立图书馆的努力等方面，介绍了中国近代图书馆诞生初期的一些情况，认为就对近代中国图书馆事业来说，由封建藏书楼到近代图书馆，由"保存民粹"到"启迪民智"，乃至于图书馆的藏书

---

① 劳敏伯：《关于古越藏书楼的几个问题》，《杭州师范学院学报》1988年第5期。
② 陶宝庆：《无锡近代图书馆史存》，《江苏图书馆学报》1989年第4期。
③ 熊月英：《近代化运动与湖南图书馆事业的源流》，《湖南师范大学社会科学学报》1996年第2期。
④ 杨玉麟：《民国时期"国立罗斯福图书馆"研究》，《四川图书馆学报》1997年第6期。
⑤ 沈小丁：《民国视野下的湖南地方图书馆事业（1912—1949）》，《图书馆》2009年第1期。
⑥ 徐英：《孙毓修及其所著〈图书馆〉》，《图书馆杂志》1982年第2期。

内容与管理方法都有所改进，这与维新派的努力是分不开的。①

京师图书馆创建于1909年，是中国第一个国家公共图书馆，其创建的过程与罗振玉的努力分不开。程磊发表的《罗振玉与京师图书馆的创建》一文，主要从以下几个方面讨论了罗振玉在京师图书馆创建初期的种种活动与努力，即在图书馆的选址方面，主张远离喧嚣，不易发生火灾的地方；在藏书建设方面主张赐书为本，收书为辅，征书为次，抄书居末；在外文书采购方面亦有独到的见解。② 李建中的《端方与中国近代公共图书馆》一文认为，端方倡导建立新学堂方面以及筹建近代图书馆方面颇为积极，端方参与创建的湖北省图书馆、江南图书馆、京师图书馆等等都起到了一定的作用，对中国早期官办的公共图书馆起了促进作用。③

清朝之所以出现藏书楼繁盛的情况，一方面是因为这种藏书的情况在明朝就开始出现，为后世藏书打下了基础，另一方面是清朝入关后鼓励民间藏书。王酉梅分析了清末四大藏书楼的来龙去脉，认为清末藏书家有以下特点，诸如他们都嗜书如命，非常酷爱图书；他们不仅爱书，而且爱读书；他们管理图书和使用图书有自己的独特的分类及编排方法；他们不仅是藏书家，而且还是出版家。④ 李耀彬、蔡公天发表围绕着康有为藏书的历史发展脉络以及藏书对康有为治学的影响展开论述，认为基于以下三种原因，即康有为一生积累了大量的图书；其次即是康有为不仅藏书，而且还藏以致用；最后基于作者的田野调查等，可以弥补文字资料之不足。⑤ 陈寿祺发表的《晚清有识之士的图书馆活动及其影响》一文，主要论述了晚清以来早期维新派及戊戌变法代表人物的活动，认为正是他们的活动，诸如翻译西方有关图书馆学的著作，积极引介西方先进的管理方法及分类方法，促使了中国由传统的藏书楼向近代图书馆的转变，同时也促进了近代图书馆的产生与发展，正是通过这些早期有识之士的活动，使中国人进一步认识到图书馆的教育作用，并尝试在中国建立了具有近代意义上的公共图书馆，对中国图书馆事业的发展起了披荆斩棘的作用。⑥

---

① 谢灼华：《维新派与近代中国图书馆》，《图书馆杂志》1982年第3期。
② 程磊：《罗振玉与京师图书馆的创建》，《赣图通讯》1983年第3期。
③ 李建中：《端方与中国近代公共图书馆》，《图书馆界》1984年第2期。
④ 王酉梅：《清末四大藏书家与中国文献工作的优良传统》，《图书馆学研究》1986年第4期。
⑤ 李耀彬、蔡公天：《康有为藏书考》，《图书馆学研究》1987年第5期。
⑥ 陈寿祺：《晚清有识之士的图书馆活动及其影响》，《图书与情报》1988年第2期。

徐文发表的《清末改良主义者与中国近代图书馆事业》一文，主要从清末改良主义者对图书馆的认知、参与创办近代图书馆以及在其影响作用下的图书馆状况等方面展开论述，认为近代改良主义者对中国图书馆事业的发展产生了重要的影响，诸如使中国的图书馆成为社会文化教育机构，开始为大众开放，打破了以往藏书楼重藏轻用的弊端，并使图书馆的管理方法渐趋规范化和科学化，开辟了宣传西方国家图书馆管理经验的先河，并促使传统的藏书楼向近代图书馆转变等。① 郑麦从愚斋图书馆的创建、愚斋图书馆藏书的源流、愚斋图书馆藏书目录、愚斋图书馆藏书的流散等方面，分析了盛宣怀对近代图书馆事业的贡献。② 傅金柱的《晚清地方督抚与近代图书馆建设》一文，主要论述了晚清地方督抚参与创建近代图书馆的活动，作者认为地方督抚奏建图书馆并不是履行行政上的职责，而是大多进行直接筹划，是地方督抚主动参与的过程，促进了中国近代图书馆事业的发展。③

陈晓波发表的《徐树兰与"古越藏书楼"》一文，主要介绍了清末藏书家徐树兰的生平及以私人之力创办的公共阅书楼，并分析了其创楼的初衷以及其制定的规章制度、分类方法对近代图书馆的影响。④ 程焕文发表的《论郑观应的藏书楼思想》一文，主要是通过郑观应的有关著述，分析了其对古代藏书楼的批判及对近代图书馆建立的影响，认为郑观应通过对古代藏书楼"私而不公"弊病的批判，阐述了图书馆在富民强民中的作用，提出了向西方图书馆学习，普遍设立图书馆的建议，尤其是通过介绍西方图书馆的管理制度和方法，为中国设立近代图书馆提供了可靠的范式，也为维新运动期间图书馆学思想在中国的传播起到了先锋作用，对中国图书馆事业和图书馆学术的产生和发展起到了重要的作用。⑤ 全根先发表的《蔡元培与中国近代图书馆事业》一文，主要论述了蔡元培与近代图书馆事业的关系，认为由于民国时期蔡元培所处的位置，对中国国家图书馆、地方图书馆、大学图书馆等的建设作出巨大贡献，这与他对图书馆的

---

① 徐文：《清末改良主义者与中国近代图书馆事业》，《山东图书馆学刊》1989年第3期。
② 郑麦：《盛宣怀与愚斋图书馆》，《华东师范大学学报》2002年第4期。
③ 傅金柱：《晚清地方督抚与近代图书馆建设》，《图书馆理论与实践》2003年第3期。
④ 陈晓波：《徐树兰与"古越藏书楼"》，《图书馆理论与实践》2003年第4期。
⑤ 程焕文：《论郑观应的藏书楼思想》，《图书馆》2004年第1期。

认知与感情有关。①

近代意义上的图书馆是由外国教会团体及个人创办起来的,虽然外国传教士在中国创办了早期的图书馆,起初对中国并没有产生多大的影响,因为他们并不是真正意义上的公共图书馆,而对中国知识界产生较大影响的要属傅兰雅参与创建的格致书院图书馆。邹振环发表的《傅兰雅与上海格致书院图书馆》一文,主要论述了傅兰雅参与创建格致书院图书馆的活动及其在创办过程中的努力,认为格致书院图书馆是近代中国早期由中外人士合办的公共图书馆,对促进西方科学文化知识在中国的传播起到了一定的促进作用,对中国传统藏书楼向近代图书馆的转变亦起到了一定的模范作用,傅兰雅在创办和扩建格致书院图书馆中所起的作用应给予客观的评价。②

季维龙主要从图书馆的作用、任务、藏书建设、目录编制、工具书使用等几个方面论述了胡适对近代图书馆学的见解。③ 卢调文发表的《梁启超与图书馆》一文,主要论述了梁启超的生平事迹及参与图书馆创建的活动,认为梁启超转向学术研究以后,在图书馆学及目录学方面有极深的造诣,对中国图书馆事业及目录学的发展产生了重要的影响。④ 梁文发表的《梁启超与图书馆事业》一文,认为梁启超不仅对中国图书馆的形成和发展作出了重要的贡献,而且对图书馆理论进行了深入的研究,特别是对传统的目录学进行了创新和改进,推动了近代图书馆事业的发展。⑤

刘司斌发表的《梁启超先生对中国图书馆事业的贡献》一文,认为以往学者只是注重对梁启超先生的政治及思想方面的研究,但作为中国"近代藏书楼运动"和"新图书馆运动"的发起者,其在理论上与实践上对中国图书馆事业的贡献并不亚于其在政治方面的贡献,因此该文从上述两方面展开论述,肯定梁启超在图书馆方面的理论与实践是中国图书馆事业和图书馆学研究的宝贵财富。⑥ 林子雄主要论述了梁鼎芬的办馆思想及其实践以及其办馆思想的不足,认为梁鼎芬在学术上的成就是显著的,应该正

---

① 全根先:《蔡元培与中国近代图书馆事业》,《山东图书馆季刊》2004年第3期。
② 邹振环:《傅兰雅与上海格致书院图书馆》,《图书馆杂志》1986年第3期。
③ 季维龙:《对胡适的图书馆学见解述评》,《图书馆杂志》1982年第2期。
④ 卢调文:《梁启超与图书馆》,《山东图书馆季刊》1989年第1期。
⑤ 梁文:《梁启超与图书馆事业》,《图书馆工作与研究》2002年第2期。
⑥ 刘司斌:《梁启超先生对中国图书馆事业的贡献》,《中国图书馆学报》1992年第2期。

确对待梁鼎芬办馆思想中的积极因素及消极因素。①

范凡发表的《民国时期图书馆学人》一文,将民国时期图书馆学人按其主要的学科背景将其分为文献学家和图书馆学家两大类,并将图书馆学家与四代图书馆学家的前两代的图书馆学家对应起来,重点分析了留美学人对中国图书馆事业的贡献。② 高炳礼发表的《回忆杜定友先生的几件事》一文,主要讲述了杜定友先生在中山大学图书馆的活动,包括举办大型史料展览会、省馆试行开架借阅、注重地方文献等几个方面。③ 赵平发表的《杜定友先生对中国图书馆事业的卓越贡献》一文,主要从杜定友先生的学术论著、图书馆的建设等方面论述了杜定友先生对中国图书馆事业的卓越贡献。④ 杨清华、叶华从杜定友在图书馆的行政经历、图书馆的管理思想及管理风格等方面展开论述,认为杜定友作为中国近现代著名的图书馆学家,对其图书馆管理的思想、实践以及贡献的研究,为中国图书馆事业的发展提供借鉴性意义,同时也能丰富中国图书馆史的研究。⑤

邱明金于 1985 年发表的《杜定友先生分类思想初探》一文,认为杜定友作为中国近现代分类学家,著述颇丰,对中国的近现代分类学提出了不少的创见。他的分类学不仅填补了中国近现代图书分类的空白,而且对今后的分类学发展仍有一定的借鉴意义。作者注重论述了 1949 年前后杜定友对分类学的贡献,并对杜定友的分类思想及成就给予了极高的评价,诸如创立了较完整的分类体系;在中外分类学史上开中外图书统一分类的先河;结合中国文化的特点,首次较成功地改造了《杜威法》,并注意对中国古籍的分类;是中国第一部较广泛采用近代分类法的先进技术和方法来编制分类表的分类法;对稍后一些分类法的编制起了借鉴意义;首次在中国以马列主义、毛泽东思想关于科学分类的思想来指导分类法编制的重要意义;在体系分类法中注意按主题内容立类的思想不断得到延续和发展;最早在中国提出编制的分类方法,等等。当然,其分类方法仍然具有一定的局限性,但瑕不掩瑜,杜定友的分类方法在中国分类学史上起了承

---

① 林子雄:《试论梁鼎芬的办馆思想及其历史地位》,《图书馆论坛》1992 年第 6 期。
② 范凡:《民国时期图书馆学人》,《图书与情报》2011 年第 1 期。
③ 高炳礼:《回忆杜定友先生的几件事》,《广东图书馆学刊》1984 年第 1 期。
④ 赵平:《杜定友先生对中国图书馆事业的卓越贡献》,《北京图书馆通讯》1988 年第 2 期。
⑤ 杨清华、叶华:《杜定友先生的图书馆管理思想与实践》,《图书馆论坛》1992 年第 6 期。

上启下的作用。①

沙嘉孙发表的《王献唐先生对图书馆事业和目录学的贡献》一文，主要论述了王献唐对山东省现代图书馆的建立、抢救古文献等，以及在目录学等方面的贡献，认为王献唐之所以会取得如此大的成就，是因为他把图书馆事业看成是自己的终身事业，在目录学的成就在山东亦是屈指可数的。②李婷主要从袁同礼的生平活动、筹建北平国立图书馆及其学术思想等展开论述，认为中华民国图书馆事业是中国近代图书馆事业的重要组成部分，由于袁同礼在学政两届所处的重要位置，使北平国立图书馆成为当时的典范和模式，他的关于图书馆的思想与方法，对近代图书馆的转型，如从图书馆以保存为主要对象转变为利用为主要目的，从学术研究到民众教育，从馆际交流到国际合作等产生了重要的影响。③

韩文宁发表的《张元济对中国近代图书馆事业的贡献》一文，主要分析了19世纪末至20世纪30、40年代张元济创建通艺学堂图书馆、涵芬楼以及东方图书馆、合众图书馆的活动，认为正是这些图书馆，以其丰富的馆藏服务了广大的群众，促进了中国近代图书馆事业的发展，张元济为中国图书馆事业的发展做出了突出的贡献。④李辉主要从王云五促成东方图书馆的开放、致力于东方图书馆的复兴、化解东方图书馆以及其在图书馆学方面的理论贡献分析了王云五对中国近代图书馆事业的贡献，认为王云五对中国文化事业的关怀，还有其很深的个人因素。⑤张喜梅主要是从王云五发明四角号码检字法、创立图书馆统一分类法、兼任东方图书馆馆长、举办图书馆学讲习班、出版各科知识新丛书以及创办开放云五图书馆等方面，论述了王云五对中国近代图书馆事业的贡献。⑥

卢中岳发表的《楼适夷与上海通信图书馆》一文，介绍了楼适夷在上海通信图书馆的一些活动，如采集图书、编辑《上海通信图书馆月报》，以及发动群众工作等，同时其还担任了上海通信图书馆的工作，并对图书

---

① 邱明金：《杜定友先生分类思想初探》，《广东图书馆学刊》1985年第1期。
② 沙嘉孙：《王献唐先生对图书馆事业和目录学的贡献》，《山东图书馆季刊》1985年第4期。
③ 李婷：《袁同礼与民国时期图书馆事业》，《国家图书馆学刊》1989年第1期。
④ 韩文宁：《张元济对中国近代图书馆事业的贡献》，《图书与情报》1998年第2期。
⑤ 李辉：《王云五与东方图书馆》，《江苏图书馆学报》1999年第2期。
⑥ 张喜梅：《王云五对图书馆事业的贡献》，《国家图书馆学刊》2001年第3期。

馆的编辑思想亦有一定的见解。① 谢灼华、彭海斌发表的《李小缘先生在近代图书馆史研究上的地位》一文，认为李小缘对近代图书馆的认知主要包括近代图书馆的作用、特点等，其图书馆学的思想和实践符合近代图书馆的发展方向，在近代图书馆事业上应该占有一席之地。② 吴稌年发表的《徐旭对民众图书馆建设的贡献》一文，认为徐旭对中国图书馆的建设做出了重要的贡献，主要表现在大兴调查之风，并对调查的对象进行研究；站在民众图书馆理论与实践的前列，创新服务内容，提出了具有超前意义的学校图书馆向社会开放的问题，并通过以学院图书馆为基地，以实验民众图书馆为扩展，以巡回图书馆为延伸，形成了一个环环相扣的服务网络，较好地诠释了徐旭先生的服务理念与实践。③

美国人韦隶华在中国近代图书馆史上的活动的讨论一直处于公开半公开状态，对其的评价也经历了几个阶段，1949年后至"文化大革命"结束为止，大半是否定的，"文化大革命"结束后采用了两分法，一方面认为其对中国近代图书馆事业的发展做出了贡献，另一方面认为在客观上仍然是为帝国主义文化侵略服务的。吴则田发表的《韦隶华在中国近代图书馆史上的活动》一文，肯定韦隶华对中国近代图书馆事业的贡献，并从传播西方先进的科学文化知识以及要求退还庚子赔款和不平等条约两个方面分析了其具体的工作。④ 胡俊荣发表的《西方传教士对中国近代图书馆的影响》一文，论述了西方传教士在晚清时期介绍和创办新式图书馆的活动，认为虽然其参与中国图书馆的变革抱着强烈的个人动机，具有强烈的殖民主义色彩，但在近代特殊的历史条件下，西方传教士在中国创办的近代图书馆起到了启蒙和示范作用，带来了西方图书馆建设的思想和模式，带来了杜威分类法和管理方式及公开、开放和共享的观念，在客观上对中国图书馆的近代化起到了促进作用，并促进了中国藏书楼向近代图书馆的转变。⑤

王增清发表的《藏书楼、图书馆与江浙人才》一文，认为江浙地区藏

---

① 卢中岳：《楼适夷与上海通信图书馆》，《图书馆学研究》1982年第6期。
② 谢灼华、彭海斌：《李小缘先生在近代图书馆史研究上的地位》，《江苏图书馆学报》1987年第4—5期。
③ 吴稌年：《徐旭对民众图书馆建设的贡献》，《图书情报工作》2010年第7期。
④ 吴则田：《韦隶华在中国近代图书馆史上的活动》，《图书情报知识》1983年第4期。
⑤ 胡俊荣：《西方传教士对中国近代图书馆的影响》，《图书馆》2002年第4期。

书楼与图书馆的繁荣是与江浙地区人才的数量成正比,两者是一种互动的关系,而且公私藏书楼在人才培养和成果产出的过程中发挥了重要的作用。① 江庆柏发表的《荣德生与大公图书馆》一文,认为荣德生创办大公图书馆的主要目的在于培养人才、服务乡里、发展社会教育以及保存中国传统文化四个方面,其创办的大公图书馆是中国近代中国图书馆事业发展史的一部分,促进了中国近代中国图书馆事业的发展。②

侯玮辰根据《申报》1925—1927 年的报道,分析了社会力量参与创建图书馆的四种形式,即集资建设图书馆、个人或组织建设图书馆、图书捐赠以及旧有图书馆的社会开放等,并对社会力量参与的原因进行了分析,认为其拥有的社会背景和图书馆馆藏数量在其中起到了很大的作用。③

罗友松、董秀芬、肖林来等人发表的《试评中华图书馆协会的历史作用》一文,主要是从中华图书馆协会的作用及不足展开论述,该文认为,"本着这个宗旨开展图书馆学研究、出版图书馆学论著,整理和保存了祖国的文化遗产,传播了先进图书馆管理技术,创办图书馆学教育事业,培养图书馆人才,做了不少有益的工作,对促进图书馆事业的发展作出应有的贡献;但由于历史的局限,也存在一些问题,带有时代的烙印"。④ 顾烨青发表的《民国时期图书馆学会考略》一文,主要论述了民国时期几个图书馆学会并评价其历史成就,认为这些图书馆学会举办的中国图书馆事业,促进了中国图书馆事业以及图书馆学的发展,为当下提供了一定的借鉴意义。⑤

四 图书馆学

谈荣森于1981年发表的《中国图书馆学的产生与发展》一文,把图书馆的产生与发展分为两个阶段进行论述,即鸦片战争之前为第一个阶段,鸦片战争后随着新知识的输入,开始引进西方图书馆学知识,为中国图书馆学发展的第二个阶段。作者认为中国图书馆学的发展是一个实践过

---

① 王增清:《藏书楼、图书馆与江浙人才》,《湖州师专学报》1993 年第 2 期。
② 江庆柏:《荣德生与大公图书馆》,《图书馆》2001 年第 5 期。
③ 侯玮辰:《民国时期社会力量建设图书馆分析——基于 1925—1927 年〈申报〉报道》,《大学图书馆学报》2009 年第 4 期。
④ 罗友松、董秀芬、肖林来:《试评中华图书馆协会的历史作用》,《江苏图书馆工作》1981 年第 2 期。
⑤ 顾烨青:《民国时期图书馆学会考略》,《山东图书馆学刊》2009 年第 6 期。

程，它开始于封建王朝对图书的搜集、整理和校勘及编排图书，在其中得到了丰富的经验和教训，而且中国图书馆学的发展是不平衡的，比较注重校雠学及目录学的发展，而其理论知识却不足，因此需要提高到一个新的理论高度，而图书馆学即是全面概括总结图书、图书馆工作的实践经验，只有通过这样的实践总结，才能更好地指导其再实践的活动。①

徐鸿发表的《中国近代图书馆学的产生与发展》一文，运用历史与逻辑的基本方法，从学术史的角度，并联系当前中国图书馆发展的现状，尝试着对近代图书馆学的产生与发展进行梳理，该文认为中国近代图书馆学的发展存在着以下几个特点与不足："第一，深受美国实用主义图书馆学的影响；第二，从它产生的那一天起，就开始了'中国的图书馆学'的艰难探索；第三，有着一支数量不多，却具备高素质、最佳年龄结构的图书馆学研究队伍；第四，各树一帜，各自为政。这些特点本身也反映出了它的局限性。"②

李严发表的《中国解放前图书馆学教育概况》一文，主要论述了图书馆学作为一门学科在不同性质的教育阶段实施的情况，作者主要是从高等教育内设图书馆学系或专修科，成立图书馆专科学校以及增添图书馆学科目等；在中等教育阶段主要开设图书馆学专科，设立中等图书馆专门学校等；在短期教育阶段主要开办图书馆学训练班，图书馆举办的图书馆学讲习班等等，所有这些都不同程度地促进了中国近代图书馆教育事业的发展。③ 黄少明发表的《略论民国时期图书馆学论文的若干分布特点》一文，主要是对民国时期学者有关图书馆学的研究进行了简单的梳理，如论文的时间分布、刊物分布特点、内容的分布特点等，认为虽然民国时期有关图书馆研究的论文不少，但大多还处于初级阶段。④

裴成发主要从中国图书馆学建立的理论准备、图书馆学在中国的建立、中国图书馆学的第一次繁荣以及图书馆学的发展萧条时期等方面对20前半叶中国图书馆学的发展历程、研究成果、研究范围及存在的不足进行概述，认为至新中国成立前夕，中国图书馆学已经作为一门独立的学科而

---

① 谈荣森：《中国图书馆学的产生与发展》，《广东图书馆学刊》1981年第1期。
② 徐鸿：《中国近代图书馆学的产生与发展》，《图书情报知识》1988年第1期。
③ 李严：《中国解放前图书馆学教育概况》，《图书馆理论与实践》1988年第1期。
④ 黄少明：《略论民国时期图书馆学论文的若干分布特点》，《图书馆杂志》1991年第4期。

存在，为新中国图书馆学的建立与发展奠定了一定的历史和科学的基础。①柴纯青发表的《中国图书馆学史：传统及其分析》一文，勾勒了社会及文化环境等因素影响下的中国图书馆学发展的历史线索，认为重扬图书馆学的历史，不仅仅是研究过去，而是从更广阔的视野中理解中国图书馆学发展存在的问题，并进而解决问题，因而该文是在当前图书馆学发展使命感下写的一篇文章。②

赵长林发表的《民国时期图书馆学教育滞缓之剖析》一文，中国的图书馆教育始于民国时期，主要由三个部分组成，即留学教育、专业教育以及业余教育，认为虽然图书馆学教育在民国时期得到了长足的发展，但由于受观念的陈旧、经费的匮乏、生员的不足、师资的欠缺、地理条件的限制等原因的影响，大大影响了民国时期图书馆学教育的发展。③

左玉河于2008年发表的《图书馆学的兴起及其对民国学术研究之促进》一文，作者认为中国近代图书馆学是伴随着清末民初传统藏书楼向近代图书馆转变而创建起来的，图书馆兴起以后，各地的图书馆学学术研究极大地方便了学术研究，图书馆编纂的各类工具书为学术研究提供了必要的辅助工具，图书馆学极大地促进了现代学术的发展，是现代学术发展的一大辅助工具。④刘亮发表的《民国时期图书馆学的思想特征、影响和局限》一文，认为民国时期的图书馆学思想具有古典特征、外来特征以及中国化特征，民国时期图书馆学思想发展的同时，又促进了中国图书馆学专业教育的兴办，促进了图书馆学术的繁荣，并进而推动了中国图书馆事业的发展。⑤

钟守真发表的《刘国钧与比较图书馆学》一文，运用比较图书馆学的研究方法，就刘国钧译介传播外国图书馆学理论与方法、接受西方图书馆学影响及其所从事的西方图书分类法渊源探讨诸方面，论述了刘国钧对比较图书馆学在中国形成和发展的贡献。作者认为其代表作《现代西方主要图书分类法评述》对外国分类法的研究，基本上符合了比较研究标准的，

---

① 裴成发：《20世纪前半叶的中国图书馆学》，《图书馆理论与实践》1992年第3期。
② 柴纯青：《中国图书馆学史：传统及其分析》，《图书馆》1993年第3期。
③ 赵长林：《民国时期图书馆学教育滞缓之剖析》，《图书馆杂志》1994年第6期。
④ 左玉河：《图书馆学的兴起及其对民国学术研究之促进》，《北京科技大学学报》2008年第1期。
⑤ 刘亮：《民国时期图书馆学的思想特征、影响和局限》，《图书馆建设》2001年第12期。

是图书分类法的一项重大突破，是对中国比较图书馆学理论上的一次重要的贡献。① 崔广社、崔云格发表的《简论梁启超的图书馆学思想》一文，主要论述了梁启超的图书馆实践活动和他对图书馆学理论的研究成果，阐明了梁启超"中国图书馆学"思想的形成和他所提出的建设"中国图书馆学"的思想基础，指出梁启超的"中国图书馆学"思想来源于图书馆的实践活动和对国情的了解，梁启超的理论贡献就是打破封建社会奠定的图书四部分类法，建立起以科学分类为基础的图书分类体系，对近现代的图书分类有很大的启迪作用。②

张同刚分析了胡适对近代图书馆学的活动，诸如注重图书馆管理人员的素质，积极参加中国图书馆协会的工作，以及抢救中国图书馆善本书等，认为胡适对中国图书馆学的发展做出了贡献。③ 张展舒分析了张謇图书馆学思想的主要内容、思想产生的时代背景以及其思想存在的缺陷，认为作为近代著名的实业家和教育家的张謇，也积极参与图书馆的活动，在中国近代图书馆学事业发展史上占有重要的地位。④ 胡俊荣发表的《论早期维新派的图书馆学思想》一文，主要从早期维新派对西方图书馆事业的考察与介绍、对封建藏书楼弊端的批判、提出打开公共藏书楼的建议及其与中国近代图书馆的关系等几个方面，论述了早期维新派的图书馆学思想在近代图书馆产生过程中所起的重要作用。作者认为早期维新派的图书馆学思想是中国近代图书馆学思想的萌芽，中国近代图书馆学思想的发展经历了萌芽、形成、发展三个阶段，从这个意义上来说，早期维新派的图书馆学思想在中国近代历史上起到了举足轻重的作用。⑤

范红霞发表的《柳诒徵的图书馆学思想及其成就》一文，认为柳诒徵作为中国著名的历史学家以及图书馆学家，其既重视对图书馆的管理与革新、又注重图书馆人才的培养和学术研究，为中国图书馆事业及图书馆学的建设和发展做出了突出的贡献。⑥ 韩绪芹发表的《韦棣华与中国图书馆学的渊源》一文，通过对韦棣华在华活动的分析，认为她不仅引进

---

① 钟守真：《刘国钧与比较图书馆学》，《图书馆理论与实践》1994 年第 2 期。
② 崔广社、崔云格：《简论梁启超的图书馆学思想》，《图书情报工作》1995 年第 3 期。
③ 张同刚：《论胡适在图书馆学方面的贡献》，《图书馆理论与实践》1996 年第 3 期。
④ 张展舒：《张謇的图书馆学思想》，《江苏图书馆学报》1996 年第 5 期。
⑤ 胡俊荣：《论早期维新派的图书馆学思想》，《图书馆学刊》2001 年第 4 期。
⑥ 范红霞：《柳诒徵的图书馆学思想及其成就》，《图书与情报》2006 年第 3 期。

了美国图书馆的精神，更是开启了中国图书馆学的大门，促成了中国图书馆学的产生和发展。① 李菊花发表的《蔡元培的图书馆思想及其影响》一文，认为蔡元培图书馆思想的主要内容为加强图书馆的教育功能，提倡国民广泛利用图书馆，提高全民的文化素质，其思想推动了先进文化的传播。②

吴稌年、顾烨青以1919—1926年为刘国钧学术思想的早期阶段，以新发现的十余部（篇）刘国钧早期发表的哲学论述以及图书馆学论文为依据，分析了刘国钧关于"自动化""社会化""平民化"以及儿童图书馆、图书馆学等要素说的思想来源，作者认为其早期图书馆思想受杜威影响很大。③ 刘雯对刘国钧与杜定友图书馆学思想作了比较，通过图书馆学基础理论、图书分类以及图书编目等方面探讨了他们的图书馆学思想，比较分析了他们对近代图书馆学创立的贡献。④

赵虹辉发表的《西南联合大学的图书馆管理》一文，主要是论述了西南联合大学的组织管理与业务管理两个方面，认为西南联合大学通过对图书馆的组织管理和业务管理两个方面，为西南联合大学提供了丰富的资料和便捷的服务，在抗战极其艰苦的条件下，为中国培养了一大批人才。⑤ 张树华发表的《新图书馆运动中的图书馆教育思想》一文，主要论述了20世纪二三十年代的新图书馆运动中，图书馆对读者教育的理念、指导思想及教育读者的方式和方法等，作者认为图书馆的各种理念与方法基本上贯彻了平等教育、基础教育、诱导教育思想的手段，促进了图书馆理论与实践的发展。⑥ 疏志芳发表的《近代中国对图书馆社会教育职能认识的嬗变》一文，认为近代中国对图书馆教育职能的认识经历了一个循序渐进的过程，甲午战争以前是初步认识到这种功能，战后至20世纪头十年，明确认识到了这种功能，中国图书馆开始从传统的文献收藏机构向民众教育机构转化。民国初期，图书馆作为一个普及和提高科学文化水平的重要社会教育措施，是一种根本的、永远的教育机关，这个观点得到了普遍的认

---

① 韩绪芹：《韦棣华与中国图书馆学的渊源》，《图书与情报》2007年第1期。
② 李菊花：《蔡元培的图书馆思想及其影响》，《图书馆论坛》2010年第4期。
③ 吴稌年、顾烨青：《论刘国钧先生早期图书馆学思想》，《中国图书馆学报》2011年第5期。
④ 刘雯：《刘国钧与杜定友图书馆学思想比较》，《图书馆》2011年第4期。
⑤ 赵虹辉：《西南联合大学的图书馆管理》，《云南师范大学学报》1988年第4期。
⑥ 张树华：《新图书馆运动中的图书馆教育思想》，《图书馆》2007年第2期。

同,其社会教育职能的演进,对后世图书馆的发展起到了积极的促进作用。① 张书美、刘劲松发表的《近代巡回文库与平民教育思想探析》一文认为,这种巡回文库具有节约、灵活、方便等特点,它是在平民教育思想普及的情况下产生的,又对普及知识、推进平民教育发挥了重要的作用。②

程焕文发表的《中国近代图书馆学期刊史略(上)》一文,主要对中国近代图书馆学期刊的发展历史进行了梳理,作者认为中国近代图书馆学期刊的发展经历了兴起、发展、繁荣、衰落到复苏五个发展时期,同时作者认为虽然中国近代图书馆学期刊的发展历史并不长,但对期刊史的研究,对研究近代图书馆史,尤其是对研究近代图书馆学史来说是至关重要的,"中国近代图书馆学期列作为一个时期历史的产物,它在中国近代图书馆学史上都占有相当重要的地位。无论从指导整个近代图书馆事业的发展上来说,还是从指导、活跃图书馆学研究来说,它都是一个活的灵魂。不过这个'灵魂'不是绝对的,在一定的范围内它是与图书馆事业的发展相辅相成的,图书馆事业的发展决定了图书馆学期刊的发展,图书馆学期刊的发展,又反过来推动了图书馆事业的发展,它们彼此在这个矛盾运动中不断地变化发展。这就是图书馆期刊发展的客观规律"。③ 程焕文的《中国近代图书馆学期刊史略(下)》是对《中国近代图书馆学期刊史略(上)》的延伸,作者分析了近代以来图书馆学期刊历史发展的特点,作者认为有以下特点,即迅速暴跌、畸形发展、种类齐全、周期较短、各别期刊辗转迁徙生命力强等特点,图书馆学期刊在中国近代图书馆学史上起到了重要的作用,为图书馆协会的交流提供了方便,同时也有利于图书馆学的发展和完善,进一步促进了近代图书馆学的发展。④

张志伟发表的《中国近代图书馆目录初探》一文,主要从中国近代图书馆目录产生的背景、形式、类别、分类及相关著述等对中国近代图书馆目录做了介绍,认为中国近代图书馆目录学的产生,是在西方目录学的影响下开始走向近代化的,它由书目目录转变为卡片目录,开始朝着规范化

---

① 疏志芳:《近代中国对图书馆社会教育职能认识的嬗变》,《图书情报知识》2008 年第 1 期。
② 张书美、刘劲松:《近代巡回文库与平民教育思想探析》,《图书馆研究与工作》2008 年第 2 期。
③ 程焕文:《中国近代图书馆学期刊史略(上)》,《图书馆》1985 年第 5 期。
④ 程焕文:《中国近代图书馆学期刊史略(下)》,《图书馆》1985 年第 6 期。

方向发展，为中国现代图书馆目录的发展奠定了基础。① 金恩晖等人主要分析了毛泽东于 1949 年前后分别编著的《国民运动丛书书目》以及《中国农村社会主义高潮》的目录学展开论述，认为这些书目和汇编是毛泽东的书目工作的伟大实践，两者都是用"马列主义、毛泽东思想编制书目、索引的光辉范例，也是毛泽东同志对中国目录学发展所作出的特殊贡献"②。陈少川认为叶昌炽作为中国著名的目录学专家，其创立的纪事诗体目录学著作编撰法以其特有的风格和翔实的资料在近代史上独领风骚，其历时七年写作的《藏书纪事诗》一书是古代目录学向近代目录学转变的承上启下的一部大作，其打破了目录学著作的原有束缚，开创了一种新的体裁结构，并开拓了一门专门学科——藏书家史的研究，为中国图书馆事业乃至目录学的发展奠定了基础。③

旭岩、海斌发表的《一九四九年前我国图书馆立法略论》一文，主要分析了清末、北洋政府时期、国民政府 1927 年、1930 年颁布的法规，作者认为不同时期颁布的法律与法规反映了当时图书馆发展的客观要求，1939 年与 1947 年颁布的图书馆法律与法规，虽然比前者更加完善，但由于政治、经济的衰退，因此并没有发挥应有的作用。在此基础上，作者提出了自己的研究构想，认为要想了解图书馆事业的发展情况，不能略过对图书馆立法的注意与研究。④ 王小会发表的《近代私立图书馆法规研究》一文，从晚清到民国，历届政府制定了有关图书馆的法律与法规，其中多个法规与私立图书馆密切相关，认为近代以来有关私立的图书馆的法律与法规的出台，在一定程度上保障了私立图书馆事业的发展。⑤

陈守福发表的《〈中国十进分类法〉新评》一文，主要对近现代分类学大家皮高品于 1934 年出版的《中国十进分类法》进行了系统的分析，作者主要是从《中国十进分类法》的创作背景、该书创作的优点以及存在的不足进行了系统的分析，作者认为我们对任何一部分类法的作用和地位的评述，都应该坚持一分为二的科学态度。⑥ 黄葵发表的《刘国钧对中国

---

① 张志伟：《中国近代图书馆目录初探》，《图书与情报》1991 年第 1 期。
② 金恩晖、郭铁城、王中明：《毛泽东同志的书目工作实践和他对目录学理论的创造性发展》，《四川图书馆学报》1982 年第 1 期。
③ 陈少川：《叶昌炽及其目录学成就浅探》，《河北图苑》1994 年第 1 期。
④ 旭岩、海斌：《一九四九年前我国图书馆立法略论》，《河南图书馆学刊》1983 年第 3 期。
⑤ 王小会：《近代私立图书馆法规研究》，《图书馆杂志》2011 年第 10 期。
⑥ 陈守福：《〈中国十进分类法〉新评》，《图书与情报》1986 年第 1—2 期。

文献编目理论与实践的贡献》一文，主要从刘国钧关于编目方法与理论等方面探讨其对中国文献编目的贡献，认为他毕生从事图书馆工作和图书馆学教育，在图书分类、文献编目理论与方法技术、图书馆学基础理论、中国书史等方面有很深的造诣，为中国图书馆事业的发展作出卓越的贡献。①

新中国成立以来，有关中国近代图书馆的研究论著丰富，虽然有关研究开始的时间比较早，但由于受一系列因素的影响，研究还有待深入，20世纪80年代以来，随着社会文化史的复兴，图书馆学的研究才逐渐成为人们关注的对象之一，有关图书馆的研究主要集中于以下几个方面，即近代图书馆发展的历史、图书馆学、图书馆学人的研究等几个方面，但作为图书馆服务的对象、图书馆工作人员等很少论及，因此未来有关近代图书馆的研究是否应该利用微观的视角对这些图书馆的芸芸众生加以关注和研究，进入史学家的视野，是笔者的一点期望。

此外，与图书密切相关的近代出版事业，也有学者关注。如在通史专著上，华文出版社2002年出版叶再生著《中国近代现代出版通史》4卷本、湖南师范大学出版社2007年出版黄林著《晚清新政时期图书出版业研究》；中国书籍出版社2008年出版《中国出版通史》清代卷、民国卷，福建人民出版社2011年出版吴永贵著《民国出版史》；社会科学文献出版社2018年出版吴永贵著《民国图书出版编年史》3卷本；国家图书馆出版社2019年出版沈珉著《中国近代书刊形态变迁研究》；知识产权出版社2021年出版的肖志鹏著《晚清印刷出版商业化研究》。

在出版资料方面，北京图书馆出版社2003年出版《中国近代古籍出版发行史料丛刊》28册；湖北教育出版社2004年推出《中国出版史料》近代部分，国家图书馆出版社2008年出版《中国近代古籍出版发行史料丛刊续编》24册；上海书店出版社2011年再版张静庐辑注《中国近代出版史料》8卷本；国家图书馆出版社2010年出版《民国时期出版书目汇编》20册。国家图书馆出版社2013年、2016年分别出版《民国时期出版史料汇编》22册、《民国时期出版史料续编》20册；上海书店出版社2017年推出《商务印书馆史料选编（1897—1950）》；知识产权出版社2021年出版叶新等著《晚清出版史料汇编》《民国外国出版史料汇编》等。

---

① 黄葵：《刘国钧对中国文献编目理论与实践的贡献》，《图书情报知识》1990年第3期。

第四节　近代博物馆研究

一　博物馆起源

有关博物馆的起源，多数学者认为张謇创办的南通博物苑是中国第一所博物馆，如吕济民的《张謇创办中国第一个博物馆》[①]、金艳的《中国博物馆事业的开创者——张謇》[②]、张娟娟的《近代中国博物馆源起探析》[③]等文均认为，1905年张謇创建的南通博物苑是中国第一所博物馆，是中国博物馆事业的肇始。张謇还论述了博物馆的作用、职能等，其对博物馆的独到见解形成了博物馆理论，为中国博物馆学的发展奠定理论基础。然而，陆惠元的《天津考工厂是中国第一个博物馆》一文则认为，天津考工厂是中国第一个所博物馆。该文指出天津考工厂是直隶总督袁世凯在天津推行新政的产物，从博物馆定义来看，它无论从性质还是从规模上去理解，都是一个官办博物馆。它经历了不同的发展阶段，在不同时期有不同的称谓，其活动一直持续到19世纪20年代初，并非昙花一现，且孕育出天津博物院。[④]

除探究整个博物馆事业的起源外，部分学者也对不同种类的博物馆起源进行探析。例如，梁吉生的《近代中国第一座国立博物馆——国立历史博物馆》一文认为，国立历史博物馆是中国第一座由政府筹建，并直接管理的国家博物馆。它的创建开启了博物馆事业的新篇章，促使中国博物馆发展出现第一次高潮、促进了文物的保护与开放、体现了新型体制文化，在中国博物馆发展史上具有重要意义。[⑤] 陈为的《从古物陈列所到国立博古院——中国的第一座国家博物馆》一文认为，古物陈列所在北洋政府统治时期发挥着国家博物馆的作用，是中国第一座国家博物馆。该文叙述了建立国家博物馆主张提议与实践的经过，指出虽然在古物陈列所基础上建成国家博物馆——国立博古院的设想并未实现，但古物陈列所是国家博物

[①]　吕济民：《张謇创办中国第一个博物馆》，《文史知识》2003年第8期。
[②]　金艳：《中国博物馆事业的开创者——张謇》，《中国博物馆》2005年第1期。
[③]　张娟娟：《近代中国博物馆源起探析》，硕士学位论文，南京师范大学，2006年。
[④]　陆惠元：《天津考工厂是中国第一个博物馆》，《中国博物馆》1987年第1期。
[⑤]　梁吉生：《近代中国第一座国立博物馆——国立历史博物馆》，《中国文化遗产》2005年第4期。

馆的准备机构，一直代行着国家博物馆的职能。它的建立是国家博物馆在中国诞生的标志，是中国博物馆事业发展的一座里程碑。①

再如，普遍认为南通博物苑是中国第一所大学博物馆，而陈为的《京师同文馆博物馆考略》一文则认为京师同文馆为辅助教学而设立的博物馆，是中国最早具有官办性质的博物馆，是中国最早的高校博物馆。该文从国内外学者的文章中探寻京师同文馆博物馆踪迹，分析了其建立背景与具体情形，指出它的创建对同文馆的教学与科学知识的普及起到一定的作用，开创了中国近代博物馆事业的先河。②

张国文、何盼的《再谈清末中国大学博物馆的起源》一文认为，京师同文馆博物馆与南通博物苑都不是近代中国大学博物馆的源头。京师同文馆隶属于总理衙门，建校的目的是服务于国家外交；南通师范学校隶属于教育体系，在等级上低于大学堂。所以两者都不具备大学性质，分别附属于两所学校的博物馆，即京师同文馆博物馆与南通博物苑都不是大学性质的博物馆。③ 普遍认为中国革命博物馆起源于1933年的中央苏区，赵晓琳的《中国革命博物馆起源初探》一文则认为，革博萌芽于武汉国民政府时期的武汉。武汉国民政府筹备的革命历史博物馆虽未成功，但已明显具备博物馆的主要因素，承担了革命博物馆的任务，是中国最早的革命博物馆。④

二 发展概况

马继贤的《博物馆学通论》⑤、姜涛与俄军的《博物馆学概论》⑥ 等书，梁吉生的《旧中国博物馆历史述略》⑦、王宏钧的《中国博物馆事业的创始和民国时期的初步发展》⑧ 等文，将近代博物馆事业分为不同时期，

---

① 陈为：《从古物陈列所到国立博古院——中国的第一座国家博物馆》，《中国博物馆》2009年第4期。
② 陈为：《京师同文馆博物馆考略》，《中国博物馆》2014年第3期。
③ 张国文、何盼：《再谈清末中国大学博物馆的起源》，《大众文艺》2016年第15期。
④ 赵晓琳：《中国革命博物馆起源初探》，《中国博物馆》1990年第3期。
⑤ 马继贤：《博物馆学通论》，四川大学出版社1994年版。
⑥ 姜涛、俄军：《博物馆学概论》，兰州大学出版社2014年版。
⑦ 梁吉生：《旧中国博物馆历史述略》，《中国博物馆》1986年第2期。
⑧ 王宏钧：《中国博物馆事业的创始和民国时期的初步发展》，《中国文化遗产》2005年第4期。

按博物馆事业发展的先后顺序，分时段叙述了中国博物馆事业的发展历史。梁吉生的《中国近代博物馆事业纪年》一文按时间先后顺序，简单列举了中国博物馆发展史上的重大事件，梳理了中国近代的博物馆事业，呈现出中国近代博物馆事业发展演变的大致历程。① 吕济民著《当代中国的博物馆事业》一书的第一章，按时间顺序叙述了不同政权统治下的中国近代博物馆事业的发展历史。② 王宏钧著《中国博物馆学基础》一书，梳理了中华民国时期博物馆、外国人在华开办博物馆、中国人民革命根据地博物馆的发展历史，完整地呈现出中国近代博物馆发展的历史轮廓。

北京博物馆学会主编的《北京博物馆年鉴（1912—1987）》一书将北京50余座博物馆进行整合分类，按类别对每一个博物馆的发展历史进行梳理，是研究北京地区博物馆发展史的重要参考资料。③ 梁丹的《北京博物馆工作纪事（1905—1948）》一文按时间顺序、以纪年的形式，简要叙述了1905年至1948年间北京地区与博物馆有关的重大事件，勾勒了北平1949年以前北京地区博物馆发展的历史轮廓。④ 张礼智著《陕西博物馆百年大事记》一书，按时间与事情发展的先后顺序、以编年的形式，梳理了陕西博物馆1909年至2009年间的发展历史，为研究近代陕西博物馆发展历史起到工具书的作用。⑤ 黄启善的《广西博物馆早期史略》一文梳理了民国广西省立博物馆，自1933年创议至1947年博物馆工作停滞间的发展历程，为研究广西早期博物馆发展史提供参考。⑥

程军发表的《1842—1900年间中国博物馆发展状况》一文，介绍了1842—1900年在中国建成，以及打算在中国创办的各种博物馆，并分析了该时段中国博物馆的特点，指出中国博物馆事业起步晚、发展缓慢，此时的博物馆规模小、数量少。该文对19世纪中后期中国博物馆发展状况的阐述，为进一步深化中国早期博物馆发展史提供参考与借鉴。⑦ 苏全有、丁高杰的《民国时期中国各类博物馆述论》一文，将民国时期中国的各类博物馆分为综合类与专题类两大部分，并分别加以分析，指出该两大类博

---

① 梁吉生：《中国近代博物馆事业纪年》，《中国博物馆》1991年第2期。
② 吕济民：《当代中国的博物馆事业》，当代中国出版社1998年版。
③ 北京博物馆学会主编：《北京博物馆年鉴（1912—1987）》，北京燕山出版社1989年版。
④ 梁丹：《北京博物馆工作纪事（1905—1948）》，《中国博物馆》1992年第3期。
⑤ 张礼智：《陕西博物馆百年大事记》，三秦出版社2014年版。
⑥ 黄启善：《广西博物馆早期史略》，《中国博物馆》1992年第3期。
⑦ 程军：《1842—1900年间中国博物馆发展状况》，《博物馆研究》2007年第1期。

物馆是民国时期中国博物馆事业的主体，对中国博物馆事业的发展起到积极作用。① 侯江与詹庚申的《民国时期的地质矿产类博物馆》一文认为，民国时期的地质矿产类博物馆分为地质研究机构附设的陈列馆、大学下设的地矿类陈列室、地方性质陈列馆、短期地质展览会等几种类别，而其中研究机构附设的陈列馆占较大比重。陈列馆的创建促进了地质科学体制化的进程，促进了地质矿产类博物馆的创建与发展。②

吕军的《东北早期博物馆概述》一文，分别叙述了东北地区日俄设立的博物馆、伪满洲国设立的博物馆，以及东北民众设立的博物馆，显现出东北早期博物馆发展概况。③ 米世同的《延安时期的博物馆事业》一文叙述了陕西延安时期的革命博物馆事业，指出党中央和边区政府开展的博物馆事业有征集革命史料与文物、筹建革命历史博物馆、举办展览会等，为近代博物馆事业的发展做出了贡献。④ 严帆的《中国革命根据地最早的博物馆事业》一文介绍了土地革命时期中共在中央革命根据地创办的博物馆，指出它们是中国革命根据地最早的博物馆事业，在教育与团结民众等方面发挥了积极的作用。⑤ 陈德富的《建国前四川现代博物馆述略》一文简略介绍了1949年前四川各个博物馆的发展概况，为进一步深化四川博物馆研究奠定基础。⑥

三 博物馆制度及业务

在博物馆的相关组织方面，徐昌稳的著作考察了1935年成立的中国博物馆协会在民国时期的各种活动，对该会成立的基础、成立过程进行了分析，并对此时期民国博物馆学的建树与博物馆的经营、抗战及解放战争时期的博物馆发展等内容进行了论述。⑦ 周婧景、严建强的《民国时期的博物馆理事会及其启示》一文认为，民国博物馆内部管理体制普遍推行欧

---

① 苏全有、丁高杰：《民国时期中国各类博物馆述论》，《遵义师范学院学报》2014年第1期。
② 侯江、詹庚申：《民国时期的地质矿产类博物馆》，《地质学刊》2011年第4期。
③ 吕军：《东北早期博物馆概述》，《中国博物馆》1991年第4期。
④ 米世同：《延安时期的博物馆事业》，《文博》1986年第3期。
⑤ 严帆：《中国革命根据地最早的博物馆事业》，《文博》1992年第2期。
⑥ 陈德富：《建国前四川现代博物馆述略》，《四川文物》1991年第2期。
⑦ 徐昌稳：《民国时期的中国博物馆协会与中国博物馆学（1935—1949）》，文物出版社2018年版。

美式的理事会制度，对理事的任职资格与遴选机制等都有一定规定，理事会与馆长之间既相互独立，又互相关联。该文介绍了民国博物馆理事会的组织结构、运行与功能，指出它促进了民国博物馆事业的健康、有序发展，为当今博物馆事业的发展提供借鉴。① 陈为的《20世纪初期中国博物馆志愿者及会员制度初探》一文，探究了中国20世纪初期的博物馆志愿者制度与博物馆会员制度，指出中国最早的具有志愿者组织性质的章程是《保存古物协进会章程》，最早的博物馆会员制度由中华博物院制定，最早的博物馆志愿者组织是古物陈列所鉴定委员会。② 李万万的《中国近代博物馆的出现与制度的创建》一文，分析了外国人在华创建的博物馆及制度，指出随着外国人在华创建博物馆以及西方博物馆知识的传播，国人开始了创建博物馆的实践，中国博物馆制度随之逐渐产生，并逐渐推广。③ 他的另一篇《中国近代博物馆事业的兴起与展览制度的创建》一文认为，张謇创办的南通博物苑的文物展览，奠定了近代博物馆展览制度的雏形。④

博物馆的业务包括征集、收藏、陈列、展览、宣传教育等，学界对近代博物馆业务有所涉猎，取得了一定成果。李飞的《由"集新"到"集旧"：中国近代博物馆的一个演进趋向》一文，从思想史层面剖析近代博物馆藏品由"集新"到"集旧"的演变过程，认为其演变过程是中国近代社会转型的一个缩影。清末士人出于格物致知的意图，大力提倡在中国建立包罗万象、"集新"的博物馆。20世纪初随着民族主义思潮的兴起，为激发民族意识，博物馆多陈列本民族历史文物，成为"集旧"为主的收藏机构。在博物馆"物"转变的背后体现出，中国知识分子由传统的格物致知向民族主义觉醒、构建新型社会的转变。⑤ 徐玲的《近代早期国内关于博物馆藏品建设与陈列展示问题的探讨》一文，叙述了早期博物馆研究者对博物馆藏品与陈列问题的思考，梳理了早期学者对博物馆藏品与陈列问题的探讨。该文认为，虽然早期学者对博物馆藏品建设与陈列的认识，受所处时代的限制存在一定的缺陷，但他们将其定位为博物馆发展的要务，

---

① 周婧景、严建强：《民国时期的博物馆理事会及其启示》，《东南文化》2014年第4期。
② 陈为：《20世纪初期中国博物馆志愿者及会员制度初探》，《中国博物馆》2012年第3期。
③ 李万万：《中国近代博物馆的出现与制度的创建》，《中国美术馆》2012年第2期。
④ 李万万：《中国近代博物馆事业的兴起与展览制度的创建》，《文物天地》2015年第10期。
⑤ 李飞：《由"集新"到"集旧"：中国近代博物馆的一个演进趋向》，《东南文化》2013年第2期。

对博物馆学研究产生了重要影响。① 王晓春的《民国时期博物馆陈列之考察》一文，主要以古物陈列所与故宫博物院的陈列，以及中国博物馆协会的博物馆陈列研究为对象，考察了民国时期的博物馆陈列，梳理了民国博物馆陈列艺术的发展脉络，为中国现今博物馆陈列工作提供借鉴。②

李军的《晚清民国时期对博物馆教育功能的认识》一文认为，晚清民国时期国人对博物馆教育功能的认识经历了三个发展阶段：19 世纪至戊戌变法之前处于起步阶段，此时期部分士人开始认识到博物馆教育功能，并逐步深化；戊戌变法至辛亥革命时期博物馆的教育功能得到进一步深化，用博物馆辅助于学校教育；辛亥革命之后博物馆的社会教育功能得到广泛认识与重视，博物馆成为实施社会教育的重要机构。③ 李飞的《社会、学校与家庭：民国人对博物馆教育功能的引介和实践》一文指出，随着清末以来博物馆教育功能认识的不断深化与欧美博物馆新观念、新实践的引入，博物馆的教育功能被细化为社会教育、学校教育、家庭教育。博物馆社会教育与学校教育两大功能被纳入国家教育体系，得到普遍认知与推广，而其家庭教育功能却因一直疏离于主流认知之外，未被纳入官方正式的博物馆理论体系。④ 徐玲的《博物馆与近代公共教育》一文认为，博物馆在近代被赋予教育民众的重任，积极参与公共教育，对社会变革和不同群体的形成产生重要影响。而因近代博物馆的民众教育与国家政治联系密切，其功能与类型逐渐趋于单一化。⑤

四 博物馆的社会作用

梁吉生的《论旧中国博物馆事业的历史意义》一文认为，旧中国的博物馆事业不能一概否定，应全面地对其进行分析。受所处时代的影响与制约，旧中国博物馆带有殖民与买办色彩，但却在与专制斗争的过程中，发扬了民主传统。南京国民政府时期博物馆的初步发展，为中国博物馆事业的发展奠定了基础。外国人在华创建的博物馆促进了西方科学文化在中国

---

① 徐玲：《近代早期国内关于博物馆藏品建设与陈列展示问题的探讨》，《中国博物馆》2014 年第 1 期。
② 王晓春：《民国时期博物馆陈列之考察》，《博物馆研究》2011 年第 4 期。
③ 李军：《晚清民国时期对博物馆教育功能的认识》，《东南文化》2014 年第 1 期。
④ 李飞：《社会、学校与家庭：民国人对博物馆教育功能的引介和实践》，《东南文化》2014 年第 1 期。
⑤ 徐玲：《博物馆与近代公共教育》，《文博》2014 年第 2 期。

的传播，对中国博物馆事业的发展产生过积极的作用。①陈为的《博物馆与中国近代社会变革研究》一文，从博物馆的器物变革、制度变革与文化变革三个发展阶段探讨了博物馆与近代社会变革的关系，并对博物馆的这三个发展阶段分析阐述。该文认为，博物馆的发展在受社会变革影响的同时，也遵循着自身发展的规律。博物馆积极参与社会变革，推动了中国近代社会变革的进程。②杨志刚的《博物馆与中国近代以来公共意识的拓展》一文认为，近代博物馆的出现促使古物逐渐由私有转变为共有，促使公民公共意识的觉醒，促进了公共空间的扩展。博物馆的发展历程为研究市民社会的发展、公共空间的培育与构建提供了重要参考。③

徐玲主编的《博物馆与近代中国公共文化》一书叙述了近代中国博物馆的创建与发展，指出博物馆理论构建、专业团体创建、发行专业刊物、规范博物馆管理等实践，促进了博物馆体制化建设。从公共文化的视角审视近代中国博物馆，认为它们的创建促进了公共空间的扩展、公共教育的发展等，对近代中国文化转型做出了重要贡献。④她的《近代中国博物馆的公共性构建》一文认为，在西方公共观念的影响之下，国人积极宣扬博物馆古物公有的新理念，积极引导私家协助古物博物馆化，促使古物由私藏逐渐走向共有，促进了博物馆公共空间的拓展与公共性的构建，博物馆亦成为培养公共意识的场所。而博物馆在扩展公共空间的同时，又逐渐成为政府构建公共空间的工具，影响了博物馆的独立发展。⑤

陈春晓的《博物馆视角下的近代中国知识体系的蜕变》一文认为，外国人在华创建博物馆的同时，将西方现代知识体系引入中国。随着对博物馆认识的深化，中国人用西方知识体系整合中国传统知识体系，促使中国传统的学术构建向现代知识体系转型，对近代以来中国学术研究的方法与路径产生了重要影响。⑥侯静波认为，得益于近代博物馆的发展，中国博物馆学于20世纪30年代进入初步发展阶段。此时期的博物馆学主要学习国外，对博物馆的功能及社会作用有了初步认识，开始总结博物馆建设经

---

① 梁吉生：《论旧中国博物馆事业的历史意义》，《中国博物馆》1988年第2期。
② 陈为：《博物馆与中国近代社会变革研究》，硕士学位论文，中国艺术研究院，2011年。
③ 杨志刚：《博物馆与中国近代以来公共意识的拓展》，《复旦学报》1999年第3期。
④ 徐玲主编：《博物馆与近代中国公共文化》，科学出版社2015年版。
⑤ 徐玲：《近代中国博物馆的公共性构建》，《文博》2012年第1期。
⑥ 陈春晓：《博物馆视角下的近代中国知识体系的蜕变》，《中原文物》2010年第6期。

验，试图建构中国博物馆学的学科体系。①

五 各地的博物馆

（一）天津北疆博物院

房建昌的《天津北疆博物院考实》一文叙述了天津北疆博物院的相关情况及发展史，指出北疆博物院由法国天主教耶稣会创办，是天津工商学院的附设事业，桑志华的考察为其成立与发展做出了重要贡献。桑志华、德日进等人的考察与采集充实了博物院，也为欧洲博物馆与自然历史的研究机构提供了标本。博物院收集了大量标本与文献，有东亚第一博物馆的美誉。② 王嘉川、王珊的《天津北疆博物院补考》一文，对房建昌的《天津北疆博物院考实》进行补考，考察了天津北疆博物院的修建与发展过程、经费来源、院藏特色、桑志华与北疆博物院、北疆博物院与工商学院关系等内容，并明确了有关天津工商学院的一些基本史实。③

（二）古物陈列所

段勇的《古物陈列所的兴衰及其历史地位述评》一文梳理了故宫博物院的兴衰历程，叙述了古物成立的历史背景与逐渐开放的过程，指出古物陈列所的成立使紫禁城前朝扩展为公共文化空间，对当时社会产生了较大影响。其在北京北洋政府时代发展迅速，进入南京国民政府时代后逐渐衰落，终被并入故宫博物院。它是中国民主革命的成果，是中国第一座国立博物馆、宫廷博物馆、艺术博物馆，开启了中国博物馆事业的新纪元，在世界皇宫博物馆化进程中占有特殊地位。④ 杭春晓梳理了古物保存所成立的历程及缘由，订正了时人对古物陈列所相关问题的认识，认为1912年10月提出筹建古物陈列所建议，古物保存所是其前身，"热河行宫盗宝案"是其诱因。古物陈列所的开放，使之前私藏的古代绘画呈现于公众视野，丰富了创作信息，改变了创作倾向，对民初绘画产生了重要影响。⑤

吴十洲认为，古物陈列所是《清室优待条件》的变种，皇家私藏由政

---

① 侯静波：《20世纪30年代中国博物馆学的发展：从〈中国博物馆协会会报〉中管窥》，《北方文物》2013年第2期。
② 房建昌：《天津北疆博物院考实》，《中国科技史料》2003年第1期。
③ 王嘉川、王珊：《天津北疆博物院补考》，《中国科技史料》2004年第1期。
④ 段勇：《古物陈列所的兴衰及其历史地位述评》，《故宫博物院院刊》2004年第5期。
⑤ 杭春晓：《绘画资源：由"秘藏"走向"开放"——古物陈列所的成立与民国初期中国画》，《文艺研究》2005年第12期。

府以赎买的方式转变为公共财产。作为《清室优待条件》执行重要机构的内务部,既与前清皇室有直接关系,同时又是古物陈列所的领导者,从而削弱了古物陈列所的文化传播与教育职能。其专职人员包括清朝旧臣、清室内务府人员、北洋军阀系人员、民国政府内务部人员以及有特殊技能人员等,与清室存在一定瓜葛。[①] 王谦的《古物陈列所的建立与民初北京公共空间的开辟》一文分析了影响古物保存所成立的因素,指出其创建促使封闭帝王空间扩展为公共空间,在教化民众方面起到了重大的促进作用。而政府又通过经济手段对其进行控制,使其公共性受到限制。[②]

(三) 故宫博物院

陈春晓认为,故宫博物院的建立使紫禁城由皇室禁地拓展为公共空间。国民政府利用故宫博物院来教化民众,去除帝制的合法性,意图强化其政权权威的认同。而由于民众对政权意识形态的接受程度不同,政府的宣扬对不同的社会阶层产生了不同的作用。[③] 郑欣淼的《故宫博物院与辛亥革命》一文认为,故宫博物院的建立是辛亥革命在文化领域的继续,它的创建使皇权象征的紫禁城成为公共空间,起到了维护民主共和、粉碎复辟思潮的作用;使皇家旧藏成为公共财产,促进了中华民族的文化认同;是中国博物馆事业的一个里程碑,其具备的公共精神使其充满生机与活力。[④] 徐婉玲的《博物馆与国家认同之建构——以故宫博物院开院为中心》一文叙述了故宫博物院开院的过程,并以其为中心研究了博物馆与国家认同构建之间的关系,认为故宫博物院开院使专制帝国宫殿转变为共和体制下的公共博物馆,打击了封建帝制,促进了民族国家集体认同的构建。[⑤]

(四) 国立中央博物院

刘鼎铭的《国立中央博物院筹备处1933年4月—1941年8月筹备经过报告》一文,选辑了国立中央博物院筹备处主任李济提交的该机构的筹备经过报告,将其筹备处工作分为建筑、播迁、充实、扩充四个时期,并

[①] 吴十洲:《1925年前古物陈列所的属性与专职人员构成——纪念古物陈列所成立100周年》,《故宫博物院院刊》2014年第5期。

[②] 王谦:《古物陈列所的建立与民初北京公共空间的开辟》,《东南文化》2016年第2期。

[③] 陈春晓:《从皇家禁地到公共空间——由故宫博物院的建立看民国政府政权威信的树立》,《郑州大学学报》2010年第2期。

[④] 郑欣淼:《故宫博物院与辛亥革命》,《故宫博物院院刊》2011年第5期。

[⑤] 徐婉玲:《博物馆与国家认同之建构——以故宫博物院开院为中心》,《故宫学刊》2013年第2期。

分别加以阐述，为研究国立中央筹备处的活动提供重要参考。① 徐玲的《艰难的探索——国立中央博物院筹建始末》一文梳理了国立中央博物院筹建经过，叙述了其创建缘起以及其筹备处建立与活动，为研究国立中央博物院以及中国近代博物馆事业的发展发挥了一定的作用。② 李竹的《国立中央博物院筹备处》一文指出，国立中央博物院筹备处是南京博物院的前身，叙述了筹备处的发展历程，为研究中国博物馆事业的发展提供参考。③ 李荔的《抗战时期的中央博物馆文物西迁》④ 一文叙述了中央博物院文物西迁的经过，为研究抗日战争对中国博物馆事业的影响提供参考。

此外，在其他地方博物馆的研究上，李守义的《民国时期国立历史博物馆藏品概述》一文认为，1912年在北京成立的国立历史博物馆的藏品主要来源于国学旧存、考古发掘、征集收购、政府拨交、社会捐赠等，在藏品充实的同时也先后把藏品调拨给其他单位，抗战时期日军的觊觎与掳掠给其藏品带来厄难。其藏品于"九一八"事变后在国民政府的要求下南迁至南京、上海等地，于抗战全面爆发后迁至重庆，于解放战争时期部分藏品被国民党运往台湾。⑤ 徐玲的《战时的缪斯殿堂——中国西部博物馆》一文认为，中西部博物馆的创建是卢作孚救国理念的一种实践。叙述了卢作孚创建中西部博物馆的经过，指出中西部博物馆是中国人创办的、综合各学科的中国第一所自然科学类博物馆，它创建了健全的组织机构，在藏品征集与展示方面有所创新，在经营服务方面堪称典范。⑥ 张德明的两文则专门考察了英国浸礼会创办的济南广智院在近代城市公共空间中的作用，认为其在展出各类西方先进文明模型及图表的同时，也陈列中国的陋风、陋俗模型，不断变换展品内容，适应时代需要，同时也带有浓厚的宗教色彩，并分析了其与民国社会生活关系。⑦

---

① 刘鼎铭：《国立中央博物院筹备处1933年4月—1941年8月筹备经过报告》，《民国档案》2008年第2期。
② 徐玲：《艰难的探索——国立中央博物院筹建始末》，《博物馆研究》2008年第4期。
③ 李竹：《国立中央博物院筹备处》，《中国文化遗产》2005年第4期。
④ 李荔：《抗战时期的中央博物馆文物西迁》，《中国文化遗产》2009年第2期。
⑤ 李守义：《民国时期国立历史博物馆藏品概述》，《中国国家博物馆馆刊》2012年第3期。
⑥ 徐玲：《战时的缪斯殿堂——中国西部博物馆》，《中国博物馆》2010年第4期。
⑦ 参见张德明《知识与福音：近代教会博物馆与城市公共空间——以济南广智院为中心的考察》，《世界宗教研究》2013年第6期；《济南广智院与民国社会生活》，《民国研究》第23辑，社会科学文献出版社2013年版。

六 博物馆与社会变迁

李淑萍、宋伯胤选注的《博物馆历史文选》一书，选编了近代中国学者书写的与博物馆有关的论述与博物馆介绍文章，包括博物馆定义、性质、职能，以及中外博物馆选介等内容，为研究中国近代博物馆事业与博物馆学的发展提供了具有参考价值的珍贵史料。① 黄庆昌、陈鸿钧的《民国时期广州博物馆史料辑要》一文辑录了民国时期有关广州博物馆的史料，涉及其筹建、组织规章、文物征集等内容，呈现出民国时期广州博物馆发展的历史概况，为研究广州早期博物馆事业提供参考。② 范春荣以《申报》为主体史料，辑录了有关1933—1948年上海市博物馆发生重要事件的相关史料，为研究上海市博物馆的发展历史提供了重要参考。③

史梦瑶以晚清《申报》中博物馆相关信息为研究对象，探析博物馆信息传播途径，认为《申报》中的博物馆信息主要蕴含于广告、游记、新闻、时评、转载奏折中，并分别对这些内容阐述。④ 刘华梳理了民国时期刊载在《申报》上的博物馆史料，将《申报》上的博物馆史料分为个体分析与主题分析两大类，并分别进行分析论述，⑤ 其对《申报》博物馆史料的分析与解读，对深化民国时期的博物馆研究起了一定的作用。

项隆元的《博物馆与维新运动》一文认为，在维新运动时期，中国明确提出建立博物馆的主张。鉴于博物馆的教育功能以及学习西方科学技术的需要，维新派将博物馆看成新政的一项内容。⑥ 梁吉生认为，辛亥革命为近代博物馆的发展创造了良好的社会氛围，推动了博物馆事业行政管理机构的构建、开创了建立公立博物馆的先例、促进了文物的解放，促使博物馆事业向近代转型，是中国近代博物馆事业的里程碑。⑦ 王秀伟与黄文

---

① 李淑萍、宋伯胤选注：《博物馆历史文选》，陕西人民出版社2000年版。
② 程存洁：《广州博物馆建馆八十周年文集：镇海楼论稿之二》，文物出版社2009年版，第298—348页。
③ 范春荣：《上海市博物馆大事记要（1933—1948）》，《中国博物馆》1991年第2期。
④ 史梦瑶：《晚清时期〈申报〉（1872—1911）与博物馆信息传播研究》，硕士学位论文，吉林大学，2014年。
⑤ 刘华：《〈申报〉（1912—1949）博物馆史料初步整理与分析》，硕士学位论文，吉林大学，2016年。
⑥ 项隆元：《博物馆与维新运动》，《文博》1998年第1期。
⑦ 梁吉生：《中国近代博物馆事业的里程碑——纪年辛亥革命八十周年》，《东南文化》1991年第Z1期。

川认为，辛亥革命推动了近代博物馆社会价值的阐扬、职能的扩展和完善，促进了博物馆管理体制的确立，开创了国家开办博物馆的先河，加速了现代博物馆工作制度的建立与推广，体现了博物馆的公共性与开放性，促使博物馆数量猛增。它使博物馆的理论与实践都得到进一步发展，对中国近代博物馆事业的发展产生重要影响。[1]

陈为以新文化运动时期的整理国故运动、北京大学与故宫博物院的关系、新文化运动的主要人物积极参与博物馆为例，探讨了新文化运动与博物馆之间的关系，认为新文化运动为博物馆的发展提供了"天时""地利""人和"。新文化运动促使中国博物馆事业进入一个大发展时期，中国博物馆类型日益繁多，且社会历史类博物馆队伍得到迅速壮大，促使中国博物馆整体水平得以提高，中国的博物馆事业得到初步发展。[2] 吕建昌与扈颖钰的《日军侵华对中国博物馆事业的破坏》一文认为日军侵华使博物馆馆舍遭到轰炸，大量博物馆馆藏文物遭到掠夺与毁损、部分文物在迁移过程中遭到损毁与丢失，博物馆发展的潜在资源遭受重创，给中国的博物馆事业造成巨大损失，严重阻碍了中国博物馆事业的发展。[3]

穆烜的《张謇与中国博物馆事业的肇始》一文叙述了张謇积极提倡创建博物馆，且明确指出博物馆的作用。他苦心经营南通博物院、重视文物标本的征集、研究藏品的陈列与保管，是一个既有理想又重实干的人物，其博物馆理论与创业精神成为后人宝贵的精神遗产。[4] 吕济民认为张謇创办博物馆，是其实业救国思想的一种体现。张謇把创建博物馆与"教育救国"相提并论，积极倡导并创建了中国历史上第一个博物馆，且注重文物的收藏与征集。他对博物馆性质、任务、职能的论述，奠定了中国博物馆学发展的理论基础。[5] 金艳认为，张謇自筹资金、亲自规划设计，建成南通博物院，除将自家藏品捐赠给博物院外，还积极为博物院搜集藏品。张謇在其著述中对博物馆的作用、职能、应用理论以及发展理论都有所论述，创建了博物馆理论。张謇的博物馆理论及实践，对中国博物馆事业及

---

[1] 王秀伟、黄文川：《辛亥革命对中国近代博物馆事业发展的影响》，《文史博览（理论）》2012年第9期。
[2] 陈为：《新文化运动与博物馆的关系——兼述新文化运动影响下中国博物馆事业的初步发展》，《故宫博物院刊》2011年第5期。
[3] 吕建昌、扈颖钰：《日军侵华对中国博物馆事业的破坏》，《东南文化》2015年第5期。
[4] 穆烜：《张謇与中国博物馆事业的肇始》，《东南文化》1985年第0期。
[5] 吕济民：《张謇与中国博物馆》，《中国博物馆》1995年第3期。

博物馆学的发展做出了重要贡献。①

陈志科的《蔡元培与中国博物馆事业》一文认为，蔡元培对博物馆的性质与职能、分类及文物标本的收藏、藏品来源与陈列等有自己的认识，形成其博物馆理论。他竭力维持故宫博物院的生存与发展、积极争取庚款创建科学博物院、修缮保圣寺古物馆、关注文物与标本的搜集等实践，促进了中国博物馆事业的发展。②徐玲认为，李济在中国积极宣传西方博物馆知识，表现为宣扬西方博物馆古物公有公藏观念，关注博物馆的社会教育、科学普及、学术研究功能，倡导并创建考古博物馆等。他不仅促进了西方博物馆知识在中国的传播，也为中国博物馆的发展做出了重要贡献。③袁晓春与张爱敏的《从登州文会馆博物馆到南通博物苑——传教士狄考文与中国早期博物馆的发展》一文认为，狄考文创设的博物馆学课程为中国培养了早期博物馆人才，其兴建的登州文会馆博物馆的藏品与展品为张謇创办的南通博物院提供了借鉴，狄考文对中国早期博物馆的创建与发展产生重要影响。④

侯江、李庆奎的《1949年以前外国人在华创办的自然类博物馆探析》一文叙述了1949年之前英、法、美等国在中国创建的自然类博物馆，并对各国创建的博物馆简单介绍，指出它们的创建激发了中国博物馆事业的起步，反映出中国近代自然科学类博物馆的发展历程。⑤李军探究了西人在华最早博物馆的创建时间，认为西人在华创办的博物馆可分为自然历史博物馆与科学技术博物馆两种类型。西人在华创建的博物馆成为国人认识博物馆的一种途径，促进了西方博物馆知识在中国的传播，为近代中国博物馆的产生和发展产生了重要影响。⑥李暖分析了外国人在华创建博物馆的政治与文化背景，分别介绍了法、英、美、日、俄等国在华创建的博物馆，指出他们在华创建博物馆的时间集中在清末民初，地点多分别在沿海

---

① 金艳：《中国博物馆事业的开创者——张謇》，《中国博物馆》2005年第1期。
② 陈志科：《蔡元培与中国博物馆事业》，《中国博物馆》1988年第4期。
③ 徐玲：《李济与西方博物馆知识在中国的传播》，《中原文物》2011年第4期。
④ 袁晓春、张爱敏：《从登州文会馆博物馆到南通博物苑——传教士狄考文与中国早期博物馆的发展》，《中国博物馆》2012年第3期。
⑤ 侯江、李庆奎：《1949年以前外国人在华创办的自然类博物馆探析》，《安徽农业科学》2009年第26期。
⑥ 李军：《19世纪西人在华博物馆的两种类型——兼论中国最早的博物馆》，《东南文化》2015年第4期。

城市及内地大城市，是为了配合或推进殖民统治而建立，以自然博物馆为主，重视科学研究与民众教育。外国博物馆的创建对中国的博物馆事业、民众教育、中外交流等产生了一定的积极作用，然而却掠夺中国资源、文物，窃取中国情报，实施文化侵略与奴化教育，亦对中国产生了负面影响。①

项隆元的《中日两国近代博物馆事业产生之比较》一文认为，中日两国博物馆在前期形态时都是权力的象征，都对西方博物馆有一知半解的认识。然而由于两国历史实践的不同，日本博物馆较中国建立早，且发展迅速。两国开明人士都意识到博物馆教育功能的重要性，而由于日本特别重视科学文化的普及与提高，日本的博物馆得以迅速产生与发展。② 王庆华认为，中西早期博物馆现象在性质、存在与发展基础、藏品及其研究等方面具有一致性，在发展方向、发展规模、空间分布、藏品来源、宗教作用、发展延续性等方面存在差异。两者之间的一致性根源于人类文明发展的基本规律，差异性根源于东西文明各自发展的特性。③

此外，黄少明的《中国早期图书馆对博物馆事业的贡献》一文认为，中国孕育与发展过程中的早期图书馆，在使用"博物馆"一词、创办博物馆、创建公立博物馆、形成公立博物馆群、开办博物馆人才培训等方面都是首创，对博物馆事业的发展做出了贡献。④ 徐婉玲以紫禁城及皇家收藏的规划为视角，以其规划的发展演变过程考察清末民初博物馆的规划及实践。将清末民初时围绕紫禁城及皇家收藏的规划进程划分为三个阶段，并论述了各个时期的规划方案，总结出不同时期博物馆规划与实践的特点，勾勒出清末民初博物馆规划与实践的发展演变过程。⑤

综上可知，近代博物馆研究取得一定成果是不容否认的，但研究专著较少，尤其缺乏近代博物馆通史研究的专业性著作，不得不说是一大憾事。某些基本史实的谬误说明以前人们不重视近代博物馆，近年来博物馆史得到博物馆学者的重视，研究成果不断涌现，而深度与广度仍需要进一

---

① 李暖：《来华外国人所建博物馆研究》，硕士学位论文，河南大学，2014年。
② 项隆元：《中日两国近代博物馆事业产生之比较》，《东南文化》1991年第6期。
③ 王庆华：《中西早期博物馆现象比较研究》，《重庆科技学院学报》2012年第21期。
④ 黄少明：《中国早期图书馆对博物馆事业的贡献》，《图书情报工作》2005年第11期。
⑤ 徐婉玲：《清末民初中国博物馆规划及其实践——以紫禁城为视域的考察》，《故宫博物院院刊》2015年第2期。

步加强。

第五节 近代民众教育馆研究

民众教育馆（简称"民教馆"）是民国时期实施社会教育的中心机构，源于民国初年的通俗教育馆，在国民政府的推动下由江苏遍及全国，对社会产生了重要影响。新中国成立后，各地民教馆活动被终止，民教馆退出历史舞台。然而学术界并未忘记这一曾在历史上留下浓墨重彩一笔的"尤物"，不断对其进行研究，近60多年来对其进行的研究虽谈不上硕果累累，但也取得了一定的成果。

一　全国民教馆发展

周慧梅的《近代民众教育馆研究》[①]《民众教育馆与中国社会变迁》[②]两书是目前为止该领域研究成果的杰出代表，两书指出民教馆在民众教育成为新的社会动员方式、教育变革社会理念的兴起、国民政府支持乡村建设运动、各种法规的颁布赋予民教馆权威性的社会背景之下兴盛起来。笔者对民教馆的历史演进进行叙述，阐述了民教馆定义的界定、发展的阶段性、非国统区的发展状况以及地域差异性，进而对民教馆的经费来源与分配支出、组织设立与人员编制、人员资格及薪俸待遇、人员遴选与年功考核进行描述，使人获悉民教馆的内部管理情况。民教馆的创建与活动促进了民众教育的发展、乡村基层政治建设以及农村经济的发展，呈现出积极的文化性格，然而因其带有较强的政治色彩，更多考虑政府偏好和政党意愿，存在制度缺陷与弊端，它的绩效未得到有效发挥。后者在文末分析了民教馆与乡村社会文化组织的互动、与传统社会文化传承、现代知识体系的引介、新农村建设组织的构建之间的关系，探究了它对中国社会变迁所起的作用。

周慧梅的《关于中国20世纪二三十年代民众教育馆研究的思考》一文，指出20世纪二三十年代作为推行民众教育中心机关的民众教育馆，在推动民众教育的进程中扮演了重要角色。当时的研究者对其进行了多视

---

① 周慧梅：《近代民众教育馆研究》，北京师范大学出版社2012年版。
② 周慧梅：《民众教育馆与中国社会变迁》，秀威资讯科技出版社2013年版。

角的探讨,对民教馆的作用、概念,以及民教馆职员标准产生较大分歧。启发了对民教馆开展活动应注意问题的思考,表现为要明了民众的心理、顾及当前的人力和财力、注意培养民众的自动能力、多争取同情和帮助、多做实际深入的工作、多利用民间原有的设施。①

毛文君的《近代中国(1911—1937)城市民众教育馆述论》一文认为,近代民教馆经历了萌芽、初步发展、繁荣、曲折发展四个时期,介绍了民教馆的内部组织,详细叙述了民教馆开展的讲演、出版刊物、阅读、举行比赛等主要活动。指出由于政府及民众对民教馆认识存在偏差、地方政权插手民教馆人员任用,民教馆分布发展不平衡、组织活动欠佳、职员待遇低等因素,近代民教馆未取得预期效果。但其设立与活动仍在一定程度上促进了市民生活方式及城市文化的变迁,影响了城市的现代化进程。②

毛文君的《民国时期民众教育馆的发展及活动述论》一文指出,作为民国时期社会施教主要机构的民教馆,其本身发展经历了初步发展、繁荣、曲折发展三个时期。民教馆主要采用演说、出版刊物、阅读等方式从事于民众教育。在民教馆施教活动中,演讲者素质得到提高,演讲内容广泛,演讲方法得到革新,演讲效果显著;民教馆出版了报纸、期刊、壁报等刊物,以供广大民众阅览;图书馆阅读和流动书车为普通民众提供了更多的学习机会。③

杨才林的《"作新民""唤起民众"——民国社会教育研究》一文指出,作为综合性施教机关的民教馆源于通俗教育馆,种类繁多,根据其经费来源、设置地点、施教对象、设立宗旨的不同,划分为不同的种类。国民政府成立后,民众教育运动的开展,民教馆在各地逐渐推广。该文阐述了民教馆的内部组织、设备、经费、工作。④

冯克诚主编的《乡村和平民教育思想与教育论著选读》一书收录了著名教育家俞庆棠的《论民众教育馆》一文,该文对民教馆的组织进行介

---

① 周慧梅:《关于中国20世纪二三十年代民众教育馆研究的思考》,《濮阳职业技术学院学报》2006年第3期。
② 毛文君:《近代中国(1911—1937)城市民众教育馆述论》,硕士学位论文,四川大学,2002年。
③ 毛文君:《民国时期民众教育馆的发展及活动述论》,《西南交通大学学报(社会科学版)》2006年第4期。
④ 杨才林:《"作新民""唤起民众"——民国社会教育研究》,博士学位论文,首都师范大学,2007年。

绍，指出民教馆基本施教区开展的事业有公民教育、生计教育、语文教育，并陈述了实施标准工作的应注意事项，且对今年民教馆发展情况进行统计。除民教馆外，实施民众教育的其他机构有民众教育实验区、民众图书馆、民众体育场等。民教馆存在合作、斟酌缓急、人员方面的问题。① 另外，《中国近代社会教育史》②《民国社会教育研究》③ 等论著也是研究民教馆的重要参考资料。

二 各地民教馆

由于民教馆的设置几乎遍及全国，所以各地文史资料及地方志都或多或少涉及民教馆，除此之外的研究也取得了一定的成果。

第一，华北。赵倩的《现代化语境下的民众教育与社会改造：1928—1937年北平地区民众教育馆研究》④ 一书，介绍了北平地区民教馆的背景与沿革，陈述了其常设活动与临时活动，而后从教育行政内部的运行情况。该书分析了北平民教馆与中国社会教育年会的关系，指出随着年会讨论的理论性、前瞻性的增强，戚彬如等基层代表陷入失语的窘境；阐述了其深入地方社会的途径与方式，认为其创立及活动强化了民教馆中心机关的地位、增强了其与各阶层民众及团体间的互动，然而因存在推进困难和不足，未达到预期效果。最后作者对近代中国社会教育理论的局限性进行高度反思，探究了其在实践过程中遭受挫折的缘由。她的《北平地区民众教育馆中心地位的确立与发展（1933—1937）》一文指出，北平市为加强民教馆的中心地位，对北平的社会教育组织系统进行改革，重新规划了北平社教组织系统的基本蓝图。第一社教区内的民教馆及其他社教机关的改组，为其他社教区及民教馆的设置提供了发展的基本范式。为进一步加强民教馆的中心地位，又成立了三个社教区及民教馆，并对社教格局进一步完善。该文又指出，北平地区民教馆发挥着中心机关的指导与示范作用。⑤

---

① 冯克诚主编：《乡村和平民教育思想与教育论著选读》（下），人民武警出版社2011年版，第271—282页。
② 王雷：《中国近代社会教育史》，人民教育出版社2003年版。
③ 杨才林：《民国社会教育研究》，社会科学文献出版社2011年版。
④ 赵倩：《现代化语境下的民众教育与社会改造：1928—1937年北平地区民众教育馆研究》，中国人民大学出版社2015年版。
⑤ 赵倩：《北平地区民众教育馆中心地位的确立与发展（1933—1937）》，《北京社会科学》2010年第1期。

曹丽娟的《山西省立民众教育馆研究（1933—1937）》一文阐释了山西省立民教馆产生的历史背景，指出其前身是山西公立图书馆。该文陈述了民教馆的馆舍、藏品与设备、组织规程及职员、后续变迁，从整体对其进行介绍。叙述了其开办的语文教育、生计教育、公民教育、健康教育、乡村教育等教育事业，认为它的创立及活动促进了山西民众教育的发展，一定程度上满足了民众的需求，然而在内外因双重作用下取得成效有限。① 山西省图书馆编的《山西省图书馆史料汇编》一书的第三部分是有关山西省立民教馆的史料汇编，内容涉及组织机构与规章、会议记录、馆史、工作实施大纲及报告等，是研究山西民教馆的重要参考资料。②

第二，华东。朱煜的《民众教育馆与基层社会现代改造（1928—1937）——以江苏为中心》③ 一书，是在其博士学位论文《江苏民众教育馆研究（1928—1937）》一文基础上的深入研究。该书介绍了江苏民教馆的历史发展轨迹、内部组织及职员、运行机制，认为民教馆为改良民众文化，开展了识字运动、参与私塾改良运动、倡导风俗改良等运动，开展的运动具有基础性、教育性的特点。为使更多民众摆脱困境，民教馆转而致力于生计教育。随着民族危机的加深，民教馆努力塑造公民观念，表现为进行国民训练、举办国难展览与庙会展览、寓教于乐，呈现出草根性、社会性的特点。民教馆的社会改造活动取得了一定的成效，而因受政治环境、国民素质、自身缺陷三方面因素的影响成效有限。作者最后从"制度变迁"、"国家与社会"以及相关比较三方面，对江苏省民教馆的政府主导改造模式进行评析。

张鹏的《山东省立民众教育馆研究（1929—1937）》，叙述了山东省立民教馆的发展历程，并对其组织、职员、馆舍等进行简单介绍。陈述了董渭川担任民教馆馆长期间的作为，并对其民众教育思想进行评述。该文指出，山东省立民教馆的主要设施有图书馆、运动场、民众电影院、民众茶园，其出版事业分为定期与不定期刊物出版。④ 王业廷的《青岛市立民众

---

① 曹丽娟：《山西省立民众教育馆研究（1933—1937）》，硕士学位论文，四川师范大学，2012年。
② 山西省图书馆编：《山西省图书馆史料汇编》，山西人民出版社2003年版。
③ 朱煜：《民众教育馆与基层社会现代改造（1928—1937）——以江苏为中心》，社会科学文献出版社2012年版。
④ 张鹏：《山东省立民众教育馆研究（1929—1937）》，硕士学位论文，山东师范大学，2008年。

教育馆研究（1928—1937）》，对青岛市里民教馆的地理位置、组织机构及各部主要职责、人事任免、经费开支等情况进行简单介绍，叙述了青岛市立民教馆的主要设施及主要附属设施，它开设了书词训练班、青岛民众剧社、国剧社、国乐研究班、国术训练班，开展的主要活动有讲演、文艺演出、民教体育、刊物出版编辑。它的创立及活动丰富了青岛人民的文化生活、青岛文教事业的发展奠定基础、为加快了青岛的现代化进程，折射出政权以及经济发展对民众教育的重要性。[①]

庄颖的《民国时期女子民众教育研究——以上海妇女教育馆为中心》，叙述了上海妇女教育馆成立的背景，指出它是一种施教对象为妇女的民教馆。该书对上海妇女教育馆的内部组织形式及演变、职员构成及素质、经费与工作机制、教育目标和实施原则、社会关系网络进行介绍，使人获悉其内部运作。妇女教育馆开展的事业着力提高妇女文化水平、努力塑造妇女的公民观念、致力于改善妇女生活条件，进行了家事教育和康乐教育。妇女教育馆开展的活动具有教育性、基础性、社会性的特点，取得了一定的成就，但仍存在支派繁多、经费不足方面的缺陷与不足。[②] 绳会敏的《关于安徽省立第三民众教育馆的考察》一文指出，安徽省立民教馆经历了奠基、繁荣、停顿三个时期，开展了日常固定事业、中心活动事业、划区施教、辅导县馆四项主要工作。它的存在及活动不仅推进了近代蚌埠城市文明的进程，而且还促进了皖北地区民众教育事业的发展。[③]

第三，西南。雷正群的《贵州民众教育馆与民众生活研究（1935—1949）》，介绍了贵州民教馆的概况，简单陈述了贵州民教馆产生的背景、分布及实施细则、组织与人事，指出贵州民教馆使贵州民众的文化与生活得到改善。贵州民教馆的存在与活动提高了贵州民众的文化素质、改变了贵州民众的社会生活习惯、增强了贵州民众抗战建国力量、促进了贵州经济的发展，然而仍存在一定的问题与不足。[④] 郭旭的《省立贵阳民众教育

---

① 王业廷：《青岛市立民众教育馆研究（1928—1937）》，硕士学位论文，中国海洋大学，2009年。
② 庄颖：《民国时期女子民众教育研究——以上海妇女教育馆为中心》，硕士学位论文，上海师范大学，2014年。
③ 绳会敏：《关于安徽省立第三民众教育馆的考察》，《淮北职业技术学院学报》2014年第3期。
④ 雷正群：《贵州民众教育馆与民众生活研究（1935—1949）》，硕士学位论文，云南师范大学，2015年。

馆始末》一文,指出抗战期间贵州省重视社会教育,遂设立了贵阳民教馆。笔者对贵阳民教馆的组织进行简单介绍,然后按照时间顺序对民教馆所开展的主要活动进行简单陈述。该文指出贵阳民教馆的设立及其活动,对改善当地的社会文化生活及社会风气做出了一定贡献。[①] 陈忠礼的《解放前的贵州各级民众教育馆》一文,按时间顺序叙述了贵州民教馆的发展历程,指出民教馆职员及经费根据当时需要不断得以调整与增减。贵州各级民教馆依照教育部以及省教育厅的规定,在自身条件允许的范围内尽力开展了多项活动。文末附有贵州民教馆重要文件,包括贵州省立民教馆暂行规程、1940 年工作事项,各县民教馆组织、经费、概况等。[②]

张研的《抗日战争时期四川省的社会教育——以成都市立民众教育馆为中心的研究》一文,以成都市立民众教育馆为中心,探究了抗战时期成都市的社会教育。作者对成都市立民教馆的发展脉络、组织机构、人员构成、经费问题进行叙述,勾勒出其大致轮廓,指出民教馆开展了识字教育、生计教育、健康教育、文化娱乐教育、展览教育,其举行的社会活动有募捐活动、提倡国货运动、各种抗敌纪念活动。战时四川省的社会教育对抗战大后方民众起到动员作用,促进了四川的社会现代化进程以及战时文艺的繁荣。然而在战争的影响之下,四川省社会教育的发展遭受到阻碍。[③] 毛文君的《20 世纪 20—30 年代的成都市民众教育馆》一文指出成都市民众教育馆是从成都市通俗教育馆发展而来,30 年代通俗教育馆被改为民众教育馆,以社会教育为目标,实施各种教育事业,开展了注音符号运动、儿童教育活动、群众体育活动等。它的设立及活动在一定程度上促进了重庆市民生活方式以及城市文化的变迁。[④] 车莉的《抗战时期西康省的民众教育馆》一文指出,为适应抗战的需要,西康省成立了省属民众教育馆和各县民众教育馆。西康省民教馆开展了时事教育与公民教育、传播文化知识、卫生健康教育、帮助边民实际生活四个方面的工作,对战时西康省的民众教育起到了积极的作用。[⑤] 刘喜凤的《抗战时期湘西

[①] 郭旭:《省立贵阳民众教育馆始末》,《贵阳文史》2009 年第 2 期。
[②] 王恒富主编:《贵州省文化志》,贵州省文化志编辑部 1989 年版。
[③] 张研:《抗日战争时期四川省的社会教育——以成都市立民众教育馆为中心的研究》,博士学位论文,四川大学,2007 年。
[④] 毛文君:《20 世纪 20—30 年代的成都市民众教育馆》,《文史杂志》2002 年第 1 期。
[⑤] 车莉:《抗战时期西康省的民众教育馆》,《西南民族大学学报》2011 年第 11 期。

民众教育馆与民众教育的开展》一文指出，西迁的国民政府为适应抗战需要开始注重湘西的民众教育，湘西民教馆得到较大发展，各县先后设立了民教馆。湘西民教馆起先大都起到图书馆的作用，后来随着抗战的深入，开展了经常性的民众教育活动，取得了一定的民众教育效果。①左玉河、化世太的《民国时期国立中央民众教育馆的历史考察》一文，对1942年在重庆正式设立的国立中央民众教育馆进行了研究，认为该馆是国民政府设立的最高社会教育事业机关，其筹划、建成与停办皆与时代政治有着密切关联。为履行对全国各级民众教育馆的"示范与指导"之责，该馆设有"大体还算健全而合理"的组织机构，坚持以抗战建国为核心的社会教育理念，致力于"加强抗战力量，培养建国基础"，为抗战建国事业做出了积极贡献，但未能根本改变民国时期民众教育馆事业发展滞缓的局面。②

第四，中南。张本一的《河南省立民众教育馆研究（1928—1937）》一文，叙述了河南民教馆产生的时代背景、发展历程、组织及职员、馆舍进行，认为河南民教馆的主要设施及事业有创办民众学校、民众图书室、自然科学馆、美术馆、民众茶园。③于文哲的《湖北省立实验民众教育馆研究》认为，随着民众教育思潮的兴起，以及民众教育思想的广泛传播，湖北省立实验民教馆创办，其本身的发展经历了酝酿、创立、兴盛、衰落四个时期。该文陈述了湖北省立实验民教馆的组织机构、人员构成，指出其主要工作有采用多种手段提高民众智识、运用多种方法灌输民众思想、着力改善民众生活、培养民众良好的生活习惯、调查实验研究。湖北省立实验民教馆产生了良好的社会影响，但存在经费不足、人才匮乏、活动效果有限、实验辅导作用欠佳等方面的缺陷。④熊文渊的《抗战前广东的民众教育馆》一文指出，广东民教馆虽然起步晚，但是发展迅速，不仅组织严密，而且形式多样。该文指出，因民教馆主管人员多以兼职为主，故而主管人员的文化程度较高。广东民教馆虽缺乏经费，但也取得了显著成

---

① 刘喜凤：《抗战时期湘西民众教育馆与民众教育的开展》，《教育评论》2011年第2期。
② 左玉河、化世太：《民国时期国立中央民众教育馆的历史考察》，《福建论坛》2020年第9期。
③ 张本一：《河南省立民众教育馆研究（1928—1937）》，硕士学位论文，江西师范大学，2013年。
④ 于文哲：《湖北省立实验民众教育馆研究》，硕士学位论文，华中师范大学，2010年。

绩，在服务社会、改善民生方面表现出众。民教馆在发展过程中具有主要分布在城镇、经费保障体系欠佳、自身制度不完善的缺陷。①

第五，西北。赵玮的《陕甘宁边区民众教育馆研究》一文指出，陕甘宁边区民教馆在经济文化落后、民族矛盾加剧、中共的倡导的背景之下成立。笔者对边区民教馆的工作任务、组织与人员构成、活动形式、典型代表进行叙述，并指出边区民教馆具有民族化、科学化、大众化的特点。它的创立及活动提高了边区民众的文化水平、起到了移风易俗的作用、提高了民众的抗日热情、巩固了中共的基础政权，为社会主义新农村建设、农村成人教育以及当前推行社会教育提供了借鉴。②吴善家以西安和长安地区为中心，探究了陕西省的民教馆，指出陕西省民教馆经历了起步和快速发展两个阶段。该文对陕西省民教馆的组织进行探究，阐述了其组织结构、行政管理、施教场所、职员构成。民教馆开展的主要活动有文化改良、改善民众生计、刊物出版、年俗展览，取得了一定的成效。它的创立与活动仍促进了陕西近代社会教育、近代化的发展。③

第六，东北。王野平主编的《东北沦陷十四年教育史》④一书指出，日本为强化对东北人民的奴化教育，东北伪省各级民教馆纷纷成立，在日伪的推动下发展迅速。其开展的主要活动方式及内容有形势政治宣传、传授知识以及娱乐活动。日伪重视民教馆的奴化教育，严格控制官员选拔与任命，其办馆经费来源于挤用教育经费以及伪满洲国资金补助。它是日本推行奴化教育的手段之一，具有社会性与强制性相结合、宣传手段多样化、以道德说教为主、地方性强等特点。张万忠的《黎明前的法库民众教育馆》指出，法库县民教馆源于法库县20年代初的"讲演所"，郭兴堂任馆长时从事于讲演、兴办义务夜校等事。民教馆所设阅览室藏书众多，以供民众阅览。身为馆员的笔者代行馆长权力，初期主要开展图书业务，后来在一些知识分子的帮助下开展了规模较大的文化活动，包括举办新购图书展览会、地方美术展览会、生活改善展览会以及组织业余话剧团并进行

---

① 熊文渊：《抗战前广东的民众教育馆》，《教育评论》2012年第5期。
② 赵玮：《陕甘宁边区民众教育馆研究》，硕士学位论文，陕西科技大学，2015年。
③ 吴善家：《陕西省民众教育馆研究——以西安和长安地区为中心》，硕士学位论文，陕西师范大学，2014年。
④ 王野平主编：《东北沦陷十四年教育史》，吉林出版社1989年版。

公演等。①

三　组织结构

吴长领的《民众教育馆图书部探析》一文指出，民教馆图书部具有藏书文学类居首、社会科学类次之，大多使用中外统一图书分类法以及卡片式目录，关爱社会特殊群体的特点。该文又指出，民教馆图书部具有训练公民、改良社会风气、保存和传播文化、为新社会图书馆奠定基础的作用。② 谢放的《民国时期的民众教育与城市大众文化——以河北省立实验城市民众教育馆为例》③ 一文，指出河北省立实验城市民教馆在政府会议通过的大纲下设立并展开工作，它重视图书部建设，向群众普及文化知识；设置讲演部，尝试启发民智；设游艺部，引领民众娱乐导向；设卫生部，重视民众的身体健康；开办民众学校，为民众生活指引方向。

绳会敏等的《民国安徽省立第三民众教育馆图书部研究》一文指出，安徽省立第三民教馆及其下属图书部经历了奠基、繁荣、停顿三个时期。民教馆图书部内设图书室、阅览室，并对二者分别进行详细介绍。为蚌埠近代图书馆事业奠定基础、开创了蚌埠近代社会教育的先河、规范了皖北地区图书事业的发展。④ 李冬梅的《江苏省立民众教育馆职员问题探析——以江苏省立镇江民众教育馆为个案》一文指出，江苏省立镇江民教馆汇聚了省内社会教育精英，职员文化素质较高，不管是其领导阶层还是一般工作人员，都具有较高的文化水平。民教馆职员入职前进行专业性的职前教育，入职后继续进行专业化的教育，而且还担负起培训县级民教人员的培训工作。⑤

周慧梅的《民国时期民众教育馆变迁的制度分析》一文指出，从民教

---

① 政协法库县委员会文史资料研究委员会：《法库文史资料》第4辑，政协文史资料研究委员会1985年版。
② 吴长领：《民众教育馆图书部探析》，《图书馆杂志》2011年第3期。
③ 谢放：《民国时期的民众教育与城市大众文化——以河北省立实验城市民众教育馆为例》，张宪文主编：《民国研究》第19辑，社会科学文献出版社2011年版。
④ 绳会敏等：《民国安徽省立第三民众教育馆图书部研究》，《蚌埠学院学报》2013年第2期。
⑤ 李冬梅：《江苏省立民众教育馆职员问题探析——以江苏省立镇江民众教育馆为个案》，《镇江高专学报》2012年第2期。

馆规程、法规等的制定以及出台，可以看出国民政府对民众教育馆本身及其变迁的控制，民众教育运动成为其权力统治的工具。民教馆早期开展识字教育，后期开展生计教育，而政治教育一直占据重要位置，且起到了政府控制民众、政权向基层渗透的作用。作为强制性制度安排的民教馆彰显了政府的偏好和意愿，因其地域、空间分布不均，且组织规模小，广大乡村民众受益有限；因地方强权势力的介入，以及组织"官僚化"、馆务"行政化"，民教馆取得的成果有限。①她的《从馆舍设置看民众教育馆的教育意蕴》一文指出，民教馆大多在具有特殊地位的文庙、祠庙、会馆等的旧址上修建而成，原有建筑悠远的象征意义给民教馆赋予了独特的文化底蕴。大多民教馆呈现出园林化的发展趋势，在公园的"外衣"下，从事于宣传教育。在馆内布置方面，通过粘贴标语、警言使民众在潜移默化中接受教育。民教馆的设立使国民党以教育改造为切入口将其权力渗透到基层乡村社会，暗含有较强的国家意志、政府意愿的隐喻，成为政府管理基层的社会机构。②

朱煜的《民众教育馆与基层政权建设——以1928—1937年江苏省为中心》一文认为，基于"九一八"事变后民众的国家、民族意识淡薄，国民政府推行的基层建设收效甚微而民，以及拯救农村经济的使命感三方面因素，江苏省民教馆的工作重心开始转移到协助政府重建基层秩序上来。江苏民教馆通过组建基层自治团体、推动基层权力重组、协助基层领袖训练、协调各种社会关系、调解民间纠纷等方式来协助政府进行基层政权建设，在协调基层政权与国民政府关系方面发挥了重要作用，充当了民间社会组织与官方代理人的双重角色，使国民政府实现了权力的下渗。③他的《民众教育馆与私塾改良——以1930—1937年江苏为中心的考察》一文指出，江苏民教馆率先进行私塾改良来协助政府推行私塾改良，促使私塾向现代教育转型，为此各县陆续开展了私塾改良事宜。为了更好地进行私塾改良运动，江苏民教馆建立了专门的私塾改良辅导机构。江苏民教馆主要通过创立特约改良私塾、兴办塾师训练班、举行私塾成绩展览、参与私塾

---

① 周慧梅：《民国时期民众教育馆变迁的制度分析》，《教育学报》2008年第2期。
② 周慧梅：《从馆舍设置看民众教育馆的教育意蕴》，《华东师范大学学报》2012年第2期。
③ 朱煜：《民众教育馆与基层政权建设——以1928—1937年江苏省为中心》，《近代史研究》2014年第3期。

改良宣传周等方式来对私塾进行改良,产生了重要影响。[①]

他的《抗战前江苏民众教育馆的教育电影》一文指出,在政府和社会的双重推动作用下,江苏民教馆率先在其民教事业中使用教育电影,寓教育于民众娱乐,并按时间顺序陈述了民教馆推行电影教育的经过。民教馆教育电影来源于省教育厅或教育部的制作,以及中国教育电影协会等机构的租借,内容涉及科学、健康、公民、生计四个主要方面,施教形式一般分为固定施教和巡回施教两种。推行的教育电影呈现出凸显现代公民观念及救亡图存、注重根据施教对象选择不同影片、利用辅助手段增强电影教育效果、丰富教育电影的内涵、电影教育逐步向综合化方向发展、政府重视并主导教育电影的放映的特点。[②]

四 主要活动及作用

李冬梅的《抗战前江苏省立民众教育馆事业活动述评》一文指出,抗日战争前,江苏省民教馆在全国起着模范带头作用,且发展迅速。纵观江苏省民教馆,其事业、活动得到不断演变和进步,实现了从城市到乡村、从馆内到民众、从单枪匹马到合作、从识字教育和生计教育走向爱国教育、创造电化教育的演变,体现出民教馆事业实施重心、形式、手段、内容的嬗变。[③] 伍卓琼的《浅论民国时期民众教育馆的出版事业》一文指出,从出版形式上看,民教馆的出版事业主要分为定期、不定期出版两种,另外还出版一些纪念刊。民教馆出版事业具有专门性、非营利性的特点,起到了提高民众素质、促进民众教育发展、提高民众爱国热情的作用。[④]

徐南平的《镇江民众教育馆对中国早期电化教育的促进作用》一文指出,镇江民教馆最早认识到电影易于被群众接受,于是设置放映场将电影引入民众教育活动,最早使用电化教学。民教馆开发设计了电化教学巡回施教车,在当时产生了很大反响,成为中国电教史上的一大创举。镇江民教馆实施的电教手段,对中国早期电化教育起了很大的促进和推动作用。[⑤]

---

① 朱煜:《民众教育馆与私塾改良——以1930—1937年江苏为中心的考察》,《历史教学》2012年第4期。
② 朱煜:《抗战前江苏民众教育馆的教育电影》,《电化教育研究》2012年第8期。
③ 李冬梅:《抗战前江苏省立民众教育馆事业活动述评》,《扬州大学学报》2010年第6期。
④ 伍卓琼:《浅论民国时期民众教育馆的出版事业》,《黑龙江史志》2009年第23期。
⑤ 徐南平:《镇江民众教育馆对中国早期电化教育的促进作用》,《镇江师专学报》1995年第1期。

杜光胜等人的《镇江民众教育馆巡回电化教学的实践及作用研究》一文指出，镇江民教馆的巡回施教经历了电播巡回施教、教育电影巡回施教两种实验过程：在电播巡回施教过程中，摸索出多种经济可行的施教方式；在教育电影巡回施教过程中，镇江民教馆在省内外各地巡回放映教育电影。镇江民教馆的施教方法包括电影说明教学法、幻灯片教学法、唱片教学法三种。在施教过程中，镇江民教馆通过设计巡回施教车、两用教学机、扩声机对施教工具、技术进行改进。镇江民教馆的巡回施教促进了教学方法的改变、社会教育的普及、电化教学工具的改进。① 陈玳玮等人的《镇江民众教育馆推行电播教育的实践及其特点》一文指出，在推行播音教育方面，镇江民教馆走在全国各县市的前列，其通过定位电播教学、巡回电播教学、创办空中学校的方式进一步发挥了电播教育的功效，开展了系统的民众教育工作。镇江民教馆电播教育的教学内容满足各阶层所需，凸显出"开办时间早，走在全国前列""办学形式灵活，方法多样""教学过程编排完善，教学计划科学合理"的特点。②

张乃清著《钮永建与俞塘民众教育馆》一书第四部分，以钮永建为主线，叙述了俞塘民教馆的始末。该书阐述了钮永建在俞塘民教馆成立初期对民教馆进行规划，并以其为基地大胆进行实验改革，成立俞塘合作社，推动了家乡经济的发展。1933年升级为省立后，俞塘民教馆得到迅速发展且负责辅导沪郊各县的民众教育工作。民教馆推行小先生制，本着"共学互教"原则，普及少年儿童教育；创举园游活动，寓教于乐。钮永建对俞塘民教馆的产生与发展产生了重要作用。③

张鹏的《董渭川与山东省立民众教育馆》一文，讲述了于1931—1937年担任山东省立民教馆馆长的董渭川的作为。董渭川受命以后，一方面大力从事于民教馆的宣传工作，解决民教馆所面临的"外患"；另一方面通过注重民教馆的物质设施、规范馆内职工工作职责来解决民教馆所面临的"内忧"。为扩大民教馆的效果，他将民教馆的工作重心由城市转向农村。

---

① 杜光胜、冯立昇、李龙：《镇江民众教育馆巡回电化教学的实践及作用研究》，《电化教育研究》2012年第3期。
② 陈玳玮、冯立昇、李龙：《镇江民众教育馆推行电播教育的实践及其特点》，《内蒙古师范大学学报》2012年第3期。
③ 张乃清：《钮永建与俞塘民众教育馆》，上海人民出版社2011年版。

他还出国考察欧洲民众教育,反思本国民众教育。①

绳会敏的《浅析安徽省立第三民众教育馆的乡村施教》一文,对乡村施教区的施教过程、步骤、原则进行介绍,指出其主要开展了生计教育、语文教育、公民教育、卫生教育四项工作。民教馆开展的施教活动,促进了当地的进步与发展。②她的《安徽省立第三民众教育馆乡村民教实验考察》一文指出,安徽省立第三民众教育馆在自身觉悟、辅导工作需要、省厅要求的社会历史背景下成立,经历了奠基、繁荣、衰落三个时期。该馆进行了经济、政治、文化三方面的革新,彰显出重视感化示范、注意引起民众主动、全面改造民众生活、积极与外界力量合作的特点。③她与欧阳红的《安徽省立第三民众教育馆蚌东市基本施教区研究》一文指出,安徽省第三民教馆在蚌东市设立施教区,意图运用教育的方式进行多方面实验,研究出一种城市改良方案,建设理想城市。该区从经济、政治、文化、卫生健康四个方面进行实验活动,表现出以民众为本位、实验活动"全面开花"、借助政治力量的特点。④她与欧阳红的《浅析安徽省立第三民众教育馆的社会动员工作》一文指出,安徽省立第三民教馆因参与对象的缺乏而进行社会动员,其动员的主要方式有真情感化、典型示范、借力而行、因事制宜。在安徽省立第三民教馆努力之下,其自身的关注度大大提高,皖北地区的民教事业得到进一步发展。她与欧阳红等人还指出,安徽省第三民教馆创办淮北乡基本施教区,其施教内容有改善民众生计、推广文字教育、改进乡村卫生、改良乡村政治,其实验活动产生了积极而深远的社会影响,促进了当地的进步与发展。⑤

杨彩丹指出,20世纪30年代中期,山西省立民教馆兴办了6所民众学校,来对失学民众进行教育救济。民众学校的开办为普通民众提供了受教育的机会、满足了民众提高生活技能的需求、提高了民众的整体素质、

---

① 张鹏:《董渭川与山东省立民众教育馆》,《科技信息》2007年第31期。
② 绳会敏:《浅析安徽省立第三民众教育馆的乡村施教》,《淮海工学院学报》2014年第9期。
③ 绳会敏:《安徽省立第三民众教育馆乡村民教实验考察》,《合肥学院学报》2014年第5期。
④ 绳会敏、欧阳红:《安徽省立第三民众教育馆蚌东市基本施教区研究》,《蚌埠学院学报》2014年第4期。
⑤ 绳会敏、欧阳红:《浅析安徽省立第三民众教育馆的社会动员工作》,《合肥学院学报》2015年第6期。

开创了毕业后跟踪服务的新型教育模式。民众学校的兴办基于提高国民素质的需要、弥补家庭与学校教育不足、山西省立民教馆的积极推动以及民教馆馆长重视社会教育,存在招生和退学、时间安排、编制、经费等方面的问题。① 董有刚的《贵州抗日救亡运动中的民众教育馆》一文指出,作为实施社会教育的综合性机构的贵阳民教馆抗战爆发后的工作重心开始以"抗战建国"为中心。民教馆开办的各种民众学校和识字班自编的教材,注重培养民族意识、民族精神,具有保家卫国、爱憎分明的内容。其开展的通俗演讲通常将歌咏队和戏剧演出相结合,各县民教馆均组织了规模不等的文艺团体。民教馆通过义演、义卖募捐来支援前线,还创办报刊来及时报道战况和各地抗日救亡的消息。②

邢志强、冯伶莉的《晋察冀边区民教馆中的图书服务活动》一文指出,晋察冀边区政府重视民教馆图书室的建设,民教馆图书服务功能突出,形成了一套完整的图书服务体系。然而其内部硬件设施参差不齐,尽管如此,边区民教馆仍召集了一批当地的文化精英。民教馆开展了对民众开放、满足民众信息需求、开展各式读书宣传、出版急需书刊、开展读书教育、举办各式文化展览等读者服务活动,折射出图书馆服务人员的爱国精神、敬业精神、勇于担当精神、积极创新精神。③ 菅荣军的《档案记载中的省立保定民众教育馆》一文指出,保定市档案馆保存有6卷之多的河北省立民教馆档案,大部分保存完好。《乒乓球比赛报告书》档案详细记载了民教馆组织的保定最早的乒乓球比赛盛况,折射出保定开展乒乓球运动时间较早、保定人民喜爱乒乓球运动、开展乒乓球运动有益三点信息。《呈报体育场开幕》档案中的全民健身的动员令和号召书,体现出民教馆倡导全民健身的体育运动精神。《特约民众茶馆报告书》档案揭示出民教馆为民众提供了一个正当娱乐、普及休闲教育的场所。④ 毛文君以成都市民教馆为中心,考察民教馆对城市变迁的影响。该文对成都市民教馆的发展演变过程及其主要活动进行探析,详细介绍了民教馆的前身——成都市

---

① 杨彩丹:《山西省立民众教育馆的"教育救济"——以民众学校为中心》,《民国研究》2014年第1期。
② 董有刚:《贵州抗日救亡运动中的民众教育馆》,《贵州文史丛刊》2005年第4期。
③ 邢志强、冯伶莉:《晋察冀边区民教馆中的图书服务活动》,《河北科技图苑》2012年第4期。
④ 菅荣军:《档案记载中的省立保定民众教育馆》,《档案天地》2015年第4期。

通俗教育馆,并指出:"通俗教育馆的设立及其活动,一定程度上促进了市民生活方式及城市文化的变迁。"①

毛文君、赵可的《民国时期社会教育实施效果有限的原因探析——以民众教育馆为例》一文指出,民教馆虽取得一定成绩,但离社会预期目标仍存在很大差距,根源于:其一,不仅普通民众对民教馆的地位和作用存在认识偏差,许多政府官员对民教馆的认识存在偏差,而且民教馆的工作人员亦对创办民教馆存在认识偏差;其二,民教馆人员的任免与地方政权斗争挂钩,遭到地方势力的严重插手,致使民教馆人员更迭频繁,民教馆工作受到影响;其三,因民教馆经费不足,职员待遇较低,往往低于学校教职人员。② 李冬梅《民国时期民众教育馆举步维艰的缘由》一文指出,作为社会施教的中心机构,民教馆承担着民众教育的应然重任,却身处不尽如人意的实然状态。该文对民教馆发展举步维艰的深层原因进行深入剖析,认为政府的不重视、不作为,教育体制不健全,以及社会、民众心理的畸形和扭曲是民教馆举步维艰的内在要因。③

综上可知,民教馆方面的研究虽取得一定成果,然而专著较少,且地域研究程度不一,存在差异性,华东、西南地区关注较多,东北地区关注较少,民教馆的区域研究需要进一步深化与拓展。

第六节 近代文化社团研究

社团在中国历史悠久,有着漫长的发展历程。在西学东渐影响之下,近代中国社团发端于戊戌时期,民国时期得到进一步发展。近代成立的文化社团数量众多,笔者从文学、科学、教育、艺术、宗教五大类社团中选取若干代表,以窥探近代文化社团研究状况。

一 文学类社团
（一）南社

杨天石、王学庄编著《南社史长编》一书,分前篇、正篇、后篇三大

---

① 毛文君:《社会教育的兴起与城市文化的变迁——以成都市民众教育馆为中心的考察》,《成都大学学报》2016年第1期。
② 毛文君、赵可:《民国时期社会教育实施效果有限的原因探析——以民众教育馆为例》,《广西社会科学》2006年第11期。
③ 李冬梅:《民国时期民众教育馆举步维艰的缘由》,《求索》2010年第12期。

部分，以人物活动为线索，按时间顺序叙述了南社的历史，且在叙述过程中编列了与社务、文学有关的重要资料。前篇叙述了南社成立之前，其主要发起人的活动及其酝酿。正篇完整地呈现出南社成立至终结的过程，勾勒出南社的历史轮廓。后篇叙述内容涉及新南社、南社湘集、南社纪念会等南社相关事宜。① 孙之梅著《南社研究》一书，介绍了南社兴起的背景及其在全国的分布情况，探究了各个文化圈内南社成员及特点。该文重点论述了在南社中起重要作用的柳亚子在南社的活动，并认为南社与国粹派有着天然的联系，以致其在民初便萌生出重建国学的企图。南社是革命派新闻报刊业的主力军，其事业不仅使南社社员得以凝聚，而且还为南社提供了传播平台。南社诗歌在不同时期呈现出不同的特点与文学风貌，成为革命派诗坛的一面旗帜。该书最后探究了南社解体的原因及南社后续，指出其在文学史上具有重要意义。②

金红的《南社现象与南社精神原论》一文指出，南社是一个具有民间社团特性的文学社团，凭借其民间化的创作姿态，取得了巨大成就。它以文学的形式彰显革命的精神，形成了文学团体与革命团体的交相辉映。南社文学引发了人们对中国文学在现代化进程中的定位及其前途与命运的思考，彰显出文学创作的探索精神。③ 卢文芸的《变革与局限——南社文化论》一文指出，南社国学情结浓厚，且始终关注着国学的发展，企图以国学召唤民族精神来拯救国家。它以追求"孔学之真"来还原"国学之真"，是国学的一次思想革新，然而却未能完成学术之真的转型。南社借民族主义革命排满，在革命的影响之下，南社文学既革命又笃古。④

邱睿的《南社诗人群体研究》一书，梳理了南社史及南社诗歌史，将南社诗人群体划分为不同的时期，通过论述不同时期南社诗人的发展变化来探究其群体的聚散以及文学变迁。从南社的沪上渊源、《政艺通报》诗人群体、国粹群体、国粹主义的流衍四个方面来探究前南社时代诗人群体的汇聚。在南社时代，雅集与刊物在南社诗人群体的形成方面扮演了重要角色，传统的地缘与亲缘关系亦在诗人群体汇聚方面发挥着作用。在后南社时代，南社因内部矛盾终结后，出现了新南社与南社湘集，它们是南社

---

① 杨天石、王学庄：《南社史长编》，中国人民大学出版社1995年版。
② 孙之梅：《南社研究》，人民文学出版社2003年版。
③ 金红：《南社现象与南社精神原论》，《北方论丛》2015年第3期。
④ 卢文芸：《变革与局限——南社文化论》，博士学位论文，华中师范大学，2002年。

的后续。在此阶段,抗战诗歌成为近代诗歌的新走向。①

(二) 新潮社

齐成民的《新潮社新论》一文指出,新潮社具有明显的反启蒙特性,表现为认为启蒙者与被启蒙者之间是平等的,反对精英解放论;追求学术至上,将社会建立在严格的学理基础之上;追求审美的现代性,反对科学主义的决定论。②刘心力的《新潮社研究》一文分上下两篇,上篇探究了新潮社发展的始末,下篇探究了新潮社在新文化运动中所扮演的角色,为研究新潮社提供借鉴。③任璐的《新潮社社会伦理观研究》一文,交代了新潮社的缘起及其主要成员,指出其从名分、习俗、命运三大主义角度对中国传统家庭制度进行激烈批判,提倡独立自主、个性解放、婚姻自由。新潮社成员开展了有关女子贞操问题、教育问题、人格问题的讨论,推动了五四时期妇女解放运动的发展。他们还对道德、人生观、国民性问题展开探讨,批判旧道德与"左道"人生观。④

张德旺的《论五四运动中的新潮社》一文,指出新潮社在五四运动前创办白话期刊,投身新文化运动,客观上加速了五四运动的到来;五四运动爆发后,不遗余力地投入反帝救国运动;五四运动高潮过后,投入反对山东问题交涉的反帝救国斗争。然而基于旧民主主义的基点,它反对中国走俄国的革命道路,不敢彻底反帝反封,引导革命群众斗争走上资产阶级改良道路,且具有严重的民族虚无主义,这些对五四运动产生了消极影响。但总体来看,革命仍是其主导方面。⑤齐成民的《论新潮社对新文化建设的意义》一文认为,新潮社对新文化建设的意义表现为:在传统与现代的冲突中选择将传统与现代相整合,既用西方的现代科学理性来梳理中国传统文化,又用中国传统文化的审美性来审视现代科学理性;最终回归学术追求,摆脱政治的虚浮与强权,以学理精神化解文化心理的死结,建设自由、平等、博爱的理想王国,在动乱的环境中为民族兴盛种下了知识理性和纯学术的种子;具有较强的公民意识,倡导自我解放,力图摆脱奴役,"在文化学术与社会革命的双重责任中走出一条异常艰辛与苦难的精

---

① 邱睿:《南社诗人群体研究》,中国社会科学出版社2014年版。
② 齐成民:《新潮社新论》,《东岳论丛》2002年第2期。
③ 刘心力:《新潮社研究》,硕士学位论文,华东师范大学,2006年。
④ 任璐:《新潮社社会伦理观研究》,硕士学位论文,河北师范大学,2009年。
⑤ 张德旺:《论五四运动中的新潮社》,《求是学刊》1986年第4期。

神旅程",成为中华民族的美好记忆。①

(三) 文学研究会

贾植芳编的《文学研究会资料》一书共三册,收录了有关文学研究会的资料,反映了其历史面貌:上册收录了其成立宣言及章程、重要启事、组织机构、会员、文学主张等;中册收录了其刊物与丛书、与其他社团和流派的关系、有关其评介与研究的文章、回忆文章、访问记、大事记等;下册收录了其刊物目录、丛书目录等。② 石曙萍著《知识分子的岗位与追求:文学研究会研究》一书,探究了文学研究会的缘起、会员、发起人、发起经过,并对部分会员进行简单介绍,认为《小说月报》在不同编辑的带领下呈现出不同的特色与风貌。该书详细论述了其定期出版刊物,认为它们是展现文学研究会文艺观点的主要平台。在"为人生"的旗号下,文学研究会总体上呈现出温婉的创作风格,而又因作家风格各异呈现出多彩的创作风格。文学研究会丰富多样的翻译活动,给中国文坛注入了新的生命力。该书论述了文学研究会的外围组织,指出其"体现了中国现代知识分子的民间岗位意识"。③

朱寿桐的《论文学研究会的中心语态》一文指出,从外在构架来看,文学研究会具有典型的文学社团特征,然而因其把自身定位为时代文学的中心,弱化了其社团特征。基于其中心语态,文学研究会追求"为人生"的文学职业化,而在实际运作中他们却关注劳苦大众,使文学职业化的理念浮于学理层面。在文学新民为主导的中国现代文化运作中,文学研究会不仅大力倡导文学新民,还积极引导文学者的创作倾向,此种做法使其社团特征弱化。④

李秀萍著《文学研究会与中国现代文学制度》一书指出,文学研究会以地缘、刊物为纽带形成一个松散而有序的群体,为以后的文学社团提供范本。它努力推进作家职业化、打开稿酬制度的禁区、壮大作家队伍、强调文学的社会文化功能的做法,有力地推动了现代文学作家制度的形成与发展。期刊的发行影响着文学文本的生产、传播与接受,出版的丛书使文学与出版结盟,以及出版发行网络的规模化等实践,都对现代文学的发展

---

① 齐成民:《论新潮社对新文化建设的意义》,硕士学位论文,山东师范大学,2000年。
② 贾植芳编:《文学研究会资料》,河南人民出版社1985年版。
③ 石曙萍:《知识分子的岗位与追求:文学研究会研究》,东方出版中心2006年版。
④ 朱寿桐:《论文学研究会的中心语态》,《福建论坛》2003年第6期。

产生影响。① 王烨分析了文学研究会最先倡导革命文学的缘起，叙述了其内部围绕革命文学的作用、作家、性质等问题开展了"文学与革命"的讨论，认为革命文学在社会革命中具有重要的历史作用、文学家应深入革命生活中去创造真实的革命文学、革命文学应是"革命精神"的文学。革命文学的倡导引发了创造社新文学使命的思考、共产主义者开始倡导革命文学、推动革命文学社团的成立。②

（四）创造社

饶鸿竞等编的《创造社资料》共上下两册，辑录了创造社文学活动方面的资料，涵盖了创造社的社章、第一届执行委员名录、文学主张、对外国文艺的评介、出版部、出版的丛书与刊物，以及时人对创造社的回忆录、评论等内容，是研究创造社的重要参考资料。③ 陈青生、陈永志著《创造社记程》一书将创造社分为前、中、后三个时期，指出创造社前期表现出强烈的民主主义革命倾向，形成了独特的浪漫主义文艺思想，并且取得了丰硕的成果；中期创造社表现出日趋强烈的社会主义倾向，在此过程中文艺思想新旧交替，创作呈现出色彩纷呈的局面；创造社后期大力宣扬马克思主义学说，积极阐述革命文学理论，走上了革命文学的创作之路。④

朱寿桐著《殉情的罗曼司：创造社的文学倾向》一书认为，创造社具有情绪表现的文学倾向。该书以情绪为视角探析创造社的观念倾向，指出该社"文学观念与文学创作是脱节的"，其文学创作具有表现性、情绪性的特征。在时代氛围、生活环境、文化修养以及特定心理气质的相互作用之下形成了创造社的情绪表现倾向，满足了时代情绪和社会情绪的需求，显示出创造社的文学价值。作者最后指出，在自我情绪表现危机感及自身有序化要求的内在因素下，创造社的文学方向发生转变。⑤

咸立强著《寻找归宿的流浪者：创造社研究》一书是在其博士学位论文基础上进一步的梳理，他从创造社资料中对创造社的成员进行清理，制作创造社同人名录，除对社员进行简介外，还罗列该成员在该社刊物上发

---

① 李秀萍：《文学研究会与中国现代文学制度》，中国传媒大学出版社2010年版。
② 王烨：《文学研究会与初期革命文学的倡导》，《厦门大学学报》2006年第3期。
③ 饶鸿竞：《创造社资料》，福建人民出版社1985年版。
④ 陈青生、陈永志：《创造社记程》，上海社会科学出版社1989年版。
⑤ 朱寿桐：《殉情的罗曼司：创造社的文学倾向》，百花文艺出版社1993年版。

表的作品。他指出创造社聚以学缘，成以泰东图书局，是为文坛上一支突起的异军。该书阐述了前期创造社成员的离散与转向，详细陈述了前期创造社的上海、广州两出版分部，中期创造社的出版部以及后期创造社的出版部。① 他的《译坛异军：创造社翻译研究》一书指出，创造社的翻译活动经历了个性之窗、象征之风、马列思潮三个发展进程，通过与文学研究会、胡适、鲁迅的翻译论争确立了自身在译坛的地位，并在其内部形成以郭沫若、成仿吾、郁达夫为代表的三足鼎立的译诗观。②

（五）左联

张小红著《左联与中国共产党》一书指出，革命文学的倡导与论争是左联成立的准备阶段。中共党员占左联成员的大多数，其组织机构及特点由于史料的缺乏只能了解大概。它在前期受李立三"左倾"冒险主义的影响，呈现出"政党化"的左的倾向。1931 年左联"11 月"决议的通过，使左联进入摆脱"左的"桎梏的转折时期，开始回归文学，表现为创办刊物、从事文学创作与文学批评、办杂志及培养文学人才。③ 朱寿桐的《论作为文学社团的中国左翼作家联盟》一文，详细论述了它虽在中共参与下组织起来，而其成立、组织过程、社团运作等都体现出左翼文学家的自觉性，其政治文化倾向影响着成员的创作。④

张大伟的《"左联"文学的组织与传播（1930—1936）》一文探究了"左联"的组织与结构，图解其组织系统，并对系统内部各组织的功能进行介绍，指出其组织结构是典型的封闭模式，且呈现出不同的优劣。该文认为其文学把握时代潮流，深受青年读者欢迎，得到投资者的青睐，而左翼作家也希望通过商业文化宣传革命文艺。资本投资者与作为"把关人"的政府管理者达成双向妥协，使左联文学能在国民政府的严禁下得到传播。其传播运用了信息爆炸式的斗争策略，即"曲径通幽"式的出版发行策略以及与其他革命团体联合的策略。⑤

汪纪明的《左联组织结构考述——以"组织法"和"党团"为核心》

---

① 咸立强：《寻找归宿的流浪者：创造社研究》，东方出版中心 2006 年版。
② 咸立强：《译坛异军：创造社翻译研究》，人民出版社 2010 年版。
③ 张小红：《左联与中国共产党》，上海人民出版社 2006 年版。
④ 朱寿桐：《论作为文学社团的中国左翼作家联盟》，《南京大学学报》2001 年第 2 期。
⑤ 张大伟：《"左联"文学的组织与传播（1930—1936）》，博士学位论文，复旦大学，2005 年。

一文，以左联的"组织法"及党团为核心，考述左联的组织结构，指出左联成立大会通过的"组织法"参照了中共及创造社的组织章程，尤其是中共的组织原则。其党团是在党的组织原则框架中设立的组织机构，而非党委或党支部，不是具备直接指挥左联权力的领导机构，因而"党团"的设置并非强化其"政治性"的重要表现。①

左文的《左联期刊研究》一文指出，左联文学期刊经历了三个发展阶段，并分别论述了各个阶段的内容及特色。面对国民党的种种阻挠与迫害，它竭力通过扩充读者、壮大创作队伍、运筹办刊经费、应对国民党查禁来谋生存。文章最后从左联期刊的非常态表征、极"左"思潮中的左联期刊、左联期刊作为宣传媒介的媒介及其作为文学媒介四个方面来探究其主存形态。②

（六）新月社

刘群著《饭局·书局·时局——新月社研究》一书考辨了新月社的成立时间，考察了其成立背景，分析了其成员构成及活动特点，阐述了其内部论争与争斗。以《诗镌》《剧刊》为例，挖掘其成员因在诗歌戏剧观念上的分歧而离散及刊物短命等问题。该文叙述了新月书社的创办、发展历程、经营策略及出版的书籍，探究了其瓦解的内外因素，阐述了《新月》月刊成立的前前后后，指出其在不同人主持下呈现出不同的风格，暴露了社团内部重心不断转变的复杂形态。③付祥喜的《新月社若干史实考辨》一文，对新月社的始末、缘起、创始人及成员进行考辨，通过考辨得知新月社开展的活动都是内部的，基本没产生任何社会影响，既无明确文学宗旨也无社刊，不是文学社团或流派，而是文艺沙龙。④

张少雄的《新月社翻译小史：文学翻译》一文指出，在新月社译介的外国诗歌中英语诗占主导地位，翻译者有徐志摩、闻一多等人，并简单介绍他们的译作。新月社译介外国戏剧，除在月刊上刊行译剧外，还出版译剧单行本。短篇小说的翻译通常刊行在月刊上，书店出版翻译的外国长篇

---

① 汪纪明：《左联组织结构考述——以"组织法"和"党团"为核心》，《中国现代文学研究丛刊》2012年第2期。
② 左文：《左联期刊研究》，博士学位论文，北京师范大学，2006年。
③ 刘群：《饭局·书局·时局——新月社研究》，武汉出版社2010年版。
④ 付祥喜：《新月社若干史实考辨》，《中国现代文学研究丛刊》2007年第6期。

小说。① 魏晓耘、魏绍馨的《新月社作家与民国前期的人权与法治运动》一文指出，以新月社作家胡适、罗隆基为代表的留美人士力主中国要学习美国的民主制度，提倡民主与法治，发起了人权与法治运动。②

二 科学类社团

在科学类社团研究上，人民出版社2011年、2013年分别出版的范铁权的《近代中国科学社团研究》与《近代中国科学社团与中国的公共卫生事业》。中国科学技术出版社2014年出版的中国科协发展研究中心课题组编的《近代中国科技社团》为通史性专著，对该类社团的发展历程、管理体制、社会功能、运行机制、内部治理机构等进行了专门论述。下面分具体社团个案进行研究介绍。

（一）中国科学社

中国科学社为1915年由留美学生发起的科学社团，林丽成等编注的《中国科学社档案整理与研究：发展历程史料》一书是有关中国科学社发展历程的史料汇编，内容涉及其早期事迹、社章变迁、基金募集、发展计划与事业、发展概况、社员名录、捐献与消亡等，是研究中国科学社历史轨迹、成员、活动与事业等的重要参考资料。③ 另该套丛书还同时推出了中国科学社的书信选编，由董理事会会议记录。冒荣的《科学的播火者：中国科学社述评》一书分析了中国科学社成立的背景，叙述了新中国成立之前科学社的活动。认为其创办的《科学》月刊成为传播科学新知的先驱、倡行科学精神的阵地、宣传科学救国的旗帜，体现出他们无私奉献的科学精神；设立的生物研究所从事动植物的采集与调查的同时进行学术研究，此外还培养了优秀的生物科学人才。它为其他科学团体与机构的成立起到基石和中坚作用，充当了连接中外科学界的纽带，在科学救国的同时也兴办实业、投身教育。它提倡民主与科学，将科学与革命相结合，在科学与社会关系的探讨中肯定科学在社会中的重要性。④

---

① 张少雄：《新月社翻译小史：文学翻译》，《中国翻译》1994年第2期。
② 魏晓耘、魏绍馨：《新月社作家与民国前期的人权与法治运动》，《齐鲁学刊》2006年第5期。
③ 林丽成、章立言、张剑编注：《中国科学社档案整理与研究：发展历程史料》，上海科学技术出版社2015年版。
④ 冒荣：《科学的播火者：中国科学社述评》，南京大学出版社2001年版。

范铁权著《体制与观念的现代转型——中国科学社与中国的科学文化》[1] 一书阐述了中国科学社的发展历史，认为其具有学会性质。通过分析其内部结构变迁、领导层更迭、社员增长情况来探究组织结构变迁。该书对科学的宣传与普及表现为创办刊物、译著书籍、举办通俗科学演讲、创立科学图书馆与举办科学展览，对科学体制化的探索表现为召开年会、创立生物研究所、审定科学名词、设立科学奖学金、带动其他科学团体与机构的成长，以及力争融入国际科学界。该书指出，中国科学社引入西方的教育理论与方法，促进了中国的学科建设与发展，且对科学有较完整、理性的理解。

张剑著《科学社团在近代中国的命运——以中国科学社为中心》一书，叙述了中国科学社成立的国内外背景及发展历程，指出其由股份公司到学术团体的转型、从科学宣传到科学研究的转变促进了科学社团组织体制化，而却对其与各专门学会的关系及自身的发展产生不利影响。其年会制度的形成与完善促进了科学交流体制化，生物研究所的创建与活动促进了中国科学的发展，创办科学刊物、从事科学演讲与展览推动了科学的传播。该书指出，随着《科学》杂志促进了科学家群体的形成，以及大学与科研机构的广泛创建为科学群体提供了活动空间，科学家社会角色逐渐形成。此外该书论述了其群体社会结构与社会网络，以人物传记为中心分析其领导层。[2] 此外，上海科学技术出版社 2015—2017 年还推出了《中国科学社档案整理与研究》丛书，包括发展历程史料、书信选编、董理事会会议记录三本资料。

（二）中华医学会

中华医学会 1915 年正式在上海成立，陶飞亚、王皓的《近代医学共同体的嬗变：从博医会到中华医学会》一文认为，博医会的产生促进了中国医学的发展，为国内医学团体的建构起到模范带头作用。该文指出，由于其对会员入会条件的限制，促使部分国内西医医学精英组建中华医学会。但同时，两者在合作过程中促进了公共卫生事业的发展与医学名词的标准化。新的医学会在政府和教会医院之间起到了重要作用，推动了医学

---

[1] 范铁权：《体制与观念的现代转型——中国科学社与中国的科学文化》，人民出版社 2005 年版。

[2] 张剑：《科学社团在近代中国的命运——以中国科学社为中心》，山东教育出版社 2005 年版。

管理和立法的完善，在自身建设方面取得显著进步，成为一个国际性的科学组织。① 刘远明的《中华医学会产生的社会时空背景》一文指出，中华医学会在中国社会对西医的接纳认同、国内西医人才群体崛起与医学权威人物的浮现、中国博医会的中介与示范作用的社会时空背景下成立。② 秦国攀指出，中华医学会在国内西医人才增多的背景下，借博医会召开年会的契机，在伍连德等人的发起下于上海成立。该文对学会的组织机构沿革、会所的创建、各地支会的建立以及会员情况进行介绍，重点阐述了1915—1937 年间学会开展的主要活动，此即召开年会、开展学术交流；刊行《中华医学杂志》，译著医学著作；审查医学名词，力谋统一；提倡医德，约束会员行为；竭力促使派遣医学留学生；开展国内医务、农村卫生情况的调查；关注国内医疗卫生体制建设等。③

魏焕的《中华医学会与民国时期的西医职业化》一文阐述了晚清至中华医学会成立前国内西医的发展概况，重点叙述医学会成立后西医的职业化进程。该进程从医学会的西医教育、医师执业资格认定、杂志的创办与影响、对西医职业精神的塑造等方面得以体现。该文认为，通过与博医会的合并以及造就"理想医团"，中华医学会试图统一西医界。在该文的最后，从公共卫生、民族国家、医学自治三个角度探究了医师与国家之间的关系。④ 艾明江以《中华医学杂志》为中心探究中华医学会中的西医群体，认为其内部除有欧美留学经历的人士占精英群体的较大比重外，外籍西医也占有一定的比重，而国内医学校毕业的人士则占基层群体的较大比重。该文指出，因教育背景与知识构成的差异，学会内部派别林立。西医群体积极参与卫生行政与公共卫生、国内医学教育与中医科学化、卫生调查与卫生实验，体现出西医群体与社会的互动，在互动过程中，西医群体逐渐确立了职业医生的社会角色。⑤

（三）中华农学会

中华农学会成立于1917 年，为民国著名的全国性农业科技社团。杨

---

① 陶飞亚、王皓：《近代医学共同体的嬗变：从博医会到中华医学会》，《历史研究》2014 年第5 期。
② 刘远明：《中华医学会产生的社会时空背景》，《自然辩证法通讯》2012 年第1 期。
③ 秦国攀：《中华医学会研究（1915—1937）》，硕士学位论文，河北大学，2010 年。
④ 魏焕：《中华医学会与民国时期的西医职业化》，硕士学位论文，温州大学，2015 年。
⑤ 艾明江：《中华医学会与近代西医群体研究（1915—1945）——以〈中华医学杂志〉中心的考察》，硕士学位论文，上海大学，2007 年。

瑞的《中华农学会的早期组织演化与宗旨歧变》一文指出，中华农学会成立后在混乱的时局中，为谋求生存确立了无党无派的纯学术路线。它以建立全国性、综合性的农学社团为奋斗目标，为此广征会员、扩展组织，表现为积极联络北京农学界、沟通国外农学界、强化与南粤农学界的联系。然而随着国民革命的兴起，开始改变其纯学术的初衷而逐渐融入政治，服务于国民政府的政权建设。① 他的《中华农学会与现代农学研究机构的创设》一文指出，中华农学会会员怀有农学机构本土化的理想，以争取庚子赔款为契机，促成农学机构本土化，并详细叙述了这一变化得以实现的曲折历程，揭示了"在政治乱局中以试验研究推进本土农业科学化及域外农学本土化的曲折心路历程"。② 他的《北伐前后中华农学会的政治立场与事业转向》一文指出，中华农学会追求学术至上，刻意疏远政治，而1925年后逐渐密切其与政治之间的联系，企图借助国民政府解决农业问题。它于北伐时积极响应国民革命，揭橥党化农业，奉行三民主义，染上了浓重的政治色彩；北伐后积极投身民生建设，参与国民政府的新农村建设。其政治立场与事业的转向迎合了历史发展潮流，而却使其在乡村建设运动中失去独立性，成为政府强化其基层统治的工具。③ 杨瑞在2018年还出版了专著《中华农学会研究》，全景式重建中华农学会发展演变的历史，深入探讨其组织源流、人脉以及与周围环境的关系，揭示其不同时段的历史特质和时代影响。④

吴觉农在《中华农学会——中国第一个农业学术团体》一文中，以当事人的身份回忆中华农学会，叙述了中华农学会产生的缘起与社会时代背景，指出其开展的会务活动有举行年会、刊行《会报》与《专刊》、开办研究所、进行学术交流等，介绍了其组织与人事、经费来源、募集奖学基金及会所变迁，且在叙述过程中简要介绍农学会主干人员。⑤ 张丽阳的《民国时期的中华农学会研究》一文探究了中华农学会成立的背景，介绍了其规模与分布、发展阶段与特征，叙述了其发展历程。认为中华农学会

---

① 杨瑞：《中华农学会的早期组织演化与宗旨歧变》，《史学月刊》2009年第3期。
② 杨瑞：《中华农学会与现代农学研究机构的创设》，《学术研究》2011年第5期。
③ 杨瑞：《北伐前后中华农学会的政治立场与事业转向》，《学术月刊》2014年第7期。
④ 杨瑞：《中华农学会研究》，生活·读书·新知三联书店2018年版。
⑤ 吴觉农：《中华农学会——中国第一个农业学术团体》，《中国科技史杂志》1980年第2期。

成立及活动有助于塑造中国农学组织的价值观、推动了现代农业科学教育、促进了中国的农业发展,在解放思想、培养人才、传播科学知识方面做出了贡献,然而仍存在一定的历史局限性。其发展呈现出管理形式规范化、组织结构合理化、地域分布广泛化的特点。①

(四) 少年中国学会

少年中国学会为1919年在北京正式成立的进步社团,吴小龙著《少年中国学会研究》一书阐述了少年中国学会产生的社会时代背景与思潮、发起与筹备工作、建立及发展情况,指出其早期的理想认同和共同追求是创造"少年中国",为此他们努力使学会活动具体化、开展工读互助运动、编辑出版书刊。详细叙述了学会内部的思想论争:主义问题的提出使学会内部出现分歧,在南京年会上学会内部选择一种主义救国倾向的会员与学术事业倾向的会员展开激烈论争,会后双方又在《少年中国》月刊上对主义问题展开讨论。学会内部又因是选择国家主义还是社会主义来改造中国产生分歧与斗争,结果最后导致学会分裂。②

李永春的《科学与宗教关系在少年中国学会内部的调适——以"教徒不得入会"决议案为中心的考察》一文认为,巴黎同人提出"教徒不得入会"议案,被部议通过,形成宗教问题决议案。出于宗教信仰及建立少年中国新宗教的意愿,田汉强烈反对决议案。田汉与曾琦等在对待科学与宗教关系方面存在分歧,引发了学会内部宗教信仰问题的激烈论争。结果是决议案被取消,学会回到宗教信仰自由的原状。③

李晴霞回顾了少中的演进轨迹,指出教育救国论是其凝聚的黏合剂。然而学会内部马克思主义派与国家主义派教育思想存在的分歧与斗争,成为其分裂的离心力。少中的产生与发展引发了人们对知识分子命运、改良与革命关系、马克思主义派教育思想与国家主义派教育思想等的思考。④唐艳蕾的《少年中国学会与五四时期妇女解放思潮》一文概述了少年中国学会的成立、主要活动与分化,探究了学会内部关注妇女解放问题产生的

---

① 张丽阳:《民国时期的中华农学会研究》,硕士学位论文,东北大学,2012年。
② 吴小龙:《少年中国学会研究》,上海三联书店2006年版。
③ 李永春:《科学与宗教关系在少年中国学会内部的调适——以"教徒不得入会"决议案为中心的考察》,《社会科学辑刊》2009年第1期。
④ 李晴霞:《从教育视角探析"少年中国学会"同人之聚散》,硕士学位论文,华中师范大学,2002年。

原因，以及妇女解放问题的思想基础与现实来源，并指出其探讨的妇女解放问题包括妇女解放的途径、男女教育平等、婚姻问题与家庭改革、女子人格独立、女子经济独立。少年中国学会的努力引发了人们对妇女解放意义的思考，是实现妇女解放的一次积极尝试，推动了男女同校与男女教育平等的进程。[1]

（五）中华自然科学社

中华自然科学社1928年在南京正式成立，沈其益、杨浪明以当事人的身份，在《中华自然科学社简史》一文中叙述了中华自然科学社的历史。内容涉及中华自然科学社的成立与发展、组织概况、从事的科学事业、经费来源、二十五年工作的回顾，绘制了其大事年表及分部组建表，呈现了中华自然科学社的历史全貌。[2] 李学通的《中华自然科学社概况》一文，是1940年重庆沙坪坝出版的《中华自然科学社概况》原文的重现，由李学通整理所得。资料简要介绍了1940年之前该社的发展情况，指出平民精神是该社的基本精神，以追求科学的普及、发展、调查、研究为努力目标。简单叙述其组织，分别叙述其抗战前后的所从事的事业。文末附录有该社1940年社章、社务会理事选举条例、1938年分社组织条例、为研究中国自然科学社及民国科学社团的发展提供了重要参考。[3]

韩建娇的《中华自然科学社研究》一文，叙述了中华自然科学社的发展历程，通过分析中华自然科学社的组织状况及经营状况，考察其运行机制。认为其开展的主要活动有发行科学刊物与丛书、举行科学演讲、组织科学考察团、开展学术交流等，促进了科学的普及、推动了西南自然资源的开发利用、壮大了科技人才队伍，在一定程度上推动了中国近现代科学的发展。然而受社员对科技事业力不从心、经费不足、计划与实施过程分离、战乱等因素的影响，其发展存在一定的局限性。[4] 范铁权、韩建娇的《中华自然科学社与民国科学体制化的演进》一文指出，中华自然科学社通过创办刊物、编纂丛书、召开年会、举行演讲、组织科学考察团、改良

---

[1] 唐艳蕾：《少年中国学会与五四时期妇女解放思潮》，硕士学位论文，湘潭大学，2014年。
[2] 沈其益、杨浪明：《中华自然科学社简史》，《中国科技史料》1982年第2期。
[3] 李学通：《中华自然科学社概况》，《中国科技史杂志》2008年第2期。
[4] 韩建娇：《中华自然科学社研究》，硕士学位论文，河北大学，2010年。

科学教育等，促进了民国科学的体制化。①

此外，在其他学术社团上，王毅的专著《皇家亚洲文会北中国支会研究》系统地介绍了该机构的来龙去脉，论述了其组织机构的沿革、作用及其日常活动，分析了文会会员在中国进行的调查活动及其在中西文化交流过程中的地位与作用。② 范铁权的专著《知识传播与学术转型：中华学艺社研究》全面梳理了中华学艺社兴衰历程、主要活动及其社会影响，揭示其在民国知识传播与学术转型中所担当的重要角色，并对影响（制约或促进）该社发展的诸多因素进行了多角度的考察，最后对该社成功经验和教训进行全面总结。③

三 教育类团体

（一）江苏省教育会

谷秀清的《清末民初江苏省教育会研究》一书指出江苏省教育会在江苏自然人文环境与合群观念的影响之下建立。通过论述其治理结构与运行机制，揭示其组织形态。它以万缘庵毁学案为契机，参与了地方资源的配置与权力的角逐；为实现教育经费的独立化，与议会和商界展开利益争夺；在单级授法受挫后转而进行职业教育，实现了教育理念的现代转型。它积极参与社会事务：在教育体系之外，扩大参与社会事务的范围与影响；在教育体系之内，积极构建公众话语权。它参与五四运动与江浙战争，政治参与的意愿与发挥的作用逐渐增强，然而国民党力量的渗透分化了其长期以来形成的社会基础，双方政治的对立使得其在国民党建立政权后走向灭亡。④

戴长征探究了1905—1911年的江苏教育会，叙述了其成立背景与缘由，指出其会员地理位置分布不均，成员构成复杂。该文分析了其组织结构，指出评议员会、干事员会、会董会三者间的制衡推动了该会稳步发展。该文指出，江苏教育会的活动以发展教育为主，而随着社会形势的变化它还参与政治，逐渐由一个教育团体转变为多功能的社会团体。该文通

---

① 范铁权、韩建娇：《中华自然科学社与民国科学体制化的演进》，《自然辩证法研究》2012年第8期。
② 王毅：《皇家亚洲文会北中国支会研究》，上海书店出版社2005年版。
③ 范铁权：《知识传播与学术转型：中华学艺社研究》，人民出版社2019年版。
④ 谷秀青：《清末民初江苏省教育会研究》，广西师范大学出版社2009年版。

过分析其内、外部关系，探究其复杂的内外部社会关系网络，从侧面反映出其活动的延伸状况及其积极进取的姿态。①

刘方仪考察了江苏省教育会成立的社会时代背景，指出其在1905—1927年经历了草创、发展与成熟三个时期，分析了其会员背景、组织架构、运作机制及其与其他教育团体之间的互动关系。它积极参与江苏省师范教育活动及新式小学教育活动，推动了省内师范教育与新式小学教育的发展。它积极参与发展实业教育、促进职业教育制度确立的实践，推动了江苏省实业教育与职业教育的发展。②郑新华阐述了江苏省教育会在政治变革、文化改良、教育改革中的历史活动，探究其如何在各种冲突中谋得生存与发展，及其对中国教育发展的影响。该文认为失去国家政治的支持是其终结的重要因素，其在文化方面的革新以启蒙者的角色、用教育的文化观教化了社会，其教育实践体现出教育的发展不仅需要物质和制度的支撑，也需要确立自身的学术权威与地位。③

(二) 工读互助团

唐志勇的《工读互助团的实践与马克思主义在中国的传播》一文，论述了工读互助在中国实践的历程，及其促进马克思主义传播的过程。王光祈倡议的工读互助将许多知识分子热心的工读与互助相结合，且又回避了新村建设过程中遇到的问题，得到广泛响应，各地工读互助团的形成引发了工读互助运动。经济困难与人心涣散导致其实践的失败，其实践的过程及失败促进了马克思主义在中国的传播。④高永昌的《工读互助团的特点和作用》一文认为，与欧洲的空想社会主义相比，中国的工读互助运动未形成一个独立的发展阶段，与科学社会主义的传播同时并存，且其发展微弱，理论欠佳，内部思想认识不一。它的迅速失败，坚定了早期共产主义者对科学社会主义的信仰。⑤

杨卫明认为，工读互助团促进了教育理念的变革、教育模式的创新、

---

① 戴长征：《清季的江苏教育会（1905—1911）》，硕士学位论文，华东师范大学，2007年。
② 刘方仪：《江苏省教育现代化的推手：江苏省教育会研究1905—1927》，博士学位论文，南京大学，2005年。
③ 郑新华：《近代中国教育如何可能——以江苏省教育会的实践为例（1905—1927）》，博士学位论文，华东师范大学，2006年。
④ 唐志勇：《工读互助团的实践与马克思主义在中国的传播》，《山东师大学报》1983年第3期。
⑤ 高永昌：《工读互助团的特点和作用》，《江西师范大学学报》1993年第3期。

教育目标的重构。① 符泰光的《从工读互助团的失败看改良主义在中国行不通》一文叙述了"互助论"传入中国后产生了广泛的社会影响，五四时期在工读互助主义的影响之下工读互助团成立。其制订的发展计划因经济困难、会员思想认识不一，而难以付诸实践。其失败的教训表明改良主义在中国行不通，空想社会主义注定会破产。②

（三）中华平民教育促进会

李在全、游海华的《抗战时期的乡村建设运动——以平教会为中心的考察》一文指出，抗战爆发后，平教会的乡村建设转向湖南、四川发展。其在湖南开展的乡村建设活动有成立衡山实验县、创办湖南省立衡山乡村师范学校、开展农民抗战教育、训练地方行政干部，在四川则为设立设计委员会、开展全省调查工作、成立新都实验县、协助国民政府实施"新县制"与"行政督察区"实验、创办中国乡村建设育才院。其乡村建设运动促进了当地社会、经济、文化的发展与政治革新，支援了抗战。其与政府的合作，使其乡村建设服务于国民党的基层建设。该文认为日本侵华并未中断民国的乡村建设运动，而是实施地域范围的缩小。③

蒋伟国的《抗战时期平教会的农民抗战教育》一文指出，抗战后平教会把工作重点转移到农民抗战教育，积极组建农民抗战教育团、出版《农民抗战丛书》，既教育了民众，又丰富了团员的人生经历。④ 徐秀丽的《中华平民教育促进会扫盲运动的历史考察》一文认为，平教会的扫盲运动缘起于一战时期赴法华工的识字教育，叙述了平教会扫盲运动的发展过程。平教会在扫盲进程中，其教材编辑、教学程序不断得到进步与完善。其扫盲在一定程度上提高了民众识字率，然总体而言未达到预期效果，这一方面归因于国家积贫积弱的整体状况，另一方面归因于民众对文字的需求程度有限。⑤

宣朝庆的《地方精英与农村社会重建——定县实验中的士绅与平教会冲突》一文指出，平教会定县实验县的成立使士绅在政治生活中被边缘

---

① 杨卫明：《工读互助团兴起的教育意义》，《教育评论》2005年第4期。
② 符泰光：《从工读互助团的失败看改良主义在中国行不通》，《西南民族学院学报》2002年第8期。
③ 李在全、游海华：《抗战时期的乡村建设运动——以平教会为中心的考察》，《抗日战争研究》2008年第3期。
④ 蒋伟国：《抗战时期平教会的农民抗战教育》，《民国档案》1996年第1期。
⑤ 徐秀丽：《中华平民教育促进会扫盲运动的历史考察》，《近代史研究》2002年第6期。

化，士绅权威的失落使其对平教会产生不满。平教会依靠毕业同学会的人力资源优势在农村进行组织重构，挑战着士绅的权势。国民政府为巩固基层统治而发起的农村复兴运动需要社会力量的支持，而平教会的乡村建设需要政治力量的支持，双方遂达成合作共识，于是平教会与士绅间的矛盾折射出地方士绅与中央政权对地方现代化领导权的角逐。农村的破产使农民意识到士绅阻碍了农村重建，士绅形象的负面化给平教会的乡村建设带来发展契机。①

冯杰认为，在爱国心的驱使、乡村衰败现状的刺激、晏阳初人格魅力的感召之下，很多博士前往河北定县从事平民教育与乡村建设。他们把科技知识运用于田间生产实践，密切定县平教会与高校、科研机构的合作，将学术研究与县政建设相结合，促进了农业经济的发展、农民素质的提高、农村社会的进步。"博士下乡"产生了深刻的社会影响，然而仍存在一定的缺陷与问题。②

(四) 中华教育改进社

何树远的《中华教育改进社与民国教育界（1919—1928）》一文介绍了中华教育改进社成立的渊源，成立后以中国教育界代表自居，积极介入教育机构，表现为介入河南省教育厅长人事变更、清华学校问题以及武昌师范大学更换校长问题。为保证教育经费，该社成立筹划全国教育经费委员会，积极争取各国退还庚款由教育界支配与管理。该社内部派系林立、成分复杂，以济南、北京、南京、太原年会的中心议题为例，分析其内部的冲突与斗争。它积极开展教育外交，大力宣扬中国的教育成绩，于1925年后陷入学潮、政治变革、经费困难等危机，逐渐走向衰微。③

卢浩的《中华教育改进社——中国近代教育模仿美国的主要推动者》一文叙述了中华教育改进社的创办与组织构架，分析了该社主要成员的学术背景，重点论述了该社社务活动，即创办《新教育》杂志、邀请美国专家来华讲学并指导教育实践、倡导美式科学教育、提倡与推广教育测验、

---

① 宣朝庆：《地方精英与农村社会重建——定县实验中的士绅与平教会冲突》，《社会学研究》2011年第4期。
② 冯杰：《博士下乡与"乡村建设"——以20世纪二三十年代河北定县平教会实验为例》，《河北大学学报》2007年第5期。
③ 何树远：《中华教育改进社与民国教育界（1919—1928）》，博士学位论文，中山大学，2008年。

实验与推广美国教学法。它以美国教育为模仿对象，推动了中国近代教育的发展，此外其主要社员还以个人活动推动了中国教育的发展。①

涂怀京的《中华教育改进社对 20 年代教育科学化的贡献》一文认为中华教育改进社对教育科学化的贡献表现在开展教育调查与教育统计、进行教育测验与心理测验、编制科学课程、培训科学教师、延师传授西方教学法、主导修订壬戌学制等方面。②杨卫明的《中华教育改进社与欧美教育学术》一文认为，中华教育改进社是留美归国人员的大本营，具有浓厚的"美国情结"。它邀请杜威、孟禄、麦柯等美国著名教育家来华，促成实用主义教育理论在中国传播，推动了中国教育学术的发展。③

(五) 中华职业教育社

程贻举著《中华职业教育社在重庆（1937—1946）》一书是有关中华职业教育社在重庆活动的史料汇编，内容涉及黄炎培在重庆发表的文章和演讲稿，中华职业教育社在重庆办学以及新老社员回忆录，是研究抗战时期中华职业教育社活动的重要参考资料。④吴仲信主编的《上海中华职业教育社志》一书，梳理了中华职业教育社在上海活动的历史发展轨迹，包括大事记、组织、职业教育、新中国成立前政治活动、对外联谊、人物传略与简介等，展现了上海中华职业教育社的曲折历程和光辉业绩，为研究中华职教社在上海的活动提供了重要参考资料。⑤

曲广华的《对民主革命时期中华职业教育社的历史考察》一文，叙述了中华职业教育社成立的历史背景与思想基础，详细梳理了其发展演变的历程，指出其经历了学校职业教育、社会职业教育、向政教两重性团体过渡、政教两重性过渡完成、接受中共领导等阶段。它推动了中国教育体制的改革，其理论与实践具有反帝反封建的意义，是民主革命时期不可忽视的一支进步力量。⑥

---

① 卢浩：《中华教育改进社——中国近代教育模仿美国的主要推动者》，硕士学位论文，华东师范大学，2003 年。
② 涂怀京：《中华教育改进社对 20 年代教育科学化的贡献》，《福建师范大学学报》1999 年第 3 期。
③ 杨卫明：《中华教育改进社与欧美教育学术》，《教育评论》2009 年第 6 期。
④ 程贻举：《中华职业教育社在重庆（1937—1946）》，西南师范大学出版社 2007 年版。
⑤ 吴仲信主编：《上海中华职业教育社志》，上海古籍出版社 2007 年版。
⑥ 曲广华：《对民主革命时期中华职业教育社的历史考察》，《吉林大学社会科学学报》1989 年第 3 期。

钱景舫、刘桂林的《论中华职业教育社在近代教育中的地位和作用》一文认为，中华职业教育社是中国近代职业教育的领导者，是民间团体发展成为革命力量的楷模。它系统介绍西方职教理论，探索适合中国的教育模式，促进了中国教育制度的确立与发展，也在一定程度上推动了中国近代教育实践的发展。① 王成涛的《中华职业教育社与中国职业教育近代化》一文，叙述了中华职业教育社的缘起、组织形式及发展历程，其开展的教育实践活动有宣传职业教育思想、研究职业教育问题、探索职业教育理论、开展职业教育实践，促进了中国职业教育的近代化，对当今开展职业教育提供启示。②

基督教在近代中国教育转型过程中发挥了重要作用，对于基督教会在华开办的中华基督教教育会，华中师范大学出版社 2007 年出版的孙广勇著《社会转型中的中国近代教育会研究》，中国社会科学出版社 2015 年出版的张龙平《国家、教育与宗教——基督教教育会与近代中国》，这两部书对该会的发展演变及具体活动进行了深入研究。

此外，在教育社团的综合研究上，浙江大学出版社 2002 年出版的张伟平著《教育会社与中国教育近代化》，湖北人民出版社 2011 年出版的王巨光著《民国教育社团与民主教育研究》，分别关注了教育社团对中国教育近代化、民主教育的贡献。浙江大学出版社 2015 年出版的于潇著的《社会变革中的教育应对——民国时期全国教育会议研究》考察了全国教育会联合会召开的历次全国教育的会议的详情。西南师范大学出版社 2020—2021 年推出了"中国现代教育社团史"丛书，包括储朝晖著《中国现代教育社团发展史论》、李高峰著《华美协进社史》、图志平著《新安旅行团史》、刘嘉恒著《通俗教育研究会史》等、李永春著《少年中国学会史》及陈梦越著《中华职业教育社史》等。

四 艺术类社团

（一）山歌社

谢功成按照时间顺序陈述了山歌社的始末及活动，认为其自成立时

---

① 钱景舫、刘桂林：《论中华职业教育社在近代教育中的地位和作用》，《华东师范大学学报》1998 年第 4 期。

② 王成涛：《中华职业教育社与中国职业教育近代化》，硕士学位论文，西南大学，2008 年。

起，便同国民党当局展开斗争，在斗争中不断获得进步与发展，其创作成果为民族音乐的发展做出了贡献。其学生运动是由地下党通过地下学联领导的，是一个带有明显政治倾向的音乐学术社团，以建立民族音乐为指导思想，民歌演唱的成功使民歌进入音乐学院课堂。[①] 戴俊超认为，山歌社开展的学校音乐教育、社会音乐教育、创编中小学音乐教材等音乐教育活动，一定程度上促进了中国音乐教育的发展。他们还开展民歌演唱活动、推行群众歌咏活动、探讨民族声乐理论，指出其开展的山歌音乐表演活动产生了深远影响。此外，他们还在音乐哲学方面进行思索。论述了其的音乐创作、民族化和声理论及实践活动，认为其在和声民族化方面做出了独特的贡献。[②]

吴艳红的《"山歌社"群体音乐美学思想研究》一文介绍了"山歌社"创生的时代与文化背景，指出在共存的时空环境及共同的理想追求之下形成了"山歌社"群体，分析了其群体思想的来源与哲学构成，从艺术反映现实与音乐服务大众、作品创作取向与大众审美诉求、注重审美体验与和声民族化实践、继承美育传统与推行音乐教育、音乐价值判出断与音乐批评维度等五个方面探究了"山歌社"群体的音乐美学思想的理论内核。最后叙述了山歌社的群体音乐美学思想对当代的意义及当代对"山歌社"群体的批判。[③]

于涛的《"山歌社"及其历史影响》一文概述了山歌社的历史，叙述了在山歌社中起重要作用的人物的生平，阐述了山歌社的重要理论和创作代表作品，并指出它们集中体现了山歌社的宗旨。以王震亚的《五声音阶及其和声》学术观点的延伸及谢功成的《和声基础教程》为例，探究了"山歌社"对民族化和声的影响。文章最后指出"山歌社"对音乐评论的影响主要体现在郭乃安的《音乐学，请把目光投向人》和孟文涛的《成败集》中，并以二者为中心，探究了"山歌社"在音乐评论方面产生的影响。[④]

---

① 谢功成：《"山歌社"成立的前前后后——在中国现代音乐史研讨会上的发言》，《音乐研究》1992年第1期。
② 戴俊超：《国立音乐院"山歌社"音乐活动述论》，硕士学位论文，华中师范大学，2005年。
③ 吴艳红：《"山歌社"群体音乐美学思想研究》，硕士学位论文，浙江师范大学，2008年。
④ 于涛：《"山歌社"及其历史影响》，硕士学位论文，中国艺术研究院，2013年。

（二）大同乐会

吴紫娟的《大同乐会研究》一文交代了大同乐会产生的背景，介绍了其成立及组织机构，以及其主要成员事迹。以郑觐文为核心的大同乐会改良民族乐器、改编古曲，对中国传统音乐的向前发展起到了重要作用，其理论贡献体现在《雅乐新编》《箫笛新谱》《中国音乐史》的编写。它的行为与努力保存了国粹、推广了国乐文化，著述蕴含着较大的历史文化价值，培养的国乐人才有助于中国传统音乐文化的传承。①

石洋的《对〈申报〉笔下的大同乐会再认识》一文以《申报》对大同乐会的新闻报道为主体史料，探究其形成、变化与发展。叙述了乐会组织机构及变化，指出其在形成过程中得到政府支持，在其内部实行会员制。大同乐会改良与研制古乐器，研究与改变古乐、古舞，积极培养音乐人才，从事于各种性质的演出，在西乐强大的冲击之下，广泛听取意见以改进国乐，并通过中西音乐的交流与学习改良民族音乐，对中国民族音乐的发展与传承做出了重要贡献。然而其在音乐方面创新性不足，受到所处时代的限制。②

郑体思的《抗战前后的两个"大同乐会"》一文叙述了大同乐会名称来源、宗旨、创始人，介绍了上海、重庆两个大同乐会的筹建情况及骨干力量，指出它们开展的主要活动有研究中国乐器制造、抢救整理古乐曲谱、推进音乐社会教育及培养国乐人才。分别介绍上海、重庆两个大同乐会开展的音乐活动与实践，认为二者一脉相承，重庆乐会是上海乐会的继续与发展。大同乐会为继承和发扬中国民族音乐做出了重要贡献，且重庆乐会为抗战宣传服务，体现了知识分子的爱国情操。③

陈正生《大同乐会活动纪事》一文指出，大同乐会对社会产生的重大影响，与其开展的一系列音乐活动有关。该文通过对《申报》有关大同乐会报道的梳理，再加上请教大同乐会前辈，按照时间先后顺序叙述了1923—1940年大同乐会及其主要成员所的活动，完整呈现了大同约会的始末，有助于人们了解其发展历程，其对民族音乐发展及上海音乐史发展所起的作用。④

---

① 吴紫娟：《大同乐会研究》，硕士学位论文，浙江师范大学，2014年。
② 石洋：《对〈申报〉笔下的大同乐会再认识》，《天津音乐学院学报》2015年第4期。
③ 中国艺术研究院音乐研究所编：《2003年中国音乐年鉴》，山东文艺出版社2006年版。
④ 陈正生：《大同乐会活动纪事》，《交响（西安音乐学院学报）》1999年第2期。

（三）春柳社

黄爱华的《春柳社研究札记》一文，使用国内罕见的有关春柳社的史料，考述了其成立缘起、成立时间及其演艺部的成立时间。该文指出组建春柳社固然受到日本新剧派的影响，而其直接诱因则是效仿日本的文艺协会，最初以文艺研究会的面貌出现，二者在办社宗旨、活动中心、具体实施方法等方面颇为相似。该文以李叔同加入文艺协会、东京留学生的"赈灾演艺会"及清末江淮水灾三事件发生的时间，推断出春柳社成立的大概时间为在1906年12月至1907年1月。该文以《北新杂志》初载《春柳社演艺专章》时间、《专章》本身提供的材料、《春柳社剧场开幕宣言》所载社员活动为线索，推断出其演艺部成立的时间是5月中下旬。① 其另一篇《春柳社演出日本新派剧目考略》一文指出，春柳社演出日本根据欧洲浪漫派戏剧改编的新派剧剧目有《茶花女》《热血》《爱海波》《真假娘舅》《倭塞罗》《鸣不平》等，演出日本固有的新派剧目有《猛回头》《社会钟》《不如归》《血蓑衣》《新不如归》《快活煞》《老婆热》等，并考述了这些剧目的源流、内容及搬演情况。该社的演出活动，深深影响了中国早期的话剧的创作与舞台面貌。②

凡川的《春柳社创建时期几则史料的认识》一文以春柳社初创时期的几则史料为依据，探究春柳社相关事宜。指出春柳社于1906年在日本东京成立，是清末戏剧改革的重要组成部分。其演出活动属业余行为，是清末学校演剧活动的杰出代表。春柳社设演艺部、出版部，而其所开展的活动以演艺部为主。它的成立虽受到日本新剧派的影响，然而从其重要成员的经历及所处时代背景而言，它是清末戏剧改革活动的继续和发展。欧剧对春柳社产生一定影响，主要是因为整个社会改革潮流对留学生影响最为深刻。该社排演的《茶花女》是中国话剧创始时期重要的里程碑。③ 王凤霞的《重探百年话剧之源——中国话剧不始于春柳社补证》一文对中国话剧源于春柳社提出质疑，通过查阅一手资料指出在春柳社初演之前，上海新式学堂就已经开始演出文明新剧。该剧内容及表演形式与传统旧剧不同，已具备早期话剧形态。中国话剧是中外戏剧与文化、中国传统戏曲与

---

① 黄爱华：《春柳社研究札记》，《戏剧研究》1993年第2期。
② 黄爱华：《春柳社演出日本新派剧目考略》，《新文学史料》2005年第3期。
③ 凡川：《春柳社创建时期几则史料的认识》，《戏剧学习》1981年第1期。

文化共同作用的结果，诞生在春柳社出现之前，且地点是在国内。①

（四）南国社

胡静的《南国社论》一文共分为上下两篇，上篇交代了南国社诞生的时代背景，指出它具有独立艺术人的社团性质，并叙述了这一性质的具体内容及形成过程。以田汉的剧作为线索，探究田汉剧作与南国社艺术运动之间微妙而深刻的关系。论述了南国社的演剧风格，指出其演剧风格建立在抒情文本的唯情表演之上，用本色演技追求演出中的真与美。下篇探究南国社的艺术精神，指出其核心精神是田汉提倡的艺术社会化与社会艺术化，此外还包括在野的艺术运动精神、摩登精神以及艺术运动中的社会主题。②

张军的《田汉的漂泊意识与南国社的波西米亚精神》一文指出，田汉漂泊意识的形成与其人生经历及多元文化的吸收有关，这一意识体现在他的早期剧作中，且渗透到他的个体人格结构之中，在漂泊意识指导下从事南国社实践。南国社的波西米亚精神是该社精神的黏合剂，是其成员漂泊意识在艺术活动中的投射，它的不断进取精神与对自我的反叛成为他们钻研艺术及挑战现实的动力。③

邓良的《话语与心态：南国社的在野立场》一文指出，南国社的"在野"立场从其演出活动与办学活动的实践中得以呈现。其新文化人角色的定位与对来自社会现实的各种冲击的反应，共同促进了其"在野"立场——策略的形成；其主体革命者角色的定位与主体整体性的社会认知，共同促进了"在野"立场——合法性的形成。因内部存在着新目的与旧手段、新角色与旧身份的矛盾，外部存在着当局政策变更的风险，南国社的"在野"立场陷入困境。④ 乌兰托娅的《南国社戏剧创作文本中的现代主义倾向》一文指出，南国社戏剧创作文本主题的排斥物质文明、否定传统价值观念、张扬个性体现出现代主义倾向。其创作文本内容中的现代主义倾向体现在都市生活的孤独和无奈、战乱中的苦痛和反抗、自我的虚无与颓废、灵魂深处的矛盾与挣扎、生命力的张扬五个方面。其文本创作手法

---

① 王凤霞：《重探百年话剧之源——中国话剧不始于春柳社补证》，《艺术百家》2008年第4期。
② 胡静：《南国社论》，博士学位论文，南京大学，2005年。
③ 张军：《田汉的漂泊意识与南国社的波西米亚精神》，《戏剧艺术》2004年第1期。
④ 邓良：《话语与心态：南国社的在野立场》，硕士学位论文，南京航空航天大学，2010年。

的现代主义倾向则表现在使用意识流、象征和荒诞三种手法。①

陈军的《论南国社对中国现代戏剧的贡献》一文指出，南国社为中国现代戏剧的发展做出了卓越贡献，表现为培养了戏剧专门人才，扩大了戏剧的社会影响；"在野的艺术运动"的探索与实践，为现代戏剧的发展提供了一个有益启示；独树一帜的剧本创作奠定了话剧在文学史上的地位；倡导的"新国剧运动"为话剧的民族化及戏曲的现代化做出了贡献；诞生了在中国现代戏剧发展史上发挥重要作用的戏剧大师田汉。②

（五）西泠印社

陈振濂的《关于吴隐在西泠印社初期活动的考察》一文指出，吴隐不是印社创议人之一，创议人中的"吴"指的是吴潮，因其对印社贡献有限及未参加印社十周年庆祝仪式，被人过早遗忘，而被吴隐替代。吴隐印社四君子地位的取得与其对印社的重大贡献有关，此外还有他邀请吴昌硕担任印社社长，借其声望来抬高印社学术地位，以及河井仙郎《西泠印社记》的撰写有关。③ 余正的《西泠印社早期社员的考察》一文指出，西泠印社的早期社员是指1949年前入社的社员，包括社员和赞助社员两部分，在印社文本上的"社友"即是"社员"，而在社史记录中参加"雅集题名"的不都是社员。进而从现存的《西泠印社小志》、《西泠印社建社三十周纪念刊》、《西泠印社志稿》、癸丑雅集题咏者名录及韩登安和阮性山整理的早期社员与赞助社员两名单等几种印社史料进行探析，整合印社早期社员名单，初步拟定印社早期社员名单。④

王幼敏以马衡与西泠印社的历史渊源为主线，探论马衡与西泠印社社史、社员等问题。通过论述马衡与四位创始人之间关系、与第一任社长吴昌硕关系、与其他社员关系，探究其与西泠印社人之间的关系。针对马衡出任印社第几任社长及何时出任社长的不同说法，进一步挖掘史料，指出马衡可能是印社第三任社长，出任社长时间在他担任博物院院长在之后。他对印社的贡献表现在提携社员、篆刻创作与收藏、篆刻理论研究、竭尽

---

① 乌兰托娅：《南国社戏剧创作文本中的现代主义倾向》，硕士学位论文，内蒙古师范大学，2015年。
② 陈军：《论南国社对中国现代戏剧的贡献》，《文艺争鸣》2003年第4期。
③ 陈振濂：《关于吴隐在西泠印社初期活动的考察》，《书法研究》1992年第4期。
④ 余正：《西泠印社早期社员的考察》，《收藏家》2004年第1期。

所能保护印社等方面。①

卢雨以西泠印社为中心探究了中国印文化的近代转型，指出其创立与发展是中国印文化近代转型的"关节点"。近代印文化转型的演变脉络为印人—印学—印社，西泠印社在人际交往的变化促进了近代社团兴起的社会背景之下成立，它以印学研究为宗旨，引发其他印学社团的创建。以西泠印社为首的印学团体的创立使印学有了独立的意识与学科化的趋势。近代转型之后的印文化呈现出商业化模式、多元化文化传播方式的特征，二者的相辅相成体现在形成以西泠印社为中心的印文化传播与产业链。②

（六）决澜社

李超的《决澜社研究》一文指出，决澜社的出现打破了上海画坛的沉寂，是当时中国艺坛上一个具有现代主义倾向的新兴油画团体，其创办和酝酿过程基本以薰琹画室展开。它追求色、线、形交错，画风接近巴黎画坛，担负起振兴画坛的使命，呈现出独特的个性化色彩。通过梳理珍贵史实文献，完整呈现出决澜社举行的四次画展情况，并简略陈述了画展作品。以该社代表人物为线索，探究该社的绘画创作。决澜社的创办及其活动对中国现代画坛产生了重要影响，然而却因战乱时局之下艺术教化掩盖了艺术审美而退出历史舞台。③

商桦的《决澜社"先锋"性质之甄别》一文以中国现代油画史研究的专业视角，以及面对历史的审慎态度来甄别决澜社的性质。他指出，庞薰琹个人的绘画实践与艺术理想是决澜社先锋性质确立的前提，倪贻德起草的《决澜社宣言》缺乏明晰的学理构架，借摩社杂志《艺术旬刊》来开展决澜社艺术活动，竭力扩大决澜社影响，然而其整体艺术水平并未得到较高评价。四次展览过后，因影响渐弱再加上资金短缺决澜社解散。④

徐思的《决澜社与20世纪二三十年代上海现代文艺》一文指出，震旦大学为决澜社提供了法语平台、中华学艺社为其提供了展览场所、薰栗画室成为其交流沙龙、上海美专是其教育出版的阵地。以《艺术旬刊》及文艺界人士与其社员的往来为基础进行考察，试图呈现30年代上海文艺界的面貌。叙述了决澜社的发展历程、代表人物及作品，指出其开启了中

---

① 王幼敏：《马衡与西泠印社》，《故宫博物院院刊》2008年第3期。
② 卢雨：《西泠印社与中国印文化的近代转型研究》，硕士学位论文，浙江大学，2010年。
③ 李超：《决澜社研究》，《美术研究》2008年第1期。
④ 商桦：《决澜社"先锋"性质之甄别》，《南京艺术学院学报》2014年第5期。

国现代美术之门。①

唐天衣的《色、线、形交错的世界——关于决澜社艺术抽象性语言的启示》一文指出，决澜社的抽象语言在写意性色彩效果、书法性笔触线条、综合性图形组合方面有独特的绘画语言特征，其绘画语言与绘画精神对现代中国画家有着潜移默化的影响。抽象性语言成为中国20世纪油画的实践命题之一，沟通了东西方绘画艺术，而其中写意性是中国美术所特有的抽象语言。②

五 宗教类团体

（一）基督教青年会

基督教男、女青年会自清末传入中国，并在民国时期的城市、学校中不断发展壮大，在社会服务、宗教传播方面发挥了重要作用。在地区青年会研究上，左芙蓉著《社会福音、社会服务与社会改造：北京基督教青年会历史研究（1906—1949）》一书，详细梳理了新中国成立前北京基督教青年会的历史，指出其自欧美传入北京后得到迅速发展，而后随着国际形势的骤变而快速本土化。它于抗战时期积极从事于服务于军人、开展救济活动、庇护进步青年等活动，于战后内战期间努力恢复与重建，而由于战后政局的变化，青年会的学生工作进展艰难。③ 王晓蕾著《全球地域化视域下的天津青年会研究（1895—1949）》一书，则是集中研究了天津青年会的历史，认为天津青年会不仅通过制度的更新以及交往手段的拓展介入地方社会，也试图令基督教思想转变为文化认同的基础。在宗教传播遭遇困境的前提下，该会成员还力图通过社会服务，履行"救人"与"救世"的使命。这样，它才能够在日益变化的时代环境下，实现主体身份转换，得以存续和发展。④

在综合研究上，陈秀萍著《沉浮录——中国青运与基督教男女青年

---

① 徐思：《决澜社与20世纪二三十年代上海现代文艺》，硕士学位论文，华东师范大学，2013年。

② 唐天衣：《色、线、形交错的世界——关于决澜社艺术抽象性语言的启示》，硕士学位论文，上海大学，2005年。

③ 左芙蓉：《社会福音、社会服务与社会改造：北京基督教青年会历史研究（1906—1949）》，宗教文化出版社2005年版。

④ 王晓蕾：《全球地域化视域下的天津青年会研究（1895—1949）》，中国社会科学院出版社2016年版。

会》一书梳理了中国男女青年会的发展历程,并叙述了其与中国青年运动之间时而冲撞、时而融合的发展历程。介绍了中国男女青年会的基本情况,指出他们其是西方文化的传播者,在非基督教运动中与青年运动产生冲撞,抗战爆发后二者又相融合,为抗战胜利做出了一定贡献。其于国共内战时期内部产生裂变,选择了不同的道路,于新中国成立后进入了一个新的发展阶段。① 社会科学文献出版社 2008 年出版的赵晓阳著《基督教青年会在中国:本土和现代的探索》则是国内第一部从全国范围内全面系统研究基督教青年会历史的专著,对国内的城市青年会、其他青年会、青年会的著名人物进行了系统介绍,并考察了青年会在华的平民教育、体育、文字事业、劳工活动、学生活动、救济活动等各方面的工作。此外,美国学者邢军著《革命之火的洗礼:美国社会福音与中国基督教青年会 1919—1937》也在 2006 年由上海古籍出版社翻译出版。

在专题论文方面,赵晓阳的《抗日战争时期中国基督教青年会军人服务部研究》一文叙述了中国基督教青年会军人服务部的起源与发展历程,阐述了其除为适应抗战需要改变原来传播西方宗教文化的工作方式,开展军人服务、学生救济、难民救济工作。它始终支持中华民族的全民抗战,随战争需要而开展服务,促进了基督教的本土化进程,为新中国成立后改造基督教奠定了基础。② 侯杰、王文斌指出,中华基督教青年会关注民众素质低下等问题,为提高国民素质主要围绕德、智、体、群四育来开展社会服务活动。它自觉承担起公共服务的责任,积极推行公民教育运动、开展农村服务、提倡劳工新村运动、开展卫生服务以及开展赈灾与战时救护等慈善活动。为更好地融入中国社会,它走上层路线,积极吸收精英人士参与到改造社会的活动中。它在一定程度上调和了基督教与中华文化间的冲突,为近代社会的和谐与稳定做出了贡献。③ 他们还指出,天津中华基督教青年会成立后把宣扬福音与服务社会相结合,在教育、商业、国民素质、市民生活方式等方面积极参与天津城市社会建设,而且它还承担了福利、慈善、救济等公共事务。它促进了天津城市的现代化,亦为中国城市

---

① 陈秀萍:《沉浮录——中国青运与基督教男女青年会》,同济大学出版社 1989 年版。
② 赵晓阳:《抗日战争时期中国基督教青年会军人服务部研究》,《抗日战争研究》2011 年第 2 期。
③ 侯杰、王文斌:《基督宗教与近代中国的社会和谐——以中华基督教青年会为例》,《史林》2007 年第 4 期。

的现代化做出了贡献。①

（二）孔教会

宋淑玉的《孔教会研究》一文，分析了孔教会成立的背景与缘起，认为重视以"教"定名，强调孔教是宗教，不断将其他尊孔组织纳入其内部，严格维护其定名。叙述了孔教会的组织结构与运行机制，勾勒了其组织轮廓。分析了其会众，折射出其成员构成的复杂性。其开展的活动有举行讲习会、兴办孔教学校、创办报刊、祀天配孔、发起国教运动、争学田、保存文庙、筹建会堂等，其伦理学说包括孔教会的救世说、文化观及道德论。②

张颂之的《孔教会始末汇考》一文认为，孔教会的发展经历了三个发展阶段，即康有为主政时的兴盛期，陈焕章和孔繁朴主持时继续发展之下呈现出衰落之势时期，在南京国民政府压力下改名为孔学会并逐渐消亡时期。③ 裘陈江的《民初"孔教会"研究》一文考察陈焕章的早年孔教活动，进一步深化孔教会创立背景的研究；就孔教会发起于上海一事，对孔教会发起于上海的史实进行考证、梳理，探究上海对孔教会创建所起的作用。以国教运动为切入口，梳理孔教会为解决孔教危机，企图通过议会来定孔教为国教，恢复儒学正统地位的历程。在这一过程中，孔教会与帝制、贿选等的纠缠，遭到了新文化运动政治问题捆绑式的批判。最后以金鼎奎日记以及民国延吉地区档案为基本史料，考察孔教会在韩国独立运动中所发挥的作用。④

韩华的《民初孔教会与国教运动》一文认为，民初的孔教会及国教运动是康有为等人试图在儒学失去正统地位之下，通过国家立法形式重新恢复儒学地位的思想文化运动。该文介绍了民初孔教的命运、康有为孔教思想的形成，以及孔教会的创建、组织机构与刊物，叙述了他们以围绕是否定孔教为国教以及孔教是否为宗教，在国会中引起两次激烈论争，发起了两次国教运动。孔教会发起的国教运动与帝制复辟表面一致，事实上是因孔教会与袁世凯的政治分歧而遭到袁的镇压。其国教运动刺激了新文化运

---

① 侯杰、王文斌：《中华基督教青年会与近代中国城市社会——以天津中华基督教青年会为例》，《理论学刊》2007年第6期。
② 宋淑玉：《孔教会研究》，博士学位论文，北京师范大学，2005年。
③ 张颂之：《孔教会始末汇考》，《文史哲》2008年第1期。
④ 裘陈江：《民初"孔教会"研究》，博士学位论文，华东师范大学，2015年。

动的发展，二者在思想方面是对立的，然而又统一于共同解决信仰、文化问题。① 此外，国家图书馆出版社 2020 年还推出了《民国时期孔教会资料汇编》。

(三) 中华佛教总会

许效正的《中华佛教总会（1912—1915）述评》一文认为，中华佛教总会在佛教面临严重生存危机、清末民初政治环境宽松以及僧教育会奠定组织基础的背景之下成立，其开展的主要活动有上书、请愿、代理司法诉讼等，促进了宗教政策与佛教组织系统的现代化。② 他的《社会剧变中的佛教与国家——中华佛教总会与民初政府关系述评》一文，从中华佛教总会与政府间关于中华佛教总会关地位的冲突、佛教寺产所有权归属的冲突、佛教判断标准的冲突等三方面入手，梳理了中华佛教总会与政府之间的关系，指出中华佛教总会在与政府的较量中促进了佛教组织形式及宗教管理政策的发展与变化。③

综上可知，文化社团研究成果以文学类居多，深度与广度都超越其他类社团，且各类社团研究均集中在某一重要个体，而对影响较弱的社团关注较少。建议学者关注重要社团的同时，注意到其他社团的发展，进一步深化与拓展文化社团研究。

---

① 韩华：《民初孔教会与国教运动》，博士学位论文，四川大学，2003 年。
② 许效正：《中华佛教总会（1912—1915）述评》，《法音论坛》2013 年第 4 期。
③ 许效正：《社会剧变中的佛教与国家——中华佛教总会与民初政府关系述评》，《世界宗教研究》2015 年第 4 期。

第 十 章

近代区域文化史研究

区域史研究起源于20世纪20年代的西方学术界，80年代在中国大陆学术界广泛传播。尽管直到现在学术界对什么是区域、什么是区域史仍然存在争论，但是区域史作为一种历史研究方法已被广大学者所接受，则是不争的事实。区域史研究是史学自身发展的客观需求，新中国成立后整理、出版了大量的地方史资料，为近代区域史研究提供了良好条件。近40年来的中国史学研究，一直寻求打破由政治意识形态主导的单一诠释路径，区域史研究成为历史研究的一个新方向。20世纪90年代，东南地区出现了重新倡导敬宗收族、重修族谱庙宇等回归传统的"逆现代化行为"现象，以村庄观察为切入点的"民族志"研究蔚然勃兴，家族史的复兴成为影响区域史研究的重要因素。区域史不同于地方史与专门史，地方史带有明显的行政色彩，但是区域史则更加重视整体史，是历史研究的一个新趋向。

第一节 基本理论方法

一 区域史

区域一般是指地理概念上的范围，达到一定的地域，具有一定的结构特征。在历史学研究中，区域与区域史是一对相互关联的一对概念。丁贤勇认为，区域史是一项基于地理学的史学研究。[①] 对于区域文化史的理解，

[①] 丁贤勇：《方法与史实：以民国交通史研究为中心的考察》，《清华大学学报》2008年第3期。

杨念群分析了家族史研究的利弊,认为其优势是熟悉当地的语言和社会习俗,有利于在田野调查时与民众直接进行沟通,以便近距离观察其生活样态;劣势在于研究者可能受限于"在地化"的身份,从而不自觉地把某个特定"区域"的现象升格概括成更为普遍性的结论。对于区域文化史研究,他认为应与广阔的历史背景建立起有机联系,摒弃"区域"与"整体"二元对立的刻板模式,转从"政治合法性"与"政治治理能力"的角度去观察和理解中国历史演变的轨迹和特征。① 李玉认为,区域史是历史学科的一个分科,是专门考察、分析某一地区历史变迁的史学工作。②

但有学者不认同这种看法。徐国利认为,学术界对于区域史研究的界定有三个误区:一是区域史是一种新的史学分支学科或新的理论方法;二是将区域史视为以某区域或地方史为对象的研究;三是将区域社会史等同于区域史研究。他认为,区域史就是由研究社会历史发展中具有均质(同质)性社会诸要素或单要素有机构成的、具有自身社会历史特征和系统性的区域历史,进而揭示区域历史发展系统性、独特性的史学分支学科。③

《廊坊师范学院学报》2015年第1期发表的袁轶峰的《区域社会史研究:从地方史到区域史》不认同以地域来划分区域史,而倾向于把"区域"看成是一个移动的"区域",目的绝对不是在于提出新的或更正确的划分,而是在于明白过去的人怎样划分,在于明白这段划分的历史。区域概念的过程是经历了生成、演变、整合,再到生成的过程,是一个循环往复的动态过程。而《天津社会科学》2010年第1期发表的戴一峰的《区域史研究的困惑:方法论与范畴论》则认为,持特定区域范围论或者无明显界定区域的方法论都有可取之处,既无谁是谁非之别,也无谁高谁低之分,完全可以并置,各自按照其学术理念发展。而且双方还可以从对方的质疑中吸取有价值的思考,对区域史研究的发展有益而无害。《齐鲁学刊》2011年第1期发表的龙先琼的《试论区域史研究的空间和时间问题》则跳出区域的限制,从时间和空间两个维度来把握区域史,传统的地方史志研究中,囿于行政区划的空间局限,对同质性区域"历史特质"变迁的整体关注很难做到,因而就无法认识区域历史的整体性变迁,认为区域史研

---

① 杨念群:《"整体"与"区域"关系之惑》,《近代史研究》2012年第4期。
② 李玉:《中国近代区域史研究综述》,《贵州师范大学学报》2002年第6期。
③ 徐国利:《关于区域史研究中的理论问题——区域史的定义及其区域的界定和选择》,《学术月刊》2007年第3期。

究的根本目的是把握"区域"历史时间延展中的不同时代特点,从而可以更清晰地认识区域历史的整体面貌和一般特征。

二 研究现状

近代区域史研究自20世纪80年代以来取得巨大成就,首先是反映各个时段的史料得到搜集和整理。80年代以前,主要是反侵略斗争和反映革命斗争的文献,以反帝爱国主义教育为中心;80年代后,随着全国各省区通史或断代史著作的问世,区域政治、区域经济、城市史研究的文献也相继出版。目前区域史研究存在着诸多问题:一是对区域史的认识和界定缺乏规范性和科学性,将区域史与地方史研究混为一谈,区域史研究被泛化;二是研究思路和研究范式缺乏创新,对历史现象的解读多追随西方史学界,本土理论的创造能力不足。

区域史研究的最突出问题,是区域史与地方史的混淆。区域史研究中的问题如果不具有同质性或者有共同的趋向,那么就不能够归于区域史,而是在其他领域中。近代史研究中许多把不具有区域史内在特性的研究称之为区域史,或将原本已成熟的地方史(如各省通史类)研究视为区域史,甚至将新兴城市史、乡村史、专门史等也归区域史的现象,被称为"区域化取向",这种取向并不是规范的历史学研究。朱金瑞的《区域性历史研究中的几个理论问题》指出,以行政区划作区域史研究单位的优点在于更注重历史与现实的联系,工作较好开展,更容易得到组织的支持。但由于行政区划的变更以及历史发展地域的交叉性,很容易肢解历史的内在联系,反映不出历史的真实面目来,把区域史弄成几块的拼凑。因此,区域史研究既要照顾行政区划,又要跳出它的局限,根据历史发展的内在联系来确定研究的单位,搞好地区间的协作。[①]

李玉在《中国近代区域史研究综述》中,总结出近代区域史研究的几个问题。第一,在作为研究对象的区位选择方面不平衡。在省区方面,人文社会科学相对发达的沿海和沿江地区的地方史研究成果较多,而对内陆省份的相关研究则很薄弱。在城市研究方面,关于上海、天津、北京、重庆、武汉等区域性大城市的研究相对深入,关于一些沿海沿江的区域中心城市,如宁波、福州、厦门、南京、苏州、长沙、成都等的近代史研究,

---

① 朱金瑞:《区域性历史研究中的几个理论问题》,《中州学刊》1995年第3期。

亦已初步展开,而对一区域性次中心城市、市镇,尤其是内陆地区的中等城市和市镇,则缺乏应有的关注。第二,在研究区域范围的选取方面,存在十分明显的重大轻小倾向;在研究时段选取方面,则存在重长轻短的普遍现象。相关著作所选地域小则一省一市,大则数省数市,在时间范围方面,或以"近代""现代"为断,或以数十年为限。而关于小区域(诸如县区、乡镇、街道、里弄等)、小时段(最短应以一年为限)的微观研究则十分缺乏。第三,研究选题的失衡现象也值得注意,除通论性著作外,相关研究多侧重于经济史、政治史,而对文化教育、社会生活、民众心态等专题则着力不多。第四,理论建树较为薄弱,研究方法有待改进。既有的区域史研究成果多采取惯用的阶级分析理论模式和描述性的研究方法。近年来,虽然有些著作,尤其是有关城市史的论著,在研究理论构建和运用多学科方法方面作了不少努力,取得一定成绩,但总体上尚处于起步阶段。第五,大多数区域史论著在资料发掘方面没有体现出地方特色,使研究成果的学术深度和理论价值受到限制。[①]

三　研究前景

中国区域文化的具体类型,在学术界多有争论。苏秉琦以中国地区的考古文化,划分为六大区系:(1)以燕山、长城南北地带为中心的北方;(2)以山东为中心的东方;(3)以关中、晋南、豫西为中心的中原;(4)以环太湖为中心的东南部;(5)以环洞庭湖与四川盆地为中心的西南部;(6)以鄱阳湖—珠江三角洲一线为中轴的南方。许倬云将中国的区域文化分为七种类型:(1)以沙漠、草原为主的内蒙古地区;(2)以森林、山地为主的东北地区;(3)以黄土高原、黄土平原为主的黄河中下游地区;(4)湖泊、河流众多的长江中下游地区;(5)自北向南的沿海地区和岛屿;(6)有高山、盆地和纵行谷地的西南地区;(7)遍布高山和高原的西北地区。范勇探讨了季风和风土对不同地区中国人的文化性格的影响,认为传统上汉民族聚居的地区可以分为五种类型的文化:黄土高原文化(包括陕西、山西、甘肃的一部分)、华北平原文化(包括河南、河北、山东、京津等)、长江上游的山地文化(包括四川、云南、贵州、广西等)、长江中下游平原文化(包括湖南、湖北、江苏、浙江、安徽、江西等)和

---

① 李玉:《中国近代区域史研究综述》,《贵州师范大学学报》2002年第6期。

南部低山丘陵地区文化（包括广东和福建等）。

赵向阳等人的《中国区域文化地图："大一统"抑或"多元化"》不完全赞同范勇的观点，认为范勇所说的文化性格更准确地说应该是区域文化的特点，同时没有涉及中国的内陆边疆，并提出中国区域文化的七大分类。（1）黄河中下游文化圈，该文化圈主要包括陕西、甘肃、山西、河北、河南和山东，而辐射地区也可能包括辽宁和内蒙古的南部。更进一步讲，该文化圈可以细分成黄土高原文化圈和华北平原文化圈。（2）长江中下游文化圈，该文化圈包括湖南、湖北、江西、安徽、江苏和浙江。更进一步讲，该文化圈包括长江中游平原文化圈（也就是楚文化）和长江下游平原文化圈（也就是吴越文化）。（3）西南山地文化四川、重庆、云南、贵州和广西北部等地，因为高山峻岭的阻隔，自古以来就自成一派。（4）农耕—游牧接壤文化圈该文化圈，包括黑龙江、吉林、内蒙古的东部和北部、青海的北部、新疆和宁夏等地，也就是古代的长城南北、丝绸之路和游牧民族纵横驰骋的地区，民族迁徙的走廊。更明确地说，该文化圈包括东北森林与农耕文化圈、草原文化圈、绿洲和沙漠文化圈，三个文化圈又有自己明显的文化个性。（5）雪域高原文化圈，该文化圈包括今天的西藏自治区、云南的西北部（滇藏）、青海的南部（青藏）和四川的西北部（川藏）。（6）东南沿海海洋性文化圈，该文化圈包括广东、福建、海南、广西和中国台湾等地，也就是五岭之南和南海之滨的广大地区。（7）国际化大都市文化圈，北京、天津、上海、中国香港、中国澳门这些大都市是近两百年来与西方文化接触最频繁、受冲击最大的地方。①

区域文化的研究离不开历史的依托，从社会文化的体系上可以清楚看到历史的投影，而历史的变化又直接影响着区域文化的发展。《社会科学辑刊》1992年第4期发表的刘烈恒的《东北文化研究的新收获》认为，历史研究的成果关系到文化研究的深度和广度。对于区域史的研究方法与前景，《清华大学学报》2008年第3期发表的丁贤勇的《方法与史实：以民国交通史研究为中心的考察》、《社会科学论坛》2009年第7期发表的张绪的《关于区域史研究的理论思考》都认为，应注重史料发掘的层次性，区域史不同于传统史学，它在观照整体历史进程的同时，强调研究视

---

① 赵向阳等：《中国区域文化地图："大一统"抑或"多元化"》，《管理世界》2015年第2期。

角下移，注重微观研究，在史料利用上，注重史料的层次性和多样化，地方志、家谱、契约文书、账册等地方文献逐渐得到发掘和整理，并借鉴了历史人类学的田野调查方法，搜集一些碑刻和口述资料，并注重多学科交叉研究。史学研究应该扩大文字史料的范围，重视对诸如账本、行车时刻表等"边角料"的搜集和运用，依靠文学性题材之史料，并提倡应用口述访谈和田野调查等"活史料"，进而重返历史之乡的"历史现场"。

加强区域史研究的理论知识学习，是区域史研究者今后努力的重要方向。《安徽大学学报》2007 年第 3 期发表的李文海的《深化区域史研究的一点思考》认为，重视文明多样化是区域史研究的理论前提。《南开学报》2002 年第 6 期发表的李治安的《综合性区域史研究前景美好》则对于区域史的研究给予很高的期望，认为区域史研究要以"长时段""中时段"及"短时段"为经，以区域地理范围为纬，去构建总体的、综合的区域史研究。当然，在具体研究中并不需要死板地套用"长时段""中时段"及"短时段"的理论术语，关键是吸收其立体史、综合史的精髓，使我们的区域史向综合性、总体性发展。

第二节 地域文化研究

地域学派是研究区域环境与学术文化关系的标本，地域学派的出现是区域文化繁荣的重要标志。传统文化地域是承载我国几千年文化传承与多样化发展的重要空间。中国学术史上，兼有区域学术意义的学派有稷下学派和濂、洛、关、闽四大学派及湖湘学派、泰州学派、永嘉学派、浙东学派、扬州学派等，它们依托地域而不断发展、壮大。地域文化构成了丰富多彩的中国文化，体现了中国文化的生命力。地域文化的研究有利于保存和延续中国传统文化。

地域文化是区域文化的一种，是一种地理概念与文化的结合体，不同地域内人们的行为模式和思维模式的不同，便导致了地域文化的差异性。《浙江社会科学》2008 年第 4 期发表的张凤琦的《"地域文化"概念及其研究路径探析》认为，所谓"地域文化"是指在一定空间范围内特定人群的行为模式和思维模式的总和。而白欲晓的《"地域文化"内涵及划分标准探析》认为，所谓"地域"，是以自然地理空间为基础的人文历史空间。"地域"本身即是一个具有人文属性的概念，单纯的地理学意义无法指称

"地域"这一概念,这是因为,"地域"除了指明某种自然地理环境之外,更主要地是指"自然的人化"对自然地理空间加以塑造的结果,也即"地域"意指一种"人化"的地理空间,主要是指某种经济的、政治的、文化的乃至心理的空间。地域文化研究仍属于文化研究的范畴,它是以文化为中心的考察文化的地域属性和特征的研究,而非以地理为中心的探讨地理环境如何影响和作用于文化的文化地理学研究。关于地域文化的内涵,白欲晓认为可以从道、天、地、人"四大"出发,它们是"地域文化"内涵构成的四大要素和我们展开地域文化研究的四个基本维度。同样,在地域文化的划分标准上,在以"地域"为标准时,要同时考虑到自然地域、族群地域、经济地域和政治行政地域等多方面因素及其历史变化,不能简简单单地从"地域"出发。①

《宁夏大学学报》2008年5月发表的雍际春的《地域文化研究及其时代价值》认为,一定地域内历史形成并被人们所感知和认同的各种文化现象就是地域文化,其学科归属大致与历史地理学的分支历史文化地理学基本一致,是介于历史文化地理学与文化学、文化史之间的交叉边缘学科。研究地域文化,必须牢牢把握它的历史性、地域性和文化特色。

有的学者把自然地理作为地域文化最主要的因素。《社会科学战线》2005年第6期发表的黄松筠的《东北地域文化的历史特征》认为,在地域文化的形成和发展的众多要素中,起首要作用的是自然地理环境因素。这种提法,并不否认人文社会因素的重要作用,而恰恰是为了说明社会人文因素在怎样的自然地理环境中发挥作用。所谓地域文化,实际上是探讨在特定的地域,人们是在怎样特定的自然地理的环境下,以怎样的方式获取物质生活资料,过着怎样的经济生活以及随之而来的文化生活,从而形成具有地域特色的文化,不能说社会人文因素对地域文化的形成和发展起过主要的作用。

葛剑雄的《中国的地域文化》一文认为,地域文化是最能够体现一个空间范围内有特点的文化类型,它表现在方言、饮食、民居、婚丧节庆、民间信仰等方面。他认为,构成地域文化的要素第一个是方言,方言也是艺术的一种基础,特别是地方文化;第二个是饮食,由于地理环境的不同,饮食的进食方式也是不一样的;第三个是民居,建筑也是体现地域文

---

① 白欲晓:《"地域文化"内涵及划分标准探析》,《江苏社会科学》2011年第1期。

化特色的一个代表；第四个是婚丧节庆，婚丧节庆往往是与精神生活、民间信仰有关，一旦形成传统就能够长期保存；第五个是民间信仰，各地的民间信仰都有所不同，它比宗教信仰更加世俗化，更加关注现实。它关心的不是来世而是今生，不是灵魂而是生活。他认为，地域文化产生的原因在于地理环境、移民、政治权力和行政区划的影响、民族宗教以及外来文化等方面。①

刘勇、李春雨的《京派及地域文学的文化意义》一文，认为20世纪80年代以来地域文化代表成果，以湖南教育出版社在1997年推出的"20世纪中国文学与区域文化"系列丛书为标志。它包括"江南士风与江苏文学"、"山药蛋派与三晋文化"、"黑土地文化与东北作家群"、"湖南乡土文学与湘楚文化"、"现代四川文学的巴蜀文化阐释"、"陕西文学与三秦文化"研究、"齐鲁文学"研究、"吴越文学"研究、"闽粤文学"研究、"燕赵文学"研究以及"京派与海派文学"研究，等等。② 在上述研究成果中，最突出的特点就是将文学与文化联系起来，充分注意到文学的文化背景和文化特点，拓展了文学的视野，丰富了文学的内涵。地域文化研究的不足之处，在于将地域文学与地域文化对应起来，过于强调一方水土与一方文学的固有关系。

李治亭的《关于关东文化的几个问题》将地域文化分为以四川为中心的蜀文化、以陕西、山西为中心的晋文化、以河北与北京为中心的燕文化、以山东为中心的齐鲁文化、以河南为中心的中州文化、以湖南湖北为中心的楚文化、以福建浙江为中心的吴越文化、以安徽为中心的徽文化、以广东广西为中心的岭南文化、云南称滇文化、贵州称黔文化、新疆地区称西域文化、西藏地区的文化称藏文化、内蒙古地区的文化称蒙文化或草原文化。中国历史悠久，疆域辽阔，民族众多，因而形成各具特色的地区文化。③ 杨云香的《论中原文化在中华民族精神形成中的作用》一文认为，近代以来，文化的划分更是随着多民族国家的充分形成和地域文化研究的自觉而日益多元。如齐鲁文化、燕赵文化、三晋文化、关东文化、陇右文化、西域文化、荆楚文化、吴越文化、两淮文化、巴蜀文化、岭南文化

---

① 葛剑雄：《中国的地域文化》，《贵州文史丛刊》2012年第2期。
② 刘勇、李春雨：《京派及地域文学的文化意义》，《陕西师范大学学报》2010年第5期。
③ 李治亭：《关于关东文化的几个问题》，《东北史地》2011年第1期。

等。这些地域文化形态，既内涵丰富，个性鲜明，但同时又是对统一的中国文化的某一局部特征的集中展示。某一地域文化的个性特征和价值取向，是中华民族精神中某些要素和特点的直接来源。所谓的中华民族精神，来自地域文化的共同孕育和滋养。①

王世达、陶亚舒的《巴蜀文化的特征及其对当代西川文化发展的影响》一文，把中国的区域文化分为三个文化带：（1）西部文化带，包括岭南文化（广东、福建）、特区文化（深圳、珠海、汕头、厦门、海南）、江浙文化（浙江、江苏、长江以南的安徽地区）、上海文化、齐鲁文化（山东大部）、京津文化（包括河北东中部）、关东文化（东北大部）以及港澳文化、台湾文化（这两个地区自然有其特殊性）；（2）中部文化（或内地文化）带，包括中原文化（河南、河北南部）、三晋文化（山西）、关中文化（陕西与甘肃南部）、荆楚文化（两湖）、巴蜀文化、淮南文化（长江以北的安徽地区）、赣文化（江西）、滇黔文化（云贵高原大部）；（3）西部文化带（或称少数民族文化带），包括青藏文化、新疆文化、内蒙古文化、宁夏回文化、广西壮文化，因其指在较大的地域聚居的某一少数民族为主体的地域文化。②

古语云：百里不同风，千里不同俗。2004 年在山东举行的 14 省区域文化研讨会上，与会学者对于地域文化的分类提出了三种观点，概括为"划分标准的多重性"，即"以地理相对方位为标准划分"（如岭南文化、西域文化、关东文化），"以地理环境特点为标准划分"（如草原文化、绿洲文化、海岛文化），"以行政区划或古国疆域为标准划分"（如齐文化、巴蜀文化、楚文化）。而黄松筠并不完全认同，认为唯有第二种"以地理环境特点为标准划分"，是依据地域文化的内容（草原、绿洲、海岛）进行划分和命名的，可以闻其名而知其实。其余两种的"以地理相对方位"和"以行政区划或古国疆域"进行划分，实际上只是对地域文化的"命名"，而不是"分类"。这后两种中，按地理相对方位命名，毕竟含有地理上的概念，可以使人们凭借自己的自然地理知识想见其地域文化的内容；而第三种的"以行政区划或古国疆域"进行命名，人们无法从古国疆域中

---

① 杨云香：《论中原文化在中华民族精神形成中的作用》，《中州学刊》2008 年第 5 期。
② 王世达、陶亚舒：《巴蜀文化的特征及其对当代西川文化发展的影响》，《成都大学学报》1989 年第 4 期。

直接了解其内容，完全不符合按内容进行分类的原则。以"古国"命名的地域文化，也只能主要依据其疆域之内的自然地理特点（如齐国的背负大海、巴蜀的群山环抱与成都盆地、楚国的面对大江与环抱云梦洞庭）来认识其地域文化的特色与风貌。

一　湖湘文化

20世纪80年代以来，对湖湘文化的研究成为人文学科、社会科学所关注的研究领域，并取得不少成果。湖湘文化是以湖南为中心的文化，在唐宋以前被称为"荆楚文化"。近代湖湘文化之所以引起学界的重视和关注，主要是因为它在中国近代史上产生了重大影响，多数论者对它作了肯定。1986年，罗福惠的《近代湖湘文化鸟瞰》一文，是大陆最早的一篇近代湖湘文化的研究文章。湖南师大开列"近代湖湘文化研究"课题（并被纳入国家教委"七五"规划项目），1987年，林增平发表《近代湖湘文化试探》，1988年的《湖南师大社会科学学报》和1989年的《湖南社会科学》相继开辟了"湖湘文化研究"专栏，国内其他刊物也不时刊载这方面的文章。

文化有传承性和延续性，近代湖湘文化的形成必定要追溯到古代。周秋光、夏石斌的《近代湖湘文化研究述评》认为，湖湘学是由诸多学术成分养料逐渐润泽而成，其形成受当时特定的政治、经济、文化诸条件以及当时该思想流派代表人物各自的世界观和方法论的制约，而且在吸收、取舍和改造方面，又往往是后者决定前者。因此，这些经过人为和改造过了的思想，已经不是原来意义上的思想了。[①] 彭大成将周敦颐视为开山之祖，在两宋之交岳麓书院讲学的胡安国、胡宏父子，南宋的张南轩为湖湘文化的奠基者，《湖南师范大学社会科学学报》1995年第5期发表的杨金鑫的《王船山是湖湘学派承上启下的关键人物》也认同这个说法，认为湖湘文化发展源流是湖湘学派的创立之时。《历史研究》1988年第4期发表的林增平的《近代湖湘文化试探》认为，近代湖湘文化源于王夫之的经世致用思想，历经近代经世—维新—革命的三个历史阶段。《湖南师范大学社会科学学报》2003年第4期发表的施金炎、施瀚文的《论洞庭—湖湘文化》

---

① 周秋光、夏石斌：《近代湖湘文化研究述评》，《湖南师范大学社会科学学报》1990年第5期。

认为，湖湘文化的源泉来源于洞庭文化，洞庭文化是发端于洞庭湖区的原始文化，吸收融会了南方和北方多个民族的优秀文化，并从地域和内涵上不断扩展，逐步发展成为湖湘文化。江陵的《试论近代湖湘文化的基本特质及其文化精神》认为，湖湘文化指始于南宋时期止于民国末期、在今湖南省域内形成的历史区域文化，经过先秦荆楚文化传统丰厚土壤的滋养、中世和近代荆楚文化的熏陶，以及湖湘大地文人学士、官宦乡绅、宗族领袖及其他文化学者的倡行、丰富、完善，逮至近代，湖湘人才辈出，文化昌盛，逐渐形成了爱国救亡、经世致用、自强坚韧、强悍尚勇、独立创新、兼容并蓄的基本文化精神特质。学者们一般认为，湖湘学的流变经历了"两落两起"。元明两代由于统治阶级加强了对科举和书院的控制，从而造成湖湘学长期冷落的局面。直到明末清初，才有王夫之的崛起，王以张载的"关学"为前导，吸取朱熹的"闽学"，方以智父子的"质测"之学，以及东林党人的反空淡、重笃实的学风，"兼容并包，融会贯通"，从而发展成为一个博大精深的思想体系，把湖湘学推向新的阶段。继而在乾嘉时期又有过一段冷落。到道光时期，经陶澍、贺长龄、魏源、曾国藩等人阐发，又重新发扬光大。①

关于近代湖湘文化的形成，学界进行了深入讨论，提出了许多不同的观点。

第一，传统形成说。郑众认为王夫之思想学说"在近代湖湘绵延流布，影响一代又一代湖南知识分子"，不仅是"湖湘维新思潮的渊源之一"，而且是"革命思想诞生的渊源"，"和近代湖湘文化的孪生发展有密不可分的关系"。王继平、郑大华等人亦认为陶澍、魏源等人所倡导的以经世致用为特征的湖湘学风，不仅促成了湘军的崛起，而且经湘军人物的弘扬，又成为湖南士人的一种学术传统和风格，一种定式的学术心理积淀。

第二，外部影响说。周秋光认为甲午战争中湘军溃败，使得昔日以"自我中心"自居的湖南人感受刺激，从而"舍己从人取于人"，从传统的文化氛围中挣脱出来，对于西方文化开始受容，并发起一场轰轰烈烈的维新运动，将湖湘文化推向近代化的进程。沈其新也认为甲午战后，湖南人才开始进入世界文化的网络，才接触了西方的物质文化和制度文化。罗

---

① 江陵：《试论近代湖湘文化的基本特质及其文化精神》，《湖南社会科学》2011年第6期。

福惠认为两湖地区是新旧两种文化氛围犬牙交错的"锋面",近代湖湘文化就是在这种文化交融和激烈的政治斗争环境中发生发展。茅海建认为湖南位于南方中部,交通不甚便利,从而使近代以来的湖湘学派只能在江南汉学发达、湖南经世致用盛行的文化氛围的延续中发展。

第三,移民作用说。林增平的《近代湖湘文化试探》一文分析了湖湘文化的近代发展历程,认为经过元末明初、明末清初的战乱及人口迁移,两度移民之后的湖南人以不同于此前的湖南人,在族源和血缘方面同清代以前湖南居民基本上没有联系的新居民。湖南居民族源和血缘就基本上实现了更新,从而导致人口素质的提高,人口的迁移史湖湘文化形成的重要原因。魏源、曾国藩、胡林翼、左宗棠、彭玉麟等人利用并发展了经世致用思想,先由内镇压太平军和捻军,后由外参加中法战争与甲午战争。郭嵩焘、曾纪泽之于外交,谭嗣同、唐才常、熊希龄之于维新,黄兴、宋教仁、蔡锷、陈天华、刘道一、禹之谟、蒋诩武、谭人凤、姚宏业、杨毓麟、焦达峰、陈作新等人之于辛亥革命,近代史上人才辈出,印证了"淮楚有材,于斯为盛"的说法。[①] 茅海建也认为早期来到湖南的移民,带来了中原文化,但由于山区、交通等原因,保留了中原文化的古朴气质。

朱汉民的《湖湘文化传统与现代发展》一文,阐述了湖湘文化的三个发展阶段:(1)湘文化的孕育,以苗蛮文化和南楚文化为代表,构建方国文化,为统一中华文化作贡献,并融入后来的湖湘文化;(2)湖湘文化的形成和发展,形成于文化重心南移的唐宋,以儒家为主题,综合佛、道形成的综合文化;(3)湖湘文化的近代转型,在民族与社会的双重压力下,在西方文化的强势挑战下,努力构建适应近代发展的文化,形成了与时俱进的文化理念与经世致用的政治智慧。对于当代湖南文化的转型问题,文章认为在以农为本的传统社会形态到以工商为本的现代社会形态,应吸收功利观念、协作意识、契约原则与法制精神。[②]

周秋光的《湖湘文化的个性特征与历史缺陷及现实价值》一文,从湖湘文化的形成历史过程,及历史上对湖湘文化形成有贡献的人物中,客观分析湖湘文化的特点、缺陷及现实意义。湖湘文化的个性特点,一是湖湘文化具有连续性,文化中的政治意识极为强烈;二是湖湘文化当中具有突

---

① 林增平:《近代湖湘文化试探》,《历史研究》1988年第4期。
② 朱汉民:《湖湘文化传统与现代发展》,《湖南社会科学》2011年第1期。

出的爱国主义传统；三是湖湘文化中蕴藏着一种博采众长的开放精神与敢为天下先的独立奋斗与创新精神。其缺陷有四：一是存在着经济上极冷、政治上极热的两极化倾向；二是经世致用的学风造成了湖南人急功近利，缺乏对人的终极关怀，以及过于强调经验的作用，忽视了理论的建构；三是湖南人易走极端，保守与激进并存；四是湖湘文化中存在明显的"楚材晋用"现象。湖湘文化的现实价值包括发扬三个方面的优良传统：一是爱国主义的传统；二是注重实干、勇于任事、自强不息、勤勉朴实的传统；三是开拓创新与对外开放的传统。湖湘文化中的优秀文化传统在当前的最好的体现与运用就是用以培育和构建当代湖南的人文精神。[①]

万里的《湖湘文化的精神特质及其影响下的精英人物》一文，分析了湖湘文化的不同认识。（1）认为湖湘文化指的是一种地域文化。从源头上看，它起源于战国时期的楚文化，湖湘文化仅仅只是楚文化的一个子系统，而近代湖湘文化又是在古代湖湘文化的基础上发展起来的。（2）认为湖湘文化是一种思想文化或者精神文化。它最古老的源头肇始于先秦时期流放到湖南沅湘地区并在汨罗投江的爱国主义诗人屈原。此后直至唐代，这种精神或者思想文化的薪火在湖南几乎找不到明显的著名传承者，直到北宋的周敦颐才以经世致用的实学思想将其发扬光大，随后便绵延不绝。（3）有些学者将湖湘文化等同于南宋时期的湖湘学派，并以此作为湖湘文化的源头甚至等同于湖湘文化。（4）部分学者认为湖湘文化源于湖南创建于宋代的岳麓书院，将湖湘文化等同于书院文化及其培养的少数文人学者的精英文化。（5）也有学者从地域文化的视角提出了湖湘文化肇源于新石器时代中晚期的炎黄时代。这种观点的提出，基于部分学者的乡土情怀，而将炎帝乃至舜帝等视为湖南的乡土人物或者流寓到湖南以后对湖湘文化产生了巨大影响的历史人物。作者认为，湖湘文化是区别于其他文化的地域文化，是多层面、多侧面的复合体，只有将其广阔的历史与文化视野相结合才能真正地对其解释和建构。湖湘文化应该是一个丰富的、多层面的复合体，既包含了意识形态层面的观念文化、精神文化，也包含了物化形态的物质文化和行为文化；既包含了上层社会的主流文化、庙堂文化和精英文化，也包含了世俗的大众文化、草根文化和江湖文化；既包含了最早

[①] 周秋光：《湖湘文化的个性特征与历史缺陷及现实价值》，《湖南社会主义学院学报》2009年第3期。

生息于湖湘大地的原住民及后来陆续迁徙进来的"三苗""荆楚"等多民族文化或地域文化,也包含了秦汉以降作为主流文化传入的汉民族文化及中原文化。该文的第二部分运用个案方法,集中论述了再湖湘文化的形成及影响下的湖湘文化的三个代表人物:王夫之、曾国藩、毛泽东。王夫之对于湖湘文化的儒学发展有重大作用,不过陷于其封闭性不能有更大的开放兼容性,受限于君子专制思想及"华夷之辨"世界观下。曾国藩受王夫之影响,是一个传统儒家思想和正统庙堂文化的忠实维护者,有着儒家敢为天下先和忧国忧民的忧患意识,以及经世致用的政治思想。毛泽东受王夫之与曾国藩影响,在他身上有着深厚的儒家或者说湖湘文化之经世致用、敢为天下先和忧国忧民的政治思想传统,又是一个出身于并非耕读世家的传统普通农家子弟,有着传统知识分子所不具备的草莽野气、江湖豪气和世俗霸气,以及深深蕴藏于湖湘民间的草根叛逆性格。[①]

户华为的《湖湘文化及其特征与历史定位》一文认为,湖湘文化是以湖湘地区特定的地域环境与人文传统为依托,源于历史上人与自然及人民之间对象性关系而形成的具有本区域特色文化的结构体系。湖湘文化以传统的理学心性之道和践履思想、乡土情结为内核,讲求经世致用,以区域意识和乡贤崇拜来延续自己的传统。在近代,湖湘文化异军突起,讲求经世致用,充满忧患意识和变革精神,具有浓厚的乡土情结,是为中国文化政治史上的一道奇异的色彩。同时,也提到湖湘文化的弱点,即植根于农耕自然经济和宗法制社会结构,具有落后保守性,体现了传统文化的板滞性一面。[②]

朱汉民的《湖湘文化探源》一文认为,对湖湘文化探源不能单向度地从本土文化中寻找最早文化因子,而是要从地域文化的交流互动中,多维地思考把握湖湘文化的渊源。湖湘文化的渊源、形态、特质,都须在地域文化间的交互作用中才能够说明。湖湘文化体系中精英文化与民俗文化之间相互交流,既是两种文化层的交流互动,又是两种文化源头的交流互动。不能把湖湘文化看作是一种自然生成、自我内生的文化,从而将地域文化看成是一个孤立的、线性的衍生之物,而是要从地域文化之间交流、

---

① 万里:《湖湘文化的精神特质及其影响下的精英人物》,《长沙理工大学学报》2004年第3期。
② 户华为:《湖湘文化及其特征与历史定位》,《湘潭大学学报》2005年第2期。

互动、吸收、融汇的过程来考察湖湘文化的形成机制。从地域交流的角度来解释湖湘文化的形成，是由本土的苗蛮文化、荆楚文化与中原文化相结合的结果。①

邓洪波主张从国家主义角度来解释湖湘文化，他在《船山学刊》2005年第2期发表的《宋代湖南书院与湖湘文化的形成》一文中提出，湖湘文化主要指宋代以来，形成于洞庭湖以南地区，即今湖南省区范围之内的区域性文化。它虽然毫无例外地包括雅与俗两个层次、精神与物质两个部分，但其内涵与本质仍然是一种理学型的文化，有着推崇理学、强调经世致用、主张躬行实践、爱国主义、敢为天下先的奋斗与创新精神、兼收并蓄博采众长的开放精神等特点。《湖南师范大学社会科学学报》1990年第5期发表的周秋光、夏石斌的《近代湖湘文化研究述评》认为，近代文化主要属于资本主义文化范畴，所以湖湘文化的内容与特征应界定在资本主义文化的范围之内。

对于近代湖湘文化的特征，学界作了认真总结。罗福惠认为特点如下。第一，文化中的政治意识极为强烈。各个层垒上的代表人物，无论是进步的还是守旧的，大都是相应阶段上的政治活动家。第二，文化具有一种明显的连续性。集中表现为珍视和总结前代乡贤的思想文化遗产，更尤为重视哲学。第三，学风盛炽，士人刻苦自励。第四，民风强悍。饶怀民认为：第一，士人有以天下为己任的使命感、责任感，大都具有爱国主义思想；第二，民心刚正质直，士人讲求和注重气节；第三，民性朴实勤勉，刻苦耐劳，勇于任事，具有一种实干精神；第四，民风强悍，士大夫都具有一种大胆开拓的创造气魄和投身于政治洪流的献身精神。

《湖湘论坛》2005年第5期发表的朱汉民的《湖湘文化的基本要素与特征》认为，湖湘文化有三大基本特征：第一，因重经世、重践履，推崇理学而不流于空疏或虚诞。第二，因推崇理学、有务实的经世观念，躬行践履而易流于保守。第三，因理学和经世观念的制约，重躬行实践而局限于政治伦理。周秋光的《湖湘文化的个性特征及其缺陷》，总结出湖湘文化的特征：第一，湖湘文化的历史源远流长，绵延传承，有一种明显的连续性，文化中的政治意识极为强烈；第二，湖湘文化中的爱国主义传统尤为突出，历久常新，激励一代又一代三湘儿女奋发图强，报效祖国；第

---

① 朱汉民：《湖湘文化探源》，《湖南大学学报》2011年第4期。

三，湖湘文化中蕴藏着一种博采众家的开放精神与敢为天下先的独立奋斗与创新精神。同时也指出湖湘文化存在着一些缺陷：第一，严重存在着经济上极冷、政治上极热的两极化倾向；第二，经世致用的学风在某种程度上造成了湖南人急功近利，缺乏对人的终极关怀，以及过于强调经验的作用，忽视了理论的建构；第三，湖南人易走极端，保守与激进并存，湖南曾经是"四塞之地"，民性多流于倔强；第四，湖湘文化中的"楚材晋用"现象较为突出。①

《湖南大学学报》2015年第6期发表的《湖湘文化的诠释与建构》一文认为，湖湘文化是一种结构性文化，是具有湖南特色的地域文化，历史上称作"湘学"其本身又有多个子系统构成，如湖湘学术、湖湘教育、湖湘宗教、湖湘文学等。研究湖湘文化要从湖湘学术系统与湖湘人格系统两个方面来讨论。对于湖湘文化的当代诠释与建构，必须建立在大量客观的史料基础上，使得研究者的主体性图式与研究对象相通，才能够合理地建构湖湘文化史，这种建构才具有客观性与真理性。

湖湘文化人物研究，可分为人物个案研究和群体研究两个部分。湖湘人物在近代中国人才辈出，出现了很多促进历史发展的人物。湖湘人物的研究既是湖湘文化研究的重要内容，也是中国近代史研究的重点。对于近代湖湘人物研究，曾国藩、郭嵩焘、毛泽东等人都是研究热点，近年来的郭嵩焘研究颇受学界关注。郭嵩焘的洋务思想、人才思想、外交思想及湘系集团的关系都是研究的内容。

王夫之、魏源、谭嗣同、左宗棠、黄兴、蔡锷和杨度是湖湘人物研究中的热点，其中王夫之、谭嗣同不仅是史学界，而且是哲学界的重点研究对象。一些长期以来不为学术界所关注而地位又相当重要的湖湘人物，近年来也引起了学界的关注。周秋光对熊希龄的研究、饶怀民对于李燮和的研究，颇引人注目。章犹才和欧阳斌通过对蔡锷的人格进行分析，考察了湖湘文化从"古代传统观念到近代民主革命观念的转化嬗变"，指出湖湘文化在近代的变革大潮中必须"穷通损益"来扬弃陈旧的传统，才能"葆其活力，培育新人"。张云英和罗建英通过对毛泽东个性特征的分析研究，认为以王船山为代表的近代湖湘文化，孕育了毛泽东的独特个性：哲理思维与诗人才情的有机统一的思维模式，造就了毛泽东现实主义与浪漫主义

---

① 周秋光：《湖湘文化的个性特征及其缺陷》，《船山学刊》2001年第4期。

神奇结合的虎气与猴气相统一的独特的个性气质;气化日新、自强不息的奋斗精神,孕育毛泽东"动""斗"性格;忧国忧民的知识分子群体参政意识,豪迈自负、救中国自湖南始,济天下自我始的历史责任感,造就了毛泽东自信、豪迈、乐观的个性;经世致用的实学思想孕育毛泽东注重调查研究的力行意识。

河北大学彭小舟2001年的硕士学位论文《曾国藩与近代湖湘文化》从个体文化人与区域文化相联系的角度,对曾国藩与近代文化的探讨,说明湖湘文化在近代中国文化中的重要地位,重点探讨了曾国藩对近代湖湘文化所起的作用,促成了湖湘文化中励志、经世、开放的文化精神。袁运隆的《湖湘文化视域下的刘显世》一文认为,刘显世是在湘湖文化熏陶下成长起来的新式人物,他在主政贵州期间,崇尚社会革新,兴办教育,注重经世致用,强调学习的目的在于解决现实问题,振兴地方经济,发展医疗卫生事业。其行为方式受到其家族潜移默化的影响,湖湘文化在其身上表现明显。正是湖湘文化成就了刘显世,在清末民初的社会舞台上成就了其个人的辉煌。杨金鑫认为,王船山是湖湘学派承上启下的关键人物,他继承和发展了湖湘学,使湖湘学"大倡于湖湘,而遍之天下"。王兴国认为郭嵩焘对于湖湘文化有三大贡献:郭嵩焘是近代探讨湖湘文化优良传统的第一人,宣扬了由屈原、周敦颐至王夫之、曾国藩一脉相传的湖湘文化之精髓;郭嵩焘对近代湖湘文化的兴盛进行了研究,得出了影响湖湘文化发展的原因;郭嵩焘不仅在学理上积极弘扬湖湘文化,而且亲身实践湖湘文化中经世致用、兼容并蓄之博大精神。①

关于近代湖湘人才群体兴起的时期,多数研究者将之定为湘军兴盛的咸同年间。谭其骧认为:"清季以来,湖南人才辈出,功业之盛,举世无出其右。"② 陶用舒通过分析道光年间以陶澍为中心的湖湘经世派群体,认为无论在人才的比重和质量上,还是在对后世的影响力上,它都可以说是近代湖湘人才群体的开端。研究者最关注的问题还是近代湖湘人才群体产生的原因。岳麓书社1985年出版的钱基博和李肖聃著《近百年湖南学风》认为,湖南"人杰地灵,大儒迭起,前不见古人,后不见来者……义以淑群,行必厉己,以开一代之风气,盖地理使之然也"。张伟然专门论述了

---

① 袁运隆:《湖湘文化视域下的刘显世》,《贵州文史丛刊》2010年第2期。
② 谭其骧:《中国内地移民史——湖南篇》,《史学年报》1932年第1卷第4期。

湖南的民风和士人气质，提出了和前人不同的观点，他认为湖南的民风由古代到近代经历了两个方面的变化，一是从古代的怯懦畏事到近代的强悍果敢，二是从古代的懒惰到近代的勤奋。民风影响士气，所以湖湘士人在此种民风的熏陶之下形成了特有的果敢、负气和质直的气质。另外，杨念群、陶用舒、周秋光也很关注这一原因。《湖南师范大学学报》2002 年第 1 期发表的刘四平、吴仰湘的《论湖湘学术之兴与湖湘人才之盛》指出，湖湘学术之蓬勃兴盛和湖湘人才的联袂群起是相伴相随的，宋末和近代是湖湘人才最鼎盛的时期，同时亦是湖湘学术最昌明之时。陶用舒则专文论述了湖湘经世之学对湘军人才群的重要作用。生活·读书·新知三联书店 1997 年出版的杨念群著《儒学地域化的近代形态——三大知识群体互动的比较研究》，通过将湖湘书院作为"湖湘知识阶层凝聚权力的象征"进行深入分析，探寻了湘籍学人在咸同以后崛起的深层文化。

近代以来，经世致用的思想在湖南一直绵延不绝，不死读书，关心社会实际是流学派人物的一致方向。湖南师范大学出版社 2008 年出版的郑焱的《近代湖湘文化概论》一书将嘉道湖湘经世学派的代表人物按身份分为两类：一是以汤鹏、魏源为代表的幕僚，擅长著述；二是以陶澍、贺长龄为代表的封疆大吏，利用自身权位推行经世主张。关于曾国藩对于湖湘文化的影响，岳麓书社 2010 年出版的欧阳斌著《曾国藩与湖湘文化》、湖南大学出版社 2004 年出版的田澍著《曾国藩与湖湘文化》等，从曾国藩的治学生涯、与湖湘学统、与同代湖湘学人等方面探讨曾国藩与湖湘文化的多重关系。

湘军是湖湘文化研究的一个重点。《湖南大学学报》2012 年第 6 期发表的刘平、邵华的《湖湘文化与"湘军"当代转型的几点思考》一文认为，湖湘文化孕育了湘军，塑造了当代湖南人强烈的关怀意识以及躬行实践、开拓创新、注重实干、勇于任事等精神特质，"湘军现象"与湖湘文化贯穿当代湖南社会生活的各个层面。朱汉民等人认为湖湘群体人物具有"文气"的特质，并在其 2015 年由岳麓书社出版的著作《湖湘文化通史》中强调，晚清湘军集团是最具"文气"的军事集团、政治集团，湘军绝大部分将领都是文人学者出身，受过系统的教育，都能够以学治军。湘军集团的这种文气特质影响了以后的湖南军人，如黄兴、蔡锷，表现最为突出的是毛泽东，是为中国历史上罕见的文气足的政治家。

湘军与近代湖湘文化的发展有着重要的作用，湖湘学派以程朱理学为正统，代表人物为曾国藩。在曾国藩、胡林翼、左宗棠等人影响下，形成了近代以来具有湖南特色的地方文化，包括长期延续的传统学风，独特的地方特征，随着时代的发展而不断嬗变的人物思想、民间习俗、社会教育等。有关人物对于湖湘文化的影响的著作，除了曾国藩，还有广陵书社2008年出版的陶海洋著《胡林翼与湘军》、湖南人民出版社2012年出版的刘泱泱著《左宗棠研究文选》、湖南师范大学出版社2006年出版的邓江祁著《蔡锷思想研究》、湖南人民出版社1997年出版的郭汉民著《蔡锷新论》、中央民族大学出版社2007年出版的张晨怡著《清咸同年间湖湘理学群体研究》等著作。

此外，郑大华主编的"近代湖湘文化研究"丛书2018年在岳麓出版社出版，包括《地域文化理论视域下的湖湘文化研究》《近代湖湘文化与近代中国历史进程》《近代湖湘文化与近代湘籍人才群体》《近代湖湘文化转型中的民俗文化》《近代湖湘文化精神及其当代价值》五部著作，对近代湖湘文化从各方面进行了深入探讨。岳麓书社2015年出版的朱汉民主编的《湖湘文化通史》近代卷也对近代湖湘文化有详细阐述。

二 沪派文化

沪派文化又称海派文化，是相对于京派文化而言。沪派文化起初并不单指沪派文化，是京剧对于外界戏曲的泛称，泛指北京以外的"外省"，后来逐渐成为上海文化的特称。在中国地域文化谱系中，沪派文化是最为另类的一支。以欧风美雨为代表的外来文化、因商业都会而盛行的商业文化是沪派文化的主要特征，与中国传统的本土文化有着质的区别，又不同于中国传统的伦理文化，因而使近代上海文化形成了和古代迥然不同的驳杂多彩的特点。这种具有异质特点的近代上海文化，通常被称为"海派文化"。有学者认为，海派一词最初发端于清代道光、咸丰年间的上海画坛，一些流寓上海的画家摆脱传统画派的束缚，追求创新变革，形成新的画派，被人们称为"海上画派"。① 但多数学者以为海派的称呼见于书刊，是在19世纪下半叶晚清的同治、光绪年间，源于绘画界和京剧界。单国强认为从近代上海画坛的兴起和发展，"海派"名称的由来和变化，可以看出"海派"称谓的内涵已非传统观念诠释下的"流派"概念，而是从更高

---

① 沈渭滨：《海派文化散论》，《文汇报》1990年7月25日。

层次和更宽泛范围对一种文化现象的概括,即指近代城市的一种地域文化类型和近代"都市型"的一种文艺思潮。①

由于本身海派所具有的特性,新中国成立以后的前30年间,海派文化逐渐从人们的研究视野中缺失。直至20世纪80年代,海派文化重新被提起。这当以"海派文化特征学术讨论会"为标志。会议对海派文化的特征、海派文化的规定性以及海派文化的评价等问题进行了较为深入的讨论。20世纪90年代以后,以"上海文化·都市文化·海派文化学术研讨会"为标志,研究海派文化成为总结历史、开创未来,是迎接新时代到来的进取姿态。② 海派文化研究的广度和深度不断加强。这主要表现在专业学术机构的建立。2001年,上海大学成立了"海派文化研究中心",成为研究海派文化最引人注目的学术机构。自2002年始,该中心每年举行一次学术研究会,至2015年底已经举行了14届,出版有海派文化系列论文集,海派文化丛书等。

在研究专著上,上海人民出版社2019年出版的郭骥的专著《近代上海的海派文化》论述了海派文化的萌生、转型与发展的历程,分析海派文化的特征及社会转型中的海派文化。华中理工大学出版社1996年出版的朱英著《商业革命中的文化变迁:近代上海商人与"海派"文化》,上海人民出版社2003年出版的高福进《"洋娱乐"的流入 近代上海的文化娱乐业》,上海书店出版社2007年出版的洪煜著《近代上海小报与市民文化研究》也是从商业、娱乐与小报视角关注了上海文化。此外,上海人民出版社1999年出版的熊月之主编的《上海通史》晚清文化卷、民国文化卷,上海文艺出版社2001年出版的陈伯海主编《上海文化通史》也对近代海派文化进行长篇论述。

至于海派文化重新被提起的原因,汪晖为《上海:城市、社会与文化》一书作序时认为,至少包含了两方面的原因。第一,在改革开放政策的影响下,上海经济、社会和文化正在发生剧烈的变化,它曾经拥有的那些现代都会历史为这个城市的重新崛起提供重要的基础和前提。这一正在发生中的变化创造了重新理解上海及其文化的极好契机。第二,在过去二

---

① 单国强:《试析"海派"含义》,《故宫博物院院刊》1998年第2期。
② 张剑、陆文雪:《"上海文化·都市文化·海派文化学术研讨会"综述》,《学术月刊》1998年第8期。

十年里，学术界逐渐地把目光从上层政治层面或精英文化层面转向日常生活层面，现代性经验的这一长久被压抑的方面得到了更多的关注。[①] 丁锡满认为，上海之所以成为上海，就是因为海派文化的存在，上海未来更大的发展，仍然需要中西交汇、南北兼容的一种全新的文化——海派文化。[②] 葛红兵认为，中国时尚文化自20世纪八九十年代以来一直是中国香港，和其他国家如日本、韩国、美国之后的跟风者，中国缺乏土根性、原生性的时尚文化，上海应该成为时尚文化的发动机，而时尚文化是上海经济发展的内在需要，对上海旅游经济增长点的形成起到关键作用。[③] 熊月之认为，海派文化的重新提起，是由于20世纪80年代的上海早已不是全国的文化中心，在改革开放方面远远落在广东后边。于是，有人提出重振海派雄风，在文化人中，则开始了对海派的讨论。因此海派文化的重新提起，是上海人对从前优势失落的复杂心态的表现，是为了振兴上海、有所作为的标志。[④]

总之，海派文化重新走进人们的研究视野，是改革开放时代的需要，是上海发展的需要。文化不仅仅是城市发展的原点，亦是城市的个性所在。它是一个城市发展和壮大的根基。海派文化是上海过往的历史的沉积，有着同其他文化不一样的个性，作为国际性大都市的上海，在新时期的大发展，更需要在上海发展的历史长河中深挖海派文化的精华，以便历史为今所用。这既是"古为今用"历史价值的体现，也是文化传承在现代最好的诠释。以下就海派文化研究所讨论的几个主题，诸如海派文化的形成、基本特点、同其他文化间的关系、影响及其意义等进行论述。

"海派文化"是和其独特的历史条件与社会性质密切相关连的，相比较其他近代城市文化，它是中国近代都市文化的集中反映和典型代表。孙逊《"海派文化"：近代中国都市文化的先行者》认为，第一在于上海开

---

① 《编者前言》，汪晖、余国良编：《上海：城市、社会与文化》，香港中文大学出版社1998年版。

② 丁锡满：《我们为什么要研究海派文化》，《海派文化之我见——上海大学海派文化研究中心首届学术研讨会文集》，上海大学出版社2003年版，第3—5页。

③ 葛红兵：《发展"上海文化"，打造"文化上海"——让上海成为中国时尚文化的发动机》，《海派文化之我见——上海大学海派文化研究中心首届学术研讨会文集》，上海大学出版社2003年版，第66—67页。

④ 张剑、陆文雪：《"上海文化·都市文化·海派文化学术研讨会"综述》，《学术月刊》1998年第8期。

埠后的商业气息使得上海的商贸、金融和产业经济的迅速崛起，这使服务于它们的各种行业纷纷兴起，新兴的社会阶层不断产生壮大，市民的思想观念、价值取向、心态结构、审美趣味也发生了深刻的变化。第二在于大量的外来人口带来的移民文化与本土文化的相结合，为各种文化的生产和消费提供了强大的动力和广阔的市场。第三在于上海的租借文化，租界又是"国中之国"，其范围之内有中国政府主权所不能到达的地方，近代以来的辛亥革命、新文化运动及中国共产党的成立都以上海为重要基地，使得沪派文化有更大的自由空间。① 吴苏阳的《海派小说与都市文化》则盛赞以海派小说为代表的都市文化，认为海派小说生活化、市民化特征突出，不同时期的海派作家以各自独特的方式展示了都市文化的世俗性。海派都市文化具有开拓创新的特点，更具有容纳中外文明，积极发展进取，勇于自我更新的活力。它重视人的原始生存力与创造智慧，敢于突破陈规旧俗；它拥有海洋文化胸襟，从不拒绝外来文化，也善于吸收外来文化；它形式丰富多彩，并且格外关注时尚文化与市民趣味。但是在现实的生存中，它光怪陆离却又漏洞百出，也会因为蒙上一层或薄或厚的尘土而显得暗淡无光、软弱无力，留给人们的更有无尽的困惑与迷惘。② 对于上海文化学习外来文化，中国社会科学出版社 2015 年出版的张勇著《摩登主义：1927—1937 上海文化与文学研究》一书中有大量的论述。海派文化最初来源于国画和京剧，上海的国画和京剧被定位为海派，沈从文认为海派是由于"名士才情"和"商业竞卖"相结合的原因。

那么，海派文化到底是什么呢？许纪霖认为，海派文化有着非常复杂的各种互相对立、互相冲突和互相渗透的元素，具体来说是指外来文化与本土文化的不同，外来文化中有西洋文化与东洋文化的区别，而西洋文化之中有清教徒文化与拉丁文化的紧张，从而使上海文化性格具有两歧性的趋向：上海是近代中国大众文化的滥觞之地，同时又是精英的启蒙文化重心；上海文化之中有布尔乔亚文化的理性、保守和中庸，也有波西米亚文化的浪漫、越轨和反叛；上海是世界主义的大都会，又具有偶尔爆发的民族主义能量。雅文化与俗文化、资产阶级的文化与边缘文化的文化、世界主义的文化与民族主义的文化相互冲突，彼此渗透，形成独特的、复杂的

---

① 孙逊：《"海派文化"：近代中国都市文化的先行者》，《江西社会科学》2010 年第 5 期。
② 吴苏阳：《海派小说与都市文化》，《时代文学》2018 年第 12 期。

上海文化。

从海派文化的文化源流来说,多学者认为海派文化是一种杂交文化、多元文化。上海一方面是西方文化输入中国的窗口,西方文化成为海派文化的渊源之一;另一方面,上海地处中国传统文化最发达的东南地区,本土文化水平很高,近代以来,人才荟萃,上海成为各地文化的汇集之地,成为中西文化的交汇点。因此,学者们在考察海派文化形成原因时,多从上海开埠后西方文化对上海造成的影响与中国传统文化两个方面加以论述。

海派文化作为传统文化的异质文化,同近代中国的历史条件是分不开的。近代上海的开埠以后,西方文化进入中国为海派文化的出现提供了前提条件。有学者结合海派文化的形成时的近代外部环境,诸如制度因素、西学东渐等方面论述海派文化。孙频捷认为海派文化的形成与1845年上海开埠以后所形成的特殊制度环境密不可分。这主要表现在租界建立以后,逐渐发展成为集行政权、立法权、司法权、警务权、军事权于一体,中国无权制约的"国中之国",为海派文化的发展,创造了一个基本的发展空间;工部局的出现,成为现代城市管理的发端;从衙门到法院转型的会审公廨,使国人学会如何通过法律途径维护自身权益并感受国际外交规则,对深层次改造传统法律有着不可替代的功效。制度文化是精神文化产品的现实载体,也是海派文化的形成与发展的空间。①

马洪林分析了海派文化与西学东渐的关系,认为得天独厚的地理环境和特殊的人文条件使上海成为西学东渐的一方热土,以中西文化交流的角度审视,海派是西学东渐的拍岸回声。由欧风美雨惊涛拍岸激起通商口岸的巨大变化,在绘画及京剧方面突破古人窠臼,在创作思想和创作手法上标新立异。西学东渐引发了中国文化结构的变化,中西文化结合成为近代中国文化的主要形式。而海派文化以民族文化为主体,兼收中外文化,形成独特风范,成为西学东渐的嫁接花果。海派文化是一种文化现象,也是一种地域文化结构,更是一种艺术流派的体式。它具有创新务实的开放品格和兼容并包的襟怀,它有吐纳百川的海量,更有敢为天下先开一代新风的气概,它是吞吐中外古今的文化熔炉,在西学东渐过程中起过重要的桥

---

① 孙频捷:《海派文化形成过程中的制度因素》,李伦新等主编:《海派文化与精彩世博——第七届海派文化学术研讨会论文集》,文汇出版社2009年版,第305—313页。

梁作用，为中华民族认识世界和走向世界提供了文化环境和认知条件。①

任何文化的形成皆有其社会环境的影响。沈渭滨认为影响海派文化生成的社会环境之一，是上海城市人口的生态环境。这里的生态环境，一方面是指上海的人口籍贯多为江、浙两省人，这样就使苏扬文化对上海文化产生了重要影响；另外，外籍居民在带来殖民文化的同时，客观上也使中西文化交流在上海加速进行。另一方面，上海人向外流动，使人口生态环境在自然转换中趋于平衡，对上海文化向外辐射、获得其他区域的文化认同、形成地域文化圈有积极意义。此外，就上海城市人口的区域分布来说，不同身份、不同职业的外地人，在上海按照各自的身份、地位相对集中地聚居在一起，产生了海派文化中不同文化。大体可以区分为低层次的市民文化和高层次的精英文化两大类。影响海派文化生成的另一社会环境是上海作为近代中国最大的商业都会，其社会经济环境对以上海为中心的海派文化产生了巨大影响。社会生活的竞争性，决定了海派文化的商业性和功利性，同时商业社会对海派文化的消费性和消遣性功能的生成发展起到了直接的推动促进。虽然海派文化产生的上海，具有特殊的政治环境，即半殖民地半封建社会的大环境和作为通商口岸城市的特殊小环境，但海派文化的属性却不是维护半殖民地制度的奴化文化，也不是维护专制体制的封建文化，而是以其革新、创造、开拓、进取的品性，反映了中国历史前进的方向。②

朱英在研究中发现，上海商人与商业在各方面对文化事业的直接与间接影响，亦即商与文的紧密结缘与交融，对海派文化的发展变迁产生了复杂的多重效应，它一方面使海派文化具有灵活多变与务实创新等不断发展的活力，另一方面又给了海派文化的发展造成了消极影响。③ 在人们讨论影响海派文化形成的租界、商业、吴文化的同时，有学者关注海派文化的历史流变，将海派文化的历史渊源，定位于上海自身历史。曹伟明认为位于吴淞江南岸的青龙镇的古文化和水文化具有现代上海海派文化的雏形，体现了文化的多样性和文化的融合，其面向海洋、通向海外、走向世界的

---

① 马洪林：《海派文化与西学东渐》，《上海师范大学学报》1996年第2期。
② 沈渭滨：《海派文化生成的社会环境论纲》，《困厄中的近代化》，上海远东出版社2001年版，第306—311页。
③ 朱英：《近代上海商业的兴盛与海派文化的形成与发展》，《三峡大学学报》2001年第4期。

特征,是青龙镇富有活力的源泉,更是上海海派文化发生、发展、繁荣的源头。① 而 6000 年的崧泽文化与自 20 世纪初叶逐渐形成的海派文化是一脉相承的,海派文化继承了崧泽文化的传统,崇尚不断进取的意识,善待外来文化,保障外来建设者的基本权益,有强烈的社会责任感,鼓励现代的创业者。② 李幼林通过对"浦东学派"的考察,认为在海派文化的萌芽和发展过程中,以黄炎培等为代表的"浦东学派",身体力行推动了海派文化的进展,丰富了海派文化的内涵。③

"海派文化"作为具有特定历史内涵的概念,最早发端于绘画和戏剧两种艺术形式。后来便逐渐演变为整个上海特点文化的泛称。近代上海因其特殊的地位和条件,往往在很多方面成为全国得风气之先、开风气之先者;大至社会风尚,小至日常生活,包括价值观念、行为方式、学术研究、文化艺术、饮食起居、服饰装扮、娱乐游戏、风俗习惯,"海派文化"都表现了敢于破除陈规旧俗、勇于更新创新和喜欢标新立异的特点;"海派文化"具有多元包容的特点。上海作为一个商业都市,把文字转化为商品,又增加了商业意识。对于海派文化的商业性,陈旭麓指出:"海派正视了这个现实,不是回避它,而是迎上去,接受它,促成自己的变革,推动了文化领域的新陈代谢。除了这样的作用外,商品为交换或出卖的市场价值观,对海派文化的熏染也最深,散发出市侩气,流露着崇相"。④

《社会科学》2009 年第 10 期发表的周武的《革命文化的兴起与都市文化的衍变——以上海为中心》,认为上海是一个多元化文化城市,这里人口多元、制度多元、教育多元、宗教多元、民族多元、语言多元、报刊多元、饮食多元、服饰多元、建筑风格多元、娱乐方式多元,在中国文化版图上,堪称是一个文化特别区域。这种多元并存的文化格局,到了 20 世纪二三十年代更展现出一种"世界主义",凡世界上流行的学理、思潮、流派、风格,上海都有回响和呼应。上海文化出版社 2012 年出版的杨剑

---

① 曹伟明:《上海的历史文化从青龙镇出发》,《探索与争鸣》2005 年第 12 期。
② 曹伟明:《从崧泽文化到文化上海建设——以上海青浦为例》,《探索与争鸣》2007 年第 9 期。
③ 李幼林:《海派文化的历史流变与发展方向——以"浦东学派"为例》,《探索与争鸣》2010 年第 6 期。
④ 陈旭麓:《说"海派"》,《陈旭麓学术文集》,上海人民出版社 2011 年版,第 219 页。

龙著《都市上海的发展与上海文化的嬗变》认为，上海作为一个港埠城市，决定了她的开放性；作为一个移民城市，决定了她的多元性；作为一个商业城市，决定了她的商业特性。

文化能够自成一体自有其不同于它文化的特点。在近代上海光怪陆离的社会环境中所形成的海派文化具有同传统文化及西方文化的不同之处。李伦新认为"海派文化的基本特征是具有开放性、创造性、扬弃性和多元性"。所谓的开放性，是指海纳百川、熔铸中西，为我所用，化腐朽为神奇；所谓的创造性，是指不是重复和模仿人家，而是富有创新精神；所谓的扬弃性，是指在鱼龙混杂的形势下，要注意清醒辨别，有选择地区别对待，避免盲从和盲目。而多元性，海派文化是复杂的共同体，雅与俗，洋与土，先进与落后要清醒区别对待。[①]

有学者将海派文化的特征归纳为开新、灵活、多样、宽容。之所以呈现出这样的情形，熊月之认为，这主要与移民人口有密切关系。近代上海是个移民城市，85%的人口是移民，早在上海开埠以前，上海的人口即有移民的特点，上海的城市品格中就有重商、奢华，讲究吃穿、消费，宽容，这些特点与海派文化的形成有很大的关系。近代以来，移民人口结构呈现出多元性，移民方式上的零散性，这样使得人们在相处时相互包容，由于没有哪个地方人占有绝对优势，因此各地地域文化间能正常地交流与融合，同时由于上海移民人口，具有双重认同的特点，即对移出地与移入地的双重认同，也就是对自己本土、本乡的认同和对上海的认同。这有利于海派文化自我批判机制的形成，也是海派文化与其他地域文化很重要的区别。以上上海移民传统的悠久性、多元性、零散性、双重认同，决定了上海城市人口高异质性、高密集性、高疏离性，由此派生出讲究实际的务实性、崇慕西方的崇洋性、传统道德的失范性、自我批判的灵活性。这些皆与海派文化息息相关。[②] 吕建昌、尹冬琴以开埠以后上海人口变迁为切入口，分析了移民与海派文化间的关系，他们认为国内外的来沪移民，对上海市貌的形成，对上海引入新的生活理念，对市民的文化建设都有非常重大的影响，移民所带来的开放、创新、多样的文化模式构成了"海派文

---

① 李伦新：《海派文化是上海城市之魂》，《"海派文化"学术笔谈》，《上海大学学报》2005年第5期。

② 熊月之：《移民人口与海派文化》，《"海派文化"学术笔谈》，《上海大学学报》2005年第5期。

化"的典型特征,滥觞为上海的市民文化。①

陈旭麓认为,海派是与京派相对而言的,正是海派的出现,才为京派立名。"京派是传统文化的正宗,海派是传统文化的标新,是中西文化结合的产物。"海派是艺术和文化上的一种新的风格,导源于上海,但必须明确,海派虽然以上海为代表,但并不是说凡在上海的学人、艺术家就都是海派,而只是指具有海派那种风格的人。同时,海派是就艺术、文化上的风格而言,凡具有这种风格纵不活动于上海的人,亦属于海派。海派是一种区域性文化,可它的移动性很大,不只是人的移动,主要还是这种风格的移动。他认为海派文化具有两个特点。第一个特征是开新,开风气之先,敢于延纳新事物来变革传统文化。第二个特征是灵活与多样。灵活是说它不呆滞,多样是说它不拘一格。灵活与多样密不可分,灵活带来多样,多样体现灵活。②

还有学者将海派文化的特点大致归纳为五个方面的特点。第一,创新。敢于突破陈规,开风气之先,不断创新、标新立异。第二,开放。善于吸收外来文化,对世界文化潮流反应敏感,同时能结合中国文化特点消化吸收,熔中西方文化于一炉。第三,多样。兼收并蓄,不拘一格,能够宽容地对待各种流派。一方面表现为形式丰富多样,另一方面,海派文化强调个性特点,自我意识比较强,上海各个文化领域都不存在某一个最典型的"海派"样板。第四,崇实。"海派"文化注重接受效应,强调大众化、通俗性,积极反映社会现实生活,努力适应市民阶层的欣赏趣味。但同时,又具有注重功利,哗众取宠的市侩气。第五,善变。即灵活多变,随机性强。有顺应潮流的积极一面,又有踏实、谨严不足的消极方面。③

沈渭滨从海派文化作为区域文化的一种,探讨其种种特点。他认为,第一,海派文化因其与先进的生产方式相联系,具有开放性和锐意进取性,不同于以自然经济为基础的区域文化的封闭性和保守性。这与上海是一个开放的口岸城市,在走向近代化的过程中和世界有着广泛的联系有

---

① 吕建昌、尹冬琴:《移民与海派文化的形成和发展——以开埠以来的上海人口变迁为例》,李伦新等主编:《海派文化的兴盛与特色:第六届海派文化学术研讨会论文集》2008年版。
② 陈旭麓:《论海派》,苏智良主编:《都市史学》,上海人民出版社2014年版,第298—300页。
③ 魏承思:《"海派"文化特征学术讨论会综述》,《社会科学》1986年第1期。

关，还与上海是个典型的近代移民化城市有关。第二，海派文化因其生成于华洋杂处的近代化城市，所以带着中西文化交汇中所特具的痕迹，即具有更多的洋味、怪味和个性，形成了市民文化的特色。①

孙逊认为，"海派文化"在中国地域文化谱系中，是最具现代性的一种文化形态。之所以具有趋时求新的特点是因为近代上海，因其特殊的地位和条件，往往在很多方面成为全国得风气之先、开风气之先者；大至社会风尚，小至日常生活，包括价值观念、行为方式、学术研究、文化艺术、饮食起居、服饰装扮、娱乐游戏、风俗习惯，"海派文化"都表现了敢于破除陈规旧俗、勇于更新创新和喜欢标新立异的特点。海派文化多元的特点表现为海派文化不仅内含有西方文化，还包括中国的本土文化中的各个区域文化。而海派文化具有强烈的商业意识，表现为举凡文化的方方面面，无不是把文化作为一种商业行为来策划运作，因而使"海派文化"深深烙上了商业的印记。海派文化的市民趣味特点，表现为"海派文化"突出迎合市民阶层的审美情趣。而形成这些特点的历史成因，乃在于上海作为商业都会、移民城市和租界社会的特殊历史条件。但从本质上讲，"海派文化"是近代中国都市文化的集中反映和典型表现，而决定这些特点的，是1840年以后开启的、以上海为主要代表的中国都市的现代化进程。要而言之，独特的社会历史条件，决定了"海派文化"独特的品格和特质，这些品格和特质不仅明显区别于其他区域文化，而且是中国地域文化谱系中最具现代性的一支。②

从以上学者们对"海派"文化总结出来的特点，不难看出，人们已经改变了新中国成立前学者文人对海派文化的否定偏见，而多倾向于给予肯定，因此，多从积极方面总结海派文化的特征，对其消极方面则较少涉及。实际上，海派文化具有浓厚的商业化色彩，是一个不争的事实。有学者将其称为海派文化不能在整个中国文化中的地位上升到一个更高层次的消极原因。③

上海的地理条件使上海成为一个流动性的城市，海纳百川、兼容并蓄成为上海开放性的特征，外国文化的引进、外地文化的融入，使上海文化

---

① 沈渭滨：《海派文化散论》，《困厄中的近代化》，上海远东出版社2001年版，第302—303页。
② 孙逊：《"海派文化"：近代中国都市文化的先行者》，《江西社会科学》2010年第10期。
③ 朱英：《中国近代史十五讲》，北京大学出版社2011年版，第253页。

有中西合璧、多元交融的气质。都市的繁华、文人的聚集、出版业的发展都使得上海成为新文化的中心。

上海作为中国最早对外开放的几个商埠之一，有诸多的外国租界，外来文化在上海传播地很迅速，人们也越来越容易接受这种变化，沪派文化也越来越成为新奇的代表。陈惠芬的《性别视角与上海都市文化研究》一文，从边缘的女性主义的角度来阐释上海文化的个性。大量的女性行走于街道，出入公共场所，活动于银幕上下，不仅引发了女性于都市空间位置问题的新的认知，也重新划分了都市的公私空间。事实上，与上海都市文化的形成相始终的不仅仅是女性，也是社会男性。[1]

戴鞍钢的《近代上海都市文化对市郊农村的辐射》一文，从上海都市文化与郊区农村的互动中寻找上海都市文化的特质与内容，近代上海开埠后，都市文化对市郊农村的辐射强烈，并促使后者的思想观念、职业选择、社会习俗乃至家庭生活等各方面，都发生了顺应时代潮流的变化。以工业文明为基干的近代上海都市文化持续有力的辐射，促使市郊农村闭塞守旧的社会习俗逐渐被打破，"重农务本"之类的观念日益退居一旁，商品经济的意识越来越被人们所接受，人们安土重迁的习惯淡化。众多村民离开乡村流入上海，扩大了商品消费者的队伍，也为资本主义的发展提供了劳动力市场，给城市经济的发展注入新的活力，这些人的生活状况和精神面貌也有明显的改观。[2]

上海文化出版社 2012 年出版的杨剑龙著《都市上海的发展与上海文化的嬗变》认为，海派文化是形成于近代上海的市民文化，它属于上海文化的一部分，是在近代上海都市化进程中形成的，是在东西方文化交汇融合中形成的。自从有了上海这个地方就有了上海文化，上海文化的概念要比海派文化大得多。随着上海的发展与变化，上海文化也得到不断丰富与改变，上海文化的发展与改变形成上海文化的基本特性，这种特性与上海的地域特点、城市特性、历史传承有关。

战争时期的上海文化也是沪派文化研究的重要内容，上海作为中国沿海的大都市，近代很多大事与上海有关，特别是抗日战争时期，上海的文化发展具有其不同的阶段与倾向。文化作为一种精神力量，在抗日战争中

---

[1] 陈惠芬：《性别视角与上海都市文化研究》，《社会科学》2012 年第 9 期。
[2] 戴鞍钢：《近代上海都市文化对市郊农村的辐射》，《历史教学问题》2008 年第 3 期。

起了强大的支撑作用。文化斗争作为抗日战争的另一个战场,为中国人民取得反侵略战争的胜利提供了强大的精神资源和动力支持。上海人民出版社2015年出版的齐卫平、朱敏彦、何继良著《抗战时期的上海文化》认为,上海抗战文化在全国文化发展中具有典型意义。随着战争进程的跌宕起伏,上海文化的发展也相应经过了几个发展阶段,经历了从左翼革命文化向抗战文化的转变、抗战文化的高涨、"孤岛"时期的文化抗争和沦陷时期的文化苦斗。

上海文化出版社2012年出版的张登林著《上海市民文化与现代通俗小说》以市民文化为切入点,探讨市民文化视野中的上海现代通俗小说特质。上海市民文化孕育了言情、武侠、侦探等各种类型的现代通俗小说,而这类型的通俗小说中又蕴含了诸多市民文化的因子。上海现代通俗小说的兴起与发展,是现代商品经济、文化市场催化、激发的结果。

上海在20世纪30年代成为全国文化中心,上海独特的社会结构如租界,使其成为知识分子的避难所,很多文化人物因为政治的迫害而进入上海租界,上海人民出版社2003年出版的李康化著《漫话老上海知识阶层》认为,聚集上海的知识分子群体由三部分人组成:(1)西儒;(2)与西儒有密切关系的中国文人以及后来的改革者;(3)传统的中国人。各类知识分子因为地域、职业、志趣的不同,形成了一个个有区别有联系的文人活动圈,共同构筑上海的文化地位。

海派文化的产生有其地域,可以说有了近代上海的开埠,才有了海派文化。那么海派文化与上海文化是否可以画等号?或是有什么样的区别联系?就此问题,李伦新认为,海派文化与上海文化的关系,一般来说,不能笼统地把海派文化视为上海文化。海派文化不等于全部上海文化,它是上海文化独特性的集中表现。二者既有不可分割和替代的关系,它们在形成、发展过程和内容、特点方面有所不同。上海的形成和发展的轨迹,记载了上海文化的形成和发展历程。而海派文化则不同,开埠以前,上海的城市文化没有较为深厚的历史文化底蕴和突出的个性特点,上海开埠以后,由于西学的引进和输入、移民的汇聚和影响,上海文化事业迅速发展,国内外文化联系密切,海派文化因此发展并快速发展,成为近代上海文化的重要内容和鲜明特点,但至今还不等于就是上海文化。以发展的观点和正常的趋向看,可以说,将来的海派文化就是上海文化。① 袁进认为,海派文化是上海文化的一个部分,研究上海文化可以从海派文化入手,但海派文化不是上海文化的全部。上海文化既包括海派文化,也包括非海派文化。② 以上学者所界定的海派文化是小于上海文化所界定的范围。

与这些学者的观点相左,刘学照认为,当代上海已没有什么海派文化,严格意义上的近代海派文化已不存在。海派文化是近代上海文化的一个部分,但还不能成为一个文化派别,只能称为一种文化风格。其典型表现在京剧等方面的上海特色,形成了海派京剧。所以海派文化研究宜作为上海文化研究的一个方面。沈渭滨认为,海派文化的外延比上海文化要广,辐射面要大,如重庆、香港等地都有与海派文化有关的现象存在。这是因为高位势文化必然向邻近地区辐射,所以海派文化圈的地域范围比上海文化圈要大。熊月之认为,海派在人们头脑中已经形成了较固定的概念,是与绘画、京剧方面自身形成的海派派别没有什么大关系的贬义概念,当今上海所形成的新的文化,应该叫上海文化为好。③

朱维铮对晚清上海文化分析后认为,海派文化称之为晚清上海的都市文化,"似失诸'不及'"。因为在20世纪初上海的中国画、京剧表演出现吸取西洋技法的动向以后,人们便将这种艺术风格视为海派。正如陈旭麓指出的,在海派文化出现之后,才为京派立名。京派是传统文化的正宗,海派是对传统文化的标新,是中西文化结合的产物。在很长时间里,海派被认为是一种恶谥。只是在最近十多年才有学者为它正名。但文化包括艺术,而艺术不等于文化。况且作为艺术流派之一的海派,不限于指上海,而且它身上确有"不洁"的一面。④

从以上的论述可知,人们对于海派文化与上海文化的关系并没有达成一致,海派文化包含范围或大于或小于上海文化,但毋庸置疑,海派文化与上海文化是有交集的。海派作为与京派相对的概念,其产生是与近代上海特殊的社会环境密切关联的,因此,将海派文化直接等同于上海文化未

---

① 李伦新:《海派文化就是上海文化吗?》,《解放日报》2009年6月22日。
② 张剑、陆文雪:《"上海文化·都市文化·海派文化学术研讨会"综述》,《学术月刊》1998年第8期。
③ 参见张剑、陆文雪《"上海文化·都市文化·海派文化学术研讨会"综述》,《学术月刊》1998年第8期。
④ 朱维铮:《晚清上海文化:一组短论》,《复旦学报》1992年第5期。

免欠妥。

任何一种文化的产生并非孤立形成，那么海派文化作为近代上海文化的一部分，海派文化与其他文化之间存在怎样的关系？李伦新认为，"在根植于中华传统文化的基础上，上海吸纳了吴越文化和其他地域文化，受到了世界文化主要是西方近现代经济文化的影响，逐渐形成了富有上海地方特色的海派文化。海派文化肇始于中国画，亦起源于京剧，作为艺术流派滥觞后，很快漫开至电影、小说、美术教育等领域，乃至社会生活诸多方面，便形成了海派文化这个概念。"[1] 刘士林讨论了海派文化与江南文化的联系与区别，他以为江南文化是上海最重要的文化资源与文化生产背景。与江南文化一样，海派文化与作为中国古代主流文化的中原文化同样有着巨大的差异，但它比传统江南地区文化更远地脱离了儒家文化的理性与伦理要求，更加彻底地脱离了中国传统文化对主体欲望的约束和提升，使有限的资源与环境遭受到更大的压力甚至是被恶性地损耗；同时，也由此开启了中华民族的现代化进程，掀开了以城市为中心的新的一页。[2]

蔡丰明考察了吴文化与海派文化的关系后认为，吴文化不仅是海派文化的母体，而且为海派文化的发展、壮大与成熟不断地输送营养，通过各种形式的文化传播，将自身的文化遗传密码铭刻于海派文化基因中；而海派文化则是吴文化走向现代化过程中的一种现实模式，它把吴文化推向了一个新的历史高度，同时也为传统吴文化与产生于工商文明基础上的现代文化的接轨创造了良好的条件。可以说，正是在上海海派文化这种形式上，吴文化找到了一条通往现代化的道路，一种与世界文化进行交流、碰撞、融合的契机。[3]

李天纲在《近代上海城市研究》中分析了海派文化与近代市民文化的关系，认为海派文化是近代市民文化的滥觞。他从梳理海派的源流以及海派的内涵等方面着手。在分析海派源流时，他认为较早见之于书章的"海派"之称起于同光年间。从其中的分析可以看出，海派的出现最初来源于绘画及戏曲界，后又被运用于社会生活各方面。在"海派"内涵的探究

---

[1] 李伦新：《海派文化是上海城市之魂》，《"海派文化"学术笔谈》，《上海大学学报》2005年第5期。
[2] 刘士林：《海派文化与江南文化论略》，《江苏行政学院学报》2010年第5期。
[3] 蔡丰明：《吴文化与海派文化的关系及影响》，《江南论坛》2007年第6期。

中，作者从社会关系的形式入手，就政与商的消长、南与北的争衡、东与西的交汇、雅与俗的嬗变等方面加以研究发现，"京派"为政治集团服务，"海派"邀宠和服务的对象为商业社会。作为一个社会中心，一个新生活和新观念的发源地，上海对其辐射地区的影响作用是巨大的。代表南方半个多世纪变革成果的新生活形式与观念在辛亥前后大举入京，改变旧文化形态，其出发点往往是上海。海派文化虽有租界上不中不西的浅薄的文化形式，但在言论方面确是自由的。与"京派"相对，"海派"显然更是一种大众文化、都市文化。从对"海派"源流、"海派"内涵及"海派"定义递进式的推导过程中可以得出，"海派"文化的性质是一种中国形态的近代城市大众俗文化，或也可简单地说是一种"市民文化"。[①] 这种说法在学术界具有共同的声音，马长林认为海派文化是典型的都市文化，与近代上海的都市化进程是并进的，都市文化的许多特征在海派文化中都可以找到，包括城市设施、人口构成、消费观念等，海派文化是集大成者。沈渭滨这认为海派文化就是近代都市文化。[②]

尽管海派文化是同中国传统文化相异的现代大众文化，但并不意味着海派文化与传统文化相隔绝，断绝了与传统文化的联系。与此相反，海派文化中保留着中国传统文化因素，这种传统因素与海派文化具有大众文化的性质并不对抗、冲突。许道明认为："申称上海的近现代文化以西方为范本，当然是正确的，当认识到上海的近现代文化既以西方为范本，而同时又保留了诸多本土性特征，兼并了现代与传统、前卫与保守，无疑更为深刻。"[③] 沈渭滨亦认为，海派文化并没有丢弃传统。无论是海派绘画、海派京剧、海派话剧、海派电影，从代表性人物和他们的代表性作品看，无一不是具有深厚的传统功底，洋溢着浓重的中国风和中国气派。只是他们在艺术创作中不拘泥于笔笔有来历、句句重唱功，而是善于吸收借鉴，敢于超越创新，这就使他们所代表的艺术流派对于传统者来说，在心态和感情上觉得"与众不同"了。[④]

朱英在其所著的《商业革命中的文化变迁——近代上海商人与"海

---

① 参见张仲礼主编《近代上海城市研究》，上海人民出版社2014年版，第849—872页。
② 参见张剑、陆文雪《"上海文化·都市文化·海派文化学术研讨会"综述》，《学术月刊》1998年第8期。
③ 许道明：《海派文学论》，复旦大学出版社1999年版，第38页。
④ 沈渭滨：《海派文化散论》，《困厄中的近代化》，上海远东出版社2001年版，第304页。

派"文化》①一书中，提出"海派"文化的影响不仅仅局限于中国文化领域，对近代上海社会的演进的诸多方面产生了直接或间接的影响，也与整个中国近代化的发展有着比较密切的关系。在经济方面，"海派"文化的商业化特征，对于变革中国历史上长期以来的抑商贱商陋习，改变人们对经商的偏见，产生了不容忽视的影响。中国社会这种观念的变化，成为一种无形而又强大的思想推动力量，有力地促进了民族资本主义工商业，也即中国经济近代化的发展。在政治方面，中国近代历史上所爆发的戊戌变法运动、预备立宪改革、辛亥革命等革命运动推动了中国政治近代化发展的进程，这些革命运动的发生，得益于思想的传播和舆论的宣传，以及西方政治文化的传入与宣传。就此而言，传媒成为必不可少的依赖工具。在这方面，"海派"文化的影响十分突出。海派文化的兴盛，使得近代上海多次成为中国大规模反帝爱国运动中，民族运动的发源地和中心。在拒俄运动、抵制日货运动及五四运动上海都表现出极大热情，虽然导致这种状况是多方面因素促成的，但"海派"文化所发挥的作用无疑是其中的一个重要因素。②

海派文化是中国与西方文化不断碰撞和融合的产物，是一种典型的都市文化、商业文化和现代文化。它具有的兼容性，在以海派文化为生长土壤的海派文学中亦有表现。正如许道明所述："海派文学则具体而生动地演绎着上海在空间结构上传统的'城'与现代的'市'的边缘性，以及与之相联系的'内陆文化'与'海派文化'的边缘性、传统'农耕文化'与现代'商业文化'的边缘性。"③"海派文学"主要表现上海现代都市生活和市民心理，并采用了多种现代艺术手法和创作技巧，具有鲜明的现代性和先锋性。林雪飞认为"海派文化"改变了中国传统文化的根本属性，引起了中国社会各方面的巨大变革，也给现代文学创作带来了本质的转变。具体说来，"海派文学"在创作意识、创作方式和文学性质等方面都受到"海派文化"的深刻影响，是"海派文化"属性的直接体现。④孙琳

---

① 朱英：《商业革命中的文化变迁——近代上海商人与"海派"文化》，华中理工大学出版社1996年版。
② 朱英：《商业革命中的文化变迁——近代上海商人与"海派"文化》，华中理工大学出版社1996年版，第184—196。
③ 许道明：《海派文学论》，复旦大学出版社1999年版，第60页。
④ 林雪飞：《试论"海派文化"对"海派文学"创作的深刻影响》，《江西财经大学学报》2014年第1期。

通过对"京派""海派"中"京海之争"的历史考古，发现了诸多被忽略或有意改写的历史面相："海派"的贬义色彩在20世纪90年代之后的文学研究中被不断修正，对日常生活或个人情欲的书写意义被重新发掘；上海作家的艰难生活被优渥的物质生活描述取代，左翼文人对京海之争的发言被形容为情绪化的意气之争。这些修正与当代海派文学研究的"物质文化—思想文化"的范式有关，该范式的"预定论"色彩值得反思。① 盘剑认为，海派文化的特点使得海派文学"以新、旧的兼容与调和有效地建立起了现代与传统的联系，也以大众——通俗文学的形式在尽可能深广的范围内达成了中、西文化的理解与沟通，从而在'五四'落潮以后于三四十年代进一步推动了中国文化的现代化进程"②。

海派文学中的早期海派小说同样烙有海派文化的印记。早期海派小说展示了上海半殖民地大都会的畸形和病态，捕捉到市民的复杂心态，对人物进行潜意识的挖掘和心理分析，给我国现代文学带来了一种新气象。具体来说，有以下的特点：（1）把感觉客体化，组成立体画面；（2）快节奏情节推进，跳跃式镜头组成；（3）荒诞性的虚幻，哲理性的探索；（4）罕见的用语，奇异的修辞。早期海派小说多以情爱为主要内容，不少作品存在明显的媚俗和猎奇倾向，其更为严重的缺陷是远离革命运动，避开重大事件，但仍不失为昔日上海一道色彩跳跃的都市风景线。③

"海派文化"对"海派电影"亦有影响。所谓的海派电影，作为早期上海电影的代名词，既指一种与特定文化形态密切相关的电影流派，同时也指中国电影发展的一个阶段，即以现代商业大众文化为基本特征的海派电影阶段。海派文化的开放性、包容性以及通俗性和大众性在海派电影中都有所体现。早期上海电影在海派文化的大环境下，与海派文化相互影响，逐渐形成了"现代与传统同在，政治与娱乐兼容，艺术与商业结合"的特征，这一特征不仅仅对早期上海电影产生深远的影响，对海派文化影响下的其他艺术文化形态也产生了巨大的影响。④

---

① 孙琳：《"海派"的历史多面性研究——以"京海之争"为核心》，《当代文坛》2016年第5期。
② 盘剑：《选择、互动与契合：海派文化语境中的电影及其与文学的关系》，浙江大学出版社2006年版，第18页。
③ 朱少伟：《试析早期海派小说》，方明伦、李伦新、丁锡满主编：《海派文化纵横谈——上海大学海派文化研究中心第二届学术讨论会文集》，第51—52页。
④ 邱乙哲：《海派文化环境下的上海早期电影》，《当代电影》2012年第10期。

更有学者具体说明了海派电影与海派文化的联系。石川认为，海派电影浸润着上海地域文化特色的审美价值。如海派电影较多采用商业电影的类型化元素；故事展开的空间环境一般选择都市中下层市民的日常生活场景，使空间环境成为故事的一种基本叙事构成；在冲突的营造上，擅长以贫富、都市乡村、善恶等二元冲突模式呈现普通市民的生存困境以及他们在这种困境中的渴望、挣扎与求生策略。由于上海的地域文化始终处于跨国文化多元交汇的前沿地带，因而，在影片的话语、影像形态上，也较多受到中国传统叙事文化与海外影像文化的双重熏陶与影响。同时，由于上海是一座近代工商业都会，电影工业生产较多受到市场机制的制约与规范，从而使艺术家的艺术观念也较多受制于普通市民观众的审美口味和影片的票房动机。这种隐匿于影片背后的经济诉求与文化诉求之间的内在张力结构，最终造就了三四十年代海派电影特有的视听形态、审美风格和文本结构。①

沪剧是上海开埠以后随着上海都市化而逐渐发展起来的一个剧种，它起先只是流行于乡村田头的山歌，后在19世纪80年代进入上海城区，在五方杂处的大都会中，迅速丰富自己，创作了诸多反映城市当下生活状态的现实题材作品，并与西方话剧形式相结合，创造并成功地上演了中西融合的多场话剧式的西装旗袍戏，实际上打造了一种上海的都市歌剧。沪剧的此种变化，钱乃荣认为是由于沪剧在接受了近现代思潮和生活的洗礼，加入了中西融合、宽容创新的海派文化，融入民间。沪剧的特点是海派文化海纳百川、有容乃大的特点，是可以不断创造先进文化的特点，它为城市文艺的繁荣提供了样本。②

作为精神慰藉的宗教，在近代上海复杂的社会中，受到海派文化的多方影响，并随着环境的变化，其组织形态具有新的特点。葛壮认为佛教、道教等在其组织上也体现出海派文化的创新意识和善于模仿吸收新事物的特点。③

海派文化的影响不仅仅体现在精神层面，在一些物化的有形物质层面亦有反映，如在海派建筑和海派家具中。所谓的海派建筑，是中华民族文

---

① 石川：《重视海派电影内在话语机制的重构与传承》，《电影新作》2003年第2期。
② 钱乃荣：《沪剧与海派文化》，方明伦、李伦新、丁锡满主编：《海派文化纵横谈——上海大学海派文化研究中心第二届学术讨论会文集》，上海大学出版社2004年版，第54—65页。
③ 葛壮：《宗教与近代上海社会的变迁》，上海书店出版社1999年版，第353—357页。

化融合地域性文化并有选择性吸收外来先进建筑文化在建筑艺术上的体现，是西方文化大举东渐，西方资本家和建筑师带来西方先进的建筑思想和技术在建筑上的具象。蒋德江认为海派建筑具有多样性、包容性和创新性等特点。[①] 海派建筑是海派文化的反映，形成了海派建筑文化，王振复认为海派建筑文化具有以下特征：第一，建立在上海近、现代城市商贸经济日益繁荣的基础上，商贸类建筑是其文化主调；第二，具有一定的文化开放性，渐入熔裁中西的建筑文化境界，对传统建筑文化采取较为严厉的选择态度；第三，是一种"杂交"型的建筑文化形态，从"西体中用"到"中体西用"，是海派建筑文化的创新之路。[②] 吴向阳从海派建筑文化的社会生成入手，认为海派文化是上海社会变迁的结果，而海派建筑是伴随着海派文化的生成而形成的，实质上是地域文化价值观的映射。[③]

研究历史是为了更好地为现在和将来服务。如何让海派文化更好地为上海建设服务，成为学者们思考的问题之一。就拓宽海派文化国际影响力的途径，杨剑龙认为，在上海城市建设中，继承海派文化的历史传统，拓展海派文化的国际影响力，是上海文化建设的重要方面，为此，要从三个方面着手。第一，要营造宽容创新的文化生态，即营构开放豁达的文化接受氛围；创造宽松适宜的文化人才引进的文化环境；制定文化建设发展的政策策略。第二，创造动态的有意文化传播，即需制定文化传播的规划；需创建海派文化的品牌；需搭建文化传播的平台。第三，要建构文明多元的市民文化，这需要从建构国际都市的市民意识，形成礼貌文明的行为举止，创造多元丰富的社区文化等方面着手。[④] 潘光认为海派文化在国际上已具有较强的影响力，这主要从三个层次上体现出来：在海外华人社区的影响，对周边国家的影响，在欧美发达国家的影响。海派文化走向世界的最重要渠道是人际交流，这主要包括两大群体，一是海外上海人群体，二是世界各地的老外"上海人"群体。这两个群体在扩大海派文化的国际影响力中，发挥了举足轻重的作用。要扩大海派文化的国际影响力，除发挥这两大群体的作用外，还要进一步发掘海派文化发展史上积累的国际资

---

① 蒋德江：《浅论海派文化与海派建筑》，《安徽建筑》2006 年第 4 期。
② 王振复：《论海派建筑文化》，《复旦学报》1993 年第 3 期。
③ 吴向阳：《不唯中西 只求先进——论海派建筑文化的社会生成》，《建筑学报》2003 年第 6 期。
④ 杨剑龙：《拓展海派文化国际影响力的几个因素》，《上海大学学报》2007 年第 1 期。

源，继续积极拓展国际文化交流的渠道。他指出多样文化的竞争互补不但是海派文化发展的动力，同时也是扩大海派文化国际影响力的必经之路。①

朱英认为探讨"海派"文化，目的在于在改革开放的新时代挖掘"海派"文化的积极方面，以利于中国的现代化建设。其所秉持的原则，如同沈渭滨所提倡的那样要继承前辈的优良传统，继续扎根于民族文化的土壤之中，不断地吸取其他区域文化的优点和长处，使自己更趋完善。朱英主张在新时代要将海派文化古为今用，首先要发扬"海派"文化的恢宏包容的底蕴和气度；继承和发扬"海派"文化敢于创新、进取、竞争的精神，实现观念意识的转变，重塑上海的城市人格。② 李幼林指出要把握海派文化发展的方向及其张力，应做好以下几方面的工作：第一，以更加开放的姿态开拓海派文化的发展空间；第二，将全球视野与本土关怀结合起来，拓展海派文化研究的思路；第三，与时俱进，不断赋予海派文化新的内涵。③

由于海派文化产生于近代上海，它有时被称为近代上海市民文化，从以上论述当中所涉及的论文及著作之外，还有一些与近代上海社会相关的一些著作。如上海社会科学院出版社1990年张仲礼主编的《近代上海城市研究》，分为总论、经济篇、政治社会篇和文化篇，共计20章。它对于近代上海城市演变过程、发展规律与历史关节点、租界影响等方面，都作了探讨，提出了自己的看法。相对于一般的关于上海城市某一方面的成果来说，该书比较完整、全面地讨论了上海城市，贯穿整个近代，囊括经济、政治、社会、文化等各个方面，较好地把握了微观与宏观、局部与整体的关系。对于整体把握海派文化产生的政治、社会、经济环境大有益处，是了解海派文化的必读书目。上海人民出版社1993年出版的陈伯海和袁进主编的《上海近代文学史》，将上海近代文学置于近代上海文化的三对主要矛盾，即工业城市文化与农业乡村文化、中国文化与西方文化、士大夫文化与市民文化的冲突与融合之中，探讨近代上海文化影响下的文

---

① 潘光：《海派文化的国际影响力与上海的国际竞争力》，《上海大学学报》（社会科学版）2007年第1期。

② 朱英：《商业革命中的文化变迁——近代上海商人与"海派"文化》，华中理工大学出版社1996年版，第196—201页。

③ 李幼林：《海派文化的历史流变与发展方向——以"浦东学派"为例》，《探索与争鸣》2010年第6期。

学，即从上海开埠到"五四"之间的上海文学发展流程，总结它们的成就，揭示它们的矛盾，指出他们的不足。美国哈佛大学大学中国文学教授李欧梵所著的《上海摩登———一种新都市文化在中国（1930—1945）》被称为"一本关于上海的颓废加放荡的小说，一本鸳鸯蝴蝶笔法写就的散文、一本时空错落，充斥着声光魅影华丽的文化地形图。另外，它还是一部极其严肃的文学批评专著"。另外还有香港中文大学 1998 年出版的汪晖和余国良编《上海：城市、社会与文化》，北京大学出版社 2001 年出版的李欧梵所著《上海摩登———一种新都市文化在中国（1930—1945）》，上海社会科学院出版社 2005 年出版的张忠民编《近代上海城市发展与城市综合竞争力》，等等。

2001 年成立的"海派文化研究中心"，是研究海派文化最引人注目的学术机构。该学术机构出版有海派文化系列论文集、海派文化丛书等。其中海派文化丛书，包括《上海婚俗》《上海方言》《海派书画》《戏出海上》《上海女人》《墙呼啸》《上海电影》《上海租界百年》《上海人吃相》《海上教育家》《海派文学》《上海先生》《海派大律师》等共计 33 本，近 700 万字，于上海世博会举办之际正式面世，它全面系统地梳理了以海派文化为重要特色的上海城市文化，该书涵盖了上海开埠以来的建筑、金融、风尚、民俗、电影、戏剧等多个方面，既有宏观的研究和阐述，又有具体的描绘和剖析，向世人展示了一幅丰富多彩的海派文化的起源、发展、形成以及深化的历史画卷，该丛书成为研究海派文化的重要学术著作。

余洋、张浩然等学者发现，在对海派文化的研究中存在着功能主义与精英主义取向。这在海派文化学术研讨会的前五届学者所提交的论文中表现明显。相关海派文化的论文，主要论述海派文化的形成、意义、特征、结构及作用。学者们在论述过程中，字里行间对于海派文化的肯定是很明显的，具有功能主义取向。除此以外，在海派文化研究中，人们关注社会精英在海派文化形成中的贡献，对海派文化及上海发展的重要作用，具有精英主义取向。他们认为功能主义和精英主义取向为人们更加清晰地认识到海派文化的重要性提供了视角，它对于海派文化的健康成长和上海社会经济的发展具有一定的意义。但这种研究范式往往分析海派文化的正功能，注意到海派文化的显功能，避而不谈其反功能和忽视其潜功能，从而不利于全面分析海派文化的作用，不利于扬弃海派文化的精华和糟粕。①在以后的研究中，学者们还需加强对海派文化的消极影响及其一般小人物的研究，深入剖析和解构海派文化，厘清海派文化形成的内在机制、传播途径，运用社会学、新闻学等多学科、多角度，对海派文化不但进行宏观研究，还要加强中观论述、微观梳理，以便进一步将海派文化研究推向前进。

三 京派文化

北京是中国历史悠久的帝都，近代以来成为中国的政治文化中心，在这座城市里发生了很多重大的历史事件。京派文化，泛指具有北京历史和地域特色的文化，是地域文化的一个代表。即来自北京地区周边的一种文化，其实最早是一个很狭隘的概念。但京派不是一个严密的文学团体，它是指20世纪30年代活跃在北京的自由主义作家群，从事新文学创作的小说家、诗人，其成员主要有周作人、冯至、陈梦家、方玮德、林徽因、孙大雨、孙毓棠、林庚、曹葆华、沈从文、废名、朱光潜、何其芳、萧乾、老舍等。20世纪80年代初，"京派文人及其文字"是为近30年现当代文学的热点话题，京派文人在文学上取得了巨大的成就，京派文人对于中国现代自由主义知识分子的自由精神追求也促进了近代京派文化的形成。京派作家群而不党，各自书写着对于乡土文化、民俗人性的探讨，他们被标榜为北京作家的"诚实与质朴"。他们主张要张扬文坛正气，描写生活中的小人物，贴近底层生活。"京派"一词本是京剧界用来指称与创新的海派京剧不同的传统京剧流派，后引入文学界，自20世纪30年代起，被借来指称"京派作家"代表的一种古典的、追求传统的价值观和审美情趣的文学流派。江西省中国茶文化研究中心刘清荣认为由于"京派作家"大多聚居在北京，所以现在的京派文化泛指在北京这块土地上形成的具有浓郁"京味"的区域文化。

关于北京文化的专著很多，不过多描述古代的北京文化，如朱耀廷的《北京文化史研究》、王建伟的《北京文化史》，论述从远古时代到清代的整个脉络的北京文化，关于近代的北京文化专著较少，在文化通史里会有

---

① 余洋、张浩然：《海派文化研究中的功能主义与精英主义取向》，李伦新主编：《海派文化的兴盛与特色：第六届海派文化学术研讨会论文集》，文汇出版社2008年版，第193—199页。

提及。北京通丛书有一系列讲北京文化的著作，如谢其章选编《邓云乡讲北京》、赵洛选编《赵洛讲北京》、秦薇选编《叶祖孚讲北京》、舒乙选编《老舍讲北京》、杨良志选编《朱家溍讲北京》等，历代文人都不乏对于北京文化的溢美之词。

京派文化内容宽广，体现了京派文化本身的宽容和包容。北京是明清帝都，有着浓郁的传统文化气氛。京派文化传承的是以市井人物为中心的创作传统。"李大钊讲的北京特色，是新旧综合；林语堂讲北京文化，强调自然、艺术、生活三要素的综合；朱自清讲北京文化三特色：大、深、闲"。[①]

朱之润的《外省与学院：京派的文化身份与文学追求》一文，从京派文人的外省身份来解读京派文化的形成与追求，当时的京派作家大多并非北京土著，而是侨寓故都的外省人，像沈从文来自湖南凤凰，废名来自湖北黄梅，何其芳则来自四川万县。侨寓故都自然会带来一些微妙的心态，但更重要的是他们始终带有外省文化的背景。用一个"乡下人"来看京城别有一番滋味，所以京派作家的文章多为朴实与诗意，具有外省与京城的双重文化影响。京派作家选择了一条在他们看来稳妥又扎实可靠的路，那就是回归传统回到民间，通过召回天人合一、淳朴自然传统文化要义以及自由舒展的民间文化来重塑被现代文明践踏毁损的人性，以此抵消现代化带来的负面影响。[②]

京派文化相对于沪派文化来说，更具有向传统倾斜的趋向。京派文化的传承也多为京派文人所完成，孟舒慧的《试谈京派的文化"性格"》认为，京派是中国现代文坛上影响深远的文学流派，其文化"性格"的形成深受京城地域文化与作家出身背景的影响，不仅通过作品呈现出来，也反映在与海派的论争中。废名、沈从文、凌叔华、萧乾、芦焚、周作人、林徽因等人，是疏离于政治、单纯致力于艺术文学的自由主义文学家的社会精英群体。发生在1933年至1943年京派与海派之间的论战更能够凸显京派文人的性格，秉持着严肃认真的创作理念，坚持纯文学、纯艺术的写作态度，反对文学受政治、经济因素的制约，成为宣扬政治意识形态的工

[①] 王东、王放：《北京魅力：北京文化与北京精神新论》，北京大学出版社2008年版，第18页。

[②] 朱之润：《外省与学院：京派的文化身份与文学追求》，《安庆师范学院学报》2011年第12期。

具，也反对为了娱乐的"趣味主义文学"，京派成员之间并非秉承着派别义气而抱团结伙，也无密切的组织联系，他们群而不党，各自书写着乡土家园、探讨着民俗人性，并以恬淡优雅的文学创作、宽厚平和的处事风格，在现代文坛上呈现出了独特的文化"性格"。①

文学武的《京派文学与中国现代都市文化空间》一文，从公共活动空间、大众媒介和权力意识等角度论述了京派文学与中国现代都市文化的紧密联系，展示了他们独有的精神魅力。京派文学不仅是一种文学流派，更是一种文化现象，它的存在和中国现代都市文化的空间有着相当紧密的联系，也反映了当时中国现代知识分子精神生活的状态。20世纪20年代至30年代之间，北京的文化氛围相对宽松包容，尤其是以高校为代表的地带形成了民主自由的学术环境，如胡适、朱光潜、梁宗岱、梁实秋、闻一多、朱自清、林徽因、周作人、废名、沈从文、林庚、何其芳、俞平伯、冯友兰等知识分子以学校、同乡、同学、师生等诸多关系彼此交往，在文化上也互相认同，进而形成文化群体和社团组织。②

《河南大学学报》2006年第3期发表的白春超的《京派的文化选择：向传统倾斜》一文，则说明京派文化向传统倾斜的特征：在空间维度的中西问题上，对民族文化有强烈的认同感；在时间维度的古今问题上，重视发掘古典文化艺术精神；同时，移西方现代派之花，接中国传统文化之木。京派文化是新文化和新文学的传承。

文化要以文学为体现，京派文学又是京派文化的一个具体表现。研究地域文学应该向文化方面拓展，应该更观照文化的复杂性所形成的意义，既不能就文学谈文学，也不能简单地把地域文化看作是地域文学的唯一参照，文化的复杂性远远超过了地域性。《陕西师范大学学报》2010年第5期发表的刘勇、李春雨的《京派及地域文学的文化意义》认为，应从地域文学研究京派的文学空间，弄清楚特定京派文化根基、文化特点和文化资源。《上海交通大学学报》2011年第4期发表的文学武的《京派小说与中国文化精神》一文，则从文学的一种表现方式即小说的角度来解释京派文化与中国文化，京派作家与中国传统的文化有着更为紧密的关系，他们把这种精神投射到其创作中去，进而烙下了深刻的印痕，这在京派小说中表

---

① 孟舒慧：《试谈京派的文化"性格"》，《知与行》2015年第5期。
② 文学武：《京派文学与中国现代都市文化空间》，《上海交通大学学报》2011年第1期。

现得尤其明显。沈从文的《边城》、汪曾祺的《徙》、凌叔华的《酒后》《中秋晚》《绣枕》等都具有京派文化的特色，京派小说凸显道德化、伦理化的美好理想，强调人与自然的和谐以及生命的个体价值，重视在日常生活中体验宇宙和生命的意义，与中国的儒家、道家、禅宗都有密切的联系。京派作家的文化观也正体现了这样一种倾向，《北京师范大学学报》2008年第2期发表的刘勇、艾静的《京派作家的文化观》认为，京派作家不是一个严密的文学团体，在实际创作中也存在很大差异，并且学术界对京派的研究长期存在激烈争议。但他们拥有相似的文化观，这一文化观主要体现在自然人性观、古典审美情结和中立包容、沉稳宽厚的文化姿态三方面。其中这种文化姿态的形成受到学院文化和北平文化的双重滋养。

京派文化有饮食文化、建筑文化、园林文化、娱乐文化、庙会文化之分，又有宣南文化、皇城文化、运河文化、天坛文化、胡同文化、宅门文化、大院文化之分。《北京师范大学学报》2004年第1期发表的刘勇《从历史深处走向现实与未来：对北京文化独有魅力及发展态势的思考》认为，提到北京文化首先是乡土味，即北京独特的地域色彩和文化习俗；其次是传统味，即古都文化的积淀老北京人的人格、心态；最后是市井味，即北京普通市民的生活状态、品格气质，提到北京文化就起载体，包括王官文化、士大夫文化和市民文化。知识产权出版社2006年出版的施连芳、上官文轩著《趣谈老北京文化》一书，则从老北京的饮食和街道名称来解读京派文化，北京的街巷地名与自然界、动植物、生活饮食、方位、数目、人体等密切相关，北京的饮食文化独具特色，如北京烤鸭、涮羊肉、烤小猪和其他的一些风味食品。北京街巷地名虽是复杂繁多，但是作者挑选了一些具有代表性的街巷地名，如长安街的由来，东单、西单和东四、西四，王府井、天坛、地坛等等，老北京的传统文化可以说是丰富多彩。

而中央民族大学出版社2013年出版的林继富著《少数民族民俗与北京文化关系研究》，则从民族融合的角度来阐释少数民族文化对于北京文化形成所起到的作用，他认为北京文化史多民族共同建设的文化，北京文化从来就没有离开过少数民族文化的滋养，北京人的性格也受到了少数民族的影响，正是由于少数民族文化的影响才造就了北京文化。北京建筑文化也是为一个独特文化，学苑出版社2003年出版的高巍著《四合院砖瓦建成的北京文化》一书，阐释了四合院的本质，介绍了四合院对于传统文化的传承，著作也变现出作者对于故土的眷恋之情。光明日报出版社2008

年出版的《北京文化史研究》收录的顾军、王立成《试论北京四合院的建筑特色》则阐释了四合院的建筑特色与历史成因。

京派文化是对田园与人情的深情回眸。京派文化与海派文化，这两种文化风格在中国现代至今依然并行存在。如果说海派文化是阳春白雪，那么京派文化就是下里巴人。如果说张爱玲代表了海派文化，那么沈从文、老舍就代表了京派文化。京派文化描写了小人物，贴近了底层生活画卷，无比眷恋地遥望了湘西世界，展示了人性之中的美。"要看中国的两千年，请到西安；要看中国的五百年，请到北京；要看中国的一百年，请到上海；要看中国的近十年，请到广东"，这首民谣点出了北京与上海的历史维度，两者具有鲜明的特征，在空间上二者的不同更为明显。京派文化与海派文化作为近代不同的地域文化代表，两者有着鲜明的不同。京派文化与海派文化都是在西方文化的冲击下又结合了中国传统文化而形成的近代文化。不同的是京派文化所代表的更为古朴与大众，而海派文化则代表了时尚与精英。北京与上海截然不同的文化环境，以及京派作家与海派作家对中西方文化取舍的差异，使20世纪30年代京派与海派作家选择了不同的生活方式，形成了表面上对立的文化心态：一者传统、内倾、节制；一者新潮、开放、趋时。鲁迅认为京派是"官的帮闲"，海派是"商的帮闲"，京派定位为官本的、传统的，海派定位为商业、消费。京派与海派之间的争论也更能够显示其不同的特性，京派与海派的对峙冲突，也都有各自的形容词，京派：贵族的、高雅的、严肃的、传统的、学院派的（士大夫的）、官的；海派：通俗的、大众的、功利的、商业的、摩登的、殖民的。京派与海派的文化冲突正是知识分子精英文化与大众文化、通俗文化的冲突。关于中国知识分子的分化与组合，可参见上海人民出版社2007年出版的王晓渔著《知识分子的"内战"：现代上海的文化场域1927—1930》。

关于京派文化与海派文化的共同点，《南京社会科学》2010年第3期发表的黄德志的《论1930年代京派与海派作家的文化心态》认为，在30年代特殊的政治文化语境中，京派与海派作家或者因为对政治的失望而"远离"政治，或者因为对政治的恐惧而"放逐"政治，他们最终选择了不合时宜的自由主义，体现出自由主义文化心态的趋同性。《河套大学学报》2006年第3期发表的尹东昇的《"五四"都市文化观照下的"京派"与"海派"》认为，京派和海派都具有开放性眼光，处在不断的分化衍变中，知识结构也很开放，知识面也很开阔，接受外来文化的影响繁复驳杂，虽然京派与沪派在中国历史上存在的时间很短，但是京派和海派的作家用理性和心血来维护文学的尊严与社会的价值。

关于二者的不同，黄德志认为是由于20世纪30年代北京与上海不同的文化环境形成京派作家与海派作家文化心态的巨大差异性，京派作家更多地倾向于中国传统文化，海派作家较多地认同于西方现代文化。杨义的《作为文化现象的京派与海派》，把文学流派作为一种文化现象来看待，现象还原和文化定位是对文学流派进行研究的两个基本点。文章从文化人类学视角、生命哲学与生命诗学视角、比较文化学视角不同角度分析了京派文化与海派文化的不同。京派文化与海派文化之分涉及地域文化学或人文地理学，也涉及中西文化撞击交融的异质性和不平衡态。尹东昇则从京沪地区不同的文化特色、不同的文化浸染、作家身份及其来源不同、京沪文化的衍变与分化几个方面来解释京沪文化的不同，他也认为京派和沪派代表着本土文化与外来文化的碰撞，体现出现代与传统的二元并存的现代特征。①

也有学者从大俗与大雅上来讨论京派与海派，"雅俗共赏的江南文化传统承继到近代，使得上海的城市文化，不像京城的士大夫文化那样纯粹的大雅，也不像北方民俗文化那样彻底的大俗。近代的北京是一个二元的世界，大学里的洋教授与胡同里的骆驼祥子们，绝不可能欣赏同一种文化。但上海不一样，上海的文化人与市民阶级在文化上处于同一个世界，既过着世俗的生活，又力图附庸风雅，风雅与世俗，经营与大众，虽然有界限，却没有无法跨越的鸿沟"。② 新星出版社2006年出版的杨东平著《城市季风：北京和上海的文化精神》，也认同京派知识分子经营文化与京味民间民俗文化构成了大雅大俗的强烈对比和反差，在他看来我们通常用"京派"和"京味"来描述北京文化的上下两层，而"海派"一词指称上海文化，不同的社会阶层、职业角色的上海人生活在大致相仿的生活方式。

1933年10月，《大公报》发表沈从文的文章《文学者的态度》，把隐

---

① 杨义：《作为文化现象的京派与海派》，《海南师范学院学报》2001年第2期。
② 许纪霖、罗岗：《城市的记忆上海文化的多元历史传统》，上海书店出版社2011年版，第16页。

隐约约存在的、实则大而无形的有关京沪文人的不同风貌和优劣的争议浮出水面，为以后的京沪之间的争论埋下了伏笔，苏汶以《文人在上海》回应之。有关京沪文人之间关于文化的论战，上海人民出版社 2015 年出版的王爱松著《京海派论争前后的文学空间》一书，探讨了海派与上海文化、京派与北平（北京）文化之间的关联，及由此衍生出的不同文学（文化）审美追求，再现了真实历史语境中鸳鸯蝴蝶派、新感觉派、左翼文学、京派文学之间的交集和冲突，同时对鲁迅、沈从文、周作人等作家的京派与海派话语的生成机制做出了新的学术阐释。

四 广东文化

广东文化又称岭南文化，广东地处祖国南疆，因受五岭之隔，气候、交通与中原有天壤之别，所以历来文化落后，人才不多，以致被中原人士视为"蛮夷之邦""未开化之地"。广东原为南越荒芜之地，地潮湿多疾病，人烟稀少，所以，唐宋以降，官员贬谪，罪民放徙，多流于此。因此，文化较中原落后，文献的产生、传播也不如中原早。故古人又称"少不入粤，老不入川"，川粤两省"先天下之乱而乱，后天下之治而治"，此皆与所处之地域有关。自唐宋以来，广州一直是我国一个重要的对外贸易通商口岸，即使是明清海禁时期，广州仍保留着"一口通商"的特殊地位。广东对外联系基本上没有中断过，不能算是对外部世界完全封闭隔绝的地区。这一特殊条件，使属于中华文化大系统中的岭南文化表现出明显的地方特色。近代以来，广东毗邻港澳，得风气之先，成为中西文化交流的枢纽，欧美商人也多以广州为落脚地，西方文化由此进入内地，"外国文明输入中国，以广东为始"，广东文化也成为全国的引领文化。

关于广东文化的本质，学术界一直存在争议。广东人民出版社 1993 年出版的李权时著《岭南文化》认为，岭南文化是岭南人民在长期的社会实践中创造的物质文化和精神文化的总和；岭南文化是一种感性自然的原生型文化；岭南文化是一种包容性的移民文化；岭南文化是一种商业文化，世俗文化；岭南文化是一种海洋文化；岭南文化是一种反传统、远儒性的非正统文化。《图书馆论坛》2009 年第 3 期发表的骆伟的《广东近代印刷术对我国文化的贡献》认为，广东的文化背景赋予广东人包容、进取、创新和开放意识。《广东社会科学》1991 年第 5 期发表的罗福惠、高钟的《近代广东社会文化的历史成因》一文认为，广东文化植根于多样而开放的环境且属于相对未曾"专化"的文化类型是广东文化的成因,因而具有容纳外来文化和更新自身文化的若干机制,形成兼容古今、涵摄中外、充满活力与进取精神的区域文化。同时也指出广东文化的弱点,即积淀的相对浅薄,使得它会缺乏对传统文化进行改造的力量;在与外来文化结合时,也缺乏足够的底蕴和固有的功能,从而使得这种结合流于表面化,所以在近代广东人改造中国的历史上受到了很多挫折,并举近代的大事件为例,太平天国革命的结局是"曾军兴而洪军亡";康、梁领导的维新运动,被清政府打翻;孙中山领导民主革命,先受挫于袁世凯,后又被蒋介石为首的江浙集团扭转了方向,这些虽然都是政治事件,但是都受文化因素的影响。

《广州大学学报》2001 年第 3 期发表的赵春晨的《略论岭南近现代的历史特征与文化精神》一文认为,岭南近现代的文化精神是岭南传统文化精神的继承和发展,又同岭南近现代的历史特征有着直接的关系。何艳萍《岭南思想文化在近代化中的历史地位和作用》将近代岭南文化分为三个发展阶段加以阐述:第一阶段为岭南思想的形成阶段,自第一次鸦片战争后到第二次鸦片战争开始前,代表人物是朱次琦、陈澧、洪秀全和洪仁玕;第二阶段为岭南思想的转型阶段,自第二次鸦片战争后到戊戌变法失败,代表人物为康有为、梁启超;第三阶段为岭南思想的飞跃发展阶段,自戊戌变法后到 1949 年前,代表人物为孙中山。并认为岭南文化有三个"率先":率先提出时代新课题,促进近代化经济和社会的全面发展;率先由农业文化向工业文化过渡,开启了中国近代化的进程;率先学习西方文化,促进近代中西方的交流与合作。[①]

汪松涛的《论岭南晚清文化特质》认为,鸦片战争后岭南文化在两个方面的"催化剂"的作用之下变化:一是岭南作为西方列强侵华的首选之地,民族危机和社会危机迫在眉睫,表现得格外尖锐突出,救亡图存成为摆在岭南人面前的刻不容缓的现实急务;二是西方传教士亦以广东为来华的前沿据点,他们怀抱着以宗教来感化异端,以西方的价值观和生活方式达到"和平征服世界"的目的而来,成为传播近代西方文明的中介。岭南因而在西学东渐之中得西方近代社会及自然科学文明之先机,无论是在社

---

① 何艳萍:《岭南思想文化在近代化中的历史地位和作用》,《佛山科学技术学院学报》2012 年第 1 期。

会方面、政治方面、道德伦理方面、风尚习俗方面乃至学术、教育方面，均率先受到西方近代资本主义文化思潮的猛烈碰撞。①《学术研究》1996年第1期发表的陈胜粦的《论岭南文化的近代精神》通过对林则徐、康有为、孙中山三人的人物分析，认为近代岭南文化就是一种爱国文化。《华南理工大学学报》2003年第1期发表的唐孝祥的《试论近代岭南文化的基本精神》认为，近代岭南文化精神有四个层面：经世致用、开拓创新的价值取向，开放融通、择善而从的社会心理，经验直观、发散整合的思维方式，清新活泼、崇尚自然的审美理想。

对于近代广东文化的研究多集中于其文化的开放性与多元性，但是传统文化在广东依然占有重要的地位，具有保守的一面。丁旭光《近代广东开放与粤人文化心理》认为，近代粤人与西方文化的关系经历了敌时—顺应—择善而取三个阶段；从接受层次看，经历了物质文化—制度文化—思想观念的递进过程。除少数知识分子外，粤人时西方文化在心理上始终未达到全面开放，中国传统文化及其心态在较开放的广东亦同样是十分稳固的。正因为如此，他认为囿于中国传统文化惰性，局促于岭南一隅的广东，虽是开放较早但却没能带来人的文化心理的全面开放，未能形成整个地区真正开放的氛围，确立起开放的机制，因而整个地区的发展还是踯躅而行。开放与封闭、进取与保守同在；大部分人的浑浑噩噩与少数仁人志士的趋前、超前意识并存。相当一部分民众表现出对旧秩序的顺从、对列强的容忍，只有小部分民众参与反抗封建统治、爱国御侮的斗争、革命。②

广东文化的开放性也带来了文学风气的转变，《岭南论坛》1995年第2期发表的汪松涛的《文化观念蜕变对广东近代文学的影响》认为，近代以来的广东文风转变为经世致用，与现实联系更为紧密，由于近代广东在文化观念上的发展变化，文化观念上的经世致用关切国运民生之风、爱国主义与民族精神的弘扬、文化开放以及随之而来的民主和进步意识的发展、文化上的重商主义诸因素，均对广东近代文学的形成和发展产生了深刻的影响，在宣传科学、民主与进步方面，以及在变革传统文学方面，都取得长足进步，表现出鲜明的时代精神与特色。

任捃的《近代岭南学术文化的变迁》认为，岭南区域文化有三个特

---

① 汪松涛：《论岭南晚清文化特质》，《岭南文史》1997年第1期。
② 丁旭光：《近代广东开放与粤人文化心理》，《学术研究》1988年第4期。

点：敏锐性、包容性、抵抗性，他考察从清中叶到晚清岭南地区重要高等学府的课程变化，发现文化变迁、文化冲突中学术研究的走向。"中体西用"和"西学中源"是晚清岭南学术界较为普遍的提法，它们是中西文化冲突的产物，但不是民族文化内部重新建立的文化体系。它以更为保守的姿态维护着封建文化的自尊。实质上这是文化冲突中的变异，而不是变革。民族冲突的加剧又导致本土文化内部的矛盾，学者对传统学术的改造也就成了必然趋势。①

近代以来，广东失地农民越来越多，不得已他们把目光投向海外，到南洋甚至欧美国家谋生，华侨文化成为广东文化的一个特殊现象。华侨多少受到西方文化的影响，部分接受了西方先进生产方式，在所在国办公司设工厂；回到国内，引进外国科学技术、管理经验、生产方式乃至思想文化，华侨成了中西文化交流的中介人。华侨在居留国保留传统中国文化——其语言习俗、思维模式、地域意识、宗乡感情依然存在。

乐正的《近代广东旅美华侨与岭南文化的传播》认为，近代中西文化传播是双向的文化互动，一些并没有多少文化的广东侨民，以保持完好的独特的岭南生活方式向世人展示了中国文化的魅力，以粤语、粤菜、岭南服饰、岭南建筑为载体的中国岭南文化因此而渐成近代世界文化交流史中的奇葩。在中西文化交流史中的很长一段时间里，中华文化在一定程度上是借助华侨的努力和岭南文化的某些形态传向海外的。在世界海上文明交流中，异邦之人往往是通过广东人来认识了解中国的。这种较强的对外文化传播功能，不仅是华侨文化的特色，也应是岭南文化的一大特征。②

近代以来的广东文化成为广东人物通行的价值观，作为集体的文化观影响着每一个广东人。《五邑大学学报》2015年第1期发表的张纹华的《广东近代文化特征与康有为的个性形成》认为，享乐性、重商性、开放性、兼容性、多元性、直观性、实用性、远儒性是广东文化的主要特征，康有为的生活习性、学术个性和政治个性，即受制、统一于广东近代文化的诸种特征。广东文化属于一种平民文化、世俗文化，它在本质上不适合于学术研究与政治活动而适用于从事商业活动。

---

① 任拙：《近代岭南学术文化的变迁》，《东方丛刊》2003年第3辑。
② 乐正：《近代广东旅美华侨与岭南文化的传播》，《中山大学学报》1996年第4期。

孙中山是近代广东最具代表性的人物,孙中山的革命思想、经济思想、社会福利思想都受到岭南文化的影响。胡波的《岭南文化与孙中山》一文,分析了岭南文化的特点,即实用性、功利性、开放性、包容性,岭南人的特征即开放的文化心态和外倾的性格、急功近利,注重实际的功利价值观、开拓创新与坚强性格、精力充沛,热情持中的气质。多元文化,造成岭南人的性格优势,但也刻下了各种文化消极因素的印痕,构成岭南人复杂而又充满矛盾的性格特征。而孙中山本人也具有岭南人的各种特质,孙中山早年所接受的是岭南文化模式,他一出生就受到既定的乡村习俗的影响,在而立之年前,尽管孙中山曾在夏威夷、中国香港和澳门等地学习,但他始终没有摆脱岭南地区文化的影响,自始至终都把广东作为他革命的根据地或大本营,在日常生活方式和语言表达形式也一直保留着较多的岭南文化成分。岭南文化对孙中山思想认识形成的作用和影响主要表现在:第一,对待东西方古往今来的思想学说,孙中山总是以实用主义的理性原则去吮吸和变通;第二,在思想方法和思维路向上表现为明显的多元化,以及认识上的直观性和实用性;第三,岭南文化对孙中山的革命实践和社会交往活动方面也起了一定的制约作用。[①]

《广东社会科学》1991年第1期发表的袁立春的《近代岭南文化与孙中山经济思想》一文,认为孙中山的民生思想等经济思想的建构深受近代中国社会蜕变与近代岭南文化特征的影响,而孙中山思想的完成,又反过来指导着中国近代变革的时代潮流,丰富与发展了近代岭南文化的内涵与特征。《学术研究》1995年第5期发表的胡波《岭南文化与孙中山的思维模式》认为,孙中山的思维模式深受岭南文化的影响,岭南文化是孙中山思维模式朝着开放思维模式方向发展的重要推动力,对孙中山发散式思维模式的形成起了铺垫和推动作用,孕育了孙中山的逆反思维模式,是孙中山系统思维模式形成的最初土壤,所以他认为孙中山的思维模式从总体上看还是岭南文化式的。《开放时代》1996年第6期发表的胡波《岭南文化与孙中山的致思途径》一文认为,孙中山思想理论不是思辨的抽象意义的逻辑陈述和哲理沉思,而是经验的表述,直观的领悟,感觉的强化,与岭南人倾向于实体性和直观性思维不无关系。

岭南文化与湖湘文化作为近代中国异军突起的文化代表,具有明显的

[①] 胡波:《岭南文化与孙中山》,《中山大学学报论刊》1992年第5期。

时代特性，都是在民族危亡的时代背景下成长与发展起来的，二者有很大的共性，也有许多的不同之处。近代湘粤人才群体的形成和传统岭南文化与湖湘文化的影响不无关系。《韶关学院学报》2007年第7期发表的黄中军的《论近代岭南文化与湖湘文化的精神特质》认为，近代岭南文化的精神特质表现为具有浓厚的重商意识、富于开放创新和民主精神以及学术上的鲜明功利性倾向。

五 中原文化

中原是中华文明的摇篮，中原文化是中华文化的重要源头和核心组成部分。狭义的中原，指今天的河南一带；广义上指黄河中下游地区，包括河南大部，山东西部和河北、山西南部；更广义上指整个黄河流域。历史上中原文化博大精深，有周易文化、道家文化、墨家文化、儒家文化、佛教文化、宋明理学文化，又衍生出河洛文化与河朔文化等亚文化，书写着一代又一代的灿烂文化。但是到了近代，中原文化处于内陆，对于日新月异的变化反应很不强烈，在整个中华文明的系统中逐渐落伍。

近代的中原理学研究在晚清四大理学系统中占有重要地位，中原为理学故乡，由北宋程颢、程颐首创洛学，奠定了宋明理学的基础，至南宋朱熹集其大成，程朱理学成为中国传统文化的主流学派。进入明代，陆王心学名起江南，取程朱而代之。道咸之际，全国出现了四个有影响的理学集团，其一是京师理学集团，以唐鉴、倭仁为首，成员有曾国藩、吴廷栋、何桂珍等人，曾国藩、吴廷栋师从唐鉴、倭仁。其二是湖湘理学集团，以曾国藩、左宗棠为代表，成员有罗泽南、刘蓉以及罗泽南的弟子王鑫、李续宾、李续宜等，其成员全都参加了对太平天国的战争，成就了大批的文人将帅，创造了中国文化史上的奇观。其三是桐城理学集团，以方东树、方宗诚为代表，坚守宋学抨击汉学。其四是中原理学集团，该理学集团以李棠阶为代表，其主要成员有王鉁、苏源生、郝韶景等。

周新凤的专著《清代河南作家作品选评》认为，李棠阶潜心理学，提倡学以致用，对时文试帖颇有不满。为文长于议论，语言质朴。为诗偏于说理，类宋人风格。中原理学"沧海横流，方显卫道本色"，远陆王而标程朱，但是仍认为陆王心学有很大的可取之处。在近代多元文化的冲击下，中原理学抱守经典，在治国安民上没有太大的建树。而此时的京师理学以文治胜，湖湘集团以武功胜，桐城集团以学术胜，相比之下中原理学显得苍白无力。①

在内外交困的大环境下，中原理学以传统的忠君报国的思想应对变化的世界，《焦作大学学报》2012年第2期发表的苏全有、黄亚楠的《晚清重臣李棠阶与道咸政局——论李棠阶的为官亲民之道》一文，以李棠阶的为官之道来展示中原理学家的实际应用，作为清朝大员，他为官清廉，俭以济贫，关心民瘼，身体力行，提出一系列有利的治国主张。李棠阶的为官亲民之道主要体现在三个方面：一是常操廉洁刚正之品德；二是常举勤政爱国之品行；三是常怀亲民悲悯之大义。但生活·读书·新知三联书店2001年出版的王广西的《文人·诗学·武术》一书，对于京师学派、湖湘学派、桐城学派给予肯定，对近代中原文化则毫不留情地批判，他通过对比三代中原理学群体，认为中原的理学之士胸襟越来越狭隘，心态越来越保守，学问越做越小气，关起门来"慎独"。

六 巴蜀文化

传统意义上的巴蜀文化，是指西南地区青铜时代考古学文化，主要分布于四川省、重庆市、鄂西古代巴、蜀两族生活的区域，是1941年首次提出的。《华中师范大学学报》2006年第4期发表的林向的《"巴蜀文化"辨证》一文认为，巴蜀文化有广义、狭义之分，"狭义的巴蜀文化"，即中国西南地区以古代巴、蜀为主的族群的先民们留下的文化遗产，主要分布在四川盆地及其邻近地区，其时代大约相当于春秋战国秦汉时期，前后延续上千年。从考古学上确认巴蜀诸族群的文化并形成巴蜀文化区，是1949年以来两周考古的一大收获。"广义的巴蜀文化"是指包括四川省与重庆市两者及邻近地域在内的、以历史悠久的巴文化和蜀文化为主体的、包括地域内各少数民族文化在内的、由古至今的地区文化的总汇。古巴蜀文化创造出灿烂的优秀文化，以中原文化有很大不同。秦始皇统一全国后，巴蜀文化纳入中华文化圈内，与中原文化不断的融合。此后随着其他民族的不断迁入，受移民文化影响，形成了巴蜀文化融合汉民族文化与少数民族文化的特色文化。特别是宋元之间、明清之间的战乱使得当地人口的锐减，以致形成了"湖广填四川"的移民运动，原有的文化发生了嬗变，使

---

① 周新凤：《清代河南作家作品选评》，中国致公出版社2001年版。

近代的巴蜀文化显示出更为明显的海纳百川的特征，为近代巴蜀文化的重振起了决定性作用。①

《成都大学学报》1989年第4期发表的王世达、陶亚舒的《巴蜀文化的特征及其对当代西川文化发展的影响》认为，巴蜀文化是以汉民族为主体（占其总人口的96.3%），多民族杂居，是一种汉文化为主的多民族复合型文化。它的两个主要文化巴与蜀文化，是历史悠久的、基本上未迁移的、稳定的亚文化，故它是一种历史连续型文化。

历史上的移民使得巴蜀文明具有逐渐形成巴蜀文化的包容性和积淀性特征，袁庭栋的著作《巴蜀文化志》认为，巴蜀文化最主要的特点是由移民文化而表现出的兼容。当历史进行到19世纪与20世纪之交，古老的巴蜀文明也缓慢地发展着。一方面，长期积累的传统机制仍运转着，发挥着重要的作用，巴蜀地域文化的内陆腹地农业文明的性质仍未发生根本的变化；另一方面，随着西方文明的涌入，随着波澜壮阔的社会巨变，巴蜀地域文化出现了许多前所未有的变化，尽管十分艰难，但已和整个中国的进程一样，步入了现代性的历史转型。近代的西方民主文化传入四川，很快四川就成为近代中国民主革命的一个中心。近代民族民主意识的传播使得巴蜀文化性质发生裂变，由古典形态向现代形态转型的标志，轰轰烈烈的晚清四川保路运动即是代表性事件。②

谭继和的《四川保路运动：巴蜀文化由古典形态向现代形态转型的标志》认为，四川保路运动是百年来中华文化由古典时代进入现代化时代的标志。它突出地表现在城市化意识的加速与市民意识的转换、巴蜀文化对西方民主意识的吐纳与民族革命精神的突起、巴蜀古史的救国主义新解读与巴蜀生活习俗和文化心理的转型三大方面。它为百年来的民族文化觉醒与复兴开启了大幕，也为中国文化现代化将来的去向指示了路标。③ 四川省社会科学院陈笑量2007年的硕士学位论文《五四前后巴蜀文化的现代化》认为，巴蜀文化的现代化转变开始于洋务运动、戊戌变法后，四川保路运动和辛亥革命是这一转型最激烈、最震荡、最深刻的时期。五四运动前后出现了新的特征，巴蜀文化是伴随着与西方文化的交流与融汇中逐渐

---

① 林向：《"巴蜀文化"辩证》，《华中师范大学学报》2006年第4期。
② 袁庭栋：《巴蜀文化志》，巴蜀书社2009年版。
③ 谭继和：《四川保路运动：巴蜀文化由古典形态向现代形态转型的标志》，《西华大学学报》2012年第1期。

发生裂变，树立了时代精神，加速了巴蜀文化由传统走向现代化的转变，为巴蜀文化的现代化打开了思想理念上的"天窗"。

《北京师范大学学报》2008年第2期发表的李怡、张敏的《"中心"与"外围"文化意义的生成与生长——以北京文化与巴蜀文化的比较为例》认为，抗日战争将西僻之巴蜀变为躲避战乱和民族复兴的大后方时，随着政治经济文化中心的西迁，巴蜀这片被人遗忘和冷落得太久的乡土才第一次被凸显于文化的前台。巴蜀地区也成为抗战的大后方，众多的高等学府和人才进入大西南，保存了中华文明的种子和复兴的基地。《西华大学学报》2015年第3期发表的谭继和的《简论中国抗日战争的"三个战场"》认为，大后方既是民族解放战争的特殊战场，也是中华民族文化的大熔炉和民族经济与文化现代化的新起点。

此外，近年来其他地方文化史也相继出版。中华书局2013—2014年出版的袁行霈等主编的《中国地域文化通览》，对中国各省的文化专门分卷出版，涉及了近代文化的内容；在近代地域文化研究上，如有中华书局2004年出版的安作璋主编《齐鲁文化通史》近现代卷、内蒙古人民出版社2009年出版的金海主编的《从传统到现代——近代内蒙古地区文化史研究》、大连理工大学出版社2009年出版的曲彦斌主编的《辽宁文化通史》近现代卷、河北教育出版社2013年出版的刘洪升的《燕赵文化史稿》近代卷、安徽人民出版社2015年出版的卞利主编的《徽州文化史》近代卷、广西师范大学出版社2016年出版的刘硕良主编的《广西现代文化史》4卷本等书，都展现了各自区域文化的丰富面相。

近年来区域抗战文化史成为学界关注热点，出版多部著作。如重庆出版社1995年出版的苏光文主编《抗战时期重庆的文化》，浙江人民出版社1995年出版的王嘉良等著的《中国东南抗战文化史论》，中共党史出版社2004年出版的唐正芒等著的《中国西部抗战文化史》，南京出版社2007年出版的孟国祥的《南京文化的劫难：1937—1945》，广西人民出版社2015年出版的李建平、盘福东的《广西抗战文化史》及上海人民出版社2015年出版的齐卫平等著的《抗战时期的上海文化》等书，都从各自区域角度论述了抗战时期的中国文化。

第三节 区位文化研究

一 都市文化史

都市文化贯穿于都市发展过程中，都市文明代表着人类的文明。都市文化涵盖了社会的政治、经济、文化、道德各个方面。中国古代都市文化产生于农业文明中，近代中国都市文化并不是像西方那样建立在工业文明的基础上，而是伴随着西方列强的侵入，由中国的传统文化与西方文化碰撞而形成的。城市是相对于乡村而言，在中国古代，"城"指四面围着城墙、扼守交通要冲的军事据点；"市"是交易市场。"城""市"结合为一体，便成为政治、经济与商业中心。而文化则是涵盖面相当广泛的概念。大文化概念是指人类社会历史实践过程中所创造的物质财富和精神财富的总和，包括学术文化、规范文化、艺术文化、传播文化、交际文化、习俗文化、保健文化和教育文化等。都市文化为何各个不同？在于它的地方性、民族性的丰富多样。中国近代都市文化是中国传统文化与外来文化相结合的结果，中国地域广大，都市文化也形形色色，成为不同地区显著的名片。李平在2008年《都市文化研究》上发表的《论都市文化的类型及其演进》一文，认为真正的都市是工业革命以后伴随着工业化、城市化进程而出现的。在都市文化的研究中，目前存在三种模式：传统马克思主义模式、西方城市社会学模式和后现代空间模式。传统马克思主义模式对于解释都市文化产生的基础给予了大量的理论解释，但其现实指向性和实用性有待商榷，而对"人"的关注尤为不足。

近代都市文化形成于传统文化与外来文化的碰撞，说法各有不同，有人以经济发展的角度来解释，有人从西方文化传入的角度来解释。《山西建筑》2010年第25期发表的黄涛等人的《谈中国的都市文化》，反对狭隘的都市文化观，认为都市文化不以城市的大小、地位来决定都市文化的有无或优劣，都市文化在各种不同的城市中都是普遍存在的。

第一，经济基础论。《江苏商论》2012年第2期发表的周志平的《都市文化探析》认为，都市文化是以都市经济为基础的文化，都市文化是"都市经济"的结果，是伴随着都市经济发展而出现的一种文化发展的掣动。都市文化是指与都市经济社会发展相适应，同国际性大都市并轨并具有中国特色和地方风格的都市文化艺术服务，都市文化设施的"硬件"，文化管理、文化法规与都市人文化素质，文化消费结构之类的"软件"。

第二，文化模式论。刘士林认为近代都市文化是与中小城市完全不同的文化模式，中国的都市文化的形成有着其特殊的文化模式。①

第三，文化精神论。此观点主要说明都市文化依赖于民族精神，鲍宗豪等认为都市文化依赖于民族文化精神，而且都市文化必须要有主体，如果无主体就失去价值和存在的必要。其中他又将都市文化分为都市金融文化和都市社区文化。②《华东师范大学学报》2008年第4期发表的郑崇选的《马克思主义理论与都市文化的生产》一文，从马克思主义理论来解释都市文化的产生，都市文化的生产体现了社会精神生产在都市化阶段的新特征，因此要把都市文化的生产放于马克思主义哲学这一更为宽广的视野中去审视。

第四，都市文化形成的延续论。此观点主要认为中国的都市文化古已有之，近代都市文化是历史延续的结果。有学者从吴越文化和南宋文化来追溯南方都市文化形成的历史因素，而明清则造就了南方都市文化的繁荣，这些都为近代都市文化的出现奠定了基础。近代以来，随着上海的崛起，最早发端于绘画和戏剧的海派文化的地位迅速上升，形成了早期海派文化市民性、商业性和包容性的鲜明特征，并进而辐射和引领了江南都市文化。

近代都市文化的代表城市为北京和上海，目前学术界的研究也较为丰富。北京的都市文化代表的是古朴和传统，而上海的都市文化则代表的是摩登和现代。在五四运动以后，这种差异表现得更为明显。《河套大学学报》2006年第3期发表的尹东昇的《"五四"都市文化观照下的"京派"与"海派"》一文，认为京派和海派的出现，代表着都市文学的成熟。北平是文化古都，中古文化沉淀较为丰富，京派文化活跃在京津地区，以北大、南开、清华等高校为依托形成文人学者型群体。与京派不同，上海是重要商埠，华洋相邻，灯红酒绿歌舞升平，以地理角度而论，更成为文化冲突的前沿。京派文化作家像老舍等人更多地描写大杂院、小胡同、茶馆、车厂、戏楼、澡堂，海派文化作家多描写夜总会、跑马场、摩天楼、舞池、酒吧等。可以说，在文化底蕴上，京派是温文尔雅的，像一个大家

---

① 刘士林主编：《中国城市科学》第3辑，上海交通大学出版社2012年版，第70页。
② 鲍宗豪等：《都市文化：城市发展的支撑点》，《社会科学报》2006年2月23日。

闺秀，海派更像是带着西方文明的时尚模特。①

有学者认为海派文化也是一种大众文化，《郑州大学学报》2000年第5期发表的张鸿声的《都市大众文化与海派文学》一文，把上海放入经济大潮的背景之下，市民社会的出现，使上海在20世纪30年代形成了以中等阶级为代表的都市大众文化，海派文学是其在文学上的代表。

女性研究也是都市文化研究的一个视角，近代都市文化名家多以男性为主，而女性也扮演了重要角色。《求索》2008年第12期发表的沐金华的《40年代女性都市文学创作的文化特质》一文，以抗战的大背景下论述中国的都市文化，文章重点阐述了以张爱玲和苏青为代表的都市文化女作家。抗战爆发后的中国文学形成国统区、解放区与沦陷区三个不同的政治区域。这三者之中，解放区由于处在落后边远地区，是不可能出现都市文学的；国统区中虽不乏城市，但缺少成熟的都市文化形态，加上国统区的文化人大多是辗转迁徙而来，暂时还未能融入都市社会之中，也不可能对那些短暂繁荣的中小城市进行细微观察，使都市文学失去了依托的载体。相对而言，沦陷区的文化人在汉奸文学与抗战文学夹缝中拼杀出一条生存之路，使都市文学取得了意外的收获。王侃对张爱玲的剧作及影评做了阐述，认为张爱玲的编剧经历按地域空间分为上海和香港两个时期，沪港都市文化在张爱玲的剧本中得到彰显，其编剧文本以其特有的方式参与着两地都市文化的流变。张爱玲在上海时期创作了以中产阶级市民为主角的经典剧作《不了情》和《太太万岁》，其创作在当时救亡抗战的主流创作形态下对上海都市文化有着某种补白作用。②

近代沦陷区的都市文化是学者研究的另外一个方向。很多学者在战争时期前往内地，遗留下来的知识分子也停止了原来的创作，沦陷区的都市，由于家园的沦陷，人们的伤感、虚无、绝望的心态，与旧有的都市形态结合在一起，暴露出都市人文化心理的新动态，河南大学出版社1997年出版的张鸿声著《都市文化与中国现代都市小说》认为，沦陷区中的都市，在上海处于西洋文化与东洋文化的夹缝中，显示了上海文化的投机钻营、市侩习气、趋炎附势、无所追求的负面文化；在北平则是既有的士大

---

① 尹东昇：《"五四"都市文化观照下的"京派"与"海派"》，《河套大学学报》2006年第3期。

② 王侃：《都市文化的影像化呈现：张爱玲电影剧本研究》，硕士学位论文，湖南工业大学，2015年。

夫生活、艺术的趣味恶性膨胀。在特定的历史时期，表现出不同于往日的某些特征：初当亡国奴的惶惑，无能为力的苟安，生活艺术趣味的膨胀，以及为求生存而施的种种小计谋等千情百态。

都市文化对于中国近代的革命进程也有重要作用，《上海党史与党建》2010年第9期发表的邵雍的《都市文化与中国共产党的建立》一文认为，五四运动前后，具有初步共产主义思想的先进知识分子充分利用通讯社、报纸、杂志等都市社会舆论空间以及书局、学校等文化传媒，从各个不同方面大力宣传马克思主义、社会主义与苏维埃俄国，为中国共产党的建立制造舆论、创造条件。这一历史进程充分反映了先进文化在中共建立这一翻天覆地的历史大事变中所起的重要作用，以及当时具有初步共产主义思想的先进知识分子与都市工人阶级密切的互动关系。在中国共产党创建前后，他们充分利用自己的学识特长、文化智慧和上海等地丰富的都市文化资源，拓展了马克思主义的都市社会舆论空间，并将书局和各类学校变为宣传共产主义的文化传媒。[1]

《社会科学》2009年第10期发表的周武的《革命文化的兴起与都市文化的衍变——以上海为中心》认为，上海的多元文化造成了上海的革命文化，正是这种多元的城市格局，为激进的革命文化在上海的孕育与繁衍提供了必不可少的生存空间。而且上海贫富差距悬殊，存在一个巨大的边缘社会阶层，理论上为"贫者"代言的中国共产党也比较容易找到自己的同盟者。另外，由于上海与世界联系紧密，易受国际思潮的影响。革命文化只是上海多元文化中的一元，基于上海这样一个高度多元的城市，革命文化并未取得主导性的地位。

对于都市文化的批判一直伴随着都市文化的发展，在一些作家看来，都市文化过多的西化而抛却了优秀的传统文化，多以利益为取向而人性却逐渐的没落。关于都市文化研究不足，《上海师范大学学报》2007年第2期发表的吴福辉的《关于都市、都市文化和都市文学》一文认为，中国已有的城市史知识系统不够完备，难以获取从全景出发将经济、政治、文化、道德各方联系起来综合考察中国都市的眼光，且不重视自下而上看都市的角度。一般都认为东南部城市是"现代""开放"的，西北部城市是"传统""闭锁"的，属于常识范围，而应当有一种全景式的通体把握中

---

[1] 邵雍：《都市文化与中国共产党的建立》，《上海党史与党建》2010年第9期。

国都市的立场。要注意研究下层人民的都市文化，注意他们的日常物质生活、街市广场提供的交流、娱乐和休憩的方式、节日庆典或口头创作等非物质文化的形态，以了解中下层市民的都市究竟是个怎样的都市。《社会科学》2009 年第 6 期发表的韩伟的《国内都市文化研究潜存的三种模式及其理论构建》一文认为，应该从文艺学和美学角度对西方城市社会学和后现代空间理论加以穿越和整合，而整合的基点是对"人"的关注，唯有如此才能使国内的都市文化研究具有理论支撑并结束长期众声喧哗的格局。

二 乡村文化史

关于如何界定乡村，学者有不同的看法。高长江的著作《乡情、乡俗、乡音——中国乡村文化语言研究》认为，乡村是为处于原始社会与城市之间，以自给自足的自然经济为主，文化较为落后、封闭，而全体社会成员有着比较亲密的关系和共同的价值观、同聚意识的社区。按照文化学家的解释，乡村的自然环境，淳朴的乡情民生是陶冶人生、返璞归真的乐园。文化是一个社会群体所特有的文明现象的总称，它包括知识、信仰、艺术、道德、习俗以及作为社会成员所具有的一切规范和习惯。那么乡村文化就应该理解为乡村社会全体成员所拥有的知识、信仰、道德、习俗、人际交往、价值观的总和，是乡村社会独有的一种文化形态。[①] 而河北人民出版社 2013 年出版的赵霞著《乡村文化的秩序转型与价值重建》认为，乡村文化是中国人独特生活样式的基本背景与内在结构，既呈现出农民特有的人与人之间亲密的感情，也为中国农民在艰苦环境中做到自强不息、坚强图存提供强大的精神动力。乡村在文人的眼中是淳朴、自然、随性、简单、和谐的，但是同时也伴随着封闭、落后、陈旧。

乡村传统文化是近代乡村社会中最本质、最核心的部分，也是人们了解"乡土中国"的主要切入点。20 世纪初，中国乡村还处于小农经济社会，乡村文化领域，则是由宗族文化、士绅阶层、私塾学校等构成的乡村文化体系。在废科举、兴学堂的背景下，乡村的社会教育严重滞后于城市教育，乡村社会出现艰难发展的现象，而传统乡村士绅也受到了很大的限制，他们去城市找寻新的出路，大量乡村精英涌入城市，造成了乡村人才

[①] 高长江：《乡情、乡俗、乡音——中国乡村文化语言研究》，吉林大学出版社 1994 年版。

的缺乏，对于乡村文化的发展很不利，乡村社会的宗族组织与传统文化开始有所异动，以往宗族组织的地位发生了变化，乡村士绅的文化载体作用日趋淡化。

乡村文化相对于城市文化而言，在传统农业社会里，两者只有分布上的差别而无性质上的不同。乡绅在传统的乡村中有着重要的作用，是"乡村自治"的一种典型案例，其地位要远高于村长之类的"村官"。中国古代的政治权利，一般到县一级，对于广大的乡村，主要靠士绅来维系统治，其主要作用在于税收，政府并不支付这类工作薪水。

王钧林的《近代乡村文化的衰落》一文认为，乡村文化是城市文化的根基，一批又一批文人学士经由科举考试或其他途径，从乡村来到城市，同时也把文化输入城市。由于在重土观念的支配下，绝大多数从政或游学的士子，都将他们离家在外的寓居之地视作人生旅途的驿站，最后还要返归故里，只有故里才是他们心理情感上真正认同的归宿之地，所以告老还乡的士子又将文化带回了乡村。此外，还有不少由于种种原因一辈子不离故土的乡村知识分子，他们设馆授徒，教授乡里，其中亦不乏学问高人。乡村始终是中国文化的源泉，城市文化也会回归于乡村文化。但是由于近代以来社会的剧烈震荡、经济社会的变化、天灾人祸的因素，乡村文化逐渐地衰落下去，成为文化的贫乏之地。研究近代乡村文化，既要研究古代乡贤在传统乡村中的作用，更要研究乡村文化没落的原因及乡村建设的内容。①

费孝通在名著《乡土中国》中，用通俗简洁的语言对中国的基层社会的主要特征进行了理论上的概述和分析，较为全面地展现了中国基层社会的面貌，阐述了传统的基层社会对于乡土的意义。全书共十四章，彰显浓浓的乡土气息。在乡村社会，礼治的产生靠着道德的约束力，使得传统的法治在乡村形同虚设，是依赖于士绅的教化来治理乡村社会，士绅集团的消失导致乡村礼治支柱的丧失。此外，有关乡村社会研究的论著陆续出版和发表，并集中在以下几个方面。

第一，传统习俗，表现为传统婚丧礼仪和风俗习惯。婚丧嫁娶是乡村生活的重要内容，能够表现出来的就是礼仪的形式。而各个区域造就了不同区域的乡村文化。《河北师院学报》1991年第1期发表的徐永志、吕炳

---

① 王钧林：《近代乡村文化的衰落》，《学术月刊》1995年第10期。

丽的《近代华北民间婚姻述论》一文，对华北汉族的婚姻演变进行了研究，认为近代华北农村由于受地理位置的限制和经济文化发展状况的影响，基本上延续了古代丧礼，其总特征为繁文缛节的厚葬久丧，而鬼神观念和封建礼教的影响、出于小辈对老辈的尊重和爱戴以及孝子们的个人需要是导致这些繁缛丧礼现象的主要原因。《南开学报》1996年第1期发表的焦静宜的《浅析民初华北农村社会习俗变化中的逆向势力》一文，从思想障碍、社会阻力、生产力的低下、新生的腐化现象等方面论述了制约和阻碍乡村风俗改革力量的复杂性、复合性，论述了近代华北乡村习俗变革中的守旧力量的影响与作用。

社会科学文献出版社2007年出版的李长莉、左玉河主编《近代中国社会与民间文化》，对于乡村社会文化有着大量的论述。中国社会科学出版社2009年出版的王守恩著《诸神与众生：清代、民国山西太谷的民间信仰与乡村社会》，则从民间信仰方面阐述乡村的社会文化。《中国农史》2002年第2期发表的朱小田的《近代江南庙会与农家经济生活》一文，通过近代江南庙会探讨了农家的经济生活，并指出遍布江南的乡村庙会，与农家经济生活息息相关，认为缘于特定的社区亚文化，传统的庙会消费偏好，构成不合理消费结构的重要因素，阻滞着文明健康的生活方式的生成。

第二，士绅集团。对于传统乡村精英的士绅的理解，《宁波大学学报》2009年第3期发表的李成军的《晚清士绅的文化权力与近代政治运动》一文认为，士绅应该包括在野的儒家知识分子以及从政的儒家知识分子，其基本属性有二：其一是两者都以通过科举考试获取相应身份为标识；其二是不管在任职或退隐的何种情境中，他们都以维护儒家道统为基本道义要求，他将二者统称为士绅集团。《天津大学学报》2009年第6期发表的何兰萍等人的《乡村精英与乡村文化的建设》一文认为，拥有乡绅身份的人可以获得各种特权，这些特权使其不仅成为大量土地的拥有者，而且有可能成为宗族领袖。此外，乡绅还是乡村社会的文化领袖，他们拥有乡村社会文化教育事业的话语权，并能够利用各种机会宣扬儒家的价值观。

中国人民大学出版社2012年出版的陈旭麓著《近代中国社会的新陈代谢》，探讨了晚清时期地主阶级的分化问题，认为"地主阶级"的具体指称对象来看，主要指的是官僚士绅知识分子，即士绅集团，而不是一般意义上的"地主阶级"。但是此书并没有详细说明士绅集团在政治上对于国家走向的意义。王钧林的《近代乡村文化的衰落》认为，在过去，乡村中的士子文人，通常被称作"绅士"，主要包括由于各种原因而还乡家居的官吏以及有功名或学衔的文人，比起一般的地主、商人乃至农村基层政权里的乡官来，享有更为广泛的社会尊敬。后者只是当地社会的上流而非名流，他们则既是上流又是名流。绅士拥有道德和知识权威，通常被视为做人的表率和排疑决难的顾问、智囊。可是，待到乡村文化衰落之后，这样一个生活于农民之中因而与农民十分贴近的知识阶层却在逐步消失，大字不识几个的农民随之也在失去精神文化上的指导和帮助。千百年来培养的优良传统及美德很快褪去往日的色彩，不再庄严、神圣，严重降低了其规范人心的作用。[①] 吉首大学李强2014年的硕士学位论文《近代山西乡村社会变迁中的士绅研究——以山西士绅刘大鹏为个案的考察》，以清末民初的山西士绅刘大鹏为个例，对于近代转型所做的各种努力，刘大鹏坚守传统的儒家教育，以传统士绅兴国安邦为己任，坚守读书入仕的信条，并在民初参与政治活动，但是到了20世纪20年代乡村一片破败景象，刘大鹏转而倾向于社会事务。刘大鹏为代表的传统士绅在近代转型中表现的无力与无助更能体现出传统士绅作用的没落。

第三，边疆宗教与乡村。类似于汉族地区的士绅，边疆地区的宗教是当地乡村的管理者，某些地方的乡村主要依靠宗教力量来维持，比如西藏。云南师范大学张云培2013年的硕士学位论文《清末民初云南藏区寺院与乡村社会》认为，在藏区集政治、经济、宗教文化等诸功能于一身的寺院，既是宗教机构，也是权力中枢，对藏文化圈内的乡村社会产生了巨大影响。在宗教体制下，寺院对乡村社会进行有效的控制，并对乡村社会提供宗教、政治、经济等服务。而乡村社会一方面乐于接受这种配套式的援助，并对寺院进行反哺，如对寺院提供宗教和经济的供养，担负寺院正常运转的职责，这种互惠的关系维系着藏区寺院和乡村社会之间的稳定发展。另一方面，乡村社会在寺院过于强势的控制下，每当与寺院发生矛盾纠纷时，乡村社会就会通过特殊的途径表达不满，如向当地政府对寺院进行控诉，或发起武装反抗，但乡村社会始终不放弃宗教上的虔诚和割裂对寺院的供养联系。寺院与乡村社会的互惠聚生关系，将宗教"福荫"下的

---

① 王钧林：《近代乡村文化的衰落》，《学术月刊》1995年第10期。

宗教和民众紧紧地联系在一起，为藏区社会的发展变革创造了条件。①

早在 20 世纪 20 年代就有很多学者发出了"乡村教育危机"的警示，梁漱溟、晏阳初等人也致力于乡村改良。近代以来乡村教育不同于传统的私塾教育，具有明显的时代特征，是将西方的技能纳入乡村教育，是主要特征之一。虽然梁漱溟、晏阳初、陶行知等人实施拯救乡村文化的实践，但是依旧不能够改变传统乡村文化价值被颠覆的命运。商务印书馆 2012 年出版的孙诗锦著《启蒙与重建——晏阳初乡村文化建设事业研究（1926—1937）》一书，则研究晏阳初的乡村建设经验，对晏阳初的乡建理念及其在定县的实践作了较为全面的考察，一方面勾勒了晏阳初乡建活动的背景，探讨了其乡村启蒙理念的特色，并较为系统地描述了平教会在定县的具体活动；另一方面则对定县实验与中央政府、与地方实力派以及与当地乡绅和民众之间的相互关系作了剖析，重点分析了乡绅及民众对平教会的态度，以此揭示定县实验成败的制约因素。

林济的《国民政府时期的两湖新族学与乡村宗族》一文，从新族学的角度来阐释宗族教育的时代发展，认为近代乡村宗族仍然有着强大的生命力。所谓新族学，是指实施近代教育的宗族私立小学（也有少量中学），其以近代科学文化知识为主要教学内容，并采用近代教育方法。新族学以家族为单位，是在乡村知识精英的推动下进行的。新族学本身就是政府学制变革下的宗族适应性行为，旧式教育培养的宗族子弟已经"有违时代要求"，兴办新族学的主要目的也是培养显扬宗族荣誉的族人，并非单纯的普及国民教育目的。②

传统乡村的私塾教育、儒家思想、乡土文化、农民意识等组合而成的乡土特色文化，遭到由新式学堂的冲击而逐渐没落，到了民国时代，面对颓废的乡村，重构乡村教育是国民教育的一项重要内容。民国时期乡村教育得到了很大发展，但是也面临着很多困境。朱汉国、姜朝晖《略论民国时期乡村教育中的文化冲突》一文认为，从文化视角来看，民国乡村教育的困境与近代社会转型所带来的新旧观念与文化的冲突密切相关，而这种文化冲突在乡村的外在表现就是新式学校与旧式私塾的长期对立。民国乡村教育面临近代社会转型所带来的多重观念与文化的冲突，具体包括中西

---

① 张云培：《清末民初云南藏区寺院与乡村社会》，硕士学位论文，云南师范大学，2013 年。
② 林济：《国民政府时期的两湖新族学与乡村宗族》，《近代史研究》2004 年第 2 期。

文化之间、国家意志与草根社会的教育目标之间、城市文化与乡土社会之间、近代文化与农民观念之间的冲突。文化冲突是制约民国乡村教育发展的难题之一。①

乡村建设是一个应运而生的社会运动，它也确乎构成整个国家建设和社会文化建设的根基所在。王先明的《民国乡村建设运动的历史转向及其原因探析》一文指出，首先，乡村运动是一个原动的力量，而政府则是被动者。乡村运动的工作机构与国家中下级行政机构混为一体后，乡村建设的动力一变而为行政的力量，其力源缺少社会的滋养。其次，基于政治而推展的事情，大都注重形式而缺乏内容，流于表面应景而少有扎实持久之谋。王先明认为由传统社会向现代社会转型的历史进程中国家、社会的共同动员和参与，乃至如何在合作互动中适度区分社会与国家的界域，以保持社会运动或社会力量久远的活力和目标之实现，不仅仅在于乡村建设运动之一端而已。②他在《社科前沿》2016年第2期发表的《乡村建设思想的时代性跨越》一文还指出：20世纪30年代的乡村建设与当代的新农村建设具有一脉相承性，新农村建设的主张和思想贯穿始终，构成百年乡村建设思想发展的历史性成果，以晏阳初、梁漱溟为代表进行的乡村建设运动思想尽管十分粗疏简略，所引起的思想论争的影响也相当有限，但它所提出的命题和思想内涵，却体现了对于传统"复兴农村"或"以农立国"思想的超越。

研究近代乡村文化，不可避免地要面对乡村文化的没落问题。乡村文化的没落，是无可奈何的事情。除了列强的文化侵略、军阀混战、自然灾害等因素，还与科举制的废除、新式教育的兴起、士绅阶层逐渐移居城市等所造成的乡村文化资源流失有关。20世纪以来的社会巨变，造成了城镇、乡村的巨大差异。历经了二三十年的社会变迁之后，传统社会的城乡一体的文化布局，遭到破坏。周谷城在20世纪30年代就已详细说明"农村加速度崩溃的种种事实"，梁漱溟也认同"近几十年来的乡村破坏"。王钧林认为，传统乡村文化的没落，首先，近代工业化的发展凸显了城市的经济职能，在城市中经营实业比在乡村中经营土地更为有利可图，于是越

---

① 朱汉国、姜朝晖：《略论民国时期乡村教育中的文化冲突》，《历史教学问题》2012年第2期。

② 王先明：《民国乡村建设运动的历史转向及其原因探析》，《史学月刊》2016年第1期。

来越多的富裕人家被吸引到城市中去,城市随之成为区域经济生活的轴心。其次,近代以来的内忧外患,使得乡村文化遭受了无数次的劫难。最后,人们对传统文化的漠视、厌倦乃至反对,也直接或间接地导致了乡村文化的严重贬值。①《近代史研究》2013年第1期发表的付燕鸿、杨东的《揭示历史真相探求救治之路——"中国近代乡村的危机与重建:革命、改良及其他学术研讨会"综述》认为,由近代乡村危机实际上并不是乡村本身的危机而是伴随着工业化、现代化和城市化发展进程而出现的乡村社会急剧衰退的一种危机其"发展危机"的特性十分突出。这种"城乡背离化"发展所导致的乡村危机与传统社会以土地或财富集中而形成的"两极分化"全然不同,整体上呈现"普遍贫困化"的演变态势。

《湖南文理学院学报》2007年第1期发表的刘曙东的《中国近代城乡的文化差异及启示》一文则认为,近代城乡差异出于三点:地理环境的影响、城乡社会经济发展的不平衡以及近代乡村文化的都市迁移造成了都市文化的繁荣与传统乡村文化的衰落,形成了近代中国城乡文化的巨大差异,并认为此三点对于当代中国城乡之间的差异也有启示意义。

关于乡村教育落后与乡村文化的衰落问题。郝锦花、王先明的《从新学教育看近代乡村文化的衰落》一文,就教育的差异化谈论乡村文化的没落,中国传统社会文化城乡一体。近代兴学以来,新式教育机构密集于城市社区,基本上将乡村排挤出去,乡村精英源源不断地脱离乡村向城市集中,乡村整体上的文化水平陡然下降,城乡一体的传统文化模式开始出现裂痕,久已存在的城乡差距进一步拉大,乡村社会出现了全面危机,而且在事实上将乡村社会推向了日益崩溃的深渊。新学教育城密乡疏的地理布局,牵引着读书人的流动方向。如此则新学教育越是发展,离家进城的求学者就越多,而乡村也成为文盲的聚居地。从文化层面来讲,人才即精英既是文化的承载者同时又是文化的传播者。人才离乡既是乡村文化衰落的一个重要表征,同时也是乡村文化衰落的重要原因。兴学以来,乡村精英脱离乡村向城市集中,就使得乡村整体上的文化水平陡然下降,与迅猛发展的城市相比,乡村文化越显荒凉。②《学术月刊》1995年第10期发表的

---

① 王钧林:《近代乡村文化的衰落》,《学术月刊》1995年第10期。
② 郝锦花、王先明:《从新学教育看近代乡村文化的衰落》,《社会科学战线》2006年第6期。

王钧林的《近代乡村文化的衰落》一文，认为近代以来新式学堂在乡村不但数量极少，而且学费高昂，许多从旧式学校回家的穷人子弟不能顺利转入新式学堂就读。另外，新式学堂一味抄袭外国教育，脱离乡村生活实际，也使得农民送孩子上学的兴趣锐减。这就在乡村中许多地方造成了更高的失学率，这也是乡村士绅缺乏的主要原因。罗志田的《科举制废除在乡村中的社会后果》一文也认为，废科举后二三十年间，乡村新式读书人脱离乡村的现象愈演愈烈。在政治力量进入乡村之前，士绅一直以领导者的身份为政府服务，代替政府向乡民征税，乡村精英的流失使得劣绅鱼肉百姓，乘机乱收费，以公谋私，此举也遭到乡民的不满与反抗。由乡村精英甚至士绅为首的乡村保护机制趋于瓦解，乡村士绅甚至一般没有功名的乡村精英也趋向于向城市流动，这种趋势在晚清科举废除以后日益加快，新式学堂所培养的人才极少流向乡村。①

为了更好地控制乡村，国家政权逐步在乡村建立起来，代替了乡村士绅"自治"乡村的现象。骆正林的《近代中国乡村政治文化的变迁——国家政权建设与乡村传统权威的衰落》一文指出：自晚清以来，各种政治势力为了加强对乡村的社会控制和资源掠夺，纷纷在乡村进行政权建设，将国家权力轨道铺设到乡村。国家权力的下沉没有完全动摇地方绅士的权威，血缘、地缘、礼教、族规在乡村中依然占有突出地位。但由于各种政治力量对乡村的渗透方式和治理策略不同，中国乡村政治文化在不同历史阶段和不同地区，还是呈现出阶段性和区域性特征。而这些特征在总体上表现为国家权力加速向乡村渗透，乡村传统权威在国家权力的挤压下，逐渐呈现出衰落的迹象。②《天津大学学报》2009年第6期发表的何兰萍等人的《乡村精英与乡村文化的建设》一文认为，这种现象造成了士绅阶层的优秀分子逐渐退出乡村政治，乡村文化也蜕化得日趋保守与反动，乡村处于多元混杂的状态。

郭京湖的《中国近代乡村文化的崩溃》一文，总结了近代乡村文化崩溃的种种因素，认为近代乡村文化是伴随着士绅阶层在乡村的逐渐消失而形成，除了列强的文化侵略、军阀混战、自然灾害等因素外，还与科举制

---

① 罗志田：《科举制废除在乡村中的社会后果》，《中国社会科学》2006年第1期。
② 骆正林：《近代中国乡村政治文化的变迁——国家政权建设与乡村传统权威的衰落》，《重庆师范大学学报》2008年第2期。

的废除造成的文化整合机制缺失，城市运动吸取了乡村文化赖以生存的社会资源，国家政权内卷化造成了乡村文化资源流失等有关。①

三 边疆文化史

中国的边疆文化主要集中在东北、西北和西南地区。边疆文化的划分有很多方法，顾颉刚早在1939年2月发表的《中华民族是一个》一文中有一个归纳性观点，即"中国境内有三个文化集团，以中国本土发生的文化为生活的，勉强加上一个名字叫做'汉文化集团'；信仰伊斯兰教的，他们大部分的生活还是汉文化的，但因其有特殊的教义，可以称作'回文化集团'；信仰喇嘛教的，他们的文化由西藏开展出来，可以称作'藏文化集团'。满人已完全加入汉文化集团里了，蒙人已完全加入藏文化集团了"。②

凌纯声1947年出版的《中国边疆文化》一书，是边疆文化的通俗性著作，分边疆文化的系别、西北文化、西南文化、边疆文化的将来四部分，其中边疆文化的系别将中华民族文化分成汉藏系（汉族、苗瑶族、藏罗族）、金山系（蒙古族、突厥族、通古斯族）、南亚系（瓦崩族）、伊兰系（塔奇克族）和古亚系（费雅喀族），他认为"西北文化"属于金山系，"西南文化"属于汉藏系，汉藏系义分汉掸族、苗瑶族和藏缅族三个分支。对于近代边疆史的研究文献很多，也有很多的研究成果，中国边疆史在鸦片战争以后进入研究高潮并形成了单独的学科，面对时局的重大变化，一批有识之士，如魏源、姚莹、夏燮、何秋涛、张穆、徐继畬等人，为抵御外侮、巩固边防，积极展开边疆史地研究，逐渐形成了一个有着共同学术旨趣和治学风格的新型学术群体。《史学理论研究》2004年第3期发表的章永俊的《鸦片战争前后的中国边疆史地研究》、《历史研究》1996年第4期发表的马大正的《二十世纪的中国边疆史地研究》、《近代史研究》2000年第4期发表的赵云田的《50年来的中国近代边疆史研究》等文，多从民族危机的角度来论述中国近代的边疆史，对于边疆文化的研究多有牵涉。

边疆安全问题是与国家兴起俱来的重要问题，也是近现代民族国家间

---

① 郭京湖：《中国近代乡村文化的崩溃》，《南方论刊》2008年第5期。
② 顾颉刚：《中华民族是一个》，昆明《益世报·边疆周刊》，1939年2月13日。

冲突与融合难以回避的问题。中国边疆地区绝大多数为信仰、语言与文化不同的多民族聚居地，这为边疆安全问题增加了多变性和复杂性。边安学，顾名思义就是关于边疆安全的学问，边安学是以边疆安全为研究对象、以探索边疆安全治理规律为主要内容的交叉性学科。此定义中有三个关键因素：边疆、安全和安全治理。历史上的边疆安全主要集中在东北和西北地区，是由于中原汉族与边疆少数民族之间的冲突而形成。历代中原王朝对于边疆的治理多不一样，边疆的问题主要是如何妥善处理与少数民族之间的关系问题。中原王朝用以夷制夷、羁縻州府、土司制度到改土归流、盟旗制度、伯克制度及屯田制度，中国古代各个王朝在尊重边疆各族人民风土人情的基础上，因俗而治，保证了边疆安全与稳定。但是近代以来，伴随着西方列强的入侵，以武力逼迫清廷签订一系列的条约，使得中国的边疆危机一步步的加深，东北、西北、西南大片领土不断地丧失。

《中国边疆史地研究》2003年第3期发表的马大正的《关于构筑中国边疆学的断想》一文认为，近代以来中国的边疆史研究出现了三个高潮。19世纪中叶至19世纪末，西北边疆史地学的兴起是中国边疆研究第一次高潮的标志。20世纪20年代至40年代边政学的提出与展开，是第二次中国边疆研究高潮的突出成就。20世纪80年代中国边疆研究第三次研究高潮出现的标志是研究中实现了两个突破：一是突破了以往仅仅研究近代边界问题的狭窄范围，开始形成了以中国古代疆域史、中国近代边界沿革史和中国边疆研究史研究系列为重点的研究格局，促成了中国边疆史地研究的大发展；二是突破了史地研究的范围，将中国边疆历史与现状相结合，形成了成果众多、选题深化、贴近现实的特点。[1]

西藏文化是边疆文化的重要组成部分，也是中华民族文化的组成部分。研究领域比较多的是古代的西藏文化，对于近代以来的西藏文化关注不多。《中国文化研究》2002年第4期发表的王启龙、邓小咏的《1949年以前藏族文化研究综述》一文，对这一时期的主要著述进行简要的评述，并对各类著述的基本特征进行初步分析，阐述西藏文化对于周边地区的影响。另外，汉藏文化融合也是研究的一个重点，《中国藏学》2000年第1期发表的陈崇凯的《简论藏族传统文化现代转型的有关理论问题》、《青海民族学院学报》1990年第1期发表的星全成的《关于继承和发扬藏族传

---

[1] 马大正：《关于构筑中国边疆学的断想》，《中国边疆史地研究》2003年第3期。

统文化的几个问题》认为，大胆吸收外来文化是西藏文化进步的重要原因，文化要繁荣必须挣脱狭隘的民族主义禁锢和传统思想的束缚，加强观念变革，实行文化开放，才会时常充满活力，并不断促使自身的进化。《青海民族学院学报》1995年第2期发表的星全成的另一篇文章《再论藏族文化传统与藏区现代社会》认为，历史上即藏族文化（主要指文字）大权历史上一直被宗教寺院和僧侣阶层所垄断，要加强藏民的自主意识，破除迷信盲从思想才可以获得更多的知识和信息。

《中国藏学》2013年第2期发表的王曙明、周伟洲的《清末川边藏区近代教育研究》一文，论述在清末"新政""兴学"和川边"改土归流"的大背景下，川边当局设立关外学务局和劝学员，采取各种优惠政策，划分学区，"强迫"当地藏族子弟入学，注重普及初等教育，重视师范教育与职业教育，拨付较为充足的教育经费，采取结合当地特点的教学课程及课本等措施，使得边藏区近代教育开始起步，并有所发展，并认为清末川边藏区近代教育所取得的成绩及其原因，存在的问题，则可为今日西部少数民族地区教育之借鉴。

《中国藏学》2009年第1期发表的喜烧尼玛、央珍的《民国时期的汉藏文化交流述评》一文，对民国时期的汉藏文化交流作了概述，并指出民国时期汉藏文化交流的特点：第一，在交流内容上，以佛教文化交流为主民；第二，在交流载体上，以宗教人士的活动为主；第三，在交流形式上，以民间交流为主要平台。汉藏之间的文化交流一方面促进了文化的维系，另一方面也促进了政治上的维系。四川师范大学赵勍2009年的硕士学位论文《四川藏区近代史上的藏汉民族通婚》，以康定为特定的典型案例，分析近代以来汉藏民族通婚的情况与必要性，汉藏通婚使得劳动力互补，传播先进的生产技术；加深族群交往，增强思想感情沟通，族群间的共性增多；族群间的共性增多，对后代产生深远影响；各族群平等相处，加速融合进程；打破地域隔阂，巩固当地的政治环境。

《宗教学研究》2009年第1期发表的刘波、王川的《试析近代中国藏区关公崇拜的藏汉交融特征》一文，则以关公崇拜为例，来说明关公成为汉藏共同的保护神，进一步阐释藏汉文化交流的意义，华中师范大学出版社2004年出版的林继富著《灵性高原——西藏民间信仰源流》认为，作为当时强势文化的汉族，通过一些合乎现实和历史的逻辑方法进行传播汉族文化，关帝进入藏族地区就是通过大肆修建关帝庙的形式使关帝信仰在藏族民众生活中逐渐完成文化融合的过程。另外，关公进入西藏，作为输送文化的清王朝来说，他们的思想是宣扬关羽的忠义精神，激发人们维护本朝本代之心，然而，作为文化接受者来说，则更多的是将关公作为战神和保护神来接受。由于关羽身上忠义和勇武两重信仰基因，导致了文化的传播者和文化的接受者表现出相当的积极性，也导致了传播者和接受者的文化错位，这也是作为汉族神灵的关羽，为什么能够这么快地被纳入藏族宗教信仰体系和民间信仰体系之中的重要原因。[1]

东北还有一个俗称关东，意为山海关以东。东北地区与其他边疆地区相比，地理上距中原最近，环境最优越，文明最久远。李治亭的《关于关东文化的几个问题》一文认为，东北文化有着多元一体的文化内涵；东北文化的精神具有善于学习、勤于进取、积极包容、富于创造四个特点。关于东北地域文化的名称，他列举了时下一些具有地方特色的名称，如辽宁省学者提出"辽海文化""辽河文化""盛京文化"等；吉林省的学者提出"松辽文化""松漠文化""长白文化""东北文化""关东文化"等；黑龙江学者提出的名称最少，只提出"龙江文化"，而李治亭认为东北区域的文化应命名为"关东文化"。[2] 东北地区在历史上一直是偏远的符号，除了土著居民外，很少有汉人居住。李治亭于中国古籍出版社2003年出版的著作《东北通史》认为，近代东北文化的大发展得益于其教育的大力开展。马平安在2001年《民族史研究》发表的《近代东北移民问题透析》一文认为，汉族在近代正式成为东北的主体民族，以中原汉族移民为主体的东北社会成为一个移民社会，从严格的意义上讲，是从清朝开始的。清代以前，虽然东北各代皆有汉人，然而他们不断地迁徙、散灭，没有形成一个以移民为主体的社会结构，白山黑水之间，一直是满族等居民的故乡。从清代开始，关内大批汉族移民与俄、日、朝鲜、欧美等国的国际移民才逐渐进入东北，反客为主，形成了以汉族移民为中心的新的社会结构。晚清以来，日俄等国的势力不断进入东北，迫于时局的压力，清廷开禁东北，大量的内地汉人进入东北，带来内地的文化，从这个意义上来说，东北文化既有外来文化又有内地文化，由此也造成了满汉民族的融

---

[1] 刘波、王川：《试析近代中国藏区关公崇拜的藏汉交融特征》，《宗教学研究》2009年第1期。

[2] 李治亭：《关于关东文化的几个问题》，《东北史地》2011年第1期。

合。伴随着东北资源的大量开发以及铁路的建设，东北的城市化有了长足的发展。1931—1945 年东北沦为日本的殖民地，日本为了彻底控制东北，强行灌输其文化，所以在此期间的东北文化又有殖民文化的特点。吉林文史出版社 2006 年出版的杨旸、霍燎原著《中国东北史》（第五卷）则认为，近代东北文化有三个特点：渔猎文化的衰退；市民文化的兴起，并受俄罗斯民族文化、日本大和民族文化的影响；东北一代又一代人物自强不息的爱国精神。有关近代东北文化，主要集中在以下几个方面。

第一，移民文化。近代东北是一个移民社会，《北方论丛》2000 年第 1 期发表的周惠泉的《论东北民族文化》一文，分析了古代东北传统的文化后认为，由于东北特定的自然环境造成的东北的文化性格，东北地区气候干燥，降雨稀少，冷暖多变，风沙肆虐，特殊的自然地理、人文地理环境以及与之相联系的生产方式、生活方式造就了东北民族坚强的意志、挺拔的精神、爽朗的性格，也给他们的文化带来了一种雄健磊落、清新自然、质实贞刚的格调。东北的婚丧嫁娶都与中原文化不同，其信奉的宗教为萨满教，其文学是在多元一体下形成的。

马平安认为东北的移民社会大致经历了两个时期。第一时期，从清初开始到咸丰十一年，在这一阶段里，其移民构成大致是流民和流人两种。虽然清初顺治曾有辽东始垦之举，但在乾、嘉、道三朝，全面严厉地封禁东北。在这一阶段流民大都是"泛海""闯关"偷渡进来的人口，而流人则都是被发放而来的犯人。总的看来，这一时期的移民虽在增加，但还没有达到改变东北社会人口结构的程度。移民的大规模进入与东北社会人口结构的发生改变是在第二时期才逐渐实现的。第二时期，从咸丰十一年到日本投降。咸丰年间，外有沙俄日进无已，内有太平天国等农民运动的沉重打击，迫使清政府认清形势，开始改变封禁政策，逐渐推行移民实边政策。在近代东北边疆危机下，清政府被迫于 1861 年下令对东北荒地部分开禁放垦。从咸丰的弛禁到光绪的开禁，移民运动发展到民国初年达到高潮。民国时期，东北地方当局鼓励内地人口进入东北。

《中国边疆史地研究》2004 年第 2 期发表的周春英的《近代东北三省关内移民动态的分析》一文，总结了从内地山东、河北、河南三省移民的动态，认为近代出现的关内农民大规模迁居东北的移民运动，在不同的时期呈现出不同的特征：从移民流动过程看经历了由非法到合法和由自发移民到政府有计划、有组织、自觉移民的过程；从路线看，水路多于陆路；

从流向看呈现出由南向北逐步推进、深入的趋势；从职业流向看以农业移民为主；从属性看以1912年为界，前为季节性移民为主，后为永久性移民为主；从性别、年龄看，性别单一、年龄构成较低等。在这段时间的人口迁移中，无论从人口数量上，还是从持续时间上，山东移民占据了主力军的地位，伴随而来的是文化上的冲击。山东大学杜臻2006年的硕士学位论文《近代山东移民对东北文化的影响（1860—1911）》认为，近代东北移民社会是山东社会的延伸，山东文化进入东北孕育出一种新的别具一格的文化景观，在物质文化和精神文化方面对东北都有重要的影响。一方面，山东移民带来先进的农业生产技术，促进了东北地区的农业发展，使得东北地区的商品生产大大提升；另一方面，山东移民的信仰结构深深影响了东北人的信仰结构，改变了东北原有的信仰文化，这两种文化在不断地交流、互换，从而形成了东北地区不同于中原地区的新文化。大量山东移民带来了先进的生产技术，加快了东北地区近代化进程，推动了关东文化的发展，形成了别具特色的文化。

《辽宁大学学报》1996年第5期发表的马平安、楚双志的《移民与新型关东文化——关于近代东北移民社会的一点看法》一文，也认同近代东北移民社会是中原社会的延伸。汉族移民成为新型关东人的主体，作为文化的载体，中原文化也毫无疑义地随着"闯关东"移民进入东北。东北地区与中原虽然有着一定的地理距离，但从历史上看却没有什么明显的文化差别。文中引用台湾学者赵中孚论述："最主要的，在主观意义上，移民社会的广大成员并不因地理距离而自觉有别于故乡同胞。这情形好像是一个来自鲁西的黑龙江农业移民和一个在胶东落户的鲁南农民在感觉上并没有什么不同一样。换言之，对绝大多数的山东移民来说，东三省无非是山东省的扩大。当你同一个在黑龙江省已经居留两代以上的山东农民交谈，你会发现，除了轻微的乡音变化之外，在感情和意识上，他仍旧是山东人。部分东三省人，在离开家乡后也常把籍贯区别为山东济南，或河北保定之类的。这说明一个事实，对大多数东三省移民社会的成员来说，东三省或东北是一个行政和地理区分的标志，是抽象的。几千年的文化传统，才是真实永恒的存在。"他们认为移民社会自有其特定的心态与性格，这些心态与性格和中原文化不可分，并且对新型的关东文化影响很大，东北移民来自关内的多个省份，具有散漫性的特点，造成移民社会心态的两重性，讲义气、讲豪爽、讲帮派，"抱团"的积极生存精神与忍辱怕官、屈从地生存、给碗饭吃就行的消极心态相共生。①

东北移民文化的另一个特色就是国外移民文化。由于东北地区的特殊地位，自然资源丰富，成为日、俄帝国主义争夺的焦点，俄国有大量的移民进入东北。中央民族大学2007年王丽娟的硕士学位论文《中国东北的外国移民（1911—1949年）》认为，日俄和朝鲜在中国东北的移民过程，反映了非常局势下，社会强力意志和个体选择空间的相互配合与拮抗，日俄两国移民行动表现了个体在中央集权和社会提供选择空间时做出的经济考量，朝鲜移民行动在个体意愿层面更多地呈现出差异。日本进入东北着眼于殖民文化，推行奴化教育，以期长期占领东北。朝鲜移民为东北带来了异域的农业文明。《南方论刊》2011年第4期发表的徐亮的《俄罗斯音乐在中国东北部的影响》一文，则从音乐的角度来论述俄罗斯对于东北文化的影响。《求是学刊》2009年第4期发表的金钢的《现代东北文学中的俄罗斯人形象》一文，则从东北文学中来描述俄罗斯人的形象，现代东北文学中的俄罗斯人形象反映了近代以来东北地区战乱频仍的历史现实和多元文化杂糅、儒家文化传统薄弱的文化状态。东北作家们对这种异国形象的塑造，主要不是对异国社会文化（缺席的客体）的表现，而是对本土社会状况（在场的主体）的表现。同时他认为虽然将清政府面对西方列强的软弱归罪于满族人有失偏颇，但对于东北文化来说，民族性格弱化的同时却没有积累起深厚的儒家文化传统却是一个不争的事实。

第二，城市文化。专门论述东北地区城市化的文章也很多，特别是以特殊的城市为例，论述城市发展的缘由，与其他城市的不同之处，如张忠2011年的博士学位论文《哈尔滨早期市政近代化研究（1898—1931）》、佟银霞2011年的博士学位论文《吉林市城市近代化研究》、张鸿金2012年的博士学位论文《近代沈阳城市发展与社会变迁（1898—1945）》等。晚清时期，伴随着内地人口的大量迁入，带来生产的提高，商品经济的发达，再由于铁路等新式交通工具的建设，大大促进了东北的城市化进程。刘永伟2010年的硕士学位论文《晚清东北城市化探究（1861—1911）》认为，东北地区的城市化培育了区别于传统农业文明的近代资本主义城市文明，促进了东北城市文化的近代化转型。具体来说，一是促进了东北市民

---

① 马平安、楚双志：《移民与新型关东文化——关于近代东北移民社会的一点看法》，《辽宁大学学报》1996年第5期。

价值观念的转变，放眼世界，接收学习西方先进的文化，传播近代文明，推进了东北政治民主意识的觉醒；二是促进了东北新式教育的创办与发展；三是促进了大众传媒媒介的产生。这里不仅有日俄报馆和报纸，还有官办私办的大量报纸，这些都使得城市文化焕然一新。《通化师范学院学报》2011年第1期发表的李鑫的《九一八事变前东北城市发展变化的特点》一文认为，东北城市化特点为：一是城市人口数量急剧增加，社会结构发生质的变化；二是城市功能开始由以政治和军事为中心转变为以经济为中心，生产方式也由手工工业向机器工业转变；三是城市中出现了许多新的市政设施，市政建设开始由传统型向近代型转变；四是城市新的教育机构不断涌现，报刊、出版等文化事业迅猛发展。在文章中也提到了城市化中对于文化的影响，对于教育的促进作用。《城市学刊》2015年第4期发表的郎元智的《近代东北城市生活中精英文化与大众文化的冲突与融合》一文，从精英文化与大众文化的冲突与融合的视角来阐释东北城市的发展，无论精英文化还是大众文化，都是近代东北城市生活与城市文化发展的强大推动力。

第三，殖民文化。1931—1945年，日伪统治下的中国东北文化发展呈现出殖民主义文化与抗战救亡文化两条主线并存的情况。《知与行》2015年第5期发表的那威的《东北沦陷时期社会文化变迁的历史考察》一文认为，日本的文化殖民政策造成了东北文化的异变，这一时期的文化成为多重矛盾的聚合体，充斥着日本文化与本土文化、抗战文化与殖民文化、自尊文化与自卑文化等多种因素，这里既有野蛮的殖民高压下的历史倒退，也有富于反抗精神的人性的觉醒，殖民者的野蛮与被压迫民族的反抗同时叠印在文化变迁轨迹中。日伪统治下东北的社会文化变迁主要是由日本外部入侵造成的有意识的强制性变迁。日本在东北实行愚民政策，推行其殖民宗教，大批迁移日本本土民众到东北。他将东北殖民文化一文分为三个阶段加以阐述：1931—1937年为日伪文化殖民初期，东北殖民文化初步产生，一方面在伪政府内设立和强化文化专制机构，开始建立军事法西斯殖民地文化体制，另一方面竭力宣扬"建国精神"，为巩固傀儡政权服务。1937—1941年为日伪文化殖民中期，东北殖民文化基本形成，日本殖民主义者在垄断文化专制的基础上，进行法西斯文化专制，强制推行"愚民""役民"政策，开展奴化教育，形成了较完整的殖民地文化体制，为急剧发展的军事扩张服务。1941—1945年为日伪文化殖民末期，东北殖民文化不断强化，日伪当局炮制的"艺文指导要纲"规定，沦陷区文化只能为"实现日满一德一心、民族协和、王道乐土、道义世界为理想的天皇的圣意"而存在。从1931年到1945年，日本在军事占领、政治控制东北地区的同时，更是大力推行文化殖民主义，使沦陷时期的东北社会文化中断了原有的发展道路，原有的文化发展空间被扼杀，取而代之的是强势进入的日本殖民文化，进而使东北地区的文化发展打上了浓厚的殖民地文化烙印。①

东北的殖民文化集中于日本侵略东北的过程中，开始于日俄战争后，分为"九一八"事变之前和"九一八"事变之后两个阶段。"九一八"事变前，日本的侵略文化是渐进式的，《日本研究》1992年第4期发表的马依弘的《"九一八"事变前日本在我国东北殖民文化活动论述》一文，则详细论述日本在"九一八"事变前对于东北文化的侵略，其殖民文化活动分为三个阶段。一是以"满铁"为代表的特务机构对于东北的调查研究为日本的殖民活动提供支持。二是第一次世界大战到20年代初为整备期。日本乘列强角逐欧洲，无暇东顾之机，加快对"满洲"的"经营"步伐。三是20年代初到"九一八"事变前为发展期。为殖民侵略服务的各种"学会""研究会"纷纷出笼，对新闻出版等敏感的舆论工具实行强化管理，大量移入日本文化，冲击与同化东北的民族文化，为伪满的文化统治提供先验。②

《东北史地》2011年第2期发表的金悦、胡玉海的《近代日本在东北建立文化机构的特点》认为，日本自日俄战争后，通过控制南满铁路将势力伸向了中国东北地区。伴随其政治、军事和经济势力的扩张，先后建立各种形式、各种类别的文化机构。在近半个世纪的时间里，建立各种文化机构千余处，具有发展速度快、地域分布广、以和平为旗号、政治色彩浓、配合军事侵略等鲜明特点。"九一八"事变之后，日本殖民当局将上述手段加以整理、强化，推行到整个东北地区。陈春萍的硕士学位论文《伪满时期东北的社会教育》认为，在日本殖民者的统治下，伪满时期东北的社会教育已远远脱离社会教育的基本目标，其教育的目的是为日本进

---

① 那威：《东北沦陷时期社会文化变迁的历史考察》，《知与行》2015年第5期。
② 马依弘：《"九一八"事变前日本在我国东北殖民文化活动论述》，《日本研究》1992年第4期。

行殖民统治的一个重要辅助手段。孙笑彦 2011 年的硕士学位论文《伪满时期日本在东北地区的殖民教育问题研究》、李柏 2011 年的硕士学位论文《东北沦陷时期哈尔滨初等教育研究》、《边疆经济与文化》2016 年第 3 期发表的宋萌的《东北沦陷期日本奴化教育推行儒学的实质目的》认为，日本扶持伪满洲国成立后，为了更好地通过伪满洲国政权加强对东北的殖民统治，极力加强对东北人民的思想统治，而儒家思想就成为日本殖民侵略的思想工具。日本为了使儒家思想教育更好地得到宣传，学校就成为日伪当局利用儒家思想进行殖民宣传的重要基地。伪满政府规定使用"四书"等儒家经典来当作教学课本，但其所谓的"四书"不是常规的儒家经典，而是伪满政府进行删减和更改后的儒家经典，是符合日本殖民统治的要求"修订本"，并且把"天命""王政""忠君"等儒家礼教思想同日本军国主义的"尊皇"统一起来，最终把中国传统的儒家文化变成日本对东北进行殖民统治的思想工具。《长白学刊》2005 年第 3 期发表的段妍《东北沦陷时期文化发展趋向的嬗变》一文认为，1931—1945 年东北沦为日本的殖民地，日本的殖民统治不仅给东北地区的社会经济、政治结构带来了严重的动荡与混乱，而且使东北区域文化发生了变迁，导致主流文化发展趋向由多元向一元的嬗变，非主流文化的殖民文化与汉奸文化交相呼应。

利用媒体宣传是日伪殖民化的重要手段。日本殖民者为淡化东北民众的民族意识，严禁爱国思想的传播，严禁悬挂中国地图，不得使用"中华"字样，不得使用中国教材，同时焚烧东北过去的书刊，禁止发行东北现有的刊物，摧残中国文化。日本对东北的文化渗透和侵略带有浓重的政治色彩。其所推行的文化政策最终在于粉饰政治压迫，美化侵略行为，削弱东北民众的反抗斗志。

张瑞的博士学位论文《〈大北新报〉与伪满洲国殖民统治》，对于《大北新报》记录的日本对于中国东北地区实施的军事侵略、政治控制、经济掠夺、文化渗透给予详细的论述，伪满洲国成立后，该报以充满殖民色彩的新闻、社论以及文艺作品为日本的军事侵略活动造势，为伪满洲国殖民统治粉饰太平开展殖民宣传活动。《社会科学战线》2007 年第 1 期发表的焦润明的《〈盛京时报〉广告所见日本对东北的奴化与掠夺》一文，以《盛京时报》为例，在该报存续的 38 年中（1906—1944），不仅反映殖民统治者的意志，而且亦成为日本殖民当局在中国东北不折不扣的代言人。于海波 2010 年的硕士学位论文《东北沦陷时期日本的殖民宣传探析》，则把日本的各种殖民宣传手段做详细的总结论述，日本在占领东北后，建立了各级宣传统制机构，并利用这些宣传机构颁布了一系列严厉而残酷的法律法规，把一切文化宣传活动都操控在手中，以行政命令手段控制电影、广播、新闻、出版、宗教等宣传渠道，建立和扩大民众教育馆、民众讲习所、博物馆、图书馆及补习学校等民众教育设施，以此来弥补学校教育的不足，中国传统的封建思想观念也成为日本帝国主义在东北殖民宣传的工具。

另外，沙俄对于东北的文化侵略也不容忽视，沙俄的文化侵略主要以中东路附属地为据点，在东北兴教育、传教。《文化纵横》2011年第11期发表的王旭、薛俊生的《浅析沙俄在中东铁路附属地内的文化侵略》一文认为，沙俄以中东铁路为纽带，达到对中国东北进行政治、经济、文化的侵略的目的。文章从沙皇俄国在中东铁路附属地内兴办教育、开办图书馆、传播宗教等几个方面分析沙俄对东北的文化侵略。

第四，民族融合。民族融合体现为汉文化对满文化的同化，及满文化对汉文化的影响上。晚清清廷对于东北的开禁使得内地的大量人口迁移东北，东北原生态文化遭遇中原文化，文化的交汇带来了民族的融合。汉人不断与当地的满人等民族融合，导致了满族的汉化。《沈阳工程学院学报》2008年第3期关学智的《谈东北移民中的文化变迁所导致的满民族最终汉化》一文认为，近代东北移民，导致了东北之地的文化发生巨大变迁，满族的语言、文字逐渐失传，满族的姓氏及宗教信仰也发生了改变，并且由于满汉通婚的实际发生，满族的血缘不再纯粹。

薛俊生、王旭的《浅析近代满族文化对东北汉文化的影响》一文，则从文化融合的两面性来阐释东北的汉文化与满文化，他认为满族对汉人的语言文字、社会风俗、音乐等方面有很大影响。虽然满族文化最终还是被汉文化同化了，但是我们也要认识到被同化不是满文化消失得无影无踪，而是满文化采取某种方式影响汉文化，最终变成汉文化的一部分。[①]

《东北边疆史地研究》2010年第5期发表的费驰的《从清代东北居民宗教信仰管窥文化之多元变迁》一文，则从宗教信仰多元化的角度来解释东北民族融合的结果，他认为晚清外来文化不断渗透而使东北文化多元性达到空前程度。由宗教信仰管窥东北文化变迁原因，自古以来多民族杂

---

① 薛俊生、王旭：《浅析近代满族文化对东北汉文化的影响》，《作家》2010年第22期。

居，是其形成区域内多元文化架构的历史因素。与内地移民文化的不断融合，是东北文化变迁的长期因素。晚清东北开埠后外来文化的渗透，是近代东北文化多元性加剧的主要原因。至于东北文化多元变迁的特点，首先是东北传统文化始终占据主导地位，其次是西方文化无法完全融入。

《东北史地》2014 年第 5 期发表的郎元智的《地域文化视野下的近代东北婚嫁习俗》一文，从近代东北婚丧嫁娶的习俗来解释东北汉、满、蒙等民族的融合，在近代新式婚嫁习俗传入东北地区之后，汉、满、蒙等民族的先进人士陆续采取近代新式婚嫁习俗举行婚礼，近代东北社会生活中传统的婚嫁习俗也发生了变化，形式新颖的"文明结婚"在东北的各大城市出现。然而，在广阔的农村地区新式婚礼并不多见，整个东北社会的婚嫁习俗呈现出传统与新式并存的二元化特点。

西北自然环境与经济状况已失去汉唐时期的丰腴与繁荣，恶化为贫瘠、荒凉、边远、闭塞，并折射为西北多元文化在中国文化的近代化过程中反应迟缓，具体的文化形式变迁并不明显，但正是这种空间的隔离与闭塞，反而成就了西北民族文化的多元与生动。杨丹丹 2008 年的硕士学位论文《西北少数民族传统文学风格及其成因的研究》认为，只有在那些闭塞的地方，才有非常鲜活的民族文化渊源，这里的人们才能用自己的局部的智慧，来创造只属于自己的文化样态。近代西北文化正是在这种背景下产生的。西北文化主要包括中国政治版图上的五个省区，即新疆、青海、甘肃、宁夏、陕西，西北文化就是指这五个地区的文化圈。自古以来，世界各地、各民族的异质文化进入中国的主要通道就在西部。①《陇东学院学报》2009 年第 1 期发表的刘文香、胡铁球的《略论西北文化的根本特点》一文认为，西北文化特点在于会聚性、多样性、交融性和多变性。中华民族成了中华多元文化的政治一体象征，当然也代表了近代西北少数民族多元文化的政治形象。

近代西北少数民族文化也是一个多元的文化，按照宗教信仰的不同，西北文化又可以分为伊斯兰教文化、藏传佛教文化和其他文化。2004 年《西北民族论丛》发表的周伟洲的《西北少数民族多元文化的历史与现状》一文认为，历史上的西北少数民族多元化主要受到由东向西的汉族传

---

① 杨丹丹：《西北少数民族传统文学风格及其成因的研究》，硕士学位论文，西北民族大学，2008 年。

统文化，由西向东和由南向北的印度、中亚的佛教文化，由北向南的草原游牧文化，以及 10 世纪下半叶由西向东的伊斯兰文化的影响，分为伊斯兰文化圈和藏传佛教文化圈。近代以来，随着中国内地近代化进程及西方列强的侵略活动的深入，西方近代科学和民主思想文化开始在中国西北少数民族地区传播，使得西北少数民族多元文化受到不同程度的冲击影响。但是由于经济基础的制约，加之伊斯兰文化和藏传佛教的抗拒力，西北少数民族的近代化收效不大。《晋中学院学报》2013 年第 5 期发表的王文利的《近代西北少数民族多元文化的形成因素分析》一文认为，近代西北民族文化的形成因素在于生态适应的结果，同时历史文化传统与宗教传播也起到了不容忽视的作用。陕西人民出版社 2002 年出版的韩养民著《中国风俗文化导论》一书，以自然与文化的联系程度，将中国风俗文化分为七个类型，并将西北五省分为不同的文化风俗类型，比如认为陕西、宁夏北部和新疆属于游牧风俗文化圈；秦岭、淮河以南，西藏至青海高原东侧属于长江流域风俗文化圈；青海大部、甘肃西南和新疆昆仑山地区属于青藏风俗文化圈。

结　语

社会文化史研究的突围之路

21世纪以来中国文化史发展的新趋势，是社会文化史的勃兴。社会文化史的基本理念，是以文化视角透视历史上的社会现象，对社会生活做文化学提炼。目前的中国社会文化史研究多停留在历史描述的层面上，属于表层的社会现象描述和浅层的表象研究。社会文化史研究不能仅仅满足于对社会生活现象的低层叙述和浅层描述，必须将研究从"生活"层面提升到"文化"层面，关注这些生活现象背后所蕴含的"文化"内涵，探究社会生活背后隐藏的历史意义。寻求意义，是社会文化史研究的根本目标；而对社会生活进行"深度解释"，是寻求意义的可行途径。

一　社会文化史研究面临瓶颈问题

社会文化史作为一种新兴交叉学科，在中国大陆史学界自诞生以来仅有20余年的历史，虽然对这一学科的理论方法还没有形成公认一致的意见，甚至这一学科是否能够成立还经常受到质疑，但从研究实践来看，已经有越来越多的研究者，特别是年轻一代研究者，受到这一新领域的吸引而投身于社会文化史方向的研究探索，研究成果迅速增多。

环顾世界史学界，在其他一些国家的同行当中，也有一些与社会文化史研究思路相接近的新动向。如西方史学界近些年出现的以"社会与思想互动"为特征的观念史、语境论等史学方法，以及英国学者彼得·伯克致力于民众态度和价值观念研究的"新文化史"（他的著作《历史学与社会理论》和《制作路易十四》都已被翻译成中文出版），美国学者艾尔曼（Benjamin A. Elman）致力于打通思想史与社会史的"新文化史"，他的著作《从理学到朴学：中华帝国晚期思想与社会文化面面观》和《经学、政治与宗族——中华帝国晚期常州今文学派研究》也已被译为中文出版，德国学者罗梅君 2001 年在中华书局出版的《北京的生育婚姻和丧葬》则讨论了北京民俗所反映的中国社会现代化变迁的研究。他们的研究路向，可以说与社会文化史的视角是一致的。这种新趋向，就是新文化史的趋向。法国年鉴学派明确批判传统史学重上层、重叙事的弊病，提倡总体史、社会史，标明了关注下层平民及注重分析综合的方法论取向。欧美学术界兴起的"新文化史"学派，也同样强调思想史与社会史的结合。这种关注社会与观念的互动、民众生活与观念的互动，是各国史学家在致力于史学深入发展中不约而同选择的一个重要取径。

李长莉等人通过分析 2009 年至 2011 年中国近代社会文化史研究的总体情况，认为研究重心既有传统领域，如社会阶层、教育、文化观念、宗教、女性史等，也有一些较新的论题，如社会生活、文化传播、词语分析、历史记忆等，反映了这一学科最新学术发展既有延续又有创新的趋向。其中既有研究视角的创新、新领域的开拓，也有理论方法的创新，反映了这一学科的蓬勃生机和光明前景。同时也分析了当下社会文化史研究的缺陷，如许多论题过于细碎而缺乏整体关怀，一些叙述平面化而缺少理论分析，有些论题出现扎堆重复现象，从学科总体而言，则缺乏深刻的解释理论及适用的中层理论，缺乏分析和阐释中国近代社会与文化变迁的本土理论。[①] 他们对 2011—2012 年的中国近代社会与文化史研究成果分析后认为，这些成果既有研究空间的拓展、研究内容的扩增，也有诠释理论与分析方法的探索，反映了中国近代社会与文化史学科的一些最新进展。一方面，近年出现的一些热门论题仍在延续，如社会群体、社会组织、社会控制、救济保障、教育改革、媒体传播、大众文化、记忆建构、城市史等领域都出现了较多论著，且研究内容日渐精深。另一方面，2011—2012 年度还有一些新特点和新趋向。其一，跨学科的交叉研究日益明显。这虽有助于丰富对历史的认识，但却在一定程度增强了历史学研究的社会科学化倾向。其二，研究领域不均衡。如灾荒救济、教育近代化研究仍是学术界探讨的热点，但宗教信仰及女性史领域的研究缺少有分量的著作。[②]

[①] 李长莉、毕苑、李俊领：《2009—2011 年的中国近代社会与文化史研究》，《河北学刊》2012 年第 4 期。

[②] 李长莉、唐仕春、李俊领：《2011—2012 年中国近代社会与文化史研究》，《河北学刊》2013 年第 2 期。

中国目前的社会文化史研究，很大程度上处于对社会生活进行描述的层面上，这虽在过去是没有的，应给予充分肯定，但仅仅如此恐怕还不能称之为社会文化史研究，或者说还不能算是理想中的社会文化史研究。因为这最多是给人们增加了一些常识性的社会生活知识，仅仅属于对表层的社会现象描述，充其量也只是浅层的表象研究。左玉河认为，社会文化史研究有两个层面，第一个层面是要把社会生活的表象呈现出来，第二个层面是要揭示这些社会生活现象背后隐藏的"文化"内涵：既要关注社会生活，更要揭示生活背后所隐含的文化观念和思潮。[①] 张海鹏对社会文化史的前景给予中肯的评价，认为中国近代史研究的各个领域中，有的学科是后起的，如近代社会史、近代社会文化史，开辟未久，前景广阔。像每一个新兴领域都存在广阔的发展空间一样，近代社会史、社会文化史学科，正在引起国内学术界的广泛注意，特别是引起中青年研究者的浓厚兴趣。但这样的学科，从整体上说还处于兴起阶段，研究者各自为政，还是一种无组织状态，也未形成公认的比较成熟的研究理论和方法。[②] 从总体上说，中国社会文化史还处于兴起阶段，研究比较分散，还未形成公认的比较成熟的研究理论和方法，但有很大的研究空间。

自从刘志琴提出"社会文化史"概念后，中国学界的社会文化史研究取得许多丰硕成果。但不可否认的是，社会文化还处于兴起阶段，研究比较分散，还未形成公认的比较成熟的研究理论和方法，还有着广阔的发展空间。目前研究中存在的问题有：资料分散，收集困难；缺乏必要的研究理论和方法，学科理论与方法还不成熟，还没有形成像西方"新文化史"学派那样的清晰理路；缺乏深入专精的高水平著作，尚未形成公认的研究典范；研究者缺乏必要的社会学和文化学知识训练，面临着发展的"瓶颈"问题。这些都是有待改进的欠缺之处。因此，社会文化史研究要想取得突破性的进展，必须尽快解决两方面问题：一是收集、整理近代中国零散在各处的史料，尽快出版一套供研究使用的《近代中国社会文化史资料选辑》；二是尽快摸索出中国社会文化史研究的理论和方法，为研究者提供必要的理论和方法指导。只有具有扎实的史料资料功底，又受过系统理

[①] 左玉河：《从传统文化史到社会文化史：中国近代文化史研究的新趋向》，《河北学刊》2015年第1期。

[②] 张海鹏：《1999年中国近代史学术动态概述》，《近代史研究》2001年第1期。

论方法训练的研究者，才有可能在本领域中取得一流的成绩。这是一个既非常广阔、需要有人艰辛耕耘的研究领域，也是一个富于挑战、需要付出艰苦劳动的研究领域。根据以上分析，预计在今后较长时期内，近代中国社会文化史将成为学术界研究的热点之一。近代民众生活史和观念史、近代社会民众文化史将会引起学术界的广泛关注。社会文化史研究有着广阔的发展空间，是史学新观念和新方法的一个生长点。但在研究者的水平不能迅速提高的情况下，学术界短期内难以出现很高质量的研究著作。①

如何深化社会文化史研究？如何尽快产生中国社会文化史的典范之作？李长莉认为，近三十年来中国社会史研究方法开拓和创新性比较突出的有以下路径：开掘民间史料、借鉴社会科学研究方法、社会田野调查法、个案研究与微观研究、社会心理分析——心态史、词语分析法——概念史、文化建构方法等。这些新路径的开拓，反映了社会文化史在研究方法上突破了传统史学的格局，呈现立体化、多层面、精细化的推进，正在形成具有自身学科特色的理论方法、概念工具和词汇系列，这是社会史学科走向成熟的标注。② 梁景和认为，可以从以下方面来推进社会文化史的研究。第一，建立社会文化史研究的学术重镇。有条件的学术单位或学术团体可以明确把社会文化史作为自己学术研究的主要领域和主攻方向，集中从事社会文化史的研究工作，出一批有分量的研究成果，其中成果能够成为被认可的学术精品，引领社会文化史研究向纵深发展。第二，抓基本社会生活内容和独特社会生活内容的研究。社会生活的内容极其广泛，既包括基本的社会生活内容，也包括独特的社会生活内容，还包括更多的处于中间地带的社会生活内容。第三，运用多学科的视角研究社会文化史。研究社会文化史不但可以把学科的研究成果视为史料，也可以借鉴多学科的研究理论和方法，还可以体悟历史学与多学科共同的思维方式和思考的共同问题。第四，注重改革开放时代的社会文化史研究。

刘志琴、左玉河、李长莉等于2012年在《晋阳学刊》上专门组织了一期笔谈《突破瓶颈：中国社会文化史的理论与方法》，从不同的角度对社会文化史研究的若干问题进行反省和探讨。左玉河提出了自己的初步意

---

① 左玉河、李文平：《近年来中国近代社会文化史研究述评》，《教学与研究》2005年第3期。

② 李长莉：《近三十年来中国社会史研究方法的探索》，《南京社会科学》2015年第1期。

见：社会文化史研究一定要从"生活"层面上升到"文化"层面，而不能仅仅局限于描述社会"生活"现象的低浅层面。社会文化史研究的重点，是关注这些生活现象背后所孕育的"文化"含义，就是既要研究社会生活，还要研究生活背后隐藏的社会观念，特别要关注社会生活与观念之间的互动。[①] 然而，究竟怎样揭示生活背后的"文化"含义？如何关注社会生活与观念之间的互动？这篇文章并还没有给出答案，表明他仍然处于理论探究之中。

经过多年的思考，左玉河对如何将社会文化史研究从"生活"层面提升到"文化"层面有了研究心得。他认为，历史的本质与文化的本质都在于以解释的方式寻求意义，社会文化史研究的使命应该集中于寻求意义。以解释方式寻求历史意义，自然成为社会文化史研究的重点。他的这些思考，集中体现在2017年发表的《寻求意义：深度解释与社会文化史研究的深化》一文中。[②]

此外，杨念群提出"文化史研究"的自我拯救也颇有启发。他认为"拯救"大体包含两层意思：一是"文化史"研究如何获得学科建制内的合理位置；二是"文化史"如何在史学大潮的革新中真正能够从方法论的意义上获取自己的主体身份，而不是总处于某个学科的附庸地位。他指出："文化史"要走出"孤悬"的困境，必须要在问题意识上与社会史，特别是政治史建立起真正的横向联合。而不仅仅是在方法论方面一味模仿西方"新文化史"的解读路径，在形式上追求所谓"独立"。更为重要的是，"文化史"研究者应该形成一个共识，"文化"归根结底是"政治"的一种表述，应该与中国历史变迁中的复杂政治过程构成相互说明和印证的关系，而不是仅仅表现成和"政治"相脱离的独吟浅唱。[③]

二 历史研究的重心在于历史解释

历史具有叙述与解释的双重特性，但真正的历史必然寻求意义。而意义不是"叙述"所能呈现的，是需要"解释"才能揭示的，故历史的本质在于通过解释来寻求意义。将历史研究的重心置于历史解释之上，是合乎

[①] 左玉河：《着力揭示社会现象背后的文化内涵》，《晋阳学刊》2012年第3期。
[②] 左玉河：《寻求意义：深度解释与社会文化史研究的深化》，《河北学刊》2017年第2期。
[③] 杨念群：《中国"文化史"研究的结构性缺陷及其克服》，《中华读书报》2010年4月26日。

历史特性和本质要求的。列宁指出："全部历史本来由个人活动构成，而社会科学的任务在于解释这些活动。"① 因此，对历史活动进行解释，是历史研究的主要任务。唯物史观旨在对历史作"唯物的解释"："每个时代中寻找某种范畴，而是始终站在现实历史的基础上，不是从观念出发来解释实践，而是从物质实践出发来解释各种观念形态。"② 故它可以概括为一种对历史进行解释的科学理论："生产力的发展决定人们在生产人类必需的产品时彼此所发生的关系。用这种关系才能解释社会生活中的一切现象，人类的意向、观念和法律。"③ 历史的意义是通过历史解释才能发掘并呈现出来的。

克罗齐的"一切历史都是当代史"命题的基本内涵是：一切历史都是当代人根据自己的理解描述和解释的历史，历史因描述而得以呈现，同样也因解释而有意义。历史的本质在于人们以当下的眼光看待过去，根据当前的问题看待过去，历史学家的主要任务不在于记录过去，而在于解释过去，在于发掘并呈现历史的意义。历史是过去的历史，其本身包含着复杂的意义。历史本身虽然不可重复，但历史发展有其相似性，故历史经验可资借鉴，决定了历史必然包含着丰富的意义。既然历史中包含的意义是复杂丰富的，那么后人就可以从中发掘适应时代需要、适应各种人群需要和各种情况需要的"意义"。所谓历史意义，往往是后人所赋予的意义，历史学家的任务就是不断从历史中发掘这些被赋予的历史意义。因此，"历史之树常青"的秘密，在于后人不断赋予过去以新意义，并不断寻求和阐释这种意义，用以指导现实并引导未来。因此，历史研究本质上不仅仅是记录和描述历史活动，更是解释和发掘历史意义。解释是寻求历史意义的手段和途径，解释历史的主旨在于寻求历史意义。

柯林伍德提出的"一切历史都是思想史"，再次将历史的解释本性及寻求意义的本质揭示出来。该命题的基本内涵是：历史是由有理性的人创造的历史，一切历史活动背后都包含着人的理性活动和思想动机（不管这

---

① 列宁：《民粹主义的经济内容及其在司徒卢威先生的书中受到的批评》，《列宁全集》第1卷，人民出版社1984年第2版，第360页。
② 马克思、恩格斯：《德意志意识形态》，《马克思恩格斯文集》第1卷，人民出版社2009年版，第544页。
③ 列宁：《弗里德里希·恩格斯》，《列宁专题文集：论马克思主义》，人民出版社2009年版，第54页。

种思想动机背后是经济的、政治的还是其他原因)。故一切历史都包含有历史意义而可以进行思想解释。反过来说，只有发掘并解释历史活动背后的思想动机，才能真正理解历史活动的真正意义。历史活动背后潜藏着复杂的思想动机，历史学家必须加以发掘并呈现。而发掘和呈现思想动机的方式，就是历史解释。历史学家通过历史解释来理解历史活动背后隐藏的意义。

  历史的基本特性是描述和记录，即记录的历史。记录的历史表现为多种形式的实录性史料，但史料是历史研究的原料而不是历史研究的成果。唯有对史料进行必要的加工，才能成为历史研究的成果。而史料加工的方式，就是对其进行历史解释。史料经过历史解释后方能形成历史成果。因此，记录的历史只能产生史料而不能形成历史成果，解释的历史才能形成历史成果。人们过去常说，让历史事实说话，好像历史事实和历史材料是不言自明的东西。但历史事实和历史材料本身是不会说话的，必须依靠历史学家的解释才能呈现其内涵和意义。卡尔指出："只有当历史学家要事实说话的时候，事实才会说话：由哪些事实说话、按照什么秩序说话或者在什么背景下说话，这一切都是由历史学家决定的。"[1] 历史学家掌握着历史事实的叙述权和解释权，而其叙述的历史事实是经过他选择的历史事实，其对历史事实的解释旨在发掘和呈现历史意义，其主观选择性更加明显。因此，历史固然不能离开基础性的史料记录，但更离不开对史料的解释。历史的解释特性，决定了历史学的主要任务不仅仅是历史记录而应该是历史解释，在于寻求历史意义而不仅仅是历史描述。

  历史的本质在于通过解释来寻求意义，文化研究的本质同样在于寻求意义。文化包括有形的文化符号和无形的文化观念。文化符号包涵着文化观念，文化观念借文化符号得以呈现，文化符号所包含的文化观念，就是文化意义。既然文化是意义的集合体，那么文化研究的本质就是解释文化符号，以解释文化符号的方式发现其象征意义，寻求文化现象背后的深层意义。解释人类学家格尔茨指出："所谓文化就这样一些由人自己编制的意义之网。"文化是人们自己创造的具有象征意义的符号体系。这样的符号体系与人们赋予它的象征意义密切相连。符号体系所包含的"象征意义"是不会自动呈现的，必须加以解释才能得到彰显。文化研究实际上就

---

[1]　卡尔：《历史是什么》，商务印书馆2007年版，第93页。

是发掘和解释象征符号背后的文化意义。正是从这个层面上讲，格尔茨强调："对文化的分析不是一种寻求规律的实验科学，而是一种探求意义的解释科学。"① 既然文化是人们编织的"意义之网"，那么文化分析就是探求意义的解释科学。既然文化史是"意义之网"发展的历史，那么文化史研究就是对"意义之网"发展历史进行分析解释的工作，是对表面上神秘莫测的社会表达进行分析解释的工作。这项解释工作的主旨，在于探求文化意义。因此，文化史研究的本质仍然在于以解释的方式寻求意义。

既然历史的本质与文化的本质都在于寻求意义，并且都以解释的方式来寻求意义，那么，社会文化史研究的使命，自然就应该集中于寻求意义。而其寻求意义的方式，就是解释。以解释方式寻求历史意义，自然成为社会文化史研究的重点。

三 历史解释的核心在于深度解释

历史的本质在于解释，但究竟怎样进行历史解释并寻求历史意义？格尔茨提出的"深描"理论，为历史解释提供了可资借鉴的方法。文化的意义结构是有层次的，故发掘并呈现意义的描述也有层次，可分为浅描与深描。所谓浅描，就是对人的行为、活动及文化表象作直观的描述，主要解决"是什么"问题。民族志所做的建立联系、选择调查合作人、做笔录、记录系谱、绘制田野地图等技术及程序，均属于浅描的范畴。所谓深描，是在对人的行为、活动及文化表象作直观描述的基础上，揭示其内在的文化意义，重点解决"为什么"问题。浅描属于叙述性的描述，旨在直观地描述现象；深描属于解释性描述，旨在寻求文化意义。叙述性描述主要是呈现或再现客观事实，解释性描述不在于呈现经验现象，而在于破解现象背后的"信号密码"，探求现象的原因或行动的动机。浅描所采用的方法主要是记录方法，深描所采用的方法主要是析解方法。所谓析解方法，就是分析和解释表象的意指结构，揭示现象背后所隐藏的深层意义。

解释人类学的"深描"理论，对历史解释有着重要的借鉴作用。历史的呈现方式分为历史叙述和历史解释，相当于人类学的浅描与深描。但历史学的解释不完全等同于人类学的描述，历史学在借鉴人类学的浅描与深描概念及其方法时，必须作出符合历史学特性的变化。因为人类学进行民

---

① 格尔茨：《文化的解释》，译林出版社2014年版，第5页。

族志的重点在于描述，其描述可分为浅描和深描，但历史学除了历史叙述（实际上就是浅描，或称白描）之外，并不像人类学那样注重"描述"，而是更关注"解释"。故历史学上的"解释"概念不是人类学上的"描述"概念所能涵盖的。如果说人类学上更重视"描"（无论浅描还是深描），那么历史学则更重视"解"（无论是浅层解释还是深层解释）。故将人类学上的"描述"概念改为历史学上的"解释"概念，或许更能接近历史解释的本意。

大致说来，人类学上的浅描，相当于历史叙述；人类学上的深描，则相当于历史解释。如果说历史叙述是历史学上的"浅描"（白描）的话，那么历史解释则偏重于人类学上的"深描"。因为历史解释可以分为浅层解释与深度解释，故历史解释并不完全等同于"深描"。浅层解释可称为"浅释"，深度解释则可称为"深解"。只有深度解释才更接近于人类学上的"深描"。因此，历史学在借用人类学上的浅描与深描概念时，可将浅描称为白描，深描称为深度解释，而在浅描（白描）与深描之间，增加了属于历史解释低层次的浅层解释。

所谓浅层解释，就是对历史活动及其事项作出一般因果性的解释，旨在说明历史活动及其事项发生的表层原因和直接原因。但这种浅层解释虽然说明了某种现象及活动的原因，并且这些解释也是符合逻辑和真实的，但它没有注意到历史活动及其事项背后的深层文化意义，故这种一般因果性的解释只能算是浅层解释。对历史活动原因之浅层解释，是远远不够的。历史学必须在此基础上对"原因之原因"作出深度解释，发掘原因背后之原因，探究表层原因背后之深层原因，寻找历史表象背后的深层意义。历史活动背后的深层意义，需要深度解释才能发掘出来。

作为一种解释性描述，深描不是一般的意义的说明与解释，而是揭示和解释人们活动的深层原因及其意义。故深描属于"解释之解释"。既然历史学上的深度解释相当于人类学上的"深描"，那么它自然属于"解释之解释"，是对一般浅层解释作更深层的解释。深度解释实际上是一种文化解释，相当于解释人类学上的文化分析，旨在解释人们活动的深层原因及其意义。

这样看来，历史解释可分为两个层面：浅释与深解。通过浅度解释（浅释），弄清表层原因及直接原因；通过深度解释（深解），弄清原因背后的原因，探寻"原因"背后的文化意义。前者是对历史活动及其现象所作的初步的浅层解释，后者则是指对浅层解释所作的深度解释，即"解释之解释"。深度解释着重对一般因果性解释进行深层意义的分析和解释，弄清浅层解释背后隐藏的观念结构，进而理解和解释那些现象背后的深层意义。这种深层意义，主要是指在人们内心深处所赋予现象的文化意义。深层意义不同于现象的一般原因，而是与观念系统及认知结构相关的深层动因。

由此可见，历史研究实际上分为三个层次：一是历史的叙述，相当于人类学上的浅描（白描），是对历史的记录，回答并解决"是什么"问题；二是历史的浅释，是对历史表层解释，回答并解决"为什么"问题；三是历史的深解，即对浅释原因的再解释，回答并解决"究竟有什么意义"及"为什么有意义"问题。以研究中国历史文本为例，首先要考证清楚文本的真实性，将真实完整的文本呈现出来，这是对历史文本的"白描"；然后弄清文本的字词含义及句子意思，推敲文本包含的本义，这是历史文本的"浅释"；最后发掘和解释文本背后所隐含的深层思想、观念和意义，这是历史文本的"深解"。白描、浅释与深解，构成了历史解释的三个递进的环节。

四 以深度解释方式深化社会文化史

既然历史的本质在于寻求意义，而可行的途径是历史的深度解释，那么社会文化史研究的本质，必然是通过历史的深度解释来发掘并呈现历史意义。社会文化史研究的重点，自然要集中于对社会文化现象进行深度解释。唯有深度解释，方能探寻历史活动的历史意义和社会现象的文化意义；唯有揭示历史活动和社会现象背后的文化意义，社会文化史研究方能深入。

既然深度解释是对历史活动及文化事项进行"解释之解释"，那么它必然是一种理性的思维活动。社会文化史研究的方法，不同于实证史学的实证方法。它注重的是逻辑推理的解释方法而不是实证的证明方法，注重演绎方法而不是归纳方法；注重推理法而不是举证法；偏重于逻辑的方法而不是历史的方法。它主要不是像实证史学的叙述方法那样解决"是什么"问题，而是通过逻辑分析进行深度解释，探寻活动背后的历史意义，解决"为什么"和"怎么样"问题。其主旨不在于呈现历史事实和描述历史现象，而是探寻其历史意义和文化意义。历史活动及历史事项的历史意义和文化意义，是很难通过历史叙述得到呈现的，必须通过深度解释才能发掘出来。因此，社会文化史所采用的方法，不是历史叙述法（描述法），而是历史（文化）解释法。正因如此，格尔茨反复强调：文化分析不是一种寻求规律的实验科学，而是一种探求意义的解释科学。

在此，不妨以中国传统社会"从礼到理"的演化为例，来揭示社会文化史研究的独特方法。"礼"的本义是秩序、等级和规范，是客观存在的社会文化事项，表示了尊卑贵贱的等级秩序。这样的表述，显然是直观地描述"礼"，属于白描式的历史叙述。但"礼"为什么表示秩序？要对此进行解释就必然上升到"浅释"层面：对"礼"为什么代表社会秩序进行解释，解释"礼即理也"的道理。礼为代表的社会秩序，是自然秩序的人间投影。自然是有条理、有秩序的，人法自然而成"礼"（秩序），并将"礼"转化为"天理"，用"理"解释"礼"之合理性。但这仅仅是对"礼"的浅释，其所包含的文化意义尚需通过深度解释才能呈现。"礼"作为秩序、礼法和天理等含义，是特定时代的人们所赋予的特定意义。人们之所以会赋予"礼"如此复杂的意义并外化为礼、内化为理，是有深层原因的。这个深层原因就是"利"——政治利益和经济利益。社会稳定的秩序是政治统治稳固的表征，政治利益决定了统治者必然要稳定社会秩序，强调礼法。而政治统治根本上是为了维护其经济利益的。在政治利益背后潜藏着经济利益考量。经济利益是制造天理、秩序和礼法的根本原因。思想动机背后的根本原因，是经济利益和政治利益。反过来说，因经济利益产生了稳定政治秩序的需求，因为唯有政治稳定才能维护其经济利益；经济利益要由稳定的政治统治秩序来维护，而政治稳定需要社会秩序的稳定，遂产生了稳定秩序的思想动机及其文化符号"礼"。为了将"礼"合理化，必须从理论上加以论证，遂将"礼"的秩序提升到"理"的秩序，遂产生了"天理"观念。"天理"成为"礼"之基础和根据。这样，通过对礼、理、利从白描、浅释到深解的分析过程，"礼"作为文化符号的象征意义便逐渐揭示出来。而"礼"这种深层意义的揭示，显然是通过深度解释的方式实现的。

再以中国服装变迁为例略加说明。服装最原始的含义是保暖，再后来赋予"文明"的含义，体现出社会的等级，可称之为"衣冠文明"。服装成为一种文化符号，一种文明与野蛮的标识，进而发展为文明发展程度的标识。人们所赋予服装的内涵随之愈加丰富。它在帝制时代体现出的是一种礼制,是一种尊贵卑贱的等级制度,并与儒家强调的等级秩序观念密切相关。近代以来,服装从长袍马褂到礼服西服时装的变化,首先体现出来的是传统等级制度的隐退及自由平等观念的呈现,其次体现出来的是服装逐步趋于便捷化、多元化和休闲化。但这并不是说人们不再赋予服装以政治性内涵,只是其内涵有所变化。以民国时期流行的中山装为例,孙中山在设计这套服装时是否赋予其政治含义姑且不论,但当其流行之时,国民党人赋予它一些所谓的政治符号,如三民主义、五权宪法等。可见,服装本身包含有政治或文化的含义在内,服装本身的变化体现出人们思想观念的变化。

从社会文化史角度研究服装及其变化,首先描述某时代人们穿着何种服装,这是历史的叙述——白描;然后解释为什么某时代某些人要穿这样的服装,即说明直接原因——浅释;进而从文化或政治的角度进行审视,揭示服装变化背后隐含的政治和文化内涵,深刻领悟社会生活变化的历史意义和文化意义。面对服装包含的丰富的政治内涵及文化内涵,仅仅白描和浅释是难以发掘其背后的深层意义的。唯有进行深度解释,才能将服装所体现的时代特色及文化意义揭示出来;唯有这样的研究,才能避免社会文化史研究停留在直观描述的白描状态。对生活现象背后文化内涵的深层揭示和深度解释,正是社会文化史研究所要追寻和重点关注的。

总之,社会文化史研究第一个层面,是用白描(浅描)的方法,将社会生活的表象呈现出来,回答并解决"是什么"问题;第二个层面,要用浅层解释的方法,说明社会生活表象的直接原因和表层意义,回答并解释"为什么"的问题;第三个层面,要用深度解释的方法,揭示社会生活现象背后隐藏的文化内涵及文化意义,回答并解释"怎么样"的问题。既要关注社会生活,更要揭示生活背后隐含的文化意义,采用深度解释是一条值得探索的可行途径。从总体上看,目前的中国社会文化史研究多数还处于"白描"及"浅释"层面,缺乏"深解"的理论自觉。社会文化史研究要想从"白描"阶段提升到"浅释"阶段,进而发展到"深解"阶段,必须将"寻求意义"作为研究的根本目标,从"深度解释"入手寻求历史活动的深层意义。

深度解释是深化社会文化史研究的有效途径。而做好深度解释,必须创建一套中国自己的文本解释体系,这是学术界亟须探究的重大问题。因此,我们今后所要努力的方向,就是如何建构一套中国自己的文本解释体系。西方有西方的阐释学传统和理论，中国也有自己的阐释学传统和阐释学理论方法，我们应该尝试如何将这两种传统结合起来，创建中国当代具有本土化色彩的阐释学理论。

就社会文化史研究而言，我们面临着创建中国自己的本土化的阐释体系的任务。社会文化史研究的方法，不同于实证史学的实证方法。它注重的是逻辑推理的解释方法而不是实证的证明方法；注重演绎方法而不是归纳方法；注重推理法而不是举证法；偏重于逻辑的方法而不是历史的方法。它主要不是像实证史学的叙述方法那样解决"是什么"问题，而是通过逻辑分析进行深度解释，探寻活动背后的历史意义，解决"为什么"和"怎么样"问题。其主旨不在于呈现历史事实和描述历史现象，而是探寻其历史意义和文化意义。历史活动及历史现象的历史意义和文化意义，是很难通过历史叙述得到呈现的，必须通过深度解释才能发掘出来。

提起"阐释"，很多人有误会，认为它与实证性研究是相反的，带有明显的主观色彩，不能运用于历史研究。这种看法是不正确的。实证研究，一是一，二是二，一分材料说一分话，没有材料不说话，带有客观性。而阐释则不是这样，一段材料可能解释出很多内容，会出现一加一大于二的情况。阐释分为三种：正解、曲解与误解。材料里面包含着这样的意思，你把它揭示出来，这是正解；材料里没有这样的意思，你非要解释说有这样的意思，这是误解；材料里既有这样的意思，也有那样的意思，你只片面地解释这种意思，这是曲解。深度解释追求的目标是正解，有时可能会有曲解，但必须避免误解。"阐释"不是无边的阐释，更不是信口开河，而是合理的引申。历史解释中出现了过多的曲解和误解，必然影响历史解释的公信力。

目前史学界实证研究之风很盛，对理论兴趣不大，对理论问题探索不够，忽视必要的理论训练，这是一种值得注意的偏向。重实证是必要的，但忽视理论是不应该的。史学研究是需要理论方法支撑的，中国自身缺乏理论，必然要向西方学界借鉴理论。这就是为什么这些年来西方史学理论在中国盛行的原因。引入和借鉴西方的历史研究理论是可以理解的，但因中国自身忽视理论训练而造成的对西方理论的盲目追捧和照搬，则是值得注意的偏向。21世纪以来，西方学术研究的各种概念、理论方法的照搬套用现象非常突出。像"市民社会"理论、"国家与社会"理论、后现代理论等等，在运用到中国历史研究时都存在着照搬套用偏向。这些理论是根据西方历史社会状况形成并提出的，对解释西方社会可能是适用的（但也有其具体的适用范围），用来解释中国社会必然有很多不适用之处。目前流行的做法是：西方理论方法加中国本土材料。与西方史学界同行相比，中国学界在史学理论方面的创新太少，理论方法上的建树太贫乏，我们自己的原创性、本土化的理论实在太少了。这种现象应该引起学界同人的高度注意。

　　要建构中国本土史学理论，必须借鉴西方已有的理论方法，同时做好外来理论的消化吸收工作，把本土实践与理论联系起来。理论是从实践中产生的，史学理论是从历史研究的具体实践中提升出来的。理论创新，并不神秘。从历史研究的实践中提出问题并解决问题，形成所谓的理论，然后再将这些抽象的理论运用到史学研究实践中去解决问题。史学理论从史学研究实践中提炼出来，自然要指导历史研究的具体实际。中国有着悠久的阐释学传统，有着丰富的解释学理论，结合西方解释学传统和理论，我们一定能够创建出适合中国社会历史条件的本土化的历史阐释学体系。

后 记

新中国成立以来,中国近代文化史研究得到迅速发展并取得了突出成绩。抱着展示成绩、总结经验、发现问题、开辟未来的旨趣,我们编撰了这部《当代中国近代文化史研究》。这部著作是中国社会科学院近代史研究所和中国社会科学出版社策划组织的大型学术工程"当代中国学术思想史丛书"的组成部分。该著作由中国社会科学院近代史研究所原马克思主义史学理论与文化史研究室和河南大学历史文化学院同人们合作完成,是一部集体协作完成的带有集成性质的学术综合性著作。

我提供该著作撰写的基本框架和初步提纲后,李长莉、马勇、邹小站、马小泉、张宝明、赵广军等诸多师友,提出了中肯意见,修改并完善了撰稿提纲,确定了全书结构及章节目录,然后约请相关学者分工撰稿。具体分工为:导言、第一章和结语,左玉河撰稿;第二章和第十章,赵广军撰稿;第三章,张艳撰稿;第四章,陈健撰稿;第五章,赵金康撰稿;第六章,宿志刚撰稿;第七章,胡优静撰稿;第八章,付燕鸿撰稿;第九章,柳岳武撰稿。张德明补充了各章中近五年的最新研究成果。该著作由我统稿并定稿。由于该著作出自众人之手,每位学者都有自己的研究特色和行文风格,故我在统稿过程中尽量尊重个人的观点并保留个人风格,这样难免会带来全书行文风格的不甚统一,在此特作说明并敬请谅解。

在该著作资料搜集和书稿清样校对过程中,张德明、刘春强、李君伟、马红红等青年学者做了大量有益而琐碎的工作，我在此表示感谢。感谢中国社会科学出版社社长赵剑英、原副总编辑郭沂纹、责任编辑吴丽平博士的鼓励和督促。他们为该著作的出版付出了很多心血，我代表所有撰稿者对他们表示衷心的感谢。

左玉河

2022 年 1 月 8 日